昆明市人民政府　主办

昆明年鉴

KUN MING YEARBOOK

2010

云南民族出版社

图书在版编目（CIP）数据

昆明年鉴. 2010／《昆明年鉴》编辑部编.—昆明：云南民族出版社，2010.10

ISBN 978－7－5367－4783－8

Ⅰ. ①昆… Ⅱ. ①昆… Ⅲ. ①昆明市－2010－年鉴 Ⅳ. ①Z527.41

中国版本图书馆CIP数据核字（2010）第194471号

书　　名	昆明年鉴（2010）
总　　编	赵学锋
责任编辑	董　艾　李跃波
封面摄影	黄晓松
装帧设计	赵丕德
出版发行	云南民族出版社
地　　址	昆明市环城西路170号云南民族大厦5楼
邮政编码	650032
邮　　箱	ynbook@vip.163.com
排　　版	云南天元彩色制版印刷有限公司
彩图制版	深圳市彩美印刷有限公司昆明工作室
印　　刷	深圳市彩美印刷有限公司
开　　本	889mm×1194mm　1／16
印　　张	35.5
字　　数	1630千
彩　　页	52码
版　　次	2010年10月第1版
印　　次	2010年10月第1次
印　　数	1～1500
定　　价	240.00元

ISBN 978－7－5367－4783－8／K·1295

若发现印装错误，请与承印厂联系。

昆明市工商行政管理局广告经营许可证号：5301005000008

编 辑 说 明

一、《昆明年鉴》是昆明市人民政府主办的综合性地方年鉴，是系统反映昆明市情的大型年刊。是集知识、信息、资料为一体的具有公报性、资料性、权威性的工具书。

二、本年鉴由全市各县（市）区、各部委办局、各人民团体撰稿，昆明市地方志编纂委员会办公室《昆明年鉴》编辑部编辑。

三、本年鉴旨在逐年全面系统地记载昆明市社会主义现代化建设的历史进程，为海内外了解昆明、建设昆明提供信息资料，也为编纂与续修地方志书积累资料。

四、本年鉴全面系统地反映了2009年昆明市以科学发展观统揽全局，全面贯彻党的十七大、中央经济工作会议、省委八届八次全会和市委九届六次全会精神，紧扣建设现代新昆明这一中心，围绕富民强市两大目标，坚持率先发展、科学发展、和谐发展，强力推进工业化加速、城市化提升、市场化转型和国际化拓展，加快建设富强昆明、活力昆明、文化昆明、生态昆明、和谐昆明的主要情况。

五、本年鉴设特载、2009年10件大事、大事记、政治、军事、法制、民族·宗教、经济管理、农林水利、工业、交通·运输、城市建设与管理、环境保护、建筑业·房产业、现代新昆明建设·开发区建设、会展业、信息·通信、非公有制经济·乡镇企业、财政·税务、商业、烟草、金融、对外经济贸易、旅游·风景区、科学研究、教育·文化、新闻媒体、卫生·体育、社会、人物、市及县（市）区概况、附录32个部类。

六、本年鉴采用分类编辑法，以条目为主体，分一、二、三级目。一级目为大类，如城市建设与管理、工业、农林水利等；二级目排在一级目之下，如城市建设与管理下设城市规划、园林等；三级目为撰写单元（条目），用黑体字加【 】作标识。

七、《昆明年鉴》检索方法有目录和索引两种，目录在卷首，索引在卷尾。目录编排到条目；索引采用主题分析法，按主题词首字音序排列。

八、本年鉴在编纂过程中，得到各级领导、同仁和社会各界的协助支持，在此谨表谢忱。

《昆明年鉴》编辑部

撰稿人员

（按部类顺序排列）

马　雄	李红卓	李　洪	王晓慧	张　晖	路　润
陈英辉	郑美燕	牛元位	马　锐	涂仕艳	字应军
沈金泉	付红彬	陈湘榆	向　茜	姚　伟	吕瑜琳
赵如嘉	陈桓国	杨克勤	陈淑芬	吕海涛	张向明
杨利民	周智宏	刘瑞华	汪兴胜	袁光泉	李　红
贾永强	杨明乐	刘让和	程世林	杨　昆	黄光国
姚晓茂	张　颖	王泽昊	张玲玲	周利康	黄新林
赵吉来	杨　杪	吴立群	字建波	陈　健	许　刚
李晋云	梁俊雄	熊海峰	韩荣坤	龚瑞梅	龚宝兰
张　毅	潘文胜	王淼淼	沈庆惠	侯至群	周洋明
唐荣华	赵国华	张　蓬	徐进忠	顾　隽	许华魏
陈　曼	黄跃初	杨　昆	邬　江	蒋　伟	朱　懿
陈夏钢	钟　群	成路平	丁江萍	钱海东	文成举
王　颖	杨　荇	杨之霞	张　瑾	滕庆华	肖　蕾
张海燕	冷少萍	彭　怡	赵　敏	洪应松	吉　永
叶　莹	许晓军	钟文佑	杨　彦	成小兵	赵　佳
景红波	黄晓秋	姚　愚	卢万福	刘　祎	沈　德
马淑惠	陆　涛	俞菊美	班　文	王婷婷	蔡　明
李志荣	张　德	代　玲	郑　楠	张伟岱	李红海
阳　波	曾　筹	吕云先	王　丹	李向松	杨连国
吴焰红	加三益	罗桂莲	刘　荣	张丽华	吴永华
李志宝	赵　兴	王兴荣	杨加祥	刘世生	毕晓冬
张德雄	张玉宇	李巧梅			

生产总值（亿元）

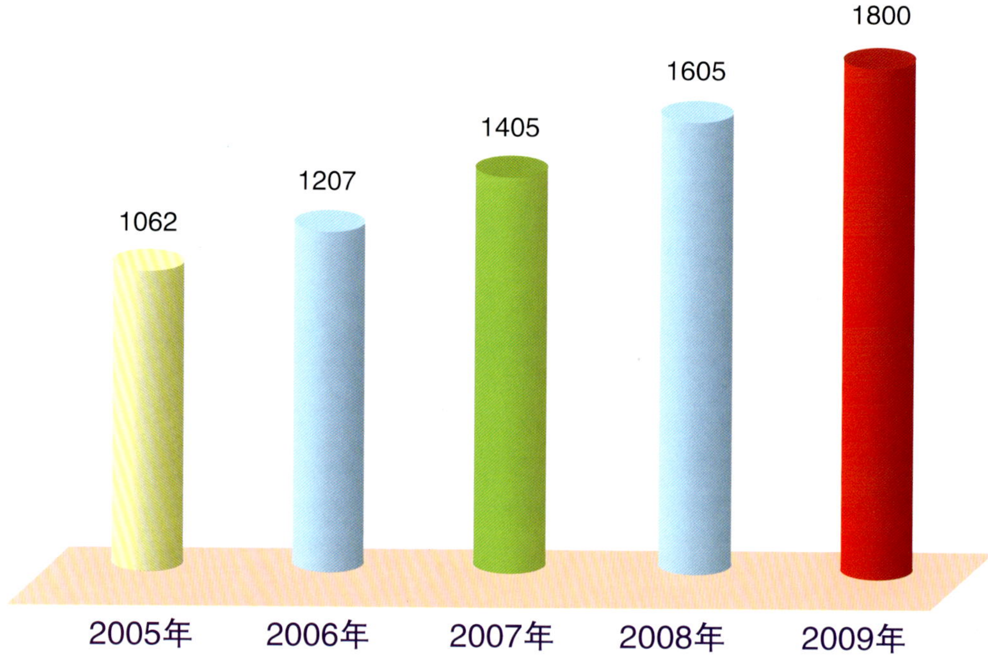

生产总值构成（%）

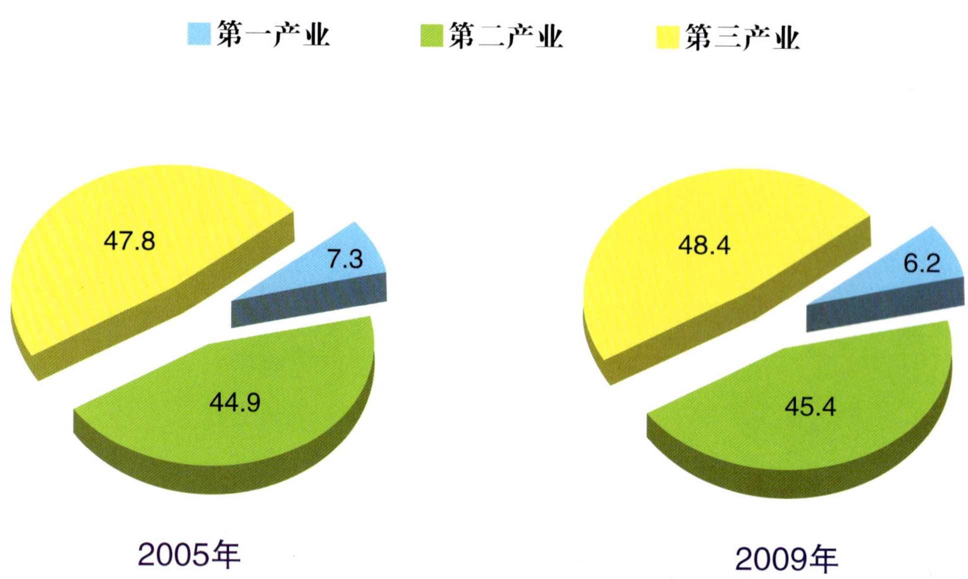

全社会固定资产投资总额（亿元）

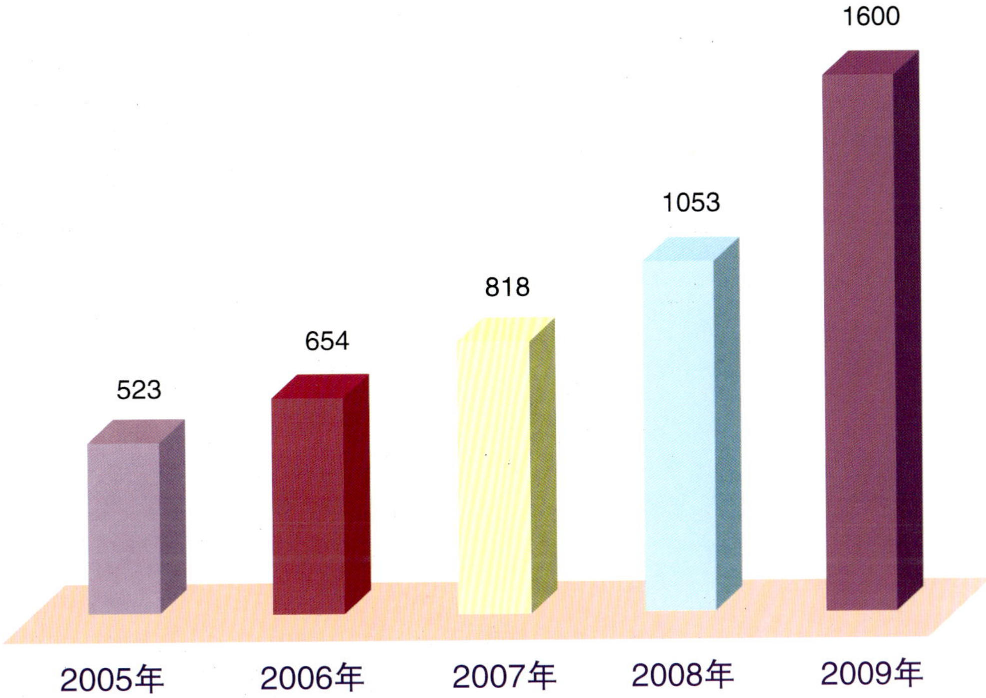

社会消费品零售总额（亿元）

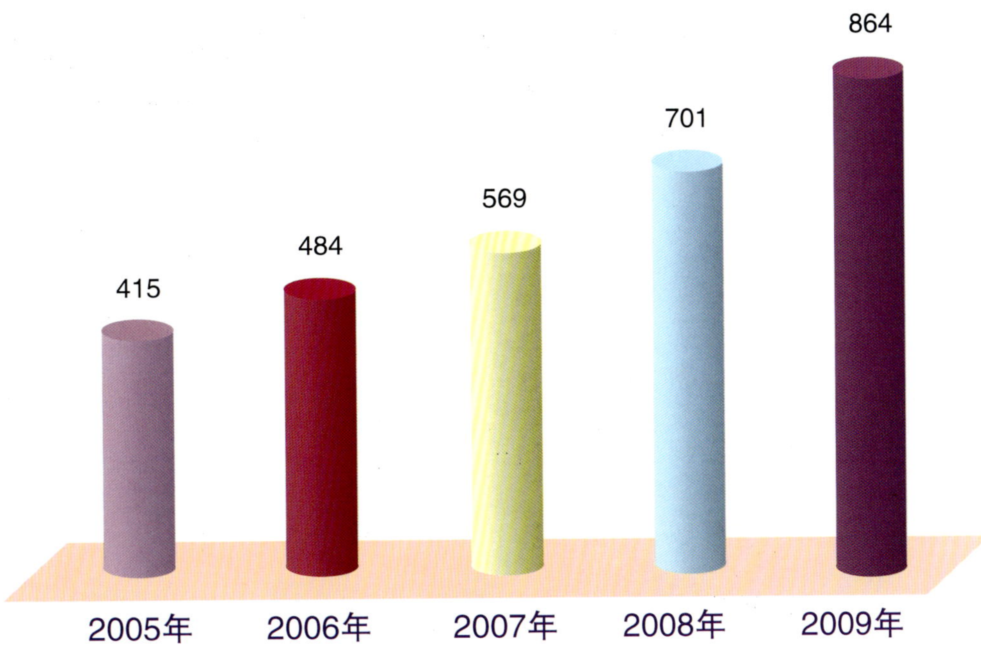

地方一般预算收入（亿元）

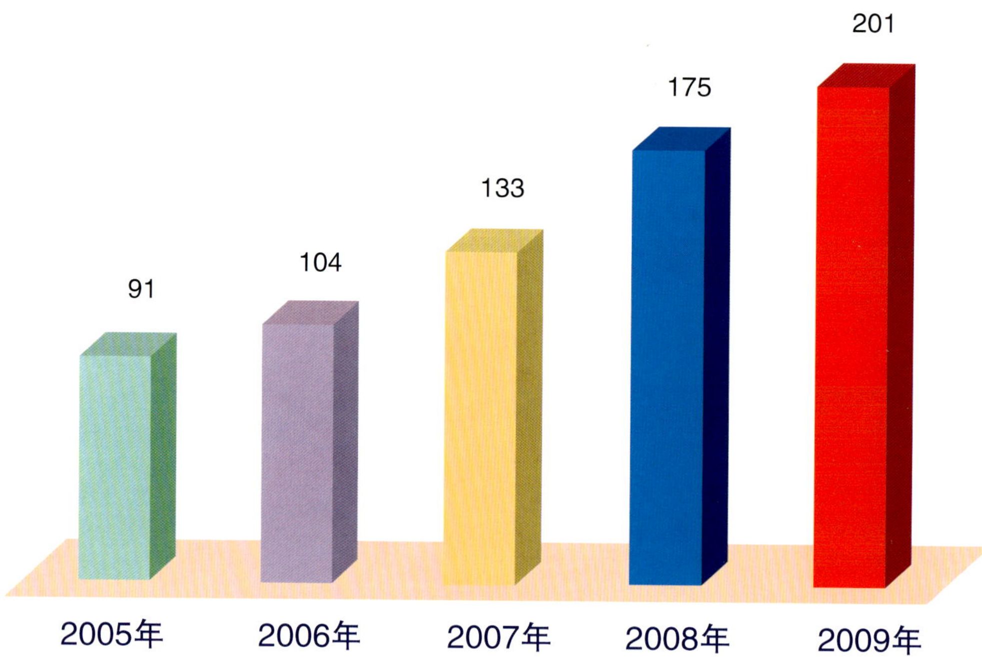

进出口总额（亿美元）

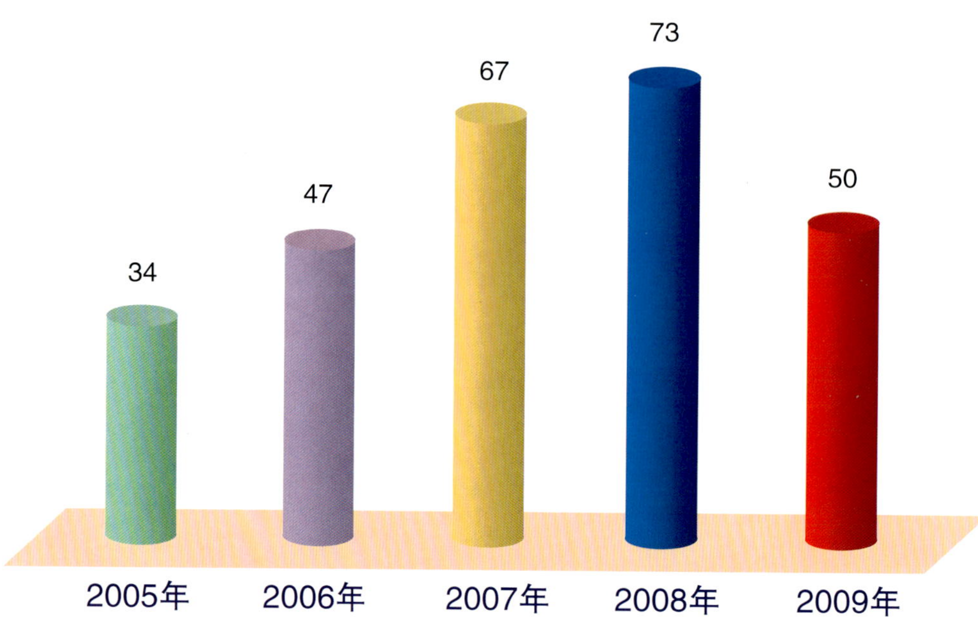

城镇居民人均可支配收入（元）

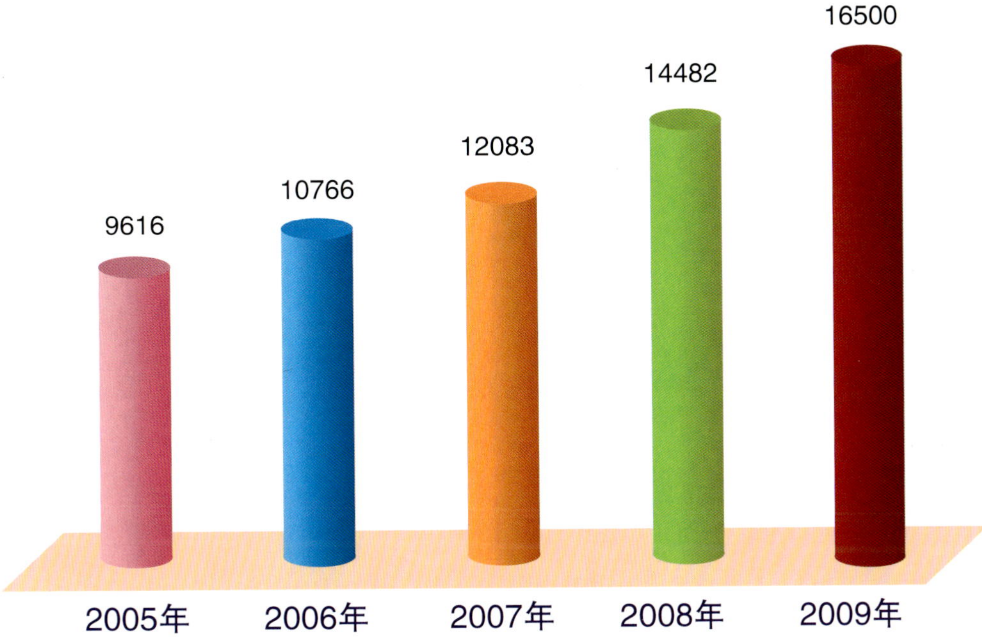

农村居民人均纯收入（元）

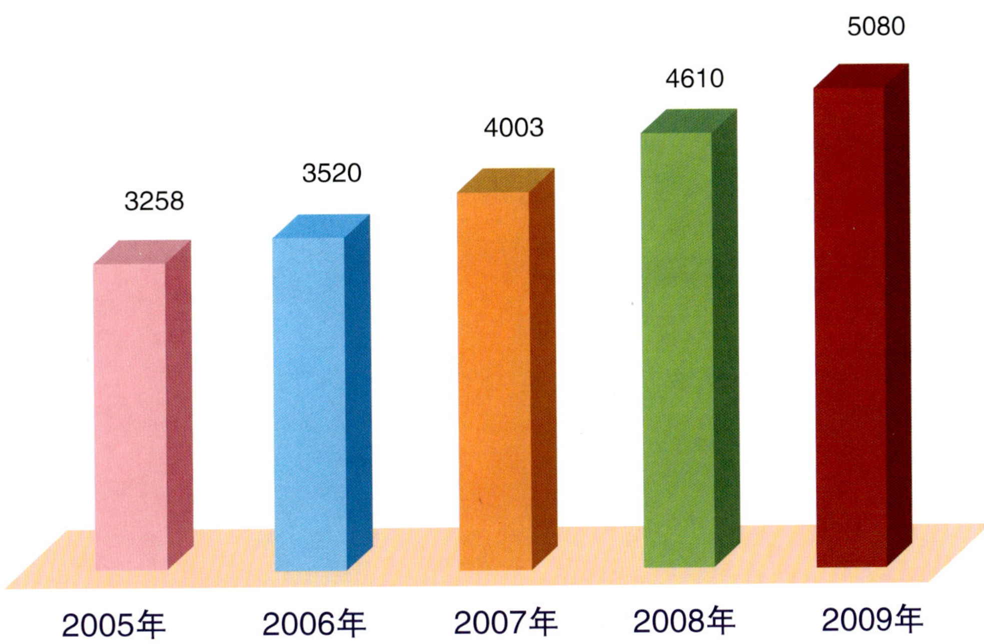

中共昆明市委

中共昆明市委九届六次全体（扩大）会议于2010年1月4～7日召开

会议代表举手表决　　　　　（赵伟　摄）

现场观摩

（本版图片除署名外为王俊星　摄）

九届六次全会

西山区领导汇报工作

五华区领导汇报工作

集体乘车

行动快捷

观摩昆明螺蛳湾国际商贸城

（赵伟　摄）

（本版图片除署名外为王俊星　摄）

观摩安宁太平体育小镇开发暨恒大金碧天下项目

观摩晋宁县古滇商贸城

观摩五华区城中村改造项目

观摩西山区首条生态道路——海源南路

（本版图片　王俊星　摄）

调研·考察

2009年8月6日，中共云南省委书记、省人大主任白恩培调研昆明国企改革及工业经济发展情况。省委常委、市委书记仇和，市委副书记、市长张祖林等领导陪同。

2009年2月26日，省长秦光荣到呈贡新区调研。

2009年春节前夕，市委领导班子看望昆明市在建重点工程建设人员。

2009年2月15日，昆明新航线开航。

2009年5月9日，省委常委、市委书记仇和陪同盐城市政府代表团参观新昆明建设展示。

（本版图片　王俊星　摄）

招商引资

2010年4月29日，中国银行云南省分行与昆明自来水集团有限公司15亿元短期融资券发行成功暨全面战略合作协议签订仪式在世纪金源大饭店举行。

2009年12月8日，省委常委、市委书记仇和，市委副书记、市长张祖林等领导为嵩明工业园燕京啤酒项目开工培土奠基。

2010年3月19日，昆明市人民政府与同济大学合作协议签字仪式在世纪金源大饭店举行。

2010年5月18日，市委常委、常务副市长李文荣一行拜访深圳中航集团，向企业家们推介昆明。

2009年12月28日，中国·昆明螺蛳湾国际商贸城空港经济区加工基地建设项目在空港区启动。

2010年5月19日，昆明招商团在杭州与14家企业签订685.55亿合作项目。

（赵伟 摄）

（本版图片除署名外为王俊星 摄）

福德立交桥

（赵伟　摄）

小庄立交桥

（谢慧　摄）

二环立交

石虎关立交桥

（赵伟　摄）

昆明新机场建设

新机场建设现场　　（赵伟　摄）

正在施工的航站楼
（唐林　摄）

新机场工地　　（王俊

航站楼建设　　（杜文蕾　摄）

各项工程正紧张施工　　（杨艳辉　摄）

2010年4月29日，昆明地铁首批盾构机交付仪式在昆钢重装集团重型机械厂举行，李文荣等市领导出席仪式。

“春城5号”盾构机分别由12辆汽车陆续运送到“小王家营站—呈贡北站”，吊装进入隧道基坑。

环城南路站施工现场

2010年5月3日，北京路交三桥路口，自重50吨的800成槽机试机。经过前期的准备，各类大型施工机械开始陆续进场。（王俊星　摄）

2010年5月3日，北京路穿金路路口，北京路交通流量出现预期的小高峰。（王俊星　摄）

（本版图片除署名外为谢慧　摄）

轻轨建设

呈贡北站施工现场

昆明地铁首期工程九标段环城南路站施工现场

北京路施工现场

呈贡北站是首期轨道交通31个站中的第26个站，车站全长422米，车站分为二层，地下一层是站厅层，第二层是站台层，呈贡北站整体工程将于2011年2月底完工。

（本版图片　谢慧　摄）

呈贡新区建设

2009年2月19日省委书记白恩培（左三）等领导视察呈贡新区

2009年2月26日省长秦光荣（左三）等领导视察呈贡新区

2009年6月18日省、市党政军领导在呈贡新区捞渔河段家营开展义务植树活动

省、市领导视察春融公园

呈贡新区园博园开园

建成投入使用的新区道路之一

云南中医学院

昆明医学院

云南师范大学

市级行政中心外景

建设中的呈贡新区大学园区

（本版图片　唐荣华　摄）

环境整治

太和街道办事处拆除居民防盗笼并免费为居民安装新防盗栏
（杜文蕾　摄）

盘龙区公务员走上街头，进行卫生大扫除。（王俊星　摄）

2010年新年第一天，船房村的保洁员坚守岗位。
（王俊星　摄）

盘龙区创建办组织拓东办事处及相关单位工作人员打扫东风广场片区
（杜文蕾　摄）

盘龙区环城一小的学生正在清洗桃源广场灯柱（谢慧　摄）

西山区各单位干部职工、居民清扫大观楼新村巷道的垃圾杂物（谢慧　摄）

昆明学院学生打扫学校附近商业街绿化带（杜文蕾　摄）

北门社区发动群众对辖区内的卫生死角进行清扫（赵伟　摄）

小庄立交桥下的绿化建设（谢慧　摄）

城中村改造

官渡区城中村改造之一　　（杨艳辉　摄）

官渡区城中村改造之二

官渡区城中村改造之三

西山区城中村黄瓜营村（14号片区）拆迁改造项目启动
（杨艳辉　摄）

五华区城中村拆迁

（本版图片除署名外为杜文蕾　摄）

上庄片区城中村改造项目

（杜文蕾　摄）

官渡区城中村改造回迁房

（杜文蕾　摄）

南坝社区城中村改造回迁房

（杨艳辉　摄）

螺蛳湾商贸城搬迁

2009年11月30日，市委副书记、市长张祖林到老螺蛳湾搬迁指挥部对关闭前的老螺蛳湾最后准备工作进行检查。（赵伟　摄）

11月24日，螺蛳湾国际商贸城商铺认订现场。（谢慧　摄）

12月16日，中国·昆明螺蛳湾国际商贸城开业当天，众多市民进场购物。（赵伟　摄）

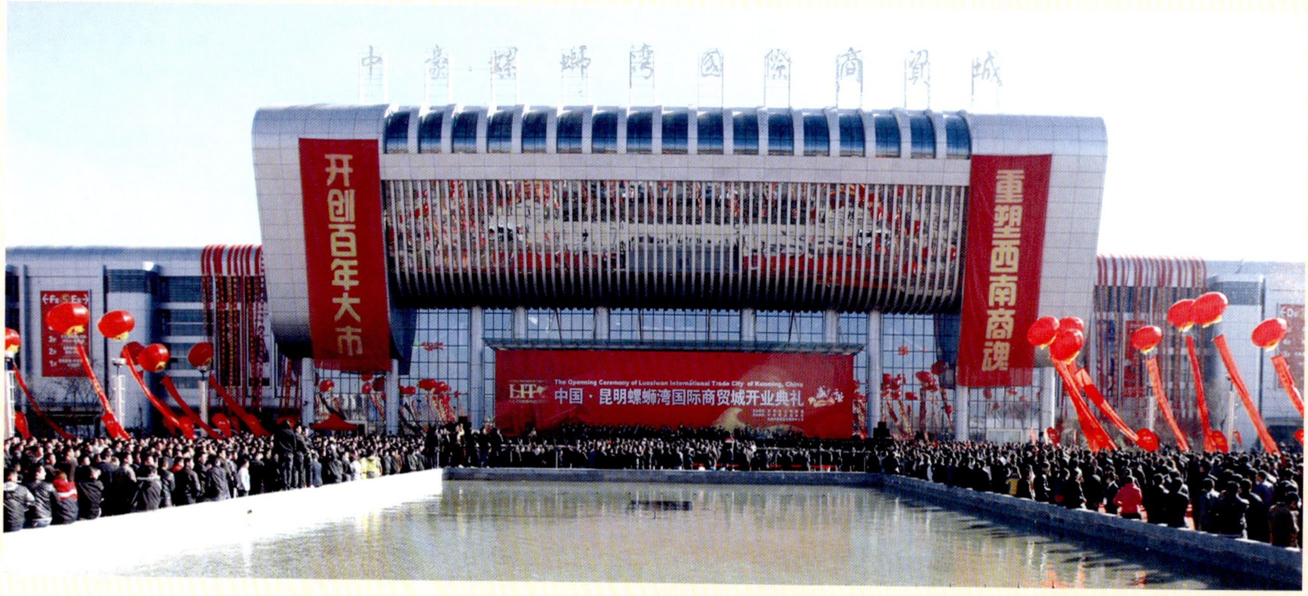

2009年12月16日，新建成的中国·昆明螺蛳湾国际商贸城隆重开业。（赵伟　摄）

昆明螺蛳湾国际商贸城公交枢纽站　（王俊星　摄）

最后到老螺蛳湾进货的客商在打包运走货物　（谢慧　摄）

2010年4月，正在施工中的螺蛳湾二期工程　（赵伟　摄）

滇池治理

东大河　（王俊星　摄）

虾坝河　（王俊　摄）

滇池打捞　（杨艳辉　摄）

宝象河　（杨艳辉　摄）

水葫芦处理现场　（王俊星　摄）

滇池睡美人　（杨艳辉　摄）

官渡区河道清洁人员打捞滇池的垃圾
（杜文蕾　摄）

放鱼入滇池
（杜文蕾　摄）

官渡区万名志愿者正在清理淤泥　（杜文蕾　摄）

河道保洁员管养大清河中的水葫芦
（杜文蕾　摄）

抗大旱

2010年3月26日，齐心抗旱救灾，捐助爱心清泉大型公益活动在东风广场举行，部队抗旱送水车出发。
（高红萍　摄）

宜良北古城镇木龙村委会村民挑水抗旱
（杨艳辉　摄）

2010年2月10日，禄劝县转龙镇鲁白露村的村民饮上了解放军送上山的清洁水。
（王俊星　摄）

送水途中　（杜文蕾　摄）

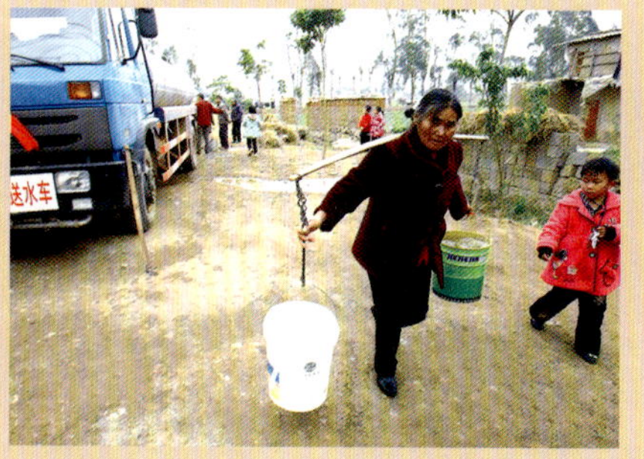

2月19日，宜良县抗旱救灾送水车来到狗街镇南古城村。
（谢慧　摄）

2月19日，抗旱救灾送水车来到汤池镇草甸村。
（谢慧　摄）

2010年3月25日，石林县松子园当地百姓在干涸的土地上开挖小水窖。
（王俊星　摄）

对东白沙河水库除险加固

（赵伟　摄）

昆明旱情，百年一遇。　（赵伟　摄）

宜良县木龙片区老塘子，村民在对塘坝进行扩容。

（王俊星　摄）

干涸的石林绿塘子水库

（唐林　摄）

军 事

昆明市人民政府、昆明警备区、驻昆部队地下水清理整顿专项工作推进会。

昆明警备区党委一届十五次全体会议

国防活动日，防空鸣笛，与会人员全体起立。

民兵展演暨竞赛活动

警备区官兵参与昆明争创卫生城市活动

海埂公园全貌

大观楼荷花

昆明成为国家园林城市

昆明以温暖如春的气候及优越的区位优势具备了“宜居城市”的先天条件。2008年，昆明进行了河道综合整治、重大基础设施建设、拆临拆违、建绿透绿等一系列举措，全方位打造宜居昆明。全力推进生态市建设和城乡园林绿化工作，采取见缝插绿、拆墙透绿、立体植绿等方式，大力植树造林，大搞绿化造景；实行“河长制”、“一湖两江四全”综合治理，使得昆明36条出入滇河道中74%的河道水质有了改善。河道边的生态公园和生态湿地建设让昆明城乡公园和绿地增量的同时，也改变着生态环境。此外，昆明实施“退二进三”战略，逐步将194个工业企业迁出主城，打造昆明的生态、宜居环境。通过一系列治理，2009年昆明市主城区空气质量优质天数超过100天，昆明成为“内陆空气最干净省会城市”；到12月，主城和呈贡新区新栽乔木171.7万多株，新增绿地面积1495.37多公顷，建成区绿化覆盖率达40%以上、绿地率达35%以上、人均公共绿地面积达10平方米以上，生态环境和城乡园林绿化成效明显。2010年昆明荣获国家级园林城市称号。

金牛公园

莲花池公园

碧鸡广场

东华小区

（本版图片　张卫民　摄）

青年志愿者在南屏步行街一带宣传“创卫”知识　　（谢慧　摄）

创建国家卫生城市

马家营的保洁人员正在清洗垃圾桶

金辰街道金实社区爱卫工作门前“三包”

南屏街的商户打扫卫生

盘龙区环城一小的学生在盘龙江沿岸打扫卫生

（本版图片除署名外为杜文蕾　摄）

第六届云南地产文化节

2010昆明春季房交会

2010年5月13日上午9时30分，由云南省住房和城乡建设厅、云南日报报业集团共同主办的“第六届云南地产文化节暨2010昆明春季房交会”在昆明国际会展中心隆重开幕。本次春季房交会的主题是：“活力春城，创新之都，品质昆明，宜居城市”。

参展房交会的企业共有54家，有60多个楼盘参与展出。此外，还有30多家装饰公司，12家媒体，多家银行以及近百个建材、家居、景观设计、模型设计等相关企业搭建展台亮相房交会。

（本版图片 张卫民 摄）

第18届中国昆明进出口商品交易会暨第三届南亚国家商品展签字仪式

云南外企、投资促进、化工矿业馆

第18届中国昆明进出口商品交易会

2009年6月6～10日，第18届中国昆明进出口商品交易会暨第三届南亚国家商品展在昆明国际会展中心成功举办。本届昆交会以东南亚、南亚为重点，共安排展位2 334个，设6个商品专业馆和5个主题馆。国内企业展位1 722个，境外企业展位612个；参展企业总数达1 600家。其中，来自海外22个国家和地区的参展企业500多家。与此次昆交会同时举办的还有第二届南亚国家商品展，设置展位300个。

本届昆交会，昆明实现进出口成交额14 510万美元，其中，出口9 790万美元，进口4 720万美元。

第18届中国昆明进出口商品交易会开幕式

各国展品琳琅满目

（昆交会图片 张卫民 摄）

2010 中国昆明国际文化旅游节·昆明狂欢节

“中国十大节庆”活动之一的中国昆明国际文化旅游节·昆明狂欢节由国家旅游局和云南省政府主办，昆明市政府承办。此前已成功举办了十届，成为扩大对外交流、促进招商引资、推进云南旅游全面发展的重要平台。

5月1日上午9点30分，2010中国昆明国际文化旅游节·昆明狂欢节在昆明拓东体育场隆重开幕。本届活动以“相约狂欢昆明、体验七彩云南”为主题。参加开幕式巡游的21辆花车，除各州市和友好城市的花车外，还有来自巴西和多个东南亚国家的花车也集体亮相。同时，来自巴西的桑巴舞团，以及20多个国家的艺人同台演出。作为2010中国昆明国际文化旅游节·昆明狂欢节一个大亮点——私家车创意装饰大赛入围的50辆私家车，从拓东体育场北门出发，进行全程约10公里的巡游。

狂欢节期间，昆明各个广场上举办巴西桑巴舞歌舞展演、国际音乐美食节、民族舞等活动。本届狂欢节还增设了街舞、国标舞、民族民俗舞表演赛。各种风格多样、水平高超的舞技比拼让游客们一饱眼福。为了吸引游客，在为期3天的节庆中，除保留传统的花车巡游、民族特色长街宴、广场表演等活动外，还举行了昆明老街欢乐购物节、昆明—南宁自驾车旅游首发式等项目。

（本版图片　张卫民　摄）

昆明首届古滇非物质文化遗产展示会

2010年4月28日，昆明首届古滇非物质文化遗产展示会在昆明官渡古镇开展。本次展示有65个非物质文化遗产项目，近1000个相关作品，其中，国家级2项，省级12项，市级46项，本次展会是云南省首次对非物质文化遗产的集中展示。

来自全国各地的近万人参加了展示会。古滇非物质文化遗产展示，有利于推动对云南非物质文化遗产的抢救和恢复，可以促进古滇非物质文化第二次生命的形成，对保护、继承和发扬古滇文化具有十分重要的作用。“让千年的古滇文化沉淀在这里找到，让千古文化之魂在这里重现。”

（本版图片　张卫民　摄）

百年滇越铁路大型展览

2010年3月31日，“百年滇越铁路大型展览”在云南省博物馆开展。展览以大量的照片、实物、资料、模型等展示了百年滇越铁路的历史和现状。滇越国际铁路被称为“百年铁路活化石”，自1910年通车至今，历经百年沧桑，是中国铁路网中唯一仍在运营的米轨（轨距1米）铁路。滇越铁路给云南乃至中国人民带来屈辱和创伤，但是它加速了云南近代化进程。

滇越铁路在中国和世界铁路建设史上是最具特色和影响的铁路建设工程之一。它是云南省的第一条铁路，也是中国第二条国际铁路。铁路自昆明起始，终点至越南海防，全长854公里，1910年3月31日全线通车。

这次大型展览，以丰富多彩的摄影和展览艺术向人们展示滇越铁路宝贵的历史文化价值和巨大的开发利用价值。

（本版图片　张卫民　摄）

昆明市人民防空建设

2009年8月10日昆明市人民防空工作会议在市委召开

省委常委、昆明市委书记仇和在全市人民防空会议上讲话

市人防办主任尚建国在贯彻落实全市人民防空工作会议上讲话

杜敏副市长出席人防建设目标责任书签字仪式

在市委、市政府和警备区的领导下，昆明市始终坚持人防建设与经济发展相协调，与城市建设结合，本着人防信息化指挥建设为龙头，人防工程建设为重点，完善制度和加强行政执法为保障，全面贯彻落实《中华人民共和国人民防空法》。2009年8月，昆明市召开了有史以来规模最大、规格最高的全市人防工作会议。市委全体常委、市人大主任、市政府市长、市政协主席、市政府副市长、市属各委办局、各县（市）区党政军主要领导和分管领导参会。会上市委书记做动员，市长部署人防工作。会议的召开和《中共昆明市委、昆明市人民政府、昆明警备区关于进一步推进人民防空事业发展的实施意见》和《昆明市人民防空工程建设管理规定》（昆明市政府公告第48号）的下发，以及市政府与县（市）区政府人民防空目标责任书的签订，进一步改善了人防建设的环境，开创了昆明市人民防空工作全面、健康、快速发展的新局面。

昆明市中学生结合“9.18”防空警报试鸣举行防空应急演练

结合民用建筑修建的某大型人防工程

昆明市投资促进局

昆明市投资促进局成立于2004年6月，为主管全市投资促进、招商引资的市政府工作部门。根据《中共昆明市委办公厅 昆明市人民政府办公厅关于印发<昆明市人民政府机构改革实施意见>的通知》，2009年11月，昆明市会展工作领导小组办公室承担的工作职责划入昆明市投资促进局。

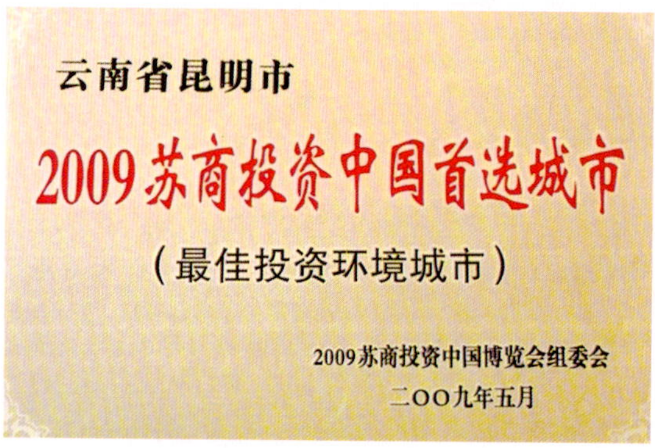

昆明市荣获“2009年度全省招商引资工作一等奖”

2009年，在市委、市政府的领导下，全市招商引资系统以学习和实践科学发展观为契机，紧紧围绕贯彻落实市委九届五次全会精神，着力提高服务水平，埋头苦干、奋力拼搏，全市利用外来投资克服了金融危机带来的不利影响，经济呈现平稳上升的良好态势。

年内，全市实际利用外资完成7.28亿美元，同比增长20.9%，完成市政府下达实际利用外资目标任务的121.3%；全市实际引进市外到位资金706.59亿元，同比增长33.1%，完成市政府下达实际引进市外到位资金目标任务的117.8%。

领导班子成员：前排：局长桂春（中）、局党组书记谭爱萍（左二）、局机关党委书记汪辉（左一）、副局长何燕（右二）、副局长张宗能（右一）；后排：副局长潘惠礼（左）、副局长骆晓林（右）

市投资促进局获“昆明市2008年度经济社会制度创新成果”一等奖。

国务院督查组督查昆明市尾矿库安全工作

省政府验收昆明市尾矿库整治工作

昆明市安全生产监督管理局

危化品应急演练现场

昆明市召开安全生产委员会扩大会议

2009年，昆明市安全生产监督管理局在市委、市政府的正确领导下，坚持以邓小平理论和“三个代表”重要思想为指导，深入贯彻落实科学发展观，坚持“安全第一、预防为主、综合治理”的方针，坚持“以人为本”、科学发展、安全发展的理念，坚决贯彻执行中央和省（市）委的决策部署，从讲政治、保稳定、促发展的高度，以对人民群众生命财产高度负责的精神，按照市委九届五次全会确定的目标任务和“拼搏2009”的总体要求，坚持关口前移、重心下移，强化监管，切实采取有力措施，狠抓工作落实。坚持以防大事故、治大隐患为重点，紧紧抓住安全生产年“三项建设”和“三项行动”这一主线，突出煤矿、非煤矿山、危险化学品、建设施工、道路交通、消防安全、烟花爆竹等重点高危行业、领域的专项整治和隐患排查治理专项行动，进一步强化安全生产责任的落实，杜绝重特大生产安全事故，遏制较大事故，减少一般性伤亡事故。

副市长杜敏在全市安委会扩大会议上讲话

市安监局局长潘开平(右一)检查危化品安全工作

2009年全市共发生各类安全事故3699起、死亡396人（含消防14人）、受伤3371人，直接经济损失2301.11万元，全市杜绝了重特大事故，各类事故死亡人数低于控制指标23人。较大事故共发生6起、死亡20人，低于控制指标7起，同比事故起数减少4起，下降40%；死亡人数减少21人，下降51.2%。四项指标全面下降，安全生产形势平稳趋好。在国务院督查和省政府年度考核中，昆明市安全生产工作继续保持全省先进行列，受到省考核组的充分肯定，为全市经济社会平稳较快发展作出了积极的贡献。

昆明市组织危化品应急演练

市安监局副局长李忠文检查矿山安全工作

全市安监系统组织业务培训

市安监局副局长刘昆一(右一)检查道路交通安全工作

昆明市妇联

2009年，昆明市妇联认真贯彻落实市委九届五次全会精神，紧紧围绕市委、市政府的中心工作，按照昆明市妇联十三届五次执委会确定的2009年度工作目标任务，认真履行组织妇女、引导妇女、服务妇女，统筹推进城乡妇女发展，切实维护妇女儿童合法权益的职能，重点在促进妇女创业就业、关注民生、“四创两争”以及妇联组织自身建设等方面加大工作力度，以学习实践科学发展观活动和“行政效能提升年”、“干部作风改进年”活动为载体，团结带领广大妇女群众积极投身现代新昆明建设，在开创昆明跨越式发展新局面的进程中发挥妇女的“半边天”作用，促进妇女儿童事业的发展。

中共中央委员、全国妇联党组书记、副主席、书记处第一书记黄晴宜在中共云南省委常委、昆明市委书记仇和、云南省妇联主席胡有兰等领导的陪同下视察昆明市妇女儿童活动中心。

省、市妇联联合开展“妇女创业就业援助行动”，命名了一批“巾帼创新业示范基地”。

昆明市妇女第十四次代表大会在昆明召开，昆明市政协副主席陆玉珍当选为市妇联主席，郭跃红当选为常务副主席，梅会芬、陈泓、万星宪等当选为副主席。

在昆明市春蕾少年儿童基金会成立大会上，社会各界踊跃向贫困女童奉献爱心。

陆玉珍、郭跃红等领导慰问贫困母亲。

在贷免扶补暨小额担保贷款工作总结推进会召开期间，组织与会人员参观禄劝县“巾帼创业一条街”。

发放小额担保贷款，帮助下岗失业及进城务工妇女实现创业、就业。

在晋宁县古城河边建造“巾帼青年林”。

在参与发展方面，扎实推进“新型女农民素质教育行动”，开展实名制文化、科技知识和农村实用技术培训，实施城市小额担保贷款和“贷免扶补”工作，帮助下岗失业及进城务工妇女实现创业、就业；在文明创建方面，实施“四创两争家庭清洁行动”，深入开展“五好文明家庭”和“巾帼文明示范岗”创建活动，努力提高妇女文明素质；在维权工作方面，加大妇女儿童发展规划的实施、监测力度，大力实施“春蕾计划”，继续开展“零家庭暴力示范社区”创建工作，积极参与社会治安综合治理；在组织建设方面，切实加强妇联干部队伍建设，加大了推进妇女代表联系制实施工作力度，发挥妇女代表联系妇女群众的作用，开展创建“优秀妇女之家”活动，努力把“妇女之家”建设成为妇女活动的阵地。

2010中国昆明泛亚石博览会

从2010年起，云南省将着力打造“中国昆明泛亚石博览会”，力争到2020年，使云南成为世界石文化石产业发展中心之一，以拓展泛亚区域合作领域，扩大云南在泛亚区域的影响力。

7月10～18日，2010中国昆明泛亚石博览会在昆明国际会展中心隆重举办，本年的展会由云南省人民政府主办，更名为“2010中国昆明泛亚石博览会”。

本届石博会展览总面积5万平方米，使用会展中心的6个展馆，标准展位2215个。整个会期参观总人数达20万人次，成交额达3.2亿元。

5年的时间，昆明石博会由最初的行业性展会发展成为了一个极具规模的国际性展会，除国内20多个省市参加外，还有缅甸、越南、阿富汗、斯里兰卡、老挝、巴基斯坦等多个国家近300余商家参展。

（本版图片 张卫民 摄）

云南阿詩瑪文化产业投资有限公司

Ashima Realestate Development Co.,Ltd.

图注：1.公司投资经营的全球加盟连锁酒店——中城·速8酒店
2.公司主办的云南珠宝玉石产业发展建言酒会
3.公司董事长董洪齐（右二）与来访的省委常委、昆明市委书记仇和（右四）合影

云南阿诗玛文化产业投资有限公司

行者文之根，德者才之帅。民族文化的积淀对于企业的影响颇深。云南阿诗玛文化产业投资有限公司正是根植于民族文化灿烂多彩的云南。

宏图伟业，大器天成。云南阿诗玛文化产业投资有限公司基于云南多彩的民族文化资源，汇聚了一大批商业地产、旅游项目开发、项目施工管理、企业品牌营销策划精英，积极向文化产业重点项目的投融资、文化产业基础设施建设及文化产业精品工程的开发建设与管理等诸多领域拓展。以政府的产业政策为引导，以滇中地区灿烂多彩的民族文化资源为依托，向全省、全国辐射，形成区域性影响力和知名度。

云南阿诗玛文化产业投资有限公司用高度专业的客户服务水准，为各级政府、文化地产、旅游项目提供高效能全方位的商业开发和投资活动，参与各地区招商引资，对地区优势文化产业发展提供软、硬件设施的设计、开发、建设。为打造特色文化产业链，提升区域经济发展提供一个走向中国、走向国际的价值表现方式。

云南阿诗玛文化产业投资有限公司也非常注重与其他兄弟企业的合作，诚信务实专业化，企业朋友遍天下。

智修于内，道行于外。云南阿诗玛文化产业投资有限公司坚持成就客户、成就自我、成就未来的经营理念，遵循规模经营、优势互补、资源共享、产业整合、实现双赢的战略方针，从公司创始，便以精品意识、市场意识、全球意识为企业原则，致力于发展成为具有国际水准的文化产业投资公司。

［未来，云南阿诗玛文化产业投资有限公司将以文化为主导全面进入资本市场，成为股票公开上市公司。］

让世界享受文化之美！

图注：

4.公司2009年主打项目——昆明国际珠宝城
5.公司精心打造的云南翡翠毛料第一城——盈江·国际翡翠城奠基仪式
6.公司董事长董洪齐（右二）与公司员工一起参加2010年元旦游园活动
7.西促会会长孟继尧参加公司主办的中国阿诗玛珠宝玉石文化博览会暨交易会开幕式

市领导李培山、田云翔、阮凤斌出席昆明九龙湾废旧物资回收处理中心开工仪式

昆明市供销合作社

昆明市农村合作经济组织联合会成立

全国供销合作总社主任李成玉视察昆明市供销社农资配送中心

市领导视察供销社东部废旧物资交易市场

2009年是全市供销合作社快速发展的一年。在市委、市政府的领导下，市供销合作社始终坚持以邓小平理论和“三个代表”重要思想为指导，树立和落实科学发展观，紧紧围绕与市政府和省供销社签订的目标任务，大力推进“乡村流通工程”建设，积极构建现代农村流通服务体系，抢抓机遇，转变作风，深化改革，供销社“二次创业”工作呈现良好开局，流通服务网络建设进一步加快，直属企业竞争实力不断增强，机关效能不断提升，干部作风进一步改进，使供销社成为农业社会化服务的骨干力量、农村现代流通的主导力量、农民专业合作的带动力量。实现主要经济指标快速增长，各项工作取得较好成绩。全市供销社广大干部职工振奋精神，应对挑战，充分发扬艰苦创业，勇于开拓，敢于创新的精神，树立大有作为的信心和决心，全面开创供销社改革开放、科学发展、稳定和谐的新局面。

目　录
CONTENTS

特　载
SPECIAL ISSUE

大 事 记
MAJOR EVENTS

政　治
POLITICS

·中国共产党昆明市委员会·
Kunming Municipal Committee of CPC

中国民主建国会昆明市委员会
China Democratic National Construction Association, Kunming Municipal Committee

中国民主促进会昆明市委员会
China Association for Promoting Democracy, Kunming Municipal Committee

中国致公党昆明市委员会
Kunming Municipal Committee of China Zhigongdong

中国农工民主党昆明市委员会
Chinese Peasants' and Workers' Democratic Party, Kunming Municipal Committee

九三学社昆明市委员会
Jiusan Society, Kunming Municipal Committee

昆明市工商业联合会（总商会）
Federation of Industrial and Commerce of Kunming (The General Chambe of Commercer)

·群众团体·
Mass Organizations

总工会
Federation of Trade Unions

妇女联合会
Women's Federation

共青团
Kunming Municipal Committee of the Communist Youth Leaglle

台湾同胞联谊会
All – China Federation of Taiwan Compatriot

归国华侨联合会
Federation of Returned Overseas Chinese

·外事侨务·
Foreign Affairs and Overseas Chinese Affairs

·政策·经济研究·咨询·
Policy · Economy Study · Advisory

军 事
MILITARY AFFAIRS

公检法司
Public Security Procuratorial Court Judicial Administration

民族・宗教
NATIONALITIES AND RELIGIONS

经济管理
ECONOMIC ADMINISTRATION

环境保护
ENVIRONMENTAL PROTECTION

建筑业·房产业
CONSTRUCTION AND REAL ESTATE

现代新昆明建设 开发区建设
MODERN NEW KUNMING CONSTRUCTION DEVELOPMENT ZONES CONSTRUCTION

会展业
CONVENTION AND EXHIBITION

信息·通信
INFORMATION · COMMUNICATIONS

电　信
Telecommunications

非公经济·乡镇企业
NON-PUBLIC SECTORS OF THE ECONOMY AND TOWNSHIP ENTERPRISES

非公有制经济
Non-public Sectors of the Economy

乡镇企业
Township Enterprise

财政·税务
FINANCE AND TAXATION

财　政
Finance

国　税
National Taxation

地　税
Local Taxation

商　业
COMMERCE

商业贸易
Commerce and Trade

供销合作
Supply and Marketing Cooperatives

烟　草
TOBACCO

金　融
BANKING

科学研究
SCIENTIFIC STUDY

科学技术
Science and Technology

科学技术协会
Science and Technology Association

防震减灾
Earthquake Precaution and Disaster Relief

气　象
Meteorology

社会科学
Social Sciences

教育 · 文化
EDUCATION AND CULTURE

教　育
Education

文　化
Culture

文学艺术界联合会
Literature and Arts Association

档　案
Archives

文物及博物馆
Cultural Relic and Museum

新闻媒体
NEWS MEDIA

卫生 · 体育
HEALTH AND SPORTS

社　会
SOCIETY

人　　物
FIGURES

县（市）区概况
COUNTIES AND DISTRICTS OF LOCAL DISTRICTS

附　录
APPENDIX

索　　引
INDEX

群策群力完成“十一五”顺时应势谋划“十二五”加快实现昆明科学发展新跨越

——在市委九届六次全体（扩大）会议上的报告

（2010年1月7日）

中共云南省委常委、昆明市委书记　仇　和

同志们：

现在，我代表市委常委会向全会报告工作，请予审议。

党的十七大指出，在新的发展阶段全面建设小康社会，必须深入贯彻落实科学发展观。市委九届五次全体（扩大）会议提出，立志争先进位，着力富民强市，全面开创昆明跨越式发展新局面。对昆明来说，加快实现科学发展新跨越，是大势所趋、发展所需、民心所向，也是在更高起点上推进现代新昆明建设的必然选择。

这次市委九届六次全体（扩大）会议的主要任务是：全面贯彻党的十七大、十七届四中全会、中央经济工作会议和省委八届八次全会精神，深入贯彻落实科学发展观，回顾总结2009年工作，研究部署2010年工作，组织动员全市广大党员干部和各族人民，群策群力完成“十一五”，顺时应势谋划“十二五”，加快实现昆明科学发展新跨越。

一、拼搏2009结硕果，跨越式发展实现良好开局

2009年，是国际国内经济形势异常复杂、现代新昆明建设任务特别艰巨的一年。在党中央、国务院和省委、省政府的坚强领导下，市委团结带领全市各族人民，认真贯彻落实胡锦涛总书记考察云南时的重要讲话精神，积极应对挑战，着力化危为机，持续克难奋进，千方百计保增长、保民生、保稳定，经济发展回升向好，社会事业全面进步，生态建设成效显著，党的建设扎实推进，跨越式发展实现良好开局。预计全市实现地区生产总值1 800亿元，增长12%；地方财政一般预算收入完成201亿元，增长15%；城镇居民人均可支配收入达16 500元，农民人均纯收入达5 080元，分别实际增长13%和9.7%。

立志争先进位，跨越发展形成共识。通过认真开展调查研究，广泛听取各方意见，汇聚全市上下智慧，在深化“一二三四五六”发展思路的基础上，市委九届五次全体（扩大）会议提出了跨越式发展目标，并明确了构建城镇、产业、市场、园区、交通、生态、人才和民生保障八大支撑体系的具体要求。一年来的实践充分证明，跨越式发展符合科学发展观要求，符合市场经济规律，符合昆明现阶段实际，得到了社会各界的广泛认同，形成了干部群众的普遍共识，成为凝聚全市人民意志和力量的强大动力。

着力富民强市，经济平稳较快发展。抢抓国家实施积极财政政策和适度宽松货币政策的重大机遇，实施大投资方略，强化大项目支撑，完成全社会固定资产投资1 600亿元，增长52%，创历史新高。积极启动和扩大消费，实现全社会消费品零售总额864亿元，增长23%。全神贯注致力工业突破，实现规模以上工业增加值530亿元，增长9%。统筹城乡区域协调发展，“三农”工作稳步推进。巩固提升传统服务业，积极发展新兴服务业。一、二、三产业增加值分别增长5.8%、10.4%、14.7%，三次产业结构调整为6.2∶45.4

:48.4。

建设品质春城，城乡面貌日益改善。重视发挥城乡规划委员会作用，研究出台建设项目规划审批“二十不”规定。推进以交通为重点的基础设施建设，主城支次道路改造工程加快实施，二环快速系统全线通车，三环闭合、绕城高速稳步推进，“四环十七射”骨干路网逐步形成。城市轨道交通规划获国务院正式批复，首期工程1、2号线开工建设。昆明铁路枢纽扩能改造、昆明新国际机场、中缅油气管道和炼化基地等重大项目进展顺利。积极实施“城中村五年改造工程”，启动改造“城中村”68个，拆除建（构）筑物398万平方米。严格实行“十一个零申报”，整治违法加层和无序建房，拆除临违建筑271万平方米。全面开展建绿补绿透绿，主城和呈贡新区新增绿地1 595公顷，绿地率和绿化覆盖率分别达36.8%和40.5%。昆明荣获“联合国宜居生态城市”、“中国最佳休闲宜居绿色生态城市”称号。

深化改革开放，发展活力持续增强。积极开展综合改革试点工作，推进体制机制创新，出台制度创新性文件2407个。深化国有企业改革，引进战略合作伙伴，完成云变电气、昆明电机、昆明电缆等68户企业改革任务。加大招商引资力度，实际利用外资7.28亿美元，增长21%；实际引进市外到位资金706亿元，增长33.1%。优化进出口商品结构，实现进出口总额50亿美元。开展“行政效能提升年”和“干部作风改进年”活动，发展软环境持续优化。昆明荣获“中国最具创新力城市”、“中国最具软实力城市”、“中国十佳投资创业城市”、“苏商投资中国首选城市”、“浙商投资（中国）最佳城市”等称号。

狠抓滇池治理，生态建设扎实推进。全面实施以滇池流域为重点的水环境综合整治，滇池环湖干渠截污和环湖交通实现基础闭合。“四退三还一护”工作取得突破，退塘、退田4.15万亩，退房49.6万平方米，退人9476人，完成环湖生态建设5万亩。坚持“河（段）长”负责制，36条出入滇池河道综合整治工作扎实开展，“一湖两江”流域“四全”工作取得实效。加快城市污水收集处理系统建设，主城污水日处理能力达110.5万吨，实现两年翻一番，再生水利用日处理能力达7.28万吨。植树造林22万亩，森林覆盖率达45.05%。重视节能减排，单位生产总值能耗、二氧化硫排放量、化学需氧量均完成目标任务。昆明荣获“中国十佳和谐可持续发展城市”称号。

注重改善民生，社会事业全面进步。加大科技创新力度，科技成果转化率和科技贡献率分别达37.1%和54.6%。义务教育均衡发展，中等职业教育招生突破3万人，民办学校在校生人数达22.9万人。完善公共医疗卫生服务体系，新农合参合率达95.88%，城镇居民医保覆盖率达90%。推进文化体制改革，组建昆明报业传媒集团、昆明演艺（集团）有限公司等五大文化产业集团。做好就业再就业工作，“两后双百”工程取得实效，新增就业13万人，再就业3.45万人，城镇登记失业率稳定在4%以内。重视保障性住房建设，新建廉租房1.2万套、经济适用房144万平方米。扶贫开发、国防动员和双拥工作富有成效。平安昆明、法治昆明、诚信昆明建设深入推进，构建和谐社会取得新进展。昆明蝉联“中国最具幸福感城市”，荣获“中国全面小康十大民生决策城市”、“全国社会治安综合治理先进集体”称号。

深入开展学习实践科学发展观活动，党的建设富有成效。注重常委会自身建设，领导科学发展能力得到提高。深化干部人事制度改革，积极开展公开选拔、公推直选、公推公选、连续公开差额推荐，公选60名年轻干部、40名经济学博士挂职担任副县级领导。坚持“领导干部培训日”和“每月四课”集中学习制度，组织开展普通话、计算机和外语“三普”教育，选派27批1 649名干部外出接受专题培训。宣传思想工作扎实开展，纪念建国60周年系列活动取得圆满成功。深化党代表常任制试点工作，党内基层民主建设不断加强。农村、社区、新社会组织和非公有制经济组织等基层党建工作扎实推进。深入开展反腐败斗争，进一步建立健全惩治和预防腐败体系。人大、政协工作成效显著，民主法制建设得到加强。统战、民族、宗教等工作取得新成绩。工会、共青团、妇联等人民团体和社会组织作用充分发挥。

回顾一年来的工作，我们不仅经受住了严峻形势的考验，取得了超出预期的发展成果，而且积累了在复杂环境中推动工作的宝贵经验。实践表明：只有坚定不移地贯彻执行中央和省委、省政府的重大决策部署，才能坚定信心、鼓舞士气，始终保持正确的政治方向和不竭的精神动力；只有坚定不移地贯彻落实科学发展观，才能把握方向、明确目标，推动经济社会又好又快发展；只有坚定不移地解放思想、更新观念，才能与时俱进、永不僵化，探索出加快现代新昆明建设的新路子；只有坚定不移地深化改革、扩大开放，才能化危为机、开拓进取，在日趋激烈的区域竞争中抢占发展先机；只有坚定不移地依靠群众、共建和谐，才能凝聚人心、汇集力量，形成万众一心谋发展的强大合力；只有坚定不移地求真务实、大干苦干，才能攻坚克难、乘势而上，把昆明跨越式发展的宏伟蓝图变成现实。

成绩来之不易，奋斗充满艰辛。这些成绩的取得，是中央和省委、省政府正确领导的结果；是全市各级党组织和各族干部群众奋力拼搏的结果；也是各民主党派、无党派人士、工商联、人民团体，驻昆中央和省级机关、企事业单位，人民解放军、武警官兵共同努力的结果。在此，我代表市委，向所有关心、支持和参与昆明改革、建设、发展的同志们、朋友们，表示衷心的感谢，并致以崇高的敬意！

在充分肯定成绩的同时，我们也要清醒认识存在的问题。比如，经济总量小与经济结构不合理的矛盾并存，经济发展方式亟须转变；城乡规划建设管理水平不高，交通、水利、环保等基础设施欠账较多；“三农”工作较为薄弱，城乡、区域发展不平衡问题依然突出；人口资源环境矛盾日趋凸显，植树造林、节能减排、滇池治理任重道远；社会事业发展相对滞后，教育、医疗、就业和住房等民生问题备受关注，统筹兼顾各方利益难度加大；社会管理基层基础还需夯实，维护社会稳定责任重大，和谐社会建设面临新课题；党的建设和民主法制建设仍需加强，干部作风有待改进，机关效能需要进一步提升，等等。对于这些问题，必须高度重视，采取有力措施，切实加以解决。

二、超前谋划“十二五”，牢牢把握跨越式发展主动权

不谋长远者，不足以谋一时；不谋全局者，不足以谋一域。今年是两个“五年规划”的交替之年、承启之年。我们在确保全面完成“十一五”的同时，必须超前谋划“十二五”，抢抓发展新机遇，实现发展新跨越。

（一）超前谋划“十二五”，必须立志跨越发展。进入“十二五”，意味着本世纪头二十年的重要战略机遇期已经过半。上世纪90年代，昆明经济社会发展一直位居全国大中城市前列，但近年来的综合实力排名却持续下降。一时的落后不可怕，阶段性的位次下滑也不可怕，关键是要找准落后的症结、判明下滑的原因。改革开放30年来的发展历程告诉我们，一个地区、一个城市的发展，不进则退、慢进也是退；不发展没有出路、发展慢了同样没有出路。发展之路漫漫，但紧要处往往只有那么几步。本世纪第二个10年，特别是“十二五”期间，必将又是一个城市竞争日趋激烈、竞合格局加速调整、综合实力重新排序的关键时期。实现科学发展新跨越，面临着双重压力，肩负着两大任务，既要在全面建设小康社会的进程中增强自身实力，又要在日趋激烈的区域竞争中培育新的优势。全市广大党员干部必须切实增强“朝受命、夕饮冰”的使命感，增强“昼无为、夜难寐”的紧迫感，坚持科学发展不动摇、跨越发展不懈怠，加快推进现代新昆明建设。

（二）超前谋划“十二五”，必须抢抓历史机遇。纵观国际国内形势，“十二五”期间，昆明发展的机遇与挑战并存，但机遇大于挑战，主要表现为“四个更加广阔”。经济全球化和区域一体化潮流不可阻挡，我国沿边开放战略深入实施，特别是随着中国—东盟自由贸易区全面建成，作为我国面向西南开放的门户，昆明对外开放的空间更加广阔。国际金融危机带来了思想观念的大冲击、发展模式的大调整、体制机制的大变革，我国也将进入新一轮改革攻坚期，制度创新、技术创新、管理创新已成为推动经济社会发展的引领力量，作为全省综合改革试点市，昆明改革创新的空间更加广阔。随着全球经济复苏，受金融危机抑制的国际市场需求将迎来恢复性增长，我国扩大内需政策效应全面显现，作为发展首位度、产业支撑度、经济集中度和社会集聚度“四度”加权最高的省会城市，昆明市场拓展的空间更加广阔。全球产业转移步伐加快，我国将实施积极的城市群发展战略，把西部大开发放在更加重要的战略位置，滇中地区是国家主体功能区规划确定的18个重点开发区域之一，作为滇中区域的核心，昆明优化生产力布局的空间更加广阔。只要我们始终坚持解放思想不停步、抢抓机遇不放松，就一定能够赢得更加广阔的空间，实现更好更快的发展。

（三）超前谋划“十二五”，必须明确目标定位。省委八届八次全会提出，要建设绿色经济强省、民族文化强省和中国面向西南开放的桥头堡。昆明作为云南的省会城市，必须加快建成云南绿色经济强省的龙头、民族文化强省的枢纽、中国面向西南开放的国际化门户和桥头堡城市；必须加快壮大都市经济，突破县域经济，繁荣乡镇经济。经济建设实现新跨越。主要经济指标增幅高于全国省会城市平均水平，基本形成三次产业协同带动、三大需求协调拉动、三大板块协作互动的格局，经济实力和城市竞争力显著增强。文化建设实现新跨越。文化事业大繁荣、文化产业大发展、文化软实力大提升，社会文化生活丰富多彩，群众基本文化权益得到更好保障。社会建设实现新跨越。社会事业全面进步，社会保障日趋完善，社会管理规范有序，民主法制得到加强，公平正义充分体现，人民群众安全感和幸福感普遍增强。生态建设实现新跨越。基本形成节约能源资源和保护生态环境的产业结构、增长方式、消费模式，主要污染物排放得到有效控制，以滇池为重点的水环境持续改善，低碳经济发展和低碳城市建设取得显著成效。党的建设全面加强。各级党委领导核心作用、基层党组织战斗堡垒作用、共产党员先锋模范作用充分发挥，党的建设科学化水平不断提高，领导科学发展的能力显著增强。

（四）超前谋划“十二五”，必须把握工作重点。坚持把加快经济发展方式转变，作为深入贯彻落实科学发展观的重要举措。更加注重结构调整。以增强经济发展的稳定性、协调性、均衡性和可持续性为目标，以结构调整培育新的增长点，大力推动需求结构、产业结构、所有制结构和城乡结构的全方位调整。更加注重扩大开放。利用国际国内两个市场、两种资源，丰富开放内涵，提高开放质量，完善内外联动、互利共赢的开放型经济体系，形成全方位、多层次、宽领域的对外开放新格局。更加注重改革创新。坚持市场化改革方向，革除客观存在的部分国有企业的“市场挤出效应”和部分本土企业的“市场排斥效应”，消除不利于发挥市场基础性作用的各种障碍，健全保障科学发展的体制机制。坚持科教兴市引领，以自主创新抢占制高点，以集约发展增强竞争力。更加注重改善民生。坚持民生优先，着力解决教育、医疗、就业、住房、收入分配和社会保障等直接关系人民群众根本利益的问题，把发展的出发点和落脚点真正体现在富民、惠民、安民上，实现富民与强市的有机统一。更加注重可持续发展。突出经济、社会、生态均衡原则，把经济效益、社会效益、生态效益放在同等重要位置，加快建设资源节约型、环境友好型社会，促进经济发展与人口资源环境相协调、人与自然相和谐，实现经济社会永续发展。

（五）超前谋划“十二五”，必须科学编制规划。认真总结“十一五”发展的基本经验，分析“后危机时代”面临的机遇和挑战，使“十二五”规划更具前瞻性、导向性和战略性。按照符合科学发展规律、突出现代新昆明特色、致力推动跨越式发展、有利于实现共建共享的要求，进一步明确“十二五”发展的新目标、新任务、新思路。特别是在发展目标上，既要全面反映经济、政治、文化、社会和生态建设的要求，又要突出战略重点、加强薄弱环节；既要有导向性目标，又要有约束性指标；既要积极向上、鼓舞人心，又要实事求是、切实可行。要重视研究事关全局的重大问题，确定重大战略、提出重要举措、布局重点项目，做到城乡建设规划、土地利用规划、环境保护规划和经济社会发展规划相

衔接、相统一。坚持开门编规划，使规划编制成为解放思想、创新观念的过程，发扬民主、集思广益的过程，形成共识、凝聚力量的过程。当前，要抓紧与中央和省对接，确保上半年完成“十二五”规划报批工作。对列入“十二五”规划的重大项目，只要条件基本具备，就先行启动实施，确保年内提前开工建设一批。

从当前形势来看，世界经济复苏将是一个缓慢复杂的过程，不确定不稳定因素依然很多。我国经济回升的基础还不牢固，新老矛盾和问题相互交织。中央将保持宏观经济政策的连续性和稳定性，继续实施积极的财政政策和适度宽松的货币政策。对我市而言，宏观经济环境的积极变化与不利影响同时显现，扩大投资与启动消费的压力同时存在，保持平稳较快发展与调整经济结构的矛盾依然突出，增强综合实力与改善人民生活的任务依然艰巨。我们对当前国际国内经济形势的发展变化要有深刻的认识，对宏观调控可能产生的多重效应要有足够的估计，对在困难和制约因素较多条件下做好工作要有充分的思想准备和科学的应对之策。

今年既是全面完成“十一五”的决战之年，也是蓄势冲刺“十二五”的关键之年。做好今年的各项工作，任务艰巨、意义重大。今年工作的总体要求是：以邓小平理论和“三个代表”重要思想为指导，深入贯彻落实科学发展观，按照党的十七大、十七届四中全会、中央经济工作会议和省委八届八次全会的安排部署，紧紧围绕科学发展新跨越目标，继续实施大投资方略、强化大项目支撑，着力做大经济总量、调整经济结构，着力扩大对外开放、深化改革创新，着力推进城乡一体、统筹区域发展，着力实施科教引领、促进文化繁荣，着力保障民生改善、构建和谐社会，着力治理滇池污染、建设生态家园，全面完成“十一五”规划各项目标，为“十二五”期间更好更快发展奠定坚实基础。

今年，全市经济社会发展的主要预期目标建议为：地区生产总值增长12%以上；地方财政一般预算收入增长12%以上；全社会固定资产投资增长35%以上；社会消费品零售总额增长18%以上；城镇居民人均可支配收入实际增长8%以上；农民人均纯收入实际增长8%以上；城镇登记失业率控制在4%以内；居民消费价格涨幅控制在3.5%以内；人口自然增长率控制在6.5‰以内；单位生产总值能耗下降4%左右，二氧化硫、化学需氧量比上年削减2%以上。

三、加快建设品质春城，强化城市龙头带动

城市化是推动昆明跨越式发展的主要动力。要把加快城市化作为扩大内需的战略重点、经济转型的关键举措、统筹城乡的必然选择，着力打造与世界名城相媲美的品质春城。

（一）*强化规划设计，构筑大都市发展新格局*。城镇体系是城市空间结构形态、区域功能布局、资源配置模式的集成。城镇体系的优化程度，决定着城市的资源配置效率和投入产出效益，是城市品质的综合体现。要始终坚持先规划、后建设，长远规划、逐步建设，综合规划、有序建设，精心规划、科学建设。以更大的视野、更大的气魄、更大的手笔，谋划和构建大昆明城市发展新格局。按照“功能互补、区域联动、一体发展”的要求，实行规划共绘、交通共联、市场共构、产业共兴、环境共建和社会共享，携手周边地区，共同促进滇中城市群、经济圈崛起繁荣。拓展现代新昆明布局框架，把“一城四区”打造成为城市多功能集中区；把“一湖四片”建设成为大都市核心区；规划构建“一主四辅”，把安宁、嵩明、宜良、富民四个“辅城”培育成为大都市发展的拓展区。呈贡新区要以市级行政中心进驻为契机，加快综合配套设施建设，完善商务、教育、医疗和文化等功能，真正建成现代化城市示范区。加快规划建设晋城南城和昆阳海口西城，尽快把规模做大、实力做强、功能做优、形象做美。

（二）*严格标准规范，着力建设精品城市*。坚持“人口规模合理化、土地利用集约化、布局结构组团化、组团间隔生态化、形态面貌特色化”，使昆明成为城市功能和艺术品味相得益彰的精品城市。做好中心城区、重点地段和大型建筑的城市空间、城市形态、城市天际线和城市色彩设计，延续和发扬昆明山水交融的建城理念，创造山、水、园、林与现代城市和谐统一的都市环境。在城市建设上融入文化元素，传承文化基因，延续文化脉络，重点保护、修复一批历史文化街区和建筑，增强市民对昆明的文化记忆。积极推进城市基础设施、公用设施和环境建设，实现城市规模扩张与功能完善、品质提升的有机结合。强化城市建设的规范管理，科学应用新技术、新工艺和新材料，提高城市建设品质。坚定不移推进“城中村”改造，积极实施旧城改造，做到改造一处，建成一处新的功能带、经济带、文化带和景观带。今年，要确保“城中村”改造新开工建筑面积800万平方米以上。

（三）*完善长效机制，切实提升城市管理水平*。持续加强城乡综合管理，坚持强势发动、强力推进、强制规范、强行入轨，做到全面覆盖、不留死角，长效管理、永久保洁。深化城市管理体制改革，建立部门协同、公众参与和社会监督机制，形成齐抓共管的“大城管”格局。整合现有城镇管理资源，建立联动机制，推动城市管理由主城向县城、乡镇、村社拓展。推进“数字城管”建设，构建网络互联、信息互通、资源互享的数字化城市管理系统平台。强化城市综合执法，坚持严格执法与热情服务相统一，实现由管理型向服务型转变，刚性执法向刚柔相济转变，事后处罚向前置预防转变。

（四）*实施综合整治，扎实推进“四创两争”*。深入开展道路交通、城乡环境、市场秩序和违法建筑整治，全面提升城市现代化管理服务水平。严格实行“十一个零申报”，确保城乡综合整治工作常态化、规范化。加大拆临拆违力度，杜绝增量违法建设，营造规范有序的城乡规划建设管理环境。推行基层领导干部“一岗双责”，建立“四创两争”工作横向到边、纵向到底的责任体系。坚持疏堵结合，集中开展市容市貌专项整治，确保“创园”夺牌，“创卫”成功。倡导细节文明，抓好市民素质建设，推动生产方式、生活方式和思维方式的变革进步，积极培育与现代新昆明相适应的现代新市民。

四、着力发展新型工业，切实提高产业支撑力

工业是昆明跨越式发展的发动机。要促进工业化与信息化相融合，把园区建设大推进、工业总量大扩张、主导产业大提升、中小企业大发展作为重点，全神贯注致力工业突破，努力成为全省新型工业化的排头兵。

（一）提升综合品质，推动园区倍增跨越。实施园区倍增计划，推动园区发展提速、功能提升、规格提档，力争园区规模以上工业增加值，从今年起年均增长30%以上，2012年实现倍增，2015年再翻番，突破1600亿元。创新开发建设模式，确保全市园区基础设施投资年均增长不低于40%，每年收储土地不低于20平方公里，使基础设施配套到位的熟地区域，持续超过建成区的30%—40%。引导园区错位发展，严把项目入园关，集中力量打造特色、形成优势、塑造品牌，防止园区产业低质同构、无序竞争。支持国家级、省级开发区（园区）整合分散资源，集约节约发展，提高投入产出率、劳动生产率和资源利用率。加快建设空港经济区及杨林、安宁、海口等省级工业园区，创造条件申报升格为国家级开发区。

（二）强化产业发展，着力培育大企业大集团。优化工业发展布局，构筑“两轴多板块”工业布局体系，即以安石、昆楚、昆石高速公路为横轴，以昆玉、昆曲、嵩待高速公路和龙东格公路为纵轴，以三级园区为载体，产业集中、特色鲜明、互为补充的多个工业板块。优先发展装备制造、生物医药、光电子信息、新能源产业，巩固提升烟草及配套、有色冶金、黑色冶金、磷化工、建材等重点产业，培育发展煤盐钛化工、石油化工、农特产品深加工产业，努力形成布局合理、优势突出的产业格局。实施大企业大集团战略，制订重点企业（集团）发展规划，采取优先保证建设用地、优先配套基础设施、优先配置生产要素、优先支持科技创新、优先协调金融支持、优先安排财政扶持等措施，对昆明辖区内主营业务收入20亿元以上的工业企业，进行重点培育。今年，要确保全市规模以上工业增加值突破600亿元。

（三）着力自主创新，推动产业转型升级。自主创新是推动经济发展方式转变的决定性因素。要引导和支持创新政策向企业倾斜、创新人才向企业流动、创新成果向企业集中，持续提升企业自主创新能力。大幅度增加科技投入、大力度推进产学研紧密结合、高水平建设创新载体和服务平台，促进科技成果向现实生产力转化。实施重点产业调整振兴规划，加快产业优化升级。加大技改投入，支持重点企业技术改造，下决心淘汰落后工艺、技术和设备。重点支持50户企业实施技术改造、10户企业建立技术中心、20项重大科技成果实现产业化。实施品牌战略，鼓励企业以市场需求为导向，以特色产品为载体，以“高、新、特、专、优”为目标，加快培育一批知名品牌。

（四）加大扶持力度，推动中小企业发展。中小企业是促进经济增长、扩大社会就业、保障社会稳定的中坚力量。要深入实施中小企业成长工程，培育一批行业“小巨人”。着力解决中小企业融资难问题，支持科技创新型、资源节约型、优势成长型、劳动密集型中小企业发展，推动小产品做成大行业、小企业联成大协作、小资本形成大聚集、小项目成就大作为。开展中小企业“双十”评选活动，每年评选出综合实力十强和成长型十佳中小企业。加强企业家队伍和企业文化建设，培育造就一支具有战略眼光、现代理念、创业精神的企业家队伍。

五、全面提升现代服务业，积极培育消费需求

服务业是国民经济的重要组成部分，是衡量现代社会经济发达程度的重要标志。要加快发展与新型工业化相配套、与城市化进程相协调、与城乡居民需求相适应的现代服务业，促进服务业发展提速、质量提高、结构提升。

（一）明确服务业发展定位。围绕培育区域商贸中心、物流中心、金融中心、会展中心和信息服务中心，抓紧制定全市服务业发展规划、产业规划、空间布局规划和专项规划。抢抓国家组织开展服务业综合改革试点机遇，加快生产服务业集聚化，高标准规划建设现代物流园、信息软件园、创意产业园、总部基地、服务外包基地等集聚区，促进现代服务业与先进制造业相互渗透、融合发展。加快生活服务业连锁化，积极推进批发零售、住宿餐饮、家政服务等行业连锁经营、特许经营、联盟发展。鼓励和支持本土骨干连锁企业快速扩张、做大做强。加快基础服务业网络化，构筑区域通联、五通衔接、安全便捷的现代化综合交通服务体系，建设“大容量、高密度、广覆盖”的信息服务网络。加快公共服务业均等化，健全公共卫生、公共文化、公共安全、市政服务等公共服务，形成覆盖城乡的基本公共服务体系。

（二）突出服务业发展重点。优先发展比较优势明显、带动作用大、综合效益好的重点行业，优化服务业结构，推动服务业全面发展。运用现代组织经营方式和信息化技术，改造提升传统商贸服务业。加快构筑以昆明为中心的滇中城市群物流核心圈，将昆明建设成为重要的国际物流枢纽城市。做大做强旅游会展业，促进旅游业转型升级，提升会展业竞争力和影响力。全面发展银行、保险、证券、期货、担保等行业，构建完善的现代金融服务体系。积极发展信息服务业，推进广电网、电信网、互联网“三网”融合，提高城市信息化水平和信息服务能力。

（三）完善现代市场体系。着力培育市场主体，优化市场布局，规范市场运作，构建开放有序、功能完备、布局合理的现代市场体系。大力发展商品市场，完善覆盖城乡的商业网络。加快业态升级步伐，退二进三、退批进零，逐步把主城范围内的大型批发市场搬迁到三环以外。积极构建多层次资本市场体系，拓展和完善产权市场功能。规范发展土地市场，落实经营性土地和工业用地招拍挂制度。加快人力资源市场建设，逐步完善市场化、规范化的用工机制和服务体系，引导人力资源合理流动。建立健全技术市场，保护知识

产权，促进技术成果交易市场化。加强市场监管，规范市场秩序，营造诚实守信、公平竞争的市场环境。

（四）扩大社会消费需求。坚持增加政策带动性消费和激发居民自主性消费并举，提振城乡居民消费信心，把消费潜力转化为现实购买力。发挥政府在收入再分配上的职能，提高低收入群体保障标准，缩小城乡居民收入差距。深入实施"万村千乡市场工程"，做好家电、汽车摩托车下乡工作，增加农机购置补贴，开拓农村消费市场。健全服务体系，畅通流通渠道，优化消费环境，实现便捷消费、实惠消费、安全消费。适应群众生活多样化、个性化需求，巩固住房、汽车、通讯、商贸等传统消费热点，培育旅游、文化、信息、健身、养老等新的消费热点，推动消费结构升级。

六、高度重视"三农"工作，促进城乡区域协调发展

做好"三农"工作，统筹城乡区域发展，重点在城市，难点在农村，关键在体制，责任在政府。要更加重视加强农业基础、加快农村发展、增进农民福祉，构建城乡优势互补、良性互动、协调发展新格局。

（一）加速推进城乡一体化。加快城乡规划、产业发展、基础设施、生态建设、就业和社会保障、社会事业、政策措施等一体化进程，着力把一、二板块打造成为全省城乡统筹和科学发展的示范区。深入推进小城镇开发五年提升工程，提高城镇综合承载能力，发挥其联结城乡、集聚产业和吸纳农村人口的作用。合理规划中心村和农村集中居住点布局，促进城镇化与新农村建设齐头并进、良性互动。探索土地承包经营权流转新路子，积极开展以土地承包经营权置换城镇社保、以宅基地和住房置换城镇住房改革试点，通过"双置换"促进农民变市民。稳步推进农村土地征用制度改革，引入市场竞争机制，让农民更多地分享城市化进程中的土地增值收益。放宽城镇户籍限制，让符合条件的农业转移人口逐步在城镇就业和落户。加快发展要素向农村流动，二、三产业向农村辐射，基础设施向农村延伸，公共服务向农村覆盖，现代文明向农村传播。

（二）夯实农业农村发展基础。坚持以"三化"化"三农"、带"三农"、服务"三农"，发挥工业化、城市化和市场化对农业农村的辐射带动作用。改善农村生产生活条件，完成行政村公路路面硬化700公里以上，开工建设20座小型病险水库除险加固工程，解决23万农村人口饮水安全。提高贫困地区自主发展能力，重点实施省、市整村推进项目340个，巩固提高6万贫困人口温饱水平。抓好农业科技创新和推广能力建设，提升农业装备水平。扶持农民专业合作组织加快发展，培育发展专业化、市场化的农业社会化服务体系。扶持农业龙头企业做大做强，加快农业生产集约化、设施化、规模化、标准化进程。加强技能培训，提高农民就业创业能力，拓展农民外出就业空间，引导农民就地就近就业，年内转移就业12万人，多渠道促进农民增收。

（三）大力发展现代都市农业。围绕服务城市、提升农业、繁荣农村、富裕农民，突出农业结构调整、农业功能拓展、农业价值提升与农业空间优化，加快农业转型升级。稳定粮食生产，巩固烤烟支柱，提升畜牧、蔬菜、花卉、林果等传统产业，培植生物医药、生物资源开发、蚕桑等新兴产业。以各具特色的农业产业园区建设为抓手，调整优化农业结构与布局，拓展农业的经济、社会、生态、文化功能。大力发展设施农业、生态农业、品牌农业、观光农业、开放型农业，推动农业向特色化、优质化、生态化、园林式、观光型方向发展。加快建设农产品信息物流中心、农产品精深加工中心、农业博览会展中心、农业科技研发推广中心，逐步形成都市型现代农业体系。

（四）促进"三大板块"协调发展。大力实施"543"倍增计划，促进县域经济提升实力、释放活力、增强竞争力。建立差别化的考核奖惩机制，加强对各区域发展的统筹协调和分类指导。一板块要锦上添花、率先跨越，充分发挥先发效应和带动作用，成为全市跨越式发展的先导区和拉动区域经济发展的动力源。二板块要快马加鞭、竞相发展，尽快成为现代新昆明建设的新亮点。三板块要雪中送炭、迅速崛起，打基础、挖潜力、增后劲，努力成为新的经济增长极。支持北部县区在不违背国家政策法规的前提下，采取更加灵活的政策措施，积极探索加快发展的新路子。以交通为重点的基础设施要挥师北上，打开通道、扩大载体，富集要素、培育产业，提升人气、加快发展。全面贯彻民族区域自治制度，加快民族地区经济社会发展。

七、实施大投资方略，突破基础设施建设

继续实施大投资方略，持续开展"重大基础设施建设推进年"活动，始终保持固定资产投资增幅持续超过GDP增幅两倍以上。今年，要确保完成基础设施投资1100亿元以上，其中市级重点基础设施项目达到570亿元。

（一）明确投资方向，调整优化投资结构。今天的投资规模就是明天的产出规模，今天的投资重点就是明天的经济增长点，今天的投资结构就是明天的经济结构。要在优化结构的前提下扩大有效投入，推进投资主体多元化、产业投资高端化、项目投资集约化。基础设施要适度超前。始终把两级城建、三级开发区（园区）和市域交通、环保、能源、社会事业等基础设施投资作为重中之重，集中力量建设一批事关全局、事关长远、事关群众切身利益的大项目、好项目。产业发展要重点突破。持续提高工业投资在固定资产投资中的比重、制造业在工业中的比重、先进制造业在制造业中的比重。加大现代服务业、现代农业投入，促进三次产业协调发展。科技创新要优先支持。持续增加研发投入，提高自主创新能力，加快转变发展方式。民生保障要扩大覆盖。加大教育、卫生、文化等社会事业投入，完善社会保障体系，将更多的财力用于提供公共服务。

（二）突出交通重点，强化基础设施建设。加快实施城市路网总体规划，形成环射连接、主次配套的道路交通体系。

上半年三环闭合通车，环湖交通投入使用；年内完成沣源路改扩建工程和二环、三环18条支撑性道路和32条片区核心路网建设。加快昆明新国际机场配套基础设施建设，实现专用高速南段贯通。尽快启动东南绕城、昆武、昆嵩新线、南连接线高速、西北绕城一期高速公路和113条城市道路建设。加快城市轨道交通和铁路项目建设，全面推进轨道交通1、2号线工程，上半年启动3、6号线建设。搞好昆明铁路枢纽扩能改造征地拆迁工作，配合省做好云桂线、沪昆客运专线等铁路建设，积极推进中缅铁路早日开工。

（三）*改革融资体制，广泛拓宽资金渠道*。始终保持对国家和省出台政策的高度敏感性，及时了解政策，深入研究政策，用足用活政策，积极争取中央和省对我市重点项目的支持。加速政府投融资体制改革，提高政府资本运作能力，发挥政府投融资公司作用，保证市、县（区）两级政府主导性项目资金需求。加强财政手段与金融手段的有效配合，利用财政资金杠杆，以资金补助、财政贴息和以奖代补等方式，放大政府投资效应，撬动社会投资。扩大利用外资规模，争取外国政府、国际组织和金融机构，给予更多的项目资金支持和中长期贷款。放宽社会资本准入门槛，推行投资便利化政策，尽可能多地吸引民间资本，投资城乡基础设施、产业发展以及教育培训、医疗卫生、文化体育等领域。鼓励金融制度创新、产品创新和服务创新，加强银政、银企合作，促进产业资本和金融资本的融合。大力发展创业投资、风险投资、股权基金和产业基金，支持有条件的企业上市、发行债券，扩大直接融资规模。加快设立村镇银行等新兴地方性金融机构，完善融资担保体系，满足多层次的融资需求。

（四）*规范投资行为，切实提高投资效益*。科学界定政府投资范围、投资重点和投资方式，完善政府投资决策、实施和监管体系，防范投资风险，提高投资效益。强化项目全过程监管，落实“八个百分之百”要求，实行工程预算决算公开公示制度，健全项目竣工验收管理办法，建立质量跟踪反馈评价体系，保证工程质量，减少低效投资，杜绝无效投资。全面推行项目代建制，打破“投资、建设、管理、使用”四位一体模式，实现管理队伍专业化、建设过程规范化，有效控制质量、工期和造价。完善责任追究制度，对造成重大损失的工程咨询、项目决策、设计、施工、监理等部门和单位，依法追究有关责任人的责任。

八、扩大开放深化改革，全力打造区域性国际化城市

国际化城市一般分为全球性国际大都会、洲际性国际大都市和区域性国际化城市三种类型，是国际经济中心、文化中心、交通通讯枢纽，以及国际机构和跨国企业总部所在地。要着眼把昆明建设成为中国面向西南开放的国际化门户和桥头堡城市，全方位扩大开放，全领域深化改革，以开放倒逼改革，以改革促进开放，以改革开放带动科学发展。

（一）*构建全面开放格局*。主动适应经济全球化、区域一体化趋势，增强昆明国际经济竞争力、国际文化影响力、国际事务参与力和国际要素聚集力。全面参与并推动提升沿边开放水平，促进单一边境贸易向多边贸易发展，实现大区域资源整合和利益共享。着力打开对外通道，建设区域交通、通讯和资源互联互通网络，推动昆明至河内、曼谷、仰光、加尔各答四条经济走廊建设。积极推进区域性国际合作，主动参与大湄公河次区域合作和孟中印缅区域合作，争取国家支持在昆明设立中印、中越经济合作试验区，争创引领“10+1”区域合作示范城市。更好地发挥昆交会平台和窗口作用，认真举办昆交会—南亚商品展、中国—南亚商务论坛，争取举办中国—南盟博览会、泛亚论坛、GMS经济走廊论坛等国际性经贸活动。密切对外交往，建立更多友好城际关系，推进教育、科技、旅游、文化和体育等方面的对外交流与合作。建立与国际惯例和规则相适应的体制机制，培养更多的外向型人才，为扩大开放提供制度支撑和人才保障。

（二）*拓展对外经贸合作*。坚持把对外开放与经济结构调整相结合，走以质取胜和集约化、多元化发展之路。推动出口产品向高技术含量、高附加值转化，向加工环节上下游产业链延伸，促进加工贸易转型升级。扩大有色金属、医药保健、磷化工等传统优势产品出口，扶持优势农产品、劳动密集型产品出口，支持高新技术企业扩大出口规模。积极申报服务外包基地城市，引进、培植具有核心竞争力的服务外包企业群，打造区域性国际化服务贸易品牌。加强对外经济、技术、贸易合作，实现区域间优势互补、信息共享、产业链接。完善境外投资促进体系，支持企业对外直接投资，开展境外替代种植，进行资源合作开发，参与境外工程承包和劳务合作。今年，要确保昆明地区外贸实现60亿美元，境外投资、对外承包工程合同额、外派劳务人数增长20%以上。

（三）*全力开拓东盟市场*。中国—东盟自由贸易区建成后，我国与东盟的经贸合作将进入全面深化发展的新阶段。要抓住各成员国之间取消关税和非关税壁垒的重大机遇，深入研究中国—东盟自由贸易区《货物贸易协议》、《服务贸易协议》和《投资协议》，抓紧制定与之相适应、相对应的政策措施，深度开展与东盟的交流合作。推动建立“属地申报、口岸验放”通关模式，实行“一次申报、一次查验、一次放行”，降低进出口货物通关成本，把昆明打造成面向东盟最便捷的国际内陆港。做好空港综合保税区申报工作，加快呈贡国际物流园区、空港国际物流园区和昆明空港口岸等重点项目建设，争取设立国家陆路口岸。寻求中国—东盟投资合作基金支持，促进昆明企业到东盟投资发展。积极参与磨憨、河口、瑞丽跨境经济合作区建设，力争在合作区内设立“昆明园”。帮助企业了解掌握和主动利用零关税政策，获取原产地证书。以中泰果蔬交易市场、泰国“文化城”、螺蛳湾国际商贸城等项目建设为重点，把昆明建成东盟各国商品的分销中心和集散中心。

（四）*坚定不移招商引资*。瞄准世界500强和中国500强企业，着力引进一批技术含量高、产品附加值高、财税贡献率高、劳动就业率高的项目，促进招商引资由数量扩张型向质量提升型转变。突出招商重点，主攻珠三角、长三角、环渤海地区，对重点行业、重点企业开展专业化、高频率招商。创新招商方式，开展以商招商、中介招商、委托招商、代理

招商，推动招商引资由部门招商、政府招商向市场主体招商、社会招商转变。整合招商资源，建立县（市）区、乡镇（街道）、部门、园区、商会、企业联动机制，形成招商合力。实行乡镇（街道）为县（市）区工业园区、商务区招商，工作实绩与财政补贴挂钩制度。强化驻外招商分局的运行管理和绩效考核，做到责任更明确、管理更严格、考核更科学、奖惩更合理。今年，要确保实际利用外资9亿美元，引进市外到位资金900亿元。

（五）加快改革创新步伐。用好用活"综合改革试点市"政策和省去年下放的12大类40项经济社会管理权限，加大重点领域和关键环节改革攻坚力度。从制度安排入手，强化科学发展的工作导向、政策导向和考核导向。利用省会城市地方立法权，推进体制机制创新。争取中央和省放权，推进扩权强县、扩权强镇试点。深化行政审批制度改革，保持行政审批事项和收费项目省会城市最少水平。推进资源价格改革，完善反映市场供求关系、资源稀缺程度、环境损害成本的生产要素和资源价格形成机制。推进财税体制改革，更好地发挥财政资金的保障作用、杠杆作用和放大效应。创新国资监管机制，确保国有资产保值增值。统筹把握好改革的力度、发展的速度和社会可承受的程度，提高改革决策的科学性、改革措施的协调性、改革成果的共享性。

九、强化生态文明建设，增强可持续发展能力

环境是最稀缺的资源，生态是最宝贵的财富。要持续强化生态修复和环境保护，推进资源节约型和环境友好型社会建设，为加快发展提供坚实的生态保障和环境支撑。

（一）推进滇池流域水环境治理。积极构建"湖水—河流—湿地—绿地"复合生态系统，促进自然生态系统与人工生态系统的有机结合，争取设立国家级滇池流域高原湿地保护区。加快入滇河道综合整治，将整治工作由主干河道拓展到支流、沟渠，实现河床湿地化、河坎生态化、河岸景观化。坚持生态保护和生态修复相结合，全面完成"四退三还一护"任务，重现河网交错、芦苇茂密、水鸟栖息、鱼虾遨游的生态湿地自然景观。加快底泥清污和水体有害生物提取，由单纯抓杜绝增量污染物，向抓杜绝增量和减少存量污染物并重转变。加快环湖截污、环湖交通和牛栏江调水等工程建设。上半年，实现滇池流域工程措施和生态措施全覆盖，工业和生活污水100%进管网。加快水环境治理制度创新，推进滇池流域水环境治理走上法制化、长效化轨道。

（二）提升城乡园林绿化水平。深入实施市域环境生态系统建设三年达标工程，实现城乡园林绿化由被动绿化向主动绿化转变，由突击攻坚向长效推进转变，由单一投入向多元投资转变，由政府主导向全民参与转变，由重点难点突破向全面生态建设转变。实施建绿补绿透绿工程，抓好交通沿线、城市面山、湖泊水库、河道沟渠、村庄居点、背街背巷、墓地坟场的绿化美化，确保高速公路、铁路等重点交通沿线绿化无盲区、全覆盖。实施立体绿化，将立交桥、高架道路建成城市的生态走廊、景观大道。开展"平改绿"试点，逐步将平顶建筑屋顶改造建设成"空中花园"。严格执行生态禁建区规划，加快建设主城与呈贡新区之间、主城与空港经济区之间的生态隔离带。稳步推进集体林权制度配套改革，加快中低产林改造，发挥林业的生态修复和经济产出功能，建设"森林昆明"。

（三）完善生态环境保障机制。坚持环保优先，加快节能减排、环保监管、生态补偿、资源综合利用等环境保障体制机制创新。打好节能减排攻坚战，淘汰落后产能，降低能源消耗，减少污染排放，确保完成"十一五"节能减排目标。加大环保执法力度，探索建立环境公益诉讼制度，实行环保市场退出机制，严查重处违法排污行为。探索建立绿色财政、绿色工商、绿色信贷、绿色保险制度，完善企业环保信用评价体系，试行排污权有偿使用及交易，实行"排污者付费、治污者受益"的生态补偿机制。积极开发可再生能源，创新适用低碳技术，降低高碳产业比例，抢占低碳经济发展制高点。推行清洁生产，发展循环经济，着力培育生物资源产业、清洁能源产业，加快发展环保产业，走生态建设产业化、产业发展生态化之路。

（四）开展城乡环境综合治理。以"六清六建"为抓手，在县区、乡镇、村居三级全面开展生态县（市、区）、环境优美乡镇和生态村创建活动。加大城乡污水处理设施建设力度，对滇池流域工业污水、生活污水和农业农村面源污水进行全收集、全处理，实现城镇污水进污水处理厂，村庄污水进湿地，达到一级A排放标准。完善城乡统一的垃圾收集处理系统，禁止新建垃圾填埋场，年内实现垃圾无增量填埋。积极推进建筑垃圾、工业垃圾、生活垃圾、污水、雨水和泔水等综合利用，尽快实现全自动、全封闭、全资源、全实时、全清洁处理，资源化利用。推广清洁能源，在有条件的地区，特别是水源保护区，基本实现农户新能源替代目标。发展生态农业和有机农业，防治农业面源污染。加强水源地保护，转移外迁水源地人口，加快松华坝、云龙水库水源一级保护区的人口搬迁。

十、千方百计改善民生，全面构建和谐社会

改善民生既是发展的目的，也是发展的动力，更是扩大内需和推动经济发展方式转变的重大举措。要像重视经济建设那样重视社会建设，像抓经济工作那样抓民生改善，使全市人民成为跨越式发展的积极参与者和最大受益者。

（一）大力发展科教医卫事业。坚持科教兴市引领，加快建设创新型城市，提高科技成果转化率和科技贡献率。全面实施素质教育，均衡发展义务教育，重视学前教育和特殊教育。加快普及高中阶段教育，使优质普通高中在校生占比达到66%以上。大力发展民办教育，使民办学前教育、民办高中阶段教育比重分别达90%和40%以上。突破发展职业教育，高标准建设好嵩明、安宁职教基地。加快昆明学院新校区扩建，支持昆明学院办成教学科研型综合性大学。加快实

施中小学校舍安全工程，推进100所农村中小学标准化建设。深化医药卫生体制改革，重点在建立基本药物制度和公立医院改革方面取得突破。大力发展民营医院，扩大医卫资源总量，提高优质资源比例。促进残疾人事业健康发展，做好人口和计划生育工作。重视发展老龄事业，加快建立社会化的养老服务体系。

（二）加快建设民族文化强市。围绕把昆明建成民族文化强省的枢纽，挖掘独特的历史文化和民族风情，重点发展文化创意、文化旅游、文化演出、文化娱乐、新闻出版、广播影视、文博会展等产业。抓紧制定出台文化产业发展规划，坚持每年推出一批新项目、新基地和新业态。加强公共文化基础设施建设，今年，要完成20个以上文化站、360个以上文化室建设任务。培育扶持一批文化龙头企业，打造文化精品，增强文化产业的市场竞争力。深化文化体制改革，把文化资源优势转化为产业发展优势。做好文物和非物质文化遗产保护工作，加快文化、体育、广播电视、新闻出版、互联网公益服务等事业发展。加快建成博物馆名城。

（三）提高社会保障水平。深入推进创业富民、就业惠民、社保安民，完善保障民生的各项制度。把就业摆在更加突出的位置，千方百计扩大就业再就业。完善创业政策，优化创业环境，以创业带就业。促进复退转军人、留学回国人员和农民工返乡创业，帮助高校毕业生充分就业、失业人员再就业，继续做好城乡困难家庭、城镇“零就业”家庭和大学毕业生的就业援助帮扶工作。今年，要确保新增就业岗位10万个，新增城镇就业人员8万人。按照统一制度、统一标准、统一管理的原则，逐步建立“广覆盖、保基本、多层次、可持续”的社会保障体系。加快城镇基本医疗保险扩面工作，城镇职工和居民医药费报销比例分别达到72%和55%。巩固和发展新型农村合作医疗，参合率达96%以上，住院费用实际报销比例达50%，住院补助封顶线提高到4万元。积极推进农民工医疗和工伤保险，开展新型农村社会养老保险试点。完善社会救助配套政策，健全城乡低保标准和农村“五保”供养标准增长机制，在有条件的地区逐步推行被征地人员养老保障城乡接轨。加快廉租房、经济适用房建设，开展农民工公寓建设试点，努力使低收入家庭住得上保障性住房，新就业人员租得起房。今年，要确保完成新建保障性住房2万套以上。

（四）加快和谐社区建设。社区是社会的基本单元，是人们休憩的港湾、安居的乐园。要完善社区党组织领导的基层群众自治机制，推进政府行政管理和社区自我管理的有效衔接、政府依法行政和居民依法自治的良性互动，把社区建设成为居民自治、管理有序、服务完善、环境优美、治安良好、生活便利、文明和谐的现代化新型社区。健全社区服务体系，加快社区综合服务中心（站）和配套服务设施建设，推行“一站式”服务，为社区居民提供优质便捷的服务。引导广大市民树立“住在社区、热爱社区、建设社区”的观念，开展“文明社区、文明街巷、文明楼院、文明家庭”评选活动，提高社区文明程度。发挥社会组织在扩大群众参与、反映社会诉求、促进公民社会治理等方面的积极作用，增强社会自治功能。

（五）维护社会平安稳定。抓住影响社会和谐稳定的源头性、根本性、基础性问题，建立健全群众利益诉求的表达机制、重大社会决策的风险评估机制，以及党和政府主导的群众权益维护机制。完善大防控工作机制，构建多警联动、专群结合、齐抓共管的治安防控体系。完善大信访工作机制，开展领导干部大接访、大下访活动。完善大调解工作机制，最大限度地把矛盾纠纷化解在基层和萌芽状态。下大力气解决土地征用、拆迁安置、环境污染、劳资纠纷、涉法涉诉等方面的突出问题，防止群体性事件发生，防止各类矛盾叠加升级。依法严厉打击严重刑事犯罪，深入开展“打黑除恶”专项斗争。深化司法体制改革，强化司法监督，维护司法公正，提高司法的权威性和公信力。加快构建信用体系，打造诚信昆明。完善公共突发事件应急处理机制，做好甲型H1N1流感等传染病防控工作。强化安全生产和食品药品监管，预防和减少安全事故发生，确保人民群众生命财产安全。

十一、适应新形势新要求，以改革创新精神加强和改进党的建设

认真贯彻落实党的十七届四中全会精神，以改革创新精神全面推进新形势下党的思想、组织、作风、制度和反腐倡廉建设，不断提高党的建设科学化水平。

（一）加快建设学习型党组织，提升领导科学发展的能力。探索建立解放思想长效机制，真正实现由解放思想向解放行动，由思想解放向思想实践、理论实践、政策实践、制度实践和立法实践的有效转变。加强基本理论学习，建好用好基本阵地，创新学习基本方式，积极推进学习型党组织、学习型机关、学习型社会建设。巩固第二批学习实践科学发展观活动成果，圆满完成第三批学习实践活动，把科学发展观真正转化为谋划发展的正确思路、促进发展的政策措施、领导发展的实际能力。完善新闻发言人、新闻发布会和突发公共事件新闻报道应急机制，探索建立网络发言人制度，正确引导社会舆论，广泛进行社会动员。坚持“领导干部培训日”、“每月四课”集中学习制度，完善各级干部的知识体系。加强外出学习培训，增强学习培训的针对性和实效性。健全学习考核激励制度，把学习能力、创新能力和理论素养作为干部选拔任用的重要依据。

（二）坚持民主集中制原则，以党内民主带动人民民主。坚持民主基础上的集中和集中指导下的民主相结合，探索扩大党内民主的新途径、新方法，推进民主执政、民主决策、民主管理、民主监督，以党内民主带动人民民主。规范常委会向全委会定期报告工作并接受监督制度，优化全委会、常委会议事规则和决策程序。完善全委会票决重要干部、重大决策制度，以及重大事项决策的协商协调、征求意见、专家咨询和听证等制度，促进科学决策、民主决策和依法决策。扩大党代表任期制试点范围和层次，逐步推行党代表常任制。完善党内选举办法，改进选举程序和投票方式。加大基层党组织“双推直选”试点力度，扩大基层党组织领导班子直接选举范围。推进党务公开，保障党员的知情权、参与权、选

举权和监督权。坚持党的领导、人民当家作主、依法治国有机统一，坚持和完善人民代表大会制度、中国共产党领导的多党合作和政治协商制度，创新完善党委执政、人大督政、政府行政、政协参政和群众评政的方式方法。做好双拥、人武、预备役、统战、民族宗教、港澳台侨和老干部工作，更好地发挥工、青、妇等群团组织作用，形成群策群力干事业、同心同德谋发展的强大合力。

（三）深化干部人事制度改革，培养造就高素质干部队伍。紧扣跨越式发展需要，拓宽选人用人视野，造就一支政治上靠得住、工作上有本事、作风上过得硬、人民群众信得过的干部队伍。探索实行多种提名方式，健全主体清晰、程序科学、责任明确的干部选拔任用提名制度。完善公开选拔、竞争上岗和差额选拔等竞争性选拔干部方式，使优秀人才脱颖而出。选好配强领导班子特别是党政正职，把具备“一面旗、一团火、一盘棋”素质和能力的干部放到“一把手”位置。加强年轻干部、少数民族干部、女干部、党外干部培养选拔工作，合理使用各年龄段干部。加大干部交流力度，继续推进党政正职和重点岗位干部交流，推动党政机关中层干部内部轮岗及跨部门交流。加强干部考核，完善干部退出机制，拓宽干部能上能下、能进能出渠道。坚持党管人才，在大规模培养培训市内现有人才的同时，继续引进一批高层次领军人才、拔尖人才和创新团队，以高素质的人才队伍支撑跨越式发展。

（四）坚持不懈抓基层打基础，增强基层党组织活力和战斗力。适应经济社会结构调整的新情况、新变化，把党的基层组织建设成为推动发展、服务群众、凝聚人心、促进和谐的战斗堡垒。统筹城乡基层党建，做到工作推进城乡“两手抓”、制度设计城乡“两相宜”、夯实基础城乡“两促进”，形成以城带乡、资源共享、优势互补、协调发展的基层党建新格局。创新基层党组织设置模式，加快推进非公有制经济组织、新社会组织党建工作，扩大党组织覆盖面。以“三级联创”活动为载体，突出为民服务中心抓手，全面推进农村基层组织建设。以组织、活动、文化、网络四大载体创新为着力点，发挥党组织在社区、企业、机关、学校、事业单位等各个领域中的政治核心作用。健全教育、管理和服务党员长效机制，完善党内激励、关怀、帮扶机制，做好流动党员教育管理服务。改进党员发展工作，优化党员队伍结构，增强党员队伍整体活力和战斗力。

（五）大力弘扬党的优良作风，密切党同人民群众的血肉联系。继续开展“行政效能提升年”和“干部作风改进年”活动，以优良的党风促政风、带民风、树新风。大兴密切联系群众之风。认真贯彻党的群众路线，坚持问政于民、问需于民、问计于民、问策于民，下决心每年解决一批群众最关心、最直接、最现实的利益问题，每年办好一批顺民意、解民忧、惠民生的实事。大兴求真务实之风。坚持科学态度和冲天干劲相统一，力戒官僚主义和形式主义，把心思用到干事业上，把精力集中到谋发展上，把功夫下到察实情、办实事、求实效上。大兴艰苦奋斗之风。牢记“两个务必”，坚持勤俭办一切事情，坚决反对任何形式的铺张浪费、奢靡享乐，把有限的资金和资源更多地用在发展经济、改善民生上。大兴批评和自我批评之风。坚决反对上下级和干部之间逢迎讨好、相互吹捧，坚决反对党内生活庸俗化。班子成员之间、同志之间要勇于评点错误，指点失误，善于提出意见，及时发现各自缺点，共同提高工作水平。大兴狠抓落实之风。实施严格的目标倒逼、交办跟进、现场会办、观摩激励和监督检查五大机制，确保决策条条算数、任务件件落实、承诺项项兑现。

（六）深入推进反腐倡廉建设，进一步建立健全惩治和预防腐败体系。严格执行党风廉政建设责任制，切实担负起反腐倡廉建设领导责任，真正做到反腐倡廉常抓不懈，拒腐防变警钟长鸣。加强反腐倡廉宣传教育，有针对性地开展示范教育、警示教育和岗位廉政教育，引导广大党员干部提升从政道德修养，自觉做到为民、务实、清廉。加强对领导干部用权行为的监督，深入开展党政领导干部选人用人责任审查、机构编制责任审核和任期责任审计。加强对市委、市政府重大决策部署贯彻执行情况的监督检查，实行更加严格的问责制，严肃查处不作为、慢作为、乱作为。加强纠风治乱，坚决纠正损害群众利益的不正之风，坚决整治到基层乱检查、乱评比、乱处罚。加强领导干部廉洁自律，完善勤廉公示制度，规范报告个人住房、投资、配偶子女从业等有关事项。以腐败现象易发多发领域为重点，加大违纪违法案件查办力度，坚决维护党纪国法的尊严。

同志们，攻坚2010的号角已经吹响，冲刺“十二五”的序幕即将拉开。让我们更加紧密地团结在以胡锦涛同志为总书记的党中央周围，在省委、省政府的坚强领导下，深入贯彻落实科学发展观，坚定信心，务实苦干，开拓进取，加快实现昆明科学发展新跨越！

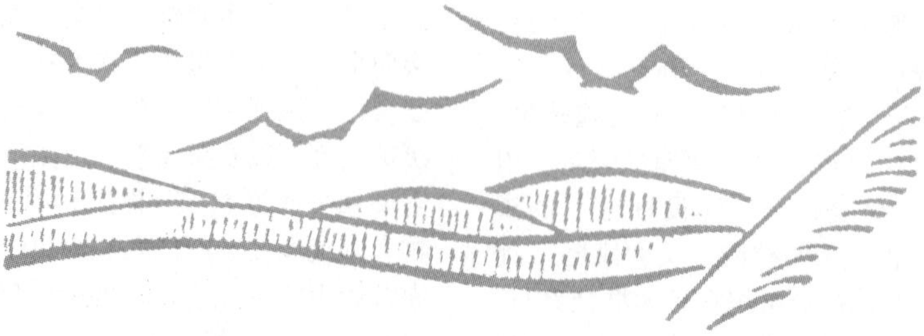

政府工作报告

——在昆明市第十二届人民代表大会第六次会议上

（2010 年 1 月 14 日）

中共昆明市委副书记、昆明市市长　张祖林

各位代表：

我代表市人民政府，向大会报告政府工作，请予审议，并请市政协委员提出意见。

一、在奋力拼搏中实现跨越式发展的良好开端

2009 年，是我市发展进程中极为困难、最具挑战的一年。面对国际金融危机的冲击和国内经济下行的压力，面对自身发展中的诸多困难和各种自然灾害的影响，在省委、省政府和市委的正确领导下，全市人民坚持以科学发展观为指导，坚定发展信心，创新工作举措，有效应对挑战，积极化解矛盾，千方百计“保增长、保民生、保稳定”，较好地完成了市十二届人大五次会议确定的各项目标任务，跨越式发展实现良好开局。经济建设逆势而上，预计实现地区生产总值1 800亿元，增长 12%；完成地方财政一般预算收入 201.6 亿元，增长 15.2%。全社会固定资产投资增幅创历史最高，完成1 600亿元，增长 52%。居民收入大幅提高，城镇居民人均可支配收入16 500元，农民人均纯收入5 080元，分别实际增长 13% 和 9.7%。与此同时，招商引资再创佳绩，工业突破有序推进，城乡建设成绩斐然，社会事业全面进步，可持续发展能力增强。先后荣获“联合国宜居生态城市”、“中国最具软实力城市”、“中国十佳投资创业城市”、“中国最具创新力城市”、“中国十佳和谐可持续发展城市”、“中国最佳休闲宜居绿色生态城市”、“中国最具幸福感城市”、“全国社会治安综合治理先进集体”等多项称号。

（一）城乡统筹迈出新步伐。以实施“543 倍增计划”为重点，培育壮大县域经济，加快城乡一体化进程。实现农业增加值 111 亿元，增长 5.8%。粮食总产量 113.1 万吨，烤烟收购总量 179 万担，鲜切花产量 37.6 亿支，蔬菜产量 190 万吨，畜牧业产值 71.9 亿元。14 个县（市）区地方财政一般预算收入 102.5 亿元，增长 18.3%。完成《昆明市都市型现代农业产业总体规划》等一批规划编制，全面启动“4210 工程”。国家、省、市级重点农业龙头企业分别达 11 户、37 户和 222 户，扶持农民专业合作社 50 个。新农村建设扎实推进，农村基础设施不断完善，完成农村公路路面硬化 570 公里，路基改造 914 公里。中小型病险水库除险加固工程完工 27 件。加大土地开发整理力度，新增补充耕地 710.6 公顷。完成近 2 万户农村危房改造及民居地震安全工程建设。解决 26 万农村人口饮水安全问题。建设沼气池 2 万口，完成节柴改灶 2.3 万眼。实施扶贫开发整村推进 341 个自然村。解决 2.3 万绝对贫困人口的温饱问题，巩固提高 8.7 万低收入贫困人口温饱水平。

（二）工业经济实现新突破。完成工业固定资产投资 345 亿元，增长 38%，开工亿元以上工业项目 88 个。规模以上工业企业1 075户，实现增加值 530 亿元，增长 9%。园区实现工业增加值 418 亿元，增长 14%；实际收储土地 10 平方公里，新增“五通一平”13 平方公里；完成基础设施建设投资 58.2 亿元。高新区成为国家生态工业示范区，经开区成为国家科技兴贸创新基地。启动主城企业“退二进三”搬迁改造试点工作。培育高新技术企业 10 户、完成认定 90 户。支持 25 户企业建立完善技术中心创新平台，国家、省、市级企业技术中心分别新增 1 个、10 个和 16 个。非公经济增加值占

全市 GDP 的 44.5%。

（三）第三产业增创新优势。实现增加值 872 亿元，增长 14.7%；社会消费品零售总额 864 亿元，增长 23%；居民消费价格指数为 100.8。老螺蛳湾市场平稳有序搬迁，螺蛳湾国际商贸城一期建成开业。成立 45 家小额贷款公司。开通“96155”家政服务网络中心信息平台。完成 10 个标准化农贸市场改造。累计建设“万村千乡市场工程”农家店1 067个，乡镇覆盖率达 99%，行政村覆盖率达 70%。“家电下乡”累计销售总额 1.2 亿元。接待国内外旅游者3 080万人次，旅游总收入 221 亿元，分别增长 15.6%、12.1%。昆交会、旅交会、房交会、农博会等 100 多项大型展会在昆成功举办，累计交易总额约 240 亿元。昆明荣获全国“中华美食名城”称号。

（四）改革开放创造新业绩。完成云变电气、昆明电机、昆明电缆等 68 户国企改革任务，成功引进哈尔滨电气集团公司等多家战略合作伙伴，国有资产保值增值率 101.7%。投融资工作取得重大突破，实现政府性融资 962 亿元，是 2008 年的 7 倍多。下放市级经济社会管理权限 62 项，东川、石林被列为全省扩权强县试点县区。政府机构改革顺利实施。财政综合改革全面深化，“乡财县管”改革稳步推进。集体林权主体改革任务基本完成。实际利用外资 7.28 亿美元，增长 21%；实际引进市外到位资金 706 亿元，增长 33.1%。实现进出口贸易总额 50 亿美元。新增对外投资项目 12 个，协议投资总额5 600万美元。对外承包工程 5 项，合同金额 5000 万美元。深化友城合作，我市与老挝万象市和柬埔寨金边市、晋宁县与印尼卡罗县缔结友好城市。

（五）城乡建设展示新形象。强化规划引领作用，市规委会通报、审议项目 254 项。完成《昆明市土地利用总体规划》、《昆明中心城区建筑高度控制专项规划》等一批重大规划编制设计。出台《昆明市城乡规划管理督察制度》等一批管理制度，对规划实施严格监督管理。加大以交通为重点的基础设施建设力度，100 项重点基础设施项目完成投资 413.7 亿元。建成二环快速系统、西坝路、海埂路等一批重大项目，完成主城三期交通微循环改造工程 93 项，对缓解主城交通拥堵发挥了重要作用。西南绕城、环湖公路、三环闭合工程、18 条二环三环支撑性道路、32 条片区重要干道加快建设。国道东连接支线 2、3 标段建成通车，西北绕城公路开工建设。“四环十七射”骨干路网逐步形成。城市轨道交通建设规划获国家批复，首期工程 1、2 号线开工建设。昆明铁路枢纽扩能改造征地拆迁工作加快推进。虹山煤气储配站搬迁工程完工。主城区 11 个汽车客运站完成搬迁，5 个新建汽车客运站投入运营。主城公交出行分担率达 34%，城乡公交“镇镇通”提前 1 年完成。启动改造 68 个“城中村”，拆除建（构）筑物 398 万平方米，开工 23 个“城中村”改造工程建设项目，4 个回迁安置房项目主体工程完工。呈贡新区建设加快推进，二期路网基本完成，大学园区入驻师生 5 万多人。空港经济区完成征地 21 平方公里，开工建设污水处理厂、空港大道等 13 项重要基础设施，新机场高速路等外部配套设施建设同步推进。围绕“四创两争”，加强城市管理。主城和呈贡新区新增绿地面积1 595公顷，种植乔木 175.9 万株、攀缘植物 267.6 万株，建设小游园 63 个，绿地率和绿化覆盖率分别达 36.8% 和 40.5%。大力开展拆临拆违建绿透绿，着力整治违法加层和无序建房，拆除临违建筑 271 万平方米，对 15 条出入城道路进行绿化，252 块城市绿地列入永久性、强制性保护，完成 297 个绿化未达标小区补绿工作。恢复卫生监督岗2 800个，加强背街小巷卫生整治。主城新增垃圾中转站 10 座、公厕 43 座、环卫专用车 82 辆。开工建设县区垃圾处理项目 4 个，“组保洁、村收集、乡（镇）运转、县处置”模式初见成效。开工 4 个、竣工 1 个废旧物资回收处理中心。治理占道经营、店外经营，拆除户外广告 6 万平方米。

（六）生态文明建设取得新进展。滇池治理“十一五”规划项目完成 30 项，在建 34 项，累计完成投资 66.2 亿元。完成第一至第六污水处理厂改扩建工程，第七、八污水处理厂投入试运行，主城区污水日处理能力达 110.5 万立方米。滇池环湖干渠截污实现基础闭合，北岸工程累计铺设管网 187 公里。落实“河（段）长负责制”，综合整治 36 条出入湖河道，截污整治4 103个排污口，铺设截污管 123 公里，入湖河道水质污染程度明显减轻。牛栏江、清水海调水工程进展顺利。建成 73 座再生水利用设施，全市封停地下水井 199 口。“四退三还一护”工作取得突破，退塘、退田 4.15 万亩，退房 49.6 万平方米，退人9 476人，完成环湖生态建设 5 万亩。滇池流域范围内停止采矿权审批，累计关停普通建材矿山 509 家。在“一湖两江”流域关闭搬迁畜禽养殖户 1.5 万户。实施城市水源区生态恢复工程，重点开展生态防护林种植、河岸生态湿地恢复、水质自动监测站建设等工作。植树造林 22 万亩，森林覆盖率达 45.05%。单位生产总值能耗、二氧化硫排放量、化学需氧量均完成目标任务。建成区环境空气质量优良率 100%，优级天数 105 天。

（七）社会建设开创新局面。实施科技创新“4531 工程”，开展 10 大重点科技创新行动，科技成果转化率和科技贡献率分别达 37.1% 和 54.6%，成为“国家知识产权工作示范城市”。农村中小学标准化建设开工 106 所。昆八中整体搬迁项目建成招生，昆三中呈贡新校区即将建成。排除中小学 D 级危房 12.7 万平方米。统筹解决来昆从业人员子女入学问题。中等职业教育招生突破 3 万人，招生数量超过普通高中。大力发展民办教育，在校生规模达 25.8 万人。完成 29 所乡镇卫生院和 57 个“双百”社区卫生建设项目，建立 21 个省级、市级社区卫生服务示范点，成为国家“医师多点执业”试点城市。民营医院投入营运 111 家，开设病床6 800张。建成县、乡计划生育服务站（所）14 个，人口自然增长率 5.5‰。组建昆明广播电视、昆明报业传媒等五大文化产业集团，完成 30 个乡镇（街道）综合文化站、420 个村（社区）文化活动室和 160 个农家书屋改造建设，各类博物馆总量达 100 个。解决 1371 个自然村、15 万人收听收看广播电视难问题。成功举办市第九届少数民族传统体育运动会。国际人类学与民族学联合会第十六届大会在昆明成功举办。社会保障力度加大，提供有效就业岗位 18.6 万个，新增城镇就业人员 13 万人，再就业 3.45 万人，城镇登记失业率稳定在 4% 以内，新增转移农村劳动力 14.2 万人。全市城镇职工养老、医疗、失业、工伤、生育保险参保人数平均增长 9.6%，城镇居民医保覆盖率 90%，新农合参合率 95.88%，被征地人员基本养老保险参加人数11.4万人，10.3万农村困难人口全部纳入低保。新建廉租房1.2万套、经济适用房144万平方米。推进“平安昆明”建设，以打击“两抢一盗”、“黑恶势力”为重点的社会治安综合治理成效明显。信访工作进一步加强，矛盾纠纷排查化解力度加大。安全生产管理和食品药品安全监管工作富有成效。民族、宗教工作深入开展。第二次经济普查工作有序开展。国防动员、民兵预备役建设、双拥、消防、人防工作稳步发展，工青妇、老龄、残疾人、气象、档案、外事侨务等工作取得新成绩。

（八）政府自身建设取得新成效。制定26件、清理155件地方性法规、规章、规范性文件，16项制度创新性文件上升为地方性法规。主动接受市人大及其常委会的监督，依法执行市人大决定决议。自觉接受市政协的民主监督。认真办理人大议案、建议和政协建议案、提案，办复率100%。深入学习实践科学发展观，开展“行政效能提升年”、“干部作风改进年”活动，公务员队伍综合素质和拼搏精神明显增强。市级行政审批项目进一步精简到86项，办理时限再次压缩三分之一，在省会城市中继续保持审批项目最少、时限最短、收费最低。全面实施“阳光政府四项制度”，开通“96128”政务信息和行政审批查询专线。强化“两集中、两到位”，继续推行“五公开”、“五办理”制度，业务受理和业务咨询办结率分别为99.96%和100%。全面落实“八个百分之百”，认真整治工程建设领域存在的突出问题。严格执行“无车年”规定，停止一般公务用车购置审批。加强对领导干部廉洁自律的监督，对有令不行、有禁不止、顶风违纪的干部进行严肃处理。建立统一招投标监督管理机制。加大纠风治乱力度，对医药购销、医疗服务、征地拆迁、企业重组改制和破产中损害群众利益等问题进行认真纠正。

各位代表！过去的一年，我们取得了来之不易的成绩，这是在省委、省政府和市委的正确领导下，全市人民顽强拼搏、共同奋斗的结果。在此，我谨代表市人民政府，向全市广大干部群众和外地来昆建设者，向各位人大代表和政协委员，向各民主党派、无党派人士、工商联、人民团体和各界朋友，向中央和省级驻昆单位、各兄弟州市、驻昆人民解放军和武警部队官兵，向所有关心、支持昆明发展的海内外朋友，表示崇高的敬意和衷心的感谢！

二、明确经济社会发展的总体要求与目标任务

2010年，是实施“十一五”规划的决战之年。做好今年的工作，对于夺取“十一五”全面胜利、为实现跨越式发展奠定坚实基础至关重要。总的来看，我们面临的外部发展环境依然严峻，世界经济复苏基础并不稳固，国际金融危机影响仍然存在；我国经济虽已进入企稳回升新阶段，但回升内在动力不足。对此，我们必须准确判断、认真应对，做好充分的思想准备。从我市情况看，还存在诸多不容忽视的矛盾和问题：经济总量小与经济结构不合理的矛盾并存，经济发展方式亟须转变；出口增长和服务贸易面临诸多困难；城乡规划建设管理水平不高，交通、水利、环保等基础设施欠账较多，“城中村”改造难度加大；“三农”工作较为薄弱，城乡、区域发展不平衡问题依然突出；人口资源环境矛盾日趋凸显，植树造林、节能减排、滇池治理任重道远；社会事业发展相对滞后，教育、医疗、就业、住房等民生问题备受关注，统筹兼顾各方利益难度加大；社会管理基层基础还需夯实，维护社会稳定责任重大，和谐社会建设面临新课题；政府自身建设、民主法制建设仍需加强，机关效能有待进一步提升等。对于这些问题，必须高度重视，采取有力措施，切实加以解决。

挑战和困难面前，需要我们树立决战决胜的信念，保持良好的精神状态。全球经济已初显复苏迹象，中国－东盟自由贸易区进入实质性操作阶段；我国继续实施积极的财政政策和适度宽松的货币政策，新一轮西部大开发战略及相关配套政策措施加快实施；我省确定“两强一堡”发展战略，昆明将成为云南绿色经济强省的龙头、民族文化强省的枢纽、中国面向西南开放的国际化门户和桥头堡城市，这些都是做好今年工作的有利条件。同时，我们有省委、省政府和市委的坚强领导，有现代新昆明建设业已打下的良好基础，有全市人民追求发展的强烈愿望，只要我们把思想和行动统一到党中央、国务院的路线方针政策上来，统一到省委、省政府和市委的决策部署上来，齐心协力、顽强拼搏、全力攻坚，就一定能够把各项工作做得更好。

今年政府工作的总体要求是：以邓小平理论和“三个代表”重要思想为指导，深入贯彻落实科学发展观，按照党的十七大、十七届四中全会、中央经济工作会议和省委八届八次全会、市委九届六次全会的安排部署，紧紧围绕科学发展新跨越目标，继续实施大投资方略、强化大项目支撑，着力做大经济总量、调整经济结构，着力扩大对外开放、深化改革创新，着力推进城乡一体、统筹区域发展，着力实施科教引领、促进文化繁荣，着力保障民生改善、构建和谐社会，着力治理滇池污染、建设生态家园，全面完成“十一五”规划各项目标，为“十二五”期间更好更快发展奠定坚实基础。

今年经济社会发展主要预期目标为：地区生产总值增长12%以上；地方财政一般预算收入增长12%以上；全社会固定资产投资增长35%以上；社会消费品零售总额增长18%以上；城镇居民人均可支配收入实际增长8%以上；农民人均纯收入实际增长8%以上；城镇登记失业率控制在4%以内；居民消费价格涨幅控制在3.5%以内；人口自然增长率控制在6.5‰以内；单位生产总值能耗下降4%左右，二氧化硫、化学需氧量比上年削减2%以上。

三、以攻坚克难的精神做好2010年工作

重点抓好九个方面工作：

（一）加强项目与投资工作

强化项目支撑作用。持续开展“重大基础设施建设推进年”活动，确保完成基础设施投资1 100亿元以上。实施市级重点基础设施建设项目100项，续建65项，新开工35项，计划完成投资570亿元。其中：农业基础设施建设项目6项，

续建4项，新开工2项，计划完成投资11亿元；道路交通设施工程27项，续建17项，新开工10项，计划完成投资299亿元；生态和环境保护工程27项，续建17项，新开工10项，计划完成投资106亿元；市政设施工程9项，续建5项，新开工4项，计划完成投资75亿元；社会公益事业18项，续建9项，新开工9项，计划完成投资30亿元；园区基础设施续建项目13项，计划完成投资49亿元。新开工固定资产投资亿元以上工业项目60项，竣工30项。通过强力推进项目建设，提高投资对经济的拉动力。

强化项目资金保障。全面推进政府投融资体制改革，做大做强投融资平台，整合盘活政府资源，广泛拓展投融资渠道，提高资本运作的能力和水平。发挥财政资金杠杆作用，以资金补助、财政贴息和以奖代补等方式，撬动社会投资，确保地方财政预算支出中用于公共基础设施建设的投入不低于20%。用活用足国家扩大内需政策，巩固加强与驻昆金融机构的联系合作，以大项目、好项目吸引金融资金。放宽社会资本准入门槛，推行投资便利化政策，尽可能多地吸引民间资本投资城乡基础设施、产业发展、环境保护和社会事业等领域。始终保持对国家和省出台政策的高度敏感性，及时调整策略，最大限度争取中央和省的资金支持。积极争取国际金融机构、外国政府和国际组织的贷款支持。规范投资行为，切实提高投资效益。

强化项目组织管理。市县两级政府都要把项目推进工作作为第一要务，纳入主要议事日程。实行领导对口联系重大项目制度，及时解决项目推进中的困难和问题。围绕我市“十二五”规划纲要的制定，及时掌握国家、省的政策导向、投资方向和重点，精心策划一批政策支持项目。争取和引进项目要有毅力、有耐心，持之以恒，坚韧不拔，力争更多的项目进入国家和省的投资计划。完善重点项目遴选机制，提高项目储备水平，优先储备标志性、基地型、枢纽型项目，优先储备技术含量高、关联度大、支撑引领作用强的项目，优先储备投资规模大、产出效益好、要素成本低的项目。强化项目督查工作，建立健全统一招投标监督管理机制，严格落实“八个百分之百”的要求，对重大项目、重点工程进行全方位、深层次跟踪督查。

（二）加快城乡一体化进程

围绕一板块率先跨越、二板块竞相发展、三板块迅速崛起的目标，全面落实加快城乡一体化发展19个系列文件，加快实施都市型现代农业“4210工程”和县域经济“543倍增计划”，扎实推进社会主义新农村建设。建立差别化的考核奖励机制，加强对各区域发展的统筹协调和分类指导。以农民增收为核心，调整农业产业结构，稳定粮食产量，发展现代烟草农业，扩大无公害蔬菜、水果和特色花卉种植面积，发展壮大畜牧业。培植生物资源开发、蚕桑等新兴产业。加快林业发展，全面实施“森林昆明”建设。开发建设石林台湾农民创业园，启动嵩明、宜良、晋宁、富民、寻甸等园区建设。实施斗南花卉园区项目，建设中国云南斗南国际花卉园艺博览会场馆。发展一批优势农产品深加工示范企业，新增国家级龙头企业4户、省级7户、市级20户，建设一批区域性、国际性农产品批发市场和专业市场。扶持发展50个农民专业合作社。加快小城镇和中心村建设，实施“1+3工程”，加速人口集聚，提高城镇发展质量和水平。推进“万村千乡市场工程”，建设改造乡镇农贸（集贸）市场20个。完成行政村公路路面硬化733公里、路基改造1 214公里，力争建制村通公路达90%以上。全面实施中低产田改造工程，开工建设20座小型病险水库除险加固工程，新增和改善灌溉面积20万亩，解决23万农村人口饮水安全。继续抓好1.5万户农村民居地震安全工程。巩固提高6万贫困人口温饱水平，重点实施省、市整村推进项目340个。

（三）推动工业经济加速发展

全市规模以上工业增加值突破600亿元，规模以上工业企业突破1 100家。实施园区倍增计划，力争园区规模以上工业增加值增长30%以上。全面推进工业向园区集中“退二进三”搬迁改造工作。实施园区基础设施建设三年提升工程，年内收储土地20平方公里以上。加快空港经济区等有条件的省级园区申报国家级开发区进程。积极构筑“两轴多板块”工业布局体系。调整工业产业结构，优先发展装备制造、生物医药、光电子信息、新能源产业，巩固提升烟草及配套、有色冶金、黑色冶金、磷化工、建材等重点产业，培育发展煤盐钛化工、石油化工、农特产品深加工产业。积极配合国家有关部门和省，加快推进中缅油气管道和炼化基地项目建设。实施大企业、大集团战略，重点培育主营业务收入20亿元以上的工业企业。鼓励企业通过上市、参控股、兼并等手段，优化资源配置，实现低成本扩张。加强对驻昆中央和省属企业的服务，支持其做大做强。大力发展非公经济，加大扶持和服务力度，放宽市场准入，激活民间投资，加速总量扩张，非公经济增加值占GDP比重45%以上。深入实施中小企业成长工程，培育一批行业“小巨人”。完善信用担保体系，有效缓解中小企业融资难问题。

（四）提升服务业发展水平

加强商业布局规划，全面提升中央商务区（CBD）、区县中心商圈、特色商业街和乡镇商业网点四个层次的市场载体功能，加快推进螺蛳湾商业片区业态升级改造暨二级CBD建设。大力发展生产性服务业，高标准规划建设现代物流园、信息软件园、创意产业园、总部基地、服务外包基地等集聚区。全面发展银行、保险、证券、期货、担保等行业。积极发展生活性服务业，推进社区商业建设，促进发展特色餐饮业、家政服务业和特色连锁经营。巩固传统消费，培育新的消费热点，引导消费结构升级。落实国家家电汽车摩托车下乡、以旧换新、农机具补贴、住房消费等促进消费的若干政策，千方百计增强居民特别是低收入群众的消费能力。推进主城12家生猪屠宰场整合搬迁，规范牛羊屠宰市场。加强市场监管，规范市场秩序。继续推进重大旅游项目建设，重点推动轿子山、阳宗海开发，整合石林至九乡片区、西山至民族村片区旅游资源。启动“数字旅游”平台建设。继续加大海内外旅游市场开发，加强对东亚、东南亚、南亚旅游市场的促销工作。

（五）加大品质春城建设力度

高标准搞好城乡规划。按照把“一城四区”打造成为城市多功能集中区，把“一湖四片”建设成为大都市核心区，规划构建“一主四辅”的要求，扎实做好新一轮城乡规划工作，做到中心城区控制性详规、乡镇总体规划、农村集中居住区总体规划、自然村建设规划覆盖率“四个百分之百”。切实抓好中心城区土地利用、城市功能优化提升、产业布局调整、中央商务区设计，调整完善主城绿地系统及绿、蓝线控制规划。修改完善城市规划技术规范。吸纳国际、国内先进规划设计理念，积极邀请国内外著名规划机构参与城乡规划设计。严格建设项目规划审批，促进规划依法实施。

高质量实施城市建设。加大路网建设力度，围绕“四环十七射”，完成环湖公路、三环闭合工程和18条二环三环支撑性道路、32条片区重要干道建设任务，全力推进6条二级公路建设。配合做好昆明铁路枢纽扩能改造、云桂铁路等项目建设，加快推进东南绕城、昆武高速、昆嵩新线、南连接线高速、西北绕城一期高速公路和113条城市道路建设。加大公共交通建设力度，新增公交专用道50公里以上，主城公交出行分担率达38%，力争城乡公交第二实施区域公交“村村通”覆盖率达90%以上。全面推进城市轨道交通1、2号线工程，启动实施3、6号线建设。加大城市中心区、城市道路和居住小区绿化建设力度，强力推进“五五建绿”、“百米见绿”工作。继续实施增绿补绿，种植乔木80万株，攀缘植物70万株，同步建设西北三环城市绿带。推进县（市）区拆临拆违建绿透绿工作，建成区绿地率超过36%，绿化覆盖率达40%以上。加大主城旧城改造力度，抓住国家推进城市棚户区改造的有利时机，以“城中村”改造工程建设项目为重点，新开工建筑面积800万平方米以上，完工一批建设项目主体工程。完善住宅小区配套服务功能，提高住宅小区环境质量和品位，改善市民居住环境。加大新区建设力度，积极推进呈贡现代化城市示范区建设，加快三、四期主干路网和水、电、气、通讯等市政设施建设进度，推进社会事业配套项目建设，配合搞好大学园区建设。加快空港经济区建设步伐，抓好机场配套基础设施建设，实现新机场专用高速路（南段）项目全线通车。

高水平加强城市管理。扎实推进“四创两争”工作，确保进入国家园林城市、国家卫生城市行列，启动国家环保模范城市、国家节水型城市申报工作。完善城市管理体制，建立部门协同、公众参与和社会监督机制，整合现有城镇管理资源，建立联动机制，推动城市管理由主城向县城、乡镇、村社拓展。认真抓好全国数字化城市管理试点工作，推进城市管理信息化进程。提升交通管理水平，提高主城道路通行能力。强化道路、桥梁日常管理，严把占用、开挖城市道路的审批关。严格实行“十一个零申报”，确保城乡综合整治工作常态化、规范化。坚决遏制违法加层和无序建房问题。加强宣传引导，强化治安管理，建立补偿机制，分区域、分步骤深入推进外挑式防盗笼拆除工作，切实维护城市的安全和景观，杜绝生活污水进入雨水管道污染滇池。抓好“七小”行业整治，坚决取缔占道经营。完善户外广告设施设置审批管理系统和户外广告设施电子标签识别系统。在主城区新建14座垃圾中转站、53座公厕，建成东郊垃圾焚烧发电厂，启动区域性垃圾焚烧厂建设。倡导细节文明，提高市民素质，提升城市文明水平。

（六）着力深化改革和扩大开放

建立更有活力的体制机制。推动土地承包经营权流转，积极开展以土地承包经营权置换城镇社保、以宅基地和住房置换城镇住房改革试点。探索农村集体建设用地使用权流转新路子。加快集体林权配套改革。发展以服务农村为主的小额贷款公司、农村资金互助社等新型农村金融机构和新型投资开发组织。强化改制企业的后续服务，推进市属城镇集体企业改革。深化人事制度改革，增强机关和事业单位活力。推进财税体制改革，深化部门预算管理和财政绩效管理，建立更加规范完善的财政保障机制。深化教育体制改革，实现教育资源总量扩张、结构优化、质量提升。加快医药卫生体制改革，推进基本医疗保障制度建设，改革基层医疗卫生机构补偿机制。全面推广医师多点执业，促进医疗卫生人才合理流动和技术交流。深化公益性文化事业单位和国有文化企业改革。继续深化户籍制度改革，放宽县城、小城镇户籍限制。

创造更加喜人的引资业绩。确保完成实际利用外资9亿美元，引进市外到位资金900亿元。着力引进高新技术型、资金密集型、节能环保型、外向型项目，绝不引进环境污染型项目。突出招商重点，主攻珠三角、长三角、环渤海地区。创新招商方式，开展以商招商、中介招商、委托招商、代理招商，推动招商引资由部门招商、政府招商向市场主体招商、社会招商转变。整合招商资源，建立县（市）区、乡镇（街道）、部门、园区、商会、企业联动机制，形成招商合力。强化项目落地协调服务，继续实施项目分级推进责任及结果倒逼制度，推行重大项目投资全程专人代理服务制。

扩大更具规模的对外贸易。实现进出口贸易总额60亿美元。巩固扩大有色金属、医药保健品、磷化工产品等传统优势产品出口，积极支持高新技术企业扩大出口规模，扶持优势农产品、劳动密集型产品出口，实现出口产品多层次、多样化。培育自营进出口外贸企业，提高出口产品附加值。加快出口加工基地建设，大力发展加工贸易。抓住中国－东盟自由贸易区建成的机遇，瞄准东南亚、南亚市场，调整出口贸易结构，不断增加高新技术产品的份额。做好空港综合保税区申报工作，加快呈贡国际物流园区、空港国际物流园区和昆明空港口岸等重点项目建设，争取设立国家陆路口岸。积极参与磨憨、河口、瑞丽跨境经济合作区建设，力争在合作区内设立“昆明园”。鼓励更多的企业走出去，境外投资、对外工程承包合同额、外派劳务人数均增长20%以上。加强替代示范园区建设，做大做强替代产业。做好与友好城市的沟通、交流，缔结国际友好城市3个以上。积极参与滇中经济圈开发建设。

（七）做好环境资源保护工作

加快推进滇池治理步伐。全面完成滇池“十一五”规划项目。完成滇池北岸水环境综合治理、环湖截污、主要入滇河道整治等项目。实现滇池流域工程措施和生态措施全覆盖，工业、生活污水全面收集处理，达到一级A标准。坚持“河（段）长负责制”，推行市民河长制，建立河道综合整治长效机制，将河道整治工作由主干河道拓展到支流沟渠。全面完成入湖河道水质监测系统建设。继续开展“一湖两江”流域水环境综合治理“四全”工作。巩固湖滨湿地和生态林带建设成果，全面完成“四退三还一护”任务。加大水土流失治理力度，对滇池流域“五采区”、石漠化及难造林地继续开展绿化造林。加快实施农村面源污染控制和环境综合整治工程。开展农村面源污染控制生态示范村建设，在滇池流域核心区内开展禁用化肥、农药试点。推进牛栏江滇池补水、清水海调水工程建设。

严格落实节能减排措施。全面完成“十一五”节能减排目标。强化节能减排目标责任和监督检查，实现规模以上工业增加值能耗下降4.5%。加强重点能耗企业的监督管理。加快节能减排技术改造和技术推广，支持冶金、钢铁、建材、化工、电力等重点能耗企业技术改造升级、淘汰落后工艺。创新适用低碳技术，降低高碳产业比例。发展循环经济，组织实施清洁生产重点工艺技术示范工程，实施一批节煤、节水、节材、节电和余热、固体废弃物综合利用工程，完成清洁生产审核100户。搞好新能源汽车示范推广试点。鼓励和推动新建住宅和公共设施节能。做好再生水综合利用、雨水收集利用和太阳能供热系统应用设施的建设和监管。进一步规范提升再生资源回收体系，加快建设再生资源社区绿色回收站、社区分拣处理中心、再生资源综合交易市场。

加大环境资源保护力度。全面推进“七彩云南保护”昆明行动计划，进一步加大城市环境综合整治力度，扎实推进废水、废气、废渣和噪声等污染防治，重点提升“创模”6项未达标指标。推进城乡环境卫生管理一体化，实现城乡环境卫生网格化管理。用好农村环保专项资金，稳步推进农村环境综合整治，积极推进生态乡镇创建。抓好天然林保护工程，巩固退耕还林成果。做好森林防火和病虫害防治工作。实行环境保护市场退出机制，严查重处违法排污行为。推进二氧化硫排污权交易和管理试点工作。加大水源区保护力度，加快松华坝、云龙水库水源一级保护区人口搬迁工作。加强土地、矿山、水、森林等资源保护管理。

（八）切实改善和保障民生

实施更加积极的就业政策。新增就业岗位10万个，城镇新增就业人员8万人，培训农村劳动力15万人，实现转移输出12万人。鼓励高校毕业生到基层、民营企业和非公企业就业。积极推进大学生创业园建设。实施就业援助，促进就业困难人员就业。加强“零就业”家庭动态管理，及时解决就业问题。完善场地扶持、税费减免、创业补贴、小额担保贷款等综合配套创业政策体系，鼓励创业带动就业。大力推进“两后双百”工程，发展职业技能培训和公共就业服务。落实残疾人就业扶持政策。加大劳动保障监察执法力度，切实维护劳动者合法权益。

进一步完善社会保障体系。按时足额发放企业离退休人员养老金、失业人员失业金、城乡最低生活保障金和困难群体社会保障补贴以及其他社会保障金。切实抓好被征地农民和新型农村社会养老保险工作。积极推进民办学校教师参加事业单位社会保险。加快城镇基本医疗保险扩面工作，城镇职工和居民医药费报销比例分别达到72%和55%。巩固和发展新型农村合作医疗，参合率达96%以上，住院费用实际报销比例达50%，住院补助封顶线提高到4万元。发挥困难职工帮扶中心和农民工维权中心作用，推进农民工工伤保险“平安计划”。完善社会救助配套政策，健全城乡低保标准和农村“五保”供养标准增长机制。坚持政府引导扶持，社会力量兴办，市场化运作，启动建设3个民办养老服务项目。完成新建保障性住房2万套以上，开展农民工公寓建设试点工作。

努力提高教育现代化水平。健全义务教育经费保障机制和监督机制，落实教育惠民措施。推进100所农村中小学标准化建设，加快实施中小学校舍安全工程。建成昆三中、中华小学呈贡新校区。统筹解决进城务工人员子女接受义务教育问题。提高优质教育资源比重，一级高（完）中增加到22所，优质普通高中在校生比例提高到66%以上。加快昆明学院新校区扩建。扩大民办教育规模，力争民办学前教育在园（班）人数、高中阶段教育在校生比重分别达90%和40%以上。大力发展职业教育，重点建设20所中职学校，争创20所高等职业院校。鼓励学校、企业、社会力量投资建设职业技能公共实训基地。加强教师队伍建设。招聘300名市级特岗教师充实农村中小学教育。

大力推进科技进步与创新。深入实施科技创新“4531工程”，重点扶持10个以上高新技术项目，培育6家以上、新认定50家以上高新技术企业。支持10家企业建设技术中心创新平台，培育20家创新型企业。巩固扩大国家知识产权示范城市工作成果，发明专利授权量每百万人达到50件以上，知识产权试点示范企事业单位达到70家以上。加大高层次人才和紧缺人才的引进、培养力度。加强科学知识普及，提高市民科学素质。

加快文化事业文化产业发展。启动市群众文化活动中心暨文庙恢复重建一期工程，完成市博物馆二期工程，办好首届昆明聂耳音乐节、昆明郑和国际文化旅游节、昆明市花·云南山茶花节。继续推进文化信息共享工程。建成31个乡镇（街道）综合文化站、363个文化室、341个农家书屋。大力发展文化产业，重点培育文化创意、文化旅游、文化娱乐、新闻出版、广播影视、文博会展等产业。发展壮大具有浓郁地方特色的文化团体。引导和鼓励社会资金进入文化产业领域，培育一批大型民营文化企业。繁荣文学艺术，增强文化软实力。做好文物和非物质文化遗产保护工作，重点保护、修复一批历史文化街区和建筑。着力解决贫困地区农村群众收听收看广播电视难的问题。推进群众体育生活化，建成市体育学校暨全民健身中心。

提升医疗卫生服务水平。继续推进市第一人民医院北市区医院、中医院呈贡迁建、儿童医院南市区医院等重点项目建设，加快社区卫生服务机构建设，完善基层医疗卫生服务网络。大力发展民营医院，提高优质民营医疗机构比重。继续推进基本公共卫生服务均等化，完善政府购买公共卫生服务项目及其经费保障和补偿机制。切实做好甲型H1N1流感等重大疾病防控工作，提高应对突发公共卫生事件能力。加强医疗卫生服务监管，努力减轻群众就医负担。加强食品药品监督管理，保障公众饮食用药安全。加强计划生育公共服务网络建设和流动人口计划生育服务管理，稳定低生育水平。

深入推进“平安昆明”建设。加强社会治安综合治理，推进科技强警建设，健全社会治安防控体系，着力完善现代警务和治安巡防机制，持续开展“打黑除恶”专项斗争，深入推进新一轮禁毒人民战争，依法防范和打击违法犯罪活动。建立健全大信访、大调解工作机制，推动信访接待中心建设，加强源头治理，积极预防，及时妥善处理群众反映的问题。加快构建信用体系，打造诚信昆明。落实安全生产责任制，加强监管，有效防范和遏制重特大安全生产事故。创新社区管理体制，强化社区自治能力，加快社区综合服务中心（站）和配套服务设施建设，推行"一站式"服务，打造15分钟服务圈。坚定不移维护民族团结稳定，切实做好宗教工作。加强国防动员，抓好"双拥"工作，巩固军政军民团结。认真开展第六次全国人口普查工作。做好人防、气象、防震、档案、保密、市志、参事等工作。

（九）科学编制"十二五"规划

按照前瞻性、导向性、战略性、科学性和可操作性的要求，抓紧编制"十二五"经济社会发展、城乡建设、土地利用、环保及生态建设四个重大规划，上半年全面完成报批工作。抓住项目支撑这个关键，注重以规划带项目、以产业政策规划项目建设。围绕完善基础设施、调整产业结构、提升城市竞争力、改善民生、发展社会事业和生态建设，筛选出一批今后5年乃至更长时期内意义深远、带动力强的项目和工程，探索实践低碳经济发展模式。各县（市）区、各开发区在编制"十二五"规划时，要注重实用性，统筹城乡、土地、环保、生态等方面，做到统一有效、操作性强。部门规划、专项规划与"十二五"规划同步开展，明确本部门、本行业的发展思路、目标和主要任务，做到无缝对接。各级各类规划要遵循下级规划服从上级规划、专项规划服从总体规划、同级规划相互协调的原则，做好规划的协调衔接工作。

四、努力提高政府自身建设的科学化水平

做好2010年的各项工作，政府肩负着重要责任。我们要主动适应形势发展的新要求，顺应人民群众的新期盼，以改革创新精神加强政府自身建设，为实现科学发展新跨越提供有力保障。

（一）以更加过硬的本领履行职责

围绕建设学习型政府，站在经济社会发展的前沿，结合各自的工作特点和需要，广泛学习反映当代科技进步的新知识，掌握现代管理的新经验，了解国内外经济社会发展的新信息，不断更新知识结构，扩大知识视野，使自身知识水平和业务能力与所承担的职责相适应，提高分析、解决和处理复杂问题的能力与水平，增强工作的预见性、系统性、计划性和创造性。强化公务员思想道德与业务能力建设，提倡公务员勤于学习、善于调研、勇于创新，加强公务员规范化管理和效能考核，建立一支高素质的公务员队伍。

（二）以更加规范的行为依法行政

把依法行政贯穿于政府决策、执行、监督的全过程，严格按照法定权限和程序行使权力、履行职责。加强政府立法，配合人大常委会做好地方性法规审议工作。加快建立职责明确、行为规范、监督有效、保障有力的行政执法体制。继续规范行政处罚自由裁量权，建立依法行政目标考核机制，做好行政复议工作。进一步健全专家咨询、专题协商、社会公示与听证、决策评估、合法性审查等制度，推进决策的科学化、民主化。自觉接受市人大及其常委会的监督，主动加强与市政协的联系，高度重视并认真办理人大议案、建议和政协建议案、提案。广泛听取各民主党派、无党派人士、工商联意见，充分发挥工会、共青团和妇联等人民团体在构建和谐社会中的积极作用。主动接受舆论监督和社会监督。

（三）以更加快捷的效能搞好服务

围绕效能政府建设，按照"精简、统一、效能"的原则，规范政府职能定位，实现政府职能向创造良好发展环境、提供优质公共服务、维护社会公平正义转变。更加注重履行社会管理和公共服务职能，扩大政府公共服务的覆盖范围。加快推进政企分开、政事分开、政资分开、政府与市场中介组织分开。支持社会中介组织、行业协会在社会管理和公共服务中发挥更大的作用。强化政务公开，继续推进"阳光政府四项制度"规范化、常态化、制度化建设，完善信息公开和新闻发布制度，及时、全面、真实发布政务信息，切实保障人民群众的知情权、参与权、表达权和监督权。进一步完善行政审批制度，深入推进"两集中、两到位"，抓好"四进中心"工作。加快市县乡三级联动的便民服务体系建设。做大做强政府门户网站"昆明信息港"，积极推进政务服务方式创新，拓展一站式服务，进一步优化"三最四低"投资服务环境。

（四）以更加扎实的作风狠抓落实

持续开展"行政效能提升年"、"干部作风改进年"活动，大兴密切联系群众、求真务实、艰苦奋斗、批评与自我批评、狠抓落实之风。增强效率意识，继续推行"五办作风"、"一线工作法"、"工作成果倒逼法"、"三最三严"等制度，进一步提高执行力；增强责任意识，遇到困难和问题不回避、不推诿，敢担风险，勇于负责；增强大局意识，发挥团队精神，加强协调配合，形成工作合力。加强督查工作，重点对"十一五"规划的落实情况进行"回头看"，及时发现问题、解决问题，确保各项目标任务圆满完成。

（五）以更加廉洁的形象取信于民

严格执行党风廉政建设责任制，建立健全教育、制度、监督并重的惩治和预防腐败体系，筑牢廉洁从政防线，提高拒腐防变能力。强化审计监督，严格行政监察，坚决查处违法违纪的人和事。加强纠风治乱，坚决纠正损害群众利益的不正之风。严格执行政府采购、产权交易、经营性土地使用权出让等制度，认真抓好工程建设领域突出问题专项治理，继续开展治理商业贿赂工作，严肃查处腐败行为。坚持艰苦奋斗、勤俭节约，反对铺张浪费、奢靡享乐，切实降低行政成本。加强公务员队伍建设，深入开展政风行风民主评议活动，以为民、务实、清廉的良好形象取信于民。

各位代表！机遇和挑战考验着我们，事业和使命召唤着我们，人民群众期待着我们。艰辛成就伟业，奋斗铸就辉煌。让我们紧密团结在以胡锦涛同志为总书记的党中央周围，深入贯彻落实科学发展观，在市委的坚强领导下，锐意进取，奋发有为，合力攻坚，完美收官"十一五"，强势起步"十二五"，为加快昆明科学发展新跨越而努力奋斗！

昆明市人民代表大会常务委员会工作报告

——在昆明市第十二届人民代表大会第六次会议上

（2010年1月16日）

昆明市人大常委会主任　李培山

各位代表：

我受昆明市第十二届人民代表大会常务委员会的委托，向大会报告常委会2009年的主要工作和2010年的工作意见，请予审议。

2009年的主要工作

2009年，是新中国60华诞和地方人大设立常委会30周年的隆重庆典之年，也是现代新昆明建设跨越发展的拼搏之年。在中共昆明市委的领导下，市人大常委会坚持以邓小平理论和“三个代表”重要思想为指导，深入学习实践科学发展观，全面贯彻党的十七大、十七届三中、四中全会精神和市委九届五次全会精神，围绕应对宏观经济政策的调整，实现全市跨越式发展目标，解放思想，开拓创新，认真行使宪法和法律赋予的各项职权，突出立法和监督两个重点，突出工作的针对性和实效性，为保障和促进昆明的经济建设、政治建设、文化建设、社会建设和生态文明建设作出了应有的贡献。

一、加强地方立法工作，服务改革发展稳定大局

常委会按照保增长、保民生、保稳定和科学立法、民主立法的要求，把促进全市经济社会发展，解决人民群众普遍关心的问题，作为立法的出发点和落脚点。按照急需先立和管用的原则，科学制定年度立法计划，把制定、修订和废止法规放在同等重要的位置，一年来共审议通过地方性法规8件，其中制定6件、修订1件，废止1件；对拟制定、修订的10件地方性法规进行了前期立法调研，开展了清理地方性法规工作。

紧扣跨越发展主题，开展地方立法工作。常委会坚持“不抵触、有特色、可操作”的地方立法原则，认真研究制定年度立法计划，从加快现代新昆明建设、加强城市规划建设管理、保护生态环境、促进国家机关工作人员依法行政、廉洁从政，保障和促进昆明跨越式发展的实际需要出发，在学习借鉴外地人大工作经验的基础上，反复论证、广泛听取和采纳各方意见，制定并提请常委会会议审议通过了《昆明市地下水保护条例》、《昆明市九乡风景名胜区保护条例》、《昆明市预防职务犯罪工作条例》、《昆明市档案条例》、《昆明市城乡规划条例》，审议了《昆明市河道管理条例（草案）》，修订了《昆明市殡葬管理条例》。为保证国家法制统一，常委会还审议废止了《昆明市公安机关人民警察巡察条例》。这些地方性法规的制定、修订和颁布实施，为加强昆明法制建设，保障和促进昆明经济社会发展提供了有力的法律支撑。

常委会按照全国人大常委会的有关要求和省人大常委会办公厅《关于开展地方性法规清理工作的通知》要求，开展了法规清理工作。主任会议研究通过了《昆明市人大常委会关于清理地方性法规工作的规定》，组织市人大各专委、常委会各工作机构以及市政府办公厅、市政府法制办、市总工会等部门，对1981年至2007年期间市人大及其常委会制定的地方性法规（包括具有地方性法规性质的决议决定）进行了清理，维护了国家法制统一。

坚持调研先行，提高地方立法质量。常委会为增强立法的科学性、民主性，提高地方立法质量，把做好法规审议前的调研工作作为提高立法质量的重要环节。按照《昆明市人大常委会关于完善制定地方性法规工作程序的办法》，在法规起草过程中，注重公民对地方立法工作的有序参与，加强调研、论证、听证、专家咨询和网上征求意见等工作，广泛听取市人大代表和社会各方面的意见，使所立法规更加充分体现民主性和地方特色，更加切合昆明经济社会发展需要，也更加有效地保证了地方立法质量。对拟制定、修订的《昆明市城市轨道交通管理条例》、《昆明市清水海保护条例》、《昆明市清真食品管理条例》、《昆明市志愿服务条例》、《昆明市人民调解条例》和要修订的《昆明市保护老年人合法权益条例》、《昆明市户外广告管理条例》等开展立法前调研，通过学习借鉴外地人大立法经验、收集相关资料等形式，开阔视野，扩展思路，对立法项目的可行性、必要性有了新的认识和理解，增强了地方立法的针对性，为提高地方立法质量奠定了坚实基础。为改进地方立法工作，常委会还组织开展了“立法后评价”调研工作，对《昆明市城市节约用水管理条例》施行以来的效果以及法规的可操作性进行了调研，通过对法规施行情况的深入了解，发现问题，分析原因，总结经验，既对改进地方立法工作起到积极作用，又对执法部门的工作起到了监督促进作用。

常委会按照市委“用地方性法规把经济社会发展的成功经验及时固定下来，使地方性法规能够适应不断发展变化的客观实际，促进经济社会的发展”的要求，再次对全国有立法权的52个城市的立法项目进行了收集和比对，查找差距，确定适合现代新昆明建设需要的立法项目，使立法工作更好地与昆明经济社会发展相结合。常委会还对全市2008年开展经济社会制度创新工作以来制定的242件规范性文件上升为地方性法规，进行了可行性调研，形成了调研报告。其中，涉及地下水保护、预防职务犯罪等方面的创新制度已制定为地方性法规，还有一部分将列入2010年立法计划或待立法条件成熟时上升为地方性法规。

常委会积极参与国家和省的立法活动，对全国、省人大常委会下发征求意见的《农村土地承包经营纠纷仲裁法（草案）》、《归侨侨眷权益保护法》、《选举法（修订草案）》等9部法律和《云南省法律援助条例（草案）》、《云南省预防未成年人犯罪条例（建议稿）》等法规草案认真组织研究，征求社会各方意见，及时按要求综合上报修改意见建议，为国家立法提供参考。同时，常委会组织相关专委会和工作机构，配合省人大常委会审查昆明市报送的地方性法规，做好立法的后续服务工作。

二、积极创新监督形式，促进各项发展目标的落实

常委会深入贯彻落实科学发展观，紧扣发展主题，把推动市委重大决策部署的贯彻落实作为人大监督工作的重点，综合运用多种监督形式，督促“一府两院”改进工作作风，提升行政效能，落实好人代会通过的工作报告和作出的决议，着力解决好人民群众最关心、最直接、最现实的利益问题，推动经济社会健康发展、保障和改善民生、维护社会和谐稳定，人大工作实效更强、更具有活力。

强化计划预算监督，推动经济健康发展。常委会加强对人代会通过的国民经济和社会发展计划与执行情况、财政预算与执行情况的监督，广泛听取组成人员、人大代表和常委会工作机构对计划和预算工作报告的意见建议。常委会先后听取和审议了市人民政府关于2009年上半年国民经济和社会发展计划执行情况、2009年上半年市本级财政预算执行情况及2008年财政决算和净结余资金安排、2008年市本级财政预算执行和其他财政收支审计情况等专项工作报告，提出了加强和改进相关工作的审议意见，作出了《关于批准昆明市2008年财政决算和市本级财政净结余资金安排意见》等决议。常委会还注重把人大对预算的监督与政府的审计监督结合起来，对审计报告中提出的问题，督促政府进行认真整改，增强了监督实效，提高了监督工作的权威性，保证了人代会批准的计划任务圆满完成。

招商引资是实现昆明跨越式发展的重大举措。为确保此项工作落在实处，根据市委的要求，常委会组织市、县两级人大分别对2008年市委考核认定的4个开发区、14县（市）区和37个招商分局负责的3500个招商引资项目落地情况进行了拉网式的专项检查，形成检查报告，为市委全面掌握2008年全市招商引资项目落地和进展情况提供了翔实的资料，推动和促进了招商引资工作的深入开展。

开展执法检查，促进法治昆明建设。常委会把保障国家法律法规的贯彻实施，推进法治昆明建设，作为一项重要工作。组织执法检查组，对《台湾同胞投资保护法》、《云南省中小企业促进条例》、《昆明市城镇绿化条例》、《昆明历史文化名城保护条例》、《昆明市养犬管理条例》等法律法规的贯彻实施情况进行了检查，常委会听取和审议了执法检查组的报告，对执法工作中存在的突出问题和薄弱环节，向“一府两院”提出了改进工作的意见和建议。通过执法检查，相关部门改进了执法方式，加大了抓落实的力度，各项工作得到了改进和加强。常委会还配合省人大常委会执法检查组对我市贯彻执行《食品安全法》、《云南省民族乡工作条例》的情况进行了检查。

2008年以来，常委会围绕昆明跨越发展这个主题，围绕全市改革发展稳定大局，围绕发展中急需规范的重点工作，作出了一系列决议决定。为保障决议决定得到有效贯彻执行，2009年，常委会组织部分组成人员、市人大代表组成检查组，对“一府两院”贯彻执行决议决定情况进行了两次检查。一是对市政府贯彻执行《昆明市人大常委会关于在滇池流域和其它重点区域禁止挖砂采石取土的决定》的情况进行了第二次检查，重点对禁采区企业关停和生态恢复情况进行了全面检查，针对政府工作中存在的问题，提出了进一步改进工作的意见建议；二是对2008年以来常委会作出的75项决议决定的贯彻落实情况进行了检查，促进了决议决定的贯彻落实。此外，常委会还分别对市政府2008年制定的131项、2009年上半年制定的88项、下半年制定的34项制度创

新文件的落实情况逐一进行了专项监督检查。检查组在充分肯定制度创新文件执行中所取得成效的同时，对存在的问题和进一步落实好文件提出了有针对性的建议，督促政府及有关部门强化措施，加大落实力度，提高依法行政水平，保障和促进了全市经济社会发展。

狠抓跟踪检查，促进发展目标实现。常委会认真贯彻《监督法》，坚持围绕中心、突出重点、强化监督，创新了人大监督方式。为促进市十二届人大五次会议通过的各项目标的落实，常委会将市政府工作报告中确定的重点工作目标任务分类梳理，归纳出10个大类40项重点工作，对这些重点工作，坚持每季度进行一次全面的检查。常委会组织了由常委会主任、副主任带队，部分常委会委员、市人大代表参加的6个视察组，第一季度重点检查了目标任务分解、各项工作启动情况；第二季度重点检查了时间过半，完成任务是否过半；第三季度主要检查了40项重点任务中的重点工作进展情况；第四季度对全年目标任务完成情况进行了全面检查。通过盯住目标任务落实情况开展检查，使监督工作由单项检查变为全面检查，由过去的事后监督变为事前、事中、事后全过程的跟踪监督。检查中，各检查组及时提出加强和改进工作的意见建议，对群众反映强烈的突出问题，盯住不放、一盯到底，对连续3年没有完成计划的行政村道路硬化工作，检查组反复督查，从下向上找原因，推动有关部门认真整改，2009年不仅完成了当年任务，而且还清了过去3年的欠账。对拖延多年的危险废弃物处理处置中心建设项目，经过多次检查督促，反复督办，终于使这个项目全面启动，目前工程建设进展良好。通过跟踪检查促落实，保障和促进了人代会确定的各项重点目标任务完成。

听取和审议专项报告，促进热点难点问题解决。常委会把促进改革与发展，维护人民群众利益作为监督工作的重点，围绕全市贯彻落实党中央、国务院“保增长、扩内需、调结构”宏观经济政策和市委的重大决策，把视察与听取专项工作报告结合起来，围绕经济社会发展中的重大事项，人民群众普遍关心的热点难点问题，组织开展了对工业突破、园区建设、招商引资、农村人口饮水安全、农村中小学标准化建设、中小学校舍安全工程建设以及中小学招生等事项的视察。常委会听取和审议了市政府关于昆明市集体林权制度配套改革进展情况、东南北二环快速系统改扩建工程建设、职业教育基地建设、经济社会发展和财政预决算情况等8项专项工作报告。通过工作视察，听取和审议专项工作报告，提出审议意见建议，对加快工业园区和城市道路等基础设施建设、推进林权制度配套改革、发展职业教育等工作起到了积极的促进作用。

加强司法监督，维护公民合法权益。常委会围绕促进司法公正，保障公民合法权益这一主题，听取和审议了市中级人民法院关于全市行政审判工作情况、市人民检察院关于诉讼监督工作情况的专项工作报告，并作出了相关决议。组织部分市人大代表对法院清理执行积案工作、立案工作和庭审工作进行了视察、检查和旁听，对加强和改进法院、检察院工作，促进司法公正提出意见建议。围绕构建平安昆明、法治昆明、和谐昆明的目标，常委会把群众来信来访督办作为加强和改进监督工作的内容之一，结合群众来信来访反映的问题，加强研究，提出意见和建议，努力提高监督实效。一年来，常委会收到、接待和受理人民群众来信来访2921件（次）。在处理群众来信来访中，常委会及相关委员会严格按照法定监督程序，通过转办督办，督促相关机关、部门启动内部监督机制，有效维护了法律权威及当事人的合法权益，促进了司法公正。

三、及时作出决议决定，保障和促进昆明跨越式发展

常委会为保障昆明跨越式发展目标的实现和现代新昆明建设的推进，充分运用法律赋予的重大事项决定权，按照《昆明市人大常委会讨论决定重大事项的规定》，在调查研究、充分论证的基础上，依法作出了76项决议决定。

为保障全市重大建设项目的顺利实施，常委会根据市政府的提请，先后作出批准市政府投资融资事项的决定55项。为促进我市依法行政、公正司法，常委会作出了《关于加强政府组成部门行政执法监督，推动工作落实的决定》、《关于进一步加强全市行政审判工作的决议》、《关于进一步加强人民检察院对诉讼活动的法律监督工作的决议》。为深化财政体制改革，常委会作出了《关于深化财政综合改革，创新财政管理制度的决议》。为促进生态文明建设，常委会作出了《关于整治违法排污建立健全环境监管长效机制的决议》、《关于设立滇池高原湿地保护区的决议》、《关于加强城市生态绿化隔离林带规划建设的决议》、《关于在滇池流域划定禁建区的决议》。为推进文化昆明建设，常委会根据代表提出的议案和市政府的提请，作出了《关于举办“昆明郑和国际文化旅游节”的决定》、《关于举办“昆明市花·云南山茶花节”的决定》、《关于举办“昆明聂耳音乐节”的决定》。为促进昆明的对外开放，常委会作出了关于昆明市与柬埔寨金边市、老挝万象市建立友好城市关系的决定。这些决议决定对促进依法行政、公正司法，支持我市重大项目建设和重大改革事项的顺利进行，推动改善城市和滇池流域生态环境各项工作的落实发挥了积极作用。

常委会坚持党管干部与人大常委会依法任免国家机关工作人员相统一的原则，进一步完善了人事任免工作，加强了对被任命人员的任后监督。常委会在坚持被任命人员任前法律知识考试和被任命人员与常委会组成人员见面、颁发任命书等制度的同时，先后完善了对提请任免人员进行初审的办法和法律知识考试办法，建立了涵盖多方知识的、规范的人事任免法律知识考试题库，编印了《法律法规及人大工作制度选编》，为任命的国家机关工作人员学习掌握法律知识提供了保障。在国家机关工作人员任命工作中，坚持法律知识考试不合格不上会，程序不合法不上会，依照《昆明市人大常委会人事任免办法》的规定，从常委会第二十四次会议起，先后对20名被任命人员实行任职表态发言，进一步增强了被任命人员的责任感和使命感。此外，常委会还结合开展执法检查、视察和开展对政府目标任务完成情况跟踪检查，

加强对干部的任后监督。一年来，常委会先后任免市人大常委会机关和“一府两院”工作人员70人，为保障和促进昆明跨越式发展提供了坚实的组织保障。

四、不断改进代表工作，为昆明跨越发展汇聚民智

常委会始终把代表工作放在重要位置，认真贯彻落实《代表法》，努力改进代表工作方式，提高代表活动实效，使代表密切联系群众，反映民意，集中民智，协助“一府两院”推进工作的作用得到了更加充分的发挥。

着力提高代表素质。常委会十分重视代表素质和履职能力的提高，组织了有市人大代表和市、县（市）区人大工作者220人参加的培训班，邀请全国人大常委会预算工作委员会有关领导、省委党校教授和市人大常委会主要领导，就人民代表大会制度、学习实践科学发展观、人大代表如何审查财政预算报告进行专题辅导。常委会坚持代表联系制度，听取代表和人民群众的意见建议，一年来，主任会议成员联系常委会委员23人（次），常委会组成人员联系代表267人（次），邀请186人（次）代表列席了常委会会议，编发代表工作简报36期。常委会坚持为每位代表订阅和寄送人大刊物，以及与代表履职相关的法律书籍和资料。通过培训、联系、寄送学习资料等工作，促进了代表履职能力的提高。

着力搭建代表联系群众的平台。常委会高度重视市人代会闭会期间的代表活动，努力搭建代表依法履职、密切联系群众的平台，为代表执行职务创造良好条件。推动和指导全市各级人大开展创建“人大代表之家”活动，到目前为止，全市各县（市）区、乡（镇、街道）都已建立“人大代表之家”并开展了活动。组织召开了两次全市重大事项情况通报会，由市政府相关领导向325名（人次）代表通报城市道路基础设施建设和工业突破、园区建设等情况，使代表更多地知情知政。全市19个代表小组结合各自实际，围绕工业突破、新农村建设、交通建设、教育卫生发展、环境保护、民族宗教、涉侨涉台涉外、招商引资等方面工作开展了形式多样的代表小组活动。12个专业代表小组对全市重点工程资金到位及管理情况、中小学校舍安全工程建设、林权流转管理办法等工作进行了专题视察。297名（人次）代表采取打招呼和不打招呼的方式，先后46次持证视察了河道治理、南屏步行街管理、餐饮具消毒监管、轿子雪山开发管理、电动车管理、创建“人大代表之家”、网吧管理和人民防空建设等工作。在代表小组活动和各项视察检查中，代表们对相关事项提出了有针对性的意见建议，促进了“一府两院”相关工作的进一步落实。常委会积极组织代表开展“四个一”活动，即“每季度参加一次代表活动、开展一次调研、联系一次选区选民、提出一条建设性意见”。创办了《代表之声》，将代表参加小组活动、持证视察、接听人民群众电话、收集代表信箱中人民群众来信以及参加河道治理的督查、专业代表小组活动、市人大常委会组成人员联系代表活动中了解到的群众意见和要求，综合整理分送市委、市人大常委会、市政府领导参阅。《代表之声》创办以来，已先后出刊4期，收集整理了代表反映的17个方面、317条意见建议。

着力提高议案审议、建议办理质量。常委会高度重视代表议案审议和建议办理工作。市十二届人大五次会议主席团交付市人大专门委员会审议、常委会工作机构研究的代表提出的“关于制定《昆明市就业促进条例》”、“关于制定《昆明市志愿者服务条例》”、“关于给予落实减免民族自治地方配套资金等政策”、“关于举办昆明市花·云南山茶花节”、“关于把中国昆明郑和文化旅游节列为昆明市重要节庆”5件议案的审议结果报告，已经常委会会议审议通过。“昆明市花·云南山茶花节”、“中国昆明郑和文化旅游节”已成为昆明市的地方节庆；《昆明市志愿者服务条例》、《昆明市就业促进条例》已开展立法前调研。常委会坚持把督促办好代表建议，提高代表建议办理质量作为重要工作，坚持“先面商、后答复”、建议办理回访、建议办理进度通报、建议目标考核责任书、建议办理结果审查、召开代表建议督办会等制度，对代表自市十二届人大五次会议以来提出的403件（闭会期间25件）建议及时进行交办督办，并两次组织部分市人大代表检查市政府办理代表建议情况。通过认真督办，已经或部分解决的有234件，占58.1%；列入部门工作计划或规划逐步解决的132件，占32.8%；因条件限制或其他原因暂不能解决的37件，占9.1%。建议的解决率较上年提高了8个百分点。

为进一步提高代表议案和建议办理的透明度，接受代表和人民群众的监督，常委会按照市委的要求，结合我市实际，制定了《昆明市人民代表大会代表议案审议和建议办理结果向社会公开办法（暂行）》，在昆明日报公开了代表议案审议结果和建议办理工作情况，在昆明人大网站和昆明信息港公开了代表建议办理情况。通过建立代表议案审议、建议办理“阳光机制”，得到了代表和社会各界的好评。

五、做好人大宣传工作，努力营造良好舆论环境

常委会认真贯彻落实全国、省人大常委会召开的人大新闻宣传工作会议精神，不断拓展人大新闻宣传工作的深度和广度，人大工作的社会影响力进一步增强。

强化宣传工作和理论研究，接受社会监督。常委会在市十二届人大五次会议上首次对新闻媒体开放代表团审议情况报道，让人民群众知晓人大代表如何依法履职，代表人民管理经济和文化事业，管理社会事务。常委会着力提高《昆明人大》、昆明人大网站和昆明日报、昆明电视台“人大之窗”专版专栏的宣传质量；在《云南人大》、《社会主义论坛》等刊物上以彩页形式宣传了市人大常委会依法履职取得的新经验，组织部分代表参与省委有关部门组织的《云南辉煌六十年》采访报道，宣传了昆明市民主法制建设取得的成就；为纪念地方人大设立常委会30周年，与昆明日报合作，组织一批纪念文章，开展了集中宣传活动，组织编辑出版了《纪念地方人大设立常委会30周年－昆明市人大常委会纪念邮册》

等。一年来，累计在市级以上报刊发稿100余篇，1篇作品获全国人大系统好新闻评选三等奖，14篇作品在全省人大系统好新闻、好文章评选中获奖。

常委会继续组织开展课题研究，完成了《昆明市人大代表建议办理工作研究》、《昆明地区云南山茶花资源保护与发展的研究》、《昆明市少数民族地区特色经济发展及科技支撑体系研究》等一批研究课题，为推进我市各方面工作发挥了积极作用。

加强交流联系与工作指导，扩大对外影响。常委会高度重视与外地人大的交流联系和对县（市）区人大工作的指导。坚持把工作联系作为经验交流的平台，加强对县（市）区人大工作联系会的指导，推动基层人大工作开展。多次组织学习考察组到省内外学习考察地方立法工作、监督工作、常委会制度建设和机关建设等方面的好经验，接待外地人大来昆明考察200多批，相互交流了经验。指导晋宁、宜良等6个县完成了部分行政区划调整后乡镇人大代表资格终止及重新选举和部分县（区）人代会补选国家机关工作人员等工作。

为加强与外国城市议会的交流，常委会组织代表团出访了孟加拉国吉大港市和泰王国曼谷市议会，组织昆明市青年代表团与曼谷市青年代表团进行了互访，常委会领导率领昆明市代表团访问了瑞士苏黎世市。常委会领导还分别会见了泰王国曼谷市议会代表团、韩国高阳市议会代表团和泰国皇家公共管理学院考察团、曼谷市青年代表团，宣传了我国人民代表大会制度以及昆明的改革开放、经济社会发展和民主法制建设。

六、强化自身建设，不断提高常委会依法履职能力

常委会不断强化自身建设和机关的思想、组织、作风、制度和廉政建设，组成人员和机关工作人员的政治意识、大局意识、责任意识、服务意识有了新的提高。

坚持正确政治方向，主动向市委请示汇报。常委会把坚持人大工作正确政治方向放在各项工作首位，自觉坚持在市委的领导下依法开展工作，坚持重大事项向市委请示汇报工作制度，对工作中遇到的困难和问题及时向市委反映，主动争取市委的支持。积极参与了市委人大工作会议和市委召开的昆明市纪念地方人大设立常委会30周年大会的筹备工作，提出了加强和改进人大工作的意见建议。对市委提出的做好新形势下人大工作，开创人大工作新局面、再创新辉煌的新要求，认真组织学习并抓好贯彻落实。组织开展了贯彻省委、市委人大工作会议、省委“云发〔2005〕17号文件”、市委“昆发〔2008〕22号文件”贯彻落实情况的检查和调研，提出了进一步贯彻好会议和文件精神的意见和要求。

注重理论学习，抓好思想和组织建设。常委会党组为全面落实科学发展观，提出了“创建学习型机关、打造能干事队伍、构建和谐型团队”的要求，不断强化常委会组成人员和机关的思想建设。按照中央的部署和省、市委的要求，组织开展了“深入学习实践科学发展观”等学习教育活动。结合纪念地方人大设立常委会30周年，组织机关工作人员回顾市人大常委会的发展历程，总结经验，进一步增强了对人民代表大会制度性质、地位、作用的认识，增强了按照科学发展观的要求做好新形势下人大工作的自觉性。全面落实党风廉政建设责任制，组织开展了“加强作风建设、促进科学发展”主题教育活动，以专题学习与个人自学、廉政教育党课与观看警示教育片、撰写学习体会相结合的形式，对党员干部特别是领导干部进行了廉政勤政教育。在党员中开展了“捐出一月党费，救助困难党员”捐赠活动。认真做好老干部工作，定期向离退休老同志通报常委会工作情况，组织好老干部的文体活动，切实保障和落实离退休干部的政治和生活待遇。依照市委《关于在市级部门机关党组织中开展公推直选试点工作的意见》，完成了机关党委、纪委公推直选换届选举工作。为加强常委会机关的干部队伍建设，开展了民主推荐领导干部和科级干部的工作，一批德才优秀的年轻干部走上领导岗位。

加强制度建设，规范工作程序。常委会高度重视制度创新，以规范工作程序、改进工作方式为重点，制定了市人大常委会《机关组织执法检查工作的规定》、《清理地方性法规的规定》、《市人大代表议案审议和建议办理结果公开办法（暂行）》和《机关目标管理工作实施办法》，修订完善了《机关车辆管理使用规定》。这些办法、规定的出台实施，有力地促进了常委会和机关工作的制度化、规范化建设，确保了机关年度工作目标任务的完成。

改进工作作风，增强服务观念。常委会发扬深入基层、联系群众的优良传统，围绕人民群众、社会普遍关心的校舍安全、建制村道路硬化等热点难点问题，深入开展专题调研，撰写了多篇高质量的调研报告，为党委决策提供了依据和参考。深化软环境建设，通过开展“行政效能提升年”和“干部作风改进年”活动、创先争优活动和创建文明机关活动，机关工作人员的服务意识、工作作风、办事效能都有了新的提高，有力地保障了人代会、常委会会议、主任会议的各项议题的顺利完成，保障了常委会组织的视察、检查、调查等重大活动和代表活动的顺利进行，保障了市委对人大工作各项要求的落实，常委会机关顺利通过了云南省省级文明单位考核验收。

常委会认真做好市委交办的其他工作任务。牵头协调市级54家单位加强了对寻甸县的挂钩扶贫工作。按照滇池治理河长负责制的要求，担任河长的常委会领导多次到现场调研，督促检查、指导河道治理工作，所负责的8条入滇河道的整治，按照市委的要求全面推进。按照市级领导干部牵头招商引资工作的要求，常委会领导多次参加相关招商分局的推介会，回访企业等活动。常委会还根据市委的要求，组织专业代表小组和有关工作机构完成了《昆明市“十二五”期间深化综合改革思路研究》、《关于我市政府投融资体制改革的思路》、《四区一县一市城乡一体化配套政策》，以及《昆明跨越式发展专题调研报告》等文稿的征求意见工作。

各位代表，市人大常委会过去的一年，是解放思想、勇于创新、求真务实、成效显著的一年。我们取得的每一项成

绩，都是市委的正确领导和全体人大代表共同努力、常委会机关全体工作人员辛勤劳动的结果；成绩的取得也离不开全市各族人民、各级国家机关、社会各界、驻昆解放军、武警部队的大力支持。在此，我谨代表市十二届人大常委会表示衷心的感谢！

各位代表，常委会在2009年的工作中虽然取得了一定成绩，但仍然存在不足和差距，主要是：立法工作在适应经济社会发展的要求上还有差距，监督工作实效还需进一步增强，代表工作还需进一步加强，机关办事效率和服务水平还需进一步提高。这些问题，常委会将在新的一年里认真加以整改。

2010年的工作意见

2010年，是实现“十一五”规划目标任务的攻坚之年，是实现昆明跨越发展的关键之年，做好今年的各项工作，对全面完成“十一五”规划，实现跨越发展至关重要。市人大常委会工作总的指导思想是：高举中国特色社会主义伟大旗帜，以邓小平理论和“三个代表”重要思想为指导，深入全面贯彻落实科学发展观，认真贯彻党的十七大、十七届四中全会、中央经济工作会议和省委八届八次全会精神，在中共昆明市委的领导下，按照市委九届六次全会的部署，紧紧围绕科学发展新跨越目标，进一步解放思想，坚定信心，务实工作，开拓创新，认真行使宪法和法律赋予的各项职权，突出立法和监督两个重点，充分发挥人大代表的作用，高度关注民生，全力推进昆明的经济、政治、文化、社会建设和生态文明建设，为全面完成“十一五”各项工作任务，超前谋划“十二五”，加快实现昆明科学发展新跨越作出新贡献。

一、加强立法工作，推动地方立法再上新水平

常委会将遵循“着眼全局、突出重点、体现特色、注重质量”的原则，坚持科学立法、民主立法，把推动科学发展、促进社会和谐作为立法主题，把以人为本、维护最广大人民的根本利益作为立法工作的出发点和落脚点，进一步加大地方立法工作力度。常委会要按照全国人大、省人大常委会关于清理法规的要求，做好法规的清理工作。要对照全国有立法权城市的立法工作找差距，围绕促进跨越发展和“四创两争”，科学制定年度立法计划。要积极建立完善“立法专家库”，进一步提高立法质量。常委会拟就《昆明市河道管理条例（草案）》、《昆明市城市排水管理条例（修订草案）》、《昆明市城市道路管理条例（修订草案）》等10件法规进行审议；拟将《昆明市清水海保护条例》、《昆明市就业促进条例》、《昆明市土地储备条例》等10件法规纳入研究起草项目，适时进行审议；拟组织开展昆明市农村土地经营流转、政府投资项目管理、物业管理等5件立法项目的可行性调研。在具体工作中，进一步做好调研、论证、听证、专家咨询和网上征求意见等工作，使所立法规更加贴近民生，符合昆明发展需要。抓好“立法后评价”调研活动，不断总结立法工作经验，使制定及修订的法规更好地处理好权力与责任、权利与义务相统一的关系，强化地方立法的针对性、可操作性。要加强对法规起草工作的指导、督促和协调，加强与有关方面的协调配合，充分发挥地方立法在保障和促进我市经济社会发展中的作用。

常委会要认真总结近年来依法行使重大事项决定权的经验，使之规范化、制度化。要进一步改进重大事项提出的形式，规范重大事项提出的程序，完善相关制度，使之更加民主化、科学化、规范化，保证党的主张和人民的意志得到更好的体现。

二、强化监督工作针对性，促进监督工作取得新成效

常委会将认真贯彻《监督法》，按照突出监督重点、加大监督力度、创新监督方式、增强监督实效的总体要求，围绕法律法规和国家大政方针在本市的贯彻落实、围绕市委重大决策部署在全市的贯彻落实、围绕加快昆明跨越发展中心工作的顺利实施、围绕人民群众普遍关注的热点难点问题开展监督工作。坚持党的领导、依法集体行使职权、接受代表大会监督和监督工作公开的原则，把全过程、连续性的监督，把视察、检查、调查和听取专项工作报告、提出审议意见、跟踪审议意见落实等有机地结合起来，把宏观监督与微观监督、全面监督与重点监督、事后监督问效与事前事中监督促落实结合起来，综合运用各种监督方式，增强监督工作的实效。坚持每季度对人代会通过的重点目标任务完成情况进行一次检查。在执法检查、工作视察和专题调查中，要坚持深入基层、深入一线，掌握第一手材料，对检查、视察中发现的问题和审议中提出的问题，要切合实际地提出整改意见和要求，并坚持跟踪问效，更加注重问题的解决。今年，常委会将重点对《昆明市爱国卫生工作管理条例》等法律法规进行执法检查；将听取市政府关于工业突破和园区建设、调整经济结构、土地经营承包权流转、重大科技项目实施及科技成果转化、侨务工作（归侨、侨眷、侨资企业）等专项工作报告，综合运用听取和审议专项工作报告、视察、检查等形式，加强对“一府两院”工作的监督，加大对人大常委会任命的国家机关工作人员的跟踪监督，更好地督促和支持“一府两院”依法行政、公正司法。

三、切实加强代表工作，在发挥代表作用上有新举措

常委会将严格执行代表工作相关法律法规，选好活动主题，提高代表活动质量。进一步加强主任会议成员联系委员、委员联系代表，代表联系选民工作，切实开展好“四个一”活动。要充分发挥“人大代表之家”的作用，以代表之家为依托，加强代表学习培训，丰富闭会期间活动内容，多形式多渠道倾听民声、集中民智、反映民意，为实现昆明跨越式

发展献计献策。坚持每年至少召开两次重大事项通报会，组织代表听取市政府重大事项情况通报，保障代表知情权、参与权、监督权。坚持重点建议督办制度，对事关全市改革发展稳定、事关人民群众切身利益的代表议案和重点建议，由常委会主任、副主任牵头检查督办，确保问题得到及时有效解决。要改进代表活动方式，围绕广大群众关心的难点、热点问题，有针对性地组织好代表持证视察活动，并做好组织协调、服务保障、意见反馈、跟踪落实工作。要高度重视群众来信来访工作，进一步完善常委会领导接待日制度，畅通民意表达、民意诉求渠道。组织召开“市人大代表工作经验交流暨表彰会”，总结代表工作经验，推动我市代表工作。做好市第十三届人大代表名额分配及选举工作，为新一届人大及其常委会依法履职奠定基础。

四、加强自身建设，在履职能力和服务水平上有新提高

常委会将按照党的十七届四中全会、省委八届八次全会和市委九届六次全会精神的要求，把加强自身建设，提高履职能力和服务水平放在突出位置，继续开展“创建学习型机关、打造能干事队伍、构建和谐型团队”活动。加强常委会和机关政治理论和业务知识的学习，进一步增强以科学发展观统领人大工作的坚定性和自觉性；加强制度建设，认真总结本届人大五年来的工作经验，建立健全各项规章制度，进一步促进人大工作的制度化、法制化、规范化。加强作风建设，进一步增强调查研究的深度、广度和力度，提高调研的质量和成效。加强常委会机关建设，进一步提高市人大各专委、常委会各工作机构在立法调研、执法检查、专项视察中的综合协调和服务保障能力。强化大局意识、服务意识、责任意识、廉政勤政意识，开展“文明机关创建活动”，不断加强机关行政效能和作风建设，围绕市委和全市中心工作依法履职，做到思想同心、目标同向、工作同步，努力实现机关组织程度最大化、各工作机构积极性最大化、干部职工工作主动性最大化，形成整体合力，为昆明的跨越发展作出应有贡献。

各位代表，今年既是新昆明跨越发展的攻坚之年，也是本届人大及其常委会履职的最后一年，我们既面临着严峻的挑战，也面临着良好的发展机遇，我们肩负的使命更加光荣，任务更加艰巨。让我们紧密团结在以胡锦涛同志为总书记的党中央周围，高举邓小平理论和“三个代表”重要思想伟大旗帜，全面贯彻落实科学发展观，在中共昆明市委的领导下，紧紧围绕全市的工作目标，进一步增强人大工作的责任感和自觉性，开拓进取、扎实工作，攻坚 2010，为全面完成本次人代会通过的各项任务和“十一五”规划目标任务作出应有的贡献，为加快实现昆明科学发展新跨越谱写人大工作新的篇章！

中国人民政治协商会议昆明市第十一届委员会常务委员会工作报告

——在政协昆明市第十一届委员会第五次会议上

（2010 年 1 月 13 日）

昆明市政协主席　田云翔

各位委员：

我受政协昆明市第十一届委员会常务委员会的委托，向大会报告工作，请予审议。

2009 年主要工作回顾

2009 年，是国内外经济形势异常复杂、现代新昆明建设任务特别艰巨的一年，也是我市立志争先进位、着力富民强市、跨越式发展实现良好开局的拼搏之年。一年来，在中共昆明市委的领导和省政协的指导下，政协昆明市第十一届委员会常务委员会深入学习实践科学发展观，学习贯彻党的十七大、十七届四中全会精神，紧紧围绕市委九届五次全会确立的目标任务，把保增长作为履职的首要任务，把保民生作为开展工作的重要内容，把保稳定作为应尽的责任，认真履行政治协商、民主监督、参政议政职能，为促进我市经济社会跨越式发展作出了积极的贡献。

一、理论学习不断深入

常委会重视理论学习，通过常委会议、主席会议、中心组学习和组织政协委员、机关干部集中学习等多种形式进行学习。按照全市的统一部署，深入开展学习实践科学发展观活动。组织专题学习、进行案例分析、实施主题实践活动，深刻认识到必须以科学发展观统揽政协工作，把推动发展作为政协履职的第一要务，政协工作只有围绕中心、服务大局，才能更好地发挥作用。

学习胡锦涛总书记在人民政协成立 60 周年大会上的重要讲话精神，进一步认识新时期、新阶段人民政协的地位和作用，增强做好政协工作的责任感和使命感。学习贯彻市委九届五次全会、市委政协工作会议精神，进一步增强贯彻落实市委决策部署的自觉性和坚定性，做到政协与党委政府思想同心、目标同向、工作同步。为充分发挥政协理论在工作实践中的指导作用，在全省率先成立了昆明市人民政协理论研究会，编辑出版了昆明市人民政协理论研究会成立暨昆明市纪念人民政协成立 60 周年文集。组织政协委员和政协机关干部学习统一战线和人民政协理论，学习经济、法律和现代科学文化知识。市政协领导和机关部门负责同志参加了全市领导干部培训日讲座。通过学习，政协委员和政协机关干部的履职能力有新的提高。

二、专题协商扎实推进

围绕事关全局的重大决策、重点工作、重要事项，多形式、有重点的开展各类协商活动。

对市委全委会议、市委工作会议的工作报告（稿）进行会前协商。在市“两会”召开前，市政协组织对《政府工作报告》（稿）进行专题协商，市政府领导到市政协听取了意见建议。在市政协十一届四次全会上，举行了政府工作报告及其它报告协商讨论会，对政府工作报告和计划、财政报告进行协商。全会期间还召开专题协商会，就扩大投资拉动内需、推进农村改革发展两个专题进行了协商。

对地方法规、政府重要规章开展协商活动。一年来，组织了对城乡规划条例、河道管理条例、滇池保护条例、预防未成年人犯罪条例、预防职务犯罪工作条例、九乡风景名胜区保护条例、殡葬管理条例、档案条例、地下水保护条例的专题协商。组织了对我市进一步加强集中式饮用水源保护的实施意见、农业节能减排规划、促进现代农业发展农民持续增收的实施意见、城市管理综合行政执法规定、加强昆明国际机场净空保护区域管理的若干规定、居住证管理规定、残疾人机动轮椅车管理规定、“十二五”文化事业发展规划、服务外包产业发展“十二五”规划、加快发展软件产业和服务外包产业的若干优惠政策、节能与新能源汽车示范推广试点工作实施方案、改革创新促进办法、预拌混凝土管理办法、危险废弃物污染防治管理办法等的专题协商。通过协商，提出了各类意见建议200多条，不少意见、建议得到吸收采纳。在对我市危险废弃物污染防治管理办法的协商中，与会的政协委员和专家学者，在防治管理的适用范围、防治原则、处理处置设施的规划建设和运行管理等16个方面，提出了30多条修改意见，政府部门予以采纳，促进了我市危险废弃物污染防治工作。

通过对文稿征求意见的形式，对市“十二五”期间深化综合改革思路研究、市经济社会制度创新项目审查评价等四项制度、市城乡一体化等多个文件，提出了修改意见，这些意见得到了有关部门的重视。

三、专项监督力度加大

加强对重要工作的专项监督。市委批转了市政协制定的《关于加强市政协对市政府部门实行民主监督推动工作落实的意见》，市政协还专门制定了2009年对市政府部门实行民主监督的工作计划，对主城核心区汽车客运站搬迁、滇池流域核心区“四退三还”实施情况、城中村改造、工业园区建设、主城屠宰市场搬迁、三环闭合工程、民办教育发展情况、市中级人民法院清理积案执行情况、文物保护情况、增加就业情况、全市招商引资工作和2008年重点提案办理情况等17项重要工作进行了专项监督，促进了相关工作的开展与落实。市政协组织委员对全市民办教育进行了专项监督，形成《关于对我市民办教育发展情况进行专项调研督察的报告》，市委主要领导对报告作了批示，市教育局在深入分析研究的基础上迅速落实批示精神，出台了昆明市突破性发展民办教育整体推进工作意见，对我市民办教育发展起到了积极的作用。

做好全市制度创新专项督查。在市委的领导和统一安排下，市政协领导带队，组成了10个督查组，对我市2008年出台的111项、2009年上半年出台的53项制度创新性文件落实情况进行专项督查，对2009年下半年出台的制度创新性文件进行常态性监督检查。督查后，对制度创新性文件的落实工作，提出了要明确工作落实的牵头单位、强化配套政策、提供资金保障、创新性制度相互之间要有机衔接等方面的意见建议，这些意见建议已被市委、市政府采纳，并体现在全市后续出台的制度创新性文件中。推荐政协委员担任各类特约监督员，组织委员参加各类检查督查活动。市政协民主监督的做法和经验，引起了省内外兄弟城市政协的关注，都派人到我市学习考察。市政协认真总结民主监督的做法，提交的《围绕党委政府中心工作积极履行政协民主监督职能》一文，获省政协庆祝人民政协成立60周年征文评选一等奖。

开展情况通报与民主评议。常委会议听取了我市上半年经济运行情况、呈贡新区公共文化设施规划建设情况、昆明市反腐倡廉和工作责任问责情况等通报，主席会议听取了我市主城核心区汽车客运站搬迁项目推进情况、三环闭合工程建设情况、住房公积金管理使用情况的通报。通过情况通报，更加知情明政，更好地履行民主监督职能。开展对市国资委、市城管局工作的民主评议。通过听取情况汇报、深入基层走访、实地视察交流、召开评议反馈会等形式，对两个政府部门的工作给予了充分肯定，对市国资委提出了创新完善投资运行机制等5条建议，对市城管局提出了抓好建筑垃圾的开发利用等5条改进工作的意见，促进了政府部门工作。

四、专题调研视察富有成效

开展了对我市农村土地经营权流转、螺蛳湾国际商贸城建设项目、子君村经济适用房建设、松华坝水源保护区生态建设与经济发展、支持社会力量兴办养老服务业、失地农民计划生育政策执行情况等调研，为我市经济社会发展建有据之言、献务实之策。《关于我市农村土地经营权流转工作情况的调研报告》，提出了建立土地流转综合监管服务机构、明确土地性质和权属、强化农业产业布局、建立统一规范的土地流转市场和服务体系、完善土地流转运行机制等7条意见和建议。市委主要领导批示将调研报告作为参阅材料下发到14个县（市）区和有关部门。在调研的基础上，形成的《浅谈昆明市失地农民就业问题》一文，获省政协第二届民生论坛一等奖。配合省政协对我市劳动就业、职业教育发展、农民体育健身工程、医疗机构药品托管试点、宗教人士培养、牛栏江—滇池补水工程等进行调研，为省委、省政府加大对我市支持力度提供依据。通过调研，主席会议形成了《关于松华坝水源保护区生态建设与经济发展情况的建议案》。建议案指出了我市松华坝水源保护区内经济发展与环境保护工作中存在的主要问题，提出了科学规划、加强立法、建立领导机构、加快人口外迁等方面的对策建议，得到了市委、市政府的高度重视，政府部门和相关区县积极采取措施，促进相关问题的解决。

开展对我市工业园区建设与发展循环经济、食品安全、公立医院改革、嵩明和安宁职教基地建设、城中村改造、污水处理厂建设、生活垃圾和建筑垃圾处理、金融危机影响下我市中小企业发展情况、廉租房及经济适用房建设、开展禁毒人民战争情况、民族团结示范村建设、海埂路和西坝路改扩建工程、二环路改扩建工程、三环路闭合工程、病险水库除险加固、创建国家卫生城市、文化资源利用及博物馆业发展、乡镇文化站建设、医疗卫生重点工程建设项目推进情况、城市公交场站建设、九乡风景名胜区保护与开发、西山风景区规划建设等22项视察，形成了一批针对性强、有一定深度的视察报告。注重把常委会议、主席会议与视察调研结合起来，会议开到经济社会建设一线，开到重大项目、重点工程的建设现场，这样做，增加了直接的感性认识，和实际工作结合紧密，效果较好。市委主要领导对市政协《关于对我市工业园区建设与发展循环经济情况的视察报告》作出了批示，市政府分管领导及相关部门专门到市政协听取视察的意见建议，对我市工业突破、园区建设和循环经济发展起到了促进作用。

五、专项工作取得实效

积极承担市委交办的各项专项工作，直接参与我市经济社会一线工作，出实招、办实事，探索了参政议政新形式，拓宽了政协履职新渠道。

受市委、市政府委托，市政协领导直接参与了城中村改造工作。市政协领导深入城中村改造现场，协调相关部门，研究解决推进中出现的问题。多次带领主城四区和市级部门的负责人，到外地城市考察，学习借鉴经验做法。围绕城中村改造的跨越式发展问题进行预测和谋划，组织课题研究。在规划编制审批、土地资源整合利用、社会资本参与等方面，调整完善政策，规范操作程序，使城中村改造工作有序推进。组织市政协委员视察城中村改造项目，为城中村改造献计献策。通过主动汇报对接工作，省政协主席、几位副主席和省政协委员到我市对城中村改造工作进行重点视察，认为我市城中村改造工作力度大、推进快、效果好，视察后提出了坚定信心、一抓到底，统筹规划、完善设施，广泛宣传、化解矛盾，多方支持、推进工作的具体指导意见。国家有关部委、省领导也多次视察我市城中村改造工作，省内外一些城市先后到我市考察，都给予了充分肯定。

市政协主席、副主席作为新运粮河、老运粮河、古城河、牧羊河、小清河、东大河、六甲宝象河、老宝象河八条入滇河道的“河长”，积极履行职责，围绕堵口查污、污水处理、畜禽禁养、河岸绿化、拆临拆违等方面，多次到河道治理现场督促工作，总结经验，查找问题，采取措施，及时协调解决有关问题。

根据市委、市政府的统一安排，市政协领导多次到省外城市，与分工联系的招商分局开展招商活动。市政协领导还直接组织策划我市城中村改造项目招商推介会，引进省内外的民间资本进入城中村改造，取得较好成效。加强与港澳政协委员、市海外联谊会理事、外地驻昆商会的联系，互通信息，为我市招商引资牵线搭桥。

市政协领导深入社会主义新农村建设联系点和挂钩联系的非公企业，帮助协调解决发展中存在的困难和问题。做好对石林、宜良、晋宁三个县挂钩扶贫工作的督查。派出指导员开展新农村建设的指导工作。争取省财政资金，为几个县的政协改善办公条件。协调驻昆潮汕商会为寻甸县甸沙乡希望小学建设捐款50万元。组织动员政协委员、政协参加单位和社会力量，关注社会弱势群体，扶贫济困、捐资助学，为贫困地区和困难群体捐资800多万元和捐赠了一批生活学习用品。

六、提案工作与社情民意反映有效开展

将提案的收集、立案、交办、督办、续办等各个环节的工作做细、做实。一年来，共收到提案材料596件，经审查立为提案的570件，现已全部办复。首创提案办理结果向社会公示的制度，通过昆明日报、昆明信息港将提案办理结果向社会公示，促进了提案质量、办理质量和服务质量的“三提升”，促进了提案办理由答复型向落实型转变。主席会议确定的10件重点提案，其中8件由主席、副主席督办。在办理主席督办的《昆明加大发展总部经济的对策建议》提案工作中，市政府成立了总部经济发展领导小组，将总部经济发展规划纳入我市“十二五”规划编制方案之中，市商务局拟定了《昆明市关于加快总部经济发展的实施细则》、《关于促进楼宇经济发展的意见》等四个文件（稿），提出了我市总部经济发展的规划和政策措施。

认真落实《政协昆明市委员会关于进一步加强反映社情民意工作的意见》，动员政协委员通过会议、调研、视察和走访等多种途径，收集和反映社情民意信息。一年来，市政协共编发报送建立对国优品牌昆明呈贡宝珠梨的保护机制、加强对西二环快速交通系统的管理等《社情民意专报》25期和《社情民意反映》112期。市委、市政府领导对市政协反映的社情民意多次作出批示，有关部门都予以认真解决。通过政协委员反映情况、群众来信来访、主席联系政协委员日、基层走访等形式，政协领导与政协委员、各界人士的联系更加紧密。一年来，市政协主席、副主席与委员开展座谈交流12次，处理来信、来访、电话1 000多件次，接待来访群众500多人次，阅批群众来信200多件次。

七、团结合作得到增强

坚持中国共产党领导的多党合作和政治协商制度，遵循平等协商、求同存异、体谅包容、合作共事的原则，加强同市级各民主党派、工商联、有关人民团体的合作共事，注重发挥民主党派、无党派人士和民族、宗教界代表人士在政协工作中的作用。邀请市级各民主党派、工商联、有关人民团体参加市政协组织的调研、视察、考察活动和有关会议。重视各民主党派、工商联、有关人民团体提出的集体提案的办理工作。推荐民主党派的政协委员担任监察员、督导员。不定期向民主党派、工商联和人民团体通报情况、征询意见。加强同民族宗教界的联系，深入民族地区，帮助反映和解决生产生活中的困难与问题。召开民族宗教界代表座谈会，听取意见，发挥民族宗教界人士在促进我市经济社会发展中的积极作用。做好新社会阶层的团结工作，激励他们为经济社会建设贡献聪明才智，为促进社会团结和睦多作贡献。

举办中秋联谊会，召开海外联谊会常务理事会、政协之友联谊会和工商界、港澳委员座谈会。邀请外地驻昆机构、

外地驻昆商会的负责同志参加市政协全会，邀请港澳台侨人士来昆考察，增进与港澳台侨人士和社会各界人士的联系，广交海内外朋友。做好全国政协领导、全国政协多个调研视察组在昆视察调研的服务工作。注重与外省市政协的工作交流，参加全国区域间城市政协工作研讨协作会议。坚持市政协领导分工联系县（市）区政协的制度，加强对县（市）区政协工作的指导，市和县（市）区两级政协联合开展调研视察活动。

云南陆军讲武堂是对中国近现代史产生过重要影响的著名军事院校。在云南陆军讲武堂建校100周年之际，举行了由市政协主办、有关党派和市级部门承办的云南陆军讲武堂百年庆典系列活动。邀请海内外知名人士参加“百年军校·将帅摇篮”主题展览揭幕仪式和云南陆军讲武堂首届专题研讨会等活动。通过系列纪念活动，深入挖掘昆明历史文化名城的内涵，弘扬民族精神，塑造文化昆明，展示名城魅力。召开纪念昆明和平解放60周年座谈会，回顾历史，做好团结各界的工作。

编辑《昆明市文史资料集萃》、《昆明和平解放》画册和昆明文史资料选辑第49、50辑，发挥了文史资料的存史资政作用。市政协领导任组长的街名地名命名顾问专家组，召开6次顾问组会议，对昆明主城和呈贡新区街名地名的命名提供了专家咨询意见。

八、自身建设不断加强

主动争取党委对政协工作的领导，争取市委给市政协出题目、交任务。邀请市委、市政府领导到市政协通报情况，听取意见，及时了解党委、政府的工作动态。市政协各专门委员会加强同市党政部门的联系，把握工作重点，更好履行职能。

紧密结合政协工作实际，制定了《关于加强市政协对市政府部门实行民主监督推动工作落实的意见》、《政协昆明市委员会关于进一步做好闭会期间提案工作的意见》、《政协昆明市委员会关于提案办理结果向社会公示的办法（试行）》等制度创新性文件，推进了政协履行职能的制度化、规范化和程序化建设。

完善委员工作档案，做好委员的联系服务工作，增强委员履职的责任感。以开展协商、调研、视察等活动为载体，发挥专门委员会的基础作用。探索委员界别小组活动的方式，充分发挥界别的纽带作用。通过界别小组的活动，形成了《对我市创建国家卫生城市工作情况调研的报告》等多个调研视察报告，提出了一些有价值的意见建议。

按照市委的统一部署，市政协机关开展了学习实践科学发展观活动，深入实施“一面旗、一团火、一盘棋”主题实践活动，领导干部实践科学发展观的主动性不断提高，模范带头作用进一步发挥，大局意识明显增强。积极开展“行政效能提升年”和“干部作风改进年”活动，推行“一线工作法”和“工作成果倒逼法”，市政协机关干部工作作风得到改善，工作效率明显提高。加大政协机关干部特别是中青年干部的培养、选拔、使用力度，配齐配强了市政协秘书长班子，选拔上岗了一批科级干部，干部队伍更具活力。认真落实党风廉政建设责任制，全面做好党的建设工作。深入开展文明单位创建活动。市政协机关被评为昆明市平安建设先进单位。

市政协和市委、市政府有关部门，参加了市委组织的对全市14个县（市）区和42个政府部门贯彻落实市委政协工作会议精神情况的督促检查。通过督查，总结了县（市）区党委、政府、政协和市级部门落实市委政协工作会议精神的经验做法，查找了存在问题，提出了加强和改进政协工作的意见建议。

举办了庆祝人民政协成立60周年系列活动。与昆明电视台联合录播了昆明市庆祝人民政协成立60周年电视晚会，回顾人民政协走过的光辉历程，广泛宣传人民政协在我市经济社会建设中发挥的重要作用。在我市召开的庆祝人民政协成立60周年座谈会上，省委常委、市委书记仇和同志到会发表讲话，激发了广大政协工作者努力做好政协工作的责任感与使命感。继续合办好昆明电视台、昆明日报的《政协之窗》、《政协之声》专栏，编辑出刊《昆明政协》12期。

各位委员，回顾过去的一年，常委会工作所取得的成绩，是市委加强领导、市政府大力支持的结果，是市级各民主党派、工商联、有关人民团体和全体政协委员共同奋斗的结果。在此，我代表政协昆明市第十一届委员会常务委员会，向关心和支持人民政协事业的各位领导、同志们、朋友们表示崇高的敬意和衷心的感谢！

总结过去一年的工作，虽然取得了一些成绩，但工作中还存在一些不足。主要是如何把科学发展观贯彻落实到政协工作的各个方面，如何整合履职资源、创新履职形式、提高履职实效，如何发挥委员的主体作用和界别的纽带作用等方面，这些都需要我们在工作中认真研究，切实加以改进。

2010年工作任务

2010年，是两个“五年规划”的交替之年、承启之年，也是蓄势冲刺“十二五”的关键之年。做好今年的工作，对于夺取“十一五”全面胜利、推动“十二五”的跨越式发展具有十分重要的意义。当前，国际上影响发展的不确定因素依然很多，世界经济复苏还需要一个缓慢过程。我国经济企稳回升的基础还不牢固，内生动力还显不足。我市面临着宏观经济环境的积极变化与不利影响同时显现，扩大投资与启动消费的压力同时存在，保持平稳较快发展与调整经济结构的矛盾依然突出，增强综合实力与改善人民生活的任务依然艰巨的挑战。同时，也面临着经济发展回升向好、发展空间更加广阔、发展合力更加集聚的机遇。

面对新形势、新机遇、新挑战，在新的一年里，常委会工作的总体要求是：高举中国特色社会主义伟大旗帜，以邓小平理论和“三个代表”重要思想为指导，深入学习实践科学发展观，全面贯彻落实党的十七大、十七届四中全会、中央经济工作会议精神，牢牢把握团结、民主两大主题，紧紧围绕中共昆明市委九届六次全会提出的目标任务，充分发挥人民政协协调关系、汇聚力量、建言献策、服务大局的重要作用，积极履行政治协商、民主监督、参政议政职能，解放思想谋发展，建言献策出主意，参政议政督落实，团结各界促和谐，为促进现代新昆明跨越式发展献计出力。

一、加强学习，努力建设学习型政协

加强学习是政协适应新形势、推动新发展的不竭动力，是开展工作、发挥作用的有效保证。党的十七届四中全会提出了建设学习型政党的要求，我们要加强学习，加快学习型政协建设。

要切实提高对学习重要性的认识，树立时时学习、处处学习、终身学习的意识，打造学习型机关、学习型部门、学习型人才。要深入学习实践科学发展观，学习胡锦涛总书记在人民政协成立60周年大会上的重要讲话精神，学习中共昆明市委九届六次全会精神，深刻领会和全面把握精神实质，切实在加强理论武装、统一思想认识上下功夫，在联系实际、推动工作上见成效，在履行职能、服务科学发展上上水平。更加准确地把握政协工作的科学定位，更加重视对政协工作规律和经验的总结和继承，更加自觉地围绕党委政府中心任务开展工作，进一步扩大政治协商的广度，加大民主监督的力度，拓展参政议政的深度。要不断丰富学习方式方法，继续发挥常委会议、主席会议、中心组学习的带头作用，组织好委员、政协机关干部的集中学习，积极参加全市领导干部培训日专题讲座。要加快学习向实践应用转化，通过学习，学以致用，用以促学。学习借鉴外地政协工作的先进经验，强化省会意识，真正体现省会城市政协工作水平，提高服务经济、政治、文化、社会和生态文明建设的能力和水平。

二、攻坚2010，积极履行政协职能

围绕中心、服务大局是做好政协工作的前提和基础。要把推动科学发展作为政协履职的第一要务，注重研究新情况、新问题，选择综合性、全局性、前瞻性的重大课题开展专题研究和协商议政活动，努力为昆明跨越式发展建睿智之言，献务实之策。

积极推进专题协商。要完善“全体会议全面协商、常委会议和主席会议重点协商、专门委员会议对口协商”的专题协商格局，使政治协商的职能在市级层面落到实处。全体会议的全面协商，要突出界别代表与党政领导的协商；常委会议和主席会议的重点协商，要突出全市年度的重要工作、重大项目的协商；专门委员会与政府部门的对口协商，应与对口通报情况、对口联合调研结合起来。当前，要突出围绕超前谋划“十二五”开展各项协商活动。

切实加强民主监督。要充分发挥政协联系广泛、位置超脱的优势，努力实现在参与中支持，在支持中服务，在服务中监督。落实好《关于加强市政协对市政府部门实行民主监督推动工作落实的意见》，制定2010年度对市政府部门实行民主监督的工作计划，围绕工业突破、城乡一体化、基础设施建设、“四创两争”、制度创新、综合改革等方面的重要工作，开展专项监督。要进一步拓宽民主监督渠道，适时进行个事监督，开展好对政府部门工作的民主评议，加强特邀监督员队伍建设与管理，促进工作落实。

选择事关昆明跨越式发展的重大课题，开展多种形式的调研视察活动。要以调整经济结构、转变经济发展方式为重点，围绕园区建设、对外开放、服务业提升、自主创新产业升级、扩大消费需求等方面进行调研视察；围绕三环闭合工程、滇池污染治理、城市轨道交通建设、城中村改造和旧城改造等方面的重点工程进行调研视察；围绕社会建设和改善民生，对社会管理、社会事业发展、保障性住房建设、扩大就业与再就业、教育卫生体制改革、社会保障等方面的重要工作进行调研视察。力争形成一批高质量的调研视察报告和建议案，积极为破解我市经济社会发展难题建言献策。

要完善提案工作质量的评估机制，建立委员履职的考评激励机制。完善建议案、集体提案的办理程序，探索开展网上点评提案，扩大社会参与面与影响力。通过完善机制，促进提案从数量型向质量型转变，提案办理由答复型向落实型转变。进一步完善社情民意工作网络，建立在各界别特聘社情民意信息员制度，拓宽社会各界的利益诉求渠道。办好《昆明政协》、《政协之窗》、《政协之声》专刊专栏，做好《社情民意反映》、《社情民意专报》的工作。

积极投身现代新昆明建设的一线工作，认真完成好市委交办的各项工作任务。全力参与城中村改造工作，尽心尽力履行好“河长”职责，积极牵线搭桥推进招商引资，加强扶贫工作。

三、团结各界，进一步凝聚发展合力

团结凝聚力量，团结铸就辉煌。在经济体制深刻变革、社会结构深刻变动、利益格局深刻调整、思想观念深刻变化的新形势下，要把发扬民主、增进团结、协调关系、化解矛盾作为履行职能的着力点，积极拓展同各方面的联系与合作，努力为现代新昆明建设凝聚发展合力。

加强与市级各民主党派、工商联、有关人民团体的团结合作，邀请他们参加重要会议，及时通报有关情况，听取和反映他们的意见和建议。邀请他们与市政协及各专门委员会就重大课题联合开展调研视察，为民主党派、人民团体和各界人士搭建参政议政平台。加强同少数民族、宗教界代表人士的联系，积极宣传民族宗教政策，维护少数民族群众的合法权益，发挥宗教界人士和信教群众在经济社会发展中的积极作用。加强与新社会阶层和新经济组织的联系，鼓励他们积极投身现代新昆明建设。

抓住中国—东盟自由贸易区建成的契机，充分认识昆明在中国面向西南开放中的桥头堡作用，充分发挥政协位置超脱、联系面广、包容性强的优势，加强与东南亚、南亚以及更大区域友好人士的联系，广交朋友，为我市扩大对外开放做贡献。加强与港澳台侨各界人士的联系，以乡情、亲情、友情为纽带，扩大合作与交流。加强与外地政府驻昆机构、外地驻昆商会的联系，加强联谊协作，积极牵线搭桥，引进资金项目。

要牢固树立"以人为本、履职为民"的理念，切实把关注民生、体察民情、反映民意和促进民生改善，作为履行职能的重要内容。充分调动一切积极因素，正确处理新形势下的人民内部矛盾，协助党委、政府做好协调关系、化解矛盾、理顺情绪、维护稳定工作，努力为构建社会主义和谐社会贡献力量。积极参与滇越铁路100周年纪念活动等各种大型纪念与节庆活动。加强政协文史资料的征集编辑工作，切实发挥文史工作"存史、资政、团结、育人"的作用。

四、加强自身建设，提高政协工作水平

要在完善机制、建设队伍、提升服务上下功夫，切实加强自身建设，积极推进履行职能的制度化、规范化、程序化建设，不断提高政协工作水平。

政协工作的主体是委员、潜力在委员、活力靠委员。要着眼发挥委员的主体作用，组织好委员的学习培训，提高委员整体素质，鼓励和引导政协委员深入实际、走向基层、贴近群众，为昆明跨越式发展建诤言、出实力。在做好明年市政协换届的准备工作中，要优化委员结构，注重吸纳来昆投资的企业家、在昆的创业者等新社会阶层进入委员队伍，扩大团结面和包容性。合理划分界别，积极推进界别活动的制度化和规范化，增强界别活力。

注重发挥专门委员会的基础作用，着力提高专门委员会组成人员的政治和业务素质，提升专门委员会与政府部门在对口工作中的综合协调能力，增强专门委员会之间的协作配合。积极探索专门委员会工作新思路、新方式，进一步完善工作机制，切实增强专门委员会的工作活力和实效。

总结政协自身建设经验，加强政协理论和实践的创新。进一步密切同全国政协、省政协和各兄弟省市政协的联系，加强对基层政协工作的指导，促进政协工作交流。根据形势发展的要求，在实践中不断完善工作的各项机制，细化程序和规则，逐步形成健全的协商议事机制、长效的民主监督机制、活跃的参政议政机制。以创建学习型、服务型、效能型、创新型机关为目标，进一步加强政协机关的思想、组织和作风建设。认真做好机关干部的选拔、任用、交流工作，努力造就一支政治坚定、作风优良、学识丰富、业务熟练的高素质政协干部队伍。

各位委员，面对新形势和新任务，机遇与挑战考验着我们，事业和使命召唤着我们。让我们紧密团结在以胡锦涛同志为总书记的中共中央周围，在中共昆明市委的坚强领导下，深入学习实践科学发展观，同心同德，开拓奋进，为开创昆明科学发展新跨越作出人民政协新的贡献！

着力制度创新　狠抓工作落实 为昆明科学发展新跨越提供有力保证

——在中共昆明市纪委九届五次全体会议上的工作报告

（2010年1月31日）

中共昆明市委常委、昆明市纪委书记　应永生

同志们：

我代表市纪委常委会作工作报告，请予审议。

这次全会的主要任务是：深入贯彻党的十七届四中全会精神，按照十七届中央纪委五次全会、省纪委八届五次全会和市委九届六次全会的要求，总结2009年全市党风廉政建设和反腐败工作，部署2010年工作任务。市委对这次全会十分重视，市委常委会专题听取了十七届中央纪委五次全会、省纪委八届五次全会精神汇报，研究了我市的贯彻意见和2010年反腐倡廉工作，省委常委、市委书记仇和同志将作重要讲话，我们一定要认真学习、深刻领会、坚决贯彻落实。

一、2009年主要工作回顾

在市委、市政府和省纪委、省监察厅的领导下，全市各级党委、政府和纪检监察机关深入学习实践科学发展观，认真执行党风廉政建设责任制，全面落实《建立健全惩治和预防腐败体系2008－2012年工作规划》及我市实施办法，按照十七届中央纪委三次、四次全会、省纪委八届四次全会、市纪委九届四次全会和国务院、省政府、市政府廉政工作会议的部署，紧紧围绕“争先进位、富民强市”的跨越式发展目标，以改革创新精神深入开展党风廉政建设和反腐败工作，为全市经济社会发展提供了坚强的政治和纪律保证。

（一）加强监督检查，全力确保跨越式发展目标任务的落实。全市各级纪委组织135个巡查组，对各单位贯彻落实党的路线方针政策和省委、市委重大决策部署情况进行党风巡查；与有关部门联合，对我市364个扩大内需项目、483个重点建设项目实施情况，16名市委常委、副市长分管工作开展情况，以及落实工程建设“八个百分之百”要求、执行园林绿化“3331”政策、整治违法加层无序建房、城中村改造、廉租房建设、滇池治理、“四创两争”等工作情况进行专项督查；积极参与清理整顿土地市场秩序工作，督促有关部门收回闲置或未依法办理相关手续的4.02万亩土地；加强对节能减排、环境保护、矿产资源开发、房地产调控等政策落实情况，以及住房公积金和国债、扶贫、救灾、社保等专项资金管理使用情况的监督检查；受理市委、市政府领导批示督办督查件967件。对全市108个单位2008年落实党风廉政建设责任制情况进行检查考核，对不履行或不正确履行责任的311名领导干部实施了责任追究。为322名党员干部澄清了举报失实的问题，对177件轻微违规问题进行了适当处理，保护了广大党员干部改革创新的积极性。

（二）加大整治力度，进一步优化经济社会发展软环境。在全市组织开展了“行政效能提升年”和“干部作风改进年”活动，市属单位共查找问题670个并进行了整改。开展了“千名客商评价昆明软环境”活动，征集意见建议227条并督促有关单位进行了答复和整改。深入推进制度创新工作，共创新制度2 407项，其中以市委、市政府或两办文件下发200项。对领导干部工作电话接通情况进行督查，对违反规定的35名责任人进行了通报。查办各种损害软环境的问题和案件248件，对682人实施了问责和追究，并4次召开新闻

发布会、3次在全市性会议上对典型案例进行了通报，有力地促进了干部作风的转变和行政效能的提升。2009年，昆明市被评为中国最具软实力城市、最佳投资环境城市、中国十佳投资创业城市、苏商投资中国首选城市等。

（三）严格教育监督，切实抓好领导干部廉洁自律工作。坚持每月向县级领导干部发两条廉政短信、每两月发一封廉政公开信，组织4 500多名领导干部到法院旁听违法典型案件审判或观看审判录像，对562名新任领导干部进行了廉政法规考试。在党政机关全面推行重大决策听证、重要事项公示、重点工作通报、政务信息查询制度，对全市117个单位的836名县（处）级领导干部进行了勤廉公示。领导干部报告个人重大事项1 589人次、述职述廉5 581人次，各级纪委负责人同下级党政领导谈话3 016人次、任前廉政谈话2 189人次、诫勉谈话592人次，函询305人次。开展了厉行节约禁止公款出国（境）旅游工作，组织了“小金库”专项治理回头看，加强对公车私用私驾行为的监督检查，共查处违纪案件44件44人。通过严格教育监督和开展专项治理，领导干部廉洁自律意识明显增强，去年我市廉政账户新存入166.75万元。

（四）深入纠风治乱，着力解决损害群众利益的突出问题。深入治理教育乱收费，共清退违规收费24.7万元。切实纠正医药购销和医疗服务中的不正之风，医务人员主动上交各类红包42.07万元。继续做好减轻农民负担监督检查工作，使农民得到实惠2 4247.6万元。继续纠正征收征用土地、城镇房屋拆迁、企业重组改制和破产中损害群众利益等问题，进一步巩固和扩大治理公路“三乱”成果。参与33起安全事故的调查处理，对10名责任人给予了党政纪处分和移送司法机关处理。开展了工程建设领域突出问题专项治理工作，查处了一批违法违纪案件。深入治理商业贿赂，共查办149人、涉案金额10 423.9万元。针对农村基层党风廉政建设中存在的突出问题，全面推行村级会计委托代理服务，对农村集体工程建设实行公开竞价和招投标制度，开展了清理“白条”发票、清理票据、清理工程项目工作。对市属118个部门（单位）的机关作风进行了民主评议。认真办好“行政效能新闻监督热线”和“政风行风春城热线”。

（五）严肃党纪政纪，加大查办案件工作力度。全市各级纪检监察机关共受理群众来信来访和电话举报2 888件（次），初查核实违纪线索623件，立案208件，结案191件（含上年遗留案件），处分222人，其中县（处）级干部11人、乡（科）级干部51人，通过办案挽回经济损失超过亿元。充分发挥反腐败协调小组的作用，加强协调配合，综合运用多种手段，严肃查处了市土投公司原董事长陆锦昌贪污受贿案、德亨房地产公司违法销售商品房案、正源房地产公司违法占用土地案，以及发生在国土、规划、滇管等部门的领导干部收受贿赂案等一批有影响的案件。坚持严格依纪依法文明办案，加强对办案工作关键环节的监管，严把案件质量关。注重深入剖析案件，督促发案单位建章立制、堵塞漏洞，加强教育和监管，较好地发挥了办案的治本功能。

（六）健全完善制度，深入推进从源头上防治腐败工作。积极协调有关部门深化干部人事制度改革，认真落实公开选拔、公推直选、连续公开差额推荐等制度，加强对干部选拔任用工作的监督。深化行政审批制度改革，将审批项目由96项进一步精简为86项，审批时限在原来基础上再压缩三分之一。深化财政管理制度改革，进一步完善和规范财政转移支付制度，加强财政性资金和社会公共资金管理，出台了部门行政首长财经责任问责办法。促进深化政府投融资体制改革和市场机制改革，建立了项目公示、责任追究等制度，在政府性投资建设项目中全面推行“八个百分之百”，进一步完善工程建设项目招投标、土地征收和使用权出让、产权交易、政府采购等制度，在全市建立统一的招标投标监督管理机构。政务、厂务、村务公开工作进一步深化，与群众利益密切相关的公共服务行业和单位普遍推行了办事公开制度。

（七）加强队伍建设，为党风廉政建设和反腐败工作提供组织保障。在全市各级纪检监察机关深入开展“做党的忠诚卫士、当群众的贴心人”主题实践活动，进一步解决思想、作风等方面存在的突出问题。采取以会代训、院校培训、跟班学习等措施，切实提高执纪能力和水平。认真贯彻落实中央纪委、省纪委关于加强县级纪检监察机关建设文件精神，切实履行纪检监察干部双重管理职责，从人员编制、装备配备、经费保障等方面全面加强县（市）区纪委监察局建设。配齐了市纪委派出14个纪工委书记，公选了18名年轻同志到市纪委机关工作。出台了干部管理暂行办法、干部综合考核评价办法等，对县（市）区纪委工作实行量化考核排名，对纪检监察干部严格要求、严格教育、严格管理、严格监督，努力保持良好形象。

回顾一年来的工作，我们深深体会到，反腐倡廉建设要紧贴、融入、服务党和政府的中心工作，就必须以最严格的监督检查保证党委、政府决策部署的贯彻落实；必须实施最严厉的问责制促进工作作风转变和行政效能提升；必须围绕群众反映强烈的突出问题加大专项整治力度；必须盯住重点领域和关键环节坚决查处腐败案件；必须加强反腐倡廉制度创新推进从源头上治理腐败工作；必须从思想、组织、作风、能力等方面大力加强纪检监察队伍建设等。这些做法和体会，我们要在今后的工作实践中不断总结和深化，积极探索与昆明科学发展新跨越要求相适应的反腐倡廉建设新路子。

同时我们还应该清醒地看到，当前我市反腐倡廉形势仍然严峻，任务仍然艰巨。一些地方和部门的党政领导干部对反腐倡廉建设的重要性认识不足，党风廉政建设责任制落实得还不够好；一些重点领域和关键环节以权谋私、失职渎职案件时有发生；一些群众反映强烈的突出问题还没有从根本上得到解决；少数机关和干部不作为、乱作为、慢作为等效能低下问题依然存在；纪检监察机关的思想观念、履职能力还不能完全适应加快昆明科学发展新跨越的要求等。对此，我们必须高度重视，采取更加有力的措施，在今后工作中切实加以解决，把我市反腐倡廉建设进一步引向深入。

二、2010年主要工作任务

2010年是全面完成“十一五”目标任务、蓄势冲刺“十二五”、加快实现昆明科学发展新跨越的关键一年，也是深入落实党的十七届四中全会决定和市委实施意见，加强和改进我市党的建设的重要一年。全市各级党组织和广大党员要高举中国特色社会主义伟大旗帜，以邓小平理论和“三个代表”重要思想为指导，深入学习实践科学发展观，全面贯彻落实党的十七届四中全会精神，按照十七届中央纪委五次全会、省纪委八届五次全会和市委九届六次全会的部署和要求，严格执行党风廉政建设责任制，坚持标本兼治、综合治理、惩防并举、注重预防的方针，加强以保持党同人民群众血肉联系为重点的作风建设，加强以完善惩治和预防腐败体系建设为重点的反腐倡廉建设，着力推进制度创新，抓紧解决反腐倡廉建设中人民群众反映强烈的突出问题，围绕中心、服务大局，开拓创新、攻坚克难，积极探索与昆明科学发展新跨越相适应的反腐倡廉建设新路子，努力取得党风廉政建设和反腐败工作新成效，为全市经济社会又好又快发展提供有力保证。

（一）认真学习贯彻党的十七届四中全会精神，为昆明科学发展新跨越提供有力的政治和纪律保证

全市各级纪检监察机关要认真学习领会党的十七届四中全会和十七届中央纪委五次全会精神，进一步明确任务要求，抓好贯彻落实。要按照胡锦涛总书记关于“进一步加强反腐倡廉教育制度建设、进一步加强监督制度建设、进一步加强预防制度建设、进一步加强惩治制度建设”的要求，在深入开展党风廉政建设和反腐败斗争的各项工作中着力推进制度创新，提高制度执行力。要加强对市委《关于加强和改进新形势下党的建设的实施意见》执行情况的监督检查，确保各项部署落到实处。

要把保证中央、省委、市委重大决策部署的落实作为一项重要职责。严明党的四大纪律特别是政治纪律，教育引导党员干部在政治上、思想上、行动上同以胡锦涛同志为总书记的党中央保持高度一致。采取定期检查、专项督查等方式，加强对中央和省委关于扩大内需、调整结构、自主创新、“三农”工作、保障和改善民生、节能减排和环境保护、规范和节约用地、维护民族团结和社会稳定等政策措施落实情况的监督检查。重点要加大对在建、续建和尚未开工重大项目的监督检查力度，及时发现问题、督促整改，确保及时完工或开工建设；督促有关部门分解和落实责任，抓紧做好一批“十二五”建设项目的前期准备工作并限期开工；继续抓好对财政支出的监督检查工作，确保完成全年财政收支任务。要对《市委九届六次全体（扩大）会议报告》及2010年《政府工作报告》确定的245项主要工作任务，特别是46项重要工作任务完成情况进行立项督查，促进各项目标任务的落实。要加强对招商引资项目落地以及工程进度的监督检查，重点对今年固定资产投资亿元以上的60个工业项目进行跟踪督查，对服务不到位、措施不得力、影响项目推进的严厉进行问责。

要加大经济建设领域反腐败力度。加强对投融资体制改革各项重点工作和制度建设任务的监督检查，对拖着不办、盯着不干、落实不力的严厉问责并公开曝光，严禁借改革之机突击花钱，严防国有资产流失，以铁的纪律保证改革顺利推进。积极配合有关部门，进一步整顿土地市场秩序，深入开展清理规划区内违法用地、闲置土地等工作，特别是对房地产类项目，严禁“毛地”出让、严禁挂牌交易、严禁房地产商拆迁等。要对今年100项重点基础设施建设项目落实“八个百分之百”情况进行专项检查，盯住不落实的事，追究不落实的人，查办权钱交易和商业贿赂行为，确保项目成为优质、高效、安全、廉洁工程。

（二）进一步优化经济社会发展软环境，倾力打造“效能昆明”

在全市继续开展以打造“效能昆明”为主题的“行政效能提升年”和“干部作风改进年”活动。结合政府机构改革，进一步规范政府职能，使政府职能向创造良好发展环境、提供优质公共服务、维护社会公平正义转变。继续推进“阳光政府四项制度”规范化建设，完善信息公开和新闻发布制度。对行政审批项目精简、“流程再造”、“两集中两到位”、“四进中心”、电子监察等工作开展“回头看”，进一步规范行政处罚自由裁量权。建立行政绩效管理制度、行政能力提升制度、行政成本控制制度、行政行为监督制度。加大党风巡查、执法监察、效能监察、廉政监察、机关行业作风明察暗访等工作力度，充分发挥软环境监测点、千名客商评价软环境、“政风行风春城热线”、“行政效能新闻监督热线”等的作用，更加严厉地问责违反规定乱作为、消极怠工不作为、推诿扯皮慢作为等行为，促进各级机关和干部进一步改进工作作风、提升行政效能。

要严肃整治党政机关和领导干部作风方面的突出问题。坚决纠正脱离群众的不良风气，坚持领导干部定期接访、定期下访、及时阅处群众来信、公开并接听工作电话等制度，对群众反映的问题要限时办结、及时反馈。继续整治文风会风。坚决纠正搞劳民伤财“形象工程”、沽名钓誉“政绩工程”等行为。着力抓好反对铺张浪费、惩治奢靡之风工作：(1) 继续严格控制出国（境）团组数、人数和经费支出，完善管理制度，继续开展制止公款出国（境）旅游专项工作，实行因公出国（境）经费零增长、出省考察经费压缩20%；(2) 加强公务用车使用管理，严禁违反规定为领导干部配置用车，严格控制新购高油耗、高配置越野车，实行公务用车购置零增长，在主城四区党政机关开展公务用车专用卡定额包干管理试点工作，总结经验后逐步在全市推广；(3) 进一步规范公务接待工作，积极探索公务卡接待制度，不得以参加会议、学习、培训、联谊活动等名义用公款请客送礼；(4) 一律不准新建楼堂馆所，严禁违反规定购建、装修办公用房；(5) 严格控制和规范检查考核评比达标表彰活动，认真解决各种庆典、研讨会、论坛过多过滥的问题，压缩经费20%，坚决查处、严肃问责顶风违纪行为。坚持和完善民主生活会制度，把党性分析作为民主生活会的重要内容，认真开展批评与自我批评。深入推行“五办作风”、“一线工作法”、“工作成果倒逼法”，实施严格的目标倒逼、交办跟进、现场会办、观摩激励和监督检查五大机制，确保决策条条算数、任务件件落实、承诺项项兑现。及时发现和纠正少数领导干部在社会交往、休闲娱乐、生活作风方面存在的突出问题。

（三）着力解决人民群众反映强烈的突出问题，促进“和谐昆明”建设

深入开展纠风专项治理工作。会同有关部门重点加强对征地拆迁行为的监管，督促落实被征地农民补偿费用和安置措施，完善相关社会保障机制；严厉打击制售假药劣药行为，严格落实食品药品安全责任；集中整治危害群众健康的环境问题，严肃查处环境保护违纪违法行为；加强对安全生产法律法规和安全生产责任制落实情况的监督检查，加大责任事故调查处理力度；加强对社保基金、住房公积金、扶贫和救灾救济资金以及政府专项资金管理使用情况的监督检查，加强对大额资金的实时监控；继续治理教育乱收费，纠正医药购销及医疗服务中的不正之风；治理各种加重企业负担的问题；规范行业协会、市场中介组织、公共服务行业的服务和收费行为。

继续开展工程建设领域突出问题和“小金库”专项治理工作。认真落实《昆明市工程建设领域突出问题专项治理工作实施方案》，督促有关责任单位切实完成八个方面56项工作任务，着力解决工程造价高特别是商品房价格高等问题，坚决查办和纠正领导干部违规插手工程建设、在工程建设招标投标中规避招标、围标串标，房地产开发中违规变更规划、调整容积率，以及将房地产和经营性资产用地搞捆绑项目等违法违规行为。严厉查处党政机关和事业单位私设“小金库”行为，并将专项整治向社会团体和国有企业延伸。

扎实推进基层党风廉政建设。深入贯彻《昆明市深化农村基层党风廉政建设实施意见》，加大对强农惠农政策落实情况的监督检查力度，认真解决虚报浮夸、作风粗暴、与民争利等问题；加强对农村集体资金、资产、资源的管理，今年全市所有乡（镇）要完成村级会计委托代理和“三资”代理监管服务；严肃查处村“两委”换届中的违纪行为。加强国有企业党风建设和反腐倡廉工作，按照《国有企业领导人员廉洁从业若干规定》及我市实施意见的要求，切实规范国有企业负责人薪酬管理和职务消费；落实“三重一大”集体决策制度和决策失误追究制度，不断完善国有企业权力运行制约机制；加强对企业重要经营领域和关键管理环节的监督，积极开展企业效能监察工作。加强高等学校、公用事业单位、城市社区党风廉政建设。积极探索非公有制经济组织和新社会组织开展反腐倡廉建设的途径和方法。

（四）坚决查处违纪案件，严厉惩处腐败分子和整治消极腐败现象

进一步强化“有案不查是失职、不查有影响的大案要案是不尽职、查办案件不促进经济社会发展是不称职”的观念，严肃查办发生在领导机关和领导干部中滥用职权、贪污贿赂、腐化堕落、失职渎职的案件，严厉惩处利用人事权、司法权、行政执法权、行政审批权谋取非法利益的行为；严肃查办严重侵害群众利益案件、群体性事件和重大责任事故背后的腐败案件，对造成群众生命财产重大损失的地方和单位要严肃追究有关人员的责任；深入开展商业贿赂专项治理，严肃查办商业贿赂案件，在坚决惩处受贿行为的同时，加大对行贿行为的查处力度，对有行贿记录的单位和个人，在市场准入、经营资质、贷款审批、投标资格等方面加以严格限制；严肃查办工程建设、房地产开发、土地管理和矿产资源开发等腐败现象易发多发领域的案件；严肃查办严重违反政治纪律和组织人事纪律的案件，为黑恶势力充当“保护伞”的案件；继续查办国有企业领导人员在企业重组改制、产权交易、资本运营、经营管理中的违纪违法案件；继续坚决查处诬告陷害行为，及时为受到不实举报的党员干部澄清事实，保护党员干部的合法权益。

加强反腐倡廉网络信息的收集、分析和研判，健全网络举报和受理机制，发挥群众在惩治和预防腐败中的积极作用。进一步发挥党委反腐败协调小组的作用，完善查办大案要案组织协调机制。健全纪检监察机关办案工作内部制约监督机制，严格依纪依法、安全文明办案，切实保障被调查人的合法权益，保护举报人和证人。注重办案综合效果，确保案件质量。加强上级纪检监察机关对下级纪检监察机关办案工作的领导，加大对基层的业务指导、跟踪督办力度。完善重大案件通报制度，认真剖析发案原因和规律，进一步发挥办案的惩戒和治本功能。

（五）切实抓好领导干部廉洁自律工作，确保权力正确行使

加强廉政文化建设，以发生在我市的典型案例深入开展党性党风党纪教育，促使党员干部树立正确的世界观、人生观、价值观和权力观、地位观、利益观。认真执行《中国共产党党员领导干部廉洁从政若干准则》等规定，（1）严禁领导干部违反规定为配偶、子女及其他特定关系人在就业、投资入股、经商办企业等方面谋取不正当利益，（2）严禁违反规定私自从事营利性活动，（3）严禁违反规定收送礼金、有价证券、支付凭证，（4）严禁大操大办婚丧喜庆事宜或借机敛财，（5）严禁用公款或接受与其行使职权有关系的单位和个人邀请进行高消费娱乐、健身活动，严肃查处领导干部利用职权和职务上的影响为本人或特定关系人谋取不正当利益等问题。认真执行领导干部住房管理的有关规定，切实纠正党政机关和领导干部在集资建房、低价购房、多占住房等方面的违规违纪行为。进一步规范领导干部离职和退休后的从业行为，不得违反规定在各类企业和各类学会、协会、基金会等单位领取报酬。规范各类学会、协会、基金会准入制度，加强对其资金管理。

加强对权力行使的监督。在党的基层组织全面推行党务公开，建立健全监督检查、考核评价、激励惩处、责任追究等配套制度，加强县委权力公开透明运行试点工作，逐步推进党的市县组织党务公开，进一步深化政务、厂务、村务和公用事业单位办事公开。严格执行领导干部述职述廉、勤廉公示、诫勉谈话、函询、质询、罢免或撤换等制度；认真落实党员领导干部报告个人有关事项制度，把住房、投资、配偶子女从业等情况列入报告内容，对隐瞒不报、弄虚作假等行为要严肃处理，加强对配偶子女均已移居国（境）外公职人员的管理；党委常委会要定期向全委会报告廉政勤政、选人用人等方面的工作情况，自觉接受全委会的监督。坚持“三重一大”领导班子集体决策制度，深入实施《昆明市加强和改进党风巡查工作办法》，加强对党政主要领导干部的

监督。继续加强领导干部经济责任审计，加强对财政资金和重大投资项目的审计。坚持党内监督与党外监督、专门机关监督与群众和新闻舆论监督相结合，形成监督合力、提高监督效果。

（六）深入推进制度创新，切实做好治本抓源头工作

深入落实市委《关于加强和改进新形势下党的建设的实施意见》和惩防体系建设2008~2012年工作规划实施办法，围绕我市“十二五”规划认真谋划好今后5年的反腐倡廉工作，进一步加强制度创新，逐步建成内容科学、有效管用、配套完备的反腐倡廉制度体系。要在认真调研、深入思考党风廉政建设和反腐败工作基础上，形成和推广一批切实可行的制度。要将反腐倡廉制度的评估、完善、清理作为一项经常性工作来抓。要加强对制度的学习宣传教育和执行情况的组织领导、监督检查，严肃查处违反制度的行为，维护制度权威性。

配合有关部门深化行政审批制度改革，保持我市在省会城市中审批事项最少，进一步规范行政审批行为；认真贯彻落实市委、市政府《关于深化干部人事制度改革的意见》，规范干部选拔任用提名制度，建立健全干部选拔任用监督机制、违规用人问题立项督促检查制度和责任追究制度，坚决纠正用人上的不正之风；积极推进司法公开和公正廉洁执法，健全执法过错、违纪违法责任追究制度；深化财政管理体制改革，加强政府非税收入管理，落实部门行政首长财经责任制；深化投融资体制改革，建立“投建管”相分离、“借用还”一体化的有效运行机制；完善国有资本收益管理制度；深化公共资源交易制度改革，完善公共资源领域统一规范的交易市场，完善政府采购法规制度体系；继续做好规范公务员津贴补贴工作；加强廉政风险防范机制建设。

（七）适应新形势新任务的需要，大力加强纪检监察队伍建设

要切实加强思想政治建设和能力建设，坚持用中国特色社会主义理论体系武装头脑，努力掌握和运用纪检监察工作所需要的新思想、新知识、新经验，不断提高干部队伍的思想政治素质和业务工作水平。切实加强领导班子和干部队伍建设，不断完善领导班子工作机制、议事规则和决策程序，加强对纪检监察重大问题调查研究，提高班子民主决策、科学决策水平；各县（市）区纪委要按照中纪发〔2009〕9号、10号文件和省、市的要求，在今年一季度全面完成队伍编制、干部配备、办公经费、办案装备等方面的量化任务，对思想不重视、措施不得力的将严厉问责；深化纪检监察机关干部人事制度改革，继续加大竞争上岗、公开选拔、轮岗、挂职、交流工作力度；按照昆通〔2008〕20号文件要求，进一步健全完善纪检监察机关派出（驻）机构管理制度和工作机制，理顺非派出（驻）纪检监察机构工作关系，积极探索乡镇纪委发挥职能作用的有效途径和办法。切实加强干部作风建设，坚持从严管干部、从严带队伍，强化政治纪律、工作纪律和保密纪律，对存在的苗头性问题要早发现、早提醒、早纠正，对不适合在纪检监察机关工作的要坚决调离，违纪违法的要严肃查处。纪检监察干部要主动接受党和人民群众的监督，接受新闻舆论的监督，秉公执纪、一身正气，做党的忠诚卫士、当群众的贴心人，树立“政治坚强、公正清廉、纪律严明、业务精通、作风优良”的良好形象。

全市各级党委、政府特别是主要负责同志，要认真执行党风廉政建设责任制，高度重视并自觉承担起推进反腐倡廉建设的政治责任和领导责任，加强组织领导，健全工作机构，完善配套制度，推动工作落实；定期召开专题工作会议，及时掌握和全面分析管辖范围内的党风廉政建设情况，切实解决存在的突出问题；坚持将执行责任制情况定期向上级党委、纪委报告。各级党委、政府工作部门要紧密结合业务工作，认真抓好本部门、本系统、本行业的党风廉政建设工作。部门之间要建立健全联席会议制度，经常通报情况、交换意见，密切配合、优势互补，共同推进反腐倡廉工作。

同志们，反腐倡廉建设使命光荣、责任重大。让我们高举中国特色社会主义伟大旗帜，深入贯彻落实科学发展观，紧密团结在以胡锦涛同志为总书记的党中央周围，在市委的坚强领导下，坚定信心、振奋精神、埋头苦干，奋力开创我市党风廉政建设和反腐败工作新局面，为加快实现昆明科学发展新跨越提供坚强的政治和纪律保证！

2009年昆明市党、政、群机关和县（市）区领导名录

中共昆明市委

书　　记　仇　和
副 书 记　张祖林
　　　　　杨远翔
　　　　　李邑飞（12月起）
常　　委　李文荣
　　　　　张红苹
　　　　　郭红波
　　　　　应永生
　　　　　高德明
　　　　　黄云波
　　　　　金志伟
　　　　　海文达（至12月）
　　　　　张朝凤
　　　　　王晓光（挂职，至8月）
　　　　　刘光溪（挂职，11月起）
　　　　　杜　敏（12月起）
秘 书 长　黄云波
副秘书长　谢新松
　　　　　沈苏昆
　　　　　郭焕波（至4月）
　　　　　王有祥
　　　　　陈全季
　　　　　岳为民（至11月）
　　　　　程　峰（8月起）
　　　　　夏俊松（11月起）
　　　　　王绪正（6月起）

市人大常委会

主　　任　李培山
副 主 任　宋黎明
　　　　　田　翎
　　　　　杨　丽
　　　　　张显忠
　　　　　王俊斌
　　　　　董利华
　　　　　夏　静
秘 书 长　韩成富
副秘书长　杨　凡
　　　　　张　庆
　　　　　赵　谊
　　　　　叶亚光
　　　　　桂　春（至5月）
　　　　　孟少波（5月起）

市人民政府

市　　长　张祖林
常务副市长　李文荣
副 市 长　黄云波（12月起）
　　　　　刘光溪（挂职，12月起）
　　　　　王晓光（挂职，至8月）
　　　　　杜　敏（至12月）
　　　　　廖晓珊
　　　　　王道兴
　　　　　赵德光
　　　　　陈　勇
　　　　　李　喜
　　　　　何　波
　　　　　阮凤斌（5月起）
　　　　　周小棋（挂职，10月起）
　　　　　李　茜（挂职，10月起）
巡 视 员　雷晓明
市长助理　赵　峰（挂职，至10月）
秘 书 长　赵学锋
副秘书长　李河流
　　　　　马凤伦（11月起）
　　　　　和丽川
　　　　　吕天云（11月起）
　　　　　田　文（11月起）
　　　　　郭增敏（11月起）
　　　　　李勇毅（至11月）
　　　　　王有祥
　　　　　祝崇祯
　　　　　李云周
　　　　　周峰越（至12月）
　　　　　李肇圣
　　　　　和少柏
　　　　　姚振康
　　　　　杨勇明
　　　　　杨志华
　　　　　王　忠（至6月）
　　　　　刘寿华（6月起）
　　　　　傅　希（11月起）

政协昆明市委员会

主　　席　田云翔
副 主 席　张建伟
　　　　　陆玉珍
　　　　　傅汝林
　　　　　林怡平
　　　　　汪叶菊
　　　　　杨品才
　　　　　常　敏
巡 视 员　张中宁（至9月）
副巡视员　张　辉
秘 书 长　卢克俭
副秘书长　鲁云宏
　　　　　王家志
　　　　　刘志军（4月起）
　　　　　李　鸿（4月起）
　　　　　沈金泉（4月起）
　　　　　周　忻（12月起）

中共昆明市纪委

书　　记　应永生
副 书 记　丁仕凯（至3月）
　　　　　王富昌
　　　　　王光明
常　　委　周红斌
　　　　　王云凤
　　　　　张洪安

市中级人民法院

院　　长　马幼宁
副 院 长　马豫昆
　　　　　张国维
　　　　　董　林
　　　　　安　静（12月起）

市人民检察院

检 察 长　沈曙昆
副检察长　龚永强
　　　　　刘小凯
　　　　　滕　丽
纪检组长　张福全
反贪局（隶属检察院）
局　　长　胡志磊
副 局 长　赵　明（至11月）
　　　　　王晓军
反渎职侵权局
局　　长　叶　飞（12月起）

市委各部委办局

办公厅
主　　任　谢新松
副 主 任　张先宝（4月起）
　　　　　李绍鹏（6月起）
　　　　　汪　敏（6月起）
　　　　　张　蕾（6月起）
　　　　　赵　臻（6月起）
　　　　　祝志朋（6月起）
厅务委员　王绪正（至6月）
　　　　　母正荣（至6月）
组织部
部　　长　郭红波
常务副部长　熊瑞丽（至2月）
副 部 长　范光华
　　　　　赵云平
　　　　　曾令衡
　　　　　李　康
部务委员　周　燕
　　　　　李建平（至11月）
　　　　　陈一杰（11月起）
　　　　　王秀江（7月起）
招商引资考核办公室
主　　任　李　康（兼）
副 主 任　张宗能（兼）
　　　　　陈一杰（11月起）
　　　　　王秀江（7月起）
　　　　　周益明（6月起）
党员电化教育中心
主　　任　王仁智（至12月）
　　　　　张　雷（12月起）
宣传部
部　　长　张红苹
常务副部长　刘海发（至6月）
　　　　　李勇毅（11月起）
副 部 长　罗英华
　　　　　金幼和（至4月）
　　　　　厉忠教（4月起）
部务委员　房旭东
统战部
部　　长　金志伟
副 部 长　贾天鹏
　　　　　李和平
　　　　　吴　军
　　　　　蔡永福（11月起）
部务委员　贾玉华
　　　　　马云东
台　办
主　　任　段俐娟
副 主 任　郭绍华
　　　　　唐柳晴（挂职，6月起）
政法委
书　　记　海文达
常务副书记　刘文义（4月起）
副 书 记　杜　敏
　　　　　刘文义（至4月）
　　　　　郎　佳
部务委员　彭君明
　　　　　杨晓红（12月起）
政研室
主　　任　袁培文
副 主 任　刘水林（至11月）
　　　　　王绪正
　　　　　易建华
　　　　　刘建军（6月起）
市级机关工委
书　　记　王永华
副 书 记　何　勇
　　　　　王豫昆
　　　　　夏惠琼（12月起）
编办（12月起）
主　　任　范光华
常务副主任　李素荣
专职副主任　龚志兴
保密局
副 局 长　王建荣
机要局
局　　长　杜临昆
副 局 长　王　琳
　　　　　贺如全
老干局
局　　长　赵云平
副 局 长　唐先聪
　　　　　张跃华
信访局
局　　长　王国亮
副 局 长　李旭升
　　　　　杨四毅
　　　　　杨　薇（挂职，6月起）
党史研究室
主　　任　厉忠教（至4月）
副 主 任　杨万河
　　　　　石　杰（4月起）
外宣办（市政府新闻办）
主　　任　刘海发（至11月）
　　　　　李勇毅（11月起）
副 主 任　莫俊红（至4月）
　　　　　陈　波（4月起）
文明办
主　　任　张红苹（至4月）
　　　　　厉忠教（4月起）
副 主 任　杨牧林（至11月）
党　校
校　　长　杨远翔
常务副校长　熊瑞丽（2月起）
副 校 长　王　波
　　　　　黄世建（8月起）
副 书 记　缪长森

市人大工作机构

办公厅
主　　任　杨　凡
副 主 任　杨　力（12月起）
　　　　　胡思明（12月起）
　　　　　刘元堂（12月起）
法制委员会（法制工作委员会）
主任委员（主　任）　雪　都
副主任委员（副主任）　寸　东
　　　　　程悦亮
财政经济委员会（财政经济工作委员会）
主任委员（主　任）　熊廷章
副主任委员（副主任）　孙　忠
　　　　　吴卫东
城乡建设环境保护委员会（城乡建设环境保护工作委员会）
主任委员（主　任）　曹　超
副主任委员（副主任）　刘昌良
内务司法委员会（内务司法工作委员会）
主任委员（主　任）　杨　芳
副主任委员（副主任）　王　骏
　　　　　李庆平
教育科学文化卫生工作委员会
主　　任　文荣久
副 主 任　杨建平
　　　　　王本晋
　　　　　郑利群
民族宗教华侨工作委员会
主　　任　马洪苍
副 主 任　段跃红
　　　　　马玉琼（5月起）
人事代表工作委员会
主　　任　范正明
副 主 任　曹长福
　　　　　张昆丽（8月起）
农业工作委员会
主　　任　张耀云
副 主 任　李兴芝
　　　　　杨　凤
调研室
主　　任　赵　谊
副 主 任　陈卫芳

市政府各委办局

办公厅
主　　任　李河流
副 主 任　周学庆（11月起）

汪云兰（11月起）
孙玉刚（11月起）
厅务委员 汪云兰（至11月）
刘寿华（至6月）
周学庆（至11月）

发展和改革委员会
主　　任 胡炜彤（12月起）
副 主 任 胡炜彤（至12月）
张丽琼
徐　宁（至11月）
宋　栋（至4月）
豆劲鸣
孙俊峰（挂职，至10月）
李光勇（挂职，7月起）

工业和信息化委员会（12月起）
主　　任 陈　浩
副 主 任 刘志贤
苟光清
纳建国
耿思友
王　兴
易小明
杨新文
罗　之
王月明
谢介明
魏　恺
锁良勇
周正和
程幼昆（挂职）
张百舸（挂职）

经济委员会（至12月）
主　　任 陈　浩
副 主 任 苟光清
魏　恺
耿思友
尹红兵（至9月）
程幼昆（挂职，6月起）
张百舸（挂职，7月起）

教育局
局　　长 蔡　杰（至5月）
宋　栋（5月起）
副 局 长 姚　宏
李裕华
李云保
冯　皓（6月起）
党委书记 蔡　杰（至5月）
宋　栋（5月起）
副 书 记 姚　宏

科学技术局
局　　长 刘燕琨
副 局 长 张　韵（至12月）
翟　斌（4月起）
袁满荣（挂职，6月起）

民族事务委员会
主　　任 赵殿桦（至12月）
李忠德（12月起）
副 主 任 木志群
马宏谋
土绍芳（6月起）

公安局
局　　长 杜　敏
副 局 长 马维纲（11月起）
王培信
杨劲松
李云峰
杜俊超（6月起）
张玉明（7月起）
王　宇（至12月）
苏志忠（至6月）
王昆海
党委书记 杜　敏
副 书 记 杨从义
王　宇（6～12月）

监察局
局　　长 丁仕凯（至3月）
副 局 长 张洪宝
周红玉
张立涛（12月起）
夏　佳（6月起）

民政局
局　　长 赵　飞
副 局 长 朱树位
赵国荣
魏立功
党委书记 赵　飞
副 书 记 胡华林（至2月）

司法局
局　　长 刘婉秋
副 局 长 李才全（至3月）
陈　波
赵久诗
党委书记 刘婉秋
副 书 记 陶玉明

市强制戒毒劳教所
所　　长 陈　波
副 所 长 王延忠
余志林（至7月）
第一政委 刘婉秋
政　　委 周明荣
副 政 委 胡家昆

财政局
局　　长 余汝兴
副 局 长 徐毅清
郭希林（挂职，7月起）
焦振华（挂职，6月起）
左　晖（7月起）
陈　静（8月起）

人力资源和社会保障局（12月起）
局　　长 范光华
副 局 长 张富强
赵兴旺
唐唯东
阎晓凌
黄　梅

人事局（至12月）
局　　长 范光华
副 局 长 时建林
龚志兴
黄　梅（6月起）

劳动和社会保障局（至12月）
副 局 长 张富强
唐唯东
赵兴旺

社会保险局
局　　长 曾维红（至11月）

医保中心
主　　任 李建军

国土资源局
局　　长 周兴舜
副 局 长 苏　晖（至7月）
陈茂林
刘　宁
赵　宏
马　谦（挂职，6月起）

住房和城乡建设局（12月起）
局　　长 刘毓新
副 局 长 张天昶
李进刚
魏强威
王汝新
何毅刚

建设局（至12月）
局　　长 刘毓新
副 局 长 李宏瑞（至4月）
王汝新
何毅刚（5月起）

交通运输局（12月起）
副 局 长 王　忠
唐有敢
陈　勇
戴　勇
党委副书记 王　忠
何　平
赵云平

交通局（至12月）
局　　长 刘永福（至6月）
副 局 长 唐有敢
陈　勇
戴　勇（4月起）
党委书记 刘永福（至6月）
副 书 记 何　平

水务局（12月起）
副 局 长 储汝明
耿宏伟
杨　勤
高朝俊
龚询木

刘锐钢（挂职）

水利局（至12月）

局　　长　吴泽宇

副 局 长　耿宏伟

杨　勤（挂职，至4月）

杨　勤（4月起）

刘锐钢（挂职，6月起）

农业局

局　　长　孟少波（至5月）

郭焕波（5月起）

副 局 长　张光彩

倪　森

陈　博

鲁秉泉（12月起）

段增华（12月起）

习再兰（8月起）

和江明（挂职，6月起）

党委书记　孟少波（至4月）

郭焕波（4月起）

副 书 记　李勤毅

毕育英（12月起）

林业局

局　　长　张之亮

副 局 长　宋绍明

杨国荣

森林防火指挥部

专职副指挥长　杨志凌

森林公安局

局　　长　朱明昌

副 局 长　张绍辉

雷　刚（12月起）

投资促进局

局　　长　齐　江（至4月）

桂　春（4月起）

副 局 长　潘惠礼

张宗能

骆晓林

何　燕

党委书记　谭爱萍（4月起）

文化广播电视体育局（12月起）

局　　长　厉忠教

副 局 长　张　萱

余红颖

朱建国

徐艳波

李安民

姚安社

谭　敏

姜　来

党委书记　厉忠教

副 书 记　张　萱

朱建国

文化局（至12月）

局　　长　朱建国

副 局 长　李安民

徐艳波（6月起）

党委书记　朱建国

副 书 记　康建华

卫生局

局　　长　许勇刚

副 局 长　常　敏（兼，12月起）

解嘉鸿

李华生

吴争鸣

李　凌（挂职，6月起）

党委书记　许勇刚

副 书 记　雷开锦

计生委

主　　任　杨文慧

副 主 任　赵世明

尹　俊

秦　芸（挂职，6月起）

审计局

局　　长　李冰晶

副 局 长　周大民

舒永恒

林　英

规划局

局　　长　周峰越（至12月）

副 局 长　尹旭东（至4月）

焦延田（至4月）

李　彤

牟　辉

章光日（挂职，11月起）

邵　陆（挂职，11月起）

李　亮（挂职，11月起）

党委书记　周峰越（至12月）

副 书 记　付　文

李　彤（12月起）

城市管理综合行政执法局（12月起）

局　　长　陈　春

副 局 长　翁培林

邓卫东

袁健淋

城市管理局（至12月）

局　　长　毕昌荣（至5月）

陈　春（5月起）

副 局 长　陈剑平（至4月）

邓卫东

翁培林（4月起）

袁健淋（4月起）

环境保护局

局　　长　赵学农（至11月）

副 局 长　高志刚

肖　丁

郝玉昆

虎　龙（12月起）

和　矛（挂职，7月起）

广播电视局（至12月）

局　　长　周　忻

副 局 长　宋玉玲（至3月）

姚安社

党委书记　周　忻

体育局（至12月）

局　　长　张　萱

副 局 长　谭　敏

余红颖（4月起）

统计局

局　　长　徐晓青

副 局 长　吕　志

袁　勤

李　伊（8月起）

旅游局

局　　长　黄峻峰

副 局 长　施丛峰

庞博河

宗教局

局　　长　金塔明（至7月）

马慈明（11月起）

副 局 长　张晋云

丁　伟

外事侨务办

主　　任　徐小川

副 主 任　许昌明

张晓明（5月起）

严建文（至5月）

体改办（至12月）

主　　任　胡炜彤

副 主 任　许仲敏（至2月）

房产管理局（至12月）

局　　长　张天昶

副 局 长　魏强威

李进刚

园林绿化局

局　　长　张家仁

副 局 长　汪天祥

杨立平

党委书记　张家仁

副 书 记　雷志武（至11月）

陈洁薇（11月起）

粮食局

局　　长　张丽琼

副 局 长　潘建刚

高玉英

党委书记　张丽琼

副 书 记　王麦圈

商务局

局　　长　王光中（至5月）

洪　莺（5月起）

副 局 长　洪　莺（至5月）

苏庆华

王　欣（挂职，6月起）

阳浙江（挂职，7月起）

董锦元（8月起）

信息产业办

主　　任　赵　勇（至2月）

马文森（2月起）

副 主 任　谢介民

滇池管理局（滇池保护委员会办公室）
局　　长　李昆敏
副 局 长　王延春
　　　　　邓文龙（4月起）
　　　　　王丽华（8月起）
防震减灾局
局　　长　夏平成（4月起）
副 局 长　夏平成（至3月）
　　　　　毕小忠（4月起）
　　　　　勒树才（4月起）
气象局
局　　长　赵　毅
副 局 长　杨　文
　　　　　赵元茂
安全生产监督管理局
局　　长　潘开平
副 局 长　李忠文
　　　　　刘昆一
　　　　　杨振武
　　　　　王保定（挂职，6月起）
国资委
主　　任　马凤伦
副 主 任　任卫京
　　　　　李　强
　　　　　王晓静（挂职，7月起）
党委书记　马凤伦
副 书 记　程学昆
移民开发局
局　　长　徐绍勇
副 局 长　李　瑶（至11月）
　　　　　林　昇（8月起）
　　　　　王　丹（挂职，6月起）
机关事务管理局
局　　长　沈苏昆
副 局 长　杨　忠
　　　　　李爱民
　　　　　杨爱武
　　　　　杨　勇
档案局（馆）
局（馆）长　李　蔚
副局（馆）长　田道华
　　　　　李蜀昆
食品药品监督管理局
局　　长　杨　柱
副 局 长　张云波
　　　　　张云海
　　　　　吴庭根（5月起）
　　　　　李勤裕（5月起）
法制办
主　　任　沈彦纯
副 主 任　刘　毅
研究室
主　　任　王笑平
副 主 任　孙　宏
　　　　　李沐荣
　　　　　彭杜平（挂职，6月起）

接待办
副 主 任　肖　樱
扶贫办
主　　任　刘明海
副 主 任　李　文
　　　　　薛光文
人防办
主　　任　尚建国
副 主 任　焦延田（4月起）
　　　　　张良功
　　　　　张　惠（挂职，6月起）
爱卫办
副 主 任　胡为民
政务服务管理局（12月起）
局　　长　田　文
副 局 长　李　岗
　　　　　王　佳
行政审批服务中心（至12月）
主　　任　李勇毅
副 主 任　李　岗
　　　　　王　佳
便民热线办
主　　任　林远辉（11月起）
副 主 任　林远辉（至11月）
　　　　　严宏纲
双拥办
常务副主任　郭振松
参事室
主　　任　高福林
副 主 任　黄秉新
会展办（至12月）
主　　任　李云周（兼）
无委办（至12月）
副 主 任　李　云（至7月）
烤烟办
主　　任　窦兴林
市志办
副 主 任　马颖生（至7月）
供销社
主　　任　张文俊
副 主 任　赵　瑜
　　　　　唐明才
　　　　　林　颖（挂职，6月起）
党委书记　张文俊
副 书 记　李迎东
机械工业行业协会（至12月）
副 会 长　易小明
　　　　　游从云
轻纺工业行业协会（至12月）
会　　长　刘志贤
副 会 长　王　兴
　　　　　罗　云
　　　　　周正和
化工建材行业协会（至12月）
会　　长　张建生
副 会 长　纳建国

　　　　　杨新文
　　　　　潘文明
手工业联社（至12月）
主　　任　王　冰（至11月）
副 主 任　锁良勇
　　　　　王月明

市政协各工作委员会

办公厅
副 主 任　周建新（12月起）
厅务委员　周建新（至12月）
　　　　　沈金泉（至4月）
提案委员会
主　　任　杨友太
副 主 任　傅建屏
　　　　　郭焕波（兼）
　　　　　杜林杠（兼）
　　　　　刘燕琨（兼）
文史委员会
主　　任　徐力争
副 主 任　吴学文（至10月）
　　　　　马颖生（兼）
科教文卫体委员会
主　　任　任达仙
副 主 任　武治有
　　　　　李　云
　　　　　姚　宏（兼）
　　　　　和少柏（兼）
　　　　　解嘉鸿（兼）
　　　　　张惠淑（兼）
经济委员会
主　　任　周　锐
副 主 任　石永清
　　　　　刘淑雯（兼）
　　　　　倪　淼（兼）
　　　　　傅晋利（兼）
　　　　　洪　莺（兼）
城乡建设环境保护委员会
主　　任　岳卫平
副 主 任　王学斌
　　　　　汪天祥（兼）
　　　　　王延春（兼）
　　　　　皇甫云生（兼）
社会法制委员会
主　　任　吴朝利
副 主 任　卢志强
　　　　　王　伟（兼）
　　　　　董　林（兼）
港澳台侨联络委员会
主　　任　王雄伟
副 主 任　石美珍
　　　　　李家琨（兼）
　　　　　骆晓林（兼）

叶裕荣（兼）
研究室
主　　任 任继尧
副 主 任 黄爱玲（12月起）

驻昆有关单位

工商行政管理局
局　　长 王爱中（至12月）
湛　江（12月起）
副 局 长 常晋云
傅晋利
李世清
国税局
局　　长 王　镶
副 局 长 董　野
郑　青（至9月）
田克涌（至9月）
范一非
地税局
局　　长 张红霞（至3月）
李明秋（3～11月）
副 局 长 邓翰武（11月起主持工作）
王寿兴
冯　磊
电信分公司
总 经 理 刘丹阳
副总经理 杨骏彪
苏　巍
林　梅
邮政局
局　　长 邱卫东
副 局 长 李朝辉
崔鸿毅
陈　巍
党委书记 宝正东（至2月）
邱卫东（2月起）
昆明供电局
局　　长 唐广学
副 局 长 秦继承
吴晓华
邹延岭
字美荣
谢晓虹
党委书记 赵建华
技术监督局
局　　长 彭　琪
副 局 长 徐　俊
邓　昆（至12月）
李　彬（至12月）
陈向明（1月起）
赵　文（12月起）

新闻单位、大专院校

昆明日报社
总　　编 孙学敏
副 总 编 赵健吾
闵晓阳
王晓洁
党委副书记 钱丽雯
广播电台
台　　长 梁永实
副 台 长 李耀武
罗　飙（4月起）
党委书记 梁永实
副 书 记 罗力争
电视台
台　　长 罗英华
副 台 长 蔡　毅
王东明
吕永平
党委书记 罗英华
副 书 记 李树荣
昆明学院
院　　长 陈世波
副 院 长 张寿国
陈兆雄（至12月）
熊　晶
罗明东
刘海发（8月起）
董建华（12月起）
党委书记 梁晓谷
副 书 记 陈世波
孙　勇
李媛芬

烟草、市政、交警、消防

烟草专卖局
局　　长 郑天一
副 局 长 赵树昆
王树荣
党委书记 郑天一
烟草公司
经　　理 郑天一
副 经 理 赵树昆
杨晓安
邓光新
自来水集团公司
董 事 长 施　伟
副董事长 王炤平
总 经 理 白新玉
副总经理 王承坤
纳安如
陈　刚
党委书记 施　伟
副 书 记 王炤平
公交（集团）有限责任公司
董 事 长 左珍贵
副董事长 张同贤（兼总经理）
副总经理 李　勇
陈瑞生
高永生
党委书记 左珍贵
副 书 记 张同贤
吴　艳
煤气（集团）控股有限公司
董 事 长 莫　云
总 经 理 梁志德
副总经理 莫绍波
文　勇
党委书记 莫　云
副 书 记 陈　华
广电网络有限责任公司
董 事 长 吴克翔
总 经 理 吴克翔
副总经理 史　为
党委书记 吴克翔
副 书 记 邹金凯
交警支队
支 队 长 苏志忠（至6月）
副支队长 张志明
梅　林（至11月）
政　　委 刘　刚
消防支队
支 队 长 杨文华（至8月）
张国建（8月起）
政　　委 卢桂平
副支队长 王梁波（至2月）
李万峰（至3月）
刘朝文
马　勋
赵荣生（2月起）
副 政 委 余学东（至3月）
林长鹏（2月起）
农垦总公司（至12月）
总 经 理 朱　宝
副总经理 鲁秉泉
党委副书记 毕育英

开发（度假）区

昆明高新技术产业开发区管委会
主　　任 张兴华
副 主 任 顾体明（至11月）
党煦燕

赵成军
郭　松
党工委书记　张兴华
副 书 记　王桂泽（4月起）
逯康麟
纪工委书记　逯康麟

昆明经济技术开发区管委会
主　　任　张　宁
副 主 任　戴　速（至7月）
谭翔浔
段永明
王路生
党工委书记　戴　速（至7月）
副 书 记　张　宁
李志波
张正坤
吴勇刚（4月起）
纪工委书记　李志波

昆明滇池国家旅游度假区管委会
主　　任　范立义（至3月）
罗建宾（3月起）
常务副主任　李　峰
副 主 任　蔡正东
杨明俊
党工委书记　罗建宾（3月起）
副 书 记　范立义（至3月）
唐优金（至3月）
王光华
纪工委书记　唐优金（至3月）

呈贡新区工作委员会
书　　记　赵德光（至12月）
周峰越（12月起）
副 主 任　吴庆昆
冉德涛
委　　员　李荣华
肖向飞
王健雄
王焰明（至11月）
高焕彬
钟启锋
蔡继林
杨绍斌
杨　雄
马宏途
李俊民
曾尔树（2月起）

呈贡新区管委会
主　　任　吴庆昆
副 主 任　李荣华
王健雄
王焰明（至11月）
高焕彬
肖向飞
陈兴平（至6月）
叶建国（至11月）
李俊民
曾尔树（3月起）

昆明空港经济区管委会
主　　任　王道兴（至4月）
保建彬（4月起）
常务副主任　张　斌（4月起）
副 主 任　吴勇刚（至4月）
刘志军（至4月）
陈茂林（至4月）
王桂泽（至4月）
刘跃进（4月起）
余文斌（4月起）
孙　健（4月起）
曾　锋（4月起）
党工委书记　王道兴（至4月）
保建彬（4月起）
副 书 记　吴勇刚（至4月）
刘跃进（4月起）
纪工委书记　王建明（4月起）

民主党派

民革市委
主任委员　朱　燕
副主任委员　李为民
吴学文
唐红明
刘云兰

民盟市委
主任委员　夏　静
副主任委员　冯　刚
何立昆（兼）
姚本礼（兼）
张惠椒（兼）

民建市委
主任委员　傅汝林
副主任委员　王京阳
习杰峰（兼）
石玲红（兼）
王春涛（兼）

民进市委
主任委员　汪叶菊
副主任委员　刘燕琨（兼）
王　键（兼）
谢家放
王昆建

致公党市委
主任委员　林怡平
副主任委员　喻星源
黄秋苹
王延春
蔡燕华（兼）

农工党市委
主任委员　杨品才
副主任委员　徐　辉
周　宁（兼）
解嘉鸿（兼）
张明华（兼）

九三学社市委
主任委员　常　敏（兼）
副主任委员　郝昆宁
杨　勤
倪　淼（兼）
陈增会（兼）

群众团体

总工会
主　　席　杨　丽
常务副主席　张光华
副 主 席　方　越
赵春华
彭萍安
赵涤群

团市委
书　　记　罗永斌
副 书 记　张勤勋
周　乐
厅务委员　赵　臻（挂职，6月起）

妇　联
主　　席　陆玉珍
常务副主席　郭跃红
副 主 席　吴长云（至12月）
梅会芬
陈洁薇（至12月）
万星宪（12月起）
陈　泓（12月起）

科　协
主　　席　王月冲
副 主 席　徐绍忠
张学华
李小昆
叶一杉（兼）
时建林（兼）
李云保（兼）
孙　宏（兼）
张　韵（兼）
张光彩（兼）
解嘉鸿（兼）

社科联（社科院）
主　　席（院　长）　龙东林
副 主 席　赵　勇
李自明
莫俊红（4月起）

文　联
主　　席　汪叶菊（兼）
常务副主席　蔡　杰（4月起）
副 主 席　李永坤
谭爱苹（至4月）

工商联（总商会）
主　　席　何　波
常务副主席　蔡永福（12月起）
副 主 席　何汝祥
徐苏明
赵云昆（兼）
魏　恺（兼）
王安康（兼）
任剑峥（兼）
阮鸿献（兼）
李云锁（兼）
颜　语（兼）
苏平森（兼）
郭振宇（兼）

侨　联
主　　席　周　凡
副 主 席　徐宏基（至7月）
杨　萍
宋淑萍（兼）
黄　桥（兼）
徐　杰（兼）

台　联
会　　长　李　鸿（至4月）
段俐娟（12月起）
副 会 长　李家琨（至11月）
姚韵梅
徐　伟（兼，至12月）
姜雪梅（兼，12月起）
姚子龙（兼，12月起）
陈嘉雄（兼，12月起）

残　联
理 事 长　杨国泰
副理事长　段佳明
要美蓉（至7月）
庞　文

红十字会
常务副会长　阮　姮（至11月）
张　韵（12月起）

金融系统

工商银行云南省分行营业部
总 经 理　周　玮
副总经理　闻玉璧
毛　群
李晓虹
刘健雄
倪　立
纪委书记　陈金美

农业银行云南省分行营业部
总 经 理　杨志刚
副总经理　王跃华
刘乙蓁
曾　勇
纪委书记　王庆清

建设银行昆明地区机构
营业部
总 经 理　周　力
城东支行
副 行 长　胡清平（主持工作）
城南支行
副 行 长　李蔚清（主持工作）
城北支行
行　　长　李瑞冬
城西支行
行　　长　陈泽明
建业支行
行　　长　昂　扬
新兴支行
行　　长　徐建华
滇龙支行
行　　长　许　颖
北京路支行
副 行 长　刘　宁（主持工作）
正义路支行
行　　长　赵　鹏
官渡支行
行　　长　李玉成
安宁支行
行　　长　杨　兵

交通银行云南省分行
行　　长　李大军
副 行 长　李智斌
纪委书记　陈志拴

富滇银行
董 事 长　夏　蜀
监 事 长　叶一杉
行　　长　卢　云
副 行 长　罗树才
王　岚
钟世军
曹艳丽
李平平
纪委书记　刘　钧

昆明市农村信用联社
理 事 长　高　波
主　　任　施增荣（6月起）
副 主 任　李艳坤（至6月）
梁祖明
许　炜
张泽锋（12月起）
纪委书记　季科目（至6月）

中国人民财产保险公司昆明市分公司
总 经 理　李华辉
副总经理　夏　霖
马明钢（6月起）
杨　卫
纪委书记　夏　霖

中国人寿保险公司昆明市分公司
总 经 理　刘　辉（至5月）
马　宏（5~7月）
赵晓彤（7月起）
副总经理　严林波（1月起）
王菊芬
牛啸咏（1月起）
纪委书记　尹林波（1月起）

中国太平洋财产保险股份有限公司云南分公司
总 经 理　马光华（至5月）
陆俊柏（5月起）
副总经理　王　军
陆俊柏（至5月）
张　淳
王　德
纪委书记　张　淳

中国太平洋人寿保险股份有限公司云南分公司
总 经 理　姚向东
副总经理　尹建宏
李　鸿
石乃文

县（市）区

五华区
区委书记　罗建宾（至3月）
杨　丽（3月起）
副 书 记　杨　丽（至3月）
陈光辉（至11月）
金幼和（3月起）
李晋红（12月起）
人大主任　陈昆华
副 主 任　李学明
陈爱华
许萍森
孙　骥
区　　长　杨　丽（至4月）
代理区长　金幼和（4月起）
副 区 长　孟光寿
丁　华
刘建卿
李英杰
刘晓青（挂职，2月起）
龚加武（挂职，6月起）
戴　林（挂职，6月起）
龙　苗（挂职，8月起）
孙时映（挂职，8月起）
政协主席　张加全
副 主 席　王　勇
布艳芬
王清和
张宪荣（兼）
纪委书记　凡　群

盘龙区
区委书记　刘云明

副 书 记 卢 彬（至3月）
吴 涛（3月起）
龚志龙（至11月）
人大主任 陈跃林
副 主 任 魏建军
张家琪
赵云昆
肖 毅（1月起）
区 长 卢 彬（至3月）
代理区长 吴 涛（3月起）
副 区 长 吴 涛（至3月）
高中建
周传彪（11月起）
陈 春（至5月）
梁 崑
蒋 波
孙 杰（5月起）
田东山（挂职，8月起）
林 虹（挂职，7月起）
高 灿（挂职，2月起）
郭 沁（挂职，7月起）
政协主席 李如春
副 主 席 崔宝坤
何立昆（兼）
喻星源
刘少军
纪委书记 蒋国斌

官渡区

区委书记 保建彬
副 书 记 刘跃进
齐 江（4月起）
人大主任 毕惠芝
副 主 任 安赞昆
武 俊
李政章
丁健琳
区 长 刘跃进
常务副区长 刘利升
副 区 长 张 斌（5月起）
张玉明（至8月）
王 宏
顾云顺
傅 希（至11月）
张 姝
韩玉彪（11月起）
余文斌（5月起）
孙 健（4月起）
曾 锋（5月起）
施晓玲（挂职，8月起）
政协主席 梁 衡
副 主 席 张茂荣
郭玉英
石玲红（兼）
董 明
纪委书记 郑 江

西山区

区委书记 柳文炜
副 书 记 蔡德生
沈桂芝
人大主任 李志华
副 主 任 孟建工
郝坚放
孙德金
张高榕
区 长 蔡德生
常务副区长 储汝明（至12月）
郭希林（12月起）
副 区 长 杨建军
杨相来（至12月）
冯美琼
周开龙
李笠菲（挂职，2月起）
成 民（挂职，7月起）
朱绍格（挂职，8月起）
政协主席 徐 方
副 主 席 李江鹏
柳 溪（兼）
刘云兰（兼）
纪委书记 张国元

东川区

区委书记 高德明
副 书 记 田 文（至11月）
王 冰（11月起）
缪 军
人大主任 李增平
副 主 任 邹跃云
马 玲
邹 康
孙 熔
区 长 田 文（至11月）
代理区长 王 冰（11月起）
副 区 长 李德荣
马 俊
张建坤
林 华（5月起）
马玉琼（至5月）
吴建明
范啸山（挂职，5月起）
政协主席 李旭东
副 主 席 徐家政
黄 铭
师正云（兼）
纪委书记 李加德

安宁市

市委书记 李树勇
副 书 记 王剑辉
尹贵生
人大主任 王文学
常务副主任 魏学林
副 主 任 郭光辉
魏学林
李树华
洪雯静（兼）
市 长 王剑辉
常务副市长 李春明
副 市 长 尹家屏
梅 林（12月起）
戴 彬
张瑞金（至12月）
尹旭东（挂职，6月起）
程宇清（2月起）
范志东（挂职，8月起）
张 岩（挂职，10月起）
政协主席 李海平
常务副主席 段学发
副 主 席 马文喜
曹忠昌
钱美琴（兼）
纪委书记 焦 林

呈贡县

县委书记 赵德光
副 书 记 周峰越（主持工作，12月起）
吴庆昆
人大主任 陈庆鸿
副 主 任 赵崇华
郭 能
赵 芳
岳绍萍
县 长 吴庆昆
副 县 长 李荣华
陈兴平（至9月）
叶建国（至11月）
王健雄
王焰明（至11月）
高焕彬
肖向飞
李俊民
曾尔树（挂职，3月起）
母正荣（7月起）
许玉文（挂职，7月起）
张义强（挂职，8月起）
黄忠伟（11月起）
政协主席 朱理学
副 主 席 山 聪
沙 敏
李 勇（兼）
杨莲芝
纪委书记 钟启锋

晋宁县

县委书记 戚永宏
副 书 记 吕天云（至11月）
李 江
人大主任 李国祥
副 主 任 杨绍林
姜银彦
胡翠芝
夏维林

县　　长　吕天云（至11月）
代理县长　岳为民（11月起）
副县长　陈树发
　　普鸿昌
　　马　涛
　　汤庆云
　　李　祥（至9月）
　　达琦明
　　张兴华（11月起）
　　李武瑜（挂职，3月起）
　　张剑扬（挂职，7月起）
　　刘　伦（挂职，8月起）
政协主席　李永安
副主席　余顺华
　　李德政
　　徐　海（兼）
　　刘文荣（兼）
纪委书记　陶希润

富民县

县委书记　郭继先（至12月）
副书记　郭增敏（至11月）
　　赵学农（11月起主持工作）
　　杨相来（11月起）
　　熊　坚
人大主任　丁克明
副主任　雷　鸣
　　李碧发
　　白云华（兼）
　　徐世荣
县　　长　郭增敏（至11月）
代理县长　杨相来（11月起）
副县长　杨景先
　　田　峰
　　杨红映
　　毕　宏
　　李灿辉
　　金志锋
　　沈云都（挂职，7月起）
　　吴智峰（挂职，9月起）
政协主席　杨　超
副主席　张向阳
　　李世华（至3月）
　　熊　军
　　耿有全
纪委书记　武　斌（至11月）
　　李辽军（12月起）

宜良县

县委书记　郭子贞
副书记　刘绍安
　　张贵平
人大主任　张吉祥
副主任　毕树荣
　　邓玉梅
　　王　刚
　　许正斌
县　　长　刘绍安
副县长　李　鸿
　　陈国惠（至12月）
　　王　键
　　何健升
　　李建明
　　左　广（12月起）
　　李小林（挂职，7月起）
　　蒋　俊（挂职，7月起）
　　郑传贵（8月起）
政协主席　姜育文
副主席　张　寿
　　杨云章
　　赵丽玲（兼）
　　李奉钢
纪委书记　王晓星

嵩明县

县委书记　王春燕
副书记　张正平
　　姚富正
人大主任　余荣明
副主任　李自金
　　韩绍祥
　　毛绍荣（兼）
　　普菊珍
县　　长　张正平
副县长　李俊彪
　　陈振德
　　郝长生
　　马正权
　　龙进波
　　魏　萍（挂职）
　　何　军（挂职，2月起）
　　朱　燕（挂职，6月起）
　　陈卫民（挂职，6月起）
　　姚　涛（挂职，9月起）
政协主席　杨秀松
副主席　张　和（兼）
　　王金友
　　李进莲
　　洪志伟
纪委书记　潘锐云

石林彝族自治县

县委书记　罗朝峰
副书记　李忠德（至11月）
　　毕春华（11月起）
　　裴演兵
人大主任　李绍增
副主任　朱玉和（兼）
　　李家云
　　徐梅芬
　　毕宏志
县　　长　李忠德（至11月）
代理县长　毕春华（12月起）
副县长　段增华（至12月）
　　潘华光
　　张忠贵
　　毕春华（至12月）
　　李福军（12月起）
　　戴　平
　　赵永康（挂职，2月起）
　　王彦平（5月起）
　　和加卫（挂职，6月起）
　　黄　杰（挂职，6月起）
政协主席　者培仙
副主席　周和祥
　　周兴荣
　　苏云波（兼）
　　严华明（兼）
纪委书记　周美英（4月起）

禄劝彝族苗族自治县

县委书记　孔贵华
副书记　蔡永福（至11月）
　　毕昆闽
　　汪宏昌（12月起）
人大主任　张光文
副主任　卢建才
　　吴明泽
　　张成武
　　刘琴芬
县　　长　毕昆闽（1月起）
代理县长　毕昆闽（至1月）
副县长　朱淑芬
　　张映华
　　赵　毅
　　赵永兴（挂职，至3月）
　　李克坚
　　张　俊
　　马　责
　　徐学林（5月起）
　　刀福东（挂职，8月起）
　　李朝伟（7～8月）
　　陈啸云（挂职，7月起）
政协主席　张庆学
副主席　张丕富（兼）
　　陈天庆
　　王友谊
　　张　怡
纪委书记　汪宏昌（至12月）

寻甸回族彝族自治县

县委书记　刘　荣
副书记　马慈明（至11月）
　　肖正坤
　　唐　琪（11月起）
人大主任　张正良
副主任　马世贵
　　姜彩云
　　赵　文
　　赵文富
县　　长　马慈明（至11月）
代理县长　唐　琪（11月起）
副县长　李贵霖

黄宝金
赵加洪
赵春宝
张　宁
周利辉
何敬中（挂职，至11月）
郑　波（挂职，6月起）
杨万林（挂职，6月起）
陈垠宏（挂职，6月起）
徐郑锋（挂职，8月起）

政协主席 张国友
副 主 席 李国兴
马桂英
杨朝旺
张光凤

纪委书记 鲁再国

掌鸠河引水供水工程建设管理局

局　　长 李　喜
常务副局长 施　伟

石林管理局

局　　长 李正平

（资料由各撰稿单位提供，方玉红整理，市委组织部审核）

大 事 记

·2009 年 10 件大事·

昆明遭遇百年罕见干旱

2009 年 9 月以来，昆明气候异常，出现百年一遇特大干旱。截止 2009 年底，旱情未见缓解，平均降水量比历年同期减少 435 毫米，突破历史同期最少记录，库塘蓄水仅为 10.26 亿立方米，同比减少 4.06 亿立方米。干旱造成 53 万人、27 万余头大牲畜饮水困难，161.8 万亩农作物受灾，直接经济损失 4.1 亿元。大旱还导致山火频发、病虫害加剧、地下水位下降等次生灾害。

二环快速系统全线贯通

9 月 28 日，二环快速系统主线全程贯通。二环快速系统共有 16 座立交桥通过匝道与地面道路连接，全长 27.08 公里，除北二环部分路段外均是双层，高架层为快速系统，双向 6 车道，设计车速 60 公里/小时，下层设计为 40 公里/小时。上层高架全线实现无障碍智能化交通管理，不设红绿灯，绕行一圈仅需半小时。

该工程是昆明首次采取 BT 方式投资建设，于 2008 年 10 月开工建设，3 年工期压缩至 1 年，创造出了“昆明速度”和昆明城市建设奇迹，是一项民心工程。它突破了昆明城市交通旧有的“平面”路状况，建设了现代新昆明“立体”交通体系。

胡锦涛到昆明考察调研

7 月 25 ~ 28 日，中共中央总书记、国家主席、中央军委主席胡锦涛到昆明市和楚雄州调研经济社会发展、民族工作和党的建设。在昆明调研期间，胡锦涛同志视察了昆明中铁大型养路机械集团公司和昆明贵研铂业股份有限公司；冒雨到滇池草海大坝和西华湿地，实地察看滇池水质和环湖生态带建设情况，并要求有关方面加大滇池污染治理力度，坚持综合治理，务必持之以恒，使滇池这颗高原明珠早日重现光彩。在五华区顺城社区调研时，胡锦涛同志走进社区居委会服务大厅、居民活动室“民族之家”，了解社区服务各族群众情况，与来自不同民族的居民就创建民族团结和谐社区进行热烈讨论。

轨道交通规划及建设获得批准

6 月 8 日，国务院批准昆明轨道交通建设规划；6 月 19 日，国家发改委根据国务院批复，正式发文批准昆明市城市轨道交通线网“三主三辅”规划，总长度 162.6 千米，其中 1、2、3 号线为骨干线，设计标准按照 3 万人/小时以上的地铁标准建设；4、5 号线为辅助线，6 号线为机场专线。其中，线网 1、2、3 号线建设已获批准，长度共计 62.6 千米，设 47 个站。1 号线是连接主城到呈贡新城的南北向骨干线，全长 34 千米；2 号线是昆明主城南北方向的骨干线。

按照规划要求，轨道首期工程 1、2 号线必须于 2009 年做好动工准备，工程总投资额达 211 亿元，全长 41.9 千米，其中地下线长 26.85 千米，高架线长 15.05 千米，共设车站 31 座，控制中心 1 座，停车场 2 座。

公选 60 年轻干部和 40 名博士

5 月，昆明市面向全市公开选拔 60 名 35 岁以下年轻干部挂职担任县（市）区党委常委、政府副县长，开发区主任助理，以及部分市直部门副职。7 月，昆明市又面向国内外公开选拔 40 名年轻的经济类博士挂职担任副处级领导职务，年龄均在 40 岁以下，其中，39 名分别来自国内 15 个省、市，1 名为加拿大留学归国人员。两次公选均打破以往的用人制度，实现人事制度革新，引起社会各界广泛关注。

新螺蛳湾国际贸城开业

12 月 16 日，作为承接老螺蛳湾市场搬迁转移的新螺蛳湾国际商贸城开业。新螺蛳湾国际商贸城是昆明市 2008 年招商引资重点项目、云南省重点工程，由浙江义乌企业投资团队投资，云南中豪置业有限责任公司开发承建，总投资 350 亿元，计划用地近 12 000亩，规划总建设面积1 200万平方米。其中，商贸城占地面积5 705亩、规划主体市场 550 万平方米，小商品生产加工区4 000亩，物流仓储区2 000亩。建成后可容纳 7 万余名商家进场经营，新增就业岗位近 50 万个，年营业额预计达1 000亿元，年创税利 20 亿元以上。12 月 16 日开业的为一期市场，投资 58 亿，建筑面积 120 万平方米，共有 2.3 万个商铺，约 1.5 万个商户入驻日均人流量超过 15 万人次。

昆明市政府进行机构改革

11 月，昆明市启动政府机构改革。截止 12 月底，14 个县（市）区与市政府同步完成机构改革任务。市政府设置机构 41 个，2 个部门管理机构。其中市政府办公室和工作部门共 40 个，直属特设机构 1 个；保留 26 个部门，新整合组建 9 个新部门。这个 9 个新部门分别是：昆明市工业和信息化委员会、昆明市人力资源和社会保障局、昆明市交通运输局、昆明市园林绿化局、昆明市住房和城乡建设局、昆明市城市管理综合行政执法局、昆明市水务局、昆明市文化广播电视体育局、昆明市人民政府金融办公室。另外，昆明市食品药品监督管理局划归昆明市卫生局管理；新成立昆明市公务员局，由新组建的昆明市人力资源和社会保障局管理；原与昆明市人事局合署办公的昆明市机构编制委员会办公室单独设置，列党委机构序列，名称为中国共产党昆明市委员会机构编制办公室，保留昆明市机构编制委员会办公室牌子。

开展“三普”教育培训

7月27日，昆明作为全国著名旅游城市、中国面向东南亚、南亚的“桥头堡”，市委、市政府制定出台了《在全市进行“三普”教育培训的实施意见》，决定从8月开始，对全市党政机关、事业单位和市级窗口服务行业部门50周岁以下、未取得相关资质证书的在职公职人员普及普通话、计算机、外语，并把培训考核结果作为公职人员年终考核和评先评优的条件之一。“三普”教育培训计划用时一年，采取分步实施和集中与分散的方式进行。培训目标为实现全市公职人员通过普通话水平等级测试，在上班期间、各类会议、公务活动和公共场合自觉使用普通话；掌握信息化和电子政务基础知识和计算机应用技能，能熟练操作计算机；掌握英语日常用语300句，老挝、缅甸、泰国、越南四国日常用语各100句。

国际人类学与民族学联合会在昆明召开

7月27～31日，国际人类学与民族学联合会第十六届大会在昆明召开。中共中央政治局委员、国务院副总理回良玉出席开幕式并致辞。据会议介绍，本届大会主题为“人类、发展与文化多样性”，共有100多个国家和地区的3 106名国内外专家参会，收到学术论文5 000多篇，共组织了156个学术专题会议、19个影视专题会议、3场影视展映和6个展览活动。《昆明宣言》在7月31日召开的全体会员会议上顺利通过。大会决定，国际人类学与民族学联合会第十七届大会将于2013年在英国曼彻斯特举行，主题为“人类的演进，新兴的世界”。

2009年昆明各种奖项硕果累累

2009年昆明获得：2009年浙商最佳投资城市、2009年苏商投资中国首选城市及2009年苏商最佳投资环境城市、2009浙商（省外）最佳投资城市特别大奖、中国省会城市（含直辖市）十大活力城市、建设创新型国家十强市、中国首届最具软实力城市、中国十佳和谐可持续发展城市、中国十佳投资创业城市、未来中国“新希望”城市、中国经济科学发展十佳城市、2009中国最具创新力城市、2009中国最具幸福感城市、中国最佳休闲宜居绿色生态城市、联合国宜居生态城市、中国创业之城、2009中国全面小康十大民生决策城市、共和国60年中国最具投资潜力城市和特色魅力城市、全国双拥模范城市等荣誉。

·2009年大事记·

1月

4～7日　市委九届五次全体（扩大）会议召开。4～6日，会议组织参会人员分别对五华、盘龙、安宁、呈贡、石林等县（市）区及高新区、经开区、度假区进行现场观摩。7日召开大会，市委副书记、市长张祖林主持，会议审议通过了市委书记仇和代表市委常委会作的《深入学习实践科学发展观，奋力开创昆明跨越式发展新局面》的工作报告和《中共昆明市委九届五次全体（扩大）会议决议》。

5日　“祥鸥迎春幸福昆明”为主题的“2009年昆明海鸥节”在翠湖北门广场开幕。

8日　省政府召开2009年滇池水污染防治工作会议。省市领导秦光荣、罗正富、仇和、孔垂柱、和段琪、丁绍祥、张祖林、黄云波、王道兴等出席。

11～14日　武钢集团公司总经理邓崎琳率团到昆明考察。期间，市委书记仇和与邓崎琳在昆明国际会展中心举行会谈。市领导李文荣、黄云波等陪同。

11～15日　政协昆明市第十一届委员会第四次会议召开。会议审议通过了《中国人民政治协商会议昆明市第十一届委员会常务委员会工作报告》、《中国人民政治协商会议昆明市第十一届委员会常务委员会关于十一届三次会议以来提案工作情况的报告》。

12日　昆明市西二环主线高架桥举行通车仪式，工程总投资26亿。

同日　昆明“国家高新技术创业服务中心”授牌仪式在昆明五华科技园举行。

13日　下午，昆明市2009年招商引资第一个外资项目——荷兰莫尔海姆玫瑰贸易公司与市政府正式签约，拟在昆明建设一个世界级的、亚洲第一的花卉研发中心。

13～17日　昆明市人大第十二届人民代表大会第五次会议召开。会议通过6项决议：决定批准政府工作报告，并同意报告提出的2009年经济社会发展目标任务和各项工作安排；批准2008年国民经济和社会发展计划执行情况与2009年国民经济和社会发展计划；批准2008年地方财政预算执行情况和2009年市级财政预算；批准市人大常委会工作报告以及两院工作报告。

14日　昆明市举行昆明旅游项目专场推介会。大连万达集团董事长王健林、泛海集团董事长卢志强等中国重量级企业家，省市领导秦光荣、仇和、丁绍祥、张祖林、黄云波、廖晓珊等出席。

16日　中央政治局委员、国务院副总理回良玉到石林风景区考察。

18日　昆明市举行2009年新春茶话会和座谈会。

19日　法国城市照明管理集团（昆明）照明管理有限公司举行揭牌仪式。

20日　呈贡新区雨花片区龙枝路、云大路、中医路开工建设。该工程总长约8公里，总投资约9亿元。

21～22日　昆明市纪委九届四次全会召开。会议审议通过市委常委、市纪委书记应永生代表市纪委常委会作的工作报告。市领导仇和、张祖林、杨远翔、李培山、田云翔等市级四套班子领导出席会议。

22日　上午，市委书记仇和、市长张祖林率市级四套班子成员对洛龙河综合整治进行巡查。

1月　昆明公交开始推行公交票制票价改革，全面实现普通公交“换乘免付”。

2月

1日　昆明市人民政府令第85号《昆明市中青年学术和技术带头人及后

备人选选拔培养考核办法》公布，自2009年2月1日起施行。

2日　在昆明市晋宁县昆阳镇三家村森林山火扑救过程中，晋宁县林业战线李昆朋同志以身殉职，年仅37岁。

4日　2008年工作目标奖惩兑现暨2009年招商引资动员大会召开。市委书记仇和、市长张祖林等领导出席会议。

9日　台北、香港、昆明三地50多位知名画家共同推出“第一接触”当代艺术联展在昆明开幕。

同日　下午，昆明市科学发展决策咨询中心成立，并向全国选聘决策咨询专家组建决策“智囊团”，在昆两院院士征得本人同意后，直接聘为特邀专家。

10日　昆明机电工程学校暨寻甸职业教育中心举行开工仪式。市委书记仇和、市长张祖林等市领导出席。

13日　官渡区举行2009年滇池环湖“退人退房”安置新区建设项目开工仪式。

15日　昆明航空公司在昆明机场举行首航仪式。省市领导秦光荣、李汉柏、仇和、张祖林、李培山、张红苹、王道兴、张建伟等出席。

同日　下午，宜良县阳宗海凹子山举行休闲旅游度假项目——“春城海岸”阳光果岭工程开工仪式。

18日　丽江市党政代表团到昆明参观考察。仇和、张祖林、杨远翔、李文荣、张红苹、王道兴等市领导陪同。

19～20日　省委书记白恩培、省长秦光荣率省有关部门负责人到昆明调研考察现代新昆明建设情况。省市领导罗正富、杨应楠、仇和、丁绍祥、张祖林、杨远翔、李培山等陪同。

23日　市委书记仇和、市长张祖林率队到虾坝河、姚安河进行巡查，并与参加巡查的劳模一起在“虾坝河劳模林”种下纪念树。

26日　下午，市委书记仇和与交通银行总行首席信息官侯维栋一行举行会谈。据介绍，交行云南分行在昆明授信额度已达115亿元。市委常委、秘书长黄云波等陪同

28日　下午，市长张祖林率市级相关部门负责人到云龙水库调研水源区环境保护管理和相关政策、措施落实情况。副市长王道兴、李喜等领导陪同。

3月

1日　市委办公厅和市政府办公厅率先启动昆明市“行政效能提升年”和“干部作风改进年”活动，拉开全市活动序幕。

5～13日　市长张祖林在北京参加十一届全国人大第二次全体会议期间，应邀做客中央人民广播电台，就广大听众、网友关心的城市交通、滇池治理、改善民生、软环境建设等问题与听众进行交流。

3～15日　应智利国家应急办主任卡门·费尔南德斯，玻利维亚科恰班巴市市长贡萨罗·特尔塞洛斯·罗哈斯和秘鲁国家民防局局长路易斯·帕罗米诺邀请，市委书记仇和率团出访上述三国。其中，玻利维亚科恰班巴市与昆明市已建立国际友好城市。市委常委、市委秘书长黄云波及有关部门负责人随同。

16日　昆明科学发展研究院揭牌成立。仇和、李培山、田云翔、李文荣、张红苹、高德明等市领导出席。

17日　柬埔寨金边市市长高竹德马一行到昆明进行访问。市委书记仇和、市长张祖林、副市长赵德光等领导先后分别与高竹德马进行会谈。昆明市与金边市签署缔结友好城市关系意向书。

18～20日　瑞士苏黎世市市长雷德格博应市长张祖林邀请率团到昆明市进行友好访问。期间，仇和、张祖林、杨远翔、廖晓珊、陈勇、李江等市领导先后分别与苏黎世市政府代表团举行会谈。市委书记仇和代表昆明市授予雷德格博先生“昆明市荣誉市民”称号。

20日　昆明市全面启动学习实践科学发展观活动。

21～30日　市长张祖林率团赴台湾进行招商引资，并对台湾具有优势的IT、电气、装备制造、旅游业等产业进行考察。

23日　上午，昆企协会五届八次年会暨增强信心抢抓机遇促进昆明跨越式发展经验交流会召开。

29日　昆明市在世纪金源大酒店国际会议厅签下883.6亿城中村改造招商项目，涉及36片64个城中村。省委常委、市委书记仇和，江苏省第九届政协副主席、工商联主席李仁，李培山、田云翔、李文荣、黄云波、董利华等市领导出席。

31日　下午，市委书记仇和率市级四套班子成员巡查捞鱼河、梁王河。

同日　石林风景区荣膺全国文明风景旅游区称号；历时3年进行保护性开发建设的“万年灵芝、李子园箐、步哨山”3个新景点正式开放。

1～3月　昆明市加强督查督办，严肃查处行政不作为、乱作为，共问责92人，其中县处级干部25人。

4月

5日　缅甸内比都市市长登纽一行到南宁访问后，专程到昆明拜会市长张祖林。双方就今后两市的合作进行会谈与交流。

7日　市委书记仇和、市长张祖林率市级四套班子成员对宝象河、盘龙江河道综合整治情况进行巡查。

9日　上午，市委书记仇和与美国百人会理事曾宪章博士一行举行会谈。双方就二次创业、招商引资战略、建设环保节能型城市、解决保障性住房、政府在社会创新中的角色与作为等话题进行沟通交流。副市长廖晓珊参等领导陪同。

同日　呈贡新区垃圾焚烧发电厂项目开工建设。该项目占地面积99亩，总投资6.14亿元。

11日　市长张祖林专程到上海与飞虎队队长陈纳德遗孀——陈香梅女士共商在昆明设立飞虎队和陈纳德将军历史事迹展示研究机构等事宜。

13日　下午，省交通运输厅和市政府举行2009年交通工作联席（扩大）会议。市领导仇和、张祖林、李文荣、黄云波、陈勇等出席。

15日　《昆明主城建筑高度控制规划方案》在规划展览馆亮相。第一次提出昆明主城规划建设“一主三次”CBD区域：主城主中心区（CBD）、西市副中心区（次CBD）、北市副中心区（次CBD）、南市副中心区（次CBD）。对主城各区域的建筑高度划分为不限、小于100米、小于60米、小于36米、小于24米、小于12米（生态）等六个级别进行限定，明确规划出“三山一水”城市轮廓。

25日　昆明市举行招商引资推介洽谈会，向来自泰国商务部及70余名泰国华侨企业家代表团一行推介昆明新螺蛳湾等58个投资项目，总投资为566亿人民币，包括城市基础设施、社会事业、城中村改造、滇池治理及环境保护、产业发展五大类及农业、商业、旅游项目。

26日　昆明市委书记仇和当选中国时代十大新闻人物。

28日　新昆明工人文化宫举行开工奠基仪式。新址位于人民东路原CY集团地块，总建筑面积4.3万平方米、预算总投资2.45亿元。市领导仇和、张祖林、田云翔、李文荣、张红苹、黄云波、杨丽等出席。

29日　上午，云南省“五一”劳

动奖状、奖章暨职工经济技术创新工程表彰大会在昆明隆重举行。昆明市公安局强制戒毒所等50个企事业单位和兰绍福等122名同志被授予云南省五一劳动奖状、奖章，王寿琼等27人被授予云南省职工技术状元称号，孙万寿等198人获云南省职工技术能手称号

同日　昆明市隆重举行“五一”表彰大会。

同日　昆明市召开副厅以上离退休干部情况通报会，并把一年通报一次改为半月通报一次。

30日　市委书记仇和、市长张祖林率市级四套班子成员对西坝河河道综合整治情况进行巡查。

4～5月　昆明选聘1 389名大学生到1 389个村（社区）任职。

5月

1日　西坝路改扩建竣工通车。

4日　澳大利亚贸易部长西蒙·克林一行到昆明考察访问，旨在增强澳大利亚与昆明经贸等领域的交流与合作。

6日　上午，香港商报总编陈锡添率采访团到昆明采访考察。市委书记仇和与陈锡添就有关昆明未来发展等问题举行会谈。市领导黄云波、何波陪同。

8日　上午，市委书记仇和率市级四套班子领导巡查茨巷河。

同日　《人民日报》2009年5月8日海外版·02版报道，19岁的昆明女孩刘子尔同时被美国10所名校录取，美国《环球时报》、新华网等知名媒体进行全文转载。其中，中国新闻人网将其树立为“青春榜样”。

同日　世界500强企业德国巴斯夫化学建材（中国）有限公司昆明分公司在高新技术产业基地正式投产，成为该公司在中国的第13个工厂。

10日　下午，江苏省盐城市市长李强率团到昆明考察。仇和、王道兴、赵德光等市领导陪同。

11日　昆明高新区举行2009年第一批10大重点项目开工仪式，总投资达21.7亿元人民币。项目涉及能源开发、再生资源利用、科研、教育、医疗、通信、进出口贸易等行业和领域。仇和、张祖林、杨远翔、陆玉珍等市领导出席。

11～22日　昆市2009年度公务员“8＋X”培训正式开班，首批154名学员在12天内完成公共管理、都市经济等知识的学习与考核。

14日　国土资源部党组成员、国家土地副总督察甘藏春一行到昆明监督检查“双保行动”开展情况。

17日　上午，扬州大学校友会云南省分会在昆明成立。校友市委书记仇和到会祝贺并鼓励商会、校友会到昆明发展。扬州大学党委书记陈章龙、副校长周新国，市领导黄云波、杜敏等出席。

同日　下午，市委书记仇和与联想控股公司总裁、联想集团董事局主席柳传志一行举行会谈。市领导李文荣、黄云波等参加。

18日　“2009昆明·北京投资洽谈会”大型投资洽谈推介活动在北京举办。市长张祖林主持。北京市委副秘书长李福祥等领导，国家开发银行股份有限公司等近140家北京知名企业、200多位企业家，市委书记仇和、市长张祖林、副市长何波等出席。

19日　市委书记仇和、市长张祖林率队走访中国银行股份公司，争取中行对现代新昆明建设的金融支持。

同日　市防汛抗旱指挥部发出通知，明确松华坝、滇池、盘龙江等主要江河、湖泊、水库防汛具体责任人。其中，副市长王道兴为滇池防汛责任人，副市长李喜为松华坝、云龙等水库防汛责任人。

21日　下午，市委书记仇和、市长张祖林率队走访中国建设银行股份有限公司，争取建行对新昆明建设的金融支持。副市长何波等领导陪同。

25日　下午，市长张祖林、副市长何波等领导与联想控股副总裁、弘毅投资总裁赵令欢一行举行座谈。

26日　昆明制药ABCO研讨会暨上市推广会在肯尼亚首都内罗毕成功举行。ABCO为商务部对外援助项目，由昆明制药集团与中国军事医学科学院合作研发，为全球最简便有效的疟疾治疗药物之一。

27日　昆明经开区国际汽车物流城、万芳生物烟草发酵酶制剂技术中心举行开工仪式。据介绍，国际汽车物流城项目投资10亿元，总用地面积500亩；万芳生物烟草发酵酶制剂技术项目属高新生物技术项目，总投资9 000万，总用地面积30亩。张祖林、田翎等市领导出席。

31日　上午，昆明市面向全省公选市委党校副校长、市财政局副局长等7个领导职位进行笔试。

同日　中午，江苏鸿润置业发展有限公司董事长马如松一行到昆明考察投资。期间，市委书记仇和与马如松举行会谈。市领导黄云波等陪同。

6月

2日　昆明市人事局连续两次被评为全国军转安置工作先进单位，昆明财兴盛集团董事长郑宣明、宜良阳宗海柳树湾山野营地董事长金政全被评为全国军转先进工作者。

3日　市委书记仇和与来昆明考察的新加坡亿盛集团主席严名炽一行举行会谈。据介绍，亿盛集团初步确定投资7亿美元与云南东环企业集团共同参与新昆明建设，其中5亿美元投资呈贡新区基础设施建设、2亿美元参与度假区大坝河尾村城中村改造。市领导黄云波、赵德光陪同。

同日　昆明市档案馆荣获“国家一级档案馆”，成为全国西部省会城市第一批、全省州（市）第一家获得者。

6日　上午，第十七届中国昆明进出口商品交易会暨第二届南亚国家商品展在昆明国际会展中心隆重开幕。本届昆交会共安排展位1 996个，其中南亚国家商品展设置展位300个。全国人大常委会副委员长蒋树声，老挝人民民主共和国常务副总理宋沙瓦·凌沙瓦，省市领导白恩培、秦光荣、仇和、张祖林、李培山、田云翔、李文荣、黄云波、阮凤斌等出席。

同日　下午，昆明市举行专题招商引资推介会。共有100项招商引资项目签约。

7日　市长张祖林会见印度西孟邦中小企业、旅游部部长马纳本抓·穆克吉先生一行，双方就旅游方面的合作进行探讨。副市长廖晓珊陪同。

8日　市长张祖林会见前来参加昆交会的缅甸仰光、曼德勒、纳比都三个城市政府代表团。双方就商贸合作进行交流。

同日　国务院批准昆明轨道交通建设规划。19日，国家发改委根据国务院批复，正式发文批准昆明城市轨道交通线网规划：“三主三辅”6条线组成，总长162.6公里。其中：1、2、3号线为骨干线，4、5号线为辅助线，6号线为机场专线。国家发改委已批准建设线网为1、2、3号线，长度共计62.6公里，设47个站。

9～11日　市长张祖林率团参加在广西南宁市举行的第五届珠洽会及泛珠省会市长论坛。

12日　下午，市委书记仇和与来昆明投资考察的康恩贝集团董事长胡季强一行举行会谈。市领导李文荣、黄云波陪同。

14日　市人大常委会审议通过市人大代表提出的关于举办“云南山茶花节”、“昆明郑和国际文化旅游节”和昆明市政府提请审议的关于举办“聂耳音乐节”三个议案。

同日　晚上，在“2009红云红河·昆明好人颁奖典礼”上，昆明十大好人代表揭晓：朱一丹、杨靖华、张家营、邱钟英、程江、庄美兰、丁莲、溥发荣、李家梁子村民、曾明强。活动从2009年3月30日开始至2009年6月19日结束，历时两个多月，15万多市民参与。

16日　昆明第一届园林绿化博览会在呈贡春融公园举行。

19日　昆明市农垦总公司与香港鸿成集团、云南丰泰投资公司举行昆明红星农场增资重组协议签字仪式。香港鸿成集团、云南丰泰投资公司计划4年投资40亿元将红星农场增资扩股改制组建为“昆明市盛世桃源实业有限公司”进行合作开发。市领导仇和、张祖林、李培山、田云翔、李文荣等出席。

同日　下午，市国资委与云南冶金集团举行增资重组整合昆明力神重工有限公司签字仪式。根据合作协议，云冶集团以现金出资1.456亿元对力神重工进行增资扩股，控股达51%。市领导仇和、张祖林、李培山、田云翔、李文荣等出席。

25日　下午，全市“三个一”表彰暨纪念建党88周年大会召开。市委书记仇和、市长张祖林及市级四套班子成员出席。

26日　曲靖市党政代表团到安宁市、呈贡县等地考察学习。市领导仇和、张祖林、李培山、田云翔等陪同。

同日　下午，环保部副部长吴晓青到滇池观音山等进行视察，对滇池治理“河长制”给予充分肯定。

28日　昆明电机有限公司与哈尔滨电气集团举行重组整合签字仪式。

同日　下午，昆明市委书记仇和荣获第六届“十大中华经济英才”奖。

29日　昆广网络有限公司与江苏省广播电视信息网络股份有限公司举行项目合作签字仪式。市领导仇和、张祖林、李培山、田云翔等出席。

30日　铁道部、云南省政府举行昆明枢纽扩能改造工程、昆明枢纽东南环线工程、昆阳至玉溪南段电气化扩能改造工程建设动员大会。

6月　昆明市颁布《现代化城市评价指标体系》，力争2020年实现基本现代化。

7月

1~3日　市长张祖林率团赴厦门、青岛出席招商引资推介会，并与3家企业当场签订3项投资意向协议。市领导李培山、田云翔、李文荣等随同。

5日　上午，市委书记仇和与香港和记黄埔联营机构TOM集团首席执行官兼执行董事杨国猛、TOM户外传媒集团总裁陈晓彤一行举行会谈。市领导黄云波等陪同。

6日　德国政府为滇池治理贷款1000万欧元的协议在昆明签署。贷款将用于经开区污水处理与再生水利用项目，缓解滇池污染。

7日　上午，市委书记仇和会见泰国驻昆总领事苏拉潘·布亚玛诺先生。市领导黄云波、杜敏等陪同。

14日　市委书记仇和、市长张祖林率市级四套班子成员对老运粮河河道综合整治情况进行巡查。

15日　《昆明日报》用半版篇幅对昆明市面向国内外公开选拔40名博士的任职安排进行公示，引起社会各界广泛关注。

同日　上午，全市制度创新成果表彰暨深入推进制度创新工作大会召开。干部人事改革系列制度等59项制度获“昆明市2008年度经济社会制度创新成果奖”；其中，软环境建设系列制度、滇池入湖河道综合治理“河长制”、目标管理工作成果倒逼法3项获特等奖。

17日　全国节能与新能源汽车示范城市启动仪式在昆明世博园举行。科技部部长万钢等有关部委领导，仇和、和段琪、张祖林、李培山、田云翔、李文荣、廖晓珊等省市领导出席。

20日　宝象河“河长”——市长张祖林，副市长王道兴及相关部门领导干部与300余名志愿者，冒雨在宝象河入湖口宝丰湿地共同种下一片“河长林”。

同日　昆明市印发“百米见绿”工程“白皮书”。

22日　上午，市委书记仇和会见国务院稽察特派员、中国企业国际发展协会会长刘吉一行。

23~24日　市委书记仇和、市长张祖林分别与北控水务集团董事会主席张虹海一行举行会谈。李文荣、王道兴等市领导陪同。

24日　昆明市首届下岗、待岗人员健身运动会举行。运动会共设立两人三足50米跑、“斗地主”、中国象棋、躲避球等9个比赛项目。参赛的500名下岗、待岗人员分别来自昆明市的14个县（市）区。

27日　昆明市出台《在全市进行“三普”教育培训的实施意见》，决定从8月开始，对全市党政机关、事业单位和市级窗口服务行业部门50周岁以下、未取得相关资质证书的在职公职人员，普及普通话、计算机、外语，并把培训考核结果作为公职人员年终考核和评先评优的条件之一。

27~31日　国际人类学与民族学联合会第十六届大会在昆明召开。中共中央政治局委员、国务院副总理回良玉出席开幕式并致辞。据会议介绍，本届大会共有100多个国家和地区的3106名国内外专家参会，收到学术论文5000多篇，共组织156个学术专题会议，19个影视专题会议，23场影视展映，6个展览活动。国际人类学与民族学联合会主席瓦格斯，中国人类学与民族学联合会会长、大会组委会主任、国家民委主任杨晶，大会组委会主任、省长秦光荣等出席。

28日　财政部副部长李勇一行到昆明市调研政法经费保障体制改革工作。李勇一行对昆明市交警支队、市强制戒毒所、西山区检察院等进行实地调研。

25~28日　中共中央总书记、国家主席、中央军委主席胡锦涛到昆明市和楚雄彝族自治州调研。期间，胡锦涛先后视察了昆明中铁大型养路机械集团公司、昆明贵研铂业股份有限公司、滇池、五华区顺城社区。

1~7月　受全球经济危机影响，全市规模以上工业增加值完成277.33亿元，同比负增长2.7%，是1998年以来首次出现的较大幅度负增长。

7月　中旬，滇池保护界桩外延100米区域内全面开始实施退塘、退田、退房、退人工作，共有2.5万多人搬离滇池沿岸。

8月

1~2日　市委书记仇和、市长张祖林分别会见新华社副社长鲁炜一行。市委宣传部部长张红苹等领导陪同。

4日　上午，市长张祖林会见马来西亚新任驻昆总领事罗斯里阿卜杜一行，双方就开展双边合作进行交流。罗斯里阿卜杜表示，在任期内努力把合作友好关系推向更高层次。

5~6日　省委书记、省人大常委会主任白恩培到昆明市调研国企改革及工业经济发展。省市领导杨应楠、仇和、张祖林、李培山、李文荣、黄云波等陪同。

6日　下午，昆明市与苏宁环球集团举行合作项目签约仪式。市领导仇和、张祖林、李文荣、黄云波、何波、阮凤斌等出席。

7日　云南电网220千伏郭家凹变电站建设举行开工仪式。郭家凹输变电工程容量为3×18万千伏安，220千伏进线共6回，110千伏出线共16回。市领导仇和、张祖林、李培山、张建伟等出席。

同日　上午，市政府在宝象河经开区段阿拉乡举行“河长林”植树活动。

9日　下午，市委书记仇和会见中铁二院工程集团副董事长、总经理朱颖一行。市领导李文荣、何波陪同。

10日　重庆城建有限公司董事长李正一行到昆明洽谈项目。据介绍，重庆城建决定投资10亿元建设嵩明职教基地基础设施。

12日　省长秦光荣到昆明调研、检查滇池环湖生态建设工作并召开现场会，副省长和段琪主持会议。秦光荣一行先后考察了晋宁县东大河河口湿地、西山区西华街生态湿地。市领导仇和、张祖林、李文荣、黄云波、王道兴等陪同。

17日　上午，新加坡悦榕控股有限公司与昆明城建房地产开发股份有限公司举行“悦榕庄”和“悦椿酒店”项目签约仪式，市长张祖林、常务副市长李文荣等领导出席。

18日　上午，省政协副主席曾华、倪慧芳率省级各民主党派、工商联、侨联、台联的领导到昆明市参观考察、指导工作。市领导仇和、张祖林、杨远翔、田云翔、金志伟等陪同。

同日　下午，深圳海雅集团与昆明金龙饭店举行增资扩股合作签字仪式。深圳海雅集团出资12 210万元对金龙饭店进行增资扩股，控股达51%。市领导仇和、张祖林、李文荣、黄云波等出席。

19日　上午，人民日报社云南分社举行揭牌仪式，省委副书记李纪恒与人民日报编委、报社秘书长张德修共同为云南分社揭牌。省市领导杨应楠、仇和、张田欣、晏友琼、顾伯平、张祖林、张红苹等出席。

同日　国土资源部批准成立“云南九乡峡谷洞穴国家地质公园”。

20日　首届“2009长江夏季论坛”在昆明胜利纪念堂举行。省市领导白恩培、杨应楠、仇和、张田欣、程映萱、顾朝曦、顾伯平、张祖林、田云翔、杜敏等出席。

21日　省政协主席王学仁率省政协委员到昆明视察城中村改造工作。省市领导仇和、陈勋儒、倪慧芳、张祖林、田云翔等陪同。

同日　下午，昆明市慈善总会和昆明市红十字会联合发起为遭受“莫拉克”台风袭击的台湾同胞开展募捐活动。

24～27日　全国政协副主席、民革中央常务副主席厉无畏一行到昆明视察文化产业、工业园区、行政中心建设和滇池治理等方面的工作。

27日　芬兰于韦斯屈莱市市长马库·安德森率团访问昆明。期间，市委书记仇和、市长张祖林分别与马库·安德森举行会谈。双方就生态环境保护、教育、文化、经贸等方面的合作进行广泛交流。市领导黄云波、阮凤斌陪同。

30日　上午，第十届全国政协副主席、中国工程院院长徐匡迪应邀为云南科学大讲坛暨昆明领导干部培训专题讲座授课。

同日　上午，市委书记仇和会见浙江华虹控股集团公司董事长兼总裁赵崇清一行。市领导田云翔、黄云波等陪同。

9月

1日　上午，市委书记仇和与中国工商银行总行首席风险官魏国雄举行会谈。副市长陈勇陪同。

同日西山区举行经济适用住房及廉租住房建设开工仪式。该项目位于马街街道办事处，占地105.6亩，净用地81.22亩。市领导仇和、张祖林、田翎、陈勇、张建伟等出席。

2～3日　天津市和平区党政代表团到昆明市官渡区、呈贡县、经开区等地考察学习。市领导张祖林、李培山、廖晓珊、张建伟等陪同。

3日　昆明智合力兴信息系统集成有限公司自主研发的智合通用票证管理系统获国家版权局颁发的《计算机软件著作权登记证书》。

7日　市委、市政府召开“四创两争”工作领导小组（扩大）会议。市委书记仇和、市长张祖林及市级四套班子成员等领导出席。

8日　上午，市委书记仇和率队就昆明市文化古迹和历史建筑进行调研。市领导张红苹、廖晓珊等陪同。

同日　昆明轨道交通首期工程呈贡北站举行开仪式。

10日　上午，英国驻重庆总领事尉淳瀚先生一行到昆明访问。期间，市委书记仇和与尉淳瀚举行会谈，双方就中英发展历史、全球金融危机、中国特色市场经济、制度创新等进行友好交流和探讨。市领导李文荣陪同。

14日　下午，江苏省常熟市党政代表团到昆明市官渡区、呈贡县等地考察学习。期间，昆明市与常熟市举行合作交流座谈会、旅游合作签字仪式、常熟企业向昆明希望工程捐赠仪式。市领导仇和、张祖林、张红苹、黄云波、廖晓珊等陪同。

15日　市委书记仇和、市长张祖林分别会见恒生银行（中国）有限公司副董事长兼行长薛关燕萍一行。市领导李文荣、黄云波陪同。

同日　下午，市委书记仇和会见中建国际设计顾问有限公司CEO单增亮。市领导黄云波、陈勇等陪同。

16日　市委书记仇和率市级四套班子领导巡查观摩六甲宝象河、五甲宝象河及小清河等入滇河道综合整治情况，并在入湖口种下“河长林”。

18日　昆明市西北绕城高速公路、昆明至武定高速公路等7条公路举行开工典礼。

同日　国务院审核通过《九乡风景名胜区总体规划》。

19～23日　2009年中国昆明国际花卉展暨第五届昆明国际农业博览会在昆明国际会展中心举办。本届展会共达成经贸合作7.83亿元，比2008年增长7.26%。“滇之霜”菊花、“中国红”月季、“多橙”玫瑰等20个鲜切花品种荣获“最受欢迎品种奖”。

20日　云南日报报业集团举行“庆祝新中国成立60周年云南大型采访昆明行”活动座谈会。市领导仇和、张祖林、张红苹等出席。

22日　高新区国家环境保护工业资源循环利用工程技术（昆明）中心顺利通过验收，成为全国首个批准建设且通过验收的“国家环境保护工业资源循环利用工程技术中心”。

同日　昆明市开展“2009年中国城市无车日”活动。

23日　下午，西山区举行黄瓜营地块城中村拆迁改造项目启动仪式。

25日　晚上，市委、市政府在胜利堂举行庆祝新中国成立60周年交响音乐会。

27日　昆明广播电视台（集团）、昆明报业传媒集团、昆明演艺集团揭牌仪式在昆明新闻中心举行。市委书记仇和、市长张祖林及市级四套班子成员等领导出席。

同日　上午，云南州市党报联谊会在昆明海航酒店召开。

同日　下午，昆明市政协举行国庆、中秋联谊会，隆重庆祝中华人民共和国和中国人民政治协商会议成立60周年。市委书记仇和、市长张祖林及市级四套班子成员等出席。

28日　昆明市二环改扩建工程主线举行试通车仪式。二环快速系统全长27.08公里，高架层为城市快速路，设计为双向六车道车速为60公里/小时，地面层为城市主干道设计车速为40公里/小时，包括石虎关、菊花、福德、明波等16座节点立交。

同日　上午，昆明市经开区举行云南变压器电气股份有限公司“铁路牵引变压和超高压特大型电力变压器”项目建设开工仪式。市领导仇和、张祖林、田云翔、黄云波、田翎等出席。

29日　晚上，五华区举行“昆明老街正义路街区开街庆典”仪式。市领导张祖林、田云翔、张红苹、金志伟、杨丽、汪叶菊等出席开街仪式。

30日　福德立交主线通车。

10月

4日　上午，中天基金会董事局主席陈志鸿一行到昆明考察、协商项目投资。期间，市委书记仇和与陈志鸿举行会谈。市领导黄云波、杨丽陪同。

16日　昆明市公务员考试首次推行“阳光面试”，市民可申请旁听整个面试过程。

21日　市长张祖林会见缅甸新任驻昆总领事佐朴温先生一行。

22～23日　全国省会（首府）及部分城市党委秘书长、办公厅（室）主任第40次座谈会在昆明举行。

27日　下午，昆明市云南陆军讲武堂研究会成立。市社科联（院）主席龙东林当选研究会会长。市领导田云翔、张红苹、汪叶菊等出席。

28日　上午，西班牙旅游规划师汉斯卡尔·雅克布森到昆明考察。期间，市委书记仇和与汉斯卡尔·雅克布森举行会谈。市领导黄云波陪同。

同日　上午，“精彩昆明宜居福地”2009昆明秋季房交会开幕。共有72家参展商86个楼盘参展，创下历史新高。

30～31日　下午，昆明市人大常委会第十二届二十八次会议召开。会议审议通过《昆明市预防职务犯罪工作条例（草案）》、《昆明市九乡风景名胜区保护条例（草案）》等12项草案，任命周小棋和李茜为昆明市副市长。

1～10月，昆明市实际引进市外到位资金超过600亿元，完成年度目标任务；实际利用外资4.2亿元。

11月

1日　市委书记仇和、市长张祖林率市级四套班子成员调研昆明市铁路建设及沿线环境整治情况。

9日　滇池国家旅游度假区在迪庆州香格里拉举办的“2009全球旅游度假论坛”上荣获“国际最佳旅游度假胜地”称号，昆明怡景园度假区酒店被评为“最具国际影响力休闲度假酒店”。

同日　下午，昆明市政府与中科院昆明分院举行签订科技合作协议仪式。会上，双方签订了《昆明市人民政府——中科院昆明分院全面科技合作协议》。市长张祖林、副市长陈勇等领导出席。

7～10日　省委副书记李纪恒率省级有关负责人到昆明就加强党的基层组织建设、推进城乡统筹等工作进行专题调研。市领导仇和、张祖林、李文荣、张红苹、郭红波、应永生、高德明、黄云波、李喜等陪同。

10日　下午，中国（海南）改革发展研究院院长迟福林一行到昆明考察。期间，市委书记仇和与迟福林举行会谈。市领导张红苹、黄云波陪同。

11日　昆明市隆重纪念地方人大常委会设立30周年。市委副书记杨远翔主持会议。市领导仇和、张祖林、李培山、田云翔等出席。

15日　上午，“2009·创意昆明·实战对话”论坛开幕。本届论坛由中共昆明市委宣传部、昆明市广播电视局主办，昆明市广播影视中心、中国云南影视产业实验区昆明基地影视联盟承办。

17日　百达金融集团董事局主席、中协国际首席执行官魏强到昆明考察洽谈项目。期间，市委书记仇和与魏强举行会谈。市领导黄云波陪同。

同日　美国思科系统（中国）网络技术有限公司总裁林正刚一行到昆明考察投资环境。期间，市委书记仇和与林正刚举行会谈。市领导张红苹、黄云波陪同。

20日　下午，以色列驻华大使安泰毅一行到昆明访问。期间，市委书记仇和与安泰毅举行会谈。安泰毅表示，希望共同加强、推进双方在农业科技等领域开展合作。市领导黄云波、李茜陪同。

23日　昆明市政府机构改革启动。

25日　昆明市政府常务会首次邀请市民列席。会上，市长张祖林向列席会议的4位市民王芳、朱纪爱、吴平、雷扑征求《昆明市居住证管理规定》、《昆明市城镇居民大病补充医疗保险实施办法》两个议题意见。

26日　下午，昆明医学院附属甘美医院与法国南锡大学医学院附属医院举行缔结友好医院签约仪式。市长张祖林、副市长廖晓珊等领导出席。

28日　国家发改委副主任徐宪平率队到昆明调研就业和社会保障基础设施建设工作。省市领导李江、张祖林、赵德光、陈勇、周小棋等陪同。

29日　昆明市“市民河长”第一次“河长”会议召开。会议审议通过《“市民河长”活动章程》、《“市民河长”行为规范》。

30日　昆明市老螺蛳湾市场关闭，进行业态升级改造，原有商铺全部搬迁至新螺蛳湾国际商贸城。按照《主城螺蛳湾片区修建性详细规划与城市设计》，改造后的老螺蛳湾，将建成中央商务区（二级CBD）集金融贸易、楼宇经济、总部经济、高端精品商业、信息及中介服务等商业业态；原有批零兼营、低端销售及仓储业态不再回迁。

12月

2日　市政协召开《昆明市河道管理条例（草案）》专题协商会，向市政协委员征求意见。

4日　昆明市政府与中国北汽集团公司举行战略合作座谈会。

6日　加拿大安大略省滑铁卢市市长布瑞恩达·赫洛兰女士一行到昆明访问。期间，市长张祖林会与布瑞恩达·赫洛兰举行会谈，双方就教育、高新技术及贸易方面的合作进行广泛交流。

7日　泰国清莱府副府尹苏拉差·林通先生一行到昆明访问。期间，市长张祖林与苏拉差·林通举行会谈，双方就两市在旅游、花卉贸易等方面的合作进行广泛交流。

8日　昆明市首个城市天然气高压管网西北三环管网工程举行开工仪式。该工程总投资3.5亿元，一期管道总长88.4公里。市领导仇和、张祖林、杨远翔、李培山、田云翔等出席。

同日　上午，燕京啤酒股份有限公司啤酒生产基地项目在嵩明举行动工仪式。该基地位于杨林工业园区，占地300亩，总投资6亿元，年生产能力40万吨。市领导仇和、张祖林、杨远翔、李培山、田云翔等出席。

同日　下午，市委书记仇和、市长张祖林及市级四套班子领导对螳螂川河道综合整治情况进行巡查。

10日　由中华社会文化发展基金会与昆明市政府联合打造的昆明博物馆之城启动仪式在国务院新闻办举行。全国人大副委员长周铁农，第十届全国人大副委员长蒋正华，云南省政协副主席陈勋儒，市长张祖林等领导出席。

11日　工业和信息化部副部长苗圩率队到昆明进行专项检查。苗圩一行对水源地保护、垃圾处理、重金属污染治理等情况进行专项督查检查。

12～16日　中共中央政治局常委、全国政协主席贾庆林到云南省西双版纳、保山、曲靖和昆明等地进行调研。

14～15日　昆明市第十二届人大常委会第二十九次会议召开。会议听取了《昆明市城乡规划条例（草案）》、《昆明市殡葬管理条例（修订草案）》、《昆明市河道管理条例（草案）》等草案，表决通过20余项人事任免，任命刘光溪为昆明市副市长，挂职一年。

15日　市委书记仇和率市级四套班子领导实地调研滇池污染底泥二期疏浚工程、环湖截污、环湖公路、环湖生态工程进展情况，督促施工进度，检查工程质量。

16日　昆明新螺蛳湾国际商贸城开业。该项目是昆明市2008年招商引资重点项目、云南省重点工程，总投资350亿元，计划用地近12 000亩，规划总建设面积1 200万平方米。其中，商贸城占地面积5 705亩、规划主体市场550万平方米，小商品生产加工区4 000亩，物流仓储区2 000亩。

17日　泰王国前副总理、泰中友好协会会长功·塔帕朗西一行到昆明访问。期间，市委书记仇和与功·塔帕朗西举行会谈。市领导黄云波陪同。

21日　昆明公交司机刘涛荣获第六届“全国十大见义勇为好司机”称号。

22～24日　迪庆州党政代表团到昆明市官渡区、高新区、呈贡新区等地考察学习。期间，昆明市与迪庆州举行昆迪合作座谈会暨2009年昆迪帮扶合作项目签约仪式。市领导仇和、张祖林、杨远翔、李邑飞、田云翔、应永生、黄云波等陪同考察并出席座谈会。

24日　上午，清华大学教授、中国科学研究虚拟经济与公有资产管理专家崔福一行应邀为昆明市领导干部做专题讲座。

27日　最高人民检察院、全国妇联、中共云南省委在昆明隆重举行命名表彰大会，授予昆明市西山区人民检察院侦查监督科科长杨竹芳同志“全国模范检察官”、“全国三八红旗手”、“云南省优秀共产党员”荣誉称号。

28日　位于昆明市东川区拖布卡镇的云南金山矿业有限公司总投资约1.1亿元的新山金矿一期工程正式竣工投产，投产后将达到年生产黄金约500公斤，产值近1.1亿元。市领导张祖林、高德明、张建伟等出席竣工典礼。

同日　晚上，昆明市在人民胜利堂举办2010年新年音乐会，国家一级指挥曹丁担任指挥。省市领导王学仁、仇和、张祖林、杨远翔、李培山、田云翔和原省老领导牛绍尧、梁公卿等出席。

30日　市政协召开《政府工作报告（征求意见稿）》专题协商会，市长张祖林等领导到会听取意见建议。

2009年　昆明市获得：2009年浙商最佳投资城市、2009年苏商投资中国首选城市、2009年苏商最佳投资环境城市、2009浙商（省外）最佳投资城市特别大奖、中国省会城市（含直辖市）十大活力城市、建设创新型国家十强市、中国最具软实力城市、中国十佳和谐可持续发展城市、未来中国“新希望”城市、中国经济科学发展十佳城市、2009中国最具创新力城市、2009中国最具幸福感城市等荣誉。

（马　雄）

·责任编辑　马　雄·

政　治

·中国共产党昆明市委员会·

【市委主要领导调研重点建设项目】 3日下午，省委常委、市委书记仇和率有关部门负责人，到海埂路、西坝路、福海立交改扩建重点建设施工现场调研，看望、慰问节日期间坚守工地的建筑工人，督促施工进度，检查工程质量。仇和要求，要建立和落实“五大保障机制”（资金、拆迁、施工、原材料和新闻舆论监督保障），强化“五个意识”（规划设计、目标、质量、进度和安全意识），全速推进各项重点工程进度，再掀基础设施建设高潮，确保实现基础设施建设3年突破。市领导黄云波、陈勇参加调研。

【市委九届五次全体（扩大）会议】 1月4~7日，市委召开九届五次全体（扩大）会议。其中：4~6日，参会人员对3个开发（度假）区和10个县（市）区的38个观摩点进行实地观摩。7日，召开大会。市委常委会主持会议。市委委员54人、候补委员6人出席会议。全会听取、审议并通过了省委常委、市委书记仇和代表市委常委会作的《深入学习实践科学发展观，奋力开创昆明跨越式发展新局面》工作报告；传达了中央经济工作会议和省委八届六次全会精神；听取了2008年度各县（市）区经济指标完成情况和市政府为民办实事项目完成情况、2008年度全市招商引资初步考核情况和全市软环境整治典型案例通报；递补王光中、赵云平为市委委员；审议通过《中共昆明市委九届五次全体（扩大）会议决议》。仇和在会议结束时讲话要求：抓落实，必须学习学习再学习、争先争先再争先、实干实干再实干、创新创新再创新、高效高效再高效、惠民惠民再惠民、团结团结再团结。市级四班子领导，市中级人民法院、市人民检察院领导，部分原市级老领导，14个县（市）区领导及各乡镇（街道办事处）党委主要负责人，市属各部委办局主要负责人，中央、省驻昆直属单位负责人等共约600人参加7日的大会。省委督导组负责人李少春应邀到会指导。

【省政府2009年滇池水污染防治工作会议】 1月8日，省政府召开2009年滇池水污染防治工作会议。省、市领导率省滇池水污染防治专家督导组和省市有关部门负责人，实地察看了盘龙江官渡段环湖截污、交通工程现场、宝象河入湖河口湿地建设等综合整治情况。省委副书记、省长秦光荣在会上要求，2009年是滇池治理规划实施的冲刺之年，要加大力度，加快进度，全面推进滇池水污染防治工作。省委常委、昆明市委书记仇和表示，在今后的工作中，昆明市将继续把滇池流域治理作为现代新昆明建设的头等大事，作为生态文明建设的突破口，下更大的决心，以更高的标准，用更严的措施，全力抓好滇池污染治理工作，早日恢复滇池“高原明珠”的迷人风采，早日恢复滇池流域山清水秀的自然风光。省领导罗正富、孔垂柱、和段琪、丁绍祥和市领导张祖林、黄云波、王道兴等参加会议。

【市领导巡查柴河】 1月10日下午，省委常委、市委书记仇和，市委副书记、市长张祖林率市级四班子成员巡查柴河综合整治情况。从柴河水库坝脚沿河道下行，经段七村、小朴分洪闸，一直到下段的观音桥，市领导实地察看两岸道路贯通、堵口查污、污水处理、沿岸整治、两岸拆迁、沿河绿化建设等工作进展，仔细察看沿途水质。在观音桥绿化带，市领导种下了纪念树。仇和要求，滇池流域水环境治理要继续“坚持一个方针、掌握一套规律、把握四条原则、做到四个坚定不移”（“一个方针”：治湖先治水、治水先治河、治河先治污、治污先治人、治人先治官；“一套规律”：由面到点、由流域到水域、顺流而下，从大环境到小环境、从大范围到小范围、从大流域到小流域；“四条原则”：湖外河外截污杜绝增量污染源，湖内河床清淤减少存量污染源，增加湿地、修复生态，外流域调水、增强水动力；“四个坚定不移”：坚定不移抓“一湖两江”全面截污、全面禁养、全面整治、全面绿化“四全”工程，坚定不移抓35条河道“158”综合整治工程，坚定不移抓滇池周围“四退三还”工程，坚定不移抓滇池本身环湖截污、环湖公路、环湖生态、入湖河道治理、底泥疏浚、外流域引水“六大工程”），至年底，35条入滇池河道河水要基本变清。

【市委召开“两会”中共党员大会】 12日下午，市委召开出席市十二届人大五次会议和市政协十一届四次会议的中共党员代表、委员会议。省委常委、市委书记仇和作重要讲话。仇和强调，出席人代会、政协会的党员代表和委员要进一步统一思想，明确要求，充分发挥党员代表、党员委员的作用，确保“两会”顺利进行，圆满成功。市委、市人大、市政府、市政协的中共党员领导出席会议。

【市领导出席西二环通车仪式】 1月12日上午，通过小屯、黄土坡、西苑和明波立交实现车辆互通转接的西二环主线高架桥通车仪式在西二环明波立交上层举行。市领导仇和、张祖林、杨远翔、田云翔、黄云波、董利华、陈勇等为通车仪式剪彩。

【昆明市旅游项目推介会】 1月14日上午，以大连万达集团董事长王健林为首的一批企业家到昆考察旅游项目开发。昆明市组织专场推介会推介昆明旅游项目。省委副书记、省长秦光荣参加会议，秦光荣希望能引进国内外实力较强的战略合作伙伴，对云南省的旅游城市和大的景区进行升级改造，推进云南旅游产业发展。省委常委、市委书记仇和重点介绍投资昆明的优势和巨大潜力。市委副书记、市长张祖林介绍昆明市情，副市长廖晓珊介绍昆明旅游发展规划和项目。省、市领导丁绍祥、黄云波等出席推介会。

【回良玉副总理到昆视察】 1月16日上午，中共中央政治局委员、国务院副总理回良玉一行到昆明市视察工作。回良玉一行到石林县小箐村视察了村情和规划、基层建设和村务公开情况，深入到锁玉和、黄兰芳2户村民家了解生产生活情况，并对石林景区进行了视察。省委书记、省人大常委会主任白恩培，省委副书记、省长秦光荣和省委常委、市委书记仇和，市委副书记、市长张祖林等省、市领导陪同视察。

【省委巡视组昆明巡视工作情况反馈会】 1月19日晚，省委巡视组召开昆明巡视工作情况反馈会。会上，省委第一巡视组组长李少春通报了巡视情况，充分肯定了昆明的工作。省委常委、市委书记仇和要求，高度重视巡视成果的吸收运用，结合实际，举一反三，认真整改，抓好落实，继续坚持科学发展观为统领，努力使昆明成为全省科学发展的排头兵。会议由市委副书记、市长张祖林主持。

【九届市委第74次常委会】 1月20日下午，省委常委、市委书记仇和主持召开九届市委第74次常委会。会议听取市人大常委会、市政协关于加强行政执法监督（实行民主监督）、推动工作落实的决定（意见）及关于进一步规范行政执法情况汇报；研究讨论《关于城乡一体商贸网络体系建设的实施意见》、《关于加快昆明市会展业发展的若干意见》、《关于加快会计中介机构发展的实施意见》等16项议题。

【全市政法工作会议】 1月20日晚，昆明市召开政法工作会议。省委常委、市委书记仇和作重要讲话。仇和要求，围绕全市经济社会发展大局，全面加强和改进政法工作，为跨越式发展创造和谐稳定的社会环境。仇和强调，加强和改善党对政法工作的领导，为政法工作提供坚强政治保障。要切实把政法工作始终置于党的绝对领导之下，维护司法权威，加强党委政法委建设，加大司法保障力度，振奋精神、坚定信心，开拓奋进、务实创新，不断开创政法工作新局面。副市长杜敏主持会议。市委常委、政法委书记海文达总结了上年工作，对今后一个时期政法工作进行安排部署。会上，市委、市政府与各县（市）区及相关部门签订了政法系统“六个百分百”执法承诺书。市领导张祖林、李培山、田云翔、王俊斌、陆玉珍等出席会议。

【市级四套班子领导巡查洛龙河】 1月22日上午，省委常委、市委书记仇和，市委副书记、市长张祖林率市级四套班子成员巡查洛龙河综合整治情况。从洛龙河源头黑龙潭沿河道下行，经米兰园一号桥，一直到入湖口，市领导实地察看两岸道路贯通、堵口查污、污水处理、沿岸整治、两岸拆迁、沿河绿化、防洪工程建设等工作进展，听取呈贡县河道整治汇报。在入湖口绿化带，市领导种下纪念竹。仇和要求，35条入滇池河道年内截污；滇池流域水环境综合治理要坚定不移、常抓不懈、持之以恒，3年见成效、5年大变样、8年实现根本好转。

【市委主要领导调研重点建设项目】 2月1日上午，省委常委、市委书记仇和率有关部门和县（市）区负责人深入彩云北路入城段、石虎关、福德和金星立交4个改扩建工程现场调研，代表市委、市政府看望、慰问节日期间坚守工地的建设者，督促施工进度，检查工程质量，协调解决施工过程中存在困难和问题。仇和要求，收拢五指、形成拳头，集中力量、全力保障和推进建设工程，让老百姓早日得益。市领导杨远翔、应永生、黄云波、陈勇等参加调研。

【九届市委第75次常委会】 2月1日晚，省委常委、市委书记仇和主持召开九届市委第75次常委会。会议听取了市人大常委会2009年度工作要点、市行政综合执法工作有关情况汇报，研究讨论了《昆明市贯彻建设创新型云南行动计划的实施方案》、《在呈贡新区新建昆明市老干部活动中心方案》和《关于在招商引资工作中加强干部培养锻炼的意见》等13项议题。

【市级四班子领导调研呈贡新区】 2月2日下午，省委常委、市委书记仇和率市四套班子领导就贯彻落实省委、省政府加快现代新昆明建设重大决策到呈贡新区调研。市领导在调研中详细察看了呈贡新区道路等基础设施建设、园林绿化工作及市级行政中心建设进展，现场听取了相关工作汇报。仇和指出，多措并举、多管齐下，加快现代新昆明建设步伐，加速推进现代化城市示范区呈贡新区建设。呈贡新区要全面贯彻实施城乡规划法的规范和要求，做到全面覆盖、不留死角、长效控制、杜绝违建，成为树立和落实、学习和实践科学发展观的先导区。市领导张祖林、杨远翔、李培山、田云翔、黄云波、赵德光、陈勇等参加调研。

【全市铁路建设工作汇报会】 2月3日下午，昆明市召开铁路建设工作汇报会。省委常委、市委书记仇和作重要讲话。仇和指出，认清形势，抢抓机遇，牢牢扭住铁路建设这个“拉动内需的龙头”，坚定不移地配合铁路部门，全力推进昆明铁路建设。会议听取了昆明铁路枢纽扩能改造、东南环线工程及昆明新客站建设工程方案，昆明市开展铁路建设工作情况汇报。市委常委、常务副市长李文荣主持会议。市级四套班子领导，市属相关部门、14个县（市）区及三个国家级开发（度假）区、呈贡新区、空港经济区主要负责人以及昆明铁路局、中铁二院、省发改委有关领导参加会议。

【2008年工作目标奖惩兑现】 2月4日上午，昆明市召开2008年工作目标奖惩兑现、2009年工作目标责任签状暨工业突破园区建设招商引资动员大会。省委常委、市委书记仇和作重要讲话。仇和强调，今年的经济社会发展及招商引资任务是刚性的、必保的目标，全市各级各部门必须不折不扣抓好落实，要以强烈的目标意识抓落实，以严肃的督促检查促落实，以严格的奖惩兑现保落实。对敢于突破，勇于创新，能挑重担，做出显著成绩的同志，要重奖重用，重得让人眼红心动；对因循守旧，不思进取，庸碌无为，甚至妨碍经济工作全局的人，要严惩严罚，在全市上下形成求实、务实、落实的工作导向，营造脚踏实地、埋头苦干的浓厚氛

围。市级四班子领导，14县（市）区和三个国家级开发（度假）区，呈贡新区、空港经济区负责人等约1 000余人参加大会。

【滇池外海湖滨“四退三还”工作专题会议】 2月6日下午，市政府召开滇池外海湖滨“四退三还”工作专题会议，市委副书记杨远翔出席会议并讲话。杨远翔强调，“四退三还”工作要把握一个核心（土地问题）、两个结合（“四退三还”与社会主义新农村建设结合起来，与“543”倍增计划结合起来）、解决好三个方面的问题（运用好政策；统规、统建、统筹；加强引导）。市领导王道兴等出席会议。

【党风廉政建设责任制及民主测评大会】 2月12日晚，我市召开党风廉政建设责任制工作考核动员、汇报及民主测评大会。省委常委、市委书记仇和作重要讲话。仇和要求，充分认识开展党风廉政建设责任制考核的重要意义，确保考核取得实效。通过考核，找准差距，推动昆明反腐倡廉建设深入开展。省党风廉政建设责任制第九考核组组长张昌山对昆明市做好党风廉政建设责任制工作考核提出要求。市委副书记、市长张祖林汇报了市委、市政府领导班子落实党风廉政建设责任制工作的情况。会上，省考核组对市委、市政府班子成员落实党风廉政建设责任制工作情况进行了民主测评。市委常委、市纪委书记应永生主持会议。市四班子领导，14县（市）区四班子以及三个开发（度假）区、呈贡新区、空港经济区管委会，市级各部门、单位主要负责人参加会议。

【市级四套班子领导巡查冷水河】 2月13日下午，省委常委、市委书记仇和，市委副书记、市长张祖林率市级四套班子成员，相关县、区和市直部门负责人巡查冷水河综合整治情况。从冷水河源头、嵩明县滇源镇青龙潭、葫芦潭沿河道下行，市领导实地察看两岸道路贯通、堵口查污、污水处理、沿岸整治、两岸拆迁、沿河绿化、污水处理厂建设及“农改林”等工作进展，仔细察看源头和沿途水质，在甸尾大桥绿化带种下纪念树。仇和要求，高度重视水源地保护，一手抓农业结构调整，一手抓农村社会结构调整，通过结构调整使土地综合效益最大化；冻结松华坝水源保护区内人口和建筑物，只能减少不能增加。

【九届市委第76次常委会】 2月16日上午，省委常委、市委书记仇和主持召开九届市委第76次常委会。会议听取2009年度市委常委会工作要点、分阶段工作计划及全市性重要会议，市政协2009年工作要点和对政府部门实行民主监督工作计划，市行政审批服务中心搬迁有关问题汇报，研究讨论了《关于进一步深入推进经济社会制度创新工作的实施意见》、《关于深化财政综合改革，创新财政管理制度的若干意见》、《关于开展行政效能提升年、干部作风改进年活动实施意见》及动员大会方案等16项议题。

【全市组织工作会议】 2月16日上午，昆明市召开2009年组织工作会议。省委常委、市委书记仇和作重要讲话。仇和要求，建设一支高素质的干部队伍，为昆明跨越式发展提供坚强的组织保证，要大胆起用开拓者、创业者、领头雁、实干家、明白人，树立注重学识、注重发展、注重创新、注重实绩、注重勤廉的五种用人导向。市委副书记杨远翔主持会议。会上，市委常委、组织部长郭红波总结回顾上年全市组织工作，安排部署2009年工作；市委、市政府与各县（市）区签订了《昆明市2009年永葆先进性“云岭先锋”工程目标考核责任书》。

【丽江市党政代表团来昆考察】 2月18日上午，由丽江市委书记和自兴，市委副书记、市长王君正率领丽江市党政代表团到昆考察。在省委常委、市委书记仇和，市委副书记、市长张祖林等领导的陪同下，丽江市党政代表团先后参观考察了城市规划展览馆、市政府行政审批服务中心和正在建设的螺蛳湾国际商贸城，双方进行了座谈交流。市委副书记杨远翔主持座谈会。市委常委、常务副市长李文荣介绍市情和软环境建设及招商引资情况，丽江市委副书记、市长王君正介绍了丽江市经济社会发展情况。市领导张红苹、王道兴等陪同考察、参加座谈。

【省委、省政府领导调研现代新昆明建设】 2月19～20日，省委、省政府主要领导率省级有关部门负责人到我市实地调研考察现代新昆明建设情况。19日和20日上午，省委书记、省人大常委会主任白恩培，省委副书记、省长秦光荣等领导在市领导的陪同下，对昆明市城市园林绿化、滇池流域水环境治理、“一湖两江”四全行动、交通基础设施建设、城中村改造，工业突破、园区建设、招商引资工作进展，呈贡新区、空港经济区建设等情况进行了实地考察调研。20下午召开调研工作座谈会，白恩培、秦光荣、李纪恒、罗正富、杨应楠等领导作重要讲话。白恩培指出，近五年特别是去年以来，新昆明建设日新月异，亮点频现，各方面工作取得了非常大的成绩，建设明显提速，发展充满了勃勃生机，使我们看到了解放思想大讨论和学习实践科学发展观活动带来的明显成效。秦光荣在座谈讲话中充分肯定了现代新昆明建设取得的成绩：滇池水污染治理取得突破性进展；城市建设有了很大突破；产业发展有了突出进展；发展环境有了明显改善。仇和代表市委、市政府汇报了现代新昆明建设情况和下一步工作打算。仇和表示，省委、省政府对昆明寄予了更大希望、提出了更高要求。昆明市一定振奋精神、鼓足干劲，努力把现代新昆明建设向纵深推进，为全省经济社会发展再立新功；统筹兼顾、做足实效，使发展成果更多地普惠于民，让全市人民成为跨越式发展的最大受益者。省级有关部门负责人就服务和推进现代新昆明建设提出了建议。市委副书记、市长张祖林主持会议。市级四班子领导，14县（市）区和三个国家级开发（度假）区、呈贡新区、空港经济区，市级有关部门负责人参加会议。

【全市加快现代新昆明建设动员会】 2月21日上午，昆明市召开全市加快现代新昆明建设动员会，传达贯彻省委、省政府领导昆明工作调研会会议精神，安排部署落实《云南省人民政府关于进一步支持现代新昆明建设若干政策的意见》。省委常委、市委书记仇和作重要讲话。仇和要求，要以贯彻落实好省委、省政府领导昆明工作调研会精神为契机，牢牢把握省下放经济社会管理权限的重大机遇，全力加快推进现代新昆明建设，奋力开创昆明跨越式发展新局面。市委副书记杨远翔主持会议。市级四班子领导，14县（市）区和三个国家级开发（度假）区、呈贡新区、空港经济区，市级各部委办局主要负责人参加会议。

【市委主要领导会见德国蒂森克虏伯集团负责人】 2月23日中午，省委常委、市委书记仇和会见来昆考察轻轨项目的德国蒂森克虏伯服务集团董事会主席艾德文先生一行。仇和表示，真诚希望集团选择西部、登陆云南、项目落地昆明，引进德国先进技术，投资建设交通基础设施，一步到位、与国际接轨，并热忱欢迎集团在昆建地铁轻轨产业装备制造基地。市领导黄云波、何波参加会见。

【市级四套班子领导巡查虾坝河、姚安河】　2月23日下午，省委常委、市委书记仇和，市委副书记、市长张祖林率市级四套班子成员，有关县、区和市直部门负责人巡查虾坝河、姚安河综合整治情况。仇和要求，深化认识、统一思想，明确任务、抓住重点，社会动员、合力推进，创新制度、政策配套，强制规范、强行入轨，使滇池治理大见成效。巡查完虾坝河、姚安河后，市委、市政府在呈贡捞鱼河畔召开全市春季城乡绿化推进现场会，要求再掀城乡绿化建设新高潮。

【全市"行政效能提升年"暨"干部作风改进年"电视电话会议】　2月24日下午，昆明市召开"行政效能提升年"暨"干部作风改进年"电视电话会议。省委常委、市委书记仇和作重要讲话。仇和要求，把"拒绝理由、雷厉风行、狠抓落实"的工作作风贯穿于整个活动当中，努力把昆明市的行政效能和干部作风提高到一个新水平，使基层和群众得到实实在在的便利，为昆明跨越式发展提供坚强有力的保障。

【九届市委第77次常委会】　24日晚，省委常委、市委书记仇和主持召开九届市委第77次常委会。会议研究讨论了有关干部人事问题。

【全市滇池综合治理暨城镇"两污"设施建设工作会议】　25日下午，市委、市政府召开滇池综合治理暨城镇"两污"设施建设工作会议。省委常委、市委书记、滇池治理指挥部政委仇和作重要讲话。仇和要求，坚持多措并举，强力推进滇池流域水环境综合治理工作；创新体制机制，提高城镇污水垃圾处理设施建设运营管理水平。会议明确，"十一五"规划治理项目除滇池外海清淤项目外年内全部开工建设，确保2010年实现滇池流域城市、乡镇政府所在地污水收集处置率达90%以上。会上，滇池治理指挥部分别与五华、盘龙、官渡、西山、呈贡、晋宁、嵩明7县区签订《2009年滇池流域综合治理目标责任书》。副市长王道兴主持会议。省政府滇池水污染防治专家督导组副组长高晓宇及有关专家成员，李培山、田云翔等市领导出席会议。

【九届市委第78次常委会】　2月25日下午，省委常委、市委书记仇和主持召开九届市委第78次常委会。会议听取了关于昆明市资源型产品价格改革情况、全市打黑除恶工作情况汇报，研究讨论了《关于滇池流域面山植被修复暨郊野公园建设实施意见》、《关于实施八大工程提升市民素质行动计划》、《关于加强集中式饮用水源地保护实施意见》及水资源保护工作会议方案等10项议题。

【省政府主要领导调研呈贡新区高校新校区建设情况】　2月26日上午，省委副书记、省长秦光荣到呈贡新区实地调研高校新校区建设及招生情况。秦光荣要求，紧紧抓住国家和云南省扩大内需的机遇，加大投资、加快建设、加紧配套、加强管理，全力推进高校新校区建设，通过2009年的努力基本形成规模，尽快建成全国知名大学园区。省市领导仇和、张田欣、高峰，丁绍祥、张祖林等陪同调研。

【市委主要领导率团出访智利、玻利维亚和秘鲁】　3月2～15日，省委常委、市委书记仇和率考察团出访智利、玻利维亚和秘鲁。在智利和秘鲁访问期间，仇和一行分别拜访智利国家应急办负责人卡门·费尔南德斯、秘鲁国家民防局局长路易斯·帕罗米诺，听取在地震预警、灾害评估和组织救灾等方面的情况介绍，并实地考察智利和秘鲁灾害应急指挥中心和地震模拟实验室。在玻利维亚访问期间，仇和一行到与昆明市缔结友好城市12年的科恰班巴市访问。仇和与科恰班巴市市长贡萨罗·特尔塞洛斯·罗哈斯进行了会谈，介绍了现代新昆明建设和发展情况，并盛情邀请市长先生访问昆明。在科恰班巴市，仇和一行还与该市规划、建设、交通和文化等部门负责人就该市正在实施的建设项目、双方下一步合作交流计划深入交换了意见。访问期间，仇和一行还分别拜访了中国驻智利、玻利维亚和秘鲁大使馆，听取使馆对驻在国的情况介绍，以及对昆明与智利、玻利维亚和秘鲁开展合作交流的意见和建议。市领导黄云波及有关部门负责人随团出访。

【全市人才工作领导小组会议】　3月13日上午，昆明市召开人才工作领导小组（扩大）会议。市委副书记杨远翔出席会议并讲话。杨远翔要求，认清形势，切实增强做好人才工作的责任感和紧迫感；从加强体制机制建设、努力搭建平台载体、全力做好服务等三个方面切实做好全年的人才工作；进一步健全党管人才领导体制和工作机制，切实加强组织领导，努力形成全社会关心、支持、参与人才的良好氛围。市委常委、组织部长、市人才工作领导小组副组长郭红波主持会议。

【市委主要领导会见江苏宜兴市委书记蒋洪亮】　3月16日晚，省委常委、市委书记仇和会见到昆考察的无锡市委常委、宜兴市委书记蒋洪亮率领的宜兴市考察团。考察团向昆明市希望工程捐赠50万元。市领导李培山、田云翔、李文荣、黄云波、廖晓珊等参加会见和捐赠仪式。

【市委主要领导会见金边市市长高竹德马】　3月17日上午，省委常委、市委书记仇和会见来昆进行友好访问的柬埔寨金边市市长高竹德马一行。仇和希望，双方形成共识、达成一致，签署友好合作城市意向，以此为途径和桥梁，进一步开展其他领域的合作，使双方政府特别是市民从中得到实惠。市领导赵德光参加会见。

【九届市委第79次常委会】　3月18日上午，省委常委、市委书记仇和主持召开九届市委第79次常委会。会议听取了关于基础设施工程造价高、城乡拆迁补偿标准高、工业供地用地价格高有关政策措施汇报，关于进一步完善昆明市城乡低收入群体生活保障制度的工作报告，研究讨论了《昆明市城区工业企业搬迁改造入园发展实施意见》、《2009年中国昆明国际文化旅游节昆明狂欢节总体方案》和《昆明世博新区旅游改革发展综合试验方案》等十八项议题。

【全市宣传工作会议】　3月18日下午，市委召开全市宣传工作会议。省委常委、市委书记仇和作重要讲话。仇和要求，围绕中心、服务大局，突出抓好几方面工作：①深入学习实践科学发展观，坚持用中国特色社会主义理论体系武装党员、教育群众；②凝神聚气、强基固本，切实加强社会主义核心价值体系建设；③积极主动、提神鼓劲，不断增强舆论引导能力；④全面发动、全民参与，着力提高城市文明程度；⑤改革创新、增强活力，大力推进社会主义文化大发展大繁荣；⑥扩大影响、展示形象，努力提升昆明知名度和美誉度，努力开创宣传思想文化工作新局面，为昆明跨越式发展提供强有力的思想保证、舆论支持、精神动力和文化条件。市委副书记杨远翔主持会议。市委常委、宣传部长张红苹总结2008年全市宣传思想文化工作，部署2009年主要工作任务。市级有关领导出席会议。

【省党风廉政建设责任制考核情况反馈会】　3月19日上午，省委考核组向昆明市反馈2008年度党风廉政建设责任制工作考核情况。省委常委、市委书记仇和出席会议。省党风廉政建设责任制第九考核组组长张昌山代表考核组反馈考核情况，充分肯定了昆明市落实党风廉政建设责任制工作中取得的成绩，提出加强和改进工作的意见和建议。市委常委、组织部长郭红波主持会议。市级领导，14县（市）区党委、政府、纪委以及三个国家级开发（度假）区、呈贡新区、空港经济区管委会，市级各部门单位主要负责人参加会议。

【九届市委第80次常委会】　3月19日晚，省委常委、市委书记仇和主持召开九届市委第80次常委会。会议听取了市城投公司发行信托产品有关问题、关于昆明市博物馆二期工程项目贷款有关问题和海埂路改扩建工程项目贷款有关情况汇报，研究讨论了《关于组建昆明市城建投资开发有限责任公司党委、纪委的请示》、《关于加快承接沿海加工贸易产业转移的实施意见》、《关于开展和谐企业创建工作实施意见》等10项议题。

【全市深入学习实践科学发展观活动动员大会】　3月20日上午，昆明市召开深入学习实践科学发展观活动动员大会，贯彻中央、省委的统一部署，动员我市开展深入学习实践科学发展观活动。省委常委、市委书记仇和作动员讲话。会议强调，紧扣跨越式发展主题，准确把握开展学习实践活动的指导思想、主要原则和目标要求，突出跨越式发展的特色，确保学习实践活动取得实效，争当全省深入学习实践科学发展观的排头兵。省人大常委会副秘书长、研究室主任、省委指导检查组第一指导检查组组长杨祖龙对昆明市开展学习实践活动提出了指导意见。市委副书记、市长张祖林主持动员大会。市级领导，市委学习实践活动领导小组及办公室、检查组全体成员，市级有关部门、单位负责人等出席动员大会。动员大会结束后，又召开市级领导班子深入学习实践科学发展观活动动员大会。市委副书记杨远翔在会上要求，明确方向、突出重点，努力把贯彻落实科学发展观提高到新水平；科学谋划、有序推进，确保学习实践活动扎实推进；加强领导、落实责任，确保学习实践活动取得实效。市委常委、组织部长郭红波主持会议。

【市级领导巡查白鱼河】　3月20日下午，省委常委、市委书记仇和，市委副书记、市长张祖林率市级领导班子成员，相关县、区和市直部门负责人巡查白鱼河综合整治情况。从白鱼河源头沿河道下行到入湖口，市领导察看两岸道路贯通、堵口查污、污水处理、沿岸整治、沿河绿化、湿地建设等工作进展，并在白鱼河湿地种下纪念树。仇和提出，生产方式变革进步与生活方式变革进步要“两手抓”，使二者相对称、相统一、相一致、相结合。生活方式的变革和进步必须依法、遵规、履程，创新制度，采取社会动员的方式，强势发动、强力推进、强制规范，强行入轨。

【全市金融工作座谈会】　3月23日下午，昆明市召开金融工作座谈会。省委常委、市委书记仇和作重要讲话。仇和要求，继续推动银企、银建、银农、银文、银社合作，以大项目、好项目吸引金融投资，确保年内新增政府性项目信贷规模150亿元，力争300亿元。会议邀请驻昆金融机构负责人分析当前金融形势，研讨加快全市金融业发展的措施、办法。市委常委、常务副市长李文荣主持会议。市领导高德明、黄云波、廖晓珊、王道兴、赵德光、陈勇、李喜等出席会议。

【全市环湖工程建设推进动员会】　3月23日下午，昆明市召开环湖道路、环湖截污暨“四退三还一护”工程建设推进动员会。省委常委、市委书记仇和作重要讲话。仇和要求，凝心聚力，形成合力，全力推进，确保年底基本实现“四退三还”、“一湖两环”。市委常委、常务副市长李文荣主持会议。市级领导及省城投公司董事长许雷出席会议。

【省政协主席王学仁到昆明市调研】　3月24日，省政协主席王学仁到寻甸县扶贫挂钩联系点，慰问、看望当地干部群众。王学仁主席一行先后实地察看三月三生态森林公园和县城建设情况，详细了解县城总体规划设计调整方案，与乡村干部亲切交流，召开座谈会，听取寻甸县经济社会发展及扶贫工作情况汇报。王学仁指出，深入学习实践科学发展观，齐心协力保增长，群策群力保民生，同心同德保稳定。省委常委、市委书记仇和陪同调研，仇和表示，昆明市以农民为主体、主人翁、参与者，坚持“三化”带“三农”、化“三农”、服务“三农”，探索出一条贯彻落实科学发展观、城乡统筹一体化发展的新路子。省政协秘书长车志敏，省有关部门负责人，市领导杨远翔、田云翔、黄云波等参加调研。

【市委农村工作会议】　3月27日上午，市委召开农村工作会议。市委副书记杨远翔出席会议并讲话。杨远翔要求，始终坚持把解决好“三农”问题作为全局工作的重中之重，从加快推进现代新昆明建设、努力实现昆明跨越式发展的大局出发，坚定不移保持农村经济平稳较快发展，全力以赴推进农村社会建设，千方百计促进农村稳定和谐，通过加强和改善党对“三农”工作的领导，推动农村经济社会全面发展。会上，副市长李喜总结了2008年农业农村工作，安排部署2009年工作。会议表彰农业产业化20强乡镇；100个农业产业化特色产业基地百强村；昆明市龙头企业50强等单位。市委常委、秘书长黄云波主持会议。市领导高德明、张显忠、傅汝林，14县（市）区委书记、政府分管领导及市县相关部门负责人参加会议。

【城中村改造招商项目推介会和签约仪式】　28日上午，昆明市召开城中村改造招商项目推介会。省委常委、市委书记仇和出席会议。仇和表示，城中村改造这个“难点”必将成为投资开发的“热点”和昆明城市建设发展的“亮点”，希望企业界精英抢抓机遇，把握商机，选择昆明，积极参与城中村改造。来自全国各地的嘉宾和专家学者以及260多家知名企业、异地驻昆商会和金融机构，市领导李培山、田云翔、李文荣、黄云波、金志伟、董利华、陈勇等出席推介会。29日上午，城中村改造项目签约仪式在世纪金源大饭店举行。共签订协议41份，投资概算883.6亿人民币。其中，合作协议投资概算189.6亿人民币，意向协议投资概算694亿人民币。市领导仇和、李培山、田云翔、李文荣、黄云波、董利华等出席签约仪式。

【市级领导班子巡查捞鱼河、梁王河】 3月31日下午，省委常委、市委书记仇和率市级四班子成员，相关县、区和市级部门负责人巡查捞鱼河、梁王河综合整治情况。从捞鱼河、梁王河源头松茂水库大坝、横冲水库大坝，沿河道下行，一直到入湖口，市领导察看两岸道路贯通、堵口查污、污水处理、沿岸整治、沿河绿化、湿地建设、水源区保护、中水处理站运行等工作进展情况，在河道入湖口种下纪念树。仇和要求，滇池水环境治理体系要纵向到底—百姓，横向到边—企业，工程措施、生物措施、生态措施多措并举，一手抓增量污染截污，一手抓存量污染生物提取，年底实现所有工业污水、生活污水特别是农村居民的生活污水不排入河道。

【九届市委第82次常委会】 4月1日下午，省委常委、市委书记仇和主持召开九届市委第82次常委会。会议听取关于基础设施工程造价高、城乡拆迁补偿标准高、工业供地用地价格高有关政策措施，市人大关于加强昆明市工程建设造价和拆迁补偿标准管理的决议，关于市级财政安排2008年奖励经费有关情况汇报，研究讨论了《关于空港经济区实行属地管理方案》、《昆明市促进太阳能产业升级发展的意见》、《关于公安机关正规化建设量化评估体系（试行）》等17项议题。

【市级领导巡查老宝象河、老盘龙江】 4月7日上午，省委常委、市委书记仇和，市委副书记、市长张祖林率市级四班子领导巡查老宝象河和老盘龙江。从两条河道的源头到入湖口，市领导实地察看两岸道路贯通、堵口查污、污水处理、沿岸整治、沿河绿化、“两退两还”、湿地建设、“迁村并点”等工作进展，分别在两条河的入湖口和小游园种下纪念树。仇和要求，一手抓增量污染截污，一手抓存量污染生物提取，今年截污要基本到位，实现包括主干、支流在内滇池流域所有河道全程覆盖、长效管理、永久保清。

【市委召开2009年议军会议】 4月7日下午，市委召开2009年议军会，专题研究国防后备力量建设和民兵预备役工作。省委常委、市委书记、昆明警备区党委第一书记仇和要求，着力加强国防后备力量和民兵预备役部队建设，为维护国家安全、确保社会稳定、促进昆明跨越式发展作出新的贡献。市委副书记、市长张祖林代表市委、市政府对警备区提出的国防动员和民兵预备役建设需求，提出解决办法和要求。会议听取昆明警备区司令员白家保关于2008年以来昆明市国防后备力量建设和民兵预备役工作情况，以及2009年军事建设需求和工作任务的报告。

【市国动委召开第六次全体会议】 4月7日下午，市委议军会后召开市国动委第六次全体会议。省委常委、市委书记、市国动委第一主任仇和指出，各级党委、政府和军事机关要把做好军事斗争准备、形成应急作战能力作为重要使命，放在更加突出的位置，切实按照“建设为使用、准备为实战、动员为打赢”和“平时能应急、战时能应战”的要求，本着“缺什么补什么，弱什么强什么”的原则，有重点、分步骤地扎实推进国防动员建设。警备区司令员、市国动委常务副主任白家保报告2007年以来全市国防动员建设的情况，并安排部署今后两年国防动员建设工作。市委副书记、市长、市国动委主任张祖林主持会议。市级领导、警备区党委常委、14县（市）区党政领导、三个国家级开发（度假）区及市级有关部门负责人参加议军会和国动委全会。

【南京市政府代表团到昆考察】 4月10日，南京市市长蒋宏坤率南京市政府代表团到昆明市考察。仇和、李文荣、赵德光等领导陪同考察团考察了城市规划展览馆、呈贡新区和高新区建设以及招商引资等情况，并举行南京·昆明经贸合作交流会。省委常委、市委书记仇和向客人介绍了昆明的有关情况及围绕跨越式发展目标的重点工作会上，双方签订了旅游、医疗卫生、物流等4个合作项目。市领导李文荣、黄云波及有关部门负责人参加交流会。

【市领导参加全省州市学习实践科学发展观活动推进会】 4月11日上午，市委副书记杨远翔参加全省州市学习实践科学发展观活动推进会，并代表昆明市汇报学习实践活动情况及昆明市开展学习实践活动的基本情况、主要做法及特点。4月13日上午，昆明市召开市级领导班子深入学习实践科学发展观中心组专题学习动员会。省委常委、市委书记仇和要求，集中精力搞好学习，注重实效提升能力，联系实际谋求发展，严守纪律作出表率，为昆明争当全省科学发展排头兵奠定坚实的思想和理论基础。省人大常委会副秘书长、研究室主任、省委指导检查组第一组组长杨祖龙到会指导并讲话。市委副书记、市长张祖林传达中央相关文件精神。17日上午召开总结会，省委常委、市委书记仇和要求，把学习实践活动作为推进昆明跨越式发展的重要机遇来抓，领导班子和主要领导要全面领导、全程参与、全面负责，在“十个带头”上作出表率，把相信群众、依靠群众、服务群众贯穿学习实践活动全过程，把思想认识上的收获转化为推动跨越式发展的实际能力，把提高实践科学发展的执行力作为开展学习实践活动的重要着力点。市领导李培山、田云翔、李文荣、张红苹、应永生在会上分别交流了学习体会。

【九届市委第83次常委会】 4月16日上午，省委常委、市委书记仇和主持召开九届市委第83次常委会。会议听取《昆明市节能与新能源汽车示范推广试点工作实施方案》、《昆明市中心城区环境卫生管理体制改革方案》、关于派出政法纪工委监察分局工作方案汇报，研究讨论《关于深入实施科技强警战略的意见》、《关于加强和改进森林公安工作的意见》、《昆明市选聘高校毕业生到村（社区）任职工作实施意见》、《关于参加全省联合公开选拔县处级领导干部实施方案》等15项议题。

【九届市委第84次常委会】 4月17日上午，省委常委、市委书记仇和主持召开九届市委第84次常委会，专题研究讨论有关干部人事问题。

【市委常委（扩大）会议】 4月17日下午，昆明市召开市委常委（扩大）会议。省委常委、市委书记仇和主持会议并作重要讲话。仇和要求，必须情况明、眼睛亮、思路清，胸中有数、关注变数、增加胜数。抓机遇、促发展、谋跨越，要做到“五个必须”：必须正视问题找差距，必须争分夺秒上项目，必须千方百计扩投资，必须围绕目标抓落实，必须同频共振聚合力。市委副书记、市长张祖林安排部署2009年后三个季度的经济工作。市领导李培山、李文荣、何波分别通报第一季度市人大对市政府年度目标专项视察情况、经济运行情况、争取项目、资金和固定资产投资、新开工项目、新增贷款、新增用地等工作情况。会议还部署了提前启动“十二五”规划和加快项目建设等相关工作。

【市委副书记出访匈牙利、瑞士】 4月19～5月1日，市委副书记杨远翔率昆明市考察团出访匈牙利、瑞士，就对外投融资工作、宜居城市建设、现代城市交通体系等方面工作进行访问考察。在匈牙利期间，杨远翔一行先后拜访了布达佩斯市15区政府和匈牙利国家储备银行，就地方政府管理、投融资体制改革创新和财务风险预警中非财务信息和企业风险控制问题与有关方面进行了座谈。在瑞士期间，杨远翔一行拜会了苏黎世市长艾尔玛·雷德格博先生，并就公共财政管理工作、昆苏两市财政金融合作及金融信贷问题，分别与分管财政的副市长马丁·沃林德先生和瑞士金融专家进行了友好座谈。在苏黎世市，杨远翔一行参观了ERZ污（排）水公司和苏黎世城市交通系统，就宜居城市建设、城市规划、交通体系等方面工作，分别与苏黎世市的规划建设部门和道路交通专家进行了座谈。访问期间，杨远翔一行专门拜访了中国驻苏黎世总领馆，听取了总领馆对驻在国的情况介绍，向总领馆汇报了昆苏两市近年来的交流合作情况，并听取开展交流合作的意见和建议。

【百名留学博士云南行—昆明生物产业发展推介咨询会】　4月20日下午，“推动云南生物产业发展——百名留学博士云南行”活动，昆明市在高新区火炬大厦举行昆明生物产业发展推介咨询会。省委常委、市委书记仇和到会并讲话。仇和希望博士们把自己的知识理念、远见卓识、雄心壮志和对祖国发展的信心、激情，投注到昆明这片热土。昆明将秉承诚信、互利、双赢的原则，全力提供全方位、多层次的优质服务，让他们在昆明安心发展、舒心发展、加快发展。市领导郭红波、黄云波、张显忠、廖晓珊、张建伟等参加咨询会。

【昆明市部署学习实践科学发展观分析检查阶段工作视频会议】　4月26日下午，在云南省第二批深入学习实践科学发展观活动分析检查阶段工作部署视频会议后，昆明市继续召开视频会议。省委常委、市委书记仇和强调，准确掌握学习实践活动分析检查阶段六个关键环节，一切围绕发展、一切服务发展、一切服从发展，精心做好保发展、保民生、保稳定的工作，以各项工作的快落实、快推进、推动昆明经济社会发展。市委副书记、市长张祖林主持会议。市委、市政府、市人大、市政协有关领导，市级部门负责人和各县（市）区领导分别在主会场和分会场参加会议。

【首次昆明科学发展高层论坛】　4月27日下午，昆明市首次举办以“昆明科学发展的产业选择与合理布局”为主题的高层论坛。来自省内外的8名知名专家、学者共同探讨昆明产业的发展壮大和提质增效的方法对策。省委常委、市委书记仇和及市领导田云翔、张红苹、黄云波、金志伟等领导出席论坛。

【汉龙集团滇池保护基金捐赠仪式】　28日下午，汉龙集团滇池保护基金捐赠仪式在天恒大酒店举行。捐赠仪式上，汉龙集团向滇池保护基金会捐资1.2亿元，用于治理滇池草海水域的专项治污工程。省委常委、市委书记仇和向汉龙集团董事局主席刘汉颁发“荣誉市民”证书。市领导田云翔、黄云波、王道兴，国家行业科技项目、国家开发银行专家委员会及省开行有关负责人出席捐赠仪式。

【纪念“五一”国际劳动节暨昆明市“五一”劳动奖（状）章表彰大会】　4月29日下午，昆明市召开纪念“五一”国际劳动节暨昆明市“五一”劳动奖（状）章表彰大会。省委常委、市委书记仇和到会并作重要讲话。仇和要求，始终坚持全心全意依靠工人阶级和广大劳动群众，不断汇聚推进跨越式发展的强大力量；全面贯彻尊重劳动、尊重知识、尊重人才、尊重创造的方针，不断激发广大劳动群众开拓奋进的巨大热情；大力弘扬劳模精神，树立支撑跨越式发展的精神动力；切实解决广大职工群众遇到的问题和困难，维护好他们的合法权益。会议表彰了为昆明市在改革开放和现代新昆明建设中做出突出贡献的先进集体、劳动模范、劳动关系和谐企业、“工人先锋号”集体、女职工建功立业先进集体（个人）。市委常委、宣传部长张红苹主持大会。市级领导、各县（市）区主要领导和市有关部门负责人参加会议。

【市级领导巡查西坝河】　4月30日下午，省委常委、市委书记仇和，市委副书记、市长张祖林率市级领导班子成员，相关县、区和市级有关部门负责人巡查西坝河综合整治情况。从鸡鸣桥西坝河上游沿河步行到入湖口，市领导全程实地察看两岸拆迁、空间开辟、道路贯通、堵口查污、截污管网、沿岸整治、河堤修复、沿河绿化，以及西坝路改扩建、西坝河驳岸工程等工作进展情况，并在入湖口堤上种植“河长林”。仇和要求，全面普查河道水系、所有排污口和污染源、管网覆盖程度，确立生态优先、勤俭节约理念，提速增效所有环保工程。

【九届市委第86次常委会】　4月30日下午，省委常委、市委书记仇和主持召开九届市委第86次常委会。会议听取了昆明电缆股份有限公司引进战略合作伙伴有关情况、红星农场项目合作协议情况、《昆明市医药产业发展规划纲要》汇报，研究讨论了《关于进一步做好高校毕业生就业工作的实施意见》、昆明学院合并市农业学校、市卫生学校有关事宜等15项议题。

【市委主要领导到度假区调研】　5月7日上午，省委常委、市委书记仇和率有关部门负责人到度假区就生态绿化、基础设施建设等工作进行调研。仇和要求：度假区要创新制度，努力成为“三高、三化、三精”的典型、示范、样板；现代新昆明建设要从城市规划、设计、开发、建设、管理、经营六个环节创新制度，实现“六个转变”：由被动城市化向主动城市化转变，由被动规划向主动规划转变，由被动土地供给向主动土地供给转变，由被动绿化向主动绿化转变，由被动受制于时空要素制约向主动驾驭时间空间转变，由公共空间服从私密空间向私密空间服从公共空间转变。市领导黄云波参加调研。

【市领导巡查茨巷河】　5月8日上午，省委常委、市委书记仇和率市级四班子领导到晋宁县巡查茨巷河。仇和及市领导察看茨巷河两岸拆迁、空间开辟、道路贯通、堵口查污、截污管网、沿岸整治、河堤修复、沿河绿化以及拆临拆违、污水处理站建设等工作进展，并在入湖口种植柳树。仇和要求，按照生态第一、景观第二的原则，做到绿化全覆盖，年底确保35条入滇池河道和82条支流沟渠堵口查污、截污导流、部分中水回用到位。

【市领导专题督查调研重点水源区保护及春耕生产工作】　5月12～13日，市委副书记杨远翔、市政府副市长李喜先后到禄劝县、嵩明县现场督查调研云龙水库水资源保护及春耕生产工作。杨远翔要求，进一步加强法规制度建设，推动水源区保护工作规范化，科学合理开展截污治污工作，千方百计加快重点水源保护区经济社会发展。

【九届市委第 87 次常委会】 5 月 13 日下午，省委常委、市委书记仇和主持召开九届市委第 87 次常委会。会议听取《昆明市天然气利用规划》、关于提高昆明市村干部岗位补贴标准和三环闭合工程招投标等情况汇报，研究讨论了《关于改进市领导公务考察调研接待工作的规定》等 9 项议题。

【市领导出席滇池治理银企战略合作协议签字仪式】 5 月 14 日下午，中国银行云南省分行与昆明滇投公司举行“滇池治理银企战略合作协议”签字仪式。中国银行云南省分行将提供 40 亿贷款授信，用于支持滇池环湖南岸截污、生态湿地项目建设等滇池治理项目开展。省委常委、市委书记仇和和市领导李文荣、黄云波、王道兴以及中行省分行负责人见证签约。

【2009 年全国企业家活动日】 5 月 16 日下午，2009 年“全国企业家活动日”在昆明市进行，市委、市政府举办知名企业家座谈会。中国企业联合会、中国企业家协会领导，联想集团、娃哈哈集团、远东集团等近 50 位国内外知名企业董事长参加会议。仇和表示，市委、市政府将无条件、无阻力、无障碍为企业家协调解决遇到的困难，全力为广大投资者提供优质的服务和广阔的发展空间，让企业家们在昆明安心发展、开心发财、舒心生活。市委副书记杨远翔主持座谈会。市领导李文荣、黄云波、何波等参加会议。

【2009 年昆明（北京）投资洽谈会】 5 月 18～22 日，省委常委、市委书记仇和，市委副书记、市长张祖林率队赴京参加 2009 年昆明（北京）投资洽谈会。19 日下午，市委、市政府在北京云南皇冠假日酒店举办“2009 昆明·北京投资洽谈会”。国家开发银行、中国平安保险、中国石油天然气、中国铁建、华润燃气等国内外知名企业以及北京市发改委、工商联等部门参加会议。仇和代表市委、市政府欢迎企业家到昆明参观考察、旅游度假、投资兴业。会上，共签订合作协议总金额 281.1 亿元。

【市领导带队赴大连、上海招商】 5 月 20～27 日，市委副书记杨远翔、市委常委、常务副市长李文荣、市人大常务副主任宋黎明率队到大连、上海招商引资。期间，参观考察了上海国盛集团、上海新华发集团两家企业。召开 2009 年昆明（大连）招商引资项目推介座谈会和昆明（上海）招商引资项目座谈会，见证了 12 个项目、总投资 49 亿元（内资）的投资协议签订。

【仇和书记巡查金家河】 5 月 25 日下午，省委常委、市委书记仇和率市级四班子领导巡查金家河。从南二环官南立交桥下源头沿河步行到入湖口，仇和、田云翔等领导查看了两岸拆迁、空间开辟、道路贯通、堵口查污、截污管网、沿岸整治、河堤修复、沿河绿化以及拆临拆违、湿地建设等工作进展，在源头种下“河长林”。仇和要求，进一步深化认识，提升理念、统一思想、深化思路，积极行动、形成合力、步调一致，着力治理水环境。水环境治理理念要实现“四个转变”：由开发、排放、单向利用，向综合利用、循环利用转变；由水污染单纯治理向水生态整体优化转变；由对洪水简单截流排放，转向和洪水和谐相处；由单一依赖远距离调水，转向提倡水资源就地循环利用，实现零排放。

【省军区“国防林”义务植树活动】 5 月 26 日上午，省军区在松华坝水库狮子山组织“国防林”义务植树活动。省委常委、市委书记仇和，省委常委、省军区政委郎友良为“国防林”标志石揭牌。李培山、黄云波、张朝凤、杨品才等市领导，省军区干部、直属部队官兵、昆明警备区机关干部、民兵代表等 300 余人参加植树活动。

【九届市委第 88 次常委会】 6 月 4 日上午，省委常委、市委书记仇和主持召开九届市委第 88 次常委会，专题研究讨论有关干部人事问题。

【市委主要领导出席 2009 年“六五”世界环境日“保护滇池·建设生态昆明”活动】 6 月 5 日上午，全市 2009 年“六·五”世界环境日“保护滇池·建设生态昆明”活动动员大会在东风广场举行。省委常委、市委书记仇和出席动员大会并讲话。仇和强调，水环境是最重要的生态环境，滇池的治理和保护形势依然严峻，保护滇池、治理滇池，建设生态昆明是全社会义不容辞的义务，需要每一个人从我做起，从现在做起，从身边的小事做起。副市长王道兴主持大会。省政府滇池水污染防治专家督导组组长牛绍尧、副组长高晓宇，市领导黄云波等出席活动。

【九届市委第 89 次常委会】 6 月 5 日下午，省委常委、市委书记仇和主持召开九届市委第 89 次常委会。会议研究讨论了《昆明市地下水保护条例（草案）》、《昆明市推行环境污染责任保险实施意见》以及干部问题，听取了关于进一步加强和规范土地市场、全面开展城市雨水收集利用若干规定、全市城乡园林绿化及生态建设表彰方案、金龙饭店引进战略合作伙伴等情况汇报，共 17 项议题。

【第十七届中国昆明进出口商品交易会暨第二届南亚国家商品展】 6 月 6 日，第十七届中国昆明进出口商品交易会暨第二届南亚国家商品展在昆明国际会展中心隆重开幕。下午，在兰花宾馆举行招商引资项目签约仪式，共有 100 项招商引资项目在仪式上签约。其中，外资项目 13 项，项目协议投资总额 25.9 亿美元，拟利用外资 15.5 亿美元；内资项目 87 项，项目协议投资总额 526.5 亿元，拟利用内资 522.9 亿元。签约仪式后，市委、市政府举行招待晚宴。省委常委、市委书记仇和出席签约仪式并在晚宴上讲话。仇和表示，昆明将努力打造“三最四低”的投资发展环境，将全力为广大投资者提供优质的服务和广阔的发展空间，让企业家们在昆明安心发展、开心发财、舒心生活。市领导张祖林、李培山、田云翔、李文荣、黄云波、阮凤斌等出席签约仪式及招待晚宴。

【市委主要领导出席公选面试博士座谈会】 6 月 6 日下午，省委常委、市委书记仇和与昆明市面向国内外公开选拔的 119 位经济学博士进行座谈交流。仇和表示，真诚希望高层次人才亲身参与现代新昆明建设，为昆明实现跨越式发展献计出力，大显身手。市领导郭红波主持座谈会。

【2009 年城乡园林绿化及生态建设工作现场会】 6 月 16 日，全市召开 2009 年城乡园林绿化及生态建设工作现场会。上午，全市第一届园林绿化博览会分别在呈贡、石林县新建的春融公园、品园开园。省委常委、市委书记仇和，市领导李培山、田云翔、李文荣等出席开园仪式，并在捞鱼河旁参加义务植树活动。下午，召开全市城乡园林绿化及生态建设表彰大会。省委常委、市委书记仇和出席会议并讲话。仇和强调，实现增量提质，关键是要落实“城市园林化、城郊森林化、道路林阴化、水域

林湿化、农田林网化、村镇林果化、市域全绿化、国土生态化”要求，对未完成目标任务的县（市）区和部门实行“一票否决”。市委副书记、市长张祖林总结去年全市城乡园林绿化及生态建设工作，安排部署今年工作任务。市领导为获得2008年城乡园林绿化工作一等奖的先进单位、先进集体、园林小区、园林单位颁发奖牌。部分县（市）区、市级有关部门单位签订2009年城乡园林绿化暨生态建设工作目标责任状。官渡区、呈贡县、昆阳磷矿、东华社区交流经验。副市长陈勇主持会议。

【石林台湾农民创业园项目开工仪式】　6月16日上午，石林县举行昆明石林台湾农民创业园、乃古石林景区服务设施建设、巴江截污廊道、鹿阜旧城大兴片区改造、石林现代生态牧场5个项目的开工仪式。省委常委、市委书记仇和，李培山、田云翔、李文荣等市领导以及省级有关部门负责人出席开工仪式。

【市领导巡查东大河】　6月17日上午，省委常委、市委书记仇和，市委副书记、市长张祖林率市级四班子领导巡查东大河。市领导查看了两岸拆迁、空间开辟、道路贯通、堵口查污、截污管网、沿岸整治、河堤修复、沿河绿化以及拆临拆违、湿地建设、村庄污水收集处理等工作进展，并在入湖口湿地公园种下“河长林”。仇和强调，要坚定不移抓水环境、大气环境、生物环境“三大环境”整治；坚定不移抓工业点源、生活点源、农业农村面源“三源”治理；坚定不移抓污水资源化利用、雨水资源化利用、城乡垃圾资源化利用“三大资源化利用”；坚定不移抓城乡绿化工程、山体绿化工程、湖泊、水库、河道两岸等水域绿化“三大绿化工程”，搞好河道综合整治。省滇池治理专家督导组金家河督导长张平参加巡河。

【九届市委第90次常委会】　6月17日下午，省委常委、市委书记仇和主持召开九届市委第90次常委会。会议研究讨论党纪立案、《滇池湖滨“四退三还”生态建设工作指导意见》、《关于贯彻〈云南省旅游产业发展和改革规划纲要〉（2005～2015）实施意见》，听取市教育、医疗投资有限公司组建方案，力神重工、交运集团引进战略合作伙伴，市建筑业发展总结表彰大会，病险水库除险加固和禄劝旧铁厂水库项目、昌宏路项目、北京路延长线道路新建工程项目融资情况汇报等9项议题。

【天津市党政代表团到昆考察】　6月18日，天津市委副书记、市长黄兴国率天津市党政代表团到昆明市考察。代表团先后到石林、世博园、五甲塘湿地公园、民族村等地考察。省委常委、市委书记仇和及副省长和段琪陪同考察。在欢迎晚宴上，仇和希望两市进一步加强交流与合作，优势互补、互惠互利、互相支持、携手并进。市领导张祖林、李培山、田云翔、李文荣等出席晚宴。

【市委主要领导参加盘龙区盘龙江“河长林”植树并到盘龙区调研】　6月20日上午，省委常委、市委书记仇和，市领导黄云波到盘龙区种植盘龙江“河长林”。植树活动结束后，仇和率市属有关部门负责人先后到盘龙区沣源路重建工地，老李山、任旗营城中村重建现场，盘龙小学，市少儿图书馆，到状元楼公园，南亚之门项目建设现场调研考察。仇和强调，现代新昆明建设中，科学发展是开放型发展、改革型发展、创新型发展、和谐型发展、人本型发展，最终促成人的发展，带动各项工作全面进步。

【九届市委第91次常委会】　6月22日下午，省委常委、市委书记仇和主持召开九届市委第91次常委会，专题研究讨论有关干部人事问题。

【四川省攀枝花党政代表团到昆考察】　6月23日，四川省攀枝花市市委书记、市人大常委会主任赵爱明率领攀枝花市党政代表团到昆明市考察。省委常委、市委书记仇和，市领导李培山、黄云波等陪同代表团到高新技术企业、呈贡新区、螺蛳湾国际商贸城等地考察。在昆明—攀枝花市友好交流座谈会上，副市长阮凤斌介绍昆明市软环境建设、招商引资情况。攀枝花市市委常委、常务副市长王川红介绍攀枝花市经济社会发展情况。双方提出，在谋划共建昆攀经济带、建立长期沟通机制、互补工业发展优势、共同打造服务业、联手发展旅游业、共同构建交通大道等方面加强合作。会上，昆明市五华区与攀枝花市东区签约结为友好城区。

【全市抓落实动员大会】　6月23日晚，市委、市政府召开全市抓落实动员大会。省委常委、市委书记仇和出席会议并作重要讲话。仇和强调，各级领导干部要按照省委要求，成为抓落实的“一面旗”、抓落实时像“一团火”、推动落实做到“一盘棋”，大力改进干部作风，全面提升机关效能，持续掀起拼搏2009新高潮。市委副书记、市长张祖林通报市政府党组专题会议情况，提出政府抓落实的运行机制和狠抓落实的措施。市委常委、市纪委书记应永生通报市县两级重点项目建设督查情况及问责处理意见。市委常委、组织部长郭红波宣读了被问责干部组织处理意见及组织处理决定。副市长陈勇（因公出差，委托市政府秘书长赵学锋）、市建设局局长刘毓新作表态发言。市委副书记杨远翔主持动员大会。市级领导，部分市级老领导，市“两院”和昆明学院领导班子，市人大、市政协各专（工）委和14个派出纪工委监察分局主要负责人，三个国家级开发（度假）区、14个县（市）区领导班子成员及人大、政协、纪委主要负责人，市属各委办局，市委直管的11户国有企业、市属9户投融资公司班子成员，部分党代表、人大代表、政协委员和市民代表参加会议。

【调研重点基础设施建设】　6月24日上午，省委常委、市委书记仇和率有关部门和相关县（市）区负责人先后到三环闭合岗头山隧道、海源北路、草海隧道起点以及海屯路建设工程拆迁等部分重点基础设施建设工程施工现场调研，督促施工进度、察看施工细节、检查工程质量。仇和指出，城市交通通畅的程度，影响和决定着城市的效率、效益以及城市作为经济体的产出和回报，全社会都要理解、配合、支持昆明综合交通运输体系建设。市领导黄云波、赵峰参加调研。

【市委主要领导与铁道部副部长陆东福座谈】　6月24日下午，省委常委、市委书记仇和与来昆调研、视察、指导工作的铁道部党组成员、副部长陆东福一行座谈。仇和表示，云南、昆明要实现大发展，关键靠铁路，昆明将全力以赴、大力支持铁路建设，建议铁路部门抓住机遇，加大旧房改造力度，支持配合现代新昆明建设。陆东福副部长谈到，位于呈贡白龙潭的昆明新站建设方案国际招标工作已经展开，在下一步深化过程中，将与东南环线相衔接，争取第三季度开工。此外，枢纽中轴线工程已经完成可研工作，争取6月底动工，三大铁路建设工程将在昆形成强劲的铁路建设势头。市领导黄云波、何波参加座谈。

【曲靖市党政代表团到昆考察】 6月26日，曲靖市委书记赵立雄率曲靖市党政代表团一行到昆考察。在省委常委、市委书记仇和及市领导的陪同下，代表团先后到安宁太平新区、安宁中学、宁湖新城，市行政审批服务中心，呈贡新区大学城、行政中心，螺蛳湾商贸城等地考察。在昆明·曲靖友好交流会上，省委常委、市委书记仇和指出，两市的资源禀赋、发展优势、产业结构等差异明显，互补性强，具有良好的合作前景和广阔的发展空间。仇和希望两市不断加深相互联系与交流，不断创新合作机制与方式，携手并进，共同开创更加美好的未来。市领导张祖林、李培山、田云翔、李文荣、应永生、黄云波、赵德光、李喜，市政府秘书长赵学锋参加考察和友好交流。

【市委主要领导参加五华区盘龙江“河长林”植树并到五华区调研】 6月27日上午，省委常委、市委书记仇和，市领导黄云波到五华区种植盘龙江“河长林”。植树活动后，仇和率市属有关部门负责人先后到红园路改造建设工地，上庄村城中村重建改造现场，五华区社会化管理服务中心、莲华办事处社区文化中心调研。仇和指出，要高度重视社区建设，发动全民参与、动员居民百姓共建环境、共享资源、共谋发展、共享成果。

【市领导巡查王家堆渠、乌龙河】 6月28日上午，省委常委、市委书记仇和，市委副书记、市长张祖林率市级四班子领导巡查王家堆渠、乌龙河。从王家堆渠源头到入湖口，市领导察看两岸拆迁、空间开辟、道路贯通、堵口查污、截污管网、沿岸整治、河堤修复、沿河绿化以及拆临拆违、湿地建设、村庄污水收集处理等工作进展情况，在入湖口湿地种下“河长林”。仇和强调，全面推进河道综合整治“158”工程，年内做到两岸截污、拆迁、禁养、绿化、生态修复、湿地建设、规划设计、土地收储到位，把出入滇池河道打造成为昆明城市风景线。

【昆明电机厂引进战略合作伙伴哈尔滨电气集团重组整合签约仪式】 6月28日下午，昆明电机厂与引进战略合作伙伴哈尔滨电气集团举行重组整合签约仪式。省委常委、市委书记仇和，市委副书记、市长张祖林在合作签约前会见哈尔滨电气集团董事长宫晶堃一行，对哈电集团投资昆明表示诚挚欢迎和大力支持，省级有关部门负责人，市领导李培山、李文荣、黄云波、杨品才出席签约仪式。

【市领导参加全省铁路工程建设动员大会】 6月30日上午，云南铁路发展大扩容的昆明枢纽扩能改造、昆明枢纽东南环线、昆阳至玉溪南段电气化扩能改造三大铁路工程在昆明铁路西站货场举行建设动员大会。省委书记、省人大常委会主任白恩培，铁道部副部长陆东福，省领导王学仁、罗正富、杨应楠、仇和、晏友琼，以及市领导张祖林、杨远翔、李培山、田云翔、黄云波、赵德光、何波和玉溪市领导参加动员大会。

【市委主要领导走访州市政府驻昆办事处】 7月2日，省委常委、市委书记仇和率相关县区及市属有关部门负责人走访各州市政府驻昆办事处，听取意见和建议，了解困难和需求。仇和鼓励和支持各州市驻昆办增强经济功能、文化功能、社会功能，发挥桥梁纽带作用，促进和推动各州市与昆明产业互补、交通接轨、市场融会、信息贯通、协作加强、合作共赢。市领导黄云波、阮凤斌参加走访。

【调研市级民主党派、工商联、侨联、台联】 7月3日上午，省委常委、市委书记仇和到市级各民主党派、工商联、侨联、台联走访调研并听取各民主党派、工商联、侨联、台联工作汇报。仇和希望各党派团体在昆明改革发展进程中充分发挥自身优势，努力做到在凝聚力量上务求新作为，在服务发展上彰显新活力，在促进和谐上做出新贡献，在对外联络上争取新成绩，在自身建设上取得新突破。市政协常务副主席张建伟汇报市政协工作。市领导黄云波、金志伟参加走访调研。

【驻昆公共单位支持昆明市城乡规划管理和生态建设动员大会】 7月6日下午，省委、省政府召开驻昆公共单位支持昆明市城乡规划管理和生态建设动员大会。省委常委、省委秘书长杨应楠出席会议并要求，各驻昆省级以上公共单位要以实实在在的行动，明确目标，突出重点，以实际行动进一步支持昆明工作。省委常委、市委书记仇和希望驻昆各部门、各单位以昆明为故乡，视大家为亲人，充分理解、积极支持，共同为省会昆明城乡规划管理和生态文明建设增光添彩。会上，国家住房和城乡建设部驻昆明、贵阳督察组组长江厥中通报违法违规建设行为督察情况，并对强化城乡规划执行力度、履行城乡规划督察职责提出指导性意见和建议。省军区、省教育厅、省住房和城乡建设厅负责同志在动员会上分别代表驻昆部队和省直部门发言，表示将积极配合支持昆明各项工作，共同建设美好家园。省政府秘书长丁绍祥主持动员大会。中央驻滇单位和部队、省级机关、省属各大型企业、大专院校等单位负责同志，市人大、市政府、市政协有关领导，市级有关部门、三个开发（度假）区、主城四区党政主要负责同志参加会议。

【市委主要领导会见泰国驻昆总领事苏拉潘·布亚玛诺先生】 7月7日上午，省委常委、市委书记仇和会见泰国驻昆总领事苏拉潘·布亚玛诺先生。仇和表示，昆明与泰国在经济、贸易、教育、文化等领域合作前景广阔，欢迎泰国商品展示会在昆举办，也支持东南亚、南亚各国在昆举办各具特色的商品展，昆明会做好服务保障。市领导黄云波、杜敏参加会见。

【调研安宁、嵩明职教基地】 7月7日下午，省委常委、市委书记仇和率有关部门负责人到安宁、嵩明职教基地调研建设进展情况。仇和要求，各级各部门要解放思想、更新观念，推进职业教育由文化教育转变为知识教育、由知识教育转变为智能教育、由智能教育转变为技能教育。市领导黄云波、廖晓珊参加调研。

【市委领导督查道路交通基础设施建设】 7月8日上午，市委副书记杨远翔到五华区现场督查道路交通基础设施建设情况。杨远翔要求，在保证工程质量的前提下，全力以赴加快推进施工进度，确保道路建设早日竣工投入使用，尽快缓解人民群众“出行难”问题；对道路沿线闲置土地依法遵规抓紧进行收储，坚决防止土地资源闲置浪费；严格落实基本建设程序，严格执行公示告知制度，制定全市性规划设计问责办法，有效控制临时违法建筑滋生蔓延，从源头上严把规划、设计关。

【省委理论学习中心组到昆调研】 7月9～10日，省委常委、省委秘书长杨应楠，省委常委、市委书记仇和带队，对昆明市招商引资、园区建设、滇池治理、城中村改造、重点基础设施建设、产业发展和安宁、嵩明职教基地建设等工作开展调研。在10日下午召开的专题调研座谈会上，调研组对昆明市在落实中央和省出台的一系列“保增长、保民生、保稳定”采取的政策措施和成效给予充分肯定。杨应楠希望昆明坚定改革发展的信心不动摇，认真贯彻落实省委、省政府关于加快现代新昆明建设的若干政策措施，不断创造和总结改革发展的新经验，为全省其他州市经济社会发展提供有益借鉴。仇和表示，昆明市在省委、省政府的坚强领导下，坚持深入学习实践科学发展观，认真落实中央和省出台的一系列“保增长、保民生、保稳定”的政策措施，一定程度上克服了经济危机的影响，经济社会发展取得了新的成绩。在今后的工作中，昆明将继续与中央和省委保持高度一致，以更坚定的信心、更有力的举措、更扎实的作风，全面推进各项工作，奋力开创昆明跨越式发展新局面，努力为全省经济社会又好又快发展做出新的更大贡献。市委副书记杨远翔主持座谈会。市委常委、常务副市长李文荣汇报上半年主要工作。市领导田云翔、应永生、黄云波、王道兴、陈勇等参加调研座谈会。

【调研文化产业发展情况】　7月13日上午，省委常委、市委书记仇和调研全市文化产业发展情况。调研组先后到民族民间工艺品交易市场、云南人家民俗博物馆、风驰传媒、昆明老街、熊庆来故居、云南中天文化产业发展股份有限公司，实地了解文化产业发展现状以及文化企业运营情况。仇和要求，一手抓公益性文化事业，一手抓经营性文化产业，力争把昆明打造成文化特色浓、文化产业强、凝聚人气旺的区域性国际现代文化名城。市领导张红苹、黄云波及有关县区、市属部门负责同志参加调研。

【调研旅游业发展情况】　7月13日下午，省委常委、市委书记仇和调研全市旅游业发展情况。调研组先后到双龙乡旅游服务中心、七彩云南、官渡古镇、省旅游汽车公司实地了解旅游企业运营状况。仇和要求，提升旅游发展理念，创新旅游体制机制，壮大旅游规模企业，深化旅游产品开发，加大旅游开放力度，优化旅游发展环境，把昆明建成面向东南亚、南亚的国际旅游休闲度假胜地。市领导黄云波、廖晓珊及有关县区、市属部门负责同志参加调研。

【市领导巡查老运粮河】　7月14日上午，省委常委、市委书记仇和，市委副书记、市长张祖林率市级四班子领导巡查老运粮河。从老运粮河源头到入湖口，市领导察看河道两岸拆迁、空间开辟、道路贯通、堵口查污、截污管网、沿岸整治、河堤修复、沿河绿化以及拆临拆违、湿地建设、污水收集处理、北岸截污工程等工作进展情况，在积善村委会草海公园种下“河长林”。仇和强调，思想再统一、认识再深化、目标再明确、任务再加码、措施再落实、政策再配套、组织再深化、领导再加强，年底确保全市污水收集处理能力达到110万吨/日。

【九届市委第92次常委会】　7月14日下午，省委常委、市委书记仇和主持召开九届市委第92次常委会。会议研究讨论市委工作会议方案、部分县区政府托管乡镇方案、《关于进一步加强新时期科协工作的决定》、《关于进一步加强工会、共青团、妇联工作意见》和干部议题，听取关于对市委常委、副市长分管工作落实情况进行立项督查，向华泰资产管理有限公司融资，东连接线片区三条道路融资情况汇报等15项议题。

【安宁、嵩明职教基地建设项目指挥部第二次全体会议】　7月14日晚，市委、市政府召开安宁、嵩明职教基地建设项目指挥部第二次全体会议。省委常委、市委书记、指挥部政委仇和参加会议并作重要讲话。仇和要求，全面提速安宁、嵩明职教基地规划建设，成立职教基地基础设施建设投资开发公司，加快基地基础设施建设进程。促进职业教育由文化教育向知识教育、智能教育、技能教育、自主教育转变。会上，市委副书记、市长、指挥长张祖林与安宁市、嵩明县签订了2009到2010年职教基地规划建设目标责任书。安宁市、嵩明县和市教育局分别汇报两个职教基地规划建设进展及2008～2009年职教基地规划建设目标责任书完成情况。市领导张红苹、廖晓珊、陈勇参加会议。

【全市制度创新成果表彰暨深入推进制度创新工作大会】　7月15日上午，市委、市政府召开全市制度创新成果表彰暨深入推进制度创新工作大会。省委常委、市委书记仇和参加会议并作重要讲话。仇和要求，创造制度优势，促进活力迸发，为实现跨越式发展增添不竭动力。市委副书记、市长张祖林安排部署深入推进制度创新工作。会上，全市2008年创新的1414项制度中，59项被授予“经济社会制度创新成果奖”。市委副书记杨远翔主持会议。市级四班子领导，市中级人民法院、市人民检察院领导，三个国家级开发（度假）区，14县（市）区四班子主要负责同志，市属各部委办局、人民团体、行业协会和市委直管的国有及国有控股企业主要负责同志参加大会。

【昆明现代化城市评价指标体系实施座谈会】　7月16日上午，昆明市召开现代化城市评价指标体系实施座谈会。省委常委、市委书记仇和参加会议并作重要讲话。仇和指出，以工业化、信息化、城市化、市场化、国际化、生态化“六化”为支撑，加速现代化城市建设进程，促进人的全面发展，最终实现人的现代化。市委副书记、市长张祖林主持座谈会。市委常委、秘书长黄云波对《昆明市现代化城市评价指标体系》作说明。市级四班子领导，市中级人民法院、市人民检察院领导，三个国家级开发（度假）区，14县（市）区主要负责同志，市属有关部委办局主要负责同志参加会议。

【市级民主党派团体专题调研成果汇报会】　7月16日下午，市委召开民主党派团体专题调研成果汇报会。省委常委、市委书记仇和参加会议并作重要讲话。仇和指出，高度重视专题调研、围绕中心开展调研、努力提高调研水平、积极促进成果转化。市级民主党派团体负责同志分别汇报专题调研情况。市委副书记杨远翔主持会议。市级四班子领导，市级民主党派主委、专职副主委、秘书长，市工商联、台联、侨联主席、会长，专职副主席、副会长、秘书长，市属有关部委办局主要负责人参加会议。

【九届市委第93次常委会】　7月17日上午，省委常委、市委书记仇和主持召开九届市委第93次常委会。会议研究讨论《关于进一步加快文化体制改革文化产业发展实施意见》、《关于进一步推进人民防空事业发展的实施意见》、《昆明市人民防空建设管理规定》，听取呈贡新区失地农民实物补偿安置暂行办法，《昆明市城市雨水收集利用规定》，呈贡新区月马、下庄路BT投资项目提前回购等情况汇报，共8项议题。

【全市文化建设工作会议】　7月18日上午，市委、市政府召开全市文化建设工作会议。省委常委、市委书记仇和参加会议并作重要讲话。仇和要求，全面推进文化体制改革创新，确保到2009年底，全市经营性文化事业单位转企改制到位，公益性文化事业单位内部机制改革到位。昆明报业传媒集团、昆明广播电视集团（总台）、昆明演艺集团、昆明广播电视网络有限责任公司、昆明文化产业投资公司5家集团（公司）国庆节前挂牌，用5～10年时间把昆明建设成为中国西部最具竞争力的历史文化名城、民族文化宝库、国际文化枢纽、文化产业基地、文化共享家园。市级四班子主要领导和分管领导，三个国家级开发（度假）区、14县（市）区主要负责同志及分管负责同志，市文化产业领导小组成员单位有关负责同志，市属有关部委办局主要负责同志参加会议。

【全市旅游产业发展大会】　7月18日下午，市委、市政府召开全市旅游发展大会。省委常委、市委书记仇和出席会议并讲话。仇和强调，必须认清形势、把握规律，切实增强建设旅游经济强市的责任感和紧迫感，努力推动昆明旅游业实现新一轮跨越式发展；明确方向、科学谋划，准确把握建设旅游经济强市的总体目标和基本原则；突出重点、多措并举，全面开创建设旅游经济强市新局面；加强领导、落实责任，为建设旅游经济强市提供有力保障。省旅游局局长喻顶成莅会并讲话。市委副书记、市长张祖林安排部署全市旅游产业发展工作。市委副书记杨远翔主持会议。副市长廖晓珊与各县（市）区签署旅游产业发展目标责任书。市级四班子主要领导和分管领导，三个国家级开发（度假）区、14县（市）区主要负责同志及分管负责同志，市旅游产业领导小组成员单位有关负责同志，市属有关部委办局主要负责同志参加会议。

【市委督查工作会议】　7月20日下午，市委召开督查工作会议，安排部署督促检查市委常委、政府副市长分管工作推进落实情况相关工作。市委副书记杨远翔主持会议并讲话。杨远翔要求，开展督查工作必须实事求是、重在推动；用心工作、遵守纪律；注意工作方式方法，充分尊重督查对象，重视建章立制，形成督查工作长效机制。市领导应永生、黄云波参加会议。

【胡锦涛总书记到昆考察调研】　7月25～26日，中共中央总书记、国家主席、中央军委主席胡锦涛到昆明市考察调研。在昆明中铁大型养路机械集团公司和昆明贵研铂业股份有限公司考察时，总书记详细了解企业生产经营情况，并勉励企业干部职工危中求进、化危为机，充分发挥自身优势，着力加强科研攻关，不断增强产品开发和市场开拓能力，努力克服暂时困难、赢得更大发展。在滇池草海大坝和西华湿地考察时，总书记要求有关方面加大滇池污染治理力度，坚持综合治理，务必持之以恒，使滇池这颗高原明珠早日重现光彩。在五华区顺城社区考察时，总书记到社区居委会服务大厅、居民活动室“民族之家”了解社区服务各族群众情况，并与各民族群众代表进行座谈。总书记指出，民族团结是各族人民之福，民族分裂是各族人民之祸，要倍加珍惜来之不易的民族团结大好局面，全面贯彻落实党的民族政策，各族群众要相互尊重、相互关心、相互帮助、共同进步，让民族团结之花开放得更加艳丽。中共中央书记处书记、中央办公厅主任令计划，中共中央书记处书记、中央政策研究室主任王沪宁，省领导白恩培、秦光荣、罗正富、杨应楠、仇和、曹建方、和段琪，市领导张祖林、杨远翔、黄云波、王道兴、陈勇等分别陪同考察调研。

【市委、市政府“八一”慰问】　7月27日，市委、市政府派出由市级四班子领导和市属有关部门负责人组成的10个慰问组，代表市委、市人大、市政府、市政协走访慰问驻昆部队、武警官兵，登门看望老八路、军烈属、伤残军人，为他们送去“八一”慰问和节日的祝福。省委常委、市委书记仇和率队深入到老八路李德润家中看望慰问。在与驻昆某部座谈时，仇和表示，昆明市将为驻昆部队的改革发展和建设解难题、办实事，希望驻昆部队一如既往关心、支持新昆明建设和发展。

【市委工作会议】　7月28～31日，市委召开工作会议。其中：28日至30日，参会人员对3个开发（度假）区和12个县（市）区的58个观摩点进行实地观摩。31日，举行大会，省委常委、市委书记仇和作重要讲话。仇和指出，推动昆明跨越式发展，必须把实施大投资，主攻大项目，培植大产业，特别是将工业突破，摆在更加突出的位置，迅速集聚各方面力量，全面实施大投资方略。市委副书记、市长张祖林总结上半年工作，部署下半年主要工作任务。市委常委、常务副市长李文荣安排全市非公有制经济暨中小企业发展工作，通报全市及三个国家级开发（度假）区、各县（市）区招商引资、政府性融资、争取中央和省财政补助、城镇固定资产投资、工业固定资产投资“五项统计”情况，市委常委、市委组织部部长郭红波通报上半年全市招商引资工作及招商引资项目“回头看”情况，市委常委、市纪委书记应永生通报全市软环境建设情况。会议表彰了30户优秀非公企业、50名优秀企业、20佳成长型中小企业和10佳非公企业服务机构。高新区、官渡区、嵩明县交流了经验，富民县作表态发言。市委副书记杨远翔，市委副书记、市长张祖林分别主持上午和下午大会。市级四班子领导，市中级人民法院、市人民检察院领导，部分原市级老领导，三个国家级开发（度假）区，14县（市）区领导及各乡镇（街道办事处）党委、政府主要负责同志，市属各部委办局主要负责同志，中央、省驻昆直属单位负责同志。

【传达学习贯彻落实胡锦涛总书记考察云南重要讲话动员大会】　8月2日上午，昆明市召开传达学习贯彻落实胡锦涛总书记考察云南重要讲话精神动员大会。省委常委、市委书记仇和参加会议并讲话。仇和要求，认真学习，准确把握胡锦涛总书记讲话精神实质；全面贯彻，再掀学习实践科学发展观活动新热潮；坚定信心，努力保持经济平稳较快发展良好态势；大干当前，确保市委工作会议各项部署落到实处，以总书记考察为动力，以科学发展观为指导，努力开创现代新昆明建设新局面。市委副书记、市长张祖林主持大会。市领导杨远翔、李培山、田云翔等领导出席大会。

【市委主要领导出席公选挂职干部培训动员会】　3日上午，省委常委、市委书记仇和出席公开选拔的60名挂职年轻干部和面向海内外公选的40名经济学博士封闭式培训动员大会。仇和希望年轻干部，尽快实现身份、角色的转变，迅速成长为适应新昆明发展需要，“眼界宽、思路宽、胸襟宽”的复合型干部。市委副书记杨远翔主持动员会，市领导张红苹、廖晓珊出席动员会。

【市领导巡查南冲河】　8月4日上午，省委常委、市委书记仇和，市委副书记、市长张祖林率市级领导班子巡查南冲河。从南冲河源头到入湖口，市领导全程察看河道水质、两岸拆迁、空间开辟、道路贯通、堵口查污、沿岸整治、河堤修复、沿河绿化以及拆临拆违、湿地建设、污水收集处理等工作进展，并在高新区段种植"河长林"。仇和强调，抓住雨季植树的最好时机，全力以赴推进滇池流域内沿河、沿水、沿湖的湿地绿化、道路绿化、河床湿地化等工作。

【省委主要领导到昆调研国企改革】
8月5～6日，省委书记、省人大常委会主任白恩培到昆调研国企改革及工业经济发展。白恩培书记一行走访工业企业、视察工业园区、了解国有企业改革和工业企业运行情况，听取企业战略重组后的发展设想。白书记希望昆明继续深入贯彻科学发展观，认真落实胡总书记视察云南时的重要讲话精神，发展工业认识要高、观念要新、结构要优、政策要活、招商要诚、作风要实；宁可少要GDP，也决不回到高消耗、高污染、唯GDP的传统工业老路，以新型工业化道路引领云南现代化。要保持锐意进取不停步、努力拼搏不懈怠、团结干事不分心、改革开放不松劲，当好全省走新型工业化道路的领头羊。省领导杨应楠、仇和，市领导张祖林、李培山、李文荣、黄云波、何波，省、市相关部门、企业负责同志参加调研。

【全市人民防空工作会议】　8月10日晚，市委、市政府召开人民防空工作会议。省委常委、市委书记仇和出席大会并讲话，仇和要求，认清形势，居安思危，突出重点，多措并举，着力推动人防建设上水平、人防建设与城市建设相融合、防空防灾一体化建设，不断开创人防事业发展新局面。昆明警备区司令员白家保就加强人防建设应急准备工作提出具体要求。副市长杜敏主持会议。市领导张祖林、杨远翔、田云翔、李文荣、张红苹、郭红波、宋黎明、陈勇等参加会议。

【九届市委第94次常委会】　8月11日上午，省委常委、市委书记仇和主持召开九届市委第94次常委会。会议研究讨论了《昆明市人民政府机构改革方案》、关于调整昆明市环境监测中心机构规格有关问题及干部问题，听取关于昆明学院原校区整体置换云南大学杨浦校区项目贷款有关事宜汇报、听取《昆明市九乡风景名胜区保护条例》等情况汇报，共15项议题。

【省领导到昆调研滇池环湖生态建设】
8月12日，省委副书记、省长秦光荣率省政府滇池水污染防治专家组和省级有关部门负责同志到昆调研滇池环湖生态建设工作。秦光荣要求，必须认真贯彻落实胡锦涛总书记视察云南时对滇池治理提出的要求，进一步坚定信心、下更大的决心，采取更加有力的措施，尽最大的努力，以一往无前的精神，扎实推进滇池水污染综合治理工作，让滇池"高原明珠"早日重放异彩。省、市领导仇和、和段琪、牛绍尧、高晓宇、丁绍祥、张祖林等陪同调研。

【市领导调研重点交通工程】　8月18日上午，省委常委、市委书记仇和，市委副书记、市长张祖林率有关部门负责人到三环闭合工程草海围堰、岗头山隧道以及二环改扩建重要节点福德立交、大树营立交等重点交通建设工程施工现场调研，督促施工进度，检查工程质量。仇和要求，主城二环快速系统要建成"三高、三化、三精"的典型、示范、样板，9月30日必须按时竣工通车，三环工程年底路基闭合，明年5月底全线贯通。市领导应永生、黄云波、陈勇参加调研。

【省级民主党派、人民团体考察新昆明建设】　8月18日，省政协副主席曾华、倪慧芳率省级各民主党派、工商联、侨联、台联领导到昆考察现代新昆明建设情况并召开座谈会。省委常委、市委书记仇和在座谈会上表示，将一如既往重视和支持民主党派、工商联、侨联、台联履行职能、发挥作用，虚心听取大家的意见建议，充分采纳大家的真知灼见，集思广益、群策群力实现跨越式发展奋斗目标。市委副书记、市长张祖林汇报现代新昆明建设情况。市领导杨远翔、李培山、黄云波、金志伟等参加座谈会。

【九届市委第95次常委会】　8月19日下午，省委常委、市委书记仇和主持召开九届市委第95次常委会。会议研究讨论了《关于突破性发展民办教育整体推进工作意见》、《昆明市主要污染物排污权有偿使用和交易管理办法》，听取了关于环湖南路、环湖南岸干渠截污工程BT建设项目有关情况、组建昆明市农业产业招商局情况汇报，共13项议题。

【全市综治维稳信访工作会议】　8月20日晚，市委召开综治维稳信访工作会议。省委常委、市委书记仇和出席会议并讲话。仇和要求，坚持围绕中心，服务经济社会发展大局；坚持安民为要，突出保障群众根本利益；坚持标本兼治，着力解决群众合理诉求；坚持综合治理，全力确保社会和谐稳定。要加强组织领导，明确责任、细化措施，确保社会和谐稳定，为新中国成立60周年大庆创造平安祥和的社会环境。市委常委、政法委书记海文达安排部署当前和今后一个时期综治维稳信访工作。会上表彰2008年度15名见义勇为先进分子、命名160家平安建设先进单位。14个县（市）区签订了2009年度综治维稳和平安创建工作目标责任书。省委政法委副书记、综治办主任马继延莅会指导，并为荣获全国先进集体授牌。市领导张祖林、杨远翔、李培山、田云翔出席会议。

【省政协领导及政协委员到昆视察城中村改造工作】　8月21日，省政协主席王学仁率省政协委员到昆视察城中村改造工作。调研组先后考察南亚风情园、南窑村、上庄村、张官营村改造项目。王学仁在座谈会上指出，城中村改造要坚定信心，加大力度，一抓到底，真正做到群众、政府、企业"三赢"；要认真总结成功经验，加大宣传，鼓舞士气，争取社会各界的广泛支持。省委常委、市委书记仇和表示，昆明市将始终坚持把规划作为城中村改造工作的"龙头"，坚决防止简单复制、千村一面。在改造过程中广泛听取民意，尊重民意，确保城中村改造顺利推进。省政协副主席陈勋儒、倪慧芳，市领导张祖林、田云翔等陪同视察和参加座谈会。

【市领导出席官渡区、空港经济区与省城投公司合作签约仪式】　24日上午，官渡区、空港经济区与省城投公司政企携手改造城中村、投资200亿推进空港经济区建设、政企银三方金融合作贷款三项战略合作签约仪式。省领导仇和、曹建方，市领导杨远翔、田云翔、王俊斌、廖晓珊，市级有关部门和银行、企业负责同志参加签约仪式。

【市领导与中国工程院院长徐匡迪座谈】　8月28日上午，省委常委、市委书记仇和与应邀为云南科学大讲坛暨昆明领导干部培训专题讲座授课的第十届全国政协副主席、中国工程院院长徐匡迪一行座谈。仇和介绍了昆明独特的区位优势和对全省的辐射、服务、带动作用。徐匡迪希望昆明充分利用气候、教育、科技等有利条件，大力发展信息产业、软件产业、新能源产业，特别在花卉、水果、蔬菜等高附加值农业方面等加大市场开拓力度，不仅要开拓到全国大中城市，更要拓展出口市场。市领导张祖林、杨远翔、黄云波参加座谈并听取讲座。

【市领导巡查大河】 8月28日下午，省委常委、市委书记仇和率市级领导巡查大河（含淤泥河）。从大河源头到入湖口，市领导全程察看河道水质、两岸拆迁、空间开辟、道路贯通、堵口查污、沿岸整治、河堤修复、沿河绿化以及拆临拆违、湿地建设、村庄污水收集处理等工作进展，在入湖湿地公园种下"河长林"。仇和要求，加快制度创新、立法进度，逐步实现以党政推动治理为主，转向以组织社会参与、建立市场机制、依法依规治理为主。

【市委主要领导走访外省、市政府驻滇（昆）办事处】 9月4日上午，省委常委、市委书记仇和率相关县区及市属有关部门负责人走访上海市、重庆市、广东省、山西省、四川省、湛江市等政府驻昆办事处。仇和希望各省、市政府驻云南、昆明办事处加强云南、昆明与各省市联络沟通，促进区域经济合作作出更大贡献。市领导李文荣、黄云波参加走访。

【巡查盘龙江支流沟渠】 9月5日上午，省委常委、市委书记、盘龙江河长仇和率4城区及有关部门负责人巡查盘龙江支流、沟渠综合整治情况。仇和要求，要像重视主干河道整治一样，重视支流、沟渠整治，确保年底前35条入滇池河道主干、支流截污导流、中水回用以及环湖截污基本到位，2010年5月全面到位。

【调研文化古迹和历史建筑】 9月6日上午，省委常委、市委书记仇和先后到文庙、石屏会馆、卢汉公馆、朱德旧居、大德寺双塔、圆通寺、唐继尧墓、升庵祠、西寺塔及马氏宅院、基督教青年会旧址等地调研昆明文化古迹和历史建筑保护现状。仇和要求，要处理好保护与建设、传承与弘扬、历史与现代的关系，采取措施，切实加强文化古迹、历史建筑的保留、保存、保护，擦亮"国家历史文化名城"品牌。市领导张红苹、廖晓珊参加调研。

【全市"四创两争"工作领导小组（扩大）会议】 9月7日上午，昆明市召开"四创两争"工作领导小组（扩大）会议。省委常委、市委书记仇和出席会议并讲话。仇和要求，今明两年确保"创卫"通过国家专家组暗访检查和技术考核、完成"创模"除水环境以外的各项指标，不折不扣实现"十一个零申报"。市委副书记、市长张祖林主持会议。市级领导，市中级人民法院、市人民检察院领导，三个国家级开发（度假）区，14县（市）区党政主要负责同志，市属有关部门主要负责同志参加会议。

【九届市委第96次常委会】 7日下午，省委常委、市委书记仇和主持召开九届市委第96次常委会。会议听取《昆明市政府重大事项决策规定》、《昆明市中小学校舍安全工程实施方案》、《昆明市城乡生活垃圾焚烧处理项目实施指导意见》等情况汇报，研究讨论设置昆明市劳动仲裁院、昆明市测绘管理中心、《昆明广播电视台（集团）组建方案》等共14项议题。

【全市铁路、地铁、轻轨建设动员大会】 9月8日上午，昆明市召开铁路、地铁、轻轨建设动员大会。省委常委、市委书记仇和出席会议并讲话。仇和要求，紧紧抓住铁路和轨道交通建设的黄金机遇期，将铁路、地铁和轻轨建设作为"1号工程"，掀起建设高潮。市委副书记杨远翔主持动员大会。市委副书记、市长张祖林代表市政府分别与有关县区、公司签订征地拆迁、融资、建设任务责任书。市领导李文荣、黄云波、赵德光、陈勇、何波等参加会议。

【第二期昆明科学发展高层论坛】 9月9日下午，第二期昆明科学发展高层论坛召开，论坛邀请国务院发展研究中心的余斌、刘守英研究员以及成都市委统筹城乡工作委员会副主任秦代红、省社科院陈铁军研究员、昆明学院博斌教授等专家到会演讲。省委常委、市委书记仇和，市领导黄云波、宋黎明、夏静、杨品才、常敏，省市相关部门和14县（市）区负责人出席论坛，并与专家学者围绕昆明推进城乡一体化建设中城乡规划、基础设施建设、产业发展、投融资、社会事业发展、劳动就业和社会保障等方面问题进行互动交流、研讨。

【红河州党政代表团到昆考察】 9月10日，红河州委书记刘一平率党政代表团到昆明考察。省委常委、市委书记仇和希望昆明与红河加深联系与交流，创新合作机制与方式，优势互补、共同发展。市领导田云翔、李文荣、张红苹、黄云波等分别陪同考察、参加座谈交流会。

【第二批学习实践科学发展观活动总结暨第三批学习实践活动动员大会】 9月13日上午，昆明市召开第二批深入学习实践科学发展观活动总结暨第三批学习实践活动动员大会。省委常委、市委书记仇和出席会议并讲话。仇和要求，学习实践科学发展观活动"规定动作"上水平，"自选动作"创特色，确保第三批学习实践活动取得更多实效，成为群众满意工程，以跨越式发展的实际成果来衡量和检验学习实践活动的实际成效。要把学习实践活动作为重要的政治任务，作为应对金融危机冲击、加快推进现代新昆明建设、实现昆明经济社会跨越式发展的重大机遇，高起点谋划、高标准定位、高质量推进。

【市领导巡查六甲、五甲宝象河及小清河】 9月16日上午，省委常委、市委书记仇和率市级领导巡查六甲、五甲宝象河及小清河。从源头到入湖口，仇和、杨远翔、李培山等领导查看河道治理保护情况，并在入湖口种下"河长林"。仇和要求，提速工业点源、生活点源、农业面源三源污染治理工程、生物及生态工程措施，围绕"湖外河外截污杜绝增量污染源，湖内河内清淤减少存量污染源"，2009年底硬件到位，2012年实现水环境大有好转。

【2009年中国昆明国际花卉展览暨第五届昆明国际农业博览会】 9月19日，2009中国昆明国际花卉展暨第五届昆明国际农业博览会开幕。省委常委、市委书记仇和出席开幕式并宣布开幕。省、市领导仇和、杨建甲、孔垂柱、张祖林、杨远翔、李培山，农业部总经济师张玉香，中国农业大学校长柯炳生及越南驻昆总领事阮洪海、缅甸驻昆总领事佐朴温、泰国驻昆副总领事蒙塔·普拉龚披布、柬埔寨驻昆领事司纳伦、韩国高阳市前副市长李圭雄等出席开幕式及相关活动。博览会期间，举行项目签约仪式和"昆明·都市型现代农业发展"论坛。

【云南日报报业集团大型采访活动昆明行座谈会】 9月20日，昆明市与云南日报报业集团组织开展的庆祝新中国成立60周年云南大型采访活动组举行座谈会。省委常委、市委书记仇和出席座谈会并讲话。仇和希望新闻媒体充分发挥舆论监督作用，为加快现代新昆明建设，实现昆明跨越式发展部营造良好氛围。市委常委、宣传部长张红苹主持座谈会。仇和、张祖林共同启动“昆明市幸福指数评选”现场网络投票活动。

【九届市委第97次常委会】 9月22日下午，省委常委、市委书记仇和主持召开九届市委第97次常委会。会议听取了《关于开展导入ISO9001国际质量管理体系试点工作实施意见》、具体建设项目用地审批问题等情况汇报，研究讨论《关于进一步加强督促检查推动工作落实的意见》、《关于加强社会建设的意见》、关于进一步加快党校建设和发展有关意见、方案等13项议题。

【全市党员领导干部大会】 23日下午，昆明市召开全市党员领导干部大会，学习贯彻落实党的十七届四中全会精神和省委干部大会精神。省委常委、市委书记仇和出席会议并作重要讲话。仇和要求，全市广大党员干部和各族群众，要把学习贯彻十七届四中全会精神作为一项重要政治任务，加强领导、精心组织，周密部署、抓好落实。市委副书记、市长张祖林传达党的十七届四中全会精神和省委干部大会精神。市委副书记杨远翔主持会议。省委科学发展观巡回检查组莅会指导。

【举行庆祝中华人民共和国成立60周年纪念大会】 9月29日下午，昆明市召开庆祝中华人民共和国成立60周年纪念大会。省委常委、市委书记仇和出席会议并作重要讲话。仇和指出，中国特色社会主义是根本道路，必须高举中国特色社会主义伟大旗帜，始终保持坚定信念和正确方向；必须始终坚持解放思想、与时俱进；必须始终坚持以经济建设为中心；必须始终坚持深化改革扩大开放；必须始终坚持全面协调可持续；必须始终坚持以人为本；必须始终坚持从严治党。仇和强调，按照中央和省委、省政府的决策部署，全面开创昆明跨越式发展新局面。市委副书记、市长张祖林主持会议。市级领导、部分市级老领导、全市各族各界代表参加大会。

【调研地铁、轻轨、三环快速系统重点工程】 9月30日上午，省委常委、市委书记仇和率相关县（区）及市级相关部门到昆明轨道交通工程试验段、广播电视大学地下车站施工现场、西三环草海下穿工程施工现场调研。仇和要求，抢抓工程进度，保证工程质量，确保安全生产，优化施工环境，确保如期如实、按质按量地完成各项任务。市领导黄云波、陈勇等参加调研。

【调研新机场专用高速路和空港经济区建设】 10月8日下午，省委常委、市委书记仇和率相关县（区）、部门负责人到空港经济区调研有关项目建设情况。仇和、王道兴等领导先后到新机场搬迁安置区、机场专用高速路收费站广场建设工地和空港经济区宝象大道半幅通车点，查看建设进度及沿线面山绿化、生态隔离带建设情况。仇和要求，相关县（区）、部门负责人要处理好机场高速与新机场、空港经济区、主城、轻轨及经开区等沿线单位之间等关系，把机场高速路建成昆明城市景观的重要组成部分和展示春城形象的窗口。

【江苏常州市党政企代表团到昆考察】 10月10日下午，江苏常州市党政企代表团到昆考察。代表团先后考察呈贡新区建设、螺蛳湾国际商贸城及经开区、度假区部分建设项目。在两市友好交流会上，仇和希望加深两市相互联系和交流，不断拓展创新合作领域与合作机制。常州市政府及常州巨凝公司、东海证券公司等企业向昆明教育发展基金和昆明市希望工程办公室分别捐赠200万、100万元。省委常委、市委书记仇和，市领导张祖林、李文荣分别陪同考察、参加友好交流会及捐款仪式。

【全国妇联副主席黄晴宜到昆调研】 10月11日，全国妇联党组书记、副主席、书记处第一书记黄晴宜率全国妇联调研组到昆调研。黄晴宜一行先后到“巾帼创新业示范基地”（昆明锦庄农业科技有限公司科技生态展示园）、昆明市妇女儿童活动中心等地考察调研。黄晴宜对昆明当前经济社会发展、干群精神面貌给予高度赞赏，并对昆明市各级妇联组织坚持党建带妇建、妇建服务党建富有特色的工作和显著成效给予了充分肯定，并要求推广昆明经验。省委常委、市委书记仇和，省委常委、省委组织部部长辛桂梓，市领导张红苹、郭红波、杨丽、陆玉珍等分别陪同调研、参加座谈会。

【省政协调研组视察牛栏江—滇池补水工程】 10月14～15日，省政协主席王学仁率部分省政协委员到昆视察“滇中调水牛栏江—滇池补水及清水海引水工程”。视察组一行先后到输水线路大五山3号支洞、大公山2号支洞试验区、寻甸开发区污水处理厂等地视察，王学仁要求，现代新昆明建设要通过滇池流域及周边区域的水资源优化配置，实施引流补水工程，提高滇池流域水资源承载能力。省委常委、常务副省长罗正富，省委常委、市委书记仇和，省政协副主席白成亮，市领导张祖林、田云翔、王道兴陪同视察。

【市委主要领导到寻甸检查指导学习实践科学发展观活动】 10月14日，省委常委、市委书记仇和到寻甸检查指导学习实践科学发展观活动。仇和指出，通过学习实践活动，要实现富民强村、富民强乡、富民强县的目标，让人民群众得实惠是最终目的。省委巡回检查组、省委学习实践科学发展观活动领导小组组长杜胤祥，市委常委、组织部部长郭红波参加检查。

【市九届民运会开幕】 10月14日晚，昆明市第九届少数民族传统体育运动会在寻甸体育中心举行开幕式。省委常委、市委书记仇和出席开幕式并宣布开幕。省民委主任王承才，市领导张祖林、李培山、田云翔、金志伟、杜敏、廖晓珊参加开幕式。全省15个州市民委体育局领导，昆明市14个县（市）区、市级机关负责人，寻甸各族群众近万人参加开幕式。

【昆明·浙商资本投促会招商引资推介会】 10月16日上午，浙商投资促进会组织浙江30家企业35位企业家到昆投资考察。省委常委、市委书记仇和希望浙商选择西部首选云南、选择云南首选昆明，昆明将做好服务，无障碍保证项目落地。市领导李文荣、张红苹出席推介会。

【市领导到东川区调研】 10月17日，省委常委、市委书记仇和率队到东川区调研。仇和一行深入到橄榄坡查看矿山采空区塌陷区地质灾害隐患区移民搬迁规划建设进展，听取碧谷工业园区规划建设情况汇报。仇和要求，加速北部区域发展，把东川培育成为新的经济增长极。市领导李文荣、高德明参加调研。

【省、市敬老节活动】 22日上午，省委、省政府在昆明市社会福利院组织进行第二十二届敬老节系列活动。仇和、晏友琼、曹建方、李喜等省、市领导看望慰问黄如论敬老公寓的老人并为他们送去节日的祝福和问候。23日上午，省委常委、市委书记仇和专程登门看望慰问魏述徵和高欣元两位百岁老人和五华区大观办事处敬老院老人。仇和要求，各级党委、政府要完善老龄事业发展规划，建立健全家庭养老和社会养老相结合的为老年人服务体系，健全与人口老龄化相适应、与昆明跨越式发展同步的老龄事业发展长效机制，同时加大宣传力度，营造全社会尊老、爱老、助老的舆论环境和良好氛围。市领导黄云波陪同慰问。同日，市领导王俊斌、李喜、陆玉珍分别率队到昆明白水泥厂、市社会福利院和西仪养老院走访慰问省、市劳动模范、孤寡老人，给他们送上节日的祝福。

【全市传达贯彻省委八届七次全会精神大会】　10月22日晚，全市召开传达贯彻省委八届七次全会精神大会。省委常委、市委书记仇和出席大会并作重要讲话。仇和要求，迅速传达学习，切实把广大干部群众的思想和行动统一到省委的要求上来；把握发展大势，切实增强推进昆明经济社会跨越式发展的信心和决心；全力大干当前，确保圆满完成全年各项目标任务。张祖林、李培山、田云翔等市领导参加大会。市委副书记杨远翔主持大会。

【市领导巡查大清河、枧槽河和古城河】　10月25日上午，市级四班子领导巡查大清河、枧槽河及古城河。仇和、张祖林、杨远翔、李培山、田云翔等领导从3条河源头到入湖口，察看河道水质、两岸拆迁、空间开辟、道路贯通、堵口查污、沿岸整治、河堤修复、沿河绿化以及拆临拆违、湿地建设、水系调度、污水收集处理、清水回补等工作进展，分别在3条河沿岸种下“河长林”。仇和要求，年底做到“三污”截污导流、“三拆”、“六个基本到位”：36条出入滇池河道以及滇池周围工业污染源、农业污染源和生活污染源的截污导流基本到位；所有河道两岸拆临、拆违、拆迁基本到位，两岸空间贯通；河床内湿地绿化、河坡生态绿化以及两岸控制性范围内的景观绿化基本到位；环湖截污、环湖交通基础闭合基本到位；湖岸周围“四退三还”在2008年完成退塘退田“两退两还”基础上，实现退人、退房基本到位；所有县（区）城乡建设、基础设施建设、环境工程建设投融资平台基本到位。

【云南陆军讲武堂《百年军校·将帅摇篮》主题展览开展仪式】　10月27日上午，云南陆军讲武堂《百年军校·将帅摇篮》主题展览开展。全国政协常委、全国政协港澳台侨委员会副主任、中国侨联原主席林兆枢，民革中央原副主席李赣骝，中央文献研究室第二编辑部主任边彦军，省委常委、市委书记仇和，省军区副政委李炳军少将出席主题展，并分别为“云南陆军讲武堂历史博物馆”、《百年军校·将帅摇篮》主题展览揭牌、揭幕。市领导张祖林、李培山、汪叶菊等出席开展仪式。市政协主席田云翔主持仪式。缅甸、马来西亚和老挝驻昆领事，云南陆军讲武堂师生后人代表，港澳台及海外有关人士，黄埔同学会代表，国外及省内外文博界、史学界专家等约500余人参加。

【九届市委第98次常委会】　10月28日下午，省委常委、市委书记仇和主持召开九届市委第98次常委会。会议听取和研究讨论《昆明市服务外包产业发展“十二五”规划》、《关于加快发展软件产业和服务外包产业的若干优惠政策》、《昆明市改革创新促进办法》、《滇池流域分级保护划界方案》、进一步落实党政领导干部信访维稳工作“一岗双责”责任制实施办法、《昆明市高中级专业技术职务资格破格评审工作实施意见》18项议题。

【民兵多样化任务分队展演示及竞赛活动】　10月29日上午，昆明市举行民兵多样化任务分队展演示及竞赛活动，新组建的14支民兵多样化任务分队从人员、装备到操作技能全面接受检阅。省委常委、市委书记、警备区党委第一书记仇和要求，进一步增强安全发展意识，提高民兵战斗能力，推进国防后备力量创新发展。省委常委、省军区政委郎友良，省军区司令邱型柏及市领导张朝凤、李喜参加活动。

【市领导专题调研铁路建设及沿线环境整治】　11月1日，省委常委、市委书记仇和，市委副书记、市长张祖林率市级四班子领导，昆明铁路局、三个国家级开发（度假）区及沿线7县（市）区、市属有关部门负责人，调研昆明市铁路建设和沿线环境整治情况。调研组先后到石咀站、昆明火车西站、碧鸡关站、读书铺站、昆明南站、东站以及沪昆线小哨站、杨林站，查看铁路沿线环境整治、绿化进展和铁路枢纽扩能改造工程征地拆迁及建设进度，现场听取轨道交通与火车北站综合交通衔接问题、昆明枢纽控制性工程碧鸡关隧道、铁路枢纽与城市道路平改立交、昆广复线工程、中铁联集昆明物流中心建设等相关工作汇报，并召开专题调研会。仇和要求，突出重点难点，以更实举措和更新方法加快推进铁路建设。对国家《中长期铁路网规划》中涉及昆明的8个建设项目，要加快时序进度，抢抓项目开工建设。主城铁路沿线所有临违建筑，必须在元旦前全面、彻底、持久拆除。

【全市拆临拆违、建绿透绿和环境卫生整治现场推进会】　11月2日，市委、市政府召开拆临拆违、建绿透绿和环境卫生整治现场推进会。上午，与会人员现场观摩五华区红旗小学、外国语学校临时建筑，盘龙区北辰大道庭院深深餐厅临时建筑，官渡区曙光小区环境综合整治，西山区市第一人民医院临时建筑等。下午召开全市拆临拆违、建绿透绿和环境卫生整治现场推进会，省委常委、市委书记仇和出席大会并做重要讲话，强调拆临拆违要做到三个结合：严格执法与教育引导相结合，自愿拆除与依法强拆相结合，拆迁改造与规划建设相结合。市委副书记、市长张祖林安排部署全市拆临拆违拆迁、建绿透绿补绿和环境卫生整治工作。会上，市长与主管副市长，主管副市长分别与主城四区、市级相关部门层层签订责任书。市委副书记杨远翔主持会议。市级领导，三个国家级开发（度假）区，五华、盘龙、官渡、西山4区，呈贡新区和市属有关部门主要负责人参加会议。

【全市创建国家园林城市整改工作汇报会】　11月4日上午，国家住房和城乡建设部考核组到昆检查考核昆明市创建国家园林城市整改工作。省委常委、市委书记仇和出席会议并致辞，张祖林市长汇报创建整改工作情况。黄云波秘书长主持会议。市领导张祖林、李培山、田云翔、李文荣、陈勇，三个国家级开发（度假）区，五华、盘龙、官渡、西山区、呈贡新区主要负责人参加会议。

【全市整治违法加层和无序建房再动员大会】　11月5日下午，市委、市政府召开全市整治违法加层和无序建房再动员大会。省委常委、市委书记仇和出席大会并作重要讲话。仇和要求，加大工作力度，确保全市范围内违法加层和无序建房100%及时发现、依法认定、坚决处理。坚持严格执法，全面彻底推进整治工作；坚持依法行政，切实做到依法遵规履程；坚持着眼长远，建立健全长效管理机制；坚持有情操作，把道理讲在前，把疏导工作做在前，把保障措施做在前，动员群众采取自拆和助拆的方式拆除违法建筑。市委副书记、市长张祖林作动员部署。会上，通报全市部分地区违法加层、无序建房典型案例。副市长陈勇与滇池流域三个国家级开发（度假）区和有关县（市）区签订责任书。市委副书记杨远翔主持会议。市级领导，三个国家级开发（度假）区，14县（市）区和市属有关部门主要负责人参加会议。

【省委副书记李纪恒到昆调研】　11月7～10日，省委副书记李纪恒率省级有关部门负责人到晋宁、宜良、禄劝、富民、寻甸、东川6个县区，就贯彻落实党的十七届三中、四中全会精神，加强党的基层组织建设、推进城乡统筹等工作进行调研。调研期间，李纪恒充分肯定了昆明市经济社会发展的良好势头，要求认真贯彻落实党的十七届三中、四中全会和胡锦涛总书记在云南考察时的重要讲话精神，按照省委八届七次全委会的部署和要求，进一步加强基层党组织建设，做好统筹城乡协调发展这篇大文章。市领导杨远翔、郭红波、李喜等分别陪同调研。10日下午，召开专题调研座谈会，会上李纪恒希望，昆明要进一步解放思想，把握机遇，以更加坚定的信心推进城乡综合配套改革，把昆明建设成为全省乃至全国统筹城乡科学发展的示范区，带动全省加快发展步伐。李纪恒要求，要以改革创新精神加强和改进新形势下党的建设，全面落实党建工作责任制，坚持和完善民主集中制，努力建设高素质领导班子和干部队伍，全面推进干部人事制度改革，大力推进基层党建工作创新，着力加强反腐倡廉建设，以党建工作新成效推进全市各项工作实现新的更大的突破。省委常委、市委书记仇和表示，对省委领导提出的要求和省级部门领导的建议，一定认真学习、深刻领会，立即贯彻、坚决落实。市委副书记、市长张祖林汇报2009年昆明经济发展、城乡统筹、基层组织建设等方面工作情况。市领导杨远翔、李文荣、张红苹、郭红波、应永生、高德明、黄云波、李喜等参加座谈会。

【市领导巡查中河】　11月13日上午，省委常委、市委书记仇和率市级四班子领导巡查中河（含护城河）。市领导全程察看河道水质、两岸拆迁、空间开辟、道路贯通、堵口查污、沿岸整治、河堤修复、沿河绿化以及拆临拆违、湿地建设、污水收集处理等工作进展情况，并在入湖口种下“河长林”。仇和要求，要全面加快滇池流域河道综合整治“158”工程、滇池周围“四退三还”工程、滇池水域底泥清淤和滇池流域环保工程建设进程，加快滇池流域水环境治理的立法和制度创新进度，促进滇池流域居民，特别是农村居民生产生活方式的变革和进步，加速推进滇池治理。

【青海省党政代表团到昆考察】　11月14日，青海省委副书记、省长宋秀岩，副省长吉狄马加率青海省党政代表团到昆考察。省委常委、副省长李江，省委常委、昆明市委书记仇和，副市长李喜陪同代表团先后考察昆明二环快速系统、螺蛳湾国际商贸城、呈贡新区。仇和向客人介绍了“一湖四环”、“一湖四片”及四环十七射路网建设、滇池治理、轨道交通建设等新昆明建设情况。宋秀岩表示，此行学习借鉴云南经验，将极大增强青海、云南两省间的合作与交流。

【玉溪市党政代表团到昆考察】　11月17日，玉溪市委书记孔祥庚，市委副书记、市长高劲松率玉溪市党政代表团到昆，对昆明市城中村改造重建和拆临拆违情况进行考察。省委常委、市委书记仇和陪同考察并参加座谈，仇和希望玉溪对昆明的工作多给予指导，多提宝贵意见，一如既往地关心和支持昆明的建设发展。昆明一定为兄弟州市做好服务、搞好保障，当好后勤。市政协主席田云翔介绍了昆明市城中村改造和拆临拆违工作情况。市领导李文荣、应永生、黄云波、董利华、李茜、杨品才等分别陪同考察、参加座谈。

【2009中国国际旅游交易会】　11月18日，2009中国国际旅游交易会在昆明国贸中心举行开幕式。旅交会组委会主任、国家旅游局局长邵琪伟出席开幕式并致辞。省委书记、省人大常委会主任白恩培为2009中国国际旅游交易会击鼓开幕。旅交会组委会副主任、国家旅游局副局长祝善忠主持开幕式。秦光荣、罗正富、仇和、刘平、张祖林、廖晓珊等省、市领导，有关国家和地区、部分省（自治区）、直辖市和香港、澳门特别行政区、台湾地区的贵宾出席开幕式。94个国家和地区参加本届旅交会。

【全市2010年度森林防火工作电视电话会议】　11月18日上午，全市召开2010年度森林防火工作电视电话会议。市委副书记杨远翔出席会议并讲话。杨远翔要求，统一思想认识，切实增强做好森林防火工作的责任感和紧迫感；突出工作重点，切实抓好森林防火预防工作；搞好统筹协调，着力提升森林火灾的应急处置能力；加强舆论宣传，努力营造全民参与的森林防火氛围；加强组织领导，抓好森林防火各项目标责任的落实。

【全市党校工作会议】　11月19日下午，昆明市召开全市党校工作会议。省委常委、市委书记仇和出席会议并作重要讲话。仇和要求，要充分发挥党校的五大重要作用：培训轮训领导干部的主渠道作用、理论武装工作的重要阵地作用、推进党的理论创新的生力军作用、建设学习型政党的积极推动作用、促进领导干部加强党性锻炼的熔炉作用。省委党校党委书记、常务副校长黄顺莅会指导并讲话。市委副书记、市委党校校长杨远翔总结近年来全市党校工作、安排部署下一阶段工作。市级领导，十四县（市）区党政主要领导，市委干部党员教育领导小组成员和市委党校班子成员参加会议。

【全市“创卫”攻坚冲刺再动员再部署再推进大会】　11月20日下午，召开全市“创卫”攻坚冲刺再动员再部署再推进大会。省委常委、市委书记仇和出席会议并作重要讲话。仇和要求，要把“创卫”工作的组织程度实现到最大化，把各级党政主要领导抓“创卫”工作的主观能动性发挥到最大化，把全市广大干部群众支持配合“创卫”工作的积极性调动到最大化。以破釜沉舟、义无反顾的决心和勇气，以众志成城、决战决胜的信心和豪情，投身到“创卫”迎检的工作中去，不折不扣地完成各项指标任务，打好“创卫”攻坚战，为实现创建国家卫生城市目标作出应有的贡献。市委常委、常务副市长李文荣主持大会。副市长廖晓珊安排部署下一步“创卫”工作。五华区、盘龙区、官渡区、西山区、东川区和呈贡新区县政府，三个国家级开发（度假）区管委会，市卫生局、城管局、工商局负责人分别发言。市级领导，三个国家级开发（度假）区，五华、盘龙、官渡、西山四区，呈贡新区和市属有关部门主要负责人参加大会。

【市领导巡查海河】 11月21日下午，省委常委、市委书记仇和率市级四套班子领导巡查海河。仇和、杨远翔、李培山、田云翔等领导全程察看了源头保护河道水质、两岸拆迁、空间开辟、道路贯通、堵口查污、沿岸整治、河堤修复、沿河绿化以及拆临拆违、湿地建设等工作进展，在河道入湖口种下“河长林”。仇和指出，滇池治理是昆明的头等大事、重中之重。面对治理滇池历史上少有的机遇和环境，抓不到位、落实不到位，就辜负省委、省政府的高度重视、信任和支持，更有负昆明百姓的期待。

【市经贸代表团赴泰国、马来西亚、文莱、菲律宾出访】 11月23日～12月4日，省委常委、市委书记仇和率经贸考察团出访泰国、马来西亚、文莱、菲律宾。市经贸代表团分别在泰国曼谷、马来西亚吉隆坡、文莱、菲律宾马尼拉举行投资昆明推介会，云南南磷集团、昆明晨农企业集团、云南强林石化等公司分别与泰国TBC化工集团、马来西亚新南京国际贸易有限公司、文莱GOODMILESSDN·BHD等公司签订8 500多万美元合作协议，马来西亚旅游部部长拿督斯里黄燕燕女士、外交部副部长拿督李志亮，中国驻菲律宾大使馆商务参赞吴政平等出席推介会。访问期间，仇和拜会泰国总理阿披实，文莱工业与初级资源部部长叶海亚、副部长瓦哈伯等国家领导人和部门领导，分别与泰国商业部副部长、曼谷市议会议长、清迈府府尹、清迈市长，马来西亚外交部副部长、吉隆坡市市长、古晋南市市长，菲律宾宿务市市长、亚洲开发银行行长、亚洲开发银行区域和可持续发展局局长等进行会谈。出席昆明与泰国清迈市缔结友好城市10周年庆祝活动，与各地中华总商会和华人华侨社团进行交流座谈，听取中国驻泰国、马来西亚、文莱和菲律宾大使馆，以及驻清迈、古晋和宿务总领事馆的情况介绍和对进一步推动昆明与驻在国合作交流的具体指导。

【九届市委第101次常委会】 12月7日下午，省委常委、市委书记仇和同志主持召开九届市委第101次常委会，会议听取市委九届六次全体（扩大）会议方案、市十二届人大六次会议有关事项和七个建议名单、市政协十一届五次全会有关事项，研究讨论《昆明市城乡规划条例》（草案）、《关于推进螺蛳湾商业片区商业业态升级改造暨螺蛳湾中央商务区（二级CBD）建设相关优惠政策的实施意见》、《昆明市工业集聚区（园中园）配套用地土地供应实施指导意见》、《关于组建昆明阳宗海风景名胜区管理委员会和行政体制改革的实施方案》等21项议题。

【市领导巡查螳螂川】 12月8日下午，省委常委、市委书记仇和，市委副书记、市长张祖林率市级四班子领导巡查螳螂川。市领导从螳螂川西山区源头湖滨公园到安宁市温泉镇，实地查看源头保护情况以及河道水质、两岸拆迁、空间开辟、道路贯通、堵口查污、沿岸整治、河堤修复、沿河绿化、拆临拆违、湿地建设、污水处理厂运行等工作进展，并种下两片“河长林”。仇和要求，滇池流域水环境综合治理要实现“一个全覆盖”：坚定不移地着眼整个滇池流域，做到滇池流域2 920平方公里范围内水环境治理全覆盖；做到“四个延伸”：主干河道治理向次干、支干河道延伸，工业污染源治理由污水处理厂、污水收集管道向所有工商企业延伸，生活污染源的治理由污水处理厂通过管网向所有小区、住户、集镇延伸，农业面源污染治理由生态湿地向所有集中居住和分散居住村庄乃至连片施用化学肥料、化学农药较多的农田沟渠延伸；最终实现所有入滇河道100%实现景观水、达到三（四）类水，所有工业污染源实现厂区一级处理进入管网和污水处理厂，所有小区生活污水建设中水回用设施，滇池流域分散村庄、连片农田污水进湿地。

【全市城乡一体化建设推进工作动员大会】 12月9日上午，市委、市政府召开全市城乡一体化建设推进工作动员大会。省委常委、市委书记仇和出席大会并作重要讲话。仇和要求，加快发展要素向农村流动、加快二三产业向农村辐射、加快基础设施向农村延伸、加快公共服务向农村覆盖、加快现代文明向农村传播、加快第三板块迅速崛起，推进城乡一体化建设。市委副书记、市长张祖林部署当前和今后一段时期加快推进城乡一体化建设工作。市领导杨远翔、李培山、田云翔等出席会议。

【市委林业工作会】 12月9日下午，市委召开林业工作会。省委常委、市委书记仇和出席大会并作重要讲话。仇和要求，深化集体林权制度改革，激发林业发展活力；加快林业产业体系建设，推进林业产业转型升级；加快支持保护机制建设，优化林业改革发展环境；加快森林生态系统建设，全面提升森林生态环境。市委副书记、市长张祖林安排部署加快我市林业改革发展工作。市领导杨远翔、田云翔、张显忠、李喜、傅汝林出席会议。

【市领导调研环湖截污、环湖公路、环湖生态工程】 12月14日，省委常委、市委书记仇和率市级四班子领导调研滇池污染底泥二期疏浚工程、环湖截污、环湖公路、环湖生态工程进展情况，督促施工进度，检查工程质量。仇和要求，牢固确立“四个基本理念”：以长远的基础设施建设支撑长足的经济社会发展；把基础设施建设的过程，变成投资的过程；建立健全投融资平台和投融资体系，为基础设施建设和产业发展提供资金保障；把握市场经济规律，抢进度、保质量，加强引导、提供保障，确保稳定、和谐推进。市领导杨远翔、田云翔等参加调研。

【市委主要领导会见泰王国前副总理】 12月15日下午，省委常委、市委书记仇和会见泰王国前副总理、泰中友好协会会长功·塔帕朗西一行。仇和表示，希望与泰国各城市建立长期友好的合作关系，开展经济、文化、科技、旅游等各方面的合作，昆明市将大力支持中泰友好合作项目落地。

【传达贯彻省委八届八次全会精神干部大会】 21日上午，昆明市召开干部大会，传达学习、深入贯彻落实省委八届八次全会精神。省委常委、市委书记仇和指出，传达好、学习好、贯彻好省委八届八次全会精神，是当前全市上下最重要的政治任务。仇和要求全市各级各部门要结合实际，尽快制定学习贯彻方案，采取多种形式，把全会精神及时准确地传达到每一个党员和干部；要深研究、紧结合、出硬招、促落实，大干最后10天，确保圆满完成全年各项目标任务。市领导张祖林、李培山、田云翔等出席大会。

【昆明科学发展高层论坛】 12月21日下午，由市委、市政府主办，昆明学院承办的昆明科学发展第三次高层论坛在海埂会议中心举办，本次论坛以中国

—东盟自由贸易区框架下昆明发展服务贸易面临的新机遇为主题。国家商务部服务贸易司司长胡景岩、云南大学国际关系研究院院长刘稚、省商务厅副厅长朱晓阳、缅甸金固投资有限公司董事长杨钏玉、云南大学经济学院院长施本植分别作演讲。省委常委、市委书记仇和，市领导张祖林、李培山、田云翔等出席论坛。

【迪庆州党政代表团到昆走访交流】 12月22日，迪庆州州委书记齐扎拉率迪庆州党政代表团到昆走访交流。代表团先后考察二环快速系统、高新区、呈贡新区、螺蛳湾国际商贸城等建设情况。在两州市友好合作座谈会暨2009昆迪合作签约仪式上，省委常委、市委书记仇和表示，昆明将强化“为省委、省政府和省级机关服务，为中央、省直和部队驻昆单位服务，为兄弟州市和县（市）区服务”的观念和意识，为全省经济社会发展作出应有贡献，使昆迪合作成为挂钩帮扶的典型、示范、样板。签约仪式上，我市与迪庆州共签订涉及教育、农业、卫生、文化、体育、基础设施、旅游等34个合作项目，协议总投资2 438万元，其中昆明无偿援助迪庆州资金803万元。市领导张祖林、李邑飞、李培山、田云翔、黄云波等分别陪同考察、参加交流会和签约仪式。

【九届市委第102次常委会】 24日晚，省委常委、市委书记仇和同志主持召开九届市委第102次常委会议，会议研究讨论《关于加强和改进新形势下党的建设的实施意见》、2009年招商引资考核情况、《昆明市太阳能与建筑一体化管理规定（草案）》、2010年经济社会发展指标建议和政府主导重点基础设施建设项目投资计划、2010年市本级财政收支预算安排有关问题、关于调整县（市）区津补贴标准有关问题等14项议题。

【市级民主党派、工商联、人民团体调研成果汇报会】 12月25日下午，市领导专题听取民革昆明市委、民盟昆明市委、民建昆明市委、民进昆明市委、农工党昆明市委、致公党昆明市委、九三学社昆明市委、市工商联等11项调研成果汇报。省委常委、市委书记仇和出席会议并作重要讲话。仇和强调，要更加重视专题调研工作，确保各民主党派、工商联和有关人民团体政治有地位、建言有机会、出力有舞台、工作有作为；更加重视突出调研重点，多建良言、多献良策；更加重视提高调研水平，建立健全调研成果论证机制；更加重视调研成果转化，确保调研成果转化迅速、运用高效，落到实处、取得实效。

【全市“送温暖、献爱心”社会捐赠活动物资发送仪式】 28日下午，市委、市政府在世博园广场举行“送温暖、献爱心”社会捐赠活动物资发送仪式。市级安排专款200万元购买的救灾粮232.575吨、棉被6 114床、棉大衣5 900件，与全市开展“送温暖、献爱心”社会捐助活动接收到的衣物，一并发往全市受灾群众手中。省委常委、市委书记仇和，市领导杨远翔、李培山、黄云波、李喜、傅汝林参加发送仪式。

（市委办公厅）

组织工作

【抓好学习实践科学发展观活动】 按照中央和省、市委的统一部署，各级组织部门会同有关部门，紧紧围绕“进位急先、提速增量、富民强市”的跨越式发展目标，牢牢把握“党员干部受教育、科学发展上水平、人民群众得实惠”的总体要求，坚持高起点谋划、高标准定位、高质量推进，创新方法，突出特色，精心组织实施第二批和第三批深入学习实践科学发展观活动。各参学单位坚持“规定动作”不走样，“自选动作”有创新，积极采取党委组织集中学、专题辅导引领学、高端论坛深化学、案例分析比较学、座谈交流促进学、实地调研现场学等多种学习形式，扎实开展“我为科学发展献一策”、“个人形象一面旗、工作热情一团火、谋事布局一盘棋”等主题实践活动，进一步提高了认识水平，增强了贯彻落实科学发展观的自觉性和坚定性，解决一些长期存在的制约科学发展的突出问题，建立科学发展的长效机制。在第二批学习实践活动中，市级各单位各部门共为基层办“五个一批”实事215 411项，投入资金达26.33亿元，全市学习实践活动健康发展、有序推进、成效明显，为实现科学发展新跨越奠定了坚实基础。

【狠抓招商引资考核工作】 着力加强招商引资队伍建设，将驻外招商分局由2008年的35个扩充到40个。不断加大驻外招商引资力度，扩充外出招商人员、扩大外派区域，重点到珠三角、长三角等地，对重点行业、重点企业，积极开展专业化、高频率的招商活动。在招商引资工作中，各驻外招商分局牢固树立发展是第一要务的理念，克服金融危机等不利因素，坚持以正确的政绩观开展招商引资，坚持走出去驻点招商，聚集力量合力招商，全市招商引资工作取得了良好成效。2009年驻外招商分局共引进内资项目1 012个，实际到位资金153.64亿元；引进外商投资企业94户，实际利用外资1.31亿美元。同时。充分利用招商引资这一有利平台培养选拔干部，有针对性地选派了一批年富力强、有发展潜力的干部到招商引资一线进行锻炼，对工作成绩突出、群众反映好的干部及时进行提拔使用。

【深化干部人事制度改革】 围绕提高组织工作满意度和选人用人公信度的要求，加大干部人事制度改革力度，着力打造科学的选人用人机制。继续应用连续公开差额推荐领导干部后备人选的办法推荐提名了五华区委书记等5个重要职位的人选，在规范干部选拔初始提名权方面作了积极探索。加大竞争性选拔干部力度，分别面向海内外公选60名优秀年轻干部和40名经济学博士挂职担任副县级领导职务。按照省委组织部要求做好公选7名副县级领导干部工作，上报常委会任免干部10批213人次，其中票决任免干部211名。强化问责结果运用，破解干部“下”的难题，注重在经济社会发展主战场鉴别和使用干部，制定出台《昆明市被问责领导干部相应组织处理意见（试行）》，对在重大工程建设、招商引资和基层一线等工作中抓落实不力的被问责干部，及时进行组织调整。创新干部选拔任用监督机制，研究制定了《昆明市领导干部选拔任用工作责任监督书制度》、《中共昆明市委组织部严重违规用人问题立项调查暂行规定》、《昆明市党政领导干部选拔任用工作监督员工作规范》、《中共昆明市委组织部干部选拔任用工作部内自查办法（试行）》、《中共昆明市委组织部干部选拔任用工作内部监督暂行规定》等文件，进一步强化了干部选拔任用工作的内部监督和全程监督。采取“考试＋考核、按分选岗”的方式妥善安置66名团职军转干部。启动银政人才培养战略合作，公推直选产生528名公办学校校长，公开选调28名市级机关公务员，定向考录25名乡镇（街道）公务员。实施“干部能力提升计划”和“基层党员干部素质提升工程”，制定出台《昆明市实施“干部能力提升计划”推进大规模培训干部工作的实施意见》，以面向世界的眼光，积极探索国（境）外培训新模式，组织13期200余名县处级领导干部赴美国、新加坡、日本等国家进行专题培训，各种类型的培训累计举办5 400期，培训68万人次。启动都市经济知识学习活动，编写了《都市经济简明教程》，印发近万册供干部进行学习，并与云南财经大学合作对全市干部开展都市经济知识专题培训23期，培训干部5 081人，强化了干部转变经济发展方式、发展品牌城市的意识和能力。

【党的基层组织建设】 大力开展城乡基层党组织互帮互助活动，全市机关和企事业单位党组织结对帮扶农村基层党组织693个、困难党员和群众39 273人，提供帮扶资金6 598万余元，办理实事468件。扎实推进昆明市对口联系德宏州、迪庆州“边疆党建长廊”建设，投入资金300多万元，从阵地援建、干部培养、人才培育、项目扶持等方面入手全面开展对口联系工作。建立了133个为民服务中心，1 572个为民服务站（点），基本构建了覆盖全市的为民服务体系。制定下发了《关于开展相对后进薄弱基层党组织整顿提高工作的通知》，每年倒排出一定数量的相对后进薄弱基层党组织，采取一个基层党组织一个对策的办法进行集中整顿，对已确定的后进薄弱基层党组织，如果一年内工作没有转变的，由其上级党组织书记兼任书记，直接负责整顿提高工作至工作有明显起色为止，对218个相对后进薄弱基层党组织进行集中帮扶和挂牌整顿。以“党建五好社区”创建活动为抓手，在街道社区开展“社区党的建设推进年”活动。投入资金1 900余万元，全面启动286个行政村活动场所重建工作。建成农村党员干部现代远程教育终端接收点1 709个，100%完成应建任务。公开选聘1 396名大学生“村官”，提前实现“每个村、社区一名大学生”的目标。加大高素质基层党组织带头人队伍建设，出台《关于进一步加强村书记队伍建设的意见》，推行村干部“基础补贴+绩效补贴+村集体经济创收奖励”的结构补贴制度，组织1 000余名村（社区）党组织书记赴华西村进行专题培训。整合信贷资源，激励和扶持基层党员干部干事创业。筹集“关爱党员资金”973万余元，救助帮扶困难党员22 172人次，将建国前入党的农村党员生活补助标准从每人每月100元提高到每人每月200元。建成流动党员服务中心（站、点）及窗口1 197个，积极做好流动党员走访慰问和培训、再就业工作。对16个任期届满的基层党组织，采取“公推直选”方式产生党组织班子成员。制定《关于推进昆明市党的组织建设和干部队伍建设党务公开工作的实施方案（试行）》，加大党务公开力度，不断扩大基层党内民主。目前，全市有4个县区被评为“基层组织建设先进县”，66个乡镇党委、719个村党组织达到“五个好”要求，47个社区被命名为“昆明市党建五好社区”，规模以上非公有制企业党组织组建率达100%，初步形成了“县（市）区有工作品牌，乡镇（街道）有示范基地，村（社区）有工作亮点，机关有推进载体”的党建工作格局。

【优化人才发展环境】 制定《关于加强海外高层次人才引进工作的实施意见》和《昆明市引进人才实施细则》、《昆明市经济类人才“千百工程”实施方案》等文件，进一步健全完善人才工作政策体系。通过组团参加北美中国留学人员高科技项目暨人才交流大会、举办“中国昆明2009年海外招商引才专题推介会”等措施，进一步拓宽引才渠道，加大高层次人才引进力度，重点利用昆明学院等单位的人才岗位需求，引导引进13名急需的海外高层次人才。以昆明人才协会为载体，深入开展“科技之光”工程和企业管理人才异地培训，搭建高层次人才服务基层和能力提升平台。加强全市人才队伍建设宏观指导，统筹全市人才工作。

【组织部门自身建设】 试行“大处室”工作制，进一步理顺处室职能和工作运行机制，着力提升组织部门整体合力。坚持工作失误登记、组工干部约谈、组织工作预警等制度，坚持从小节入手，及时发现并解决组工干部工作、生活及思想中存在的问题。开展构建人才“三创”环境大讨论活动，积极在组织系统构建有利于人才创新创业创优的环境。以定期不定期召开座谈会、设立部长信箱、发放公开信、进行满意度调查等方式开门纳谏，虚心听取并吸纳社会各界对组织部门及组工干部的意见建议，并认真进行整改落实。深入践行“一线工作法”，大力开展“组工干部下基层”活动，全年组织系统共开展调研345次，访谈3 000余人，梳理意见1 000余条，撰写报告103份，修订完善文件110个，建立结对点134个，帮扶困难党员380人，树立了组工干部新形象。

（市委组织部）

党员电化教育

【突出抓好制片工作】 围绕组织工作重点任务和社会主义新农村建设，市委党员电化教育中心精心组织、周密安排，全市电教系统拍摄制作了43部党教片，在市电视台播出了28部，有力地宣传了全市基层党建工作。

【进一步加强党教片的交流】 举办第十二届全市党教片观摩评比活动，不断提高党教片制作水平，通过制片，形象生动地总结反映了一批党建先进典型。在参加中国电视艺术家协会举办的观摩评比活动中，上报的两部党教片分别荣获一等奖和二等奖，为全市组织系统赢得了荣誉。

【终端接收点基本实现全覆盖】 截止11月25日，全市应建数为1 709个终端接收点，已全部建成，占应建总数的100%。其中电信模式1 213个，中小学模式490个，卫星模式试点6个，根据对10多个接收点进行的抽样调查，效果令人满意。

【终端接收点建设快速推进】 2009年以来，继续加强远程教育工作，自觉将思想、行动统一到省、市委的要求上来，采取有效措施，切实把终端接收点建设作为重点工作不断推进。协调电信部门，增加电信模式的安装数量，提高覆盖率，召开电信模式接收点建设协调会，深入县区与电信部门磋商相关事宜，强调建设电信模式的进度和总体覆盖率，得到了电信部门的大力支持，终端站点建设已基本实现全覆盖。

【开展现代远程教育】 开展现代远程教育，就是要把信息网络连接到乡村和社区，通过现代化手段搭建起信息平台，将党的政策、现代理念、实用技术和致富信息等及时传递到广大党员群众中。为此，加紧了教学平台的建设力度，投资近八万元接通了10兆光纤，为教学平台节目上传奠定了基础。为突出昆明特色，设置了党建动态、先进典型等10个栏目，并在“七一”前正式开通。教学平台开通后，安排专人每天8小时不间断上传节目，截至目前，已上传节目47 461分钟（约791个小时）。

【制度建设】 为推动全市党员干部现代远程教育工作的科学化、规范化、制度化，组织草拟了《昆明市党员干部现代远程教育管理工作条例》、《关于加强全市党员干部现代远程教育教学资源建设工作的实施意见》、《昆明市党员干部现代远程教育终端接收点工作制度》、《昆明市党员干部现代远程教育工作量化考核办法》、《昆明市党员干部现代远程教育工作文件选编》等工作制度下发县区贯彻执行，这些制度明确了远程教育的工作原则、目标任务、各级管理机构的职责、队伍建设、资源开发、教学管理、考核奖惩等各项规定，完善了远程教育工作的运行机制。

【队伍建设】 为了提高党员干部现代远程教育教学、管理和技术服务人员的素质，组织县区远教干部前往北京、郑州等考察学习，加大培训力度，配合省委组织部，完成了对教学平台人员技术培训工作，使他们初步掌握了节目格式转换。

【推进“学用”工作】 坚持“建一个、管一人、用一个”的原则，推进远程教育“学用”工作向前发展。召开“学用”工作会议，对“学用”工作作出安排部署，确保学出效果，用出效益。在第三批学习实践科学发展观活动中，广泛运用远程教育开展“收看科学发展专题节目”等活动，切实服务于学习实践活动。各县（市）区结合实际，积极探索“学、用”工作的有效途径。嵩明县围绕培训新农民、服务新农村目标，坚持以增强农村党员干部和农民群众的综合素质这个核心，注重学习的时效性，在形式上求活；注重学习的互动性，在内容上求新；注重典型引路，在效果上求实，在全省首家开通了党员干部现代远程教育视频学习系统，开展了远程教育“党员科技示范户”工作，以创建“学、用”实效，收到了很好的效果，得到了省委组织部的肯定。

【理论学习】 认真学习党的路线方针政策，明确新时期党的工作大局和中心任务。加深对方针政策的理解，举一反三，触类旁通，获其精髓，得其真谛。把所学的知识转化为工作方法，掌握的理论推动工作水平的提高。正确处理好工作与学习的关系，用学习推动工作，用工作来检验学习。

【自身建设】 结合党员电化教育和远程教育工作的特点，着重提高政治鉴别能力，想大事、想全局，密切关注当前存在的热点、难点问题，善于从工作中发现带有普遍意义的典型；提高政策运用能力，努力把深刻的理论形象化，把艰深的道理通俗化，把优秀的典型艺术化，使制作的党员教育电视片既有较高的思想性、政策性，又有较强的艺术性和可看性；提高专业技术能力，紧跟时代潮流，认真钻研新技术，善于运用新技术新手段，提高艺术表现能力。不断增强艺术修养，提高党员教育电视片的制片水平，进一步加大业务培训力度，并在实践中增长才干；提高“学、用”能力，充分发挥党员干部现代远程教育作用，促进远程教育工作终端接收站点工作进程，进一步推进全市远程教育“学、用”工作，确保“学出效果、用出效益”提升全市远程教育工作的管理水平和服务能力，从而更好地为组织工作的中心服务。

（党员电化教育中心）

政法工作

【概　况】 2009年，全市政法战线在市委、市政府的坚强领导下，深入学习实践科学发展观，认真贯彻落实党的十七大和十七届四中全会精神以及市委九届五次全会和市委书记仇和在全市政法工作会议上的重要讲话精神，坚持“稳定压倒一切”的方针，以科学发展观为指导，以促进社会和谐为主题，以司法体制和工作机制改革为动力，以落实责任制为着力点，紧紧围绕平安昆明、法治昆明、和谐昆明建设的大局，融入中心抓服务，深化管理抓队伍，强基固本抓规范，高点定位抓创新，各项工作全面发展，为现代新昆明建设和迎接新中国成立60周年创造了良好的社会环境。在中国城市竞争力研究会公布的2009中国最安全城市排行榜上，昆明的安全指数在全国290个城市中位居第20位。

【排查化解矛盾纠纷】 以重点工程建设、重大工作推进、重点人群管理为重点，实施社会稳定风险评估，严格执行信访维稳工作“一岗双责”问责办法，深入推进“四位一体”大调解工作体系建设，对排查出的不稳定因素落实“五个一”、“领导包案”、“四定两包”等工作措施。全市共排查出影响社会稳定的矛盾纠纷869起，成功化解790起，成功化解率达到90%。制定完善《群体性事件预防和处置办法》，加强应急处置队伍和能力建设，依法妥善处置了109起重大群体性事件，没有因处置不当而激化矛盾，有力确保了胡总书记视察云南、第16届人类学民族学大

2009年1月20日昆明市政法工作会议召开　（市委政法委研究室　供稿）

会和国庆60周年庆典等重大活动和大型活动的绝对安全。

【维护社会治安】　以国庆60周年安保为中心，强力推进“情报制导、严密防范、精确打击”各项措施的落实，深入开展命案侦防、打防“两抢一盗”、禁毒人民战争、打拐反拐、整治黄赌等行动。全市共立各类刑事案件41 577件，逮捕7 641人，提起公诉9 048人，判处罪犯10 539人；共查破千克以上毒品大案153起，缴获毒品954千克，同比分别上升35.4%和56.9%；影响较大的“9·25”昆明主城区飞镖案、“11·16”特大杀人案、“11·25”持枪抢劫案等大要案均全部破获。以“两抢”接报警日均仅有7.5起、核实数日均仅有4.6起为标志，社会治安大局保持了持续稳定。

【打黑除恶专项斗争】　坚持“有黑打黑、无黑除恶、无恶治邪、无邪治乱”的原则，制定下发了《关于进一步深入开展打黑除恶专项斗争的工作意见》、《关于对举报涉黑涉恶犯罪线索给予奖励的公告》等系列文件。紧紧盯住人民群众反映强烈的突出问题，狠抓“三长责任制”、考核问责机制、重大案件挂牌督办机制、奖励机制的落实，共摧毁黑恶势力团伙27个，抓获团伙成员394人，破获各类刑事案件411起，缴获各类枪支22支、刀具200余把、毒品9.5千克，查封、冻结赃款400余万元，扣押车辆43辆。全市公安机关共逮捕和移送起诉涉黑涉恶犯罪嫌疑人89人，检察机关提起公诉46人，审判机关作出判决46人。黑恶势力在公共场所公开寻衅滋事、欺压百姓的现象基本得到了杜绝。

【平安建设】　按照“打造平安、推动发展、构建和谐”的总要求，组织开展了形式多样、内容丰富的平安建设活动，不断拓展创建领域，丰富创建内容，提升创建层次。扎实推进平安乡镇（街道）、平安社区（村）、平安单位、平安医院、平安市场、平安家庭、平安铁路等创建活动。首批160家平安建设先进单位受到市委、市政府的命名表彰。目前全市创建平安乡镇（街道）129个，平安社区（村）1 582个，平安医院137个，平安文化市场839个，平安家庭650 372个。

【服务经济社会发展】　认真落实“百姓创家业、能人创企业、干部创事业、政法保创业”的要求，大力维护市场经济秩序，依法查处了1 383起经济犯罪案件。公安行政审批项目由24项精简为13项，制定出台了《昆明市优秀农民工落户城镇实施意见》；加强交通和消防管理，交通事故死亡人数连续3年下降，火灾事故数和财物损失数连续3年下降。加大职务犯罪查办和预防力度，全年共立贪污贿赂、渎职侵权案件183件206人，推动了反腐败斗争的深入开展。运用民事、行政审判工作依法调节经济关系，全年共受理民商事案件40 697件，同比上升18.19%。深入开展执行积案清理，有财产可供执行的3 717件积案基本执结到位。加强法律援助和法律服务，全年共办理法律援助案件5 624件，同比上升52%，为全市经济社会发展提供良好的法律服务和保障。

省委常委、市委书记仇和向昆明首批平安建设先进单位颁奖

（市委政法委研究室　供稿）

【政法基层基础工作】　市委、市政府对事关政法工作的长远性、基础性工作高度重视，出台了《关于深入实施科技强警战略的意见》，科技强警迈出新步伐。积极推进乡镇（街道）党委政法委建设，调整充实市县两级“综治办”、“维稳办”人员编制，成立专门的环保执法机构，注重发挥治保会、调解会作用，基层无人干事的问题得到有效解决。强化警力下沉、强化经费保障，认真落实县级政法机关经费最低保障标准，不断加大对综治、维稳、“610”、平安建设等工作经费的投入，基层政法部门的基础设施和技术装备建设明显改善。

【政法队伍建设】　按照中央和省市委的部署，深入开展学习实践科学发展观活动，结合政法工作实际提出了社会主义法治理念教育“八破八立”的具体要求，进一步端正执法思想。围绕政法领导班子和政法队伍革命化、正规化建设，扎实开展岗位练兵、业务竞赛、巡回演讲、专题讲座、集中轮训等活动。强化纪律作风，成立政法纪工委，组织开展打击牢头狱霸、严格枪支管理等专项整治，政法干警违法违纪率进一步下降。全面加强政法队伍的思想、业务、作风建设，涌现出了杨竹芳等一大批在全国有影响的先进典型，人民群众对政法队伍的满意率进一步提高。

（市委政法委研究室）

宣传工作

【学习实践科学发展观】　为大力推进全市学习实践活动的开展，营造浓厚的学习氛围，我部开展了形式多样、内容丰富的学习宣传活动。精选典型案例，对10家单位学习实践活动中好的做法和经验进行了系列报道，共刊播角度新、分量重、内容丰富的稿件40余篇。挖掘亮点，提升高度，撰写学习专报13期，宣传信息专报3期，收集信息、简报近440期，组织撰写印发76期，为全市的学习实践活动提供了交流学习的平台。协调各级媒体，内引外联，扩大影响，中央电视台等中央媒体刊发我市学习实践活动20余篇。云南电视台等省属媒体刊发50余篇。市属各新闻媒体开设栏目11个，开展系列报道18组，刊发稿件384篇，评论20篇，形成了强大的宣传合力，有力的促进学习实践活动的开展。

【培训讲座】 精心组织，创新方法，加强和改进各级党委中心组学习。举行市级领导班子深入学习实践科学发展观中心组专题学习，安排一系列各有特色、相互联系的学习活动。不断丰富和创新“领导干部培训日”制度，开设了“学习实践科学发展观与现代新昆明”论坛。精选讲座专题，积极邀请、联系、协调全国知名人士到昆明开展讲座，较好地增强了培训的针对性和实效性。其中邀请到中科院院士5位、著名学者、高层领导、知名企业高管近5人，内容分别涉及经济、金融、城市管理与政府公共管理、人文与自然科学等。全年举办专题讲座（论坛）57讲，全市参加培训的各级领导干部达到35 000余人次。整理专题学习讲座录音稿近50篇。编辑出版发行《领导干部学习资料》15期，编辑出版发行了《领导干部培训日专题学习讲座汇编》。不断在引导领导干部勤学、敏思、善悟上出点子，找方法。按要求对“领导干部培训日”学习情况进行了跟踪督察；刊登全市领导干部学习体会文章，各单位踊跃交稿200多篇，在《学习园地》刊发30余篇。通过学习，全市领导干部的理论修养和人文素养大幅提升，综合素质不断提高，思维能力和领导能力进一步增强。

【新闻策划和舆论引导】 正确把握导向，充分发挥新闻媒体社会动员和舆论引导的作用。围绕市委市政府中心工作，制定了22个新闻宣传策划案，市属媒体在做好日常工作报道的基础上，推出专栏20多个，刊发系列报道1 000余篇，重大主题报告40余组200篇，其中，《昆明创新之翼》、《昆明冲击波》等在昆明日报和昆明电视台刊播。同时，协调中央驻滇媒体刊发昆明的报道800余篇，省级媒体刊播昆明市重要工作的报道2 000余篇，其中，《制度治理的昆明现象》等在人民日报、云南日报等刊播。以强有力的主流舆论，引导热点难点，充分发挥社会动员之利，不断扩大宣传面和影响力，使市委、市政府的重大决策部署以最短的时间、最大的范围、最好接受的方式传达给每一个干部群众。现场直播了市委九届五次全体扩大会议，对市“两会”进行全面准确的报道。开展贯彻落实市委九届五次全会、市委工作会等系列宣传，对效能提升、干部作风改进、滇池流域水环境综合治理等80余场重要会议进行精确解读、深入报道，把党委、政府的决策部署变为了干部群众的自觉行动。

【宣传舆论监督】 充分发挥舆论监督作用，有力推动工作改进，以市委建立《昆明市新闻监督事项督查实施办法》制度为契机，强化对被监督事项的督查力度，制定下发了《进一步加强和改进市政府工作新闻报道的方案》、《昆明市建设舆论宣传监督管理办法》。推出各类专题专栏20期，着重对四类问题进行督查，发出督办件20件，回馈率100%，办结率100%。市属媒体刊登了一系列共计60多篇重头稿件，刊播450余期（篇）舆论监督、批评性稿件，有效激发了全社会监督党委政府工作的积极性。《昆明电视台》和《城市文明监督岗》栏目在城市创建中发挥了重要作用，昆明日报、昆明信息港承办的“效能提升作风改进——领导干部在线访谈活动”推出18期。出台《建立新闻舆情研判制度实施意见》，创新舆情研判机制，不断提高舆论引导的权威性、公信力和影响力，开展中央、省市舆情研判，建立媒体舆情报送制度。每天出一期《每日舆情》供部领导参考；每周出一期《舆情专报》或《宣传工作专报》送书记、市长参阅；共编发报送《每日舆情》188期、《舆情专报》（新闻研判）38期，《宣传工作专报》30期，13次受到仇和书记的肯定批示。

【网络舆情信息工作】 随着昆明市各项改革措施的继续深化，网上舆论的焦点已从关注仇和书记和昆明新政向关注全市的制度创新、滇池治理、交通解堵、行政问责、干部选拔及民生问题等方面延伸，广大市民借助网络平台对我市改革发展建言献策、反映问题、开展讨论的积极性、参与和监督意识明显增强。我部全天候密切监看网上舆情动态，坚持每日上报网络舆情，提出应对措施，汇报处置情况。共呈报《舆情专报》（网络舆情）360期，市委主要领导对网络舆情和网络舆论引导工作先后做出批示86件。及时跟踪、掌握各类舆论热点，共删除网上不实信息和负面言论100余条，并协调网络写手和相关部门，组织新闻稿、通报稿和评论文章，用正确的思想、准确的事实、客观的态度，正确解读政策法规，冷静阐释社会热点，理性分析新闻事件，达到解惑释疑、澄清事实、舒缓情绪、化解矛盾、批驳谣言的目的。

【“昆明信息港”】 “昆明信息港”开港一年来，不断建立健全各项内部管理、绩效考核、收入分配等制度，运行管理已逐步步入正轨。对互动社区进行管理和监督，对栏目内容设置进行调整，增强了论坛、博客的影响力和网民的参与意识。开展“提升行政效能，改进机关作风”网上访谈活动，开设“政民互动”栏目，建立政府与网民的沟通交流渠道。广泛联络在昆的“意见领袖”和知名博客，省内外知名网络写手，充实、扩大网络写手队伍。目前，网络写手骨干已发展到20余人，形成了一支高素质、有战斗力的网络写手和评论员队伍。今年共组织评论文章360余篇，为昆明市的改革发展提供了有力的网络言论支持。一年来，昆明信息港综合影响力和各项数据大幅提升，在云南省内2万多家网站中排名已稳居前三。

【信息网络交流】 保持与市公安局网监支队的联动，适时交换网络舆情，通过各自渠道，共同处置网上不良信息和不实言论。加强与省内各主要网媒的联系，积极争取支持和配合，全国主流网媒在各自的网站登载了昆明城市宣传报道文章20余篇。策划、组织了“全国主流网络媒体昆明行”活动和“嬗变中的昆明”网络专家博客笔会。此次活动得到仇书记极高评价：很好！交流得益，开放开明！

【对外宣传】 精心策划“两会”、“建国60周年”等10多起重大主题对外宣传，配合做好省电台《辉煌60年》大型新闻直播、云南日报社“祖国好·云南红”活动、“老记回眸60年”采访等活动，共完成200余次对外宣传报道活动。以大型活动、重大会议等为平台，利用各种经贸文化旅游活动，借力造势，邀请中央、各大城市、港澳和国外媒体对昆明进行宣传报道，借力宣传昆明。充分利用“浙商投资论坛”、“生态环保宜居城市论坛”、“昆明·北京投资洽谈会”、“2009年全国企业家活动”等开展对外宣传。力争荣誉，为昆明城市形象着浓妆、添亮点。通过争创工作，昆明市荣获“浙商·苏商最佳投资城市”、“中国最具软实力城市”、“中国创业之城”、“中国十佳和谐可持续发展城市”、“中国十佳投资创业城市”、云南16个地州市“城市幸福指数”第一、未来中国“新希望”城市、中国文化产业新锐创意城市示范奖、“共和国60年中国特色魅力城市”、“共和国60年中国最具投资潜力城市”、“中国经济科学发展十佳城市”、“2009中国最具创新力城市”、“2009中国全面小康十大民生决策”、“联合国宜居生态城市”、“2009年中国最具幸福感城市”等10多项荣誉。

【公开新闻发布】　制定下发了《进一步加强和改进市政府工作新闻报道的方案》、《昆明市建设舆论宣传监督管理办法》、《昆明市突发公共事件新闻宣传应急预案》、《昆明市“阳光政府”四项制度新闻宣传工作实施方案》等文件，坚持统筹沟通协同。围绕市委、市政府重大决策、重大事件、热点问题，精心安排日常新闻发布，邀请中央、省级主流媒体、市属媒体参加新闻发布活动，提供新闻信息资源，引导媒体进行客观报道，增强政府新闻发布的权威性和公信力。共召开新闻发布会96场，在各类媒体上发表公示公告共计46篇。在复旦大学成功举办了新闻发言人培训班。培训了全市重点单位、各县（市）区新闻发言人近50人。

【应对突发事件】　在突发事件和敏感问题方面，不遮不掩，不封锁消息。在“螺蛳湾升级改造”、“金座公司非法集资案”、“晋宁监狱案件”等热点舆论上，及时还原事实，主动引导对外宣传。进一步加强与中央驻滇、香港驻昆、省级新闻媒体的联系与合作，帮助解决各记者站的困难，充分发挥驻站记者的作用，加大昆明新闻信息在国内主流媒体的刊播力度，刊播各类报道876条（组）。春节走访慰问了中央、省、市媒体，组织召开了“媒体新春座谈会”，做好全国主流都市类媒体昆明论坛活动。做好《福布斯》杂志、《21世纪经济报道》、《经济日报》、《南方周末》、《人民日报》等报社记者到昆采访的接待和协调工作；协助完成了《中外友好城市》系列报道的采访工作；协助完成了央视《经济半小时》、《新闻频道》、《焦点访谈》、凤凰卫视《智慧东方》等栏目拍摄采访工作；参与《中国经济年鉴》创新型城市案例征集工作；完成了《天上人间·昆明》画册首发式及宣传工作。

【思想道德建设】　起草下发《关于全面提升市民素质的实施意见》，在全市范围内迅速推进“八大工程”，提升市民素质。组织开展“迎国庆　讲文明　树新风”群众性爱国主义教育活动，组织参加“云南省精神文明建设成就展”、“祝福祖国”文明公益短信传递活动、“爱国歌曲大家唱·昆明篇”群众性歌咏活动等；获云南省“迎国庆、讲文明、树新风礼仪知识竞赛”第二名；在全省“红土地之歌”演讲大赛决赛中获多个大奖。组建了“昆明提升市民素质宣讲团”，宣讲员队伍达3 000余人，初步形成了以学习社会主义核心价值体系和文明礼仪为主要内容的全员培训的氛围。组织开展道德模范推荐、评选、学习活动。有4人获“云南省道德模范”称号，1人获“全国第二届道德模范”提名奖。组织举行了“我们的节日”、“向国旗敬礼”、“全国优秀童谣推荐评选”等系列主题教育实践活动。

【创建全国文明城市宣传月活动】　印制《创建全国文明城市知识50问》60万册，《昆明市民文明公约》挂图10万份。协调配合市级相关职能部门、团体开展了多种形式的群众性创建活动。针对创建的新要求，及时采取应对措施，完成了中央文明委暗访测评迎检工作。组织到全国文明城市成都、南宁、厦门考察学习。收集整理上报《城市公共文明指数测评整改情况报告》，草拟《昆明市公共文明指数测评体系（试行）》。今年，我市石林风景区获“全国文明风景区”称号。

【文明创建】　完成省级350个文明单位、51个文明村、10个文明社区、3个文明小城镇检查验收、公示、上报；完成市级5个文明行业、284个文明单位、55个文明村材料的收集整理、公示、表彰命名。认真组织开展2009年昆明市文明单位、行业、村、社区、小城镇抽查考评工作。下发了《关于在“窗口”服务行业开展文明创建活动的通知》，起草了《关于深入开展文明社区创建的实施意见》。完成落实“电视进万家”工程、“西部助学”工程、“向西部送电脑”活动等工作。

【打造文化昆明】　组织举办了第四届“茶花奖”颁奖仪式，对123件优秀作品进行表彰。电视剧《凤氏彝兰》获第27届电视剧“飞天奖”戏曲电视剧三等奖，实现了云南、昆明本土原创影视剧在国家广播电影电视总局“飞天奖”上零的突破。多个舞蹈、话剧小品、小戏小品、花灯小戏等获全国文学文艺大奖。今年我部获第五届云南文化精品工程组织工作奖。

研究制定建国60周年文化活动方案，统筹安排好全市各项庆国庆文化活动。举办了建国60周年昆明大型交响音乐会；迎国庆昆明大型书画、美术、摄影、民族民间工艺品展览；市第二届“群星荟萃”美术书法摄影作品展；昆明市首届青年歌手电视大奖赛；举办“迎国庆60周年中国·昆明首届模特大赛”；开展“向祖国汇报”重点国产影片展映、展播活动；协助做好建国60周年云南农民画展等一系列大型活动。参与组织2009年中国昆明国际文化旅游节广场民族歌舞展演狂欢活动；参与了云南陆军讲武堂《百年军校·将帅摇篮》百年庆典系列活动。

扎实推进农村广播电视公共服务体系，按时启动农村省级广播电视节目无线覆盖工程。完成了1 371个村40 507户约15万人“村村通”直播卫星工程，完成了10个农村乡镇广播电视服务中心示范点的建设工作。抓好基层34个文化站和420个村级文化活动室的建设；积极争取国家对“农家书屋”建设工作的支持，新配置“农家书屋”160个；继续深入开展农村电影“2131工程”，丰富农村文化生活。充分发挥爱国主义基地在宣传教育中的作用，加强对爱国主义教育基地的建设、管理和使用，对19家“省级爱国主义教育基地”进行了挂牌。

【发展博物馆业】　拟定《文化昆明建设体制与机制创新方案》，完成市委、市政府《关于打造品质春城的实施意见》，修订《昆明市发展少数民族文化事业的决定》。按照“保护为主、抢救第一、合理利用、加强管理”的原则，加强对历史文化资源、非物质文化遗产的抢救、保护和利用，出台了《昆明市人民政府关于加强非物质文化遗产保护工作的若干意见》，今年申报批准省级非物质文化遗产项目13项，市级非物质文化遗产项目25项，上报国家级非物质文化遗产项目5项，对22家民办、行业博物馆进行了表彰，现挂牌博物馆已达75家，年底建成博物馆总量100个。市博物馆二期工程正抓紧建设，即将完工。

【文化产业发展】　起草《进一步推进文化产业发展意见》、《昆明市文化产业发展"十二五"规划》、《昆明市鼓励和扶持动漫产业发展的办法》，进一步完善了文化产业项目库，征集整理119个2009年文化产业项目。我市拥有文化产业项目420个，涉及金额948.88亿元，已签约项目315个，协议金额531.678亿元，实际到位资金170.94亿元，正在实施的项目160个，已完成的项目209个。协助举办"第二届云南·昆明动漫节"，我市30多家动漫企业在动漫节上大放异彩，动漫作品受到许多市民的喜爱和商家的青睐，昆明市获优秀组织奖。组织参加深圳国际文化产业博览会，推介10余家文化企业参会。组织县（市）区参加第二届云南省民族民间工艺品博览、第二届云南省民族服装博览会。做好了旅游文化产业大会有关工作。协调开展2008年文化产业统计，完成昆明市文化市场调研及报告。为东方影城、玉器城等14个项目牵线搭桥、出谋划策。

【文化体制改革】　制定《中共昆明市委　昆明市人民政府关于深化文化体制改革加快文化产业发展的意见》，《文化体制改革总体方案》，拟定了《昆明市博物馆业发展奖励办法》、《昆明市文学创作出版奖励办法》、《昆明市优秀影视作品奖励办法》、《昆明市政府采购公共文化产品和服务的办法》、《昆明市哲学社会科学研究成果奖励办法》等六个推动文化事业和文化产业发展的系列办法。昆明报业传媒集团、昆明广播电视台（集团）、昆明演艺（集团）有限责任公司三大集团挂牌成立；组建昆明市文体旅游产业开发投资有限责任公司；昆广网络与江苏有线合作，采用BOT融资模式，一期引进资金1 250万元，开通了互动数字电视。完成文化体制改革单位底数调查，为制定分类改革措施，全面完成文化体制改革任务提供了基本数据。2009年昆明市获中国文化产业创意城市示范奖。

（市委宣传部）

对外宣传

【组织重大主题宣传】　精心策划"二环快速系统改造"、"螺蛳湾国际商贸城项目推进"、"建国60周年"等重大宣传主题，配合省电视台、云南日报社做好"祖国好云南红"、"老记回眸60年"大型直播、采访等系列宣传活动，完成"安全生产专项整治"、"全市打击违法添加食用物资和滥用食品添加剂专项整治"、"宝象河、盘龙江综合治理"、"呈贡新区水资源保护及再生水利用"等200余次重大主题宣传，进一步提高了对外宣传的影响力，全面展示昆明改革开放形象。

【重大活动宣传】　以大型活动、重大会议、外事活动的开展为平台，利用各种招商推介会、旅游节、昆交会、农博会、旅交会等各种经贸文化旅游活动，邀请中央、各大城市、港澳和国外媒体对昆明进行宣传报道，借力宣传昆明。完成100余次重大活动的宣传报道，实现信息的及时畅通和工作的无缝对接。充分利用"浙商投资论坛"、"生态环保宜居城市论坛"、"昆明·北京投资洽谈会"、"2009年全国企业家活动"、"泛珠市长论坛"、"中国和谐城市可持续发展评价体系研究成果发布会暨第二届中国和谐可持续发展高层论坛"等开展对外宣传，提高对外影响力。

【争创工作】　通过争创工作，昆明市荣获了"浙商·苏商最佳投资城市"、"中国最具软实力城市"、"中国创业之城"、"中国十佳和谐可持续发展城市"、"中国十佳投资创业城市"、云南16个地州市"城市幸福指数"第一、未来中国"新希望"城市、中国文化产业新锐创意城市示范奖、"共和国60年中国特色魅力城市"、"共和国60年中国最具投资潜力城市"、"中国经济科学发展十佳城市"、"2009中国最具创新力城市"、"2009中国全面小康十大民生决策"、"联合国宜居生态城市"、"2009年中国最具幸福感城市"等15项荣誉。

【贯彻市委、市政府信息公开制度】　认真组织好市委、市政府信息发布工作，通过市属媒体将市委、市政府通过的重大方针、政策、举措告知社会，增强政府新闻发布的权威性和公信力。及时准确发布各部、委、办、局出台的重要政策、重大举措。举办的重大活动均采用新闻发布会、新闻通报会等形式，通过各级各类媒体告知社会，同时在报刊上开辟"权威发布"专栏，准确地将各级各部门新闻发布内容在第一时间向广大市民通报。创新形式、增强影响力。加强对新闻发布的议题、形式、内容、现场、报道的策划，提高发布的针对性和吸引力，增强权威性和实效性，有效引导舆论。新闻发布范围广泛。2009年，召开新闻发布会共计105场，发布的主题涉及面越来越广，新闻发布会成为人民群众了解党委、政府工作，实现党务政务公开的重要手段。

【强化培训，提升外宣战斗力】　2009年5月，与复旦大学联合，成功举办了新闻发言人培训班。全市重点单位、各县（市）区新闻发言人近50万人参加了培训。进一步增强处置突发事件的能力，提高在实际工作中与媒体沟通的能力，各级各部门对新闻发布工作重要性的认识有明显提高。完善制度，加强组织领导和统筹协调。制定下发《进一步加强和改进市政府工作新闻报道的方案》、《昆明市建设舆论宣传监督管理办法》、《昆明市突发公共事件新闻宣传应急预案》、《昆明市"阳光政府"四项制度新闻宣传工作实施方案》，统筹协调，把外宣力量、资源整合起来，加强沟通、协同，强化大外宣意识，积极开展对外宣传，为构建大外宣格局打下了坚实的基础。

【认真做好突发事件和热点问题的引导】　关注热点难点问题，自觉担负起维护全市利益，及时消除和减少负面影响的责任，热点问题、突发事件舆论引导水平不断得到了提高。强化做好推进螺蛳湾商业片区商业业态升级改造暨螺蛳湾中央商务区（二级CBD）建设工作的舆论宣传。做到了及时到位、提前处置、及时沟通、正面引导，积极引导舆论、影响舆论。在"金座公司非法集资案"、"昆明小学生卖淫案"等热点问题及突发事件处置中，及时进行新闻处置工作，通过召开新闻发布会、提供新闻通稿、接受媒体采访等方式，及时、有序、准确地发布权威信息，争取正面引导舆论的积极效果。

【发挥新闻媒体作用，大力宣传昆明】　进一步加强与中央驻滇、香港驻昆、省级新闻媒体的联系与合作，充分发挥驻站记者的作用，进一步做好联络、协调和服务工作，加大昆明新闻信息在国内主流媒体的刊播力度。通过春节前走访中央、省、市媒体慰问活动，组织召开了"媒体新春座谈会"等多种形式，广交媒体朋友，主动加强联系，建立与中央电视台等主流媒体的相互沟通、相互理解、互通信息的合作关系，主动介绍昆明，充分展示昆明。做好《焦点访谈》、《福布斯》、《21世纪经济报道》、《经济日报》、《春城晚报》等报社记者到昆采访的接待和协调等各项工作。协助完成了央视经济半小时采访昆明经济适用房、“经典云南”电视片拍摄、央视焦点访谈栏目“昆明城市无车日活动”专题片拍摄相关工作任务，积极参与《中国经济年鉴》创新型城市案例征集工作，组织相关资料在《年鉴》中刊发。完成了《天上人间昆明》画册首发式及宣传工作。

（市外宣办）

统战工作

【开展深入学习实践科学发展观活动】　按照全市的统一部署，统战系统各级各部门结合工作实际，分批开展深入学习实践科学发展观活动。全面深入地查找分析影响统一战线服务科学发展和自身科学发展的问题，制定整改方案，细化整改措施，抓好工作落实，进一步增强了用科学发展观统领统战工作的自觉性和坚定性。配合组织部门认真做好新经济组织和新社会组织学习实践科学发展观活动，进一步加强非公经济党建工作，促进非公经济发展壮大。市委九届五次全会、全省统战部长会议召开后，全市统战系统认真贯彻落实会议精神，以开展深入学习实践科学发展观活动为契机，进一步理清工作思路，明确工作目标任务。及时学习传达市委、市政府下发的《关于在全市开展“行政效能提升年”和“干部作风改进年”活动的实施意见》，结合统战工作实际，贯彻落实各项要求。召开专题民主生活会，查找不足，认真整改。组织开展“加强作风建设，促进科学发展”主题教育活动，按照“个人形象一面旗，工作热情一团火，谋事布局一盘棋”要求，推进机关行政效能提升和干部作风转变。

【经济统战工作】　发挥统一战线优势和作用，积极为招商引资牵线搭桥。河南商会在昆举办全国会长年会期间，组织召开昆明市招商引资项目推介会；多次赴福建泉州、莆田，海南等地开展招商引资工作，协调江苏省工商联组织民营企业家到盘龙、呈贡、石林等县（区）投资考察；组织统战系统领导干部赴广东学习培训期间，在广州市召开招商引资项目推介会。2009年，经考核办认定，全市统战系统各级各部门共引进项目210个，内资18.36亿元，外资2 251.62万美元。充分发挥商会以商招商作用，出台鼓励驻昆商会招商引资的意见和实施细则，调动商会招商引资的积极性。据不完全统计，2009年，驻昆商会协助有关县区和部门共引进内资32亿元。大力发展驻昆异地商会。积极牵头协调，创新工作方式，简化工作程序，广泛动员成立各级各类商会。2009年，新组建商会41家，全市商会总数达101家。召开驻昆商会代表座谈会，广泛征询客商对昆明市软环境建设方面的意见建议，及时向“市软件办”反馈，进一步促进投资环境的改善。加大对台招商引资工作。协调组织4批由市领导带队的赴台招商经贸考察活动，共签订协议16份，协议资金25.28亿人民币和9.72亿美元。积极推进昆明石林台湾农民创业园工作。协调做好台创园规划建设、招商引资等工作。成功举办首届昆明石林台湾农民创业园发展论坛，扩大台创园的影响。2009年底，台创园已完成园区规划和部分基础设施建设，完成投资1.6亿元人民币，签约项目12个，已入园企业11家，到位资金8 100万元人民币。

【民主党派工作】　召开统一战线情况通报会4次，向市级各民主党派、工商联、有关人民团体通报中共昆明市委九届五次全会及党风廉政建设等方面的情况；省委常委、市委书记仇和专程到市级各民主党派、工商联、有关人民团体走访调研，听取意见；邀请省级各民主党派领导来昆调研，就现代新昆明建设听取意见建议；召开党外人士座谈会，听取关于市委九届六次全会工作报告及贯彻十七届四中全会决定的意见建议。协调市级各民主党派领导参加市政府常务会议29次。支持各民主党派、有关人民团体履行民主监督职责，全市有57名民主党派和无党派人士受邀担任特约人员。积极引导各民主党派、工商联、有关人民团体紧紧围绕昆明跨越式发展深入调研、建言献策、服务社会。各民主党派认真履行参政议政职能，2009年，共向市县两级政协提交提案396件，其中市级重点提案8件。组织各民主党派开展专题调研，共完成专题调研课题11个，召开专题调研成果汇报会，市级领导班子成员及相关部门负责同志听取汇报；召开专题调研成果对口汇报座谈会7场，涉及到的30多个政府部门领导及相关人员200多人参加汇报座谈会，促进了调研成果的转化运用。组织开展昆明市统一战线专场社会服务活动，统一战线成员500多人参加了医疗义诊、法律咨询、科技服务、文艺表演等活动。协调筹措资金近百万元，帮助统战系统挂钩扶贫点加强道路、人畜饮水等基础设施建设。推动各民主党派加强自身建设。以中华人民共和国建国60周年、人民政协成立及多党合作制度确立60周年为契机，引导各民主党派深入开展坚持走中国特色社会主义道路主题学习教育活动和政治交接学习教育活动，进一步巩固多党合作的思想政治基础。加强各民主党派领导班子和干部队伍建设，推动市级各民主党派完善领导班子民主生活会和民主党

2009年在昆台商恳谈会　（市委统战部　供稿）

派中层干部年度考评制度。坚持照顾同盟者的利益，帮助协调解决民主党派在工作经费、办公条件、生活待遇等方面的困难和问题，增加调研工作经费，协调做好“昆明市统战活动中心”规划设计和建设推进工作。

【民族工作】　全面完成2009年市级民族专项资金的到位工作，积极争取省市民族专项资金4 199万元，扶持项目342个，切实帮助少数民族和民族地区解决生产生活中的困难和问题。深入基层，对全市散杂居民族地区经济社会发展及民族关系情况深入开展调研，有针对性地进行帮扶。积极配合支持在昆召开国际人类学与民族学联合会第十六届大会，组织筹备并圆满完成昆明市第九届少数民族传统体育运动会。广泛开展党的民族政策和民族工作法律法规宣传教育活动，坚持“团结、教育、疏导、化解”的方针，妥善处理民族工作中的热点和难点问题。

【宗教工作】　在全市五大宗教领域广泛开展爱国主义和法制宣传教育活动，普及法律知识，宣传党的宗教工作基本方针，教育引导宗教人士爱国爱教。加大对中青年教职人员的培养力度，市县两级统战部门共举办宗教教职人员培训班70期，培训3 515人次，选送26名年轻教职人员参加上级统战部门组织的学习培训。依法管理宗教事务，妥善处理宗教工作中的热点问题，抵御境外宗教渗透，依法打击利用宗教进行的各种违法犯罪活动。新疆“7.5”事件后，及时到宗教团体了解掌握情况，向宗教界讲清事件的性质，有效地化解和消除了宗教领域的隐患问题。推进宗教活动场所的规划和建设，妥善处理宗教房产遗留问题。协调华山东路99号天主教房产从市人防办归还给市天主教爱国会，真庆观落实给市道教协会，呈贡新区基督教活动中心顺利竣工。积极主动地为省属宗教团体服务，多次协调、帮助解决省基督教神学院建设用地问题，圆通山接引殿由昆明动物园顺利移交圆通寺管理使用。积极争取省委统战部大力支持，补助昆明市宗教活动场所建设及修缮资金130万元。进一步加强宗教团体建设，帮助宗教团体解决在办公条件、工作经费、人员配置等方面存在的困难和问题。充分发挥宗教在构建和谐昆明中的积极作用，引导宗教与社会主义社会相适应，指导宗教团体开展“和谐寺院建设”、“创五好宗教活动场所”等主题活动，倡导文明新风、抵御渗透、促进团结。

【新的社会阶层人士统战工作】　加强对工商联工作的领导，推动工商联全面加强自身建设，更好地发挥桥梁纽带和助手作用。加强对非公经济代表人士的培训，市县两级共举办培训班38期，培训1 673人次。密切与驻昆异地商会、非公有制企业的联系，采取多种形式帮助非公有制企业坚定信心、排忧解难。一年来，协调有关部门帮助非公企业解决困难和问题133件。积极与金融部门沟通协调，开展银企合作，召开银企座谈会18次，促成8家企业与银行签订贷款协议。开展昆明市第三届优秀中国特色社会主义事业建设者评选表彰活动，全市有突出贡献的50名非公经济代表人士被授予昆明市优秀中国特色社会主义事业建设者称号。发挥光彩事业促进会的作用，引导非公经济人士履行社会责任。2009年，昆明市光彩事业促进会共实施光彩项目16个，投入资金450多万元，用于全市捐资助学、新农村建设、贫困地区基础设施建设等。协助江苏光彩事业促进会向富民县罗免乡捐赠120万元建设的西核光彩小学已竣工投入使用。以创业带动就业，青创会提供无息贷款180万元，扶持36名青年创办企业。与昆明电视台合作，举办4期“昆明青年创业项目大赛”，对优胜者给予3～5万元的创业资金扶持，进一步宣传和推广青年创业项目。

昆明市统一战线社会服务活动　（市委统战部　供稿）

【港澳台海外统战工作】　与泰国、缅甸、老挝、日本、韩国、香港、澳门等国家和地区的侨团继续保持良好的友好往来，进一步密切与友好侨团领袖、进入主流社会的华人和华裔新生代骨干代表人士的交往，建立涵盖34个国家和地区的海内外侨界重点联系对象的相关资料。促进昆台交流交往。邀请有影响的台湾民间组织及工商界人士来昆交流，组织经贸、教育、医疗、旅游考察等13个团队200余人（次）赴台参访，与省台联联合举办“2009两岸青年七彩云南联谊活动周”活动，不断拓宽昆台交流领域。努力为在昆侨资、台资企业服务。定期召开台商恳谈会，帮助解决困难和问题。成立昆明侨商联合会，为侨界企业家提供在昆明发展的信息交流平台。圆满完成昆明台湾同胞投资企业协会换届工作，加强协会的管理和服务，台企协会的作用进一步发挥。

【党外代表人士队伍建设】　进一步加大党外干部培养选拔力度，做好党外干部的实职安排。2009年，市商务局、科技局、审计局、统计局、投资促进局、人防办6个市政府工作部门的正职及13个市政府部门副职由党外干部担任；党外干部担任市政府、市政协副秘书长各1人，市中级人民法院副院长、市人民检察院、副检察长各1人。县级人大、政府、政协、法检两院都按规定配备党外领导干部。坚持把教育培训工作作为统战工作的重点工作，纳入全市干部培训计划，进行安排部署，市县两级统战部门共举办培训班23期，培训统战成员4 000余人次。

【培训、调研宣传工作】 以市社会主义学院为基地，举办6期统战系统培训班，培训590余人，组织全市统战系统县处级以上领导干部50人赴广州、深圳、东莞异地培训考察。全市统战系统完成调研报告40篇，《昆明市经济统战研究》获2009年度省委统战部调研报告一等奖。完成编辑《昆明统战》6期，体现和保持刊物长期形成的鲜明特色，刊物质量稳步提高。联系协调新闻单位及时宣传报道全市统一战线重要会议、重大活动，逐步加大在《昆明日报》、昆明电视台、昆明广播电台等新闻媒体上的宣传分量。

（市委统战部）

市级机关工委

【理论学习】 认真开展深入学习实践科学发展观活动。根据中央和省委的统一部署，2009年3月起，分步开展深入学习实践科学发展观活动。学习实践活动开展以来，机关工委严格按照市委学习实践活动领导小组办公室的要求，按照抽调精干人员，参加昆明市学习实践科学发展观活动办公室联络组工作，工委两位领导分别担任了第一联络组正、副组长，严格按照职责分工，认真负责抓好联络工作，及时把市委学习实践科学发展观活动领导小组和省委指导组的指示、要求传达到各个指导组和各单位党组织，把各个单位学习实践活动开展情况及时收集整理后上报省委指导组和市委领导小组，编辑信息简报18期，联络一组协调陪同省委指导组深入了14个县（市）区了解情况、指导工作。同时，精心组织、周密安排机关工委内部的学习实践活动。在活动中，注意把学习实践科学发展观活动与“行政效能提升年、干部作风改进年”和以“公道正派、务实创新、认真负责、廉洁自律”为主题的作风建设年活动结合起来，按规定时间开展学习实践活动，按要求完成学习实践活动内容，学习调研求深，分析检查求真，整改落实求实，规定动作求准，自选动作求新，突出实践特色、昆明特点、工委特性，取得了积极成效。

为促进市级机关学习实践科学发展观活动，市级机关工委于6月25～29日举办了学习实践科学发展观知识竞赛，共有36个单位组队参加竞赛，省委学习实践活动指导组领导到决赛现场观看，市委常委、组织部长、市学习实践活动领导小组办公室副主任郭红波为决赛作动员。这次竞赛，融思想与艺术、教育与观赏、学习与趣味为一体，对推动市级机关学习实践科学发展观活动深入开展，对探索市级机关党建工作的新形式、新方法，对促进市级机关干部职工解放思想，转变作风，提升效能，对提高市级机关党员干部率先发展、跨越发展、科学发展的水平和能力，都产生了积极的作用。认真学习贯彻党的十七届四中全会和全国、全省机关党建工作会议精神，是当前和今后一段时期机关党建工作的中心任务，市级机关工委积极主动，及时制定下发了《市级机关工委关于认真学习党的十七届四中全会精神的通知》，要求市级机关各单位党组织认真组织广大党员干部学习传达党的十七届四中全会精神，并及时举办了市级机关党务干部培训班，召开昆明市第20次县（市）区机关党建工作联席会议，系统、全面传达全国、全省机关党建工作会精神，提出认真学习、深刻领会、全面贯彻全国、全省机关党建工作会议精神。深刻领会新形势下加强机关党建工作的重要性和紧迫性，增强做好机关党建工作的责任感和使命感。必须按照中央和省市委的要求，以改革创新精神扎实推进机关党的建设，牢固树立服务意识，在服务大局、服务跨越、服务基层、服务党员、服务群众的实践中不断开创机关党建工作的新局面。深刻领会中央、省市委关于加强机关党建工作的新要求新任务，增强做好机关党建工作的自觉性和坚定性。越是任务繁重，越要加强机关党组织建设，越要注意发挥基层党组织的战斗堡垒作用和党员的先锋模范作用。在新形势下实现机关党建工作“走在前头”任务的艰巨性和使命的光荣性，努力使市级机关党建工作走在全市党的基层组织建设的前头。坚持把宣传思想工作放在首位，提高机关党员理论水平。机关工委以学习实践科学发展观和“行政效能提升年”、“干部作风改进年”活动及庆祝新中国成立60周年为契机，继续加强机关宣传思想工作。机关工委于6月18日组织了一次专题讲座，邀请云南大学人文学院副院长李兵教授作辅导，李教授从科学发展观的重要性和地位、提出科学发展观的原因、科学发展观的内涵三个方面，以大量翔实的资料，给大家上了一堂如何科学思维、创新思维的理论辅导。市级机关各单位党组织书记、组织委员及工委党员干部80余人参加了听讲。为加强社会主义核心价值体系建设，扎实推进思想道德建设，大力弘扬“春融万物，和谐发展；敢为人先，追求卓越”的昆明精神，扎实抓好“城市形象塑造工程”，使建设“富强昆明、活力昆明、文化昆明、生态昆明、和谐昆明”理念深入人心。市级机关工委于12月1日举办了文明机关建设专题讲座，邀请云南省文明办专职副主任陈德金，就机关文明创建如何与创建文明城市和机关业务相结合作了专题讲座，90多名机关党务干部参加了听讲。根据市委宣传部的统一部署，结合市级机关的工作实际，下发《市级机关工委关于在市级机关开展“读书月”活动的通知》，安排布置10月份“读书月”的活动，通过开展读书活动，进一步在市级机关形成“多读书、读好书、好读书”的良好氛围和文明风尚，培养机关干部形成良好的阅读习惯，形成勤学习、勤钻研的良好风气，为建设现代新昆明提供强大的精神动力、思想保证和智力支持。机关工委积极协助市委完成《时代前沿知识讲座》十二讲（第24～35讲）的组织工作，完成《工作信息》10期，编辑印发《昆明机关党建》两期。上述工作，对领导干部适应新形势、学习新理论、增添新知识，转变思想、思维、思路、提升信念、理念、观念，对机关党组织相互学习、交流、推广、提高，产生了积极的作用。

【组织建设】 按照一般工作抓常规、重点工作抓深化、创新工作抓突破的要求，机关工委在抓好常规工作如及时召开党建工作会、“七一”表彰会、认真组织安排党建目标责任制督查考核等工作的同时，结合今年的重点工作，加强组织建设。在增强基层党组织生机和活力上，重点抓了地方党史专题讲座。坚持标准，做好发展党员工作。在发展党员工作中，始终把质量放在首位。一方面注意从实际出发，科学制定发展党员工作计划，另一方面不下达硬指标，不盲目追求数量。尤其强调既不允许用任何方式把不符合党员条件的人拉入党内，也不把符合条件的人拒之党外，坚持做到成熟一个，发展一个，真正做到从思想上入党。严格坚持发展党员实行公示制、预审制、入党介绍人资格审查制、票决制的有关规定。各级党组织结合实际，认真制定党员发展工作计划，积极抓好党员发展工作。2009年市级机关有干部职工470人申请入党，党支部确定为入党积极分子的430人，确定为入党发展对象的225人，发展新党员156人，预备党员转正128人。为做好市级机关发展党员工作，根据年初工作安排，工委于4月15～4月20日，在市总工会举办了市级机关入党发展对象培训班，市级机关各直属党委、党总支、党支部及友邻单位列入发展对象的200人参加了培训。表彰先进，促进市级机关党建工作激励机制形成。为进一步加强市级机关党的建设，继续推进“云岭先锋”工程，树立典型，激励市级机关各级党组织和广大党员、党务工作者奋发向上的热情，开展好“个人形象一面旗，工作热情一团火，谋事布局一盘棋”“三个一”活动。“七一”建党节前，在市级机关工委直属党组织中开展了优秀共产党员、优秀党务工作者、先进基层党组织的评选活动。并于2009年6月30日召开了市级机关纪念建党88周年暨先进基层党组织、优秀共产党员、优秀党务工作者表彰大会。市级机关各直属党委、党总支、党支部书记、副书记，市级机关工委全体干部、职工150余人参加了表彰大会。

【转变工作作风】　市级机关各基层党组织把转变作风、提升效能作为全年的大事来抓，主要学习了市委九届五次全会精神和“行政效能提升年”“干部作风改进年”动员大会文件；各单位在认真学习有关文件的基础上查找了存在的问题，提出了转变作风、提升效能的措施方法；通过活动促进建立健全规章制度，许多单位在活动中建立了进一步改进作风、提升效能的规章制度，进一步提高了机关工作效能。

机关工委把学习实践科学发展观活动同“行政效能提升年”、“干部作风改进年”活动和组织系统开展的以“公道正派、务实创新、认真负责、廉洁自律”为主题的作风建设年活动科学地结合起来，把搞好“行政效能提升年”、“干部作风改进年”活动和以“公道正派、务实创新、认真负责、廉洁自律”为主题的作风建设年活动，作为学习实践科学发展观活动突出实践特色、昆明特点的重要举措，严格按照上级要求，认真做好活动的“规定动作”，积极创新活动方式，做好“自选动作”。按照全市组织工作会议的要求，为抓好党建工作示范点建设，通过“走出去、请进来”的方式，组织机关基层党组织负责人召开党建示范点党组织书记座谈会，专题总结研究创建机关党建工作示范点方法；组织示范点单位党组织负责人参加西部地区机关党建工作研讨会。工委制定下发了《关于创建市级机关基层党建工作示范点的实施意见》，成立了党建示范点工作领导小组，建立了联系点制度，落实工作责任。市委办公厅机关党委、市国税局机关党委、市档案局机关党总支、市行政审批中心机关党总支、市长热线办机关党支部、市帮扶中心党支部等6家单位党组织，认真按照要求，结合各自单位的实际，制定了切实可行的实施方案，开展了一系列的创建活动。通过创建活动，这些党组织在充分发挥基层党建工作示范和引领作用，促进基层党组织的创造力、凝聚力和战斗力的提高等方面产生了积极的作用。扩大范围，普遍开展公推直选工作。遵照《中共昆明市委关于在市级部门机关党组织中开展公推直选试点工作的意见》，市级机关工委在去年试点成功的基础上，进一步完善公推直选，做到了公推普遍开展、直选扩大范围，进一步落实了党员的知情权、参与权、选举权、被选举权和监督权，保障了党员在党内活动中的主体地位和民主权利，党员的反响、群众的反映都很好，使公推直选改革朝着组织满意、党员满意、符合民意、推进工作的方向健康发展。至年底共有30家到期换届的单位在党组织换届中开展了公推直选工作，组织建设工作得到了进一步加强。由于公推直选工作的开展，扩大了昆明市市级机关党建工作在全国的影响力。2009年5月在西安召开的西部地区机关党建工作研讨会上，昆明市市级机关工委作了题为《以“公推直选”为契机，加强机关党的建设》的交流，在会上引起了强烈反响；江苏苏州市、江西赣州市、湖北荆州市、上海杨浦区、北京怀柔区、贵州贵阳市第20多个地市机关党委专程到昆明学习公推直选工作。加大培训工作力度，提高党务工作者的素质。为进一步提高市级机关各单位党务工作者的素质，按照年初的工作安排，机关工委于9月3～4日举办了昆明市市级机关党务干部培训班，认真学习传达中央、全省机关党建工作会议精神，交流机关党建工作经验，讲授党课，市级机关各直属党委、党总支、党支部书记、纪委书记和机关工委全体干部共120余人参加了培训班。在培训班上，王永华书记作培训动员，传达了云南省机关党建工作会议精神；市委办公厅机关党委、市国税局机关党委、市档案局机关党总支、市行政审批中心机关党总支、市长热线办机关党支部、市帮扶中心党支部等六家党建工作示范点建设单位，就加强基层党组织建设工作作经验交流。

【制度建设】　准确把握机关党建工作的职能定位，以制度管事、办事、靠制度管物、管人为目标，以科学化、规范化、程序化为方向，按照渐进性、系统性、适应昆明跨越式发展、具有可操作性的要求，机关工委着力加强制度建设，促进机关党建工作的制度化建设，提高机关党建工作的科学化、规范化水平。机关党建工作在《党章》、《中国共产党党和国家机关组织工作条例》、党的民主集中制、“三会一课”、党员经常性教育制度、党建目标责任制、发展党员“三制”等制度的保障下，在服务昆明跨越式发展的大局中改进和加强，在探索中前进，在创新中发展，各基层党组织依章办事的意识和能力不断增强，工作规范化、制度化水平不断提高。机关工委对市级机关党的建设的制度规定进行了认真的清理，对其中行之有效的制度继续保留，对个别已不适应新时期机关党的工作制度，进行补充完善。建立起“议事、决策、执行、监督、考核、奖惩”的“制度链”，形成规范有序的工作体系。机关工委根据“严格要求、严格管理、严格监督”的原则，在年初建立了工作日志登记制度，把每天工作时间工作内容和活动记录在案，每月由部门负责人签字，每季由分管领导签字，作为年终考核依据之一，使年终考核有案可查、有据可依，形成了个人记录、领导监督、组织教育、制度约束、考核参照的工作纪律与绩效监督制约机制。

【群团工作】　机关工委把加强对机关工青妇工作的领导、指导、引导，发挥工青妇组织桥梁、纽带、生力军、突击队、半边天作用，作为建立机关党建工作的协调机制、整合机关党建资源、凝心聚力的题中之义、重点工作之一，定期听取工青妇组织工作汇报，研究解决存在问题，在政治原则上把关，在发挥作用上重视，在具体工作上放手，大力支持工青妇组织依照各自章程开展工作。机关工会把认真做好济困解难和建会、建制、建家工作，作为贯彻落实科学发展观，坚持以人为本的理念、尊重职工主体地位和首创精神、促进职工全面发展的主要基础工作，切实抓紧抓好。在成功举办第八届公务员保龄球比赛后，在元旦、春节、五一节、国庆节期间，走访慰问了一线职工、困难职工和劳动模范。五一节前，机关工会联合会召开了建设“职工之家”经验交流会，对市级机关2006～2008年度建设“职工之家”活动进行了检查、考评，对市级机关2006～2008年度建设“职工之家”优秀单位和个人进行了表彰。4月24日，市级机关200余青年人在世博园拓展运动场，召开纪念“五·四”运动90周年暨表彰大会，对在2006～2008年各项工作中作出突出贡献的13个先进团组织和19名优秀团干部、25名优秀团员进行了表彰，并开展了“青年大闯关”拓展活动。为深化保护母亲湖行动，进一步深入开展昆明青年“一湖两江”青年保护活动，在全市机关团组织中开展捐植“昆明市市级机关青年林活动”，共捐得款项25 000元，7月2日，组织市级机关60多名捐植青年林代表来到官渡区生态湿地公园，亲手种下了160多棵小树，并将寄托美好祝愿的纪念卡片悬挂在树上，发挥了机关青年在“四创两争”工作中的先锋模范作用。团工委还积极参与了市级机关学习实践科学发展观知识竞赛、公务员推广普通话演讲比赛等活动的组织工作。机关妇委会立足巾帼建功、服务跨越发展开展活动。“三八”节前，市级机关妇委会开展了纪念“三八”国际劳动节的系列活动，组织昆明市妇女第十三次代表大会市级机关选区代表和市级机关各部、委、办、局妇委会主任、妇女小组长近80人，参观昆明市气象局昆明市国家基准站，普及气象科普知识。为提高妇女干部文明素质、促进文明机关建设，11月5日，机关妇委会和团工委联合举办了一场形象礼仪知识讲座，邀请云南艺术学院熊焰副教授就国家公务员政务礼仪、公务人员形象礼仪、形体礼仪及女性在社会中的形象塑造进行了专题讲座。为进一步加强市级机关妇女组织建设，提高各妇女组织负责同志的业务水平，充分发挥妇女组织的桥梁纽带作用，机关妇委会于2009年10月15日举办了“市级机关妇女干部业务知识培训会”，邀请市妇联党组书记、常务副主席郭跃红为培训会讲课，使市级机关各妇女组织负责人受到了一次很好的业务教育。按照市妇联的有关通知精神，在市级机关组织开展了评选推荐“巾帼文明示范岗”和“省级、市级优秀妇女之家”、“五好文明家庭”的活动。认真抓好机关计划生育工作，积极参与“四创两争”工作。

【重点工作】　机关党的工作全方位、多角度、宽领域地参与到市委、市政府的中心工作中去，渗透到促进昆明市经济社会又好又快发展的大局中，重点工作重点对待、重点安排、重点落实。通过开展学习实践科学发展观和“行政效能提升年”活动，开展了庆祝新中国成立60周年活动，开展以爱国主义为重点的社会主义核心价值体系教育，配合“四创两争”开展了文明机关建设活动，进一步激发了机关广大党员献身科学发展、跨越发展的智慧和热情。

为庆祝中华人民共和国成立60周年，9月20～26日，机关工委在市委大院举办了“市级机关庆祝新中国成立60周年成果展”，共有61个单位参展，5 000余名机关干部观展。同时，根据省委宣传部的要求，从9月16～10月13日，分批组织市级机关干部职工赴省科技馆参观“云南60年成就展”，营造了热烈庆祝新中国成立60周年的氛围，激发了市级机关干部职工爱党、爱国、爱社会主义、献身改革开放的激情，增强了市级机关干部职工服务、实现昆明跨越式发展的信心、决心和责任感、使命感。

为进一步提高干部职工整体素质和综合能力，树立良好的对外开放形象，着力把昆明打造成为面向东南亚、南亚的区域性国际化城市，市委、市政府决定对全市党政机关公务员、事业单位干部职工和市级窗口服务行业部门工作人员进行普及普通话、计算机、外语教育培训。根据昆明市“三普”教育培训工作领导小组的部署和市教育局、市语委办的实施方案，市级机关工委于9月22～23日举办了以“争做人民满意公务员，为现代新昆明建设服务”为主题的市级机关公务员推广普通话演讲比赛，60个单位参加了比赛。

根据《昆明市“四创两争”工作总指挥部关于印发〈昆明市公共文明指数测评体系〉（试行）及〈实施办法〉的通知》要求，机关工委结合市级机关实际，对市级机关提升公共文明指数工作进行了研究，制定下发了《昆明市市级机关推进文明机关建设提升机关公共文明指数工作的通知》。为积极配合全市开展的“四创”工作，让“创文明城市，机关做表率；文明机关，从我做起”落到实处，机关工委编辑、印制、下发了《昆明市市级机关工作人员文明行为规范手册》，再一次掀起文明机关建设高潮。

市级机关工委于12月1日～31日，在市委大院和市政府大院开展“文明机关监督岗”执勤活动，每天指定一家单位派出4位同志担负文明机关监督岗执勤，提醒佩证出入、骑自行车、电单车者下车推行等。进一步加大文明机关建设工作力度。

【扶贫工作】　以深入学习实践科学发展观活动为契机，机关工委紧紧抓住突出实践特色的要求和重点，进一步转变工作作风，把促进农村发展作为重大责任，对人民群众用真心、动真情、办实事。根据《中共昆明市委组织部关于进一步健全城乡党的基层组织互帮互助机制构建城乡统筹的基层党建新格局的通知》精神，为更好地发挥城市党建资源的优势和带动辐射作用，切实落实机关工委党组织互帮互助活动，市级机关工委结合学习实践科学发展观活动和挂钩帮扶工作，到挂钩帮扶点认真组织开展“五个一”活动，主管、分管扶贫工作的领导和有关人员不辞辛劳，千方百计帮助结对村挖掘特色资源，寻求发展良策，理清发展思路，为扶贫点协调争取落实了13万元水窖建设资金。2009年6月9日，机关工委向两个扶贫村捐赠课桌30张、木椅131把、黑板2块，电脑两台，帮助两个扶贫村建设党员活动室两个，慰问党员群众10人、帮扶困难党员2人、资助贫困学生2人，共计人民币5 000元。上述活动，对增强党组织的凝聚力、向心力，对增强机关工委干部职工组织共建、党员共管、困难共助、事业共创的意识，产生了积极的作用，为扶贫村党员教育活动的开展，提供了良好的物质条件，为扶贫点“农业增产、农民增收、农村稳产”做了力所能及的工作。

（李红卓）

保密工作

【开展全市党政机关保密大检查】　召开“全市保密检查工作会议”，对全市开展保密大检查工作进行动员部署。举办两期“保密检查业务培训班”，进行专题业务培训。抽调盘龙、富民等县区和市公安局等部门有关人员，组成4个市级检查组，对东川、寻甸等8个县区和市委办公厅、市人事局等24个市级部门的涉密和非密计算机、涉密和非密移动存储介质使用管理情况，以及办公网络应用系统日常管理情况、涉密载体清理工作情况、计算机信息系统和办公设备等保密管理规章制度建设情况进行检查。对发现的问题和隐患，及时进行督促整改。

【领导干部保密工作责任意识教育】 发出《致全市县处级领导干部的保密提醒信》，提醒领导干部认真落实党政领导干部保密工作责任制的规定，提高保密认识、落实工作责任，强化组织保障、抓好重点工作，加强监督检查、确保任务落实。领导干部保密提醒教育覆盖面达100%。

【国家机关工作人员保密法治意识教育】 发出《致全市国家机关工作人员的保密提醒信》，提醒广大国家机关工作人员自觉落实密件（密品）制作、收发、传递、管理、使用、销毁，以及涉密信息对外提供、政府信息公开保密审查、涉密计算机及其信息系统管理使用、涉密人员社会交往、泄密事故处置等各项保密规章制度，杜绝失泄密事件发生。国家机关工作人员保密提醒教育覆盖面达98%。组织开展学习《党政机关工作人员保密须知》活动，征订《党政机关工作人员保密须知》7 000余册，教育引导全市党政机关工作人员了解掌握相关保密知识和技能，努力形成“人人懂保密，人人会保密，人人善保密”的工作格局。

【涉密人员保密责任意识教育】 联合市委组织部、市人事局等部门，在全市组织开展《保密承诺书》签订活动，把签订保密承诺书过程作为普及保密法规、掌握保密知识过程，使涉密人员提高思想认识，熟悉承诺内容，明确保密义务，提高保密防范能力水平。全市共签订保密承诺书12 000余份（其中：县处级领导干部879份，科级干部和涉密人员11 000余份），签订率达90%。进一步加强保密干部、涉密人员队伍建设，开展保密干部和涉密人员信息资料库建设工作，建立全市保密专职干部信息资料库。

【保密业务培训教育】 与组织、人事部门密切配合，加强公务员保密培训教育工作，把保密教育纳入公务员初任、任职和更新知识培训范围，市、县（市）区两级公务员”8 + X“培训班保密培训2 300余人。与市委党校密切配合，加强领导干部保密培训教育工作，培训县处级以上领导干部700余人。针对当前各级党政机关内部工作信息涉密属性划分不精、计算机“一机多用”、移动存储介质明密不分、交叉使用、管理使用混乱等突出问题，举办全市党政机关保密管理业务培训班，培训保密工作分管领导、专兼职干部和计算机网络管理人员120余人。县（市）区、市级有关部门和单位组织开展保密培训62批次，培训人员约7 200余人。

【计算机及网络保密管理】 成立由市公安局、市保密局、市信息产业办、市密码管理局组成的联合工作组，进一步加强信息安全保密工作。落实计算机和移动存储介质分类分级管理要求，规范党政机关计算机、移动存储介质保密管理，开展党政机关涉密计算机登记备案、计算机和移动存储介质分类分级标识管理工作。针对党政机关计算机信息系统使用管理中存在的“管理混乱、一机多用，违规外联”等突出问题，把全市存储工作秘密以上的计算机统一纳入“昆明市违规外联与非法接入监控系统”管理，建立了涉密计算机“电子户口”，确保涉密计算机物理隔离措施的落实。

【涉密载体管理】 在全市组织开展学习贯彻落实《国家秘密载体销毁管理规定》活动，开展全市涉密载体清理登记工作，对国家秘密载体使用、维护、清退、回收、销毁工作开展自检自查，加强涉密载体的使用和管理，把好最后一道关口。成立由市保密局负责监管的全市涉密载体销毁服务定点单位，制定了全市涉密文件、内部资料销毁保密管理暂行办法，统一、规范全市涉密载体销毁服务工作，提供涉密载体回收、销毁全程服务，确保涉密文件、内部工作资料销毁安全。

【政府信息公开保密审查】 按照“谁提供、谁负责，谁审核、谁负责”的原则，主动做好政府信息公开实施后的保密管理服务工作，努力做到既保证政府信息公开，又确保国家秘密安全。联合市政府应急办等部门，加大对“昆明信息港”等重点门户网站的信息保密安全检查。联合市信息办等部门，集中组织全市各级政府信息公开部门、单位，对在国际互联网政府信息公开门户网站发布的信息开展自检自查，对涉密或敏感信息进行了清理，对政府信息公开保密审查工作中存在的问题进行及时整改。

【拟公开资料保密审查】 加大对2009年《昆明市情》、《昆明市政府公报》等50余类1 000余份文件、图纸资料公开前的保密审查。配合做好对外经济合作资料提供工作，完成市规划局向法国开发署提供“昆明城市综合交通整体规划”等4项经济合作项目资料的保密审查，做到既有利于维护国家秘密的安全，又有利于促进昆明市对外经济合作的顺利开展。

【保密监督管理】 不定期对国家秘密载体印刷定点单位进行保密指导，督促各项保密工作措施落实到位。抓好全市公开招考副县级领导干部、高考（中考）、会计专业技术资格等50余次考务保密监管工作，保障各类考试工作顺利进行，未发生一起失泄密事件。加强泄密事件查处工作，对盘龙区、东川区、禄劝县有关部门泄密事件，对五华区、禄劝县有关部门敏感信息公开违规行为，对市国资委等有关部门通过市党政机关电子公文交换系统传输涉密文件违规行为，分别进行了严格查处。

【宣传调研工作】 主动适应市场经济发展和信息化建设对保密工作提出的新要求，深入调研新形势下保密工作的特点和规律，努力探索做好保密工作的有效方法。《昆明市强化保密培训教育活动，着力提高涉密人员保密素质》等33条保密工作信息，分别被国家保密局《保密工作》、省保密局《云南保密工作》刊用。市保密局被国家保密局、省保密局评为2009年《保密工作》通联工作先进单位。《以科学发展观为指导，着力提高保密技术整体防范能力》等保密工作调研报告，在全国省会城市第十六届保密工作研讨会上进行会议交流。

【机关自身建设】 以开展“规范化建设年”活动为抓手，切实加强机关自身建设，着力解决干部职工队伍在工作作风、业务素质等方面存在的问题，不断提高工作执行力。各处室及人员实行目标管理考核，每月一计划，每月一检查，每月一通报；季度一小结，半年一评比，全年一考核。积极创建学习型、服务型和团队型机关，着力开展业务工作“无差错”竞赛活动，切实提高抓工作落实的能力和水平，努力塑造保密部门良好形象。

（市委保密局办公室）

党史研究

【党史资料编辑】 党史研究是党史部门的主要职责，是党史工作实现科学发展的基础。抓研究、出成果，是党史工作者始终抓住不放的基础工作。为此，党史部门强调立足长远打算，力戒急功近利；注意潜心研究，克服心浮气躁；抓住主业不放，抵御名利诱惑。本着这一思路和方法。一年来，认真抓研究，扎实打基础，广泛征集资料，科学开展研究，系统组织编纂，积极推进党史专题研究工作，完成《昆明的剿匪斗争》、《昆明的“三反”、“五反”运动》、《昆明知识青年上山下乡运动》3个专题资料的研究、撰写、编辑工作和《昆明的“四清”运动》、《昆明的整风反右派斗争》2个专题资料的征集工作。完成《中国共产党昆明历史大事摘编》（2007年1～6月）、《中国共产党昆明历史大事摘编》（2007年7～12月）、《中国共产党昆明历史大事汇编》（2007年）的编辑出版工作。围绕建国60周年纪念系列活动，完成了口述建国60周年来昆明历史发展成就的《口述昆明》（第三辑）编辑出版工作。还联合市委组织部、市委老干局、市档案馆开展了“征集领导干部个人留存党史资料工作”。

【党史资政】　党史资政是党史部门服务大局的基本途径，是党史工作科学发展的最终体现。重资政、作奉献，始终牢牢把握工作重心。为此，党史工作者努力做到心怀大局，眼观现实；走出书斋，关注热点；围绕中心，服务大局；开阔眼界，拓宽思路。近年来，紧紧联系现代新昆明建设的重大现实问题，精心选择党史研究和党史资政的课题，努力在研究深度上下功夫，在研究成果上求创新，在资政上走新路，力争有所作为。

按照省委的要求，完成了《2008年中共云南省委执政纪要》（昆明部分）的编纂工作任务。完成《2008年中共昆明市委执政纪要》的编辑出版工作，为提高各级领导干部的执政能力、领导水平、决策水平，推进党的建设新的伟大工程作了积极的探索。

党史办积极主动参与市委、市政府组织的“活力昆明”大型系列宣传活动，牵头组织昆明日报社等部门，采访70多人次，编写了《活力昆明—亲历者的心声》一书。市委专家组一致认为该书“创意好、质量高、特点新、影响大”，给予了高度评价和肯定。

【党史宣传】　党史宣传是党史研究成果转化的载体，是党史工作科学发展的重要体现。开发党史资源，善用宣传载体，实现成果转化，服务发展大局，始终重视的工作重点。为此，努力做到抓契机，加大宣传力度；抓载体，丰富宣传手段；抓覆盖，扩大宣传影响；抓实效，注重宣传效果。

利用重大历史活动纪念日的契机，扩展党史宣传教育阵地。2009年，牵头组织召开了纪念“边纵”成立60周年座谈会，郭红波部长参加座谈会，并代表市委作重要讲话，对“边纵”为祖国、为人民英勇奋战的革命历程和丰功伟绩给予了充分肯定和高度评价，共120多人参加了座谈会。与中共昆明党史学会、昆明市志办联合举办了纪念昆明和平解放60周年座谈会，二野四兵团、原昆明地下党老同志、起义部队人员、大学教授、共青团代表分别在会上作了发言。与昆明中共党史学会、昆明西山中共党史学会、昆明五华中共党史学会联合举办了“昆明市党史系统庆祝中华人民共和国成立60周年座谈会”。使党史工作更具活力，更加开放，更有影响。

利用地方党史进党校这种渠道，宣传党史。党史办积极开展党史的宣讲，创造性地开展了地方党史进党校的工作。主动积极与市委党校联系、协商，拟定工作方案，采取派教员、送教材等方式，在市委党校中青班开设地方党史课。全面系统地介绍昆明革命斗争史，起到很好的效果。

利用党史学会这块牌子，宣传党史。利用昆明中共党史学会涉及面广、会员多、协调力强的优势，把党史宣传的领域拓展到了社会的方方面面。组织召开各种研讨会、座谈会，并开展各种学习参观活动。

【开拓创新党史工作】　主动积极向分管领导汇报工作，分管领导对党史工作都给予了特别的关照和关爱。对党史系统的事高些要求，对党史部门的难高效解决。省委党史研究室领导经常指导业务工作，对党史工作给予非常及时帮助和关心。建立专家咨询制度，对每个专题研究进行严格把关审定。还聘请专家、教授和熟悉历史的老干部进行党史专题研究，加强与市档案馆、市图书馆的协调对接，共同查资料，共同搞研究，提高了工作效率和质量。完善协调机制，充分发挥市级部门和单位的职能优势，积极组织协调各方面的力量，把专业力量和社会力量结合起来。加强对各县（市）区地方党史正本编纂工作的指导。制定《党史正本专题资料编研定期指导制度》，成立专家指导组，定期到县（市）区指导工作，采取征求意见“大家提”、座谈交流“当面问”、总结经验“对比找”等方法，召开各种形式的座谈交流会，并邀请县（市）区分管领导参加。各县（市）区借助这一平台，赢得了领导的重视和关心，争取了专项工作经费，有力地促进了地方党史正本的编纂工作。

（李　洪）

老干部工作

【离退休干部自然状况】　截止2009年底，全市共有健在离休干部3 296人（党员2 457人），其中：红军时期5人，抗战前期84人，抗战后期176人，解放战争时期303人；属行政机关987人、事业766人、企业1 543人；年龄70～79岁1 054人，80岁以上2 147人，待遇为副省单项（医疗）待遇6人、正厅级3人、副厅级120人、正县（处）级283人、副县（处）级1 583人、享受正副科级待遇322人，享受其他待遇的979人。属行政机关11 212人、事业26 864人、企业18 112人；待遇为正厅26人、副厅88人、正县1 083人、副县4 227人、正副科（乡）级11 458人、其他39 306人。年龄70岁以上18 052人。

【工作机构及人员配备】　至年末，全市有市、县两级党委老干部局15个；有市直机关、事业、企业单位内设老干部工作处、办、科90个（其中机关42个、事业14个、企业34个）。全市专职从事老干部工作的人员376人（不含工勤人员），其中：研究生学历5人、大学本科以上学历174人、专科学历137人、高中（中专）以下学历60人；年龄30岁以下52人、31～40岁106人、41～50岁134人、50～60岁以上84人。另有兼职老干部工作人员803人。

【领导重视老干部工作】　市委、市政府高度重视老干部工作，始终把老干部工作摆到重要议事日程，市委常委会经常研究老干部工作，主要领导身体力行、率先垂范，常问老干部之事，常听老干部之言。省委常委、市委书记仇和多次过问老干部工作，亲自带领市级领导在节日和老干部生病住院期间看望慰问老干部，亲自参加老干部局组织的大型活动。市长张祖林、市委副书记杨远翔亲自解决老干部工作所需的各项经费，并对做好老干部工作提出具体要

2009 年度全市老干部工作业务培训班　（市老干局　供稿）

求。市委从工作实际出发，及时调整了市老干部工作领导小组成员，市委常委、副书记杨远翔担任领导小组组长。坚持定期召开会议研究解决老干部工作中的问题，重视发挥老干部作用，十分关心、关注老干部和老干部工作。市委老干部工作领导小组多次听取赵云平局长关于老干部工作有关问题的汇报。一年来，局领导先后就春节慰问老干部、贯彻全省老干部工作会议精神、组织召开情况通报会、组织老干部参观、老干部活动中心和老年大学建设、举办全省第十七届老同志“青春常在”艺术节、解决市属企业离休干部统管、老干部工作部门自身建设等问题向市委、市政府和市委组织部领导进行了汇报，并逐一得到落实解决。

【目标责任制考评】　按照市委的统一部署，市委老干部局于 2009 年底、2010 年初分为 4 个小组先后对 14 个县（市）区 2009 年落实老干部工作目标管理责任制的情况，进行了全面考评。其中，32 家与市委直接签订《昆明市 2009“云岭先锋”·保持共产党员先进性教育目标责任书》单位的成绩是：五华区 99.2 分；盘龙区 99.4 分；西山区 99.2 分；官渡区 99.5 分；东川区 98.5 分；安宁市 99.3 分；呈贡县 95.3 分；晋宁县 98.7 分；富民县 98.6 分；宜良县 95.5 分；石林县 99.1 分；嵩明县 98.3 分；禄劝县 98.4 分；寻甸县 99 分；市级机关工委 99 分；国资委 98 分；公安局 99 分；卫生局 98.5 分；市文化局 99 分；市教育局 98 分；市建设局 99.8 分；市委党校 99 分；市民政局 99 分；市司法局 98 分；市国土资源局 99 分；市交通局 98 分；市农业局 99 分；市供销社 99 分；五〇一台 99 分；市经济技术开发区 98 分；市高新区管委会 99 分；滇池旅游度假区 98 分。

【开展春节走访慰问活动】　春节前夕，市委组织部、市委老干部局按照市委、市政府有关春节慰问工作的统一部署，联合下发了《关于认真做好 2009 年春节慰问老干部工作的通知》文件，对全市春节走访慰问老干部。为特困老干部送温暖活动作出了具体安排；同时，以市委、市政府名义，为市属 198 名特困老干部或遗属开展了“送温暖”活动，为全市 194 位享受副厅以上待遇的离退休干部发放慰问金。

1 月 19 ~ 23 日，以省委常委、市委书记仇和带队的常委班子成员及市人大、市政府主要领导分为 14 个小组，对原市级五套班子 68 位老领导登门走访看望，还专门到医院慰问了生病住院的几位老领导，为老领导们送去了慰问金和鲜花，与老同志促膝交谈，认真听取意见和建议。1 月 19 日，市委老干部局领导班子成员在活动中心领导的陪同下，集体为住所老干部和遗属拜年，表达新春的祝福，送去了慰问金。

【老干部工作领导小组会议】　3 月 4 日，市委常委、市委组织部长、市委老干部工作领导小组副组长郭红波召集市老干部工作领导小组成员单位召开了老干部工作领导小组会议。会议由市委组织部副部长、老干部局局长赵云平主持。市委、市人大、市政府、市政协办公厅，规划、财政、房管、卫生、体改办、发改委、经委、总工会、国土局、国资委、社保、机关事务管理局、呈贡新区管委会等单位领导及市级老领导王希三、王任才、张朝辉、何光炽共 35 人参加会议。会议传达了全国、全省老干部工作会议精神，听取了 2008 年全市老干部工作情况汇报和 2009 年工作打算，讨论和研究了昆明市举办全省第十七届老同志“青春常在”艺术节活动方案。郭红波在会上作重要讲话，并提出三点意见：①各级要高度重视老干部工作，要把老干部工作摆到重要议事日程。要在政治上、思想上、生活上尊重、关心、帮助老干部，及时通报情况。②对老干部的特殊困难，要特事特办。对老干部反映的问题，要结合实际，尽量给予解决。要充分发挥各成员单位的积极性、主动性，部门之间，多沟通，多交流。③要针对老同志的特点，开展丰富多彩的活动。

【全市老干部工作会议】　3 月 12 日上午，市委召开了 2009 年老干部工作会议。市委老干部工作领导小组成员单位领导，14 个县（市）区委组织部长、老干部局长，市属各部委办局、各人民团体、企事业单位的分管领导和老干部工作办公室主任以及部分老干部代表共 190 多人参加了会议。市委常委、市委组织部部长郭红波在会上作重要讲话。并就如何进一步做好新形势下昆明市老干部工作提出要以高度的政治责任感和使命感，进一步做好新形势下离退休干部工作。

【健全完善昆明市特困离退休干部帮扶机制】　为了更加的关注弱势群体和特困老干部及遗属，昆明市进一步健全和完善了特困老干部和遗属帮扶机制，制定下发了《关于市直“特困老干部帮扶解困资金管理使用”实施办法》，进一步加强对解困资金的监管和使用，实现帮扶解困工作制度化、规范化。并对已掌握的全市离退休老干部及遗属的困难档案进行了认真整理。在春节、建党节、国庆节、中秋节和敬老节前夕，开展“送温暖”活动，登门走访慰问 305 户特困离退休干部和遗属，共发放解困金 9.31 万元；年内，积极向省委老干部局争取解困金 11 万元，连同市级解困金 18 万元，分别给予 14 县

（市）区各补助了1～3万元的解困金，共计29万元。

【落实老干部政治待遇】　各级党组织从讲政治和构建和谐社会的高度，以政治上尊重、思想上关心老干部为目标，把老干部政治待遇落实摆上重要日程，常抓不懈。以“八项制度”为载体，促进老干部政治待遇全面落实。对全市老干部理论学习、组织生活、阅读文件、通报情况、走访慰问、参观考察、参加重要会议、在职领导联系同级老干部的工作进行量化，内容与时俱进，形式喜闻乐见，活动丰富多彩。以政治理论学习为重点，促进老干部队伍稳定、思想常新。全年举办了3期市属企事业离退休党支部书记培训班，共173位市属企事业单位离退休党支部书记参加了培训；举办了第四期市级老领导理论学习班和第五期老干部读书班；主要以传达学习贯彻党的十七届四中全会精神、市委九届五次全会精神、加强离退休党支部建设、促进社会和谐等课题为主要内容，通过学习研究，带动了全市老干部理论学习和思想政治工作的蓬勃开展。以联系沟通为途径，尊重老干部，调节老干部发挥作用的积极性。市委、市政府领导率先垂范，春节、敬老节带头走访慰问老干部；高度重视老干部来信来访和群体性上访，对重要信访件，市委领导亲自处理。全年，组织召开了16次离退休老干部情况通报会，组织市级老领导省内参观考察4次，省外参观考察1次。市属各级、各部门召开党代会、人代会、政协会、职代会等重要会议，或遇有重要人事变动和重要决策，都邀请老干部代表参加，征求老干部的意见和建议，引导广大老干部参政议政，指导老干部各社团组织配合全市中心工作发挥作用。以党支部为组织基础，加强老干部思想政治工作。各级党组织把老干部党支部建设纳入基层党组织建设的整体规划，统一布置、统一检查、统一考核，促进了全市老干部党支部先进性教育活动成果的巩固和发展。全市2 214个离退休干部党支部组织健全、制度完善、活动经常，自我教育、自我管理、自我服务能力进一步增强；全市30 844名离退休干部党员思想稳定，政治坚定，发挥着模范带头作用。为保证老干部党支部活动正常开展，全市各级落实了老干部党支部上缴党费留用80%的规定。

【落实老干部生活待遇】　市委、市政府坚定不移地贯彻执行党和国家有关老干部生活待遇略为从优的政策原则，充分运用昆明市相对优越的物质条件，不断改善老干部的生活待遇。提高春节慰问老干部的经费标准，以登门发放慰问金和鲜花的方式进行走访慰问；根据全市离休干部医疗费实际支出情况，及时将市直离休干部医疗统筹金标准从2008年的2.3万元提高到2.5万元；同时，完成了市属困难企业离休干部医疗统筹减免工作，为101户418位离休干部减免了864 025万元医疗统筹费用，并协助市医保中心为6位老同志解决看病住院疑难问题。及时转发了云南省委组织部等4部门联合下发的《关于提高云南省部分离休干部护理费标准的通知》，认真做好年满80岁以上增发100元高龄护理费的人员名册和经费测算。年内，申请追加的市级离休干部经费263.1万元经市政府领导批准，有效保证了企业离休干部护理费的按时足额发放。认真做好市属企业离休干部管理办公室已接收关闭、破产企业离休干部的管理服务工作，做到关闭、破产终结一家接收一家，目前共接收管理77家企业558名离休干部。8月份，按照市委“将市属企业离休干部经费纳入财政统管人员划归市委老干部局管理”的要求，牵头成立了市属企业离休干部移交工作领导小组，并拟写出台了《昆明市市属企业离休干部经费纳入财政统管人员划归市委老干部局管理实施办法》，围绕《实施办法》展开了对移交企业有关经费的审核工作。截止12月31日，已收缴国有企业和改制企业预留离休干部的经费剩余款3 268万元，市企管办已接收35家企业167名离休干部。

老干部义务植树造林　（市老干局　供稿）

【主办云南省第17届老同志“青春常在”艺术节】　根据市委、市政府的要求，按照市委仇书记“精心组织、精心保障、精心服务、精心安排，确保成功”的指示，年初，制定了艺术节工作的总体方案，经市委、市政府审定通过并下发。在市级各相关部门和4城区的大力支持配合下，全市老干部工作者全力以赴地投入到云南省第十七届老同志“青春常在”艺术节的各项筹备活动中，使本届艺术节取得了圆满成功。艺术节即营造了热烈、隆重的氛围，又凸显了尊老敬老、欢乐祥和、团结奋进的主旋律，充分展示了昆明文明形象，展示了全省老年人的风采，也为庆祝建国60周年献上了一份厚礼。全省12个州市和省级单位共17个老同志艺术团1 946人参加了本届艺术节。

【老干部活动中心】　全市有市、县级老干部活动中心15个，配备专职工作人员206人，活动场地总建筑面积38 351.42平方米，可同时容纳10 426人开展日常活动，实际日均参加活动人数约2 555名；同时，全市有基层老干部活动室132个，总建筑面积约16 268.38平方米，可容纳5 580人开展日常活动，实际日均参加活动人数约3 474名。各级老干部活动中心、活动室充分发挥阵地作用，积极组织开展丰富多彩、健康有益的活动。市老干部活动中心先后举办了春节慰问联欢活动、第七届老干部文艺调演、老干部乒乓球比赛、太极拳、健身操、组织老干部文艺社团进社区文艺演出。2009 年 6 月成立昆明市老干部艺术协会，有力的促进了老干部各项活动的开展。

呈贡新区新建市老干部活动中心征求意见会议　（市老干局　供稿）

【老年大学建设】　全市已建有归口市、县两级老干部局管理的老年大学 15 所，新配备专职工作人员 15 名；教学场地总建筑面积14 026平方米，可容纳约13 712人同时学习，实际在校人数 33 385余名。2009 年面对人口老龄化发展的趋势，市老年大学自加压力，确定了昆明地区老年大学招生目标为“三个一万二”，（即：省市级招收学员 12 000人，各县区招收学员12 000人，各乡镇、社区招收学员12 000人。）截止2009 年9 月22 日，昆明地区老年大学共招收老年学员45 659人，占全市老年人口 76 万的 6%，提前完成“十一五”招生奋斗目标。全市各老年大学坚持正确的办学方向和全心全意为老干部服务的宗旨，以教学质量为生命，不断增强吸引力，深受老同志的欢迎和支持。各老年大学已真正成为了广大老干部学习知识的课堂、文化娱乐的场所、“老有所学”的阵地。

【老干部工作部门自身建设】　加强思想建设。各级老干部工作部门深入开展学习实践科学发展观活动和“讲党性、重品行、作表率”活动，做到了政治学习制度化、思想教育经常化、组织生活规范化，工作人员的大局意识、责任意识、服务意识和争先意识进一步强化，从本职做起、从小事做起的自觉性明显增强；加强干部队伍建设，加大了工作人员的配备、调整和交流力度。在市委的关心重视下，市委老干部局中层干部作了重新调整充实，下属基层单位干部进行岗位交流。市属各老干部部门工作人员也得到相应调整，结构更加合理，队伍更加年轻化。14 县（市）区均落实老干部局局长与同级组织部副部长相互兼任的规定。加强业务培训。各老干部工作部门围绕提高管理服务、政策运用、业务工作、开拓创新四种能力，积极开展业务培训、知识更新和工作创新实践活动，努力探索建立健全干部教育培训长效机制的路子。在广泛调研的基础上，制定出台了《关于推进新形势下离退休干部工作科学发展的实施意见》，为推动昆明市离退休干部工作科学发展，更好地适应改革开放和现代新昆明建设的需要，推进新昆明跨越式发展起到了积极的促进作用。全市 115 名工作人员主动参加了省级业务培训；市级举办了一期全市老干部工作人员业务培训和一期离退休干部信息统计工作培训。加强作风建设。各老干部工作部门从完善内部管理规章制度入手，细化工作任务和目标，进一步把为老干部办实事做好事、让老干部高兴满意的要求具体化、规范化，大兴调查研究之风，开展工作无差错活动，不断培养工作人员深入实际、求真务实的作风。

（王晓慧）

·中国共产党昆明市纪律检查委员会·

【监督检查，确保跨越式发展目标任务的落实】　全市各级纪委组织 135 个巡查组，对各单位贯彻落实党的路线方针政策和省委、市委重大决策部署情况进行党风巡查；与有关部门联合，对全市 364 个扩大内需项目、483 个重点建设项目实施情况，16 名市委常委、副市长分管工作开展情况，以及落实工程建设“八个百分之百”要求、执行园林绿化“3331”政策、整治违法加层无序建房、城中村改造、廉租房建设、滇池治理、“四创两争”等工作情况进行专项督查；积极参与清理整顿土地市场秩序工作，督促有关部门收回闲置或未依法办理相关手续的 4.02 万亩土地；加强对节能减排、环境保护、矿产资源开发、房地产调控等政策落实情况，以及住房公积金和国债、扶贫、救灾、社保等专项资金管理使用情况的监督检查；受理市委、市政府领导批示督办督查件 967 件。对全市 108 个单位 2008 年落实党风廉政建设责任制情况进行检查考核，对不履行或不正确履行责任的 311 名领导干部实施了责任追究。为 322 名党员干部澄清了举报失实的问题，对 177 件轻微违规问题进行了适当处理，保护了广大党员干部改革创新的积极性。

【优化经济社会发展软环境】　在全市组织开展“行政效能提升年”和“干部作风改进年”活动，市属单位共查找问题 670 个并进行了整改。开展“千名客商评价昆明软环境”活动，征集意见建议 227 条并督促有关单位进行了答复和整改。深入推进制度创新工作，共创新制度2 407项，其中以市委、市政府或两办文件下发200项。对领导干部工作电话接通情况进行督查，对违反规定的35名责任人进行通报。查办各种损害软环境的问题和案件248件，对682人实施问责和追究，并4次召开新闻发布会、3次在全市性会议上对典型案例进行通报，有力地促进干部作风的转变和行政效能的提升。2009年，昆明市被评为中国最具软实力城市、最佳投资环境城市、中国十佳投资创业城市、苏商投资中国首选城市等。

【领导干部廉洁自律工作】　坚持每月向县级领导干部发两条廉政短信、每两月发一封廉政公开信，组织4 500多名领导干部到法院旁听违法典型案例审判或观看审判录像，对562名新任领导干部进行廉政法规考试。推进廉政文化进机关、进社区、进学校、进农村、进企业、进家庭工作。组织“小金库”专项治理回头看，查处东川区房地产管理办公室、嵩明县粮食局和石林县民政局顶风违纪私设“小金库”案件3件、涉案金额33万元。开展厉行节约禁止公款出国（境）旅游工作，督促各单位切实完成厉行节约各项定量指标，共处理违反规定问题27件91人。加强对公车私用私驾行为的监督检查，共查处违纪案件26件31人。通过严格教育管理和开展专项治理，领导干部廉洁自律意识明显增强，2009年昆明市廉政账户新存入166.75万元。

【纠风治乱】　深入治理教育乱收费，共清退违规收费24.7万元。切实纠正医药购销和医疗服务中的不正之风，医务人员主动上交各类红包42.07万元。继续做好减轻农民负担监督检查工作，使农民得到实惠24 247.6万元。继续纠正征收征用土地、城镇房屋拆迁、企业重组改制和破产中损害群众利益等问题，进一步巩固和扩大治理公路“三乱”成果。参与33起安全事故的调查处理，对10名责任人给予了党政纪处分和移送司法机关处理。开展工程建设领域突出问题专项治理工作，查处一批违法违纪案件。深入治理商业贿赂，共查办149人、涉案金额10 4239万元。针对农村基层党风廉政建设中存在的突出问题，全面推行村级会计委托代理服务，对农村集体工程建设实行公开竞价和招投标制度，开展清理“白条”发票、清理票据、清理工程项目工作。

【严肃党纪政纪】　全市各级纪检监察机关共受理群众来信来访和电话举报2 888件（次），初查核实违纪线索623件，立案208件，结案191件（含上年遗留案件），处分222人，其中县（级）级干部11人、乡（科）级干部51人，通过办案挽回经济损失超过亿元。充分发挥反腐败协调小组的作用，加强协调配合，综合运用多种手段，严肃查处了市土投公司原董事长陆锦昌贪污受贿案、德亨房地产公司违法销售商品房案、正源房地产公司违法占用土地案，以及发生在国土、规划、滇管等部门的领导干部收受贿赂案等一批有影响的案件。坚持严格依纪依法文明办案，加强对办案工作关键环节的监管，严把案件质量关。注重深入剖析案件，督促发案单位建章立制、堵塞漏洞，加强教育和监管，较好地发挥办案的治本功能。

【健全完善制度】　积极协调有关部门深化干部人事制度改革，认真落实公开选拔、公推直选、连续公开差额推荐等制度，加强对干部选拔任用工作的监督。深化行政审批制度改革，将审批项目由96项进一步精简为86项，审批时限在原来基础上再压缩三分之一。深化财政管理制度改革，进一步完善和规范财政转移支付制度，加强财政性资金和社会公共资金管理，出台了部门行政首长财经责任问责办法。促进深化政府投融资体制改革和市场机制改革，建立项目公示、责任追究等制度，在政府性投资建设项目中全面推行“八个百分之百”，进一步完善工程建设项目招投标、土地征收和使用权出让、产权交易、政府采购等制度，在全市建立统一的招标投标监督管理机构。政务、厂务、村务公开工作进一步深化，与群众利益密切相关的公共服务行业和单位普遍推行了办事公开制度。

【强化监督制约】　深入开展领导干部勤政廉政公示工作，对全市117个单位的836名县级领导干部进行了勤廉公示，对征求到的意见建议2 864条进行答复和整改。在党政机关全面推行重大决策听证、重要事项公示、重点工作通报、政务信息查询四项制度。全市共完成重大决策听证279项，重要事项公示4 066项，重点工作通报8 968项，“96128”政务信息查询专线累计应答电话84 971个。认真落实党内监督条例，领导干部报告个人重大事项1 589人次、述职述廉5 581人次，各级纪委负责人同下级党政领导谈话3 016人次、任前廉政谈话2 189人次、诫勉谈话592人次，函询305人次。认真办好“政风行风春城热线”和“昆明零距离行政效能监督热线”，两条热线共播出147期，受理群众投诉举报1234件，回复率100%。对市属118个部门（单位）的机关作风进行民主评议。

【队伍建设】　在全市各级纪检监察机关深入开展“做党的忠诚卫士、当群众的贴心人”主题实践活动，进一步

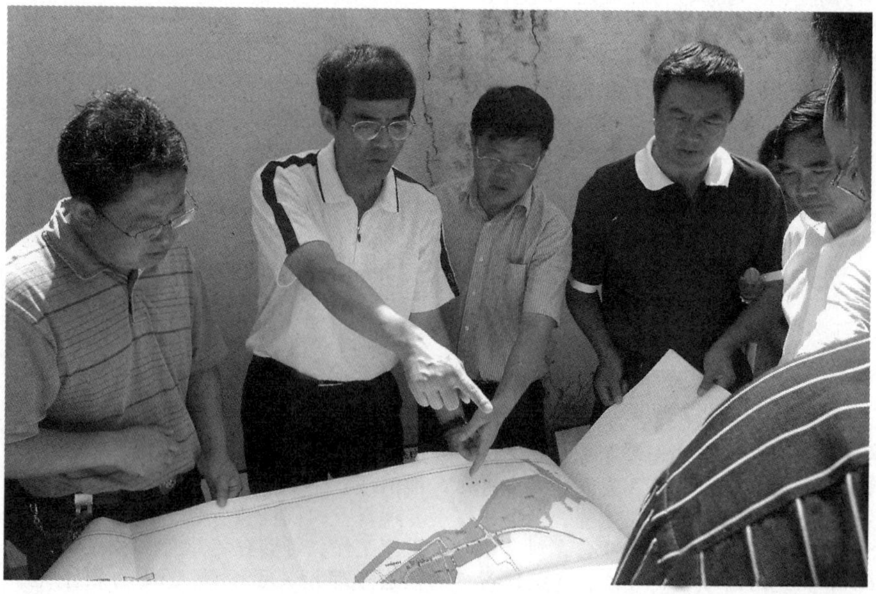

市纪委书记应永生视察马料河　（市纪委　供稿）

解决思想、作风等方面存在的突出问题。采取以会代训、院校培训、跟班学习等措施，切实提高执纪能力和水平。认真贯彻落实中央纪委、省纪委关于加强县级纪检监察机关建设文件精神，切实履行纪检监察干部双重管理职责，从人员编制、装备配备、经费保障等方面全面加强县（市）区纪委监察局建设。配齐14名纪工委书记，公选18名年轻同志到市纪委机关工作。出台了干部管理暂行办法，干部综合考核评价办法等，对县（市）区纪委工作实行量化考核排名，对纪检监察干部严格要求、严格教育、严格管理、严格监督，努力保持良好形象。

（张　晖）

监察工作

【开展效能监察，保证政令落实】　由市监察局牵头，组织市发改、财政、审计等部门，对各县（市）区、市级有关部门贯彻落实中央、省、市关于扩大内需、促进经济平稳较快发展决策部署情况进行监督检查，重点对全市364个扩大内需项目的开工和进度、资金管理使用、执行法定建设程序及质量等开展了专项检查，针对检查中发现的问题，采取下发督办建议书、监察建议书、现场督查等方式督促责任单位整改，保证了各项目标任务的落实。市纪委、市监察局与市委目督办、市政府目督办联合，对全市两级城市和三级园区建设涉及的483个项目进展情况进行了督查，责成25个未按计划开工、开工未动工或进展缓慢项目的责任单位认真进行整改，并对44名相关责任人进行了问责，有力促进了项目建设。此外，还组织对16名市委常委、副市长分管工作开展情况，以及落实工程建设“八个百分之百”要求、执行园林绿化“3331”政策、整治违法加层无序建房、城中村改造、廉租房建设、滇池治理、“四创两争”等工作情况进行专项督查。2009年，全市共查办行政慢作为、不作为、乱作为的问题和案件248件，先后对682人次进行了问责和追究，其中：县处级干部58人，乡科级干部371人；诫勉谈话174人次，取消评优评先资格67人次，责令作出书面检查91人次，通报批评216人次，调整岗位12人次，停职检查75人次，劝其引咎辞职4人次，责令辞职1人次，免职40人次，辞退1人次。为教育警示干部，先后4次召开新闻发布会、3次在全市性大会上对典型案例进行通报。

【执法监察】　加强对贯彻执行土地政策法规的监督检查，对全市开展清理整顿土地市场秩序工作进行督查，严肃查处违反土地承包经营权流转政策及各种违法违规行为，督促有关部门收回闲置或未依法办理相关手续的4.02万亩土地。加强对贯彻执行矿产资源政策法规的监督检查，对全市14个县（市）区和3个开发（度假）区开展打击私挖乱采专项行动和矿业权招拍挂出让制度执行情况进行重点抽查，共抽查重点矿区21个，进一步加强和改进矿产资源管理工作，规范矿产资源开发秩序。加强对贯彻执行房地产管理政策法规的监督检查，对2007年以来全市在房地产开发中违规变更规划调整容积率问题的群众举报线索进行了一次拉网式排查，对收集到的线索逐一进行核查，责成规划部门对存在问题及时予以纠正整改，并依法对违规房地产公司进行行政处罚。加强对节能减排和环境保护政策法规落实情况的监督检查，重点会同有关部门对主城4区、三个开发（度假）区、呈贡新城的高污染燃料禁燃工作、入滇池河道治理工作开展了督查，坚决纠正有令不行、有禁不止现象，严肃查处违纪违规行为。加强对安全生产政策法规贯彻执行情况的监督检查，对昆明主城二环快速系统改扩建工程小庄立交桥坍塌、安宁市八街镇矿洞坍塌、西山区团结镇“2·15”盗采铁矿坍塌等33起安全事故进行调查处理，对有关责任人给予政纪处分3人，移送司法机关处理7人。

【廉政监察】　全市各级纪检监察机关共受理群众来信来访和电话举报2888件（次），初查核实违纪线索623件，立案208件，结案191件（含上年遗留案件），处分222人，其中县（处）级干部11人、乡（科）级干部51人，通过办案挽回经济损失超过亿元。坚持惩处与保护并重，先后为322名党员干部澄清举报失实的问题，对177件轻微违规问题进行了适当处理。坚持严格依纪依法文明办案，加强对办案工作关键环节的监管，严把案件质量关。注重深入剖析案件，督促发案单位建章立制、堵塞漏洞，加强教育和监管，较好地发挥办案治本功能。

【纠风治乱，维护群众利益】　对全市学校教育收费进行检查，清退违规收费24.7万元，党政纪处分5人。切实纠正医药购销和医疗服务中的不正之风，全市医务人员主动上交各类红包42.07万元。认真落实支农惠农政策，对涉及农民工、乡镇企业、农村义务教育、农民建房、农产品流通、农产品检验检疫、农用机动车、农村殡葬以及村委会组织的相关收费情况组织专项检查，使农民得到实惠24 247.6万元。对扶贫、救灾、社保等资金开展专项检查，追缴

市纪委监察局“行政效能提升年”和“干部作风改进年”活动动员大会
（市纪委　供稿）

社会保险欠费13 380.11万元，补计社保利息收入63.44万元，纠正在非国有商业银行存储社会保险基金1 000万元。进一步巩固治理公路“三乱”成果。对120家市级部门和公共企事业单位的机关作风开展了民主评议。继续办好“政风行风春城热线”，共播出节目98期，受理群众投诉举报1 234件，回复率100%。

（张　晖）

·昆明市人民代表大会常务委员会·

【市十二届人大五次会议】　市十二届人大五次会议于2009年1月13～17日在昆明国际会展中心举行。会议应出席代表457名，实际到会412名。不是市十二届人大代表的昆明市的第十一届全国人大代表1人和昆明市选举产生的云南省第十一届人大代表58人，市委有关部门负责人，市人大常委会机关有关人员，市政府和市法检“两院”有关领导，部门负责人，部分县（市）区委、人大常委会、政府及部分人民团体负责人，部分驻昆单位、企业、大专院校负责人等列席会议。市政协委员列席听取政府工作报告。大会还邀请市级民主党派、工商联、侨联、台联负责人参加开幕式。部分昆明市民经申请旁听会议。

会议审议张祖林市长作的《政府工作报告》和《昆明市2008年国民经济和社会发展计划执行情况与2009年国民经济和社会发展计划草案的报告（书面）》、《昆明市2008年地方财政预算执行情况和2009年市级财政预算草案的报告（书面）》、市人大常委会主任李培山作的《昆明市人大常委会工作报告》、市中级人民法院代理院长马幼宁作的《昆明市中级人民法院工作报告》、市人民检察院检察长沈曙昆作的《昆明市人民检察院工作报告》，并通过6个工作报告的决议。

会议共收到10名以上人大代表联名提出的议案62件。其中，内务司法方面9件，财政经济方面25件，城乡建设环境保护方面16件，教育科学文化卫生方面7件，民族宗教侨务方面1件，农业方面4件。经大会主席团决定将富民代表团杨丽等33名代表提出的关于制定《昆明市就业促进条例》等5件议案分别交由市人大内务司法委员会、财政经济委员会、市人大常委会教育科学文化卫生工作委员会、民族宗教华侨工作委员会审议和研究办理，其余57件转为代表建议、批评和意见处理。会议期间，还收到代表提出的建议、批评和意见346件。403件代表建议、批评和意见按有关规定由大会秘书处交由有关机关和组织办理。

【地方立法工作】　常委会紧扣跨越发展主题，从加快现代新昆明建设、加强城市规划建设管理、保护生态环境、促进国家机关工作人员依法行政、廉洁从政，保障和促进昆明跨越式发展的实际需要出发，审议通过《昆明市地下水保护条例》、《昆明市九乡风景名胜区保护条例》、《昆明市预防职务犯罪工作条例》、《昆明市档案条例》、《昆明市城乡规划条例》，审议《昆明市河道管理条例（草案）》，修订了《昆明市殡葬管理条例》，审议废止《昆明市公安机关人民警察巡察条例》。按照全国人大常委会的有关要求和省人大常委会办公厅《关于开展地方性法规清理工作的通知》要求，开展法规清理工作。组织对1981～2007年期间市人大及其常委会制定的地方性法规（包括具有地方性法规性质的决议决定）进行清理，维护了国家法制统一。

为增强立法的科学性、民主性，常委会在法规起草过程中加强调研、论证、听证、专家咨询和网上征求意见等工作，广泛听取市人大代表和社会各方面的意见，使所立法规充分体现民主性和地方特色，更加切合昆明经济社会发展需要。对拟制定、修订的《昆明市城市轨道交通管理条例》、《昆明市清水海保护条例》、《昆明市清真食品管理条例》、《昆明市志愿服务条例》、《昆明市人民调解条例》和要修订的《昆明市保护老年人合法权益条例》、《昆明市户外广告管理条例》等开展立法前调研。为改进地方立法工作，常委会还组织开展对《昆明市城市节约用水管理条例》施行以来的效果以及法规的可操作性进行调研。

常委会还对全市2008年开展经济社会制度创新工作以来制定的242件规范性文件上升为地方性法规，进行了可行性调研，其中，涉及地下水保护、预防职务犯罪等方面的创新制度已制定为地方性法规，还有一部分将列入2010年立法计划或待立法条件成熟时上升为地方性法规。按照全国、省人大常委会的要求，组织对《农村土地承包经营纠纷仲裁法（草案）》、《归侨侨眷权益保护法》、《选举法（修订草案）》等9部法律和《云南省法律援助条例（草案）》、《云南省预防未成年人犯罪条例（建议稿）》等进行了认真研究，征求社会各方意见，及时综合上报，为国家立法提供参考。

【执法检查、视察和调查】　常委会加强对人代会通过的国民经济和社会发展计划与执行情况、财政预算与执行情况的监督，先后听取和审议市政府关于2009年上半年国民经济和社会发展计划执行情况、2009年上半年市本级财政预算执行情况及2008年财政决算和净结余资金安排、2008年市本级财政预算执行和其他财政收支审计情况等专项工作报告，提出加强和改进的意见，作出《关于批准昆明市2008年财政决算和市本级财政净结余资金安排意见》等决议。常委会还组织市、县两级人大分别对2008年市委考核认定的4个开发区、14县（市）区和37个招商分局负责的3 500个招商引资项目落地情况进行拉网式专项检查，形成检查报告，为市委全面掌握2008年全市招商引资项目落地和进展情况提供翔实的资料，推动和促进了招商引资工作的深入开展。

常委会组织执法检查组，对《台湾同胞投资保护法》、《云南省中小企业促进条例》、《昆明市城镇绿化条例》、《昆明历史文化名城保护条例》、《昆明市养犬管理条例》等法律法规的贯彻实施情况进行了检查，听取和审议执法检查组的报告，对执法工作中存在的突出问题和薄弱环节，向“一府两院”提出意见和建议。配合省人大常委会执法检查组对昆明市贯彻执行《食品安全法》、《云南省民族乡工作条例》的情况进行了检查。为保障常委会作出的决议决定得到有效贯彻执行，组织对“一府两院”贯彻执行《昆明市人大常委会关于在滇池流域和其他重点区域禁止挖砂采石取土的决定》的情况进行了第二次检查，重点对禁采区企业关停和生态恢复情况进行全面检查，针对政府工作中存在的问题，提出进一步改进的意见建议；对2008年以来常委会作出的75项决议决定的贯彻落实情况进行检查，促进决议决定的贯彻落实。常委会还分别对市政府2008年制定的131项、2009年制定的122项制度创新文件的落实情况逐一进行专项监督检查。督促政府及有关部门强化措施，加大落实力度，提高依法行政水平，保障和促进全市经济社会发展。

为促进市十二届人大五次会议通过的各项目标的落实，常委会对市政府工作报告中确定的10个大类40项重点工作，每季度组织开展一次全面检查。第一季度重点检查目标任务分解、各项工作启动情况；第二季度重点检查时间过半，完成任务是否过半；第三季度主要检查40项重点任务中的重点工作进展情况；第四季度对全年目标任务完成情况进行全面检查。通过检查，使监督工作由单项检查变为全面检查，由过去的事后监督变为事前、事中、事后全过程的跟踪监督，保障和促进了人代会确定的各项重点目标任务完成。

常委会围绕全市贯彻落实党中央、国务院“保增长、扩内需、调结构”宏观经济政策和市委的重大决策，围绕经济社会发展中的重大事项，人民群众普遍关心的热点难点问题，组织开展了对工业突破、园区建设、招商引资、农村人口饮水安全、农村中小学标准化建设、中小学校舍安全工程建设以及中小学招生等事项的视察。还听取和审议了市政府关于昆明市集体林权制度配套改革进展情况、东南北二环快速系统改扩建工程建设、职业教育基地建设、经济社会发展和财政预决算情况等8项专项工作报告。通过视察，听取和审议专项工作报告，对加快工业园区和城市道路等基础设施建设、推进林权制度配套改革、发展职业教育等起到了积极的促进作用。

【司法监督和信访工作】 常委会围绕促进司法公正，保障公民合法权益这一主题，听取和审议了市中级人民法院关于全市行政审判工作情况、市人民检察院关于诉讼监督工作情况的专项工作报告，并作出了相关决议。组织部分市人大代表对法院清理执行积案工作、立案工作和庭审工作进行视察、检查和旁听，对加强和改进法院、检察院工作，促进司法公正提出意见建议。围绕构建平安昆明、法治昆明、和谐昆明的目标，把群众来信来访督办作为加强和改进监督工作的内容之一，努力提高监督实效。一年来，常委会收到、接待和受理人民群众来信来访2 921件（次），通过转办督办，督促相关机关、部门启动内部监督机制，有效维护了法律权威及当事人的合法权益，促进了司法公正。

【重大事项决定和人事任免】 为促进依法行政、公正司法，常委会作出了《关于加强政府组成部门行政执法监督，推动工作落实的决定》、《关于进一步加强全市行政审判工作的决议》、《关于进一步加强人民检察院对诉讼活动的法律监督工作的决议》。为深化财政体制改革，常委会作出了《关于深化财政综合改革，创新财政管理制度的决议》。为促进生态文明建设，常委会作出了《关于整治违法排污建立健全环境监管长效机制的决议》、《关于设立滇池高原湿地保护区的决议》、《关于加强城市生态绿化隔离林带规划建设的决议》、《关于在滇池流域划定禁建区的决议》。为推进文化昆明建设，常委会根据代表提出的议案和市政府的提请，作出了《关于举办“昆明郑和国际文化旅游节”的决定》、《关于举办“昆明市花·云南山茶花节”的决定》、《关于举办“昆明聂耳音乐节”的决定》。为促进昆明的对外开放，常委会作出了关于昆明市与柬埔寨金边市、老挝万象市建立友好城市关系的决定。一年来共依法作出了76项决议决定，其中批准市政府投资融资事项的决定55项。

常委会坚持被任命人员任前法律知识考试、与常委会组成人员见面、颁发任命书等制度，法律知识考试不合格不上会，程序不合法不上会，从第二十四次会议起，先后对20名被任命人员实行任职表态发言，以进一步增强其责任感和使命感。一年来，常委会先后任免市人大常委会机关和“一府两院”工作人员70人，为促进昆明跨越式发展提供了坚实的组织保障。

【代表工作】 常委会认真贯彻落实《代表法》，努力改进代表工作方式，提高代表活动实效，使代表密切联系群众，反映民意，集中民智，协助“一府两院”推进工作的作用得到了充分发挥。着力提高代表素质，举办有市人大代表和市、县（市）区人大工作者220人参加的培训班，学习人民代表大会制度、科学发展观、如何审查财政预算报告等。坚持代表联系制度，一年来，主任会议成员联系常委会委员23人（次），常委会组成人员联系代表267人（次），邀请186人（次）代表列席了常委会会议。

着力搭建代表依法履职、密切联系群众的平台，为代表执行职务创造良好条件，推动和指导全市各级人大开展创建“人大代表之家”活动。组织召开两次全市重大事项情况通报会，由市政府相关领导向325（人次）代表通报城市道路基础设施建设和工业突破、园区建设等情况。全市19个代表小组结合各自实际，围绕工业突破、新农村建设、交通建设、教育卫生发展、环境保护、民族宗教、涉侨涉台涉外、招商引资等工作开展了形式多样的代表小组活动。12个专业代表小组对全市重点工程资金到位及管理情况、中小学校舍安全工程建设、林权流转管理办法等进行了专题视察。297人（次）代表先后46次持证视察了河道治理、南屏步行街管理、餐饮具消毒监管、轿子雪山开发管理、电动车管理、创建“人大代表之家”、网吧管理和人民防空建设等工作，促进了“一府两院”相关工作的进一步落实。组织代表开展即“每季度参加一次代表活动、开展一次调研、联系一次选区选民、提出一条建设性意见”活动。创办了《代表之声》，先后出刊4期，收集综合整理了代表反映的17个方面、317条意见建议，分送市委、市人大常委会、市政府领导参阅。

市十二届人大五次会议主席团交付市人大专门委员会审议、常委会工作机构研究的代表提出的“关于制定《昆明市就业促进条例》”、“关于制定《昆明市志愿服务条例》”、“关于给予落实减免民族自治地方配套资金等政策”、“关于举办昆明市花·云南山茶花节”、“关于把中国昆明郑和文化旅游节列为昆明市重要节庆”5件议案的审议结果报告，已经常委会会议审议通过。“昆明市花·云南山茶花市”、“中国昆明郑和文化旅游节”已成为昆明市的地方节庆；《昆明市志愿服务条例》、《昆明市就业促进条例》已开展立法前调研。对“一府两院”办理市十二届人大五次会议以来代表提出的403件（闭会期间25件）建议情况，先后两次组织部分市人大代表进行检查。通过认真督办，已经或部分解决的有234件，占58.1%；列入部门工作计划或规划逐步解决的132件，占32.8%；因条件限制或其他原因暂不能解决的37件，占9.1%。建议的解决率较上年提高了8个百分点。建立代表议案审议、建议办理“阳光机制”，接受代表和人民群众的监督，制定了《昆明市人民代表大会代表议案审议和建议办理结果向社会公开办法（暂行）》，在昆明日报公开代表议案审议结果和建议办理工作情况，在昆明人大网站和昆明信息港公开代表建议办理情况。

【人大制度理论研究和宣传工作】　常委会认真贯彻落实全国、省人大常委会召开的人大新闻宣传工作会议精神，不断拓展人大新闻宣传工作的深度和广度。在市十二届人大五次会议上首次对新闻媒体开放代表团审议情况报道，让人民群众知晓人大代表如何依法履职、代表人民管理经济和文化事业，管理社会事务。着力提高《昆明人大》、昆明人大网站和昆明日报、昆明电视台“人大之窗”专版专栏的宣传质量；在《云南人大》、《社会主义论坛》等刊物上以彩页形式宣传了市人大常委会依法履职取得的新经验，组织部分代表参与省委有关部门组织的《云南辉煌六十年》采访报道，宣传了昆明市民主法制建设取得的成就；为纪念地方人大设立常委会30周年，与昆明日报合作，组织一批纪念文章，开展了集中宣传活动，编辑出版了《纪念地方人大设立常委会30周年—昆明市人大常委会纪念邮册》等。一年来，累计在市级以上报刊发稿100余篇，1篇作品获全国人大系统好新闻评选三等奖，14篇作品在全省人大系统好新闻、好文章评选中获奖。组织开展课题研究，完成《昆明市人大代表建议办理工作研究》、《昆明地区云南山茶花资源保护与发展的研究》、《昆明市少数民族地区特色经济发展及科技支撑体系研究》等一批研究课题。

坚持把工作联系作为经验交流的平台，加强对县（市）区人大工作联系会的指导，推动基层人大开展工作。指导晋宁、宜良等6个县完成了部分行政区划调整后乡镇人大代表资格终止及重新选举和部分县（区）人代会补选国家机关工作人员等工作。为加强与外国城市议会的交流，组织代表团出访孟加拉国吉大港市和泰王国曼谷市议会，组织昆明市青年代表团与曼谷市青年代表团进行了互访，常委会领导率领昆明市代表团访问瑞士苏黎世市。常委会领导还分别会见泰王国曼谷市议会代表团、韩国高阳市议会代表团和泰国皇家公共管理学院考察团、曼谷市青年代表团。

【机关自身建设】　常委会坚持重大事项向市委请示汇报主动争取市委的支持。积极参与市委人大工作会议和市委召开的昆明市纪念地方人大设立常委会30周年大会的筹备工作。组织开展了贯彻省委、市委人大工作会议情况的检查和调研，提出了进一步贯彻好会议和文件精神的意见和要求。

常委会党组提出“创建学习型机关、打造能干事队伍、构建和谐型团队”的要求，学习党的十七大和十七届三中、四中全会精神，组织开展“深入学习实践科学发展观”等学习教育活动，不断强化常委会组成人员和机关的思想建设。结合纪念地方人大设立常委会30周年，组织机关工作人员回顾市人大常委会的发展历程，总结经验，进一步提高对人民代表大会制度性质、地位、作用的认识，增强按照科学发展观的要求做好新形势下人大工作的自觉性。全面落实党风廉政建设责任制，组织开展“加强作风建设、促进科学发展”主题教育活动。依照市委《关于在市级部门机关党组织中开展公推直选试点工作的意见》，完成了机关党委、纪委公推直选换届和民主推荐领导干部、科级干部的任务。加强制度建设，规范工作程序，制定了市人大常委会《机关组织执法检查工作的规定》、《清理地方性法规的规定》、《市人大代表议案审议和建议办理结果公开办法（暂行）》和《机关目标管理工作实施办法》，修订完善了《机关车辆管理使用规定》。围绕人民群众、社会普遍关心的校舍安全、建制村道路硬化等热点难点问题，深入开展专题调研，撰写了多篇高质量的调研报告，为党委决策提供了依据和参考。开展“行政效能提升年”、“干部作风改进年”、创先争优和创建文明机关活动，机关工作人员的服务意识、工作作风、办事效能有了新的提高，常委会机关顺利通过了云南省省级文明单位考核验收。

常委会牵头协调市级54家单位，加强对寻甸县的挂钩扶贫工作。按照滇池治理河长负责制的要求，担任河长的常委会领导多次到现场调研，督促检查、指导河道治理工作，所负责的8条入滇河道的整治，按照市委的要求全面推进。按照市级领导干部牵头招商引资的要求，常委会领导多次参加相关招商分局的推介会，回访企业等活动。根据市委的要求，组织专业代表小组和有关工作机构，完成了《昆明市“十二五”期间深化综合改革思路研究》、《关于昆明市政府投融资体制改革的思路》、《四区一县一市城乡一体化配套政策》以及《昆明跨越式发展专题调研报告》等的意见征求。

【检查《昆明市城镇绿化条例》贯彻执行情况】　3月23日，市人大常委会组成以副主任董利华为组长，部分市人大常委会委员和市人大代表为成员的检查组，对昆明市贯彻执行《昆明市城镇绿化条例》情况进行检查。检查组听取了市政府绿化工作汇报和市园林绿化局受市政府委托所作的贯彻执行工作情况汇报，实地检查了西山区、官渡区的绿地建设情况。检查组认为，《条例》实施以来，在促进昆明市绿化事业发展，加强城镇绿化规划、建设和管理，推动国家园林城市创建活动等方面发挥了重要的作用。存在的主要问题是：规划滞后，仍有4个县的城市绿地系统规划尚未经同级人民政府批准；《条例》中有关条款尚未落实。如《条例》第十三条规定“绿化用水管网规划应纳入城市供排水规划”。而主城区的不少道路和官渡区、呈贡新区的新建道路都没有相配套的绿化用水管网；绿地的管种养护水平还有待提高；绿化养护资金未随着绿地面积的扩大而同步增加；此外，苗木基地建设仍不适应市场需求，苗木自给率低。针对存在问题，检查组提出了改进的意见和建议。

4月9日，市第十二届人大常委会第二十三次会议听取和审议了市人大城乡建设环境保护委员会主任委员曹超所作的关于昆明市贯彻执行《昆明市城镇绿化条例》情况的执法检查报告，并提出如下审议意见：①要进一步加大《条例》的宣传力度，把贯彻实施《条例》，依法开展城镇绿化工作作为贯彻落实科学发展观，建设宜居城市的重要实践。充分发动群众，积极投身于绿化城市、美化城市的行动中，“政府主导，全民参与”，在全社会形成“建绿、爱绿、护绿”的良好氛围。②认真抓好规划的编制和落实。按照城乡园林绿化及生态建设整体推进的目标，统筹城乡绿化和生态建设的发展。绿化建设的标准要达到“绿化用地面积不得少于其用地面积的80%”、“树木覆盖面积占绿地面积的80%”、“常绿乔木占乔木总量的80%要求”。要加快苗木基地建设，提高苗木自给率。③以创建国家园林城市为契机，强化管理，进一步提高绿化的规划设计、建设和管养水平，完善相关技术规范和标准。鼓励和扶持绿地养护管理先进技术的研究和推广。④继续加大资金投入，多渠道筹集绿化资金。在确保财政投入的绿化专项资金足额按时到位的基础上，积极吸纳社会资金参与园林绿化建设，引导各单位和个人投资实施区域绿化。⑤进一步加大执法力度。严肃查处各类毁坏和侵占绿地、改变已建绿地性质的行为。

【检查《台湾同胞投资保护法》贯彻执行情况】　5月11～12日，市人大常委会组成以副主任夏静为组长，民宗侨工委主任马洪苍为副组长，部分常委会委员和省、市人大代表为成员的执法检查组，对昆明市贯彻执行《台湾同胞投资保护法》的情况进行执法检查。在听取市政府、市台办、市发改委、市投促局、市商务局、市工商局、市税务局、五华区政府的汇报后，检查组深入石林台湾农民创业园、嵩明统一生物科技有限公司、巧丽坊精品店，实地查看了台湾企业的生产经营情况，听取了部分台企台商对贯彻执行《保护法》的意见和建议。检查组认为，自《保护法》实施以来，各级政府和相关职能部门认真学习宣传贯彻《保护法》，积极创造条件维护台商的合法权益，有效地促进了昆台经济交流与合作，为开创昆明跨越式发展和加大对外交流发挥了积极作用。存在的主要问题是：宣传贯彻力度不够，社会知晓率不高；优惠政策和地方配套法规尚未健全；部门协调联动机制和服务台商的投资环境还有待进一步完善；检查组建议：①进一步提高认识，广泛深入宣传《保护法》，既要面向台资、台企、台胞、台属，更要面向社会，特别是对台工作部门。要充分发挥新闻媒体作用，通过发放宣传册，利用先进事迹、典型案例、知识竞赛等多种形式，扩大《保护法》的宣传面、知晓率，力求宣传效果。②切实加强领导，各级政府要成立对台工作领导小组，明确分管领导和职能部门的职责，切实保障台商的合法权益；充分发挥“昆明台资企业协会”的作用，建立健全与台商交流服务的互通平台；牢固树立服务意识，及时依法解决台商在生产经营过程中出现的新情况、新问题。③优化软环境建设，加大对台商历史遗留问题的调处力度，克服重引进、轻服务、重签约、轻跟踪的现象，不断树立诚信政府的良好形象；加强台办干部队伍建设，开展经常性的专业知识培训和到先进地区考察学习，不断提高履行工作职责的水平和能力；整合管理和精简审批程序，提高办事效率，确保吸引台商在昆投资有新突破。④加强信息平台建设，实现信息交流，资源共享，力争使其成为对台招商引资的有效载体，促进昆台经济合作共创双赢。⑤完善政策措施，对于符合国家产业政策和有利于昆明市经济发展的项目，在融资、信贷、生产、经营、销售和税收等方面制定优惠政策，为台商在昆投资兴业提供便利，创造条件。按照国家对台经济“同等优先、适当放宽”的原则，及时研究出台优惠政策，以实现对台招商引资新突破。

6月11日，市第十二届人大常委会第二十五次会议听取和审议了市人大常委会民宗侨工委主任马洪苍所作的《关于对昆明市贯彻执行〈中华人民共和国台湾同胞投资保护法〉情况进行执法检查的报告》。

【检查《昆明历史文化名城保护条例》贯彻执行情况】　9月9～11日，市人大常委会组成由副主任王俊斌、董利华带队，部分常委会委员、市人大代表和市人大相关专工委负责人参加的执法检查组，省人大常委会副主任李春林及省人大法制委、法工委领导应邀参加，对我市贯彻《昆明历史文化名城保护条例》的情况进行了执法检查。检查组认为，市政府高度重视《条例》的贯彻执行，特别是省委、省政府作出建设现代新昆明的决定后，我市通过加大宣传力度，建立健全机构，编制保护规划，加强维护管理，昆明历史文化名城的保护工作取得了明显成效。存在的主要问题是：保护意识有待进一步加强；保护经费严重不足；资源开发利用水平亟待提升等。检查组建议：①进一步加大《昆明历史文化名城保护条例》的宣传力度，增强全社会的责任感和紧迫感，形成人人参与的良好社会氛围。②创新工作制度，改进保护方式，多形式、多渠道探索增加保护经费投入的途径。昆明市要把保护经费列为财政专项，并随着地方财政的增长而逐年增加。③总体谋划，分步实施，对昆明历史文化名城保护的总体规划和分片规划再进行深入研究，制定有利于充分发挥历史文化遗迹和历史建筑功能的工作计划和保护措施，擦亮昆明“国家历史文化名城”这块品牌，进一步提升昆明的社会知名度和城市竞争力。④明确责任，落实措施，高度重视对历史文化遗迹、遗产、文物、建筑、古树名木和历史街区的保护工作。加大执法力度，严格执法办事，实行严格的保护责任制和责任追究制，使昆明这座国家级历史文化名城的魅力和风采得到充分展现，丰富的历史文化资源得以永续利用。

10月29日，市第十二届人大常委会第二十八次会议听取和审议了市人大常委会教科文卫工作委员会主任文荣久作的《关于对〈昆明历史文化名城保护条例〉贯彻执行情况的检查报告》。

【检查《云南省中小企业促进条例》贯彻执行情况】　8月31日，根据《云南省人大常委会关于对〈云南省中小企业促进条例〉进行执法检查的预告通知》要求，市人大常委会组成由副主任田翎为组长，财经委主任委员熊廷章为副组长，部分常委会委员、市人大代表及市人大常委会财经工委领导参加的执法检查，在听取市政府贯彻执行条例的情况汇报后，到西山区听取汇报并深入企业就贯彻实施条例情况进行检查。检查组认为，市政府及各县（市）区政府和有关职能部门对贯彻条例高度重视，制定措施，落实政策，做了大量工作，使全市中小企业发展速度明显加快，数量、注册资本及缴纳税金都有了较大幅度增长，对全市经济社会发展起到了积极的推动作用。存在的主要问题是：相关政策落实不完全到位；非公中小企业普遍规模偏小、层次低，发展原动力与后劲不足；企业整体素质偏低，缺乏竞争力；人才、技术短缺；中小企业融资难。检查组建议：①认真贯彻落实省、市委关于加快中小企业发展的政策，结合昆明市的实际，加快发展步伐，为昆明市经济和社会发展作出更大的贡献。②从深度和广度上进一步加大对条例的宣传力度，增强执法人员的法律意识，提高执法水平，做到依法行政、严格执法，为中小企业的发展提供良好的环境和优质的服务。③从政策和机制上认真研究解决中小企业贷款难、融资难问题。加快融资、担保、信用三个服务体系建设，形成政府、银行、担保机构、中小企业四位一体的融资新模式。④进一步完善服务体系，成立“中小企业服务中心”，以创业培训、融资担保、信息服务、法律维权服务、技术创新服务为主要内容开展工作。⑤进一步健全依法行政的各项工作制度，强化组织协调，加强分类指导，细化服务措施，创新考核机制，提高综合分析研究能力和决策咨询水平，深入调查研究，帮助中小企业克服困难，渡过难关。

9月上旬，市人大常委会向省人大常委会财经委上报了昆明市人大常委会执法检查组关于《云南省中小企业促进条例》执法检查的报告。

【检查《昆明市养犬管理条例》贯彻执行情况】　10月20～21日，市人大常委会组成由王俊斌担任组长，部分市人大常委会委员、市人大代表为组员的执法检查组，常委会主任李培山参加，对贯彻执行《昆明市养犬管理条例》的情况进行检查。检查组听取了市政府、市公安局、农业局、工商局以及盘龙区、五华区政府的执法情况汇报，实地察看了昆明市犬只留检所，深入云南奇石宠物交易市场、园博印象花鸟市场及4个犬只免疫办证点等7个单位，召开座谈会，听取盘龙区部分街道办事处、社区居委会、物管公司代表的意见和建议。检查组认为，自《条例》贯彻实施一年来，市、县（市、区）两级政府及相关职能部门认真按照《条例》规定的职责，积极采取措施，开展宣传工作，加强犬只免疫，规范养犬行为，为保障公民身体健康和人身安全，保护环境卫生作出了努力。存在的主要问题是：宣传面窄，群众发动效果不理想；执法力度不够，措施不到位；机制运行不畅，管理服务不到位；经费投入不够。检查组建议：①各级人民政府和相关职能部门要站在建设现代化宜居城市、创建全国卫生城市和文明城市、构建和谐昆明的高度，进一步提高认识，加强领导，采取有力措施，切实解决养犬管理工作中存在的问题和困难。②要改进和创新宣传形式，丰富宣传内容，增强宣传实效，营造贯彻《条例》的良好氛围。③公安等相关职能部门要认真履行法定职责，加强养犬管理工作的制度化、规范化建设，形成长效执法机制。市级职能部门要加强对县（市）、区的指导和督查力度，统一执法思想和执法标准，严格执法，规范执法，全力推进养犬管理工作的法制化进程。④尽快建立和完善养犬管理的运行机制、监管制度和服务队伍。各相关职能部门要建立联动执法工作机制，适时配合开展联合执法活动。⑤市、县（市）、区两级人民政府要认真执行《条例》和工作方案关于经费保障的规定和要求，市政府要做好犬只留检所所需经费的确定，加强犬只留检所的建设。各县（市）、区人民政府要将依法所收取的养犬管理费纳入地方财政预算，并作为专门的养犬管理工作经费，确保本行政区域内养犬管理工作的顺利开展。

11月5日，市人大常委会执法检查组将市人大常委会关于对贯彻执行《昆明市养犬管理条例》情况进行检查的意见向市政府进行了反馈。

【检查《关于在滇池流域和其他重点区域禁止挖砂采石取土的决定》贯彻执行情况】　9月14～17日，市人大常委会组织由常委会主任、副主任，部分市人大常委会委员、市人大代表组成的7个检查组，分别深入五华、盘龙、官渡、西山、呈贡、晋宁、嵩明等县区，采取听取汇报、实地查看、明察暗访、召开座谈会、广泛听取群众意见等形式，对市政府贯彻执行《昆明市人大常委会关于在滇池流域和其他重点区域禁止挖砂采石取土的决定》的情况进行了全面认真细致的检查。检查组认为：在全面开展滇池流域及其他重点区域禁止挖砂采石取土工作以来，经过两年多的努力，"禁采工作"取得了初步成效。存在的主要问题是：矿山关停工作涉及面广，部分县区在帮助关停企业调整经营方向、发展替代产业等方面工作滞后，导致社会不稳定因素依然存在；部分矿山机械设备未及时拆除，电力供应未及时中断，关停矿山"死灰复燃"的现象时有发生；各县区矿山生态环境恢复治理规划和方案的编制工作滞后，致使矿山生态环境恢复工作进展缓慢。检查组建议：①要进一步加强领导、提高认识。市政府及有关部门要继续深化对禁采工作的认识，认真贯彻执行《决定》，坚定不移地实施"关停"、恢复生态。新闻单位和宣传部门要积极配合，加大滇池流域及其他重点区域禁止挖砂采石取土的宣传力度和舆论监督。②市政府及有关部门要按照原定目标、时限，扎实抓好落实，确保按计划实现。进一步加大执法力度，严格监管；认真研究和解决封停矿区存在的问题，采取有力措施，落实工作责任，加大监管力度，完善部门联动机制，严防已关停矿山"死灰复燃"。③认真贯彻"一手抓关停，一手抓恢复，两手都要硬"的方针，认真总结前期试点矿山生态恢复工作经验，尽快督促指导各县区完成关停矿山生态恢复规划和方案的编制，全面推进关停矿山生态恢复工作。④坚持以人为本，按照科学发展观的要求，切实做好已关停矿山从业人员的就业疏导和企业扶持工作，积极消除由于矿山关停带来的不稳定因素，防止群体性事件的发生。

9月30日，市人大常委会向市委呈报了关于对市政府贯彻执行《昆明市人大常委会关于在滇池流域和其他重点区域禁止挖砂采石取土的决定》情况的检查报告。

【检查2008年招商引资项目落实情况】根据市委要求，为全面了解掌握全市2008年招商引资项目落地和项目进展情况，市人大常委会和14县（市）区人大常委会组织17个检查组、46个检查小组，于7月6～24日，采取听取情况汇报、逐项查阅台账、实地核实项目、察看生产经营状况等方式，对2008年市考核办认定的高新区、经开区、旅游度假区、空港经济区、14县（市）区和37个招商分局负责的3 500个招商引资项目落实情况进行了专项检查。检查组认为，2008年，全市各级各部门切实加强领导、强化服务，强势发动、强力推进，全面完成了市委、市政府确定的招商引资任务，实际利用外资6亿美元，实际引进市外资金530亿元，取得了历史性突破。存在的主要问题是：招商引资项目中大项目少、工业项目少、高科技项目少；项目跟踪管理服务不够、推进难度加大、储备质量不高。检查组建议：①切实把招商引资工作作为经济工作的生命线，聚力招商引资，取得新的突破，为实现昆明跨越式发展奠定坚实基础。②尽快完善城市、用地和产业发展规划，明确园区产业定位，合理布局引进项目，提高重大工业项目、产业项目、总部经济的引入比例，突出重点项目招商，狠抓项目库建设，从项目的收集、筛选、储备、申报等方面建立起一整套规范的程序和严格的责任体系，提高项目招商的成功率。③进一步提高服务意识，加强政企联动，做好跟踪服务，当前要尽快建立招商引资后服务机制，促进项目的落地。④对招商引资指标实行动态跟踪、过程督导，做到项目到哪里，督查就到哪里。保持考核办法的稳定性、连贯性，已确定的考核办法，不轻易调整。对2008年注销、搬迁或无法查找的项目，有关部门要进行认真分析，查明原因，确保项目真实落地。

7月28日，市人大常委会向市委呈报了关于2008年招商引资项目落实情况的检查报告。

【检查制度创新性文件落实情况】　5月7～22日，市人大常委会组织7个检查组，由市人大常委会领导带队，部分市人大常委会委员、市人大代表和相关委员会人员参加，分别深入到市政府及各相关职能部门和有关县区，采取听取汇报、座谈询问、查阅资料、实地察看等方式，对市政府2008年制发的131件制度创新性文件的贯彻执行情况进行了督促检查。检查组认为，131件制度创新性文件中，符合昆明实际，既富有创新精神又较为完善，贯彻落实比较好的有86件，占65.6%；制定得较为完善，贯彻落实不够的有33件，占25.2%；还需进一步完善的有12件，占9.2%。存在的主要问题是：部分创新文件落实得不够好，执行力度还需进一步加大；部分创新文件在贯彻过程中，上下和部门之间的协调配合还需进一步加强；部分创新文件的工作经费不到位，影响了实施效果；部分创新文件的配套政策不够完善，需要进一步加强研究；专业人才资源不足，需要进一步加强培养和引进。为此，检查组建议：①深化认识，切实增强抓落实的责任感和紧迫感。市政府及相关职能部门面对执行中存在的困难和问题，以坚决的态度、完善的措施、周密的部署，切实抓好制度创新性文件的执行和落实，使制度更好地发挥推动经济社会发展的重要作用。②加强部门之间的综合协调，整合各部门的资源和力量，形成齐抓共管的强大合力。③把创新性制度的落实和完善与正在开展的政府机构改革结合起来，推动政府职能的转变和行政效能的提升。④进一步明确相关领导、责任单位及责任人的责任，制定和完善配套政策和工作措施，增强执行力，保证制度落实到位。⑤深化创新，不断完善制度。条件成熟可以上升为地方性法规的，要及时研究、抓紧开展立法的前期调研工作，争取尽早形成条例。7月7日，市人大常委会向市委呈报了《关于对市政府2008年制度创新性文件落实情况专项督促检查的报告》。

8月下旬~9月下旬，由市人大常委会领导带队，部分市人大常委会委员、市人大代表和相关委员会人员组成的7个检查组，对市政府2009年1~6月制发的88件制度创新性文件贯彻落实情况进行了专项督促检查。检查组认为，市政府及各相关职能部门在贯彻落实88件制度创新性文件工作中，工作措施有力，成效明显，充分反映了市政府及各职能部门全面贯彻落实科学发展观和对制度创新工作的重视。存在问题是：部分创新文件落实得还不到位、执行力度还需进一步加大；部分创新文件缺乏必要的经费保障，影响了实施效果；部分创新文件涉及面广、利益关系复杂，工作推进难度大；部分创新文件在贯彻过程中，还需要积极争取上级部门的支持；机构设置和人员素质与发展不相适应，给文件的执行带来了难度。检查组建议：①市政府及有关部门要紧紧围绕进位争先、提速增量、跨越发展的奋斗目标，进一步加大制度创新工作的力度、深度。②在贯彻落实创新性文件的过程中，要敢于直视和面对存在的问题和困难，突破难点、稳步推进。③加强部门之间的协调配合，整合资源和力量，全面推进创新性文件的落实。④认真开展执行文件“回头看”，深入开展调查研究，及时进行总结，进一步完善配套政策和办法措施，不断增强文件的可操作性。10月10日，市人大常委会检查组向市委呈报了《关于对市政府2009年1~6月制度创新性文件贯彻落实情况专项督促检查的报告》。

12月21~29日，市人大常委会组成了由常委会领导带队，部分市人大常委会委员、市人大代表和相关人员参加的6个检查组，对市政府2009年7~11月制发的34件制度创新性文件的贯彻执行情况进行了专项监督检查。检查组认为，34件制度创新性文件的制定符合昆明经济社会发展要求，既有创新性又有必要性，总的执行情况是好的，其中：贯彻落实好的有23件，占67.7%；较好的有8件，占23.5%；一般的有3件，占8.8%。存在的主要问题是：个别创新性文件在贯彻落实过程中的协调配合还不够；个虽创新性文件的可操作性还不够强；个别创新性文件在贯彻落实过程中的工作经费还未到位；个别创新性文件在贯彻落实过程中的监督工作机制不健全。检查组建议：①加强学习，深刻领会创新性文件的内容和要求，提高认识，转变作风，增强责任感，努力提升依法行政水平和行政效能。②对一些缺乏可操作性的文件要补充完善相关条款规定，及时制定和完善配套政策和工作措施，确保各项制度能够得到切实有效的贯彻落实。③保证经费能够按时足额拨付到位，建立健全督查机制，督促资金全部用于对文件的贯彻执行上。2010年1月9日，市人大常委会向市委呈报了《关于对市政府2009年7~11月制度创新性文件贯彻落实情况检查的报告》。

【检查决议决定落实情况】　按照市委的要求，11月16~27日，市人大常委会组成了由常委会领导带队、部分委员和市人大代表参加的6个检查组，对“一府两院”贯彻执行市人大常委会2008和2009年上半年作出的75个决议决定的情况进行了检查。检查组认为，“一府两院”对贯彻执行市人大常委会决议决定，做到了领导重视、认识明确、责任到位、方案严密、措施有力，总体贯彻执行情况良好。在75个决议决定中，执行好的有61个，占81.3%；执行较好的有13个，占17.3%；执行一般的有1个，占1.3%。存在的主要问题是：对一些决议决定的贯彻执行重视程度不够；宣传发动不够深入，群众主动参与还不够；配套政策和实施意见不够完善，跟踪监督还不够到位。检查组建议：①“一府两院”及有关部门要充分认识决议决定的严肃性，按照市委“提升行政效能，改进干部作风”的要求，强化措施，在具体工作中落实到位。②改进和创新宣传方式，加强与各级新闻媒体的联系，切实提高广大群众及社会组织、单位对决议决定的知晓率，营造全社会知法、守法、护法的良好环境。③在贯彻执行决议决定的过程中，充分调动各方面的积极性，形成齐抓共管的强大合力。④发挥舆论监督、社会监督和政府网站的作用，及时公开有关决议决定贯彻落实的情况，努力提高对决议决定的贯彻执行能力。

12月9日，市人大常委会向市委呈报了《关于对2008年和2009年上半年所作决议决定贯彻执行情况的检查报告》。

【视察重点工作目标完成情况】　按照市委的要求，根据市人大常委会2009年年度工作要点及会议议题安排、监督工作计划及《昆明市人大常委会关于加强市人大常委会对政府年度工作目标监督的意见》的安排。2009年，市人大常委会按季度共4次组织视察组，对市政府完成重点工作目标情况进行专项视察，及时向市委作专项报告，向市政府反馈意见建议。

2月24~3月26日，市人大常委会组成由李培山主任和7位副主任带队的6个视察组，对市人大常委会2008年专项视察后发出的督办通知所涉及14个方面问题的落实情况进行“回头看”，对市十二届人大五次会议通过的政府工作报告10个方面40项目标任务分解及项目启动情况进行了专项视察。

7月1~25日，市人大常委会组成了由常委会领导带队的6个视察组，采取听取汇报、座谈走访、实地察看等方式，对《政府工作报告》中10个方面40项目标任务上半年完成情况进行了专项视察。视察组认为，二季度目标任务总体完成较好，除个别指标外，实现了时间过半、目标任务过半，有些目标还超额完成，各项工作都在稳步推进。

10月12~22日，市人大常委会组成了6个视察组，对市十二届人大五次会议通过的《政府工作报告》10个方面40项目标任务中的31项第三季度完成情况进行了重点抽查：已提前完成、超额完成或年底可完成的有19项，占61.3%；与目标任务有差距，经努力年底可完成的有7项，占22.6%；进度比较迟缓，如不奋力拼搏，年底难以完成的有5项，占16.1%。针对视察中发现的工业突破、园区建设、招商引资、财政经济、基础设施建设、"四退三还"、民生问题和社会事业发展等方面存在的一些问题，视察组提出改进建议。11月18日，市人大常委会办公厅向市委办公厅呈报了《昆明市人大常委会2009年三季度专项视察情况报告》。

12月21～25日，市人大常委会组成了由常委会主任、副主任带队，部分常委会委员、市人大代表参加的6个视察组，对市政府工作报告中确定的10个方面40项目标任务完成情况进行了全面视察。视察组认为，市政府按照年初确定的目标任务，加强领导、明确责任、细化措施、狠抓落实，做了大量卓有成效的工作，付出了艰辛的努力，各项目标任务总体完成较好，有力地推动了全市经济社会跨越式发展。由市人大常委会办公厅向市委办公厅呈报了《昆明市人大常委会2009年四季度专项视察情况报告》。

【听取和审议关于集体林权制度配套改革专项工作报告】 3月25～27日，市人大常委会组成以市人大常委会副主任张显忠为组长、农工委主任张耀云为副组长，部分市人大常委会委员、市人大代表为成员的视察组，对昆明市集体林权制度配套改革进展情况进行视察。

4月9日，市十二届人大常委会第二十三次会议听取和审议了市林业局局长张之亮受市政府委托所作的《关于集体林权制度配套改革专项工作报告》。会议认为，《报告》比较全面、实事求是地反映了昆明市集体林权制度配套改革工作的进展情况，对存在问题的分析是客观的，对常委会前期视察中所提出的意见和建议作了认真研究，并在《报告》中吸纳，采取了相应的措施，原则同意这个《报告》。会议提出了如下审议意见：①进一步明确深化集体林权制度配套改革有利于促进农民特别是山区农民脱贫致富，有利于发挥林业的生态、经济、社会和文化等多种功能的作用，正确把握配套改革的内容、重点，处理好集体林权制度主体改革与配套改革的关系，稳步推进配套改革，确保集体林权制度改革健康发展，并取得实效。②市政府要加强对集体林权制度配套改革的领导，继续高位推动，并充分发挥集体林权制度改革领导小组的职能作用，落实领导责任制，严格考核制度。各相关部门要密切配合，通力协作，共同努力，积极推进集体林权制度配套改革。③做好集体林权制度配套改革工作，要从本地实际出发，以科学发展观为指导，坚持实事求是、因地制宜的原则，巩固林改成果，有效地推进和建立完善林业发展的长效机制，提高林业产业发展的能力，促进农村经济社会的可持续发展。④坚持"山有其主，主有其权，权有其责，责有其利"的林改目标，积极探索农户间承包、拍卖、转包、转让、互换等林地流转方式，实现规模化、产业化经营，提高经济效益，促进林业有序发展，实现林农增收。

【听取和审议关于全市行政审判工作情况的专项报告】 3月31～5月6日，市人大常委会组成由市人大常委会副主任王俊斌为组长，市人大内司委主任委员杨芳为副组长，部分市人大常委会委员、市人大代表参加的视察组，分别对市法院2006～2008年行政审判工作情况进行了视察。

6月11日，市十二届人大常委会第二十五次会议听取和审议了市中级人民法院副院长董林所作的关于全市行政审判工作情况的专项报告。会议认为，加强行政审判工作对于推动社会主义民主法制进程，促进行政机关依法行政，保护公民、法人和其他组织的合法权益，维护社会稳定，构建和谐社会具有重要意义。为进一步加强行政审判工作，优化行政审判司法环境，促进全市经济社会跨越式发展，会议作出了《昆明市人大常委会关于进一步加强全市行政审判工作的决议》。《决议》要求全市行政机关、审判机关深化认识，统一思想，全面推进行政审判工作；突出重点，创新机制，努力提高行政审判质量；健全制度，规范执法，努力提高依法行政能力；加强宣传，互相支持，营造良好的行政审判司法环境；加强监督，促进工作，积极推进民主法治进程。《决议》要求各级人大常委会要加强对本级人民法院行政审判工作的监督，加大对行政执法活动的监督力度，适时组织执法检查和工作视察，监督和支持人民政府依法行政、人民法院公正司法，确保法律得到正确实施。

【听取和审议关于诉讼监督工作情况的专项报告】 3月31～5月5日，市人大常委会组成由市人大常委会副主任王俊斌为组长，市人大内司委主任委员杨芳为副组长，部分市人大常委会委员和市人大代表参加的视察组，分别对市检察院和五华、官渡、东川、呈贡、富民、宜良、石林等7个县（区）检察院2006～2008年来开展诉讼监督工作的情况进行了视察。

6月11日，市十二届人大常委会第二十五次会议听取和审议了市人民检察院检察长沈曙昆所作的关于诉讼监督工作情况的专项报告。会议认为，加强人民检察院对诉讼活动的法律监督对于贯彻依法治国基本方略，捍卫宪法和法律尊严，维护人民群众合法权益具有重要意义。为监督并支持人民检察院依法开展诉讼监督工作，进一步规范司法行为，维护司法公正，会议作出了《昆明市人大常委会关于进一步加强人民检察院对诉讼活动的法律监督工作的决议》。《决议》要求全市检察机关要统一思想，充分认识加强诉讼监督工作的重要性和必要性；突出监督重点，进一步增强诉讼监督实效；完善监督机制，推进诉讼监督改革；加强队伍建设，进一步提高诉讼监督能力；强化支持配合，形成有效监督和自觉接受监督的良性工作格局。《决议》要求各级人大常委会要加强对本级人民检察院诉讼监督工作的监督，加大对公安机关、人民法院、刑罚执行机关和各行政执法机关工作的监督力度，适时组织执法检查和工作视察，监督和支持人民检察院依法开展诉讼监督工作。

【听取和审议2009年上半年国民经济和社会发展计划执行情况的报告】 8月20日，市十二届人大常委会第二十七次会议听取和审议市发展和改革委员会副主任胡炜彤受市政府委托所作的昆明市2009年上半年国民经济和社会发展计划执行情况的报告。会议认为，昆明市上半年经济社会保持稳定的好势头，国民经济和社会发展计划执行情况较好，但仍存在部分重点项目进展不理想、招商引资中外商引进缓慢、对外贸易大幅下降、财政增收压力较大、节能减排形势严峻等诸多制约发展的困难和问题。会议同意这个报告，并针对下半年工作提出以下审议意见：①政府要准确把握昆明经济发展走势，加强对宏观经济运行的预测和分析，并结合实际，科学合理制定2010年国民经济和社会发展的各项经济发展指标，同时要采取坚决有力的措施，增强经济发展活力和后劲，确保年度经济社会发展目标和各项任务的圆满完成；②进一步加大重点项目推进力度，认真查找28项重点基础设施项目未开工的原因，有针对性的提出措施，落实责任，有效推进项目的开工建设；③扎实抓好关乎民生的各项工作，切实将各项政策落到实处；④要针对上半年仅实现5年GDP能耗下降4.5%的目标的三分之一的严峻形势，进一步加强全市节能减排工作，争取实现全年减排目标。

【听取和审议关于**2008**年度地方财政决算和市本级财政净结余资金安排意见（草案）以及**2009**年上半年财政预算执行情况的报告】 8月20日，市十二届人大常委会第二十七次会议听取和审议了市财政局局长余汝兴受市政府委托所作的关于昆明市2008年度地方财政决算和市本级财政净结余资金安排意见（草案）以及2009年上半年财政预算执行情况的报告。会议认为，2008年，全市各级政府和财税部门，以科学发展观为统领，深入贯彻中央经济工作会议、市委九届四次全会精神，积极应对国际金融危机和经济增速减缓的不利影响，围绕现代新昆明建设和促进昆明跨越式发展，认真落实国家宏观财政政策，深化财政改革，推进机制创新，严格依法治税，坚持依法理财，组织财政收入，保障重点支出，较好地完成了市十二届人大四次会议通过的预算目标，市政府所提出的2008年度市本级财政净结余资金安排意见，各项目安排是适当的。2009年上半年地方财政预算执行情况较好，实现了时间任务双过半。会议同意市政府的报告，同时，为确保圆满完成全年预算目标任务，针对下半年的工作提出如下审议意见：①加强税收征管，推进财源建设，优化财源结构，巩固提高存量，涵养培植增量，着力培植新税源。②强化预算刚性，加强支出管理，优化支出结构，切实提高财政资金使用效益。③确保现代新昆明建设重点项目顺利推进，高度关注民生，加大社会事业及“三农”投入，不断提高人民生活水平。④强化政府债务管理，合理安排偿债计划，有效防范财政风险。⑤抓好融资资金、重点建设项目资金的监管，充分发挥资金的使用效益。会议还作出《昆明市人大常委会关于批准昆明市2008年度地方财政决算和市本级财政净结余资金安排意见的决议》。

【听取和审议关于**2008**年度昆明市市级预算执行和其他财政收支的审计工作报告】 8月20日，市十二届人大常委会第二十七次会议听取和审议了市审计局局长李冰晶受市政府委托所作的关于2008年度昆明市市级预算执行和其他财政收支的审计工作报告。会议同意这个报告，并针对下一步工作提出如下意见：①对审计反映出的问题，市、县两级政府要高度重视，责成相关部门抓好整改落实。尤其对审计发现的关于财政预算管理、非税收入管理、专项资金、领导干部经济责任等方面存在的问题，要认真分析原因，落实整改措施，做到有错必纠，督查到位，加大审计整改督办和问责的力度，遏制屡审屡犯现象的发生。②落实财政综合管理改革措施，进一步将各类政府性资金依法纳入财政管理，加强财政专项资金、涉农资金、民生和社会保障资金的监督，更好地发挥专项资金使用效益。继续深化国库集中支付管理制度改革，完善预算管理责任追究工作机制，切实增强预算执行的刚性，依法规范财政收支行为。③进一步落实和健全政府性投资建设项目预决算审计监督制度，做到重大建设项目资金全面置于国家审计机关、各部门内部审计机构和社会中介审计机构的有效监督之下，提高政府性投资的效益。④健全完善审计工作保障机制，落实审计经费财政保障政策，重视和加强审计队伍职业化、专业化建设，全面改进和加强对各类政府性资金的审计监督。

【听取和审议关于东南北二环快速系统改扩建工程建设专项工作报告】 7月7日，市人大常委会组织部分市人大常委会组成人员和市人大代表组成视察组，对东南北二环快速系统改扩建工程建设情况进行了专项视察，并将视察意见进行汇总交市人民政府研究办理。

8月20日，市十二届人大常委会第二十七次会议听取和审议了市政府副市长李喜所作的昆明市政府关于东南北二环快速系统改扩建工程建设专项工作报告。会议提出如下审议意见：①《报告》对东南北二环快速系统改扩建工程进展情况作了较为系统全面的介绍，对工程建设取得的成绩陈述客观，数据翔实，存在问题分析实事求是，对下一步的工作思路清晰，具有较强的针对性。市人民政府对东南北二环快速系统改扩建工程是重视的，工作富有成效，原则同意这个《报告》。《报告》对《市人大常委会办公厅关于〈昆明市人民政府关于东南北二环快速系统改扩建工程建设专项工作报告（征求意见稿）〉的回复意见函》中所提出的五点建议，有的还缺少具体的应对措施，希望在今后的工作中予以改进。②要进一步强化质量意识、安全意识，确保实现既定目标。东南北二环快速系统改扩建工程作为“缓解昆明主城道路交通拥堵一年行动计划”的重点工程，市政府相关职能部门及建设单位应牢固树立“百年大计”的理念，采取有力措施，切实保证质量、保证安全、保证工期，打好攻坚战，实现既定目标。为此，政府相关职能部门要进一步做好拆迁、建设、绿化各有关单位之间的衔接与协调，解决好地面工程与地下工程、建设工程与绿化工程、当前利益与长远利益之间的关系，使二环路快速系统改扩建工程发挥最大效益；建设工程面对最后40天的冲刺阶段，一定要更加注意工程质量和施工安全，在建设优良工程不出现重大安全事故的基础上确保工期。同时，对已建好工程要加强管理。

【听取和审议关于安宁、嵩明职教基地建设情况的报告】 7月17和20日，市人大常委会组织部分常委会组成人员和市人大代表，对安宁、嵩明职教基地规划建设情况进行了专题调研，形成的汇总意见交市政府研究办理。

8月20日，市十二届人大常委会第二十七次会议听取和审议了市教育局局长宋栋受市政府委托所作的关于安宁、嵩明职教基地建设情况的报告。会议认为，近年来，市政府认真贯彻市委九届四次全会精神，将职教基地作为职业教育发展的重要基础和载体予以重点建设，目标明确，措施得力，规划建设工作取得了明显成效。但由于管理体制未理顺、建设用地指标紧缺、建设资金不足等原因，目前职教基地在园区规划、土地收储供给、配套基础设施建设和引资建校等方面还存在一些问题。为此，会议提出以下审议意见：①市政府要根据全省特别是全市经济社会发展需要、教育普及程度以及对技能型人才的总体需求，对安宁、嵩明两个职教基地的规划和建设进行科学定位，并及时解决好规划中存在的突出问题，高标准建设规模适当、结构合理、效益突出、特色鲜明的职业教育园区。②认真研究学校建设用地缩短时限、单独报件以及基地基础设施建设用地集中收储、批次报件的办法，切实解决土地供给瓶颈制约问题。③市县两级政府要积极争取中央、省级投资补助或贷款贴息，将职教基地公共基础设施建设项目列入本级年度计划及财政预算，进一步增加职教基地建设投入。④创新思路，提供优质高效服务。市政府要针对两个职教基地管委会体制机制中存在的主要问题，进一步完善有利于职教基地发展的制度和扶持政策，确保职教基地建设任务圆满完成。

【市十二届人大常委会第二十二次会议】 市十二届人大常委会第二十二次会议于2009年2月18日举行。会议审议通过了《昆明市人大常委会2009年年度工作要点及会议议题安排》、《昆明市人大常委会关于加强政府组成部门行政执法监督推动工作落实的决定》、《昆明市人大常委会关于深化财政综合改革创新财政管理制度的决议》、《昆明市人大常委会关于〈昆明市人民政府关于提请市人大常委会同意市政府将昆明市主城二环快速系统改扩建工程（西二环段）项目贷款列入年度投资计划及逐年还款计划的议案〉的决定》、《昆明市人大常委会〈昆明市人民政府关于提请市人大常委会批准市政府回购日新路与关南路节点改造工程建设项目的议案〉的决定》。

【市十二届人大常委会第二十三次会议】 市十二届人大常委会第二十三次会议于2009年4月9～10日举行。会议传达十一届全国人大二次会议精神，听取并审议通过了《昆明市人民代表大会内务司法委员会关于市十二届人大五次会议主席团交付审议的代表提出的"关于制定〈昆明市志愿者服务条例〉的议案"（第62号）审议结果的报告》、《昆明市人民代表大会财政经济委员会关于市十二届人大五次会议主席团交付审议的代表提出的"关于制定〈昆明市就业促进条例〉的议案"（第1号）审议结果的报告》、《昆明市十二届人大议案审查委员会关于市十二届人大五次会议主席团交付市人大常委会民族宗教华侨工作委员会的代表提出的"关于给予落实减免民族自治地方配套资金等政策的议案"（第18号）审议结果的报告》；听取审议了《关于昆明市贯彻执行〈昆明市城镇绿化条例〉情况的执法检查报告》、《昆明市人民政府关于集体林权制度配套改革专项工作报告》，并提出了审议意见；会议审议通过了《关于加强昆明市工程建设造价和拆迁补偿标准管理的决议》、《昆明市人大常委会关于〈昆明市人民政府关于提请市人大常委会同意市政府投资市博物馆二期工程列入年度融资计划及逐年还款计划的议案〉的决定》、《昆明市人大常委会关于〈昆明市人民政府关于提请市人大常委会批准市政府回购滇池环湖南岸干渠截污工程融资建设项目的议案〉的决定》、《昆明市人大常委会关于〈昆明市人民政府关于提请市人大常委会同意市政府投资新机场征地拆迁安置及外部配套基础设施建设项目列入年度融资计划及逐年还款计划的议案〉的决定》、《昆明市人大常委会关于〈昆明市人民政府关于提请市人大常委会批准市政府收购羊肠片区土地开发等项目单一资金信托股权的议案〉的决定》、《昆明市人大常委会关于〈昆明市人民政府关于提请市人大常委会同意市政府投资沣源路（原7204道路）改扩建工程建设征地拆迁项目列入年度融资计划及逐年还款计划的议案〉的决定》、《昆明市人大常委会关于〈昆明市人民政府关于提请市人大常委会同意市政府投资二环快速系统改扩建工程东二环段项目列入年度融资计划及逐年还款计划的议案〉的决定》、《昆明市人大常委会关于〈昆明市人民政府关于提请市人大常委会同意市政府投资阳宗海生态旅游小镇占路还路和电力线路迁改项目列入年度融资计划及逐年还款计划的议案〉的决定》、《昆明市人大常委会关于〈昆明市人民政府关于提请市人大常委会批准市政府收购西、北三环工程建设项目单一资金信托股权的议案〉的决定》、《昆明市人大常委会关于〈昆明市人民政府关于提请市人大常委会同意市政府投资西三环草海下穿隧道工程等项目列入年度融资计划及逐年还款计划的议案〉的决定》、《昆明市人大常委会关于〈昆明市人民政府关于提请市人大常委会同意市政府投资海埂路改扩建工程项目列入年度融资计划及逐年还款计划的议案〉的决定》、《昆明市人大常委会关于〈昆明市人民政府关于提请市人大常委会批准市政府回购三环闭合工程融资建设项目的议案〉的决定》、《昆明市人大常委会关于〈昆明市人民政府关于提请市人大常委会批准市政府回购主城区客运站进出站道路工程融资建设项目的议案〉的决定》、《昆明市人大常委会关于〈昆明市人民政府关于提请市人大常委会批准市政府回购沣源路（原7204道路）改扩建工程融资建设项目的议案〉的决定》、《昆明市人大常委会关于〈昆明市人民政府关于提请市人大常委会批准市政府回购禄大公路（禄劝至半角段）工程融资建设项目的议案〉的决定》、《昆明市人大常委会关于授予苏黎世市长雷德格博先生"昆明市荣誉市民"称号的决定》。会议还审议通过了人事任免事项。

【市十二届人大常委会第二十四次会议】 市十二届人大常委会第二十四次会议于2009年5月19日举行。会议听取审议并通过了《昆明市人大常委会关于接受桂春辞去昆明市人大常委会委员职务的决定》等人事任免事项。

【市十二届人大常委会第二十五次会议】 市十二届人大常委会第二十五次会议于2009年6月11～12日举行。会议听取并审议了《昆明市地下水保护条例（草案）》的议案、说明和审议意见的报告；会议审议通过了《昆明市人大常委会关于废止〈昆明市公安机关人民警察巡察条例〉的决定》和昆明市十二届人大议案审查委员会关于市十二届人大五次会议主席团交付市人大常委会教科文卫工委代表提出的"关于举办昆明市花·云南山茶花节的议案"（第33号）、"关于把中国昆明郑和文化旅游节列为昆明市重要节庆的议案"（第35号）审议结果的报告，作出了《昆明市人大常委会关于举办"昆明市花·云南山茶花节"的决定》、《昆明市人大常委会关于举办"昆明郑和国际文化旅游节"的决定》；会议听取和审议了《关于全市行政审判工作情况的专项工作报告》、《关于诉讼监督工作情况的专项工作报告》和《关于对昆明市贯彻执行〈中华人民共和国台湾同胞投资保护法〉情况进行执法检查的报告》，审议通过了《昆明市人大常委会关于进一步加强全市行政审判工作的决议》、《昆明市人大常委会关于进一步加强人民检察院对诉讼活动的法律监督工作的决议》。

会议审议通过了《昆明市人大常委会关于举办"昆明聂耳音乐节"的决定》、《昆明市人大常委会关于〈昆明市人民政府关于提请市人大常委会同意市政府提前回购二环快速系统改扩建工程南二环段BT项目资金列入市财政年度融资计划及逐年还款计划的议案〉的决定》、《昆明市人大常委会关于〈昆明市人民政府关于提请市人大常委会同意市政府投资前新路公交专用道工程项目列入市财政年度融资计划及逐年还款计划的议案〉的决定》、《昆明市人大常委会关于〈昆明市人民政府关于提请市人大常委会同意以昆三中老校区资产置换收入偿还昆三中迁建呈贡新区建设项目贷款不足部分列入市财政年度预算的议案〉的决定》、《昆明市人大常委会关于〈昆明市人民政府关于提请市人大常委会同意以现市中医院资产置换收入偿还市中医院迁建呈贡新区建设项目贷款不足部分列入市财政年度预算的议案〉的决定》、《昆明市人大常委会关于〈昆明市人民政府关于提请市人大常委会同意市政府投资滇池外海环湖湿地建设工程项目列入市财政年度融资计划及逐年还款计划的议案〉的决定》、《昆明市人大常委会关于〈昆明市人民政府关于提请市人大常委会同意市政府变更滇池环湖南岸干渠截污工程项目融资方式并列入市财政年度融资计划及逐年还款计划的议案〉的决定》、《昆明市人大常委会关于〈昆明市人民政府关于提请市人大常委会同意市政府投资西园隧道防腐加固工程项目列入市财政年度融资计划及逐年还款计划的议案〉的决定》、《昆明市人大常委会关于〈昆明市人民政府关于提请市人大常委会同意市政府投资主城区雨污分流次干管及支管配套建设工程项目列入市财政年度融资计划及逐年还款计划的议案〉的决定》、《昆明市人大常委会关于〈昆明市人民政府关于提请市人大常委会同意羊肠片区土地一级开发项目列入市财政年度融资计划及逐年还款计划的议案〉的决定》、《昆明市人大常委会关于〈昆明市人民政府关于提请市人大常委会同意市政府投资主城区城市污水处理厂污泥处理处置工程项目列入市财政年度融资计划及逐年还款计划的议案〉的决定》、《昆明市人大常委会关于昆明市与柬埔寨金边市建立友好城市关系的决定》、《昆明市人大常委会关于授予汉龙集团董事局主席刘汉先生"昆明市荣誉市民"称号的决定》、《昆明市人大常委会关于确认许可对市十二届人大代表许里春采取强制措施并暂时停止其执行代表职务的决定》。会议还审议通过了人事任免事项。

【市十二届人大常委会第二十六次会议】 市十二届人大常委会第二十六次会议于2009年7月10日举行。会议审议通过了《昆明市人大常委会关于〈昆明市人民政府关于提请市人大常委会同意市政府投资昆明铁路枢纽扩能改造工程征地拆迁等项目列入市财政年度融资计划及逐年还款计划的议案〉的决定》、《昆明市人大常委会关于〈昆明市人民政府关于提请市人大常委会同意市政府收购昆明铁路枢纽扩能改造工程征地拆迁等项目单一资金信托股权的议案〉的决定》、《昆明市人大常委会关于〈昆明市人民政府关于提请市人大常委会同意市政府将昆明铁路枢纽扩能改造工程征地拆迁项目15亿元企业债券本息列入市财政年度融资计划及逐年还款计划的议案〉的决定》、《昆明市人大常委会关于〈昆明市人民政府关于提请市人大常委会同意市政府将昆明市铁路建设配套清整土地项目资金列入市财政年度融资计划及逐年还款计划的议案〉的决定》、《昆明市人大常委会关于〈昆明市人民政府关于提请市人大常委会同意市政府将昆明轨道交通首期工程项目银行贷款列入市财政年度融资计划及逐年还款计划的议案〉的决定》、《昆明市人大常委会关于〈昆明市人民政府关于提请市人大常委会批准市政府收购二环快速系统改扩建工程东二环段项目单一资金信托股权的议案〉的决定》。

【市十二届人大常委会第二十七次会议】 市十二届人大常委会第二十七次会议于2009年8月20～21日举行。会议听取并审议了《昆明市预防职务犯罪工作条例（草案）》的议案、说明，《昆明市九乡风景名胜区保护条例（草案）》的议案、说明和审议意见；审议通过了《昆明市地下水保护条例》；听取和审议了《昆明市2009年上半年国民经济和社会发展计划执行情况的报告》、《关于昆明市2008年度地方财政决算和市本级财政净结余资金安排意见（草案）以及2009年上半年财政预算执行情况的报告》、《关于2008年度昆明市市级预算执行和其他财政收支的审计工作报告》，提出了审议意见，作出了《昆明市人大常委会关于批准昆明市2008年度地方财政决算和市本级财政净结余资金安排意见的决议》；会议听取和审议了《昆明市人民政府关于东南北二环快速系统改扩建工程建设专项工作报告》、《关于安宁、嵩明职教基地建设情况的调研报告》，并提出了审议意见；会议审议并通过了《昆明市十二届人大常委会代表资格审查委员会关于代表变动情况和补选代表的代表资格审查报告》；会议审议通过了《昆明市人大常委会关于〈昆明市人民政府关于提请市人大常委会同意市政府将投资昆明学院改扩建项目列入市财政年度融资计划及逐年还款计划的议案〉的决定》、《昆明市人大常委会关于〈昆明市人民政府关于提请市人大常委会同意市政府将投资呈贡新区被征地农民安置项目列入市财政年度融资计划及逐年还款计划的议案〉的决定》、《昆明市人大常委会关于〈昆明市人民政府关于提请市人大常委会同意市政府将投资昆明轨道交通配套草海综合开发项目列入市财政年度融资计划及逐年还款计划的议案〉的决定》、《昆明市人大常委会关于〈昆明市人民政府关于提请市人大常委会同意市政府将投资高海公路改扩建项目列入市财政年度融资计划及逐年还款计划的议案〉的决定》、《昆明市人大常委会关于〈昆明市人民政府关于提请市人大常委会同意市政府将投资2009年病险水库除险加固工程项目列入市财政年度融资计划及逐年还款计划的议案〉的决定》、《昆明市人大常委会关于〈昆明市人民政府关于提请市人大常委会同意市政府将投资禄劝旧铁厂水库工程项目列入市财政年度融资计划及逐年还款计划的议案〉的决定》、《昆明市人大常委会关于〈昆明市人民政府关于提请市人大常委会批准市政府回购滇池环湖南岸干渠截污工程BT建设项目的议案〉的决定》、《昆明市人大常委会关于〈昆明市人民政府关于提请市人大常委会同意市政府将投资北京路延长线（7204道路—松华坝—）新建工程项目列入市财政年度融资计划及逐年还款计划的议案〉的决定》、《昆明市人大常委会关于〈昆明市人民政府关于提请市人大常委会同意市政府将投资西坝路改扩建工程项目列入市财政年度融资计划及逐年还款计划的议案〉的决定》、《昆明市人大常委会关于〈昆明市人民政府关于提请市人大常委会同意市政府将投资昆明市工人文化宫迁建项目列入市财政年度融资计划及逐年还款计划的议案〉的决定》、《昆明市人大常委会关于〈昆明市人民政府关于提请市人大常委会同意市政府将投资昌宏路（三环闭合东南段）改扩建工程项目列入市财政年度融资计划及逐年还款计划的议案〉的决定》、《昆明市人大常委会关于〈昆明市人民政府关于提请市人大常委会同意市政府将投资东连接线片区三条道路（寺瓦路、主3道路、支186道路）征地拆迁项目列入市财政年度融资计划及逐年还款计划的议案〉的决定》、《昆明市人大常委会关于〈昆明市人民政府关于提请市人大常委会同意市政府将投资东连接线片区三条道路（寺瓦路、主3道路、支186道路）征地拆迁和回购BT建设项目列入市财政年度融资计划及逐年还款计划的议案〉的决定》、《昆明市人大常委会关于〈昆明市人民政府关于提请市人大常委会同意市政府将投资贵昆路（城区段）项目列入市财政年度融资计划及逐年还款计划的议案〉的决定》、《昆明市人大常委会关于〈昆明市人民政府关于提请市人大常委会同意市政府通过中长期应收账款融资保理方式解决2009年市本级贷款置换的议案〉的决定》、《昆明市人大常委会关于昆明市与老挝万象市建立友好城市关系的决定》。会议还审议通过了人事任免事项。

【市十二届人大常委会第二十八次会议】 市十二届人大常委会第二十八次会议于2009年10月29～30日举行。会议听取审议了《昆明市城乡规划条例（草案）》、《昆明市殡葬管理条例（修订草案）》、《昆明市档案条例（草案）》的议案、说明和审议意见的报告；审议通过了《昆明市预防职务犯罪工作条例》、《昆明市九乡风景名胜区保护条例》；听取和审议了《昆明市人大常委会执法检查组关于对〈昆明历史文化名城保护条例〉贯彻执行情况的检查报告》；审议通过了《昆明市人大常委会关于〈昆明市人民政府关于提请市人大常委会同意市政府将投资北京路延长线（7204道路—松华坝）新建工程项目3亿元贷款列入市财政年度融资计划及逐年还款计划的议案〉的决定》、《昆明市人大常委会关于〈昆明市人民政府关于提请市人大常委会批准市政府回购昆明市轿子山旅游专线公路工程BT建设项目的议案〉的决定》、《昆明市人大常委会关于整治违法排污建立健全环境监管长效机制的决议》、《昆明市人大常委会关于设立滇池高原湿地保护区的决议》、《昆明市人大常委会关于加强城市生态绿化隔离林带规划建设的决议》、《昆明市人大常委会关于在滇池流域划定禁止建设区的决议》。会议还通过了人事任免事项。

【市十二届人大常委会第二十九次会议】 市十二届人大常委会第二十九次会议于2009年12月14～15日举行。会议审议通过了《昆明市城乡规划条例》、《昆明市殡葬管理条例》和《昆明市档案条例》，听取和审议了《昆明市河道管理条例（草案）》的议案、说明和审议意见的报告；听取和审议了《昆明市人民代表大会常务委员会工作报告（草案）》，并决定了报告人；会议听取和审议了《昆明市人民政府关于办理市十二届人大五次会议代表建议、批评和意见的工作报告》、《关于昆明市十二届人大五次会议代表提出的建议、批评和意见办理情况的报告》、《昆明市人大常委会关于组织部分市人大常委会组成人员、市人大代表对市十二届人大五次会议代表建议办理情况进行检查的报告》；会议审议通过了《昆明市十二届人大常委会关于代表变动情况和补选代表的代表资格审查报告》、《昆明市十二届人民代表大会第六次会议主席团和秘书长等几个建议名单（草案）》、《昆明市人大常委会关于召开昆明市第十二届人民代表大会第六次会议的决定》、《昆明市人大常委会关于加强太阳能热水系统推广应用和管理的决定》、《昆明市人大常委会关于〈昆明市人民政府关于提请市人大常委会同意市政府为云南省嵩明职教基地一期基础设施及其他配套设施建设提供融资增信的议案〉的决定》、《昆明市人大常委会关于〈昆明市人民政府关于提请市人大常委会同意市政府将投资高海公路项目6亿元贷款列入市财政年度融资计划及逐年还款计划的议案〉的决定》。会议还通过了人事任免事项。

【市十二届人大常委会第三十次会议】 市十二届人大常委会第三十次会议于2009年12月31日举行。会议审议通过了人事任免事项。

附：昆明市第十二届人民代表大会第五次会议代表提出的议案
（2009年1月16日昆明市第十二届人民代表大会第五次会议主席团第四次会议通过）

1. 石林代表团徐辉等13名代表提出的关于制定《昆明市志愿者服务条例》的议案（第62号）

2. 富民代表团杨丽等33名代表提出的关于制定《昆明市就业促进条例》的议案（第1号）

3. 东川代表团李兴芝等12名代表提出的关于举办“昆明市花·云南山茶花节”的议案（第33号）

4. 晋宁代表团杨绍林等14名代表提出的关于把中国昆明郑和文化旅游节列为昆明市重要节庆的议案（第35号）

5. 寻甸代表团张大光等11名代表提出的关于给予落实减免民族自治地方配套资金等政策的议案（第35号）

附：昆明市人民代表大会常务委员会2009年人事任免名单

一、任命共计37名（按任职时间顺序排列）

4月10日

李建明　昆明市人民检察院检察委员会委员
马　洁　昆明市人民检察院检察员
林　凡　昆明市人民检察院检察员
韩纯盈　昆明市人民检察院检察员

5月19日

孟少波　昆明市人大常委会副秘书长
马玉琼　昆明市人大常委会民族宗教华侨工作委员会副主任
阮凤斌　昆明市人民政府副市长
郭焕波　昆明市农业局局长
陈　春　昆明市城市管理局局长
宋　栋　昆明市教育局局长
洪　莺　昆明市商务局局长

6月12日

杜跃林　昆明市中级人民法院知识产权审判庭庭长
曹　军　昆明市中级人民法院知识产权审判庭副庭长
马　芸　昆明市中级人民法院环境保护审判庭副庭长
黎国梁　昆明市人民检察院检察员

8月21日

张昆丽　昆明市人大常委会人事代表工作委员会副主任

10月30日

周小棋　昆明市人民政府副市长
李　茜　昆明市人民政府副市长

12月15日

杨　力　昆明市人大常委会办公厅副主任
胡思明　昆明市人大常委会办公厅副主任
刘元堂　昆明市人大常委会办公厅副主任
刘光溪　昆明市人民政府副市长
陈　浩　昆明市工业和信息化委员会主任
范光华　昆明市人力资源和社会保障局局长
刘毓新　昆明市住房和城乡建设局局长
陈　春　昆明市城市管理综合行政执法局局长
徐小川　昆明市人民政府外事侨务办公室主任
胡炜彤　昆明市发展和改革委员会主任
李忠德　昆明市民族事务委员会主任
厉忠教　昆明市文化广播电视体育局局长
安　静　昆明市中级人民法院副院长
夏晓明　昆明市中级人民法院审判

委员会委员
尹　松　昆明市人民检察院检察员
刘文俊　昆明市人民检察院检察员
汪竹欣　昆明市人民检察院检察员
12月31日
黄云波　昆明市人民政府副市长

一、免职共计33名（按免职时间顺序排列）

4月10日
丁仕凯　昆明市监察局局长
余志培　昆明市人民检察院检察委员会委员、检察员
蔡幸人　昆明市人民检察院检察员
5月19日
桂　春　昆明市人大常委会副秘书长
孟少波　昆明市农业局局长
毕昌荣　昆明市城市管理局局长
蔡　杰　昆明市教育局局长
王光中　昆明市商务局局长
6月12日
杜跃林　昆明市中级人民法院民事审判第六庭庭长
曹　军　昆明市中级人民法院民事审判第六庭副庭长
马　芸　昆明市中级人民法院民事审判第四庭副庭长
范迪新　昆明市人民检察院检察员
毕　正　昆明市人民检察院检察员
刘宪云　昆明市人民检察院检察员
8月21日
王晓光　昆明市人民政府副市长
刘永福　昆明市交通局局长
邱继辉　昆明市中级人民法院执行庭庭长
12月15日
陈　浩　昆明市经济委员会主任
范光华　昆明市人事局局长
刘毓新　昆明市建设局局长
陈　春　昆明市城市管理局局长
何　波　昆明市发展和改革委员会主任
赵殿桦　昆明市民族事务委员会主任
朱建国　昆明市文化局局长
吴泽宇　昆明市水利局局长
安　静　昆明市中级人民法院民事审判第一庭庭长
李南南　昆明市中级人民法院审判员
章以宽　昆明市人民检察院检察委员会委员、检察员
张建华　昆明市人民检察院检察员
赵　明　昆明市人民检察院检察员
李　韬　昆明市人民检察院检察员
12月31日
杜　敏　昆明市人民政府副市长
周峰越　昆明市规划局局长

【办公厅】　按照常委会年度工作要点和议题安排，围绕中心工作，突出协调和服务工作职能，为常委会机关提供优质服务。认真完成常委会年度工作要点、会议议题安排和监督工作计划的起草、征求意见工作。完成第五次人代会、9次常委会、14次党组会、29次主任会及新闻发布会的会务工作，并起草了常委会主要领导在各类会议、重要活动的讲话稿。做好常委会网站管理维护，及时向社会公布常委会的监督工作情况。按照市委目督办的要求，认真做好常委会机关目标管理日常和年终考核工作。完成市委交办的立项督查工作任务，按时上报落实情况。积极做好常委会领导参加各类会议、重要活动的服务工作。抓好档案管理，及时完成各类文件的收发、办处、传阅、归档工作。完成了《市十二届人大五次会议文件汇编》和12月《大事记》，编发8期《常委会公报》、23期《昆明人大信息》，参与组织召开两次人大宣传信息工作会议，表彰人大信息工作先进单位和先进个人。组织召开市级52家单位帮带扶贫寻甸县工作联系会，做好帮带扶贫的日常工作。汇总每季度一次对市政府落实《政府工作报告》中的年度重点工作目标专项视察情况的综合报告，并报送市委。对2008年1月～2009年6月市人大常委会作出的75件决议决定贯彻落实情况，市政府2008年制发的131件、2009年制发的122件制度创新性文件执行情况，2008年市委考核认定的3 500个招商引资项目落地情况，市政府贯彻执行《关于在滇池流域和其他重点区域禁止挖砂采石取土的决定》的检查情况进行综合汇总，报送市委。起草了《关于加强市人大常委会对政府年度工作目标监督的意见》和《昆明市人大常委会机关目标管理工作实施办法》。印发了常委会审议通过的76个决议决定。参与组织纪念地方人大常委会设立30周年“五个一”活动。做好4次常委会党组中心组理论学习的相关服务工作。严格执行政策规定，不断加强机关干部队伍建设，做好干部选拔任用、干部职工教育培训、工资福利保险、干部出国政审或备案、干部休假及保健各类会议和机关活动车辆保障及安全、服务工作，严格落实财务工作的各项制度和规定。进一步规范办公用品的采购、入库、管理、发放、登记。加强机关内部环境整治，优化美化办公环境。做好老干部工作，组织开展健康有益的文娱活动，坚持向老干部通报工作制度。做好人大信访工作，坚持信访法律咨询日、组成人员接待人民群众来访等制度。全年接待来信来访2 921件（次），及时处理、转办群众来信来访件，督促相关部门依法办理，维护信访群众的合法权益。

【法制委员会】　围绕全市中心工作，以5年立法规划为指导，拟定了《昆明市人大常委会2009年年度立法计划（草案）》，为有序开展地方立法提供了重要保证。组织市人大各（工）委收集和整理全国52个有地方立法权的城市的2 639件地方法规情况，并与昆明市对比及时报送市委。组织市人大各专（工）委、市政府办公厅、市政府法制办、市中级人民法院、市人民检察院，对2008年度制度创新上升市地方性法规的必要性、可行性进行研究，并形成可行性研究报告，报市人大常委会主任会议。组织研究、修改、审议《昆明市地下水保护条例（草案）》、《昆明市预防职务犯罪工作条例（草案）》、《昆明市九乡风景名胜区保护条例（草案）》、《昆明市档案条例（草案）》、《昆明市城乡规划条例（草案）》和《昆明市殡葬管理条例（修订草案）》，并向常委会提出审议结果报告、修改情况报告、草案修改稿和表决稿。对昆明市人民政府关于提请市人大常委会审议废止《昆明市公安机关人民警察巡察条例》的议案进行审议，并提出市人大常委会关于废止该条例的决定草案。起草《昆明市人民代表大会常务委员会关于清理地方性法规工作的规定（草案）》，组织市人大各专（工）委、市总工会、市政府办公厅、市政府法制办等部门，对1981～2007年市人大及其常委会制定的地方性法规（包括具有地方性法规性质的决议、决定）进行清理，提出报告和清理目录，上报省人大常委会法工委。加强专项监督检查，组织对市政府2008年的9项制度、2009年阳光政府4项制度创新性文件贯彻落实情况，《昆明市人民政府关于下放部分市级行政审批项目的通知》贯彻落实情况，嵩明县贯彻执行《昆明市人大常委会关于在滇池流域和其他重点区域禁止挖砂采石取土的决定》的情况进行检查，并形成检查报告。对全国人大常委会法工委及省人大法制委下发征求意见的《中华人民共和国统计法（修订草案）》、《中华人民共和国农村土地承包经营纠纷仲裁法（草

案)》、《中华人民共和国国防动员法(草案)》、《中华人民共和国武装警察法(草案)》、《中华人民共和国保守国家秘密法(修订草案)》、《中华人民共和国可再生能源法修正案(草案)》、《中华人民共和国石油天然气管道保护法(草案)》等认真研究，印发政府相关部门及部分县(市)、区人大常委会征求意见，对市政府提出的《昆明市人民政府重大事项决策程序规定(征求意见稿)》、《昆明市居住证管理规定(草案送审稿)》等及时提出修改意见。组织对《昆明市城市节约用水管理条例》进行“立法后评价”。

【内务司法委员会】 认真做好地方立法工作，为昆明市的社会稳定和经济发展提供有力的法制保障。组织对《昆明市预防职务犯罪条例》、《昆明市殡葬管理条例》、《昆明市公安机关人民警察巡察条例》的制定、修改和废止工作。深入开展《昆明市志愿服务条例》、《昆明市人民调解条例》和《昆明市保护老年人合法权益条例》立法前的调研。配合全国、省人大常委会开展有关立法工作。做好内务司法监督，促进“一府两院”依法行政、公正司法。紧紧抓住行政审判和诉讼监督两个重点，分别对全市法院行政审判和检察院诉讼监督进行视察，针对存在问题，并提出建议，经主任会议同意，常委会作出《关于进一步加强全市行政审判工作的决议》和《关于进一步加强人民检察院对诉讼活动的法律监督工作的决议》。加大执法检查力度，对《昆明市养犬管理条例》的贯彻执行情况、政府工作报告中重点项目和制度创新性文件及11项决议决定贯彻执行情况进行检查。共接待来访群众80余人次，收到各类涉法涉诉申诉、检举、控告38件。围绕群众反映强烈的问题，妥善处理涉法涉诉信访，维护社会稳定。充分发挥人大代表的主体作用和调查研究的基础作用，选准工作切入点，对法律援助、人民调解、老龄工作、志愿服务、法院立案、“三员(法院人民陪审员、检察院人民监督员、司法公证和律师社会监督员)”制度落实、旁听重大案件审理、招录公务员和考录村支书(主任)面试等开展专项视察、检查、调研26项，参与代表145人(次)。同时，积极配合全国人大内司委对道路交通安全管理、妇女权益保障及志愿者服务立法进行专题调研；配合省人大内务司法委员会对市人民法院、人民检察院办理涉法涉诉信访件，以及开展预防未成年人犯罪情况进行调研。另外，深入基层，积极协助常委会分管领导开展入滇池河道整治和扶贫挂钩、企业联系，市综治委开展“打黑除恶专项斗争”督查和平安建设先进单位复核和禁毒办开展禁毒考核。做好市人大常委会领导督察滇池河道治理的相关服务工作。

【财政经济委员会】 坚持以科学发展观为指导，围绕市委中心工作，紧扣常委会工作要点，认真履行职责，圆满完成常委会安排的各项工作任务和年度工作计划。在深入调查研究，广泛征求意见的基础上，提出关于昆明市2009年上半年国民经济和社会发展计划执行情况、2009年度上半年地方财政预算执行情况、2008年度地方财政决算和本级净结余资金安排、2008年度市级财政预算执行情况和其他财政收支情况的审查报告草案，提交常委会会议审议。完成主任会议交付的《昆明市人民政府关于提请市人大常委会批准市政府回购沣源路(原7204道路)改扩建工程融资建设项目的议案》等55件议案的审议，提出审议意见，支持昆明市重大项目的顺利推进。对《政府工作报告》提出的工业突破、园区建设、招商引资等重点项目，从任务分解到进展情况每季度都进行专项视察。对市政府2008～2009年出台的财政经济方面的71件制度创新性文件的落实情况进行逐一检查，促进各项文件的贯彻落实。对2008年经开区招商引进的133个内资项目、28个外资项目以及各招商分局落地经开区的285个内资项目、3个外资项目进行全面检查。对官渡区贯彻执行(昆明市人大常委会关于在滇池流域和其他重点区域禁止开山采石挖砂取土的决定》的情况进行检查。对2008年1～2009年6月，市人大常委会作出的涉及财政、经济等方面45件决议、决定的贯彻落实情况进行检查，促进决议、决定的贯彻落实。按照省人大常委会要求，对《云南省中小企业促进条例》进行执法检查，并及时将执法检查报告上报省人大财政经济委员会。做好经济立法调研，对《昆明市户外广告管理条例》(修订)、《昆明市城市轨道交通管理条例》进行立法前期调研，为下一步法规的修改、制定奠定基础。积极做好省人大常委会开展的保障性住房建设项目实施情况、城乡社会保障体系建设情况等专题调研的协调和服务工作。认真审议代表议案，对市第十二届人大五次会议主席团交付的杨丽等33名代表提出的“关于制定《昆明市就业促进条例》的议案”(第1号)进行审议，并向常委会提出审议结果报告。认真办理蔡燕华代表提出的关于“建议市人大关注昆明市内退职工的生活”的建议，召开面商会，向代表通报近年来内退职工生活方面所做的工作。组织预算审查和经济专业代表小组，对环湖南路、前兴路与日新路节点改造工程，主城三期交通微循环整治改造工程，拥广路及1、2号支路建设工程，西坝路(西园路至广福路延长线)改扩建项目及西坝路(西坝路口至滇池路段)改扩建项目资金到位和工程进展情况进行视察。做好市人大常委会领导督察滇池河道治理的相关服务工作。

【城乡建设环境保护委员会】 紧紧围绕经济建设这个中心，以促进和保障地方经济的健康、持续发展和社会稳定为着力点，开展地方性法规的立法工作，认真审议《昆明市九乡风景名胜区保护条件(草案)》和《昆明市城乡规划条例(草案)》。深入调研，审议市政府提交的6件议案，起草《关于加强昆明市工程建设造价和拆迁补偿标准管理的决议》、《关于整治违法排污，建立健全环境监管长效机制的决议》、《关于设立高原湿地保护区的决议》、《关于加强城市生态绿化隔离林带规划建设的决议》、《关于在滇池流域划定禁止建设区的决议》、《关于加强太阳能热水系统推广应用和管理的决议》，为加强昆明市的城市规划建设和管理、保护生态环境、建设宜居城市提供了法制保障。围绕关系昆明市城乡建设环境保护重点工作和关系人民群众切身利益的问题，加大监督力度、创新监督形式、注重监督实效。对2008年《政府工作报告》中未完成的六项重点基础设施建设工程进行专项检查。为督促2009年《政府工作报告》中各项目标任务的按时完成，每季度组织检查组开展对市政府关于城乡建设环境保护方面共计12个大项(22个小项)重点工程项目进展情况的检查。对市政府贯彻执行《昆明市城镇绿化条例》、沿滇池流域7县(区)贯彻执行《昆明市人大常委会关于在滇池流域和其他重点区域禁止挖砂采石取土的决定》情况进行了检查，促进了《条例》、《决定》的贯彻执行。分别于5月、9月和12月对城建系统15个委、(办)局涉及到的94件制度创新文件的落实情况进行了检查，促进了制度创新文件的补充完善和贯彻落实。在对东南北二环路改造进展情况进行视察的基础上，常委会听取和审议了市政府关于东南北二环路改造进展情况的专项工作报告，促进了东南北二环快速系统提前完成目标任务。对城建环保系统6个局涉及到的7件决议贯彻落实情况进行专项检查，推动了决议的贯彻执行。组织检查组对滇池旅游度假区2008年招商引资项目落实情况进行检查。认真办理代表提出的《关于对昆明市文化宫建设情况进行视察的建议》、《关于请求市人大常委会对“四退三环”工作作出决议的建议》，加强对重点建议的督办。由市人大常委会副主任董利华带队、组织市人大城环委主任负责联系的市人大代表以及城乡建设、环境保护代表专业小组视察了石林县城市建设及环境保护方面的情况。

【教育科学文化卫生工作委员会】　认真开展立法工作，提高立法质量，协助做好《昆明市中小学幼儿园场地校舍建设保护条例（修订）》的二审工作，在开展调研的基础上，指导做好《昆明市档案管理条例》的起草和初审。加强对市政府涉及教科文卫事业方面规章制定的指导。认真组织自查，做好社会事业方面法规的清理。完成全国人大常委会、省人大常委会交办的有关法律、法规的征求意见工作。积极参加常委会相关部门组织的对有关地方性法律、法规的讨论和修改。对照法律、法规的规定以及昆明跨越式发展实际，对市政府有关中小学学生体制健康促进、城乡社会事业一体化建设等规范性文件（征求意见稿）提出建设性的意见和建议。加强法律监督和工作监督，对《昆明历史文化名城保护条例》的贯彻落实情况进行执法检查，形成执法检查报告，提出改进意见和建议，促进条例的贯彻执行。配合省人大常委会做好《食品安全法》执法检查的相关服务工作。组织代表对安宁、嵩明两个职业教育基地建设情况进行专项视察，提出有针对性的改进意见，为常委会听取专项工作报告做准备。配合有关部门，完成迎接省人大常委会视察昆明职业教育发展情况的各项工作。充分发挥专业代表小组在代表履职中的示范和带动作用，组织代表对农村中小学标准化建设、职业教育基地发展情况、校舍安全、招商引资、中高考组织和中小学招生等情况开展视察，增强专业代表小组活动的针对性和实效性。按照市人大常委会的安排，先后参加对滇池流域和其他重点区域禁止开山采石、挖砂取土情况进行检查；3次组织对市政府制度创新工作进行检查；每季度坚持对市政府年度目标中涉及社会事业方面的重点工作落实情况进行检查。加强和改进信访接待工作，做好转办和劝导。认真办理市十二届人大五次会议大会主席团交办的代表提出的33号、35号议案，深入广泛地开展调研，形成关于议案研究处理情况的报告，向议案审查委员会和人大常委会做专题报告。经市人大常委会认真审议，做出《关于举办“昆明郑和国际文化旅游节”的决定》、《关于举办“昆明市花·云南山茶花节”的决定》、《关于举办“昆明聂耳音乐节”的决定》。创新联系方式，认真组织常委会分管领导和委员会领导与所联系委员和代表进行座谈。加强与省人大教科文卫委员会、市级对口部门和机关其他部门的联系。全年累计接待来自全国各地和县（市）区人大的同志20多批200多人。

【民族宗教华侨工作委员会】　为昆明市招商引资营造良好的法制环境，组织开展《台湾同胞投资保护法》执法检查，提出工作建议，并督促各级政府和相关部门整改落实，切实维护台湾同胞的合法权益，为改善昆明市台商、台企的投资环境起到了较好的促进作用。按照市人大常委会的要求，围绕政府工作报告中提出的重点目标任务，先后4次深入市属相关部门和14个县（市）区实地检查，对保障性住房（含经济适用房、廉租房）建设、开发就业岗位和新增城镇就业人员、扩大城镇医保覆盖面和养老保险、民族专项经费的到位和使用情况等进行视察，促进民生工程顺利进行。配合市人大财经委，对市政府2008年和2009年上半年出台的财政经济方面的59件制度创新性文件的落实情况进行检查；对市政府贯彻执行《昆明市人大常委会关于在滇池流域和其他重点区域禁止挖砂采石取土的决定》情况进行检查。配合省人大常委会执法检查组深入宜良县耿家营乡、富民县大营镇小水井村、罗免乡，对昆明市贯彻执行《云南省民族工作条例》的情况进行执法检查。

认真办理市十二届人大五次会议主席团交付的“关于给予落实减免民族自治地方配套资金等政策的议案”。组成调查组，深入到县（市）区及市属相关部门，在听取汇报，走访座谈、征求部门意见及认真研究的基础上，提出把加快少数民族和民族地区的发展列入重要议事日程，发展项目和资金安排要体现优先和倾斜的建议，得到政府的采纳。两次组织华侨专业代表小组对外事侨务工作和投资环境进行专题调研，组织民族宗教专业代表小组和常委会分管副主任及委员会主任联系的代表对河道的清淤保洁、堵口截污、河道恢复、绿化美化、全面禁养及拆临拆违等进行了视察。按照市人大常委会5年立法规划的要求，坚持“不抵触、有特色、可操作”的原则，对《昆明市清真食品管理条例》的立法可行性进行调研，形成调研报告。完成《昆明市少数民族地区特色经济发展及科技支撑体系研究》课题以及《做好新形势下抵触宗教渗透的对策研究》、《做好新形势下城市民族工作对策建议》等专题调研。同时，做好市人大常委会领导督察滇池河道治理的相关服务、招商引资、联系非公企业、新农村建设及河口乡的扶贫协调，经济、统战等市委交办的各项工作。

【人事代表工作委员会】　坚持党管干部原则，严格按照《昆明市人大常委会人事任免办法》、《昆明市人大常委会人事代表工作委员会关于对提请任免人员进行初审的实施办法》和《昆明市人大常委会法律知识考试办法》的规定，做好被任命人员任前法律知识考试、见面、任职发言、任免通知、颁发任命书等服务工作。建立了12万字的人事任免法律知识考试题库，编印《法律、法规及人大工作制度选编》。举办市十二届人大代表第二期培训班，培训市人大代表150人，市、县人大工作者70人，为代表依法履职打下基础。组织省人大代表分别围绕城乡园林绿化及旧城改造、基础设施及道路建设、农民创业园及龙头企业发展、入滇河道治理情况等开展活动。指导各县（市）区人大常委会开展好市人大代表小组活动和代表持证视察。组织50名省、市人大代表开展持证视察6次，并对代表的意见和要求进行跟踪督办，保障持证视察的实效性。在市十二届人大代表中广泛开展“每季度参加一次活动、参加一次调研、联系一次人民群众、提出一条建设性意见的‘四个一’活动”。为市人大代表履职创造平台，指导14个县（市）区、乡（镇、街道）建立人大代表之家。先后召开两次情况通报会，向325名市人大代表通报关于新机场道路、轨道交通、“四环十七射”城市道路交通建设和工业突破、园区建设情况。邀请186名市人大代表、14名省人大代表列席市人大常委会会议。为常委会组成人员联系267名代表，主任会议成员联系23名委员做好服务工作。收集整理市人大代表在参加小组活动、持证视察、督察河道治理、专业代表小组活动、市人大常委会组成人员联系代表等活动以及接听人民群众电话、代表信箱中人民群众来信的意见和要求，编写《代表之声》4期，编发《代表工作》24期。按照《昆明市人民代表大会代表建议处理办法》的规定，及时将市十二届人大五次会议代表提出的378件建议分别交有关机关、组织研究办理，并加大督办力度。先后两次组织对市政府办理市人大代表建议情况进行检查。按照市委要求，建立市人大代表议案审议和建议办理结果向社会公开制度，在征求意见和学习考察的基础上，起草了《昆明市人民代表大会代表议案审议和建议办理结果向社会公开办法（暂行）》，2009年8月19日经市十二届人大常委会第八十九次主任会议通过，并将议案审议和建议办理结果在《昆明日报》、昆明市人大常委会网站、昆明信息港网站上向社会公开。坚持为每位代表订阅和寄送《中国人大》、《云南人大》、《昆明人大》等刊物及与代表履职相关的法律书籍和各类资料。给昆明市最基层、经济收入最少的28名市人大代表发放慰问金。完成《昆明市人大代表建议办理工作研究》课题。指导晋宁等6个县政府驻地镇行政区划调整后，有关乡镇人大代表资格终止及重新选举镇人大代表等工作。加强学习交流，初步草拟出《昆明市人大代表辞职办法（征求意见稿）》。做好市人大常委会领导督察滇池河道治理的相关服务工作。

【农业工作委员会】　以深入开展学习实践科学发展观为动力，围绕现代新昆明建设，结合昆明农业农村经济工作实际，依法履行宪法和法律赋予的职权，为保障昆明市“三农”工作的健康发展，发挥国家权力机关的作用。努力探索提高立法质量，完成《昆明市地下水保护条例》、《昆明市河道管理条例》的初审工作，开展《昆明市清水海保护条例（草案）》立法前期调研。两次组织视察昆明市集体林权制度配套改革进展情况，为市人大常委会听取和审议市政府专项工作报告做准备，并提出审议意见。每个季度组织一次对市政府2009年涉农重点工作进行视察，督促西山区中新社区居委会投资160多万元安装净化水设备，解决7 000多人饮水安全问题并实现直饮水，石林台湾创业园锦苑花卉园区建设进度加快，晋宁县的禄干公路（行政村道路路面硬化工程）等取得成效。两次组织农业专业代表小组活动，分别讨论、修改《昆明市地下水保护条例（草案）》，听取市人大代表对“一府两院”工作及市人民政府《“四区一县一市”城乡一体化配套政策》的意见建议。分别组织对2008年市政府制发的18项，2009年1～6月制发的5项、7～11月制发的3项涉农制度创新性文件的贯彻落实情况进行检查。按照市人大常委会办公厅安排，对晋宁县贯彻执行《昆明市人大常委会关于在滇池流域和其他重点区域禁止挖砂采石取土的决定》进行检查，并针对工作中存在的不足和问题提出意见和建议。对市政府贯彻落实市人大常委会《关于加强地下水资源禁采管理的决议》和《关于加强昆明市“一湖两江”流域水环境治理工作的决议》进行检查，促进《决议》的进一步贯彻落实。完成《昆明地区山茶花资源保护与发展的研究》课题。

【研究室】　围绕市人大常委会年度工作要点和会议议题安排，按照党的宣传工作方针，积极开展人大制度理论研究和宣传工作，认真完成各项任务。注重文稿质量，较好地完成了《常委会工作报告》及市委人大工作会、人代会、新闻发布会、人大宣传工作会、组稿通讯员座谈会上领导讲话的起草工作，保证了常委会工作的顺利进行。围绕常委会的重要活动，多渠道、多形式、多方面开展宣传工作。组织各级人大及其常委会将落实科学发展观活动中的理论、体会、实践文章刊登在昆明日报《人大之窗》专版和《昆明人大》专栏上。开展纪念地方人大常委会设立30周年征文活动，在昆明日报上开设4个纪念专版，刊登优秀征文，宣传人民代表大会制度和昆明市各级人大常委会设立以来所取得的成就。全年共编印《昆明人大》6期、两个《人大之窗》各12期，充分发挥市人大机关三个人大工作宣传主阵地的交流平台作用和指导作用。加强对全市人大宣传工作的指导，先后召开两次《昆明人大》组稿通讯员座谈会。加大与新闻媒体的沟通联系，积极提供新闻采访线索，做好采访报道的有关服务工作，扩大人大工作的影响力。开展“昆明市第十七届宣传人民代表大会制度好新闻、好文章”评选活动，并推荐昆明市各级人大常委会及新闻单位作品参加省级宣传人大制度好作品评选活动。完成《中国人大》、《人大新闻导刊》、《云南人大》的通联工作，向上述刊物组稿40余篇。组织各县（市）区人大及市人大机关各部门，有计划、有步骤地开展人大制度理论研究，在《昆明人大》和《昆明日报》上刊登理论造诣较高、指导性较强的文章。对全市人大系统贯彻落实市委《关于进一步加强和改进人大工作意见》的情况、部分县（市）区开展人大宣传工作的情况进行了调研。认真总结常委会工作经验，撰写常委会领导交流材料，向来昆明考察的广州、杭州等城市人大介绍昆明市人大开展专项监督、备案审查、代表工作等方面的新经验。完成08年制度创新成果评选活动的有关工作以及市人大机关的相关申报工作。起草《昆明市人大常委会机关组织执法检查工作的规定（草案）》，经市人大常委会办公会议通过后施行。完成《昆明年鉴》2008年市人大常委会部分的撰写，《云南人大》、《社会主义论坛》中市人大常委会宣传彩页的策划、组稿、编校，《纪念地方人大设立常委会三十周年——昆明市人大常委会纪念邮册》的策划、组稿、编审、印发，省人大常委会《纪念文集》及云南年鉴《云南·辉煌六十年》的组稿工作。完成市委交与人大的全会工作报告文稿、有关部门交与研究室的相关调研报告的意见征求以及《昆明市人民代表大会志（续编）》初稿的编纂、征求意见及修改、完善工作。

【机关党委】　加强思想建设，认真开展深入学习实践科学发展观活动，完成学习调研、分析检查、整改落实三个阶段的各项工作任务。深化软环境建设，开展“行政效能提升年”和“干部作风改进年”活动，完成学习教育、查找问题、整改落实、总结考评4个阶段的工作任务。参加市人大常委会检查涉农制度创新，进一步增强党建工作的实效性。加强组织建设，全面落实党建工作责任制。与7个党支部签订永葆先进性“云岭先锋”工程目标考核责任书，与办公厅老干部工作办公室签订老干部工作目标考核责任书；各党支部与党员签订党员目标责任书，全面落实党建目标责任制。按照《中国共产党章程》、《中国共产党和国家机关基层组织工作条例》的规定和中共昆明市委《关于在市级部门机关党组织中开展公推直选试点工作的意见》精神，完成机关党委、纪委班子。开展建党88周年纪念活动，表彰了先进集体和个人。加强廉政建设，制定下发《市人大常委会机关2009年党风廉政建设工作安排意见》及《市人大常委会机关2009年党风廉政建设工作安排意见》及《市人大常委会机关2009年党风廉政建设责任书》，并签订机关党风廉政建设责任书。开展"加强作风建设、促进科学发展"主题教育活动，通过学习读本、上廉政党课、观看反腐倡廉电教片和撰写学习心得体会，促进干部进一步依法履职，创造性地开展人大工作。组织机关学习贯彻十七届中纪委三次全会和胡锦涛总书记重要讲话精神，抓好《中办国办关于党政机关厉行节约若干问题和关于坚决制止公款出国（境）旅游的通知》以及市委办公厅、市政府办公厅贯彻落实中办国办两个文件和关于改进领导干部考察调研接待工作规定的落实。建立健全资源节约工作责任制，严格掌握因公出国（境）任务和人员的安排。修改《市人大常委会机关车辆管理使用规定》，加强管理，按时上报公务用车配备情况。推进文明机关创建活动，编印《昆明人大常委会机关创建省级文明单位台账》，通过云南省省级文明单位考核验收；组织机关庆祝建国60周年慰问及展板宣传；积极参加地方人大设立常委会30周年征文等活动；机关为盘龙区龙泉街道办下属6个村民小组订赠《云南日报》、《昆明日报》各5份；开展机关党员开展"捐出一月党费，救助困难党员"捐赠活动；召开"八一"建军节座谈会，对机关复退转业军人、荣誉军人进行慰问。认真做好机关计划生育工作。机关工会组队参加全省人大系统职工运动会。机关团支部和机关妇委会开展纪念"五四"青年节和"三八"妇女节活动。

（市人大研究室）

·责任编辑　赵丕德·

·昆明市人民政府·

【法国城市照明管理集团管理昆明市公共照明】　2009年1月1日，根据市委、市政府决定，昆明市的公共照明管理工作正式委托给法国城市照明管理集团管理。1月19日，西铁路明（昆明）照明管理有限公司正式揭牌，市委副书记、市长张祖林，副市长杜敏出席揭牌仪式。

昆明市政府与法国城市照明管理集团于2008年签约，约定由法方投资8 500万元，对昆明市52 500个路灯进行改造，并管养15年。法方管养期间，要求在不降低照明度的前提下，节电必须达35%以上，所节约电费的80%作为法方的回报。主城四区的路灯管理人员将在保留全额拨款事业单位人员身份的前提下，由法国公司整合，作为法方员工负责路灯维护工作。15年后，法方把所有路灯设施和管理技术及原有职工无偿移交给昆明市政府。

【东川区进入国家第二批资源枯竭城市行列】　为有效应对国际金融危机，促进资源型城市可持续发展和区域经济协调发展，3月2日，国家发改委、国土资源部、财政部联合下发通知，公布第二批32个资源枯竭城市名单，昆明市东川区名列其中。根据国务院要求，资源型城市可持续发展工作由省级政府负总责。国务院确定的第一批资源枯竭城市共12个。中央财政将给予这两批城市财力性转移支付资金支持。

【昆明科学发展研究院揭牌成立】　3月16日，昆明科学发展研究院正式揭牌，仇和、李培山、田云翔、李文荣、张红苹、高德明等领导及昆明学院负责人出席研究院揭牌。

昆明科学发展研究院隶属于昆明学院，是深入研究昆明经济社会发展重大理论和现实问题，促进科学研究成果转化为现实生产力的研究机构，也是市委、市政府的咨询机构，是为有关部门的工作和县区、企业发展提供智力支持的服务机构。研究院成立后，将每季度举办一次"昆明科学院发展高层论坛"。同时，邀请国内外、省内外有影响力的专家学者、领导、企业家举办"昆明讲坛"，开展学习培训活动以及社情民意调查，接受并完成市委、市政府和有关部门、县区、企业委托的专题调查和专项研究任务。

【授予苏黎世市市长昆明"荣誉市民"】　3月19日，市委、市政府授予瑞士苏黎世市市长艾尔玛·雷德格博先生"昆明市荣誉市民"称号。雷德格博先生2002年就任苏黎世市市长以来，秉承两市之间一贯的密切往来，并将合作交流的范围扩大到环保和金融等领域；完善了双方之间的合作机制，更为争取瑞士政府对昆苏合作提供资金支持做了大量有益的工作。昆明市与苏黎世市于1982年2月17日缔结友好城市关系。27年来，双方在经济、技术、文化、环保、教育、医疗卫生、城市规划建设和管理等领域进行了富有成效的合作与交流。

【新工人文化宫开工奠基】　4月28日，选址人民东路原CY集团地块的新工人文化宫举行开工奠基仪式，市领导仇和、张祖林、田云翔、李文荣、张红苹、黄云波、杨丽等出席仪式。新建昆明工人文化宫总建筑面积4.3万平方米，预算总投资2.45亿元，采取吸纳社会力量参与的模式进行建设。设有职工教育培训中心、体育健身、文化艺术中心、职工文化广场和困难职工帮扶中心、农民工维权中心、工会会员活动中心等。东风东路上工人文化宫原址用地将用于打造城市中央公园和商业中心。

【2009中国昆明国际文化旅游节昆明狂欢节成功举办】　5月1～3日，中国昆明国际文化旅游节昆明狂欢节暨中国昆明'99世博会10周年庆典在昆明成功举办。本届中国昆明国际文化旅游节昆明狂欢节以和谐、欢乐、平安为主题，更加突出民族风情与现代元素的结合，更加突出本土文化与外域文化的交融。"花车梦幻巡游"、"2009全球小姐国际城市大使大赛"、"国际啤酒狂欢节"等形式多样的系列活动，以及文明健康的群众性狂欢活动，令各方宾客充分领略到"相约狂欢昆明，体验七彩云南"的神奇美丽和无穷魅力。

【滇池治理企业债券成功发行】　根据市委、市政府的安排，滇投公司于2009年初启动滇池治理企业债券申报筹备工作，4月21日国家发改委下达发行债券核准批复。根据批复，债券于2009年4月25日发布发行公告，4月27日通过上海证券交易系统向社会投资者公开发行。截至4月29日，8亿元债券资金在3天内成功募集到位。

发行滇池治理企业债券，是昆明市首次通过投融资平台，利用资本市场直接为滇池治理项目融资，同时也是云南省首次通过发行债券为治理湖泊筹措资金。本期企业债券简称“09昆明滇投债”，募集的8亿元人民币，全部用于昆明主城雨污分流次干管及支管配套项目建设，债券期限6年，票面年利率为5.90%，采取固定利率形式，附设发行人上调票面利率选择权和投资者回售选择权：即在本期债券存续期第五年末，发行人可选择在原债券票面年利率基础上上调0—100个基点；投资者有权选择将持有的本期债券部分或全部回售给发行人。

【第十七届昆交会在昆成功举办】　6月6～10日，第十七届中国昆明进出口商品交易会暨第二届南亚国家商品展在昆明国际会展中心成功举办。本届昆交会以东南亚、南亚为重点，共安排展位2 334个，设6个商品专业馆和5个专题馆。国内企业展位1 722个，境外企业展位612个；参展企业总数达1 600家。其中，来自海外22个国家和地区的参展企业500多家。与此次昆交会同时举办的还有第二届南亚国家商品展，设置展位300个。

本届昆交会，昆明实现进出口成交额14 510万美元，其中，出口9 790万美元，进口4 720万美元。由于受国际金融危机的影响，此次进出口成交额同比下降了22.3%。昆明的招商引资工作也取得了可喜的成绩，昆明市共签订100项招商引资项目，其中，外资项目13项，项目协议投资总额25.9亿美元，拟利用外资15.5亿美元；内资项目87项，项目协议投资总额526.5亿元，拟利用内资522.9亿元。签约项目涉及农业、加工制造、基础设施、生物制药、现代物流、服务、旅游、科技、文化、教育、金融、城中村改造等行业和领域。

【昆明市第七届老年人运动会】　5月12日～7月17日，四年一届的第七届昆明市老年人体育健身运动会成功举办，来自全市43个代表团的3 000多名老年运动员在两个多月里，就15个项目展开争夺。比赛设柔力球、无极健身球、钓鱼、气排球、健身气功、桥牌、健身操、“赶牛”赛等15个项目，吸引了全市14个县（市）区和29个市直属会员单位共43个代表团的3 000多名老年人参加，有500多名裁判员和工作人员为大会工作。参赛选手中，年龄最大的75岁，最小的50岁。

【成功举办昆明第一届、第二届园博会】　为推动全市园林绿化工作的发展和园林城市的创建工作，改善城市生态环境，提高广大人民群众的生活质量，自2009年起，昆明市决定每年举办两届园林绿化博览会，由各个县（市）区轮流承办，集中展示昆明市园林、园艺水平。

6月，呈贡、石林县承办了第一届园林绿化博览会。呈贡新区园博园又名春融公园，区内建有大小景观景点39个，整个公园以完整的雨水收集和绿化灌溉系统突出了园林艺术的科技性；石林园博园也叫“品园”，以“园林成就美好城市、创造幸福生活”为主题，展示石林丰富的园林植物资源、多样的民族文化。10月底，安宁、宜良承办了第二届园博会。安宁宁湖公园建设围绕环湖截污、园林绿化、展园建设、坝堤景观改造展开，其中环湖截污工程全长1 576米；宜良宜园以“水城在花乡”为设计理念，体现和展示宜良400余年悠久的花卉栽培历史，“滇中粮仓”独特的自然资源和文化内涵，以及“昆明后花园”的窗口新形象。

【昆明主城区撤8乡镇设街道办事处】为加快推进城乡一体化建设步伐，强化城市管理职能，更好地发挥中心城市对区域经济发展的拉动作用以及对周边地区的辐射带动作用，到8月初，昆明主城四区撤销8个乡镇。西山区的碧鸡镇、海口镇、团结镇，五华区的沙朗乡、厂口乡，盘龙区的双龙乡、松华乡，官渡区的大板桥镇，分别设立为街道办事处。至此，昆明市主城4个区不再设立乡镇，均为街道办事处。

【昆明与万象结为友好城市】　为进一步抓住中国—东盟自由贸易区建设给昆明市与万象市发展带来的机遇和“周边国家是首要，发展中国家是基础”、“与邻为善、与邻为伴”的外交政策，8月21日，经市人大常委会批准，昆明市与老挝万象市正式建立友好城市关系。中国和老挝作为山水相连的友好邻居，情意源远流长，近两年频繁互访。至此，昆明市已经缔结了13个国际友好城市。

【2009中国昆明国际花卉展暨第五届昆明国际农业博览会】　9月20～23日，2009中国昆明国际花卉展暨第五届昆明国际农业博览会在昆明国际会展中心成功举办。共有14个国家和地区，国内22个省（市）和香港、台湾的1 400余家企业参展，展位数达到1 919个。由于特色突出，食用、药用花卉和绿色生态农产品项目吸引了海内外的投资者，会期即签约了国内外合作项目69项，总金额达71.76亿元人民币。

【昆明广播电视集团昆明报业传媒集团昆明演艺集团正式揭牌】　9月27日，昆明报业传媒集团和昆明广播电视集团、昆明演艺集团正式揭牌，揭牌仪式在昆明新闻中心举行。市委书记仇和、市长张祖林及市级四套班子成员等领导出席。

昆明作为全国第二批和全省文化体制改革试点城市，自2008年开始积极推进发行体制改革，成立昆明报业发行公司，昆明网络中心完成“事转企”，成立昆明广播电视网络有限公司，昆明电视台全面实施宣传业务与经营部分“两分开”，形成宣传业务与经营业务两大板块，昆明人民广播电台积极探索制播分离路子，昆明剧院、春城剧院、长春剧院“转企改制”全面完成，市民族歌舞剧院积极开拓演艺市场。三大集团的成立，标志着昆明的文化体制改革进入了加速发展纵深推进阶段。

【成功举办市第九届民族运动会】　10月14～20日，昆明市第九届民族运动会顺利举办，这是昆明市历史上设置项目最全、人数最多、规模最大的一次民族体育运动会。同时也是历届运动会以来运动员最多，比赛项目最多的一次盛会。来自全市14个县（市）区的15个代表团共1 181名体育健儿参赛，参加抢花炮、武术、摔跤、双拐、射弩、蹴球、陀螺、吹枪、秋千、板鞋等11个大项99个小项目的激烈角逐。民运会共决出99枚金牌，其中，五华和官渡各夺走21金，并列第一。寻甸赢得14金，名列第二，石林以8金获得第三名。

【中石油云南第一大油库落户昆明】10月16日，云南规模最大的现代商业油库——中国石油云南销售公司昆明油库开工奠基。省委常委、市委书记仇和，中石油相关负责人及宋黎明、陈勇、张建伟等市领导为油库开工奠基培土。

油库选址在空港经济区大板桥镇秧田冲火车站西南面，占地约255亩，总投资2.8亿元，周边公路、铁路交通便利。一期库容8.5万立方米，二期将扩容到15万立方米。中石油在云南地区的中心油库建成后，年成品油周转能力将达100万吨，年成品油销售可达80万吨，将有效解决昆明市及周边州市成品油资源供应紧张的现状。

【二环快速系统通车】　9月28日，昆明二环快速系统改扩建工程主线举行试通车仪式，11月15日剩余匝道全部建成。建成后的二环快速系统，除了满足快速路交通功能外，还创新具备了“市政园林化、园林市政化、雨水资源化、管理智能化”的整体功效。

二环路是昆明主城区快速交通系统重要的枢纽环线，承担着主城区域快速迂回交通和过境交通功能，在昆明交通路网中发挥着至关重要的作用。二环路全长27.08公里，总投资约84.03亿元。这个系统由两层体系组成，高架层为快速系统，双向6车道，设计车速60公里/小时，全线无红灯；地面层为城市慢速系统，东、南、西二环地面层为城市一级主干道，设计车速40公里/小时。整个二环快速包括石虎关、福德、福海、明波、西苑、黄土坡、小屯、金星、小庄、大树营、菊华等16座节点立交桥，这些节点立交桥与地面系统全互通或半互通。

【昆明启动政府机构改革】　11月23日开始，昆明市及县（市）区政府机构改革正式启动。按照《昆明市政府机构改革方案》，这次机构改革，市政府将设置机构41个，其中市政府办公室和工作部门共40个，直属特设机构1个；另外，设置部门管理机构2个。同时全面清理和规范议事协调机构。各类议事协调机构一律不再单独设立常设办事机构或实体性工作机构，不核定人员编制和领导职数，具体工作由有关职能部门承担。将市级机关后勤服务剥离为机关服务的职能，机关后勤服务及有关经济实体与机关彻底脱钩，实行社会化、市场化运作。

【昆明螺蛳湾国际商贸城正式营业】　12月16日，位于彩云北路的昆明螺蛳湾国际商贸城一期市场正式营业。一期市场建筑面积120万平方米，共有2.3万个商铺，1.5万多个商户入驻，约有7万人在一期市场就业。新螺蛳湾公交枢纽站、南部客运站同时投入使用，每天可承载20多万人次的人流量。位于环城南路的老螺蛳湾市场（含云纺片区）于11月30日24时，实现平稳、有序、和谐关闭，市场关闭工作符合昆明市规划发展要求，各项工作均依法、遵规、履程进行。

昆明螺蛳湾国际商贸城项目由浙江义乌企业投资团队投资，云南中豪置业有限责任公司开发承建，总投资350亿元，计划用地近12 000亩，规划总建筑面积5 705亩、规划主体市场550万平方米，小商品生产加工区4 000亩、物流仓储区2 000亩。建成后将有7万余商家进场经营，可新增就业岗位近50万个，年营业额预计1 000亿元，年创税利20亿元以上。二期市场于2009年10月28日开工建设，建筑面积200万平方米，计划于2010年内建成投入使用。

【轿子山成为国家级自然保护区】　11月20日，经过一年的努力，位于禄劝彝族苗族自治县与东川区交界的轿子山自然保护区通过国家环保部组织的昆明轿子雪山国家自然保护区评审，获批成为国家级自然保护区。这将有利于加强保护区基础设施建设，促进科学、规范管理，完善保护区监测、科研和科普宣教体系，拓展保护区发展空间，发挥自然保护区的生态、经济、社会服务功能。同时，可以提升保护区的品牌和生态旅游质量，展示昆明市森林生态系统的保护成效，推动生态旅游建设步伐，树立昆明生态文明形象。

【昆明正式成为国家“数字化城市管理试点城市”】　12月25日，国家住房和建设部验收组专家正式授予昆明市“数字化城市管理试点城市”称号。昆明市自2008年10月全面启动系统建设，经过一年多的运行，截至2009年11月30日，已经受理案件107 402件，立案98 222件，按时结案率达71%，数字城管对城市管理的积极作用逐步显现。2006年，昆明市就被建设部列为第二批数字城管试点城市。2008年10月全面启动系统建设，12月30日正式开通城管服务热线12319，www.km12319.com数字城管网站投入运行，并共享公安视频监控信息159个监控点。

【昆明荣获多项称号】　2009年是现代新昆明建设任务特别艰巨的一年。在市委、市政府领导下，全市人民积极应对挑战，持续克难奋进，千方百计保增长、保民生、保稳定，经济发展回升向好，社会事业全面进步，生态建设成效显著，跨越式发展实现良好开局。昆明先后荣获“联合国宜居生态城市”、“2009中国经济科学发展十佳城市”、“2009中国最具创新力城市”、“中国十佳和谐可持续发展城市”、“中国最佳休闲宜居绿色生态城市”、“中国社会治安综合治理先进集体”、“中国最具软实力城市”、“中国创业之城”、“中国十佳投资创业城市”、“最佳投资环境城市”、“2009年度苏商投资中国首先城市”、“浙商投资（中国）最佳城市”、“中国最具幸福感城市”等称号，表明现代新昆明跨越式发展得到各方高度评价。

【创建国家园林城市工作】　2009年，昆明主城围绕创建国家园林城市的目标，大力开展城市园林绿化工作。按照“保证市民步行5分钟或500米就能到达绿地广场”的要求，建成龟龙湖、田溪、五家堆、马料河等20余个公园；按照“百米见绿”的要求，建设绿地162块，社区游园53个。完成了二环快速系统绿地74.22公顷；完成24条河道（段）绿化，总长度约为274.84公里，绿化面积约为260.24公顷。评出园林单位161家，园林小区65家，全市“园林单位”达637家，“园林小区”达335家。

2009年，主城和呈贡新区新增绿地面积1 595.35公顷，种植乔木175.9万株，攀缘植物267.6万株；主城绿地面积434.36公顷，绿化覆盖率达40.53%，人均公共绿地11.5平方米。9个县（市）区全面完成年度绿化建设任务，新增绿地面积434.36公顷，种植乔木56.22万株；种植攀缘植物64.11万株，2/3的乡镇完成了绿化；10个县（市）区建成区绿地率达到35.8%以上，绿化覆盖率达40%以上。国家住房和城乡建设部授予昆明主城“国家园林城市”称号。

【市政府常务会】　2009年，市政府共召开35次常务会议。研究的议题主要有：2009年地方财政收支预算、集中式饮用水源保护、牛栏江—滇池补水工程、无围墙城市建设、太阳能产业升级、节能与新能源汽车示范推广、铁路建设、西、北三环闭合工程、二环快速系统改扩建工程建设、螺蛳湾次CBD建设、高校毕业生就业、保障性住房建设、廉租住房租售、滇池环湖南岸干渠截污工程、滇池湖滨“四退三还”生态建设、中小企业发展、民办教育推进、中小学校舍安全、和谐企业创建、农产品市场建设、机构改革、文化体制改革、尾矿库专项整治、数字化城市管理系统建设、城乡生活垃圾资源化处理、昆明市户籍管理制度改革、出租汽车统筹管理、股权投资基金发展、草海综合开发、社会信用体系建设、软件产业和服务外包产业发展、装备制造业振兴、横冲水库水源保护、公立医院改制、甲型H1N1流感疫情防控、城乡一体化建设、生态隔离林带建设、违法排污行为整治、农民工工资支付管理、中低产田地改造和农田水利建设、林业产业发展、林权制度配套改革等。

对《昆明市贯彻建设创新型云南行动计划的实施方案》、《昆明市三年交通设施建设计划（2009—2011）》、《昆明市自谋职业和灵活就业人员参加城镇职工基本医疗保险有关问题的补充规定》、《昆明市2009年重点基础设施建设投融资计划》、《昆明市重点工程建设项目投融资管理暂时行办法》、《昆明市医药产业发展规划纲要（2009—2020年）》、《昆明市公安机关正规化建设量化评估体系》、《关于支持外引内培发展外向型经济和民营经济的若干意见》、《昆明市农贸市场管理办法（试行）》、《昆明市企业信用信息征集披露使用管理办法（草案）》、《昆明市奖励和保护见义勇为人员办法（草案）》、《昆明市高污染燃料禁燃区低保户限期改用清洁能源补贴办法（送审稿）》、《关于加快邮政业发展的若干规定》、《中共昆明市委办公厅昆明市人民政府办公厅关于改进公务考察调研接待工作的规定》、《昆明市天然气利用规划》、《昆明市地下水保护条例（草案）》、《昆明市行政审批告知承诺制度规定》、《昆明市城市管理综合行政执法规定（草案）》、《昆明市重点项目管理暂行办法》、《昆明市呈贡新区失地农民实物补偿安置暂行办法》、《昆明市市本级预算单位银行账户管理办法》、《昆明市人民防空建设管理规定（暂行）》、《昆明市主要污染物排污权有偿使用和交易管理办法》、《昆明市九乡风景名胜区保护条例》、《昆明市人民政府关于加强昆明国际机场净空保护区域管理的若干规定（草案）》、《昆明市具体建设项目用地审批实施办法》、《昆明市政府重大事项决策规定》、《昆明市可再生能源建筑应用专项规划（2009—2015年）》、《昆明市档案条例》、《昆明市殡葬管理条例（修订草案）》、《云南省昆明都市型现代农业产业规划》、《昆明市服务外包产业发展“十二五”规划》、《昆明市横冲水库水源保护区管理办法》、《昆明市中心城区控制性详细规划修改维护办法（草案）》、《昆明市城乡规划条例（草案）》、《滇池高原湿地保护区总体规划纲要》、《昆明市基层审计发展工程建设四年规划（2009年—2012年）》、《昆明市残疾人机动轮椅车管理规定（草案）》、《昆明市居住证管理规定（草案）》、《中小学校舍安全工程规划》、《昆明市防洪体系信息化规划》、《昆明市预拌混凝土管理办法》、《昆明市行政机关法定代表人行政诉讼出庭应诉规定》、《昆明市河道管理条例（草案）》、《昆明市城市节约用水管理处罚办法（草案）》、《昆明市风景名胜区管理实施办法（草案）》、《昆明市“门前三包”责任制管理办法》、《昆明市太阳能与建筑一体化管理规定（草案）》、《昆明市企业国有产权直接协议转让管理暂行办法》等重要法规、规章和规范性文件进行审议。

【十二届政府第六次全体会议】 10月23日召开。会议主要议题是，全面贯彻落实市委九届五次全体（扩大）会议、市十二届人大五次会议和市委工作会议精神，按照“拼搏2009”的要求，总结分析1～3季度政府系统工作，安排部署4季度主要任务。进一步动员广大干部群众，再接再厉，攻坚克难，全力冲刺，确保全面完成2009年度各项目标任务。张祖林市长作题为《鼓足干劲攻坚克难狠抓落实全面完成今年经济社会发展目标任务》的讲话。

会议在总结了2009年1～3季度全市经济社会各项工作的基础上，对2009年政府工作的重点（工业突破、招商引资、基础设施建设、生态环境建设、财政收支、民生改善、社会稳定等方面）作了强调和任务分解。会议要求，各级、各部门要提高服务经济工作的能力，强化督查检查的手段，坚定执行反腐倡廉的规定，转变作风，狠抓落实，确保全面完成全年各项目标任务。

【政府令】 2009年1月4日印发第85号政府令，公布《昆明市中青年学术和技术带头人及后备人选选拔培养考核办法》，对中青年学术和技术带头人及后备人选的选拔、培养、考核和管理工作进行了规范。2009年2月1日起施行。

2009年1月6日印发第86号政府令，公布《昆明市牛羊屠宰管理办法》，明确在本市行政区域内实行牛羊定点屠宰、集中检疫制度；对牛羊屠宰的监督管理、设置条件、申请程序等做出具体规定。2009年7月1日起施行。

2009年1月14日印发第87号政府令，公布《昆明市农村集体资产管理办法》，对农村集体资产的产权与经营、资产管理、审计监督、法律责任等进行了明确。2009年2月1日起施行。

2009年1月20日印发第88号政府令，公布《昆明市筹集建筑业企业劳动者保障费管理办法》，明确在本市行政区域内从事建设工程活动的建设单位和建筑业企业，应当为劳动者缴纳养老、医疗等社会保险、危险作业意外伤害保险的专项费用。2009年3月1日起施行。

2009年3月18日印发第89号政府令，公布《昆明市危险废物污染防治办法》，对危险废物的产生、收集、贮存、转移、运输、利用、处置、监督管理、处置办法等做出规定。2009年5月1日起施行。

2009年5月19日印发第90号政府令，公布《昆明市农贸市场管理办法（试行）》，对农贸市场的规划建设、开办、经营活动、监督管理、法律责任等做出明确规定，2009年6月16日起施行。

2009年7月16日印发第91号政府令，公布《昆明市城市管理综合行政执法规定》，明确城市管理综合行政执法的组织实施、指导、协调、监督、检查和考核等相关工作规定。自公布之日起施行。

2009年10月9日印发第92号政府令，公布《昆明市政府重大事项决策规定》，明确重大事项的范围、决策事项的建议、重大事项的确认、决策程序、考核、奖惩办法等相关规定。自发布之日起施行。

2009年11月25日印发第93号政府令，公布《昆明市残疾人机动轮椅车管理规定》，明确残疾人机动轮椅车是指专为下肢残障者设计，全部由上肢操作，并符合国家标准的使用汽油机驱动专供残疾人单人乘用上道路行驶的正三轮轮椅车，对机动轮椅车的相关管理工作作出明确规定。2010年1月1日起施行。

【公　告】 2008年12月31日印发《昆明市机动车报废销毁规定》（昆明市人民政府第37号公告），自2009年2月1日起施行。

2008年12月31日印发《昆明市废旧物资收购业治安管理规定》（昆明市人民政府第38号公告），自2009年

2月1日起施行。对废旧物资收购业及其交易活动的治安管理，电力、通讯、广播电视、道路交通、市政公用等单位设施的安全防范等做出规定。

2008年12月31日印发《昆明市人民政府关于公布昆明市市级行政审批项目的公告》（昆明市人民政府第39号公告），自2009年1月1日起施行。对市级行政审批项目进行了清理，保留了26个市级行政部门的96项行政审批项目，并对行政审批办理时限再次进行压缩。

2008年12月31日印发《昆明市城市管线管理办法》（昆明市人民政府第40号公告），自2009年2月1日起施行。对中心城区规划区范围内管线工程的规划、建设、探测、信息与档案管理等做出规定。

2009年1月7日印发《昆明市政府环保审计办法》（昆明市人民政府第41号公告），自2009年2月2日起施行。对政府环保审计的对象和内容、权限、程序、法律责任等做出明确规定。

2009年5月4日印发《昆明市人民政府关于公布昆明市市级部门承接省级下放行政审批项目的公告》（昆明市人民政府第42号公告）。

2009年5月11日印发《昆明市建设工程安全责任事故追究办法》（昆明市人民政府第43号公告），自2009年6月20日起施行。适用于本市行政区域范围内建设工程项目发生各类工程安全事故的责任追究。

2009年5月12日印发《昆明市奖励和保护见义勇为公民办法》（昆明市人民政府第44号公告），自2009年7月1日起施行。对公民见义勇为的行为确认、慰问、表彰奖励、保护和社会保障等做出明确规定。

2009年6月20日印发《昆明市行政审批告知承诺规定》（昆明市人民政府第45号公告），自2009年7月20日起施行。

2009年6月28日印发《昆明市人民政府行政执法依据执法职责执法事项》（昆明市人民政府第46号公告），对执法主体名称及法律依据、市政府实施的法律法规、执法种类及执法事项，法律法规授权组织实施的行政执法事项进行了明确。

2009年7月24日印发《昆明市人民政府关于公布城市管理相对集中行使行政集中处罚权范围的公告》（昆明市人民政府第47号公告），自公布之日起施行。

2009年8月7日印发《昆明市人民防空工程建设管理规定》（昆明市人民政府第48号公告），自2009年9月7日起施行。

2009年9月4日印发《昆明市人民政府关于加强昆明国际机场净空保护区域管理的若干规定》（昆明市人民政府第50号公告），自2009年10月1日起施行。

2009年8月31日印发《昆明市人民政府关于推行环境污染责任保险的实施意见》（昆明市人民政府第51号公告），自2009年10月1日起施行。对环境污染责任保险的投保范围、责任界定、相关义务、工作要求等做出了规定。

2009年10月21日印发《昆明市二氧化硫排污权有偿使用和交易管理的办法》（昆明市人民政府第52号公告），自2009年12月1日起施行。规定二氧化硫（SO_2）排污权通过缴纳排污权有偿使用金或进行排污权交易两种方式取得。对排污权的确定和取得、排污权有偿使用金的核定、排污权的交易及监督管理等做出了规定。

2009年12月14日印发《昆明市人民政府关于第二批主城规划区公园广场绿地保护目录的公告》（昆明市人民政府第53号公告），自公布之日起施行。

2009年12月4日印发《昆明市人民政府关于公布昆明市市级行政审批项目的公告》（昆明市人民政府第54号公告），自2010年1月1日起施行。在进一步清理市级行政审批项目的基础上，保留了25个市级行政部门的86项行政审批项目。2008年12月31日印发的《昆明市人民政府关于公布昆明市市级行政审批项目的公告》（昆明市人民政府第39号公告）同时废止。

2009年12月23日印发《关于贵昆路（老320国道）小石坝至小哨段道路临时交通调整的公告》（昆明市人民政府第55号公告），自2010年1月1日起施行。

【通知·意见】　《昆明市人民政府关于印发2009年度立法工作计划的通知》2008年12月30日印发。对各级各部门2009年度的规章立法计划进行明确规定。

《昆明市人民政府关于印发昆明市城中村改造优惠政策的通知》2008年12月31日印发。对给予城中村改造项目市级行政事业收费优惠、给予城中村改造项目地方税收优惠等做出明确规定。

《昆明市人民政府关于印发加快银行业发展实施意见等六个文件的通知》2009年1月16日印发。出台了《昆明市关于加快银行业发展的实施意见》、《昆明市关于加快保险业发展的实施意见》、《昆明市关于加快资本市场发展的实施意见》、《昆明市关于加快担保业发展的实施意见》、《昆明市关于加快典当业发展的实施意见》和《昆明市关于加快融资租赁业发展的实施意见》等6个文件。

《昆明市人民政府关于加快昆明市会展业发展的若干意见》2月3日印发。对培育会展业市场主体、拓展会展市场、强化会展业发展的保障措施等做出明确规定。

《昆明市人民政府关于加快电子信息产业发展的实施意见》2月5日印发。对电子信息产业发展的目标、重点领域、政策措施、扩大市场需求、加强行业规范管理、协调服务等做出明确规定。

《昆明市人民政府关于加强非物质文化遗产保护工作的若干意见》2月9日印发。对非物质文化遗产的保护对象、方针原则、工作目标、管理、保护、传承、开发利用、研究、保障措施等进行了明确规定。

《昆明市人民政府关于城乡一体商贸网络体系建设的实施意见》2月10日印发。对城乡一体商贸网络体系建设的主要任务、工作重点、保障措施等做出明确规定。

《昆明市人民政府关于螺蛳湾商业片区商业业态升级改造暨螺蛳湾中央商务区（二级CBD）建设的意见》2月17日印发。对螺蛳湾商业片区商业业态升级改造暨螺蛳湾中央商务区（二级CBD）建设的指导思想、工作原则、发展定位、重大关系、进度安排、保障措施等做出明确规定。

《昆明市人民政府关于基本普及十三年教育的实施意见》2月20日印发。对普及13年基本教育的基本内容、指导思想、基本原则、实施步骤、保障措施等做出明确规定。

《昆明市人民政府关于认真贯彻落实省政府进一步支持现代新昆明建设若干政策的实施意见》2月20日印发。要求各级各部门明确责任，接好用好省政府赋予的管理权限，确保各项政策措施全面落实。

《昆明市人民政府关于加快会计中介机构发展的实施意见》2月23日印发。对会计中介机构的发展目标、市场秩序、优惠政策、社会服务等做出明确规定。

《昆明市人民政府关于进一步下放经济社会管理权限促进县域经济发展的实施意见》3月5日印发。对下放经济社会管理权限的指导思想、发展目标、实施原则、实施范围、下放内容及方式、组织实施等做出明确规定。

《昆明市人民政府关于印发深化财政综合改革创新财政管理制度若干意见及五个配套实施办法的通知》3月5日印发。出台了《昆明市深化财政综合改革创新财政管理制度的若干意见》，以及《昆明市市本级政府投资建设项目前期工作经费管理办法》、《昆明市行政事业单位银行账户管理改革实施方案》、《昆明市市本级财政追加预算支出管理暂行办法》、《昆明市市本级财政结余资金管理办法》、《昆明市人民政府部门行政首长财经责任问责试行办法》等5个配套文件。

《昆明市人民政府关于印发昆明市重点工程建设项目投融资管理暂行办法的通知》3月9日印发。对重点工程建设项目投融资管理的组织体系及职责分工、计划管理、资金管理、监督考核、工作制度等做出明确规定。

《昆明市人民政府关于印发昆明市自谋职业和灵活就业人员基本医疗保险补充规定的通知》3月16日印发。对自谋职业和灵活就业人员基本医疗保险的缴纳费率等做出明确规定。

《昆明市人民政府关于推行安全生产“一岗双责”进一步强化安全生产责任制的实施意见》3月25日印发。对政府相关负责人职责、政府部门相关负责人职责、生产经营单位负责人职责等做出明确规定。

《昆明市人民政府关于持续加强城乡环境管理和综合行政执法工作的意见》4月1日印发。对城乡环境管理与综合行政执法工作的指导思想、总体目标、基本原则、工作要求、运行机制、保障机制等做出明确规定。

《昆明市人民政府关于鼓励支持主城区企业节能减排降低成本搬迁入园异地发展的实施意见》4月29日印发。对推进企业搬迁入园异地发展的基本原则、范围对象、时间及处置方式、企业搬迁方向、土地处置和搬迁补偿、易地建设鼓励政策、税收解缴关系及职工安置、限制性政策、搬迁程序、组织领导等做出明确规定。

《昆明市人民政府关于促进太阳能产业升级发展的意见》4月29日印发。对太阳能产业的发展现状、指导思想和发展目标、发展重点及布局、政策保障措施等做出明确规定。

《昆明市人民政府关于印发开展安全生产年活动实施方案的通知》4月30日印发。对开展“安全生产年”活动的指导思想、主要内容、活动安排等做出明确规定。

《昆明市人民政府关于进一步加强市政基础设施勘察设计管理的通知》5月6日印发。对市政府基础设施勘察设计的相关程序和工作要求等做出明确规定。

《昆明市人民政府关于进一步加快邮政业发展的若干意见》5月20日印发。对加快邮政业发展的重要意义、指导思想和发展目标、政策措施等做出明确规定。

《昆明市人民政府关于印发昆明石林台湾农民创业园优惠政策的通知》5月20日印发。对开发建设台湾农民创业园的总体要求，“创业园”的体制机制、土地使用政策、优惠政策等做出明确规定。

《昆明市人民政府关于加快承接沿海加工贸易产业转移的实施意见》5月27日印发。对加工贸易发展重点地区和重点领域、产业转移承接平台建设、产业转移优惠政策、服务环境、组织领导等方面做出明确规定。

《昆明市人民政府关于进一步落实安全生产监督管理责任和生产经营单位主体责任的通知》6月26日印发。对进一步落实政府监管责任和生产经营单位安全生产主体责任、抓好安全生产责任督促落实等做出明确规定。

《昆明市人民政府关于印发昆明市重大资源开发利用项目审批制度的通知》6月27日印发。对重大资源开发利用的原则、程序、主要内容、制度等方面做出明确规定。

《昆明市人民政府关于做好征地统一年产值标准和区片综合地价补偿标准公告实施有关工作的通知》7月1日印发。对市五华区、盘龙区、官渡区、西山区征地区片区综合地价和各县(市)、区征地统一年产值标准等做出明确规定。

《昆明市人民政府关于印发安全生产事故隐患排查治理实施办法的通知》7月6日印发。对生产经营单位事故隐患排查治理、事故隐患排查治理的监督管理、事故隐患排查治理责任追究等做出明确规定。

《昆明市人民政府关于进一步完善市政府会议制度的通知》7月22日印发。对市政府主要会议的主要任务、会议审批程序、会议纪律、会议要求等做出明确规定。

《昆明市人民政府关于科学编制立法计划的实施意见》7月20日印发。对科学编制政府立法计划的重大意义、指导思想和基本原则、编制和实施、组织领导与工作要求等做出明确规定。

《昆明市人民政府关于印发2009年百米建绿工程建设白皮书的通知》7月20日印发。对“百米建绿”的范围、实施期限、工程建设原则、建设目标、建设任务、保障措施、部门责任等做出明确规定。

《昆明市人民政府关于印发滇池湖滨“四退三还一护”生态建设工作指导意见的通知》7月22日印发。对滇池湖滨生态建设的指导思想和工作原则、实施范围及任务目标、相关政策措施、组织领导和保障措施等做出明确规定。

《昆明市人民政府关于确认第七批昆明市中青年学术和技术带头人及其后备人员的通知》7月28日印发。确认杨向红等22人为昆明市第七批中青年学术和技术带头人；高建鹏等32人为昆明市第七批中青年学术和技术带头人后备人员。

《昆明市人民政府关于贯彻云南省企业老工伤人员工伤保险统筹试行办法的实施意见》7月29日印发。对企业老工伤人员工伤保险统筹工作的目标任务、基本原则、纳入范围、参保程序、费用清偿标准、费用来源、待遇支付范围等做出明确规定。

《昆明市人民政府关于开展第六次全国人口普查的通知》8月1日印发。对开展第六次全国人口普查的指导思想与目的、时点与内容、组织领导与实施、协调配合、舆论宣传、经费保障等做出明确规定。

《昆明市人民政府关于推进农产品市场建设的意见》8月5日印发。对农产品市场建设的必要性、思路目标、遵循原则、保障措施等做出明确规定。

《昆明市人民政府关于印发昆明市市政基础设施工程管线建设保护管理规定的通知》8月21日印发。对市政基础设施工程的管线建设、管线保护、管线迁改等做出明确规定。

《昆明市人民政府关于进一步加强土地一级开发管理的通知》9月7日印发。对土地一级开发的工作原则、操作实施、资金管理和收益考核、协作机制、监督检查等做出明确规定。

《昆明市人民政府关于印发昆明市城市基础设施配套费征收管理办法的通

知》9月14日印发。

《昆明市人民政府关于印发职业教育“十一五”攻坚方案的通知》10月12日印发。对职业教育“十一五”的攻坚目标、攻坚时限、攻坚内容、责任分解、工作步骤等做出明确规定。

《昆明市人民政府关于进一步加强环卫工作提升城市清洁水平的意见》10月21日印发。对如何进一步提升环境卫生质量标准、提高道路机械化清扫水平、完善环节清扫保洁经费保障机制、建立健全环卫市场化运行体系等做出明确规定。

《昆明市人民政府关于进一步开展绿化盲区零申报工作的通知》10月29日印发。对主城和呈贡绿化盲区零申报工作、沿入湖35条河道绿化盲区零申报、铁路沿线绿化盲区零申报、保障措施等做出明确规定。

《昆明市人民政府关于加强整治违法排污行为的实施意见》10月30日印发。对整治违法排污行为工作的指导思想、整治措施、属地职责、部门职责、联动机制、督查机制等做出明确规定。

《昆明市人民政府关于开展导入ISO9001国际质量管理体系试点工作的实施意见》11月9日印发。对导入ISO9001国际质量管理体系试点工作的指导思想、基本原则和工作目标、组织领导、工作范围、工作步骤、工作要求等做出明确规定。

《昆明市人民政府关于促进股权投资基金发展的若干意见》11月9日印发。对促进股权投资基金发展的指导思想和总体目标、体系构建、优惠政策等做出明确规定。

《昆明市人民政府关于印发昆明市创业投资引导基金管理暂行办法的通知》11月10日印发。对创业投资引导基金的规模与来源、组织构架、投资对象、运行管理、监督考评等做出明确规定。

《昆明市人民政府关于坚决遏制和狠刹违法加层和无序建房风的通知》11月12日印发。对查处违法加层和无序建房工作的工作要求、工作职能、处理措施、举报奖励等做出明确规定。

《昆明市人民政府关于严厉查处农村违法加层和无序建房行为的实施意见》11月16日印发。对查处全市农村违法建设行为工作的总体目标、工作措施、工作要求等做出明确规定。

《昆明市人民政府关于印发〈昆明市中心城区控制性详细规划修改维护办法（试行）〉的通知》12月25日印发。对控制性详细规划的修改、修订等做出明确规定。

《昆明市人民政府关于印发昆明市医药卫生体制改革3年实施方案（2009—2011年）的通知》12月31日印发。对推进昆明市医药卫生体制改革的主要任务、保障措施等做出明确规定。

【批转·转发】 《昆明市人民政府关于转发省政府鼓励创业促进就业文件的通知》1月5日印发。省政府拟定的《云南省人民政府关于鼓励创业促进就业的若干意见》，对放宽市场准入机制、财政扶持、税收优惠、金融支持、培训和创业补贴、社会保障优惠等做出了明确规定。

《昆明市人民政府关于批转进一步做好高校毕业生就业工作实施意见的通知》5月4日印发。市人事局、市劳动和社会保障局拟定的《昆明市关于进一步做好高校毕业生就业工作的实施意见》，对如何鼓励和引导高校毕业生面向基层就业、鼓励高校毕业生到中小企业和非公有制企业就业、鼓励骨干企业和科研项目单位积极吸纳和稳定高校毕业生就业、鼓励和支持高校毕业生自主创业、提升高校毕业生就业能力、加强高校毕业生就业公共服务工作、实施困难实施高校毕业生援助计划、加强组织领导和协调配合等做出明确规定。

《昆明市人民政府关于批转昆明市2009年纠风工作实施意见的通知》6月8日印发。市政府纠风办拟定的《昆明市2009年纠风工作实施意见》，对2009年纠风工作的总体要求、主要任务、工作措施等做出明确规定。

【表彰·奖励】 《昆明市人民政府关于表彰2008年度食品安全目标责任考核先进单位的通知》2月9日印发。对2008年度食品安全目标责任考核16家先进单位进行表彰。

《昆明市人民政府关于表彰全市农村消费维权组织网络建设先进集体和先进工作者的决定》2月21日印发。对在昆明市农村消费维权组织网络建设中有突出贡献的67个先进集体和85名先进工作者进行了表彰。

《昆明市人民政府关于授予唐茂德等十五位同志见义勇为先进分子荣誉称号的决定》3月4日印发。授予唐茂德（牺牲）、杨荣斌（牺牲）、杨杰刚、章有腾、邓金友、施昆、赵美华、吴小兵、段毅、贾晶、戎云飞、徐建明、刘光荣、龚少国、杨成华十五位同志为昆明市2008年“见义勇为先进分子”荣誉称号，并颁发荣誉证书和奖金。

《昆明市人民政府关于对荣获2008年度云南名牌产品称号的企业进行通报表彰的通知》4月20日印发。对昆明圣火药业（集团）有限公司等33家荣获“云南名牌产品”称号的企业予以通报表彰。

《昆明市人民政府关于2009年科学技术奖励的决定》7月7日印发。授予“肝脏移植技术的系列研究”等4个项目昆明市科学技术进步奖一等奖，授予“昆明建设创新型城市对策研究”等15个项目昆明市科学技术进步奖二等奖，授予“昆明科技进步指标体系研究”等41个项目昆明市科学技术进步奖三等奖，授予北京理工科技园科技发展有限公司昆明市科学技术合作奖，授予“导电用复合铜粉及复合铜导体浆料的制备办法”项目昆明市专利奖一等奖，授予“小件物料机器人码垛系统托盘输送装置”等11个项目昆明市专利奖二等奖。

《昆明市人民政府关于命名2008年度昆明市群众性精神文明创建活动荣誉称号的决定》7月31日印发。命名昆明市工商行政管理局等5个单位为2008年昆明市文明行业；国家开发银行云南省分行等284个单位为2008年昆明市文明单位；五华区厂口乡庄子村等55个村为2008年度昆明市文明村。

《昆明市人民政府关于对2008至2009学年度办学成效显著的民办学校（幼儿园）进行表彰奖励的通知》12月7日印发。对办学条件好的29所民办幼儿园和3所民办高中阶段学校给予年度奖励；对办学水平上等级的2所民办幼儿园和1所高中阶段学校给予一次性奖励；对2008～2009学年度年审考评为优秀的23所义务教育阶段民办学校给予奖励。

《昆明市人民政府关于表彰2009年度昆明地区成绩突出民营医院的通知》12月7日印发。授予昆明星耀医院等10家民营医院为“2009年度昆明市十佳民营医院”；授予云南肾脏病医院等10家民营医院为“2009年度昆明市优秀民营医院”。

《昆明市人民政府关于对荣获2009年度昆明名牌产品称号企业进行通报表彰的通知》12月29日印发。对武钢集团昆明钢铁股份有限公司等57家荣获“昆明名牌产品”称号的企业进行通报表彰。

办公厅

【自身建设】　为保证市政府工作的高效运转，市政府办公厅紧紧围绕市委、市政府的中心工作，深入学习实践科学发展观，开展“行政效能提升年”和“干部作风改进年”活动，开展“工作无差错、服务创优质”活动，强化细节管理，促进工作质量提高。狠抓干部教育培训，先后邀请省、市专家、学者进行专题业务理论知识讲座12讲，内容包括公文写作、公文办理、保密知识、应急管理知识、目标督查管理及建议和提案办理、依法行政、信访工作知识等。

组织公开选拔公务员工作。面向全国公开选拔2名副科级领导干部和选调4名文秘岗位工作人员。组织两批中层干部竞争上岗。结合全市开展的“三普”教育活动，认真组织普通话、计算机、外语的培训和测试。按照上级组织、人事部门的统一安排，27名省管和市管干部参加在线学习教育和公务员素质教育，1名县处级领导干部参加清华短训班，5名参加境外专题知识培训班，统一组织安排18人参加“8＋X”培训。

注重制度创新，推动办公厅工作规范化、制度化和程序化建设。制定了《市政府秘书长班子成员开展调查研究贯彻落实上级指示精神的规定》、《昆明市人民政府办公厅关于进一步规范市政府会议的通知》、《昆明市人民政府关于进一步完善市政府会议制度的通知》等文件，对于精简、规范会议，保证市政府规范、高效运转起到了良好的促进作用；在对办公厅内部规章制度进行清理的基础上，重新修订了《昆明市人民政府办公厅工作制度与规范（征求意见稿）》，不断建立健全工作制度；制定了《昆明市人民政府办公厅被问责干部组织处理的办法》、《科级领导干部选拔任用内部监督规定》进一步改进办公厅干部的服务态度和工作作风；修改完善了《昆明市人民政府办公厅计算机网络及信息系统管理规定》和《昆明市人民政府办公厅关于进一步加强涉密网络计算机笔记本电脑及移动存储介质安全保密管理的通知》，进一步规范了全厅计算机信息系统的使用。

扎实开展文明机关创建活动。根据省、市文明委要求，市政府办公厅在2006年被授予云南省文明单位的基础上，积极开展第十二批云南省文明单位创建活动，并以此为契机，进一步加强机关自身建设，2009年再获省级文明单位称号。

【调查研究】　围绕市委、市政府中心工作，针对经济发展、社会事业、“三农问题”、城市规划、建设和管理等重点、热点和难点问题，加强与对口部门和基层单位的联系，深入实际开展调研，了解情况并认真分析研究。向领导提供有内容、有分析的调研材料和及时有效的信息，为政府制定、完善、推动决策落实搞好服务。会同有关部门对“阳光政务”的执行，政府机构节能降耗工作，新形势下的接待工作，工业突破，招商引资，园区建设，卫生改革与发展，临空经济发展区域开发管理模式，呈贡新区建设，空港经济区建设，环境保护，滇池治理，滇池环湖生态建设，滇池流域面山植被修复，入湖河道整治，重点水源区保护，污水垃圾处理，工业污染防治，医疗废弃物集中处置，太阳能光伏产业发展，出租车统筹管理，户外广告管理，主城区生猪定点屠宰厂（场）整合搬迁，节能与新能源汽车示范推广试点工作，文物普查工作等问题进行了调研，撰写了《昆明临空经济发展区域开发管理模式和财税管理体制调研报告》、《推进政府机构节能降耗工作的调研报告》、《昆明市城乡公交一体化工作调研报告》、《昆明市接待设施及接待能力的现状调查》、《关于昆明市机动车停车场管理工作的调研报告》、《昆明市太阳能光伏产业发展调研报告》等，为市委、市政府领导决策提供有价值的建议。有的建议被采纳并转化为决策，较好地发挥了参谋助手作用。

【综合协调】　市政府办公厅充分发挥承上启下、协调左右、联系内外的中枢作用，在重要会议、重大事项、重点项目、信访接待等方面做了许多综合协调工作。参与中央和省领导对现代新昆明建设、滇池流域城乡一体化、滇池环湖生态建设、入湖河道综合整治、昆明新机场建设、污水垃圾处理设施及廉租房建设等重大调研活动的协调、服务和接待工作。完成市“两会”、全市2008年工作目标奖兑现暨2009年招商引资动员大会、全市加快现代新昆明建设动员大会、市委工作会、昆明铁路、地铁和轻轨建设动员大会等重要会议的会务工作。

做好全国省会（首府）及部分城市党委秘书长办公厅（室）主任会议、国际人类学与民族学联合会第十六届大会、2009中国昆明国际文化旅游节昆明狂欢节、2009中国昆明国际花卉展暨第五届昆明国际农业博览会、中国科学院学部咨询评议工作委员会四届四次会议、第十七届中国昆明进出口商品交易会、云南陆军讲武堂百年庆典、昆明螺蛳湾国际商贸城开业庆典等大型重要活动的接待服务工作，协调市接待办及有关部门接待各级来昆参观、考察、洽

市政府办公厅开展学习实践科学发展观活动　（市政府办公厅　供稿）

谈、签约的团组。圆满完成全国第十一届运动会昆明站的火炬传递，中国昆明大学名校科技成果展示交易会，昆明市第九届少数民族传统体育运动会，2009昆明·北京投资洽谈会的有关工作任务。联合红河、文山在越南沙巴举办了“昆明、文山、红河旅游推介会”，联合文山在南宁举办了“昆明、文山旅游宣传周”，联合祥鹏航空公司举办“昆明旅游空中宣传月”活动。

协调督促教育改革，整合资源。落实安宁、嵩明等职教基地规划建设工作，积极协调昆八中整体搬迁北市区建设工程完工并实现招生，加快昆三中呈贡新校区建设，中华小学整体搬迁呈贡主体工程建设。协调推进昆明市节能与新能源汽车示范推广工作，实施“昆明排水综合信息平台”等16个重大科技计划项目，完成系列化大型数控龙门平面（导轨）磨床研发及产业化等10个核心技术、关键技术攻关和引进项目。协调有关部门努力争创国家卫生城市，创卫工作10项指标已基本达标，顺利通过了省级技术评估，全市“创卫”工作进入攻坚冲刺阶段。积极协助做好石林台湾农民创业园各项建设，宜良高科技示范园、晋宁宝峰食品加工园、嵩明现代农业示范区、富民高效农业示范园、寻甸都市型现代农业展示园规划编制，阳宗海风景名胜区管委会托管呈贡七甸乡、宜良汤池镇及玉溪市阳宗镇等工作。

协调推进“农家书屋”建设、昆明市第三次全国文物普查工作、昆明螺蛳湾国际商贸城项目、螺蛳湾商业片区升级改造暨螺蛳湾中央商务区（二级CBD）建设、市级行政配套住宅项目建设等综合性工作。配合做好华侨城集团、中国玻璃控股公司、新加坡裕廊国际集团、联想控股公司、香港嘉里集团、中国南车集团股份有限公司、西电集团公司、中国铝业公司等一大批知名企业在昆的投资考察活动。

协助做好群体性事件的信访、维稳、协调服务工作。做好规范全市养犬管理，流动人口管理机制创新，市级数字城管系统建设，中心城区环卫体制改革，垃圾无害化处置，拆临拆违、建绿透绿等工作。妥善解决了华山东路99号宗教房产，“真庆观”房产移交市道协管理等问题。

坚持畅通信访渠道、维护信访秩序、健全工作机制、解决合理诉求的要求做好信访工作。协调有关部门做好群众来信、来访的答复和处理工作，做好矛盾纠纷排查化解，妥善处理各类突发性公共事件、群体性事件，做好应急管理工作。加强对县（市）区政府办公室的服务和指导，厅领导加强了对分管处室和对口联系工作的指导和检查，积极参加帮助协调解决基层实际问题。

【督办工作】 按照市委、市政府的决策部署，市政府目标督查办公室与市委目标督查办公室共同研究制定了《中共昆明市委昆明市人民政府关于实施工作成果倒逼完善目标管理考核的意见（试行）》，下发了关于对2009年重点基础设施建设项目目标任务进行分解立项督查的通知，对100项重点基础设施建设项目的责任分工、完成时限以及建立月报告制度等提出了明确要求。对部分重点基础设施项目展开了专项督查，共上报督查专报20余期。按照关于进一步完善市政府会议制度的通知精神，自7月份开始对市政府常务会议议题决策事项进行了分解立项督查，坚持每月对市政府常务会、专题会决定事项落实进展情况进行收集汇总，及时向市政府领导反馈。对2009年市委、市政府确定实施的40项民生工程落实进展情况及时进行收集、梳理、汇总，形成综合情况报告，在市委全会上进行通报。配合市纪委开展了对市级领导分管工作的督查推进，对河道治理、道路交通、教育卫生、住房保障等事关群众切身利益的民生工程开展实地专项督查，推动各项工作顺利开展。

对2009年省政府重点督查的20个重大建设项目和20项重要工作每季度落实进展情况进行督促检查和收集汇总，建立起两个20项工作的总协调人和联络员制度，及时上报全省重点督查的20个重大建设项目和20项重要工作中涉及昆明市工作任务落实进展报告。全年就“两个20项”共上报重要情况专报5期。按质完成向省委、省政府报告现代新昆明进展情况，全年报送《现代新昆明进展情况月报》12期。

按照省、市关于实施“阳光政府”四项制度的通知要求，制定出台了《昆明市人民政府重大决策听证制度实施细则》、《昆明市人民政府重要事项公示制度实施细则》、《昆明市人民政府办公厅关于印发实施重大决策听证重要事项公示重点工作通报操作规范的通知》等一批制度性工作规范，为各县（市）区和市级各部门实施“阳光政府”四项制度工作提供了制度保障。统筹兼顾责任政府四项制度、法治政府八项制度。注重加强信息交流，全年编发《工作简报》12期。

做好领导批示件的交办、督办工作，下发了《关于进一步加强市委市政府主要领导批示办理和反馈工作的通知》，认真落实市领导批交办工作事项，按批示范围要求认真收集反馈办理落实情况，确保批示件事事有落实，件件有回音。全年共接收、登记、交办、督促市委书记批示2 755件，市长批示1 315件，制发《领导批示录》145期；转交、督办、催办、反馈市委交办工作

市政府办公厅深入学习实践科学发展观整改落实阶段工作部署会

（市政府办公厅　供稿）

事项123项，并定期收集、报送相关落实情况，办结率达100%；下发《督查通知》149个，上报《督查专报》113期。组织办理省、市人大代表建议和政协提案1 025件，办复率100%，满意率达97%。同时，还接受了市人大常委会的两次检查和市政协的多次视察及重点提案检查，工作得到了代表、委员的肯定。

【公文处理】　学习借鉴省内外文稿起草、公文把关好的经验和做法，积极探索改进办公厅办文工作的思路和方法。起草了《昆明市人民政府办公厅关于进一步加强公文审核把关工作的通知》、《昆明市人民政府办公厅关于更改市政府及办公厅普发性文件主送单位的通知》、《关于做好向省政府报送公文有关工作的通知》、《昆明市人民政府办公厅关于机构改革中印章使用和文件发送等有关事项的通知》，进一步规范办公厅公文的办理，提高办文效率。

围绕办公厅"业务建设年"的要求，加强机关工作人员办文知识的学习和培训，为更好地履行工作职责，做好服务奠定良好基础。对全市政府系统的办文工作进行业务指导，全年在各县（市）区及委办局进行了8次公文办理工作讲座。与市委办公厅共同举办了昆明市党政系统公文处理业务培训讲座，进一步提高全市党政系统办公厅（室）文秘部门公文处理及文稿撰写水平。按照市政府办公厅领导要求，认真组织开展办公厅"好公文评选活动"，推进办公厅公文质量的提高。

精简文件，严格控制发文数量。市政府及办公厅全年印发政府令7件，政府公告15件，昆政发87件，昆政复99件，昆政文9件，昆政函161件，昆政办165件，昆政办文70件，昆政办函45件，昆政办复4件，常务会议纪要36件，专题会议纪要628件，情况简报69件，重要情况专报86件。出刊《昆明市人民政府公报》24期，《昆明市人民政府办公厅通讯》31期。

【政务信息】　全年共编辑《政务简讯》、《政务参考》、《政务工作通讯》、《调研通讯》、《媒体信息摘编》等各类信息刊物250余期，采用信息3 000余条。做好向国务院办公厅及省政府办公厅信息上报工作。全年接收信息12 000余条，向国办上报150余条，向省政府上报近1 600条，省政府采用昆明市信息276条，上报省政府信息累计积分1 543分，超额完成省政府办公厅下达500分的指标，位居全省各州市第一。《昆明市计划2015年100%乡镇建立艾滋病快速检测点》、《云南省南线毒品渗透严重需及时调整应对》等一批信息受到国务院和省、市领导批示和关注。

为使市政府办公厅网上办公系统更加贴近办公厅工作实际，对个人工作界面、信息采编、文档管理器、上级来文管理等模块的网上办公系统软件功能进行了修改完善，进一步提升了系统稳定性和软件功能。截止12月底，办公厅网上办公系统处理办文信息78 371条，发文信息26 541条，领导批示信息30 446条。办公厅接收各县（市）区和政府各部门电子公文40 207份。

做好厅机关电子政务系统安全保密工作。为迎接中央、省、市保密委安全保密工作检查，按照办公厅保密工作会议要求，下发《关于开展安全保密自检自查工作的通知》、《关于进一步加强安全保密工作的通知》对全厅计算机信息系统安全保密工作及网络系统及移动存储介质的管理使用提出明确要求。抓紧建设市政府办公厅网络安全系统，进一步提升办公厅计算机信息系统安全保密监控及防范水平。

【党的建设】　市政府办公厅坚持以邓小平理论和"三个代表"重要思想为指导，全面落实科学发展观，按照《昆明市市级机关永葆先进性·"云岭先锋"工程目标考核责任书》的要求，厅党委与各支部签订了《昆明市人民政府办公厅永葆先进性·"云岭先锋"工程目标考核责任书》，各支部与每位党员签订责任书。同时，立足于和谐机关的建设，开拓思路，创新工作，制定了相应的考核细则，做到了目标明确、工作到位、责任到人，形成了一级抓一级，层层落实工作机制，为圆满完成市政府办公厅各项工作任务提供了强有力的组织保证。

严格按照《党章》和《条例》的规定，督促指导离退休支部、参事室支部完成了换届选举工作。结合办公厅工作实际，在原有14个党支部的基础上，新成立了无管办支部。按照"坚持标准、保证质量、改善结构、慎重发展"的方针，做好发展新党员和培养入党积极分子工作，全年发展新党员2名，通过并办理了7名预备党员按期转正手续，为25名党员办理了组织关系转移手续。

【定点挂钩扶贫工作】　市政府办公厅扶贫工作在厅党组的领导下，在市扶贫办的指导下，在厅机关党委的努力下，协调市农业局、市交通局、市财政局共投入各项扶贫资金75.045万元，为定点挂钩扶贫点群众解决了生产、生活困难，受到了困难群众的好评。

市政府办公厅协调各方面筹集资金40万元，继续帮助马初村委会实施350亩蘑芋种植，受到了广大种植户的欢迎，增加了农民收入；从行政经费中给拥箐、马初两个村委会各安排2 000元办公经费，改善两个村委会办公条件；安排资金44 760元，购置高低床、课桌椅等用品，改善马初中心小学住宿及办学条件；拨款5万元，对拥箐、马初两个村委会各100户困难群众进行了春节慰问；牵线上海外高桥保税区管委会投资50万元修建云龙乡古宜小学，外高桥保税区高行镇、高东镇、高桥镇各出资20万元（共60万元），修建皎平渡乡本念希望小学。

结合纪念中国共产党建党88周年和新中国建国60周年庆典，认真组织全厅党员开展践行"个人形象一面旗，工作热情一团火，谋事布局一盘棋"和"捐一月党费，救助困难党员"等活动，全厅274名党员共捐党费11 416.5元。

（市政府办公厅办文处）

机关事务管理

【后勤管理及保障工作】　2009年，市级机关事务管理局以服务市委、市政府中心工作、保障机关高效运转、服务广大干部职工为全局中心工作，切实保障好市委、市政府的重大会议、重大活动和重要工作的顺利进行。全年为市政府及市级各委办局进行会议服务保障1 500余次。

圆满完成市政府办公厅及其他代管单位的财务服务和资金保障任务，进一步加强国有资产的验收、登记、领用、处置、调拨等工作的管理，确保国有资产的保值增值。建立市政府办公厅和机关事务管理局国有资产管理卡片软件系统。

为强化和规范市政府机关大院管理与服务工作，广泛征求意见，根据各委办局提出的意见制定整改措施，加强工作人员的培训，进一步完善各项规章制度，规范服务用语，设立投诉电话，明确奖惩措施，使工作人员增强服务意识，强化服务观念，改变服务形象，为绿化、美化机关大院环境和为各类会议停车保障、会场布置提供了良好服务。

严把食物进货关，确保食品卫生安全，在保证价格不变、质量不降的前提下，不断改进品种和口味，早餐不少于13个品种，中餐热菜不少于80个品种，面食不少于8个品种，专设了云南小吃以及自选点菜窗口，为政府机关干部制作中秋月饼10.05万多个。

【车辆定编工作】　认真贯彻落实《中共昆明市委办公厅昆明市人民政府办公厅关于将2009年确定为我市党政机关事业单位购置公务用车“无车年”的通知》和《中共昆明市委办公厅　昆明市人民政府办公厅贯彻落实中办国办关于党政机关厉行节约若干问题和关于坚决制止公款出国（境）旅游两个文件精神的通知》精神，自2009年3月22日起停止办理一般公务用车的审批购置工作，全年无违规审批和违规购置行为的发生。创新工作制度，实施“公务用车购置审批管理联动制度”。严格执行关于党政机关厉行节约的相关要求，实现2009年厉行节约压缩指标。严格公务用车编制管理，对全市公务用车情况进行全面统计清理，上报并经省政府批准昆明市新增500辆公务用车编制数。开展车辆业务调研和培训工作，对全市14个县（市）区进行了集中培训。

【安全工作】　始终坚持“安全第一、预防为主”的方针，认真抓好社会治安综合治理和安全管理工作，2009年度共接待和维护群众上访秩序753起（其中50人以上的集体上访68起），登记外来办事人员36万余人次，保障电梯安全运行12万余次，实施录像监控8 760小时，实施维修补漏1 200多次。年内机关大院未发生一起重大安全和责任事故。市级机关绿化基地管理处加强对基地山林、果树和苗木、花卉的管护工作，建设蓄水池200立方米，清理防火隔离带10公里，全年未出现任何火情、火灾。

【节能减排】　2009年8月，经昆明市机构编制委员会批准同意在事务局增设昆明市市级公共机构节能管理办公室，主要履行推进、指导、协调、监督市级公共机构节能工作职能。编制《昆明市政府机构节能规划（2009—2010）》，完成县（市）区和市级政府机构2006—2008年能源消耗汇总统计。按照《2009年昆明市政府公共机构节能工作考核办法》，将市政府系统70个单位节能工作纳入2009年全市政府系统目标管理考核，有效推动全市公共机构节能工作的顺利开展。认真落实中央和省、市委加强建设节约型社会机关作表率的有关要求，切实抓好在市级机关开展资源节约工作各项措施的落实，市政府机关大院与2008年同期相比实现用水量下降5.09%，用电量下降5%。

【政府采购】　严格贯彻落实《政府采购法》和各项规章制度，进一步完善了政府采购信息发布、采购现场管理和采购档案管理、财务管理等制度和措施，保证采购过程每一个程序都处于有效的监督之下，并采用上门服务等方式，有效提高了服务质量。在年度实际政府采购政策执行情况检查中，取得较好成绩。2009年度完成政府集中采购111次，采购成交金额为65 595余万元，共节约财政资金1 889余万元，货物类采购节约率为10.23%，工程类采购节约率为14.91%。

【物业管理】　昆厦物业公司始终坚持“依法管理、服务第一，最大限度满足业主合理合法需求”的服务宗旨，努力为机关干部住户营造安全、舒适、文明的生活环境。对月牙塘小区污水处理站的设施设备进行改造，对小区内部分标识进行增设和更换。2009年10月，正式启动月牙塘小区电表和双龙小区水表的一表一户改造工作。

积极配合昆明市“创卫”和拆临拆违、建绿透绿工作，拆除市级机关大树营北区门口的临街铺面6间和月牙塘小区临时围墙1 441米，并修建通透式围栏。拆除市政府机关大院内的临时温室花房280平方米，并改建为绿地。

【局属经济实体】　2009年，昆厦物业公司全年实现经营收入543.5万元，实现利润52.6万元，实现扭亏为盈。茶花宾馆、兰花宾馆努力克服金融危机和甲型H1N1流感等带来的不利影响，分别实现营业收入1 070万元和889万元。兰花宾馆新的改制方案论证工作正积极推进。开达实业公司于2009年上半年完成改制工作。

【招商引资工作】　按照市委、市政府招商引资工作部署，由事务局牵头成立的昆山招商分局，积极探索招商引资的有效方法和途径，扎实开展招商引资工作。经过努力，实现引进内资22 766余万元，外资127.87万美元，超额完成市里下达给事务局的引进内资2亿元、外资120万美元的招商引资任务。

【市级行政中心建设】　认真贯彻落实市委、市政府和行政中心建迁领导小组的部署和要求，全力以赴做好行政中心和配套商品房建设的各项协调服务保障工作。市级行政中心办公楼建设已全面验收完毕，行政中心办公家具、窗帘、部分组团会议系统以及6个食堂、厨房等设备设施的购置和安装、调试已完成。社会化服务项目的服务标准、服务过程监督、服务质量考核等相关办法已基本拟制完成。行政中心的整体移交、配套商品房建设工作积极推进。A区拟定于2010年5月底以前交付使用，新B区（乌龙片区）预计于2010年10月底以前预交房。

（路　润）

行政审批服务中心

【业务办理】　2009年，在中心设服务窗口的政府部门有44家单位，对企业和办事群众实行“一站式”服务。截至12月30日，共接件148 384件，办结148 318件，办结率为99.96%；共受理各类业务咨询127 601件，办结率100%。

【事项进入】　2008年12月31日，市政府印发《昆明市人民政府关于公布昆明市市级行政审批项目的公告》（第39号），决定保留26个市级行政部门的96项行政审批项目，其中91项进入中心办理，5项经市政府批准未进中心办理。2009年12月2日，市政府印发《昆明市人民政府关于公布昆明市市级行政审批项目的公告》（第54号），对原有96项行政审批项目决定保留86项，10项下放到各县（市）区，于2010年1月1日起施行。

除精简压缩后的市级行政审批事项外，还完成了市级管理服务事项和承接省级下放行政审批项目的办理。根据市审改办《关于下放部分市级行政审批项目和印发中央、省垂直管理部门行政审批项目及市级管理服务、内部审批项目的通知》精神，中央、省垂直管理部门的行政审批项目20项，进入中心13项。市级23个部门的管理服务项目43项，进入中心37项。对不进入中心办理的行政审批事项和管理服务事项，中心专门进行了调研，并在网站上公布了事项名称、办理地点等，方便了群众办事。根据《昆明市人民政府关于公布昆明市市级部门承接省级下放行政审批项目的公告》。昆明市新增行政许可项目24项、非行政许可审批项目10项、管理服务项目5项。其中，进入中心的行政许可项目24项；非行政许可审批项目8项；管理服务项目5项。

【制度创新】 按照市委九届五次全会确定的工作任务分解目标，完成了四项制度的创新。一是《昆明市重点项目审批快速通道实施细则》，二是《昆明市行政审批工作日常督查抽查办法》，三是《昆明市行政审批服务工作投资客商联谊和服务评测制度》，四是《昆明市健全市县乡三级联动便民服务体系的实施意见》。

昆明市政府行政审批服务中心投资客商联谊测评座谈会

（市级行政审批服务中心　供稿）

【市县乡三级联动便民服务体系】 按照《云南省人民政府办公厅关于进一步加强政务服务中心建设的意见》精神，以及昆明市委、市政府关于加强公共服务体系建设的有关要求，6月份市政府印发了《昆明市人民政府关于进一步健全市县乡三级联动便民服务体系的实施意见》。为抓好《实施意见》的贯彻落实，中心选择了安宁市、官渡区、嵩明县三个县（市）区中心进行试点。各试点单位努力整合县（市）区、乡镇（街道办事处）行政资源，建立了并联审批会议制度，设立重点项目申报代办员制度，为下一步工作积累了经验。

【规范窗口行政服务行为】 坚持每天对窗口工作人员的服务态度、劳动纪律等情况进行巡查。每周召开窗口负责人例会，通报情况。并对工作人员进行建档登记，对调离人员进行鉴定，有效地规范了窗口的行政服务行为。加强人员学习培训，在继续开展学政治、学业务、学电脑、学普通话、学礼仪“五学”的基础上，重点抓好规章制度、服务礼仪、服务用语、现代服务理念等知识的学习和培训，每季度不少于一期，人员覆盖率不低于95%。为推动市、县、乡三级联动体系建设，9月份，进行了市、县、乡三级中心有关负责人参加的业务知识培训。坚持“管理就是服务”的思想，尽力帮助窗口工作人员解决工作、生活中的问题和困难，营造一个舒心的工作环境，以提高办事效率和服务质量。

【推进政风行风转变】 认真开展“行政效能提升年”和“干部作风改进年”活动，坚持“一线工作法”和“零障碍”服务理念，真抓实干，不断转变作风。根据市软建办《关于对千名客商评价昆明软环境活动征求到的意见建议进行答复办理的通知》要求，5月上旬，由领导带队深入到云南云电天龙电气有限公司、云南康立信科技有限公司、云养生物科技有限公司和办事群众中，采取座谈会等形式，针对提出的意见建议进行面对面答复，同时诚恳征求他们对中心下一步工作的意见和建议。6月底，组织召开投资客商联谊测评座谈会，邀请云南省上海商会、广东商会、浙江商会等近10家商会的负责人座谈，对行政审批服务工作进行测评和“挑剔、挑刺”。认真落实《昆明市行政审批工作日常督查抽查办法》，每季度集中2~3天时间，邀请市监察局、市委目督办、市政府目督办、市审改办的有关人员参加，分组深入到全市14个县（市）区中心和6个市级分中心，开展行政审批服务工作日常督查抽查工作，发现问题，及时纠正。积极参加全市组织的在线访谈和春城热线活动，9月15日，参加了在线访谈栏目，现场回答市民咨询。12月10日，参加了“春城热线”节目，对市民提出的有关行政审批方面的12个问题，现场给予了答复，对其他非涉及行政审批服务工作的4个问题，在节目后也及时一一予以落实，件件进行了回访，进一步密切了同人民群众的联系。

【落实阳光政府四项制度】 认真执行实施阳光政府四项制度的相关要求，积极配合市政府信息产业办与电信部门联系协调，及时开通了96128政务信息和行政审批查询专线，为43个窗口单位新增40部专线查询电话，为办事群众开展政务信息查询提供了便捷条件。2009年，中心在服务态度、服务效率、服务质量方面都有明显提高，全年没有发现损害群众利益的人和事，群众书面投诉为零。

【单位更名】 根据《昆明市人民政府机构改革实施意见》，昆明市人民政府便民服务领导小组办公室（昆明市人民政府行政审批服务中心）更名为昆明市人民政府政务服务管理局。中心由议事协调机构的常设办事机构调整为市政府工作部门。

（陈英辉）

信访工作

【工作概况】 全市县以上党政机关信访总量156 557件次，同比下降5.7%，其中来信29 723件，同比上升25.7%，来访40 462批126 834人次，同比批次和人次分别下降23.3%和10.9%。集体上访，同比批次上升26.6%，人次下降2%。市信访局接待处理信访件共27 808件次，同比上升45.9%；其中来

全市综治维稳信访工作会议　（市信访局　供稿）

信9 198件，同比上升21%；来访3 608批18 610人次，同比批次和人次分别上升6.5%和62.4%；集体访601批14 645人次，同比批次和人次分别上升33.9%和101.2%。交办各类重要信访案件5 392件，办结反馈4 642件，结案率达86.1%。受理复核案件16件，复查案件7件，到期办结率达100%。

【市委、市政府高度重视信访工作】 市委、市政府始终高度重视信访工作。市委常委会、市政府常务会多次研究信访工作，仇和书记、张祖林市长多次对信访工作作出重要批示、指示。仇和书记坚持阅批群众来信来电，2009年，仇和书记共阅批群众来信来电4 954件，已办结4 212件，办结率85%。张祖林市长到呈贡等地与信访人恳谈，听取群众意见和建议，做群众的思想疏导工作。市委、市政府注重从体制机制建设方面进一步加强信访工作，2009年以“两办”名义下发了7项信访工作制度，包括《昆明市领导干部定期接待群众来访工作实施办法》、《昆明市党政领导干部定期下访工作实施办法》、《昆明市矛盾纠纷排查化解和治安混乱地区及突出治安问题排查整治工作制度》、《贯彻落实中央和省〈关于开展“信访积案化解年”活动的指导意见〉的通知》、《关于进一步加强和改进信访维稳工作体制机制制度建设的意见》、《昆明市进一步落实党政领导干部信访维稳工作“一岗双责”责任制实施办法》、《昆明市领导干部违反信访维稳工作“一岗双责”责任制问责办法（试行）》，有力推动了全市信访工作的规范化。

【信访维稳工作学习培训活动】 市委、市政府在全市范围内分两个层次组织开展了信访维稳工作专题学习培训活动。10月24日、25日开展了以县级领导干部为主的市级培训活动，600多人参加，江苏省、沈阳市信访局局长，优秀信访干部张云泉以及省政府法制办副主任，辅导讲授《信访条例》，交流外地开展新时期信访维稳工作的成功经验和先进做法。10月26～30日，县（市）区和市级部门、单位组织开展了本区域、本系统、本单位的培训。向145家单位发放光盘564套，保证了培训内容统一、参训效果一致。11月4～10日，市联席会议办公室成立8个专项督查组对县（市）区及市级部门共40家单位开展学习培训活动的情况进行了专项督查。信访维稳工作专题学习培训活动，促使各级领导干部进一步强化了信访维稳责任意识，提高了依法遵规履程解决群众合理诉求、维护社会稳定的工作能力。市信访局11次在《昆明日报》等主流媒体上宣传信访工作，介绍仇和书记电话信件办理、市长接待日、党政领导干部“大接访、大下访”、网上信访、矛盾纠纷排查、重信重访专项治理、干部到信访部门轮岗锻炼、信访专题学习培训活动等，增进了市民群众对信访工作的知悉度和理解度。3次在南屏街和东风广场开展创建“平安昆明”普法宣传。全局投入人力62人次，向群众发放信访宣传册5 000多份。通过昆明信息港及时公布信访工作动态信息，确保信访工作在阳光下运作，接受群众监督。全年新公布信访信息29条。

【畅通信访渠道】 通过媒体发布、设立政务公开栏、制作发放系列宣传册、在云南省政务网和昆明信息港上加挂平

张祖林市长到高新区马金铺街道办事处与信访群众进行民情恳谈

（市信访局　供稿）

台等方式，做到接待地点、接待时间、工作职责、服务承诺、信访投诉电话、受理程序、办理流程“七公开”。在做好日常来访接待和来信来电处理的基础上，不断拓展完善信访渠道，方便群众表达诉求。市、县、乡三级领导干部“大接访、大下访”形成长效机制，全年接待上访群众2 476批11 436人次。继2008年公布副县以上领导干部工作电话后，2009年全市又开通了“96128”政务信息查询热线，群众来电渠道更加畅通。“信访绿色邮政”实现群众来信“零成本”，全年收到群众来信1 512件，均及时妥善办理。每周两次律师接待日分流涉法涉诉上访，9家律师事务所141名律师接待上访群众221批282人次。网上信访覆盖面进一步扩大，42家市属部门开通“网上信访”，西山等4个县（市）区“网上信访”已开通至县（市）区属相关部门和乡镇（街道办事处）。市一级共收到网上信访件939件，已办结923件，结案率达98.2%。

【化解信访积案】　按照中央和省的统一部署，2009年作为“信访积案化解年”，要求集中化解一批时间跨度长、处理难度大、案情复杂、久拖未决的信访事项。市委办公厅、市政府办公厅下发了《关于贯彻落实中央和省〈关于开展“信访积案化解年”活动的指导意见〉的通知》。全市范围内共清理排查出信访积案1 208件，其中县（市）区879件，市属部门329件。从中筛选出20件突出重大信访积案由市领导挂牌包案督办，其他积案进行集中交办，逐案落实包案领导、调处责任人和调处时限。责任主体为县（市）区的信访积案，由县级领导包案；责任主体为市属部门的信访积案，由市属部门领导包案。重大复杂的信访积案，由主要领导带头包案处理。要求包案领导认真落实“包掌握情况、包思想转化、包解决化解、包息诉息访、包重要敏感时期不进京非正常上访”的“五包”责任制。

【健全信访工作“一岗双责”责任体系】　进一步健全和完善了全市各级、各部门党政主要领导负总责、分管领导具体负责、其他领导“一岗双责”的信访工作责任体系。市“两办”下发了《昆明市进一步落实党政领导干部信访维稳工作“一岗双责”责任制实施办法》及《关于领导干部违反信访维稳工作“一岗双责”责任追究办法》。下发了《进一步强化工作责任实现上访数量下降的工作方案》，要求各县（市）区有效控制进京上访、减少到省大规模集体上访、重复到市大规模集体上访、重大影响群体性事件和信访积案。对群众到省市集体上访及进京非正常上访情况实行每月一通报。切实做好重点群体和敏感节点的信访维稳工作，做到事前制定工作预案，矛盾纠纷排查化解到位、预警信息通报到位、重点人员稳控到位、重点督导巡查到位，事中妥善做好处置接谈工作，事后抓好解决问题、落实督办。“3·14”、“4·26”涉军群体非法集会活动得到有效控制和妥善处置，保障了各级“两会”、“国庆60周年纪念活动”、市委九届五次全会、国际人类学民族学大会和“全国企业家活动日”等期间的社会稳定。

【加大“事要解决”的力度】　市、县两级建立健全了由政法委书记任召集人，政府分管副市长、县（市）区长为副召集人，有关常委和副职按照“一岗双责”的原则具体负责，有关职能部门主要领导全面参与的联席会议组织领导体系。主动根据信访维稳形势，将市信访联席会议专项工作小组由8个增设为12个。信访联席会议指挥协调处理信访突出问题及群体性事件的能力进一步增强。根据张祖林市长批示要求，全市梳理出涉农群体、城市拆迁安置群体、小区住房群体、城市低收入群体、民办教师群体、涉军群体、两案人员群体等11个共性问题，由市属相关的职能部门，对诉求有合理成份但无政策依据的，认真研究，考虑从政策层面推动问题解决。实行特殊信访事项救助制度，对“情理之中、法度之外”的特殊信访事项，实行救助，解决信访人实际困难和问题，促其罢访息诉，使用救助经费100万元救助信访人120名。扎实做好热点领域信访问题化解工作，妥善处理了金座公司非法集资户信访问题、螺蛳湾被拆迁商户信访问题等一批热点难点问题。

（郑美燕）

12345市长热线

【概　况】　2009年，市长热线电话“12345”、市长专线电话“3166500”、书记电子信箱、市长电子信箱、市长热线网站及邮政渠道共接受群众来电、电子邮件和信件91万余个（件）（不包括县区联动热线独立受理件），办结率达98.9%，群众满意率达87.7%。联合各职能部门到现场处理问题达100余次，召开网络单位联席会议34次，局长（主任）接待日巡查24次，新闻媒体见报信息130余条。

共编发《工作简报》41期，《工作通报》22期，《专报》12期，《现场督办专报》5期，《热点调研》4期，《群众来电摘报》30期，《书记电子信箱摘

昆明市政府行政审批服务中心市县乡三级联动暨政务礼仪培训

（市级行政审批服务中心　供稿）

报》32期，《市长电子信箱摘报》82期，大量信息文稿得到了市领导的高度重视，并多次被批示到相关部门进行认真研处，较好地发挥了市政府领导的参谋助手作用。全市各网络联动单位热线工作也取得了可喜成绩，受到了上级党委和政府领导的高度评价。

【制度建设】 制度建设是各项工作有序进行的保障，热线办坚持办件“三级把关”制和召开“四种会议”。“三级把关”是：每向承办单位下发一个交办件，必须经过受理人、带班处长及办公室领导三级审核，严把交办质量关，高效利用行政资源，对没有必要或不应当下件处理的事项一律不予下件。四种会议分别是：“中层干部办公会”、“全体工作人员业务交流会”、“政府部门公开电话及公众服务热线电话联席会”、“年度热线系统业务培训会”。认真贯彻执行领导干部问责办法、首问首办责任制规定、限时办结制规定、服务承诺制规定四项制度。

【提高服务质量和办件效率】 热线办认真开展“行政效能提升年”和“干部作风改进年”活动。全办将提高办件质量作为全年的重点工作任务来抓：一是继续严把交办件出口关，确保交办质量关；对市民多次重复投诉的及历史遗留问题始终本着“尊重历史、面对现实”的原则进行及时梳理，积极为来电人寻找解决问题的途径和办法；对市民反映的热点难点问题及时调研并上报领导，做到主动协调，跟踪动态。二是加大现场督办力度。把为群众排忧解难落到实处。对群众反映的热点、难点问题，职能部门协调处理不了或者涉及多个职能部门推诿扯皮的，热线办加大了现场督办力度。全办现场协调督办共100余次，与上年相比增加了70余次，很好地解决了人民群众反映的热点、难点问题。三是强化对办件结果的回访。为进一步提高办件满意率，防止承办单位在办件回复过程中敷衍了事，热线办针对人民群众来电反映的重大、疑难、重复情况的问题认真做好现场协调、督办、回访和抽查工作，并要求工作人员对办理结果的回访抽查率不低于60%。

【书记、市长电子信箱和市长专线电话】 市长热线办制定了严谨的处理和审核制度，高质高效地做好市委“书记电子信箱”和市政府“市长电子信箱”、“书记工作电话”中涉及政府职能的案件受理和“市长工作电话”的接听处理工作。全年共受理“书记电子信箱”3183件，“市长电子信箱”1 551件，市长工作电话1 298件。并从8月起，对市民发给书记、市长电子信箱的邮件进行摘录后定期向书记、市长上报，进一步畅通了党委、政府与市民的沟通渠道。

【局长（主任）接待日】 按照工作要求，市长热线办加大了对“局长（主任）接待日”工作的巡查力度。全年共巡查24次，51个职能部门。全市各级各职能部门高度重视此项工作，认真接待来访群众，对进一步转变机关工作作风起到了积极的促进作用。同时，针对个别单位或部门出现的问题给予及时通报指正，确保“局长（主任）接待日”各项措施落实到位，杜绝了形式主义。

【重视行风评议　抓好整改落实】 热线办高度重视，认真对待行风评议工作，以民主评议机关作风工作促进热线工作作风转换，不断提高办事效率，为全市经济社会发展软环境和促进现代新昆明建设做好服务工作。针对2008年行风评议中对市长热线提出的4条意见和建议，热线办高度重视，就群众提出的建议和意见进行了认真地分析研究，查找问题存在的原因，有针对性地提出整改意见和具体措施。为认真落实行风热线工作，林远辉主任于12月15日参与《春城热线》栏目，热线办按照相关要求完成《春城热线》受理案件21件的办理、回复和上报工作。

【培训考察】 带着“昆明大发展，热线怎么办”的紧迫问题，热线办于7月份举行了全市热线工作培训会议，通过培训，全市网络联动单位对热线工作重要性的认识和业务水平均得到极大提高。8月11～14日，市长热线办赴改革开放最前沿的深圳市和海口市，对“12345”热线工作进行了考察学习。11月赴南宁参加了第十六届全国市长公开电话工作年会。市长热线办充分珍惜每一次考察培训机会，努力学习先进地区的发展经验，并结合昆明市市长热线工作的实际，形成了高质量的考察报告，提出了热线发展工作的新思路——实施资源整合。

【热线网络建设】 2009年是市长热线成立以来网络建设进程中具有历史意义的一年。一是市长热线办新开发建设了计算机CTI新系统，并联合市信息产业办公室邀请专家对完成的计算机CTI新系统进行了验收、评审，得到了专家的认可。此外，针对市长热线网站风格陈旧，功能薄弱，操作复杂等情况，对网站进行了全面升级和改版，开发了一套页面新颖，布局合理，功能齐全，操作简易的系统。二是为解决市长热线因人工坐席不足致使人民群众长期以来反映“12345”热线“拨打难”的问题，市长热线办大胆尝试“服务外包”模式，依托企业（电信昆明分公司）先进的技术平台、科学的管理模式和专业化服务，将接电话务工作外包给电信公司，保障市长热线电话的接通率、接听质量和服务质量。并于12月份对市长热线接电大厅进行升级改造，改造后，人工坐席线路由原来的3条增加至16条，每天的拨打量从原来的2 000余个增至3 000余个，电话的有效接听率从原来的15%提高到80%，“拨打难”的问题得到有效解决。三是为提高办件质量，市长热线办整合行政资源，实施“接办分离”工作模式。工作重心转移到受理案件的办理、督办、反馈及分析、整理、上报各类信息资源上，大幅提高了问题办理力度和落实力度。据统计，全年市长热线办现场协调、督办办理重点案件100余件，较上年相比上升400%；分析、整理上报各类信息241条，较上年相比上升190%；媒体相关报道130余篇，较上年相比上升420%。四是加强对各网络联动单位热线工作的指导、协调和检查工作。年内组织各处室对14个县（市）区的热线工作进行了业务指导，对存在的问题提出了整改意见，并对好的做法和经验，在全市热线系统内进行了推广。

（牛元位）

机构编制

【市政府机构改革】 根据《中共云南省委、云南省人民政府关于州市县政府机构改革的实施意见》精神，结合昆明市实际，拟订《昆明市人民政府机构改革方案》，经市委同意，报省委、省政府批准，并组织实施。一是深入调查研究，认真拟订《昆明市人民政府机构改革方案》。根据市委主要领导的指示要求，市编委办采取书面调查、实地沟通的方式，梳理出部门之间相同或相近的职能、长期交叉或重叠的职能近100项，涉及市政府40多个工作部门。在此基础上拟订《昆明市人民政府机构改革方案》初稿。二是广泛征求意见，反复修改《昆明市人民政府机构改革方案》。根据市委主要领导的指示要求，一是召开市人大、市政协领导班子参加的专题会议，征求对昆明市政府机构设置的意见和建议；二是召开市政府工作部门主要领导参加的专题会议，听取意见和建议。根据市人大、市政协领导班子及市政府工作部门主要领导的意见和建议，市编委办反复与省编委办汇报对接，对《昆明市人民政府机构改革方案》内容进行反复修改完善。

通过改革，市政府设置机构41个，撤并机构6个。

【市政府“大部门”体制基本建立】 一是组建市人力资源和社会保障局。将市人事局的职责、市劳动和社会保障局的职责整合划入市人力资源和社会保障局。不再保留市人事局、市劳动和社会保障局。组建市公务员局，为部门管理机构，由市人力资源和社会保障局管理。二是组建市工业和信息化委员会。将市经济委员会的职责、市政府信息产业办公室的职责整合划入市工业和信息化委员会。不再保留市经济委员会、市政府信息产业办公室。按照国务院、省、市关于推进行业协会机构体制改革的精神，理顺政府与行业协会之间的关系，将市机械工业行业协会、市轻纺工业行业协会、市化工建材行业协会、市手工业联社承担的行业行政管理职责划入市工业和信息化委员会，明确界定行业协会职能，改进和规范管理方式。三是组建市住房和城乡建设局。将市建设局的职责、市房产管理局的职责以及相关机构承担的城市基础设施建设和燃气行业管理职责整合划入市住房和城乡建设局。不再保留市建设局、市房产管理局。四是组建市交通运输局。将市交通局的职责、市城市管理局的城市出租车客运管理职责以及相关机构承担的城市公共交通行业管理职责整合划入市交通运输局。不再保留市交通局。五是组建市水务局。将市水利局的职责、市国土资源局的涉水行政管理职责以及相关机构承担的城市供水、节约用水、再生水利用行政管理职责整合划入市水务局。不再保留市水利局。六是组建市文化广播电视体育局。将市文化局的职责、市广播电视局的职责、市体育局的职责整合划入市文化广播电视体育局，并加挂市新闻出版局、市版权局牌子。不再保留市文化局、市广播电视局、市体育局。

【县（市）区政府机构改革方案】 一是全面动员部署县（市）区政府机构改革工作。市编委办召开全市县（市）区人民政府机构改革工作会议，认真学习传达《中共中央、国务院关于地方政府机构改革的意见》、《中共云南省委、云南省人民政府关于州市县政府机构改革的实施意见》文件和全省州市县政府机构改革电视电话会议、全省州市县政府机构工作会议精神，具体部署了县（市）区人民政府机构改革工作。二是县（市）区认真拟订政府机构改革方案。7月20～31日，各县（市）区在调查研究的基础上，形成《方案》（征求意见稿）；8月1～10日，分别召开县（市）区人大常委会领导班子、部分人大代表和政协领导班子、部分政协委员及政府工作部门领导参加的座谈会，广泛听取意见和建议；8月11～20日县（市）区委、政府分别召开会议，集体研究审核《方案》上报。三是认真审定县（市）区政府机构改革方案。8月1日至9月9日，市编委办与县（市）区编委办进行了3个轮回的审核修改，并多次向省编委办作了全面、具体的汇报。9月22日，市委、市政府召开会议审定，同意报省编委办备案。四是县（市）区人民政府机构的设置。五华区、盘龙区、官渡区、西山区、呈贡县、东川区、安宁市、晋宁县、寻甸县、禄劝县、宜良县分别设置政府工作部门24个；嵩明县、石林县、富民县分别设置政府工作部门22个；14个县（市）区均设置部门管理机构2个，符合中央和省委、省政府的文件规定精神。

【昆明阳宗海风景名胜区管委会行政体制改革】 一是认真拟订《关于设立昆明阳宗海风景名胜区管理委员会方案》。根据省人民政府的决定，为切实加强对阳宗海临湖区域的保护和治理，坚持保护与开发并重的原则，彻底改变阳宗海“多头管理”的状况，实现对阳宗海临湖区域的统一规划、统一保护、统一开发、统一管理。市编委办拟订了《关于设立昆明阳宗海风景名胜区管理委员会的方案》，经市委审核同意报省政府审批。二是认真拟订《组建昆明阳宗海风景名胜区管理委员会的实施方案》。根据《云南省人民政府办公厅关于印发昆明阳宗海风景名胜区管理委员会设立方案（暂行）的通知》和《云南省机构编制委员会关于设立昆明阳宗海风景名胜区管理委员会的批复》精神，市编委办拟订了组建昆明阳宗海风景名胜区管理委员会的实施方案，报经市委、市政府同意组织实施。1. 管辖范围。阳宗海管委会管辖范围为呈贡县的七甸街道办事处、宜良县的汤池镇、澄江县的阳宗镇3个镇（街道办事处）38个村委会（社区）。总面积约546平方公里，人口约9.2万人。2. 管理模式。呈贡县政府将七甸街道办事处整建制委托阳宗海管委会管理；宜良县政府将汤池镇整建制委托阳宗海管委会管理；玉溪市政府将澄江县阳宗镇整建制委托昆明市政府管理后，再由昆明市政府委托阳宗海管委会管理。阳宗海管委会按照党政合一、经济社会发展合一的实体化模式，对3个镇（街道办事处）实行统一管理，履行省、市政府授予的经济社会审批管理权限。3. 管理体制。成立昆明阳宗海风景名胜区管理委员会。同时，设立中共昆明阳宗海风景名胜区工作委员会，实行党政合一体制；设立中共昆明阳宗海风景名胜区管理委员会纪律检查工作委员会、阳宗海管委会监察局。阳宗海党工委、阳宗海管委会、阳宗海纪工委（阳宗海管委会监察局）分别为中共昆明市委、市人民政府、市纪委（市监察局）的派出机构，由市委、市政府直接领导和管理；受市委、市政府的委托，对昆明阳宗海风景名胜区实行统一领导和管理。比照昆明三个国家级开发（度假）区、昆明呈贡新区和昆明空港经济区管理委员会所履行的职责权限，阳宗海管委会行使市级经济管理权限和省政府授予的经济管理权限。4. 财政计划体制。阳宗海管委会财政体制由昆明市财政计划单列，设立一级财政，并按照规定和审批程序上报设立金库。5. 落实方案。组织开展相关的移交和接收工作。由被托管镇（街道办事处）的托管县与阳宗海管委会进行移交和接收，市级相关行政主管部门主要做好人、财、物等事项移交工作的指导和监督。

【市土地储备中心和市测绘管理中心机构设置】 根据市委、市政府领导的要求，市编委办认真调查研究、学习借鉴省外先进经验，分别拟订了《昆明市土地储备中心机构设置方案》和《昆明市测绘管理中心设置方案》。经市委批准，成立昆明市土地储备中心和昆明市测绘管理中心。

【区划调整县所在地的乡镇机构整合】 继续巩固深化乡镇机构改革取得的成果。对市委批准实施区划调整的6个县所在地的乡镇党政机关和事业站所进行深化改革、整合资源、精简机构、精简编制、转变职能。把着力点集中到如何理顺乡镇政府职能，如何科学设置各类机构，如何合理配备人员编制和领导职数，如何优化管理与服务功能上，切实加强乡镇机构编制管理，严格控制乡镇机构编制和财政供养人数机械增长，确保“十一五”期间机构编制、财政供养人员只减不增。

【机构编制管理】 严格执行《地方各级人民政府机构设置和编制管理条例》和《云南省机构编制管理条例》。坚持机构编制集中统一领导原则和机构编制“一支笔”审批的制度和程序，严格机构编制审批。严格执行《关于对机关事业单位领导职数和岗位、人员编制和进人指标实行“双控”的规定》。做好机构编制监督检查工作。重点对擅自设立机构、提高机构规格、混用编制、超编进人、超职数配备人员以及部门干预下级机构设置等违纪违规问题进行查处。根据中央编办、监察部《机构编制监督检查工作暂行规定》，印发《昆明市机构编制委员会办公室关于开展机构编制自检自查工作的通知》，认真对全市各级各部门上报的自检自查报告和表格进行汇总分析，对全市各级各部门机构编制管理工作进行了全方位检查。

【事业单位登记管理】 健全完善事业单位法人登记管理制度，全面提高登记率和登记质量，加强对事业单位发展的跟踪管理，监督事业单位按照核定的业务范围开展工作。市编委办及时组织干部职工学习网上登记的相关文件，开展事业单位网上登记管理试点调研、技能培训、设备添置、资料录入等工作，圆满完成市级394个事业单位法人年审登记工作。

【人大建议和政协提案办理】 2009年，市编委办共收到人大建议3件（其中主办2件，协办1件），政协提案6件（协办6件）。收到建议、提案后，市编委办多次召开行政办公会专题研究，并要求各处（局）要统一思想、端正态度，把人大建议、政协提案的办理作为一项重要工作来抓。召开了人大建议、政协提案面商会，对建议、提案所涉及的问题与人大代表、政协委员进行了沟通、交流和探讨。办结率达100%，满意率达100%。

【机关、事业单位入编、出编和工资审核】 市编委办在综合处专门设置对外服务窗口，由专人负责，切实做好市直机关、事业单位工作人员入编、出编审核工作。杜绝混用编制、超编配备人员和超职数配备领导干部，实现对机构编制和人员总量的控制和管理。审核机关事业单位人员情况，确保全额拨款单位的工资统发。按月对每个单位的人员进行认真审核，确保全市机关、事业单位工资统发按时发放。全年共审核4 800单位（次）。

（马　锐）

参事工作

【参政咨询】 年初组织召开参事工作业务会，总结2008年工作，表彰2008年度工作业绩突出的参事，根据“十一五”规划和市“两会”精神，结合经济社会发展中迫切需要解决的战略性、长远性问题和人民群众最关心、最直接、最现实的问题。组织参事研究确定集体课题和个人调研课题，做好提纲撰写、人员分工、集体课题执笔人、具体工作进度计划制定等，把组织重点课题调研同参事个人自主选择、自愿组合结合起来，充分发挥参事的整体优势和主观能动性。抓好参事调研方式的创新和调研的深化，采取组织政府参事召开座谈会、查看现场、走访企业等形式开展调研，了解掌握基层的真实信息。同时，做好联系协调工作，争取县（市）区和市级部门的支持。一年来，组织参事先后到安宁市、宜良县、禄劝县、西山区、晋宁县、市滇池管理局、市交警支队车辆管理所等县（市）区及部门进行调研，为参事了解第一手资料、提高参事建议针对性奠定基础。加强制度建设。起草制定了《参事建议承办跟踪反馈制度》、《参事考核表彰制度》两个专项制度。建立规范的学习制度，定期组织市政府参事及机关工作人员对各级党委、政府的重要文件精神、政策进行学习。组织市情通报会，让参事及时了解昆明市委、政府工作的重点内容。抓参事建议落实。建立专人督办制，及时跟踪参事建议批示后的办理情况，将参事建议落到实处。

【参事建议】 2009年上报市政府《关于当前昆明市农村土地流转工作的几点建议》、《关于筹备昆明德国工业园——昆明中德企业合作基地项目的建议》、《关于举办昆明·云南山茶花节的建议》等参事建议21篇。做到起点高、观点新、理论深、意见实、可行性强，涉及三农问题、城市建设、滇池治理、工业园区、文化建设等现代新昆明建设中的难点、热点问题。同时，政府领导对参事建议给予充分肯定，将《参事建议》列为批办件，对《参事建议》均作出了重要批示或安排研究办理，批示率达100%。其中：《关于昆明饮用水资源保护的建议》、《关于加快包装产业发展的建议》、《关于争取在昆明举办“中国—南亚国家博览会”的思考与建议》、《大力实施农产品加工推进工程咨询报告》等建议和报告，引起了市委、市政府领导的重视，并在工作中予以采纳；市政府分管副秘书长召集有关部门对《关于举办昆明·云南山茶花节的建议》、《关于筹备昆明德国工业园—昆明中德企业合作基地项目的建议》进行专题研究，并付诸实施；市委九届六次全体扩大会议将《在昆明举办南博会的建议》列为年度工作目标任务；市园林局、市城管局、交警支队等有关部门对参事建议进行认真的研究和回复。

【文史研究】 为繁荣昆明文化事业，推进“文化昆明建设”，昆明市政府参事室研究打造文史研究新平台。在市领导支持、市政府参事室的争取和努力下，2009年4月19日，经市编委批复同意在昆明市人民政府参事室加挂“昆明市文史研究馆”牌子，选聘一批有较高代表性的文史研究专家和书画艺术家，为昆明文化的建设出谋献策，为繁荣昆明的文化事业服务。按照国务院、省政府关于开展文史研究工作的指示要求，借鉴外地文史研究馆的做法，组织开展了馆员的遴选工作。通过信函和走访联系，向在昆明的省、市有关单位发送了100余份遴选馆员推荐表，共推荐了70余名人选，经考察及市政府常务会议研究，决定聘任石鹏飞等15人为文史研究馆首批馆员。馆员大多是省、市知名度较高的文史研究专家和书画艺术家，具有较高的专业造诣和学术成就。

【统战联谊】 开展统战联谊工作，召开对台工作情况通报会、“涉外、涉台、涉侨”统战联谊会和座谈会，做好争取人才、凝聚人心工作。开展海外联谊活动。巩固和保持了分布在台湾、香港、美国、英国、日本、意大利、西班牙、瑞士、加拿大、泰国、马来西亚、缅甸等12个国家和地区的海外关系241人（户）。接待海外亲朋好友来昆探亲、讲学、经商、旅游观光147人次。寄往海外的各种资料信函120多件。3月，接待并支持美国飞虎队后代迭戈一行在昆明举办“驼峰航线上的中国航空公司”展览。广泛合作交流，参与国内外的科技文化交流活动，开展引资搭桥工作。2009年，部分参事参加了第十三届世界国际湖泊会议，前往巴黎作中医课堂教学及专题讲座，出席在泰国清迈市召开的“热带生物和保护学会亚洲分会年度学术会议”以及澳大利亚布里斯班市召开“国际生态学第十届大会”；开展与世界500强的美国希悦尔公司、英国、法国、西班牙、日本包装同行在促进环境保护可持续包装领域合作。

【学习贯彻《政府参事工作条例》】 11月16日，市政府参事室组织政府参事、机关人员认真学习贯彻国务院参事室成立60周年座谈会精神，学习国务院颁布的《政府参事工作条例》。与会人员一致认为《条例》的颁布使参事工作向法制化、规范化的方向大大迈进了一步，是参事工作的一个里程碑。结合会议精神和《条例》，高福林主任对参事工作提出5点要求：①深入开展对温家宝总理11月13日重要讲话和《政府参事工作条例》学习，进一步提高认识，增强做好参事工作的责任感、使命感。按照温总理的要求，进一步解放思想，大兴求真务实的调查研究之风，提倡独立思考、敢讲真话的精神，博采众长、拓展全球视野。正确认识坚持统战性与增强咨询性的关系，正确认识参事享有权利和履行义务的关系，正确认识参事室组织管理与搞好服务的关系，正确认识继承优良传统和开拓创新的关系，将《条例》的规定落实到参事工作中。②切实加强参事队伍的建设，做好现任参事的续聘和新参事选聘工作，严格把关，把能干事、会干事、干成事的优秀人才选拔到参事队伍中来，为把参事室建设成为高水平的咨询研究机构而努力。③召开市政府参事工作会议，邀请市领导和有关部门、新闻媒体，汇报学习《政府参事工作条例》和国务院参事室成立60周年座谈会精神，加强参事工作的宣传。④按照《政府参事工作条例》规定要求，主动争取市领导和有关部门支持，在本次机构改革中，进一步加强参事室和文史馆机构建设，为推进参事工作创新发展打好基础。⑤进一步修改完善《参事建议承办跟踪反馈制度》、《参事考核表彰制度》、《市政府参事室转变作风提高服务质量制度》、《市政府参事室学习制度》、《市政府参事室统战联谊制度》和《昆明文史研究工作激励考核制度》等制度规定，不断创新工作方式，求真务实，开拓进取，将政府参事工作提高到一个新水平。

【市政府参事室成立55周年暨市文史研究馆揭牌座谈会】 12月25日，昆明市政府召开庆祝昆明市人民政府参事室成立55周年暨昆明市文史研究馆揭牌座谈会。会议由市政府秘书长赵学锋主持。国务院参事室、中央文史研究馆对会议召开表示祝贺，国务院参事室、中央文史研究馆文史业务司副司长耿识博到会指导并宣读贺信。耿副司长介绍了中央文史研究馆的情况，对开展好参事、文史研究工作提出了重要的指导意见。云南省文史研究馆副馆长张勇和昆明市委常委、市政府副市长刘光溪共同为昆明市文史研究馆揭牌。受张祖林市长委托，刘光溪副市长为石鹏飞、陈崇平等15名首批聘任的文史研究馆馆员颁发聘书并作重要讲话，刘副市长充分肯定了昆明市政府参事室成立55年来为昆明经济社会发展所做出的贡献，并从咨询参政、传承优秀文化、加大统战联谊力度、强化服务保障等方面对政府参事、文史研究工作提出新的要求和期望。省政府副秘书长、省政府参事室吴明德主任到会祝贺。会上，昆明市政府参事室主任、昆明市文史馆馆长高福林对55年来参事工作进行回顾总结，传达学习了国务院温家宝总理在纪念国务院参事室成立60周年座谈会上的讲话精神和《政府参事工作条例》。昆明市委统战部领导以及参事、馆员代表也作了讲话。

（涂仕艳）

庆祝昆明市人民政府参事室成立55周年　（市参事室　供稿）

地方志工作

【昆明市二轮修志稳步推进】 2009年，通过认真学习贯彻国务院《地方志工作条例》、全国第四次地方志工作会议精神和省长秦光荣关于地方志工作的讲话精神，全市第二轮修志工作积极推进，取得显著成绩。根据年初确定的考核目标，完成了12个专卷送审稿分别为：市政建设、公用事业、教育、科技、档案、农场管理、旅游、电信、市委、人大、政府、政协。其余正在紧张编纂，以确保实现省政府关于在2012年完成全省志书编修的要求。

14县（市）区中，除有3个县完成县志、正式出版外，其余各家都有不同程度进展。其中《呈贡县志》已修订完成，即将印刷出版；《安宁市志》已完成80%的编纂任务，整个编修工作进展顺利。

【《昆明市交通志》出版】 由昆明市交通志编纂委员会编纂的《昆明市交通志》，于2009年8月由云南人民出版社正式出版发行。该志是一部记述昆明市辖区内各类交通运输历史和现状的专业志书。上限对相关历史进行了择要追溯，下限至2005年12月31日。由述、记、志、图、表、人物名录及附录几个部分组成。采用篇章节目体编排，分10篇33章107节，共48万字。该书承接了首轮修志中编纂的《昆明市交通志》一书，是首轮交通志的延续和发展。

【《云南石林旧志集成》出版】 2009年5月，石林彝族自治县史志办编的《云南石林旧志集成》由云南民族出版社出版。该书将石林县历史上的6部旧志统一整理，合为一书。大16开本，硬壳精装，120万字，印制精美，质量较高，得到了历史学家林超民等专家的高度评价。该书为地方志机构和科研院所合作做了有益探索。云南大学原副校长、云南历史学会会长林超民，云南大学西南古籍研究所副所长潘先林教授对该书的整理做了大量的指导、协调工作。整理时先由古籍所的几位硕士研究生进行初稿录入、标点和初校，再由县志办刘世生、毕晓冬等进行复校、核对、订正。

【《昆明年鉴》(2009)出版】 2009年11月27日2009年版《昆明年鉴》正式出版。该版年鉴有40页彩版，522页双色印刷文字页，约170万字，制作了目录和索引两种检索方法。全书设有特载、大事记、政治、经济管理、科学研究等32个部类，全面系统记载2008年度昆明市社会建设和发展的历史进程，特别是昆明市在2008～2009年在推进呈贡新区建设、滇池治理、环境保护、招商引资、旅游产业发展、二环快速交通系统建设等方面的重大举措，反映了昆明市加快建设富强昆明、活力昆明、文化昆明、生态昆明、和谐昆明的主要情况，为海内外了解昆明、建设昆明提供信息资料。

2009年适逢《昆明年鉴》创刊20周年，全国各省级、省会城市约70家年鉴及昆明市14县（市）区、云南省16个州市均表示了祝贺，2009年版《昆明年鉴》专门用4个彩版登载昆明市地方志、年鉴事业的发展历程、取得的丰硕成果。2009年版《昆明年鉴》配赠有光盘。

2009年12月8日，2009年版《昆明年鉴》发行会在云南省发改委培训中心召开。省人大常委会原副主任、省地方志编纂委员会副主任吴光范，省地方志编纂委员会副主任、省地方志办公室主任李一是，昆明市人大常委会原副主任、市地方志编纂委员会副主任张鹏翼，昆明市政协常务副主席张建伟，昆明市政府秘书长赵学锋等领导出席。与会领导对2009版《昆明年鉴》在图片、版式、内容的创新及重点热点问题的突出反映给予了充分肯定，同时对今后年鉴工作提出了更高的要求，要在今年的基础上再上新台阶。

市属各部委办局撰稿人、14个县（市）区志办撰稿人共130余人参加会议。

【《昆明年鉴》再获殊荣】 在2009年11月举行的云南省第八届年鉴评奖中，2007年版《昆明年鉴》荣获综合一等奖、2008年版《昆明年鉴》荣获综合特等奖。云南省新闻出版局、云南省年鉴研究会对《昆明年鉴》进行了表彰，并向市政府主管领导报喜。

【县（市）区志办主任会暨县（市）区志办联席会】 2009年11月23～24日，昆明市县（市）区志办主任会暨县（市）区志办联席会在宜良县召开。14个县（市）区志办主任及业务人员、市志办全体人员及相关领导等共50人参加了会议。会议由宜良县志办主任王兴荣主持，宜良县县长刘绍安代表县委县政府对会议的召开表示祝贺，对参会的各位领导和专家表示欢迎，并在讲话中对宜良县县情作简要介绍；市人大常委会原副主任、市地方志编纂委员会副主任张鹏翼就二轮志书质量、修志队伍建设等问题作讲话；云南省地方志办公室原副主任李成鼎介绍了全省二轮修志进展情况，并对昆明市的修志工作提出了要求；石林县志办主任刘世生在会上作旧志经验交流；市志办志书工作处处长字应军就昆明市旧志整理工作的有关问题作了发言；市志办领导马颖生对一年来全市修志进行了总结，并对2010年全市修志工作作了部署安排。

【西山区全面启动二轮修志】 2009年9月26日，西山区第二轮地方志编纂工作动员会暨撰稿人员培训会召开。88个撰稿单位120余名部门领导和撰稿人参加了会议。云南省地方志办公室主任李一是，昆明市人大常委会原副主任、市地方志编委会副主任张鹏翼，昆明市地方志编纂委员会副主任马颖生，应邀到会指导。会议由区政府副区长朱绍格主持。动员会上李一是传达了国务院、省政府有关第二轮修志工作的精神和要求，介绍了全省修志工作情况，为西山区续修工作提出了建议。马颖生副主任对国务院《地方志工作条例》中的相关重要规定作了宣传讲解，并对地方志的功能、作用进行了介绍。区长蔡德生作动员讲话。会上区长蔡德生与5个承撰单位代表签订修志目标责任书。

下午进行方志业务培训会，邀请姜定忠、字应军等省市修志专家授课。区志各承撰单位的撰稿人参加培训。

【宜良县全面启动二轮修志】 8月25日，宜良县召开全面启动二轮修志动员会，全面启动该县的二轮修志工作。至此，昆明市属14个县（市）区均启动了二轮修志工作。此次会议具有规模大、规格高、实效性强的特点：参加本次会议的县属各部委办局的主要领导，县属乡镇主要领导，县属企业主要领导，中央、省、市驻宜良的企业及单位主要领导，共280多人参加会议。在14个县（市）区的二轮修志启动会中，本次会议规模最大；宜良县四班子对本次会议高度重视，会议由县委副书记张贵平主持，县委书记郭子贞作动员讲话，县长刘绍安对二轮修志作安排部署。在宜良的所有县委常委和县人大、县政协的主要领导亦出席了会议。同时，会议邀请了省地方志办公室主任李一是，市地方志编纂委员会副主任、原市人大副主任张鹏翼，市地方志办公室副主任马颖生出席并对宜良县二轮修志工作作重要指示；县委书记、县长的讲话精神能结合宜良的实际，有的放矢，可操作性强。如在讲话中，两位领导当场请县财政局领导承诺对修志经费的划拨；对于市志办领导提出的宜良年鉴的问题，县长也当场要求县志办明年开办。为保证修志工作安排真正落到实处，县长刘绍安代表县政府与县志各承撰单位签订责任书。

2009年10月28日，宜良县召开续修县志工作培训会。各乡镇、县直各部门、各单位及省市驻宜单位的领导和志稿编撰人员150余人参加培训。培训班由宜良县县志编纂委员会办公室主任王兴荣主持，宜良县人民政府办公室主任刘宏作《统一思想，提高认识，群策群力修名志》的动员讲话；昆明市人大常委会原副主任、市地方志编纂委员会副主任张鹏翼就“志书编修规范”作介绍；市志办马颖生、字应军、宜良县志办徐守云分别就《地方志编写概要》、《志书条目撰写》、《志书行文要求及编辑出版知识》等专题进行培训。

【召开修志业务培训会暨地方志学会理事会】　2009年12月23~24日，昆明市修志业务培训会暨地方志学会理事会召开。14个县（市）区志办主任及业务人员、学会理事共50余人参加会议。学会顾问、省志办主任李一是，学会顾问、市人大常委会原副主任黄蔚民，学会顾问、市社科联主席龙东林，学会名誉会长、市人大常委会原副主任张鹏翼等领导到会指导。会议由市志办领导、市地方志学会会长马颖生主持。

会议首先进行业务培训。此次培训一改以往讲授地方志业务的单一方式，而是特邀学会理事、学者郑千山作国学讲座，开拓地方志工作者的视野，得到与会者的高度评价。

讲座结束后，召开了学会理事会。由会长马颖生向会议报告了一年来学会的工作，并提出了明年的工作打算。参会理事对学会一年来的工作给予充分肯定，并提出一些建设性意见和建议。学会顾问、市社科联主席龙东林在发言中对市地方志学会采取的此类培训方式给予肯定，并表示要将此方式向其他学会介绍。

【参与组织纪念“昆明起义”60周年座谈会】　2009年12月9日，“昆明起义”60周年座谈会在昆明市委会议室举行。座谈会由昆明市委党史研究室、昆明市党史学会、昆明市志办共同举办。会议邀请了参加起义人员、“边纵”队员、“二野”老战士、专家学者、共青团代表等各方面代表100余人参会座谈。市委组织部长作讲话。各方面代表纷纷在会上发言。

【志办专家做客云南人民广播电台“人物专访”】　2009年，昆明市志办副主任、编审马颖生三次作为嘉宾，做客云南人民广播电台“人物专访”，向全省听众讲播了昆明城的建城历史、昆明的重大历史事件和历史人物。重点讲了“昆明”二字的由来，昆明什么时间成为省会中心城市，滇池的出现与演变，市委市政府实行“河长制”，加大对滇池污染的治理，马可波罗是否到过昆明，3万年前的昆明人，逼死坡与明永历皇帝，护国起义，高校南迁，昆明起义，云南解放等。人物侧重介绍郑和、杨一清、孙髯翁三位历史名人。

年内马颖生还应邀在“云岭讲堂”，作《千年古城昆明》讲座，根据地方志记载，宣传昆明历史文化。

【市志办专家参加国际国内学术会议】　2009年，昆明市志办史志专家积极进行地方史、民族史、地方志理论研究，并取得丰富成果；同时，鼓励业务人员积极参加各类学术活动。年内，昆明市志办马颖生编审应邀赴台湾参加郑和研究学术会议，并在大会上交流发言。2009年，云南陆军讲武堂建立100周年，讲武堂百年国际学术研讨会在昆召开，昆明市志办马颖生、字应军两位编审应邀参会。两位专家的论文被组委会选中，分别作大会交流发言。此外，还组织业务人员积极参加省内外地方志、年鉴理论研讨会。

【协助再版《昆明城市史》】　38万字的《昆明城市史》（第一卷）原名《近代昆明城市史》，原为国家社科基金课题，主要由市志办牵头编写，1996年完成，1997年由云南大学出版社公开出版。该书对昆明城市化的规律和动力作了深入剖析，出版10余年来，被广泛征引，在学术界有较大影响，是研究昆明城市史的第一部专著。2009年，云南省委常委、昆明市委书记仇和看到该书后“认为这是一本认识昆明、了解昆明、熟悉昆明的好书”。随后作了批示，要求将该书再版。经市委组织部出面协调，云大出版社和昆明市志办积极配合，该书于12月顺利出版。本书再版时作了重新设计，原黑白图片改彩色，文字做了订正，面貌焕然一新，昆明市印了2万册，作为全市副科以上干部学习培训材料。

【《史与志》季刊保持特色】　2009年，《史与志》季刊除继续加强和提升原有“区域史研究”、“地方文化研究”等特色栏目外，在刊物的形式和内容方面均进行调整，不断推陈出新。很好地宣传了昆明；使之继续保持在云南史志界学术地位。一是新辟《庆祝中华人民共和国建国60周年，云南解放60周年》栏目。刊登有谢本书教授的《昆明起义与云南解放》等4篇纪念文章，很好地宣传了昆明；二是坚持党的“双百”方针，对重大事件、历史人物评价问题展开讨论，如杜文秀对外关系问题、唐继尧护国起义问题等，增强了刊物的学术性；又如杨玉峦的《毛泽东与云南》、李长敏的《国学大师章太炎与云南》、吴光范同志的地名考释文章，都是具有可读性的好文章。

（字应军）

·责任编辑　戚光明·

·中国人民政治协商会议昆明市委员会·

【政协十一届四次会议】　中国人民政治协商会议昆明市第十一届委员会第四次会议于2009年1月11~15日举行。1月11日下午，政协昆明市第十一届委员会第四次会议在昆明国际会展中心隆重开幕。大会应出席委员458人，实到委员435人，符合有关规定。中共云南省委常委、昆明市委书记仇和，省政协副主席罗黎辉，市委副书记、市长张祖林，市委副书记杨远翔，市人大常委会主任李培山等领导在主席台就座。中共昆明市委、市人大、市政府、昆明警备区、市中级人民法院、市人民检察院领导和部分原市级老领导应邀出席会议。大会执行主席田云翔、张建伟、陆玉珍、傅汝林、林怡平、汪叶菊、杨品才、常敏、卢克俭在主席台前排就座。开幕大会由市政协常务副主席张建伟主持。会议首先审议通过了本次会议议程、日程和秘书长、副秘书长名单。受政协昆明市第十一届委员会常务委员会的委托，田云翔主席在会上作《中国人民政治协商会议昆明市第十一届委员会常务委员会工作报告》；陆玉珍副主席作了《中国人民政治协商会议昆明市第十一届委员会常务委员会关于十一届三次会议以来提案工作情况的报告》。高新技术开发区、经济技术开发区、滇池旅游度假区管委会、昆明学院、市党政有关部门、市级各民主党派、工商联、有关人民团体和县（市）区政协、统战部的负责人；市政府参事室参事和市政协专门委员会顾问；部分在昆的省政协委员，驻昆大专院校、科研机构和部分外地政府驻昆机构和驻昆

市政协举行第十一届委员会常务委员会第十七次会议。

（市政协　供稿）

异地商会的负责人特邀列席了大会。昆明电视台、昆明广播电台对本次开幕大会盛况进行现场直播，昆明信息港同步直播，并图文滚动报道。此外，本次会议还开放三个委员界别讨论组，香港媒体可参与委员讨论协商的全过程。1月12日上午，分组讨论审议田云翔主席作市政协常委会工作报告和陆玉珍副主席作提案工作报告。1月12日下午，出席、列席会议的中共党员参加中共昆明市委召开的"两会"党员动员大会。1月13日上午，出席会议的政协委员和列席人员列席市人大十二届五次会议第一次大会。1月13日下午，分组讨论政府工作报告和计划、财政报告。1月14日上午，召开《政府工作报告》及其他报告协商讨论会。1月14日下午，召开扩大投资拉动内需专题协商会，推进农村改革发展专题协商会。1月15日上午，分组讨论昆明市中级人民法院和昆明市人民检察院工作报告。会议期间还召开了市政协十一届第十三次常务委员会会议，昆明市党政领导与工商界、港澳委员座谈会，民族宗教界代表人士座谈会。1月15日下午，政协昆明市第十一届四次会议圆满完成各项议程胜利闭幕。会议应出席委员458人，实到委员428人，符合有关规定。闭幕大会由市政协主席田云翔主持。中共云南省委常委、昆明市委书记仇和在闭幕大会上作重要讲话。闭幕大会听取了全会期间提案审查情况报告；表彰了2008年度政协工作先进集体、先进个人和优秀提案；审议通过了《中国人民政治协商会议昆明市第十一届委员会第四次会议决议》。田云翔在闭幕大会讲话时对全市各级政协组织、政协各参加单位、政协委员提出了希望和要求。市党政有关部门的主要负责人；市级各民主党派、工商联、有关人民团体和县（市）区政协、统战部的负责人、市政府参事室参事和市政协专门委员会顾问；部分在昆的省政协委员，驻昆部分大专院校、科研机构和异地驻昆商会的负责人应邀列席了大会。

【常委会第十四次会议】　3月30日，市政协举行十一届委员会第十四次常委会议。会议指出，市政协要牢牢把握学习实践科学发展观活动的正确方向，围绕中心，服务大局，推动工作落实，为昆明跨越式发展凝聚力量、献计出力。省政协副主席马开贤应邀莅会传达全国政协十一届二次会议精神。市政协主席田云翔，副主席陆玉珍、傅汝林、林怡平、汪叶菊、常敏，秘书长卢克俭及市政协常委出席会议。市政协副主席杨品才主持了上午的会议。市政协原任主席，市政协巡视员、副巡视员，14县（市）区政协主席，市级党派团体的负责人，市政协机关各部门的负责人列席了会议。5名公民旁听了常委会议。会上，呈贡新区管委会相关负责人通报了呈贡新区公共文化设施规划建设情况。田云翔就当前全市政协系统深入学习实践科学发展观，学习贯彻全国"两会"精神和市政协的工作提出了要求。下午，市政协主席田云翔带领出席十一届委员会第十四次常委会议的政协常委，实地视察了螺蛳湾国际商贸城和子君村经济适用房的建设情况。

【常委会第十五次会议】　7月24日，市政协举行十一届委员会第十五次常务委员会议。会议听取了副市长阮凤斌通报昆明市上半年经济运行情况；听取了市政协检查组对2008年全市111项制度创新文件贯彻执行情况开展专项督促检查的情况汇报。会议提出，要发挥政协优势，围绕"保增长、保民生、保稳定"积极履行政协职能，为保持经济平稳较快发展作出应有贡献。市政协主席田云翔，副主席陆玉珍、傅汝林、林怡平、汪叶菊、杨品才、常敏，秘书长卢克俭及市政协常委出席会议。田云翔主持了上午的会议。市政协原任主席，市政协巡视员、副巡视员，14县（市）区主席，市级各民主党派、工商联、有关人民团体负责人，市政协各部门的负责人列席了会议。5位公民应邀旁听会议。下午，会议围绕"保增长、保民生、保稳定"为主题进行分组讨论。会议还协商通过了关于刘志军、李鸿、沈金泉任政协昆明市委员会副秘书长（正县）的决定。

【常委会第十六次会议】　10月13日，市政协召开十一届委员会第十六次常委会议，学习贯彻中共十七届四中全会精神和胡锦涛总书记及省委常委、市委书记仇和在庆祝中国人民政治协商会议成立60周年大会上的讲话精神。市纪委副书记王光明到会通报了昆明市反腐倡廉和工作责任问责情况。会议还协商通过了有关人事事项。市政协副主席张建伟、陆玉珍、傅汝林、林怡平、汪叶菊、常敏，秘书长卢克俭，市政协常委出席了会议。各县（市）区政协领导，市各民主党派、工商联、人民团体和市政协有关负责人参加了会议。5位公民旁听了会议。

【常委会第十七次会议】　2009年12月28日在昆明举行。会议听取了市政府副市长阮凤斌关于《昆明市人民政府关于办理市政协十一届四次会议以来提案的情况通报》。审议通过常委会工作报告和提案工作报告，以及关于召开市政协十一届三次会议的有关事项。

【视察新建和改扩建污水处理厂项目】　4月23日，市政协召开第三十七次主席会议，视察了新建和改扩建污水处理厂项目。市政协主席田云翔强调，为适应滇池污染治理的要求，要超前谋划，尽快规划建设新的污水处理厂和收集管网。会前，在田云翔主席带领下与会人员视察了第一、第三、第七污水处理厂新建和改扩建工程进展情况。田云翔主席说，通过实地视察3个污水处理厂的新建和改扩建，听取汇报，了解情况，是参政议政、民主监督，也是大家学习的机会。田云翔主席强调，要加强领导，加大协调力度，保证这些工程确保按计划完成。市政协巡视员，市政协副秘书长、各专门委员会、研究室，市级各民主党派、工商联、有关人民团体负责人参加了会议。

【民主评议市国资委】　10月15日至11月15日市政协组织部分市政协委员对市国资委工作进行民主评议。主要评议市国资委2009年以来履行工作职责的情况，评议采取“听、看、议、评”等方式进行，针对存在的问题，评议组提出了创新完善投资运行机制等5点改进工作的意见建议。

【民主评议市城管局】　11月26日至12月3日市政协组织部分市政协委员对市城管局工作进行民主评议。主要评议市城管局2009年以来履行工作职责的情况，评议采取“听、看、议、问卷调查”等方式进行，针对存在的问题，评议组提出了抓好建筑垃圾的开发利用等5点改进工作的意见建议。

【督查市委政协工作会贯彻落实情况】　受市委委托，11月中、下旬，市政协领导和市委相关领导带队，市委、市政府、市政协相关部门参加，组成4个督促检查组，对县（市）区和部分市政府职能部门贯彻落实市委、政协工作会议精神进行了督促检查。通过听取县（市）区党委、政府、政协的情况汇报和意见建议；召开了有市政府42个职能部门负责人分别参加的4个座谈会，听取情况汇报；举行了市级各民主党派、工商联、有关人民团体负责人座谈会，听取意见建议。通过督查，总结了经验做法，提出了加强和改进政协工作的意见建议，为更好地贯彻落实市委政协工作会议精神，进一步推进人民政协工作起到了积极作用。

【庆祝人民政协成立60周年晚会】　为纪念人民政协成立60周年，回顾人民政协走过的光辉历程和历届政协昆明市委员会在中共昆明市委的领导下，围绕中心，服务大局，认真履行政治协商、民主监督、参政议政职能的情况。9月14日晚，在昆明电视台举办庆祝人民政协成立60周年电视专题晚会。

【成立昆明市人民政协理论研究会】　9月27日，昆明市人民政协理论研究会在昆明成立。会议选举产生了研究会会长、副会长和秘书长，田云翔当选为研究会会长。昆明市人民政协理论研究会的成立，是学习贯彻中共十七届四中全会精神，学习贯彻胡锦涛同志在庆祝中国人民政治协商会议成立60周年大会上的重要讲话精神的具体体现，是深入贯彻落实中共中央和中共昆明市委关于加强人民政协工作意见的重要举措。

中国人民政治协商会议昆明市第十一届委员会第四次会议　（市政协　供稿）

【国庆、中秋联谊会】　9月27日，市政协、市委统战部举行国庆、中秋联谊会。省委常委、市委书记仇和，市委、市人大、市政府、市政协领导和老领导与昆明市的各族各界的代表人士欢聚一堂，畅叙友情，同庆佳节，共话发展。省委常委、市委书记仇和作了重要讲话。座谈会由市政协主席田云翔主持。市政协副主席、民进昆明市委主委汪叶菊代表市级各民主党派、工商联、有关人民团体作讲话。云南民族村高原明珠艺术团表演了精彩的文艺节目。

附：九件重点提案简介

一、《昆明加快发展总部经济的对策建议》

提案人：易建华

主要内容：总部经济，是在一定的税收体制下，一些区域凭借自身优势，吸引企业或机构总部在本地区聚集，从而获得较好利益的一种经济形态。对企业来说，随着规模扩张、层次提升，企业总部必须脱离生产加工所在地，迁向高一级城市，脱离本土化，以获取更多的资源，树立企业形象，更好地走向外部世界。昆明最终聚集多少企业总部，是昆明成功的重要标志。

建议：1. 明确定位，做好中长期规划，在中国投资的跨国型企业设立总部一般有三个层面：全球总部、亚太区域总部、中国地区总部，目前在中国设立的基本上都是中国地区总部，全球总部和亚太区域总部又少。而且所设立的中国地区总部大多集中在香港、上海和北京。昆明发展总部经济的条件与香港、北京、上海等地相比，明确缺乏竞争力，要引进大的跨国型企业和世界500强企业设立总部，很不现实。因此，昆明在发展总部经济时头脑要清醒、定位要明确。南京提出打造国内大型企业总部经济带，对昆明是一种启示。昆明必须立足于东南亚、南亚经济区域内的企业总部，或在昆外资企业的地区性总部，这可以从昆明总部现状得到证实，目前在昆设立总部的企业大部分都是省内企业，有意向设立总部也主要是东南亚、南亚的一些大企业集团。

昆明总部经济的定位，一定要立足于昆明的区位优势，立足昆明，服务全

昆明市人民政协理论研究会成立大会　（市政协　供稿）

省，面向国内外，把昆明建设成为区域性企业总部中心城市。第一，当前昆明应侧重发展三种总部：一种是环境型，就是对环境的依赖和注重程度很高的企业总部，主要设立如软件中心、会所、办事处等；一种是产业型，就是注重产业链条的总部，主要设立如研发中心、采购中心等；第三种是流量型，就是物流起主导作用，与港口、金融、通讯等关系很密切，如展示中心、结算中心、销售中心等。第二，每个区域发展什么性质的总部也要有所侧重，不能出现恶性竞争。第三，昆明要根据每个区的特点和优势尽快做好总部经济发展规划，哪个地方发展哪些行业的总部、发展什么性质的总部都要规划，做到政府心中有数，企业心中明白。

2. 建立强有力的组织和机制。建议成立由市政府主要领导挂帅、分管副市长和有关部门参加的总部经济发展领导小组，下设办公室，办公室建议设在发改委，组成一个精干的领导和服务机构。

将总部的招商纳入各级政府一般招商引资的考核体系；鼓励全社会来招引总部，及时兑现奖励。鼓励中介机构将自己的总部设在昆明，并通过中介机构招引其他总部来昆明，给予精神奖励和物质奖励。

分析了解成都、西安、重庆、南宁等地区大企业或上市企业总部情况，建立企业总部档案和引进总部台账。根据昆明的产业规划和产业需求，列出一批值得引进的企业总部名单，通过各种渠道与企业接洽，把有意向的企业作为重点跟踪对象。

拓展外地代理体系，合作开发市场；发挥外地驻昆明办事处的作用，积极沟通联系，通过他们宣传推介；主动参加各种经济会议，宣传总部经济，带动销售；积极联系外地企业驻昆机构，促进其母体企业对昆明发展总部经济的了解；与昆交会、国际旅游文化节、农博会、园林花卉博览会等重大节会展的宣传活动及市区宣传部门协作，组织营销策划活动。

3. 确定合适的开发、运作方式。昆明现在主要的做法是以提供土地为主，由企业自建，虽然灵活度高，但是很难出总部形象，也很难见总部效应。建议昆明今后在引进总部时，可以考虑三种方式共用：一是提供土地，对愿意自建企业总部的，给它们提供熟地；二是卖办公楼，采用北京丰台总部基地的做法，统一开发建设、统一规划设计，即政府划地，先由投资公司兴建总部办公大楼，再卖给有意向的企业。这样做有利于形成总部经济带、总部形象、总部效应；三是企业总部租用办公楼，对于目前不愿意建设总部办公楼的企业，可以把办公楼租给企业。

4. 出台完善吸引总部的政策。一是修改完善现已出台的政策。如，可以由政府出具地价证明，允许企业总部地块进行抵押贷款；对于租用商用办公楼的企业总部，政府可以在租金上给予补贴。由于发展总部的具体实施是在各区，在把握基本原则的前提下，建议把鼓励政策的更多决定权下放到区里，以便灵活操作。二是制定有吸引力的租税政策。新加坡对总部的政策非常有吸引力，它的租税奖励非常吸引人。根据对在香港设立总部的企业调查显示：“香港具有简便的纳税手续，较低的税收负担”是许多总部入驻的重要因素。北京丰台的总部基地，“三减三免”优惠政策：企业经营所得税减按15%的税率征收；高新技术企业自注册之日起，三年内免征所得税，第三至第六年减免按7.5%的税率征收所得税。因此，昆明在税收征缴的方式、收费的环节等方面要本着“放水养鱼”的原则加以改进。对一些鼓励发展，有可能总部集聚的产业，在税收方面应有具体的扶植政策。三是鼓励昆明本地企业将总部设在昆明。一方面，支持本地企业设立总部的成本，远比吸引外地企业总部的成本要低得多。另一方面，自己的骨头才长肉，本土企业才会患难与共。要更加善待本土企业，尤其是已为昆明经济作出较大贡献的企业，切忌“招来女婿气走郎”。在昆外资企业也是一个重要的引进对象，因为在昆外资企业的效益普遍较好，增资扩产的很多，吸引它们在昆设立中国地区总部的潜力很大。四是集中优惠政策吸引外地质优总部来昆。

二、《关于加快实施昆明生态市建设规划的对策建议》

提案人：九三学社昆明市委

主要内容：昆明生态市建设的资源环境及经济发展的有利条件：1. 丰富多样的自然资源；2. 冬暖夏凉的气候优势；3. 良好的经济发展态势，优越的区位优势和历史沉淀；4. 环境保护工作基础扎实。

生态市建设的资源环境及经济发展的不利条件：1. 人口增长的压力；2. 土地资源的有限性和零散性；3. 水资源的严重不足；4. 产业开发粗放、经济快速发展的资源环境代价过大；5. 自然环境退化，生态环境恶化；6. 经济基础相对薄弱，新型工业化进程缓慢。

面临的五大矛盾：当前昆明生态市建设面临快速发展与资源环境容量不适应的诸多矛盾和问题：人口增加、城市楼群建设加快与有限土地资源承载量的矛盾；用水量增加速度快与水资源贫乏、水循环利用率低下的矛盾；城市快速扩展与城市功能不匹配、不完善的矛盾；自然生态环境污染较快和破坏严重与自然修复周期缓慢和工程修复成本巨大的矛盾；交通拥阻越演越烈与交通网络建设严重滞后的矛盾。

对策建议：生态市的标志是社会经济和生态环境协调发展，各个领域基本符合可持续发展的要求。昆明原有的传统发展模式没有很好地利用环境资源优势与社会经济发展相协调，其粗放式、高耗能、低效能发展，导致土地过度开发与利用，资源消耗增多，环境污染超过自然生态环境的承载力，滇池污染就是这种发展模式下的恶果。昆明只有通过创新和跨越式的发展来处理好人口、资源和环境的可持续关系，解决好这些问题和压力。

1. 按科学发展观实施昆明生态市建设。依据市人大常委会通过的《昆明生态市建设规划》，应采取有力措施，认真落实完成各项考核指标，并在各级行政管理中增加明确的环保指标，同时推行环保指标最严厉问责和最严肃的奖惩考核制度。着力加大产业结构调整力度，大力推进清洁生产、循环经济的发展，转变传统的经济增长模式，采取有效措施，将昆明独特的自然资源、环境生态景观、地域特色、人文文化的优势，转化为与经济社会效益相得益彰的生产要素和发展资本。使昆明的生态环境从不断改善趋向更高水平的生态平衡，环境污染基本消除，自然资源得到有效保护和合理利用；形成稳定可靠的生态安全保障体系；人与自然和谐共处，促进生态文化得到长足发展；城市、乡村环境整洁优美，人民生活水平全面提高。

2. 按生态系统规律进行生态市功能建设。新昆明的城市自然环境建设和布局要适当调整，主城的发展要抛弃密集连绵发展的模式，结合昆明山区、坝区和丘陵相间特点，沿各个坝子、流域和交通线分片、组团式发展。并以自然和谐为主题，把城市生态建设与周边区域环境融合考虑建设，各城区之间以山水、森林、田园的“绿色走廊”相连接，形成“城在林中，林在城中，依山傍水”的具有高原自然特色的生态城市群落，提倡改变以往规划中绿地公园建设见缝插绿，长长的街区内外都是建筑物的传统规划建设，实现每隔2～3个街区就拿出1个街区进行纯绿地公园的规划、建设，使绿地公园在街区间隔出现。同时，注重城镇产业与生态环境协调发展，把排放较重的工业企业区分散到滇池流域外的其他区域发展，昆明主城区逐步形成以旅游观光、中央商务、时尚休闲等项目为主题的城市公园，充分体现“昆明天天是春天”的自然底蕴、文化底蕴和经济社会底蕴。通过科学规划，带动人口合理分散，减轻主城人口压力。

3. 整合土地资源、提高主城区土地利用效率。强化土地资源管理，整合闲置土地，为招商引资项目拓展用地空间。昆明主城区由于土地资源的有限性和人口高密度性，建议以发展楼宇经济为主，提高建筑容积率，降低建筑密度，加大绿地绿化率，把居住环境向“蜂窝”式高层建筑推进，让城市功能有更多的生态扩展空间。同时限制别墅或连排别墅、低层建筑物建设。

4. 实施农村生态环境建设。加大农村环保基础设施建设资金投入和政策支持力度，扶持农村生态产业发展。树立农业循环经济理念，推广生态农业模式，种植业、畜牧业、渔业等农产业应从独立发展转向协同发展，推进有机废弃物资源化，使生态转化率达到最大。加大科技宣传教育，指导农民科学施肥和使用生物农药。加强农村污染防治基础设施建设，改变农村的生产、生活方式，不断改善农村生态环境。在新农村建设中，推行新村房建成后，旧房基执行复耕还田，并以此作为新农村建设的一票定夺的条件。在修建生活粪便污水处理厂中，应该考虑如何将城市粪便处理后免费送至郊区农村为肥料的综合利用途径。

5. 促进清洁能源的使用。充分利用昆明日照时间长，平均风速大的优势条件，进行光热、光电和风能转换利用。鼓励建设环保型建筑物。开展“风能、太阳能—电能、动力—照明、抽水”自然能源利用的农村能源应用模式试点，解决偏远山村用电难、能源缺的问题。

在主城区，依照“昆明市一环路内禁煤”条例，应扩大禁煤区范围，并增加为“昆明市三环路或主城区规划区、呈贡新城规划区内禁煤条例”。同时在现有禁煤条例下，依然有燃煤的现象存在（尤以小吃摊为甚），其中昆明市五华区垃圾焚烧厂每天燃煤200余吨带来的垃圾污染，增加能耗，这种有令不止、有法不依的状况，应严格加强管理，维护条例的有效性和严肃性。

6. 加快实施昆明对外交通系统建设。对昆明与滇中其他城市的交通衔接进行科学规划和建设，通过有轨或高速路与各个城镇连接形成快速通道。要注重城市交通工具的多样性，改变交通方式的单一性，加快轻轨实质建设，并促进提前完成建设期限和目标，以及扩大建设线路和范围。在改进交通状况的同时，应对机动车排气污染问题，引起足够重视。

7. 进一步加大水资源保护和污染治理力度。水资源是支撑可持续发展的十大资源（土地、水、森林、草原、矿产、能源、海洋、气候、物种和旅游）的母体资源。要支撑新昆明城市建设和健康生活用水，需要从战略高度全面统筹，治理污染水体，外流域引入生态用水，大力发展节水经济，创建节水型城市。

在城市中水回用、单位自建污水处理厂中，除了建设基础设施的补助外，加快落实兑现中水处理0.7元/m³的补

政协昆明市第十一届委员会第三十六次主席会议　（市政协　供稿）

市政协举行《政府工作报告（征求意见稿）》专题协商会

（市政协　供稿）

助政策；同时，引入第三方评估机制，在加强监督管理，保证其正常规范运行基础上，建议将0.7元/m^3的补助增加为1.0元/m^3的政策奖补（高于同期污水处理费），以引导全社会提高中水回用率。

同时，加大关注松华坝水库、云龙水库的水源污染，谨防已被滇池周边禁养禁植的面源污染严重的农村产业，向北部五县区转移造成水源保护区的环境污染，重蹈滇池污染覆辙，确保昆明市水源的安全。建议在国家拉动内需的利好环境下，积极加快调水工程、库区增量扩容工程和库区移民工程，让昆明市饮用水的水源得到强有力的保障。

三、《关于进一步加强安全生产监管工作的建议》

提案人：民盟昆明市委

主要内容：近年来，市委、市政府高度重视安全生产监督管理工作，通过采取"隐患治理年"、百日督查、专项整治、隐患整改、宣传教育、双基建设等强有力措施狠抓安全生产监督管理，为经济社会又好又快发展提供了良好的安全生产环境。但随着昆明市经济社会发展进入快车道，安全生产监督管理任务越来越重，监管要求与监管条件之间的矛盾更加突出，专职监管力量薄弱、监管经费短缺、监管半径过大、监管重心滞后已经成为制约安全生产的最大障碍。具体表现为：1. 监管领域宽，监管难度大，安全监察力量相对不足；2. 基层基础设施落后；3. 安全监管队伍素质不够高；4. 企业安全生产主体责任落实不到位；5. 社会安全生产整体意识淡薄，部门之间工作协调不够；6. 企业安全生产基础比较薄弱，安全投入不足。

建议：1. 尽快完善安全监管执法体系。结合省政府第8次常务会议精神，抓紧完善市、县、乡三级执法机构。一是扩充市安全生产监督管理执法大队。借鉴外地或本省做法，将执法大队改为监察支队，并扩充职能和适当增加人员编制，配备执法人员；二是组建县级安全生产监察大队，配备专门执法人员。三是在生产经营单位集中、监管难度较大的乡镇（街道办事处）设置独立的安全生产监督管理站，并配备专职管理人员，切实将安全生产工作"关口前移"、"重心下移"，促进安全监管网络得到有效延伸。

2. 加强安全生产资金投入和基础设施装备建设。一是增加政府对安监系统的资金投入，市、县、乡三级政府要将安全生产经费纳入财政预算，加大对乡镇安全生产工作补助经费的投入，确保安全生产工作有效开展。二是加强执法装备建设。从市、县两级财政支持困难县区解决执法车辆、办公设备、检查检测仪器、调查取证设备等，力争为每个县区配备执法车辆。加大对安全生产重点乡镇的扶持力度，确保有关安监站能顺利开展工作。三是加强应急救援装备建设。建议为市应急救援指挥中心配备必要的应急救援器材装备、个人防护用具，进一步加强应急救援队伍专业化建设。

3. 进一步理顺部门职责。结合云南省政府《关于推行安全生产"一岗双责"进一步强化安全生产责任制的意见》、《云南省落实各级人民政府及其有关部门安全生产监督管理责任规定》及近几年安监部门职能增加情况，一是对市安监局的内设机构、职能职责、人员编制作出科学的调整，合理设置内设机构，确保工作高效运转。二是建议市政府制定《昆明市落实各级人民政府及有关部门安全生产监督管理责任实施意见》、《昆明市关于进一步加强安全生产工作的意见》等文件，明确各级及各部门职责，强化"一岗双责"，健全考核机制，形成齐抓共管格局，进一步促进全市安全生产工作。

4. 规范工作保险、人身意外险制度，确保企业及从业人员的合法权益。将企业为从业人员购买保险的保费纳入产品成本，作为应税成本的一部分乘以税率后抵扣一定数额的税款。既减轻企业的负担，又提高企业承担伤亡事故风险的能力，也保障从业人员的合法权益，减少因安全生产伤亡事故引发的社会不稳定因素。

5. 建立多渠道的安全投入机制，偿还历史欠账，加快技术改造，消除不安全隐患。

四、《关于加快昆明现代服务业发展的建议》

提案人：傅汝林

主要内容：服务外包是将价值链中原本由自身提供的基础性的、共性的非核心IT业务和基础IT业务流程剥离出来，外包给企业外部专业服务提供商完成的经济活动。从国际趋势看，全球服务业加速转移，服务外包产业前景广阔，从最新形势看，美国次贷危机引发的全球金融危机，为服务外包承接国提供潜在机遇，从国内形势看，服务外包市场增长迅速，2008年1～8月中国服务外包出口合同金额同比增长17%。服务外包产业作为现代服务业的重要组成部分和先导产业，对于昆明经济社会发展具有特殊而重要战略意义。

建议：1. 当前和未来一段时间，昆明发展服务外包产业面临重大机遇。政府应尽快组织有关部门根据国外、国内经济发展走势和需求，编制昆明发展现代服务业、推进昆明服务外包产业发展规划，并纳入国家发展规划。把实施现代服务业作为昆明优先发展战略，把服务外包产业打造成昆明的"首位经济"，使服务外包产业成为"楼宇经

市政协领导对新建和改扩建污水处理厂项目进行视察

（市政协 供稿）

市人民政府《关于加快民办教育发展的实施意见》，使民办学校与公办学校在发展教育事业上体现平等竞争，平等招生、平等办学、平等待遇，做到真正的一视同仁。通过市场机制，努力把民办教育做大、做强、做优，扩大教育资源总量。2. 建立民办教育中小学教师的生活保障与改善机制。建立和完善农村中小学教师社会保障制度，依法为教师办理医疗、养老等各种社会保险。3. 改革教师培训体制，将民办学校的教师培训纳入全体教师培训体系中，建立开放、长效、可持续的教师培训机制，以不断提高民办学校教师的业务水平。4. 鼓励教师在公办、民办学校之间合理流动，建立合理、有序的基础教育教师双向流动机制。民办学校教师也可参加公办学校的公开招聘，一经录用，工龄、教龄可连续计算。5. 建立民办教育师资队伍建设的外部促进机制。建议政府在市场化背景下按照政策，着重做好服务工作；尽快完善教育职能部门的民办教育管理服务机构和上下级执行政策的一致性。6. 加大力度表彰优秀的民办学校（园）、优秀的民办学校校长、教师，这对于鼓励优秀的教育工作者投身民办教育工作十分必要。

济”的重要支撑和载体，把“楼宇经济”变成“智慧产业”成为促进就业，推动昆明工业化加速、产业化调整、城市化提升、市场化转型、国际化拓展，实现可持续发展的增长点。

2. 昆明服务外包重点产业可优先考虑依托现有优势行业打造软件与信息服务外包，以服务外包产业促进自我创新。积极发展业务流程外包、产品制造过程外包、物流外包、应用软件开发、托管应用管理、动漫游戏制作、电信运营服务、生物医药研发外包，金融服务外包、人力资源外包等。

3. 制订昆明发展服务外包产业导向、财税措施、人才培训、市场准入、中介组织等各项相关政策。在网罗“蓝领外包”、“白领外包”专业人才和管理人才的同时，有计划地在大学园区开设服务外包软件学院和相关人才培训基地，为昆明发展服务外包产业奠定坚实的基础。

4. 在发展布局上，目前，依托大学园区，借智发展；依托高新区、经开区，借势发展；依托信息产业园和出口加工区，借力发展。加快推出一批服务外包产业孵化园，高起点规划建设一批较具规模的服务外包专业园区，在全市范围内形成“三区多园”，孵化和产业化有机联系，技术、人才、政策资源集聚，产业与自然生态环境相协调的服务外包产业布局。

五、《关于加强昆明市民办教育教师队伍建设的建议》

提案人：民进昆明市委

主要内容：目前，昆明市民办学校的教师队伍，不论从数量上还是质量上，都不能满足民办教育的发展需要。特别是各级各类学校的办学规模，要达到《实施意见》规定的指标，教师的数量和素质都有很大的差距。

教师素质的高低，直接影响到一所学校的教学水平以及学生的素质。民办学校要在教育领域中求生存，求发展，就不能忽视师资队伍的建设。师资问题已成为民办教育发展的“瓶颈”。昆明市民办教育师资的主要的问题有：1. 老龄化，很大一部分退休教师在民办学校担任教学任务。2. 非专业化，民办学校为了弥补师资短缺，招聘了大量非师范生，这些人往往缺乏师范技能的训练，不具备合格教师的资格。3. 兼职化，民办学校为了保证师资的质量，从公办学校聘请了一部分教师。4. 流动化，民办教育的师资由于编制不确定，存在着不稳定性。5. 待遇差，据调查，昆明市绝大多数民办教师的年总收入在7 000元左右，教师的周工作课务大多28节以上，很多学校的师生之比在1:30以上。因为民办教师的工作高负荷，收入低水平，生活在城市底层，所以教师的流动性很大，从事民办教育只是生活的权宜之计。昆明市委、市政府2008年2月26日关于民办教师参加事业单位购买社保的政策还没有得到落实。

建议：1. 坚决按照中共昆明市委、

六、《昆明市城市养老服务事业发展和应对策略》

提案人：农工民主党昆明市委

主要内容：目前昆明市基本形成了“以居家养老为基础，社区养老为依托，机构养老为补充”的养老格局。

养老服务存在的问题：1. 居家养老缺乏纵深发展。2. 社区养老发展缓慢。3. 机构养老规模、服务不能满足社会需求。4. 机构规模、建设落后。

建议：面对日益严重的人口老龄化问题，作为发展老年事业主体的政府及相关部门，要以前瞻性的眼光，科学性的思路，有效性的措施，推进社会化养老事业的发展。

1. 加强规划，拓展养老事业空间。面对昆明市“未富先老”，社会养老资源不足的现实，政府及有关部门必须把养老事业列入议事日程。结合昆明市经济社会发展、老龄化发展趋势、老龄化程度，制定科学规划，引导资源合理配置。结合社会保障、劳动就业，探索适合昆明的养老服务体制、机制，分步推进。抓住现代新昆明建设的契机，综合考虑土地、房价、地价等因素，在呈贡新区开发、城中村改造、房地产开发、市政工程、社区建设中，预留养老机构建设的土地、房屋，为社会化养老拓展足够空间。

市政协主席田云翔视察昆明螺蛳湾国际商贸城和子君村经济适用房建设情况
（市政协　供稿）

养老服务行业对象特殊，风险较高，养老福利工作在昆明市还处于起步阶段，制度还不健全，经验更无从谈起。因此，要有效借鉴国外发达国家、发达地区先进的养老服务理念，针对养老服务多样化需求，从国情、市情出发，解放思想，大胆尝试。完善市场准入、行业标准、优惠措施方面的政策法规，使机构审批法制化，投资保障明示化，经营管理规范化，推动、引导、规范社会化养老事业发展，吸引社会各界的广泛参与，使投资者有名誉、有实惠，加快昆明的社会福利社会化进程。

3. 加大资金投入，保障养老事业发展。社会福利社会化，并不意味着政府减少投入。目前政府社会化养老的人均经费投入不足10元，资金投入的严重不足，已成为制约养老事业发展的瓶颈。因此，应当将社会化养老事业的所需经费列入政府年度财政预算，重点保障养老机构建设、低收入群体的入院、从业人员的教育培训，从而弥补养老投入的不足，增强养老机构造血功能，推动养老服务由“补缺型福利”向“适度普惠型福利”提升，使更多老年人享受昆明经济社会发展的成果。

4. 加强队伍建设，提高服务质量。市场经济体制的建立，社会竞争的加剧，家庭照顾资源的流失，使年轻老人照顾老年老人，降低服务成本的人口红利期已经过去。新的劳动合同法的出台，劳动力成本的增加，使养老服务行业人力成本加大。低劳动报酬、低素质从业人员、低管理服务水平的养老机构经营模式面临淘汰危险。为应对这一趋势和挑战，主管部门应严格机构审批，加强日常监管，奖优惩劣，以管理促进服务。结合下岗的退休女工二次就业，利用高校教育、职业教育、再就业培训等多种形式，加强从业人员素质培训，对从业人员资质进行认定，以素质促管理，以服务促进效益，实现素质与服务的良性互动。

七、《关于加大昆明市生物技术产业发展的建议》

提案人：王京阳

主要内容：昆明市生物技术产业如能依托云南省的资源优势，充分占有一定的比较优势，抓住国内外生物技术产业进入大规模产业化阶段的机遇，乘势而上，加快发展，将对实现“工业强市”战略和经济跨越式发展具有重要意义。

制约生物技术产业加快发展的因素。1. 产业规模整体偏小。2. 产业结构不合理。3. 产业发展投入不足。4. 自主创新能力薄弱。5. 人才资源相对匮乏。6. 统一规划不够。

建议：1. 出台促进生物技术产业发展的规划和优惠政策。加快生物技术产品生产、生物技术研究开发、生物安全监管和生物技术产业政策的规划制定，及时研究提出促进生物技术产业发展的相关政策。发挥财税杠杆作用，加大支持生物高技术产业结构调整，对重大产业化示范工程、产业创新能力建设及产业技术研发项目，给予引导重点扶持；对生物技术企业，除享受高新技术企业税收优惠政策外，可考虑享受引进设备减免关税、进口环节增值税等。

2. 完善吸引人才的政策措施，加快高层次生物技术人才的引进和培养。营造尊重人才、促进人才成长的环境，为人才创业提供援助和优惠政策支持。通过多种形式吸引技术、管理和市场营销方面的国内外人才到昆明市创业，鼓励各类人才以技术、管理、市场资源等要素参与收益分配，支持省内有关高等院校、科研单位的技术人才领办、创办企业。

3. 依托云南省中药资源和生物制药技术及产业比较优势，在生物医药产业领域，重点发展疫苗、基因工程药和生物中药，同时带动生物诊断试剂、血液制品及生化类药物的发展。生物中药要加快现代生物技术和理论在传统中药中的应用和创新，建立生物中药理论体系，形成现代中药和生物制药技术融合的新技术。在现代中药产业领域，重点是通过中药材规范化种植、中药饮片加工、新药研究开发、公共技术平台建设等，带动实现中药材的规范化、基地化种植；鼓励采用生物技术、化合物提取技术、高通量筛选技术、标准化检测等先进适用技术，集中力量开发具有自主知识产权和高技术含量的中药新产品，扩大一批疗效显著、量大面广的传统中药产品规模；强化自主研发和技术创新，构筑现代中药研发和质量控制平台，提高中药产业的持续创新能力和国际竞争能力。

4. 依托云南省生物农业基础和比较优势，以优良种质资源繁育和产业化为突破口，研究和发展转基因或分子标记辅助改良技术、胚胎生物工程、优良基因聚合育种技术、工厂化组培育苗技术以及新型安全生物饲料、微生物制剂等现代农业高新技术，加快农业优良种质资源繁育、家畜胚胎工程、生物农药及生物肥料、生物防治技术等重点领域的发展。建设农业生物技术产业基地，带动形成一批技术集成、优势突出、辐射面广的现代农业企业群。以农产品加工为重点，加快发展玉米综合深加工、洋芋综合深加工等重大产业化项目，加强农副产品的高效、合理的多梯度利用。

5. 加快体制创新，增强生物技术产业发展的动力和活力。全面推进科研体制改革，解决科研与经济脱节的问题。按照市场化运作的要求，引导科技资源有效配置，实现强强联合、优势互补。依托具有较强实力的企业，联合研发力量雄厚的高等院校、科研单位，建立研究、开发、生产和市场拓展的联合体。推动企业与科研机构的重组，支持发展一批具有较强技术开发能力的中小型生物技术企业。

八、《继续抓好返乡农民工和城镇待业人员就业工作的建议》

提案人：曾蔚林

主要内容：要按照中央经济工作会议提出的“必须实施更加积极的就业政策，全方位促进就业增长，确保就业形势基本稳定”的要求，采取多项应对措施，超前谋划，做好返乡农民工培训和再就业工作。按照“开展技能培训、实施就业服务、改善就业环境，促进返乡农民工再就业”的整体思想，采取综合措施，尽最大努力帮助农民工就业和创业。要帮助返乡农民工渡过难关，尽力做到回城不回乡，在家门口实现再就业。根据经济发展对劳动力的需求，逐步把农村劳动力吸引到市内就地就近转移为主的就业途径上来，并引导劳动力在市内小城镇、区县镇、主城区三级城镇就业。

建议：政府各职能部门要简化办事手续，让更多的农民工自谋职业，自找出路。各职能部门，把管理的立场转变到服务与扶持的出发点上来，把扶持了多少人就业，作为一项考核指标。各级政府要为返乡农民工在创业场地、税收优惠、金融信贷、就业扶持政策、创业服务等方面进行鼓励和扶持。对返乡农民工和城镇待业青年已经创业或就业的个体、私营、小企业主，进行扶持与帮助，让他们有生存的空间及条件。按照国家有关规定减免各项登记、注册费用，减免个体、私营税收，减免市场摊费、场地租金及管理费用，让他们有战胜困难的信心，渡过难关，尽量减少倒闭关门的比重。

九、《对昆明市再生资源回收利用体系建设的建议》

提案人：民建昆明市委

主要内容：昆明市再生资源回收利用体系建设存在的问题。1. 管理体制机制不够健全。2. 缺乏昆明市的再生资源回收利用规划和计划制度。3. 没有再生资源回收利用方面的地方专门立法和行业标准。4. 再生资源市场容量小，布局不合理，缺乏科学统一规划。5. 再生资源市场秩序混乱。6. 资源回收率低，不易回收利用的再生资源丢弃现象严重。7. 再生资源回收利用企业普遍经营规模小、工艺技术落后。8. 再生资源回收利用技术开发投入严重不足。

建议：1. 加强法规建设，制定一系列符合昆明市实际的再生资源回收利用地方性法规和行业标准、技术规范的，使再生资源回收利用体系建设有法可依。2. 建立昆明市再生资源回收利用体系建设领导小组，统一领导全市再生资源回收利用工作。加强教育培训，形成回收企业和从业人员资格培训体系。3. 加大政策的扶持力度，研究提出有效促进再生资源回收利用的政策措施。在财政体制和投资体制改革的过程中，研究加大公共财政对再生资源回收利用的支持力度，并在信贷等方面给予必要支持。对经济效益差、但社会效益显著的不易回收的再生资源，国家在政策上鼓励企业回收和利用，包括支持一些经营好、符合上市条件的物资回收企业上市，为企业直接融资创造条件。对再生资源回收加工处理中心、再生资源信息网络等方面的示范项目，优先安排技改投资并给予财政贴息。4. 建立以社区回收网点为基础的点多面广和服务功能齐全的回收网络，形成回收和集中加工预处理为主体、为工业生产提供合格再生原料的再生资源回收体系。同时推动建立设施先进、管理手段现代化的再生资源交易市场和科学先进的再生资源综合利用处理中心，促进再生资源回收加工预处理利用的良性循环。

（沈金泉）

·责任编辑　戚光明·

·民主党派·工商联·

中国国民党革命委员会昆明市委员会

【思想教育】　2009年，民革昆明市委进一步加强思想建设，先后开展学习中共十七届三中、四中全会精神及科学发展观等专题学习活动。在组织活动中，秉承和突出继承传统、紧扣形势、体现特色、弘扬精神的民革特色。2009年是新中国成立、人民政协成立、多党合作和政治协商制度确立60周年，民革市委组织了内容丰富、形式多样的大型活动。9月，组织建国60周年组织的文艺汇演；11月，和民进市委联合举办书画摄影联展；12月，召开纪念昆明和平解放60周年座谈会和组宣工作会议。上述活动的开展加强了年轻党员的思想教育，密切了民革老党员和年轻党员的联系交流，并在活动中，充分激发出了党员的政治热情和主动性、积极性、创造性。

年内，市委对内部刊物《昆明民革》进行改版，强化思想教育和参政议政功能，积极开展对重大活动的专题报道工作，及时宣传民革党员的先进事迹，取得良好的社会效果。同时还将《昆明民革》作为对外联络和交流的一个重要载体，进一步扩大昆明民革的影响力。

【参政议政】　2009年，民革市委强化参政议政意识，突出参政议政职能，加强调查研究，发动各支部和广大党员积极参与，认真抓好参政议政工作。一是高度重视调研课题。新年伊始，民革昆明市委成立由朱燕主委担任课题指导，副主委李为民执笔的“关于实施县城建设和小城镇开发五年提升工程的研究”课题组，紧紧围绕加快县城建设和小城镇开发展开调研，按时按质按量的完成了调研课题。课题以总分第一的好成绩被评为2009年度市级各民主党派、工商联、有关人民团体专题调研一等奖。至此，民革昆明市委在年度专题调研课题评审中已经保持3年总分第一的好成绩。二是积极提交提案。全年民革市委向市政协提交集体提案14个，多次参加了各级党委、政府、政协等召开的各种专题协商会、面商会，发挥了参政党应有的作用。三是做好招商引资。积极开展对外联谊交流和招商引资工作，引进项目，主动联系和热情招待了多起投资考察人，为企业做好服务和协调工作，通过积极努力，落实完成200万元的2个内资项目落地经开区和五华区，在中共市委九届六次全会上受到表扬。四是加强参政议政工作组织保障。9月，以民革党员为主的一部分非公经济企业家创建了昆明市西山区企业创业商会。大力发展两岸关系，扩大和深化两岸人员往来和经济文化的交流与合作，支持两岸经济发展。

【组织建设】　2009年，民革市委高度重视干部队伍建设，注重对后备干部进行培养和教育，选送多批中青年骨干参加省、市、区统战部组织的培训，努力增强中青年骨干热心为民革工作，乐于奉献的使命感。同时，针对组织发展带来的党员政治思想状况出现的新特点，市委根据新党员的情况，将基本理论教育、基本国情教育、多党合作的优良传统教育、民革的历史和任务、形势政策教育和爱国主义教育等确定为新党员培训的主要内容。8月，市委对新发展的53名党员进行系统培训，增强了新党员的团队观念和理想信念。年内，市委针对近年来发展工作的现状，经常深入基层了解情况，在充分酝酿和征求意见后，对西山总支进行调整。同时，成立了以党员中非公经济人士为主体的经济支部。7月，成立官渡总支。12月，成立教育总支。通过探索基层组织的合理化调整，使基层组织的优势资源得到整合，增强了参政议政能力。

2009年，市委严格掌握发展党员标准，组织发展工作日趋规范化和程序化。全年共发展新党员56名，平均年龄37.2岁，大专以上文化程度达100%，组织整体素质明显提高。截至2009年12月，民革市委共有党员786人。其中：女性372人，大专以上561人，中职以上368人，平均年龄56.2岁。有各级人大代表、政协委员60人。

【祖统联谊工作】　2009年，市委把促进祖国和平统一作为民革工作重点，做了许多实事：一是维护祖国统一，宣传中共对台工作方针政策；二是多渠道、多形式地开展对台工作，组织和发动党员积极做好接待和服务工作，采取拜访、寄送信函和贺年卡片、陪同参观等方式，宣传昆明市改革发展成果和投资环境。接待台商来昆投资洽谈3起。三是组织有台属、社联人士参加的形式多样的活动。通过开展讲座、学习座谈等方式，使民革成员对台海局势有了更全面的认识和了解，增强了做好对台工作的信心和责任感。

【社会服务】　2009年，民革市委认真做好社会服务工作和扶贫工作。投入扶贫资金3万元到扶贫点禄劝县马鹿塘乡，并为禄劝六合乡村民图书室捐赠682册价值1.88万元的图书。晋宁支部开展献爱心助学活动，捐资3 000元支持晋城镇永和村委会开展新农村建设。西山二支开展为期3天的关爱女性健康活动。盘龙总支组织党员到双龙乡举行社会服务活动，开展了法律咨询、科普宣传、医疗咨询服务。

4月，民革市委在昆明福保文化城召开民革社会服务工作昆明研讨会。全国政协常委、民革中央副主席兼社会服务部部长何丕洁，民革中央社会服务部经济处张长宏处长莅临指导，参加会议的人员还有10余个省市民革领导、民革云南省各州市组织领导及专家学者、市民革党员等代表共160余人。大会围绕加强民革社会服务工作、丰富工作内容、创新工作形式、加强社会服务工作的各区域兄弟组织间合作等问题展开了研讨。会上发放了昆明市招商引资政策指南和项目册。

【专委会工作】　年内，市委根据工作需要设置了6个专委会。各专委会根据形势和任务，围绕市委会的中心工作，积极开展活动。参政委新年伊始就召开全委会，并制订出全年的工作计划；祖统委也是在第一次全委会上就确定了全年的工作重点和委员活动时间；妇委会“三八”组织妇女活动；经济和社会服务委员会为民革党员的企业做好支持和服务工作，积极开展社会服务活动；老龄委做好了对老龄党员的服务工作，并紧紧围绕“老有所养、老有所为、老有所学、老有所乐”的中心，分别开展以学习健康保健、养生之道为主的“常青树”特色兴趣班，使老龄委的工作取得新的突出。青委会主动加强与其他专委会的联系，主动配合各专委会的工作，还组织了登山活动。

（民革昆明市委）

中国民主同盟昆明市委员会

【思想建设】　2009年，民盟昆明市委在民盟云南省委和中共昆明市委的领导下，深入学习实践科学发展观，开展深化坚持走中国特色社会主义道路的学习教育活动。由于各项工作成绩突出，被民盟中央授予先进基层组织的荣誉称号。思想建设、组织建设、参政议政工作成绩分别在盟中央、盟省委、市政协的相关会议上做经验交流。一是按照盟中央、盟省委开展深化坚持走中国特色社会主义道路学习教育活动的要求，在总结政治交接学习教育活动经验、表彰先进集体和个人的基础上，制定《民盟昆明市委关于开展坚持走中国特色社会主义道路学习教育活动的实施方案》，召开动员会，全面安排部署学习教育活动。二是通过中心学习组、支部主题学习、机关学习等制度的落实，深入学习中国特色社会主义理论体系、中共十七届四中全会精神，胡锦涛总书记在人民政协成立60周年庆祝大会上的讲话精神，以正确的理论来统一盟员的思想认识。学习盟章、盟史，参观“一二一”烈士纪念馆、重庆白公馆、特园等民盟前辈战斗过的地方，增强盟员接受中国共产党领导的坚定性和自觉性。组织常委和基层组织领导班子成员撰写学习体会、交流学习心得，巩固和提高学习研讨效果。二是通过民盟讲坛、印发学习资料、宣讲民盟中央蒋树声主席《面对新形势　迎接新挑战》、中共昆明市委九届五次全会精神、仇和书记《在中共昆明市委中心组理论学习（扩大）会议上讲话》精神，认清形势、明确任务。组织盟员以“当前形势与民盟成员的责任”、“立足本职，为昆明跨越式发展做贡献”、“我为金融危机献一策”、“我为科学发展献一策”等为主题开展讨论活动，增强参政党成员的责任意识。组织征文、红色经典电影赏析、书画笔会、盟市委（自1980年成立以来）工作图片展、庆祝大会等系列活动，隆重庆祝新中国成立60周年、人民政协成立和多党合作制度确立60周年。在庆祝大会上，表彰了8个优秀基层支部，10个“农村教育烛光行动”先进个人。各基层委员会（总支）组织300多名盟员自编、自导、自演的节目缤彩纷呈，整个活动得到了来宾的高度评价。

【组织建设】　2009年，民盟昆明市委新发展盟员59人，平均年龄36.7岁，27%来自党政机关、经济、法律、金融界，为盟的参议政和自身建设注入了新的活力。截至2009年底，有1个地方委员会，5个基层委员会，1个总支，实有支部、小组73个，共有盟员1 765人。主要做法：一是重视干部的培养使用，加强各级领导班子建设。对后备干部队伍按照盟务、从政和参政议政性质实行分类梯次建档，实行动态管理。积极推荐盟员参加中央、省、市、区级统

民盟昆明市委庆祝新中国成立六十周年大会　（民盟昆明市委　供稿）

战部门和盟内组织的各类学习培训达160人次。增补了一名常委，新成立了安宁职高支部，完成昆明学院总支下属支部的整合、昆十六中等2个支部的换届及东川、西山盟组织领导班子的调整、增选工作。2位盟员通过公开选拔，担任副县长，5位盟员在昆明学院中层干部竞聘中，担任系领导。二是完善管理制度，激发基层活力。在全面总结、梳理、分析属地化管理后基层组织发展状况的基础上，制定《民盟昆明市委基层委员会管理实施细则》，为充分发挥基层组织作用提供制度保障。三是强化制度落实，机关工作效能明显提升。按“行政效能提升年”、“干部作风改进年”的要求，制定《民盟昆明市委建设学习型机关实施意见》。组织机关干部到宁波、苏州盟市委交流学习，开展“为什么要加强机关效能建设，怎样加强机关效能建设”问题的讨论，建立健全岗位责任、学习、内部监督、接待来信来访、公车管理等规章制度，并认真贯彻落实。

【参政议政】　2009年，民盟市委围绕中心抓选题，确保方向正确。按照围绕大局，突出提“重大问题”；贴近民意，突出提“热点问题”；着眼未来，突出提“前瞻性问题”；发挥优势，突出提“特色问题”的选题思路，围绕“进位争先，提速增量”的目标，确定《昆明市农民专业合作经济组织的现状及成效》等9个课题为盟市委调研课题。

年内，市委创新机制抓调研，提高建言质量。一是出台《民盟昆明市委员会关于集体提案实行常委责任制的暂行办法》、《民盟昆明市委员会关于进一步加强反映社情民意工作的实施意见》，实行集体提案常委责任制、常委审定制、提案面商常委负责制、机关干部调研课题负责制，将调研课题、集体提案、社情民意都分解落实到具体责任人，以制度确保任务落实。成立参政议政专委会和法律专委会，充实参政议政骨干队伍。采取定期组织民盟论坛、与政府部门联合调研、外请专家做课题等方式，整合盟内外的优势资源，提高建言献策的水平。二是多种方式抓转化，提升建言实效。用集体提案、民主党派调研成果汇报会、直报市委主要领导的主题建议、社情民意、媒体宣传等方式，多渠道转化调研成果。盟市委向市政协提交了《关于加大投入加快农村中小学危房改造工作的建议》等11篇集体提案，《关于进一步加强安全生产监管工作的建议》被列为主席督办重点提案，《昆明市农民专业合作组织的现状与发展对策》课题获二等奖。《关于加大落实中共昆明市委、昆明市人民政府〈关于加快服务外包的实施意见〉力度的建议》得到仇和书记的批示。参与完成盟中央重点课题《发展农村职业教育与技能培训，促进农民就业，夯实农业基础》。就发展太阳能产业、云龙水库保护、四创两争工作方面所得的相关建议，在市委、市政府出台的《昆明市促进太阳能产业升级发展的意见》、《中共昆明市委、昆明市人民政府关于进一步加强集中式饮用水源保护的实施意见》、《昆明市农贸市场管理办法（试行）》等文件中采纳。全年参加了18个专题协商会，报送社情民意信息60多条，各基层委提交各区（市）政协大会的集体提案22件，个人提案71件。

【社会服务】　2009年，民盟昆明市委坚持以“创品牌、建机制、求实效、树形象”为主线开展社会服务工作。

民盟昆明市委庆祝新中国成立六十周年书画图片展　（民盟昆明市委　供稿）

以推动民族地区教育发展为重点，提升“烛光行动”的影响力。按照《民盟昆明市委关于开展农村教育烛光行动实施意见》，成立民盟昆明市委促进民族地区教育发展名师团，以禄劝民族中学、茂山中学为定点帮扶学校，上示范课、公开课、辅导课3次，听课师生达1 500多人次，选派帮扶学校4名教师，赴南宁参加盟中央与美国科技教育协会合作举办的2009年海内外基础教育研讨会，促成民盟中央与新东方外语集团联合主办的“农村教育烛光行动”落地昆明，为昆明100名教师进行为期一周的英语培训，得到市教育局和参训教师的高度评价。

年内，盟市委与民盟云南省委联动，在云南省第三女子监狱建立民盟社会帮教活动基地，民盟中央副主席李重庵亲临揭牌。制定《盟市委社会帮教活动计划》，以法律咨询、心理矫治、实用讲座、监狱艺术团艺术指导等活动为主要内容，做深做实帮教工作，全年接受帮教的服刑人员达1 100人次。盟市委继续投入3万元帮助对口扶贫点禄劝县马鹿塘乡上普福村民小组修水窖、建道路。东川区委为石门小学一至六年级的学生配齐了语文、数学、自然等学科练习册及试卷。西山区基层委将中草药种植项目引进实践基地谷律村委会，帮助种植了137亩万寿菊，产值2 480元/亩，每户增收1 000元以上，成为民盟经济统战工作的先行试点。盘龙区基层委在双龙乡定点帮扶，积极开展捐资捐物活动。三是相互借鉴，社区服务有新拓展。五华区基层委对下岗失业失地妇女进行“与时代同行，做命运主人”的巾帼创业培训，组织科技支部与云冶社区结对共建的启动仪式，开展科技、教育、法律咨询及医疗义诊大型活动。官渡区基层委以“知识产权暨科技进社区”为主题多次开展统战工作进社区活动。安宁市基层委与安宁市森林警察大队结对共建，为武警官兵们进行礼仪、普通话等培训。昆明学院总支在社会发展和科学研究方面共发表科研论文近50篇，其中国家级核心论文10篇。

（付红彬）

中国民主建国会昆明市委员会

【思想建设】 2009年，民建昆明市委按照民建中央、民建云南省委的统一部署，深入开展学习实践科学发展观活动。领导班子成员带头学习《科学发展观重要论述摘编》，坚持以科学发展观指导参政履职实践。6月27日召开八届二次常委扩大会议，会上常委带头宣讲科学发展观，带动委员、支委及支部成员及广大会员有序开展学习活动。落实全年学习计划，开展以学习会章、会史及建国会的优良传统为主题的学习教育活动，组织广大会员认真学习《六个为什么》、《中国民主建国会章程》、《中国的政党制度》、中共昆明市委九届五次全会精神等学习材料，增强广大会员坚定走社会主义道路的信念，引领全会将科学发展观当作科学真理来追求和作为行动指南而践行。

年内，市委以庆祝中华人民共和国成立60周年、中国人民政治协商会议成立60周年及中国共产党领导的多党合作和政治协商制度确立60周年纪念活动为契机，组织广大会员认真学习胡锦涛总书记《在庆祝中国人民政治协商会议成立60周年大会上的讲话》、《在庆祝中华人民共和国成立60周年庆祝大会上的讲话》和中共中央十七届四中全会精神，引导广大会员回顾中国共产党60年执政，新中国30年改革开放，共和国从“一穷二白”向繁荣富强，在古老的中华大地创造出令世界惊讶的巨大成就。使广大会员更加自觉地坚持共产党的领导，坚持正确的政治方向，坚定不移地走中国特色社会主义政治发展道路，坚定走中国特色社会主义道路才能发展中国的政治信念。

全年，市委共出版《昆明民讯》4期，刊登文章80篇，累计14万余字。充实理论性文章，增加学习贯彻科学发展观活动等内容，开辟庆祝新中国成立60周年、学习科学发展观的征文活动专栏。

【组织建设】 2009年，民建昆明市委共吸收发展26名新会员。其中：女会员12人，大专以上文化程度24人，研究生学历2人，中级职称4人，高级职称3人。非公经济企业高级管理人员9人，其中业主5人；在政府部门任副科实职领导干部1人。截至2009年12月31日，会员总数为773人。其中：经济界人士651人，占会员总数的84.2%。全年会员发展率达到3.4%，净增率2.5%。民建昆明市委共有2个基层委员会，4个总支，8个支部。2009年选派推荐35名中青年会员参加民建省委及市委统战部组织的培训学习；精心组织、认真筹备、周密部署，完成了一、二、三、五和机关支部的换届工作；12月26日，召开2009年度工作表彰会，会上表彰优秀会员14人，先进集体10个，专委会先进工作者9人，在会员中树立学习榜样。

2009年，民建昆明市委组织建设突出了创新：一是创新组织建设机制。民建市委先后合并调整了部分支部，积极支持基层组织建设向区（市）发展。至2009年末，5区1市民建基层组织会员人数由2007年调整前的312人增加到478人，区属基层组织所属会员和全体会员的比例也从2007年的32%，上升到了64%。二是创新支部组织活动方式，丰富了组织生活。改变了过去由民建昆明市委统一组织国庆、中秋联谊活动的形式，将安宁总支和直属支部分别安排到盘龙、五华、官渡和西山4个片区，由民建昆明市委机关干部负责，组织4区基层组织联办庆祝建国60周年和中秋活动。增强区（县）统战部对片区基层组织的指导帮助，增进基层组织之间的联络和沟通，锻炼了机关干部的协调、服务能力。此外，市委会还在“三八”国际妇女节、“五四”青年节、“九九”重阳节组织广大会员开展形式多样，内容丰富的活动。三是创新基层组织与社区结对共建的新途径，开展支部进社区，服务促和谐活动。五华区基层委员会、机关支部、二支部与昆明学院、龙翔街道办联合承办了中共五华区统战部主办的庆祝建国60周年文艺演出、书画展览、植树造林、共建科普园地等活动，进一步推动了基层组织参与社区建设的工作，形成积极的社会影响。

【参政议政】 2009年，民建昆明市委在政协会上共提交建议、提案132件，其中省级提案15件，市级41件（3件集体提案），区级76件，其中《对昆明市再生资源回收利用体系建设的建议》（集体提案）、《关于加快昆明市现代服务业发展的建议》、《关于加大昆明市生物技术产业发展的建议》3件提案被列为市政协主席重点督办提案。紧紧围绕市委、市政府的中心工作，针对社会关注的热点问题和改革发展中的难点，共撰写调研报告9篇。就“昆明市再生资源回收利用情况”，“全市创业就业服务体系建设的调研”，“昆明市园林绿化和生态建设情况”，“关于积极孕育、促进和推广昆明本土区域品牌的建议”等课题进行了调研。青年工作委员会、妇女工作委员会和老龄工作委员会创新工作思路，也根据各自的工作特点积极开展调查研究，撰写“关

民建昆明市委开展社会服务活动　（民建昆明市委　供稿）

于在盘龙江开发水运巴士的建议”、“影响城市女性健康因素调研”、“全市城市养老情况的调研”等调研报告。其中“全市创业就业服务体系建设”的调研报告，获市委统战部评选调研报告优秀奖。

年内，在市政协十一届五次委员会上，民建市委办公室被评为政协工作先进集体，会员石磊、洪莺、饶曙民被评为先进个人。“对昆明市再生资源回收利用体系建设的建议”（民建市委集体提案）、“关于加快昆明现代服务业发展的建议”（提案人傅汝林）、“关于加大昆明市生物技术产业发展的建议”（提案人王京阳）、“下岗失业职工需要社会关爱”（提案人唐明霞）等4件提案被评为优秀提案。

【社会服务】　2009年3月，组织妇委会委员为怒江贫困山区群众捐献衣物、被子、学习用品。7月，到禄劝六合村，出资3万元为山区群众建立农村图书室。12月，拨付禄劝县乌蒙乡新农村建设补助经费6万元。8月25～27日，民建市委牵线台湾义诊医疗队到寻甸县功山镇开展捐赠电脑10台和医疗义诊活动，3天为当地720多人义诊，免费送医送药3万多元，捐资7 000元送两位患者分别到县医院和延安医院就诊。8月29日，组织会员参加市委统战部在南屏步行街广场举办的“凝心聚力，共建和谐”昆明市统一战线社会服务活动。各基层组织在中共区委统战部的指导和帮助下，建立了工作对口联系点和结对帮扶共建制度，帮扶工作扎实有效。积极做好市委会定点帮扶工作。

2009年，面对严峻的经济形势，民建昆明市委的会员企业家们积极应对国际金融危机影响，响应民建省委的号召“不减薪、不裁员”，在“保民生、保稳定、保增长”、河道治理、新农村建设、帮贫扶困中做出了积极的贡献，特别是昆明勋业投资发展总公司、昆明天天洗涤公司等企业积极响应市委、市政府提出的“拆迁、拆零、拆危”、“建绿、透绿、补绿”工作，服从大局，受到党委和政府的表扬和肯定。

12月10日，民建市委组织会员企业家随副省长、民建云南省委主委高峰到禄劝彝族苗族自治县进行调研，民建市委向禄劝翠华镇汤郎箐小学捐赠了图书573套和体育、学习文化用品，价值7 700多元。

【对外联络】　3月19日，民建中央常务副主席马培华一行莅临民建市委视察、指导工作。民建昆明市委向马副主席汇报了近年来的主要工作和在思想建设、组织建设、制度建设方面的情况。并整理了民建昆明市基层组织建设汇报材料，上报会中央。2009年，民建市委还先后接待了杭州、哈尔滨、南宁、济南、唐山、曲靖等民建地方组织到昆调研考察。参加了民建楚雄州地方组织的成立大会，通过联络工作，加强了相互交流，增进了彼此友谊。

2009年7月，在民建地方城市交流协作年会上，民建昆明市委作了题为《以科学发展观为指导，进一步提高参政议政水平》的发言，创新性地开展了“昆明招商引资推介会”活动，专题推介会既介绍了昆明，也扩大了民建昆明市委影响，并且创新了协作年会的形式，丰富了协作年会的内容。

2009年，民建昆明市委落实《中共昆明市委关于加强经济领域统战工作的意见》精神，与市发改委、市工信委、市商务局建立对口联系、文件交换、联合开展调查研究等工作机制，为开展调查研究提供了新渠道和新视角。

2009年，民建昆明市委主动出击招商引资，积极发动、联系、协调会员企业，成功引进了两家企业，总投资7.3亿元。积极探索为中心工作知情出力的新路子。

（陈湘榆）

中国民主促进会昆明市委员会

【思想建设】　2009年2月，民进昆明市委专门召开市委全委（扩大）会议，组织学习民进省委六届三次全会和中共昆明市委九届五次全会精神。7月，民进市委组织各基层组织负责人召开专题学习会议，认真学习中共云南省委常委、昆明市委书记仇和到市级各民主党派、人民团体进行走访调研时的讲话精神。8月，民进市委召开由民进市委常委、委员及历任主副委和骨干会员参加的300余人的传达学习胡锦涛总书记视察云南重要讲话精神会议。

【宣传工作】　2009年，民进昆明市委认真开展宣传教育工作，并取得较好成绩。一是市委共向省委会网站报送宣传信息36条，在昆明日报、云南省政协报上发表信息10篇，在《云南民进》、《昆明统战》、《昆明政协》等刊物上发表文章8篇，受到昆明电视台新闻报道6次。二是认真做好《昆明民进》会刊的编印工作，全年编印3期。并于9月举办民进市委宣传工作暨通讯员培训会。三是以庆祝中华人民共和国成立60周年、人民政协成立60周年、中国共产党领导的多党合作和政治协商制度确立60周年为契机，通过召开会员座谈会，开展“我与共和国同呼吸”征文活动，举办“祝福祖国60华诞”诗歌朗诵比赛等庆祝活动。年内，与民进大理州委在大理市共同举办民进会员“盛世丹青”书画作品展，与民革昆明市委在云南陆军讲武堂举办“庆祝三个60周年书画摄影展”。

【组织建设】　2009年初，民进市委举办迎春联谊会，3月初开展庆祝“三八”妇女节的健康知识讲座，教师节、国庆节、中秋节三节时举办庆祝联欢活动，敬老节时组织全体60岁以上老会员参观陆军讲武堂活动等。为了促进各总支和支部加强联络和工作交流，民进市委专门制定了基层组织横向联系交流制度。

年内，在市委会举办活动的基础上，专委会、各基层组织也开展了一系列活动。妇女联络工作委员会开展“六一”儿童节慰问活动，官渡总支开展访贫问苦活动，民进盘龙总支开展庆祝中华人民共和国成立60周年文艺联欢活动，五华总支与虹山社区结队共建和谐社区文艺活动等。

2009年，民进市委发展了42名新会员。并于8月，组织16名会员参加民进省委新会员培训，23名骨干会员参加市委统战部的统战系统暑期培训。

2009年，民进市委成员在本职工作岗位上相继获得国家、省市级的各种奖项。民进昆明市委副主委王昆建被省政府授予“云南省优秀教师”荣誉称号，尹相如会员被评为省教育厅命名的首批十位“云南省名师工作室”之一。张明霞会员获得“云南省图书情报优秀科研成果论文一等奖”，孙兰娟会员获得共青团中央第六届“星星火炬”中国青少年艺术英才推选活动云南分赛区比赛辅导教师特金奖，罗兰会员编导编辑的少儿专题片《可爱的小鸟》获第13届全国优秀教育电视节目二等奖。

【参政议政】　2009年，民进市委对昆明市知识产权情况深入调研后形成的成果转化为集体提案，建议和意见多数得到政府部门的采纳，促进了《昆明市人民政府关于进一步加强知识产权工作、提升城市核心竞争力的意见（征求意见稿）》的制定。

年内，民进昆明市委的重点调研课题“昆明市与先进发达地区民办基础教育发展的对比研究”，于年底向市委市政府做了汇报，又与市政府分管副市长和相关职能部门进行座谈，促进调研课题的完善、转化和运用。盘龙总支开展“建立和完善贫困学生家庭信息档案，把党和政府对贫困生资助政策落实到位”的课题调研；五华总支围绕“五华区社区终生教育”开展调研；官渡总支开展“当前职业教育的发展及面临的问题”调研；西山总支开展“遵循科学发展观，将西山风景名胜区打造成国内一流旅游景区”的调研；安宁总支开展了“关注安宁农村英语教育，促进城乡协调发展”的调研等。

2009年，民进市委分别召开2009年信息工作动员及培训大会和参政议政工作会议，并邀请民进省委参政处负责人专门做了专题培训讲座。

年内，在昆明市政协十一届四次全会上，民进市委共提交了19件集体提案，36件个人提案。民进昆明市委参政议政委员会和5名会员获得政协工作先进集体、先进个人荣誉称号。其中集体提案“关于加快全市农村义务教育师资队伍建设的建议”和两件个人提案被评为优秀提案；集体提案“关于昆明市民办教育师资队伍建设的建议”列为主席督办的重点提案。

民进昆明市委走进培智校园　（民进昆明市委　供稿）

【社会服务】　2009年，根据中共昆明市委统战部的统筹，民进市委向扶贫点马鹿塘乡捐款3万元用于山区基础设施建设。同时，民进市委领导前往宜良县古城镇看望慰问了孤儿崔丽萍、崔丽娜姐妹俩，连续多年资助他们生活费及学习所需费用。3月，民进官渡总支到金钟山开展扶贫慰问活动，市委会和总支为5户特困农户送去了大米、食用油等生活用品。4月，民进盘龙总支到龙泉育才学校开展支教送课活动，6名优秀教师会员围绕中考的6个主科目分别上示范课，并和学校的教师座谈，交流教学方法和经验。5月，民进五华总支部分会员和会员中的人大代表、政协委员，到五华区丰宁街道办事处虹山中路社区开展调研工作。发挥自身教师多、名师多的优势，通过无偿派教师帮助虹山中路社区开展好社区教育服务工作。

年内，民进市委多次组织会员调研河道治理情况，发出参与滇池治理倡议书《我为滇池治理种棵树》，会员们纷纷献计出力，捐款植树，以实际行动来支持和参与滇池的治理；与昆明市文联一同筹集9万元资金用于晋宁县东大河湿地建设，种植了一片“文苑林”；积极向民进云南省委汇报，通过会省委广泛动员会员参与滇池水污染综合治理，捐款6.5万元在晋宁县东大河上建设了云南民进“共济林”。6月，民进市委组织会员来到盘龙区培智学校，看望慰问学校的全体师生，并开展了“托起明天的太阳——民进昆明市委走进培智校园”的活动，为孩子们送去了图书、文具、文体用品。同时，民进非公经济支部也牵头组织了民航路小学和路南小学的“爱心手拉手活动”，并资助贫困学生的学习生活费用。9月，经过民进昆明市委与民进杭州市委联系，昆明市政府招商引资代表团与民进杭州市委会及杭州民进企业家联谊会联合举办了“昆明市政府与杭州民进企业家座谈会”。11月，盘龙总支牵头协调云师大附中同学会到松华乡双玉村开展献爱心帮扶活动，并向双玉村委会和双哨中心小学捐赠了爱心善款及5箱学习用具，向村委会提出了一些脱贫致富的思路与办法。12月，民进市委根据会员企业发展情况，邀请广东创意经济专家王廉院长、方诚秘书长到昆座谈调研，对富民县民进会员的文化创意项目进行实地考察。

年内，民进市委五华、盘龙、西山总支还分别与丰宁社区、双哨乡双玉村、团结镇大兴村结成帮扶对子，通过捐款、捐物扶贫，下乡支教送课，出谋献计、智力帮扶等方式做好社会服务工作。

（向　茜）

中国致公党昆明市委员会

【思想建设】　2009年，致公党昆明市委调整政治交接学习教育活动领导小组，下发组织开展深化走中国特色社会主义道路学习教育活动。通过召开各级组织会议、纪念会、培训会等形式和参加时代前沿知识讲座、异地培训班等形式，带领党员不断深入学习中国特色社会主义理论体系、中共十七届四中全会和本党十三大精神，认真贯彻中共中央两个5号文件和中央领导的重要讲话精神，学习中共昆明市委九届五次全会精神，帮助党员干部不断提高在现代新昆明建设中的政治把握能力、参政议政能力、组织领导能力、合作共事能力。

2009年是中华人民共和国成立60周年、第一届中国人民政治协商会议召开60周年以及中国共产党领导的多党合作、政治协商制度确立60周年。市致公党以纪念“三个60周年”为契机，通过举办征文、演讲和歌咏比赛，组织青年党员前往石林县圭山革命圣地开展“红色之旅”等活动，使广大党员对多党合作的历史和中国特色社会主义建设的历史更加了解，坚持中国共产党领导的多党合作和政治协商制度的信念更加坚定。

【参政议政】　2009年，致公党昆明市委努力履行参政议政职能，充分发挥了参政党作用。一是在政治协商中充分发表意见建议。市致公党领导积极参加中共昆明市委、市政协组织的协商会、通报会和座谈会，就《政府工作报告》、《中共昆明市委九届六次全体（扩大）会议工作报告（征求意见稿）》、《中共昆明市委关于加强和改进新形势下党的建设的实施意见》及有关政策、法规等提出有价值的修改意见和建议。二是参政阵容不断扩大。市致公党党员中担任各级人大代表、政协委员有47人，“特约四员”14人，参政议政和民主监督的阵容和力量不断壮大。他们积极参加国家政治生活、国家政权的管理，参加政治协商、民主监督，行风评议等重要活动，较好地履行民主党派参政议政、民主监督职能，受到社会各界和党政部门的好评。三是代表、委员积极履职。市致公党在各级“两会”召开前，及时召开参政议政工作会议，并有效地转化课题调研的成果。在2009年召开的各级“两会”上，市致公党及其党员中的人大代表、政协委员共提出建议、提案101件。其中市委会集体提案“关于大学生就业难及其解决办法的建议”和王及伟委员“重视建筑节能，大力推广全市符合国家规定的自主创新的建筑节能材料”、尹子琴委员“关于昆明节能减排发展绿色照明的提案”被评为市政协优秀提案。

致公党昆明市委接待台湾真善美基金会参访团　（致公党昆明市委　供稿）

【组织工作】　2009年，市致公党在组织发展工作中以“广揽人才、提高层次，拓宽界别”为工作思路，严格按照本党章程的要求，吸收了一批年轻的优秀人才入党，改善了年龄结构，增强了组织的活力。截至2009年12月31日，全市共有党员472人，平均年龄50.59岁。

年内，致公党市委完成了五华总支及下属支部的换届和农科支部的调整工作，分别成立农校支部和西山五支部（农科支部）。至年底，市致公党共有5个总支，21个基层支部（其中2个直属支部）。为提高后备干部的理论水平，市致公党多批次选派他们参加各种培训学习，分别参加了致公党云南省委会、中共昆明市委统战部的各种培训班、公务员培训班及党外干部中青班的学习，并为后备干部提供党内和社会的锻炼机会。

【宣传工作】　2009年，市致公党坚持办好内部刊物和本党工作网站，加大了对内教育和对外宣传的力度。全年对外报送简讯、信息70余篇。同时重视利用电视台和网络等多种媒体对市致公党重要活动进行宣传报道，荣获了致公党云南省委“宣传思想工作先进集体”称号；1人被评为优秀撰稿人。全年共收到反映社情民意的信息21件，其中“中小企业应对国际金融危机的几点建议”、“媒体应当少报道不和谐的事件”等建议得到相关部门的重视。

【联谊工作】　2009年，市致公党积极通过出访进一步密切与海外华侨华人社团的关系，做好对外友好、民间交往、学术交流、海外联谊和宣传昆明等活动。10月中旬，组团赴美国、加拿大访问，接触了海外华人华侨同胞、华人华侨社团、商会，并与加中国国际经济文化发展促进委员会、洛杉矶的工商业、中医药界的华人华侨以及旧金山市政府国际经济和旅游业发展部进行了座谈，宣传了昆明和招商引资的政策。出访期间，代表团还与相关商会组织、文化机构和华人企业签订了3个意向性的投资和合作项目的服务协议。

2009年，市致公党先后接待本党同仁、回国探亲访友、旅游观光和考察投资的专业、教授、企业界人士以及亲朋好友135人次。6月4日，市致公党热情接待了由台湾妇女界有代表性人士组成的赴云南参访团一行39人，并热情介绍了中国共产党领导的多党合作和政治协商制度，以及中国致公党和致公党昆明市委的有关情况。上述工作对宣传党和政府外事、侨务、对台工作政策，促进侨务资源的可持续发展，更好地服务于现代新昆明建设和祖国统一大业具有积极的意义。10月2日，市致公党接待了美国加州州立大学教授茹彬诺及夫人，并到石林县板桥镇考察由茹彬诺博士及家人为纪念其母亲而捐建的茹彬诺·玛丽安健华图书馆。

年内，海外联谊资料库初步建成。市致公党已经初步建立了海外联谊资料库，将党员中有海外关系的人员资料进行整理、登记，为今后深入开展工作奠定了基础。

【社会活动】　年内，市致公党坚持开展对口帮扶，为扶贫点禄劝县屏山镇六合村的困难群众捐赠衣物1 074件、助学扶贫款1 800元。

积极参与社会服务。市致公党立足于昆明市实际情况，围绕社会服务这一主题做了大量工作，取得了较好的社会效益，树立了致公党新时期的良好形象。5月18日，在致公党昆明市委的牵线搭桥下，昆明市第三家健华图书馆建成开馆。6月26日，市致公党组织本党青年专门技术人员到石林县板桥镇茹彬诺·玛丽安健华图书馆开展农业科技知识讲座活动。6月，盘龙总支在中共盘龙区委统战部组织到松华乡的扶贫活动中，捐赠了1台电脑和一批书籍。8月14日，市致公党组织党员到滇池流域小河河中段进行捐建“致公林”的义务植树活动，累计捐款3.14万元，义务种植滇朴，柳树和速生杨100多棵。8月29日，市致公党组织党员积极参加昆明市统一战线社会服务活动的医疗义诊和科技咨询、法律咨询、文艺表演等活动，并争取到延安医院的支持，为本次活动提供了5 600份健康知识的宣传材料，深受群众欢迎。

（姚　伟）

中国农工民主党昆明市委员会

【政治理论学习】　2009年，农工党昆明市委围绕昆明市进位争先、富民强市和实现式发展的目标，按照中共昆明市委、市政府提出的“行政效能提升年”和“干部作风改进年”的具体要求，在农工党云南省委、中共昆明市委的领导下，在中共市委统战部的指导帮助下，坚持以邓小平理论和“三个代表”重要思想为指导，坚持中国共产党领导多党合作和政治协商制度，用科学发展观统领市委各项工作，以思想建设为重点，以建设高素质参政党为目标，紧紧围绕中共昆明市委、市政府中心工作，履行职能，扎实工作。

农工党昆明市四届六次全会（扩大）会议　（农工党昆明市委　供稿）

年内，市农工党深入学习贯彻中共十七大和农工党十四大精神和农工党省委、中共昆明市委有关会议和文件精神，全面落实科学发展观，紧紧围绕中共市委九届五次会议精神，帮助广大农工党员树立正确的政党观和参政党意识，巩固与中国共产党亲密合作的思想基础。用以会代训方式始终要求各基层组织运用多种形式和方法，深入学习中共十一届三中全会以来的路线、方针、政策，学习统一战线和多党合作的理论政策，学习中共中央有关文件及第20次全国统战工作会议精神，学习江泽民、胡锦涛关于政治交接的重要论述，运用这些重大理论思想中所蕴含的立场、观点和方法来把握政治交接的内在规律。认真学习领会中共昆明市委九届四次会议精神，努力围绕建设现代新昆明这个中心工作积极建言献策。

【学习培训】　2009年，市农工党16名基层支部骨干和新党员参加了农工党云南省委深化政治交接学习教育活动和新党员培训班；35名党员参加农工党云南省委举办的“云南省情及发展形势专题讲座；20名党员参加市委统战部组织的昆明市各民主党派、有关团体署期干部培训班。7月10～11日，召开了由市委委员、市委原老领导及市属各基层组织支部委员以及人员约130人参加的市委四届六次全委（扩大）会议。并参与“五一口号”发布60周年独奏音乐会、抗震救灾报告会等。通过学习、培训，扩大党员的参与面和知晓率，提高理论水平和工作水平，进一步提升基层组织、党员参政议政能力。

【调研活动】　2009年4月，农工党中央组织部到昆明市委就组织工作进行调研。5月，农工党中央宣传部为贯彻落实“各民主党派要把思想建设作为政治交接和自身建设的核心”的重要讲话精神，推动学习贯彻《中国农工民主党关于加强思想政治建设的意见》，到市委所属的市中医医院支部调研。市委、市中医院支部根据调研要求，认真组织、积极配合，使农工党中央在调研中了解了地方组织的组织发展情况、开展学习贯彻科学发展观和深化走中国特色社会主义道路学习教育活动的情况、农工党员思想状况以及对一些敏感政治问题、理论问题的看法，同时征求了关于加强农工党思想建设以及办好《前进论坛》的意见建议，圆满完成了在昆明市的调研工作。

【参政议政】　2009年，市委有关领导和市属各级人大代表、政协委员先后多次参加中共昆明市委、市政府，市委统战部举行的民主协商会、座谈会、情况通报会，以及列席市政府常务会议，对本市重大决策、发展规划、人事安排等问题积极参与协商；并就本市经济建设和社会发展中出现的重大问题及群众关心的热点、难点问题和重大改革方案、重要法规制定与实施积极建言献策，较好地履行了民主党派参政议政、民主监督的职能。

在2009年的“两会”期间，市属的各级人大代表、政协委员向各级人大、政协提交意见、建议、提案73件（其中：省级4件，市级34件，区级35件）。在市政协全会期间，市委集体提案“关于完善昆明市食品安全监督服务体系的建议”获得2008年优秀提案奖。市委集体提案“昆明市城市养老服务事业发展和应对策略”提案被列为市政协重点提案，徐辉领衔所提的“关于制定《昆明市志愿者服务条例》的议案”被列为市人大2009年的1号议案，西山区总支“关于加强全区社区卫生服务工作的几点建议”的集体提案被西山区政协列为重点提案。农工党市委办公室获市政协工作先进集体，解嘉鸿、吕瑜琳分别荣获市政协2008年度工作先进个人称号。

年内，为应对国际金融危机对中国经济的影响，响应中共各级统战部发出《关于在统一战线开展“我为应对金融危机影响献一策”活动的通知》精神，在市属各基层组织中开展活动，紧紧围绕中心、服务大局、促进科学发展积极建言献策，市委收到西山区总支徐朝、五华总支黄俊源、盘龙总支周富强等党员的书面建议，为有效应对国际金融危机影响、保持经济平稳较快发展，充分发挥了农工党市委的优势和作用。

【对口联系工作】　2009年，市人口和计划生育委员会邀请农工党市委参加领导班子学习实践科学发展观分析检查报告民主评议会，双方领导班子还进行了联谊座谈活动；农工党市委在开展“关于昆明市社区卫生队伍建设的调研”活动中，得到了市卫生局的大力支持，陪同调研并提供了有关社区卫生工作情况和数据，使调研工作顺利完成；农工党市委还邀请3个对口联系单位共同参加外出调研活动，以增强对口联系的实效性；市卫生局还受农工党市委的委托，帮助完成农工党中央关于“城乡基层医疗机构与用药状况”报告，分别发出针对政府卫生管理部门人员、乡镇卫生机构/社区卫生服务中心负责人、村卫生室/社区卫生服务站负责人和村民或居民患者约两千余份的问卷调查。

【调研工作】　2009年，农工党昆明市委组成专题调研组对昆明市城市社区卫生队伍建设情况进行调研。先后到白马、东陆、丰宁、黑林铺、东华等社区卫生服务中心进行实地走访、调研，听取农工党市委各基层组织和在社区卫生服务部（点）工作的党员的意见和建议。通过调研、座谈、分析，并借鉴外地先进经验，完成了2009年与中共市委统战部签订的“关于昆明市社区卫生队伍建设的调研”调研工作。

【参与新昆明建设】　2009年，杨品才主委作为市级领导，受中共昆明市委、市政府、市政协的委托，参与分管、联系、负责，重大项目推进、新农村建设、重点扶贫、非公企业、滇池入滇河道的整治等工作。市委办公室也根据具体的需要，积极配合，提供服务。2009年多次与家乐福、常青树化工、新锐和达集团联系，到禄劝、寻甸、嵩明、东川、呈贡等地，帮助解决新农村建设和重点扶贫工作中碰到的困难和问题。还受中共昆明市委、市政府、市政协的委托，参与分管、联系、负责，重大项目推进、新农村建设、重点扶贫和非公企业等4项工作，分别就以上工作多次与中化集团、家乐福、常青树化工、新锐和达信息产业有限公司进行项目推进，到禄劝、寻甸、嵩明等地，帮助解决新农村建设和重点扶贫工作中碰到的困难和问题。就所担任入滇河道河长的六甲宝象河，检查、督促和协调相关部门、单位做好入滇河道的清淤、截污、禁养、生态恢复工作。就市政协所分管的制度创新工作到嵩明县和寻甸县进行工作督察。作为市关心下一代工作委员会副主任，在“六一”节期间，为昆明市农村少儿文艺汇演协调资金6万元。

年内，为配合河道治理工作，市委组织官渡区总支的部分党员参与“六家宝象河”河长林的植树活动，种植了价值3万元的树木，美化河道，改善河道生态。

【组织建设】　2009年，根据农工党市委四届二次全委扩大会议通过的“关于各基层组织换届工作的实施方案”，官渡区总支到期届满，市委多次与中共官渡区委统战部协商和到农工党官渡区总支、支部听取意见和建议，对换届工作进行指导，顺利完成了官渡区总支及各支部的换届、调整工作。并根据市委工作的需要，成立了昆明市行政支部，以利更有效的开展组织工作。

2009年，农工党昆明市委发展新党员33名，平均年龄36.1岁。至年末，全市有党员652名。其中：中高级

农工党市委参加统一战线社会服务活动　（农工党昆明市委　供稿）

职称495名（高级职称165名占党员总数的25.3%），占党员总数的76%；女党员442名，占党员总数的67.8%；医卫界党员448名，占党员总数的68.7%。有32个基层组织。其中：总支部委员会4个、支部委员会28个（地区性基层组织5个、综合性支部11个、行政单位支部16个）。有各级人大代表、政协委员48名。

【社会服务】 8月28日，参与中共市委统战部组织的"昆明市统一战线大型社会服务活动"。11月13日，与农工党省委在西山区团结街道办事处举行"第21届中国国际科学与和平周"云南启动仪式暨大型社会服务活动，捐赠实物价值15万元、捐款3万元。

【基层组织活动】 2009年，全市基层组织根据《中国农工民主党昆明市委员会关于开展深化坚持走中国特色社会主义道路学习教育活动的总体方案》要求，利用各自的优势和特色，充分调动积极性、主动性和创造性，开展各种生动活泼的组织活动。市中医医院、市二院、市医卫联合、市妇幼、西山区总支、盘龙区总支等基层组织纷纷开展了深入学习实践科学发展观主题活动；官渡人民医院支部举办滇池治污、截污专题研讨会；官渡区教育开展"爱我春城、留住海鸥"为主题的活动和到金钟山扶贫活动；盘龙总支及所属支部开展居民不良用药习惯研讨和中医实业技术培训（中草药识别）活动；西山区总支及所属支部参加西山区2009年城乡园林绿化药企植树活动；五华总支分别到厂口乡开展爱心义诊和为公交集团六公司的100余名驾驶员进行健康知识讲座和爱心义诊活动，还到社区开展了健康知识讲座；东川区支部开展关于民营医院发展的调研；科技支部始终坚持每月1次的支部活动等。通过开展上述活动，使各基层组织领导班子的整体素质明显提高，各基层组织对党员的感召力和凝聚力显著增强。

（吕瑜琳）

九三学社昆明市委员会

【思想建设】 2009年，社市委始终把思想政治工作作为一项永恒的内容常抓不懈，以学习来引领社的思想建设，进而推动自身建设，提高整体素质。结合新形势的发展要求，以深化坚持走中国特色社会主义道路学习教育活动为主线，自我教育和全员参与为载体，社各级领导班子和骨干队伍为重点，组织全市社员深入学习中共十七届四中全会、社中央十二届二次全会、中共云南省委八届六次全会、社省委六届二次全委（扩大）会议、中共昆明市委九届五次全体（扩大）会议会议精神及新社章和社史，围绕市委市政府《关于全面提升市民素质的实施意见》精神，向全市社员发出倡议书，结合社中央和社省委关于《六个"为什么"——对几个重大问题的回答》、全市开展的"四创两争"活动，举办各种形式的学习教育活动，取得明显成效。根据不同时期的工作重点、重大节日和社员的需要，开展形式多样、丰富多彩的主题活动，对社员进行思想教育。特邀云南省政协委员、云南省环境科学学会秘书长、九三学社社员李唯为社员作"经济发展与环境保护"学术报告；召开庆祝中华人民共和国成立60周年，社市委成立24周年暨先进集体好先进个人表彰大会，对2008年以来涌现出来的50名科技、医卫界精英、参政议政本职岗位默默奉献的先进社员、6个先进集体进行表彰，极大地鼓舞了全市社员。

【组织建设】 年内，社市委不断适应新形势的发展变化，注重原则性和灵活性相统一，吸收有代表性的45岁以下的社会新阶层人士加入九三学社，社员结构进一步优化，激活社市委的组织活力，全年共发展新社员30名，平均年龄38岁；采取以会代训的方式，召开组织工作会议，明确工作目标，与各基层组织签订2010年综合考核目标责任书。组织社市委常委参加市委统战部举办的每年一度暑期干部培训，开阔视野，提高领导的四个能力。创新培训方式，通过举办九三论坛，邀请经验丰富的专家和领导讲解社史社章、统战知识、多党合作历史等相关理论，对新社员进行培训，并从中发现和选拔优秀人才，加大锻炼机会，为后备干部的健康成长铺路搭桥。4月，成立九三学社昆明学院委员会，标志着社市委的组织建设又迈出了新的步伐。

【宣传工作】 2009年，社市委以"纪念新中国成立60周年暨纪念多党合作制度确立60周年征文"活动、"庆祝社市委成立24周年暨先进集体和先进个人表彰大会"等大型活动为契机，积极组织社员参加纪念新中国成立60周年征文活动，并在社刊上开辟专栏，刊登社员优秀作品，其中1篇获市政协征文优秀奖，2篇获昆明市政协举办的纪念人民政协成立60周年征文活动"入选奖"，1篇被云南政协报2009年8月11日刊用，并作为优秀征文入选纪念中国人民政治协商会议成立60周年文集《和衷共济铸辉煌》一书，还获得云南省政协纪念人民政协成立60周年征文比赛三等奖。全年向社省委、市委统战部、市政协等有关部门报送信息

市委书记仇和亲切看望社市委领导和机关干部　（九三学社昆明市委　供稿）

62篇，得到社省委、市委统战部、市政协等有关部门的重视和采纳。

【参政议政】　2009年，社市委进一步完善三级调研工作机制，充分发挥全社科技力量集中，科技优势明显的特色，围绕新昆明建设中涉及经济、社会、民生、生态等问题深入开展专题调研。社参政议政委员会发动社员积极参加“我为应对国际金融危机影响献一策”活动，其中一策获社省委征文活动三等奖。充分发挥社成员中人大代表和政协委员的作用，在市政协十一届四次会议上，社市委共提交集体提案10件，个人提案39件，其中“关于加快实施昆明生态市建设规划的对策建议”被确定为重点提案，主席督办提案，并以PPT的方式向市级四套班子作了汇报，昆明市委书记就此作了重要批示，要求市政府有关部门加紧实施。社课题组的领导和专家应陈勇副市长的邀请参加了“昆明生态化城市纲要”会议，提出的意见好建议受到陈勇副市长和其他单位专家的肯定。“关于举办‘昆明市云南山茶花节’的建议”得到市人大的采纳，市人大十二届二十五次常委会决定每年农历正月初九在昆明举办昆明·云南山茶花节。

【制度建设】　2009年，社市委各专委会和各区委员会成立后，积极探索社基层工作的新路子，不断改进工作方法，建立和完善各项工作机制。一是建立社市委领导、常委联系各专委会和区委员会制度，要求社市委领导班子成员广泛联系基层组织，及时了解好掌握社员的思想动态，加强思想工作的针对性和实效性。同时加强对基层组织工作的指导，帮助基层组织建立健全各项规章制度。二是建立机关干部联系基层制度，要求机关各处室干部加强与基层组织的联系，深入基层，了解基层，为基层组织提供有效的服务。三是健全完善各专委会工作机制，进一步加强对各专委会工作的领导，使各专委会的工作制度化、规范化。通过建立以上制度，全社的工作好活动效率大幅提升，活力得到增强。

【社会服务】　2009年，社市委把社会服务工作作为参政议政工作的基础和延伸，结合挂钩扶贫点的扶贫工作，广泛动员全体社员的力量，发挥我社智力优势，努力做好扶贫工作，为禄劝县马鹿塘乡拨付扶贫款3万元。响应社中央的号召，与中共官渡区委统战部、矣六街道办事处、社官渡区委员会共同举办了主题为“弘扬科学，关注民生，发展公益，促进和谐”的第21届国际科学与和平周活动，组织医卫、农科、法律等方面的专家和文艺工作者，为当地群众开展送医送药、健康咨询、农、林、气象科学好法律知识宣传、家电下乡、文艺演出等服务活动，免费发放2 000余元的各类药品好宣传资料，受到当地政府好群众的广泛赞誉。市政协港澳台侨联络委员会和社市委积极动员市政协港澳委员和全市九三学社社员为老宝象河沿河两岸绿化捐款4万元，联合打造昆明市九三学社社员与市政协港澳委员“护河林”。同时，在老宝象河河长、社主委的带领下，组织相关部门及社省、市委的省市人大代表、政协委员和机关干部先后10多次深入老宝象河调研指导工作，帮助解决实际问题，通过各方面的努力，老宝象河于4月7日通过了市级四套班子对河道综合治理工作的验收。

（赵如嘉）

九三学社市委医卫系统社员为市民进行义诊　（九三学社昆明市委　供稿）

昆明市工商业联合会（总商会）

【调查研究】　2009年，市工商联紧紧围绕促进非公经济发展开展调查研究。6月，由会领导带队，邀请相关专家学者参加，对全市中小企业在金融危机中的生产经营状况进行全面调研，对全市中小企业在金融危机中的应对策略进行了认真梳理和总结，形成了-《昆明市中小企业应对金融危机情况调研报告》和《金融危机影响下中小企业发展情况视察报告》。向市委、市政府及市工信委作了调研成果专题汇报。参与市委、市政府跨越式发展专题调研非公经济部分的调研工作。专题对昆明中药厂在“禁煤令”颁布后的生产经营状况进行调查，形成了《关于昆明中药厂有限公司情况报告》并及时上报相关部门。

【参政议政】　年内，市工商联广泛征集广大非公企业、非公经济人士对全市经济社会发展重点、热点和难点问题的意见、建议，在市政协十一届四次全会上提出“实施农业产业化的建议”、“加强招商引资工作的建议”、“关于加强商会建设的建议”3个集体提案。认真组织非公有制经济代表人士参与昆明市政治、经济、社会生活中重要问题的政治协商。按照“千人评价软环境”的要求，组织68家驻昆商会代表召开座谈会，对一年多来昆明软环境建设的情况进行评价。驻昆商会代表进行交流发言，提出了意见、建议。市工商联对意见建议进行收集整理，形成专题报告上报市政府及相关职能部门。

【执委、常委会议】　12月17日，昆明市工商联（总商会）召开十届三次常委会。会议增补了市工商联执委、常委、常务副主席。经过全体参会常委表决，一致通过蔡永福当选为市工商联常务副主席。会议以书面形式通报了市工商联2009年工作情况。

【光彩事业】　2009年，市工商联以昆明市光彩事业促进会为平台和载体，积极引导和动员组织非公有制企业投入光彩事业和社会慈善事业。分别在呈贡县、富民县、寻甸县等县（市）区实施光彩事业建设项目64个，拨付光彩事业基金260余万元。向省光彩促进会申请1万元资金用于富民县散旦乡小白井村人畜引水工程。通过省光彩事业促进会向宜良县狗街镇小马街小学捐资10万元用于改善教育教学基础设施。

【扶贫济困】　年内，市工商联组织非公企业扶贫济困、捐资助学，为新昆明建设、新农村建设、和谐平安昆明做贡献。参与市委统战部组织的各民主党派、工商联社会公益活动，动员南安商会为活动捐赠了5 000元的药品。积极推进七彩云南助学资金项目，通过七彩云南助学资金项目向高考文理科状元发放助学奖励金，并资助了3名少数民族学生。坚持不懈地开展“爱心助你上大学”活动，台州商会为活动捐款3万元、南安商会为活动捐款5 000元。做好结对扶贫工作，筹集扶贫资金3万元，帮助挂钩扶贫联系点改善生产生活基础设施。投资50万元，在寻甸县甸沙乡老村建设希望小学。

【创业就业】　年内，为贯彻促进创业带动就业的方针，市工商联紧密结合省委、省政府出台的“贷免补扶”政策，充分利用昆明青年创业促进会推动创业带动就业工作。举办青年创业讲坛12期，培训创业青年3 000余人；举办电视创业大赛2场，向YBC全国办报送创业项目36个，34个创业项目获得批准。昆明青年创业促进会被YBC全国办授予YBC2009模式试点办公室，荣获“2009年度特别组织创新奖”。

【创业“贷免扶补”政策落实】　2009年年初，秦光荣省长率省直相关部门到昆明青年创业促进会调研。随后，省级相关部门以昆明青年创业促进会的运作模式为样板，出台了全省以创业促进就业的“贷免扶补”政策。市工商联加大“落实鼓励创业贷免扶补政策”工作力度，精心筛选项目，严格把好资格关，确保创业项目能取得成功。经过认真细致的评选，组织各县（市）区工商联完成创业项目103个，发放贷款488万元。

【搭建沟通平台】　2009年，市工商联办搭建政府与非公经济沟通平台，组织召开昆明市异地商会负责人座谈会，邀请市领导和市委、市政府相关部门领导与驻昆30余个异地商会负责人及市工商联企业家兼职副主席进行座谈。对《昆明市工商联关于鼓励行业、异地商会参加招商引资工作的意见（草案）》征求意见。与市经委、市工商局、市检察院建立工作联系制度。组织驻昆异地商会参加市政府郊野公园、昆明·石林台湾农民创业园、水源区生态工程招商引资新闻发布会。召开贯彻加快中小企业发展实施意见座谈会，对市委、市政府《关于加快中小企业发展的实施意见》进行了解读。

【驻昆商会组织发展工作】　年内，市工商联按照市委常委会关于加快驻昆商会发展的精神和要求，确立了到年底驻昆商会发展到100家的阶段性目标。研究制定了《昆明市发展驻昆商会规划》、《关于加快驻昆商会发展的实施意见》，采取各种有效措施，发展驻昆商会。主动与符合组建异地商会条件的所在地区统战部、工商联等部门联系，积极沟通协调，向全国各地工商联特别是长三角、珠三角地区工商联发送了102份邀请函，向省内15个州市工商联致信致函，争取当地主管部门对投资者在昆组建异地商会的支持和协助。下发《关于2009年度县市区工商联发展商会的工作安排》，召开县（市）区统战部部长和工商联主席会议，研究部署驻昆商会发展工作。按照条件成熟的及时办、有基础的积极办、愿成立的推动办的原则，广泛宣传动员，调动在昆外地籍非公经济人士组建异地商会的积极性。全年新发展驻昆商会41家，年末驻昆商会累计达101家。

【招商引资】　2009年，市工商联承担了组建福清招商分局，引进内资3.3亿元，外商130万美元的招商引资任务。市工商联抽调精干力量组成了福清招商分局，完成了驻地设点、联系走访福清市当地企业等工作，并于6月4日成功举办昆明·福清投资恳谈会。

【学习实践科学发展观活动】　2009年，市工商联设立全市非公有制经济组织学习实践活动指导组办公室。办公室在时间紧、任务重、人员少、经费紧张的情况下，积极做好指导协调和服务保障等各项工作，全力推动学习实践活动向非公经济领域覆盖、向非公经济人士延伸、向非公企业深入，实现非公党建与非公经济齐头并进、同频共振。引导广大非公有制经济人士在危机中寻找机遇，加快转型提升，提高企业核心竞争力，确保学习实践活动取得实效。10月20～21日，全国非公经济学习实践活动第四巡回指导组到昆明调研，对昆明的非公经济学习实践活动给予了高度评价。

市工商联组织会员参加“爱心助你上大学”活动　（市工商联　供稿）

【经济联络】　2009年，市工商联组织相关企业、商会参加“昆交会”、中新农业企业洽谈会、第5届泛珠三角（9+2）省会城市商会合作论坛、“农博会”、国际旅游商品博览会等展销展洽会，帮助企业实施“走出去”战略。与德国中小企业联合会（ZDH）合作举办了“和谐企业建设”、“商会干部培训”、“银企座谈”3个商会论坛活动。在昆明召开2009年ZDH合作项目工作研讨会。相继接待福建厦门、江苏宿迁、山东潍坊、福建福清、四川遂宁、甘肃定西、浙江湖州、江苏南京、湖北武汉、四川成都、江苏盐城、浙江杭州等地工商联的来访，新缔结6家友好商会。

【干部培训】　年内，组织举办商会干部培训班，邀请德国中小企业联合总会驻上海办事处首席代表托马斯先生给商会干部介绍国外商会的运行情况；与市委统战部、市社会主义学院共同举办非公经济代表人士培训班，90余名非公经济代表人士参加了政治形势、法律知识、经济趋势等内容的学习。认真组织非公经济人士参加全市暑期干部培训班、云南省非公企业经营管理人才高级研修培训班等各类专题培训。

【对外宣传】　2009年，市工商联积极协调昆明日报、昆明电视台等媒体，利用《昆明商会》会刊、简报、简讯等载体，及时宣传报道全市非公经济发展的先进典型、光彩事业、工商联系统开展的各类活动。6月，昆明市工商联多媒体网站投入运行。

【机关建设】　年内，在市工商联机关开展深入学习实践科学发展观、“行政效能提升年”和“干部作风改进年”活动。推进机关制度建设，制定和实行了处室目标责任考核、招商引资奖惩、每月工作回头看、立项督查督办四项制度。在机关开展“齐心协力、知耻明荣、奋蹄扬鞭、攻坚克难、进位争先”主题年活动，强化机关作风建设。调整和优化处室工作人员配备，明确处室工作职责，按照处室共建目标和处室分项目标实行百分制考核。

【表彰先进】　2009年，市工商联合会组织开展昆明市第三届“优秀中国特色社会主义事业建设者”评选表彰活动。市委统战部、市经委、市人事局、市工商局、市工商联等评比表彰活动领导小组成员单位组织工作人员对参评非公经济人士进行了认真的查审核。12月17日，召开昆明市第三届优秀中国特色社会主义事业建设者表彰大会。50名对全市经济社会建设作出贡献的非公企业经营管理人员受到表彰。

（陈桓国）

·责任编辑　车光杰·

·群众团体·

总工会

【团结动员广大职工为实现昆明跨越式发展建功立业】　2009年，市总工会围绕中心、服务大局，开展了独具昆明特色的“万、千、百、十、一”职工技能提升活动，“节能减排”立功竞赛活动和以“同舟共济保增长，建功立业促发展”为主要内容的各类竞赛活动。举办全市性技术技能竞赛3次，选派8名选手参加第三届全国职工技术技能大赛，产生8名技术状元，4名优秀技术能手，57名技术能手。节能减排竞赛产生30家优胜企业、30个优胜班组、30名管理标兵和30项“金点子”成果。在重点工程建设项目中开展的以“保质量、保安全、保工期、保控制股资；促技术创新与文明施工、促廉政建设”为主要内容的“四保、两促进”立功竞赛活动，有41个单位获“优胜企业”荣誉称号，50个集体获“优胜班组”荣誉称号，60名先进个人获“建设标兵”及“管理标兵”荣誉称号。全市职工共提出合理化建议6 600条，推广技术革新、发明创造、先进操作法1 078项，重点推出节能降耗等近百项创新成果，共创造（节约）价值7 600多万元。

【杨丽当选“时代领跑者——新中国成立以来最具影响的劳动模范”】　9月22日晚，中华全国总工会组织开展的“时代领跑者——新中国成立以来最具影响的劳动模范”评选活动隆重揭晓，颁奖盛典在北京会议中心举行。昆明市人大常委会副主任、市总工会主席杨丽以“捧着一颗心来，不衔半根草去”维权帮扶动人事迹光荣当选，并作为60位新中国成立以来最具影响的劳动模范之一参加了颁奖盛典，受到王兆国等党和国家领导人的亲切接见。

【“四创两争”活动成绩斐然】　积极组织广大职工投身创建“国家园林城市、国家卫生城市、国家环保模范城市、全国文明城市”，争创“联合国人居奖和国家生态城市”的“四创两争”活动。2009年，在“创争”活动中共举办各类学习班、培训班、讲座80多期，受训职工达6.21万人（次）；在“创文”活动中，各窗口行业职工以一流的服务，树立了新昆明的良好形象；在深入推进职工文化、企业文化建设中，建设“职工书屋”51家；在庆祝建国60周年期间，各级工会广泛开展“迎国庆、讲文明、树新风”活动，举办演讲比赛、歌咏比赛、展览会等各种活动数百场；组织职工文化作品和文艺节目参加“云南省职工才艺博览会”和“云南省职工文艺汇演”取得好成绩；组织民族员工方阵参加“激情广场—云南昆明篇”活动，获得中央电视台好评；组织职工参加“双百”评选、“最具幸福感城市”及“时代领跑者”评选推荐均取得很好的效果；开展“和谐家庭”创建评比活动，全市共评选出600户“和谐家庭”；组织文艺团体为工作一线职工、农民工慰问演出34场。在创园、创卫、创环保城市中，上千名劳模代表、工会干部清疏了盘龙江，植树6 000多株；广大职工在文明交通工程、环境优美工程、文明机关（企业）创建工程等活动中，均创造出较好成绩。

【表彰先进、发挥劳模示范激励作用】　4月29日下午，昆明市庆祝“五一”国际劳动节暨先进集体（个人）表彰大会在市委礼堂隆重召开。省委常委、市委书记仇和，省总工会党组书记、常务副主席卢正国，市长张祖林，市人大常委会主任李培山，市委常委、常务副市长李文荣，市政协主席田云翔，市人大常委会副主任、市总工会主席杨丽等领导出席大会。市委常委、宣传部部长张红苹主持大会。市委书记仇和在讲话中指出，要始终坚持全心全意依靠工人阶级和广大劳动群众，不断汇聚推动跨越式发展的强大力量；要全面贯彻尊重劳动、尊重知识、尊重人才、尊重创造的方针，不断激发广大劳动群众开拓奋进的巨大热情；要大力弘扬劳模精神，树立支撑跨越式发展的精神动力；要切实解决广大职工群众遇到的问题和困难，维护好他们的合法权益。仇书记要求全市要贯彻落实市委工青妇工作会议精神，把更多的资源和手段赋予工会，为工会开展工作创造良好条件，让工会组织在实现昆明经济社会跨越式发展中发挥更大作用。大会表彰了昆明市五一劳动奖状32家，昆明市五一劳动奖章获得者74人，昆明市工人先锋号先进集体100个，昆明市和谐企业29家，劳动关系和谐工业园区1个，昆明市女职工建功立业标兵岗和昆明市女职工建功立业标兵各50个。9月29日，市总工会对在二环快速系统改扩建工程作出突出贡献的20家建设单位授予昆明市“五一劳动奖状”和“工人先锋号”称号。2009年，全市涌现出一大批先进集体和先进个人；有1个企业荣获全国五一劳动奖状，3名优秀个人荣获全国五一劳动奖章；帮扶中心荣获全国工人先锋号，2个单位和8名职工分别荣获云南省五一劳动奖状、奖章。

【关爱劳模】　认真做好劳模管理工作，切实为劳模办实事、好事。2009年，对1 200人次困难劳模进行帮扶，其中：为居住条件较差的2名全国劳模申请3.85万元的住房改善补助金；为95人次的全国劳模发放“三金”补助款31万多元；给136名省部级劳模发放补助金42.54万元；对857人次的市级困难劳模进行帮扶，涉及金额151.31万元，推动全社会进一步形成尊重劳模，关爱劳模，崇尚劳模，学习劳模的良好风气。

【举全会之力保增长、促和谐】　健全源头参与机制，代表职工向各级人大，政协提出议案、建议、提案20多件，其中杨丽主席领衔提出的关于《企业工会工作条例》地方立法的议案，已由省人大列入立法计划并进入了立法程序；关于“解决低收入职工保障性住房”、“昆明市返乡农民工问题”“困难企业职工进医保”等几十项涉及改善民生的调研、建议，引起党委政府的高度重视，使一些难点热点问题得到逐步解决。全市有2007家企业开展和参加了“共同约定行动”，其中国有（含国有改制企业）166家，非公企业1 841家，在应对金融危机中，做到企业不裁员、不减薪，同舟共济保增长。实施“劳动合同三年行动计划”，帮助和指导农民工与企业签订《劳动合同》，对3 789户（次）用工单位进行了专项检查，共补签劳动合同5 663份，全市劳动合同签订率大幅度提高。大力开展劳动法律法规的竞赛、培训活动，举办两期昆明市工会劳动法律法规知识培训班，培训工会劳动法律监督员和劳动争议调解员361名。各基层建立劳动争议调解委员会1 790家，工会劳动法律监督委员会1 786家，持有“两员证”的人员1 940人，积极开展劳动争议调处工作。开展劳动关系和谐企业（工业园区）评选和“双爱双评”活动，强力推进劳动关系的和谐稳定，促进社会和谐。

【完善社会化维权机制】　建立健全劳动关系三方协商机制，各县（市）区都建立了相应制度，积极开展三方协商机制工作。其中昆明市两次召开协调劳动关系三方联席会议，对促进就业再就业及内退职工生活保障等问题进行了协商。积极推动市属国有（控股）企业、集体企业和事业单位普遍建立职工代表大会制度、厂务公开、民主监督制度；其中在非公企业推进厂务公开取得一定突破。大力开展平等协商集体合同工作，共签订企业集体合同1 932个，区域、行业性集体合同45个，涵盖企业2 190家，从源头上维护了职工的合法权益。认真抓好群众性安全生产工作，共组织1 750个单位、30万职工开展“安康杯”和“一法三卡”活动，连续8年荣获全国、全省“安康杯”竞赛优秀组织奖。强化预警机制建设，协助有关方面妥善预防和处理大量群体性事件，引导职工通过理性合法渠道正确表达利益诉求，切实维护职工队伍和社会的稳定。建立“五一志愿律师维权岗”，累计提供法律援助547件，共帮助17 735名农民工追讨回被拖欠工资8 449.78万元，使45名受工伤农民工得到工伤赔偿221.35万元。

【健全完善“三中心”工作】　2009年，昆明市困难职工帮扶中心、农民工维权中心、工会会员服务中心及各县区分中心、企业工作站，继续完善工作机制，创新工作思路，拓宽服务内容，提高服务质量和水平，千方百计帮助特困、困难职工、农民工解决最关心、最直接、最现实的利益问题。通过调研，积极争取市政府借款900多万元，解决市属58家困难企业1.2万多名困难职工接续医保的问题；扩展对因特殊原因致困的600多名退休老职工和400多名建国前参加革命工作的老工人的帮扶，缓解了困扰职工多年的看病难问题。通过大病救助、临时救助、特殊救助、爱心超市、中心药房等日常救助和重大节日送温暖等途径，全年共帮扶救助慰问各类困难职工74 419人（次），开支救助金额1 373.29万元。共组织48.6万名职工参加第6期省职工医疗互助活动，为61 883人（次）住院职工开支救助金额2 716.9万多元。开展“金秋助学”活动共资助困难企业职工子女、农民工子女1 268人上大学，资助金额达198万元。把促进再就业作为重中之重。全年共举办14次劳务交流会，2 092名下岗失业人员参加，达成意向性协议1 013人。开办职业技能培训班62个，培训下岗失业人员、农民工6 083人；成功帮助4 796名下岗失业人员、农民工实现再就业。开办创业培训班2期，培训创业带头人196人；为符合条件的388名下岗失业人员提供小额担保贷款1 690万元；提供鼓励创业贷免扶补贷款758万元，帮助158名下岗失业人员、返乡农民工实现自主创业。切实做好信访工作，变上访为下访，把问题解决在萌芽状态。全市共接待上访并下访安抚职工44.23万多人（次），接听热线电话4 263个。其中“中心”接待职工、农民工来访9 441件，199 285人次；群体性上访297件，64 290人（次）；工会主席接待日制度，接待并处理职工、农民工上访3 569件，43 291人（次），召开各类上访问题协调会38次，解决了14 922人（次）职工、农民工的各类问题。

【工会组织建设】　全力推进“双措并举、二次覆盖”工作。2009年，全市新增会员93 979人，新增基层工会组织2 312家，分别完成省总下达任务数的203%和177%。各县（市）区因地制宜、不拘形式新组建了楼宇、市场、个私分会、花卉、旅游、农家乐等各类工会联合会106家，涵盖1 567个独立法人单位，覆盖会员9 820名。全面推进出租车企业建会工作，建立50个出租汽车企业基层工会和1个出租车联合工会（涵盖33个企业），发展会员8 780

名，实现工会组织在全市出租车企业的全覆盖。在全市85个乡镇工会中配备18个专职工会干部，配备率达21.1%，有力促进了乡镇工会组织建设工作。建立企业工会干部合法权益保障金制度，制定有关措施，实实在在维护工会干部的合法权益。

【工会干部选派工作】 3月13日上午，昆明市总工会举行首批工会组织员选聘上岗仪式。35名组织员与派往工作单位的领导签订劳务协议奔赴昆明4城区协助乡镇街道工会开展工作。市人大常委会副主任、市总工会主席杨丽，市总工会党组书记、常务副主席张光华，省总工会组织部部长潘红伟等领导出席仪式。同时，部分县区也开展了考核选聘组织员工作，全市共有58名组织员派驻到24个街道、社区开展工会工作。实践中，组织员遵守工会干部职业道德，以良好的工作业绩赢得大家的信任，树立工会组织员良好的形象。

【自身建设】 通过狠抓首问首办、服务承诺、限时办结三项制度，落实“一线工作法”，实现“工作成果倒逼法”等措施加强了工会组织的效能建设，提高工会干部的工作效率和服务水平；坚持“五办”工作作风，对基层、企业、群众亟待解决的问题“立即办”，对老大难问题“主动办”，对带普遍性的问题“上门办”，对条件暂不具备、一时难以解决的问题“跟踪办”，对涉及职工面广、政策性强的问题“公开办”，让职工群众满意。开展“五比五赛双服务”竞争和向杨丽同志学习活动。制定贯彻《中共昆明市委关于进一步加强工会、共青团、妇联工作的意见》的实施意见，各县（市）区、三个开发度假区工会主席实现高配，各项工作全面推进，整体工作上台阶。全面完成工会经费及建会筹备金税务代收任务，工会财务工作被评为全国工会财务先进单位，经审工作获省总经审工作规范化建设A类一等奖。申报省级文明单位工作顺利通过考评组检查验收、荣获省级文明单位光荣称号；平安创建工作得到考核组高度肯定、荣获市平安创建先进单位称号。

【女职工工作】 3月3日，市总工会、市总女职工委员会在云南省九洲泌尿生殖专科医院举行庆“三八”关爱女职工、真情送健康活动。市人大常委会副主任、市总工会主席杨丽，九洲医院院长杨焕南等相关领导出席活动。活动为3 000多名女职工、女农民工进行免费体检。各级工会女职工委员会突出维护女职工特殊权益保护。2009年，签订“女职工专项集体合同”1 713份，签订率达100%；寒窗助学、包户帮困结对子、“职工红丝带健康行动”、“女职工红线联谊活动”特色突出，女职工工作获“全国女职工建功立业标兵岗”称号。

【工会特色工作】 8月28日，昆明市老工会工作者协会成立。省总工会副主席王惠萍，市委常委、常务副市长李文荣，市人大常委会副主任、市总工会主席杨丽，省市总工会老领导赵学全、杨旭、施义、梁福祥、张在权、于立德、段镇江、施芝兰、徐仁信、尹绍源等出席会议。市委组织部副部长、老干局局长赵云平，市总工会党组书记、常务副主席张光华等领导参加会议。李文荣副市长代表市委、市政府对昆明市老工会工作者协会的成立表示热烈的祝贺。杨丽主席在会上作讲话。大会讨论通过了江巴吉才、赵学全、杨旭、施义、梁福祥、张在权、卢正国、于立德、段镇江、施芝兰、徐仁信、赵云平等12人为名誉会长，张光华、方越、赵春华、彭萍安、赵涤群、鲁毅刚、刘毅康、许萍森、陈思聪等9人为名誉副会长。选举了29名常务理事、53名理事。选举杨丽为协会第一届会长，刘世杰为常务副会长兼秘书长，尹绍源、蒋玉奎、罗衡民、宋晓华、李庆金、杨凤仙、丁云川、杜铮、李明禄等9人为副会长。协会的成立为发挥老工会工作者的余热，开展学习、交流、文化、体育、联谊等活动搭建了平台。

9月24日上午，昆明市职工文体协会正式成立。省总工会副主席李晋云，市人大常委会副主任、市总工会主席杨丽，市政协副主席、市文联主席汪叶菊，省总工会调研员、省体育协会副会长兼秘书长潘兴顺，市体育局局长张萱，市文化局副局长李安民，市民政局副调研员杨智发等领导出席协会成立大会。会议通过协会章程，选举产生协会理事单位、常务理事单位、会长、常务副会长、副会长、秘书长、副秘书长，聘请协会顾问和名誉会长。李晋云副主席代表省人大常委会副主任、省总工会主席江巴吉才对昆明市职工文体协会的成立表示热烈的祝贺。他希望，协会成立后充分发挥工会“大学校”的作用，在维护职工政治权益、经济权益的同时，维护好职工的精神文化权益，扎实提升职工的科学文化、身体心理素质，以丰富多彩的文体活动吸引职工、教育职工、鼓舞职工，为新昆明建设、云南振兴做出工人阶级应有的贡献。市职工文化体育协会名誉会长杨丽在会上就如何做好职工文体协会工作作了重要讲话。市职工文化体育协会会长张光华就协会启动后如何搞好工作作了讲话。协会实行单位会员制，设立58家理事单位。协会启动后，按照面向基层、服务职工群众的宗旨，有计划地组织开展职工文艺汇演、职工运动会等活动，使广大职工群众在劳动、工作之余参加到有益身心的文化娱乐活动中，进一步提升职工队伍的文化体育素质。

【招商引资】 2009年，按照全市招商引资工作的统一部署，市总工会成立了昆明市嘉兴招商分局。由市人大副主任、市工会主席杨丽任政委，市总工会党组书记、常务副主席张光华任副政委，市总工会副主席方越任局长，市化工建材行业工会联合会副主席姜斌、市总工会组织部部长李光任副局长的招商引资工作领导机构，千方百计、攻坚克难，完成内资3.3亿元，外资120万美元，分别完成任务的174.67%和144%。

【工人文化宫迁建工作】 4月28日，在市委、市政府的关心重视下，新建昆明工人文化宫于新选址人民东路原CY集团地块上隆重举行开工奠基仪式。省委常委、市委书记仇和，市长张祖林，市政协主席田云翔，省总工会副主席李晋云，市委常委、宣传部部长张红苹，市委常委、市委秘书长黄云波，市人大常委会副主任、市总工会主席杨丽等领导出席奠基仪式。市委常委、常务副市长李文荣主持奠基仪式。张祖林市长宣布工人文化宫新建项目开工。杨丽主席作致词。工程代建单位、市土地开发投资公司董事长陆锦昌在开工仪式上作承诺。出席仪式的省市领导与全国劳模代表、省劳模代表、市特等劳模代表一起为项目开工固基。仪式结束后，市总工会组织了“新建文化宫，你我齐奉献”捐赠仪式。新建的工人文化宫占地约60亩，由政府主导、政府投资5亿元左右，列为新昆明重点项目推进。

【完成企业维稳工作】 11月22日，按照螺蛳湾商业片区商业业态升级改造指挥部的要求，市总工会迅速调集市总机关30名精兵强将，成立了以市人大副主任、市总工会主席杨丽为组长，市总工会党组书记、常务副主席张光华为副组长，领导班子成员全体参加的企业维稳工作组进驻云纺，即刻设立职工来访接待处，分门别类召开云纺领导班子、中层以上干部、在职、内退、离退休职工5个座谈会，了解职工思想动态，宣传市委、市政府决策的重大战略意义，通过做大量艰苦细致的职工思想工作，确保在螺蛳湾关闭期间职工队伍的稳定，圆满完成了市委、市政府交给的光荣而又艰巨的任务。

【摘取“中国城市管理进步奖”】 10月17日，全国城市“十二五”规划编制工作会议暨第六届中国城市论坛北京峰会在朝阳规划艺术馆隆重举行。全国20个省（自治区、直辖市）、75个城市的400多名市长、新闻媒体出席了会议。会上，昆明市总工会以更新帮扶观念、创新帮扶机制，打造“帮扶工作”优质品牌，以昆明市困难职工帮扶中心7年的帮扶维权、撒播爱心，以超过52万人次的救助、建立在困难职工、农民工口碑上的卓越贡献，打动了评委会，为昆明赢得了殊荣，捧回了“中国城市管理进步奖”奖杯。受市人大常委会副主任、市总工会主席杨丽的委托，市总工会副主席方越出席会议并领奖。

（杨克勤）

妇女联合会

【创新妇女工作思路】 扎实开展学习实践科学发展观活动，结合全年工作目标任务，深入基层开展了“关注就业困难群众，搭建女性创业就业政策平台”、“发挥零家庭暴力示范社区作用，为‘平安昆明’创建作贡献”、“强基固本，激发基层妇联组织建设活力”、“妇联组织在招商引资工作中的探索和思考”等4个专题的调研，撰写完成调研报告。通过调研，更多地了解、掌握基层妇女工作开展情况，进一步加大对基层妇联组织的工作指导，不断创新妇女工作思路，为全面完成全年工作任务创造条件。

【提高妇女综合素质】 进一步加大“巾帼科技致富示范村”创建力度，组织动员妇联组织积极参与农民教育培训体系建设，扎实推进“新型女农民素质教育行动”，对农村适龄女劳动力，特别是返乡、失地女农民，以及初、高中毕业后未能继续升学的女青年进行实名制科技培训，组织妇女积极参加农函大、绿色证书培训，加大文化、科技知识和农村实用技术培训力度，切实帮助农村妇女增收致富。全市共创建市级“巾帼科技致富示范村”33个，开展实名制农村实用技术培训222期，培训农村妇女15 949人，实名制农函大培训150期，培训农村妇女9 443人，其中有5 647人获得绿色证书，两项合计共培训农村妇女25 392人，有100名女科技致富带头人参加了市妇联举办的“女科技致富带头人”培训班。

【促进妇女创业就业】 积极开展帮助城市下岗失业及进城务工妇女实现创业、就业各项工作，实施城市小额担保贷款和“贷免扶补”工作，扩大小额贷款资金规模和实施范围，对有创业意愿的女性进行帮助和扶持。在各级妇联积极争取、共同努力下，共实施各类城乡小额贷款23 270.85万元，其中城市小额担保贷款17 932万元、“贷免扶补”资金1 020万元、城市小额信贷81.4万元、农村小额扶贫贷款4 237.45万元。进一步加大“巾帼创新业带头人”和“巾帼创新业示范基地”的培养、培育力度，积极帮助更多失业人员实现创业和就业，有59名女创业带头人参加市妇联举办的“巾帼创新带头人”培训班，与市工商联共同命名市级“巾帼创新业示范基地”57个、“巾帼创新业带头人”58人。

【精神文明建设】 进一步深入开展“五好文明家庭”创建活动，大力挖掘、培养、宣传妇女和家庭先进典型，拓展“巾帼文明示范岗”创建领域，深化岗村、岗社联动结对帮扶模式，开展岗村、岗社联动示范点创建工作，弘扬和谐精神，培育文明风尚，促进城乡共同发展。全市共有60个单位申报市级“巾帼文明示范岗”，有39对岗村、岗社联动对子向市妇联申报岗村、岗社联动示范点。在基层妇联上报、市妇联审核的基础上，市妇联命名表彰了第六届昆明市“五好文明家庭”，表彰100户“五好文明家庭”和10户“五好文明家庭”标兵户。进一步深化“节能减排家庭社区行动”，召开“昆明市妇联‘四创两争家庭清洁行动’推进会”，在36个社区实施家庭清洁行动，动员社区妇联牵头组织开展“五个一”活动，开展知识培训、知识竞赛和入户宣传，发放宣传资料，组织社区清洁活动，并推出一批家庭清洁示范户。市妇联在四城区所有社区实施了第三期“昆明市妇女与艾滋病防治干预”项目，深入社区对3 000名妇女开展“面对面”的预防艾滋病知识宣传教育活动，帮助妇女群众提高防艾意识和防艾能力。

【为妇女儿童办实事做好事】 认真做好“春蕾计划”的实施工作，开展贫困家庭基本状况和女童就学情况调查，建立贫困女童救助档案，认真做好宣传、推荐、审核等各项服务工作，切实帮助贫困女童继续学业。在相关部门的共同努力下，共招收春蕾女生1 058名，其中普通高中女生176名，职业高中及中等职业班882名，超额完成年初下达的资助1 000名贫困女童的任务。市妇联积极与省妇联、省民政厅等单位进行协调，开展建立昆明市春蕾少年儿童基金会的各项筹备工作和向贫困女童献爱心捐款活动，共筹集资金535.7万元，除市财政的200万元拨款外，向社会募集善款335.7万元，并于2009年12月18日召开昆明市春蕾少年儿童基金会成立大会。春节期间，市、县两级妇联开展慰问贫困母亲活动，共筹集资金9万余元，对全市555户贫困母亲进行走访慰问，其中市妇联筹资3万元，慰问100户贫困母亲。与“云天化”三环分公司联合开展了“情系妇女——送温暖，献爱心”活动，为挂钩扶贫点禄劝县马鹿塘乡普德村和屏山镇克梯村困难群众送去了价值3.84万元的棉被，送去了干部职工的一片爱心。充分发挥家长学校在宣传普及家庭教育科学知识的主阵地作用，大力宣传科学的家庭教育新理念，进一步推动基层开展家教知识进学校、进社区、进乡村活动。全年共对17 200名家长开展家教知识培训。市妇联牵头，联合有关单位在全市24所留守流动儿童示范家长学校开展家教知识讲座和12 355心理咨询进校园活动，加强工作指导，并精选14个家庭教育知识讲座专题，对学生家长进行家教知识培训。重点在欣诚小学开展关爱留守流动儿童健康成长走访活动。

【维护妇女儿童合法权益】 利用政府妇儿工委办公室设在妇联的有利条件，进一步加大妇女儿童发展规划的实施、监测力度，按照两个规划实施情况，编制、撰写完成市、县两级妇女儿童发展规划监测统计报告。进一步加强与有关部门的协调和联系，利用市、县两级“维护妇女儿童合法权益联席会议制度”这一平台，促进妇女维权工作中热点、难点问题的解决。发挥维权信息员队伍、信息直报点和妇女维权岗的作用，进一步完善妇女诉求表达机制，畅通讨求渠道，及时反映妇女群众的意愿和呼声。全年共报送"社情民意"10篇，其中有两篇得到了政府相关部门的高度重视，并采取了相应的工作措施。市妇联牵头制定《昆明市反家庭暴力妇女庇护所工作规范》，深入庇护所开展工作调研，了解运转情况，帮助协调解决存在的困难和问题，为规范预防制止家庭暴力部门联动机制发挥积极作用。全年新创"零家庭暴力示范社区"14个，组织召开昆明市"零家庭暴力示范社区"创建工作推进会和"国际项目总结推广暨进城务工妇女之家"经验交流会，编制"进城务工妇女之家指导册"，向2008年创建的10个示范社区授予"零家庭暴力示范社区"牌匾。市妇联全年共接待群众来信来访1 955件，处理率在98%以上，为创建平安昆明、维护社会稳定做出积极贡献。

【妇联组织自身建设】 加大推进妇女代表联系制实施工作力度，发挥妇女代表联系妇女群众的作用，积极开展创建"优秀妇女之家"活动，对创建活动进行抽查，发挥"妇女之家"这一妇女群众活动阵地的作用，命名31个市级优秀妇女之家。市妇联对各县（市）区贯彻市委有关文件精神，与基层妇女干部的工作考核相结合落实岗位补贴情况进行了督促检查，与市委组织部联合在北京大学举办第12期妇女干部培训，全市共有59名中青年妇女干部参加培训。市妇联按照"行政效能提升年"、"干部作风改进年"活动的要求，进一步加强妇联干部队伍建设，通过对干部职工的思想教育，从优化发展软环境的高度提高干部职工对提升行政效能、改进干部作风的认识，强化监督检查，加大抓落实力度，实施工作成果倒逼，对全年重点工作实行一月一报告、一季一通报、半年一汇总、年终总考核，促进妇联干部职工工作作风进一步改进、服务质量进一步提升、工作效率进一步提高、业务能力进一步增强，保证了市妇联2009年各项工作目标任务的全面完成。2009年，召开昆明市妇女第十四次代表大会，选举产生新一届市妇联领导班子，圆满完成换届工作任务。

【招商引资工作】 根据市委、市政府的要求，市妇联成立由主要领导任政委，一名副主席任局长，其他4名工作人员为成员的潮州招商分局，与有在昆投资意向的企业进行沟通和联系，开展招商引资的各项服务工作。经过大家的不懈努力，共引进项目41个，到位内资1.54亿元人民币，外资262万美元，圆满完成市委、市政府下达的内资1.5亿元人民币、外资80万美元的目标任务。

（市妇联办公室）

共青团昆明市委

【用科学发展观教育和引导青少年】 扎实开展学习实践科学发展观活动。自开展学习实践活动以来，团市委坚持领导干部带头、团干部为主体、全市团员青年广泛参与的原则，高度重视、精心组织、扎实推进学习实践活动。通过学习实践活动提升了广大团员特别是团干部的思想政治工作能力和水平，为做好新时期新形势下共青团工作和青年工作打下了坚实的思想基础。结合纪念五四运动90周年、国庆60周年和少先队建队60周年等工作契机，开展昆明青年"创星"活动、昆明市"十佳雏鹰少年"以及昆明市"优秀少先队员"等评选表彰以及"红领巾心向党"|"我是春城小主人，创卫活动我争先"等主题队日活动，认真学习少先队建队60周年贺信精神，下发"四个好少年"宣传画册8 000余份，推动全市青少年学习榜样、奋发图强的前进动力，激发昆明青年争创一流、建功立业的拼搏精神。

【创新机制，服务青年创业就业】 团市委依托昆明青年创业促进会和昆明YBC办公室服务平台，深入推进青年创业就业工作，得到省、市领导高度重视，秦光荣省长、李江副省长、市委书记仇和以及省政府办公厅、省财政厅、省人事厅和团省委领导先后多次到昆明调研青年创业就业工作。配合省政府办公厅、省就业局起草了鼓励创业"贷免扶补"政策并在全省推广实施，指导各县（市）区团委成立青年创业就业服务中心开展扶持青年创业就业工作，举办了昆明首场见习供需见面洽谈会，编写发布了《创业项目考察、评审要点》、《创业项目分类参考》、《创业政策汇编》等规范性文件。一年来，扶持1 114名青年自主创业，发放创业贷款5 166万元，创造就业岗位2 000余个。举办市、县两级创业讲坛82场次，培训团干部和创业青年4 000余人次，编印和发放宣传册7 000余册，新发展创业导师150余名。昆明青年创业促进会、YBC昆明办公室被YBC全国办授予"YBC模式培训基地"并荣获"组织创新奖"，两名创业导师阮鸿献、张艳萍荣获"优秀导师奉献奖"，创业青年张雁斌荣获"优秀创业之星"。在广发证券、云南二建集团、中铁集团、华曦牧业集团等部分省属、市属国有及非公有制大中型企业和党政事业单位建立58个青年就业创业见习基地，提供见习岗位1 689个，全年共推荐1 000多名青年上岗见习。

【围绕青少年利益诉求，营造健康成长的和谐环境】 开展"共青团与人大

共青团创先争优表彰大会　（团市委　供稿）

代表、政协委员面对面”座谈活动、优秀“青少年维权岗”创建、“大手拉小手——预防未成年人违法犯罪大学生暑期法制宣讲”、模拟法庭等活动，提高青少年的维权意识；完成《昆明市流浪儿童心理发展及生存状况》、《昆明市未成年人保护工作难点及对策研究》、《青少年校外活动场所建设》等6篇调研报告；12355服务台共通话5 737次，收到留言信息1 988条，受理有具体案情的热线电话及留言案件253件，安排法律和心理咨询46场；开通12355青少年服务台网站。

【稳步推进团的品牌工作】 青年志愿者行动不断深化。围绕服务“四创两争”工作，加强青年志愿服务项目和机制建设，组织广大青年志愿者开展“青年·巾帼林”捐植活动、青年志愿者“文明监督岗”活动、“创卫攻坚·青年当先”志愿活动、“文明乘公交”、入滇河道整治等大型志愿服务活动40余次。举行驻昆单位团员青年服务现代新昆明建设签约仪式，以合约的形式把驻昆单位团内资源有效整合起来参与现代新昆明建设。希望工程再上新台阶，募集江、浙两省及长江公益基金捐款620万元，在官渡、东川、嵩明等9个县区11所学校实施希望工程援助项目；向省基会申请资金105万元，在嵩明县核桃、晋宁县昆阳大益、富民县散旦实施希望工程援建项目3个，受益学生超过4 000名。持续开展“爱心助你上大学”活动，开展了统一行动日、大型零售企业募集及螺蛳湾商贸城助学金发放仪式等活动，全市各级团组织筹集捐款232万余元，资助学生580名。接收江苏梦兰集团有限公司捐赠的187台笔记本电脑，在东川区因民中心学校、富民县散旦中学学校等命名了“江苏梦兰信息化教室”7个，培训学校计算机教师30名。深化星级青年文明号创建活动，新命名三星级青年文明号102个，四星级青年文明号13个，五星级青年文明号2个。发挥青年文明号集体服务“四创两争”的作用，组织5批次、30个星级青年文明号积极参与到“创卫攻坚·青年当先”志愿活动。

【团组织建设】 牵头起草《中共昆明市委关于进一步加强工会、共青团、妇联工作意见》，将团的工作纳入党建工作格局。引导企业主动建、依托行业联合建、创造条件委派建、寻找团员异地建，积极探索非公经济组织团建新途径，新建非公经济团组织35家。积极实施乡镇（街道）兼职团工委副书记选聘试点工作，确定中央试点单位1个，市级5个。制定下发《昆明市共青团、少先队基层组织建设和基层工作试点工作推进方案》，确定农村、社区、学校、少先队、农村合作组织和企业等6个类别共142个基层团建和基层工作试点。着力做好共青团干部队伍建设，与市委组织部共同转发《关于加强新时期共青团干部队伍建设的意见》，举办各级各类团干部学习培训班20期，培训3 200余人次；选派16名团干部到中央团校学习，选派2名团干部到团中央、广东挂职锻炼，选派团市委机关7名副科以上干部分3批到县（市）区团委驻点指导工作；抽调17名基层团干部到团市委实习锻炼。完成农村（社区）团组织负责人补贴的发放工作。表彰32个“五·四红旗团委”、52个“五·四红旗团（总）支部”、70名“优秀团干部”和100名“优秀共青团”。

【召开纪念“五四”运动90周年暨“昆明青年·创星”表彰大会】 4月29日下午，共青团市委在市青少年活动中心召开昆明市纪念“五四”运动90周年暨“昆明青年·创星”表彰大会。会议上，有40个先进集体、个人分获“昆明青年十大创业之星”称号、“昆明青年十大创造之星”称号、“昆明青年十大创新之星”称号和“昆明青年十大创优之星”称号。40名获奖人员的平均年龄为34岁，个人获奖者33名，其中，男性27名，女性6名，少数民族5名；集体获奖者7名。获奖人员分别来自工商联、解放军武警、公安政法、医卫、科技、新闻、公交商贸、农林牧渔、教育等。

【中国少年先锋队昆明市第三次代表大会】 2009年9月28日上午，中国少年先锋队昆明市第三次代表大会在连云宾馆隆重开幕。这次大会得到了团中央、全国少工委的关心和指导。全国少工委及27个省、市、区少工委，省内15个地州少工委专门发来贺信、贺电，对大会的召开表示热烈祝贺。团市委书记罗永斌在开幕式上宣读了《关于命名昆明市少先队先进集体和个人的决定》，命名昆明市五华区云铜小学等30支少先队大队为“昆明市优秀雏鹰大队”、命名张税锦等20名辅导员为“昆明市优秀少先队辅导员”、命名张红等40名同志为“星星火炬”事业功臣。在圆满完成预定的各项议程后，中国少年先锋队昆明市第三次代表大会于9月29日上午胜利闭幕。为期两天的大会，审议通过了题为《高举星星火炬，加快发展步伐，努力开创昆明市少先队工作新局面》的工作报告，并选举产生了第三届市少工委班子。团市委副书记周乐，市教育局党委副书记、副局长姚宏当选第三届市少工委主任，栾丽华、李少忠、段媛媛当选第三届市少工委副主任。聘任魏晴、谭能为昆明市少先队总辅导员。

（团市委办公室）

中国少年先锋队昆明市第三次代表大会　（团市委　供稿）

台湾同胞联谊会

【完成招商引资工作】　2009年，由市审计局牵头，市台联参与，共同组成了“中山招商分局”，市台联副会长姚韵梅担任招商引资分局副局长，参与招商引资工作。通过全力以赴的共同努力，根据2010年1月7日市委九届六次全体（扩大）会议通报结果显示，中山分局圆满完成年初下达的内资2亿元，外资120万美元的年度招商引资任务，全年共引进内资项目59个，实际到位资金3.65亿元，考核工作实绩2.2亿元为年度任务的110%；共同引外资项目2个。实际到位资金181.92万美元，考核工作实绩145.54万美元为年度任务的121.28%。此外，全年共签约项目个。协议资金5亿元。

【五届十四次理事会】　2009年2月20日，市台联召开五届十四次理事会，学习贯彻市委九届五次全会、市纪委九届四次全会和全市统战工作会议精神。会议由党支部书记、副会长李家琨主持。会长李鸿向理事传达市委九届五次全会和全市统战工作会议及2009年招商引资动员大会精神；市台办助理调研员杨军武通报市台办2009年工作要点；市台联党支部书记、副会长李家琨传达了市纪委九届四次全会精神，通报了市台联2008年民主评议机关和行业作风情况及“纪念改开放三十周年”征文活动评奖结果。

会议要求市台联理事、县（市）区台联组织要团结带领全市台胞台属，认真贯彻落实市委九届五次全会精神，紧紧围绕市委、市政府的中心工作，以强烈的责任感、使命感和紧迫感，努力完成2009年的各项工作任务，为昆明的跨越式发展做出新的、积极的贡献。

【学习实践科学发展观座谈会】　在深入学习实践科学发展观活动中，市台联结合“行政效能提升年、干部作风改进年”活动，加强和完善内部管理的各项规定，规范机关工作人员行为。推行“首问首办制、限时办结制、服务承诺制、责任追究制”等四项制度。建立规范台胞台属走访慰问制度，为台胞台属排忧解难。建立健全投诉、举报、监测和评价机制，定期和不定期地对机关工作人员的工作进行跟踪查效。

5月11日，市台联邀请市委学习实践科学发展观活动第六指导检查组、市委统战部党总支书记杨崇昌及部分市台联理事、县（市）区台联会长、市台联的人大代表、政协委员，对市台联开展“深入学习实践科学发展观”活动，进一步扩大征求意见。

与会人员对市台联今后的工作提出了许多好的建议：积极争取增加人员编制，解决目标任务重，人少事多的突出问题。拓宽昆台两地在经贸、教育、科技、文化、卫生、农业等多个领域的交流合作的渠道、方式，实现昆台两地在更大领域的合作与交流。加强对云南昆明石林台湾农民创业园、万圆生态园、钱局街特色文化小吃的调研，提出好的意见和建议，为政府有关部门在决策时提供参考。把“两岸青年七彩联谊活动周”活动，举办的更具特色，进一步总结经验，使之成为昆台联谊交流工作中的精品。在加强市台联自身建设的同时，加大宣传力度，让更多的人了解台联工作，支持台联的工作。

【五届十五次理事会】　8月11日，市台联召开五届十五次理事会。会议的主要内容：学习传达市委工作会议精神，总结市台联2009年上半年工作。对深入学习实践科学发展观活动进行小结及测评。对市台联招商引资工作情况进行通报和再动员。

市台联党支部书记、专职副会长李家琨主持会议并传达市委工作会精神。市台联专职副会长、中山招商分局副局长姚韵梅向全体理事通报了中山分局招商引资情况。与会台联界别的省、市人大代表、政协委员，市台联理事，县（市）区台联会长和台胞台属代表对市台联学习实践科学发展观活动进行了满意度测评。市委深入学习实践科学发展观活动领导小组第六指导检查组、市纪委第八纪工委的领导参加了测评会。市台联学习实践活动群众满意度测评为100%满意。

【台海形势报告会】　8月11日，市台联召开台海形势报告会。参加五届十五次理事会的全体理事及部分台胞台属代表认真听取了省台办副主任蒋贵生的“当前台湾政局与两岸关系”报告。

蒋贵生从“一个共识”、“两岸复谈”、“两岸三通”“九项协议”到2008年后“周末、节日包机——平日包机——定期航班，大陆游客赴台旅游，两岸金融领域交流……”等方面讲述了两岸关系60年来的发展变化。要牢牢把握两岸关系和平发展的主题，认真贯彻落实胡锦涛总书记“六点意见”的重要讲话精神，进一步增强信心，努力做好对台工作。

【举行昆明市台胞台属庆祝建国60周年文艺汇演】　9月15日，市台联、台盟昆明总支在市政协多功能厅举行“昆明市台胞台属庆祝建国60周年文艺汇演”。来自全市14个县（市）区的台胞台属与有关部门的领导400多人欢聚一堂，观看由市台联理事、台盟总支、14个县（市）区委统战部、台办和台联精心准备的16个汇演节目。

汇演由市台联党支部书记、专职副会长李家琨主持。市台办主任段俐娟到会讲话。她向为全市经济建设、社会发展做出贡献的广大台胞台属台商表示衷心的感谢！祝全市4万余台胞台属，节日快乐、阖家团圆、万事如意！台盟昆明总支主委姚子龙代表全市台胞台属发言，决心在市委、市政府的坚强领导下，充分发挥台联组织的优势，为祖国的和平统一、为建设现代新昆明，实现昆明的跨越式发展做出积极贡献。

省台办副主任蒋贵生、省台盟副主委、省台联副会长杨晓红、施丽招、市政协副主席、民进昆明市委主委汪叶菊、市政协副主席、九三昆明市委主委常敏、民革云南省委副主任、民革昆明市委主委朱燕应邀参加了文艺汇演。

汇演评出了参赛名次。市台联理事会的参赛节目荣获一等奖。五华区台联、东川区委统战部的参赛节目荣获二等奖。盘龙区台联、晋宁县委统战部、禄劝县台联的参赛节目荣获三等奖。呈贡县台联、石林县委统战部、寻甸县委统战部、富民县委统战部、安宁市委统战部、嵩明县台联、宜良县委统战部、西山区台联、台盟昆明总支的参赛节目荣获鼓励奖。

【第六次台胞台属代表大会】　12月5~7日，市第六次台胞代表大会在昆明举行。会议以邓小平理论、“三个代表”重要思想为指导，高举爱国主义、社会主义两面旗帜，全面贯彻落实科学发展观，实事求是地总结了市第五次台胞台属代表大会以来的工作，提出了今后五年市台联工作的指导思想和主要任务。云南省人民政府台湾事务办公室、云南省台湾同胞联谊会，中共昆明市委、市人大常委会、市政府、市政协及民主党派、工商联、有关人民团体的领导莅会指导，云南省人民政府台湾事务办公室主任岩庄、中共昆明市委常委、市委统战部部长金志伟代表省台办、市委、市政府做了重要讲话。

大会认真听取和审议了李家琨代表第五届理事会所作的工作报告，充分讨论了《昆明市台湾同胞联谊会章程》（修改草案），大会严格按照《章程》规定的程序，在全体代表充分行使自己权利的基础上，选举产生了市台联第六届理事会。段俐娟当选昆明市台湾同胞联谊会会长，姚韵梅、姜雪梅、姚子龙、陈嘉雄当选副会长，韩洁当选秘书长。

大会号召广大台胞台属要充分意识到自己所肩负的历史责任，深入学习党的十七大精神，不断增强深入学习邓小平理论，“三个代表”重要思想和科学发展观的自觉性和紧迫感，以饱满的政治热情和高度的历史责任感，坚持“和平统一、一国两制”的对台基本方针，认真贯彻落实市委九届五次全体（扩大）会议精神，在中共昆明市委的领导下，充分发挥台联组织的桥梁和纽带作用，为实现昆明的跨越式发展，维护祖国的和平统一大业和中华民族的伟大复兴，同心同德，与时俱进，扎实工作，为开创市台联工作新局面而努力奋斗！

【拓宽昆台两地双向交流渠道】　为深入贯彻“寄希望于台湾人民”的工作方针，2009年，市台联把拓展昆台两地双向交流渠道作为工作重点，采取“走出去与请进来相结合、加强两地民间交流、扩大两地合作范围”等多种形式，有效地促进了昆台两地在双向交流工作中取得新发展。

应市教育学会、市台联的邀请，4月20日以台北市长春小学校长王慧珠女士为团长的台北市教育辅导团小学英语辅导组云南访问团19人，来昆参观了盘龙区东华一小、拓东一小、明通小学、北京路小学和金星小学，并受到了这5所学校师生的热烈欢迎和盛情接待。

金星小学的老师和学生，以大型体操、舞蹈等节目欢迎来访的台湾老师。欣赏了大陆学生用标准的英语讲故事、台湾老师被感动了。她们一致认为金星小学是一所与国际接轨的学校，值得台湾同行学习。

应市台联邀请，5月30～6月6日，台湾“中国青年大陆研究文教基金会”董事长、台湾“真善美基金会”董事长李钟桂博士一行39人，到昆明、芒市、瑞丽、腾冲参观考察。

李钟桂一行在市台联领导的陪同下，先后参观石林风景区、云南陆军讲武堂、翠湖公园和圆通寺。考察参观德宏州芒市、瑞丽以及保山市的腾冲县。美丽的云南自然风光、淳朴的民族风情、好客的各族人民、繁荣的边疆市场给李钟桂一行全体参访人员留下了深刻的印象，大家纷纷表示，回到台湾后将会广泛宣传七彩云南的迷人景观和投资环境，让更多的台湾同胞来云南观光考察。

市委、市政府领导张祖林、金志伟、阮凤斌、何波、市政协副主席陆玉珍、林怡平等有关部门领导，云南省台办、德宏州委、州政府、保山市委统战部和腾冲县委、昆明市台办、昆明市妇联、致公党昆明市委、石林县委、县政府领导，会见和宴请了参访团全体成员。

在昆明参访期间，部分参访团成员还参观考察了昆明九洲医院、晨农集团和昆明市卫生学校，初步达成了投资意向。参访团全体团员还与昆明市妇联组织的昆明市优秀妇女企业家就两岸妇女促进就业、创业举行了交流座谈、相互学习，彼此都留下了深刻的印象。

为进一步做好台胞台属第二、三代的工作，让台湾青年增进中华文化认同、中华民族认同，由省台联、市台联与台湾“中国青年大陆研究文教基金会”共同主办的2009·第六届“两岸青年师生七彩云南联谊活动周”于7月12～19日在昆明、大理、丽江举行。

台湾清华大学、台湾大学、高雄应用科技大学、东海大学、美国乔治理工学院、美国宾州大学、台北市明伦高中、北港农工、台北市师大附中等19所大、中学和单位26名师生和昆明理工大学、昆明学院、五华试验中学等部分师生参加了此次活动。

两岸师生参访了云南师范大学、昆明学院并进行交流座谈，游览了金殿公园、大观公园、金马、碧鸡坊、石林风景区，台湾师生还游览了大理、丽江等地。台湾师生均是第一次来云南，美丽的七彩云南给他们留下了深刻的印象。他们一致认为：“七彩云南联谊活动周”活动是一个促进两岸文教交流的平台。七彩云南联谊活动使他们增长了见识、饱览了美丽的自然风光、结交了新朋友。

应台湾“中国青年大陆研究文教基金会”的邀请，市台联组成以昆明市政协副主席、致公党昆明市委主委、昆明理工大学教授林怡平为团长的昆明绩优人员文教访问团一行15人于2009年4月21日～5月2日前往台湾参访交流。访问团在台期间，先后参访了基隆市二信中学、台北市敦化中学、嘉义大学和南投爱蘭小学，并进行了交流座谈。

2009年，市台联接待了来昆明参访交流、投资兴业、旅游观光、探亲访友的台湾同胞5批91人，组织1个访问团15人到台湾进行文教参访交流。

【参政议政、建言献策】　2009年，市台联围绕昆明在跨越式发展过程中的社会热点、难点问题及台胞台属台商反映的问题，充分发挥台侨界别人大代表、政协委员和理事的作用，深入基层，开展调查研究。按市委要求对2008年调研报告进行了成果转化，并代市教育局、农业局联合草拟上报“关于构建昆明市农业科技传播新体系的实施意见”。撰写《云南昆明石林台湾农民创业园招商引资的对策建议》调研报告，该调研报告被评为2009年度市级各民主党派、工商联、有关人民团体调研报告三等奖。12月25日，该调研报告作为市台联2009年专题调研成果，向市级四班子领导进行了汇报。在市人代会上提出建议案11件，在市政协全会上，提出提案43件。其中：集体提案14件，委员个人提案29件。1件委员提案和1件集体提案被市政协评为优秀提案。反映社情民意18件，积极参加市纠风办组织的明察暗访活动，参与对12家单位部门2009年机关作风的定向测评工作。

【为台胞台属台商服务】　春节前夕，市台联走访慰问了14个县（市）区委统战部、台办、台联，对生活困难的台胞台属，并送去了慰问金。一年来，接待来访台胞台属台商67人次。为台胞台属台商办实事、好事，维护其合法利益。组织理事及部分台胞台属积极参加市委统战部举办的各项学习培训。编写《昆明台联简讯》14期，向《昆明统战理论》、《昆明统战信息》投稿20多篇。

【扶贫、济困、献爱心】　2009年，市台联筹集资金三万元，为富民县罗免乡糯支村修路。

“莫拉克”台风肆虐台湾花莲，市台联机关干部职工积极到市红十字会捐款表示慰问。另外，市台联还积极向市慈善总会、市春蕾少年儿童基资金会捐款。

（市台联办公室）

归国华侨联合会

【市侨联八届三次全会】　昆明市归国华侨联合会第八届委员会第三次全委会于2009年2月26日举行。会议听取和审议了《昆明市侨联2008年工作报告》，中共昆明市委常委、市委统战部长金志伟到会作重要讲话。会议同意市侨联主席周凡代表常务委员会所作的工作报告。2008年，昆明市侨联第八届委员会在中共昆明市委的领导下，省侨联和市委统战部的指导下，围绕中心、服务大局，为昆明市经济社会发展作出积极贡献。委员们对市侨联2008年的工作表示满意。

【开展学习实践科学发展观活动】　根据中央、省委和市委的部署，在市委深入学习实践科学发展观活动领导小组和第六指导检查组的指导帮助下，市侨联党组学习实践活动严格按《昆明市侨联学习实践科学发展观活动实验方案》利用半年时间，分步骤、分阶段扎实推进，三个阶段十四个环节的工作取得了明显效果，受到市委学习实践活动第六指导检查组的充分肯定。

【参政议政】　在2009年3月举行的政协昆明市第十一届委员会第四次会议上，共提交提案46个，其中集体提案15个，侨界人大代表建议、政协委员个人提案31个。这些提案从经济建设、政治建设、文化建设以及人民群众关心的问题等角度，有关部门的重视。其中，《进一步完善昆明市新型农村合作医疗制度的建议》被市政协评为优秀提案。

7月16日，市委仇和书记、市政府张祖林市长、市人大李培山主任、市政协田云翔主席等领导听取了民主党派和有关人民团体调研成果的汇报，其中侨联的《关于发展东南亚南亚小语种民办教育的调研》课题得到充分肯定和高度重视，仇和书记亲自作出批示，并在听取汇报过程中明确提出昆明市50岁以下公务员必须掌握除英语外的东南亚小语种，在社会上引起了强烈反响。

另外，市侨联2009年的调研课题——《关于进一步加强和完善昆明新型农村合作医疗制度的调研报告》经专家评审，被市委统战部评为二等奖。

【基层慰问工作】　春节期间，由省侨联、市侨联联合主办的2009年春节联欢会拉开帷幕，组织省、市各界的归侨侨眷500余人齐聚翠湖公园，共同迎接2009新春佳节的到来。同时，对全市基层侨联、侨联离退休干部、侨联顾问以及部分困难归侨侨眷进行了慰问，共计慰问困难群众100户，慰问金额达4万元。9月18日，为庆祝新中国成立60周年，市侨联和省侨联在昆明铁路文化宫共同举办“我和我的祖国”大型文艺汇演。昆明侨界千人参加。

【扶贫济困】　2009年，经市侨联牵线搭桥，澳门万润利投资实业有限公司董事长石云女士，日本·云南联谊协会初鹿野·惠兰等社会友好人士积极捐资助学，分别向东川区、寻甸县、孟连县等地捐赠人民币近百万元。建盖“石云侨心小学”1所，教学楼两幢，并对部分学生进行了助学资助。

另外，市侨联还投入3.4万元资金在寻甸县甸沙乡苏撒坡村修建蓄水池一个、铺设输水管道2千米，帮助该村30余户村民解决了人畜饮水困难。

【维护侨益】　2009年，继续认真开展信访维权工作，坚持每周一的主席接待日制度，共接待来信来访群众100余人次，接收信访件38件，大部分已办结，有效维护了侨胞的合法权益，使维权工作落到实处。特别是帮助挪威华商贺女士协调了一起拖了7年之久的执行案。另外，协调解决了云南白药创始人曲焕章先生墓地被侵占纠纷案，帮助泰国侨眷、昆明铣床厂困难职工段宁勘之子解决了大学学费问题，帮助新加坡侨眷陈庆华教授打赢了长达10年的经济官司等等，通过真心实意地服务，赢得了海内外侨胞的信任和赞扬。市侨联与市国资委、市财政局和市国资公司等部门的多次沟通协商，市侨联位于庆云街的“侨胞之家”房产得到政府认可，解决了多年产权不清的问题，依法保护了侨产。

【昆明侨商联合会】　2009年9月19日，昆明侨商联合会在昆明震庄宾馆召开成立大会，100余名海内外侨商出席大会，云南省侨联主席钟乔光，市委常委、统战部部长金志伟等省市领导和部分海外嘉宾到会祝贺。昆明侨商联合会第一届理事会推选云南华海集团董事长徐杰担任会长，推选杨德春、石云等10位海内外知名侨商担任副会长，张清晏担任秘书长。在昆明藤泽友谊馆设立办公地点。

【招商引资】　2009年昆明市侨联独立组建昆明泉州招商分局，并签订了目标责任书：确保实际利用国（境）外资金80万美元，实际到位国内（市外）资金1.5亿元人民币。接受任务后，泉州招商分局按照市委、市政府的统一部署，认真开展了“招商引资百日竞赛活动”。2月26日召开“2009年招商引资座谈会暨项目推介会”，广泛动员社会力量关注招商、支持招商、帮助招商、参与招商。4月下旬，由市委常委、市委统战部部长金志伟为团长，市人大副主任董利华为副团长的泉州招商引资考察团一行13人，赴福建、广东开展招商引资考察走访活动。9月22～24日，市委常委、统战部部长金志伟，市人大常委会副主任董利华再次带队，分别对福建泉州、广东东莞等地有意向投资新昆明建设的企业进行了拜访考察，并就前期已有意向在昆投资项目进行跟踪回访。经过一年的不懈努力，市侨联招商引资实际到位资金为内资1.7亿元，外资130.5万美元，超额完成了招商引资任务。

【重走南侨机工路】　为纪念南侨机工抗日回国70周年，结合东盟自由贸易区的建立和招商引资工作，经报中共昆明市委同意，由市侨联、市外侨办、致公党昆明市委、南侨机工云南联谊会、昆明侨商联合会等单位主办，于2009年12月26日～2010年1月13日，组成了由中国侨联委员、昆明市侨联主席、昆明侨商联合会名誉会长周凡为团长，成员共44人的2009年“重走南侨机工路暨招商引资项目推介活动”商务自驾车考察团。

本次考察活动，历时19天，行程8 000余公里，纵贯中南半岛和马来半岛，途经老挝、泰国、马来西亚、新加坡四国。考察团沿途考察了昆曼大通道的实际状况，了解各国海关通关的有关情况，参观所在国历史文化景观和部分著名企业。考察团所到之处，与当地海外华侨华人及其社团开展商务推介洽谈、民间文化交流、乡情亲情联谊。取得了较好的宣传效果和社会效应，为东盟自由贸易区的建立和推动澜沧江—湄公河次区域经贸合作与发展做出了应有的贡献。

（市侨联办公室）

·责任编辑　赵丕德·

·外事侨务·

【礼宾接待】　2009年，共安排市领导会见、宴请来自世界30余个国家的重要代表团、投资考察团及其他访问考察团共86批、680余人次。同时积极配合国家、省有关部门接待了中非总统费朗索瓦·博齐泽·杨古翁达，马里领土管理和地方机构部长卡富古纳·科内，柬埔寨青年协会主席满坤，老挝党和国家主席朱马里，老挝建国阵线中央委员会主席乔本潘等党和国家重要外宾。通过安排外宾访问考察，大力宣传昆明市对外开放软环境建设，招商引资政策。

【外国使领馆的联络和服务工作】　邀请越南、缅甸、老挝、泰国、柬埔寨、马来西亚等六国驻昆总领事馆官员出席2009中国昆明国际文化旅游节暨昆明狂欢节、第十七届中国昆明进出口商品交易会暨第二届南亚国家商品展、第五届昆明国际农业博览会、云南陆军讲武堂建校百年庆典等大型活动。安排瑞典、瑞士、斯里兰卡、印度、法国、澳大利亚等国驻华大使和泰国、缅甸、法国、德国、瑞典、奥地利、美国、马来西亚、英国、澳大利亚、印度、新加坡等国总领事对昆明的参观考察以及拜会市领导。安排市领导及各相关单位参加驻昆领事馆举办的泰国美食节、越南国庆系列活动、马来西亚独立日庆祝活动、泰国宋干节、中法交流之春、云南—法国可持续发展研讨会等活动。为驻华使领馆提供在经贸、科技、教育、文化等领域的合作与交流信息资料。协调驻昆领馆区绿化事宜。安排昆明日报采访六国驻昆总领事。

【节庆会展外事活动】　配合省、市政府及有关部门成功举办2009中国昆明国际文化旅游节暨昆明狂欢节、第十七届中国昆明进出口商品交易会暨第二届南亚国家商品展、第五届昆明国际农业博览会、云南陆军讲武堂建校百年庆典、2009中国·晋宁国际郑和文化节等大型会展活动。做好活动期间的对外邀请、接待和开幕式、招待会及市领导出席的相关外事活动的翻译工作。为促进云南省会展业向国际化转型发挥了积极作用。

【接待国外媒体采访考察】　5月12～16日，配合省外办接待美国媒体代表团参观考察石林，积极宣传石林风景区在旅游业方面取得的成绩。6月4～7日，接待南亚区域合作联盟国家联合新闻团参观石林风景区、石林镇小箐村和呈贡新区，详细介绍石林景区的规划设计、管理运作情况及旅游业发展态势，宣传云南省、昆明市加速推进现代化城市示范区建设的力度和创建资源节约型、环境友好型、科学发展型新区的理念。7月11日，安排接待英国BBC广播公司记者尼克·贝克先生一行对2009中国·晋宁国际郑和文化节及郑和事迹意义的采访。11月～12月，协助日本NHK电视台联系采访昆明市年轻干部，展示昆明市向海内外公开选拔的年轻干部风采。

【因公出国（境）管理】　贯彻落实中央和省、市关于党政机关厉行节约和坚决制止公款出国（境）旅游文件精神，结合昆明实际，制定了《昆明市关于坚决制止公款出国（境）旅游管理工作的方案》，成立了“昆明市严禁公款出国（境）旅游活动专项工作领导小组”，负责全市“严禁公款出国（境）旅游活动”的专项整治工作。从任务审批、经费管理、政治审查、中介管理和审计审查等方面形成分工明确的联动管理机制，进一步规范和完善了昆明市因公出国（境）管理和派出工作。

严格按照2008年底省外办对昆明市上报的各部门因公出国（境）计划的批准情况，执行2009年度全市因公出国（境）派出任务。不在计划内的一般性双跨团、临时自组团不予审批。2009年，共审批因公出国（境）考察团组190批977人，其中，自组团103批，714人，参加省组团35批，89人，参加双跨团28批，49人。经严格审核后，2009年实际派出166批，830人，在全年控制数963人基础上超额压缩了133人，压缩一般性考察任务26批147人次，节约经费约500万元。

简化审批程序。从2009年1月1日起，在全市执行“出国人员按级别审批制度”，即：厅级人员报市委书记审批，县处级人员报市长审批，科级及其以下人员由市外侨办主任审批，进一步减少了审批环节。同时对全市110家单位的150名外事专办员进行了出国任务申报培训，提高了各单位报件质量。全面推行电子公文交换报批，缩短了因公出国（境）批件办理时间，提升了行政效能。

【昆明—苏黎世友好交流与合作】　3月17～21日，苏黎世市市长艾尔玛·雷德格博先生率团对昆明市进行了卸任前的最后一次访问。在访问期间，经双方共同协商后，确定两市重点继续加强城市规划与园林景观设计、公共交通建设与管理、生态环境保护与湖泊治理、历史文化保护与传承、节能减排、财政金融、文化交流、旅游、教育等领域的合作。2002年以来，雷德格博先生在任期为昆苏合作起到了积极的促进和推动作用，昆明市授予其“荣誉市民”称号。3月18日，瑞士LEP规划咨询公司和昆明西亮塘湿地公园管理有限公司签署合作协议。3月16～20日，苏黎世排水专家代表团访问昆明，与滇投公司在城市排水管网的维护与管理、城市污水处理厂的运营管理方面展开合作。4月20～30日，市委副书记杨远翔率昆明市财贸金融考察组一行6人前往苏黎世进行考察，并就双方在财政金融领域内的合作项目进行协商。6月1～5日，苏黎世城市规划专家代表团访问昆明，与昆明市规划院合作完成“昆明市中心城区生态禁建区规划咨询报告”。6月23日～7月2日，昆明市政府副市长陈勇率昆明市交通考察团访问苏黎世和伦敦，出访期间考察学习了苏黎世的城市交通系统、经济适用房的规划建设，并会见了新任苏黎世市长柯瑞娜·毛赫女士，探讨了未来两市在城市规划领域的合作方向。8月24日，LEP规划咨询公司规划设计团队抵达昆明，向俊发地产公司汇报西亮塘湿地公园最终设计方案。9月20～25日，昆明市人大主任李培山率昆明市友好代表团一行4人访问苏黎世，实地考察两市合作项目的开展情况。11月29日～12月6日，昆苏友城合作项目瑞方负责人鲁道夫·丹内克率团来昆访问，昆苏双方总结了2009年合作情况，商定了2010年合作计划。

【昆明—于韦斯屈莱友好交流与合作】　5月4～6日，以芬兰驻上海总领馆科技领事赫亚宁为团长的工作组一行4人访问昆明市，对已开展和即将开展的合作项目与市水利局、市环保局、市科技局、市滇管局和滇投公司举行会谈。6月30日～7月3日，芬兰驻广州总领事杜汉龙一行8人访问昆明，与昆明学院、市规划局、市科技局、市滇管局和滇投公司举行了会谈。8月26～29日，于韦斯屈莱市市长马库·安德森先生率团访问昆明，进一步推动两市在各领域的实质性交流与合作。9月9日，云南榕正生物能源有限公司与芬兰美特尔公司签署关于沼气高效生产及罐装的合作备忘录。此外，芬兰尤凯斯地区发展有限公司与市科技局签署了合作备忘录，于韦斯屈莱市还与滇投公司签订了污泥处理项目投资贷款协议，明确1 200万欧元资金将于2010年到位。11月30日～12月9日，昆明市委常委、宣传部部长张红苹率昆明市新闻代表团，对瑞士苏黎世和芬兰于韦斯屈莱进行访问并进行了新闻采访和拍摄，把两市的自然景观、人文风情带回昆明进行宣传。

【昆明与其他友城的友好交流与合作】 3月4～15日，完成云南省委常委、市委书记仇和率团成功访问智利、秘鲁和玻利维亚任务。在玻利维亚科恰班巴市，仇和书记一行与该市规划、建设、交通和文化等部门负责人进行了友好商谈，并就双方下一步的合作交流计划深入交换了意见。此次出访取得圆满成功，激活了昆明市与科恰班巴市的友城关系。4月7～10日，韩国高阳市副市长李圭雄率代表团一行6人对昆明市进行了友好访问，并赠送了两市友好交流象征物“高阳合作组农乐”。4月21～24日，昆明市市长张祖林率昆明市代表团、专业技术代表团和招商代表团对韩国进行正式访问。在高阳国际花卉博览会上，昆明市代表团以“昆明无处不飞花”为主题参展，大力宣传昆明城市形象和旅游产业。在“中国昆明·韩国高阳招商引资推介会”上，昆明云蕈食品有限责任公司与韩国青道贸易株式会社、信友交易株式会社，就野生食用菌销售和开发达成2 000万美元的合作协议。在昆交会期间，缅甸仰光市、曼德勒市、内比都市政府官员组成的代表团一行6人由仰光市副市长貌巴先生带队，于6月9～11日应邀对昆明市进行友好访问。9月17～24日，应昆明市邀请，高阳市和仰光市、曼德勒市、内比都市均派团参加了第五届昆明国际农业博览会并设展。10月，以议长裴哲镐为团长的韩国高阳市议会代表团对昆明市进行了访问，与昆明市人大进行友好交流。11月17～21日，日本藤泽市政府代表团应邀参加中国国际旅游交易会，并与昆明市协商2010年藤泽市大型市民团访昆事宜。11月23日～12月4日，省委常委、市委书记仇和率昆明经贸代表团访问了泰国、马来西亚、文莱和菲律宾等南亚四国。在访问期间，同泰国清迈市政府举行了缔结友好城市10周年庆祝活动。12月14～19日，应日本藤泽市市长海老根靖典的邀请，昆明市市长张祖林率昆明市政府代表团赴日本进行友好访问。在访问期间，双方就两市加强经贸合作、共庆藤泽市建市70周年和昆明与藤泽结谊30周年活动等进行了深入探讨，对友城关系的发展达成了共识。此外，2009年还圆满完成与孟加拉吉大港市、澳大利亚瓦加瓦加市、新西兰新普利茅斯市等友城间高层互访的各项工作，进一步巩固了昆明市与各友城间的友好关系。

【拓展国际友好城市结好范围】 利用市级领导出访，争取驻外使馆支持，扩大国际友好城市结好范围。7月30日～8月11日，昆明市政府副市长廖晓珊出访斯里兰卡、印度、尼泊尔，其间与斯里兰卡驻华使馆推荐的波隆纳鲁沃市签署了《发展友好城市关系意向书》。11月17日，美国斯科耐克特迪市政府代表团访问昆明，双方签署了《发展友好城市关系意向书》，同时昆明外事、规划、文化等部门一起与美方共同举办了为期一周的“百年印象·彩色中国”大型图片展，为正式结好奠定了良好基础。在11月23日～12月4日仇和书记访问泰国、马来西亚、文莱和菲律宾等东南亚四国期间，同马来西亚古晋南市（与昆明是友好交流城市）深入探讨了正式缔结友好城市关系问题。此外，拟与尼泊尔第二大城市博克拉市、斯里兰卡首都科伦坡的凯拉尼亚大区、加拿大安大略省滑铁卢市建立友好关系并处于积极联系之中。

3月15～18日，应昆明市邀请，以市长高竹德马先生为团长的柬埔寨金边市政府代表团一行10人对昆明市进行了为期4天的友好访问，双方共同签署了《中国昆明市与柬埔寨金边市建立友好城市关系意向书》，为建立友好城市关系奠定了坚实基础。6月6～9日，老挝万象市副市长阿怒帕杜纳隆率领的万象市高级代表团一行3人参加昆交会。11月29日～12月4日，老挝万象市代表团来昆考察新农村建设。12月7～10日，应万象市长宋巴·耶利合的邀请，昆明市政府副市长李茜率昆明市政府代表团一行5人对万象市进行友好访问，参加了在万象市举办的第25届东南亚运动会开幕式和昆明市政府援建的万象市行政学校电脑教室的赠送交接仪式，再次推动了昆明市与万象市的结好进程。

2009年，经过积极努力，完成了昆明市委、市政府关于年内缔结3个国际友好城市目标任务，昆明市与柬埔寨金边市、老挝万象市以及石林县与马耳他圣朱利安市正式缔结为友好城（县）市关系，昆明市友好城市总数发展至16个。

【民间对外友好交往】 加大了与国外对华友好协会、民间社团组织及民间友好人士的交往力度，全年接待日本、韩国、缅甸、印度、德国、瑞士、柬埔寨、泰国、法国、萨摩亚、斐济、汤加、纽埃、库克群岛、瓦努阿图等国家的对华友好组织、社会团体及各界人士36批次、300余人次。主要包括：接待泰国前总理、泰中友协主席一行9人；接待缅甸仰光云南同乡会30余人考察呈贡新城；先后6次接待市政府顾问达娜·舒伯特博士及其介绍来昆参加国际并购联盟亚太地区会议的高管20余人，完成了欧洲并购联盟在昆举行的2009’亚洲年会；先后5次接待瑞士瑞中友协主席托马斯·瓦格纳率领的考察访问代表团，市委、市政府主要领导分别进行了会见，双方探讨了多项合作事宜，签署了“湖清水秀”项目合作框架协议书；继续加强与日本湘南日中友协的交流与合作，安排其在昆明开展彩云基金日语演讲比赛，安排其对禄劝九龙中学、沙渔朗小学的捐资助学进行验收（日本湘南日中友协对九龙中学、沙渔朗小学的捐资助学持续了十二年，2009年圆满结束）；安排日本关西广域机构一行5人与昆明教育界人士进行了友好交流；配合省外办接待日本中部音乐艺术经济团体云南访问演奏团一行35人，与安宁市进行了文化交流等等。指导和支持昆明·藤泽友谊馆举办中日文化交流资料室活动、中日书画展、日语培训班、接待日本湘南友好协会等对日友协工作。

【启动区域合作办公室工作】 安排专人负责昆明市—南亚、东南亚区域合作工作领导小组办公室工作。按照2008年11月10日《中华人民共和国昆明市与印度共和国加尔各答市建立合作关系备忘录》确定的内容开展与印度加尔各答市的交流与合作。4月7日，王晓光副市长出席印度驻华使馆在北京举办的“魅力印度”和“印度美食节”活动。5月1~3日，在昆明国际文化旅游节暨昆明狂欢节期间，印度西孟邦两支歌舞演出团队分别在真庆观广场、昆明剧院举行了专场演出。6月5~9日，邀请并接待了印度西孟邦旅游部长马纳本抓·穆克吉率团访问昆明并参加昆交会，其间，印度方与云南省旅游局共同举办了旅游交流研讨会、印度旅游推广会，双方签署了相互推广旅游协议书。联系接待印度塔塔集团泰姬酒店执行经理阿布黑杰·穆克吉先生两次到昆考察，安排市领导分别进行了会见，市商务局、市投促局等部门与对方进行了友好交流，双方拟在酒店管理方面开展合作。协助市商务局通过达娜·舒伯特博士邀请加尔各答企业、商界名流和商会主席参加昆交会暨第二届南亚国家商品展。根据西孟帮和加尔各答市请求，派遣建筑师张波赴印度帮助设计建设中国城，6天完成任务。与市委组织部共同办理派员两批共50人赴印度考察学习服务外包事宜。完成昆一中与印度思瑞朗姆中学正式建立校际友好合作关系的相关工作。

积极稳妥地开展与斯里兰卡、老挝、泰国、孟加拉、马来西亚、菲律宾、文莱、澳大利亚、新西兰等南亚、东南亚国家的交流与合作。根据2007年签署的《昆明市与老挝万象市合作备忘录》协议，援助老挝万象行政学院10万美元，已建成电教中心540平方米；11月9~14日，昆明市政府专业代表团赴老挝万象市实地考察绿化美化项目，双方达成一致意见后，昆明市于12月17日拨付万象市10万美元绿化援助款。广泛征集昆明市与东盟开展合作的建议、项目意向，为下一步工作的有效开展奠定基础。

【“三普”教育外语培训】 为加快把昆明建设成为面向东南亚、南亚的区域性国际化城市，根据《中共昆明市委办公厅 昆明市人民政府办公厅关于在全市进行“三普”教育培训的实施意见》文件精神，成立了昆明市“三普”教育外语培训实施办公室，从2009年8月至2010年6月，采取分散自学与集中辅导相结合、骨干培训与分批轮训相结合、分类测评与统一考试相结合的方式开展培训测试工作。

8月~10月，外语培训实施办组织专人，加班加点，精心编订、制作了英语、泰语、老挝语、缅甸语、越南语等五门语言培训教材，并通过公开招投标确定了6家培训机构。10月26日，5个语种同时分别在6所培训学校正式开班，市级各单位参加培训的骨干达800多人。10月28日，外语培训实施办组织工作组深入到各个培训点进行检查指导，直接收集了解情况，及时解决各种问题。从11月份开始，由市委组织部、市委宣传部、市人事局、市外侨办、昆明学院组成达标考评工作组，对市级机关、国企、事业单位、窗口服务部门、三个开发区、空港经济区及14个县（市）区的培训和测试工作进行定期检查或抽查，指定测试机构分别同时开始进行测试。通过外语培训测试，营造与区域性国际化城市相匹配的语言环境，推动昆明市软环境建设，深化与发达国家、东南亚和南亚国家之间的交流。

【海外侨务工作】 收集、整理各国华侨华人、侨团的情况资料，特别是收集与昆明市有经济、文化等方面合作以及有友好往来的华侨华人、侨团的资料，以便提高服务水平。继续开展海外联谊工作，认真做好海外华商、知名侨领、华人华侨社团、商会及重点人物的来访接待和考察安排，为全市招商引资服务。年内共接待来自30多个国家和地区的华商共12批约693人次。配合省政府、省侨办成功举办了第七届东盟华商西南项目推荐会暨亚太华商论坛。接待了北京中联亚房地产开发有限公司、泰华侨团首长云南参访团、马来西亚绿野集团上市公司、印尼东爪哇省中学国际水准学校交流协会考察团、马来西亚古田会馆、泰国正大制药集团等，按照来宾投资意向，组织参观考察了环保、医院、殡葬设施建设等项目，积极向参观考察的华侨华人介绍昆明、宣传昆明、推介昆明。国庆（中秋）节前，在中国新闻社云南分社主编的美国《侨报·今日云南》周刊上刊登慰问信，向旅美侨胞致以节日的问候。发贺信，祝贺泰国云南商会在曼谷成立。办理“昆明市赴港代表团”参加“云南旅港同乡会第八届董事会就职典礼”。积极促成海外捐资办公益，落实对“侨爱工程”学校的捐款到位：7月，香港方树福堂基金向禄劝马鹿塘普福小学捐款25万元；9月香港胡慧基金会捐款20万元修建的嵩明县滇源镇福慧王雨诺中学教学楼竣工。

为纪念南侨机工抗日七十周年，宣传南侨机工的抗日史迹，告慰3 200名南侨机工的抗日英魂，填补历史记录空缺，给南侨机工后裔一个肯定的答复，借此增进与南侨的了解与交流，认真做好电视专题片“南侨魂”（暂定名）前期筹拍准备工作，已完成在云南、福建、重庆、广州、海南等地和马来西亚、新加坡等国的采访拍摄事宜。

【为侨资企业服务】 对全市侨资企业情况进行了摸底调查，为提高对侨资企业的服务水平、管理机制和制度建设奠定了基础。据不完全统计，截止2009年7月，全市有侨资企业226家，占外资企业（371家）的60.9%，注册资金86.37亿元、近14亿美元。侨资企业主要来自香港、澳门、韩国、日本、泰国、马来西亚、新加坡、阿根廷、德国、英国、美国、加拿大等十余个国家和地区。侨资企业为昆明带来了资金、技术和管理经验，增加了税收，创造了大量的就业机会，促进了新昆明的建设和发展。密切联系侨资企业，为成立“云南省侨商会”、“昆明市慈善总会”做了大量宣传服务工作。推荐市内21家侨资企业负责人参加省政府召开的“2006—2008年度云南省十佳明星侨资企业表彰会”。协调和解决侨资企业经济纠纷两件。

【维权护侨】 依法维护归侨侨眷的合法权益。共受理海外华侨华人和归侨侨眷来信来访100余件次。办理2起华侨回国定居申请。为落实张培光、李培天等人涉侨房产问题，与相关单位和部门多次进行沟通协调。努力做好侨务信访工作。

加强侨法宣传普及工作。向五华、东川等县（市）区侨办拨付侨法宣传活动费8 000元。在五华区大观街道办事处举办了侨法宣传服务日活动，参加了盘龙区桃源社区“侨法宣传角”挂牌仪式。协助市人大进行“侨法”调研。将侨法知识进行网上公开，录入“96128”政务查询专线。向14个县（市）区转发了关于“华侨子女回国上学待遇问题”文件。

定期组织开展对贫困归侨侨眷的走访慰问工作，共走访慰问困难归侨侨眷190户，拨付慰问金13.5万元。资助晋宁县二街乡困难侨眷柴秀英修缮房屋款7 000元。在春节、国庆（中秋）节前，走访慰问在昆的5位南侨机工老人，送去党和政府对南侨机工老人的慰问和关怀。

【侨务调研】 配合云南省侨办，完成了自改革开放以来，华侨华人、港澳同胞为昆明市捐建学校、教学楼等项目情况的调查、统计工作。完成昆明市社会新阶层统战工作对象相关情况的调查、统计工作。参加了国务院侨办在成都召开的“全国副省级城市侨务工作协作会暨大中城市为侨资企业服务工作研讨会”、“全省侨办主任会”、“全省华文教育工作培训会”、“昆明台商恳谈会”等，并在会上作交流发言。6 月 26 日组织召开了“昆明市涉侨、涉台、涉外联系会议”，有12 个相关部门负责人以及30 余名相关人员参会，为建立昆明市涉侨、涉台、涉外工作网络迈出了第一步。深入 7 个县（市）区进行侨务工作调研，加强与县区侨办的沟通、协作与交流。探索建立了计算机管理侨情资料库，进一步摸清侨情，规范管理。

【招商引资】　把招商引资当作第一要事来抓。一方面，借助外事侨务工作为全市招商引资特别是引进外资服务。完成了市领导赴韩国、澳大利亚、新西兰、泰国、新加坡、马来西亚、法国、德国、香港、澳门等地招商任务。协助市环保局、卫生局、教育局、商务局、投促局、金融办等数十个部门接待来昆明投资、考察、洽谈的外宾、外商及侨商，促成大量投资项目落地，为全市招商引资总量做出了积极贡献；另一方面，奔赴一线，驻点招商、敲门招商、跟踪招商、以情感商。举办招商引资推介会，扩大招商引资影响。与福建、广东、深圳、北京、香港、日本、泰国等地上百家客商联系，组织来昆考察，明确投资意向。发扬“五办”工作作风，促成项目落地。全年引进内资 2.2 亿元、外资 199.34 万美元，超额完成招商引资目标任务。

（陈淑芬）

·责任编辑　戚光明·

·政策·经济研究·咨询·

政策研究

【重要文件、文稿起草】　2009 年，市委政研室（农办）紧扣市委中心工作和年度目标任务，共承担或牵头完成市委、市政府重要文件 31 份，领导讲话稿 10 篇。其中，《中共昆明市委办公厅 昆明市人民政府办公厅关于印发〈昆明现代化城市评价指标体系〉并切实做好应用和实施工作的通知》、《中共昆明市委关于贯彻落实党的十七届三中全会精神加快推进农村改革发展的实施意见》、《中共昆明市委 昆明市人民政府关于深入推进经济社会制度创新工作的意见》、《中共昆明市委 昆明市人民政府关于加强社会建设 构建和谐昆明的意见》等，较好地把市委、市政府的重大发展思路转化为具体的政策措施，受到市委、市政府领导的肯定和好评。

【专题调研】　紧紧围绕市委中心工作和市委领导关注的重点、难点、热点问题，深入基层、深入实际、深入群众开展调查研究，对重大调研课题，抽调精干人员，集中力量联合攻关，确保按时保质完成调研任务。一年来，先后就城市建设、县域经济、现代农业、社会事业方面的改革发展问题，进行广泛调研，形成调研报告 18 篇，约 20 万字，交流汇报材料 27 篇，近 15 万字。其中，《昆明现代化城市评价指标体系》、《昆明市工程建设招投标调研情况分析报告》、《凝心聚力改善民生共建共享和谐昆明》、《昆明县域经济发展与动力机制研究》、《昆明市都市型现代农业发展调研报告》、《昆明市县域经济发展调研报告》等研究成果都转化成为市委、市政府的决策。

【决策内参、书刊编辑】　全年共调研撰写《决策内参》11 篇。其中《对安宁 嵩明职教基地建设推进情况的调查》、《破解昆明市中小企业发展难题 促进中小企业壮大发展》、《昆明市社会事业发展调研报告》、《发展资金供需矛盾凸显　农村金融制度亟须创新》、《昆明应尽早出台建设“低碳城市”驱动政策》等文稿得到市委主要领导批示，并转发其他市级领导参阅，部分内容已转化成市委、市政府的文件。同时，高质量完成了《昆明市情》（2009 年版）的编印发行工作。坚持精心办刊，汇集调研成果，编辑了《昆明政研》双月刊 6 期和《谋事之基—2008 年昆明市调研文选》、《新农村建设工作指南》、《昆明市现代化评价指标研究》3 本专辑。

【新农村建设】　切实加大“三农”调研力度，深入到县（市）区、乡镇和基层单位，广泛开展调查研究，解剖“三化”带“三农”、化“三农”、服务“三农”的瓶颈和难点症结，把解决方案和解决措施较好地体现到调研成果之中，将市委、市政府的重大发展思路转化成为具体的政策措施。统筹推进全市新农村建设进程。筹备召开了昆明市 2009 年新农村省级重点建设村工作推进会议；草拟《昆明市 2009 年省级新农村重点建设村实施方案》；完成新农村省级重点建设村备选村筛选、上报工作；深入 14 个县（市）区，对 2008 年县（市）区（包括高新区、滇池度假区）新农村建设整村推进“九有”目标实现情况和生态建设情况进行考评验收。加强农业农村工作的交流与学习，使基层农村干部增长了见识、拓宽了眼界、催生了发展的强烈意识；向省上报了昆明市社会主义新农村建设工作报告和昆明市贯彻落实中央、省对“三农”重大决策工作情况的报告、2009 年省委农村工作会议交流材料、2009 年全省农村地震安全工作会议交流材料、新农村指导员工作典型交流材料、中央电视台采访先进指导员有关背景材料、昆明市贯彻十七届三中全会精神和落实中央一号文件精神情况汇报等一批材料。

【其他工作】　高质量地完成了市人大、市政协提案答复工作。其中《关于坚持以人为本谋求昆明新发展的建议》、《关于新农村建设的几点建议》、《关于将石林列为与寻甸、禄劝同等享受市级各种扶持政策的建议》等提案的办复工作得到相关部门的充分肯定。继续帮助寻甸县羊街镇甜荞地村脱贫致富，通过多次实地考察和调研，经多方协调，将甜荞地村整修小箐坝塘项目列入市水利局 2009 年小农水计划，帮助解决资金 5 万多元。同时，继续在挂钩扶贫点实施“帮困助学”项目，主动协调云大出版社捐款 1 万多元资助 10 户家庭经济困难的学生。挂钩帮扶工作受到了扶贫点干部群众的一致好评。以深入学习实践科学发展观活动为契机，积极参与“我为科学发展献一策”主题实践活动。其中，调研撰写的《关于构建省会经济圈的几点思考》和《昆明应积极应对我省财政省管县试点政策》荣获献策活动一、二等奖。

（吕海涛　张向明）

经济研究

【重要文稿起草】　2009年是起草市委、市政府领导重要文稿最多的一年，全年共起草的重要文稿73篇，是年度目标任务的3倍。一是高质量完成了《2009年政府工作报告》的起草任务，得到了市领导、人大代表和政协委员的充分肯定。二是做好市委、市政府重要文件起草工作，完成了《昆明市改革创新促进办法》、《昆明市人民政府关于开展导入ISO9001国际质量管理体系试点工作的实施意见》、《昆明市人民政府关于认真贯彻省政府支持新昆明若干政策意见的实施意见》、《关于昆明市烟草业发展的若干意见》、《关于加快呈贡现代化城市示范区建设意见》等重要文件的调研、起草任务。三是做好市政府重要文稿起草工作。2009年10月，市政府对研究室的工作职能作了部分调整，除原有工作任务外，承担了政府主要领导讲话稿、约稿及署名文章等重要文稿的起草任务。在2个月时间内，完成了张祖林市长在市十二届政府第六次全体会议上的讲话；在省级民主党派、人民团体参观考察现代新昆明建设座谈会上的讲话；在全市拆临拆违、建绿透绿和环境卫生整治现场推进会上的讲话；在整治违法加层和无序建房再动员大会上的讲话；在全市挂职县处级干部培训班上讲话《全面把握市情　在昆明跨越式发展中建功立业》；在全市征地专项工作会上的讲话《严格标准　规范实施　突出维稳　全力确保现代新昆明建设跨越式发展》；在全市开发区及工业园区发展大会上的讲话《凝心聚力　攻坚克难　奋力拼搏　开创开发区及工业园区跨越式发展新局面》；在全市工程建设领域突出问题专项治理工作会议上的讲话；在全市和谐社会构建暨和谐社区建设工作会议上的讲话《加强社会建设　促进社会和谐　推动昆明经济社会又好又快发展》；建国60年征文《加强软环境建设　助推跨越式发展》；市长约稿《加强软环境建设　助推跨越式发展——昆明市加强经济社会发展软环境建设的实践与体会》撰写；在全市推进城乡一体化工作会上的讲话等各类重要文稿20余篇，得到市长充分肯定。同时，完成了《现代新昆明建设经验总结材料》、《泛珠三角城市市长论坛城市简介》、《昆明市2009年经济社会发展情况及2010年发展思路》、廖晓珊副市长在第二届知识产权发展论坛上的讲话等重要文稿起草工作。

【重大课题调研】　结合市委、市政府中心工作，积极开展重大课题研究，完成了《加快呈贡新区现代化城市示范区建设研究报告》、《实施县城建设和小城镇开发五年提升工程的研究报告》、《昆明市信息化指标体系研究报告》、《昆明市工业化指标体系研究报告》、《昆明滇池国家旅游度假区实现跨越式发展的调研报告》、《昆明经济开发区实现跨越式发展的调研报告》、《昆明高新区实现跨越式发展的调研报告》、《深圳市改革创新工作情况调研报告》、《昆明市县域经济发展调研报告》等课题研究报告，为市委、市政府决策提供依据。注重整合研究资源，利用社会力量开展研究。认真做好昆明市科学发展决策咨询中心组建及相关工作，研究制定了《2009年度昆明市决策咨询重大课题指南》，起草了《昆明市决策咨询重大课题招标公告》，在政府网站上公开发布。充分用好专家库平台，采取合作、委托等方式组织省内外专家开展相关课题研究。年内共组织开展面向全国公开招标课题3个，定向委托研究课题14个，均取得良好效果。3个公开招标的“十二五”规划前期研究课题已通过评审，经政府分管领导同意，上报市“十二五”规划编制办公室。14个定向委托研究课题通过评审进入成果转化阶段。

【县域经济】　认真履行市县域经济发展协调小组办公室职责。配合相关部门筹备召开了全市县域经济工作会议；完成了全市县域经济考核工作；积极开展调查研究，形成了《县城和小城镇经济社会发展政策措施研究》、《县城和小城镇重点基础设施项目和公共服务设施项目建设研究》、《我市县城和小城镇生态环境保护与建设研究》等6个专题研究报告。

【书刊编辑发行工作】　全年共编辑发行《昆明经济》6期，文字量60余万字。召开了编辑工作暨通讯员工作会议，研究了下一年的工作思路和组稿重点。完成了《2009・昆明政府工作报告汇编》的组织编印工作，共编发《决策调研报告》、《热点透析》、《经验交流》等内部资料12期，供市领导参阅。配合有关部门完成了2009年《昆明市情》编撰工作，承担了生物创新、装备制造、电子信息等10项内容的起草和审改工作。完成了《中国城市年鉴・昆明篇》撰写工作。

【扶贫工作】　研究室在人员少、任务中、经费紧的情况下，加大工作力度，增加资金支持，尽力帮助挂钩扶贫点寻甸县甸沙乡老村农民群众解决生产和生活中的问题和困难。一是继续实施扶贫助学项目。出资8 000元，对村小学40名贫困生给予资助，受助学生占全校学生的三分之一。连续三年实施的扶贫助学项目取得了明显成效，三年来，老村适龄儿童实现百分之百入学，没有一个因经济原因而辍学。二是帮扶慰问老党员和贫困户。春节前，对5名老党员、10户贫困户进行了慰问和帮扶，共投入资金4 400元。三是投入资金4万元帮助坡头村完成人畜饮水工程建设，2009年全村250多人喝上清洁干净完全的饮用水。四是积极帮助村委会和村小学改善办学条件，向老村村委会和村小学捐赠了5台电脑，折合人民币8 000多元。为支持老村党支部、村委会开展工作，支持工作经费共计5 000元。同时，积极做好新农村建设试点村晋宁县天城门乡天城门村挂钩帮扶共建工作，加强联系协调，为新农村建设出主意、想办法。室领导先后4次带队深入挂钩点，走访群众，调查研究，对贫困户进行慰问帮扶，对村委会建设项目给予1万元资金支持。

【人大代表建议、政协提案办理】　完成了市人大《关于将石林县列为与禄劝、寻甸同等享受市级各种扶持政策的建议》和市政协《关于加快昆明国际化城市建设研究的建议》、《关于在城市定位中加上建设休闲昆明的建议》和《关于加强我市行业协会发展的若干建议》的办理答复。代表、委员满意率100%。

（杨利民　周智宏）

咨询工作

【“十二五”重大课题研究】　一是发

挥咨询委员的自身优势，积极参加昆明市“十二五”规划前期重大招标课题研究。咨询委员中标研究的课题有：《加快推进滇中城市经济圈建设的对策措施研究》、《“十二五”期间昆明市转变发展方式的思路与对策研究》、《推进昆明市城乡一体化发展的对策措施研究》等3个课题；二是积极参加昆明市科学发展决策咨询中心委托的重大课题研究。由咨询委员承担研究的课题有：《昆明市构建现代产业体系对策研究》、《昆明市城市建设融资策略及持续健康安全发展对策研究》、《昆明市建设“无水港”对策研究》、《昆明市都市经济发展重点对策研究》、《构建滇池流域国家级生态示范区思路研究》、《昆明市加快民营经济发展对策研究》、《加快昆明市第三部门发展研究》、《昆明市振兴北部县区对策研究》、《昆明市决策咨询研究资源整合对策研究》等9个课题；三是参加四城区政府招标和委托的重点课题研究，主要有：《五华区提升经济社会发展竞争力思路与对策研究》、《五华区“十二五”城乡一体化规划纲要》、《五华区“十二五”都市经济发展和产业结构优化升级研究》、《推进盘龙区城乡一体化发展思路及对策措施》、《官渡区经济社会发展战略研究》、《官渡区“十二五”规划发展目标和指标体系研究》、《推进官渡区城乡一体化发展的对策措施研究》、《官渡区“十二五”期间改善投资环境、扩大招商引资的思路与对策研究》、《西山区文化体育事业“十二五”发展规划研究》、《西山区海口工业园“十二五”经济社会发展规划研究》和《西山区“十二五”循环经济发展和节能减排规划纲要》研究等课题。

咨询委员以高度负责的态度，认真组织，深入调研，出色地完成了承担的研究任务，为有关部门制定“十二五”规划提供了决策依据。

【咨询论证】　2009年是开展“十二五”发展规划前期研究之年，市和区都开展了一系列重大课题研究，市政府咨询委员积极参加市科学发展咨询中心、市发改委、市社科联、市委政研室等单位组织的课题论证和评审验收，积极提出修改完善意见，认真为课题委托和研究单位把好关。同时也应邀参加了一批区级课题的论证和评审验收工作。

【咨询建议】　市政府咨询委员针对热点难点问题积极向党委、政府建言献策，撰写咨询建议，为决策提供参考。省社科院研究员赵俊臣在作了大量调查研究的基础上，向市委提出《昆明市城乡居民收入差距拉大的问题到了下决心解决的时候了》，市委书记仇和批示市政府有关领导“提出政策建议”，市长张祖林主持召开市政府城乡一体化专题会议作了研究部署。市政府研究室刘瑞华委员针对正在实施的牛栏江引水工程水源水质不稳定的情况，深入有关部门和实地收集资料，向市政府提出了《关于加快滇池补水水源地水环境保护管理立法工作的建议》，受到市政府领导的重视，对建议作了批示。昆明实用软科学研究院院长刘嘉琦委员针对金融危机引起全球经济危机及萧条，大批农民工的返乡带来严峻的就业形势，撰写了《关于实施昆明市农民工返乡培训再就业工程的建议》，提出6条对策措施。针对中国刑罚执行制度的改革创新，龙东林、孙红兵、刘瑞华深入盘龙区和联盟镇进行调研，及时撰写了《对加强我市社区矫正工作的建议》，分析了社区矫正试点工作取得的成绩与存在问题，提出了加强社区矫正工作的6项建议。省社会科学院南亚研究所陈利君研究员针对昆明建设国际大通道的目标和昆明日趋严峻的交通形势，从8个方面分析了造成昆明交通拥堵的深层次原因，并相应提出改进措施；陈利君委员针对云南作为中国向西南开放的重要桥头堡的战略地位，向市政府提出了《关于昆明机场向国家争取更多航权的建议》。云大教授熊思远委员针对我国现实中的义务教育发展存在着诸多的不公平现象，向市政府提出了《关于推进昆明市义务教育均衡发展的若干建议》。

【热点问题研究】　咨询委员结合自己的业务专长，联系昆明的实际，切实加强热点问题的调研和研究，在《昆明经济》刊物上发表了系列研究文章。据不完全统计，主要有：《昆明“城中村”改造重建工作回顾和展望》、《关于改善昆明交通状况的一些思考》、《昆明城市创新体系建设成就与思考》、《走创新发展之路，建设创新型城市》、《以非均衡协调发展与经济融合理论优化滇中城市群产业布局》、《滇池补水水源——牛栏江德泽上游径流区水环境存在问题与对策初探》、《昆明市实施城镇化发展战略对策研究》、《优化布局，调整结构，促进昆明北部县区发展》等。

（刘瑞华）

·责任编辑　戚光明·

军事

昆明警备区

【思想政治建设】 警备区各级党委坚持把党的创新理论武装作为确保部队科学发展的根本保证，按照全军及两级军区的统一部署，圆满完成警备区党委机关试点及第二批、第三批学习实践活动。先后解决了制约部队发展的重难点问题37个，为部队办实事好事24件，完善制度机制40余项；扎实抓好主题教育和专题教育，参与讨论交流等配合活动26场（次），开展了向龚曲此里学习“六个一”活动；投入30万元建成警备区多功能图书览室，军营文化建设不断加强；扎实抓好经常性的思想政治教育和时事政治教育，确保了部队的高度稳定和集中统一。

【党委班子建设】 各级党委深入学习十七届四中全会《决定》和军委关于加强和改进新形势下军队党的建设的《意见》，按照胡锦涛主席“四个从严”的指示精神，狠抓作风和能力建设。以学习贯彻民主集中制为重点，认真落实新修订的《军队党委工作条例》和《团以上党委常委民主生活会规定》，不断规范党委议事决策程序，党内民主建设质量不断提升。围绕解决“严不起来、实不下去”的问题，制定下发《进一步加强师团级领导干部作风建设的措施》和《进一步加强党委机关自身建设的措施》，作风建设有新的转变。以能力建设为核心，采取交叉任职、换岗锻炼、集训轮训等方式不断加强党委班子和干部队伍能力建设，全年开展党委书记培训1次，选送8名干部入中级指挥院校培训，先后组织25名师、团主官参加两级军区师团干部理论读书班、集训班，调整使用干部35名。

【党管武装】 坚持定期召开议军会、国动委会，认真落实双重领导、双向兼职、第一书记述职和现场办公等制度。2009年1月11日，省委常委、市委书记、警备区第一书记仇和在昆明警备区党委一届十四次全体（扩大）会议上，要求部队要认清形势，不断增强部队履行使命任务的紧迫感、责任感，努力推进警备区各项建设创新发展。2009年警备区协调市、县（区）两级地方党委召开了党委议军会和国动委会议，先后投入经费990余万元建成昆明市国防动员野战信息化机动指挥系统；投入275万元，对原有仓库进行维修改造；投资达1.5亿元，占地278亩的昆明市民兵综合训练基地完成立项。

【基层建设】 各级党委牢固树立“争先创优、勇争一流”的思想，坚持把创“标杆”、争一流作为部队建设科学发展的强力推手和奋斗目标来抓。警备区党委先后制定下发了关于争创省军区“标杆”、“窗口”的《决定》和《措施》。在省军区具体指导下，安宁市人武部规范化建设成果被省军区定为“安宁模式”，全省129个人武部部长、16个军分区、预备役师领导、省军区机关先后到该人武部现场观摩。8月份，警备区结合召开党委一届十五次全体会议，组织与会代表对全区基层建设和争创活动进行了巡回观摩检查。10月份，在受领了迎接省军区党委扩大会议与会代表观摩检查警备区全面建设的任务后，坚持高标准筹划、高质量准备、高层次迎检，用2个多月的时间扎扎实实做好迎检准备，接受了省军区党委扩大会120余名代表的观摩检查，受到了各级的高度肯定。

【联训联演】 昆明警备区坚持用打赢的要求和实战的标准抓好工作落实，部队核心军事能力和完成多样化军事任务能力不断提升。认真抓好战备教育，共开展战备形势教育37（场）次。严格落实战备制度，修订完善30类战时和非战争军事行动预案，共组织应急“处突”演练32（场）次，参演人数6 400余人；以贯彻新军事训练《大纲》为重点，扎实抓好首长机关训练，组织全区竞赛性考核活动2次，参训人数1 500余人。高标准完成拟制全军《军分区（警备区）军事斗争准备评估标准》任务，并通过了成都军区和省军区的评审；抓好以城市防空、应急维稳、抢险救灾为主要训练科目的民兵军事训练，全区参训民兵5 120人，超额完成了上级赋予的训练任务。

【复杂电磁环境训练】 按照复杂电磁环境训练要求，昆明警备区组建了20人的信息化人才保障队伍，并投入990余万元自主研发构建了里外指挥系统，实现了指挥与控制、室内与室外、指挥中心与现场、指挥相关与任务分队的整体互联，确保了各级首长指挥机关决策的通讯、信息畅通。警备区组织指导预备役通信团研发野战通信指挥控制一体化网络系统工程，在科研经费紧缺的情况下，成功构建了整套系统，可实现军、警、民网络互联互通、实现远程通信及网络连接。预备役通信团按照新《军事训练大纲》要求，加强创新复杂电磁环境下模拟训练和要素合练，并结合比武竞赛活动，初步实现了由预备役到现役、由士兵到军、由单兵到分队、由要素到枢纽、由技术到战术；训练模拟化通过考核，团队遂行复杂电磁环境下任务能力不断提升。

【按新大纲要求训练】 昆明警备区坚持以新时期军事战略方针为统揽，以新《军事训练大纲》为依据，根据总部和两级军区的指示精神，结合警备区担负职能任务，按照“扎实工作打基础、依法从严抓规范、狠抓训练强素质、着眼使命谋打赢、开拓创新求发展”的工作思路，着力在如何提升民兵预备役部队完成多样化军事任务能力上狠下功夫，全区部队军事训练质量和水平明显提高。全区军事训练从1月5日开始至10月30日结束。2月份全区部队深入开展“新大纲学习月”活动，警备区、人武部、预通团首长机关严格按照新《大纲》要求，全年训练时间共40天，确保了“四落实”；每个工作日最后一小时坚持体能训练，参训率89%，训练成绩优良。结合职能任务、以练指挥、练谋略、练成战法、练协同为重点，采取上导下演和自导自学的方法，组织进行了以维稳处突、抢险救灾、快速动员为课题的训练，探索出首长机关按纲施教的方法路子，提升了训练质量。

【应急民兵多样化分队配装】　2009年，昆明警备区在全市14个县（市）区分别组建了一支60～100人，共1 120人的民兵多样化任务分队，专门配备应急处突、护林防火、抗洪抢险、抗震救灾的特勤成套装备；结合装备功能，认真组织开展多样化能力训练，使警备区的战备水平和应急处突能力得到全面提高。同时，按照云南省军区“三战”试点建设要求，警备区指导盘龙区人武部在全省率先完成民兵“三战”分队组建任务。

【征接兵改革】　按照总部和两级军区要求，深入推进征兵工作改革，不断加大兵员征集的透明度、质量度和监察度，特别是女兵征集改革及“五公开、五公布”制度的实行，使征兵工作走上了更加规范和完善的制度化轨道。各县（市）区大力开展征兵宣传，全市共发放宣传资料10 000余份，悬挂宣传标语4 000余幅，设置宣传展板3 000余块，动用宣传车320余辆。共有50余家媒体进行现场报道，2 900余名适龄青年报名应征。为确保兵员质量和征集任务的圆满完成，昆明警备区制定了《昆明市应征青年体格检查办法》、《昆明市征兵政审工作组织程序》，采取挂牌上岗、按编号代替实名体检、纪检监察部门全程巡视、三级政审和区域联审的办法，确保了新兵征集任务的圆满完成。在女兵征集工作中，采取网上学历信息查询系统比对验证，纪委、监察部门全程监督，市征兵办、公安、教育、民政、卫生、监察、警备区纪委等六个部门集体审定初检初审合格人员，并邀请多家省、市媒体现场全程跟踪报道，公示初检初审合格人员名单，自觉接受社会监督。同时，向社会公布举报电话和举报信箱，制发了《昆明市廉洁征兵监督卡》，层层签订了征兵工作责任书，严格按照“谁主管、谁签字、谁办理、谁负责”的原则，实行严格的问责制，确保了廉洁征兵工作的有效落实。

【后勤保障】　2009年底，昆明市各人武部家底经费均达到年初规定30万元基数目标，其中超过40万元的有5家，最多的已达88万元，经费管理和使用效益不断提升。投入100余万元对机关营区营院进行了绿化美化和维修改造，完成机关干部公寓房招投标和开工建设工作。加强职工队伍管理，制定下发《关于进一步加强职工队伍建设的意见》。加强干休所盘活工程指导，扎实推进一干三期工程开工建设。积极做好甲型H1N1流感疫情防控工作，坚持每天对官兵及进出营区人员进行体温监测，每周熬制两次预防中药给官兵服用，并协调地方卫生防疫部门，组织干部、战士、职工和家属注射疫苗，有效防控了疫病发生。

【双拥工作】　2009年4月，协调相关单位举办了驻昆部队随军家属就业安置现场招聘会，为驻昆部队解决126名随军家属就业困难。14个县（市）区人武部分别挂牌成立“民兵预备役城乡绿化建设指挥部”，参加荒山，荒坡绿化1.2万人次，建成千亩“国防林”、“民兵林”、“双拥林”。协调驻昆部队封停地下水井14口，召开了支援现代新昆明建设城乡园林绿化现场观摩会。从家底经费中拨出专款10万元，为新农村建设点修建入村道路500余米，新建100平方米村民议事房两间。全区共投入官兵和民兵预备役18 700人次，出动车辆1 400余台次，参加山火扑救、抗震救灾、抗洪抢险46次，搬运救灾物资5万余吨，转移输送受灾群众1 258人，为地方和人民群众挽回直接经济损失3 400余万元。

【参与滇池治理】　2009年，按昆明市的要求，昆明警备区司令员白家保、政委张朝凤分别担任了入滇池河流“乌龙河”和“姚安河”的“河长”。两位“河长”认真履行职责，积极会同相关部门共商综合治理方案，广泛征求意见建议，扎实抓好沿河生态环境治理和绿化工作。协调组织驻昆部队官兵和民兵预备役人员截污堵漏，绿化造林，共清淤600余吨，开挖河道6千米，有效改善了两条入滇河流的水质和景观。

【国防教育】　结合庆祝新中国成立60周年，开展了内容丰富的全民国防教育活动。9月18日进行了鸣放防空警报活动，在五华区南屏步行街、盘龙区桃源广场、官渡区官渡广场、西山区金碧广场都组织了大型宣传教育活动；各县（市）区也结合自身特点，开展了形式多样、内容丰富的宣传活动。全市共悬挂横幅标语7 200多条、宣传画1 600余幅、展出教育展板460余块、组织黑板报、墙报120余期、设立咨询站（台）50余个、接待咨询群众10 000余人次，发放《国防法》、《兵役法》、《反国家分裂法》、《国防教育法》、《人民防空法》等宣传资料2 500余份；共出动宣传车40余台次，组织军民联欢，文艺演出等60余场次。

【党政军领导过国防军事日】　7月26日是第19个“国防日”，昆明市党、政、军领导600余人在市委礼堂听取了由警备区政委张朝凤主持邀请国防大学经济研究中心副主任刘晋豫教授作的《认清国家安全形势、谋求富国与强军的统一》专题国防教育讲座，并首次将“国防日”活动列入干部理论培训教育。

【国防教育基地建设】　2009年，全市完成了申报2个国家级，2个省级国防教育基地工作。昆明“云南陆军讲武堂”以厚重的历史背景和史料素材，用现代先进的声光，电子科技手段把讲武堂师生的辉煌业绩、讲武堂名将等方面展示在观众面前；禄劝县“皎平渡”红军渡江纪念馆以翔实的史料、实物再现了1935年5月中国工农红军在皎平渡强渡金沙江英勇卓绝的场景。波澜壮阔的历史风云、激发起观众强烈的爱国主义热情。2009年“云南陆军讲武堂”和禄劝“皎平渡红军渡江纪念馆”申报工作皆获成功，已被正式命名为国家级国防教育示范基地。在省级基地的申报中，寻甸县丹桂村“柯渡红军长征纪念馆”和昆明理工大学国防生队也被批准为云南省国防教育示范基地、示范单位。昆明市西山区被评为全国表彰的国防教育先进单位。

【昆明警备区领导】

党委第一书记　仇　和

司令员　白家保（至2009年9月）

　　　　陈忠文（2009年9月起）

政治委员　张朝凤

参谋长　李荣立

政治部主任　金志达

后勤部部长　舒玉留

驻昆部队

【重事业、强素质、树形象专题教育】专题教育开展后，省军区党委常委带领工作组分头深入到各个师级单位，以身作则搞帮带，求真务实抓整改。在指导部队开展专题教育过程中，既认真严肃地督促检查、又耐心细致地传经送宝。先后提出好的建议30余条，指导帮助各单位解决教育中的难题21个，广泛征求基层对省军区党委机关的意见和建议，认真倾听官兵呼声、设身处地为基层排忧解难。在专题教育活动中，驻滇某装甲旅把专题教育与抓基层有机结合，确立了“帮带基层与增强素质”相结合的工作思路进行专题教育。组织机关干部交流体会共享成果。驻滇联勤某分部，结合专题教育进一步加大干部轮训和考核力度，明确岗位职责，规范办事程序，着力提高各级干部的工作能力和办事效率。根据部队工作特点，归纳出保障部队“十事十办”准则。准则一出台，部队长、政委就带头将准则贴在枕边案头，对照准则随时审视和校正自己的言行，带动了机关干部落实准则的自觉性，以务实作风推动专题教育的开展。

【军事训练考核】　针对新大纲提出的要求，驻滇部队2009年的军事训练考核全面展开。77200部队以重点、难点课目为牵引，推动部队按纲施训。该部党委在研究贯彻落实新大纲时，认真分析了近年来部队的军事训练形势，从提高部队核心军事能力入手，从高危课目中的重点、难点课目和新大纲新增的课目中精选了“加强摩步连夜间进攻行动实兵、实装、实弹演练”，“野战指挥所开设演练”，“某型迫击炮协同训练”，“分队军官战术对抗作业”，“火力打击要素”等5个风险大、实施难的课目规范训练路子，探索方法，为部队按纲施训提供了借鉴。该部队立了一套“安全风险评估机制”，梳理出18类安全隐患和100余个风险较高的环节，并逐一制定安全防范措施。驻滇某高炮旅借助自主研发的“旅（团）首长机关自动化指挥系统”开展复杂电磁环境下机动演练，摸索出了多项山岳、丛林地，高寒山地防空作战训练法、并在部队开展“精武之星，道德之星，理论之星”的三星评选活动，大大激发了军训考核热情。驻滇某舟桥团瞄准实战要求采取检查拉动考核评估等方式，不定期把部队拉到急、险，难水域进行检验性演练，在复杂环境下提高人员素质，增强了部队遂行渡河工程综合保障能力。

【军史馆建设】　驻滇部队通过多渠道全方位充分挖掘军史资源，引导官兵继承和发扬部队优良传统作风，结合深化主题教育，加大培育当代革命军人核心价值观的力度，4月中旬，驻滇某部军史馆隆重开馆。该军史馆建筑面积1 716平方米，实际布展面积达4 100平方米；共展出历史图片1 000余余幅，实物600余件，文献资料200余份。军史馆采用现代技术设置了雕塑、半景画、幻影成像、虚拟场景、各种美术绘画、蜡像，环幕触摸屏等大型景观，声、光、电并用，动、静态结合，历史资料和特色景观交相辉映。开馆以后部队组织官兵学军史、唱军歌、讲传统，增强了部队官兵践行当代革命军人核心价值观的自觉性；驻滇炮兵某团组织官兵常进军史馆，回顾战争时期部队以“敢打大仗，勇打硬仗，善打恶战”的决死队精神形象，在新的历史时期，该团共荣获了数百块奖牌，部队引导官兵把惜荣誉、创荣誉与实现当代革命军人核心价值观结合起来，立足本职作奉献。

【中越陆地边界勘界】　中越陆地边界勘界保障工作是继中越边境2次大面积扫雷后的一次重大军事行动，云南省军区担负勘界保障工作。在1 400余千米的边境线上执行扫雷清障、阵地平毁、工事封伪和警戒勤务任务。在此期间，云南省军区勘界领导小组4次深入边境一线实地踏勘，准确掌握扫雷的具体位置和布雷特点、密度以及地雷的种类性能，科学确定通道开辟路线。各勘界保障任务部队严格落实《扫雷安全工作细则》，准确把握作业进程，保障了扫雷工作的有序开展。完成了勘定界碑499个号665块，勘定边界线710千米，创造了零伤亡、零事故、零纠纷的奇迹，圆满完成了中越陆地勘界保障任务。

【展现价值观】　2009年2月“红河前哨钢二连”用当代革命军人核心价值观建连育人的事迹经军内外各大媒体报道后，在全军乃至全国掀起了一股学习宣传“红河前哨钢二连”的热潮。云南河口县城、人口不足4万，年流动人口却达250万。这里是我国与东盟贸易的“桥头堡”、也是“黄、赌、毒、私、特”交汇侵蚀的要冲之地，各种思想文化观念行为激烈碰撞之所。面对这种形势，“钢二连”坚持用当代革命军人核心价值观坚定理想信念，凝结军心士气，筑牢政治防线，从根本上为官兵“不迷向”提供政治保证和精神支撑。近10年来，该连官兵拒绝给地方人员看场，追债等60余次，拒绝不法分子腐蚀贿赂17次，拒收60余万元的贿金和礼物。配合武警边防和海关等单位查获走私案件181宗，为国家挽回经济损失4 000余万元。30年来连队未发生过一起政治性问题和失泄密案件。

【万亩生态国防林】　“万亩生态国防林”建设是驻滇部队积极参与云南“一湖两江”环境保护，参加和支援西部大开发的一项措施。2009年7月，云南省军区机关，驻滇某部、昆明总医院、驻滇联勤某分部等单位1 000余名官兵代表，在昆明市呈贡县青草山植下了滇朴、云南樟、天竺桂等树木6 000余株。为了在呈贡新区白龙潭山——大尖山——青草山——黄连山、环山、形带面山及后山打造成规模化持久性，高成效的植被景观，部队计划用3年时间完成10 050亩的种植任务，实现“当年成活，3年成片，5年成林”的目标。驻滇某部训练场主任李晋带领官兵培育树木500多万株，实施工程造林2万余亩，退耕还林6 000余亩，为构建具有亚热带山岳丛林地形特征的训练基地做出了巨大的贡献，荣获全国绿化委员会颁发的全国绿化奖章。

【军地联合执法】　云南省军区制订了《打击三假专项斗争方案》、《云南省警备工作细则》，坚持每半年召开一次军地联席会议，研究部署年度打假工作。每月组织一次联合打假行动，采取定点设站，流动检查与沿线巡逻多方式结合，对重点路段进行24小时不间断驻点检查，利用已建立的警备工作军警联运网络对各路段实施监控，在各媒体上公布假冒军人有奖举报电话。坚决打击“三假”（假军人、假军车、假冒军队单位）的专项行动取得了成效。近3年，云南省共打掉盗卖军车号牌团伙3个，捣毁制假窝点4个，追回被盗号牌21副，查扣假冒军车67台，打掉假冒军队单位8家，抓获犯罪分子52人。云南省军区配合地方工商，公安等部门对部队驻地军用品店进行清理整治、勒令100余家以“军需”、“军品”、“军服”等命名报揽顾客的商店，停止销售清理收缴军服仿制品等物品1 100余件，有效维护了社会治安和军队形象。

【昆明陆军学院建院60周年】　2009年是昆明陆军学院建院60周年，60年来，陆军学院师生艰苦创业，先后研制成功“320”速成爆破法，有效解决了大纵深爆破难题；创建了“两山两地”教学体系，使山岳丛林地作战教学成为昆明陆军学院的“特色”和“品牌”学科；创建了全军唯一的藏族中学，受到中央军委和国家多部委领导的充分肯定，成为全国教育援藏的楷模。完成教育转型，军地一体化育人模式，被多家媒体宣传报道。学员中走出了一批共和国将领，涌现出“忠诚使命的模范军官”江勇西绕，战斗英雄马平、模范藏族学员呷里让珠、奋勇救人的模范学员杨强、一等功臣辜勇贵、孕育出以郑汕为代表的一批名师教授。根据形势，陆院开展针对性教育，打牢普通高校入伍大学生的思想政治基础，通过教育和引导，来自65所普通高校的801名大学生很快完成从地方大学生到军校学员，从普遍群众到革命军人的转变。

【赴黎巴嫩维和部队】　由驻滇某工兵团，军区昆明总医院等单位的工兵、医务保障人员共275名官兵组成的第5批赴黎巴嫩维和工兵营，于2月16日从昆明赴黎巴嫩南部任务区和贝鲁特执行为期8个月的维和任务。2月26日第5批维和工兵营第二梯队172名官兵跟进，飞赴黎巴嫩执行维和任务。9月下旬，第六批赴黎维和工兵营以驻滇某工兵团为主及其他军事单位共275名官兵组成，是一支集工程建筑、工程维护、综合保障、扫雷排爆和1个一级医院等多方面技术兵种组成的专业队伍。第六批维和工兵营先遣队于10月中旬出发，第二梯队10月下旬出发赴黎。

（市国防教育办公室）

武警昆明市支队

【政治建设】　紧紧围绕“三个确保”时代课题，立足支队实际狠抓思想政治工作落实，不断夯实官兵服务人民、履行使命的思想根基。坚持把开展深入学习实践科学发展观活动作为今年政治工作的头等大事，突出抓好学习实践科学发展观活动。坚持教育质量评比、定期讲评通报制度，采取常委亲自辅导、网上交叉授课、定期检查考核等方法，认真抓好中国特色社会主义理论体系武装，有效增强广大官兵高举中国特色社会主义伟大旗帜的坚定性和努力践行科学发展观的自觉性。采取多种方式，扎实抓好“培育当代革命军人核心价值观，永远做党和人民忠诚卫士”主题教育。广泛开展“饭前小演讲”、“我给大家讲一课”等配合活动，有效激发官兵争当忠诚卫士热情，涌现出以全国“双百”人物方红霄为代表的一大批先进典型。扎实开展“五个过一遍”活动、深化“四不一保持”教育成果，抓好法纪教育，有效固强官兵拒腐防变思想根基，杜绝发生违反政治纪律的人和事。发挥“三互”、“双四一”、“九知”等有效载体，扎实开展“深知兵、真爱兵”活动，层层签订《尊干爱兵责任书》，建立《官兵思想档案》，积极解决官兵实际困难。认真落实任务中政治工作6个规范性文件，及时分析判断部队可能遂行的任务，不断完善政治工作的各种方（预）案。大力营造警营政治环境，统一规范宣传灯箱和图书室等设置，建立队务公开栏、“双争”栏和安全警示栏，并广泛开展“读好书、育新人”活动。重视抓好宣传报道工作，全年在中央电视台、《解放军报》、《人民武警报》等各类新闻媒体上稿450余篇（幅）。

【中心任务】　总结执勤工作的经验教训，提出“向规范三班四哨要形象，向落实勤务制度要安全”的口号，严密组织勤务，保证中心工作万无一失。结合支队实际，研究制定《支队值班、执勤暂行规定》，建立“五员”联控制度，开展“学执勤法规、讲执勤方案”网上竞赛活动，在嵩明中队召开正规化执勤工作现场会，有效促进勤务制度的严格落实。狠抓执勤隐患整治，2次召开监（所）管工作协调会，23个执勤目标单位“五大系统”进一步得到改善，投入59万元加强“三人应急小组”备勤室、卫兵室监控网络和报警系统建设，技防能力有新提高。把2009年确定为大抓军事训练之年，立足自身实际，狠抓反恐分队集训，反恐处突能力得到提升，在参加总队反恐分队比武竞赛中取得团体第三名。狠抓军事比武竞赛活动，3次组织大队片区军事会操，2次组织军事尖子比武，营造了比学赶帮超的训练氛围。狠抓新《大纲》集训，集中94名干部班长骨干，进行为期20天的贯彻新《大纲》暨擒敌术教练员集训，培养了军事“教头”，规范了训练秩序。组织首长机关带机动大队实兵拉动演练，及支队“前指”带机动分队紧急出动演练，有效提升了部队的快速拉动反应能力。3次集中召开表彰大会，大力表彰奖励在参加总队反恐、分队比武和支队片区军事训练会操，暨训练尖子业务竞赛中取得优异成绩的先进单位和个人，有效激发训练热情。狠抓战备工作落实，抽组300名兵力作为应急处突力量，组织4次首长机关率机动大队紧急出动演练，扎实抓好国庆安保等重要时期的备勤工作。1年来，全支队共出动兵力1.6万人次，完成重大临时勤务55起，受到

昆明市市长张祖林到武警支队看望官兵　（市武警支队　供稿）

各级领导的充分肯定。

【后勤工作】　始终坚持把后勤工作的着眼点放在保中心、保生活、保基层上，以12个后勤规范化管理规定为依据，严格加强规范化管理。强力推进“四项设施”建设。认真落实总部“四件实事”整改要求，制定《关于强力推进基层“四项设施”建设的决定》，4月份在嵩明中队召开“四项设施”建设现场会进行全面部署，投入350余万元对基层“四项设施”进行集中治理，部队的基础设施得到明显改善。认真抓好后勤管理改革工作。狠抓军械库室门禁系统改革工作落实，所有军械库室全部安装并运行了“远程控制门禁系统”。严格落实总部、总队关于搞好资产管理与预算管理相结合改革的指示精神，认真组织资产清查，做到“钱物结合、各尽其用”，有效提高了资产和经费的综合保障效益。大力加强后勤队伍建设。坚持利用每周业务学习、每月司务长集体办公等时机狠抓后勤队伍建设。1年来，共举办司务长业务培训5期、理发员培训1期、卫生员集训3期，复训驾驶员2期56人、军械员28人，对32名持地方驾驶证的新兵进行驾驶技能考核，9月份组织第二届后勤专业兵竞赛，有效强化了后勤队伍的业务能力。坚持借助外力搞建设。积极投身“新昆明建设”的各项活动，力所能及参加公益事业，圆满完成市委、市政府赋予的各类临时勤务、抢险救灾任务，以有作为赢得了驻地党委、政府和人民群众的关心和支持。

【党委班子建设】　严格按照胡主席“四个从严”要求和军委6号文件、总部关于党委（支部）班子考察帮建《实施意见》精神，始终把党委班子的自身建设作为“龙头工程”紧抓不放。“两个武装”抓得紧。始终把学习作为第一需要，以实际行动努力创建学习型党委，中心组始终坚持每月2天的学习制度，带头抓好科学发展观、十七届四中全会精神和新《纲要》、《人民武装警察法》等理论法规的学习，及时用党的创新理论成果统一思想、指导实践。党委中心组共撰写理论调研文章36篇、心得体会246篇。贯彻民主集中制抓得好。严格落实《关于加强支队（团）以上党委民主集中制建设的若干规定》，党委在干部使用、大项建设、经费预决算、钱物开支使用等问题上，坚持做到广泛征求意见，反复酝酿讨论，集体研究决定。同时，注重发挥和调动“一班人”积极主动参与集体领导，对党委决定的事情，严格按照分工抓落实，自觉维护党委决议的严肃性和权威性。党委常委每个成员都能积极主动履行职责，尽心尽力干好工作，特别是班子成员中有的同志两地分居，有的家庭有这样那样的实际困难，但大家都能够把心思和精力用在部队建设上。廉洁自律抓得严。叫响“常委看书记、机关看常委、部队看机关、部属看领导”口号，发挥班子成员率先垂范作用，树立常委在群众中的威信。突出警示教育，做到警钟长鸣，“毛毛雨”常下，“袖子”常拉。重视对班子成员和各级领导干部的监督制约，严格“三述”等规章制度。建立健全财务、接待等7个方面的机制。进一步规范接待就餐，大宗物资采购、大项建设招标、办公用品集中管理等制度，班子成员带头执行，为官兵做出了表率，官兵普遍比较满意。

武警昆明市支队召开党委一届四次全体（扩大）会议　（市武警支队　供稿）

【“加强党性修养，振奋革命精神”教育】　2月9日至13日，支队集中5天时间，在党委机关开展“加强党性修养，振奋革命精神”学习教育活动。教育着眼加强党委机关思想理论建设和党性修养，着力解决精神状态方面存在的突出问题，采取集中学习、授课辅导、讨论交流等方法开展，进一步增强了各级事业心责任感，有力提升了领导部队建设科学发展能力。

【“按纲建队”培训】　根据支队党委年度工作部署，3月12日至16日，支队举行“按纲建队”工作暨基层党支部书记网上培训会，机关政工干部和各大队、中队干部89人参加培训。培训立足支队实际，着眼引导各级实现“从能说会说到能干会干、从工作粗放型到精细型、从管理随意性到规范化、从干部安心到尽心用心”四个转变的目标，紧紧围绕按纲抓建以及提高基层党支部书记解决实际问题的能力这个主题，通过采取理论学习、专题辅导、业务培训、观看录像、现场观摩等形式，进一步帮助各级强化“按纲建队”意识、找准素质能力上的差距、掌握开展工作的基本招法，鼓足干劲、明确目标、增强信心。

【干部任命】　2月11日，支队隆重召开宣布命令大会，总队政委王海亮、总队政治部主任史建新，昆明市副市长、市公安局长兼支队第一政委杜敏出席大会。会上，王海亮宣布武警部队命令：昆明支队支队长李明辉任总队副参谋长，丽江支队支队长蒋德宏任昆明支队支队长。王海亮还作了重要讲话，代表总队党委对支队新班子提出5点希望。

【春运执勤】　根据云南省公安厅的统一部署和总队指示，1月6日至2月22日，支队派出130名官兵进驻昆明火车站担负“春运”执勤任务。执勤期间，共出动执勤官兵9 000余人次，协助公安机关抓获票贩子56人；缴获假票3 274张、真票1 240张，价值现金8.6

万余元；制止打架斗殴事件30余起；缴获管制刀具7把、手机10部；抢救急病旅客38人，其中孕妇5人，从铁轨上抢救1名大学生，圆满完成上级赋予的任务，受到各级好评。

【“四项设施”建设】　为适应新的形势任务要求，认真贯彻落实云南省和总队监管执勤改革现场会精神，进一步完善部队执勤设施、训练设施、文体设施和生活设施，逐步解决基层发展不平衡的问题，推进支队建设又好又快发展，支队党委决定强力整治和推进所属基层单位“四项设施”建设。4月16日，支队在嵩明县中队召开基层“四项设施”建设暨正规化执勤、正规化管理工作现场会，机关和基层140名干部骨干参加会议。主要采取支队统筹抓建、依靠基层自建、协调地方和用兵单位共建、下派工作组指导帮建等方法进行，投入建设资金350余万元，全支队“四项设施”建设取得明显成效。

【世界性会议安保勤务】　7月27日至31日，“国际人类学与民族学联合会第十六届大会”在昆明举行，根据总队命令指示和统一部署，支队担负会议期间城市武装巡逻和机动备勤任务。支队出动300名兵力，累计用兵612组、7 340人次，动用车辆420台次，巡逻里程2 680千米，圆满完成上级赋予的任务。

【第二届后勤业务竞赛】　9月2～4日，支队在一大队举行第二届后勤业务竞赛，来自5个大队的司务长、炊事员、军械员、驾驶员、卫生员共100人，参加司务长业务、炊事员业务、卫生员业务、军械员业务、驾驶员业务、后勤综合理论等6个项目的竞赛，经过2天的激烈角逐，第一大队、第三大队分别获得团体第一名和第二名。

【国庆武装巡逻】　9月20～10月8日，支队每天出动320名兵力与公安民警混合编组，担负昆明市主要街道、交通枢纽、繁华商业区等重点部位武装巡逻任务，协助公安民警处置重大警情20起，盘查可疑人员6 567人、检查各类车辆4 261辆次，树立了武警部队威武之师、文明之师良好形象，受到地方各级党委、政府充分肯定和人民群众好评。

武警昆明市支队召开国庆60周年安保誓师动员大会　（市武警支队　供稿）

【方红霄评为“新中国成立以来感动中国人物”】　方红霄，男，汉族，湖南省岳阳市人，1970年出生，1990年3月入伍，武警昆明市支队副支队长（正团职），上校警衔。方红霄同志自入伍以来，牢记维护国家安全和社会稳定、保障人民安居乐业的职责使命，坚决同各种违法犯罪活动作斗争。面对穷凶极恶的歹徒，他舍生忘死，无所畏惧，带领官兵查缴海洛因等毒品45公斤，各种枪支41支，子弹2 172发，黄色制品957件，管制刀具3万多把，抓获各类违法犯罪嫌疑人1 919人，成为让犯罪分子胆寒的“护法勇士”。面对人民群众，他饱含着赤诚与真情，两次在枪口下舍身救出被歹徒劫持的人质，数次冒死排除了即将爆炸的手雷，保护了人民群众的生命财产安全。遇到有困难的群众，他慷慨解囊，热心援助，在火车站执勤的6年中，先后接济过往旅客60多人，帮助数十名走失孩子重新回到父母的怀抱。他兢兢业业，屡立新功，20次出色完成扑救森林大火、抗击雨雪冰冻灾害、抗震救灾、奥运火炬传递安保等重大执勤处突任务。曾被授予中国青年五四奖章，荣获首届中国武警十大忠诚卫士。9月，被中宣部、中组部、民政部、解放军总政治部等16个部委评选为“新中国成立以来感动中国人物”。

【武警昆明市支队领导】

支队长　蒋德宏　大校（1月起）
第一政治委员　杜　敏（昆明市副市长、市公安局局长兼）
政治委员　齐金岭　大校
副支队长　方红霄　上校
何志勇　上校（1月起）
刘学科　上校（1月起）
副政治委员　彭登茂　上校
参谋长　陈文碧　上校
政治部主任　李发聪　中校
后勤部部长　李万勇　中校

（汪兴胜）

人民防空

【成都战区人防综合检查】　12月8日，成都军区人防办组织重庆市、四川省、贵州省、云南省、西藏自治区人防办联合检查组一行20余人对昆明市贯彻落实人防法律法规情况、贯彻落实《人民防空建设第十一个五年规划》情况和落实2009年度人防建设目标任务情况进行检查，联合检查组实地考察昆明市人防应急中心建设和人防工程警报建设，并听取市人防办主任尚建国就检查的三项内容汇报。检查组对昆明市人防工作给予较好的评价，顺利通过成都军区人防联合检查组的综合检查。

【华山东路99号房产土地证办理】　昆明市人防办按照《昆明市人民政府办公厅会议纪要（第98期）》关于协调推进华山东路99号涉及落实宗教房

产政策有关工作的会议纪要，配合市宗教局等部门于2009年3月17日办理完毕华山东路99号房屋所有权证，4月7日办理完毕土地使用证。房产移交工作时限，是待市行政中心搬迁工作启动，市人防办搬迁并腾空现有办公区后，再将相关房产移交昆明市天主教爱国会。

【昆明市人防工作会议】 8月10日，昆明市人民防空工作会议在市委召开，省委常委、市委书记仇和，市长张祖林、昆明警备区司令员白家保出席会议并作了重要讲话。在昆的市委常委、市人大、市政府、市政协领导出席了会议；市属各部委办局主要负责人；各县（市）区党委或政府主要领导、政府分管领导；县（市）区人武部、人防办主要负责人；昆明警备区有关部门负责人、人防工程设计、监理单位及部分企业的有关负责人等300多人参加会议。会议回顾总结历年昆明市人防建设情况，系统部署2009年及今后一段时间的人防工作任务。会议号召通过3年努力，实现昆明市人防成为“西部一流、全国先进”的目标。省委常委、市委书记仇和指出，“宁可百年不战，不可一日无防。”昆明警备区司令员白家保，就加强昆明市人防建设应急准备工作提出具体要求。会议明确，凡旧城改造、新城区、各类开发区和工业园区内的新建民用建筑，必须按照人防法律法规同步建设防空地下室。

【人民防空规章出台】 按照市委主要领导召开全市人防工作会议的批示，市人防办按要求起草的《中共昆明市委、昆明市人民政府、昆明警备区关于进一步推进人民防空事业发展的实施意见》和《昆明市人民防空工程建设管理规定》，报经市委常委会和市政府常务会议审定通过，并按要求征求省军区、昆明警备区、市法制办及相关部门的意见，加以完善。2009年8月10日，《实施意见》和《工程建设管理规定》正式下发执行。

【市人大专项监督检查】 12月18日，昆明市人大常委会办公厅对市政府2009年7～11月城乡建设环境保护方面的制度创新性文件贯彻落实情况进行专项监督检查，市人防办主任尚建国就贯彻落实《中共昆明市委、昆明市人民政府、昆明警备区关于进一步推进人民防空事业发展实施意见》和《昆明市人民防空工程建设管理规定》情况向检查组作汇报。

【市政协专项督促检查】 12月11日，市政协常务副主席张建伟一行11人到市人防办，对2009年7～11月改革性、动员性文件落实情况进行专项督促检查，现场视察昆明市人防应急指挥中心建设。市人防办主任尚建国就贯彻落实人防相关文件精神和昆明市人防应急指挥中心建设情况向检查组作汇报。

【签订人防建设目标责任书】 为全面贯彻落实全市人民防空工作会议精神，确保各项工作落到实处，市人防办按要求起草《昆明市人民防空建设目标责任书（2009年度）》。责任书项目分别为组织指挥、人防工程、通信警报、人防知识教育4个方面，报经市政府审定后，于2009年9月1日在市政府举行昆明市人民防空建设目标责任书签订仪式。杜敏副市长代表市政府与市人防办及14个县（市）区人民政府签订《昆明市人民防空建设目标责任书》，签订仪式由市政府祝崇祯副秘书长主持。

【人防应急指挥中心】 昆明市人防应急指挥中心建设已完成专用设备集成安装调试、使用管理和操作人员培训。人防应急指挥中心专用设备于11月底投入使用，且圆满完成市政府组织的“09—使命”地震应急演练的指挥平台服务。国务院应急办、成都军区人防联合检查组、省人防办、昆明市军队系统人大代表、市政协检查组视察昆明市人防应急指挥中心时，都对该项工作给予充分肯定。

【人防机动指挥所】 人防机动指挥所系统、设备完成安装集成，利用人防机动指挥所系统，圆满完成昆明市2009—使命地震应急演练现场视频的采集、传送工作；完成向省人防办组织的全省各地州人防部门观摩活动传送、转播演练现场视频的任务。省人防办、昆明警备区、市应急办、市信息办有关专家，对昆明市人防机动指挥所进行项目验收。人防机动指挥系统建设按照“一中两小”的配置，通过论证，就批准的方案委托国家人防办定点组装企业进行承建，承建各项技术指标符合国家人防办颁发的技术标准，于11月中旬通过省人防办鉴证，交付市人防办正式使用。

【人防地理信息系统】 委托解放军信息工程大学测绘学院编制开发的昆明市人防组织指挥和人防地理信息系统软件已初步完成，即将装备于指挥平台，由此改变了传统的指挥管理手段。

【09—防震应急演习】 按市政府的要求，配合市应急办和地震局进行防震应急演习，根据办公厅的安排，人防应急指挥中心和机动指挥所，承担了室内推演和现场视频的采集、传送工作，圆满完成这次演练任务，受到市政府领导的肯定和表扬。

【人防应急疏散演练】 9月18日上午，为配合防空警报的试鸣活动，昆明市人防办和昆明市教育局在市第十中学“求实”校区，组织1600名学生按照防空警报三种不同信号音响的要求，开展防空应急疏散演练，学生按照预定地点，快速进入防空地下室，这是昆明市首次举行防空应急疏散演练。省人防办吴先福副主任、市人防办尚建国主任、市教育局姚宏副局长到场指导。市人防办主任现场接受媒体采访。演练过程通过云南电视台、昆明电视台、昆明教育电视台、《昆明日报》、《春城晚报》和昆明信息港等新闻媒体进行报道。

【人防行政审批】 审批新建民用建筑结合修建防空地下室项目多件，超额完成全年目标任务近一倍，收缴防空地下室易地建设费3 500万元。积极支持配合城中村重建改造工程，全面落实市委市政府关于城中村改造中有关人防配套优惠政策，按照政府文件规定，市人防办起草《昆明市人防办关于昆明市城中村改造优惠政策的实施细则》。

【人防工程建设和行政执法】 人防行政执法检查工作完成施工图审查项目××项，建筑面积××万平方米，质量监督工程项目××项，报监面积××万余平方米，现场质检230余次，人防工程竣工验收备案项目××项，备案面积××万余平方米。人民防空工程建设应建率达100%，新建人防工程施工验收质量合格率达100%，新建人防工程施工验收质量合格率达100%，防空地下室“平战结合”平时使用率达100%。

【人防工程维护】 市人防办完成上级人防下达的普查人防工程、安装人防工程标识牌任务，年内安装标识牌1 600余块。通过对主城建成区各类人防设施普查，建立人防设施地理信息数据库。

依据主城建成区多个防空地下室、多台防空警报和多个重点目标的普查统计，结合城市建设规划，委托解放军信息工程大学测绘学院于11月底编制开发完成相应的地理信息数据库，并将安装于平台运用。

【防空警报建设】 新安装防空警报××台，主城建成区防空警报音响平均覆盖率增至90%，完成全市防空警报安全检查，组织全市14个县（市）区人防部门分别开展防空警报维护管理专题培训，培训警报管理人员300余人，通过多年的建设，昆明市防空警报快速反应能力、二次报警能力及警报音响覆盖率均有大幅度提高。

【防空警报试鸣】 9月18日，主城区和其余县（市）区城区于10：00统一试鸣防空警报。这次试鸣防空警报，设置二个活动中心，市政府警报集控中心为试鸣防空警报中心，昆十中求实中学校区为防空应急疏散演练中心。此次防空警报试鸣活动，经14个县（市）区300余名警报操作、管理和维护检修人员的努力，全市防空警报器和机动车载警报器同时按照公告的时间试鸣，没有一台发生故障，警报设施完好率达100%。由于准备充分、宣传到位，组织紧密，没有影响市民的工作、学习、生产、生活活动，一切秩序井然。

【人防通信警报建设规划纲要】 市人防办结合人防地理信息系统数据同步编制完成《昆明市人防通信警报建设规划》。编制规划按照警报音响覆盖率100%的要求，结合城市建设规划，通过对现有设备××台单点覆盖半径的统计、分析和城市建设发展的需求，委托解放军信息工程大学于11月完成了昆明市人民防空通信警报建设规划。

【呈贡新区防空警报建设】 呈贡新区建设防空警报集控中心站，安装防空警报××台，使呈贡新区建成区防空警报器覆盖率达80%以上。

【人民防空知识教育】 市人防办会同市教育局组织编制《人民防空知识及安全应急防护》教材，印制50 000册，免费发给初一年级学生使用，并联合下发关于在初级中学开设人民防空宣传知识教育的通知。2009年10月底，主城区初一年级全面开设人防知识宣传教育课，开课率无论是公办还是民办学校均达100%。

【人民防空知识教师培训】 8月31日，由昆明市人防办和昆明市教育局共同组织的人民防空知识教育教师培训班在昆明市实验中学正式开班，对主城区200余名授课老师进行师资培训，系统培训了“现代空袭与人民防空”、“核、化学、生物武器及其防护”知识及简易防护器材的制作技能。

（袁光泉）

·责任编辑　马颖生·

公检法司

公共安全保卫

【维护社会稳定】　2009年，公安机关围绕“保稳定、保民生、保增长”工作目标，维护国家安全和社会稳定。加强网上网下情报信息收集处理。全市共收集各类情报信息7 128条，上报2 316条，其中被公安部采用198条；重视群众初信初访，深入排查化解矛盾纠纷，依法妥善处置群体性事件1 118起；成立市、县两级重点工程建设项目安全保卫指挥部，确保二环快速系统等建设项目如期建成使用；完成党和国家领导人视察昆明550起、近千场次的重要警卫保卫任务，完成“国际人类学与民族学联合会第十六届大会”的安保工作。

【110接处警】　2009年1月1日至11月25日，110报警服务台电话呼入量1 763 544起，接报1 623 225起，有效报警789 003起。其中接报刑事类警情111 391起、治安类警情173 882件；火灾事故778起；交通事故131 628起；灾害事故5起；挽救自杀者716人；调解纠纷93 704起；公民求助337 982起；寻人16 399起；受理警务监督投诉530起，处警1 236 536起，救助群众5 852人次，为群众开门4 148起。共接报“两抢”警情2 763起（日均7.6起），同比下降29.4%。

2009年4～11月，通过省公安厅情报平台接收各类预警情报114 330条，查处72 821条，抓获在逃人员1 680名，其中命案在逃人员29名；查获吸毒人员11 816名。全年接报96 128条政务信息，查询电话1 321起，咨询落户、卖房办理户口、户口迁移、第二代身份证办理的有1 105起，占政务查询电话总数的83.65%，咨询案件办理情况及案件举报216起，占14%，回复率100%。至10月，接听12345市长热线1 718起，回复率100%。

【打击刑事犯罪】　全市公安机关始终坚持走“重兵防范、精兵破案”的道路，强化命案侦防工作措施，不断加强侦查手段和案件防控体系建设。2009年，全市共立刑事案件41 577起、破案21 684起，抓获刑事作案成员7 028人，同比分别上升1.9%、0.6%，下降19.8%；共查获犯罪团伙167个、634人，同比下降23.4%、27.5%。共立八类命案207起、死亡223人，同比上升8.38%和12.6%；破获命案199起，同比增加4.2%。破获“9·25”主城区飞镖伤人案、小板桥义路村5人命案、“11·16”禄劝乌蒙乡6人命案、“11·25”云大医院持枪抢劫案、“11·31”中信自助银行劫持人质案等大要案件。共立“两抢”案件2184起（日均5.9起）、破获1 242起，同比下降12.1%、27.7%。共立盗窃案件33 702起（占刑案总数的80.6%），破案28 334起，同比上升3.3%、6.6%。共立诈骗案2 579起，同比上升12%，破案798起，下降12.5%。共立伤害案1 004起，同比上升11.2%，破案670起，上升2.1%；立强奸案203起，同比下降18.1%，破案138起，上升18.8%。解救妇女儿童23名，破案15起，同比上升66.6%。

【打击黑恶势力犯罪】　全市公安机关认真贯彻落实中央、省、市打黑除恶专项斗争部署和要求，始终坚持“黑恶必除，除恶务尽，打早打小，露头就打”的指导思想，完善黑恶势力线索排查、查证、督办工作机制。2009年，共查获、侦办涉黑涉恶犯罪团伙43个（涉黑组织4个、涉恶团伙39个），打击处罚犯罪嫌疑人415人，破获案件410起。其中经法院一审判决黑社会性质组织2个、恶势力团伙25个，移送起诉涉黑组织1个、涉恶团伙9个。缴获各类枪支22支、子弹132发、刀具

昆明市公安局“9·25”专案表彰会　（市公安局　供稿）

200余把、毒品9.5千克，查封、冻结资金400余万元，扣押汽车43辆。

军警联合巡逻　（市公安局　供稿）

【打击经济犯罪】　按照公安部、省公安厅要求，紧紧围绕假币、假发票及银行卡犯罪等经济领域犯罪和市场经济秩序出现的问题开展专项行动。2009年，全市公安经侦部门共破获涉假币案件55起，抓获嫌疑人93人，抓获上网逃犯6人，收缴多种版本假人民币632.92万元、假美元15.32万元（折合人民币约104万元）。破获假发票犯罪案件5起，打掉制售假发票窝点2个，抓获嫌疑人6人，缴获假发票43.6万份。侦破非法吸收公众存款案，涉案金额4.84亿，集资人1.26万人。破获非法传销案件12起，抓获非法传销人员97人，刑拘11人，逮捕10人，涉案金额26万余元。与烟草、工商、技术监督等行政执法部门配合，共立涉烟类犯罪案件46起、破案35起，刑事拘留67名。查获价值2 167.73万元的非法经营及制假烟草辅料，查获假烟14 223条，非烟51 855条。

全市共立经济案件1 503起，破案1 383起，同比上升20%、27.2%；涉案金额13.73亿元，挽回经济损失1.69亿元，同比下降36.8%、83.9%。其中合同诈骗案件共立案1 057起，破案968起，分别占总数的70.3%、70%，同比上升49.3%、51.3%。危害税收征管、扰乱市场秩序、妨碍公司企业管理秩序、破坏金融管理秩序4类案件涉案金额占总金额的85.7%。破获昆明市富滇银行崇仁支行ATM机内现金被盗案、昆明方寸文化传播有限公司负责人梅富文利用他人信用卡恶意透支案、广东发展银行昆明分行和中国银行云南省分行多名客户信用卡被冒领冒用、中国平安人寿保险公司业务员利用工作便利，冒领客户保险收益金等系列案件。堵获“克隆”承兑汇票7张，涉及金额5 000多万元。

【经济文化保卫】　2009年，经济文化保卫工作主要对昆明地区银行单位开展安全评估检查验收和安全检查，达标率为80.9%。验收申报新（改）建营业网点159个，对承建金融营业网点的109个施工单位举办培训班4期。省、市、县三级治安重点单位安装视频探头30 679个，红外线探头35 412个。其中，经文保分局直管单位在原有基础上，新增视频探头1 884个，红外线报警器275个。

开展打击盗窃破坏电力、电信、广播电视设施违法犯罪专项斗争。2009年1～11月，全市共发生破坏、盗窃“三电”设施案件885起，同比下降68.3%；造成经济损失884.64万元，同比下降51.9%。破获“三电”案件208起，抓获犯罪嫌疑人89人。

【户籍管理】　加强户口审批和二代居民身份证换发工作。2009年，全市共办理落户133 518人，换发二代居民身份证4 655 676份，受理军人身份证合格信息19 053条，完成证件发放16 186本。2009年度全市总户数1 748 092户，户籍总人数5 285 159人。昆明市公安局户口审批由7个工作日压缩为2个工作日，并将市公安局审批的部分户口下放到县级公安机关审批；出台《昆明市优秀农民工落户城镇实施意见》，为4名优秀农民工办理落户手续。

【出租房和流动人口管理】　2009年，全市累计录入流动人口信息193.83万条，出租房信息18.50万条。为流动人口出具《暂住证明》19万余份。修订《昆明市居住证管理规定》，将境外人员纳入实有人口管理，全年昆明市共登记上报境外人员信息3.67万人次。

升级改造警务平台人口信息系统、从业人员信息管理系统。共采录场所信息626家，采集录入从业人员信息31 375条；安装前台系统563家，安装率89.93%；安装旅馆业治安管理信息系统4 346家，60家留宿洗浴场所信息系统安装率100%；安装二代证读卡器4 074家，安装率95.41%。治安信息中心日接收旅馆业入住人员信息数量日均5.2万余条，累计接收入住人员信息3 300万余条，从业人员信息3.33万条。2009年1～11月抓逃犯347人（累计抓逃1 183人），同比上升13%。

【治安行政管理】　2009年，共受理行政案件1 229 909起，查处1 225 486起，查处违法人员1 204 431人次，同比上升31.2%、31.4%和31.9%。其中，受理治安案件7.18万起，查处6.99万起、查处违法人员4.92万人次，同比分别下降5%、5.6%、10.2%。“黄、赌、毒”案件6 134件。查缴淫秽色情出版物4 757件、盗版出版物7 045件；检查娱乐服务场所300余家，处罚37家；收缴赌博电子游戏机280台；对赌博场所罚款共计100万余元。查扣运输毒品车辆12辆、钢珠枪3支，军用子弹10发。协同城管、商务、工商、再生资源行业协会等部门，与620户收购业主签订承诺书。检查网络公章企业35家，取缔违法摊点73个，采集入网印章信息11.31万条。完成全市48家典当企业的系统安装；完成娱乐服务场所警示牌6 000余块的安装工作，对表现突出的181家旅馆业进行表彰，发放奖金15.35万元。按照市局规范淫秽物品鉴定工作的要求，将此鉴定权限下放到各分县（市）局。

2009年，全市公安机关共查处涉枪涉爆违法犯罪案件28起44人，排查涉枪涉爆单位746家（次），发现整改隐患155起。依法收缴军用、民用枪支333支、仿真枪8 768支、各类枪弹59 341发、炸药883.8千克、雷管17 638枚等。查获迫击炮弹1枚、手雷1枚、火雷管77枚、柱状TNT2筒、子弹28发、电雷管2枚及废旧炮弹等物品。办理剧毒化学品准购证214份，审批办理爆炸物品购买（运输许可证）560份，审批城镇控制拆除爆破工程14起。举办全市危险物品管理民警业务培训班3期、75人次；举办全市涉爆从业人员培训班6期、955人；全市有涉爆从业人员共计6 235人。

全市共有治保会1 525个、成员8 832人，共调解各类纠纷23 662件。

全市共办理养犬登记证33 004本。昆明市爱犬协会成立。

【出入境管理】 2009年，全市共受理公民因私出国（境）申请115 999人次，同比增长15.1%。其中，审批签发《中华人民共和国护照》52 323人（次），同比增长1.3%；《往来港澳通行证》及港澳签注53 620人（次），同比增长14.5%；《大陆居民往来台湾通行证》5 900人（次），同比增长82.8%；办理《中华人民共和国入出境通行证》申请26人（次）；发放出国（境）证件96 564本，同比增长26.1%；审批赴港澳定居75人（次），赴港澳商务358人（次）。全年出入境管理局网站点击率4.2万余人（次），提供办证查询1.8万余人（次），在线回复300余人（次）。推行银行卡缴费、港澳签注自助受理业务，办证时限由15个工作日缩短为1小时。

签发外国人签证、居留许可11 235人（次），同比减少16.4%；口岸签证2 113人（次），同比减少4.5%。管理89个国家常住昆明外国人3 866人，同比增加6.1%。办理台湾居民来往大陆签注、居留签注1 198人（次），同比增加37.7%；一次有效《台湾居民来往大陆通行证》50人（次），同比增加60%。7月20日始，昆明机场口岸为台湾居民办理口岸签注79人（次）、一次性台湾同胞证13人（次）。受理《外国人永久居留证》申请6人（次）；办理《外国人出入境证》27人（次），《境外边民临时居留证》及延期115人（次）；登记管理158个国家和地区的临时来昆外国人、港澳台居民及华侨437 590人（次），同比减少0.1%。实现自助窗口零投诉。

全年出入境管理部门共查处涉外事（案）件282起，依法处理涉案人员322人（中国公民2人，境外人员320人）同比增加13.1%。全市发生外国人涉嫌犯罪91起、91人。清遣“三非外国人”，共查处涉外案件85起、109人，其中：外国人非法入境12起、27人，外国人非法居留案件65起、73人，台湾居民逾期非法居留案件2起、2人，未及时变更居留证件项目6起、7人。救助缅甸边民4人，责令缅甸边民非法入境6人，免予处罚22人。

【公安部授权昆明市办理台湾居民口岸签注业务】 2009年6月23日，经公安部出入境管理局检查验收，7月7日，昆明、天津、西安、长沙4城市获公安部“台湾居民口岸签注业务”授权，7月20日台湾居民口岸签注业务正式启动，至此，昆明市成为全国20个授权办理台湾居民口岸签注城市之一。

【市公安局出入境接待服务中心地址确定】 2009年4月21日，经市政府常务会议研究确定：同意在昆明市房管局办公大楼原址改建新的市公安局出入境接待服务中心。

【禁　毒】 全力遏制毒品渗透，减轻毒品危害，有效推进各项禁毒工作。2009年，共查破毒品刑事案件1 978起、缴获毒资2 268.11万元，同比下降11.8%、34.6%；共抓获贩毒嫌疑人2 340名，上升2.4%；缴获冰毒618.3千克、海洛因441.35千克，同比增加1.2倍、12.2%；查破千克以上大案171起，同比上升30.5%。摧毁贩毒通道8条、贩毒团伙96个；缴获易制毒化学品28吨、涉毒车辆20辆、各类枪支23支、子弹330发。捣毁零星贩毒窝点和吸毒窝点68个，打掉吸食新型毒品团伙6个；抓获犯罪嫌疑人2 140名，逮捕1 714名，抓获被省公安厅列捕的境外毒贩（钉子）6名。协助外地公安机关侦破毒品案件143起，抓获犯罪嫌疑人165名，缴获毒品385.85千克，缴获毒资701万元。查获毒品案件1 191起，抓获犯罪嫌疑人1 214名，缴获毒品439.92千克，分别占全年毒品刑事案件数、抓获数、缴获毒品数的68%、57.7%、41.2%。查破零星贩毒和违法品案件368起，占案件总数的18.6%，缴获毒品近2.3千克，抓获零星贩毒和违法人员378名，逮捕零星贩毒人员31名。

【禁毒宣传教育】 截止2009年底，昆明市共创建无毒县2个、无毒乡镇64个（新创建无毒乡镇4个）。建立社区吸毒人员戒毒（康复）试点18个。强制隔离戒毒3 762名，社区戒毒631名，社区康复3 637名。全市吸毒人员控制率为91.91%。

以“6·26”、“10·26”、三下乡、入户调查、乡村集日等活动为契机，组织开展禁毒“六进”宣传活动214次，发放禁毒宣传材料50万余份；举办培训班55个，参加培训4 197人。在中央、省、市新闻媒体上宣传昆明市禁毒

加强对重点地区的巡逻　（市公安局　供稿）

工作100余次。

【戒毒所建设】 2009年，昆明市戒毒所投资400多万元对现有戒毒学员受虐报警装置进行维护更新；对443路监控探头和17个旋转“云台”进行全面维护、调整；投入57万元，增设72路探头，对全所戒毒管理区域进行全方位、全天候24小时监控，戒毒所监控探头已达513路。

3月，IDU/CSW（艾滋病）人群行为干预与互助友爱同伴支持项目在康复中心启动。与云南省疾控中心合作，完成云南省第四轮全球基金/中英艾滋病项目试点。

至10月25日，市戒毒所共收治强制戒毒人员4 338人（男3 695人、女871人），自愿戒毒人员678人（男512人、女166人），办理强制戒毒区出所2 896人，自愿戒毒出所649人，完成曲靖、昭通等8个地州、县、市268名戒毒学员的转戒工作。

【农村客运公交工程】 以“城乡公交一体化”建设为载体，在各县（区）大力推行农村客运公交“镇镇通、村村通”工程建设。2009年，全市农村地区共建立乡村客运站303个，县乡道路招呼站853个，开通城乡公交客运线路396条，投放营运城乡公交车辆3 264辆，乡镇覆盖率100%，行政村通车率80.46%，其中安宁和石林的农村公交通村覆盖率达90%以上。

【首批交通管理便民服务站成立】 8月1日，首批交通管理便民服务站成立，分别设置在世纪城小区和昆明市第一、三、四、六、七、八、九、十三机动车安全技术检测站，该批服务站集车驾管理、交通事故处理、交通违法处理、交通管理信息咨询于一体，能方便快捷地服务群众。

【参与环境保护】 昆明市公安局环境保护分局成立1年来，共办理环保案件137件，参与环保执法192次，开展专项督查活动192次，对275家重点排污企业建立一企一档。办理领导交办件17件、群众投诉41件、新闻曝光14件、人大代表提案2件；排除违法噪音污染25件，排污61件，排放有毒有害气体11件，环保安全隐患10件，烟尘污染6件，危险物品使用不当造成安全隐患4件，医疗废物污染4件，重金属污染3件，燃烧工业垃圾造成空气污染2件，水源受污染2件，粉尘污染2件，辐射污染2件，环保手续不全2件，汽车尾气污染1件，农药污染1件，违法采矿1件。

【特警援疆维稳】 7月5日，新疆维吾尔自治区乌鲁木齐市发生打砸抢烧严重暴力犯罪事件。为维护新疆社会稳定，公安部决定调集全国31支公安特警队赴乌鲁木齐执行维护社会治安任务。7月8日，市公安局紧急组成150人的昆明特警援疆工作队，由副局长张玉明带队。

至12月，昆明特警援疆工作队共出动警力15 000余人次，抓获疑似“7·5”事件犯罪嫌疑人6人，成功解救被围困群众47人，盘查可疑人员17 000余人次、可疑车辆11 400余辆次，收缴管制刀具39把、铁棍52根、木棍67根，执行一级加强警卫任务4次，调解矛盾纠纷100余起，守护重点部位408起，服务群众1 000余次。为维护乌鲁木齐国际机场片区及天山区社会稳定做出贡献。受到党中央、国务院的表彰及胡锦涛总书记的亲切接见。

【巡逻防控】 坚持以巡逻车、卡点为依托，完善“网格化”布警防控。全市共设立堵卡点503个，其中一级卡点16个（市局规定设立的武装堵卡点）、二级卡点156个（各分县局设立的相对固定堵卡点）、三级卡点331个（各派出所设立的流动堵卡点）；共有巡逻车263辆（编号车108辆），常量246辆（编号车91辆），电瓶车44辆，摩托车97辆，电动自行车1 233辆。投入巡逻民警1 353人，常量601人；辅警18 258人，常量9 967人。国庆60周年期间，组织开展为期19天的公安、武警联合武装巡逻，先后出动警力29 042人次（民警19 379人次，武警9 663人次），巡逻汽车1 934辆次、摩托车850辆次、电动自行车2 740辆次。全市108余辆巡逻车全天候开展“警灯闪烁”防控期间，110指挥中心接报各类警情数量环比下降15.1%，其中“两抢”警情环比下降19.1%。

（李　红）

检　察

【批准逮捕和审查起诉】 全年共受理提请批准逮捕案件5 632件9 061人，同比分别下降10.2%和12.7%；审查后批准逮捕4 952件7 641人，同比分别下降9.1%和11.6%。受理移送审查起诉6 828件11 095人，同比分别下降7.2%和9.3%；审查后提起公诉5 718件9 048人，同比分别下降8.9%和9.2%。突出打击爆炸、杀人、伤害、绑架等危害公共安全和人身安全的犯罪，批准逮捕944人，提起公诉1 150人。坚决打击抢劫、抢夺、盗窃等影响群众安全的多发性犯罪，批准逮捕2 947人，提起公诉3 347人。全力投入打黑除恶专项斗争，批准逮捕涉黑涉恶犯罪嫌疑人702人，起诉243人。深入

昆明市人民检察院恢复重建30周年纪念大会　（市检察院　供稿）

开展禁毒人民战争，批准逮捕制造、贩卖、运输等毒品犯罪嫌疑人1 717人，提起公诉1 806人。依法惩治合同诈骗、非法经营等破坏市场经济秩序犯罪，批准逮捕382人，提起公诉457人。认真落实宽严相济刑事司法政策，在坚持严厉打击严重刑事犯罪的同时，对初犯、偶犯、未成年人犯罪、老年人犯罪以及因邻里、亲友纠纷引发的轻微伤害等案件依法适当从宽处理，对无逮捕必要的295人不予批捕，对犯罪情节轻微的52人不予起诉。认真落实刑事和解制度，完善检调对接工作机制，对22件轻微刑事案件促成当事人达成和解，尽可能地化解矛盾，减少对抗，促进和谐。

【查办职务犯罪】 全年共受理职务犯罪线索424件，初查346件，立案侦查183件206人，其中贪污贿赂案件156件176人，渎职侵权案件27件30人，协助抓获在逃职务犯罪嫌疑人38人，通过办案挽回经济损失7 581万元。注重查办大案要案，共立案侦查贪污贿赂5万元以上、挪用公款10万元以上大案114件，占立案总数的74%，同比上升14%；立案侦查渎职侵权重特大案件7件，占立案总数的26%，同比上升13.6%；立案侦查县处级领导干部犯罪要案25人，同比上升13.6%。注重查办涉及民生的职务犯罪案件，开展查办工程建设领域职务犯罪、涉农职务犯罪及危害能源资源和生态环境渎职犯罪3个专项工作，共立案侦查以上三罪分别为76件60人、27件35人、19件21人。注重办案质量，全年职务犯罪案件撤案1件，撤案率0.54%，同比下降2.13个百分点；不起诉4件，不起诉率为2.18%，同比下降5.31个百分点。

【预防职务犯罪】 配合市人大常委会起草并审议通过《昆明市预防职务犯罪工作条例》，制定全市检察机关贯彻条例的实施意见，预防职务犯罪工作的法制化和规范化建设得到加强。建立职务犯罪预测预警机制，加强对职务犯罪预测预警信息的收集和分析，提出加强农民工培训资金监管的预警建议，引起有关部门的高度重视并积极采取应对措施。健全侦查和预防一体化工作机制，认真开展案件预防工作，针对45件典型职务犯罪案件深入剖析，发出检察建议30份。对12项重点工程建设开展同步预防，配合有关部门对建设工程落实“八个百分之百”的情况进行检查。开展警示教育36次，受教育人数2 877人，组织预防宣传94次。落实工程招投标廉洁准入制度，运用行贿犯罪档案数据库提供档案查询527次。

【刑事诉讼监督】 加强刑事立案监督工作，受理公安机关应当立案而不立案案件81件，要求公安机关说明不立案理由73件，同比上升15.87%，公安机关主动立案66件，同比上升26.92%，通知公安机关立案6件。受理公安机关不应当立案而立案案件5件，提出纠正4件，公安机关纠正4件。强化侦查活动监督工作，适时介入侦查活动848件，对发现的违法行为提出书面纠正意见30件次，同比上升30.43%，公安机关已纠正30件次；追加逮捕10人，追加起诉13人。推进刑事审判监督工作，对认为确有错误的刑事判决、裁定提出抗诉37件，同比上升117.6%，法院已改判6件。

昆明市人民检察院协办第五届国家高级检察官论坛　（市检察院　供稿）

【刑罚执行和监管活动监督】 认真落实纠正和防止超期羁押长效机制，发出羁押期满提示函431份，纠正超期羁押2人。对减刑、假释、保外就医等16178件案件进行监督，书面纠正刑罚变更执行不当553人，纠正监外执行罪犯脱管漏管72人。以打击“牢头狱霸”为重点，在看守所开展监管执法专项检查活动，在监狱开展清查事故隐患，促进安全监管专项活动，纠正违规收押、不按时交付执行等违法行为12起，发出检察建议46份。查处涉嫌职务犯罪的监管场所工作人员5名，办理罪犯又犯罪案件4件。

【民事审判和行政诉讼监督】 全年共受理当事人不服法院民事判决、裁定的申诉案件525件，同比上升158.62%，立案审查240件，同比上升150%，建议提请抗诉50件，同比上升150%，提请抗诉97件，同比上升200%，抗诉36件，同比上升157%，发出再审检察建议5件，法院已改判11件。依法拓展民事行政检察职能，认真探索非抗诉民事行政检察方式，办理民事执行监督案件97件，涉案金额474万元；办理支持刑事附带民事诉讼、支持起诉、督促起诉案件87件。对297件判决正确的申诉案件做好息诉工作，维护审判权威。

【控告申诉检察工作】 继续坚持首办责任制、检察长包案制及检察长接访、约访、巡访、下访等制度，开通“12309”举报电话，积极开展网上接访，办理群众来信1 291件，接待群众来访628人，妥善处理集体访24起，如呈贡县朱兴能故意伤害案中受害人家属集体上访案、金座公司非法集资案中集资人集体上访案等。继续深化涉法涉诉信访积案化解专项工作，办结上级机关交办、督办的重信重访案件13件，办案中推行说理制度，注重解惑释疑，积极化解矛盾。坚持有错必纠的原则，认真办理刑事申诉和刑事赔偿案件，受理刑事申诉10件，其中不服检察机关处理决定6件，不服法院刑事判决裁定

4件，立案复查7件，改变原决定2件；受理刑事赔偿申请10件，给予赔偿7件，赔偿金额17.5万元，努力维护当事人合法权益。

【人民监督员工作】 共受理“三类案件”60件67人，其中拟不起诉案件33件39人，拟撤销案件20件23人，不服逮捕案件5件5人，人民监督员经表决，均同意检察机关的拟处理意见。受理“五种情形”案件2件2人，其中反映应当立案而不立案1件，反映不应当立案而立案1件，监督结案2件。

【社会治安综合治理】 积极参与平安建设和综治维稳工作，开展主题为“反腐倡廉保民生，公平正义促和谐”的举报宣传周活动，深入机关、学校、单位、社区、农村进行法制教育，增强群众的法制观念，减少和预防犯罪。加强预防未成年人犯罪工作，编发青少年自我防范与保护宣传材料，对涉案未成年人进行跟踪帮教。深入乡镇了解社会治安情况，分析存在问题，帮助做好综治维稳工作。协助有关部门开展对突出治安问题和治安混乱地区的整治，积极参与妥善处置群体性事件。市检察院被评为平安建设先进单位和综治维稳工作优秀单位。

【检察机制创新】 将机制创新作为检察工作发展的不竭动力，认真落实市委政法委关于深化司法体制和工作机制改革的工作方案，深入推进检察改革和制度创新。完善与公安、环保、法院相关部门建立的环境保护执法协调机制，建立破坏环境行政处罚报备制度，介入环境污染事件的行政查处，加强对环境资源的司法保护工作。强化对刑事立案和侦查活动的同步监督，开展检察官派驻侦查机关制度试点工作，在盘龙、安宁7个公安机构设立检察官办公室。加大刑事审判监督工作力度，开展将量刑纳入庭审程序试点工作，市检察院和6个基层检察院共对89件案件提出量刑建议，法院采纳率达到92.6%。建立对公安机关的起诉意见书、检察机关的起诉书、审判机关的判决书进行同步备案审查制度，提高案件质量。与市中级法院联合制定《关于检察长列席同级审判委员会会议实施办法》，两级检察院检察长共列席审判委员会会议32次，切实加强对审判活动的法律监督。规范和完善涉检信访工作，市检察院建立人民监督员参与信访接待工作机制，官渡区检察院出台涉检信访案件司法救助实施办法，安宁市检察院规范实名举报答复制度，东川区检察院推行涉检信访案件风险评估预警机制。健全民事行政检察工作，市检察院建立民事申诉案件和解机制，西山区检察院与区法院联合出台建立民事执行检察监督工作联系制度，嵩明县检察院与相关部门建立民事行政申诉工作协作机制，东川区检察院与区法院建立民事行政联系制度，五华区检察院与区法院建立加强民事行政执行监督工作的协作机制。

【服务经济发展】 将保持经济平稳较快发展作为检察机关服务大局的首要任务，出台《昆明市人民检察院关于充分发挥检察职能作用服务经济平稳较快发展的意见》和《昆明检察机关充分发挥检察职能作用服务工业园区建设的意见》，不断增强检察工作服务全市工业突破、招商引资和园区建设的自觉性和坚定性。在办理涉企案件时，更加注重改进办案方式和方法，坚持从有利于维护企业正常生产经营、有利于维护企业职工利益、有利于促进经济社会秩序稳定出发，慎重选择办案时机，慎重使用查封、扣押、冻结、拘留、逮捕等措施，最大限度地维护企业合法权益。建立企业申诉“绿色通道”，走访投资企业，举办法制讲座，提供法律咨询，积极为企业发展提供法律服务。与工业园区建立联系制度，定期召开联系会议，努力为园区建设提供法治保障。

【荣　誉】 全市检察机关20个集体、28名个人获得省市以上表彰。官渡区检察院被评为全国模范检察院，西山区检察院杨竹芳荣获全国模范检察官，全国“三八”红旗手，省、市优秀共产党员等荣誉称号，并当选2009年度全国十大法治人物。

（贾永强）

审　判

【案件审结数】 2009年，全市法院共受理各类案件83 929件，审结78 748件，分别比上年上升2.78%和0.03%。其中，中级法院共受理各类案件30 584件，审结29 443件，案件均在审限内结案。

【刑事审判】 全市法院全年共受理各类刑事案件7533件，审结7285件。注重对宽严相济刑事政策的科学认识和正确运用，始终坚持贯彻打击与保护并重的方针，对杀人、抢劫、爆炸、绑架、伤害等严重危害社会治安的暴力性犯罪，对抢夺、盗窃、诈骗等多发性侵财犯罪和走私、贩卖、运输毒品犯罪，坚持罪刑法定，从严惩处，不断增强人民群众的安全感；对社会影响大、人民群众关注的贪污、贿赂、渎职犯罪，破坏社会主义市场经济犯罪、商业贿赂犯罪，加大公开审判和打击力度。着力开展“打黑除恶”专项活动，在全市集

市中级人民法院深入开展学习实践科学发展观活动动员大会

（市中级法院　供稿）

中召开“打黑除恶”宣判大会28场次，对151件400余名罪犯进行公开宣判，尤其是通过对蒋家田等41人组织、领导、参加黑社会性质组织和贩卖毒品案的公开审判和宣判，扩大打击效果，震慑犯罪分子，鼓舞人民群众，为新昆明跨越式发展营造稳定的社会环境；通过对云铜集团原董事长邹韶禄等系列受贿案的依法公开审判，充分运用法律手段惩治贪污腐败，推进反腐倡廉建设，市中院刑事审判庭被省委、省政府荣记集体三等功。

【民事审判】　全年共受理各类民商事案件40 697件，审结38 092件，分别比上年上升18.19%和15.34%，调解和撤诉案件16 377件。围绕市委提出的营造稳定和谐的社会环境，服务现代新昆明发展的要求，坚持“调解优先、调判结合”指导方针，加大调解力度，妥善化解矛盾，依法审理婚姻家庭、继承、宅基地、相邻关系、财产权属确认、损害赔偿等案件，平等保护公民人身财产权益；依法审理合同、金融证券及企业破产改制重组等案件，规范交易行为，防范金融风险，避免国有资产流失，维护市场经济秩序；依法审理涉外、涉港澳台、涉外地来昆企业和非公经济案件，努力营造良好投资环境；依法审理金融危机引发的各类案件，特别是对返乡农民工维权案件实行优先立案、优先审理、优先执行，切实维护其合法权益；依法严厉制裁制售假农药、假化肥、假种子等坑农害农行为，维护农村市场经济秩序；依法审理矛盾易于激化的劳动争议、房屋拆迁、征地补偿等热点、难点案件，注重从讲政治、保稳定、促发展的高度，强化服务大局、促进经济发展的审判效果。

【行政审判】　全年共受理各类行政案件1 134件，审结1 094件，分别比上年上升30.05%和28.71%。针对昆明城市规划建设和城中村改造工作加速推进，涉及拆迁安置补偿、房产登记等行政案件大幅上升的趋势，注重正确适用法律，妥善解决争议，积极支持行政机关依法行政，保障城市建设顺利进行；对涉及公共秩序和公众利益等群体性案件，加强法律释明，最大限度采取行政协调和解机制化解争议，促进社会和谐稳定；坚持审理重大、复杂、社会影响大的群体性案件，主动及时向党委和上级法院报告，重视疏导，防止矛盾激化和事态扩大。市人大常委会专门对全市法院行政审判工作进行检查，并作出《关于进一步加强全市行政审判工作的决议》，极大地推进行政机关负责人出庭应诉制度的有效落实和基层法院行政审判机构建设，为优化行政审判司法环境创造更为有利的条件。

【执行工作】　全市法院共清理出执行积案23 640件，标的总额为109亿余元，其中，有财产可供执行的3 717件，执结3 704件；涉及特殊困难群体、特殊主体、重信重访等重点案件1 598件，执结1 582件；无财产可供执行的19 923件，清积19 901件。共受理新执行案件13 040件，执结10 754件，实现债权23.63亿元。取得“清积”和新收案件执行两不误、两促进的效果。全市法院努力克服审判任务持续上升的压力，抽调人员、经费和装备，尽力向“清积”工作倾斜；全体执行人员放弃休假，集中时间、精力，加班加点，举全市法院之力全力以赴攻克执行积案。

【建立执行工作联动机制】　在“清积”工作中，着力创新执行机制和执行方法，特别是五华法院以加大执行公开为突破口，将执行程序和执行过程全面公开，采取邀请人大代表、政协委员视察执行、“市民体验执行”等“阳光执行”方式，让社会和人民群众了解、支持和监督人民法院的执行工作，营造有利于执行工作顺利开展的社会环境和舆论氛围。在中央督察组督查中，督察组组长、最高人民法院副院长江必新对此做法给予充分肯定，五华法院在全国“清积”工作会议上作了交流发言。在最高人民法院近期出台的“司法解释征求意见稿”中，吸纳了昆明法院限制被执行人高消费的相关规定。对“清积”工作中反映突出的执行不能困难群体的救助问题，在政法委的领导协调下，市中院与市财政局、民政局、劳动和社会保障局联合制定下发《昆明市执行案件困难人员救助办法》，建立了政府主导、法院推动、社会参与的司法救助长效机制，为化解“执行难”创造了条件。市中级法院共对75件91人发放救助金32.15万元。通过不懈努力，“清积”工作不仅消化了执行积案，有效化解大量社会矛盾，避免群体性事件的发生，而且建立起了政法委协调、人民法院主办、相关部门联动、社会各界广泛参与的执行工作联动机制。

【环境保护工作】　按照市委部署，中级法院自成立环境保护审判庭以来，在借鉴无锡、贵阳模式的基础上，结合昆明实际，大胆创新环境保护理念，积极探索环境司法保护机制，建立健全环境司法保护制度。加强理论研究，注重课题调研，探索构建环境保护公益诉讼制度，积极完成最高人民法院指定市中院为全国政协委员草拟的《关于建立我国环境公益诉讼制度，推进生态文明建设提案建议》（已正式作为提案提交全国政协），根据最高人民法院的要求撰写上报《加强环

最高人民法院副院长检查指导市中院环境保护审判工作　（市中级法院　供稿）

境资源司法保护的调研报告》，制定《人民陪审员参审环保案件规定》、《环境审判专家咨询委员会工作规则》等制度，为建立新型环境司法保护体系提供理论和制度支撑；加强机制创新。探索实行刑事、民事、行政审判及执行的“四合一”审判执行模式，建立并推动环境保护执法协调机制，推行环境保护刑事案件集中管辖；强化审判实践。依法审理17件涉环境保护的刑事、民事、行政案件，并提出设立“昆明市环境保护基金”和加强环境保护公益诉讼的建议；参加有关机构和院校组织的“环境保护及环境公益诉讼”研讨会，并作经验交流发言。最高人民法院副院长万鄂湘在视察市中院环境保护审判工作后，对市中院环境司法保护机制的探索和研究成果给予高度评价，认为市中院环境司法保护工作走在了全国前列，为今后全国法院进一步建立健全环境司法保护机制提供了有益经验。

【参加社会治安综合治理】 落实司法为民政策，积极参与综合治理。注重方便群众诉讼和对当事人诉讼权利的维护，继续加大诉讼指导、风险提示、法律释明；坚持上门立案、巡回立案和审判、预约开庭，为老年人、残疾人提供方便；坚持法律、法官进社区村镇，落实领导与基层乡镇综治和平安建设工作的挂钩联系制度，努力把矛盾纠纷化解在基层和萌芽状态。重视做好司法救助工作，对下岗人员、进城务工农民、城镇低保群众、农村“五保户”等困难群体加大司法救助力度，努力使贫困群众不因经济困难打不起官司，共对1 312件案件依法缓、减、免诉讼费228万余元。在云南省第二监狱设立审判法庭，加大减刑、假释案件审判的公开性和透明度，配合监管机关、基层群众组织做好假释、缓刑人员的回访考察与社区矫正工作。与中央和省、市主流媒体合作，开展法制宣传，坚持以新闻发言、市民连线、网络直播、组织禁毒和知识产权等专项法制宣传、旁听重大案件审判等形式，进行直观生动的法制宣传教育，不断加强审判机关与人民群众的沟通联系。高度重视涉诉信访，做好国庆60周年维稳防控工作。共办理来信来访1 352件次，完成中央和省、市政法委交办的121件涉法涉诉、重信重访案件集中排查化解工作，实行领导包案、带案下访、督促考核的方式，多做说服工作，落实稳控措施，切实解决信访人的合理诉求。完成省、市政法委、上级法院和市委办公厅、目督办等交办的督办事项333件。

【规范审判管理】 完善制度规范管理。推行重大案件通报制度，对涉及公共利益、群众切身利益以及社会公众普遍关注，关系地区、行业改革和发展的重大案件，及时向党委、人大报告并向社会进行通报；严格落实岗位责任、服务承诺、限时办结、绩效考核、责任追究等制度，以优质高效的法律服务取信于民。试行量刑制度改革工作。组织相关法院将量刑纳入公开开庭审理程序的试点，在充分听取控辩双方意见的基础上，对被告人的量刑作出判决，使被告人的合法权益得到更加有效地保护，审判更加公开透明。积极实施检察长列席审判委员会会议制度。与市检察院共同制定《检察长列席同级审判委员会会议的实施办法》，进一步健全和完善诉讼活动监督制约机制，保障司法公正；健全完善诉讼与非诉讼相衔接的矛盾纠纷解决机制。注重发挥司法调解功能，坚持把调解贯穿于立案、审判和执行全过程，探索实行对轻微伤害刑事自诉案件、刑事附带民事案件纳入民事赔偿进行调解，并与检察、公安、司法部门建立轻微刑事案件快速处理机制，及时化解矛盾纠纷；注重发挥人民调解功能，实行部分简易民事纠纷交由人民调解组织进行诉前调解，对劳动争议案件先行委托工会进行调解，充分运用社会力量化解矛盾纠纷；注重发挥行政调解功能，积极与司法局、公安交警部门和卫生行政主管部门联系，探索建立交通事故和医患纠纷处理联动机制。

【加强队伍建设】 深入学习实践科学发展观，使法院队伍永保政治上的清醒与坚定；扩展培训法官、干警方式；狠抓作风转变，提升工作效能。坚持严格的问责制度，落实一岗双责，狠抓党风廉政建设。严格执行最高人民法院“五个严禁”的规定，制定《昆明法院关于对违反“五个严禁”规定实行终身追究的实施办法》，将贯彻执行“五个严禁”纳入党风廉政责任制考核，并定期通报违规和处理情况，确保规定落到实处。实行廉政监督员制度，中级法院从审判业务庭挑选14名政治觉悟高、审判业务强的法官担任廉政监督员，强化对审判、执行权的直接监督。

【自觉接受监督】 坚持党对法院工作的绝对领导，认真贯彻执行党的路线方针政策，进一步强化“人大、政协”意识，自觉接受人大法律监督、政协民主监督和社会监督，坚持重大执法活动、重大工作部署向党委和人大请示报告，努力实现法律效果和社会效果的有机统一。共接受市人大代表、市政协委员的视察、检查19次，按规定完成建议和督办事项29件，对市“两会”交办的建议、提案均与人大代表、政协委员面商听取意见，做到件件有登记，办理有落实，结果有反馈，确保办理质量和效率。

（杨明乐）

市中院组织干警举行落实最高法院“五个严禁”宣誓　（市中级法院　供稿）

司法行政

【司法制度创新】 选取盘龙区和官渡区开展建立“法律进街道社区、乡村”服务常态机制创新工作。在东川区开展将法律服务纳入创业服务支持体系创新工作。出台《关于进一步深化农村法制宣传教育制度创新工作实施方案》，不断完善农村普法工作机制，加强农村普法工作力度，对全市14县（市）区和3个开发区的村（社区）普法带头人工作负责领导、联络员和普法带头人代表共计1 700余人进行6期培训。

在西山区、呈贡县开展公益性法律服务体系探索，取得可推广的路子和方法。西山区出台《关于建立公益性法律服务工作体系的实施方案》，成立西山区公益性法律服务体系建设领导小组，构建区、镇、村三级公益性法律服务工作机构网络。呈贡县以政府“埋单”方式，招聘大学毕业生充实公益性法律服务队伍，切实夯实公益性法律服务工作基础。

【法制宣传】 2009年市司法局联合政法5部门深入东川、寻甸、宜良、富民、安宁等县（市）区进行巡回宣传活动。先后到云南大学附属中学、市体育学校、市外国语学校等开展“法律进学校”活动。深入五华区北大附中、盘龙区十六中、官渡区十一中举办青少年违法警示教育活动。拟制《昆明市司法局净化社会文化环境加强和改进未成年人思想道德建设工作总结》，制定《关于在全市宗教活动场所开展法制宣传教育的实施意见》。加大各县（市）区民族政策宣传力度，前往东川等县（市）区开展“法律进宗教场所”宣传活动。年内，共开展法制宣传、法制讲座40余场次。制作“2009年昆明市全民普法考试试卷（A\B卷）试题”，组织全市相关人员考试。积极参与金座公司非法集资案参与集资人员、螺蛳湾拆迁商户的法制宣传和稳定工作。

【法治昆明建设】 召开法治昆明建设领导小组、普法与依法治市领导小组2009年工作会议，制定《2009年法治昆明建设工作要点》，出台《关于推进依法治市建设法治昆明工作规划(2009—2014年)》。下发《关于进一步深化“民主法治村（社区）”创建工作的意见》和《关于2009年创建市级民主法治村（社区）工作任务分解通知》。联合市普法与依法治市办、市民政局组成检查组对全市14个县（市）区以及经开、高新、度假3个开发区的150个市级“民主法治村（社区）”创建工作进展情况进行督促、检查。在3个网站公示拟确定的创建名单，召开市级“民主法治村（社区）”命名大会，有150个村（社区）被命名为“民主法治村（社区）”。

【律师工作】 2009年市司法局联合公、检、法部门下发《关于律师会见在押犯罪嫌疑人、被告人有关问题的通知》，解决律师会见问题。继续做好律师事务所与乡村（社区）“结对帮扶”工作，推动律师进社区、进创业就业服务所试点，完成17家合作制律师事务所的调整转制。组建律师志愿团，积极参与涉法信访接待、“12355”青少年综合服务热线、昆明“五一”工人维权岗法律服务志愿团等社会公益性活动，积极参与对“金座公司非法集资案”受害群众的法制宣传和法律服务工作。选派市司法局机关22名党员干部作为党建联络员，指导律师事务所党建工作。全市111家律师事务所、1 080名执业律师共代理刑事案件4 348件，民商事案件5 884件，行政案件145件，担任各类法律顾问1 370家。

【公证工作】 2009年开展要素式公证文书质量专项检查活动，选派11名拟执业人员参加任前培训。落实《云南省公证机构和公证员执业档案管理办法》，检查14县（市）区公证工作情况。完善公证员助理规范化管理，出台《昆明市公证员助理登记管理办法》，对全市15个公证处68名公证员助理进行年度考核。针对二手房买卖公证事项问题，下发《昆明市司法局关于进一步加强公证质量建设规范公证执业秩序的有关通知》。参与全省公证管理效能考核，受到省司法厅的表彰。全市共办理各类公证事项122 744件，国内109 855件（其中民事类公证48 138件，经济类61 717件），涉外12 360件，涉港澳台529件。

【法律援助】 推广盘龙、寻甸、石林3个试点法律援助工作经验，盘龙、寻甸、石林、五华、安宁的55个乡镇（街道办事处）“为民服务中心”已设置法律援助窗口。推动全市法律援助网络联动机制，出台联动方案。开展“法律援助宣传月”活动。对法院指定的刑事案件、死刑二审刑事案件实施法律援助达100%，对符合法律援助条件的农民工、残疾人的法律援助达100%。共办法律援助案件5 624件，其中刑事法律援助案件1 438件，民事法律援助案件4 186件。认真做好“148”法律服务工作，接待来访咨询群众1 392人，咨询电话4 000多个。

【司法鉴定】 开展年度司法鉴定机构、人员登录公告工作，发放“云南省司法鉴定人和司法鉴定机构名册”。

2009年市委法治昆明建设领导小组工作会议 （市司法局 供稿）

联合市档案局下发《昆明市司法鉴定档案管理办法》。组织符合条件的司法鉴定人参加司法部司法鉴定高级职称申报。昆明医学院司法鉴定中心成为全省、全市首家通过国家级评审的司法鉴定机构。全市司法鉴定机构86家，司法鉴定人1 400名，办理各类司法鉴定业务34 362件。

【基层法律服务】　下发《2009年昆明市基层司法行政工作安排意见》，组织全市400余名基层法律服务工作者参训，完成基层法律服务所及工作者的年度检审工作。派出30名基层法律服务工作者到昆明市困难职工帮扶服务中心、昆明市农民工维权中心，为职工提供法律咨询、法律服务。全市有法律服务所152个，基层法律工作者483人。

【司法考试】　针对报考人数多、考试考点多、形势严峻、甲型流感蔓延、作弊手段日新等新情况，制定出台《昆明市2009年国家司法考试实施方案》和"昆明市2009年国家司法考试考务阶段情况预案和应对措施"。联合公安、卫生、保密和无线电管理等部门加大对考点周边巡查、检查和管控，确保整个考区考试工作健康、规范、有序。昆明考区有7 919人参加国家司法考试，未出现舞弊、违纪事件。

【人民调解】　配合市人大做好《人民调解条例》立法前期调研、论证。构建人民调解、行政调解、司法调解相互衔接的"大调解"工作体系。召开全市"大调解"工作现场推进会，下发《昆明市人民调解工作"以奖代补"实施办法》。设立公安派出所"治安纠纷、民间纠纷联调室"168个，法院"人民调解室"22个，检察院"人民调解室"11个；建立信访"人民调解室"6个。全市各级人民调解委员会共计调处各类纠纷45 848件，成功调处44 798件，调解率达到100%，成功率达到98%。

【劳教工作】　3月，原昆明市强制戒毒劳教所所名规范为昆明市劳动教养管理所，并加挂昆明市强制隔离戒毒所牌子。市劳教所坚持"严上加严、细上加细、实上加实"的工作要求。狠抓干警队伍建设，做到从严治警，从优待警。健全完善劳教所安全规章制度，严格落实"三包管理责任制"。深化课堂化教育、职业技术教育、心理矫治等工作，"三课"教育入学率均达100%。

昆明市民主法治社区（村）创建工作会议　（市司法局　供稿）

【市劳教所迁址】　9月24日市劳教所在呈贡工业园区新址建成并通过验收，11月17日全面启动市劳教所搬迁工作，12月10日搬迁完毕。

【安置帮教】　下发《昆明市2009年安置帮教和社区矫正工作要点》，在县（市）区安帮办及乡镇（街道办事处）司法所均建立安置帮教工作台账，做到底数清，情况明。积极探索帮教工作的有效途径，结合实际开展形式多样的帮教活动，落实"三帮一"、"二帮一"等帮教措施。与监所建立衔接工作制度，开展面对面的帮教工作。全市共接收刑释解教人员1 424人，帮教1 390人，安置1 273人，帮教率为98%，安置率为90%。

【社区矫正】　召开社区矫正工作领导小组会议。联合法、检、公等部门制定下发《昆明市社区矫正工作实施方案》、《昆明市社区矫正对象管理工作规定》、《昆明市社区矫正衔接工作若干规定》、《昆明市社区矫正对象计分考核规定》和《昆明市社区矫正对象考核奖惩办法》，积极协调落实工作经费。召开全市社区矫正工作推进会。全市共有矫正对象1 560人，有244人依法到期解除矫正，有1 313人接受矫正，累计重新犯罪1人，重新犯罪率为0.064%。

【招商引资】　按市政府的任务要求，与市财政局共同组成宁波招商分局。先后引进内资项目22个，外资项目3个。经市考核组认定，引进内资3.74亿元，外资108.8万美元，超额完成任务。同时，组成扶贫调研组，赴寻甸县六哨乡帮扶点实地调研，先后筹集资金3.5万元为六哨乡下拖期村解决饮水问题，筹款8万元建设寻甸县明信公证希望完小，向六哨乡马鞍山村律师希望小学困难学生捐赠价值1.45万元的生活和学习用品。"再创省级文明单位"顺利通过，被评为"昆明市平安建设先进单位"。

（刘让和）

消防管理

【火灾概述】　2009年，全市共发生火灾979起，死14人，伤3人，直接财产损失726.12万元，同比2008年火灾起数上升9.87%，亡人数上升40%，伤人数上升50%，直接财产损失上升112.24%。全市消防部队共接警出动3 828次（其中扑救火灾979起，抢险救援1 663起，社会救助1 064起，其他出动122起），出动警力34 582人次，车辆5 699辆次，抢救人员898人，疏散人员17 735人，抢救财产价值6 700万余元。圆满完成国际人类学与民族学联合会第十六届大会、国庆60周年等160起重大活动消防安全保卫任务。

【打造公安消防铁军】　始终注重战斗

灭火救援演习　（市消防支队　供稿）

力生成，着力构建“训练有素、装备精良、准备充分、反应快速、指挥有序、战斗力强”的灭火救援目标体系，全力推进昆明消防铁军建设，努力提升部队灭火救援能力。提请昆明市人民政府制定出台《关于进一步加强全市消防部队应急救援能力建设的决定》，全市各级政府将在2009～2011年投资3亿元人民币，加强全市消防站点、车辆装备、训练设施、战勤保障、应急救援指挥信息化建设。健全训练机制，广泛开展执勤岗位练兵活动。组织开展全市公安、志愿、专职消防队岗位练兵大比武，在全省岗位练兵比武中，特勤一中队、二中队分别获得团体第一名和第二名，支队在全省基层指挥员执勤岗位练兵大比武活动中荣获第二名，在代表总队接受公安部消防局战训和信息化工作考核中取得优异成绩。强化实战训练，突出基地训练、合成训练、模拟训练。推动安宁、禄劝、寻甸、宜良等地政府组织开展以公安消防部队为主，公安、安监、卫生、环保等多部门参与的应急救援实战演习。一年来，全市消防部队共开展各类灭火救援演练735次，切实提高了各级消防部队的灭火救援攻坚作战能力。加强战训基础工作，加大“六熟悉”工作力度，完成全市重大危险源调查、统计、评估和建档工作，举办重大危险源调查、数字化灭火救援预案制作与管理系统、基层指挥员高层建筑火灾扑救等培训班。调查重大危险源单体2 342个，修订完善重点单位灭火作战预案2 103份、总体预案和类型预案142份、数字化灭火救援预案177份，战训基础工作进一步夯实。全面掀起打造昆明消防铁军热潮，成立打造昆明消防铁军工作暨灭火救援攻坚组（尖刀班）建设领导小组，对灭火救援攻坚组（尖刀班）配备特种装备、实行特殊训练、加强特别保障、给予特殊待遇、承担特殊任务，完成对初选队员的考核任务，选拔队员参加了总队灭火救援攻坚组培训。

【多种形式消防力量建设】　进一步规范多种形式消防队伍联动、联训、联勤、联战机制建设，组建西山区海口镇、晋宁县晋城镇政府专职消防队、云南铜业股份有限公司专职消防队，加快昆明螺蛳湾国际商贸城专职消防队的建设步伐，举办专职消防队和志愿消防队业务骨干培训班，成功召开专职消防队正规化示范单位建设现场会。新建村委会志愿消防队114支、义务消防队590支，组织召开全市志愿消防队长培训班，全面实现“村村有消防队”工程。

【消防工作社会化】　以建立社会消防安全责任体系为突破口，着力构建“落实责任、堵住源头、重点整治、城乡一体、宣教培训、和谐稳定”的火灾防控目标体系，消防工作实现新发展。市政府将《2009年消防工作目标管理责任状》纳入重点工作进行督办落实，每月组织督查组对各县（市）区的消防工作进行督导检查，组织开展城乡消防专业规划编制落实情况专项检查，与文化、工商、安监等部门建立信息交换、联合监管、联合执法的工作机制。全市910家单位入网城市消防安全管理远程监控系统，437家单位开展消防安全标准化工作，687家单位开展消防安全标识化管理，1 038家人员密集场所开展消防安全“三提示”工作，606家单位进行“公众责任险”投保，投保金额61.7万元。全市投保农村房屋财产火灾保险农户63.5万余户，缴纳保费325.5万余元。与饭店行业协会联合在全市宾馆、饭店内开展行业自律工作；与市综治办联合开展为期3年的“零火灾”创建工作。

【消防检查】　全市先后组织开展公共娱乐场所、商场市场、“红盾八号”、校园及周边、公众聚集场所、高层及地下建筑、日用品批发市场、消防产品、消防控制室、出租房、重点建设工程、中小学校舍、文物古建筑等消防安全专项治理工作，全市19家政府挂牌督办的重大火灾隐患单位全部整改销案。共成立检查组1 573个，检查单位15 660个，发现隐患9 992处，整改隐患9 931处，责令三停75家，临时查封危险部位106处，行政拘留10人，罚款386万元。

【消防宣传教育】　深入开展新《消防法》宣传贯彻工作，市防委会下发《关于切实做好中华人民共和国消防法宣贯工作的通知》，市司法局将《消防法》宣传普及纳入2009年全民普法教育内容，联合市教育局开展全市中小学生新《消防法》知识竞赛，在全市教育网站开通昆明市中、小学生《消防法》知识在线网上竞赛平台，组织全市80余万名学生参加竞赛活动。深入开展消防安全培训，全市共举办公众聚集场所、高层、地下建筑及消防施工企业等单位从业人员消防安全培训班172期，培训人员5万余人。以聘请“昆明消防宣传形象大使”、举行志愿消防队趣味运动会、千名村官企业家进红门、“火灾隐患大家找”、“手机短信话消防，随时随地送平安”等活动形式，深入开展“119消防日”系列宣传活动，录制10期“大家乐——快乐向前冲”消防电视节目在云南电视台三台播出，营造浓厚的消防宣传氛围。

苦练消防本领　（市消防支队　供稿）

【立功创模】　世博园中队被授予“省级青年号”荣誉称号，特勤大队二中队、盘龙大队一中队被命名为省级“青年文明号”；支队被公安部消防局表彰为国庆60周年消防安全保卫工作先进集体、被省公安厅表彰为国际人类学与民族学联合会第十六届大会安保工作先进集体；支队与市妇联联合评选表彰首届“昆明消防和谐家庭”29户、第二届“昆明消防好警嫂”29人和“十佳春城消防卫士”10人。一年来，全市消防部队共有15个集体受到记功和表彰，241名官兵被记功嘉奖或表彰，其中荣记一等功1人，二等功2人，三等功24人。

（市消防支队秘书科）

·责任编辑　方玉红·

民族·宗教

民　　族

【少数民族人口】　截至2009年底，昆明市少数民族人口为805 562人，占全市总人口的15.09%，比2008年增加了14 928人。少数民族人口前十位的依次为彝族423 501人，占总人口的7.93%；回族154 247人，占总人口的2.88%；白族78 585人，占总人口的1.47%；苗族49 531人，占总人口的0.92%；傈僳族18 622人，占总人口的0.35%；壮族15 131人，占总人口的0.28%；傣族13 799人，占总人口的0.26%；哈尼族12 554人，占总人口的0.23%；纳西族8 946人，占总人口的0.16%；满族5 415人，占总人口的0.1%。

【市九届民运会开幕】　10月14～20日，由昆明市人民政府主办，市民委、市体育局、寻甸县人民政府承办的昆明市第九届少数民族传统体育运动会在寻甸县成功举办。本届民运会是历届民族运动会中规模最大、规格最高、项目设置最多、组织最好的一届民族运动会。本届民族运动会开幕式由市政府副市长杜敏主持，张祖林市长致开幕词，省委常委、市委书记仇和宣布昆明市第九届少数民族传统体育运动会开幕。省民委主任王承才，市人大主任李培山，市政协主席田云翔，市委常委、统战部部长金志伟，副市长廖晓珊等领导出席了开幕式。开幕式规模宏大、热烈隆重、场景精美、大气磅礴，表现了较高的编导水平和组织协调能力。

【九届民运会项目设置】　第九届民族运动会共设11个大项99个小项比赛项目，来自14个县（市）区和文化馆共15个代表团1 181名运动员及教练员、裁判员、评判员、工作人员、志愿者队伍等共计2 000余人参加。经过7天的紧张角逐，共产生95枚金牌、93枚银牌、93枚铜牌。15个代表团都获奖牌，8个代表团获得团体总分奖，15个代表团获得体育道德风尚奖。

【国际人类学与民族学联合会第十六届大会】　国际人类学与民族学联合会，是联合国教科文组织直接联系的国际学术团体，是国际人类学民族学界最有影响的世界性组织。2003年7月10日，在意大利佛罗伦萨召开的国际人类学与民族学联合会第十五届世界大会上，在昆明市与澳大利亚布里斯班市的竞争对决中，昆明市赢得了第十六届世界大会的举办权。大会主题："人类、发展与文化多样性"。经过精心准备，国家人类学与民族学联合会第十五届大会于2009年7月27日至8月1日在昆明召开。市民委制定了《昆明市迎接国际人类学与民族学联合会第十六届大会工作方案》；成立迎接"大会"工作领导小组，组建了8个承担具体任务的工作组，明确了工作职责、责任人；高效、有序的协调指挥，为大会的圆满成功举办作出重要贡献，昆明市民委被国家民委和省政府表彰为"国际人类学与民族学联合会第十六届大会筹办工作先进集体"。

【维护民族团结社会稳定】　针对新疆乌鲁木齐"7·5"事件，制定下发了《关于切关做好当前维护民族团结工作的通知》，对维护民族团结稳定工作提出要求，作出部署。各县（市）区民宗局设立值班制度和报告制度；对影响民族团结的重要情况及时向当地党委、政府及市民委报告并妥善处置。做到24小时值班，并实行领导带班和每日报告制度。

【完成招商引资】　全年签订内资项目协议18个，协议资金28.49亿元人民币，签订外资项目两个。引进国内资金3.23亿元人民币，经考核部门认定1.69亿元人民币，引进国外资金197.5万美元，经考核部门认定189.61万美元。

【签订民族团结目标管理责任书】　按照市民委与省民委签订的《2009年民族团结目标管理责任制》有关要求，认真修改和制定了2009年昆明市民族团结目标责任书。3月5日与各县（市）区民宗局签订了《昆明市民委系统2009年民族团结目标管理责任书》。

【民族法律法规的学习宣传】　市委宣传部与民委联合下发了《关于学习贯彻〈党和国家民族政策宣传教育提纲〉的通知》，在全市范围内广泛开展《党和国家民族政策宣传教育提纲》的宣传、教育活动。积极组织参加了云南省暨昆明市"综治维稳宣传月"在南屏街广场组织的宣传活动，制作了《党和国家领导人对民族团结工作的重要指示》、《关于民族问题的基本观点和基本政策》、《多民族和谐共处的边疆省会城市——昆明》、《常见民族政策解答》等宣传展板，印发了《党和国家民族政策宣传教育提纲》、《中国公民确定民族成分的规定》、《昆明市清真食品管理办法》、《昆明市回族等少数民族殡葬管理办法》等宣传资料2 000多份，现场解答咨询民族政策的群众500多人。

【民族矛盾纠纷隐患排查】　按照"四个维护"原则和"团结教育、疏导、化解"的方针，截至11月15日，全市民委系统共排查出矛盾纠纷1起，涉及1个乡镇1个村84人。调处矛盾纠纷19起，涉及2个州市8个县（市）区16个乡镇2个村1个村民小组3 270人。

【妥善处置影响民族关系的群体性事件】　按照《昆明市民委涉及民族方

面群体性事件应急预案》的要求，牵头或配合有关部门，及时、果断、高效的处置了8起涉及民族关系的群体性突发事件，切实维护了社会稳定和昆明形象。

一是40多名宣威市回民因不服当地法院判决到省政府上访事件；二是寻甸县柯渡镇望安寺重建引发的矛盾纠纷；三是园园山回族公墓墓区道路被隔断引发的纠纷；四是石林县“百人”署名信访件；五是寻甸县鸡街乡黑箐村苗族群众集体到市政府上访事件；六是妥善化解了新建东川清真寺出现的矛盾纠纷；七是五华区志城花园地下停车场改造为农贸市场引发的纠纷。八是妥善处置了官渡区某酒店拒住两位藏族学者引发的热点问题。

【民族专项资金】 2009年的安排市级民族专项资金3 712万元，扶持项目293个。为少数民族和民族地区解决了生产生活中的困难和问题。

首次设立了民族贸易企业、少数民族特需生产用品定点生产企业、龙头企业的贷款贴息资金15万元，实现了民族专项资金结构合理、种类齐全。

2009年争取到省级民族专项资金487万元，安排项目49个，比2008年增加54万元。

【民族团结示范村创建】 按照“领导班子好、民族关系好、经济发展好、教育科普好、社会治安好、村容村貌好”的要求，创建民族团结示范村。把嵩明县杨桥乡西山村委会大湾苗族村创建为省级民族团结示范村。

【扶贫挂钩和新农村建设工作】 市民委在寻甸县倘甸镇碑庄村委会的扶贫帮带工作，开展了春节慰问，发放慰问金3 000元。2009年，投入22万元，扶持2个项目解决村内道路和村完小的建设。按照市委的统一要求，市民委完成了向新农村建设市级示范村联系点嵩明县杨林镇新村村委会下派指导员工作。多次深入联系点调研具体帮扶项目，帮扶25万元解决该村的村内道路建设。

【民族统计工作】 完成了2008年3个自治县和7个民族乡的经济社会发展情况统计，2009年民族地区经济发展半年报；对全市民族地区“三不通”的民族村寨进行了调研、统计和建库。完成市妇女儿童发展规划监测统计工作。完成省民委“五个发展规划”涉及昆明市三个规划的大型调研、统计工作。完成国家民委关于《民族地区经济社会运行监测系统》的网络创建。

【民族教育工作】 开展了2009年度省定民族中学招生工作；完成了民族教育工作的调研任务。配合市妇联、市教育局开展“春蕾计划”实施工作；配合市教育局开展了“农村中小学”标准化建设推进工作；配合市教育局完成了2009年度的民族生招生和民族中等职业教育的有关工作。民族教育工作得到扎实开展。

【民族文化事业】 根据《国务院关于进一步繁荣少数民族文化事业的若干意见》，起草了《关于进一步繁荣发展少数民族文化事业的决定》，并以市政府文件下发。文件规定，从2010年起，市财政每年安排500万元繁荣发展少数民族文化事业专项资金。

【民族歌舞展演】 参与组织了省第六届民族民间歌舞乐展演，参加展演的5个节目，荣获1金2铜和两个组织奖的好成绩。指导了各少数民族的节庆活动。会同市文化局在宜良县举办了昆明市第四个“文化遗产日”活动，促进了昆明市非物质文化遗产保护工作。

【民族团结示范社区创建】 按照“民族团结好、文明道德好、生态环境好、社会治安好、和谐社区好”的标准，“以基层社区为载体，以创建民族团结示范社区（街道、小区、楼院）为抓手，以构建和谐民族关系为目标”的民族团结示范社区创建经验，依托文明公民学校对社区的少数民族群众、外来务工人员进行党的民族政策、法律法规知识和文明公民道德教育素质培训。在少数民族集中的街道、社区、楼院开展多种形式的创建活动，投入资金10万元用于开展创建工作，进一步巩固了现有5个民族团结示范社区的质量和水平。

【清真食品监督管理】 下发了《关于做好元旦、春节以及“两会”期间清真食品安全工作的通知》、《昆明市民委关于做好五一节期间清真食品安全工作的通知》、《关于认真做好清真食品行业检查工作的通知》，在元旦、春节和“两会”以及“五一节”期间认真开展清真食品的检查工作。圆满完成了市食安委牵头，市民委及相关单位参加的清真食品安全专项检查工作，促进了清真食品市场的规范健康和有序发展。

【民族工作调研】 为了解掌握全市民族地区少数民族群众最直接、最现实、最迫切的要求和企盼，市民委组织4个工作组深入到14个县（市）区最偏远、最贫困的民族村寨开展了2次大规模的工作调研。调研民族村寨的发展状况和发展差距，制定帮助少数民族群众发展的有效措施。形成了10个有内容、有对策、有措施的调研报告，为市委、市政府决策提供了依据。

【信息上报宣传工作】 完成了民族工作信息111期的编撰上报工作。其中，中共中央办公厅采用2篇，国家民委采用2篇，省委办公厅采用5篇，省民委采用25篇，市委办公厅采用20篇，市政府办公厅采用53篇，市纪委采用5篇。

【办理人大建议、政协提案和群众来信来访】 共接5件人大代表建议、政协委员提案的办理任务。召开2次专门会议研究部署办理工作，确定一位委领导作为责任领导，规定了办理时限。办理的1件人大代表建议、4件政协委员提案均按质按量完成答复工作，受到了代表、委员们的肯定。接待群众来信来访38件，做到了件件有答复，事事有回音，受到来访者的好评。

（程世林）

宗　教

【宗教基本情况】 2009年，昆明市信教公民约38万余人，其中，信仰佛教的公民14万余人，信仰道教的公民0.5万余人，信仰伊斯兰教的公民14万余人，信仰天主教的公民0.5万余人，信仰基督教的公民8万余人，信教公民约占全市总人口的7%。有宗教活动场所609所，其中，佛教寺院104所，道教宫观5所，伊斯兰教清真寺134所，天主教堂4所，基督教堂362所。另有其他固定宗教活动处所297所。有宗教教职人员1 219人，其中，佛教教职人员221人，道教教职人员33人，伊斯兰教教职人员183人，天主教教职人员5人，基督教教职人员777人。有市属宗教团体6个，即：昆明市佛教协会、昆明市道教协会、昆明市伊斯兰教协会、昆明市天主教爱国会、昆明市基督教三自爱国运动委员会、昆明市基督教协会。有县（市）区宗教团体17个，即：五华区基督教三自爱国运动委员会、盘龙区道教协会、官渡区佛教协会、西山区基督教三自爱国运动委员会、东川区佛教协会、东川区道教协会、东川区伊斯兰教协会、东川区基督教三自爱国运动委员会、安宁市基督教三自爱国运动委员会、富民县佛教协会、富民县伊斯兰教协会、富民县基督教三自爱国运动委员会、嵩明县伊斯兰教协会、禄劝县基督教三自爱国运动委员会、寻甸县佛教协会、寻甸县伊斯兰教协会、寻甸县基督教三自爱国运动委员会。有宗教学术团体1个，即：昆明市佛学研究会。

【落实宗教房产政策】 积极协助省宗教局协调解决北京路天主堂及主教府拆除、重建工作，经过努力，在市委、市政府的关心支持下，教堂和主教府重建项目涉及的所有收费予以免除。8月15日该堂举行了重建奠基仪式。

根据《昆明市人民政府常务会议纪要》的决定，按照“住户不动，其余归还，适当补助”的方案，宗教局就落实华山东路99号宗教房产一事展开了一系列复杂而艰难的协调工作，宗教房产遗留问题最终得到圆满解决。8月21日市天主教爱国会与圣基红经贸有限公司签订合作协议，该堂重建工作步上正轨。

指导帮助石林县民宗局和市天主教爱国会落实解决石林长湖镇维则村宗教房产被村委会占用的问题，由于领导重视，督促有力，措施得当，维则村委会最终将临街的两间铺面划给维则教堂管委会用于教会自养。

经过多年努力，2009年7月30日，市委《会议纪要》明确将真庆观紫微殿、老君殿、火神殿产权移交昆明市道教协会，并于8月28日举行了移交仪式。

【打击非法宗教活动】 2009年，在深入学习贯彻《宗教事务条例》，不断强化宗教界依法开展宗教活动意识的同时，宗教局加大打击非法宗教活动的力度。全年共查处非法宗教活动5起，涉及伊斯兰教、天主教和基督教，其中有涉外背景1起，共涉及信教公民200余人。在查处过程中，宗教局始终坚持教育转化为主的原则，向不明真相的信众宣传党和政府的宗教政策和法律法规，较好地防范了消极因素的扩散和抗查问题的发生，维护了社会稳定。

【宗教界思想建设】 2009年，在全市宗教活动场所开展了“爱国主义和法制宣传教育”。通过灵活多样、丰富生动的宣传教育形式，增强了昆明市宗教界人士和信教公民的国家意识、法律意识和公民意识，推动宗教界人士和信教公民学法、知法、用法、守法，自觉维护国家和法律尊严，进一步推进了全市“五五”普法进程。

6月29日~7月2日，在昆明市社会主义学院举办了昆明市宗教界开展爱国主义和法制宣传教育活动专题培训班，全市宗教界代表143人参加培训。通过培训，使宗教界人士更加清醒地认识到新时期应担负的责任和履行的义务。

8月，市宗教局、云南民族大学和昆明市基督教三自爱国运动委员会主办，云南民族大学人文学院承办的“基督教与和谐社会论坛—昆明市基督教神学思想建设学术研讨会”在云南民族大学人文学院召开。研讨会邀请中国人民大学、上海复旦大学、南京大学和云南民族大学知名宗教学专家学者莅临交流指导，并形成论文集。研讨会采用与宗教学术研究力量结合的方式，不仅做到资源优化整合，同时也为昆明市基督教界神学思想建设的发展注入活力，是一次成功有益的尝试。

【维护宗教稳定】 乌鲁木齐“7·5”暴力事件发生后，市宗教局高度重视昆明市宗教界的稳定工作，制定了《昆明市宗教事务局关于近期宗教领域可能发生突发性群体性事件工作预案》，及时会同市伊斯兰教协会分析了解昆明市穆斯林群众对乌市暴力事件的反映。掌握昆明市各清真寺在主麻日（星期五）参加聚礼的新疆籍穆斯林有关情况。安排市伊斯兰教协会和城区6所清真寺管委会召开紧急会议，即日起加强值班和对进出清真寺外来人员登记，要求教职人员坚守岗位，以伊斯兰教经典教义引导本坊穆斯林群众开展好宗教活动，确保社会稳定。

按照市委、市政府有关维稳工作的要求，认真做好宗教领域不稳定因素的排查和化解工作。特别是“3·14”事件1周年和“6·4”事件20周年期间，宗教局坚持季分析、月排查、日报告制度，排查出的不稳定因素及时上报市维稳办。同时采取对策，明确责任，有针对性的做好矛盾转化工作，确保了特殊敏感时期和国庆期间全市宗教界的稳定，防范了消极因素介入日常宗教事务而影响宗教和睦和社会稳定。

【宗教团体自身建设】 2009年，在宗教局的指导和协助下，在属地宗教事务部门的努力下，完成安宁市基督教三自爱国运动委员会换届工作，选举产生新一届爱国会班子。富民县完成富民基督教三自爱国运动委员会换届工作，选举产生新一届爱国会班子。西山区基督教三自爱国运动委员会顺利完成第四届三次全委会章程的修改，增补常委和委员。

【宗教活动场所建设】 在省委统战部、省宗教局，市委、市政府的关心和帮助下，政府以划拨建设用地的方式，在呈贡吴家营为市基督教两会划拨10亩土地建盖新的活动场所—呈贡基督教活动中心。呈贡基督教活动中心布点合理，充分考虑到呈贡新城及周边县区基督教信徒过宗教生活的需要，同时解决了市基督教两会办公的需要。12月27日呈贡基督教活动中心举行盛大竣工典礼。

为增加昆明市旅游亮点，佛教华亭寺在不影响文物保护的前提下，新建华亭寺500罗汉，于10月16日举行开光仪式。

【创建“和谐寺观教堂”】 2009年，全市宗教工作坚持新时期宗教工作方针，积极引导宗教团体和广大信教公民参与“平安昆明”、“文明城市”创建活动，维护宗教和睦、社会稳定。在认真总结“模范宗教活动场所”创建活动的基础上，制定下发了《昆明市宗

呈贡新城基督教堂落成庆典
（向忠俊 供稿）

教活动场所绿化美化实施意见》，开展了“和谐寺观教堂”创建活动。活动明确了创建的8项标准为：爱国爱教、知法守法、团结稳定、活动有序、教风端正、管理规范、安全整洁、服务社会。新的创建标准规范了活动组织、评比方法和奖惩措施。这一活动得到了全市宗教界的积极响应。此项工作的开展旨在发挥宗教界在构建社会主义和谐社会、昆明经济社会建设中的积极作用，进一步促进各宗教内部的团结和谐，各宗教之间的团结和谐，宗教与社会各方面的团结和谐。

【宗教界社会服务和慈善事业建设】 根据昆明市基督教三自爱国运动委员会提出创办“昆明市长者天年颐养院”(敬老院)的申请，经昆明市民政局和市宗教局协商，为大力发展和推进昆明市老年福利事业，根据《社会福利机构管理暂行办法》和《宗教事务条例》，2009年12月，昆明市民政局和市宗教局共同下发通知同意昆明市基督教三自爱国运动委员会创办“昆明市长者天年颐养院”。按属地权限，具体筹办和有关手续由呈贡县民政局和民宗局共同协商办理。

【宗教界人士社会保障】 经过努力，市属五大宗教团体已基本解决各自工作人员的医疗保险、养老保险等社会保障问题。2009年，按照省委“6·15”会议精神，宗教局发放全市64名宗教界代表人士一次性生活费补助共计45万元，并积极为符合享受低保条件的城镇和农村教职人员申请低保金。一次性生活费补助发放标准：驻会在职不在编的会长、主席月人均1 000元，驻会在职不在编的副会长、副主席月人均800元，不驻会在职不在编的副会长、副主席月人均400元；驻会在职不在编的副秘书长月人均600元；曾担任市属宗教团体副会长以上，现退离岗位，年龄在60周岁以上无固定收入的人均400元。同时给予每个市属宗教团体办公经费5万元。各县(市)区民宗局也结合自身工作实际，积极筹措资金帮助宗教团体解决实际困难，宗教团体办公经费，宗教界代表人士生活补助得到逐步落实。

【宗教工作调查研究】 针对全市宗教工作实际，根据新时期宗教工作要求，宗教局组织力量对宗教工作难点和热点问题进行专题调查研究。形成《昆明佛教发展的现状及趋势　存在的问题及对策》、《昆明市伊斯兰教经堂教育情况调研报告》、《实事求是，疏堵结合，妥善解决难点问题》、《昆明天主教情况调查及工作意见》和《昆明市外国人宗教活动专场管理之思考》一批调研文章，对一段时期的宗教工作将产生重要指导意义。

【在昆外国人宗教活动管理】 经报批同意，1999年5月和2003年2月市宗教局开设西方外国人和韩国人临时宗教活动专场。根据《中华人民共和国境内外国人宗教活动管理规定》和《中华人民共和国境内外国人宗教活动管理规定实施细则》的规定，特为两个专场制定《昆明市外国人宗教活动临时专场管理暂行办法》，并译成英、韩两种文字，张贴在专场醒目位置，告知参加专场宗教活动的外国人遵守活动的管理要求。为保证在昆韩国人过好正常的宗教生活，依法管理在昆韩国人宗教活动，并方便宗教局跟踪管理，及时掌握、处置有关情况，考虑到原有专场硬件设施和周边环境已不能适应规范化管理的要求，2009年1月韩国人临时宗教活动专场迁至北京路延长线918号教苑宾馆6楼。

(杨　昆)

·责任编辑　戚光明·

经济管理

国民经济和社会发展计划

【计划执行概况】 全市实现地区生产总值1 808.65亿元，增长12.8%，高于年度预期目标0.8个百分点，其中，第一、二、三产业分别实现增加值114.09亿元、824.59亿元、869.97亿元，增长5.8%、12.9%和13.7%，三大产业结构为6.3:45.6:48.1；地方财政一般预算收入201.6亿元，增长15.2%；全社会固定资产投资1 600.66亿元，增长51.9%；社会消费品零售总额864.61亿元，增长23.4%；居民消费价格总水平上涨0.8%；城镇居民人均可支配收入16 495.68元，农民人均纯收入5 080元，分别实际增长13.9%和9.7%；城镇登记失业率稳定在4%以内；人口自然增长率为5.5‰。单位GDP能耗、化学需氧量、二氧化硫排放量均完成目标任务。

【第一产业】 农林牧渔业实现总产值190.7亿元，增长7.1%。粮食总产量113.1万吨，烤烟收购总量179万担，鲜切花产量37.6亿支，蔬菜产量190万吨，畜牧业产值71.9亿元。编制完成《昆明市都市型现代农业产业总体规划》等一批规划，全面启动"4210工程"。国家、省、市级重点农业龙头企业分别达到11、37和222户，扶持农民专业合作社50个。

【工业经济】 规模以上工业企业实现增加值534.74亿元，增长10.1%。园区实现工业增加值418亿元，增长14%。烟草、机电、医药、电力、冶金、化工六大行业均保持增长势头。高新区成为国家生态工业示范区，经开区成为国家科技兴贸创新基地。启动主城企业"退二进三"搬迁改造试点工作。培养高新技术企业10户，完成认定90户。支持25户企业建立完善技术中心创新平台，国家、省、市级企业技术中心分别新增1个、10个和16个。非公经济增加值在全市GDP的占比达到44.5%。

【第三产业】 第三产业增幅比上年提高1.7个百分点。落实"家电下乡"财政补贴、住房和汽车消费信贷等政策，实施"万村千乡市场工程"，全市消费市场活跃，社会消费品零售总额比上年增加164亿元，城乡市场均保持20%以上的增幅。"家电下乡"累计销售额1.2亿元。旅游业较快增长。接待国内外旅游者3 158万人次，旅游总收入221亿元，分别增长15.6%、12.1%。轿子雪山被列为国家自然保护区。昆交会、旅交会、房交会、农博会等100多项大型展会在昆成功举办，累计交易总额约240亿元。

【固定资产投资】 把握国家扩大内需投资重点，积极组织上报投资项目，全市共争取国家和省项目资金53.71亿元，其中扩大内需资金9.04亿元。财政安排43亿元用于公共基础设施建设。通过银行贷款、信托产品、发行企业债券、BT、BOT等形式，实现政府性融资962亿元，重点工程建设资金得到有效保证。全社会固定资产投资比上年增长51.9%，增幅创历史新高，其中，工业投资完成345亿元，增长38%；房地产开发投资完成363亿元，增长40%。

【招商引资】 加强招商引资项目储备，共储备291个项目并编印成册。加大走出去招商力度，举办30多场专题招商推介会。全市实际利用外资7.28亿美元，引进市外到位资金706亿元，分别增长21%和33.1%。加强协调服务，推进招商引资项目落地，重点招商引资项目开工223个、竣工93个。

昆明市"十二五"规划专家研讨会 （市发改委 供稿）

【体制改革】 深入推进体制机制创新，出台制度创新性文件2 407个。继续规范政府行政审批，审批项目精简至86项。下放市级经济社会管理权限62项，东川、石林被列为全省扩权强县试点县（区）。大力引进战略伙伴，全面完成云变电气、昆明电机等68户国企改革任务。积极推进农村土地承包经营权流转、市属城镇集体企业改制工作。医药卫生体制改革启动实施。探索“管办分开”的公立医院管理模式，成立医疗投资公司，鼓励社会资本扩大优质资源比例。推进文化体制改革，组建昆明报业传媒集团、昆明演艺（集团）有限公司等五大文化产业集团。抓住价格走势平稳的良好时机，出台自来水、污水处理、垃圾处置、医疗废弃物处置、城市基础设施配套费、部分公园门票等调价措施，稳妥理顺价格关系。

【人民生活水平】 全市财政对医疗卫生、教育、社会保障和就业支出分别增长34.5%、31.1%和13.8%。提供有效就业岗位18.6万个，新增城镇就业人员13万人。培训农村富余劳动力18万人，转移输出14.2万人。全市城镇职工养老、医疗、工伤、失业、生育保险参保人数平均增长9.6%，城镇居民基本医疗保险覆盖率达到90%，被征地人员基本养老保险参保人员达到11.4万人，新农合参合率为95.88%。全市73.2万城乡学生免费义务教育。

【重点基础设施项目建设】 以重点项目为抓手，强化目标责任制，加大资金筹措和招商引资力度，积极落实规划、土地、环评等建设条件，重点基础设施项目总体进展顺利。100项重点基础设施项目完成投资413.7亿元，为年度投资计划的105%；扩大内需新增367个项目全部开工建设，完成投资30.41亿元。

【交通基础设施建设】 城市快速轨道交通一期试验段、广电大学站开展桩基施工。二环快速、彩云路入城段、西坝路、海埂路通车；西北三环全面开展主体施工。南连接线、环湖南路、324国道姜家山段改线、禄大公路工程启动。东连接线支线、环湖东路、沣源路改扩建抓紧实施。官南路与日新路、前新路与日新路节点改造进行主体施工。主城支次道路综合整治基本完工。主城客运站完成搬迁。公交专用道前新路项目完工，穿金路、彩云路、白塔路项目正抓紧前期工作。公交停车保养场建设，海源寺一期、北市区工程完工；南市区、呈贡新区吴家营项目进行主体施工；雨花片区进场施工；东南部项目开展前期工作。配合省实施的铁路、公路建设项目总体进展顺利。昆广铁路复线工程加快推进；昆明铁路枢纽扩能改造征地3 184万亩，拆迁33万平方米，碧鸡隧道和昆阳特大桥开工建设；昆明铁路枢纽东南环线、昆玉铁路、云桂铁路启动实施；长昆客运专线开展前期工作；滇中城际高铁规划研究启动，争取列入国家“十二五”城际铁路专项规划。西南绕城、昆武高速按计划推进，西北绕城高速开工建设，昆嵩高速正抓紧开展前期工作。

【新区建设】 呈贡新区二期路网完工或主体完工14条，在建8条；三期路网主体施工18条。核心区供水管网铺设完成88%，排水管网铺设130千米。垃圾焚烧项目进行基础施工。市级行政中心工程进入收尾阶段。雨花片区村镇搬迁规划一号地块完工，四号地块完成工程量的34%。新机场征地拆迁基本完成，外围配套设施新村北侧道路和十字道路通车，高速公路土建工程完成60%。清水海供水隧洞工程累计掘进16千米，净配水工程开工。

【滇池治理】 滇池北岸水环境综合治理第一至第六污水处理厂改扩建工程完工，第七、八污水处理厂投入试运行；城东等5个片区排水管网铺设187千米。环湖东岸、南岸干渠截污正抓紧实施。盘龙江综合整治年度内完成；新运粮河、西坝河基本完成；老运粮河、玉带河—篆塘河完成量过半；海河、捞鱼河、洛龙河、马料河及未列入“十一五”规划的主要入湖河道整治正抓紧实施；小清河、古城河、东大河、南冲河、白鱼河、茨巷河工程完成可研审批。滇池污染底泥疏挖及处置二期完成工程量的60%。城市污水处理厂污泥处理处置一期工程开展基础施工，洛龙河污水处理厂开展进场道路施工。主城雨污分流次干管及支管配套项目铺设排水管道93千米。建成盘龙江、云龙水库等5个入湖河道及水源地水质自动监测站。

【生态环境保护】 主城和呈贡新区新增绿地1 595公顷。滇池外海退塘、退田4.15万亩，退人9 476人，退房49.6万平方米，环湖生态建设5万亩。治理滇池流域水土流失20平方千米。昆明危险废弃物处理处置中心土建工程启动，东郊垃圾焚烧发电厂首台机组试运行。经开区和县城污水处理项目，经开区配套工程开工；呈贡一期、嵩明和富民主体工程完工；东川升级改造工程完成90%；禄劝完成量过半；宜良、寻甸进行主体施工；晋宁建设配套管网。县城垃圾处理项目，嵩明、寻甸开展道路施工，东川完成进场道路平整，禄劝、宜良、富民由于工艺调整停止实施。启动68个“城中村”改造，拆除建筑物398万平方米，开工23个“城中村”改造工程建设项目，完成4个回迁安置房主体工程。东川经济转型与可持续发展工作抓紧推进，安排200万前期费，第一批移民入住搬迁房，制定异地产业园区建设实施方案，铁路支线恢复运营。

【农村民生和基础设施建设】 石林团结水库除险加固工程进行收尾；6座中型水库主体工程基本完工；19座小（一）型水库完工13座，6座完成工程量的78%；17座小（二）型水库完工8座，9座正抓紧施工。寻甸木戛利、禄劝旧铁厂水库开工建设。嵩明大型灌区中央新增项目和续建配套工程基本完工。全市新增和改善灌溉面积31.1万亩，解决26万人饮水安全问题，新建沼气池2万口，节柴改灶2.3万眼。行政村通公路项目完成2008年结转任务，2009年任务完成路面硬化570千米、路基改造914千米。中西部农村电网工程完成35千伏3座输变电站、10千伏435千米线路建设，“一户一表”改造完成1.34万户。农村中小学标准化建设开工106所。30个乡镇卫生院完工29个、在建1个。14个计生服务站（所）、30个乡镇文化站、420个基层文化室和45个行政村农民体育健身工程完工。1 371个自然村广播电视“村村通”直播卫星覆盖。实施扶贫开发整村推进341个自然村，解决2.3万绝对贫困人口温饱问题，巩固提高8.7万低收入人群温饱水平。

【工业园区及产业项目建设】 实施园区基础设施建设352项，其中新开工268项；完成投资58.2亿元；收储土地10平方千米，新增“五通一平”13平方千米。安排下达北部五县（区）经济发展资金5 000万元，扶持工业园区道路、供排水管网建设项目9项。昆钢大型中型机械构件生产线、广西玉柴集团基地、山灞远程基地等88个亿元以上项目开工建设。昆烟易地搬迁技改、云白药新区产业基地、云内动力20万台轿车柴油机生产线、国家大型

调整昆明市城市垃圾处理费收费标准听证会　（市发改委　供稿）

铁路养护设备昆明产业基地、云铝8万吨铝合金板带工艺创新与产品开发5个续建项目进展顺利。东川2 000吨/日干法水泥熟料生产线开工建设，昆钢产业结构调整、云南盐化80万吨/年制盐等项目正开展前期工作。中缅油气管道和石化炼油工程，缅甸境内油气管道动工建设；项目核准报告上报国家。石林太阳能光伏电站试验示范项目第1兆瓦并网发电。禄劝鲁基厂、铅厂和甲岩电站分别完成投资的93%、69%和10.9%；东川小清河四级电站完工投产，七级电站完成投资近半。西电东送800千伏直流输电工程完工；500千伏送电线路工程除安宁开展前期工作，其余工程完工。3座220千伏输变电站全部开工建设，110千伏输变电站投产2个、开工建设9个。实施科技创新“4531工程”，选择20家企业开展创新试点，投入1 255万元，支持25户企业建立完善企业技术中心创新平台、10个核心关键技术项目。

【商贸旅游设施】　螺蛳湾国际商贸城一期工程竣工投入使用，中央商务区螺蛳湾金花片区拆迁2万平方米。市粮油购销公司粮库、省粮油批发交易市场土建工程完成70%；西山区粮库开展基础施工。禄劝农产品批发市场和野生食用菌保鲜项目投入使用。跑马山废旧物资回收处理中心、10个标准化农贸市场、6个农村集贸市场、100个“万村千乡市场工程”完工。云南龙城中泰农产品批发市场开工建设，昆明国际水产品交易物流中心项目抓紧开展前期工作。滇池旅游度假区大渔片区7条道路全面开工建设，石林风景区“狂欢之都”、阳宗海凹子山、呈贡大湾等6大旅游景区建设项目进展顺利。昆明轿子山旅游专线公路开工。

【公共服务设施】　昆八中搬迁完成，昆三中进行收尾工作。禄劝九龙中学等9所初中校舍改造工程竣工。中华小学搬迁、盘龙职业高中综合楼、市交通技工学校实训楼、铁路机械学校扩建进展顺利。安宁职教基地在建院校5所，即将开工2所；嵩明职教基地建成院校2所，开工4所。市财经商贸学校、市技工学校、市二职中专扩建开展前期工作。市卫校、市农校并入昆明学院。市第一人民医院北市区医院、市儿童医院南市区医院、市中医医院呈贡新区医院、延安医院心血管病医院开展基础施工。市第三人民医院传染病诊疗中心、云南精神病院住院楼、市精神病院迁建开展前期工作。24个社区卫生服务机构建成23个，因规划调整停工1个。市福利院敬老公寓完工，市救助站综合楼主体工程完工，28个社区办公用房建成7个，在建14个，前期工作7个。市博物馆二期主体工程完工，市工人文化宫启动土建工程，市群众文化活动中心开展前期工作。

【保障性住房建设】　1.2万套廉租房建设完工6 613套，在建5 387套。新建144万平方米经济适用房计划，实际落实181.3万平方米。近2万户农村危房改造及民居地震安全工程完工。

【平安昆明基础设施建设】　市司法强制戒毒劳教所完工，市强制收容教育所扩建正抓紧施工。市检察院职务犯罪侦查指挥中心进行收尾，市公安局滇池营区一期工程完工。东川区看守所投入使用，晋宁、呈贡、石林主体工程完工，禄劝开工建设。呈贡新区和主城区消防站点建设，盘龙三中队和呈贡特勤三中队完工，呈贡二中队正抓紧实施。

（市发改委）

统　　计

【第二次全国经济普查】　按照《第二次全国经济普查条例》的规定和普查方案要求，以普查对象单位的清查底册为依据，完成1 572个普查区、3 378个普查小区、5.4万个普查对象单位和23万多个体经营户的调查登记以及数据处理、审核查询、评估上报和初步分析等工作，现已进入普查数据资料开发应用等工作阶段。经省经普办检查验收，昆明市因普查数据质量高，工作得到国务院和省政府的充分肯定，被国务院经普领导小组授予先进集体称号，在省政府的目标考核中获一等奖。

【大城市月度劳动力调查】　市统计局2009年3月起逐月轮换样本开展劳动力调查，调查5 989户，13 954人，并根据调查数据，分析撰写《昆明市劳动力就业、失业情况调查报告》，及时向市委、市政府提供参考。就业是民生之本，劳动力调查的开展，及时、快速反映昆明市就业形势变化，首次获取分年龄段的劳动参与率、失业率等数据（以往公布使用的仅有登记失业率，与实际失业率有一定差距），为市委、市政府准确判断就业形势，制定和调整宏观经济政策，改善就业服务提供了重要依据。

【能耗统计监测】　建立全市规模以上工业企业能源统计制度，按月对1 062户规模以上工业企业能源消耗进行监测。并通过实行规模以上工业能源统计联网直报，健全能源统计台帐，加强能耗数据评估，加强对县（市）区、开发区、工业园区和重点工业企业的业务培训等措施，确保了能源统计资料收集的及时、准确，为能耗统计核算提供了准确可靠的依据。

市粮食局党委开展学习实践科学发展观教育活动　（市粮食局　供稿）

【统计制度创新】 开展地区绿色 GDP 核算体系研究与实践。在深入研究国内外理论研究成果和借鉴国家试点先进经验的基础上，结合昆明实际，形成《经环境污染调整的绿色 GDP 核算方案》、《昆明水资源核算研究方案》和《昆明经济发展中环境代价的分析》等研究成果，引起全国、全省经济界的高度关注。建立昆明市城乡一体化发展评价指标体系、昆明市滇池流域统计指标体系（试行），按照市委领导批示，上报市政府。进行科学发展考核评价和全面建设小康社会监测，为科学评价昆明市进位争先、跨越发展提供重要依据。开展文化产业调查，完成400家单位的科技活动情况调查工作，进行循环经济发展综合评价指标体系、昆明市清洁能源和终端能源消费统计测算研究、昆明市工业化进程研究、昆明市大中型工业企业信息化建设现状、问题及对策研究，为市委、市政府及有关部门制定相关政策、规划提供了参考依据。

【统计预警监测】 服从和服务于市委九届五次全会和市“两会”提出的保持经济社会平稳较快发展的大局，密切关注和研究世界金融危机对昆明市经济社会发展的影响，加强宏观经济运行监测，落实月度、季度、半年经济运行分析会议制度，按月公布四项主要经济指标，围绕保持经济平稳较快发展中的重点问题开展分析，全年共撰写125篇统计分析报告，上报统计信息194条，为市委、市政府分析判断经济形势和正确选择宏观调控提供准确的数据支撑。建立房地产预警子系统，客观真实反映昆明市房地产走势，为昆明市房地产业发展提供科学有效的统计监测分析手段，进一步提高系统监测服务的科学性和决策信息的可靠性。

【统计横向交流】 积极拓展和完善统计资料收集渠道，进一步加强与全国各城市的统计资料交换和对比，编制《全国27个省会城市资料汇编》、《27个省会城市市辖区统计资料汇编》、《全国100个重点城市及直辖市统计资料汇编》、《全省各州市统计资料汇编》、《三个开发（度假）区在全国排位情况》等资料，及时反映全国、全省经济形势的变化以及昆明市的排位情况，提高统计服务的时效性和针对性。

【统计信息化建设】 为进一步提高统计工作效率和水平，2009年，市统计局在统计专网覆盖137个乡镇（街道办事处）的基础上，将统计网络延伸到三个开发（度假）区，彻底扫除统计信息工程中多年来的死角，统计网成为上联国家和省局，下辖全市14个县（市）区3个开发（度假）区、137乡镇，覆盖全面的专网。同时，从网络带宽、应用软件等方面对统计网络进行全面升级，将联网直报出口带宽由2M提升为50M，完成14个县（市）区、3个开发区、普查中心和国家统计局昆明调查队19条2MDDN专线提速为改造方案，有效解决网络拥堵问题。对数据处理平台进行升级，经过软件升级，联网直报平台由原先的几百个单位同时在线处理数据提升为几千个单位同时在线处理，数据采集效率提到极大提高。抓好呈贡新办公区统计信息网络的建设，按照国家保密局的相关要求，以呈贡中心机房为核心，以局机关各处室为节点，排布统计专网、电子政务内网、涉密网、互联网四套网络系统支撑统计工作，呈贡中心机房建设达到国家安全A级标准。此外，积极推进统计综合数据库的建设，根据国家统计局的部署，完成昆明市基础元数据库统计部分的方案编制，并报市信息产业办，正在争取立项。

【统计依法行政】 制定《昆明市统计局重大决策听证、重要事项公示、重点工作通报、政务信息查询四项制度实施方案》和《昆明市统计局重大决策听证、重要事项公示、重点工作通报、政务信息查询四项制度实施细则》《昆明市统计局实施阳光政府四项制度监督考核办法（试行）》，扎实推进四项制度的实施，打造高效务实统计、依法统计，建设和谐统计。加强统计新闻宣传，进一步健全政府信息公开制度，规范统计数据发布行为，丰富统计信息发布内容，以新闻发布会和政府信息公开网为平台，客观反映发展成果、及时发布统计信息、为社会各界提供优质统计服务。通过增强统计行政行为的透明度，畅通公众了解统计政务信息的渠道，扩大公众对统计工作的监督范围，进一步提高政府统计公信力。

【新中国成立60年成果资料】 编撰《昆明60年》一书。该书以新中国成立60年来昆明经济社会发展历程为线索，立足于丰富翔实的资料和统计分析，对昆明新中国成立60年进行客观的总结概括，多角度、多方位的展示新中国成立60年来昆明经济社会翻天覆地的变化，反映在党的领导下，全市各族人民同心同德、团结奋斗所创造的辉煌业绩，揭示改革和发展的一些基本规律。

（市统计局）

国有资产监督管理

【监管企业经济运行】 2009年，监管企业累计完成营业收入107.56亿元，同比增长11.53%，实现利润总额7.85

亿元，同比增长29.8%，上缴税金7.74亿元，同比增长31.5%；完成工业总产值70.99亿元，实现增加值30.36亿元，同比增长24.5%和26.5%；国有资产保值增值率101.72%；12个投融资平台公司累计完成项目融资到位资金560.25亿元；完成项目投资400.36亿元。

其中，工业交通企业随着企业产品产量的稳步增长，有色金属材料价格持续上行波动，产品出厂价格下降趋势逐步收窄，生产经营保持平稳回升势头，加之年初低价位购入的有色金属原材料效益的显现，企业整体经济效益大幅提高。全年累计完成营业收入66.6521亿元，同比增长7.3%；实现利润4.8909亿元，同比增长17.9%；完成工业总产值60.91亿元，同比增长21.5%；实现增加值16.5217亿元，同比增长29.5%。全年工交企业上缴税费4.3285亿元，同比增长58.4%，税费贡献率大幅提高。

公用企业强化公共产品和服务的生产和供给，社会效益稳步提升。公交企业累计完成城市客运量8.0989亿人次，同比增长10.1%，市民出行公交分担率达到34%，同比提高3.95个百分点；城市公交车3 373辆，营运线路216条，同比增长7.83%和9.64%。自来水用户达52.25万户，同比增长12.5%；完成供水量2.6055亿吨，同比下降4.3%。

粮食商贸企业严格执行国家粮油收储、粮食转换政策，累计三级粮食储备及自营粮食储备2.3197亿公斤，完成政策性轮入、轮出1.3716亿公斤，确保了国家粮油供应的安全。

投融资企业充分抓住国家金融政策放宽的有利时机，利用良好的融资环境，快速筹措建设项目资金，累计新增融资560.25亿元，完成计划内项目融资任务的187.3%；累计完成项目资金拨付400.36亿元，完成计划内项目投资任务107.56%，投融资完成额较上年同期提高5倍，有力地保障了重大城市基础设施项目的建设。

【国有资产管理体制改革】 2009年，省委、省政府在昆明等4州市开展国资监管全覆盖试点，并将试点列入年度重点工作任务。按照省市党委、政府的要求和部署，市国资委大力组织推进国资监管全覆盖试点，进一步创新国资监管体制。对于行政事业单位国有资产，建立所有权与使用权相分离的管理体制，将其注入到市属投融资公司，实现资产变资本的转换。对于土地等政府掌控的资源，根据“按规划、带项目、配资源”的原则，将其配置到相应投融资公司，实现资源变资产、资产变资本的转换。对于有线电视网络、传媒、文化、教育、医疗卫生、园林绿化等领域的国有资产，进行存量整合和公司化改革，组建传媒报业、广电、演艺、网络、文体旅游5大集团以及教育、医疗、园林绿化3个投资公司，盘活存量资产，推进资本运作。实施委托经营管理，根据国有资产的不同类别和性质，分别授权或委托企业集团公司和专业的国有资产运营公司经营国有资产。昆明市的国资监管范围已经拓展到全部市属国有企业资产，行政事业单位经营性和非经营性资产，网络、教育、医疗卫生、园林绿化、文体旅游等领域的国有资产，以及部分土地、基础设施特许经营权等政府掌控的资源。

【投融资体制改革】 优化投融资公司组织架构，精简内部设置，完善用人机制和内控机制，建立考核评价体系和薪酬激励制度，使企业形成考核科学合理、激励约束到位、运转协调高效的机制。与有关部门一道向市属投融资公司注入土地资源190 880亩、行政事业单位资产25.58亿元、资本金9亿元、国有股权1.58亿元以及部分城市基础设施特许经营权，改善投融资公司的资产结构，提高投融资能力，推进自我发展内部补偿和政府配置资源外部补偿有机结合的举债偿债机制的建立。组建轨道交通公司、教育投资公司、医疗投资公司、园林绿化投资公司、文体旅游投资公司和农业发展投资公司，通过市场化方式推进城市轨道交通、社公共事业的投融资建设和农业产业的发展。积极鼓励和支持企业创新融资方式，城投公司采用股权融资方式融资22亿元用于二环快速系统建设和羊肠片区土地一级开发，土投公司通过发行信托产品融资19亿元用于草海下穿隧道、西坝路下穿隧道建设，新都公司采用发行信托产品融资14.98亿元用于呈贡新城建设，滇投公司通过发行企业债券融资8亿元用于滇池治理。全年市属投融资平台共完成融资560.25亿元、投资400.36亿元，分别较上年同期增长5倍以上，有力地保障了主城改造、新城建设、滇池治理等重大城市基础设施项目的建设。

【国有企业改革】 2009年，市委、市政府加大国企改革工作力度，要求6月底前完成国企改革目标任务的95%，年内全部完成。面对时间紧、任务重、程序复杂、利益涉及面广、历史遗留问题多等情况，市国资委及市属企业把深化国企改革与应对金融危机、招商引资结合起来，坚持以科学发展观为指导，以产权制度改革为核心，以“盘活存量，吸引增量，做大总量”和“靠外、靠大、靠强”为战略，以市场化改革为目标，以引进优强战略合作伙伴打造龙头企业，培育壮大优势产业，提升城市综合经济实力为导向，全力推进国有企业改革。至9月底，全面完成68户企业的改革任务，具体是：国有产权转让退出29户，引进战略合作伙伴重组整合18户，规范完善12户，兼（合）并破产9户。

通过深化国企改革，引入16家境内外大型资本落户昆明（其中：世界500强企业1户，世界10大农牧企业1户，中国550强企业5户），对昆明市18户市属骨干企业实施重组整合，使相关产业一步跨入国内一流行列，有力地提升了区域经济综合竞争力；

通过深化国企改革，吸引域外资本在昆投入人民币197 516万元，美元4 738万元，未来5年内还将投入资金120亿元以上，使企业销售收入增加到300亿元以上，税收超过20亿元，有效地盘活了存量，引入了增量，快速做大了地方经济总量；

通过深化国企改革，吸纳国内外一流的高压和特高压输变电技术、大功率发电机制造技术、数控机床制造技术等高端核心技术，现代观光农业、燃气供应、现代乳业生产等领域的产业经营专长，以及民营企业灵活的经营机制、现代企业科学的管理体制、优强企业的市场和品牌，为区域内企业发展注入新的动力；使昆明市实现了国有资产从竞争性领域转向公共事业领域、从产业领域转向基础设施领域，实现了政府由拥有资产转为拥有资本，实现了竞争性领域向民营资本、域外资本的全面放开，进一步搞活了区域经济体制。

【国有资产基础管理】 完成企业国有资产产权登记16户、国有资产评估报告审核备案53件、国有资产产权界定处置13件，企业国有产权进场挂牌交易34宗。完善产权交易中心运行机制，建成集企业产权（股权）、林权、矿权转让，环境能源交易、知识产权交易为一体的产权交易信息系统平台。开展企业国有资产统计、财务预决算管理、财务动态监测、会计核算监督、经济运行分析、企业资金账户监管等工作，强化出资人财务监督。加强对投融资公司投融资完成情况的监督和统计。强化审计监督，对7户企业领导人员开展任期经济责任审计。转变监事会监督机制，把企业改革改制、重点工程和重大项目作为主要督查内容。各监事会完成各项监督检查任务，提交检查、调研、财务分析报告62份，提出建议191条。加强业绩考核与薪酬管理工作，完成年度经营业绩及经营目标、任期经营业绩的考核工作，签订新一轮的考核责任书。制定出台监管企业职业经理人业绩考核暂行办法、职业经理人薪酬管理暂行办法等5个制度规定，进一步完善制度体系。

【企业班子建设与维稳工作】 超前谋划，精心安排，圆满完成第二批22户企业13 342名党员、第三批17户企业4 645名党员的深入学习实践科学发展观活动。落实党建目标责任，深入实施“云岭先锋”工程，完成7户企业的党委班子换届、组建工作，充实完善5户企业的党组织，完成17户企业党组织关系的属地化管理工作，组织企业创建6个党员教育示范点。加强企业领导班子建设，完成7户企业董事会、监事会的组建和换届工作，调整充实18户企业的董事会、监事会和经理层，任免和调整企业高管人员和董事会、监事会成员共101人，考核评选并表彰6户企业四好班子。落实党风廉政建设责任制，加强廉政宣传教育，全面开展工程领域突出问题专项治理和清理小金库回头看，深入推进企业效能监察工作，狠抓案件查办，实施效能监察27项，了结上报信访举报件12件，转办3件，立案1件。畅通群众诉求渠道，接待群众来访75起300余人次，办理市委、市政府信访督办件20件，信访转办件235件，12345交办55件，到企业接待处理群众上访100余次1.5万余人，参与原昆纺非破产资产处置及职工安置工作，妥善处理虹山面粉厂、昆明电缆厂的群体性上访，深入螺蛳湾商业片区做好商户的利益协调和思想疏导，实现螺蛳湾商业片区的平稳、和谐关闭和有序搬迁。突出抓好生产安全，教育培训职工163 988人次，深入开展安全生产大检查和隐患排查专项治理，查出事故隐患4 298起，督促企业及时进行整改，投入整改经费达7 270万元。

【国资监管队伍建设】 圆满完成机关学习实践科学发展观活动，组织1 320余人次开展思想政治、法律法规、经济管理、金融证券等方面的学习培训，通过竞争上岗选拔2名中层领导干部，获得市级文明单位的授牌。深入开展“行政效能提升年”和“干部作风改进年”活动，严格实施“五办”作风、“一线工作法”、“目标结果倒逼法”以及行政问责制、首问首办负责制、限时办结制、服务承诺制，严肃工作纪律，强化责任约束，提高了机关效能。办理各类交办、转办件1 484件，其中市委、市政府交办件526件。办理完毕人大建议5件、政协提案8件。受理73件非行政审批事项，限时办结率100%。推进阳光政务，建立政务查询专线电话，接听“96128”专项44次，满意率97.61%；发布重点工作通报事项2项。

（黄光国）

工商行政管理

【企业登记注册管理】 2009年的企业登记注册管理，一是积极支持企业以股权出资、出质等多种方式，解决资金短缺、融资难的问题。二是对2008年7月1日以后出资期限到期的无违法记录的企业，因资金困难暂时不能按时缴付出资的，允许延长至2009年底。三是对企业生产经营受国际金融危机影响，企业调整经营方向的，积极支持企业进行经营范围调整变更。四是因受国际金融危机影响，企业成立后超过6个月未开业，或者开业后自行停业连续6个月以上的，允许其延续至2009年底。为做好以上服务，昆明市工商局加强对全市登记部门进行《股权出质登记管理办法》、《股权出资登记管理办法》等新型登记业务知识的学习和培训，认真为企业做好股权出质和股权出资的登记工作。完成《2008年昆明市市场主体分析报告》，通过对企业登记管理数据的监测统计，对全市国民经济的重要行业和关键领域的企业数量、资本规模和所有制结构等情况进行分析，为政府制定产业政策等提供决策参考。继续开展网上登记的开通工作，基本实现网上登记的各种业务无纸化申报和网上审批。全年，全市新注册内资（私营）企业15 973户，同比增长34%；新注册个体工商户60 578户，同比增长33%；新注册外资企业99户，同比户数虽然下降10%，但投资总额和注册资本分别增加了18%和28%。

【商标专用权管理】 2009年，昆明市工商局按照一手抓商标培育发展、一手抓商标专用权保护的工作思路，全面推进商标战略实施。制定《关于规范推荐三级名牌和基层工商所（分局）开展“一所一标”和“一所多标”活动的实施方案》等一系列指导文件，有计划地培育、扶持和发展注册商标企业和争创名优商标。4月25日，国家工商行政管理总局认定昆明市的“昆电工及图”商标、“贵研及图”商标为中国驰名商标。10月10日，昆明市有38件新申请和89件重新申请的商标被认

昆明市工商局深入学习实践科学发展观党课讲座　（市工商局　供稿）

昆明市2009年内资企业登记管理情况统计表

单位：户、万元

行业代码	行业分类	机器编号	期末实有								
			合计			国有企业			集体企业		
			户数	其中：企业法人	注册资本(金)	户数	其中：企业法人	注册资金	户数	其中：企业法人	注册资金
甲	乙	丙	1	2	3	4	5	6	7	8	9
	合　　计	1	10 750	5 252	7 644 284.00	1 959	644	634 663.00	3 884	2 209	356 987.00
A	农、林、牧、渔业	2	137	108	44 131.00	36	28	8 457.00	39	29	2 162.00
B	采矿业	3	176	111	60 326.00	8	6	12 965.00	120	75	5030
C	制造业	4	1 327	1 132	1 166 309.00	141	115	138 235.00	718	630	71 995
D	电力、燃气及水的生产和供应业	5	163	95	512 572.00	21	14	72 280.00	31	26	3 664.00
E	建筑业	6	496	335	756 024.00	70	26	20 164.00	165	143	113 893.00
F	交通运输、仓储和邮政业	7	545	138	112 768.00	335	14	5 107.00	60	41	4 450.00
G	信息传输、计算机服务和软件业	8	282	84	65 409.00	21	2	83.00	14	7	378
H	批发和零售业	9	3 719	1 441	585 752.00	791	200	93 095.00	1 445	668	52 329.00
I	住宿和餐饮业	10	401	179	122 813.00	121	53	58 775.00	152	72	21 391.00
J	金融业	11	1 177	70	843 343.00	72	14	75 317.00	317	15	46 341.00
K	房地产业	12	284	266	565 786.00	14	13	13 170.00	19	17	3 817.00
L	租赁和商务服务业	13	613	510	1 932 379.00	66	44	37 402.00	202	173	9 141.00
744	广告业	14	41	38	6 859.00	2	1	0.00	7	7	489
M	科学研究、技术服务和地质勘查业	15	295	219	203 265.00	67	38	8 282.00	68	54	3 659.00
N	水利、环境和公共设施管理业	16	85	73	121 696.00	19	14	13 055.00	18	17	2 614.00
O	居民服务和其他服务业	17	637	282	199 260.00	118	29	31 768.00	329	148	9 727.00
P	教育	18	24	17	1 353.00	8	6	309	12	10	444
Q	卫生、社会保障和社会福利业	19	22	9	18 582.00	0	0	0.00	11	6	82
R	文化、体育和娱乐业	20	209	104	57 697.00	35	17	2 676.00	112	39	2 177.00
	其他	21	158	79	274 819.00	16	11	43 523.00	52	39	3 693.00
	补充资料：	22	1、本期吊销1 350户，吊销后本期注销4户。								
		23	2、实有企业集团15户；国有企业改制为公司1户；国有企业改制为其他企业0户；集体企业改制为公司687户。								

昆明市 2009 年内资企业登记管理情况统计表

单位:户、万元

行业代码	行业分类	机器编号	期末实有									
			股份合作企业			公　司				其他企业		
			户数	其中:企业法人	注册资金	户数	其中:企业法人	注册资本	实收资本	户数	其中:企业法人	注册资金
甲	乙	丙	10	11	12	13	14	15	16	17	18	19
	合　计	1	206	86	81 579.00	4 522	2 290	6 552 404.00	6039 975.00	179	23	18 651.00
A	农、林、牧、渔业	2	0	0	0.00	62	51	33 512.00	21 290.00	0	0	0.00
B	采矿业	3	1	1	84.00	43	28	42 197.00	35 197.00	4	1	50.00
C	制造业	4	46	42	17 968.00	383	333	934 987.00	919 203.00	39	12	3 124.00
D	电力、燃气及水的生产和供应业	5	0	0	0.00	111	55	436 628.00	391 525.00	0	0	0.00
E	建筑业	6	11	8	10 036.00	242	158	611 931.00	511 212.00	8	0	0.00
F	交通运输、仓储和邮政业	7	1	1	400.00	147	82	102 811.00	94 011.00	2	0	0.00
G	信息传输、计算机服务和软件业	8	0	0	0.00	236	75	64 948.00	62 078.00	11	0	0.00
H	批发和零售业	9	59	23	4 133.00	1 362	542	434 750.00	395 670.00	62	8	1 445.00
I	住宿和餐饮业	10	3	0	0.00	122	54	42 647.00	42 647.00	3	0	0.00
J	金融业	11	66	2	31 103.00	700	39	690 582.00	612 301.00	22	0	0.00
K	房地产业	12	3	3	2 644.00	247	233	546 155.00	515 555.00	1	0	0.00
L	租赁和商务服务业	13	3	2	14 409.00	337	290	1 871 377.00	1 724 017.00	5	1	50.00
744	广告业	14	1	1	128.00	31	29	6 242.00	6 242.00	0	0	0.00
M	科学研究、技术服务和地质勘查业	15	3	1	590.00	146	126	190 734.00	176 234.00	11	0	0.00
N	水利、环境和公共设施管理业	16	0	0	0.00	47	42	106 027.00	105 947.00	1	0	0.00
O	居民服务和其他服务业	17	7	2	10.00	179	102	157 745.00	156 715.00	4	1	10.00
P	教育	18	0	0	0.00	4	1	600.00	600.00	0	0	0.00
Q	卫生、社会保障和社会福利业	19	0	0	0.00	11	3	18 500.00	18 500.00	0	0	0.00
R	文化、体育和娱乐业	20	0	0	0.00	61	48	52 844.00	47 844.00	1	0	0.00
	其他	21	3	1	202.00	82	28	213 429.00	209 429.00	5	0	13 972.00
补充资料:		22	1、本期吊销 1 350 户,吊销后本期注销 4 户。									
		23	2、实有企业集团 15 户;国有企业改制为公司 1 户;国有企业改制为其他企业 0 户;集体企业改制为公司 687 户。									

昆明市2009年私营企业情况统计表

单位：户、人数、万元

行业代码	行业分类	期末实有：合计：户数	其中：分支机构	投资者人数	雇工人数	注册资本（出资金额）	其中：城镇：户数	投资者人数	雇工人数	注册资本（出资金额）	其中：本期开业：户数	投资者人数	雇工人数	注册资本（出资金额）
甲	乙	1	2	3	4	5	6	7	8	9	10	11	12	13
	合　计	69 955	9 897	148 147	581 419	13 486 494.99	66 734	142 817	544 535	13 128 822.07	15 390	32 002	52 367	3 936 008.60
A	农、林、牧、渔业	1 353	73	2 804	12 350	876 328.10	1 002	2 261	9 073	831 461.80	367	677	1 978	59 889.00
B	采矿业	516	48	849	10 408	111 662.51	255	514	5 452	67 350.31	53	61	462	14 621.00
C	制造业	5 201	481	11 985	108 907	1 584 810.53	4 522	10 760	92 662	1 481 275.73	618	1 339	3 926	135 322.10
D	电力、燃气及水的生产和供应业	132	25	552	1 973	84 960.53	110	525	1 855	82 612.53	19	35	86	6 556.00
E	建筑业	4 653	450	10 222	67 241	1 353 682.95	4 573	10 056	63 560	1 325 134.95	1 409	2 987	4 463	458 595.00
F	交通运输、仓储和邮政业	1 425	330	2 812	12 011	225 528.80	1 359	2 715	11 649	217 690.80	354	606	750	97 356.00
G	信息传输、计算机服务和软件业	5 681	372	11 891	28 830	530 379.70	5 574	11 744	28 568	529 109.20	1 437	3 247	5 178	164 119.70
H	批发和零售业	29 725	4 665	60 407	199 378	3 897 834.37	28 711	58 662	195 191	3 855 309.40	5 955	11 777	16 750	880 790.20
I	住宿和餐饮业	991	266	1 748	16 747	85 880.00	947	1 682	16 121	80 310	186	339	1 014	17 604.00
J	金融业	406	74	1 035	2 504	720 831.00	400	1 029	2 461	719 731	202	609	975	543 156.00
K	房地产业	3 908	1 644	6 941	21 000	1 133 101.24	3 894	6 903	20 918	1 122 112.24	1 089	1 897	3 555	325 886.00
L	租赁和商务服务业	8 073	400	19 690	41 744	1 760 840.02	8 006	19 512	41 057	1 727 721.02	2 247	5 117	7 407	970 673.44
744	广告业	1 512	26	3 414	7 643	99 803.00	1 511	3 412	7 643	99 800	191	412	1 138	17 057.00
M	科学研究、技术服务和地质勘查业	2 767	136	7 109	16 633	596 929.00	2 731	7 033	16 478	586 847	695	1 688	2 082	166 914.56
N	水利、环境和公共设施管理业	269	20	652	2 141	55 733.00	258	627	1 948	52 428	51	122	187	19 336.00
O	居民服务和其他服务业	2 767	344	5 585	23 668	207 757.14	2 687	5 417	23 251	200 816.14	431	870	1 901	41 553.60
P	教育	43	9	65	532	7 229.00	39	61	440	6 799	7	16	31	77.00
Q	卫生、社会保障和社会福利业	103	13	179	2 595	28 874.00	98	169	2 575	28 744.35	11	27	138	2 175.00
R	文化、体育和娱乐业	992	41	2 064	6 804	106 447.10	959	2 004	6 515	104 276.1	243	562	1 433	28 574.00
	其他	950	506	1 557	5 953	117 686.00	609	1 143	4 761	109 092.5	16	26	51	2 810.00

补充资料：

1、本期吊销128户，其中城镇122户。
2、吊销后本期注销48户，其中城镇45户。
3、本期安置下岗失业人员162人，其中投资开办私营企业的35人；到私营企业从业的125人。
4、本期高校毕业生从事私营经济313人，其中投资开办私营企业的72人；到私营企业从业的168人。
5、期末实有私营企业集团31户。
6、本期出口创汇私营企业17户，出口创汇折合人民币0.00万元。
7、期末实有注册资本100－500万元13 451户，500－1000万元3 447户，1000万元－1亿元1 140户，亿元以上24户。

昆明市2009年个体工商业情况统计表

单位:户、人、万元

行业分类	期末实有						其中:本期开业		
	合计			其中:城镇					
	户数	从业人员	资金数额	户数	从业人员	资金数额	户数	从业人员	资金数额
	1	2	3	4	5	6	7	8	9
	241 669	559 543	687 400.4	168 319	422 482	421 411.2	60 578	107 051	216 572
农、林、牧、渔业	2 553	5 853	41 396.36	938	2 191	9 590.41	1 419	2 794	29 847.81
采矿业	712	4 944	17 786.25	131	609	5 914.3	39	229	2 338
制造业	10 149	32 934	51 743.6	5 376	17 184	23 036.42	1 330	3 926	11 137.45
电力、燃气及水的生产和供应业	27	47	122.35	12	25	10.05	2	2	3
建筑业	915	3 813	57 549.49	459	1 624	25 887.82	168	737	8 393.62
交通运输、仓储和邮政业	16 443	18 476	84 431.57	4 544	5 796	24 688.07	1 307	1 703	13 332.48
信息传输、计算机服务和软件业	597	977	1 885.9	496	823	1 695.9	129	195	317.4
批发和零售业	157 492	356 656	266 533.2	117 443	291 494	204 925.35	41 315	62 591	92 839.37
住宿和餐饮业	21 602	65 987	78 921.46	15 238	50 202	55 549.45	6 500	18 248	31 903.05
金融业	2	4	2.2	2	4	2.2	0	0	0
房地产业	32	52	71.3	28	47	59	7	11	16.5
租赁和商务服务业	2 138	6 684	9 594.58	1 842	3 071	7 273.33	623	1 065	2 865.1
广告业	23	31	57	4	6	32	6	7	6
科学研究、技术服务和地质勘查业	27	43	88	25	40	82.5	6	7	10.3
水利、环境和公共设施管理业	24	50	46.75	13	28	33	0	0	0
居民服务和其他服务业	23 589	51 565	45 829.37	17 563	40 037	36 958.99	6 912	13 662	16 067.31
教育	8	32	310	7	10	310	4	28	4
卫生、社会保障和社会福利业	1 850	3 688	9 525.48	1 651	3 276	7 818.39	317	649	1 688.83
文化、体育和娱乐业	1 998	5 220	17 607.57	1 566	4 339	15 000.86	359	933	4 964.68
其他	1 511	2 518	3 954.97	985	1 682	2 575.16	141	271	843.1
补充说明	1、本期吊销6 237户，其中城镇2 415户。 2、吊销后本期注销762户，其中城镇565户。 3、本期安置下岗失业人员546人，其中持《再就业优惠证》申办个体工商户22人，享受地方再就业优惠政策、落实国家和地方再就业优惠政策免收工商管理行政性收费0万元，其中落实国家再就业优惠政策免收0万元。 4、本期高校毕业生从事个体经济200人，其中申办个体工商户71人；免收工商管理行政性收费0万元。 5、本期临时经营0户，其中城镇0户；资金数额0万元，其中城镇0万元。 6、本期出口创汇个体工商户0户，出口创汇折合人民币0万元。								

定为云南省著名商标。12月10日，昆明市知名商标认定委员会终审认定昆明市65件商标为昆明市知名商标。至2009年底，昆明市共有中国驰名商标6件，中国地理标志证明商标1件，云南省著名商标269件，昆明市知名商标165件。市工商局切实履行商标行政指导职能，积极推行“三书一卡”和“五书”服务制度，2009年，全市工商机关向企业发出商标注册建议书分2 267份、商标变更建议书113份、商标续展建议书152份、商标策略提示书496份、商标法律告知书361份。对未注册商标的1 818户企业进行回访，对501户未注册商标的企业进行登记备案。在企业中确定商标联络员866名，对3户申请中国驰名商标企业进行全程陪同服务，对88户申请著名商标企业和118户申请知名商标企业进行提前介入服务，先后发放服务卡2 774份。2009年，新申请注册商标1 301件，超额完成年内新申请商标注册300件的目标任务，有效商标注册量达14 600余件。进一步加强对注册商标保护力度，组织开展“4·26”保护知识产权宣传周活动，组织“尊重知识，鼓励创新”为主题的宣传咨询活动23场次，举办培训班7期1 000余人次。分别于4月和9月开展两次商标专用权保护专项行动，查处涉嫌商标侵权、冒充注册商标等违法案件131件，查获侵权商标的商品价值199.85万元，查处无照经营44户。

【公平交易执法】 全市工商系统按照“加强监管，重在预防，违法必究，惩戒结合”的原则，着力解决人民群众关心、政府关注的热点和难点问题，积极开展公平交易执法。全年查处违法案件12 412件，案值27 332.64万元。其中立案查处案件10 108件，移送司法机关20件。一是坚持打击与防范相结合，深入治理商业贿赂，将执法领域向工程建设、产权交易、土地出让、资源开发等群众反映强烈的热点难点领域拓展。立案查处商业贿赂案件34件，案值270.50万元，没收非法金额35.33万元。查处不正当竞争案件57件，案值511.54万元，没收金额73.83万元。二是继续保持高压态势，严厉打击传销、严格规范直销。新创建无传销社区（村）26个，全市共63个，超额完成市政府下达建立50个“无传销社区（村）”的目标任务。根据国家工商总局、省局通知要求，制定下发《关于加强对直销企业对昆开展经营活动管理的实施办法》，引导直销企业遵规守法，加强自律，防止利用“直销”、“连锁经营”、“特许经营”名义从事传销活动。检查出租房聚集场所1 711个，查获传销案件3起，案值1.45万元，教育劝返226人，移送司法机关处理案件2件。三是严厉打击“傍名牌”的侵权行为，进一步强化知识产权保护，查处违反商标法规案件260件，案值322.02万元，没收金额3.3万元；查处违反产品质量法规案件633件，案值388.09万元，没收金额34.02万元。四是加大对无照经营的查处力度。加大对矿山开采、工程招标投（分包）、农资市场、物流等行业无证经营行为的查处力度，并做到治理与引导相结合，引导无证无照经营户办证办照合法经营。查获无（证）照经营户8 571户，引导无（证）照经营户补办（证）照3 878户，取缔无（证）照经营户4 693户，立案查处违法案件2 698件，没收违法所得174.07万元，罚款659.25万元，移送司法机关案件9件。五是继续加强对假冒劣质商品查处。全系统分别于5月和8月组织两次全市性的打假治劣专项行动，查获销售假冒伪劣商品166起，取缔制售假冒伪劣商品窝点38个，立案查处的案件221起，没收违法所得18.96万元，罚款137.38万元。

工商干部向群众宣传工商法规 （市工商局 供稿）

【保护消费者权益】 2009年，昆明市工商局以市场食品安全为重点，深入开展流通领域产品质量和食品安全专项整治工作。一是9月，市局对全市流通环节食品经营主体情况进行一次调查统计，全市食品流通环节有38 640户经营主体，其中企业2 351户，个体工商户36 289户。二是市工商局将食品流通行政许可审批权下放至各县（市）区工商局和3个开发（度假）区分局，核发各自辖区内的《食品流通许可证》。市局机关举办食品流通许可审核专题培训，编写《食品流通环节监管手册》，使基层单位明确工作职责，熟悉操作流程。截止2009年12月，全市各级工商机关受理审核《食品流通许可证》779份。三是根据《2009年昆明市工商局食品监测计划》，市局组织全市工商系统开展食品快速监测工作，开展抽检行动232次，抽检水发产品、调味品、鲜猪肉、粮食制品、干菜类、散装白酒等食品4 854组，不合格72组，合格率98.5%，对检测不合格食品责令下柜。四是将“食品安全示范店”创建工作列入《食品安全责任书》考核内容，并分解工作目标，其中：城镇工商所（分局）完成8个以上创建目标；边远山区工商所（分局）完成3个以上创建目标。达到要求者授予食品安全示范店称号，并挂牌明示。2009年，全市工商机关共创建食品安全示范店923个（其中：农村食品安全示范店268个）。五是尝试推行统一食品批进销货凭证制度。4月，市工商局在全市食品批发经营者中推行统一使用食品批发进销货凭证工作，按照“规范源头、票随货走”的要求，建立起食品安全可追溯制度，实现从批发到零售各个环节食品安全的

食品监管不放松　（市工商局　供稿）

全过程监管。6月1日，官渡区工商局首先在小板桥骏骐干菜批发市场举行统一食品批发进销货凭证启动仪式。六是市工商局于6月份组织各县（市）区工商局和3个开发（度假）区分局，开展为期两天的食品安全监管应急预案演习，应对市场食品安全突发事件。全年，全市工商系统开展15次涉及食品安全监管的专项执法检查行动，查处捣毁制假窝点8个，查处制售假冒伪劣案件102件，案值75.169万元。2009年，中国消费者协会确定的主题为“消费与发展”。全市工商机关受理和处理消费者申（投）诉及举报1 105件，为消费者挽回经济损失99.256万元。昆明市消费者协会受理消费者投诉2 719件，解决2 663件，解决率为97.94%，为消费者挽回经济损失877.755万元。

【广告监督管理】 昆明市工商局根据市政府下达的责任目标，下发《2009年度全市广告监管工作要点》、《2009年度整治虚假违法广告专项行动实施方案》等系列文件，不断强化对医疗、药品、食品、化妆品、美容服务、房地产、农资、婚介服务等广告的监测监管力度，狠抓工作落实。一是超额完成全年广告监测的目标任务。全市广告监管部门监测各类广告743 727条次，完成市政府下达年度目标任务的185.93%；查处虚假违法广告5 921条次，广告总违法率为0.79%，责令改正广告2 558条次，责令停发3 363条次。办理案件101件，罚没金额31.02万元。向社会公示违法广告警示10条次，停止40个药品、30个非药品在全市范围内广告；停止9家医疗机构的医疗广告。向社会公示12期《广告监测报告》。二是联动开展整治虚假违法广告专项行动。市工商局牵头，会同市委宣传部、市广电局、市卫生局、市药监局等部门，检查《都市时报》、《生活新报》、《云南信息报》、昆明电视台、昆明教育电视台、昆明人民广播电台等媒体发布的广告6 230条（次），查出违法违规广告72条（次），违法率为1.15%。三是加强对广告登记发布的规范管理。广告登记管理部门以实际行动贯彻落实“责任政府、阳光政府”四项制度，提高行政效能，全年受理536件户外广告登记行政审批，百分之百的做到现场办结。在配合政府城市改造撤除全市243棵立柱广告的整治行动中，积极做好广告企业的维稳工作，化解矛盾，使撤除工作顺利完成。开展清理取缔“取名”、“起名”户外广告整治行动。为配合昆明市创建国家卫生城市行动，各级工商机关积极开展户外烟草广告的清理检查，清理取缔全市各种隐性的烟草广告。市工商局编制开发“昆明市户外广告登记与管理”系统，实现全市工商系统户外广告登记信息资源的互通共享。四是延伸广告监管领域，对影院片头广告实施监管。2009年开始，昆明市工商局对主城区10家国有公司、中港合资、中外投资、内资企业投资的影院广告播出行为进行监管，实行播出前事先审查制度，规范片头广告的发布行为。9月8日，《中国工商报》以《昆明广告监管进影院》做了专题报道。四是开展对农资广告发布的专项整治工作，严厉查处以帮农致富为幌子的三类虚假违法广告，全市检查农资广告10 291条次；检查印刷品农资广告10 033条次，对存问题的农资广告进行停止发布、限期拆除、没收销毁的处理。完成《昆明市户外广告管理条例》修订的调研任务。

【市场监督管理】 一是积极开展全市商品交易市场信用分类监管。根据国家工商总局和省局工作安排，昆明市工商局于2009年6月完成420个市场信用分类监管信息数据的采集和录入任务、其中：市局认定信用等级的商品交易市场374个（A级市场155个，B级市场201，C级市场14个，D级市场4个），基本构筑起全市商品交易市场信用分类监管的数据平台。二是继续开展“守重”企业、“诚信市场”、“农资放心店”创建活动。全年开展昆明市2008至2009年度“守合同重信用”企业评选评审工作。按照企业自愿申报、行业协会、主管部门初审推荐，促进会和市“守重”办公室组织初评考核，市“守重”领导小组成员单位联合审查，媒体公示监督，促进会认定，工商部门公告表彰的工作程序，历时近一年时间，评选出昆明市2008至2009年度“守重”企业730户。根据市政府下达的责任目标和云南省工商局《开展“诚信市场”创建活动实施方案》的要求，市工商局全年开展考核认定“3A级”和“4A级”、“诚信市场”共53个。为落实市政府下达的创建农资放心店50（户）责任目标，市局将目标任务分解落实到各县（市）区局，积极开展创建工作指导，全年新创建农资放心店137个（户），超额完成87个（户）。遵照市政府的部署，与相关职能共同开展“七小”行业综合整治工作。根据职责分工，市工商局负责“七小”行业中“四小”（小副食、小美发、小浴室、小旅社）行业无照经营的整治及规范工作。全年共检查整治“四小”行业经营户25 164户次，规范办理营业执照2 451户，查处取缔1 675户，创卫整治达标率达到95%以上。全年，全市共有各类商品交易市场572个，年商品成交额339.917亿元。其中：专业市场219个，年成交额211.947亿元；综合市场103个，年成交额49.36亿元；农贸市场250个，年成交额79.11亿元。

【农贸市场“创卫”】 2009年，昆明市工商局按照市委、市政府、市创建办的总体部署和要求，认真履行牵头责任，积极组织开展农贸市场“创卫”整治工作，市工商局制定出台整治工作方案，重点开展了8个方面的工作：落实市场开办者、经营者的具体责任，重点推进难点市场的综合整治，实行全方位市场保洁制度，加强市场创卫工作的督查，建立市场整治工作考评制度，完善工作激励奖励机制，加大“创卫”整治舆论宣传。全年全市工商部门检查整治农贸市场72 411个次、取缔市场内及周边占道经营摊点9 310个，下达责令整改通知书16 384份。经整治后达标的农贸市场112个，重新改造农贸市场8个，关停农贸市场4个，创卫整治达标率达到90%以上，通过了国家爱卫会组织的明察暗访。

（姚晓茂）

质量技术监督

【名牌战略】 2009年首次在全市开展昆明名牌产品的推荐评价工作，共有57家企业生产的81个产品被授予2009年昆明市名牌产品称号。评选市级名牌产品昆明市是西南唯一，走在全国城市前列。至2009年底，全市共有8个产品获得中国名牌产品称号，占全省中国名牌总数的47%，有124家企业的142个产品获得云南名牌产品称号，占全省云南名牌总数的51%。这些国家、省、市名牌产品绝大部分是昆明市的支柱产业，如烟草、装备制造、生物制药、磷化工、冶金、建材、旅游等，其产值占到全市的50%以上、上缴利税占到全市的60%以上，在推动昆明经济增长中发挥了重要作用。

【质量兴市试点工作】 2009年昆明市在安宁市、晋宁县、富民县开展质量兴市试点工作，质量工作对区域经济建设的贡献得到提高，为全市质量兴市工作全面展开积累了经验。出台《昆明市质量兴市实施方案》。昆明市质监局以加强质量管理、推动科技创新、大力追求卓越为核心，通过宣传培训、技术服务等举措实施“双百”工程，即在昆明市打造100家质量效益性企业，培植100家中小企业，创立一批具有自主知识产权的省级、国家级名牌企业。

【产品监督检查】 全市投入120余万元用于食品、建材、农贸、日用消费品的监督抽查，认真做好后处理工作，产品质量得到了提升：全市共抽查各类企业1 315家，监督抽查及定期检验产品2 181批次，产品实物质量合格1 755批次，产品实物质量合格率为80.47%；国家对昆明地区抽查91批次产品，合格84批次，合格率为92.3%；省质监局对昆明地区产品监督抽查及定检共2 141批次产品，实物质量合格1 713批次，实物质量合格率为80%；昆明市产品质量平均合格率为80.49%，比2008年上升3.74个百分点，高于全省平均水平1.08个百分点。

【行政执法】 深入开展以食品、建材、农资、日用消费品为重点的各类专项整治和打假治劣活动，2009年全市共办理质量技术监督行政处罚案件2 877件，其中立案查处案件2 715件，现场处罚162件，有效地维护和净化了市场经济秩序，遏制了制售假冒伪劣的势头，杜绝了区域性制假售假行为，确保了产品质量安全。制定出台《昆明市质监系统乳制品生产监督管理办法》，开展打击使用非食用物质及滥用食品添加剂专项整治工作，完成252家食品企业340批次产品的食品添加剂专项抽查，抽查合格率为92%，有效地遏制了食品生产加工领域滥用食品添加剂的违法行为，确保了食品质量安全。从8月初开始，按照国家质检总局和省质监局部署，组织开展食品、农资、建材等十项“保民、惠民”专项整治。通过4个多月的专项整治，在严厉打击质量安全违法行为、增强全社会的质量安全意识和诚信意识、建立质量安全监管长效机制等方面取得实效。截至12月底，全市质监系统共出动执法人员5 056人次，出动执法车辆1 823台次，检查食品、建材、农资等重点产品生产销售企业、特种设备制造安装使用企业、计量器具制造使用单位共2 580家次（其中食品、建材、农资等重点产品生产销售企业1 398家次，特种设备制造安装使用企业1 059家2 903台设备，计量器具制造及使用单位123家629台件计量器具），组织开展了食品、珠宝、化肥、人造板等10余种重点产品的监督抽查。

2009年昆明地区产品抽查汇总表

	企业数	总批数	不合格批次	合格批次	合格率（%）
食品类	998	2 102	354	1 748	83.16
建筑和装饰修材料	391	603	150	453	75.12
农业生产资料	169	254	47	207	81.50
日用消费品	331	620	88	532	85.81
车用产品	231	426	154	272	63.85
危险化学品	4	5	1	4	80.00
机电	81	155	18	137	88.39
香精香料	15	23		23	100.00
珠宝	71	296	46	250	84.46
总计	2 291	4 484	858	3 626	80.87

备注：抽查企业2 291家，抽查产品4 484批，合格3 626批，不合格858批，合格率80.87%，其中食品、建材、农资三类重点产品共抽查产品2 959批，合格2 408批，不合格551批，合格率81.38%。

【特种设备安全监察】 认真宣传贯彻新修订的《特种设备安全监察条例》，制定实施《昆明市质量技术监督局关于进一步加强特种设备安全监察工作的决定》，认真落实特种设备“一岗双责”制度，加强对电梯维修保养、液化石油气气体充装、气瓶检验等单位的监管工作力度，组织对全市1 678家在用的8 763台特种设备进行了专项检查，并以《特种设备安全监察指令书》为行政执法措施，加大整改力度，消除安全隐患324条，确保了“世界人类学民族学大会”召开、党和国家领导人在昆期间等重点时节特种设备的安全。

【标准化管理】 一是工业标准化工作跃上新台阶。全市工业企业全部实现消灭无标生产，标准提升行动有序开展，全市共有134家企业的300个产品采用国际标准和国外先进标准，2 276家企业备案了高于国家标准的企业标准，80%以上的大中型重点企业通过了ISO9001、ISO14000等管理体系认证。二是服务标准化工作迈出新步伐。研究制定一批昆明市急需规范管理的服务质量标准，出台《昆明市城市道路交通标示标牌设置规范》、《昆明市城市道路交通隔离护栏设置规范》。确定云南民族村、西山森林公园、顺城社区为昆明市的国家级服务标准化示范项目，试点工作全省仅有昆明开展，试点数量在全国省会城市名列前茅。三是农业标准化工作实现新突破。全市已有24个国家级农业标准化示范区，145项农业地方标准，16项云南省地方规范、西山高上高、呈贡斗南花卉、呈贡宝珠梨、宜良李子鸭、石林绿汀甜柿子等一批具有昆明特色的国家农业标准化示范区形成规模，杨月季鲜切花、石林甜柿子、呈贡宝珠梨已创出品牌，取得了良好的社会效益和经济效益。完成全市标准化工作现状抽样调查工作，清理食品标准1 800个，修订标准100个，全市企业标准备案达到2 114个。

【计量管理】 在“关注民生、计量惠民”专项行动中，开展诚信计量进市场、光明计量进镜店活动，组织全市126家集贸市场免费检定计量器具12 688台件，对全市眼镜验单位的在用计量器具进行了监督检查和台账的建立完善，为进一步规范农贸市场计量诚信经营秩序和眼镜行业的规范经营、产品合格，切实保护广大群众的合法利益发挥了积极作用。继续开展“健康计量进医院”第二阶段工作，各县市区局继续进行强制坚定医疗计量器具普查建档、督促医疗卫生单位完善计量器具的内部管理工作，以保证医疗用计量器具的准确可靠，维护广大患者和医疗卫生单位的合法权益。

【改进机关作风】 制定实施《昆明市质量技术监督行政处罚自由裁量规则（试行）》，在昆明市质量技术监督局网站公开行政执法制度，在质监系统推行’开门审案“工作制度和说理式行政执法文书工作，完成质量技术监督行政审批事项的承接、规范细化、下放、公示等工作，严格行政收费，防止重复检查，减轻企业负担。严格内部管理，制定《昆明市质监局机关内部管理制度》，做到以制度管人、以制度管理。制定《昆明市质监局“三级财政两级管理”实施办法》，完善经费保障机制，增强经费保障能力，满足全面履职需要。在2009年民主评议行风工作中，市质监局在40个行政审批窗口部门中名列第29名，较之2008年的排名，提前了7位。

【基础建设】 一是深入开展学习实践科学发展观，提高科学发展水平。圆满完成了学习调研、分析检查、整改落实各阶段各环节的任务，做到了“规定动作”不折不扣，自选动作务实效，提高了科学发展水平，得到了上级的肯定和群众的认可。局党组深入学习实践科学发展观分析检查报告民主评议满意率为98%，局党组深入学习实践科学发展观分析检查报告民主评议满意率为100%。二是加快基建工作步伐。按照局领导班子确定用3年的时间从根本上彻底解决基建问题的要求，6月，东川分局、禄劝、石林县局、富民县局搬迁到新办公楼办公；五华分局年内搬迁新址办公；西山分局、安宁市局新购、改造工程完成；宜良县局、嵩明县局办公楼建设年底完工；市局呈贡办公楼相关手续正在加紧办理中。三是加强信息化建设，逐步实施动态监管。自筹经费20多万元投入软件开发和硬件建设，强化对质量、标准化、食品、特种设备等基础数据的统计整理和运用，现录入企业27 943家，各种数据近百万条，逐步实施动态管理。

（市质量技术监督局）

审　计

【概　况】 2009年，市审计局紧紧围绕市委、市政府的中心工作，紧紧围绕关系人民群众各种切身利益的重大事项，继续查处重大违法违规问题，加强效益审计、专项审计调查和政府投资建设项目审计力度，更加注重从体制、机制、制度层面发现和分析问题，提出改进和完善建议，进一步增强审计人员的效能意识和服务意识，强化审计监督，明确责任，改进工作作风，提高审计工作质量和效率，狠抓落实，努力完成各项工作任务。市审计局被评为全省审计工作先进集体、通过省级文明单位、市

2009年昆明市审计工作会议　（市审计局　供稿）

昆明市审计机关成立25周年座谈会　（市审计局　供稿）

级文明行业验收。

【预算执行审计】　2009年，全市共完成预算执行审计项目162个。查出应缴财政8 365.73万元，应归还原渠道资金5 489.08万元。向市政府提交《昆明市审计局关于2008年度昆明市市级预算执行和其他财政收支审计的结果报告》；受市政府委托，在市十二届人大常委会第二十七次会议上作《关于2008年度昆明市市级预算执行和其他财政收支的审计工作报告》，并根据审议情况向市人大提交关于《市人大常委会对〈2008年度市级预算执行和其他财政收支审计工作报告〉审议意见》研究处理情况的报告，切实落实审计发现问题的整改和审计工作方法的改进。

【政府投资建设项目审计】　全市审计机关进一步加强对关系昆明市经济社会发展的重大建设项目的审计和审计调查，在摸清工程建设和资金管理使用总体情况的基础上，注意突出重点，确保审计质量。公开承诺政府性投资建设项目做到"百分之百工程预决算审计到位"，以市政府名义出台《昆明市政府投资建设项目预决算审计办法》，确保全市重点基础设施建设项目审计监督全面落实到位，严格按照市委、市政府的要求全面开展工作。聘请社会专业机构开展政府投资项目跟踪审计，效果日益明显，通过选取社会中介机构参与项目审计，确保了审计项目的顺利实施以及"八个百分之百"承诺落实到位。全市累计完成竣工决算（结算）审计项目268项，报审金额590 999.91万元，审减金额27 495.17万元，平均审减率4.65%；跟踪审计项目66项，项目投资总额7 843 936.37万元。

【经济责任审计】　2009年，全市审计机关共对160名领导干部进行审计，其中，市管领导干部28名，县（市）区管领导干部132名。对审计查出的问题，市县两级审计机关依法作出处理；审计后提出审计建议315条，审计建议和审计发现问题已引起被审计单位领导高度重视，积极整改落实。年初，由市局草拟制定的《昆明市政府环保审计办法》正式出台实施，市审计局继续加大环保责任审计力度，注重在经济责任审计项目中对领导干部环保责任的检查和评价。研究出台《昆明市审计局关于昆明市经济责任审计工作实现"全覆盖、全过程、动态化、信息化"的实施方案》，为今后几年昆明市经济责任审计工作订立了发展目标和实施步骤，为昆明市成为全省经济责任审计试点打下了坚实基础。

【民生项目资金审计】　2009年，全市审计机关着重对社保、扶贫、文教等涉及人民群众切身利益的专项资金进行审计，促进各项政策措施落到实处。开展对全市2008年度财政支农专项资金审计、20所农村中小学标准化建设资金的审计、市级企业职工基本养老保险基金的审计，并根据有关要求组织开展全市2007至2008年农村民居地震安全工程建设资金审计，针对近年来社会关注的热点，把审计重点确立在这些资金的使用效率和使用效果，对存在的问题予以揭示。

【审计整改】　市十二届人大常委会第二十七次会议审议了市审计局受市政府委托作的《关于2008年度市级预算执行和其他财政收支的审计工作报告》，并要求在继续加大审计监督和处罚力度的同时，抓好审计查出问题的整改落实。市政府主要领导高度重视此项工作，要求全市各县（市）区政府和市政府各部门自觉接受审计监督，认真落实审计决定，切实加大整改力度，坚决纠正存在问题。全市审计机关采取五项措施督促整改落实：一是强化整改意识，使审计人员从改进管理、提高效益、维护审计权威和充分发挥审计效能的高度认识整改工作。二是优化整改环境，积极争取人大、政府对整改工作的关心和支持，最大限度地取得被审计单位的理解和配合。三是认真执行整改制度和《昆明市审计局审计结果督查执行办法》，规范审计结果督查的职责和程序。四是健全整改机制，健全被审计单位反馈、业务处室及审计小组督促、法制机构及有关领导检查的机制。五是严格审核制度，认真落实《审计报告审核审定办法》，切实提高审计质量。审计查出的主要问题基本得到整改，其他违规问题也都制定可行有效的整改措施。

【制度建设】　全市各级审计机关在切实履行好审计监督服务职能的同时，围绕创新审计思路、强化审计管理、提高工作效率和效益，就预算执行审计、经济责任审计、政府投资审计工作中出现的新问题和新动向，及时总结。研究出台《昆明市财政资金效益审计暂行办法》、《昆明市政府环保审计办法》、《昆明市经济责任审计评价办法》、《昆明市政府投资建设项目绩效审计评价办法》、《昆明市市级政府投资建设审减费用管理暂行办法》、《昆明市审计局聘请社会专业机构参与政府投资审计工作暂行规定》、《昆明市政府投资建设项目预决算审计办法》、《昆明市审计局关于昆明市基础设施工程造价、城乡拆迁补偿费用及工业用地资金审计监督办法》等，以审计思路创新带动审计制度创新和审计实践创新。

【内部审计】　加强对内部审计工作的业务指导和监督，对市属各单位内部审计机构建立情况进行落实，并督促市属有关单位建立了内部审计机构，开展内部审计工作。通过落实和督促，昆明市属的大部分单位建立内部审计机构，未成立内部审计机构的部分单位也成立了内部审计委员会或内部审计工作领导小组。根据《云南省政府投资建设项目审计办法》和《昆明市政府投资建设项目预决算审计办法》的有关规定，将2009年重点基础设施建设项目审计计划下达给市属有关单位，由各单位内审机构组织实施审计，同时要求各单位在审计结束后及时将审计结果报市审计局备案。2009年，市审计局组织内审人员参加国家审计4人次，指导内审单位开展内审项目数为132项。至2009年底，昆明市设置内审机构（含区、县）151个，内审人员509人，完成各类审计项目2 472项，增加效益1 653万元；查出损失浪费金额8万元；提出建议意见被采纳685条；发现大案要案线索1件，向司法机关移送案件1件，建议给予行政处分3人，移送司法机关处理1人。

【理论研究】 市内审协会进一步加强对审计研究课题的组织和评审，并取得良好效果。市审计局提交的《地方政府投资建设项目跟踪审计浅议》在省内审计协会、审计学会召开的“云南机场杯”2009年度审计理论研讨会暨经验交流会上荣获优秀论文一等奖，《领导干部任期经济责任审计评价体系研究》和《浅析政府投资建设项目跟踪审计的内容和方法》荣获优秀论文二等奖奖。

【审计结果公告】 2009年，昆明市审计局对2007年度市级预算执行和其他财政收支审计查出问题的纠正结果、昆明主城东南片区宝象河水系防洪整治工程竣工决算的审计结果、盘龙江中段水环境治理工程项目竣工决算的审计结果、市公共汽车总公司西市区停车保养场工程项目竣工决算的审计结果和四川汶川地震捐赠款物的审计调查结果等5个项目进行公告。修订印发《昆明市审计局审计结果公告暂行办法》，要求凡市审计局统一组织的审计项目的审计结果，除涉及国家机密、商业秘密和其他特殊情况不宜公告外，原则上都应对外公告，为下一步继续加大审计结果公告范围，为充分反映昆明市审计工作成果提供了制度保障。石林县在全市县区中率先尝试对3个民生项目进行公告，广泛运用各种媒体扩大公告影响。

【培训教育】 与云南财经大学达成审计干部教育培训协议，分别举办军转干部、新录用公务员和中层干部两期培训班；连续三次组织审计人员共190余人参加计算机运用培训结合审计署开展的“AO培训认证”考试，先后完成对各县（市）区基层审计机关计算机管理员及骨干的培训，参训人员达90余人次；一人通过审计署计算机中级合格考试。在培训的同时，还特别加大对各县区局的技术扶持力度，达到了以考促学、学以致用的目标。此外，积极组织审计人员参加全市“三普”教育培训，组织参加全市机关事业单位公职人员普通话水平测试和计算机运用考试。

（张　颖）

食品药品监督管理

【概　况】 昆明市药品监督管理局成立于2001年12月31日，是昆明辖区药品、医疗器械监督管理的行政执法部门。2005年5月17日增加食品安全综合监督、组织协调和依法组织开展对重大食品安全事故查处的新职能，更名为昆明市食品药品监督管理局。市局机关内设10个处室，直属单位有昆明市食品药品稽查队、昆明市药品不良反应与药物滥用监测中心，下辖14个县（市）区食品药品监督管理局，全系统编制288名。昆明市是全省药品、医疗器械生产大市和流通集散地，药械生产、批发企业占云南省近50%，其中药品生产企业82家，药品批发企业264家，零售药店2 340家，中药材专营市场1个；医疗器械生产企业72家，医疗器械专营批发企业300多家，各类医疗机构3 000余家。

【完善安全责任体系】 市政府与14个县（市）区、3个开发（度假）区及各相关职能局签订了目标责任书，各县（市）区进一步把责任书签订到乡镇、街镇办事处，食品安全综合监管实现机构、人员、责任、经费、措施“五到位”及纳入地方政府工作目标、年度考核、财政预算“三纳入”。同时，药品安全在食品药品监督管理系统内实行目标责任制，并严格目标任务考核机制。严格执行季度工作分析会、月工作例会制度，加强各成员单位之间的沟通和协作，有效地整合了监管资源。

强化企业责任意识。通过推进示范创建、政策法规宣贯会，加强从业人员培训教育等活动，并与企业负责人签订质量责任书和承诺书，建立健全食品药品生产经营企业质量安全档案，对企业信用等级进行科学划分，定期公开发布企业诚信等级，并依照信用等级实行分类管理，引导和督促食品药品生产经营企业增强质量责任意识。

营造良好社会氛围。加大信息发布力度，召开食品药品监管情况、中秋月饼质量监测、假冒伪劣药械销毁等新闻发布会，及时发布工作动态及食品药品

药品安全宣传暨第六届昆明市家庭小药箱清理活动月

（市食品药品监督局　供稿）

预警信息。加大食品药品安全宣传力度，年内组织开展食品安全宣传周、药品安全宣传月、家庭小药箱清理、假劣药械销毁等大型活动。各级人大代表、政协委员也多次视察、检查、调研食品药品安全工作，肯定成绩，提出批评和建议。

常务副市长李文荣带队对农贸市场进行专项检查

（市食品药品监督管理局　供稿）

【规范市场秩序】　充分发挥食品安全“抓手”作用，深入推进食品安全示范县创建、重点品种安全性调查与评估、农村宴席管理等工作，在重大活动和重要节日期间牵头联合执法检查，认真组织开展打击违法添加非食用物质和滥用食品添加剂、杜绝病死猪肉流入昆明市市场专项整治百日行动等专项整治。

药品生产环节：推行分类监管，完善重点企业、重点品种资料库，进一步加强 GMP（药品生产质量管理规范）跟踪检查和飞行检查，全年药品生产企业检查覆盖面达到100%。进一步深化高风险药品生产企业动态监管，对辖区内高风险类药品生产企业实行驻厂监督制度，做到监督关口前移，有效地防止了重大药品质量事故的发生。

药品流通环节：实行动态监控，采取定期日常检查与不定期专项检查相结合的方式，建立健全药品日常检查、GSP 跟踪检查等制度，明确检查指标、规范方法。严查购销渠道，严格票据管理，督促企业建立购进记录，规范进货渠道，筑牢药品源头“防火墙”。加大药品及保健品广告的日常监测力度，及时收集违规药品、保健品广告信息，对违规宣传的药品广告及时通报工商部门进行查处，并加大对发布违法广告的涉药单位的监督检查力度和抽检频次。

巩固农村药品监督网、供应网的建设成果，2009 年昆明市县两级财政共安排农村“两网”经费 113.45 万元，昆明市药品监督网已延伸到 110 个乡镇、1 290个行政村，覆盖全市所有行政村，聘任药品协管员及信息员1 322人；建立药品供应网点1 305个，超过98%的行政村实现药品配送到村。

药品使用环节：以《昆明市医疗机构药品质量管理规范》和《昆明市医疗机构医疗器械质量管理规范》（简称“两个规范”）达标验收和跟踪检查为重点，全面推进医疗机构药房的规范化改造和规范化管理，在基本完成乡镇以上医疗机构达标验收的基础上，逐步向基层延伸：安宁市 70 家、盘龙区 10 家村级卫生室，西山区 5 家医疗美容机构，五华区 3 家眼科诊所通过“两个规范”验收。特别是安宁市政府将村级卫生室规范化建设列为为民办好五件实事之一，投入专项资金 36 万元。至 2009 年底，村级卫生室“两个规范”验收通过率达到 100%。

加强医疗器械质量整治：医疗器械生产环节：以口腔义齿和卫生材料两个品种为重点，现场检查口腔义齿生产企业 15 家次、卫生材料生产企业 42 家次。保持市场高压态势，组织开展体外诊断试剂、高风险医疗器械、计生药械等专项检查，医疗器械生产经营秩序进一步规范。

组织开展专项检查：在加强日常监管的同时，针对重点品种及薄弱环节，药监局还开展中药注射液、非药品冒充药品、计生药械等专项整治。特别是针对昆明市甲型 H1N1 流感防控工作的实际，除实行 24 小时值班应急制度外，加大对防控药械质量检查力度，加强疫苗接种后不良反应监测工作。

技术监督协调发展：2009 年，全市食品药品监督管理系统监督抽验药品 800 批次，快速检测1 209批次；医疗器械监督抽样 70 批次。上报《药品不良反应监测报告表》1 697份、《可疑医疗器械不良事件报告表》125 份，网络直报《药物滥用监测调查表》2 668份。

2009 年，昆明市食品药品监督管理系统累计出动执法人员 1.4 万余人次，车辆4 700余辆次，检查药品医疗器械生产、经营、使用单位9 000余家次，查处假劣药械违法案件695 件，药械违法案件同比 2008 年下降 44%，昆明市药品市场秩序正逐步走向规范。

【加大基础设施投入】　积极争取国债项目资金和地方政府配套支持，全市食品药品监管系统基本结束租房办公的历史，全系统共投入基建资金3 077.45万，购置或新建办公业务用房合计15 885平方米。均为每个县（市）区局配备3 辆执法车辆及计算机、复印机，传真机、打印机、摄像机等办公和执法装备，基本适应现阶段食品药品监督管理工作的需要。

【优化软环境】　严格执行四项制度，推进依法行政，建立和完善行政处罚、行政许可、行政强制等行政规范制度，并加大对行政行为的监督检查。推行“阳光”政务，加大政务信息公开力度。推进行政审批制度改革，药品、医疗器械行政许可进入昆明市便民服务中心集中办理，行政审批时限压缩 50%以上。

（市食品药品监督管理局）

·责任编辑　田维扬·

农林水利

农　业

【概　况】　2009年，在市委、市政府的正确领导下，全市各级农业部门以党的十七届三中、四中全会精神为指导，深入学习实践科学发展观，坚持统筹城乡发展，紧紧围绕年初中央、省、市农业、农村工作会议确定的目标，认真贯彻落实市委九届五次全会（扩大）会议精神，准确把握党在农业农村工作方面的方针政策，把发展都市型现代农业，推进“4210”工程建设，促进农业增效、农民增收作为首要任务，克服了低温冻害和干旱灾害等不利因素的影响，全市农业农村经济保持了良好的发展势头，完成农业总产值190.7亿元，比上年增长8.5%；实现农业增加值111亿元，增5.8%；农民人均纯收入达5 080元，扣除物价因素实际增长9.7%。

【粮食生产】　2009年，全市农作物播种面积40.81万公顷，粮食作物播种面积25.53万公顷，总产量113.16万吨。其中：小春粮食作物播种151.74万亩，产量21.5万吨；大春粮食作物播种232.86万亩，产量93.68万吨。结合粮食良种直补，全面推广良种工程，实施优质粮食工程150万亩，其中优质稻44.79万亩，优质粮饲专用玉米55.48万亩，优质豆类及小杂粮15万亩，优质马铃薯20万亩；实施综合高产配套技术推广160万亩。水稻、玉米等主要粮食作物的良种覆盖率达95%以上，水稻良种统供率达100%，杂交玉米包衣率达85%以上，统供率达95%以上；推广水稻旱育秧大田移栽、生物多样性种植、全层施肥等水稻增产实用技术50余万亩；示范推广玉米育苗移栽、地膜覆盖、抗旱节水节肥等高产综合配套技术50万亩，旱地作物抗旱节水栽培技术30万亩；全市共完成测土配方施肥推广面积286.5万亩。

【畜牧业】　2009年，全市畜牧部门始终把加快畜牧业发展作为农业和农村经济结构战略性调整的重要内容，坚持“一手抓重大动物疫病防治，一手抓畜牧业生产发展”，有力地推动了畜牧业的快速、健康、持续发展，实现了畜牧业生产方式由传统粗放型逐步向产业化、规模化和标准化的现代生产方式转变，产品由数量型增长向质量效益型增长转变，经营方式由家庭副业型向农业支柱产业型转变。全市适度规模养殖比重显著上升，养殖小区和规模场（户）蓬勃发展。已建成各类规模化畜禽养殖场（户、小区）和示范村（户）1 296个。家禽规模养殖比重达到85%以上，奶牛规模养殖比重达72%。全市畜牧业产值73亿元。肉类总产达43.09万吨，牛奶产达9.77万吨，禽蛋产量达7.07万吨，生猪出栏351.97万头，猪肉产量30.73万吨，肉牛出栏23.88万头，牛肉产量2.83万吨；家禽出栏4 550.68万只，禽蛋产量7.07万吨，圆满完成全年任务目标。

【蔬菜生产】　2009年，全市蔬菜生产具体工作主要表现在“三个到位”：一是责任意识增强，工作落实到位。按照目标任务要求，制定生产工作意见和责任管理措施，从基地生产源头切实加强管理，把着力点放在提高产品质量和商品率上。二是培训指导有力，技术措施到位。全市举办标准化培训557期，培训8.8万人次，进一步扩大了无公害标准化的覆盖面。三是品种对接市场，动态分析到位。根据消费趋势，及时分析国内产销动态，全市推广适应市场变化需求的新品种17个，新品种推广种植和精细菜播种比例增加，有效提高了产品质量和商品率，外销市场、渠道进一步拓宽。全年蔬菜播种面积115.3万亩，同比增5.8%；产量226.5万吨，增5.4%；产值29.67亿元，增15.9%；外销量165万吨，占生产总量的72.8%，完成年计划的103%，增7.8%。产品质量稳步提高，平均商品率86%。

【花卉生产】　2009年，全市花卉产业持续发展，呈现4个转变：一是由生产者主导、散户种植、自产自销型向由企业、协会、合作社、联合体主导、集约规模、产销联合型转变；二是以鲜切花为主、品种单一向地方性特色花卉、绿化苗木等多元化格局的转变；三是生产基地由近郊滇池沿湖向中远郊发展产业园的转变；四是市场交易方式由生产者与购买商对手交易向由经纪人组合包装集中交易或拍卖交易的转变。全年，随着国内外花卉消费需求不断增长，消费市场进一步扩大，全市花卉产销再创历史新高，花卉园艺种植面积15.5万亩，同比增长13.9%，总产值26.8亿元，增11.7%。其中：鲜切花种植面积8.9万亩，增4.7%；鲜切花产量42.7亿枝，增16.7%；外销38.3亿枝，占总产量的90.1%，出口总额6 760万美元。在国内70余个大中城市的市场占有率中昆明鲜切花达70%左右，出口涵盖亚洲、欧洲、美洲、大洋州的35个国家和地区，国际市场份额稳步增长。

【生物资源产业】　2009年，全市围绕生物创新高新技术产业，经过深入调研，重点扶持科技含量高、产业带动力强的高新技术项目19项，产品品牌及公共品牌培育奖励12项，扶持资金共425万元，有力地促进了我市生物资源开发创新产业的发展。全年全市共发展生物产业基地1.34万亩，完成目标任务的134%。其中：寻甸县完成中药材种植6 300亩，西山区完成万寿菊、食用玫瑰、中药材种植7 144亩。

【水果产业】　2009年，全市水果种植面积45.53万亩，与上年基本持平。由于受低温影响，产量仅20万吨，较上年减少近5万吨。完成水果标准化1.2万亩，较计划增20%。认真落实和积极争取呈贡宝珠梨保护计划，完成保护规划编制工作，并积极引入市场化项目进行有效的保护和利用开发。

【农业农村劳动力资源开发】 2009年，全市积极培育扶持农村劳动力内转外输就业龙头企业，以培训为突破口，促进劳动力供需衔接，形成产业链，提升农村劳动力内转外输就业的组织化程度。提高农村劳动力整体素质，提高转移就业能力、扩大就业范围、提高就业层次和收入水平，搞好农业实用新技术的培训工作，提升农民科学种养水平；强化农村劳动力职业技能培训和引导性培训，推动农村劳动力向非农产业转移，增加农民工资性收入。全年完成新增转移就业14.24万余人。其中：国外转移47人，省外转移1.02万人，省内县外转移3.59万人，县内转移9.63万人。开展转移培训18.01万人。其中：参加转移技能培训并取得国家职业资格证书人数达到2.78万人，新增转移收入9.27亿元。滇池流域农村劳动力转移完成5.90万人，6个水源区共开展农村劳动力转移技能培训2.51万人，实现转移就业2.33万人。

【能源生态建设】 2009年，全市共完成农村户用沼气池建设2.06万口，占年计划的205.65%；节柴改灶2.32万眼，占年计划的232.34%；沼气综合利用推广10.85万亩，占年计划的108.5%。培训农户5.25万人次，占年计划的104.92%。完成招商引资1 000万元。总产气量达822.6万立方米，节约薪柴4.1万吨，相当于7.2万亩薪炭林一年的生长量，减少水土流失6.58万吨，减排二氧化碳3.3万吨，二氧化硫279.68吨，为农户增收节支1 850.85万元，促进了庭院经济发展，增加了农民收入。沼气建设是生态农业建设的纽带，既能提供生活用能，又可提供优质有机肥料，改善生态环境，促进农业可持续发展。

【农业产业化经营】 2009年，全市有农业产业化龙头企业222户，资产总额109.12亿元，固定资产42.85亿元，产值95.28亿元，销售收入96.30亿元，上缴税金1.23亿元，出口创汇1.56亿美元。扶持龙头企业80户、农民专业合作经济组织50个。市级以上龙头企业，年产值10亿元的1户、年产值10亿元以下1亿元以上的21户、1亿元以下5 000万元以上的22户、年产值5 000万元以下1 000万元以上的101户；农产品专业批发市场年交易额32亿元的1个、年交易额30亿元以下20亿元以上的2个、年交易额20亿元以下10亿元以上的2个、年交易额10亿元以下1亿元以上的6个。通过内引外培新增国家级龙头企业4户——浙江丰岛集团、江苏玖玖集团、广州温氏集团、江苏雨润集团落户昆明。省级重点龙头企业30户。全市获云南名牌农产品14个。申报农产品认证39个。其中：有机食品认证2个、绿色食品认证21个、无公害产品认证16个。

【动植物疫病防控】 2009年，全市共发生农作物病、虫、草、鼠害895.72万亩次，指导防治1 914.7万亩次，挽回损失30余万吨，综合防治效果达93%。高致病性禽流感免疫家禽4 990.2万只、牲畜口蹄疫715.5万头只次，免疫密度均达到要求；口蹄疫O型抗体滴度总合格率维持在65%以上；高致病性禽流感抗体滴度总合格率80%以上，基本达到要求。年内全市没有发生重大动植物疫情，确保了农牧业生产安全。

【农产品质量安全】 2009年9月21～23日，全市进行农产品检测，检测结果蔬菜农残合格率为100%（农残超标率较去年大幅下降）、食用菌农残合格率为100%，茶叶农残合格率为100%、水果农残合格率为100%。蔬菜农残快速检测工作开展，全市抽检蔬菜样品2.44万个，合格率98.9%，对蔬菜产品质量的控制起到了较大作用，为市场准入的推行打下了基础。全市有17家企业（单位）、51个产品材料已报送国家农业部申请认证。其中：无公害农产品6家单位、18个产品，绿色食品8家单位、24个产品，有机农产品3家、单位9个。在37个生猪定点屠宰场（市级13个、县级11个、乡镇13个）、29个家禽屠宰场（点）开展检疫监督执法工作，全年检疫屠宰上市生猪223.73万头，与上年同期相比，增加45.93万头，增25.8%。屠宰检疫率100%。

【农产品市场建设】 2009年，全市农业部门进一步健全农产品流通服务体系，增强市场服务功能，扩大辐射面。着力改造和完善呈贡龙城农产品批发市场、斗南国际花卉市场、康茶叶批发市场等8个农业部农产品批发（专业）市场；新建和改（扩）建云南农投农资连锁超市、昆明骏骐商贸干菜副食批发市场、云南农产品电子信息交易中心、嵩明杨桥农产品综合市场、昆明普照兽药饲料市场等一批农产品批发和专业市场。对昆明农产品市场情况作了多次调研，组织申报省级农产品重点市场，全市共有斗南花卉拍卖市场、龙城农产品批发市场等12个市场被认定为（第一批）省级农产品批发市场。

【农业信息化建设】 2009年，市农业部门以“昆明农业信息网”建设为重点，切实做好农业信息服务，初步形成上下协同、信息互动、服务一体的信息服务共享平台，更好树立昆明市农业信息服务的新形象。全年市级农网访问量突破50万次，网站群总访问量110万次，市、县两级网站信息发布总量7 417条。

年内，进一步深化各级“数字乡村”网站建设，完善相关栏目内容。为把网站办出特色和亮点，全市各级建设部门进一步完善各级网页栏目内容，使各栏目内容更加充分展示、宣传地方社会、经济、文化特色和人文、地理风貌，全年共完成了全部106个乡镇“数字乡村”基础信息的更新，1 245个村委会、8 244个自然村的统计报表和网页文本更新，分别占全部村委会1 288个的97%和8 659个自然村95%。新上传信息6.95万篇、图片9.35万幅。

【农业综合执法】 年内，按照《农业法》、《动物防疫法》等法律法规的有关要求，市农业局认真履行职责，重点整顿种子、农药、兽药、饲料、疫苗、肥料和9种农资的违法违规的行为，开展定期和不定期相结合、宣传和教育相结合、教育和服务相结合、教育和行政处罚相结合等行政执法活动。全市共印发各种宣传资料18.5万份，并充分利用各种宣传形式和多渠道，加大宣传教育的力度；全市共出动农行政执法人员8 805人/次，立案查处16件（饲料3起、兽药13起），已结案11件；检查企业9 934个，整顿市场及企业1 019个（其中：种子142个、肥料91个、农药196个、饲料195个、兽药331个、农机15个）；查缴种子1 768千克、农药314千克、饲料5 055千克、兽药279.8千克，维护了农民群众的合法权益。

【农业机械化】 2009年，全市农业机械总值可达到11.7亿元，净增0.8亿元，增长7.3%。农业机械总动力达270万千瓦，拥有拖拉机4.8万台，其中新增种类农机具5 000台以上，增长10.4%。拥有拖拉机驾驶员4.5万人，全市大中型拖拉机1.1万台。其中：作业机械6 000台，农用排灌机械达到3.5万台（套），联合收割机65台，设施大棚近20万亩，农副产品加工机械4.6万台，机动脱离机4.5万台，畜牧业机械7.8万台。全市农业部门在农业生产中大力开展产前、产中、产后服务，共组织农机干部、科技人员下乡8 483人次，参加春耕作业机手3.19万人，投入农机具4.77万台（套），其中投入拖拉机2.55万台，排灌抽水机械1.97万台，全年农业机械作业面积350万亩，同比增6%；农田机械提水灌面积45.9万亩，组织200台拖拉机17台收割机进行省内跨区作业。购机补贴惠农政策效果显著。2009年获得国家购机补贴项目资金2 070万元，比上年增158.8%；全市购置补贴的农机具4 353台套。其中：大中型拖拉机133台，手拖547台，微型耕整机2 912台，其他机械761台。补贴建设施大棚980亩，喷滴灌441亩。受益农户4 938户。

【农业科技及教育】 2009年，全市实施农业生产技术试验示范120个项目，投入项目资金4 803.5万元。开展生物多样性栽培技术、测土配方施肥技术等182个新技术得到推广、应用；引进324个新品种进行研究、试验。培育农业科技示范户3.8万户，辐射带动21.26万户；实施优质粮食工程150万亩，其中优秀稻44.79万亩，优质粮饲专用玉米55.48万亩，优质豆类及小杂粮15万亩，优质马铃薯20万亩；实施综合高产配套技术推广160万亩。水稻、玉米等主要粮食作物的良种覆盖率达到95%以上，水稻良种统供率达到100%，杂交玉米包衣率达到85%以上，统供率达到95%以上。全市共完成测土配方施肥推广面积286.5万亩。

2009年，在全市1 370个行政村中，每个村培养1名农民技术骨干和5名骨干农民，实现新农村建设整村（队）推进，共培训农民技术员2 618名，农民技术骨干4 891名。

【昆明国际农业博览会】 2009年，第五届昆明国际农博会招商签约和商品贸易成绩斐然。专场签约项目71，本届展会参展参会企业1 400余家，展位数达到1 919个，展区面积4.46万平方米，启用昆明国际会展中心（新馆）1~6号全部场馆，展会规模创历届农博会之最。项目签约总金额95.96亿元；展馆现场签订商品贸易协议金额13.11亿元，专场签约和展馆现场签订商品贸易协议金额共计109.07亿元。展馆农产品现场销售金额达到2 686万元。

【农村改革】 2009年，全市积极推进基层农业技术推广体制改革。按照《昆明市人民政府关于深化改革加强基层农业技术推广体系建设的意见》，基层农技推广体制改革正按照市政府指导意见稳步推进。全市农村家庭承包面积235.54万亩，土地承包经营权流转面积31.59万亩，流转比例13.41%；全面推进农村集体资产和财务管理规范化，开展了村级会计委托代理工作，已成立委托代理机构的乡镇为122个，代管资金17.47亿元，其中代管村委会资金8.68亿元。

【农业招商引资】 年内，全市农业招商引资取得丰硕成果。签约项目68项，签约内资47.25亿元，外资1 379.1万美元。已在县区备案落地内资项目37项，到位省外资金6.28亿元，外资290.9万美元。经市考核办确认市局到位内资5.15亿元，完成比例147.14%；外资项目5项，分配后市农业局到位外资279.27万美元，完成外资比例214.82%。

【农业基础设施建设】 2009年，全市以农业园区建设为依托，以招商引资为抓手，推进农产品精深加工中心建设。在现有的13个省级开发区的基础上，突出农业园区建设，以石林台湾农民创业园为主，分别在晋宁、嵩明、宜良、富民、寻甸，开展一园多区建设，通过园区建设和招商引资，引导农产品精深加工企业进驻园区发展。2009年整合各部门项目资金2.45亿元；完成中低产田（地）改造建设项目5.07万亩，已开工建设3万亩。完成项目市级安排重点园区建设项目涉及石林台湾农民创业园、宜良高科技农业示范园、寻甸羊街和禄劝九龙高效农业示范园等7个农业园区12.67万亩，完成银行贷款配套资金3亿元。

（市农业局办公室）

林 业

【概 况】 2009年，全市林业系统按照市委、市政府关于“一湖两江”流域“四全”、滇池流域“四退三还”的战略部署，突出以城市及交通沿线面山、滇池面山、重点水源保护区等为重点，强化五采区、石漠化及难造林地绿化，推进城乡绿化一体化，精心安排部署，采取强有力的措施，继续全力推进城乡绿化造林。市委、市政府于6月16日召开全市城乡园林绿化及生态建设现场会议，对全年城乡绿化造林工作进行全面部署。各级林业部门层层分解落实，抓紧开展年度造林绿化规划和作业设计工作，迅速将各项目标任务落实到山头地块。各地提前进行整地、苗木调运储备等准备工作，雨季到来后，全市组织启动了城乡绿化造林“百日会战”行动，省、市党政军领导带头参加义务植树活动，迅速掀起了全市城乡绿化造林的高潮。各级林业部门大力加强对城乡绿化的指导、协调，强化督促检查指导，推动了任务的较好落实。通过一系列有力的工作措施，各项造林绿化工作均大大超额完成了年初下达的各项目标任务，取得了突出的成效。经认真组织检查核实，全市共完成营造林22.3万亩。其中：人工造林15.3万亩、封山育林7万亩。按项目分：市级城乡绿化完成7.7万亩，为市政府安排计划4.5万亩的171.07%；天保工程公益林建设完成10.3万亩，占下达计划的100%；退耕还林工程完成1.5万亩，为计划的100%；珠江防护林工程造林完成2.8万亩，占计划的100%。

【天然林保护工程】 年内，按照省下达的计划，各级林业部门始终坚持“封管造结合，以封为主”，认真抓好落实，对规划设计、种苗准备、宣传发动、组织实施、检查验收、政策兑现、后期管护等各个环节的工作，做到周密部署，确保落实，使公益林建设、森林管护等项目进展顺利。共计完成天保工程公益林建设10.3万亩，占下达计划10.3万亩的100%。其中：人工造林3.3万亩，占下达计划3.3万亩的100%；封山育林7万亩，占下达计划7万亩的100%。完成森林管护任务1 253.32万亩，占下达计划1 214.8万亩的103.2%。

【退耕还林工程】 2009年，省下达昆明市退耕还林任务1.5万亩，各项目实施县认真组织进行作业设计的编制、评审、修改，精心组织实施完成退耕还林工程完成1.5万亩，为计划的100%。其中：荒山造林0.5万亩，封山育林1

万亩。

【珠江防护林工程】 年内，按照省下达的计划，各地积极抓好珠防工程建设，共计完成珠防工程造林2.8万亩，为计划的100%。同时，各地认真组织抓好义务植树造林，全年共完成义务植树1 448.95万株，为计划的127.1%。

【城市生态隔离林带建设】 2009年8月，按照市委、市政府的要求，市林业局经认真研究，创新提出了推进城市生态隔离林带建设的思路，得到了市委、市政府领导的肯定。在计划晚、工作时间紧、难度大的情况下，组织有关县区迅速进行了调查和规划设计，并迅速安排部署落实，采取有力措施推进建设。全市各级完成城市生态隔离林带建设3 964亩，取得了突出的成效。

【创建“全国绿化模范城市”】 2009年，为全面展示昆明大力推进城乡绿化造林，加强生态建设的成果，市局积极组织开展创建全国绿化模范城市工作，加大宣传力度，于当年6月组织向全国绿化委员会申报全国绿化模范城市。经全国绿化委员会办公室初审，昆明市纳入了评比范围。11月，全国绿化委员会办公室组织核查组到昆明进行了为期3天的核查，并对昆明创建全国绿化模范城市的工作给予充分肯定。

【集体林权制度改革】 2009年，全市各级党委、政府继续深入推进集体林权制度改革，查缺补漏，进行整改，确保主体改革的质量和成效。从3月开始，省林改领导小组组织林改检查验收组对石林县、寻甸县、富民县进行检查验收。按照省林改检查验收组对昆明市集体林权制度主体改革工作检查验收的意见，全市再次进行了安排部署和深入动员，各地积极组织进行了深入整改，市级先后组织进行了认真复查和督查，确保了任务的较好落实。截至2009年末，全市共确权面积1 655.08万亩，确权率98.3%；完成9 981个村民小组54.21万户确权工作，确权宗地35.97万宗；发放“林权证”15.47万本，发放“均利证”48.37万本、“均股证”21.31万本，发证面积1 630.14万亩，发证率98.5%。全市落实公益林管护责任面积1 012.12万亩，完成商品林均山到户面积440.79万亩，商品林均山到户率91.29%；全市集体林均山到户率94.19%，已达到省级“两个80%”的要求。全市共排查林权纠纷8 010起，调结7 783起，纠纷调处率97.17%，许多历史遗留纠纷得到解决。在林改过程中，全市没有发生因林改导致的乱砍滥伐行为，森林资源得到有效保护，广大林农群众务林营林的积极性显著提高，林产业发展得到有效促进。

2009年，在认真抓好主体改革收尾工作的同时，全市积极探索配套改革的办法措施，围绕林权管理服务、林地流转、林权抵押、森林保险、森林资源评估和森林资源保护等，建立健全五大林业制度和构建林业六大支撑体系，深入开展调研，结合全市实际情况，研究编制了林业产业发展规划，草拟制定《昆明市集体林权制度配套改革实施意见》、《昆明市林权流转管理办法》、《昆明市森林资源资产评估办法（试行）》、《昆明市森林资源资产抵押管理办法（试行）》、《昆明市林木采伐管理办法（试行）》、《昆明市公益林补偿和管理办法（试行）》、《昆明市低效林改造管理办法（试行）》等相关配套文件，为搞好今后的林改配套改革奠定了的基础。其中：《昆明市集体林权制度配套改革实施意见》、《昆明市林权流转管理办法》已经市委、市政府研究正式下发执行。至年末，五华区、寻甸县、禄劝县作为配套改革试点县先行试点，其中五华区已落实林权交易中心的机构和人员编制，寻甸县正在筹备建立林权交易中心，石林县、禄劝县已完成交易中心建设，即将挂牌启用。3个试点县已流转林地面积2.63万亩，交易金额1 101.87万元，办理林权抵押贷款50户，贷款数额达3 410万元。

昆明市深化集体林权制度改革领导小组扩大会议 （市林业局 供稿）

【市委林业工作会议】 2009年12月9日，全市认真贯彻落实中央和省委林业工作会议精神，在昆明隆重召开市委林业工作会议。市级五班子领导，市级各委办局主要领导，各县（市）区党委、政府主要领导、分管领导及有关部门负责人，涉林乡镇（街道办事处）、国有林场的领导，驻昆金融、保险、评估、林业企业代表900余人参加会议。省委常委、市委书记仇和，市委副书记、市长张祖林等领导出席会议并作重要讲话。这是首次以市委名义召开林业专题会议，也是昆明林业发展史上的一次重要会议。

会议对近年来昆明的林业工作进行了全面总结，对加快林业改革和发展，全面推进森林昆明建设的工作进行了安排部署。会议出台《中共昆明市委、昆明市人民政府关于加快林业改革发展全面推进森林昆明建设的意见》、《关于加快昆明林业产业发展的意见》、《昆明市集体林权制度配套改革实施意见》3个文件，并要求全市各级各部门要认真贯彻落实中央和省委林业工作会议精神，以建设完备的森林生态体系、发达的林业产业体系、繁荣的森林文化体系为目标，大力加快林业发展，以林业改革和发展推动“森林昆明”建设，力争到2015年，全市主城建成区及10个县（市）区建成区和乡镇所在地，绿地率达到38%以上，绿化覆盖率达到45%以上，人均公共绿地达到12平米以上，城市中心区人均公共绿地面积6平方米以上；全市森林覆盖率达到47%以上，林木绿化率达到57%以上，基本实现城乡绿化全覆盖，把昆明建设成为森林型城市。

【特色经济林产业】 2009年，全市全面推进城乡绿化建设的同时，以林权制度改革为契机，结合各项林业生态建设工程的实施，突出重点，科学规划布局，制定有力地政策措施，大力引导、扶持加快林业产业发展，促进生态建设与农民增收相结合。一是继续加快以核桃为主的特色经济林产业发展。各级林业部门进一步动员广大农村积极发展核桃种植，加强技术指导和服务，强化对核桃种苗质量的监管，确保成效。全市共完成核桃种植20.29万亩，为计划20万亩的101.45%。二是大力加快苗木产业发展。围绕今后城乡绿化造林和城市绿化建设的市场需求，鼓励发展生态与经济效益兼具的优良乡土树种苗木，引导苗木基地向规模化、专业化方向发展。全年共计完成苗木基地建设4.61万亩，为计划的128.1%。同时，积极筹备组织成立了昆明市苗木行业协会。三是积极培育发展林产品专业市场。为积极培育建立林产品专业市场，促进林产品交易流通，组织对全市林产品市场的现状开展了深入调研，并经认真协调组织，初步完成了云南国际林产业园区的规划工作。

【森林防火】 年内，全市各级党委、政府坚持“预防为主，积极消灭”的方针，认真抓好森林防火目标管理责任制的落实，突出重点，强化措施，落实责任，全力以赴抓好2009年度的森林防火工作。一是认真落实森林防火“三线”责任制，各级政府与政府、林业与林业、指挥部与成员单位间层层签订森林防火目标管理管理状，落实行政领导负责制，全市共签订各类责任状12.13万份。二是广泛深入开展森林防火宣传活动。印制《昆明市森林防火知识手册》6 500册，发放森林防火宣传春联、年历、传单共计1.4万余份，制作户主责任书16万份，购置护林防火马甲5 600件，投入6.48万元开展移动公交宣传活动。大力开展典型案例宣传，通过大张旗鼓的宣传李昆朋烈士英雄事迹和举行“3·28”安宁市青龙寺森林火灾烈士缅怀纪念活动等形式，在全市掀起了森林防火宣传的新高潮，强化了社会各界森林防火的意识。三是强化业务培训，着力提高处置扑救森林火灾的水平。市指挥部先后组织开展地方专业扑火队集训、全市调度统计员培训、基层指挥员培训、森林防火工程机械保障应急分队培训等多次各类业务培训，有效提高了各级各部门处置扑救森林火灾的水平。四是突出重点抓好火源管理，狠抓预防措施落实。针对冬至、春节、正月初九、元宵节、清明节等重点时段，研究制订了重点时期预案，增派巡山守护力量，强化野外火源管控，组织在重点片区开展森林防火巡查，开展明察暗访检查工作，主动消除林区隐患，确保预防措施到位，严防森林火灾的发生。五是坚持“打早、打小、打了”，各级指挥部、森林武警、专业扑火队严阵以待，发现火情快速出击，迅速处置，科学扑救，确保了不发生重特大森林火灾。全年全市共发生森林火灾46起。其中：一般森林火灾40起，较大森林火灾6起，火场总面积272.51公顷，受害森林面积34.373公顷，受害率0.045‰，控制率0.747公顷/次，当日扑灭率100%。在发生的46起火灾中，查处42起，查处率91.3%。各项指标均控制在省下达的指标内。

【资源林政管理】 2009年，全市各级政府进一步强化林地林权的管理，严格加强对征占用林地的审核审批，切实提高征占用林地审核审批水平。加强对工程建设征占用林地全过程的服务，确保了各项重点建设工程项目的顺利实施。加强对各项工程项目建设占用林地过程的监管，坚决制止林地的非法流失。全年共受理上报征占用林地申请240宗，涉及林地面积2 297.5公顷，林木蓄积6.45万立方米，省厅共收取森林植被恢复费1.44亿元。

全市林业部门严格执行森林采伐限额制度，认真落实伐前公示制度，做到依法严格审批，执行中专人负责监督，执行后及时检查，坚决杜绝乱砍滥伐和超限额采伐的现象发生。全年共执行木材生产计划5.89万立方米，出材量3.84万立方米。精心组织实施天保工程区人工商品林采伐试点，共计完成采伐2.08万立方米。同时，依法加强对木材运输、经营加工的管理，深入组织开展清理检查行动，严格执法，依法打击违法行为，进一步规范了木材经营加工活动。

【野生动植物保护】 年内，全市各级林业部门进一步加大对野生动植物保护的宣传力度，认真组织开展了第27届“爱鸟周”宣传活动，提高公众爱护、保护野生鸟类的意识。切实规范对野生动物驯养繁殖企业和单位管理，开展了全市野生动物肇事情况调研工作，研究制定《昆明市陆生野生动物造成人身财产损失补偿办法》。突出加强对红嘴鸥的保护管理，修改和完善《昆明市人民政府关于进一步严格保护海鸥的通告》，组织开展爱鸥、护鸥宣传活动，举办了“关爱海鸥2009翠湖行动”，牵头编写“红嘴鸥补充饲料”地方标准，并经省质监局批准同意公布实施；制定“关于开展红嘴鸥补充饲料招标

省、市领导义务植树　（市林业局　供稿）

的实施方案”，组织完成了2009年全市红嘴鸥补充饲料的招标工作和《红嘴鸥补充饲料管理实施意见》的听证工作。完成昆明滇池鸟类调查报告，对滇池鸟类的情况及红嘴鸥的分布情况进行了调查，为搞好野生动物保护管理工作奠定了坚实的基础。同时，高度重视抓好野生动物疫源疫病监测和防控工作。各级林业部门坚持实行24小时值班制度、每日疫情报告和疫情的零报告制度，按时上报监测情况。经认真监测防控，全年全市未发生野生动物疫源疫病和疫情。

【自然保护区建设】 2009年，全市切实加强对各级各类自然保护区的保护管理工作，全力以赴做好轿子山申报国家级自然保护区的工作。组织对轿子山及普渡河进行了综合科学考察，形成《云南轿子山自然保护区综合科学考察报告》，编制完成《云南轿子山自然保护区总体规划（2009～2020年）》并通过了省政府的批准。经过多方努力，轿子山晋升国家级自然保护区顺利通过了省政府组织进行的省级评审和国家林业局组织的评审。经过国家级自然保护区评审委员会专家对轿子山进行实地考察，11月20日，国家环保部在京举行昆明轿子山晋升国家级自然保护区评审会，初步获得通过。同时，积极组织开展轿子山申报国家公园工作。组织开展了轿子山国家公园总体规划工作，划定国家公园界线，初步完成了轿子山国家公园总体规划。

【森林公安建设】 年内，全市森林公安机关紧紧围绕“理思路、定目标，抓队伍、增合力，抓基层、打基础，抓教育、强素质，破大案、打团伙，抓指导、促提高”的工作要求，大力加强思想政治教育，积极开展警务、警纪、警容培训教育，强力推进森林公安队伍正规化建设。全市各级大力推进“三基”工程建设，市委、市政府研究出台《关于切实加强和改进森林公安工作的意见》。全年共争取到各级建设资金1 362.3万元。各地积极推进基础设施建设，至年末，已有2个分局办公楼建成，2个分局7个派出所已开工建设。

年内，全市各级森林公安机关充分履行职能，积极组织开展了林区“禁毒人民战争”、“春绿行动”、“涉枪犯罪活动”、“绿盾三号”等专项行动，对破坏森林和野生动植物资源违法犯罪分子给予有力打击。全市共办理破坏森林和野生动植物资源的刑事、林政（治安）案件853起。其中：刑事案件立案128起，破125起，破案率为97.7%，抓获犯罪嫌疑人164人，呈请检察院批捕40人，直接起诉32人，移送起诉50人，缴获涉案财物折合人民币5 000余万元。受理林政（治安）案件733起，查处728起，查处率为99.3%，查处违法人员755人，罚没款金额799.26万元。破获了“2·27”、“4·09”、“5·08”、“9·06”等特大非法运输野生动物制品案件，极大震慑和打击了犯罪分子的嚣张气焰。

【森林病虫害防治】 年内，全市切实加强森林病虫害监测站点建设，启动了以7个重点水源区及危险性病虫害发生区域为重点的市级监测点建设，基本完成了10个中心测报站、121个监测点的建设，组织对1 706名森防员进行了培训。积极开展监测和防治工作，全市林业有害生物共发生29.76万亩，发生率为3%。其中：病害4.06万亩，虫害25.7万亩；成灾面积1万亩，成灾率0.87‰；无公害防治面积25.73万亩，防治率86.46%；测报准确率80%，种苗产地检疫率98%，各项指标均完成了省下达的指标任务。同时，加强检疫执法工作，组织开展了“利剑2009”云贵川渝藏林业植物检疫联合执法专项行动，进行了为期60天的核桃种苗检疫专项检查，全市共调运检疫苗木489.74万株，木材3万多立方米。产地检疫基地29个585.5亩498.4万株，调运检疫1 642万株。

【林业科研和推广】 2009年，全市继续组织抓好林业科研和推广示范项目，加大对林木良种培育、造林经营模式等适用技术的研究，积极推广先进实用林业新技术。市林业科技推广总站从江苏引进美洲黑杨开展试验种植，市林科所从江苏引进墨西哥落羽杉、中山杉进行试验种植，市濒危动植物拯救中心从四川引进四季杨进行试验种植，均取得较好的成效。组织开展科技项目申报工作，目前已储备“细菌微生物与植物种子萌发和生长关系的应用研究”、“滇池流域耐水湿乔木树种引种栽培试验示范”、“优质核桃种植试验示范项目”、“昆明市丰产竹林种植试验示范”、“松华坝水源保护区造林树种选择”、“优质核桃采穗基地建设项目”等10余项科技项目。

【招商引资】 2009年，按照全市招商引资工作会议的安排部署，市局与市园林局联合组建成立重庆招商分局，积极开展相关工作。至年末，已签订投资服务协议24个，正式协议14个，协议引进资金人民币70.5亿元；已落地项目内资21个，外资4个，实际到位资金人民币5.4亿元，外资170.52万美元。经市考核办考核认定，完成内资3.72亿元，为任务数的106.29%；外资142.33万元，为任务数的109.48%，超额完成了招商引资任务。

（市林业局办公室）

中共昆明市委林业工作会议 （市林业局 供稿）

水　利

【概　况】　2009年，全市水利部门认真贯彻落实科学发展观，积极践行可持续发展治水思路，抢抓中央扩大内需、促进增长的机遇，加强水利项目前期工作，狠抓重点水源工程、病险水库除险加固、农村饮水安全、水土流失治理等基础设施建设，强化水利管理，强化水利改革，全年累计完成各类水利投资10.96亿元，较上年水利投资增加44%，为促进全市经济社会平稳较快发展提供了有力支撑。

【雨情水情】　2009年底，全市降雨量为：昆明571毫米，禄劝622毫米，富民558毫米，嵩明674毫米，宜良534毫米，石林572毫米，呈贡554毫米，晋宁606毫米，安宁819毫米，太华山683毫米，东川431毫米，寻甸824毫米。昆明降雨较历史同期偏少四成多，气候特别异常。年末全市库塘蓄水10.5亿立方米，较上年同期少蓄3.6亿立方米。

【旱　情】　2009年，全市由于气温偏高，降雨偏少，旱情发展较快。5～6月上旬均未出现全区性中到大雨天气过程，除石林、寻甸、禄劝雨季开始较常年偏早，其他地区较常年偏晚。截至5月7日，全市受旱的县区仍有东川区、呈贡县、晋宁县、宜良县及禄劝县。全市受旱作物面积为6.66千公顷，14.25万人、3.66万头大牲畜因旱不同程度出现饮水困难。进入汛期后，随着各地陆续进入雨季，6月上旬，全市的旱情才得以解除。但8月后，由于副热带高压持续偏强，导致全区性降雨过程较常年明显偏少，降雨量较常年特少。降雨时空分布不均且长期的高温少雨，造成全市12个县区不同程度受旱。从11月1日至12月31日，全市受旱作物面积为77.56千公顷，其中轻旱47.72千公顷、重旱24.04千公顷，干枯5.66千公顷，水田缺水4.87千公顷、旱地缺墒10.24千公顷，43.94万人、21.6万头大牲畜因旱不同程度出现饮水困难。

【抗　旱】　2009年，全市各级各部门始终坚持以人为本，把确保城镇供水和农村人畜饮水放在首位，采取积极有效措施，努力减轻干旱造成的损失。1月1日至5月7日，全市投入抗旱人数90万人；投入抗旱设备机电井310眼，泵站1 014处，机动抗旱设备3.54万台套，装机容量8.15万千瓦，机动运水车8 007辆；抗旱用电622.7万度，抗旱用油872.5吨；抗旱浇灌面积55.97千公顷，临时解决28.4万人、13.6万头大牲畜饮水困难。从11月1日至12月31日，全市累计投入抗旱人数92万人；投入抗旱设备机电井273眼，泵站1 033处，机动抗旱设备2.23万台套，装机容量14.37万千瓦，机动运水车7 337辆；抗旱用电267.7万度，抗旱用油589吨；抗旱浇灌面积52千公顷，临时解决66.2万人、37.3万头大牲畜饮水困难。

【洪涝灾情】　2009年，全市共经历11次灾害性降雨天气，造成11个县区及昆明主城的67个乡镇（街道办事处）不同程度遭受洪涝灾害，受灾8.8万人，倒塌房屋338间，死亡大牲畜37头，直接经济损失6 264万元。有1座小（二）型水库（宜良县竹山乡）受损，损坏堤防94处共4.96万米，堤防决口27处共550米，损坏护岸19处、灌溉设施103处，机电泵站2座；6.53千公顷农作物受灾，其中成灾3.97千公顷、绝收0.89千公顷，因灾减产粮食11.48万吨，经济作物损失3 614万元。

【防　汛】　年内，全市各级政府和水务部门进一步落实行政首长责任制，层层签订防汛工作责任书，认真开展防汛安全检查，编制“昆明城区2009年内涝淹水点抢险排涝应急方案”等防洪预案，开展主城区防洪抢险排涝演练，抓好抢险应急队伍建设和物资储备，不断强化防汛抗旱指挥部成员单位之间的协调联动以及水库、江河、湖泊、水电站、坝塘等各类重点防汛设施安全管理，全力做好防汛抗洪各项工作，实现了不垮一库一坝，最大限度地减轻和避免洪旱灾害造成的损失的目标。全年全市共投入抗洪抢险资金2 265万元。其中：中央下达280万元，省级下达280万元，市级下达1 705万元。消耗防汛物资编织袋14.14万条、编织布0.19万平方米、挡水设施2 450米、砂石料3 425立方米、抗灾用油26吨，出动抢险人数1.9万人（次）、抢险设备408台（次）。

【水利前期规划】　2009年，全市水利部门编制完成《全市中小河流规划》、《灌区建设规划》、《小型农田水利建设规划》、《节水灌溉规划》等。全面启动“十二五”规划编制工作。积极推进寻甸木戛利水库、宜良海马箐水库，病险水库除险加固，石林县月湖灌区中低产田改造、三角灌区管网改造等项目的前期工作。

【农田水利基本建设】　年内，全市各级水利部门积极动员，加大投入，大干农田水利基本建设，共完成各类水利工程8 716件，累计投入劳动工日3 864.78万个，完成土石方3 593.02万立方米，修复水毁工程285处，新增各类防渗渠道447.71千米，加高加固堤防22.49千米，疏浚河道384.11千米，清淤渠道3 264.75千米，加固水型水库35座，建设村镇供水工程55处，小水库3处，小坝塘6处，小水窖、小水池共8 716个，新增蓄水能力603.21万立方米，新增旱涝保收面积1.03万亩，新增灌溉面积2.3万亩，改善灌溉面积28.81万亩，新增除涝面积0.84万亩，新增节水灌溉面积2.78万亩，新增供水受益人口17.14万人，为农业增产农民增收奠定基础。

【扩大内需水利项目】　2008年第四季度以来，全市共争取到中央扩大内需4批项目资金，市水利部门积极协调落实市级配套资金，强化监督检查，顺利完成农村饮水安全、病险水库除险加固、大型灌区续建、水土流失治理等新增投资项目，积极推进节水灌溉新增投资项目，完成投资1.71亿元。其中：中央投资完成1.42亿元，地方配套投资完成2 890万元。

【水源工程建设】　2009年，全市陆续开工建设寻甸木戛利中型水库、禄劝旧铁厂小（一）型水库、禄劝大河边小（一）型水库和安宁王家滩小（一）型水库，省列重点小（一）型石林团结水库除险加固扩建工程完成工程投资8 875万元，主体工程建设完成；东川坝塘水库完成第二次试蓄水；市列续建小（一）型水源工程晋宁益州水库、打黑二库水库，寻甸摩洛河水库，嵩明虎头坡水库建设完成，投入试运行。东川野牛水库、富民兴贡水库和嵩明麻箐水库正抓紧建设。

【病险水库除险加固】　2009年，全市计划开工20件小型病险水库除险加固工程，实际开工建设23件。其中：6件小（一）型病险水库除险加固工程累计完成投资4 600万元，西山区三家村水库建设完成，其余5件完成总工程量的65%；17件小（二）型病险水库除险加固工程资金采用银行贷款，累计完成投资6 188万元，完工12件。与此同时继续抓好2008年已开工项目，6座中型病险水库除险加固工程累计完成投资10 154万元，主体工程已完成；建设完工27件小型病险水库除险加固，其中13件小（一）型除险加固工程已完成了单位工程验收，工程投入试运行。

【农村饮水安全】 2009年，市水利部门多方筹措资金，先后多次到水利部、省发改委、省水利厅沟通协调，积极争取中央资金项目；同时，主动与农行对接，并多次召开专题会议研究贷款事宜，争取贷款资金。全年共争取到19万农村人口饮水安全中央资金项目，是往年中央补助项目的3倍，落实资金9 155万元；通过投融资渠道解决10万农村人口饮水安全和中央资金项目市级配套资金。截至12月23日，全市共解决26.08万人饮水安全，完成总投资1.39亿元。

【水土保持】 2009年，市水利部门积极组织晋宁、嵩明、富民、呈贡等县及安宁市、西山区、石林县实施2008年度“长治”七期工程和“珠治”工程，投资845万元，治理水土流失治理面积92.78平方千米。抓住机遇，因地制宜，争取10个县（市）区10条小流域列为新增中央投资水土保持工程建设治理工程，投资1 485万元，治理水土流失治理面积57.14平方千米。根据国家水利部提出建设生态清洁型小流域试点工程的新举措，在松华坝水源区嵩明县、盘龙区开展生态清洁型小流域试点工程，大力推进集生态修复、生态治理、生态保护为一体的清洁型小流域治理模式。全面开展水土保持生态建设和执法监督工作，严格开发建设项目水土保持方案审批制度，重点加强滇池流域范围内开发建设项目水土保持方案审批、验收、监督执法检查、规范开发建设行为。全年全市共审批开发建设项目水土保持方案596个。其中：市级146个。征收水土保持补偿费461万元，查处典型违法案件23起，有22个建设项目水土保持工程通过竣工验收。

【牛栏江—滇池补水工程】 2009年，市水利部门全力配合“省牛办”完成牛栏江—滇池补水工程项目建议书、可行性研究报告、初步设计报告，移民安置规划、环评报告、水土保持方案等的编制。国家发改委已对项目建议书进行了审查，水利部已对可行性研究报告进行了技术咨询，工程各标段已陆续开工建设。

【水利工程建设管理】 年内，全市各级水利水务部门认真贯彻落实市委、市政府制定的工程建设“八个百分百”的要求，依据国家、云南省和昆明市有关法律、法规和规章，制定昆明市水利工程建设“八个百分百”实施细则，开展行业培训，与县（市）区签订责任状，在加强水利工程建设的检查、指导和监督的同时，强化水利工程建设管理。2008年启动的13件小（一）型和2009年启动的6件中型、6件小（一）型项目分别经过国家水利部3次稽查、财政部稽查、省发改委稽查、省财政厅检查、省水利厅交叉检查、省审计厅、市纪委联合检查。

【水利立法】 年内，昆明市各级政府加强立法工作，起草《昆明市地下水保护条例》。该条例于8月21日昆明市第十二届人民代表大会常务委员会第二十七次会议通过，9月25日云南省第十一届人民代表大会常务委员会第十三次会议批准，自12月1日起实施；积极开展《昆明市清水海保护条例》的立法调研，撰写《昆明市清水海保护条例立法调研报告》和《昆明市清水海保护条例（草拟稿）》；做好《昆明市河道管理条例》和《昆明市云龙水库保护条例》上升为《云南省云龙水库保护条例》的立法起草工作。

【水利宣传】 2009年3月22日是第十七届“世界水日”，3月22～28日是第二十二届“中国水周”。联合国确定2009年“世界水日”的宣传主题是“跨界水——共享的水、共享的机遇”。当天与省、市、区有关单位联合在官渡广场开展“世界水日”、“中国水周”宣传活动，组织了“欢欢喜喜庆水周”、“呼唤生命”等15个文艺节目，发放宣传资料2万份、展出宣传展板52块。与此同时，加强水源保护宣传力度，在主城集中式水源地和其他县区开展大型专题宣传活动，发放水源保护宣传册2万份，宣传年历2万份，增强全民珍惜水、保护水、节约水的观念。

【水资源管理】 2009年，市水利管理部门进一步理顺水资源费征收体制，根据《云南省水利厅云南省地方税务局关于做好全省在滇电力企业水资源费征收交接工作的通知》要求，自四季度开始终止委托地税部门征收电力企业水资源费的事宜，由所在地水务部门负责征收。全年全市共计征收水资源费8 558万元。严格取水许可行政审批，市级权限范围内共办理取水许可证4套。按照“一口管理，一笔审批，只减不增，明确职责”的原则，在报经市政府审批同意后，受理昆明机场老巴山雷达站和云南省人防4101工程战备水井2个取水项目。贯彻实施建设项目水资源论证制度，组织审查市级审查权限范围内11件，上报省水利厅审查3件。编制完成《昆明市水利系统突发性水污染事件应急预案》。启动《昆明市地下水资源规划》编制，完成规划核心报告《昆明市地下水功能区划》，分报告《昆明市地下水资源开发利用与保护规划》初稿。建设完成地下水资源管理信息系统（一期）并正式投入使用，地下水管理从应急性管理转入正常化管理。

【地下水清理整顿】 全年全市计划封停地下水井109口，实际完成封停地下水井199口，占目标任务的183%。其中：4个主城区及经开区共封停地下水井150口，五华区封停47口，官渡区封停41口，盘龙区封停30口，西山区封停19口，经开区封停13口。其他县（市）区共封停地下水井49口：呈贡14口，晋宁6口，安宁11口，东川6口，禄劝6口，宜良3口，石林3口。

【饮用水源保护】 2009年，市水务局起草《关于进一步加强集中式饮用水源保护的实施意见》，经市政府常务会和市委常委会同意后正式下发执行，基本形成了“规划定位、政府主导、属地管理、全面治理”的集中式饮用水源区保护格局；嵩明县滇源镇和阿子营镇由盘龙区托管，松华坝水源区在行政上实现流域统一管理。2009年完成冷水河、牧羊河两岸土地“农改林”2.7万亩；完成阿子营集镇污水收集处理项目前期工作，报经市发改委批准立项；组织实施松华坝水源区生态恢复、生物控藻工程和取水口围网建设，在谷昌坝水库投放滤食性鱼类50吨；建成松华坝水库一级区取水口500米半径范围围网600米；督促指导相关县区设置集中式饮用水水源地保护区保护范围围网和界桩、界碑等警示标志，编制集中式饮用水水源地保护区保护规划，贯彻执行松华坝、云龙水源区生产生活补助办法。

【城市节约用水】 全年全市新建73座分散式再生水利用设施，设计处理规模为2.52万立方米/日；主城规划区内纳入计划用水管理的非居民用水大户2 500户，完成节水量2 000万立方米；深入开展城市节水宣传活动，在690多台公交车车载媒体上滚动播放节水公益广告片，在昆明日报制作专版，制作户外大型节水公益广告牌，深入开展节水宣传进社区、进校园活动，编印不干胶节水宣传画2万份，《昆明市城市雨水利用宣传手册》5 000册；完成242项工程项目节约用水措施方案的审查；收取城市公共供水管网覆盖区范围内取用地下水的水资源费1 403万元。起草制定并由市政府出台《昆明市城市再生水利用专项资金补助实施办法》（自2009年4月1日起执行）和《昆明市城市雨水收集利用的规定》（自2009年9月22日起施行）；组织编制《昆明市城市再生水利用设施运行管理指南》和《昆明市城市污水再生利用工程设计指南》，进一步推动和规范城市再生水利和雨水收集利用工作。

【创建节水型城市】 2009年，全市创建国家节水型城市的6项基本条件和19项考核指标（含3项奖励指标），已基本达到考核和申报要求：万元GDP取水量为24.69立方米/万元，万元工业增加值取水量为10.43立方米/万元，均达到了低于全国平均值50%的要求；城市污水处理率为91%，城市再生水利用率为53.4%，城市供水管网漏损率降低为14.42%，节水型企业覆盖率达到17.6%，工业重复利用率85.1%，工业废水排放达标率99.54%，城市居民生活用水量134.9升/人·日。

【城市供水】 年内，市水务部门加强供水水质、供水安全和供水服务监管，《昆明市城市供水用水管理条例》自2009年7月1日起施行；开展全市辖区内供水水质专项调查及制定城市供水水质保障和设施改进措施规划，完善城市供水安全保障及应急系统。加大对城市二次供水设施的水质（水压）监管力度，积极组织开展城市二次供水设施专项整治。加强对水源地、水厂、调压站、输配管网等重点设施的监管，开展城市供水单位使用消毒剂情况的检查，确保城市供水水质达到国家标准。城市供水全年完成售水量2.08亿立方米，比上年增长9.22%；实现销售收入5.77亿元（不含税）；自来水用户总数达到53.54万户，管网平均压力合格率99.79%，管网水质综合合格率达99.99%，管网抢修及时率99.64%，改表出户及新装一户一表5.5万户，管网漏损率降低2.13%。

【河闸登记及普查】 年内，市水务部门组织各县（市）区对全市河闸进行注册登记和现状安全状况普查。根据河闸注册登记，全市共有河闸252座，其中大（二）型河闸2座，位于宜良县南盘江上的古城闸及狗街闸；中型河闸33座，主要分布在盘龙河、螳螂河、普渡河、巴江、牛栏江、小江等河流上；小（一）型河闸138座，小（二）型河闸79座，分布在上述主要河流的支流上。同时，陆续开展海口闸、河湾闸、罗良闸、龙喜闸、果子园闸、古城闸、红旗闸、胜利闸、浮体闸、龙池闸、果马河闸、竹园闸、甸头河闸13座中型河闸的安全鉴定。2009年4月顺利通过长江委审查。

【水行政执法】 2009年，全市开展以河道、水源保护、水土保持等为重点的水政执法、巡查，依法查处各类水事违法案件共157件。其中：地下水案件118件，水土保持执法监督检查案件8件，河道违法案件16件，水源区、水库案件7件，指导县（区）联合执法8件。积极开展《水行政处罚自由裁量权细化规范标准》制定和《昆明市水利局行政处罚项目“三步式”执法程序适用范围》的细化，进一步规范水行政执法行为。

【渔　业】 2009年，全市完成水产品总量4.39万吨，实施特色养殖1 065亩，稻鱼工程1 288.7亩，池塘清淤改造1 649亩，较好地完成了2009年的计划指标。开展全市范围内水产品质量安全的监督检查，打击违法添加非食用物质和滥用食品添加剂的违法行为等专项行动，出动执法人员1 483人/次，检查养殖单位（户）、水产品经营户、渔药饲料经销店654家，渔药市场无违禁药物销售，生产产地没有使用违禁药物和添加非食用物质的行为。加强生产和流通领域的监测，抽取生产领域和流通领域水产品样本567个，检测合格556个，合格率98.1%。及时查处渔业污染事故17起，为养殖户索赔补偿37.78万元。圆满完成全年度的长江禁渔和珠江打非工作，加强水生野生动物的管理，组织实施6次增殖放流，共放流土著、经济鱼类680万尾，其中首次增殖放流国家二级保护昆明特有濒危物种滇池金线鲃10万尾，有效养护和增殖了渔业资源。12月顺利通过市级食品安全考核，被评为优秀。

【水利改革】 年内，全市水利改革进一步深化。全面开展农村小型水利工程管理体制改革，出台《昆明市关于农村小型水利工程管理体制改革的实施办法》，试点县石林县全面完成改革任务；其余13个县（市）区及3个开发区完成摸底调查统计工作，改革实施方案获得县（市）区政府批复。积极开展水管管理达标考核工作，晋宁县双龙水库管理所被评为省一级水利工程管理单位，嵩明县大石头水库管理所被评为省二级水利工程管理单位。针对农民用水付费意识淡化，通过水费征收保证农田水利设施的日常维护日益艰难的状况，研究农业灌溉工程运行管理财政补贴机制，以增强水管单位的经济实力和市场竞争力。

【机构改革】 2009年，在昆明市机构改革过程中，《昆明市人民政府机构改革实施意见》明确组建昆明市水务局。根据《昆明市人民政府办公厅关于印发昆明市水务局主要职责内设机构和人员编制规定的通知》的内容，市水务局机关内设12个机构。昆明市计划供水节约用水办公室整建制划归昆明市水务局管理，原市市政公用局8名公务员连人带编划入昆明市水务局机关。昆明市渔业行政执法局整建制划归昆明市农业局管理。在职能上，除承担原水利局的职责外，划入了原市市政公用局承担的城市供水、节约用水、再生水利用行政管理职责和昆明市国土资源局承担的涉水行政管理职责。

【招商引资】 年内，市水务部门研究制订局内部招商引资工作方案和招商引资工作实绩奖惩办法，层层落实招商引资工作责任。积极主动地收集、整理和统计招商项目的信息，有针对性地推介给特定行业和特定客商。先后奔赴上海市，江苏省南京市、宜兴市，浙江省杭州市、金华市、义乌市，四川、贵州、河南等地开展招商工作。积极推进云南大山饮品建设项目。至年末，金华招商分局签订意向性投资协议27份，上报考核到位内资5.95亿元、外资226.8万美元。经市考核办考核金华招商分局实际到位内资4.73亿元，到位外资218.74万美元，分别占计划的143%和168%，圆满完成年度招商引资任务。

（市水利局办公室）

农场管理

【改　革】　2009年，按照市委、市政府的要求，昆明市农垦总公司在昆明产权交易中心将该公司持有的昆明雪兰牛奶有限责任公司42%的国有股权和"雪兰商标"转让给四川新希望乳业控股有限公司，将该公司持有的云南双全投资有限责任公司15%的国有股权转让给杨欣让先生。

按照市政府第120次常务会议和市委第82次常委会议决定和要求，昆明市农垦总公司改组为昆明农业投资开发公司，作为昆明市农业发展的投融资平台。以现有昆明农垦的土地资源的综合开发利用为平台，整合昆明可市场化、产业化发展的农、林、水等资源，推动昆明市农业产业化、规模化的发展。昆明市农垦总公司根据昆明市国资委《关于昆明市农垦总公司资产移交的批复》将昆明市农垦总公司的全部资产移交昆明农业投资有限公司，昆明农业投资有限公司承接了昆明市农垦总公司全部业务及债权债务。

按照《〈昆明市人民政府机构改革实施意见〉的通知》，昆明市农场管理局的相关行政职责划入昆明市农业局，不再保留昆明市农场管理局。昆明市农场管理局全体工作人员由昆明市农业局分别安排到局机关各部门工作。

【奶业管理】　年内，按照农业部农垦局的要求，组织完成了《昆明市农场管理局2009年奶牛高产攻关工作方案》、"现代化奶牛场标准体系"编写工作；根据昆明实际，组织编写了"昆明市奶牛合作社（养殖场）奶站技术标准、管理标准和工作标准"；撰写了《昆明地区奶牛养殖业收支情况调查报告》、《昆明奶业现状与对策》和《昆明市农场管理局畜牧业发展情况》。

根据李喜副市长批示精神，会同市农业局、市经委、市公安局、市卫生局、市工商局、市质监局、市食品药品监督管理局和市奶业协会等有关部门，完成昆明市奶牛合作社（养殖场）奶站专项整治行动。昆明市未发现添加三聚氰胺等违法行为，全市乳制品生产销售基本正常，奶农情绪稳定。按照国家工信部、国家质监总局、国家工商总局部署，配合市经委、市质监局、市工商局对昆明市7户乳制品企业进行整顿、规范和检查验收。完成昆明市乳品质量监督检验中心组建工作。为顺利开展工作，中心编制了奶牛生产性能测定数据采集、取样、样品测试、数据处理等标准化操作和质量控制程序文件；编制了《昆明市奶牛生产性能测定（DHI）工作方案》；配备了实验室检测技术人员、牧场（牛群）数据采集（取样）人员和服务人员；组建了专业服务车队。中国奶业协会和全国畜牧总站对中心进行了系统验收，被正式确认为参加国家2008年奶牛生产性能测定补贴项目实验室。

年内，为充分发挥昆明市乳品质量监督检验中心的职能作用，中心与云南省家畜改良工作站签署协议，由中心承担农业部下达给云南省的奶牛性能测定任务。截至2009年12月底，测定范围除覆盖了昆明地区18个奶牛场（合作社）外，并在大理、文山、保山、红河、德宏等地州12个奶牛场（合作社）开展了奶（水）牛生产性能测定工作。已上报中国奶牛数据中心奶牛有效系谱6 931条（头），有效实验室测定记录3.34万条，并将测定结果及时反馈给奶牛场（合作社）和乳制品企业，指导奶业生产；与（农业部）上海乳与乳制品质量监督检验中心和上海奶牛育种中心有限公司签署了长期合作协议，建立实验室（间）比对关系，从牛奶样品检测到奶牛基础数据整理、导入、报告分析等进行一对一的指导和培训，引入先进管理技术和经验，大大提高了中心技术人员的业务水平和工作效率。

邀请加拿大DHI专家进行现场技术交流培训，进一步了解了世界DHI工作的发展状况。培训还对样品条码识别技术、实验室配置要求和操作规范进行了交流，并对引进加拿大DHI测试系统和奶牛场管理系统技术和软件达成了共识。加拿大育种专家Clinton先生对来自昆明市奶业协会和雪兰公司4个基层奶牛场的15名专业技术人员进行了课堂培训和现场教学实习，理论与实践结合，取得了良好的培训效果。

邀请以色列专家举办昆明市高产奶牛培育技术与牛奶质量控制技术培训班，用大量的案例对奶牛饲养、育种、营养健康和牛奶质量安全等问题进行深入浅出的解析。通过培训，使中心人员进一步了解了奶牛的健康饲养与奶制品质量安全的紧密联系。

昆明市奶业协会组织昆明市奶牛合作社管理技术升级培训班7期，昆明市乳制品企业乳品质量监督检验培训班5期，培训奶牛养殖和乳品检测技术人员1 200余人次。

【学生饮用奶计划】　2009年，昆明市学生饮用奶办公室按照年初制定的工作计划，加强监督管理，落实质量安全责任。一是继续与定点生产企业昆明雪兰牛奶有限责任公司签订"昆明市学生饮用奶生产配送质量安全责任书"，并对定点生产企业进行不定期的检查和督促。定点生产企业发挥总经理为组长的学生奶领导小组的职能作用，严格按学生奶生产配送体系的各项制度和企业制定的"学生饮用奶危机应急处理预案"开展工作。公司总经理与各部门层层签订责任书，把责任进行分解落实。对奶源加工、配送等环节进行全程监测，加强生产危害控制点监控和强化在线检测力度，确保各个环节的质量卫生安全。产品做到每批必检，不合格的产品坚决不出厂。编制了"昆明市学生饮用奶突发公共卫生事件应急预案"，继续委托省、市疾控中心对学生奶奶源基地的原料奶和学生奶成品进行监督检验。检验结果表明各项质量卫生指标达到国家标准要求。二是成立由云南省和昆明市畜牧兽医、食品加工、技术质量监督、疾病控制、教育、法律有关方面等8位专家组成的"昆明市学生饮用奶办公室专家组"。三是市政府办公厅召开全市"国家学生饮用奶计划"工作会议。全市14个县（市）区教育局分管领导、学校领导、负责此项工作的200余人参会。宣传昆明市政府2008（64）文件精神，并通过总结2008年工作，表彰奖励14个县（市）区教育局、20所中小学校在学生奶计划工作中做出成绩单位。国家学生饮用奶办公室领导亲自到会并讲话。四是开展对学校相关人员及学生"牛奶与健康"知识的健康教育、学习培训，不断增加饮奶与健康的知识，提高相关人员的业务素质。不定期组织县区教育局、学校领导、教师参观学生奶奶源基地和生产加工厂，宣传学生奶的质量卫生安全，积极推进工作发挥了积极的促进作用。五是按照国家学生饮用奶办公室的要求，昆明市学生饮用奶办公室认真组织昆明市中、小学校参加"牛奶与健康"全国绘画与作文大赛。经过三轮筛选，从上千件作品中最后选出100幅作品参加全国大赛。这次参赛的少儿绘画作品有国画、刻板画、蜡笔画、重彩画等，主题鲜明、风格多样、内容丰富、生动感人，昆明市参赛的部分作品获全国三等奖和优秀奖。昆明市学生奶办公室将精选部分作品编辑印刷成画册，公开发行，向

2010年中国“学生饮用奶计划”10周年献礼。

2009年，全市学生饮用奶推广学校达到298所，日饮奶学生最高达到12万多人，全年总供应量达到1 400多万盒。

【土地管理】 2009年，昆明农垦把管好用好土地当作农垦的首要任务。一是设立土地资产管理处，确保农垦国有土地统一管理使用的各项工作落实到实处。二是加大协调、督促落实力度。妥善解决周边农村土地使用权“争议”历史遗留问题，协调解决国有土地使用权和所有权、地面资产与土地所有权分离问题。三是完善规章制度，加强基础管理，进一步完善和规范昆明农垦国有土地管理办法，制定切实有效的管理措施。四是成立土地调研小组深入到云南双全投资有限公司（原昆明市第一农场）、昆明前进乳业有限公司（原昆明市第二农场）、昆明市白沙河农工商有限公司（原昆明市第三农场）3家企业，对国有划拨土地使用权与其地面资产所有权分离情况进行专题调研。针对存在的主要问题，土地调研小组提出了对土地加强管理的意见和建议。五是利用昆明市红星农场的3 500多亩土地，与（香港）鸿成集团有限公司、云南丰泰投资公司签订合作协议。合作三方采取增资扩股的方式把昆明红星农场改组为昆明盛世桃源实业有限公司。其中：昆明市农垦总公司以红星农场的土地等现有净资产评估作价入股，占34%；（香港）鸿成集团有限公司以现金出资入股，占55%；云南丰泰投资公司以现金出资入股，占11%。共同开发建设“盛世桃园”项目；六是利用昆明市农垦总公司坐落于东白沙河的180多亩土地，与云南佳农集团实业有限责任公司签订合作协议，双方采取增资扩股的方式，成立昆明金光农业发展有限公司。其中：昆明市农垦总公司以土地等现有净资产评估作价入股，占40%；云南佳农集团实业有限责任公司以现金出资入股，占60%。共同建设昆明白沙河绿色休闲会务中心。

【安全生产】 2009年，按照省、市政府和农业部农垦局的统一安排部署，结合昆明农垦实际，研究制定《2009年局安全生产治安保卫工作意见》，认真开展安全生产工作。一是坚持早安排、早布置，做到工作任务早明确、安全措施早落实。二是落实安全生产目标管理责任制，强化责任意识，全系统共签订责任书873份。三是认真进行安全检查。专项、重点安全检查12次，开展隐患排查治理工作。通过督查、抽查，查出隐患207条，已整改201条，投入整改资金173万余元。四是坚持以人为本，抓好安全生产宣传教育培训工作，宣传教育培训1 519人次。五是加强企业内部的治安保卫工作，保证人、财、物安全。全年没有发生安全生产事故和刑事案件与重大治安案件，没有造成人员伤亡，确保了生产安全和企业职工生命财产安全。

【农税改革】 年内，根据《云南省农村综合改革领导小组办公室关于昆明市国有农场税费改革实施方案的复函》文件精神，继续推进昆明市国有农场税费改革工作。2009年下拨4个农场的税改资金为239万。其中：昆明云岭广大种禽饲料有限公司（原昆明实验养鸡场）47.7万，昆明前进乳业有限公司（原昆明市第二农场）69.3万，云南佳农实业集团有限公司（原昆明市第三农场）62万，昆明盛世桃源实业有限公司（原昆明市红星农场）60万。4个企业共涉及6个建设项目，主要用于解决企业职工的水电网改造、危旧房屋修缮、住宅区道路修建、职工活动室的建设问题。

【信访工作】 2009年，按照《信访条例》，坚持每月20日局长、书记接待日制度，接待好每一位来访群众，做到语言文明、态度热情、耐心细致，妥善处置好来访者提出的每一个诉求，对群众的来信，按程序及时的将信件落实到责任人。按照谁主管、谁负责的原则，建立和落实稳定工作责任制，层层负责抓落实；制定处置突发事件应急预案，建立和健全维护稳定工作机制，把矛盾解决在企业，解决在萌芽状态，防止和妥善处理群体性上访和聚集闹事事件，维护企业和社会稳定；积极稳妥地帮助企业处理好改革、发展、稳定三者关系，特别是企业军转干部的维稳和职工最关心、最直接、最现实的经济适用房建盖相关问题。来信、来访主要反映的问题有：职工住房问题；工资问题；生活福利待遇遗留问题。对于群众的来信、来访均做到件件有着落，事事有回音。并做好劝返处置和解决问题的各个工作环节，消除了矛盾，保证了企业的改革、发展、稳定工作正常运行。全年共接待和处理群众来信来访18人次，12345市长热线3次。

【农业博览会】 2009年，按照昆明国际农业博览会组委会下达的职责任务，组织昆明前进乳业有限责任公司、云南佳农集团实业有限公司、昆明雪兰牛奶有限责任公司、昆明云岭广大种禽饲料有限公司、昆明市海子牛奶有限公司、七彩云乳业公司参加了第五届昆明国际农业博览会产品展销会会展期间，接待了中国奶业协会、中国奶业年鉴编辑部、全国畜牧总站领导和西双版纳州代表团。

（市农业局办公室）

·责任编辑　车光杰·

工　业

工业综述

【年度概况】　2009年，在市委、市政府的正确领导下，昆明市工业系统认真贯彻市委九届五次全体（扩大）会议、市十二届人大五次会议精神，以科学发展观为指导，紧扣“工业强市”主旋律，紧盯工业突破园区建设总目标，采取多种有效措施，奋战国际金融危机冲击，聚力“工业经济保增长”，加快推进了新型工业化进程，取得了工业经济较快增长，有力支撑了全市国民经济的平稳较快发展。全年全市完成工业总产值2 012.73亿元，其中：规模以上工业完成总产值1 827.08亿元。全市工业完成增加值632.36亿元，同比增长9.7%，占全市地区生产总值（GDP）的35.0%，其中：规模以上工业完成增加值534.74亿元，同比增长10.1%，占全市工业增加值的84.6%。工业经济效益明显提高。全市规模以上工业经济效益综合指数为245.78%，提高14.8个百分点；总资产贡献率13.13%，提高0.79个百分点；成本费用利润率5.70%，提高2.8个百分点；全员劳动生产率23 8747元/人，提高8 791元/人。全市规模以上工业完成利税总额272.19亿元，增长22.1%；利润总额92.8亿元，增长87.8%；盈利行业增多，在统计的39个工业行业中，有28个行业利润增长，比去年增加8个行业；企业亏损面30.5%，亏损面比去年下降5.5个百分点。

2009年全市工业经济主要指标完成情况表

规模以上工业企业增加值（亿元）		规模以上工业企业主营业务收入（亿元）		规模以上工业企业利税总额（亿元）		规模以上工业企业利润总额（亿元）	
绝对值	同比增速%	绝对值	同比增速%	绝对值	同比增速%	绝对值	同比增速%
534.74	10.1	1807.5	-2	272.19	22.1	92.8	87.8

【工业结构】　产业结构情况。2009年，重工业总量高于轻工业，增速快于轻工业。规模以上轻工业完成增加值246.98亿元，增长8%；重工业完成增加值287.75亿元，增长11.9%。重工业快于轻工业3.9个百分点，轻、重工业比为46.2∶53.8。非烟工业所占比重进一步提高。卷烟工业与非烟工业增加值比为30.5∶69.5，冶金、化工、机电、能源、医药等新支柱产业逐步形成，规模以上工业增加值占全市规模以上工业增加值比重分别达到13.5%、8.8%、11.6%、9.2%、5.7%，卷烟工业一枝独大的状况有所改善，工业经济运行的稳定性不断提高。同时，光电子、生物医药、绿色食品等新兴产业正在崛起。市属工业实现增加值164.45亿元，增长14.9%，拉动全市工业增长4.4个百分点；中央省属工业实现增加值370.29亿元，增长8.1%，拉动全市工业增长5.7个百分点。市属工业增速高于中央省属6.8个百分点。

产品结构情况。主要工业产品产量保持增长，科技含量不断提升，高层次产品占同类产品比重继续提高。主要工业产品产量增长情况为：完成卷烟811.91亿支，增长1.4%；钢材395万吨，增长3.5%；化肥146.15万吨，增长17.4%；中成药11 216.98吨，增长18.1%；汽车用发动机169 5.74万千瓦，增长56.1%；发电设备826 000千瓦，增长2.1%；发电量166.28亿千瓦·时，增长10.7%；电力电缆199 809千米，增长96.3%；水泥858.75万吨，增长37.1%。

区域结构情况。14个县（市）区规模以上工业增加值均实现增长，其中：宜良、禄劝、嵩明、寻甸、富民等县增长突出，分别增长28.4%、20.6%、20.2%、17.2%和17.2%。分板块看，第一、二、三板块规模以上工业分别完成增加值466.44亿元、36.68亿元、31.29亿元，分别占全市规模以上工业的87.2%、6.8%、5.8%，工业经济总量仍主要集中在第一板块的五华、盘龙、官渡、西山、安宁和呈贡六个县（市）区，产业分布不平衡。

【工业集中集聚】　企业上规模经营进程加快，工业集中度不断提高。截至2009年末，全市规模以上工业企业达1 075户，增加136户，增长14.5%。其中：主营业务收入在亿元以上工业企业215户，5亿元以上工业企业52户，10亿元以上工业企业31户；50亿元以上工业企业4户，100亿元以上工业企业3户。全市大中型工业企业累计实现主营业务收入1 323.7亿元，增加值426.54亿元，利税234.21亿元，利润72.21亿元，分别占全市规模以上工业企业主营业务收入、增加值、利税总额、利润总额的73.2%、79.8%、86.0%、77.8%。

以“退二进三”搬迁改造工作为抓手，促进工业企业到工业园区集中、集约、集群化发展。为此，昆明市制定出台了《关于鼓励支持主城企业节能减排降低成本搬迁入园异地发展的实施意见》，启动"退二进三"搬迁改造工作，确定了19家搬迁目标明确、产业发展规划清晰、搬迁实施方案可行、搬迁资金有保障的企业进行"退二进三"搬迁改造试点。

【技术创新与改造】　工业企业技术创新与改造工作活跃，工业固定资产投资强劲增长。全市完成工业固定资产投资345亿元，增长38%，新开工亿元以上工业项目88个。全年共安排新型工业化资金扶持项目75个，其中，技术改造项目33个、新产品项目13个，扶持资金达2 167.5万元。全市国家级企业技术中心9户，新增1户；省级技术中心69户，新增12户；市级企业技术中心61户，新增18户（部分企业同时是国家级、省级或市级中心）。启动了10户企业信息化示范工程建设项目。

【工业园区建设】　坚持把园区打造成为招商引资和工业突破的主战场和重要载体，创新园区体制机制，大力实施工业园区基础设施建设两年突破工程，完成8个市级工业集聚区提档升格工作，形成了4个国家级、13个省级开发区或工业园区两级并进、竞相发展的产业园区体系。以加快产业基地建设为突破口，引导园区根据功能定位及产业发展，加快启动光机电、电力装备、磷化工、机床、生物多样性等产业基地规划建设，培育产业集群，促进产业结构优化升级，实施"退二进三"搬迁改造试点工作，加快推动工业向园区集中，促进工业集聚集群发展。2009年全市开发区及工业园区实现规模以上工业增加值421亿元，占全市规模以上工业增加值的78.7%。

【节能降耗】　2009年，全市工业系统加大节能降耗工作力度，预计可超额完成省政府下达的万元GDP能耗下降4.3%的目标任务（具体完成数待下核）。强力推进淘汰落后产能工作，圆满完成省政府下达的淘汰水泥行业227万吨落后产能和淘汰炼铁行业23.2万吨落后产能的目标任务。着力实施"绿照工程"，累计完成422万余支绿色照明产品节能灯推广任务，已超额完成省政府节能办下达昆明市的推广200万支绿色照明产品任务，超目标111%。大力开展清洁生产审核工作，累计完成105户（其中，滇池流域企业78户）企业清洁生产审核工作，超额完成年度任务。积极开展能源审计工作，全年累计完成62户重点能耗企业的能源审计工作。

【制度建设】　2009年，昆明市加大工业相关政策制定工作力度，制定出台了《关于鼓励支持主城企业节能减排降低成本搬迁入园异地发展的实施意见》、《昆明市开发区及工业园区"三年攻坚、六年跨越"行动计划》、《昆明市促进太阳能产业升级发展的意见》、《昆明市医药产业发展规划纲要》、《加快中小企业发展的实施意见》、《关于加快振兴昆明装备制造业的实施意见》等系列政策文件，大力支持工业突破、园区建设和产业结构调整、优化升级等工作。在财政政策上，市本级按照财政预算和相应扶持资金配套管理制度，安排工业园区、新型工业化、非公经济、节能减排等专项扶持资金，支持工业突破园区建设。在土地政策上，全市年度新增用地指标向工业倾斜。

（王泽昊）

机电工业

【年度概况】　机电工业协会围绕市委九届五次全体（扩大）会议和市十二届人大五次会议确定的目标任务，坚定发展信心，创新工作举措，积极应对挑战，建立"明确责任、强化责任、落实责任、追究责任"的工作机制，强化目标的日常管理，加强目标督促检查，圆满完成年初确定的各项目标任务。通过全市的考核，在全体干部职工共同努力下，协会取得104.30分被评为无招商引资任务单位二等奖的优异成绩，受到了市政府肯定和表扬。

【主要经济指标完成情况】　2009年，昆明市机电工业协会，深入企业调查研究，加强行业经济运行，做好协调服务，狠抓工作的落实，圆满完成市委、市政府下达各项工作任务。

全行业工业企业完成工业总产值76.77亿元，同比增长13.13%。

全行业工业企业完成工业增加值17.41亿元，同比增长31.74%。

全行业工业企业完成主营业务收入76.25亿元，同比增长11.39%。

全行业工业企业完成利税总额6.54亿元，同比增长37.18%。

全行业工业企业完成利润总额3.85亿元，同比增长30.56%。

【积极推进工业园区建设】　认真贯彻实施"工业突破"战略，坚持走新型工业化道路，实现机电工业跨越式发展。充分利用高新区、经开区及各级工业园区的产业集聚发展平台，促进机电工业布局结构调整、产业结构升级，加大主城区机电企业进园入区力度，力争在2～3年时间基本完成机电企业向工业园区集聚的任务。2009年完成1户企业搬迁入园；3户企业搬迁项目动工建设；9户企业申报进园区计划。云南化工机械有限公司于3月份搬迁进入经开区项目实施完毕，10月份公司整体搬迁入园；昆明水泵厂的搬迁项目2月份在嵩明杨林开发区动工建设，11月部分车间已经搬迁入园，预计2010年2月工厂将整体搬迁入园；云南CY集团、昆明环球阀门有限公司2户企业分别于10月和12月项目动工建设；组织了市属机械企业云南云海机械公司、昆明紧固件、昆明电工、昆明守护神、昆明水泵厂、昆明输送机械、云汽实业、昆明人造板厂、昆明美特铸造等9家企业申报了进园区计划。

【继续推进企业改革改制】　一是昆明凸轮轴厂、云南三龙机械集团有限公司2户国有企业分别于7月15日、21日完成改制工作。

二是在大力推进国企改革的同时，本着企业自愿、条件具备、职工同意的原则，参照国企改革有关政策，积极推进集体企业改革改制。2009年度完成昆明自动化公司、昆明互感器厂、昆明市标准件四厂3户集体企业改制工作，完成全年目标任务的150%。

三是按照市委、市政府的要求，顺利完成了昆明神犁拖拉机有限公司整体移交昆明经开区管理的工作；昆明市机械技工学校整体并入昆明市高级技工学校的工作。

四是结合国企改革，积极开展招商引资。在市有关部门的支持帮助下，引入云南民汇集团公司和福建凯捷利集团公司参与昆明人造板机器厂、云南三龙集团的企业改制，全年引进市外资金9 481万元人民币，完成全年目标任务的189%。

【破产企业管理服务中心工作】　做好机械行业企业职工管理服务中心工作，落实职工安置经费到位，确保破产关闭企业职工队伍的稳定。职工安置费于9月25日到达企业职工安置账户，完成了全年目标任务的100%，提前完成全年目标任务。

【推进企业技术创新】　积极引导行业内龙头企业采用新技术、新工艺和新材料，开展技术创新，不断开发新产品，提高市场竞争能力，全年全行业开发新产品20项。

组织企业积极申报昆明市2009年重点技术改造项目，择优汇总后共上报了12户企业的工业化项目，其中9个技术改造项目计划总投资达8.037亿元，21个新产品产业化项目，1个企业信息建设示范工程，1个企业技术中心项目。全年全行业技术改造投资完成5.05亿元，重点项目有：昆明云内动力股份有限公司的“云内动力工业项目”，昆明电缆股份有限公司“十一五”安全及节能环保技改，云南化工机械有限公司“搬迁改造达到年产10 000吨化工装备”等项目。

为充分发挥国有资产收益对市属国有改制企业技术改造、科技创新的促进作用，以体制创新和科技创新推动企业加快发展。组织8户非公企业申报市政府专项扶持资金，合计申报了9个项目，总投资约14 713万元。这些项目的实施将有利于促进非公企业的发展，加快产业结构升级和布局调整优化的步伐。

组织企业实施经济适用房建设投资计划，2009年完成24 512平方米的经济适用房建设，为全年目标任务的122%，进一步解决了机电企业职工的住房困难问题。

【人才培养和选拔】　组织完成2009年度机电行业专业技术职称的评审工作，58名获机电专业工程师职称，证书办理完毕；办理116名大中专生转正考核认定，并发放了资格证书。

组织开展了2009年享受省政府特殊津贴专业技技术人员的选拔工作，推荐2名优秀人才为候选人。按照市人才引进培养领导小组的部署，组织企业申报第七批市中青年学术和技术带头人及其后备人选。9月推荐3位参加第三届“昆明市青年科技奖”评选。8月对7户企业10名技术带头人及后备人选进行了考核，8人被考核为实现年度培养计划目标，2人被考核为基本实现培养计划目标，选拔10名人才进入第七批带头人名单。

【安全生产管理】　2009年全系统安全生产形势继续保持良好态势，有效地促进了全行业安全生产工作的稳定。

以落实安全生产责任制为主线，以遏制重特大事故、减少一般性事故为目标，强化企业安全生产责任主体意识。

加强源头管理，强化专项治理，提升安全生产管理水平和安全意识。2009年协会与48户企（事）业单位签订了安全生产责任书，针对破产企业基本终结设立留守机构的实际情况，将4个企业留守处纳入责任书签订范围，确保安全责任落实到位。

根据协会系统安全生产工作管理实际，按照地理位置与管理便利结合的原则，将所属企业划分为几个安全生产管理片组，充分发挥企业人才、资源优势，有效解决了协会机关人员紧张、管理幅度大，日常工作难于覆盖到位的难题。

加强开展安全生产管理和隐患排查治理工作。针对企业的生产安全、火灾隐患、防洪排汛、特种设备、危险化学品、人员密集场所、出租房屋设施、远郊企业自建公用设施和单位自用交通工具进行强化管理。特别是随着企业产权制度改革的深入，未纳入改制资产而实施托管的非经营性资产，如职工宿舍、公用设施等，年久失修，存在极大安全隐患。2009年以来结合昆明市市政改造和“城中村”改造，开展了昆明市交通机械厂昆阳新村家属区连片改造和治理工作。

2009年度，无重特大安全生产事故；无重伤事故；轻伤事故3起，安全生产形势稳定，指标均在控制范围内。

【做好行业稳定工作】　进一步加强领导，统一思想，提高认识。积极组织所属企业信访维稳工作专题培训，认真贯彻落实各级的会议精神，结合协会《2009年信访维稳工作工作的实施意见》，及时召开了工作会议，明确了目标任务和做好信访维稳的工作要求，增强做好信访维稳工作的紧迫感和责任感，确保行业稳定。

实行一线工作法，重心下移，开展干部大下访、大接访和矛盾积案排查工作。根据市委、市政府的要求，转变工作作风，积极开展领导干部大接访、大下访活动，抓好矛盾纠纷排查化解工作，切实维护职工合法权益，及时反映职工群众诉求。先后深入到昆明凸轮轴厂、云南齿轮厂等6户企业下访，就职工群众关心和反映强烈的改革改制、住房、经济补偿、退休人员生活费偏低等问题进行调处，防止了矛盾的激化，妥善引导群众依法上访，有效控制越级上访和非正常上访，确保改制企业按时完成，促进行业内部的稳定。全年共接待职工群众来信来访102件，1 464人次，其中集体上访44件，1 420人次，涉及企业11户职工群众达2 500人，完成市委、市政府交给督办件20件，市长热线3件，会长接待日37件，41人次，做到了件件有答复，事事有回音，受到上访户的赞誉。

进一步采取措施，完善制度，狠抓落实。结合机械行业实际，继续完善“会长接待日制度”、“信访工作制度”、“突发事件应急预案”、“值班制度”、“不稳定因素上报制度”、“部室下厂联系”等制度。建立和完善企业民主管理，民主监督机制，严格落实厂务公开和承包保责任制度，强化企业民主管理意识，确保工作责任层层落实。

【开展“共同约定行动”】　为共同应对国际金融危机，促进企业发展，机电工会联合会组织在全行业开展“共同约定行动”，积极开展“同舟共济保增长，建功立业促发展”为主要内容的竞赛活动，全系统39户企业与工会、职工代表签订《共同约定》协议书，共克时艰，实现保稳定，保民生，保增长，确保企业职工利益不受损和职工队伍的稳定。

【开展行业内“送温暖”活动】　继续深入开展“送温暖”活动，为特困和困难职工解决实际问题，实实在在的为企业、职工群众办实事办好事。全年先后为昆明思维奇公司等35户企业的158户特困职工、306户困难职工进行了元旦春节慰问和中秋国庆送温暖活动；对昆明环球阀门公司等5户企业的24名市级困难劳模进行了帮助，帮助金额80 420元；对市电器开关厂等8户困难企业的171名困难职工发放生活补助102 600元，总计慰问特困、困难职工及困难劳模1 143人次，慰问金达352 474元；对昆明凯益工贸公司一名实施肝移植的因病致困职工进行帮助，共捐资2万余元帮助困难职工克服困难，使其树立生活信念。

【切实抓好目标管理及考核】　协会围绕市委九届五次全体（扩大）会议和市十二届人大五次会议确定的目标任务，坚定发展信心，创新工作举措，积极应对挑战，建立“明确责任、强化责任、落实责任、追究责任”的工作机制，强化目标的日常管理，加强目标督促检查，圆满完成年初确定的各项目标任务。通过全市的考核，在全体干部职工共同努力下，协会取得104.30分评为无招商引资任务单位二等奖的优异成绩，受到了市政府肯定和表扬。

（张玲玲）

重化工业

【年度概况】　2009年受全球金融风暴、经济危机的影响，昆明市重化工行业遇到前所未有的困难，行业内多数化工、建材产品销售市场严重萎缩，部分企业停产、减产问题突出，产品销售价格不断下滑，造成企业产品生产中固定费用、人工费用、销售费用等上升，使企业的收入、税金、利润大幅度下降，甚至出现了负增长。针对上半年经济运行存在的问题，全系统认真贯彻市委、市政府全力以赴“保增长”的要求，经上下共同努力，除利税指标与2008年相比有所下降外，确保了其他经济增长的完成。2009年1～12月全系统规模以上企业工业增加值完成28 201万元，比目标数超3%；主营业务收入完成172 068万元，圆满完成目标数；税收总额完成6 116万元，实现利润－2 213万元。

【实施工业出城入园】　随着昆明实现科学发展新跨越战略的深入，昆明市主城区工业企业整体搬迁进入工业园区已成为必然。2009年所属昆明起重设备有限公司、昆明明珠化工有限公司、昆明联亚有色金属材料有限公司3家企业向杨林工业园区整体搬迁改造项目建设按计划稳步实施，其中：昆明起重设备有限公司搬迁建设已完工，根据市场订货安排，已按计划在2009年底建成投入试生产；昆明明珠化工有限公司、昆明联亚有色金属材料有限公司主体工程建设已完工，计划在2010年初搬迁投产。昆明农药有限公司向富民县罗免乡高仓村（该地是昆明市医用废弃物及化学危险品处理区）搬迁新建加工分装生产线车间及办公生活设施建设、设备安装已完工，已在2009年12月26日竣工投入试生产。另外组织昆明轧钢厂（国有企业）向杨林工业园区整体搬迁改造项目建设完成重新选址和前期车间、办公生活设施的施工设计工作。昆明化学工业有限公司青龙山生产线整体搬迁晋宁已开展环评工作，部分厂房建设已开工。根据全市工业布局的总体要求，组织了昆明氧气厂、昆明风行防水材料有限公司等5家企业申请参加昆明市企业“退二进三”搬迁改造，已有昆明氧气厂等2家企业被列入市政府“退二进三”企业。

【技术改造】　2009年全系统完成技术改造及相关固定资产投资超过1.4亿元。主要实施的项目有昆明化肥有限责任公司投资8 500万元进行的精细磷酸盐系列产品生产技术改造项目已开工建设，准备开发4.3万吨热法磷酸、1万吨多功能磷酸盐生产装置和1.2万吨低油、低砷黄磷生产原料等新产品，已完成投资1 000多万元。昆明明珠化工有限公司利用搬迁进行技改，建设2.5万吨环保复合型净水剂硫酸铝生产线。昆明预达制管有限责任公司成功研发芯模振动制管工艺技术，应用于大型滇池截污管的生产；研发地铁隧道用钢筋混凝土管片，积极参与昆明市轨道交通首期工程管片采购招标。昆明起重设备有限公司已在搬迁项目建设同时加大技术投入，通过了国家技术监督总局的评审，取得了起重机制造B级、安装B级资格证书，通用桥式起重机生产许可由20T提高到50T，并获准生产QDY型冶金专用起重机、QZ型抓斗起重机、MHH花架门式起重机等五种新产品；昆明农药有限公司在富民县罗免乡高仓村搬迁建设现代化农药加工分装生产及建立企业技术创新平台，开发系列杀虫、杀菌、除草剂农药新品种，使企业形成多剂型、多品种较完善的产品结构。另外，组织昆明化肥有限责任公司、昆明明珠化工有限公司等6家企业和项目申报昆明市2009年重点技术改造导向计划项目，组织昆明神农汇丰化肥有限责任公司、昆明化学工业有限公司等5家企业和项目申报昆明市2009年工业中小企业技术改造项目。

【企业结构调整】　市重化工系统在基本完成所属国有企业产权制度改革的基础上，2009年重点组织完成了昆明电化厂国家政策性破产工作，在完成纳入破产土地资产处置、依法召开债权人会议并报请法院终结破产程序工作后，2009年6月30日该企业的政策性破产工作终结，确保了省、市政府破产工作时限要求。另外所属昆明硅酸盐制品厂产权改革工作，由于各种因素的影响，推进工作十分困难。2008年12月4日对昆明硅酸盐制品厂产权公开挂牌出售，第一期公告20天满后，无人接盘。2009年经市级相关部门共同努力，再次于6月5日进行第二次公告挂牌拍卖，但公告期满仍无人接盘。

【安全生产】　在认真执行《安全生产法》，进一步落实各级安全生产主体责任的基础上，协会与所属21户企事业单位签订了2009年度安全生产目标责任书和消防安全责任书；制定了“安全生产年”、“安全生产治理行动”、“安全教育培训”等工作方案，提出落实生产经营单位安全生产主体责任、隐患排查治理、完善企业救援体系等7方面工作为工作重点。在日常工作中，坚持按时召开两个月一次的例会，针对不同时期的工作重点进行部署。

春节、两会前，召开专题会议，强调安全生产工作的重要性，确保节日及会议期间安全生产；“五一”、“端午”前督促企业加强节日期间的安全检查、监管工作；认真落实汛期的安全生产工作。抓好安全月的各项活动，6月12日在神农汇丰公司召开了安全标准化建设现场观摩会。“十一”前对企业进行安全检查，确保建国60周年各项活动期间企业及职工的安全。部分重点企业开展了安全生产标准化建设，提高安全管理水平。12月份对企业安全生产工作进行了考核，全年未发生重伤及死亡事故。

全年企业自查隐患561条，已完成整改560条，完成99.8%，剩余1项整改也在进行中。协会安委会组织检查企业发现隐患70条，已100%完成整改。2009年协会安全生产工作按照与市政府签订的目标责任书对照检查，自评分98分，全面完成了目标责任制。

【节能降耗】　在昆明市化工建材行业协会节能减排工作小组的领导下，所属规模以上企业高度重视节能降耗工作，不断采用各种措施降低单位产品能耗，将节能工作做好做实，全年协会系统企业耗能平均单耗（万元工业增加值）比2008年末降低8%，已超额完成节能目标。重点耗能企业昆明神农汇丰化肥有限责任公司已完成了3项节能技术改造，包括：日产400吨尿素节能技改、造气水封降阻节能技改、变换冷凝液回收节能技改项目；同时加大落后生产技术的淘汰，神农汇丰化肥将于2010年初拆除立窑。另外，行业所属昆明白水泥有限责任公司、昆明神农汇丰化肥有限责任公司被评为“节能减排”优胜企业；昆明中华涂料有限责任公司、昆明预达制管有限责任公司两个班组被评为“节能减排”优胜班组；昆明神农汇丰化肥有限责任公司、昆明豪美房地产公司两个项目被评为“节能减排”金点子；昆明化肥有限责任公司、昆明白水泥有限责任公司两名个人被评为“节能减排”管理标兵。受到市级表彰。

【信访接待】　2009年共收到信访件49件，其中重复件14件，其余的为企业改制遗留和历史遗留问题。对每一件新信访件，协会都进行认真处理，均按《信访条例》做了答复，对重复件也做到重复回答。根据市委、市政府的要求，2009年在派出工作人员积极参与金座公司的上访事件处理、螺蛳湾拆迁改造的维稳工作的同时，重点处理了昆明电化厂企业破产后职工来信来访。据统计，以昆明电化厂破产管理人为主，共接待来访职工近300人次，依据政策对相关问题做了回答，总体上维护了企业和社会基本稳定。

（周利康）

轻纺工业

【年度概况】　2009年，市轻纺工业行业协会认真贯彻落实市经济工作会议精神，带领轻纺行业全体干部和职工战胜了各项困难和挑战，紧紧依靠广大职工，团结一心，迎难而上，在困难中求生存，在深化改革中求发展。认真贯彻中央、省市关于深化国企改革的一系列方针政策，坚定不移地落实市委、市政府年初确定的全市经济社会发展的各项目标任务，努力克服全球金融危机给生产经营带来的原材燃料及能、运等生产资料价格上涨，产品销售难，资金周转难，电厂关闭、节能减排要求提高等困难，进一步强化内部管理，切实抓好企业的增收节支、节能降耗、扭亏增盈等工作，基本完成市政府目标管理督查办公室下达的主要工作目标。主要经济指标完成情况如下：规模以上工业企业预计完成工业增加值35 000万元，与上年同期相比增长9%，为考核目标任务的109%，超目标任务9个百分点。

规模以上工业企业万元增加值综合能耗预计为1.20吨标煤，与上年同期相比下降8%，超目标任务1个百分点。

规模以上工业企业预计完成主营业务收入107 900万元，与上年同期相比增长9%，为考核目标任务的109%，超目标任务9个百分点。

规模以上工业企业预计实现利税15 950万元，与上年同期相比增长5%，为考核目标任务的105%，超目标任务5个百分点。

规模以上工业企业预计实现利润7 620万元，与上年同期相比下降13%，为考核目标任务的87%，差目标任务13个百分点。

【企业破产工作稳步推进】　2009年协会克服重重困难，继续推动破产工作，市印刷有限责任公司已破产终结，职工得到妥善分流安置；市轻纺工业局供销公司进行到破产财产及土地处置阶段，职工得到妥善分流安置；三叶轮胎制造有限公司进行到破产财产及土地处置阶段，已报市政府同意实施关门走人；已完成集体企业云南无纺布厂改制工作，职工队伍稳定。

【技术改造和创新】　2009年市轻纺系统认真落实科学发展观，通过技术改造和技术创新，进一步推进节能减排、环境保护和资源综合利用。帮助昆明德和罐头食品有限责任公司、云南纺织集团股份有限公司、昆明金泽实业有限公司、昆明彩印有限责任公司、昆明长空纸业有限责任公司等企业进行了技术改造和技术创新项目的上报、备案、争取资金扶持、推进项目实施等工作，昆明德和罐头食品有限责任公司完成了锅炉烧煤改烧煤气的技改项目，云南纺织集团股份有限公司搬迁整合更新纺纱生产线的项目完成大多数设备的搬迁整合、昆明彩印有限责任公司完成了引进德国海德堡印刷机械股份公司的速霸对开六色加上光单元高速胶印机的技改项目、昆明长空纸业有限责任公司等企业基本完成了新建1亿只/年纸浆压模餐具的项目，现已进入试生产阶段；按《昆明市人民政府关于主城区企业节能减排降低成本搬迁入园异地发展的实施意见》的要求，及时印发《昆明市人民政府关于主城区企业节能减排降低成本搬迁入园异地发展的实施意见》，并组织昆明牙膏有限责任公司、云南金花针织有限公司、昆明金泽实业有限公司、昆明电池有限责任公司、昆明罐头食品有限责任公司、昆明芬美意香料有限公司、昆明森工有限责任公司等有关企业认真学习，要求有关企业按照市政府的有关文件精神，结合自己的实际，积极贯彻落实市委、市政府关于主城区企业节能减排降低成本搬迁入园异地发展的战略部署，认真开展有关工作。进一步推进昆明新飞林人造板有限公司、云南金花针织有限公司、昆明金泽实业有限公司、昆明市玻璃制瓶有限公司、昆明德和罐头食品有限责任公司、昆明市日用化工厂、昆明芬美意香料有限公司、昆明森工有限责任公司、云南纺织集团股份有限公司、昆明彩印有限责任公司、昆明龙门日用洗化有限责任公司等12户企业开展了清洁生产工作；组织开展了节能知识答题、节能宣传周等活动，对有关企业开展了节能降耗指标的考核工作，帮助企业查找能耗上升的原因，寻找节能降耗的办法，引导企业通过改革创新、加强管理搞好节能、环保、清洁生产和资源综合利用等工作。

【实施名牌战略】　实施名牌战略，引导企业不断改善质量，调整产品结构，促进产业升级。引导企业按《昆明市人民政府关于促进企业创三级名牌和三级名品的实施意见》的有关要求，积极开展创三级名牌和三级名品的工作，协助云南纺织集团股份有限公司、昆明德和罐头食品有限责任公司、昆明新飞林人造板有限公司、昆明牙膏有限责任公司等企业开展了创三级名牌和三级名品的有关工作；为企业提供有关标准、认证、市场准入等方面的信息，帮助其积极应对有关变化，更好地适应市场调整产品结构，促进产业升级。

【安全生产形势平稳】　按《安全生产法》等法律法规和市安委会的要求，结合协会实际，进一步修改完善2009年安全生产责任书、安全生产目标的检查考核及评比办法，完成了与28户归口管理的企业签订《安全生产目标管理责任书》的有关工作，表彰了2008年安全生产先进企业16家；按要求认真抓好“安全生产年”的各项工作，督促各企业紧密结合自身实际，突出重点，出实招、抓落实，深入开展了安全生产执法、安全生产治理、安全生产宣传教育“三项行动”，进一步加强了危险源和重点隐患、特殊危险设备、化学危险品使用管理、消防安全、汛期安全、应急救援等的建制建档等工作，进一步落实了企业的安全生产主体责任，认真解决了一些安全生产中存在的突出问题，进一步建立和完善了危险源和隐患监控机制、隐患排查治理机制及分级管理制度；切实加强了安全生产法制体制机制、安全生产保障能力、安全生产监管队伍“三项建设”。通过多种形式，组织安全管理人员学习安全生产法律法规，提高其安全管理水平。注重抓好企业的安全管理工作，始终坚持把工作的立足点放在安全生产的基础工作上，督促企业健全和完善严密、完整、有序的安全管理体系和规章制度，完善安全生产的技术规范和质量工作标准，制定严格科学的操作规程，使员工知道应该做什么，不该做什么，使人的不安全行为，物的不安全状态和管理制度上存在的缺陷得到规范和纠正，及时传达了有关会议和文件精神；按要求及时转发了有关文件，安排布置完成了有关工作；2009 年进行了 7 次安全生产大检查（抽查企业 55 家次），查出隐患 90 条，整改 81 条，整改率 90%，及时治理消除了一些不安全的隐患，对一时无法解决的隐患，要求企业采取措施，加强监控，严防事故。组织企业开展了“安全生产月”、“迎国庆，保安全”等活动，有效地杜绝和减少各类事故的发生，确保了春节、两会、五一、中国昆明国际交易会、国庆等重大节庆和政治经济活动期间的安全。

【再就业和帮困工作】　2009 年协会企业职工管理服务中心有下岗内退职工的企业 5 户，管理内退职工 400 余人。一是鼓励下岗职工自谋职业，争取再就业中心拨给经济补偿金和安置费；二是鼓励和稳定职工在公益性岗位工作；三是积极申报争取内退职工基本生活费的足额发放。为内退职工发放社会保险费 179.08 万元；为公益性岗位职工申报发放社会保险补贴 20.76 万元；为昆明电子手表厂、昆明市轻纺边境经济贸易总公司、昆明市印刷有限责任公司、云丰造纸厂退休职工、内退职工发放生活费、缴纳社会保险费合计 550.4 万元。为保持企业和社会稳定提供了经济保障。

一年来，轻纺行业工会，紧紧围绕本系统深化国企改革、维护企业稳定这一中心环节，指导并依靠所属企业工会切实为困难职工排忧解难，两级工会走访慰问职工3 625人次，送去各种慰问救助金717 980元，包户帮困 23 户，申报办理和重新审核特困证 360 本，办理入学优惠证 78 本，组织14 541名职工参加了职工医疗互助活动，为 48 人申办重特大病救助金74 200元，为 57 人申办寒窗助学金133 000元，有 745 名特困人员领取了市总工会的爱心超市购物卡。

【做好企业的稳定工作】　2009 年，随着国有企业产权制度改革的不断深化，企业内部的各种深层次矛盾越来越突出，一是上（信）访总量大幅增加；二是集体上访频率升高；三是上访中出现的过激行为增多。如昆明纺织厂、昆明博容特玻璃容器有限公司、昆明搪瓷厂、昆明光安照明电器有限公司、云南毛巾床单厂、云南橡胶厂、昆明华狮啤酒有限公司等企业的职工多次到企业、协会和市委市政府集体上访，有的甚至围攻接访者。使得稳定工作任务十分繁重。为确保一方稳定，我们坚持每月 10 号的“会长接待日”制度，2009 年 12 个“会长接待日”，共接待上访人员 42 批、121 人次；全年共接待来访 146 起，收到和处理信访件 119 件，两项涉及人数2 331人次，其中接待和处理企业职工 5 人以上的集体上（信）访共 74 批、1 917人次；共接办并办结各类上（信）访督办件 51 件，其中：仇和书记工作电话接听拟办单 22 件，其他领导和部门批示件 16 件，“12345”市长热线办交办件 13 件。

（黄新林）

二轻工业

【年度概况】　2009 年，昆明市手工业联社积极应对世界金融危机对中小企业带来的冲击，紧紧围绕联社主要工作目标任务，始终抓住经济建设这一中心，努力提高企业经济效益，克服各种困难，遏制住生产经营加速下滑的势头。围绕发展这一主线，努力实施学习工程、改革工程、基础工程、政策工程、稳定工程、保证工程这“六大工程”，解放思想，实事求是，开拓创新，不断探索和实践联社各项工作的新思路、新举措。以改革促发展，以发展促稳定，团结带领全体干部职工上下一心，艰苦奋斗，扎实工作，圆满完成了各项工作任务。

全系统规模以上工业企业增加值完成5 817万元，目标完成率 100.29%，比上年同比增长 14.03%；主营业务收入完成 2.74 亿元，目标完成 100%；利税总额完成1 000万元，目标完成率 100%；利润完成 100 万元，目标完成率 100%。

【企业改革改制】　2009 年 11 月 4 日昆明市印铁制罐厂引进合作参与改制实施方案终审批复。

9 月 9 日昆明市衡器制造公司引进合作参与改制方案终审批复。

3 月 18 日昆明市玉雕工艺美术厂由昆明市斑铜厂正式托管工作。

12 月 24 日昆明市乐器厂（股份合作制）规范完善产权制度改制方案终审批复。

4 月 29 日昆明上海三电梯特约销售安装中心改制方案通过论证、7 月 2 日完成终审批复，10 月 15 日在市经委备案。

二轻局供销总公司引进合作伙伴参与改制已于 2008 年 12 月 23 日完成《改制方案》论证会。年内该企业兴仁街布料市场拆迁补偿迟迟没有着落，导致改制工作无法推进。

启动并正在改制过程中的企业有 10 户。

【安全生产】　切实抓好安全生产工作，杜绝重特大安全生产事故。

层层签订安全生产目标责任书，狠抓安全生产工作，切实抓好安全生产工作，杜绝重、特大安全生产事故。按照市政府、市安委会的安排布置，结合隐患排查治理工作及安全生产督查专项行动，加大安全检查力度，认真组织开展持续地、不间断的安全生产大检查（督查）活动。认真组织开展安全生产大检查（督查）活动。1～11 月份组织开展安全生产及消防检查（督查）8 次，检查（督查）企业 78 家。开展执法行动安全检查、抽查、督察 171 家（次），查出各种隐患 184 条。现场整改 52 条，已整改 182 项，整改率达 98.91%。全年投入安全消防整改资金 406.95 万元。

与 60 家企业签订了《2009 年度安全生产、消防安全责任书》。联社系统企业全年未发生重特大安全事故。

【技术改造】　完成技术改造固定资产投资1 148万元；全年共完成新规格、新花色开发 72 个，具体为：

民塑公司：皮康王药瓶（1 个规格）、洗涤盖（1 个规格）；

斑铜厂：斑铜系列工艺品新规格花色 34 个；

工艺美术研究所：古滇文化系列高浮雕（11 个花色）、“奔牛”圆雕中型摆件（1 个规格）、民族民间挑花刺绣品系列（15 个花色）；

衡器公司：牲畜专用电子称1 000公斤～2 000公斤系列、液压叉车电子称 100 公斤～300 公斤系列、电子缓冲称1 000公斤～20 000系列；

工具配件厂：衡器台称顶板、发电机冷凝器；

长城电梯厂：32 位微机电脑控制系统、永磁同步无齿轮乘客电梯、电梯控制线路接插件安装；

云南塑料厂：外径 32－100 系列给

水用聚乙烯管材；

职业服装厂：医用手术包系列多种规格。

【节能减排】　按照与市政府签订的2009年节能目标责任书及昆明市节能减排领导小组办公室《关于下达昆明市2009年节能减排目标任务的通知》要求，结合联社实际制定了节能减排工作措施计划，按照市政府下达给联社系统规模以上工业万元增加值能耗下降7%的节能目标任务，结合各企业实际，下发了《关于下达联社2009年节能目标任务的通知》，把节能降耗、节能减排指标分解落实到所属规模以上工业企业，并将节能降耗、节能减排指标纳入对企业的年终考核内容。

截止12月底，规模以上企业万元增加值综合能耗为0.1973吨标准煤，上年同期为0.2246吨标准煤，同比下降12.17%。

【维稳工作】　紧紧围绕市委、市政府的中心工作，认真做好联社系统的职工来信来访接待工作，及时排查矛盾、化解矛盾。坚持一把手负总责、分管领导具体抓和其他领导既抓分管领域的业务工作又抓分管领域信访工作的“一岗双责”的信访工作领导责任机制，坚持抓重点，抓突出矛盾纠纷，坚持主任接待日制度及每月信访例会制度，坚持接访、重点约访、带案下访相结合，耐心细致做好职工的思想政治工作，有效防范和处理群体性事件，做到看好自己的人，管好自己的事，确保一方平安。从2008年12月1日～2009年11月30日止，联社信访办接待群众来访177批，744人次；受理群众来信42件；联社“主任接待日”共接待来访群众37批，51人次。对上访的群众提出的信访问题，做到了件件有落实，事事有回音。截止11月底共受理“市长热线”交办件6件；仇和书记批示督办件1件；重要信访交办件8件；市信访局交办件38件，办结率100%。未出现大的职工群体性上访事件，确保了建国六十周年大庆期间联社系统稳定，为和谐昆明、和谐社会做出努力。

【企业军队转业干部稳定工作】　高度重视、切实做好企业军队转业干部稳定工作。按照省市政府的有关要求，紧紧围绕维护社会和大局稳定，耐心细致地做好联社所属企业军转干部思想政治工作。防范和协调处置企业军队转业干部群众性上访事件，现场处置率达到100%。

春节前夕走访慰问了困难企业军队转业干部20户，每人送给慰问金500元。

2009年3月14日、2009年4月26日，部分企业军队转业干部在东风广场、近日广场组织非法集会，市手工业联社按照昆明市人事局的安排部署，两次启动《昆明市手工业联社涉军稳定工作突发事件应急预案》。昆明市手工业联社涉军稳定工作突发事件应急处置工作小组按时赶赴盘龙区政府礼堂、东风广场、近日广场协助有关部门做好企业军队转业干部的劝返稳定工作，圆满完成上级交给的维稳工作任务，现场处置率达到100%。

“八一”建军节前夕走访慰问了困难企业军队转业干部30户，每人送给慰问金300元。

【职工养老保险、丧葬费统筹】　做好昆明市手工业联社集体所有制企业养老保险工作。做到两个“确保”，为企业解除后顾之忧。

昆明市手工业联社所属集体企业共有73户集体企业，共有离退休人员9 283人。1～12月份全年共发放养老金1.114亿元，全部做到了按时足额发放。

配合昆明市经委、昆明市财政局、昆明市总工会、昆明市劳动和社会保障局、昆明市国资委、昆明市体改办等部门，多次到联社所属困难企业走访、调研。经市政府审核批准，昆明市手工业联社所属38户特困集体所有制企业与昆明市困难职工帮扶服务中心签订了借款协议，并将借款逐月缴入市医疗保险专户。为8 230名职工接续了医疗保险，保证了职工队伍的稳定。

做好昆明市手工业联社集体企业丧葬费统筹支付工作。1～12月份全年共拨付237名离退休死亡人员丧葬费约332.4万元，没有拖欠情况。

【工业园区建设】　按照市委工作会议提出的实现工业大突破，必须全力以赴推进园区建设的要求。6月4日联社组织下属42户企业，140余名厂长、经理、书记参加“嵩明县人民政府·昆明市手工业联社招商引资项目推介会”的基础上，借市委工作会议的东风，抓紧开展各企业与嵩明县工业园区建设指挥部的实质性协商洽谈工作。

7月9日召开了联社系统相关企业会议贯彻落实市委、市政府工业企业“退二进三”、“退城进园”工作会议精神，要求各企业要按照市委、市政府的统一安排，积极参与并做好职工的思想稳定工作。

8月28日联社党组研究决定抽调人员组建了以联社副主任锁良勇任组长的“企业工业园区建设工作组”，专门负责联社企业“退二进三”、“退城进园”工作。

工作组召开专题会议研究了园区建设工作并进行工作安排，明确了各基任务的责任人和牵头人，工作做到有计划、有落实。

邀请晋宁县有关领导到联社介绍该县工业园区建设情况，20多家企业报名要求到晋宁工业园区进行实地考察。

通过对55户企业摸底调查，29户企业有意向进入园区谋求发展，需用地共计827亩。

【送温暖工作】　坚持走访、慰问困难职工，竭尽全力为困难职工群体服务。联社工会要求各基层工会从政治的高度来认识送温暖工作，春节、国庆中秋前夕，联社工会按照市总工会的统一安排，慰问了特困职工900人、困难职工1 788人，慰问资金合计57万元，慰问面达到了解100%，把党和政府以及各级工会组织的关怀送到困难职工的心中。

【机构改革】　2009年11月18日，中共昆明市委办公厅《昆明市人民政府机构改革实施意见》明确：“进一步理顺政府与行业协会（联社）之间的关系，将昆明市手工业联社承担的行业管理职责划入昆明市工业和信息化委员会”。昆明市手工业联社行政公章于2009年12月31日上交昆明市人民政府办公厅。2010年1月28日，《昆明市人民政府办公厅关于印发昆明市工业和信息化委员会主要职责内设机构和人员编制规定的通知》明确决定“撤销昆明市手工业联社；昆明市手工业联社承担的行业行政管理职责划入昆明市工业和信息化委员会。人员划入昆明市工业和信息化委员会安排工作”。

（赵吉来）

供　电

【年度概况】　2009年，云南电网公司昆明供电局坚持对云电负责、为昆明服务，深入践行南网方略，实现了售电量突破200亿千瓦时，实现了电网建设投资规模翻番，实现了连续3个百日安全长周期，圆满完成了各项工作任务。

年末，全局设有13个职能部门、1个电力调度中心、17个基层单位和10家县级供电公司，有在职员工4 630人。资产总额102.65亿元，同比增长21.11%。所辖500千伏及以下变电站164座（其中500千伏4座），主变容量1 820万千伏安，35千伏至500千伏输电线路6 366千米，10千伏线路17 156千米，用电客户为169万户。

2009年昆明供电局主要经济技术指标完成情况表

项　目	单　位	上年完成	本年完成	同期相比（%）	备　注
供电量	万千瓦时	2 015 624.71	2 090 729.98	3.73	
售电量	万千瓦时	1 928 322.22	2 001 541.52	6.20	
售电收入	万元	740 430	755 760	2.07	不含税
售电平均电价	元/千千瓦时	382.38	374.03	-2.18	不含税
供电环节总成本	万元	150 174	159 412	6.15	
供电环节单位成本	元/千千瓦时	77.44	79.63	2.83	
最高日供电量	万千瓦时	6 207.39	7 218.98	16.30	
最高日负荷	万千瓦	287.14	346.54	20.69	
线损率	%	4.33	4.27	-0.06	
综合电压合格率	%	98.95	99.03	0.08	
供电可靠率	%	99.876	99.888	0.012	
负荷率	%	87.80	89.25	1.45	
电费回收率	%	99.68	99.71	0.03	
全员劳动生产率	万元/人·年	69.06	73.20	5.99	不变价计算

【创先工作】　创先工作实施方案通过了云南电网公司的评审，制定了9个创先工作子方案，下发了2009年创先工作计划，明确了245项工作任务。组织30名部门、主要基层单位负责人赴香港中华电力公司开展创先对标学习；组织4期145名科级干部到清华大学进行培训；组织8期617名班组长参加创先培训。围绕“我与创先”和“做个职场有心人”的主题，举办了4期C级管理人员创先培训，形成254份“创先服务卡”。召开了基层创先培训作业评优会暨2009年创先行动计划讨论会，形成871份创先行动计划。印发了《昆明供电局组织绩效考核管理办法（试行）》，将64项创先指标纳入局组织绩效考核体系管理。对全局各部门、单位开展了组织绩效考核，其中A级7个，B级19个，C级12个，D级3个。对全局5 471名员工开展了年度绩效考核，其中优秀45.8%、称职50.3%、基本称职3.7%、不称职0.2%。

【安全生产】　构建了3大管理部分、12个业务板块、20个具体制度的安全管理制度体系。制定了《昆明供电局安全生产风险管理体系建设实施方案》，完成了815项作业风险的辨识与评估，建立了全局安全风险数据库。通过与杜邦公司项目合作实施，形成了我局三年安全提升行动计划。制定了《昆明电网运行六大风险和二十五项防范措施》，分解为45个细项并逐项得到落实。坚持每周对昆明电网运行风险进行分析，并落实预控措施，形成电网风险闭环管理。清理全局所有备自投装置，对43个变电站共80套备自投装置进行带负荷试验，有效避免了38次负荷损失，避免了4个变电站全站失电。继电保护所员工李辉获得了2009年度南方电网公司先进生产工作者称号。着力强化“源头设备”控制，对易发生外力破坏的69个重点区段加强管控，及时制止和劝阻了74起线路通道内的违章、冒险施工。坚持设备缺陷周分析会，梳理落实、及时调整设备维护策略，全年变电设备缺陷同比下降184次，下降率为23.7%；输电设备缺陷同比下降98次，下降率为44.6%。

建立了安全隐患滚动整改机制，全年共排查安全隐患2 191项，消除2 136项，消除率97.49%。建立了事故、事件闭环督促整改机制，全年共跟踪督促完成整改防范措施117条。完善了安全生产奖励机制，全年共奖励先进基层23个次、先进班组46个次、先进个人115人次，奖励金额共计39万元。对安全生产存在问题的单位、班组、个人共计考核46起，涉及174人次，考核金额共计16.77万元。开展了“加强基础管理、促进安全生产”专项活动。积极开展状态检修试点工作，完成了31座变电站、88条输电线路的状态评价，并根据评价结果制定了2010年的预试定检计划。线损“四分”管理获得南方电网公司“线损四分管理网级达标企业”称号。加大警企协作打击涉电违法犯罪力度，全年立案9起，同比下降91%。全年圆满完成了国庆60周年等337次保供电任务。

精心制定年度检修计划，以项目为主导整合所有施工力量，减少重复停电。全年共执行计划停电5 814项，按时停、送电率96.74%，在加大城农网建设力度的情况下，减少配网停电384

条·次。大力提升配网转供电水平，完成了配网技术改造项目38个，基建项目71个，增加配网转供能力约15万千瓦，增加转供用户856户。投入1.1亿元解决“卡脖子”问题。大力开展带电作业，全年共开展带电作业1435次，较2008年增加367次，增长34.4%，全年停电影响时户较2008年的41 219时户少停了15 270时户，减少了37.04%。呈贡、安宁供电公司首次开展了10千伏带电作业，取得了历史性的突破。客户全年平均停电时间9.85小时，同比缩短0.97小时。

【科技进步】 全年共有14项科技项目获奖，其中，“高海拔大容量远距离输电中行波故障测距技术研究”、“昆明电网‘十一五’规划”分别获得云南省科技厅“技术发明一等奖”、“科学技术进步类三等奖”。在2009年云南电力技术论坛上，我局有21篇论文被评为优秀论文。在国内首次完成了35千伏超导限流器人工短路试验。大力推进变电站无人值班改造及集控中心建设，投运了普吉等8个集控中心，厂口变电站成为云南电网公司首个500千伏无人值班少人值守变电站。

【电力供应】 编制了《2009年增供扩销实施方案》、《增供扩销考核办法》、《优化（简化）业扩流程的实施建议书》，制定了8个方面15项增供扩销措施，建立了增供扩销信息发布和增供扩销重点项目跟踪机制。完成了《2009年电力市场分析报告》，年度电量预测准确率达95.71%，月度预测准确率达96.74%。主动上门服务，对昆明电网内45家重要客户进行了走访，解决了28家客户用电困难；定期召开业扩报装工作协调会，平均报装办理时间同比减少19%；故障抢修到达现场时间平均缩短10%；通过手机短信向用户共发送短信2 800余条·次；开展了“增供上台阶、日供上六千”专项活动，全年共增供电量4.767亿千瓦时。日供电量17次刷新历史记录，最高达7 219万千瓦时，日最大负荷15次刷新历史记录，最高达346.5万千瓦。

【优质服务】 不断丰富差异化服务内涵，2009年差异化服务对象增至37家。持续推进“绿色行动”，为25家客户免费进行了节电测试，与昆明市教育局联合在全市中小学范围举办了“科学用电、节能环保”活动，节能展示中心共接待2 075人参观。拓宽居民客户缴费渠道，开通了银联POS机缴费功能，客户刷卡缴电费1 183.48万元；开发了“优付通”电费支付平台，客户缴电费3 847.30万元；实现了5家联网银行的“单位批量代扣”。坚持非计划停运周分析会，周平均非计划停运次数由2008年的47.7次下降到45.8次。对昆明电网内重要客户重新进行了清理、分级，并得到了昆明市经委的批复确认。对不满足供电电源规范要求的246户重要客户发放了安全隐患整改通知。95598开展了“听得到的微笑”优质服务活动。参与了昆明市纠风办与昆明人民广播电台主办的“春城热线”节目，落实反馈率100%。召开了客户投诉分析会，年内全局共受理供电服务投诉107起，办结率100%。全年未发生影响企业形象的行风事件。

【电网建设】 建立健全组织结构，进一步完善了“100亿工程”周例会制度和督办工作机制，全年共召开工作组会议42次，研究和落实电网建设工作406项。规范完善制度建设，制定了《项目经理制管理办法》、《工程项目造价管理办法》等24项管理制度。

2009年3月，昆明成为南方电网15个主要城市中首个完成电网规划评审工作的城市。《昆明2009～2013年电网专题规划》得到了南方电网公司的批复并通过了市政府评审，昆明市人民政府已批准纳入昆明市城市规划建设总体规划。2009年11月，与昆明市规划局共同组织启动了《昆明城市电力专项规划》的联合编制工作，将实现站址及线路走廊规划预留，并与市域城乡规划建设发展相衔接。全年实现了所有项目经核准同意再开工。

全面完成云南电网公司下达的投资计划任务，基建投资和中央扩大内需投资均全额完成。全年投产中屏、小哨箐、麦地塘等8个110千伏及以上输变电工程，新增变电容量96万千伏安，线路219千米。全年投产35千伏农网项目10项，完成一户一表改造28 697户，农户户表改造率达97%，较2008年增长了4个百分点。在云南电网公司2009年城农网建设总结表彰大会上，我局获得了“功臣集体”称号。

【农电工作】 进一步深化农电体制改革，昆明地区除辰华供电公司外，其余9家县级供电公司均实现了整体划转云南电网公司。成立了呈贡、安宁供电分局，实现了分公司模式运作。深入推进农电“一体化”管理，在云南电网公司系统内率先开展了县级供电公司的组织机构设置研究和应用工作，把县级供电公司纳入全局安全生产动态过程考核，实现了日常工作绩效管理全覆盖。组建了农电管理督导大队，强化了对农电工作的指导和服务。10家县级供电公司基础管理均达南方电网公司标准，提前一年完成“十一五”达标任务。10家县级供电公司档案规范管理全部顺利通过云南省档案局“五星级”达标验收。全面开展农电线损“四分”管理，全部县级供电公司线损率都下降到10%以内，提前完成了南方电网公司下达的考核目标。

【经营管理】 大力开展“审计整改年”活动，整改问题255个。全年完成审计项目56项，提出审计意见42条，促进增收节支230.2万元。开展废旧物资回收效能监察，对13个种类的报废物资逐一查实，直接增收116.1万元。大力开展电费回收，应收电费余额从最高2亿多元降至4 000多万元。营销稽查试点工作顺利通过了云南电网公司验收，内稽外查共为全局挽回经济损失958万元，样本差错率从开展试点前的21.45%下降到5.19%。加强了法律风险防范和法律纠纷案件管理，经济合同法律审核率达100%。规范了多经企业及经济实体投资、参控股、担保、借贷、抵押等行为。

深入推进全面预算管理，认真开展年度经济活动分析，可控单位供电成本降低了0.68元/千千瓦时。积极推进财务信息化建设，开展了网络流程审批的试点应用，初步搭建了业务、财务一体化的基础平台。修编了办公费等五项费用的管理办法，实现了“零”增长。启用了《云南省电费收费专用收据》，制定了往来款清理制度，对发票的使用和保管以及资金安全等问题进行了专项检查。完成了国家税务总局开展的税务稽查工作。与各县级供电公司建立了对口检查指导机制，完成了10家县级供电公司2009年财务决算报表初审及2010年的预算审查。

【基础管理】 工程项目管理引入“网络计划编制系统”。建立并完善了业扩报装管理、客户工程管理、供用电合同管理、营销基础管理四大措施表，形成了动态监督管理机制。下发了《昆明供电局与管辖县级供电公司有关客户供电管理的暂行规定》，解决了交叉供电、重复投资等问题。对4 234个规章制度全面清理，新编46个制度、修订

81个制度、废止91个制度，目前我局制度体系共有1 995个技术标准、272个管理标准及619个工作标准在用。

【员工素质工程】　制定了《2009年员工素质工程推进计划》和《职业技能鉴定站建设实施方案》。首次试行了见习期大学毕业生择优提前转正工作，16名新员工提前3个月上岗。县级供电公司一线员工技术技能综合素质得到提升，在云南电网公司2009年农电系统调度员、线路工、变电检修、稽查员、营业员、装表接电工、35千伏变电运行值班员等7个专业调考活动中取得6项团体第一、1项团体第二和27项个人获奖的好成绩。开展了一线班组长岗位能力素质模型及行为评价的应用，收集评价表4 876份，形成了现行岗位能力要素库。全年共组织8期408人参加职业技能鉴定，员工持证上岗率显著提升，全员持证上岗率达91%，一线员工持证上岗率达96%。在云南电网公司内首家完成了安全技能认证试点工作，完成A、B、C、D、E级共2 264人的安全技能认证，安全技能培训教材、认证方法被云南电网公司推广应用。

全年共举办、参加各类培训班337个，累计培训17 541人·次，全员培训覆盖率99%。全年新增技师23人，小庄技能培训基地建成并投入使用，内部培训师队伍进一步壮大，由102人发展到151人。开展了27个基层单位286位师傅“星带星”等结对活动。举办了交通安全和驾驶技能演练竞赛。

【表彰奖励】　1月，被南方电网公司授予“南方电网公司2007～2008年度文明单位”称号。

1月，被云南省档案局授予“云南省档案室工作‘八项工程’企业档案建设五星级标准”称号。

2月，被云南电网公司授予“2008年云南电网公司‘金牌服务迎奥运’活动服务承诺兑现先进单位”称号。

3月，被云南电网公司授予“云南电网公司2008年度信访工作先进集体”称号。

3月，被云南电网公司授予“云南电网公司2008年度效能监察工作先进单位”称号。

4月，被云南省总工会授予“云南省五一劳动奖状”称号。

4月，东区变运分局500kV宝峰变电站被中国人力资源和社会保障部、国务院国资委授予“中央企业先进集体”称号。

4月，继电保护所继电保护一班被昆明市总工会授予“昆明市工人先锋号”称号。

5月，输电分局团支部被共青团云南省委授予“云南省五四红旗团支部”称号。

6月，被云南电网公司党组授予“云南电网公司先进党委”称号。

8月，被昆明市委办公厅授予“昆明市平安建设先进单位”称号。

8月，被云南电网公司授予“班组建设年活动先进单位”称号。

8月，被南方电网公司授予“南网电网公司2008年度信息工作先进单位”称号。

9月，高静娴荣获2009年度全国电力行业企业文化论文一等奖。

10月，被南方电网公司授予“2009年迎峰度夏暨国庆60周年庆典保供电先进集体”称号。

12月，被南方电网公司授予“南网电网公司教育培训工作先进单位”称号。

12月，获中共云南省委宣传部、云南省思想政治工作研究会“新中国成立60周年云南省思想政治工作回顾与展望研讨会论文三等奖”。

12月，刘路荣获南方电网公司“2008年度信息工作先进个人”称号。

12月，杨峥荣获南方电网公司“优秀教育培训工作者”称号。

12月，范永丽荣获南方电网公司“自学成才优秀员工”称号。

（杨　杪）

·责任编辑　字应军·

交通运输

交　通

【建制村公路建设】　2009年计划实施建制村公路建设1 486.2千米，其中路面硬化572.2千米，路基改造914千米。路面硬化完成投资23 374万元，占总投资的72%；路基改造工程完成投资8 363万元，占总投资的61%。均于年底全部完成。

【县际及农村公路建设】　通达工程。通达工程完成520千米，占总工程量的100%；完成投资12 835万元，占总投资的100%。

通畅工程。截止2009年底，2008年计划实施的通畅工程完成85千米，占总工程量的85%；完成投资5 937万元，占总投资的46%。2009年计划实施通畅工程完成46千米，占总工程量的47%。

【三环闭合工程（西、北段）】　起于霖雨路，经大普吉、海源寺、岷山，设隧道下穿草海（隧道长1 800米），止于滇池路与广福路交叉口。路线全长20.39千米，全部实施新改建，总投资59.25亿元。至12月底，全线已完成总工程量的33%；完成投资28.5亿元，占总投资的49%。预计2010年6月30日全线主线通车。

【南连接线高速公路】　路线起于高峣立交，止于东连接线民办科技园立交，全长25.1千米，主线按双向六车道高速路标准建设，估算投资约74亿元，由昆明市按BT方式筹建，计划2010年底完工。此工程经历了桥梁改为隧道、重新编制草海段工可、工可拆分、工可合并、BOT变BT等一段过程，前期工作大部分完成。因商务条件限制，还未正式签订BT协议，工程进展缓慢。已完成总工程量的5%，完成投资14.2%。2009年9月16日，市政府召开专题会议，明确市城投公司为项目业主单位，负责BT商务谈判，以确保尽快签订BT协议；市交通局为项目责任单位，负责工程建设管理；全过程由审计局进行跟踪审计。

【禄大公路】　起于昆禄公路K67+960，止于皎西乡半角村，路线全长96.5千米，等级为二级，路基宽10~12米，概算总投资21.14亿元，其中建安工程费16.24亿元。于2009年5月27日破土动工，正在紧张进行施工便道的修建和征地拆迁工作。已完成工程总量12.94%，完成总投资的15.82%。经省交通运输厅批准同意纳入取消二级收费公路建设范围。

【嵩昆高速】　路线起点接嵩明至待补高速公路（渝昆高速G85），路线止点接昆明至石林高速公路王家营立交，全长55.125 26千米，估算总投资49.471 0亿元。项目由省级相关部门负责建设，由昆明市负责前期工作。工可修改稿已上报国家发改委，待批。八大要件已完成三要件（地震、地灾、文物勘察）；环评报告、水保方案及矿产压覆文本已编制完成，正在报批；用地预审正在开展；林业许可需待初步设计完成方可进行。

【武昆高速】　路线起于武定县看守所北侧，止于在建的西二环小屯立交，按山岭重丘区四车道高速公路设计，全长63.958千米，初步设计概算批复总投资为51.42亿元。项目由省级相关部门负责建设。

【轿子雪山旅游专线公路】　路线起于昆沙路大普昆禄公路交叉口，经桃园、厂口、散旦、款庄、马过河、柯渡、倘甸、转龙、洗马河、清水河，止于轿子山景区新山垭口；并由新山垭口至景区

昆明轨道交通首期工程开工仪式　（罗成　摄）

内部四方井设置景区连接线；另设置柯渡连接线与柯渡镇区相连。主线全长140.256千米，景区连接线9.771千米，柯渡连接线3.999千米。项目由昆明市负责建设。计划2011年4月30日前完工。

【道路运输行业基本情况】 全市辖区内共有各类营运车辆83 704辆，其中营运载客汽车7 616辆（含班线客车1 903辆，旅游客车1 562辆，县区出租车777辆，各类公交车、微型车和租赁车3 374辆），载货汽车76 088辆。辖区内共有客货经营业户67 602户，其中客运企业1 541户，经营货物运输（含个体）66 151户；道路运输相关业务经营业户4 741户，其中客运站经营32户，物流服务43户，货运代办700户，车辆租赁105户；道路运输从业人员132 460人。昆明市全年完成旅客运输量约7 159.09万人次，货运量11 606.43万吨。

严格依法行政，按照"强势发动、强势规范、强力推进、强行入轨"的要求，严厉打击非法营运行为。2009年运政执法人员路检户查20 532人次，出动执法车辆6 181台次，检查车辆76 788辆，查获违章车辆3 612辆。按照《云南省道路运输相关业务备案管理暂行办法》精神，自2009年9月1日起对全市道路运输相关业务实行备案制。

【道路旅客运输】 昆明市共有国际客运班车2条，分别是昆明交通运输集团公司经营昆明至老挝万象，客运班车3辆；昆明石林汽车服务有限责任公司经营的昆明至老挝琅勃拉邦，客运班车3辆。省际客运线路90条，客运班车232辆；其中2009年度新增昆明至大通湖、济南、凤岗、上海、施恩、杭州、太原、合肥、无锡、洪湖、西安、华容、仙桃、惠州、宜昌等16条省际线路；市际客运线路148条，客运班车842辆。高级客车占车辆总数的46.7%，中级客车占车辆总数的41.9%。

2009年春节、"十一"黄金周全市累计投入客运运力共211 914辆次（其中正班车193 624辆次；加班车15 659辆次；包车2 631辆次），及时输送旅客4 919 394人次，无大面积旅客滞留情况及重大安全事故发生。

【旅游客运】 2009年，全市旅游客运企业由2006年的38家整合为17家，经质量信誉考核，评定出AAA级企业3家，AA级企业11家，A级企业1家。全市拥有旅游客车1 562辆（不含2009年经营期限到期退出的446辆旅游车），高等级旅游客车由2006年以前的34辆增加至892辆，其中：高一级车辆631辆，高二级车辆235辆，高三级车辆26辆，高等级车辆所占比例从2006年的2%提高到45%。

【城乡公交一体化】 昆明市主城区（第一实施区域）城乡公交营运主体已达到7家，共有车辆近3 929台（其中城市公交3 347辆、城乡公交582辆），公交线路252条（其中城市公交185条、城乡公交67条）。除主城区以外的8个县（市）区也组建了11家城乡巴士公司，市行政区域城乡公交"镇镇通"已达到了100%，大部分县（市）区"村村通"达到了80%左右，较好地完成了政府下达的各项指标任务，取得了良好的社会效益。

宜良、石林、安宁、富民、禄劝、东川、嵩明、寻甸九县（市）区（第二实施区域）开通城乡公交线路366条，开通行政村751个，投入各型公交车辆2 779辆（其中微型车1 252辆），城乡公交"镇镇通"覆盖率100%，"村村通"覆盖率为76%。

【驾驶员培训行业管理】 全市驾校105所，教练车4 106辆，平均年培训量12万余人。2009年2月昆明市辖区内中华人民共和国道路运输从业人员从业资格证业务（危货、大客及列车除外）正式下放到直属各县（市）区分局进行办理。

【机动车维修行业管理】 2009年，全市汽车维修企业一类有137家、二类有583家，三类维修业户有2 239户，摩托车维修业户181户，机动车综合性能检测站8家（三星级站3户、二星级站4户、一星级站1户），从业人员2.1万多人，维修车辆522万多台次。全市一、二类以上汽车维修企业使用出厂合格证7.7万份，客运车辆和危险货物运输车辆使用率达100%，汽车综合性能检测共完成17万辆次。

【年度审验】 2009年，全市道路运输车辆应审42 941辆，实审35 588辆，总审验率达82.88%。审验经营业户38 268户，其中：旅客运输1 375户，货物运输17 782户，车辆维修1 055户，货运站场28户，运输相关业务418户，总审验率为85.04%。

【道路危险货物运输管理】 2009年7~9月对全市56家危险货物运输企业进行质量信誉考核，AAA级3家（含5家分公司），AA级42家，A级3家，未评定等级8家。

【主城区汽车客运站建设】 东部站主体工程已全部完成，完成投资8 800万元，占总投资的55%；南部站完成总工程量的50%，完成投资9 100万元，占总投资的51%；北部站完成总工程

云南·四川金东大桥奠基仪式　（市交通运输局　供稿）

量的85%，完成投资8 100万元，占总投资的51%；西北部站主体工程已全部完成，完成投资8 900万元，占总投资的82%。

昆明市东部汽车客运站。位于主城东边，东连接线与人民路延长线北侧，两面寺立交桥西侧，总建筑面积40 000平方米，主要经营途经昆石公路进出主城的滇东、滇东南方向客运班线。12月25日正式投入使用。

昆明市南部汽车客运站。位于主城南部，新昆洛路东侧，宏仁村对面，距广福路与新昆洛路立交约1.6千米，总建筑面积57 100平方米，主要经营途经昆洛公路进出主城的滇南方向客运班线。12月16日正式投入使用。

昆明市西部汽车客运站。位于主城西边，春雨路与益宁路交叉口东北侧，在现西山客运站原址向北改扩建，总占地面积63亩，主要经营滇西方向沿320国道进出昆明主城的各线客运班线。11月15日正式投入使用。

昆明市北部汽车客运站。位于主城北边，昆曲高速公路金殿立交桥转7204公路，龙头街方向1.1千米处右侧，总建筑面积66 000平方米，主要经营途经昆曲高速公路和213国道进出主城滇东北方向的客运班线。12月15日正式投入使用。

昆明市西北部汽车客运站。位于主城西北边，五华区王家桥片区，普吉村西南方，距昆沙路约300米，总建筑面积22 817平方米，主要经营途经108国道进出昆明主城的滇西北方向班车，和途经320国道进入昆明主城的部分客运班线。11月16日正式投入使用。

【主城区汽车客运站搬迁调整】 2009年11月15日至12月28日，全省16个州市共60个运输企业、4101辆车辆按照《昆明市主城区汽车客运站搬迁调整实施方案》，从原有14个老客运站分批调整进入新建（改扩建）的5个客运站发班经营。12月31日昆明市主城区汽车客运站搬迁调整工作第二阶段圆满完成，基本实现了预定目标，搬迁调整工作取得了阶段性成效。

4月25日将黄土坡汽车客运站经营的昆明至富民、昆明至禄劝、昆明至富民东村三条线路的148辆班线车辆调整到西北部客运站（高新区新108国道与昆沙路中间）经营。11月16日，武定县、元谋县、永仁县、华坪县、攀枝花市方向的客运班车正式调入西北部汽车客运站。11月19日，大姚县、姚安县、禄丰县、双柏县、南华县、牟定县、易门县、安宁市方向的客运班车正式调入西北部汽车客运站。11月22日，楚雄市方向的客运班车正式调入西北部汽车客运站。

11月15日，临沧市、德宏州、景东县、澜沧县上允镇方向的客运班车正式调入昆明市西部客运站（昆明市西山区益宁路与春雨路交叉口）。11月18日，怒江州、迪庆州、保山市方向的客运班车正式调入昆明市西部客运站。11月21日，大理州、丽江市（华坪县除外）方向的客运班车正式调入西部客运站。

12月15日，曲靖市、昭通市、寻甸县、嵩明县、禄劝县、东川区方向的客运班车正式调入北部客运站（盘龙区龙头片北侧）。

12月16日，普洱市（除景东、上允）、西双版纳州方向的客运班车正式调入南部客运站（广福路与东城中干道交叉口东侧）。12月19日，玉溪市、建水县、石屏县、元阳县、绿春县、红河县方向的客运班车正式调入南部客运站。

12月25日，陆良县、师宗县、罗平县、文山州方向的客运班车正式调入东部客运站（东连接线与人民路延长线立交桥西侧）。12月28日，红河州（除建水、石屏、元阳、绿春、红河）、石林县、宜良县方向的客运班车正式调入东部客运站。

【网络售票】 五个新建客运站联合建立了昆明市公路客运联网售票中心，建成了具有昆明特色的公路客运联网售票信息系统。在昆明市主城四区中心位置，辐射功能较强的居民聚集区、主要商业网点等区域，同步布设了30个售票代理点，2009年11月15日投入使用。

【海事管理】 加强制度建设，完善巡航管理。以“畅通、安全”为目标，强化重点时段、重点船舶、重点船员、重点水域的监督检查。共出动巡航船艇258艘次，执法车辆316车次，执法人员1 566人次，纠正各类违章19次，有效地保障了辖区的水上安全。举办了五等驾机员船员培训1期，培训船员20人。完成了渡口渡船专项整治第一阶段的验收工作。做好了全市范围内250艘船舶检验。进行了《滇池航运规划一期工程项目建议书》编制并获批准。

【公路养护】 为进一步推进养护管理体制改革，出台了《昆明市农村公路路长负责制实施意见（试行）》，并在全市推广；逐步统一、规范了全市县公路养护公示牌及农村公路危险路段交通安全设施。

【路政管理】 加强公路巡查，依法查处各种路政违法案件。截至2009年底，昆明市地方公路共发生路政案件2 589起，查处2 582起，查处率99.73%，收回路产损失赔偿费1 513.60万元，索赔率为99.98%，为国家挽回了巨大经济损失，有效保护了路产路权。加大宣传力度，增强广大群众爱路护路的意识。上路宣传3 114人次，参宣率达95.33%，发放宣传资料（宣传品）158 621份，召开相关座谈会27次，与相关单位签订责任书116份。开展“路政管理宣传服务月”活动，路政人员参宣率超过年度指标达95.33%，社会认知度明显提高。

【超限运输治理】 强化全市治超站管理，狠抓超限超载治理。至2009年底，全市共检测货运车辆731 914辆，其中，超载超限车辆75 038辆，卸载12 644辆，卸载重量为19 032.33吨。全市收取罚没及赔（补）偿费751.13万元，其中直属大队收取赔（补）偿费308.19万元，罚没款8.81万元。

【安全生产管理】 积极贯彻省、市政府关于安全生产工作精神，重点进行对公路、水路运输企业安全生产情况进行检查。按照“三关一监督”和“一岗双责”相关要求，层层落实道路运输安全生产监管责任，加大交通安全生产管理力度，健全安全生产监督责任制。认真做好客运企业和客运站的安全生产大检查。特别加强对危险化学品运输的安全生产监管。对全市58家道路危险化学品运输企业和危险化学品车辆进行认真到位的安全监管。全市道路、水路运输行业未发生一起安全生产责任事故。

【公交行业管理】 为进一步加大城乡公交行业市场和营运安全、服务质量的监管力度，提高城乡公交服务质量和水平，严格按照建设部《城市公共汽电车客运管理办法》，认真办理新开和调整公交线路的审批，对新开和调整的公交线路在媒体上进行公示，认真听取市民意见，使城乡线路的开行日趋科学、合理、便民。为进一步加强对城乡公交管理，根据《城市公共汽电车客运管理办法》、《云南省城市建设管理条例》、《昆明市城市公共汽车营运秩序管理暂行办法》等法规规章和有关文件要求，结合实际起草了《昆明市市政公用局关于进一步加强城乡公交线路管理的通知》，印发至全县（市）区相关管理部门和辖区内城乡公交企业执行。认真核实和妥善解决市民反映的城乡公交服务问题，不断提高服务水平。全年共接待市民来电、来信、来访230余起，做到件件有回复。定期不定期地开展公交“两率”检查，发现问题及时督促整改。按照《昆明市城市（城乡）公交行业文明服务管理规范》，对昆明市城市和城乡公交的站台、车辆、线路、文明营运、文明服务等进行规范，使公交从业人员的文明素质、基础管理的文明水平、营运环境的文明程度、公交服务的文明形象得到显著提高。开展公交设施规范用字整治工作。

【强化城乡公共交通规划编制】 牵头组织完成了《昆明城市公共交通专项规划》和《昆明城乡公共交通发展统筹规划》和《昆明市公交专用道规划》的编制、上报工作。优化公交线网，根据人民路快速公交线建设计划和预期服务功能，积极配合综合处完成了《昆明市公交专用道规划》的编制、上报工作；开展《昆明市城市公交线网优化方案》编制工作。力求通过逐步撤、并低效和过于重复线路，消除公交线网覆盖盲区，疏通小区公交线网微循环，使昆明公交线网渐趋合理，公交运营覆盖率和营运效率得到显著提高。

【中国城市无车日活动】 根据国家住房和城乡建设部通知要求，昆明市于9月22日继续组织开展了中国城市无车日活动。本次活动以一环路以内为活动区域，活动面积约15平方千米。在整个活动期间组织了丰富多彩的活动内容。首先是在活动开展前组织召开了新闻通报会，对社会各界介绍了活动的相关情况；其次是在北京路举行了“通勤竞赛”，以实际事例说明了自行车、公交车等出行方式的便利；第三是在活动当日在东风广场及四区广场举行仪式及宣传活动，对无车日活动进行了广泛宣传，使“健康环保的自行车和步行交通”这一活动主题深入人心；最后是创新工作方式，对骑自行车进入活动区域的市民给予小礼品奖励，同时在幼儿园、中小学中开展不坐小汽车上学和“遵守交通法规，争做文明小公民”等为主题的相关教育活动。在市、区两级政府的联动下，以日常化、大众化为活动原则，突出领导率先垂范，市民广泛参与和城市特色，整个活动形式多样、内容丰富、主题鲜明、气氛热烈。同时省、市媒体，特别是中央电视台《焦点访谈》栏目进行了专题报道，整个活动取得了良好效果。

（市交通运输局）

铁　　路

【概　况】 昆明铁路局属国家铁路运输企业，管辖线路跨越云南、四川、贵州三省，主要负责管辖区域内的旅客乘降和货物运输组织工作。开行昆明直通北京、上海、广州、郑州、武昌、西安、成都、重庆、厦门、南宁、南京西、贵阳、六盘水、攀枝花、大理、楚雄等旅客列车47对（其中，米轨昆明北至王家营、石咀3对），负责货运五定班列、行包快运专列、集装箱专列、鲜活冷藏班列、大宗货物直达列车等货物运输组织工作。

昆明铁路局管内铁路有三种轨距，即：准轨（轨距1 435 mm）、米轨（1 000mm）、寸轨（600mm，1990年停止运营，2009年报废），是全路18个铁路局中惟一准、米轨并存的铁路局。管辖沪昆、成昆、南昆3条准轨电气化铁路干线，昆河、蒙宝2条米轨铁路干线，昆玉1条地方铁路，广丽、水红2条合资铁路，羊场、东川、盘西Ⅰ线、昆阳、安宁、东王6条准轨支线，昆西、昆小、草官3条米轨支线。

管内线路总延长3 674.37千米，线路营业里程2 448.4千米，其中电气化铁路1 460多千米。有桥梁1 224座，隧道602座，道口384个（有人看守84个）。有235个车站，按等级分：特等站1个，一等站1个，二等站10个，三等站15个，四等站104个，五等站104个。其中，编组站2个，区段站11个。各型机车391台，其中内燃机车174台，电力机车217台。配属客车1 003辆。

固定资产原值309.44亿元、净值218.66亿元，在2009年中国企业500强中排名第380名，中国服务企业500强中排名第115名。

【铁路运输任务超计划完成】 2009年，面对国际金融危机和复杂经济形势带来的困难，昆明铁路局紧紧抓住3次调图、大丽铁路开通运营、春暑运、黄金周等契机，克服各种因素的影响，优化列车开行结构，强化客货运营销，挖掘市场潜力，努力增运增收。全年，全局旅客发送量完成2 435.9万人，同比增加4.3万人；货物发送量完成5 945.1万吨，超年度计划445.1万吨；换算周转量完成408.5亿吨千米，超年度计划27.5亿吨千米；运输收入完成78.4亿元，超年度计划2.8亿元。

【出省物资运输】 根据全年及每月路地联席会议确定的出省物资运输计划，昆明铁路局按照“五保四压”（保重点、保增长、保效益、保鲜活农副产品、保行业整合，压初级产品、压原矿、压低价值产品、压不符合产业政策的产品）的要求，加强铁路运输组织，减少资源性物资、原材料和粗加工产品的运输，增加高价值和高附加值产品的运输，提升云南省资源价值，推动地方经济的健康发展。同时，充分发挥滇、桂、黔、川、渝铁路运输联席会议平台作用，加强出省物资的联劳协作，拓宽物流流通渠道，为促进云南经济发展、保持社会和谐稳定、实现经济形势回升向好作出了重要贡献。全年，完成出省物资运输3 052.8万吨，超年度计划2.8万吨，超额完成了云南省政府下达的年度出省物资运输任务，

【重点物资运输】 加强与地方各级政府及大型、重点企业的沟通联系，走访企业、货主，及时掌握市场运输需求及企业、厂矿的销售、运量、库存等情况，科学调配运能，稳定有效货源，均衡重点物资运输。严格落实重点物资运输协调机制，坚持重点物资优先计划、配空、装车、挂运、卸车的“五优先”政策，加强运输组织，提高运输效率，对电煤、救灾、粮食等重点物资及重点企业、大型企业的生产物资，快编、快发、快送、快卸，全力满足云南社会经济发展的运输需求。全年，昆明铁路局运输煤炭1 935.98万吨，焦炭176.56万吨，钢铁630.35万吨，粮食26.08万吨，化肥596.86万吨，农副产品40.35万吨，石油120.08万吨，磷矿石358.42万吨。

【货运日计划自动审批】 9月1日起，昆明铁路局本着“保证重点运输、优先运输效率、提高运输效益、服从全路车流调整”的原则，通过计算机对货运日计划进行自动审批，并实行集体审批、审批结果逐级签认和装车站公示等制度，日请求车百分之百纳入自动审批

程序，不留口子。同时，建立健全计划审批过程中的监督约束机制，增加审批过程透明度，确需人工调整时，原因、理由须记载清楚，做到百分之百明确责任人，百分之百留下调整痕迹。人工调整审批的范围仅限于：战略装车点装车、重点客户装车、重点物资装车、成组及同方向装车、急难特困装车、平衡矛盾装车。货运日计划依据昆明铁路局月度运输生产经营计划、重点物资运输范围、铁道部下达的次日货运轮廓计划、运输效率控制因素等进行自动审批，重点保证关系国计民生、对地方经济发展至关重要的重点物资和重点企业的运输。

【铁路运输需求通过互联网受理】 2009年，铁道部将昆明铁路局作为货运组织改革试点，在昆明铁路局推行“集中受理、优化装车”改革，利用互联网敞开口子受理运输需求。通过改革，逐步实现货运计划网上受理、一次提报、全程服务，进一步整合运输资源，提高运输效率和效益，提升货运服务水平。昆明铁路局采用模块式管理法实施货运计划申报管理。一是实施大客户模块管理，对占全局运量48%的29家大客户和重点客户实现互联网受理运输需求业务，配备专人负责大客户运输业务信息化服务管理工作。根据大客户的需求对业务信息进行个性化设置，使提报业务更快捷和方便，需求受理效率更高，为巩固和扩大大宗货源和发展路企双方战略合作奠定基础。二是实施铁路多经企业和专业公司模块管理，将铁路多经企业和专业公司分散性的需求进行集中，通过内网用户途径进行统一管理和提报。三是实施专用线模块管理，与专用线整合和规范管理相结合，使用数字认证的方式，对专用线允许发送站、允许办理品名以及批准共用户信息进行设定，通过铁路发放数字证书登录系统提报货运计划和请求车。四是实施散户模块管理，对零散客户只开通互联网提报货运计划业务，不设任何限制，客户上网简单注册便可提报货运计划，敞开口子收集市场需求信息。

“集中受理、优化装车”货运组织改革改变了铁路货运服务方式，货运客户通过互联网提报运输需求，运输需求与运力结合更为紧密。全局日班计划兑现率由原来不足80%提高到93%以上，提高了客户对铁路的满意度。

【旅客列车开行增加】 4月1日零时起，全国铁路新运行图实施，昆明铁路局新增旅客列车5对，其中，昆明至广州K484/1/4、K483/2/3次，经由南昆、黎湛、广茂线运行；昆明至上海南1240/39次，经由沪昆线运行；成都至昆明2003/4次列车等级变更为快速列车，车次变更为K853/4次，由昆明铁路局负责值乘；襄樊至昆明1257/8次，经由焦柳、沪昆线运行，由武汉铁路局值乘；南昌至昆明1237/6次，经由沪昆线运行，由南昌铁路局值乘。新图同时对12对管内旅客列车车次进行调整并微调运行时刻，威舍至六盘水6001/4、6003/2次，经由威红、水红线运行。

【客运便民利民举措】 3月15日至6月30日，昆明铁路局在T62、K145、K146、K155、K156、K167、K181等23趟旅客列车上实施列车运行最后一日（含当日运行）距离目的地400千米内空闲卧铺票价优惠，适应客流需求，提高卧铺利用率。

4月1日起，昆明铁路局将直达列车车票预售期调整为20天，其他直通旅客列车车票预售期由原来的5天调整为10天，昆明至大理夜班车车票预售期调整为4天，方便旅客出行。

【往返联程套票发售】 自4月10日起，全国铁路统一实行旅客往返、联程套票售票管理，旅客可以在始发站一次性购买往返、联程套票，预售期为20天。按照铁道部要求，昆明铁路局除直达特快、动车组列车不单独划分票额外，各次直通旅客列车将15%、5%票额（始发长途票额）分别用于“往返”、“联程”用途，各次管内旅客列车5%的票额用于“联程”用途。如遇列车晚点等铁路原因造成旅客无法接续乘车时，由中转站优先为购买联程车票旅客办理车票改签或退票手续，最大限度地减少转乘列车给旅客带来的不便。

【昆明枢纽改扩建工程开工建设】 11月25日，昆明铁路枢纽改扩建工程正式开工建设。昆明枢纽改扩建工程是承接成昆、沪昆、南昆、昆河、渝昆及沪昆客专等7条干线的大型枢纽铁路工程，建成后将与昆明枢纽东南环线工程连接，形成滇池环线通道，适应昆明“一湖四片”城市布局，极大缓解铁路“瓶颈”制约。

昆明枢纽改扩建工程西起温泉站，连接既有线成昆线；东至昆明东站，连接既有线沪昆、南昆线，并经羊堡、王家营西站至规划的昆明南客站，与规划建设的云桂铁路、沪昆客运专线相连；南端通过昆阳至玉溪，与在建的玉蒙铁路、蒙河铁路和规划建设的玉磨铁路相连，形成“八入滇四出境”云南铁路网的重要枢纽。枢纽全长89.918千米，为Ⅰ级电气化铁路。设计时速温泉至昆明120千米、昆明至昆明东80千米、读书铺至昆阳100千米，投资估算总额达87.95亿元，计划工期3年。工程完成后，枢纽通道客货分线，可利用沪昆客运专线、沪昆、成昆、昆玉铁路开行服务滇中城市群的城际列车，实现滇中城市群“1小时生活经济圈”；形成连接环滇池城镇北城（主城）、东城（呈贡新城）、南城（晋城—新街新城）、西城（昆阳—海口新城）和安宁市的快速轨道交通线，逐步改善城市交通状况和出行方式，促进昆明新城快速发展。

【新建云桂铁路建设工程正式启动】 12月27日，云桂铁路云南段建设动员大会在昆明新客站站址举行。新建云桂铁路东起南宁地区枢纽的南宁站，进入云南省境内后经文山州富宁县、广南县、丘北县，红河州弥勒县，昆明石林县、宜良县，于昆明市呈贡新区东侧设昆明南站（二客站）之后进入昆明地区枢纽，正线全长715千米，云南境内长441千米，为国家Ⅰ级双线电气化铁路。旅客列车设计时速200千米，预留250千米/小时条件，建设工期6年，概算总投资580多亿元。建成后，昆明至百色段货运量将达6 000万吨/年，旅客列车自昆明3小时内可达南宁、6小时内可达广州。其建成对提高西南至华南地区通道能力，优化完善区域铁路网布局尤其是云南铁路网结构，构建“泛亚”南部国际通道，促进西南特别是云南与“泛珠三角区”、“环北部湾经济区”交流与发展具有重要意义。

3月17日，该项目可行性研究通过铁道部审查，6月26日，通过国家环境保护部、铁道部环保联合审评。环境保护部、铁道部联合审议新建铁路环境影响，此举在全国尚属首次，首开我国环保工作先例。

【昆明东南环线铁路有限责任公司成立】 11月8日，由铁道部、昆明市人民政府分别授权昆明铁路局与昆明市交通投资有限责任公司作为出资方代表共同出资组建的昆明东南环线铁路有限责任公司成立。公司主要负责昆明东南环线铁路的投资、建设和经营管理工作。当日，公司股东会、第一届董事会、第一届监事会分别召开第一次会议。会议分别成立昆明东南环线铁路有限责任公司第一届董事会及第一届监事会，选举昆明铁路局副局长韩忠平为公司董事长，选举昆明市交通投资有限责任公司董事、董事长、党总支书记雷升逵为副董事长。

昆明东南环线铁路经昆明市晋宁县昆阳镇、渠东至昆明南站，全长38.4千米，为Ⅰ级复线电气化铁路，设计时速为200千米，投资估算总额达32.7亿元，计划工期为3年。该线路作为昆明市环滇铁路枢纽的重要组成部分之一，建成后将极大地提高路网功能及枢纽衔接线路运输能力，促进沿线城市化进程并带动地方经济社会进一步发展。

【金马村物流配送基地建成投用】 1月18日，金马村物流配送基地正式运营。该基地拥有货物线5条、走行线1条，可一次装卸作业108车，堆场面积2.55万平方米、仓库面积1.8万平方米，高货位96个，年货物到发量达600万吨，是集贯通式线路整列装车、尽头式线路仓储服务为一体的大规模、多品类物流基地和初具规模、功能齐全、设施完善的战略装车点。

【运输安全持续稳定】 着眼云南未来高速铁路和技术装备现代化发展的需要，以“优化站段管理结构、自控型班组建设、主要行车工种队伍建设”三项工程为重点，全面启动实施“安全基础建设三年规划”，不断规范、深化、巩固安全管理。面对地震灾害频发、水害同比增加29%的严峻形势，投入3 610万元完成防洪预抢和水害复旧工程95件，对785处防洪危险薄弱处所实施登记建档、记名巡查和逐级包保，严格落实汛期安全行车措施，顺利实现第13个防洪安全年。全面强化基础设备质量，整治设备质量隐患，实现设备保安全的目标。深入开展施工安全、设备质量、防溜安全、LKJ管理、劳动安全、路外安全、治安防范、干部作风、职工“两纪”等专项整治，确保春运、暑运及国庆60周年等重要时期、关键时期的运输安全稳定。

（吴立群　宇建波）

公共交通

【年度概况】 2009年是昆明公交集团有限责任公司大发展、大腾飞的一年，也是夯实发展后劲，确保公交三年发展规划顺利实现的基础之年和开局之年。集团公司以科学发展观为指导，以立足创新、谋求跨越为发展思路，以创中西部一流公交企业为目标，以提升服务为抓手，团结一心、冷静分析、沉着应对、经受住了昆明城市高速发展，道路拥堵给营运生产带来的压力，经受住了企业高速扩张所带来的资金紧张等方面的考验，以大手笔的气魄实现了企业大发展的结果，以大跨越的速度实现了大腾飞的目标，圆满完成了2009年初确定的目标任务。

“333”增长战略如期实现，即“连续三年企业固定资产每年增加3个亿，营业收入每年增加3 000万元以上，员工人均月收入增加不少于300元”。2009年企业固定资产投资达到4.5亿元，比上年的1.48亿元增加204%；营业收入达到8亿元，比上年的7.45亿元提高7个百分点；员工人均月收入增加300元，实际人均年收入达到3.17万元，比上年的人均2.88万元增加10.07%，位居昆明市2008年人均收入2.53万元的中上水平。

2009年公交出行分担率达到34%，比上年同期提高13.33%；总行驶里程累计完成1.8亿千米，比上年同期增长7.21%，比上年净增1 212.43万千米；票款收入加票款补贴达到7.82亿元，比2008年增加0.37亿元，增长率为5%；总客运量达到8.11亿人次，比上年同期增长10.21%，比上年净增7 509.9万人次，全年日均客运量达到222万人次，比上年同期增长10.5%。遵章守纪合格率达到了98.31%，平均分为99.80。

安全管理平均分达到95.15；车厢服务合格率达到99.29%，平均分为99.89分；车厢整洁合格率达到了99.50%，平均分98.79，各项指标均高于年初所制定的目标值。

由于受城市道路改造的影响，前三季度呈现出社会效益上升，经济效益下滑的特征。经过调整思路，集团公司把“两升两降”，即提升服务、提升效益，降低成本、降低安全事故率作为工作重点。全司上下共克难关，第四季度开始回升，各项经济指标出现好转，逐步走上发展正轨。与前三季度平均数相比，四季度票款收入提高2.59%，事故间隔里程上升70.17%。

【努力克服道路改造的影响】 据有关

昆明公交集团2009年主要经济指标完成情况表

	全年总计			集团公司			新巴公司			城巴公司
	全年计划	实际完成	完成率%	全年计划	实际完成	完成率%	全年计划	实际完成	完成率%	实际完成
票款收入（万元）	57 557.7	61 425.2	106.7	37 710.1	40 751.1	108.1	20 309.5	17 913.9	103	960.3
总行驶里程（万千米）	17 224.4	18 031.1	104.7	11 375.8	11 957.8	105.1	5 346.9	5 502.7	102.9	570.7
总客运量（万人次）	69 901	81 071.4	116	449 920.3	52 770.2	117.5	25 766	27 462.6	113.4	838.6
公交出行分担率	2009年1～12月累计出行分担率34%，圆满完成年度工作目标。									

北市区公交车场出口　（市公交公司　供稿）

部门统计，2009 年以来，由于受城市道路扩建等因素影响，整个城市的出行总量呈下降趋势，比上年度同期下降 8.2%。在此形势下，公交集团不畏困难，逆向操作，先后开通了新线 18 条、调整线路 160 条，其中延时延线 19 条，通过增车扩容，对客流量较大的线路增加营运车辆，对受到车场限制无法增车的线路实施车辆扩容，将原 10 米车辆置换为 12 米车辆，12 米车置换为 18 米车或双层公交车，增大了营运车辆的有效容积；开通 8 条跨站快捷车，最大限度地缓解营运过程中车辆满员、乘客无法上车导致车辆在站台长时间滞留、车辆串行、运营速度大幅下降等情形，确保全线运力在一个安全合理的速度范围内发挥应有的效率。试行 GPS 智能调度，率先在 51、98、82、100 路 4 条营运线路上同时试行 GPS 智能调度系统，使每辆车都保持均等的运行距离，使沿线站台上候车的乘客能及时乘车，公交"扎堆"的现象得到改观。对营运台班模式进行优化调整，将原两班制调整为 2+1 班次制，从结构上实现了"加强高峰，保证平峰，减少低峰"的提效控亏，最大限度压缩低效营运里程。千方百计方便乘客出行，增强公交出行的吸引力。公交出行分担率比上年同期提高了 13.33%，两组数字一降一升，表明选择公交出行的人群在日益增长。9 月 22 日，集团公司在"2009 年中国城市无车日"活动中发挥了很好的作用，并在全国首次以"无车日"的专题报道登上了中央电视台《焦点访谈》栏目，受到了全国公交同行的关注。

【各项工程建设顺利推进】　在财政资金困难、补贴未到位的情况下，企业以良好的对外信誉，通过贷款、赊购等方式购进新车，新增营运车辆 270 台，金额达到 1.24 亿元，确保了当年购车任务的顺利推进。

2009 年市委市政府 40 项民生工程建设涉及公司吴家营、南市区、海源寺、雨花四块公交停车保养场建设。同时，为配合主城长途汽车客运站搬迁，公交公司还同步配套建设了长途客运站西北部配套公交车场、长途客运站南部配套公交车场、南部配套公交车场、长途客运站东部配套公交车场、长途客运站北部配套公交车场等车场。

吴家营停车保养场：吴家营车场是配合昆明市行政中心搬迁的配套公交停车场，总用地面积33 333.33 平方米，净用地面积23 260平方米，道路用地面积 10 073.33 平方米，总建筑面积 7 390.38平方米，其中调度楼6 182.58 平方米，车辆检测间 803.3 平方米，候车钢结构大棚 370 平方米，自动化洗车台及中水处理 90 平方米，配电室 34.56 平方米，地下消防水池 68.4 平方米；露天停车场及道路15 797.8平方米，停公交车数量 94 台。由于该工程是配合市政府行政中心搬迁的市级重点工程，要求的工期非常紧，经请示相关部门的同意，由经开区规划、国土、建设局等相关部门共同签署意见，同意该工程提前开工建设。于 8 月 17 日开工建设，年内车辆检测间及调度楼内、外装修进入收尾阶段；室外砼停车坪已完成 90% 的工程量。随时可以投入使用。

南市区停车保养场：南市区停车保养场项目总用地 63.32 亩，总建筑面积 54 761平方米（其中地上48 185 平方米，地下6 577平方米），是一个具备综合性开发条件的停车保养场。于 5 月 28 日开工建设，已完成调度楼、车辆检测间的施工，公交车场功能部分的施工已完成，预计 2010 年 7 月左右可全部建成并投入使用。

海源寺停车场：项目位于海源寺海屯路中段，占地面积 34.95 亩，净用地 30 亩，已取得土地移交书，正在办理用地后续手续。总投资3 000万元，该车场已于 2008 年 12 月 26 日简易建成投入使用。

雨花公交停车场：项目位于呈贡吴家营街道办事处昆洛路南端东侧，总用地 104.78 亩，净用地 68.85 亩。省国土资源厅批复了建设用地。土地部门、吴家营办事处前卫营社区于 9 月 28 日向公司移交部分建设用地（约 30 亩）。已完成了临时围墙施工，计划 2010 年底完成车场一期建设，公交车投入运行。

长途客运站西北部配套公交车场：西北部配套公交车场是与西北部长途客运站相配套的公交车场，总用地面积 8 300平方米，净用地面积6 700 平方米，道路用地面积1 600平方米，总建筑面积3 283.36平方米，其中办公调度综合楼2 147.36 平方米，车辆检测间 216 平方米，始发站台 490 平方米，下客站台 175 平方米，换乘大厅 255 平方米，露天停车场及道路面积4 800平方米，停公交车数量 40 台。于 4 月 27 日开工建设，历时 7 个多月，于 11 月 5 日竣工验收，质量为一次性验收合格，已交付使用。开通线路 8 条。

长途客运站南部配套公交车场：南部配套公交车场是与南部长途客运站相配套的公交车场，总用地面积 24 148.84平方米，净用地面积19 900.1 平方米，道路用地面积4 248.74 平方米，总建筑面积7 196平方米，其中调度楼3 150平方米，车辆检测间 805 平方米，综合楼1 650平方米，网架候车棚1 357平方米，自动化洗车台 100 平方米，配电室 60 平方米，地下消防水池 74 平方米，露天停车场及道路面积 4 800平方米，停公交车数量 40 台。于 6 月 23 日开工建设，历时 6 个月，12 月 17 日竣工验收，质量为一次性验收

昆明城市“无车日”活动启动仪式　（市公交公司　供稿）

合格，已交付使用。开通线路23条。

长途客运站东部配套公交车场：东部配套公交车场是与东部长途客运站相配套的公交车场，总用地面积32 125.9平方米，净用地面积29 875.2平方米，道路用地面积2 250.7平方米，总建筑面积7 734平方米，其中调度楼4 495平方米，车辆检测间644平方米，综合楼1 965平方米，自动化洗车台90平方米，配电室60平方米，露天停车场及道路面积14 070.2平方米，停公交车数量103台。于6月15日开工建设，历时6个月，12月25日正式交付使用。开通线路4条。

长途客运站北部配套公交车场：北部配套公交车场是与北部长途客运站相配套的公交车场，总用地面积67.7亩，公交车场净用地面积49.2亩，轻轨用地面积7.6亩，道路用地面积4.5亩，防护绿化带用地面积6.4亩。总建筑面积9 510.85平方米，其中调度楼3 342.34平方米，车辆检测间585.6平方米，综合楼3 349.76平方米，候车厅1 051.8平方米，公交自用加油站402.15平方米，自动化洗车台及中水处理45平方米，配电室50平方米，地下消防水池68.4平方米；停公交车数量200台。于年内开工建设，并已完成各单体基础施工，上部主体结构正在施工中。计划2010年3月22日竣工。开通线路6条。

【公交场站综合开发】　公交公司进行公交场站综合开发，探索出一条“交通＋商业”的成功模式。

在场站建设过程中，公司依托场站这一平台，引进民间资本，形成多元投资，进一步提升和完善公交场站功能，使原有单一的交通枢纽变为集交通集散、商业服务为一体的综合性场站。通过与加拿大西太平洋石油有限公司采用BT方式合资建设南市区公交场站，与中豪置业公司签订并落实了新螺蛳湾交通加商业合作项目。通过合作双方优势互补，为广大市民提供环境舒适、功能优化、形象良好的出行环境。为企业依托主业，扩大产业内涵和外延，完善产业价值链提供了积极的借鉴。同时，还为民间资本参与市政公用服务，回馈社会提供了平台。此举引起了中央电视台及其他新闻媒体的关注，分别就此事进行了多次连续报道，在国内引起强烈反响。在一年时间里，公司两次引起中央级新闻媒体的关注，这在公司历史上是绝无仅有的，也开了全国公交行业的先河。

【三产成为新的经济增长点】　公司为进一步拓展经营模式，在原多种经营办公室的基础上，组建公交商贸公司，进一步将三产从主业剥离，按市场经济规律运作，取得了初步成效。2009年第三产业实现收入3 819.58万元，比上年同期增长2.75%，实现利润2 435.57万元。

【治理公交八大顽症】　推行驾驶员主导法，治理八大顽症，公交整体服务品质得到显著提高，车容车貌也在以往基础上全面提升，在行业主管部门进行的检查中，“服务两率”（车厢整洁合格率、车厢服务合格率）都达到了98%以上，据有关媒体问卷调查显示，市民对城市公交的满意率高于98%。

【节能降耗、节支增收】　公司把提高单车营运效率最大化作为追求目标，通过工时定额管理、车辆“营修分离”、“爱车降耗，每天节约一升油”竞赛活动等措施，有效降低了企业的运行成本。市环保局环境监测中心两次对公司营运的汽油车和柴油车进行检测，两次合格率分别为97.1%和91.2%。检测中不合格车辆经综修厂治理后也全部达到排放要求。

至2009年底，集团公司投入使用的再生水回用站已达15座，设计日处理污水近2 000立方，改造南部公司14车队再生水设施，全司1～11月使用再生水24.72万立方，再生水水质达标率为97.6%，为公司节约资金达94万元，基本做到有制度，有落实，有考核，取得了较好的再生水循环利用成效，从而使得公司节能降耗工作在全国城市公交行业处于较好的水平。

【公交车斑马线减速慢行通过】　公司一直把营造昆明城市文明祥和的社会氛围作为自己的社会责任和社会使命。从11月起，在公交专用道试行公交车斑马线减速慢行通过，不仅使驾驶员在斑马线上的违章率由2%降到了1%，降幅达50%。并且在斑马线上未再发生过1起千元事故。11月份公交收到的表扬信，比10月份上升30%。

【实施换乘免付】　2009年3月26日，公司又落实市委、市政府的民心工程——推行公交IC卡“换乘免付”收费方式。市民持普通公交IC卡在第一次刷卡乘车后，1小时内转乘其他安装IC卡的公交线路，均可享受换乘公交“免付”的待遇。

据统计，“换乘免付”刷卡量达到26万人次/日，加上60岁老年人持公交IC卡免费乘公交，总量超过了66万人次，占到日均刷卡总量的48%，日均客运总量的30%

【获得的荣誉】　集团公司各项工作受到社会各界的好评，先后荣获“中国企业创新优秀人物”、2009年度“昆明市最具社会责任感企业”、“第一批党建示范点”、继续保持“劳动关系和谐企业”荣誉、昆明市“治安工作先进单位”、“双拥工作先进单位”等20余项殊荣。涌现出全国见义勇为好司机、28车队驾驶员刘涛等一批先进人物。

（陈　健）

交通管理

【道路交通事故防控与处理】　2009年，支队以创建“平安畅通县区”和实施交通安全目标管理责任制为载体，充分发挥市交通安全委员会办公室的综合协调作用，结合春运、春节、国庆、中秋等节假日交通安全保卫工作和各个时期的工作重点，先后牵头组织了6次交通安全检查及督察活动。通过狠抓道路交通安全目标管理责任制落实，强化车辆及驾驶人源头管理，积极开展事故多发点、段排查治理，严厉打击交通肇事逃逸犯罪，有效遏制了重特大道路交通事故的发生。一是加强道路交通安全监管，严格落实客运车辆“户籍化”、属地“安全卡”、“三关一监督”制度和车辆管理的“四项制度”，坚持“四个见面”、做好“四个到位”，严格对机动车安全检验、车辆注册、过户转籍、报废销毁及驾驶人考试、发证、审验环节的把关，大力强化日常管理，不断提升车驾管工作的针对性、实效性。二是以“城乡公交一体化”建设为载体，在各县、区大力推行农村客运公交“镇镇通”、“村村通”工程建设，不断规范农村地区客运交通秩序，改善农村地区交通环境。年内，全市农村地区共建立乡村客运站303个，县乡道路招呼站853个，开通城乡公交客运线路达396条，投放营运的城乡公交车辆3 264辆，乡镇覆盖率达到100%，行政村通车率达到80.46%，其中安宁和石林的农村公交通村覆盖率达到了90%以上，较好地解决了农民群众出行难的问题，进一步改善了农村地区的交通安全环境。三是积极开展交通安全隐患排查治理，先后投入经费7 593.6万元，新增交通安全警示标志157块、施划交通标线11 717米、设置减速带1 363条，修建防撞墙26 184米、设置防撞墩265个，道路中心隔离21 640米，安装永久性标志1 823块，对碧鸡路、车明公路、昆禄公路K58千米处等137个事故多发点、段进行了整治。同时，还会同安监、交通等部门加强对客运企业及驾驶人、危险化学品运输车辆、校车进行了全面集中清理排查，对存在安全隐患的325辆“危化品”运输车辆、94辆校车进行了督促整改；与省、市气象部门建立协作机制，通过内部网站定期刊播中、短期天气预报和交通管理工作预警，指导各大队加强日常交通安全管理，做好危险路段和恶劣天气条件下的事故防控工作。通过整治，交通事故发生率与整治前相比平均下降了20%左右，涉及“危化品”运输车辆和校车的交通事故明显减少，交通安全指数得到进一步提升。四是组织开展了高速公路集中整治、严重交通违法行为集中整治、酒后驾车交通违法集中整治等一系列专项集中整治行动，加大了对饮酒后驾驶、醉酒后驾驶、无证驾驶、超速行驶、超员行驶等严重交通违法行为和重点区域的整治力度。一年来，全市公安交管部门共纠正查处各类交通违法4 505 463起，其中：查处无证驾车9 459起、酒后驾车1 799起、机动车违法停放395 098起，违禁行驶16 363起、逆向行驶3 607起、大货车不按规定车道行驶25 068起、摩托车非法客运1 918起、人力三轮车及电动自行车非法客运527起、电动自行车带人及逆行253 425起，罚款1 072 238起，教育警告3 433 225人次，吊销机动车驾驶证346本（涉及交通事故229本），行政拘留1 587人（涉及交通事故284人），暂扣各类机动车53 233辆次，暂扣证件6 365本。五是强化交通安全形势研判，将事故预防工作与日常勤务管理工作有机结合。同时，结合“打盗抢，抓逃犯”等专项行动的开展，不断加强与外地警方及其他警种协调配合，提高交通肇事逃逸案件侦破率和打处率。一年来，全市共发生交通肇事逃逸案件271起，侦破交通肇事逃逸案件228起（其中“网上追逃”5起），侦破率84.1%；办理涉罪案件192起，取保候审147人，刑事拘留45人，逮捕42人，终生禁驾35人，有效地打击了交通肇事犯罪，净化了城乡道路交通环境。

通过一系列整治，2009年全市的道路交通事故防控工作继续得到加强，共发生一般程序处理的交通事故2 661起，造成332人死亡，3 344人受伤，直接财产损失736.16万元，万车死亡率为2.92人/万车，低于全省平均水平（3.02人/万车）。

【车辆及驾驶人管理】　截止2009年12月20日，全市机动车保有量为1 137 908辆，净增160 136辆；机动车驾驶员保有量为1 484 818人，净增145 875人。2009年，支队车辆管理部门通过大力强化日常管理，在机动车安全检验和驾驶证审验环节查获“两号（发动机号和车辆识别代码）”不符机动车75辆、擅自改装车型或改变车身颜色机动车195辆、假牌假证37副、移交涉嫌盗抢机动车5辆、查堵未处理交通违法行为22 322起、治理脱检机动车15 378辆、完成42 675辆货运机动车的反光标识粘贴和防护装置设置工作、注销报废机动车4 393辆、对987名因交通违法记满12分的驾驶人进行了再教育、通过车驾管预警平台协助有关部门抓获在逃犯罪嫌疑人6名，从源头上强化了对机动车及驾驶人的管理，进一步筑牢了事故防控的前沿防线。

【交通设施建设】　投入专项经费2.74亿元，实施了呈贡新区路网、西坝路、海埂路、金广路、拥广路、北京路（霖雨桥—7204公路）等新修、改扩建道路的配套交通设施建设；完成了三期微循环60条道路交通信号灯、交通标志标线建设和“缓堵一年行动计划”交通设施建设项目一期31个信号控制路口、100个新型交通岗亭、50千米隔离护栏的建设任务并顺利通过验收。

全年在全市道路上漆划交通标线95 000米，增设交通标志牌721块，反光柱347根；更换各型护栏3 375幅、修复4 230幅，更换人行横道路障标534个、修复1 264个，更换反光柱184根、修复211根，清洗护栏78 783幅，进一步改善了全市的交通硬件环境质量。

【保通工作】　围绕二环改造等系列重大交通基础设施建设工程保通工作，先后推出“三级责任制”、“24小时联勤保通”、“机关干部、民警晚高峰加勤和参与一线大队夜间突击整治”等制度，并通过科学组织交通、合理调整勤务、规范施工管理、强化宣传引导和督促落实等措施，不断加大保通工作力度，有针对性地提出二环系统通车后的交通组织意见和规划，并组建二环中队对试通车后的二环快速系统实施有效管理，有力保障了新建二环系统与原有城市道路有序衔接和交通功能的充分发挥。据统计，2009年全市交警共超时加班工作789 360小时，折合98 670个工作日，平均每人超时加班68.5天。

【法制工作】　组织开展了交警系统执法工作、法律知识“三考”、“全民普法教育”等考试活动，通过以会代训、举办培训班、评析典型案例等多种形式，努力提高广大民警的执法水平和执法技能；对查处道路交通违法行为的“五个规范”进行了完善，对执法监督管理的“六项制度”进行了修订，出台了交通事故预防处理工作的“五个预案”、“两个规范”，组织编撰了《道路交通安全法律法规汇编》、《道路交通安全执勤执法规范》、《道路交通事故案例分析及车驾指南》等执法管理指导用书供民警学习、使用；开展规范执法“示范大队”、“示范中队”、“示范标准岗”和“执法标兵”创建活动，进一步激发了广大干部、民警开展执法规范化建设的积极性、主动性，提升了执法质量和执法水平。

【科技强警】 2009年，支队在继续加大交通指挥中心及配套软件建设推进力度的同时，不断完善交警队信息平台、机动车登记和驾驶管理系统建设，积极推行全国道路交通事故处理信息系统的应用，组织研发了“交通肇事犯罪刑事案件预警系统”和“交通事故扣车、扣证信息管理系统”，建立了“碰瓷”（有意制造交通事故向对方勒索钱财的违法犯罪行为）人员系统对比库，启动了3个标准化信息采集室的建设，开通了“便民利民多渠道信息发布平台”，完成了昆明市道路监控和电子警察系统BLT项目和北京路交通诱导试点项目建设，为规范执勤执法、提升工作效能、拓展便民利民服务提供了强大的科技支撑。

【交通安全保卫】 2009年，支队圆满完成了党和国家领导人视察、外国政要访问以及省市“两会”、2009年中国昆明国际文化旅游节、第17届昆交会等各项大型警（保）卫任务1 170起，其中现场警卫283起，开道任务858起（含一级警卫8起，二级警卫31起，三级警卫72起，一般开道任务747起）、其他勤务29起。

【便民利民措施】 坚持“管理与服务并重”的方针，不断探索、拓展便民利民的措施和领域。一是推出了网上缴纳交通罚款业务。二是制定了“车驾管13项便民服务措施”，在全市8个机动车检测站设置了交通违法处理便民窗口，实现了车检和车辆违法“一站式”办理。三是在主要居民聚集区设置了9个交通管理便民服务站，还通过开展“大走访”爱民实践和公安队伍建设大走访活动，组织广大干部、民警深入321个社区、427个学校、189个企事业单位，走访群众4.5万人次，为群众解决实际问题117件，做好事253件，广泛听取群众对交通管理工作的意见、建议，认真整改管理和服务工作中存在的不足，不断密切警民联系，融洽警民关系。

【交通安全宣传】 继续推进和拓展“五进”、“四让”宣传活动，以开展“文明交通工程”为重点，多渠道、多形式、多层次深入推进交通安全宣传工作。一年来，支队结合各项交通安全宣传活动的开展，共投入宣传经费600余万元，出动警力5万余人次，深入辖区单位、村镇、学校、社区6 000余个，举办挂图巡展4 250场次，播放警示光碟3 700场次，讲授交通安全课450场，发放各类交通安全宣传材料500多万份，粘贴、悬挂彩色喷绘宣传画3 500幅，通过各级、各类新闻媒体刊播交通管理专访、评论、消息、公益广告等有关道路交通管理工作的新闻稿件22 285篇（条、幅、期）。

【队伍建设】 2008年，支队按照“抓班子、带队伍、促工作、保平安”的总体思路，围绕全市公安交通管理中心工作，大力加强交警队伍正规化建设，全面提升队伍整体素质，为圆满完成各项交通管理任务提供了有力保障。一是按照支队党委认真落实党建目标管理责任和“三会一课”制度的要求，不断完善党员队伍管理机制。同时，积极组织开展体育比赛和书画、摄影展等各种活动，进一步加强了党、团组织建设。二是按照支队党委《党风廉政建设目标责任书》各项要求和上级党委对党风廉政建设的统一部署，全面加强支队党风廉政建设。同时，结合“行政效能提升年”、“干部作风改进年”和队伍教育整治、“治庸计划”、“民主评议机关作风”等活动的开展，大力加强机关作风、效能建设和纪律作风养成教育，严格内务管理，狠抓公务用枪“四条措施”、“五条禁令”、“六条警规”和公务员“八条禁令”的落实，认真执行党风廉政建设、“一岗双责”、纠风目标责任管理、六个百分百承诺等各项制度措施，不断强化对干部、民警的日常管理与监督考核。三是按照《支队2009年教育训练计划》，继续深入开展好政治、体能、业务、技能、科技大练兵活动。四是在加强队伍建设、队伍管理的同时，认真落实关爱民警的各项制度，从工作、生活中切实为民警解决实际困难。进一步激发了民警的工作积极性、主动性和创造性，进一步增强了队伍的凝聚力、向心力、战斗力，广大民警精神面貌焕然一新，政治、业务、体能素质进一步提高。

一年来，有13个“先进党支部”、123名“优秀党员”、39名“优秀党务工作者”、53个岗组、233个先进个人因在“争先创优”劳动竞赛中表现突出分别受到市社会主义劳动竞赛委员会、市总工会、市公安局和支队的表彰。同时，支队车管所获集体二等功；有21个集体获三等功，15个集体获嘉奖，32人获个人三等功，142人获个人嘉奖。

（许　刚）

附：昆明市出租汽车行业发展情况

出租汽车行业是城市公共交通的重要组成部分，在促进城乡经济发展、方便市民出行、扩大社会就业、树立城市形象等方面发挥着重要作用。

一、基本情况

（一）出租汽车行业发展简况

1. 早期行业的发展。昆明是西南重镇名城，早在汉代时期就有出行的肩舆（轿子），明清时代轿子分为官轿和民轿，已具有出租交通工具的性质。民国始，昆明就有出租人力车及黄包车。1949年昆明全市有80余家人力车行，人力车1 800余辆。

20世纪50年代，轿子和人力车相继淘汰，取而代之的是脚踏三轮车。1956年全市有营业性三轮车480辆。70年代初，随着客运机动三轮车的出现，脚踏三轮车逐渐被淘汰。1972年1月，昆明市正式经营出租汽车业务，以机动三轮车为主要代步工具。1977年，国营昆明市出租汽车公司成立，市政府调拨17辆华沙牌和胜利牌轿车投入运营，这是昆明有出租轿车之始。

2. 现代行业的发展。昆明市客运出租汽车行业自1976年成立第一家客运出租汽车公司以来，经历了30余载的发展历程。1976年，昆明市只有55辆东风021机动三轮出租车。1977年增加华沙牌和胜利牌轿车17辆。1985年原有车辆全部报废，更换为菲亚特、波罗乃茨、皇冠、丰田吉普等车型，共有100余辆。1988年全市客运出租汽车增至500余辆。随着改革开放的深入，1992年市客运出租汽车发展为2 700余辆（含中巴车），是4年前的5.4倍。经营企业107家。这些车辆的经营权都是通过行政审批的方式取得的。

1993年11月，昆明市开始实行客

运出租汽车经营有偿使用出让，至1999年先后向市场有偿投放了4 201辆客运出租汽车，同时将原实行行政审批方式取得经营权的车辆，也纳入了经营有偿使用的范畴。至此，全市客运出租汽车总量达到了6 901辆，经营企业89家。此后至今，未再增加新的客运出租汽车，昆明市共有客运出租汽车经营企业34家，行业从业人员近1.3万人。

在发展的30余年间，市客运出租汽车的主要车型经历了从东风021机动三轮车、菲亚特、波罗乃茨、皇冠、夏利、桑塔纳、桑塔纳2000、捷达、富康、爱丽舍、红旗车型的更换过程。目前的车型以捷达、富康988、爱丽舍、桑塔纳为主。车型的更新换代，使昆明市客运出租汽车的车辆档次不断提高，乘坐质量向舒适化、宽敞化的方向发展。

（二）出租汽车和从业人员的基本情况

昆明市主城区现有出租汽车6 901辆，每万人拥有出租汽车23辆，主要车型有捷达、桑塔纳、富康等。共有出租汽车从业人员12 667人，其中：出租汽车司机12 433人，占98.2%；经营管理人员234人，占1.8%。出租汽车经营企业有33家，其中：国有企业5家（含国有独资企业1家），占15%；有限责任公司18家，占55%；集体企业10家，占30%。每年运送乘客约1.35亿人（次），营运产值4.5亿元，上缴税收约2 400余万元。

（三）出租汽车收费标准和经营成本

出租汽车起步价为8元，基价里程3千米，每千米1.80元；夜间22：00至次日6：00，加收20%的夜间收费；单程行驶里程超过10千米（含10千米）加收50%的返空费。昆明市出租汽车从周一至周五按车牌尾号实行轮休（每天约有1 374辆车辆轮休），日平均行驶里程约为303.4千米，日平均营运里程为181.6千米。日平均载客38.4趟（次），载客率59.8%，月平均营运收入为14 481元，月平均营运成本约9 110元，主要包括燃料费、承包金、检测费、修理费、税收、经营服务费、经营权有偿使用费和保险费等。

（四）出租汽车经营模式和经营权

昆明市出租汽车经营模式主要有两种：一是个人出资购买车辆，交纳经营权有偿出让金，挂靠出租汽车企业经营，约占83%。在挂靠型经营模式中又分为车主直接经营和车主承包经营两种方式。二是企业投资购买车辆，交纳经营权有偿出让金，承包给出租汽车司机经营，约占17%，主要是“世博”公司和“中北”公司。在挂靠型经营模式中车主作为投资人收取承包金，出租汽车企业作为内部管理者，通过履行一定的管理职责和提供服务来收取管理费，公司收取每车每月174元的经营服务费，但不承担经营风险，出租汽车企业的效益与司机的经营并不挂钩，企业、车主、司机的关系松散，管理难于到位。承包型经营模式中车主和企业的身份合二为一，相对有利于规模化经营和规范管理。

昆明市从1993年10月开始实行出租汽车经营权有偿出让。对1993年10月以前已投入营运的出租汽车，在营运期间，实行每年交纳2 000元出让金的方式取得经营权；在报废更新时，实行一次性交纳出让金的方式取得经营权，出让金为4万元，占出租汽车辆数的26%。1993年10月至1999年，对新增的出租汽车，实行行政审批、有偿出让的方式取得经营权，出让金为4万元，占74%。1999年昆明市出台的《昆明市客运出租汽车管理条例》规定，出租汽车经营权以竞拍方式取得。但在1999年后，开始对出租汽车实行总量控制，未再新增运力，因此昆明市出租汽车经营权未实行过竞拍方式。从1993年10月至今，共计收取经营权有偿使用费2.77亿元，全额上缴财政。2001年3月后，我市对报废更新的出租汽车不再收取有偿出让金。出租汽车产权和经营权同属公司的有1 214辆，占17%；同属个人的有5 687辆，占83%。实施出租汽车经营权有偿出让，对当初加快城市公共交通的发展、规范市场秩序等方面都起到了很好的作用，但是，由于出租汽车经营环境变化、燃油价格上涨、收益下降等因素，成为导致和引发诸多问题和矛盾的重要原因。因此，对出租汽车经营权有偿出让制度进行改革已成为规范行业管理、维护行业稳定的一个重要课题。

二、行业发展中存在的问题

虽然在规范出租汽车行业管理，维护行业稳定方面，取得了较好的成绩，得到了各级领导的肯定和表扬，但由于行业的特殊性以及地区差异性，全国尚无统一的管理模式，因此，昆明市出租汽车行业存在的问题表现在：

1. 经营权和车辆产权关系有待进一步理顺。

出租汽车的经营权和车辆产权是出租汽车行业管理的核心内容。昆明市83%以上的出租汽车都是挂靠型经营，其行车证车主名为公司，实属个人。而在实行经营权有偿出让初期，对经营权的有偿使用年限及管理权权属未作明确规定，造成政府、经营企业、车主、司机四者之间的责、权、利关系不清晰，造成转让价格虚高。出租汽车经营权的使用期限和归属未明确，已成为制约我市出租汽车行业发展的瓶颈，特别是2009年有995辆出租汽车经营权使用期已满16年，明确出租汽车经营权的相关问题已迫在眉睫。

2. 非法营运屡禁不止。

非法营运虽经不断整治，但随着全市打击非法客运工作的不断深入，非法客运经营行为越来越隐蔽，暴力抗法现象日益突出，打非工作形势不容乐观，任务依然十分艰巨。因此，需要建立“疏、堵结合”的打击非法客运工作机制，维护客运市场秩序，需要明确打击非法客运工作如何开展。之前，市打击非法客运工作领导小组办公室设在市城管局，由市城管局与各区签订《委托执法书》，采取属地管理、委托执法的形式，加强督促检查和业务指导。今后是否采取委托执法、领导小组成员单位是否作出调整及如何开展打击非法客运工作需要明确，对非法客运的处罚依据需要明确，对非法客运车辆是否进行拍卖需要明确。

3. 新能源汽车试点工作的实施步骤需要调整。

为保证试点工作的顺利开展，增加抗风险能力，拟对原操作方式进行调整，以政府主导，以车辆管控能力较好的企业作为试点，分年度分批投放试验性示范营运新能源出租车200辆（2010年50辆、2011年50辆、2012年100辆），同时对试验运行车辆制定相应的权责和时限条件，并根据试运行情况做好风险防范和组织工作。但目前，对于调整操作方式的请示，市政府还未给予批复。

4. 出租汽车经营企业管理水平有待提高。

由于出租汽车经营企业收取的管理费较低，而这个收费标准已经十多年未作调整，与日益上涨的物价不协调，导致公司管理主动性差，同时也会因为经济利益的因素诱发一些公司乱收费、多收费的现象。由于大多数企业属于私营企业，经营者对企业管理不深入研究，所以在管理模式、管理方法上还需要进一步改进。

5. 出租汽车司机素质良莠不齐，有待进一步提高。

由于入门门槛低，出租汽车司机人

员结构复杂、流动性大、变化快，致使驾驶员整体综合素质不高，还存在少数出租汽车车容车貌差，拒载、议价、不打表等问题。

三、工作建议和措施

（一）规范出租汽车经营权的管理。

结合昆明实际，进一步明确出租汽车经营权的使用年限和权属关系，规范经营权的有偿出让和转让，逐步对出租汽车有偿出让制度进行改革并实行出租汽车特许经营制度，实现服务、管理主体权利和义务的统一，妥善解决历史遗留问题，促进行业稳定、健康、持续发展。建议在清理出租汽车经营权有偿出让、明确经营权管理办法时，要从本市实际出发，与改革、完善出租汽车市场准入、退出制度相结合，既要解决突出问题，又要避免引发新的矛盾和不稳定因素。

（二）加强行业监管，规范出租汽车企业经营管理行为。

进一步加强出租汽车企业资质年度审验，制订合理的出租汽车承包合同，督促出租汽车经营企业完善法人治理机构，健全内部运营机制、服务机制和管理制度，建立公平的市场秩序，防止利用经营权，变相向司机转嫁投资和经营风险，牟取暴利。

（三）规范出租汽车营运市场，深入开展文明创建工作。

一是采取灵活多样的方式，大力开展专项整治，加强对车容车貌和不文明行为的监督检查，做好服务工作。统一清洗、更换坐垫套，实现一天一换，改善车容车貌；二是筹建 GPS 卫星定位指挥调度系统；三是继续组织开展“爱心送考”活动，加快行业文明创建工作，指导、督促企业争创区级以上文明单位；四是健全完善企业和驾驶员诚信档案，提高行业整体服务质量；五是积极配合出租汽车管理处、市公交分局整治娱乐场所等存在不合理收费的“堂口”，取缔欺行霸市行为，保护出租汽车合法经营；六是做好行业培训和轮训工作；七是健全完善内部管理制度，实行考核考评管理机制，充分发挥全行业积极性和主动性，提高服务质量和工作效益。

（四）积极做好信息化管理平台的建设，完成出租汽车行业 GPS 卫星定位指挥调度系统的筹建工作，尽快实现调度、电话招租功能。

（李晋云）

·责任编辑　字应军·

城市建设与管理

综　述

【城市规模和各项综合指标】　与2008年比较，昆明市区建成区面积由249平方公里增加为279平方公里，城镇化率由59.1%增加到61.0%。城市人均拥有道路面积10.14平方米增加到12.13平方米；公交车营运线路由184条增加到216条；公交车辆由2 820辆增加到4 361辆；城市万人拥有公共交通车辆由11.48标台增加到12.90标台；居民出行分担率由31%增加到34%。农村居民人均居住面积由33平方米增加到45.62平方米。城市供水普及率为100%；城市管网水质年综合合格率为100%；城市燃气普及率由98%增加到99%。城市生活垃圾无害化处理率为100%。

【2009年昆明生态环境指标】

序号	考核指标	2008年	指标现状
1	城市人均住宅建筑面积≥25平方米	30.62平方米	
2	人均建筑面积低于10平方米以下的城镇低收入家庭住房保障率≥80%。		
3	城市燃气普及率≥97%。	98%	城市燃气普及率98%。
4	采暖地区集中供热普及率≥70%		昆明不属于采暖地区
5	采暖地区新建民用建筑供热分户计量和温控装置安装率100%		昆明不属于采暖地区
6	城市用水普及率≥98.5%。	100%	城市用水普及率100%。
7	城市污水处理率≥85%。	70.4%	城市污水处理率91.29%。
8	城市污水处理再生利用率≥30%。		城市污水处理再生利用率7.24%。
9	城市人均拥有道路面积≥15平方米。	10.14m^2	
10	以步行、自行车和选择公共交通出行的居民比例≥65%。	32%	以步行、自行车和选择公共交通出行的居民比例34%。
11	万人拥有公共交通车辆（标台）≥14。	11.48标台	万人拥有公共交通车辆（标台）13.04。
12	城市规划建成区绿化覆盖率≥43%。	39.6%	城市规划建成区绿化覆盖率40.53%。
13	城市规划建成区绿地率≥37%。	35.6%	城市规划建成区绿地率36.83%；
14	城市规划建成区人均公园绿地面积≥14平方米		城市规划建成区人均公共绿地面积10.16平方米。
15	城市中心区人均公共绿地面积≥7平方米。	9.2%	
16	城市生活垃圾无害化处理率≥95%。	100%	城市生活垃圾无害化处理率100%。
17	城市规划建城区内符合节能设计标准的建筑面积比例（2008年）南方地区城市≥30%。		
18	公众对人居环境的满意率≥90%。		

【市政基础设施建设】 2009年，拥广路1号线3月30日全线通车，前兴路上跨日新路5月1日通车，海埂路7月15日全线竣工通车，西坝路7月30日全线竣工通车，缓解了南市区的交通拥堵，解决了南北片区的交通连接。同时，建成1.7千米前兴路公交专用道，2.1千米海埂路下穿公交专用道，3.3千米西坝路下穿公交专用道，以及呈贡新区首条公交专用道。2009年接转的环湖东路城区段、前兴路与日新路节点改造两项工程已完工。新开工建设的昌宏路等五项重点工程，昌宏路北段12月30日通车，海源南路北段已完工通车。开工建设了18条二环、三环支撑性道路以及32条片区重要干道，极大地缓解了城市交通拥堵。

【村镇建设】 2009年，昆明市乡镇和街道办事处共133个（59镇，21乡、53个街道办事处总人口312.13万人（含暂住人口）。按照统筹城乡、布局合理、规划先行、因地制宜、节约资源、功能完善、分步实施的原则，村镇建设取得很大的成绩。2006年到2009年，有7个乡镇先后被省政府列为省级旅游小镇和重点镇（盘龙区的双龙乡、官渡区的官渡古镇、安宁市的温泉镇、晋宁县的晋城镇、禄劝县的转龙镇和嵩明县的杨林镇六个乡镇为省级旅游小镇，官渡区的官渡古镇、安宁市的八街镇和晋宁县的晋城镇三个镇为省级重点镇）后，各县（市）、区在充分发挥旅游小镇和重点镇建设先导作用下，多方筹集资金，加大建设力度，各乡镇和广大农村房屋建筑和市政公用设施建设进一步推进，城市化进程明显加快。同时，通过发展优势特色产业，促进了县城和重点镇建设。县城和乡镇基础设施承载能力得以全面提升，农村基础设施条件得到改善，村庄整治工作得以开展，生态环境和人民生活质量明显改善，城乡面貌发生了较大变化。

【建制镇建设】 全市建制镇共59个（不含各县市区政府所在地建制镇），建成区面积6 970.81公顷，建成区户籍人口29.96万人（含暂住人口3.95万人），人口密度每平方公里4 672人。2009年建房户1 121户，住宅竣工面积27.23万平方米，年末实有住宅面积1 325.73万平方米，其中混合结构以上的面积1 006.54万平方米，人均住宅面积44.25平方米；公共建筑竣工面积17.03万平方米，年末实有建筑面积360.67万平方米，其中混合结构以上的建筑面积309.83万平方米；生产性建筑竣工面积12.65万平方米，年末实有建筑面积204.94万平方米，其中混合结构以上的建筑面积171.48万平方米。建制镇公共供水设施和自备水源94个，供水管道长1 442.54千米，年供水总量2 285.02万立方米（其中年生活用水量1 082.44万立方米，年生产用水量874.89万立方米），用水人口30.889万人，人均日生活用水量96.01升，用水普及率103.11%；全年度新增道路66.83千米，道路面积517.12万平方米，年末实有道路长702.07千米，道路面积581.02万平方米，年末人均道路面积17.26平方米；绿化覆盖面积843公顷，绿地面积743.55公顷，人均公园绿地面积3.25平方米；全年生活垃圾清运处理量11.48万吨，排水管道和排水沟渠总长223.63千米，公用厕所279座，道路照明灯13 063盏，桥梁187座，燃气普及率32.36%；全年建制镇建设投资95 583万元，其中房屋建筑投资69 263万元（住宅33 993万元，公共建筑24 711万元，生产性建筑10 559万元），市政公用设施建设投资26 320万元（其中供水910万元，排水4 269万元，道路桥梁5 557万元，园林绿化3 988万元，环境卫生3 116万元，污水处理3 385万元，防洪1 114万元，燃气400万元，垃圾处理1 370万元，其他工程2 211万元）。

【乡建设】 全市共21个乡，建成区面积2 045.67公顷，建成区户籍人口8.5万人（含暂住人口0.36万人），人口密度每平方公里4 784人。本年度建房户181户，住宅竣工面积3.05万平方米，年末实有住宅面积262.85万平方米，其中混合结构以上的面积159.58万平方米，人均住宅面积30.90平方米；公共建筑竣工面积3.28万平方米，年末实有建筑面积100.35万平方米，其中混合结构以上的建筑面积91.05万平方米；生产性建筑竣工面积1.50万平方米，年末实有建筑面积20.13万平方米，其中混合结构以上的建筑面积13.04万平方米。所有乡均集中供水，公共供水设施和自备水源156个，供水管道长742.06千米，年供水总量379.88万立方米（其中年生活用水量235.43万立方米，年生产用水量127.97万立方米），用水人口8.146万人，人均日生活用水量79.17升，用水普及率95.76%；本年度新增道路19.29千米，道路面积9.12万平方米，年末实有道路长152.83千米，道路面积96.18万平方米，年末人均道路面积11.31平方米；绿化覆盖面积52.53公顷，绿地面积30.84公顷，人均公园绿地面积0.33平方米；全年生活垃圾清运处理量1.556万吨，排水管道和排水沟渠总长54.79千米，公用厕所160座，道路照明灯1 171盏，桥梁56座，燃气普及率15.94%；全年乡建设投资13 930万元，其中房屋建筑投资8 302万元（住宅2 752万元，公共建筑2 063万元，生产性建筑3 487万元），市政公用设施建设投资5 628万元（其中供水232万元，排水116万元，道路桥梁3 475万元，园林绿化535万元，环境卫生92万元，污水处理38万元，防洪93万元，燃气10万元，集中供热10万元，垃圾处理52万元，其他工程975万元）。

【村庄建设】 全市共有行政村1 271个，村庄现状用地44 442.08公顷，村庄户籍人口236.01万人（含暂住人口4.4万人），全建房户5 874户，住宅竣工面积81.26万平方米，年末实有住宅面积8 716.94万平方米，其中混合结构以上的面积3 558.03万平方米，人均住宅面积36.92平方米；公共建筑竣工面积25.49万平方米，年末实有建筑面积620.52万平方米，其中混合结构以上的建筑面积297.81万平方米；生产性建筑竣工面积32.91万平方米，年末实有建筑面积620.52万平方米，其中混合结构以上的建筑面积297.81万平方米。集中供水的行政村有885个，村庄全年生活用水量5 774.84万立方米，用水人口184.35万人，人均日生活用水量85.82升，用水普及率76.65%；全年新增供水管道长531.58千米，新增排水管道长和排水沟渠长681.75千米；本年度新增铺装道路414.32千米；全年开展省、市、县三级各类村庄整治的村庄有243个，通公交车或客运班车的行政村413个，主要道路硬化的行政村有541个，对生活污水进行处理的行政村62个，有生活垃圾收集点的行政村有546个（其中对生活垃圾进行处理的有205个）；全年村庄建设投资155 722万元，其中房屋建筑投资109 000万元（住宅51 366万元，公共建筑27 839万元，生产性建筑29 795万元），市政公用设施建设投资46 722万元（其中供水4 781万元，排水3 056万元，道路桥梁30 006万元，园林绿化4 174万元，环境卫生1 470万元，污水处理734万元，防洪576万元，燃气44万元，垃圾处理398万元，其他工程1 483万元）。

【县城基础设施建设】 2009年，昆明市各县（市）、区通过招商引资、资源出让筹集大量建设资金，共投入37.6亿元资金进行县城基础设施建设，主要用于县城道路建设改造、城市供排水管网建设改造、污水处理及垃圾处理、绿化美化、路灯化工程以及旧城改造等，昆明市所属10个县（市）、区县城和重点乡镇先后完成。

【法规建设】 以工程建设“八个百分之百”、城乡建设“标准化、规范化、工艺化”等为创新载体，大力开展制度创新工作。先后制定完成了《昆明市政府投资项目代建管理试行办法》、《昆明市建设工程行政审批管理办法》、《昆明市政府投资建设工程质量考核考评办法》、《昆明市建设工程施工现场安全生产监督管理办法》、《昆明市主城区集体土地房屋拆迁补偿安置管理办法》、《昆明市主城区城镇改造拆迁补偿安置管理办法》等30余项制度创新性文件，对提高昆明城乡建设管理水平，打造“品质春城”发挥了重要作用。

【行政审批】 2009年再次进行了简化行政审批工作，精简行政许可事项3项，保留4项，精简非行政许可审批事项6项，审批时限均压缩一半以上。其中，行政许可项目有：建筑工程和市政工程施工许可证的核发；房地产开发企业资质审批；建筑业企业及造价咨询企业资质审核及审批。非行政许可审批项目有：基本建设工程初步设计审批。房屋建筑工程和市政基础设施工程竣工验收备案；建设工程安全生产措施备案；招标投标监督管理备案；房屋建筑和市政工程施工图设计文件审查备案等，改为内部服务管理事项。2009年受理涉及服务承诺事项报件数546件，办结546件，办结率100%。限时办结382件，办结382件，办结率100%。

（梁俊雄）

城市规划与管理

【规划信息化水平提升】 为解决昆明市规管2000办公系统应用平台陈旧、数据量大、访问效率低、绘图困难、图形维护管理困难等系列问题。根据2008年制定的昆明市规划信息化发展规划，为真正地实现了图文表一体化办公，2009年2月，启动规管2008业务审批系统建设，这是昆明市地理信息系统建设的重要部分，规管2008可以将GIS平台的数据管理、统计分析、辅助决策的优点与CAD平台方便绘图的特性结合起来，使规划管理信息系统成为真正的方便用户使用、提高办公效率的系统，弥补了规管2000存在的不足。规管2008系统可以快捷的将用户现有的规划资料进行有效的组织管理，为实现规划“一张图”管理提供了强有力的保障。

【基础测绘成果不断完善】 随着昆明市城市建设的快速发展、城市规划的不断深化和滇池保护力度的不断加大，政府及社会各界对昆明市及其滇池流域的规划地理信息基础数据如水系专题数据、植被分类专题数据、坡度专题数据的需求越来越迫切，为节约成本、提高效率和影像数据增值再使用，开展了对滇池流域快鸟卫星遥感影像专题数据的提取。经反复研究，最终确定的技术路线如下：基于滇池流域快鸟卫星遥感影像数据；基于对象分割和分类的分析方法；光谱分析的方法；人工解析；实地核查，主要完成成果有：滇池流域界线及实现技术总结、水系专题数据、植被分类专题数据、坡度专题数据。

2009年新测1:500地形图35.39平方千米，其中新320国道、空港大道、金桥路带状9.89平方千米，呈贡新城新区25.50平方公里；完成主城区1:500地形图修补测228.40平方千米；完成昆明新机场1:1 000地形图0.42平方千米；完成1:2 000地形图219.89平方千米，其中，昆明空港经济区180.00平方千米，呈贡新区39.89平方千米；更新完成1:1万地形图39.83幅约1 164.9平方千米。2009年共计完成西北绕城航1:500测数字地形图20平方千米；完成1:2 000航测数字地形图生产177平方千米；完成西北绕城1:2 000正射影像图（DEM+DOM）制作265平方千米。

【地下管线探测】 根据2009年2月1日起施行的《昆明市城市管线管理办法》，通过努力，主城区地下管线普查探测项目顺利通过了验收，比原计划提早了6个月。普查探测范围涵盖了昆明市主城区330平方千米（含滇池3个半岛），全面、准确地采集了地下管线空间位置、管线规格、材质、管线附属物、建构筑物等属性数据，建立了综合地下管线数据库，真实、客观地反映了给水、排水、燃气、电力、交通信号、电信、移动、联通、网通、铁通、广电、热力、工业等地下管线总长度8 184.9千米的分布现状，其中：排水管线长2 565.9千米。开井检查15万多座，完成管线探测点4 72141个，编绘综合地下管线图3 593幅；布设一级GPS点344个、二级GPS点202个，图根控制点2 965点，三等水准测量490.2千米，四等水准测量739.4千米；修补测1:500数字带状地形图3 026幅，新测1:500带状地形图1 339幅合83.7平方千米。是昆明市有史以来最齐全的地下管线信息数据资料。2009年7月，昆明城市地下管线探测参加全国测绘工程评选，获得全国测绘优秀工程金奖。

自2008年11月主城区小区庭院排水管线普查工作启动以来，在普查工期紧、任务重的情况下，各参与单位克服困难，投入200多个作业人员。目前已完成330平方千米（含滇池3个半岛）内全部排水管线野外物探工作，管线探测点190万余个，普查小区（庭院）6 500余个，管线物探约9 500千米，野外测量约8 100多千米，可提供使用的中间成果约4 500多千米。预计2009年底完成野外测量、2010年6月底完成内业数据处理及数据入库工作。

【合理布局主城功能】 按照市委、市政府的要求，城乡规划实现全覆盖、全控制，同时体现总规的科学性和超前性。根据《昆明市总体规划（2008－2020）》，已科学划分“禁止建设区和建设区”，依此，编制完成《主城与呈贡、主城与空港、呈贡与空港的生态隔离带规划》，经12届市人大常委会第28次会议通过设立昆明滇池生态绿化隔离带的决议。全力推动城市发展模式由“单核心圈层蔓延式”向“多中心轴向组团式”转变，形成多极带动的网络城市框架。按照规划，主城核心区建成商务办公、金融贸易、城市观光、旅游购物的集中区；呈贡新区打造以行政办公、金融、大学园区为主的现代化城市示范区；空港经济区以发展空港临空经济的物流商贸区。

坚决贯彻执行“退二进三”政策。对在主城内的工业生产企业、驾驶培训学校、废品收购站点、洗车场、生猪屠宰场等有计划的实行“退二进三”，其中驾校选址方案已完成，并上报市政府。另外，抓住滇池治理的重点，不折不扣的执行“四退三还”滇池保护政策，已完成“四退三还”农民安置搬迁的规划选址方案，并已通过市规委会审议。

【优化城市设计】 邀请国内外专家，组织召开了昆明城市色彩研究讨论会。结合昆明的历史、人文、地理等，同时借鉴国内外的先进经验，已编制完成《昆明主城城市设计概念性规划》，深化完成了《昆明城市色彩规划》、《昆明主城区总体城市设计建筑高度规划》。同时，主城CBD城市设计已经编制完成，呈贡新区城市设计已经完成初步规划。按照中心城区建设用地实现控制性规划的全覆盖的要求，在2008年已编制完成的《昆明主城55分区控制性详细规划》基础上，为了保持控规的动态更新，配套出台了控规调整和维护办法。

【补充完善专项规划】 编制和配合编制完成《官渡古镇紫线划定规划》、《晋城古镇紫线划定规划》、《文明街历史文化街区紫线划定优化》、《环滇池生态规划》、《昆明主城区标准化农贸市场布点规划》、《昆明汽车销售市场布点规划》、《昆明新机场高速绿化景观规划》、《主城区、呈贡新区加油站布点规划》和《主城区医疗设施布点规划》、《主城货运站场规划》、《昆明市农产品市场规划》、《滇池旅游专项规划》、《昆明城市商业网点规划(2008～2020)》、《昆明生态城市建设纲要》、《滇池盆地排水专项规划》、《地下空间开发利用规划》、《昆明公交专用道建设实施规划（2009～2011)》和《昆明主城道路改造规划》、《昆明市城乡公交专项规划》等专项规划，组织编制了《城乡公交一体化规划》、《昆明城市老年人设施专项规划》。

【服务指导县区规划】 根据市委、市政府确定的“五、四、三倍增计划”，各县（市）区人民政府对城乡规划建设工作高度重视，按照规划“高起点、高标准、高品位”的要求，积极开展城市总体规划修编和城市概念规划设计，把打造城市空间风貌景观特色作为提升综合竞争力的重要举措，目前，安宁市、宜良县、嵩明县、东川区、禄劝县、石林县、富民县、晋宁县完成了城市总体规划的修编和上报审批，为县域城乡建设提供了法定依据。寻甸县、禄劝县、富民县完成了城市设计概念规划工作。其中，晋宁的控制性规划已编制完成，已通过规委会审议。安宁、嵩明2个职教园区规划已编制完成，并通过规委会审议。编制完成了环滇池南城、西城总体概念规划优化和晋宁县城总体规划（2005～2020)，完成了沙朗乡总体规划（2007～2020)、厂口乡总体规划（2007～2020)，2009年编制完成了海口镇总体规划（2008～2020)、团结镇总体规划（2007～2020)》、双龙乡总体规划（2008～2020)、南城（含晋城、新街)、西城（含晋宁县城、海口）近期建设范围控制性详细规划。

【推进主城CBD区域建设】 按照主城CBD核心区城市设计的方案，遵循“一次规划、小块开发、分期实施”的原则，用地成熟一片，挂牌一片。目前，主城CBD项目已进入土地招、拍、挂阶段。主城CBD第一个项目“南亚之门”，已动工建设。2009年，结合主城功能布局的完善工作，积极推动分CBD核心区、呈贡CBD区域建设，主动服务，向企业推荐进驻CBD区域。同时，为加快主城功能的提升，老螺蛳湾的改造（分CBD区域）已启动，方案已规划通过，拆迁已经实施。新螺蛳湾一期建设已建成并正式营业，二期规划方案通过，并已经启动建设，小商品加工园区同时启动。

【开发新区】 按照“高起点、高标准、高品位”的要求，已编制完成马金铺片区总体规划以及控制性详细规划（首期23平方千米的控制性详细规划已经市政府批准，新编制的42平方千米的控制性详细规划现已完成通过了专家的评审，公示、听证）和大渔片区的城市设计。

【编制交通路网规划】 在2008年实施“缓解昆明主城道路交通拥堵一年行动计划”的基础上，结合2020年城市道路规划，根据市委市政府工作要求，由市规划局组织研究汇编了《昆明市三年交通设施建设计划（2009～2011)》，在三年行动计划的总体框架下，提出《2009年昆明市交通设施建设白皮书》和《2010年昆明市交通设施建设白皮书》，作为市政府发布实施昆明市交通设施建设计划的重要文件。

【交通规划研究】 完成《昆明市城市快速轨道交通建设规划》编制和报审工作。同时还完成了《城乡公交一体化规划研究》、《大昆明都市区轨道交通概念规划》、《云南海埂会议中心周边交通整治与组织研究》、《昆嵩高速昆明段走向方案研究》、《昆明东部片区交通走廊规划研究》、《昆明市西北片区路网调整规划》、《昆明南火车站客运枢纽研究》、《昆明城市综合交通体系调整规划（2009～2020)》、《昆明公交专用道建设实施规划（2009～2011)》、《昆明公交场站综合开发研究》、《昆明东北部骨架路网调整规划》、《昆明新空港综合交通枢纽整合规划》等12项重大交通规划研究工作，为昆明市的城市交通重大决策提供了技术支撑。同时完成《昆明城市综合交通体系规划修订》、《昆明公交场站综合开发研究》。

【配合铁路和轨道交通建设】 积极配合昆明铁路局和铁路建设有关部门进行昆明铁路枢纽中轴线改造、沪昆客专、云桂铁路、南环线等项目规划建设的技术衔接工作；配合市交警开展城市交通组织管理工作，并牵头编制《昆明行车指南》。协助有关部门落实《昆明市城市快速轨道交通建设规划》、《昆明市城市快速轨道交通骨架线网控制性详细规划》的规划管理控制，积极协助开展组织昆明城市轨道交通（4、5、6号线及1号线西延）控制性详细规划编制工作。该项工作目前进展顺利，可以按照要求于年底完成。配合轨道交通一期建设工程，开展轨道交通一期建设工程施工交通组织规划研究工作；配合轨道交通建设时序调整，开展轨道3、6号线工可客流预测报告研究工作。

按照市委市政府昆明铁路建设的总体要求，保证昆明铁路建设的顺利进行，2009年3月至5月期间分别召集昆明铁路枢纽指挥部、设计单位、主城四区、三个开发（度假）区、呈贡新区、晋宁县政府及相关部门针对昆广复线、枢纽扩能改造工程及东南环线、云桂铁路等沿线涉及城市规划有关问题进行了协调，根据各区县的规划对铁路线形走向提出了优化意见，对城市现状道路、乡村道路、规划道路与铁路相交处的通道提供了控制依据，并协调各地方政府为铁路建设预留了用地，严格控制铁路沿线用地的规划审批，为铁路建设创造了有利条件。

【推进“城中村”改造】 “城中村”改造是昆明市的幸福工程，2009年市委市政府下达40个“城中村”改造任务，经过努力，已完成187片，共282个“城中村”的规划指导意见（其中五华区28片、33个村，盘龙区47片、53个村，西山区41片、81个村，官渡区45片、78个村，度假区5片、18个村，经开区13片、13个村，高新区6片、6个村）。完成规划审查6个，规委会审查通过24个，已动工建设18个

（含 2008 年审批）。已核发《规划条件》40 片、48 个村；已核发《建设工程规划许可证》3 个。

【提高行政审批效率】　按照市行政审批改革办公室《关于进一步精简行政审批项目和压缩行政审批时限的意见》，市规划局进一步提高行政审批服务质量，严格执行首问首办制和限时办结制。2009 年，窗口办共受理行政审批申请1 431项，其中规划选址 236 件、建设工程 518 件、规划条件 355 件，规划用地 269 件，费用减免 55 件。共召开 158 次专题办公会，作出行政审批决定1 431项，接待规划咨询服务6 000余人次，发出行政审批公告 118 期。2009 年，截至 11 月 10 日，共审批7 545 037 平方米，其中住宅4 163 580 平方米（含经济适用房和廉政房586 770；商业1 763 850平方米；工业542 859平方米；行政办公 60 919 平方米；教育科研409 822 平方米；市政、公建设施604 007平方米。）

【解堵服务】　2009 年，共完成 53 条道路“两证一书”的规划审批工作，总长度为 204.76 千米。其中，市级负责实施的道路 7 条，长度为 32.6 千米，具体为：海源南路、昌宏路、官南大道、珥季路、贵昆路城区段、昆瑞路、北京路。五华区负责实施道路 14 条，长度为 24.22 公里，具体为教场中路及莲花池正街、海屯路、五华 1、五华 2、科普路、红园路、盘江西岸沿江道路、五华 9、科业路、五华 17、五华 199、虹山南路、江东花园北路、红云路、红棉路。盘龙区负责实施道路 5 条，长度为 15.5 公里，具体为：寺瓦路、主 3、次 14、支 186、支 122。西山区负责实施道路 9 条，长度为 19.5 千米。具体为：昆州路西段、西苑浦路、益宁路、西山 195 号路、陆广路、前卫西路、盘江西路、永昌马家社区 1 号路、永昌马家社区 2 号路。官渡区负责实施道路 14 条，长度为 33.56 千米。具体为：昆明市螺蛳湾国际商贸城仓储基地下穿通道、金马路、福德路、归十西路、官宝路、官渡 17、官渡工业园方旺片区 1 号路、官渡工业园方旺片区 2 号路、官渡 16 号路、官渡次 46 号路、官渡 315 路、螺蛳湾国际商贸城一期市场配套市政道路、老昆洛路、关通路改扩建工程。另外，还完成了南连接线高速公路、环湖东路、环湖南路、西北三环等重点道路建设项目的规划审批工作，为昆明市基础设施建设的顺利开展创造了条件。

【发挥规委会职能】　市规委会作为昆明市城乡规划的最高议事机构，对昆明的城乡规划建设有着指挥、指导和决策的重大作用。2009 年，数次召开规委会。规委会对提高昆明城乡建设审批质量，加强规划管理发挥着举足轻重的作用。

【完成招商引资任务】　按照市委市政府开展“招商引资百日竞赛”活动的要求，今年继续指派专人到南京驻地招商。总结去年招商的经验，发挥职能优势，进一步提高服务意识，主动登门拜访、与各商会召开座谈会、邀请客商来昆实地考察，外资完成 287.4 万美元，完成全年任务 160%，内资完成 5.03 亿元，完成全年任务的 112%。

（市城市规划管理局）

园林·绿化

【概　况】　2009 年，昆明市园林绿化局认真落实市委、市政府“绿化和生态是城市第一形象、第一环境、第一基础设施、第一景观要素”的理念及对园林绿化各项工作的重要部署，积极践行“一线工作法”，根据 2009 年园林绿化工作计划、“55 建绿”、“百米见绿”等规范和文件确定的任务，坚持走建设节约型城市园林绿化的路子，将园林绿化和生态建设从城市向乡村延伸，进一步提升局属公园、风景名胜区管理和建设水平，全市人居生活环境大大改善。2009 年主城、呈贡新区新增绿地1 595.35公顷，昆明主城绿地率达 36.83%，绿化覆盖率达 40.53%，人均公共绿地面积 11.502 平方米。

【创建国家园林城市】　2009 年，昆明市坚持铁腕治污，全面开展滇池水环境综合治理；强化绿线管理，进一步落实绿化规划建设要求；大力建设城市绿地，推进城乡园林绿化一体化建设；提升居住环境，加强保障性住房建设和“城中村”改造；创新工作思路，切实推动节约型城市园林绿化建设；加强队伍建设，全面落实廉政建设的各项规定等一系列措施，经过不懈努力，昆明市城乡园林绿化水平和人居环境质量得到进一步提升，“创园”整改工作取得了显著成效。

同时，为充分了解国家住房和城乡建设部“创园”复查的有关要求和时间，昆明市园林绿化局一直与国家住房和城乡建设部主管“创园”的城建司和城建处保持紧密的联系，多次通过电话与他们进行工作对接。8 月 26 日，省住房和城乡建设厅率昆明市、玉溪市、弥勒县、石林县和安宁市青龙镇的相关领导到国家住房和城乡建设部汇报创园工作，市园林绿化局代表昆明市参加。国家住房和城乡建设部对昆明市长期坚持“创园”工作所取得的成绩给予了充分的肯定。11 月 2～4 日国家住房和城乡建设部组织专家对昆明市进行实地考察。为能让专家在评审时能更直观、更全面、更深入地了解全市园林绿化所做的工作和取得的成绩，在国家住房和城乡建设部来昆复查之际，昆明市园林绿化局认真踏查复查线路，编制检查点方案，整理台账，制作完成了“昆明市创建国家园林城市整改工作情况汇报”文本材料和相关专题片上报，全程负责专家复查的线路行走、技术答疑和接送等工作，圆满完成了昆明市“创园”复查的迎检工作。

【城乡园林绿化】　2009 年昆明主城围绕创建国家园林城市的目标，大力开展城市园林绿化工作，继续按照“保证市民步行 5 分钟或 500 米就能到达绿地广场”的要求，完成了龟龙湖、田溪、五家堆、马料河等 20 余个公园，按照“百米见绿”的要求，建设绿地 162 块，社区游园 53 个；完成了二环快速系统绿地 74.22 公顷；完成 24 条河道（段）绿化，总长度约为 274.84 千米，绿化面积约为 260.24 公顷；评出园林单位 161 家，园林小区 65 家，全市“园林单位”达 637 家、“园林小区”达 335 家。

2009 年主城和呈贡新区新增绿地面积1 595.35公顷，种植乔木 175.9 万株，攀缘植物 267.6 万株；其余县（市）区全面完成年度绿化建设任务，新增绿地面积 434.36 公顷，种植乔木 56.22 万株，种植攀缘植物 64.11 万株，2/3 的乡镇完成了绿化，10 个县（市）区建成区绿地率达 35.8% 以上，绿化覆盖率达 40% 以上。

【公园管理】　全面指导局属各公园举办节庆活动。按照省、市政府对假期旅游景区接待各项工作的要求，昆明市园林绿化局高度重视，节前进行全面部署、协调，节前及节日期间对公园、名胜区园容园貌、票务服务、环境卫生、餐饮经营、安全等进行全面检查，一旦发现问题就及时整改，确保市民在公园度过每个欢乐祥和、平安稳定的假期。

根据各公园的资源，2009年度昆明市园林绿化局还安排了大观公园的“大观灯展”、“郁金香展”、“金秋菊花展”、黑龙潭公园的梅花展、昆明动物园的樱花节、郊野公园的桃花节以及金殿名胜区的“欢乐五月节”、“丁香花展”等活动，丰富了市民的假日生活，提高了公园的园林造景水平及举办大型节庆活动的组织能力。

加强公园门票管理工作。2009年5月20日，大观公园、黑龙潭公园门票作了调整，10月9日，昙花寺公园恢复收取门票。保障公园移交工作。按照市委、市政府要求，2009年顺利完成了西山森林公园及篆塘公园的移交工作，并于同年4月完成了弥勒寺公园筹建、移交等工作。

【招商引资】 2009年，昆明市园林绿化局与市林业局新组建成立重庆招商分局，制定了《昆明重庆招商分局2009年招商引资工作方案》，4月29日，成功召开“2009昆明（重庆）招商引资推介会”。随后积极组织重庆市非公经济促进会考察团赴昆考察。通过不断加强与客商的联系，推进项目落地。2009年度重庆分局已落地青年莲花众泰汽车“4S”店建设、昆明银顺房地产有限公司增资扩股等25个项目。其中：到位内资项目有青年莲花众泰汽车“4S”店建设、西部木材工业园区建设等21个，引进市外资金3.72亿元人民币；到位外资项目有昆明银顺房地产有限公司增资扩股等4个，引进资金142.33万美元。

【园林科技】 进一步开展《昆明地区古树名木复壮技术研发》、《昆明地区城市绿地植物群落优化模式研究》、《昆明市绿地园林植物数据库系统建立》、《昆明市城市古树后续资源调查》、《昆明城市绿化灌木病虫害防治技术研究》、《滇丁香属植物引种驯化、繁育及推广应用研究》等课题项目。编制《昆明市绿地园林植物现状名录》及图册、采用相关软件编辑数据库和数据库光盘的制作。对2008年完成的成果申报市科技进步奖。对科研所承担的课题进行跟踪、调研、督促、指导，并保持与科技局的良性沟通。

【园林绿化博览会】 从2009年起到2011年，每年的5月、10月，在各县（市）、区人民政府、三个开发（度假）区各举办一届昆明市园林绿化博览会（以下简称园博会）。昆明市园林绿化局在全国范围内通过网络、报刊等形式公开征集园博会会旗标志，并积极与各地建设方联系协调、加强沟通，及时解决建设中遇到的突出问题。2009年6月16日，第一届园博会在呈贡县占地180亩的“春融公园”、石林县占地150亩的“品园”隆重开幕。2009年10月29日，第二届园博会在安宁市占地228亩的“宁湖公园”、宜良县占地229.23亩的“宜园”隆重开幕。

【安全防火】 昆明市园林绿化局始终坚持安全发展观，认真贯彻落实“安全第一，预防为主，综合治理”方针，一手抓经济建设，一手抓安全工作。年初，与基层各单位签订了《2009年安全生产工作责任书》；安排部署了2009年安全生产工作和护林防火、古建筑防火等工作，并在经费十分困难的情况下，统筹安排33万元，各单位自筹资金45万元作为森林防火、消防专项经费，通过隐患排查整治等工作，确保了基层各单位的安全生产，2009年全局安全无事故。

【法制建设和建议、提案办理】 深入开展行政审批制度改革，对审批事项进行了14个方面的规范细化，并报市便民办、市审改办进行公告、备案。制订了《昆明市园林绿化局2009年法制宣传与依法治理工作计划》，先后开展普法学习和考试，组织信访维稳工作学习培训会。

2009年，昆明市园林绿化局共办理“12345”市政府市长热线受理交办件、市委“书记电子信箱”受理情况单64件，办结率100%；收到市委、市政府信访局督促检查通知（信访件）38件，做到件件有回复，办结率100%；每月认真做好“局长接待日”工作，共接待12次、44起，确保了全局未出现影响社会稳定的问题，为“两会”顺利召开创造了良好环境；收到各级人大代表建议、政协提案26件，经与代表委员诚恳沟通，认真组织面商会，制作答复红头文件送达相关部门和代表、委员，网上办复等一系列工作，圆满地完成了人大代表建议、政协提案办复工作，办复率达100%，得到了相关部门的认可；全年共接到4件对园林绿化工作提出的“诤言”，均结合工作实际，认真分析“诤言”是否采纳，并一一作了详细的答复。

【软环境建设】 完成经市政府确认的行政审批事项的规范、细化工作，昆明市园林绿化局承担了新、改、扩建项目附属绿化工程设计方案审批、城市园林绿化企业二级以下（含二级）资质审批、风景名胜区建设许可证核发3项行政审批项目，均已完成规范、细化、公告工作，按照“两集中、两到位”要求，所有行政审批项目进中心审批，并严格按审批时限办理。全局工作紧紧围绕“限时办结制、首问首办制、服务承诺制”实施细则，深入持续地开展“三项制度”，全力打造服务型政府。做好领导公务电话接听办理工作，确保24小时接听，对反映问题高度重视、逐件落实、及时反馈。加强政风行风建设，坚决纠正损害群众利益的不正之风，完成提升行政效能、改进干部作风专题活动相关工作，全面改善前一年行风评议反映出的问题。

【贯彻实施阳光政府四项制度】 拟定《昆明市园林绿化局关于推行重大决策听证重要事项公示重点工作通报政务信息查询四项制度的实施方案》、《昆明市园林绿化局重大决策听证制度实施细则》、《昆明市园林绿化局重要事项公示制度实施细则》、《昆明市园林绿化局重点工作通报制度实施细则》和《昆明市园林绿化局政务信息查询制度实施细则》，2009年共进行重要事项公示38项、重点工作通报87项、“96128”共接听电话5件，办结率100%，接到公众通过“96128”政务信息网络提交的问题4件，均已在5个工作日内100%回复。

（市园林绿化局）

国土资源管理

【用地保障】 根据上级的统一部署，结合昆明市的实际，昆明市国土资源系统，广泛开展了保经济增长，保耕地红线的“双保”行动。在“双保”行动中，本着节约集约用地的原则、区别情况、有保有压，盘活存量土地，千方百计为昆明新机场、东盟商贸港、螺蛳湾国际商贸城、清水海引水工程等一大批省、市重点工程及招商引资项目提供用地保障。2009年，全市总计供应建设用地848宗，2 426.764公顷（36 401.46亩），较好地满足了昆明市经济社会发展用地需求。

【关闭不合理矿点】 为了进一步规范矿产资源开发秩序，确保资源的合理开

国家土地督察成都局到昆明市进行第九次卫片执法检查验收工作

（市国土局　供稿）

发利用，昆明市国土资源系统对辖区范围内的西山、安宁磷矿区、石林圭山煤矿区、富民、禄劝钛矿区、晋宁、昆阳磷矿区等6个省、市重点矿区资源进行整合工作。通过整合，全市6个重点矿区已依法核减采矿权25个，关闭布局不合理、浪费资源，破坏环境的矿点32个。

【保经济增长、保耕地红线行动】　2009年，根据中央和省的统一部署，在全市广泛开展保增长、保红线的“双保”行动。昆明市国土资源系统全力加大中央和省、市扩大内需，民生关注、重大基础设施项目，省政府确定的20项重点督查项目，省“三个一百”项目和市委、市政府确定的项目用地保障力度，全市共受理建设用地报件201宗，5 630.17公顷，其中已经国务院、省政府（省国土资源厅）批准用地报件121宗，4 196.03公顷，较好地满足了昆明新机场、东盟商贸港、螺蛳湾国际商贸城、清水海引水工程等一大批省、市重点及招商引资项目用地。

【建设用地供应】　在“双保”行动中，本着节约集约用地的原则，区别情况，有保有压，盘活存量土地，千方百计确保重点工程项目用地。2009年，全市共供应建设用地848宗，2 426.764公顷。其中，以划拨方式供地88宗，357.4394公顷，以出让方式供地760宗，2 069.3246公顷（出让总价款120.34亿元，估算纯收益18.88亿元）。出让方式中，以协议方式供地360宗，415.7919公顷，以招拍挂方式公开交易400宗，1 653.5327公顷，办理土地转让114宗，126.69公顷，转让金额9.5 2亿元，办理土地评估报告初审和备案219宗，975.54公顷，评估总额121.97亿元。

【土地利用总体规划修编】　按照国土资源部和省厅的统一部署，昆明市已完成土地利用总体规划大纲的编制，并向各县（市）区分解下达了规划指标，待进一步修改完善大纲和图件成果后，报市政府和省厅审查后上报国土资源部审批。全市第二轮矿产资源规划编制工作已开展了规划前期四个专题的研究工作，并形成了专题研究报告及规划文本，图件初步成果已通过省厅预审，待上报市政府审查后报省厅审批。

【用地计划管理】　严格执行用地计划管理。建立土地利用计划管理台账，加强计划对建设用地的指导作用，以指标调控保障重点项目及廉租房、经济适用房、普通商品房等民生和公益项目用地。上报用地报件时予以计划核拨，收到用地批文后进行核销。全市共完成建设项目用地预（初）审报件166宗，用地面积5 766.24公顷，其中农用地4 567.99公顷（含耕地2 172.79公顷）。

【耕地保护】　耕地保护多措并举。健全耕地保护目标责任考核机制，强化耕地保护责任的落实。继续推进宜良县羊街镇基本农保护示范区建设，从基本农田整理、基础工作，制度建设，信息化建设等四个方面开展工作，先后完成了《基本农田保护责任制度》、《基本农田用途管制制度》等8个制度建设，制作完成了基本农田保护巡查等5个方面的管理台账，完成了示范区45.7平方千米的1:2 000地形图测绘并通过验收。

【土地开发整理】　2009年进一步加大土地开发整理项目的开发和验收力度，通过开发整理、补充耕地、缓解土地供需矛盾。2009年上半年共对44个土地开发整理项目实地踏勘，35个项目通过会审，建设规模10 602.78公顷，预计新增耕地面积2 130.40公顷，8月，结合“二调”，对全市申报的“二调”新增耕地项目进行了汇总统计，并完成了71个“二调”新增耕地项目的现场踏勘及确认工作。经省厅验收并下达批复项目共11个，项目总规模2 598.21公顷，新增耕地710.63公顷。

【清理整顿土地市场秩序】　在市委、市政府的坚强领导下，通过全系统广大干部职工的积极努力工作，全市清理整顿土地市场秩序的工作，已于2009年6月30日全面完成，共完成2 021宗，715万亩土地处置意见的审批。其中审批纳入储备的土地已完成协议收储1 263宗，4.02万亩，协议收储率达100%；收回闲置土地45宗，1 459.72亩，以招拍挂方式供应土地2宗；积极开展批而未用土地的清理处置工作，全市2007年至2009年6月共有批而未供土地1 766.06公顷。

【土地收储】　2009年市级共完成土地收储2.08万亩，共供应储备土地12宗，3 045.35亩，成交价款18.4亿元，实现土地出让收益4.3亿元；储备实物收益14.3亿元。利用储备土地直接融资36.9亿元；支持市属投资平台公司融资689.09亿元，进一步加大土地熟化力度，委托并签订10.5万亩储备土地一级开发合同，呈贡分中心完成土地收储5 011亩，供应储备土地2 406亩，实现土地出让收益约8亿元。

【土地交易市场】　2009年市级共组织土地公开交易54宗，面积4 162亩，成交金额62.11亿元，受理完成国有建设用地使用权转让挂牌公示86宗，1 962.6亩，组织完成6个片区，619.5

亩城中村改造土地的公开交易工作。

【第二次全国土地调查】　经过全系统干部职工的努力，截止2009年12月，全市农村土地调查已完成并上报省国土资源厅，其中宜良、嵩明、石林县和五华区数据库已上报国土资源部并通过核查。基本农田土地调查已完成上图、建库审查和成果提交工作。城镇土地外业调查工作基本完成，盘龙和西山区部分标段外业调查成果已通过省级验收。一般建制镇土地调查已完成招标和委托工作。

【国土资源信息化建设】　昆明市地市级国土资源政务办公信息系统建设试点项目已完成，并顺利通过省、部验收，并给予高度评价。市局呈贡新城行政中心电子政务机房建设已完成，并通过市政府信息办验收。全市各县（市）区国土专用各节点的网络资源建设已完成“无纸化”办公系统，并全面运行，共收发文13 221件。

【地籍管理】　完成土地使用权、他项权利和其他延期、变更、注销、登记1 417宗，个人购住房登记发证5.89万本。完成农村宅基地累计发证共28.61万宗，7.55万亩。完成项目勘测定界检查验收74宗，3 543.81公顷。收回并注销国有土地使用权630宗，148.05万平方米。

【测绘管理】　全面加强测绘管理工作，服务新昆明建设。全年共完成40家乙级资质单位年度测绘资质初审，完成93家丙级单位、41家丁级单位年度注册，完成8家测绘资质复审换证；完成了昆明市卫星定位综合服务测试系统测试、专家评审并逐步推广使用；已有20多家测绘单位申请使用该系统，数十台GPS接收机获注册批准。组织对呈贡、晋宁片区1∶500地形图的检查验收，开展主城区地理信息市场专项整治工作，配合省测绘局对全市23家测绘成果质量进行监督检查，并完成30件新申办测绘资质的审查报批工作；完成“2004昆明坐标系”成果使用审查640件，国家秘密测绘成果的提供使用审查119件。经省测绘局测绘行政管理考核，昆明市连续6年荣获全省第一。

【卫片执法检查通过验收】　第九次卫片执法检查，昆明市共涉及主城4区375个监测图斑，629宗土地，面积2 492.81公顷，经实地核查，实地未变化85宗，382.63公顷，农业结构调整34宗，10 525公顷，新增建设用地210宗，2 004.93亩，其中违法用地33宗，43.01公顷，已全部整改查处到位。经国家土地督察成都局实地抽查核实，顺利通过了检查验收。

【规范矿业权市场】　全面完成自2006年以来，全市新立25个探矿权和243个采矿权招拍挂出让制度执行情况的专项清查工作，使矿业权出让行为得到进一步规范；拟定上报了《昆明市土地与矿业权交易中心采矿交易规则》，在土地和矿业权交易中心全面启动采矿权出让、转让交易工作。

昆明市清理整顿土地市场秩序领导小组第九次全体会议　（市国土局　供稿）

【矿产资源管理】　矿业权实地核查和资源利用现状调查工作全面推进。全市共实地核查探矿权69个，采矿权1 092个，外业实测和内业资料整理工作已基本完成，并正在组织实地核查及成果验收，编制并印发了《昆明市矿产资源利用现状调查工作实施方案》全面启动了煤炭、铁、锰、铜、铝土矿、铅、锌、钨、金、银、硫铁矿、磷、钾盐、钛铁矿等15个矿种的资源开发利用现状调查工作，联合市监察局开展私挖乱采专项整治行动。对全市范围内无证勘查，无证开采，越层越界开采等违法行为进行严厉查处。全市共查处无证采矿行为73起，没收非法矿产品661.6吨，没收采矿工具130余件，罚没款46.7万余元，动用公安、民兵等执法力量200余人次，炸药400余千克，行政处罚2人、追究刑事责任13人，违法行为得到遏制，矿产资源开发秩序好转。

【重点矿区资源整合】　昆明市重点矿区资源整合工作基本完成，先后完成了省重点矿区西山、安宁磷矿区，石林圭山煤矿区整合方案的审查、报批工作，完成了市重点矿区富民、禄劝钛矿区的整合工作，晋宁、昆明磷矿区的整合工作正在抓紧推进。全市6个重点整合矿区已依法核减采核权25个，关闭布局不合理，浪费资源，破坏环境的矿点32个。

【国土资源执法监察】　强化动态巡查责任，认真落实巡查主体、周期、区域及台账管理等内容，发挥巡查在发现、制止违法行为中的作用，把违法行为消灭在萌芽状态，尽可能减少损失。全市共开展动态巡查1 806人次，发现违法案件801件（含农村宅基地），1 021公顷，其中制止违法754件，21.75公顷，立案47件，80.88公顷，结案44件，72.61公顷，对涉嫌违反刑律的15名责任人移送公安机关，对30名执法责任人提出行政处分建议。

【化解矛盾】　2009年全市共收到土地权属争议信访件14件，排查出信访积案24件，共接待群众来访481人次，其中局长接待日接待群众来访251人次，来信和交办件118件。由于职责明确、专人负责，并实行领导包案责任制，绝大部分矛盾纠纷得到了化解，信访事项均得到妥善处置，维护了基层和谐稳定。

【规范征地补偿标准】　为进一步规范昆明市征地行为，确保同地同价，公平补偿，防止征地补偿工作的随意性，维护群众的合法权益，自2009年7月1日公布实施了征地统一年产值标准和征地区片综合地价，维护了被征地农民的合法权益，同时修改完善了《昆明市土地征收管理暂行办法（草案）》并上报市政府。

【地质灾害防治】　认真对全市排查出的1 131个地质实害隐患点落实县（市）区、乡、村三级分管领导责任制，落实监测责任人，健全群测群防体系，编制年度地质灾害防治方案，强化汛期预警预报，建立领导带班制度，实行24小时值班，发放地质灾害防治明白卡、避险卡和通知书共2.18万份。2009年汛期全市共发生地质灾害28起，成功预报4起，避免经济损失86万元，未造成人员伤亡。

【地质环境恢复治理】　积极组织开展昆阳磷矿，上蒜磷矿地质环境治理工程。其中昆阳磷矿完成土地复垦939.54亩，完成投资2 226.59万元，上蒜磷矿完成土地平整723.6亩，累计投放资金633万元，加大矿山地质环境恢复治理保证金收取力度，截至年末，全市共收保证金1 504.10万元，共清查出地热水矿泉水井307口，已办理采矿许可证149家，封停4口，收取地热水、矿泉水矿产资源补偿费71.55万元，矿产资源有偿使用费12万元。

【国土资源管理制度创新】　结合城乡一体化发展的部署和加大制度创新的要求，昆明市国土资源局拟定了《昆明市建立和完善农村土地产权制度的实施意见》、《昆明市进一步做好农村土地整治（整理）工作的实施意见》、《昆明市集体建设用地使用权流转管理办法》、《昆明市设施农业用地管理办法》、《昆明市农村宅基地管理办法》、《昆明市进一步做好城镇建设用地增加与农村居民点用地减少“挂钩”工作实施意见》等6个管理规定章程，已经市政府专题审议，待公示无异议再报市委常委会审议通过后下发执行。

【建议提案和复议诉讼】　2009年，共受理人大建议和政协提案25件，其中省人大建议2件，省政协提案2件，市

常务副市长李文荣到云天化集团调研　（市国土局　供稿）

人大建议11件和市政协提案10件；共受理及委托承办行政复议案件7件，应诉和委托应诉（行政）案件22件；召开重大决策和行政处罚听证会4次，完成市中院1 600余个和省高院42个执行积案涉及的被执行人土地财产登记情况的查询反馈工作。

【政策法规宣传】　结合“6·25”土地日，保增长，保红线“双保行动”和清理整顿土地市场等项工作，利用报刊，电视、广播、网络、宣传单、政策咨询、环保袋、文艺演唱等群众喜闻乐见的方式，全方位地开展政策法规宣传活动，共发放各类宣传资料3万余份，在《昆明日报》组织近15个专题专版宣传，并通过《春城晚报》、《云南信息报》和《云南电视台》、《昆明电视台》等媒体广泛进行宣传，营造良好的舆论氛围。

【绿色通道】　建立重大资源开发利用审批制度，主动上门提供报批要件清单。在超前跟踪指导服务的同时，推行审批联动机制，提前制定用地预审、征转和供应预案，用最短时间完成项目用地审批工作，确保重大基础设施建设项目用地需求；深入调研解难题，对扩大内需省、市重点和民生关注等建设项目用地，采取现场调研，现场办公会破解难题。

【精简下放审批事项】　将原来的19项行政审批事项精简为5项，办结时限由原来法定的20个工作日压缩为6～8个工作日，服务质量和效率进一步提高。以此同时，向县（市）区国土资源局及直属分局下放6亩以下土地审批和《采矿许可证》的报批及核发等审批权；建立重点工作通报制度，提高落实率和执行力，国土资源窗口服务质量和效率进一步提高。全年共受理各类业务报件2 173宗，已办结2 035宗，受理群众咨询1 200余人次。

（熊海峰　韩荣坤　龚瑞梅　龚宝兰）

城市管理

【城管工作思路】　2009年，城市管理综合行政执法工作以科学发展观和市委九届五次全会精神为指导，以“四创两争”为载体，按照“精心、精细、精品”的要求和“全面覆盖、不留死角、长效管理、永久保洁”的一体化工作目标，加快城乡环卫事业发展，加强城市照明、城市道路桥梁和户外广告、店招店牌管理，扎实开展以拆除临违建筑、清除卫生死角、清理违法小广告、打击城市非法客运为重点的市容环境综合整治，全面推行数字化城市管理综合行政执法工作，着力为昆明经济社会打造良好的发展环境，为广大群众营造宜居的生活空间。

【城管制度创新】　出台了《昆明市城市管理综合行政执法规定》、《昆明市

关于完善环卫市场机制提升城市清洁水平的意见》、《昆明市环境卫生质量相关规定及作业规范》、《昆明市城市管理和综合行政执法网络化管理工作实施意见》、《昆明市数字化城市管理办法》和《昆明市临街建筑物立面挤占公共空间设施整治工作实施意见》。制定了《昆明市数字化城市管理五项制度》、《昆明市综合行政执法责任过错追究办法》（试行）、《昆明市综合行政执法局行政执法责任制实施办法》（试行）、《昆明市综合行政执法督察办法》（试行）、《昆明市综合行政执法装备管理办法》（试行）、《昆明市综合行政执法人员行为规范》（试行）、《昆明市综合行政执法局处罚程序规定》（试行）、《昆明市综合行政执法局行政执法责任制考核办法》（试行）、《昆明市综合行政执法支队"四单"管理规定》等一批城市管理综合行政执法方面的管理制度。

【环境卫生管理】 建立和完善了"组保洁、村收集、乡（镇）转运、县（市）区处置"的环境卫生四级管理体系，开展了滇池流域乡镇农村生活垃圾集中收运处置工作，加强了对主城出入口及城区铁路沿线、入湖河道周边环卫保洁和监管。全年完成了近4 000万平方米公共环卫保洁任务和120万吨城乡生活垃圾的清运、处置工作，顺利通过了国家"创卫"暗访组对市容环境卫生的检查暗访。

【环卫工程建设】 东郊垃圾焚烧发电厂主体工程及设备安装已全部完工，第一台锅炉于2009年12月29日投入试运行；安宁市生活垃圾焚烧厂已建成投入使用；呈贡县、西山区垃圾焚烧项目和嵩明、寻甸、东川垃圾填埋项目已开工建设；石林与宜良、禄劝与富民两座生活垃圾综合处理项目的招商工作正抓紧推进。建成垃圾中转站10座、公厕43座；购置环卫专用车82辆，超额完成年度任务。

【城市照明管理】 定期开展对全市城市照明设施亮灯率的检查和设施完好率检查。全年共抽查路灯48次，检查路灯89 175盏，平均亮灯率98.16%；进行了15次城市照明设施完好率检查，检查路灯31 985盏，设施完好率99.26%。开展城市照明设计方案专家论证及备案工作，监督指导建设单位做好道路照明设计方案专家论证和备案工作，督促建设单位做好照明工程设计、施工、监理单位等级资质查验，并严格依据建设部标准和规范开展设计、建设工作，确保道路照明建设工程质量过硬。完成了彩云路539盏路灯安装调试节能设备、组织节能测评，协调落实"包灯计费"和节电认证机制的基础上，对主城区路灯安装单灯控制节能模块1.8万个。

【城市道路桥梁管理】 依法规范了城市道路占用、开挖审批管理。明确了市、区两级加强道路、桥梁日常管理各自职能职责，切实规范加强了城市道路桥梁管理维护工作。对1座立交桥和5座一般桥梁进行了安全检测并通过了专家评审。开展了"疏堵结合，引摊入市"选点工作，指导主城各区开展了市场建设并结合管理实际，建立了部分过渡性市场，疏堵并举，规范管理。

【户外广告管理】 在修改完善户外广告设置管理政策法规，制定《昆明市户外广告设施设置管理办法》，组织修编户外广告设置专项规划，认真组织各县（市）、区城管部门对有关管理政策规章和审批管理流程等进行专门培训的基础上，组织督促各县（市）、区对各类设置不规范，存在安全隐患和影响市容观瞻的户外广告设施进行了全面整顿。共拆除各类户外广告747棵（块），面积约60 560平方米；清理整顿不规范店招店牌5 570块，约43 100平方米。其中：拆除单立柱广告247棵，约59 160平方米，施工围栏广告2 000余平方米，墙体广告40块，灯箱广告、布标及地名标志附属广告牌354块、公交车站台不规范广告牌44块，其他广告牌65块。组织指导主城四区、三个开发（度假）区、呈贡新区城管部门开展了基坑、基座的清理和绿化工作，共种植乔木144棵，其余的已恢复道路路面。

【市容环境综合整治】 组织各区依法拆除临违建筑301.3万平方米；拆除各类挤占公共空间设施14 691户，约33.89万平方米；办理"清非"案件31件；查处车辆违章运输建筑渣土案件256件；查处非法小广告1 235件（其中停机606个，追呼606个，行政处罚21件，移交公安部门对涉案人员进行治安拘留、刑事拘留、判刑14起，收缴非法小广告1万多份）；配合开展犬只管理，送交市公安局犬只留检所收容无主、无证流浪犬1 739只；累计罚款3 098.5万元。

【出租汽车行业管理】 组织出租汽车行业积极参与"四创两争"文明行车、优质服务活动，帮助乘客查找失物1 213起，返还903件，收到国内外乘客感谢信、表扬信、表扬电话185起；支持指导出租汽车协会筹建出租汽车行业GPS卫星定位系统，完成了8个点，29个新增泊位设置和各道路专用候客泊位的日常维护。检查出租汽车2万余辆次，现场纠错5 000余起，受理乘客投诉2 881起，依法查处出租车服务违章492起，责令参加整训学习57人，吊销10名驾驶员客运资格，罚款17.4万元。积极化解燃油价格上涨，协调落实2009年中央预算内石油价格改革财政补贴1 232.65万元及时、足额、公平兑现经营者；按照市政府规定及时启动运价油价联动机制，有效缓解了油价上涨对出租汽车行业的不利影响，确保了行业稳定。

【打击城市非法客运】 会同市公安、交通、旅游等部门和各县（市）、区政府在全市范围内集中力量组织开展了声势浩大、力度空前的打击非法客运车辆经营行为专项行动，共出动稽查人员近26.3万人次，稽查车辆9万余辆次，全市共检查各类车辆75.2万辆次，查扣涉嫌非法客运车辆3 672辆（其中汽车889辆，摩托车2 783辆），查处违章停车48万辆次，警告劝离80 125辆次；依法组织拍卖非法客运车辆6批，共283辆，拍卖款451.789万元，有力震慑了非法客运经营者，营造了良好的城乡客运环境。

【数字化城市管理】 组织对市级和各县（市）区共750名数字城管业务员进行业务培训，推动各项管理制度、服务规范的有效落实。实现了市级数字城管系统与14个县（市）区、三个开发（度假）区城管部门以及市建设局、市园林局、城市照明控制中心、通用水务、公交、排水等13家有关部门的联动运行，积极推进了对现有各类视频监控信息资源的共享，降低建设运行成本，完善综合服务功能。组织完成了主城区95平方千米的地理信息及城市部件普查工作。2009年，昆明市数字城管系统共受理案件119 080件（含网上投诉、建议1 149条），其中，立案118 126件，结案89 783件，结案率为76%。2009年12月25日，昆明市数字化城市管理系统顺利通过了国家住房和城乡建设部专家组检查验收。

【招商引资】 全年签约项目22个，同比增长144%；落地项目12个，同比增长30%；资金到位上报项目10个，考核认定9个（外资2个，一般项目7个，考核不予认定BT项目），同比增长10%。实际到位外资206.34万美元，考核认定为165.07万美元，同比降低13.8%，完成目标任务165.07%；实际到位内资3.92亿，考核认定为2.19亿，同比增长42.3%，完成年度任务109.50%。

【督办信访处理】 2009年，办理市领导批示和交办事项462件，办结反馈450件，办结率为97.6%。办理“春城热线”群众投诉待办件15件；办理“市委书记电子信箱”、“市长热线”和“市领导工作电话”交办件294件；信访件103起，做到了件件有落实，事事有回音，群众满意率为100%。

【人大建议、政协提案办理】 承办人大代表建议和政协提案51件，其中：省人大建议2件，省政协提案4件，市人大建议15件（含重点建议2件）、市政协提案26件，区人大建议4件，现已全部按要求办理、面商答复完毕，办结反馈率100%；人大代表、政协委员满意率达100%。

【城管宣传】 修改完善了城市管理宣传制度和方案，采取设置城管法律法规咨询台、宣传展板等形式，扩大了宣传的覆盖面和影响力，加大了对城管工作宣传力度。分层次、全方位、多形式宣传了有关相对集中行使行政处罚权工作的内容和执法权限、依据和城市管理的法律、法规、政策，营造了良好的城管执法舆论氛围。定期开展与电视台、报社联合开展对少数市民的不文明行为进行曝光；全年共在《人民日报》、云南电视台、《昆明日报》、《春城晚报》、《都市时报》、《云南信息报》和《云南法制报》刊出稿件20余篇。

【干部队伍教育管理】 认真贯彻《公务员法》和干部培训管理相关规定，全年安排公务员“8 + X”培训11人次，安排外语骨干培训15人，计算机骨干培训11人；全局共有180人参加了普通话测评，合格率达100%，共有48人通过了计算机初级操作员考核。制定出台了《中共昆明市委组织部、昆明市城市管理局、昆明市综合行政执法局关于明确五华、盘龙、官渡、西山四区综合行政执法队伍干部管理体制有关部门的通知》，《昆明市人事局、昆明市城市管理局、昆明市综合行政执法局关于印发〈执法队伍统一考试录用人员试行办法〉的通知》，为综合行政执法工作顺利开展提供了保障。完成了事业单位岗位设置，先后为11名公务员办理非领导职务晋升和提高待遇，为市数字化城管办选调工作人员6名，安排“新农村建设”指导员3人。

【行政效能建设】 制定下发了《昆明市城市管理局、昆明市综合行政执法局工作成果倒逼追究制度实施办法》和《昆明市城市管理局昆明市综合行政执法局督查督办事项销案制度》，严格实行了“一线工作法”，落实了工作成果倒逼制度。进一步健全了抓工作落实机制，完善任务分解、工作报告、督促检查、绩效考核、责任追究、奖优树模等制度，形成任务具体、责任明确、考评有据、奖惩分明的有效机制。局系统党员、干部牢固树立了求实、务实、落实的作风，始终保持紧张快干、雷厉风行干事业的精神状态，确保任务件件落实、承诺项项兑现。

【荣获表彰】 通过全体干部职工的共同努力，市城市管理综合行政执法局先后被国家民族事务委员会、云南省人民政府授予“国际人类学民族学联合会第十六届大会筹办工作先进集体”；被市委、市政府评为“昆明市军队转业干部安置工作先进单位”；被市政府办公厅评为人大建议、政协提案办理“先进单位”。

（张　毅　潘文胜）

煤　气

【概　况】 2009年是推进“十一五”规划顺利实施的关键一年，集团公司围绕“科学发展、战略转型，治理隐患、安全生产，规范服务、提高效益”的工作方针，以确保安全、稳定供气为重点，进一步加大隐患工作的治理力度；规范服务标准，完善服务体系，着力提升服务质量；坚持以科学发展观为指导，全面实施集团公司的战略转型，妥善处理好改革、发展和稳定的关系；加强内部管理，提高工作效率，确保各项工作和任务的全面完成。全年煤气销售气量完成14 000立方米；实现煤气销售收入16 284万元（不含税）；实现11 206万元的净利润。重点工程——蓝龙潭煤气储配站已投入运行。

【安全供气】 2009年公司以确保安全稳定供气为重点，以落实主体责任为抓手，全面落实安全目标责任制，层层分解落实安全目标责任；进一步健全和完善安全管理网络，明确了所有岗位、所有工种的安全职责，形成了完整的安全生产责任制体系；通过完善考核体系，促进了安全工作和安全责任制落实。根据各单位各自不同的安全重点，进一步规范管理模式、加大考核力度和完善考核方式，形成了各有特点的考核体系，使考核体系更趋于科学、合理和具有可操作性。以“安康杯”竞赛为载体，进一步加大安全宣传教育力度，使企业安全管理和安全文化建设、员工行为规范得到了有机结合，员工安全意识明显提高，同时，采取多种办法，利用多种途径，普及安全用气知识，切实提高煤气客户的安全意识，取得了较好的效果，实现了“六个杜绝、三个降低、两个提高”，确保了安全、稳定地向城市输供煤气。

【业务转换、拓展】 遵照市委、市政府提出的投资多元化，竞争多主体的改革目标，由中石油昆仑燃气有限公司、云南省投资控股集团有限公司、昆明煤气（集团）控股有限公司、云南长安投资有限公司共同出资成立的昆明中石油昆仑燃气有限公司于2009年8月1日开始正式运作。从该日起，涉及到昆明煤气（集团）控股有限公司在昆明市主城范围内管道煤气的稳定供气、安全生产、煤气销售，维修、抢险等业务及所产生的法律、经济、民事等责任，均由昆明中石油昆仑燃气有限公司承担并负责。昆明煤气（集团）控股有限公司不再负责上述业务，现在双方已实现了工作的平稳交接。

昆明煤气（集团）控股有限公司与华润燃气集团于2009年8月18日共同出资成立了“云南华润天然气有限公司”。公司主要负责天然气管道输送、汽车加气站及LNG站、无企业正式进入的县、区燃气项目。实现了当年招商引资，当年成立公司，当年开工建设。

在主城区业务划转到昆明中石油昆仑燃气有限公司后，公司积极寻找新的燃气投资项目，开发昆明主城以外的燃气业务。为创建新的经营实体来扩大公司的收入来源，实现国有资产的增值保值。公司于2009年8月31日与安宁市人民政府协商成立“昆明煤气集团安宁有限公司”，双方共同投资开发经营安宁市城市煤气项目，公司实现了迈出昆明市的第一步。

【内部管理】 为适应公司在主营业务划转，人员精简，经营向投资型公司转变的需要。公司对原有的组织架构进行了大幅调整，机构减少至4个部门，部门的职能都得到了大幅的增加，相应的员工的岗位职责也随之提高，由原来的一人一岗转变为一人多责，工作效率、劳动生产率明显提高。进一步完善绩效考核工作。通过总结经验，查找不足，在实践中不断探索适应公司实际的考核办法和考核形式，在绩效考核指标的设计上做到了具有连贯性和变化性。同时注重考核过程的预控和检查，对考核组织工作做好事后分析，对存在问题进行及时整改。通过上述措施，强化了制度建设，规范了工作程序，夯实了治理基础。较好地调动了各责任单位（部门）的积极性，员工的主观能动性明显增强，工作作风得到改进。

【优质服务】 2009年公司以开展软环境建设为契机，不断提高服务质量和服务水平。始终将行风建设和优质服务工作摆在与经济工作同等重要的位置，把不断提高员工的业务素质和服务质量作为一项经常性的重要工作来抓。从抢险抢修、抄表、收费、灶具维修、服务等方面着手，狠抓落实，对违规违纪的人和事加大了查处力度，使客户投诉件大幅度降低，客户回访率达到100%，取得明显成效。树立了昆明煤气在客户心中的信誉度，提升了企业的形象。

（昆明煤气〔集团〕控股有限公司）

自来水

【安全、优质、稳定供水】 2009年，公司加强原水调度，优先考虑使用云龙水库及松华坝水库优质原水，其他水源作为局部供水调节。同时通过启动大板桥青龙洞、龙泉寺泵站，重新启用六水厂等保障措施，缓解了旱情对城市供水的影响。进入汛期后，根据气候、水库库容及原水水质情况进行综合调度，通过定期分析解决自来水供需平衡问题，保持管网输配系统的平衡调剂与安全运行。一年来，昆明市的供水安全、平稳，水压、水量均满足用水要求，市民的安全优质用水得到较好的保证。2009年日均供水82.86万立方米；管网平均压力合格率为99.79%，管网水质综合合格率为99.99%，管网维修及时率为99.57%。

【超额完成年度经营目标】 2009年，完成售水量20 842万立方米，比2008年增长9.22%；完成主营业务收入5.77亿元，比2008年增长22%；产销差率降至28.54%；应收自来水欠费余额为3 137万元，比2008年下降34.79%；完成建安产值5.54亿元，比2008年增长65%；利润总额为794万元；自来水用户总数达到53.54万户，社会公众满意度为92.8%，全面完成了国资委下达的年度经营责任目标。

【重点工程建设进展顺利】 2009年，清水海一期水源工程进入全面施工阶段，各项工程有序推进：主体工程18个土建标段施工快速全面推进，隧洞工程累计进尺24 595米；征地和移民安置工作进入收尾阶段；完成年度投资4.62亿元，超额完成了市政府下达的4.5亿元的年度投资任务。二期净配水工程于2009年12月11日实现了开工建设，累计完成投资7 720万元，超额完成了市政府下达的7 000万元的投资任务。

呈贡新区供水工程已完成管道设计11.7万米，共计完成管道安装10.1万米。3号泵房及高位水池已建成并投入使用，年度投资计划完成9 013万元。昆明新城高新技术产业基地给水工程项目一期的净水厂及原水提升泵站于2008年底竣工，在工艺上具备了通水条件。根据用户用水需求，马金铺水厂于2009年4月30日正式投产供水。

地下水封停工作，2009年采取各种措施加快推进地下水置换工作，积极主动为城市地下水用户提供相关服务。截止2009年10月31日，共有146口地下水井具备了封停条件并已上报市水利局，用户的水量、水质和水压明显提升，不仅社会效益明显，而且对整个昆明城市生态环境的保护和改善起到了积极的作用。

东南二环快速道路系统改造供水配套工程，克服了地形复杂、多家施工单位交叉作业、工作断面局限等困难，确保在规定时限内完成建设任务，为东南二环快速系统2009年9月30日通车作出了贡献，也为城市管网建设奠定了基础。

【扩大城市管网供水覆盖区】 2009年，配合城市规划和用户用水需求，参与道路供水管道及附属设施的建设，完成二环路、海屯路等91项道路管网新改建给水工程及68个新建小区项目给水工程的供水工作；认真贯彻执行市政府的要求，加快推进地下水用户的置换工作，完成了146家单位的地下水用水单位外围供水设施的建设，累计置换地下水取用总量117万立方米；共完成改表出户及新装一户一表5.5万户；新增直径50～100毫米管道26千米，新增100毫米以上管道总长125千米，新增直径100毫米以上阀门1 641台。

【营业抄收和催欠】 2009年，强力推进降低产销差工作，通过制定《2009年降低产销差工作实施计划》，对工作目标进行分解，层层抓落实，全力以赴完成工作目标。采取委托有关技术单位对管网进行漏损检测；按照划分的管网检测区域，充分利用检漏设备，主动开展检漏工作；提高抢修及时率，保障城市供水生命线的正常运行；继续贯彻执行《举报窃水、漏水行为奖励办法》，对报窃、报漏的市民给予奖励等措施，使产销差率比上年下降7.61个百分点。进一步加强营业抄收和催欠工作，在各客户服区制订催欠方案，规定营销员可欠费额度，调动其他工作人员利用公休日集中催欠，催欠人员进入欠费小区入户抄表、现场收费，使水费回收率达到97.83%。

【践行“四项制度”】 2009年，公司积极响应市委、市政府组织开展的效能提升、作风改进整治活动，为进一步转变工作作风，落实“两公开一监督”规定，规范办事行为，正确履行职责，加强自身建设，提高“窗口”单位工作效能和服务质量，集团公司根据行业特点制定了服务承诺制等“四项制度”的实施方案，要求各服务窗口全面推行服务承诺制、首问责任制、限时办结制和行政问责制四项制度。

通用水务对“96106”热线话务系统进行升级改造并于2009年6月1日正式启用，大大提高了呼叫系统的处理能力及工作效率。据统计，2009年全年，“96106”客服热线共计受理用户咨询、查询来电、投诉建议170 919件，派出维修工作单20 370张，配合“110”社会联合行动60次，转接处理“12345”市政府市长热线31件，处理市信访局转办函23件，处理各类媒体报道24件，接待用户来访101次，下发交办件、转阅件237件，网上在线咨询635件，处理及时率达100%，用户满意度平均得分达91.45分，有效地促进了企业与市民的沟通和联系，提升了企业形象，带动了企业整体服务质量的提高。

【丰源水务正式挂牌运营】 2009年是昆明市掌鸠河引水供水工程由建设转入全面管理和全面开展工程收尾工作的第二年，2009年8月11日，云南丰源水务股份有限公司正式挂牌，是云南丰源水务股份有限公司成立后开始掌鸠河项目管理、营运的第一年。截至2009年底，云龙水库蓄水量为2.94亿立方米，累计供应原水2.22亿立方米，为春城人民饮用优质水作出了贡献。掌鸠河项目竣工、结算及审计整改工作加快推进。调概完成总工程量的80%，结算完成总工程量的70%。

【引进战略合作伙伴】 2009年，在市国资委主导下，集团公司在与省城投就共同开发昆明新城高新技术产业基地供水工程项目上取得了实质性进展。集团公司以工程所形成的实物资产出资，出资额为6 000万元，占股比50%；省城投以现金出资6 000万元，占股比50%。双方将组建瑞源自来水有限责任公司参与项目的后续建设、生产和运营管理，并将在呈贡新区供水工程项目上展开进一步合作。在成功收购呈贡马来西亚实康公司60%股份的基础上，完成了呈贡自来水厂职工身份转换工作，呈贡公司整体接管经营呈贡新区供水，为实施集团公司在新区的战略奠定了良好的基础。

【“七合一”整合】 2009年，昆明自来水集团工程有限公司，在整合了下属7家企业的基础上进一步完善资产权属，整合内部资源，理顺管理关系，实现平稳过渡。整合实施以来，公司经营管理、生产建设平稳有序，工程建设管理水平不断提高。2009年共完成471项工程，在建工程123项；共完成总产值5.54亿元，比年度计划目标3.5亿元超额完成2.04亿元；上缴国家税收1 898万元；市场竞争力不断加强，确立了公司在同行业中的领先地位。

【环保与节能降耗】 2009年，集团公司在水源开发项目中高度重视环保建设。丰源水务加强云龙水库保护，狠抓水质监测，在云龙水库三条主要河流入库口安装了水质在线监测设备，累计投放食藻白鲢鱼苗57吨，在云龙水库一级保护区种植水源涵养林8 700余亩。目前，云龙水库水质为Ⅱ类。清水海项目采取边建设边保护的思路，制定了水源地环境保护规划，水源地一级保护区水质将不低于《地表水环境质量标准》Ⅱ类标准，通过在清水海水源地开展环保宣传活动，增强水源地居民的环保意识，使用亚行的小额赠款实施移民安置点的社区综合节水示范项目等加强保护和管理，有效地改善水源环境。供水生产的节能减耗工作也取得突破性进展，通过节能增效措施，降低生产成本：药单耗2.30千克/千方，同比2008年下降34.84%；氯单耗2.20千克/千方，同比2008年下降17.29%；电单耗108.16千瓦时/千方，同比2008年下降23.38%，仅氯气和电费即节省成本约700万元。

【优化组织结构】 2009年，围绕企业“三项制度”改革，主动适应建立现代企业制度的要求，在坚持党管干部与董事会依法选择经营管理者以及经营管理者依法行使用人权进行积极探索，配套完善干部人事、绩效考核和薪酬管理等机制制度，率先在集团公司机关中层干部中实行内部公开竞聘上岗，将原有的12个部门优化为9个部门，比原有设置下降了25%；中层干部职数从原有的22人精简为15人，比原有职数下降了31.82%；机关管理人员从原有58人精减为51人，下降了13.79%。坚持逐步完善干部进入机制、竞争机制、退出机制和交流机制。

【加强内部管理】 加强企业信息化建设，集团公司制订下发了《昆明自来水集团有限公司计算机网络管理办法》，配合装修完成大楼计算机、通信网络的更新、调试工作；通用水务搭建了公司第一个企业内联网，自主开发了面向全体员工的信息共享平台；清水海分公司使用了工程项目管理软件，加强施工现场管理水平；集团工程有限公司设计使用工程信息管理系统软件，形成了全面覆盖、高效灵敏、信息共享的管理网络。

高度重视安全生产和员工职业健康安全，坚持“安全第一，预防为主”的方针保证供水生产安全，完善各岗位、工种的规章制度23项，做到了“有员工必有安全纪律，有设备必有操作规程”，全年进行各类安全生产检查601次，对检查出来的安全隐患进行了及时整改，投入整改资金563万元；采取措施整治了思源路堵塞消防通道等隐患，投入消防整改资金38万元；加强车辆管理，机关部门车辆使用费用比2008年降低34万元。

（王森森　沈庆惠）

测　　绘

【城市基础测绘】 完成主城区1∶500地形图修补测绘280平方千米；昆明西北绕城线1∶2 000航测成图100平方千米。

【规划测绘保障服务】 2009年6月1日起昆明市实行《建设工程规划批后管理办法》和《建设工程规划批后测量规程》，为加强城市规划测量工作，建立健全批后管理测量作业规程和规章制度，为规划批后管理提供道路验线、建筑面积、绿地面积等测量192件，派驻规划服务窗口为建设单位打印红线图11 673套，办理接件1 107件，规划定桩放线、竣工测量、管线测量及电子政务办件577件，为规划管理提供了更便捷的优质服务。

【城市轨道交通测绘】 在现代新昆明建设中，为轨道交通工程建立高精度的独立控制网，完成一等水准测量175.4千米、二等水准测量221.5千米；完成GPS平面控制测量C级39点、D级96点和施工钻孔放线2 148点。

【新机场建设测绘】 为新机场建设测绘1∶1 000地形图5.42平方千米、1∶500地形图0.5平方千米；完成GPS平面控制测量C级11点，一级150点；完成三、四等水准测量218.56千米，规划定桩放线31件。

【呈贡新城建设测绘】 为呈贡新城建设测绘1∶500地形图45.65平方千米、1∶2 000地形图39.89平方千米；完成二级GPS控制测量110点，定桩放线、竣工测量70余件。

【开发区建设测绘】 为昆明空港经济区测绘1∶500地形图10.15平方千米、1∶2 000地形图96.63平方千米；完成一、二级GPS控制测量195点；为盘龙区龙江片区、昆明国家经济技术开发区普照海子片区和昆明国家高新技术产业开发区马金铺片区等测绘1∶500地形图28.5平方千米、1∶2 000地形图70.1平方千米。

【县（区）和州（市）测绘】 完成石林县生态工业集中区西街口工业园区1∶500地形测量6平方千米，曲靖至马龙高速公路带状1∶500地形测量10平方千米，大理州祥云县财富工业园区1∶500地形测量17平方千米，均通过云南省城市勘察测量规划协会专家组和用户的检查验收。

【城市地下管线测量】 2009年5月18日，昆明市规划局主持邀请国内地下管线测量专家对“昆明市主城区地下管线普查探测项目”进行检查，并通过验收。2009年完成主城区（D区）庭院排水管线普查探测87平方千米，管线长度1 200千米；完成主城区照明地下管线普查探测90平方千米，管线长度300千米。

【“数字城管”部件普查】 为完善城市管理信息平台，完成官渡区、五华区（3期）“数字城管”部件普查及信息系统建库，城管部件调查59 841个，面积29平方千米。

【第二次全国土地调查和矿业权实地核查】 完成第二次全国土地调查丽江市古城区及宁蒗县大兴镇、昆明市富民县大营镇和永定镇、晋宁县昆阳镇和晋城镇、石林县鹿阜镇等七个城镇的地籍测量，权属调查及数据库建设，面积54.12平方千米。完成昆明市五华区、盘龙区、官渡区、石林县、宜良县、呈贡县、昆明国家高新技术产业开发区、昆明国家经济技术开发区、昆明滇池国家旅游度假区等9个县（区）矿业权实地核查工作，辖区面积5 527.36平方千米，矿业权实地核查354个，并通过云南省国土资源厅组织的专家组检查验收。

【专题地图编制】 编制《昆明跨越式发展图》、《滇池流域主要河道分布图》、《昆明四环十七射示意图》、《呈贡新区规划发展图》、《昆明主城楼盘分布图》、《2009年昆明房地产交易会参展楼盘示意图》、《云南省送变电工程公司施工送电线路及变电站分布图》等12幅专题地图。

【三维数字昆明信息平台建设及应用】 在基于Lidar的真三维数字昆明数据库建设中，昆明市测绘研究院采用国际先进的机载三维激光雷达技术对主城区进行三维高精度数据采集，整合原有各类地理信息成果，构建“昆明市三维地理信息平台”，该平台集中了大量的地理信息资源，增强了空间分析运用功能，已成为政府决策的重要技术支撑平台。在科技创新中，昆明市测绘研究院贯彻落实科学发展观，始终坚持走科技创新、不断发展的道路，积极推进测绘科技创新和发展，将科研成果转化为生产力，在城市管理的实际应用中，完成城市三维模型制作180平方千米、制作1∶2 000正射影像图100平方千米，提高了地理信息对城市规划、建设和管理的保障服务水平。2009年在金领时代等建设项目中，首次实现了城市规划三维辅助审批，并通过网络远程服务技术对石林财富中心等项目进行三维辅助审批。三维地理信息的应用，通过直观、形象的表达方式，增强了城市规划管理的科学性，为政府决策提供了更便捷、更精确的基础数据和测绘保障服务。

【航测遥感技术应用】 在新技术的推广应用中，昆明市测绘研究院采用遥感影像处理技术对2.5米SPOT5和0.6米QUICKBIRD的高分辨率遥感影像数据，进行正射纠正，制作昆明市域SPOT5正射影像图30 000多平方千米；采用遥感影像应用技术更新地形图，通过对高分辨率QUICKBIRD影像进行正射纠正、融合、镶嵌等处理，将处理后的影像作为1∶10 000 DLG数据更新的数据源，更新原有1∶10 000 DLG数据库约2 600平方千米。

【昆明市连续运行参考站系统—KMCORS网改扩建】 2009年，投入75万元扩建了KMCORS网－石林站，现有八个站点，使用Leica GRX1200Pro参考站接收机，覆盖昆明市域7000平方千米。在改扩建中，对通信网络进行升级改造为六条静态IP组成的VPN虚拟专用网络，系统硬件升级为GPS/GLONASS双星系统，软件升级为GNSS－Spider3.0.1，提升了网络RTK工作效率。2009年，KMCORS网与云南省测绘仪器检定站合作建立昆明GPS校准场，选取KMCORS网五个站点，经检测KMCORS网连续运行四年观测，条件良好，数据质量可靠。

【质量管理体系运行】 2009年3月1日GB/T19001－2008《质量管理体系要求》标准颁布实施，昆明市测绘研究院认真学习和领会新标准，学习胡锦涛总书记对质量工作的重要批示，加强“质量是企业的生命”的教育，在以顾客为关注焦点中，促进了产品质量的不断提升，满足了顾客的需求，质量管理体系持续有效运行，并通过了中质协质量保证中心的换版审核。2009年，主要测绘项目通过云南省测绘产品检测站、云南省城市勘察测量规划协会专家组和用户的检查验收。

【培训与教育】 为适应科学发展的需要，昆明市测绘研究院积极开展专业技术培训和法律法规教育，组织学习《基础测绘条例》、《重要地理信息数据审核公布管理规定》等法律法规和李克强副总理对测绘工作的重要批示，结合《保密法》颁布20周年活动，开展《保密法》培训学习，增强了干部职工的保密意识。为完成第二次全国土地调查和全国矿业权实地核查工作，组织了土地调查、地籍测量、数据建库及矿业权实地核查等有关技术培训；为满足城市规划批后测绘管理工作，组织了规划批后管理测量技术培训。全年组织职工培训教育共566人次，通过学习培训，提高了干部职工队伍的理论素质和实际工作能力。在测绘学术交流中，参加云南省测绘学会、云南省市政工程协会的技术交流活动，侯至群等撰写的《昆明市连续运行GPS参考站系统（KMCORS）稳定性分析》、冉磊等撰写《三维数字城市技术在城市规划中的应用》和王勤珍撰写《QuickBird影像更新昆明市1∶10 000 DLG的探讨》等18篇专业技术论文提交《城市勘测》《云南测绘》《云南市政》等杂志进行交流，其中，陈艳平撰写的《基于GIS数据的数字地图生产》在《城市勘测》上发表，钟高飞、陈艳平撰写的《浅谈城市1∶500数字地形图的检查》在《地矿测绘》上发表。

【主要获奖项目】 昆明市测绘研究院参与完成的《昆明市主城区地下管线普查探测项目》荣获“2009年测绘科学技术优秀测绘工程金奖”；《昆明市城市楼盘查询管理系统》和《基于DMC影像的数字园林工程项目》分别荣获“全国优秀城乡规划设计奖—城市勘测工程三等奖”；《昆明跨越式发展图》荣获昆明市“十佳技术创新成果奖”。

（侯至群　周洋明）

城建档案

【一站式窗口服务】 2009年，档案馆

进一步加大窗口建设力度，持续将软环境建设放在工作的重要位置，全面推进首问首办责任制、服务承诺制，要求工作人员高效履行工作职责，指导办事人员完成其需办事务。同时，做好档案馆各科室服务内容、办事程序、办事人员的公示工作，接受社会和群众的监督。通过加强效能建设，进一步优化工作流程，加快工作节奏，提高办事效率，部门之间推诿扯皮，办事效率低下现象得到最大限度的遏止，形成了工作流程简洁有序，办事效率高效的机制。

【工程竣工档案管理】 全年接收、移交工程竣工档案11 481卷；完成图纸扫描61 140张，文字49 336页；接收市政工程档案3 235卷，完成市政档案扫描文字522 057页，图纸26 461张；按照有关竣工档案质量要求，完善竣工档案质量检查制度，对接收入库的案卷及文件、图纸的扫描质量进行检查；完成146项庭院管线竣工测量的验收工作，接收综合管网竣工测量档案264卷。强化重点工程、市政工程竣工档案现场指导管理，对呈贡新区、新机场等工程加强跟踪管理、审核验收及接收工作，为城建档案的提供利用打下了良好基础。

对全市14个县（市）区建设局城建档案工作进行了业务检查，对城建系统、开发区、开发公司部分单位档案室进行了业务指导，进一步完善了业务工作联系网络。

【声像档案管理】 积极进行昆明市城市规划、建设、管理工作声像资料的收集、编辑工作；完成了《昆明排水》专题片的拍摄、制作工作。对城市规划、建设、管理中的重大活动及重点工程进行跟踪拍摄及收集整理工作，完成了呈贡新区行政中心、道路、二环东路石虎关—小庄立交、昆明新机场、大树营立交、菊华立交改造、文明街片区地下管网改造工程的跟踪拍摄工作，效果良好，受到了上级领导部门的肯定。

【信息化建设】 积极推动数字化城建档案馆建设。2009年，积极推进计算机信息管理系统二次升级改造工作，到2010年4月将基本完成全部升级改造，改造完成后，将实现档案的网络接收、管理、查阅利用功能，系统将得到极大地完善与提高，系统运行的稳定性、高效性和科学性将进一步增强，为下一步实现数字化档案馆奠定良好基础。同时，大力开展档案扫描录入工作，对接收进馆的2008年规划档案全面进行了扫描录入，实现了计算机查阅和调档。馆藏城建档案的扫描录入工作已陆续展开。积极开展县区城建档案目录中心的建设，逐步形成以昆明市城建档案馆为中心，各县（市）区城建档案室为支撑的昆明城建档案信息管理网络，推动城建档案信息化建设进程。

【库房管理】 不断加强档案管理、利用工作，完成了规划档案收集、整理、归档和管理制度的建立完善工作及规划局机关、分局、直属单位档案清理工作。完成竣工档案分类、编目、登帐、入库、上架15 535卷。全年接待查阅单位658家，调阅档案7 000卷。

【档案监察】 城建档案监察大队继续加强执法力度，充分发挥监察职能，对全市422项工程项目进行了执法监察，对28项违章项目进行了限期整改处罚，对3家单位予以罚款处理。在全年的执法过程中，未发生一例执法纠纷。树立了良好的对外形象。

【档案编研】 持续推进昆明市第三批挂牌保护建筑资料收集整理工作和建成区20层以上高层建筑、标志性建筑的数据资料收集工作。

【档案业务培训】 举办了2期全市工程竣工档案业务培训班，培训各建设、施工单位档案人员近300名，对城建档案从业人员素质的提高和城建档案重要性的宣传起到了积极作用。

（市城建档案馆）

·责任编辑　马颖生·

环境保护

环境保护

【概　况】　2009年，昆明市环保系统牢固树立生态文明观念，坚持环保"七优先"，以"七彩云南昆明保护行动"、"四创两争"为载体，大力推进市域生态系统建设。在昆明市经济社会快速发展的同时，环境质量状况保持基本稳定，局部区域环境质量有所改善，全社会环境意识普遍增强，在2009年昆明市政府目标管理考核评比中被评为一等奖；在2009年云南省城市环境质量综合整治考核中荣获第一名，总体环境质量在全国环境保护重点城市中进位争先。

【政务信息和环境信访】　2009年，编制实施了《昆明市环境保护局推行重大决策听证等四项制度实施方案》，认真落实重大决策听证等四项制度，举行重大决策听证8项，发布重要事项公示75项、重点工作通报8项，编制了常见问题和解答信息收集表、行政审批项目信息采集表、96128政务信息查询专线基础信息表，设置了信息查询日常专用电话，与全省96128同步开通开展政府信息查询工作。严格按照《昆明市环境保护局政府信息公开指南》、《昆明市环境保护局政府信息公开目录》，编制完成了《昆明市环境保护局2008年信息公开年度报告》。截止11月30日，在昆明市环保网站更新发布信息3 365条、空气质量日报334条、新闻图片信息210张；在政务公开网主动发布信息797条；在局OA办公系统发布信息1 149条，图片384张。

坚持每月10日局长环保信访接待日制度，开展每月局领导下基层（县区）、企业走访活动，主动帮助解决实际问题。全年办理群众来信116件，接待群众来访55人次。认真办理办结人大建议、政协提案27件。开展网上环保咨询、意见建议及投诉办理。组织开展查处违法排污行为实现环境违法违规排污零申报工作，受理办结"12369"环保投诉电话24 247次。

【投资与规划】　2009年启动了《昆明市生态建设与环境保护"十二五"规划》、《滇池流域水污染防治"十二五"规划》的编制工作；市属各县（区）市以及昆明市高新技术开发区、昆明市经济技术开发区、滇池旅游度假区分别编制完成了辖区生态建设与环境保护"十二五"规划；编制完成《滇池流域水污染综合防治"十一五"规划中期评估报告》。

2009年度昆明市环境保护投资总额911 317.26万元，环保投资指数为5.04%。2009年度昆明市环境管理能力建设总投入2 429万元。

【污染减排】　2009年，为贯彻执行党中央、国务院提出的"十一五"节能减排约束性指标，全面实施滇池流域水污染防治规划及长江上游水污染防治规划，根据《云南省人民政府2009年污染减排目标（州市）责任书》，昆明市2009年污染减排任务是：完成削减化学需氧量0.6万吨、二氧化硫4.8万吨，并下达具体削减项目45个。同时为全面落实《昆明市人民政府关于进一步加强节能减排工作的实施意见》和市委九届五次全会提出的二氧化硫、化学需氧量比上年削减2%以上的目标，切实做好"十一五"主要污染物总量减排工作，结合全市工业布局和污染减排实际，在省政府下达的45个重点减排项目的基础上，自加压力，增加了18个减排项目。

全市各级各部门认真贯彻落实省委、省政府的统一部署，紧紧围绕主要污染物削减目标，从加快推进工程减排、结构减排、管理减排入手，突出抓好滇池流域内重点污染源的治理，大力实施环湖截污、入湖河道整治、环湖生态建设等措施，周密制定减排计划，落实目标责任制，推行流域内河长负责制，分别与各县（市）区、重点污染企业签订污染减排目标责任书，突出减排首位意识，狠抓工作落实。严格按照环保部提出的"污染减排工作要坚持目标不变，力度不减，标准不降"的要求，采取有力措施，克服一切困难，各级各部门齐抓共管，加快推进污染减排项目的建设速度，加强监管力度，确保污染减排项目正常运行，通过各级、各部门和各相关企业的共同努力，全市年初确定的63个减排项目，已完成59项，其中未完成的4个项目上报省环保厅申请调整。在63个减排项目之外增加完成减排项目14项，全市实际完成污染减排项目73项，完成率为115.87%，按年初目标任务目标，2009年共超额完成污染减排项目10项。

【环境影响与评价】　2009年，全市环保部门共审批建设项目2 697项，审批项目总投资1 628亿元。97个项目环评文件作出退回、不予批复或暂缓审批决定，"三同时"验收项目1 036项。市局审批建设项目290项，审批项目总投资1 416.15亿元，否决项目3项，复审环境影响评价文件20项。环境影响评价执行率为100%。与2008年相比，审批项目数增加77项，增长36%，总投资增加1 028.29亿元，增长265%。共组织建设项目竣工环境保护验收32项，"三同时"执行合格率达到100%，同意试运行76项目，不同意试运行6项。"三同时"验收合格报行率100%。

至2009年11月，已完成全市17个工业园区规划，安宁、呈贡、晋宁、富民、禄劝、寻甸、嵩明、宜良、石林等8县1市县城总体规划，空港经济区总体规划，昆明新城高新产业基地规划，嵩明县职业教育基地规划，昆明湖滨生态城规划等规划环境影响评价工作。

行政许可项目进入市行政审批中心办理，实行“一窗式受理、一站式办结、一条龙服务”。对报件齐全、审批时限全部在法定时限基础上压缩了2/3，符合审批要求的环境影响报告书审批时限为14个工作日，报告表审批时限为7个工作日，登记表审批时限为3个工作日，竣工验收审批时限为7个工作日。

【机动车尾气整治】 积极配合和协调省发改委确定了昆明市在用汽车排放污染物检测收费标准；印发了《关于开展昆明市机动车环保定期检测站建设有关工作要求的通知》、《昆明市机动车环保检测站建设技术规范》，《关于做好机动车环保定期检测的通知》，与市公安局联合下发了《关于加强机动车排气污染定期检测工作的通知》；报请省厅确定了各类车型的检测方法；批准了12家昆明市机动车检测站的环检委托资质；举办了第一期机动车环保检测培训班；在环保定期检测工作推进各时间点，通过报纸、电视、广播、网络等媒体开展深入的宣传工作，让广大市民和车主了解和接受环保定期检测；2010年2月1日，12家环检站建成，并顺利投入正常检测，各场站运行稳定、检测质量较高、检测率稳步上升。

投资150万元，充分利用现代科技手段建成了分布式机动车排放网络监管平台，通过录像、视频、数据在线传输、实时统计分析等自动化、智能化和网络化的操控手段，对各控制终端进行全方位监控，实现了对各检测站的远程监控，新车及二手车上牌环保审核，环保标志的自动打印、发放管理，超标车辆车主查询等功能。

2009年，组织开展柴油型公交车的集中专项整治行动，共抽测1 112辆，抽测达标率90.1%；开展广福路超限超载及环保专项整治行动，检查车辆3 648辆，超标车辆157辆；对公交车辆、部分出租及社会车辆的年度排气抽测工作共检测车辆1 314辆，超标车辆115辆，对抽测、检测不达标的所有车辆，均要求限期整改。全市汽车以旧换新工作开展以来，共报废老旧汽车和“黄标车”4 426辆。

【城市环境综合整治】 为贯彻执行好《昆明市高污染燃料禁燃区管理规定》，配合市发改委起草并联合下发了《昆明市高污染燃料禁燃工作补贴办法》，完成了对各区城镇低保户的市级环保审核工作；截止2009年12月1日，全市4蒸吨/小时以下（含4蒸吨/小时）燃煤锅炉802台套，已完成改燃、改造576台套，因实施搬迁给予延期76台套，未完成150台套。全市需要改燃、改造的热水炉、茶水炉、大灶共有2 194台眼，已完成1 638台眼（不含居民用户）的拆除、取缔、停用工作；全市已完成取缔、关停生产销售经营燃煤的企业、个体经营户78家。

【“烟控区”“噪达区”建设】 积极组织开展烟尘控制区新建和复测工作，累计建成烟控区267.37平方千米，烟尘控制区覆盖率达100%。加强环境噪声监管工作，累计建设环境噪声达标区222.46平方千米，“噪声达标区”覆盖率达84.27%，在主城建成区主要路口、交通干道、小区建设28块噪声显示屏，实施动态监测。印发了《关于开展昆明市“宁静小区”创建工作的通知》，完成8家市级“宁静小区”的创建工作。

【“禁塑”工作】 认真开展“禁塑”工作，全市工商、环保部门机关执法人员35 623人次，检查各类市场（商场、超市等）6 035个次、药店2 326家次、景区点1 036个次、经营户221 475户次，查处和取缔违法违规经营户1864户，收缴不合格塑料袋64.9万个、饭盒2 500个。

【昆明市环境空气质量“双达标”情况】 为进一步提升和改善城市环境空气质量，根据《昆明市人民政府办公厅关于进一步加强环境监管确保我市环境空气质量优良率百分百的通知》和《昆明市人民政府办公厅关于确保2009年主城区环境空气质量优级天数100天目标任务分解的通知》，依据环境空气自动监测站监测数据对相关县（市）区进行考核，实行环境空气质量属地负责制；依法对辖区内各施工单位控制扬尘污染措施、落实标准情况进行执法检查，依法对造成污染和逾期治理的单位进行了处罚，对南亚风情第一城、云南省粮油批发交易市场一期工程等57家在建建筑工地及拆迁工地进行了检查；加强辖区或责任范围道路的清扫保洁，加强对辖区内各条主干道的洒水作业，实行湿式清扫及每日3次的定时洒水作业；加强对未按规定配装密闭运输装置或者密闭运输装置破损、仍从事散体物料运输的车辆的查处工作，重点依法对夜间违禁进入限制区域的运输散体物料车辆进行查处。

【污染物减排】 2009年，昆明主城区环境空气质量优级天数已达105天，良好260天，优级天数比2008年全年增加了17天，优良率100%。与2008年同期相比，大气中的二氧化硫下降19.6%、可吸入颗粒物持平，实现空气质量日均、年均浓度“双达标”，圆满完成了市委、市政府年初提出的2009年昆明市主城区空气质量状况各污染物年均值达到国家二级空气质量标准，空气质量日均值达标率达到100%，优级天数达到100天的目标要求。

2009年，印发了《昆明市2009年度主要污染物总量减排工作目标任务》，认真组织推进63个减排项目（省级重点减排项目45个、市级重点减排项目18个），出动4 993人次对工程减排、结构减排、管理减排项目进行现场督促检查，坚持月通报制度。昆钢烧结机烟气脱硫项目已经投入运行，63个减排项目已经完成37个，在建16个，经济部门年底前淘汰关停项目9个，空港经济区暂不建设北污水处理厂1个（空港经济区管理体制调整，由官渡区负责作整体推进）。根据2009年立法计划，切实推进《昆明市主要污染物排污权有偿使用和交易管理办法（试行）》立法进程，按照市委常委会、市政府常务会审议意见，经修改完善，形成了《昆明市二氧化硫排污权有偿使用和交易管理办法（审批稿）》，并上报市政府。

加快城市污水收集处理系统建设，主城污水日处理能力达110.5万吨，实现两年翻一番目标，再生水利用日处理能力达7.28万吨；淘汰了水泥353万吨、炼铁33.2万吨，审核验收清洁生产企业214户。加大国控、省控企业整治力度，实现18家废气排放企业37个监控点、36家废水排放企业48个监控点与昆明市环境监控指挥中心平台联网监控。2009年全面完成了省政府下达的削减化学需氧量0.6万吨、二氧化硫4.8万吨的目标任务。

【自然生态与环境保护】 2009年，主城和呈贡新城新增绿地1595公顷，绿地率和绿化覆盖率分别达36.8%和40.5%。现有世界自然遗产地1个、自然保护区8个（其中：省级自然保护区4个、市级自然保护区1个、县级自然保护区3个）、国家森林公园5个、国家级风景名胜区4个；轿子山晋升国家级自然保护区通过环保部评审已向社会公示。滇池环湖生态建设取得突破性进展，市人大通过决议建立滇池高原湿地保护区，流域林木绿化率达50.6%，牛栏江—滇池补水工程和环湖干渠截污工程稳步推进，完成环湖生态建设5.06万亩，完成流域内“五采区”植被恢复8181亩，“四退三还一护”完成退塘4.2万亩、退房74.1万平方米、退人1.45万人，“河长制”及“158”工程整治入滇河道及其支流、沟渠成效明显，36条出入滇池河道水质明显改善；昆明主城污水处理能力实现翻番，日处理能力从58万立方米提高到110.5万立方米，出水水质达到国家一级A标准，建成配套管网310公里；再生水利用日处理能力达7.5万吨。实施“一湖两江”流域（滇池、长江、珠江）畜禽禁养，关闭搬迁畜禽养殖户53 126户，涉及畜禽813.76万头（只）。实施市域城乡生活垃圾“全焚烧”、“禁填埋”处理，开工建设县区垃圾处理项目4个，医疗废物实现集中处置。全面完成二氧化硫、化学需氧量年度减排目标任务，印发了《昆明市人民政府关于加强整治违法排污行为的实施意见》和《昆明市机动车环保标志管理办法》，建成区环境空气质量优良率100%，优级天数105天。城市区域环境噪声达到《城市区域环境噪声标准》要求。稳步推进生态市创建工作，建成云南省生态乡镇23个、全国环境优美乡镇6个；荣获“国家园林城市”、“联合国宜居生态城市”、“中国最佳休闲宜居绿色生态城市”和“中国十佳和谐可持续发展城市”称号。

【危险废物管理】 2009年，加强医疗废物集中安全处置力度，市区医疗卫生机构全年产生医疗废物6 344.84吨，均送往昆明市医疗废物集中处置中心集中处置，医疗废物集中处置率100%。

强化对危险废物的监督管理，开展工业危险废物和医疗废物管理专项检查及危险化学品安全生产专项整治工作；开展了持久性有机污染物更新调查工作、抗生素药渣等危险废物产生及处置专项检查工作；出台了《昆明危险废物污染防治管理办法》；编制完成了《昆明市医疗废物集中处置应急方案》；与市卫生局共同编制了《边远山区医疗废物处置指导意见》；指导组织24家危险废物产生企业将昆明市不能处置的危险废物集中转移至重庆天志环保有限公司进行安全处置。全市共产生工业危险废物12 358吨，综合利用9 032吨，处置3 371吨，工业危险废物处置利用率为100%。积极推进昆明危险废物处理处置中心项目建设，年内完成主体工程建设的任务。

【环境监察】 2009年，监察支队和各县（市）区监察大队认真开展各类环境监察工作，共出动监察人员37 286人次，对全市辖区内6 243个各类污染源进行现场检查；切实加大了对各类环境违法案件的查处力度，全年查处各类环境违法案件443件，累计处罚金额199.73万元。

2009年共出动监察人员146人次，对46家建设项目进行了现场监察；出动监察人员1 632人次、车辆581台次对饮用水源地检查出动人员，对6个市级集中式饮用水源地，每季度进行一次监督检查；出动监察人员6 441人次，对滇池、阳宗海流域开展了九湖流域环境监察专项工作，其中：对滇池流域环境监察共计6 054人次，其中：滇池流域内的8家城市生活污水处理厂进行现场监察720人次，运行率100%；对流域内国控省控企业13家现场监察1 870人次，污染设备正常运行64台套；滇池流域重点企业44家现场监察3 464人次，对16家企业的环境违法行为进行了查处。对阳宗海流域内环境监察共计387人次，其中：流域内的1家城市生活污水处理厂进行现场监察162人次；对流域内国控省控企业2家现场监察225人次，污染设备正常运行。全年共计出动7 280人次，对33家国控省控企业、28家省级工程减排项目稳定达标排放情况进行了现场监察。

开展了长江环保执法行动、阳宗海昆明片区周边企业现场监察、螳螂川流域水体汞及氟化物等超标排查和尾矿库环境安全隐患排查等专项行动，开展了2009年整治违法排污企业保障群众健康环保专项行动。共计出动426人次，对辖区内的入滇河道进行了现场监察，县区监察大队对河道周边工业企业已经建立了排污信息台账。

积极组织盘龙区政府、官渡区政府、经开区管委会对新机场沿线企业进行了认真摸底调查，共排查企业120家，有组织排气筒240根（其中排烟烟囱186根）。根据排查情况，对沿线企业进行了全面综合整治。

【污染投诉】 2009年，全市环保系统共接听投诉电话22 461次，均按照相关要求进行办理完毕；办理市政府“12345”市长热线转（交）办件共87件，办结率100%；办理上级有关部门转办的督办件共172件，其中：《仇和书记工作电话接听拟办单信访事项督查通知》共计50件，市委、市政府等上级部门交办件23件，接省环保厅、省环境监察总队的转办件58件，市环保局转办件共计41件，所有督办件均已全部办结，办结率100%。

2009年，全市共受理各种环境污染投诉件共计5 081件，其中投诉废水污染的445件，占投诉总数的8.76%；投诉废气污染的1 932件，占投诉总数的38.02%；投诉噪音污染的2 565件，占投诉总数的50.48%；投诉危险废物的110件，占投诉总数的2.36%；投诉电磁辐射的19件，占投诉总数的0.37%。

【排污收费】 认真开展排污收费和排污申报工作，全市共对1 128排污户征收排污费，共计征收5 515万元，超额完成22.5%，圆满完成省下达的4 500万元征收任务。2009年，完成1 846家企业的排污申报工作；完成了昆明市20家国控省控企业数据录入国家专项申报系统的工作。

【环境宣传教育】 组织举办了2009年“六五”世界环境日“保护滇池·建设生态昆明”、“环保警察在我身边”暨环境保护宣传教育、2009年中西部环境维权流动咨询、“无车日”、“大学生爱心家园”环保志愿者等系列宣传活动，为全市环境保护和生态建设营造良好舆论和社会氛围。制作完成“七彩云南昆明保护行动”、“创模”、“创生态市”公益广告宣传片，并在全市2 100辆公交移动电视上播放；充分利用30块噪声显示屏全天候宣传“四创两争”；与昆明日报合作开设了“七彩云南、生态昆明”环保在行动专栏，采写环保专题文章80篇；组织举办了“2009年昆明市绿色学校、绿色社区创建工作培训班”，全市建成市级“绿色学校”45所、“绿色学校”15个，并推荐21所学校、16家社区申报省级“绿色学校”、“绿色社区”；启动了昆明市环境教育基地创建工作，共有6个单位申报市级环境教育基地；《昆明环境》复刊五期，刊发环保方面的稿件296篇，图片185幅。完成了联合国人居署亚洲城市水资源计划（项目）第一阶段工作。

（市环境保护局）

滇池治理

【概　况】 2009年7月25日，中共中央总书记、国家主席胡锦涛视察滇池治理工作时指出“要突出抓好滇池水污染综合治理，下决心把滇池污染治理搞得更好些更快些，让良好生态环境成为云南发展的宝贵资源和最大优势”。2009年，滇池治理紧紧抓住国家加大“三湖”治理力度的机遇，全面抓好“四退三环”、入滇池河道整治、“一湖两江”流域“四全”工作和“六大工程”建设。

通过综合整治，滇池入湖河道水质污染程度逐步好转，滇池草海、滇池外海化学需氧量浓度与2008年相比，分别下降了6.98%和8.83%，2009年滇池外海出现Ⅴ类水月份达5个月，生物多样性有所增强，滇池治理取得阶段性成果。但是，草海、外海水质综合营养状态还很严重，滇池治理形势依然严峻，未达到水环境功能目标。

【全面推进滇池“十一五”规划项目】 《滇池“十一五”规划》65个项目，总投资估算92.27亿元。截至2009年底，完成29项，占规划项目的44.62%；调试8项，占规划项目的12.3%；在建27项，占规划项目的41.54%；开展前期工作1项，占规划项目的1.54%。

【污水处理厂和配套管网建设】 完成昆明主城区8个污水处理厂升级改造、扩建和新建，污水日处理规模达到110.5万立方米，提前一年实现比2008年日处理规模（58.5万立方米）翻一番，污水处理厂处理标准从一级B标准升级改造达到一级A标准；昆明主城区开展雨污主干管和雨污分流支次干管建设，完成雨、污主干及支次管网铺设281.5千米；全面动工建设环湖截污干渠工程。制定出台《滇池流域污水全截流收集处理设施建设方案》，对滇池流域的工业污水、城镇生活污水和农业农村面源污水开展全面截流收集处理。

【城镇再生水利用设施建设】 积极开展创建国家节水型城市各项工作，在全国率先制定城市雨水收集利用技术规范，落实政策措施，引导和鼓励再生水利用工作。在昆明主城区大力开展再生水利用设施建设，2009年底已累计建成233座分散式再生水利用设施，日处理规模达7.5万立方米。

【入湖河道综合整治】 建立“河（段）长负责制”，并列入昆明市地方性法规。按照“治湖先治水、治水先治河、治河先治污、治污先治人、治人先治官”的思路，对36条主要河道和支流开展综合整治。通过整治，主要入湖河道水质明显改善，8条河道水质达到水环境功能目标，据监测表明，盘龙江等河道水质污染程度显著减轻。

【农业农村面源污染防治】 完成了集中养殖区、禁养区和限养区的划定工作，在滇池流域共关闭搬迁畜禽养殖户；在流域实施配方施肥28.5万亩；开展“乡村清洁”工程，实施IPM技术措施，有效降低农药、化肥使用量，减少农业面源污染；在流域范围内4个乡镇开展禁售化肥、农药试点工作；调整滇池流域农业产业结构，结合“四退三还”工作，在滇池湖滨2千米范围内共退出蔬菜、花卉种植面积1.12万亩，年减少化肥施用量约3 000吨。

【滇池生态修复与建设】 通过实施“退塘、退田、退人、退房”，实现“还湖、还湿地、还林”，建设湖岸亲水型湿地和湖滨林带，并在有条件的湖岸逐步拆除防浪堤，全面推动环湖生态恢复与建设。截止2009年底，滇池沿湖共完成退塘、退田42 033亩，退房74.1万平方米，退人14 548人，建成湖滨生态带50 592亩，同步开展湖滨8个省属单位和驻昆部队，53家市属及以下单位的迁建。

【滇池底泥疏挖和二期工程处置】 滇池污染底泥疏挖及处置二期工程项目是滇池污染综合治理“湖内清淤减少存量污染源”的重要工程措施。2009年5月开工实施，截止到年底，完成总工程量的62%，疏挖污染底泥43万方，完成投资1.38亿元；同步开展滇池外海主要入湖河口及重点区域清淤前期工作，完成可研编制报告。

【综合执法】 加强向主要入湖河道直排污水、乱丢垃圾、乱占乱建等违法行为的查处力度，全年针对入湖河道开展日常检查3 073人次，开展“七小行业”环境综合整治等综合执法专项整治活动17次，出动人员646人次，受理群众举报284起，共计查处案件841件。同时，责令（强制）拆除滇池水体保护区以及占压河堤违章建筑、商铺、废弃建筑物1 764平方米，清理打捞河道内水葫芦、垃圾、杂物50吨。

【项目审批】 根据《滇池保护条例》规定，严格开展滇池流域项目审查，全年共审查办结滇池流域开发建设项目2 260件。根据《城市排水许可管理办法》、《昆明市城市排水管理条例》等有关政策法规技术规范，全年共审批核发《排水许可证（含临时）》661份，受理的申报件全部做到了按时限办结，办结率100%，无投诉。

【强化日常监管】 全年出动打捞船只2.5万余船次，取缔虾笼21万余套，虾杆66万余根，打捞清运水面漂浮物13.8万吨，整个滇池水面没有出现面积大于2亩的成片水葫芦。滇池重点水域蓝藻清除工作基本做到日产日清，2009年滇池外海机械清除蓝藻富藻水359.7万立方米，相当于清除蓝藻（湿重）2.8万吨，共削减总氮、总磷量分别为246.46吨和30.58吨。打捞漂浮物91.46吨；清除沿岸垃圾22.15吨。

【水质监测】 2009年，滇池草海水体12个月水质均为劣Ⅴ类，总体评价为劣Ⅴ类水，超标指标为氨氮、总氮、总磷、5日生化需氧量和化学需氧量，分别超标5.51倍、7.4倍、6.28倍、0.28倍和0.02倍。综合营养状态指为82.4，营养状态为重度富营养。2009年滇池外海水体12个月中有5个月为Ⅴ类（6、8、9、10、11月），7个月劣Ⅴ类水，超标项目是总氮、超标0.07倍。综合营养状态指为67.6，营养状态为中度富营养。

【滇池治理宣传教育】 组织及配合中央驻昆、省、市各级新闻媒体进行采访报道、刊登（播出）滇池保护治理相关新闻报道。流域县区组织近3万人参加的滇池保护治理宣讲活动100场；开展了“六·五”世界环境日、“世界水日”与“中国水周”、“春暖盘龙江—保护母亲河环保公益行动”之“湖畔添新绿”植树及环保面对面、科技宣传周、“扮靓母亲湖　巾帼在行动”等环保公益活动、云南省暨昆明市全国科普日启动仪式、建国60周年市级机关成果展等宣传活动；结合社会实践、夏令营、科普宣传等活动，通过进学校等形式，向五华区外国语学校、工人新村小学、华山小学等学校的中小学生普及环境保护、滇池保护知识。更新、制作滇池治理工作宣传展板，编印制作了宣传册《滇池明天会更好》等宣传材料，共发放宣传材料近5万余份。

（市滇池管理局）

·责任编辑　马颖生·

建筑业·房产业

建筑业

【招商引资完成情况】 完成招商引资内资项目20个，实际到位资金13.74亿元，考核工作实绩6.72亿元，完成任务为112.00%；外资项目3个，实际到位资金704.08万美元，考核工作实绩为681.18万美元，完成任务为184.10%。圆满完成2009年度内资6亿、外资370万美元的目标任务。

【建筑生产】 2009年，建筑业完成总产值580.76亿元，比同比增长39%。完成房地产开发313.5亿元，增长20.9%。商品房施工面积2 665.02万平方米，同比增长34.8%，新开工面积976.67万平方米，同比增长54.6%，竣工面积690.14万平方米，同比增长34.5%。

【建筑安全】 加强企业专职安全员、质监（检）员和农民工三级教育培训工作，举办安全讲座8期，参加人员670人（次），分批对建筑施工企业、监理单位法人、安全主要负责人和农民工23 600人进行了安全生产教育培训，新招农民工基本安全教育培训率达90%。全年共查出各类安全生产隐患1 176条，发出整改通知560份，停工通知1份，整改1 169条，整改率99.4%，全年发生安全生产事故12起，死亡12人，全年未发生一次死亡3人以上的较大安全生产事故，事故数量和死亡人数与2008年同期相比有所下降。

【建筑队伍管理】 昆明市现有建筑企业1 656家，监理企业25家，建筑业从业人员35万人。2009年新办建筑业企业资质138家、三级升二级企业70家、二级升一级企业8家。对2008年度年产值超过5亿元的2家企业、对升为总承包一级的5家企业和专业承包一级的8家建筑企业进行了奖励。2009年组织建造师报名的资格认证工作，对675家施工企业共4 528名一级、二级建造师报名人员实施了身份资格认证。开展建筑施工企业项目经理最后一批2 135人的统计上报过渡建筑员工作，根据对建筑业企业管理有关规定，组织企业各类持证上岗人员共4 909人进行培训和换发岗位证书。

【清理拖欠欠款和农民工工资】 2009年，市清欠办接待清欠投诉上访50多次，处理信访件29件。其中，处理信访件29件，清理拖欠工程款6 914.3万元。对各县（市）区政府、清欠办、有关企业共发出督办通知50多份；召开清欠专题协调会议7次，形成会议纪要6期。每逢春节、国庆等节假日期间，提前做好预防工作，加强群体性上访事件的应急处理，确保节假日期间的社会稳定。

【工程质量监管】 落实质量安全工作各方主体责任，与14个县（市）区建设行政主管部门和市属有关企业签订《质量管理目标责任书》、《建筑施工安全生产目标责任书》，办理工程质量监督申报140项，竣工验收备案工程61项。对全市在建市政道路、桥梁及公益性建筑进行拉网式、全覆盖大检查，发出整改通知书29份，整改率达100%；组织开展“八个百分之百”、专职安全员、质监（检）员、农民工、施工企业、监理单位法人、安全主要负责人安全生产教育培训班七期，930余人参加了培训。

【专项治理】 成立“专项治理工作领导小组”，加强组织领导保障，制定了《昆明市建设工程领域突出问题专项治理工作实施方案》，加强工作实施保障，下发了《昆明市建设项目各方责任主体违法行为处罚实施细则》，加强制度建设保障，专项治理各项工作按计划、按阶段，有力、有序推进。

【招标投标管理】 市政府出台了《关于印发进一步加强国有投资建设项目招标投标管理若干规定的通知》。自实行经评审的最低投标价法以来，据2009年10至12月134个项目统计，中标价与拦标价相比下浮15.87%，共节约资金6.5亿元。

【勘察设计管理】 组织完成2008年度全市优秀工程勘察、优秀设计评选，评出一等奖5项，二等奖11项，三等奖2项。2009年完成700项房屋建设项目的施工图审查工作，审查建筑面积为16 694 256平方米。2009年完成抗震设防专项审查175项，审查建筑面积为2 790 583.39平方米。编制完成地方标准《昆明市城市道路绿化与景观设计导则》、《昆明市市政排水管道和附属构筑物设计、安装图集》（试行）、《昆明市雨水资源化利用生态路标准图集》、《昆明市通透式围栏设计导则》、《昆明市通透式围栏安装选用图集》。

【建筑设计】 昆明市建筑设计研究院全年完成勘察设计项目284项，其中：市政设计12项、可行性研究报告81项、规划设计23项、工程检测50项、建筑设计总面积280万平方米。

【中小学校舍安全排查】 共排查学校2 633所、建筑单体10 323幢、建筑面积6 558 736.42平方米，完成比例为100%，其中：排查确定A级1 400栋、B级1 764栋、C级3 343栋、D级3 433栋。

【建筑节能和太阳能一体化】 加强太阳能推广应用，在全市新建、改建工程中强制推广使用太阳能热水系统。全市4个项目首批列入国家示范项目，获得补助5 770万元。加大散装水泥、预拌混凝土、工业固体废弃物推广使用力度，主城区内100%使用预拌混凝土。推广新墙材使用，主城区内实现“禁实禁粘”。

【发展城市燃气事业】 全年实现外供煤气销售2.58亿立方，收入3.3亿元，增长6.6%，用户累计达62.8万户。液化石油气存储容量达1.2万立方米，经营企业达25家（已取得燃气经营许可），用户数逾35万户。加大内外融资力度，积极吸纳社会资本，引进7家经营主体，实现燃气行业竞争多主体，投资多元化。努力推进中缅天然气项目入昆前期工作，加快《天然气利用规划》组织实施以及安宁、寻甸分输站的选址、定点工作。

【推广散装水泥和预拌混凝土】 通过源头等量淘汰落后产能，终端依法推广使用的积极措施，全市散装水泥供应量完成517.65万吨，水泥散装率62%，做到了全省散装率（25.85%）领先、西南地区先进；散装水泥的推广应用，创造资源综合节约效益约2.3亿元。全市预拌混凝土生产企业61家，现代化生产线162条，理论年产量4 500万立方米。全年预拌混凝土供应量约1 300万立方米，有效利用工业固体废弃物超过100万吨，实现社会综合节约效益约1.9亿元。

【新墙体材料革新】 全市墙材总产量73.81亿标块，其中非黏土新墙材总量为37.2亿标块（600万立方），占墙材总量的95%。加气混凝土新增产能达13.64亿标块220万立方；混凝土免烧砖新增产能达18.6亿标块300万立方；板材类新增产能达0.34亿标块50万平方。专项基金的征收力度进一步加大、返退比例增加，昆明市全年收取专项基金共56家，建筑面积为582万平方米。返退专项基金共43家，建筑面积为486万平方米。市场新墙材使用比例达到96%，总量为97万立方米。其中加气混凝土砌块为5.83万立方米，市场占有率6%；混凝土免烧砖为88.38万立方米，市场占有率87%；板材类为2.91万立方米，市场占有率3%。各县、市（区）“禁实”面有所提高；辖区内“禁实”面积占围护结构的90%，新墙材使用在房建中的建筑面积占围护结构的90%。其中非黏土新墙材使用在房建中的建筑面积占围护结构的10%，新墙材应用继续保持高增长，同时在建的工程项目非黏土新墙材使用比例大幅提高；节能减排成效显著。全市发展新墙材实现节约和保护土地约0.56万亩，综合利用工业废渣200万吨，节能20.98万吨，减少二氧化硫排放5.07吨，工业粉尘340吨，氟化物约1万吨。

【劳保费用行业管理】 在1991年昆明市人民政府颁布的《昆明市建筑企业劳动保险费用行业管理办法》的基础上，结合省外的先进经验和昆明市建筑行业的实际，出台了昆明市人民政府88号令《昆明市筹集建筑业劳动者保障费管理办法》，于3月1日正式施行。同时出台了《昆明市筹集建筑业企业劳动者保障费管理实施细则》（和《加强筹集建筑业企业劳动者保障费管理的通知》两个文件。组织相关工作人员进行培训学习120人次，共筹集了504个建设工程项目的建筑业劳保费。

【建筑业联合会】 经过省、市属企业和各县（市）区建设主管部门的推荐申报，评委到现场复查及综合评定，评选出“春城杯”市优质工程73项，其中，特等奖10项；一等奖25项；二等奖30项；三等奖7项；参建单位1项，以及“先进企业”63家；“优秀项目经理”70人。

（梁俊雄）

房产管理

【廉租住房建设】 2009年续建和新建廉租住房共7 483套、37.415万平方米，完成目标任务的110%，完成年度考核目标任务。完成2008年续建870套廉租住房。东川区于2009年10月在起嘎片区建成470套、石羊片区建成400套。市政府下达2009年2 633套廉租住房建设任务。年底已建成2 633套、131 650平方米廉租住房。省政府下达2009年1.2万套廉租住房建设任务（包括市政府下达的2 633套），要求年底完成投资总额的60%以上，竣工面积不得少于50%。已建成6 613套、330 650平方米廉租住房，完成竣工面积60%；完成投资总额的60%即7.043亿元。

【经济适用住房建设】 2009年经济适用住房建设的目标任务是，“继续抓好2008年180万平方米经济适用住房建设，新增建设144万平方米”，市住建局积极与相关部门协调，共落实55个项目，348.95万平方米，超计划24.95万平方米。其中，政府统建项目5个，面积63.7万平方米（蒜村19万平方米，子君村12.7万平方米，五华区羊仙坡12万平方米、西山区10万平方米、官渡区10万平方米）；商品房配建项目11个，面积17.2万平方米；宜良县运输公司、安宁自来水厂、安宁昆钢、省建二公司、省二监、滇黔桂石油基地、云南红云氮碱有限公司等7个企业开工建设57.35万平方米。主城区26个企业和5个部队自建210.65万平方米。

【房改工作】 截止2009年底，通过（1993）、（1995）和（2003）空置房出售政策，昆明市有1 800个单位，26.37万户职工，购买了房改房，总面积达1 665万平方米，且取得个人产权，实现了“居者有其屋”。住房补贴工作，4个主城区范围内已审核1 274个单位，补贴人数6.35万人，补贴面积197.43万平方米，补贴金额13.305亿元。

【直管公房管理】 对“三类危房”进行排查，对存在安全隐患的城中村改造中拆迁的南窑村83号10套直管公房进行研究，请求昆明市城中村改造指挥部尽快安置10户住房；完成办理房产证住宅24 223套、非住宅276处；办理325套直管公房的国有土地使用权证；办理53套安居房产权证；向金沙公司追回直管公房8套；换发解困房租赁证9本，对符合廉租住房条件的1户解困房承租户进行了租金核减；签订直管公房拆迁赔还协议6份；年初计划落实私房政策3户，经反复核实，对符合落实私房政策条件的1户予以落实。对菊花村小区、新迎小区、交林等小区1 483.6平方米直管公房进行修缮，对工人新村、金汁河青年公寓的化粪池管道进行全面清洗、疏通，确保了人民群众的居住安全。出售直管公房248套，出售金额4 423 173.35元。截止2009年底，向昆明市居民共出售直管公房130.47万平方米，2.45万套。逐步实现了住房资金投入产出的良性循环。

【小区物业管理】 2009年，有物业管理企业400多家，一级资质5家、二级资质22家，物业从业人员3万多人，物业管理面积2 000多万平方米，近200万人口居住在物业管理小区，物业管理类型从住宅扩展到商场、写字楼、学校、厂矿等。

【房地产开发和房地产市场管理】 2009年，全市有房地产开发企业1 080家，其中一级12家，二级77家，三级164家，四级494家，暂定资质333家。完成房地产开发投资369.43亿元，商品房施工面积2 665.02万平方米，新开工面积976.67万平方米，竣工面积690.14万平方米。

【2009年房地产交易会】 2009年房交会展区面积5.5万平方米，参展房地产企业70家，参展楼盘83个，相关产业企业68家，新型节能产品150多项，为历届之最。历时5天的房交会共成交和意向成交房屋4 563套，成交面积32.5万平方米，成交金额14.37亿元，观展人次达31.5万人次，创下了房交会的历史新高。

【房产交易产权产籍管理】 2009年共计核发《商品房预售许可证》62份，房屋预售面积598.2573万平方米；办理商品房购销合同登记备案50 776套，成交面积724万平方米，办理存量房登记57 895套；办理新建商品房登记金额381.83亿元，登记面积724.14万平方米。其中住宅登记金额276.07亿元，登记面积553.53万平方米；办理存量房登记面积594.25万平方米，其中住房登记面积462.32万平方米；全年核发《房屋所有权证》100 086本，《房屋他项权证》46 700本。

【房地产预警预报体系建设】 为加强对房地产市场的动态监测，提高市场分析工作的深度，完善信息发布系统，增强社会服务功能，进一步完善了房地产信息系统建设。按照房地产信息系统建设的要求，调整了楼盘表数据库结构，升级了楼盘表管理系统，建立了数据合并功能模块、数据提取中心功能模块、数据导出功能模块，完成了与第二代身份证读卡器无缝连接等，使房地产信息系统的建设更加符合昆明市的房地产交易登记业务管理的需要。

【房屋拆迁面积】 2009年省下达昆明市城镇房屋拆迁项目56个，计划拆迁面积1 365 073.03平方米，其中：开发类拆迁项目26个，计划拆迁面积593 094.80平方米，公益类拆迁项目30个，计划拆迁面积771 978.23平方米。

（梁俊雄）

·责任编辑 马颖生·

现代新昆明建设 开发区建设

呈贡新区

【概 况】 2009年，呈贡新区社会固定资产投资实现121.87亿元，比上年增长73.96%；实现地区生产总值61.22亿元，比上年增长11%。其中，第一产业增加值7.46亿元，比上年下降6.0%；第二产业增加值30.13亿元，比上年增长12.6%；第三产业增加值23.46亿元，比上年增长19.5%。一、二、三产业结构由15.3∶48.1∶36.6调整为12.2∶49.5∶38.3。财政总收入达到9.5亿元，比上一年同口径增长20.54%；一般预算收入5.31亿元，比上年同口径增长16.26%；万元GDP能耗下降4.6%；规模以上工业企业59户，实现增加值15.39亿元，比上年增长15.85%；非公经济实现增加值13.5亿元，比上年增长23%；外贸进出口总额达4 944万美元，比上年增长16.93%。

【招商引资】 巩固和深化新区经济社会发展软环境建设，倾力打造“三最四低”的发展软环境。在上年精简调整行政审批事项的基础上，将39项行政审批项目再次调整为37项，管理服务项目由148项调整为156项，合并行政审批项目由62项调整为68项，内部审批项目由44项调整为63项，直属部门行政审批项目由28项调整为33项，取消12项，合并11项，转为管理服务4项，力争使新区行政审批事项始终保持全国一流、全市最优，为招商引资工作的开展创造良好的条件。年内，新区共引进内资51.04亿元，同比增长24.1%，引进外资4 142.49万美元，同比增长42.80%。共引进内资项目60个，包括云南白药、云铝、吕铝云铜等重大项目；外资项目5个，包括丰德环保、康捷生物、海德置业等产业项目。依靠各融资平台实施规模化、多元化融资，共融资107.95亿元。发展小额信贷业务，批准设立5家小额信贷公司。

【征地工作】 认真研究制定保障被征地农民利益的各项政策措施，成立新区征地领导小组，抽调各级各部门领导和人员组成征地工作队，分片包干，全力开展征地工作，确保新区建设用地的供给。年内，共完成项目征地2.4万亩，收储土地6 930亩，出让土地2 365亩。其中，洛龙乌龙片区先后完成了龙枝路、南中央大道、龙回路、亚广北路、谊康北路、三中东路等13条道路和省科技馆、市体校、煤气抢险基地、垃圾中转站、C－12地块、中央公园二期、乌龙片区B地块、环湖东路、中央公园三期1.05万亩，收储土地3 474亩，出让土地2 586亩；雨花吴家营片区完成征地项目征地9 747亩，收储土地2 200亩，出让土地595亩，保障了高校建设、基础设施建设、引进项目建设和新型社区的用地；龙城斗南片区完成环湖东路、洛龙河污水处理厂等项目征地1 706.96亩，收储土地1 747.21亩，出让土地850.24亩；工业、园区完成项目4 455.48亩，收储土地4 661.79亩，出让土地1 360.28亩。

【拆迁工作】 成立村庄拆迁领导小组和拆迁工作队，广泛开展进村入户的走访调查和动员，研究制定村庄拆迁的各项政策措施，全力完成村庄拆迁工作，保证新区建设的顺利推进。年内，新区共完成6个社区和163户企业的拆迁。其中，洛龙乌龙片区先后完成景明北路吴家营村庄段328户4万平方米的拆迁，完成三期、四期已开工道路除村庄外的大部分企业、农用设施的拆迁，完成10千伏开远水泥厂高压线搬迁，完成3户企业的搬迁，完成环滇池禁养区穆盛达、会新2个养殖场177户养殖户3 632头肉奶牛搬迁，拆除9.5万平方米圈舍，拆临拆违2万平方米；雨花吴家营片区先后启动了朗家营、缪家营、中庄、大水塘、前卫营5个村庄的搬迁

省市领导在呈贡新区开展义务植树活动 （唐荣华 摄）

工作，且郎家营、缪家营、前卫营实现了整体搬迁，共搬迁2 481户5 781人，拆除房屋面积438 204.24平方米，拆除临违建设面积39 134平方米；龙城斗南片区完成南连接线（呈贡段）道路工程房屋拆迁3万余平方米，拆除老县城建筑物3 040平方米，洛龙河改造拆除建筑物1 436平方米，拆除临违建筑12 823平方米。

【公共基础设施建设】　全年投资30多亿元，新建城市道路36条，建成13条、总长33千米，其余道路正加紧建设。一、二期路网基本完成，三、四期路网全面开工。水、电、气、通信管网等配套设施建设与路网建设同步进行。开工建设轻轨一号线呈贡段。支持配合铁路东南环线、云桂铁路等重点工程建设。投资4 700万元，兴建七甸片区给水工程。小哨箐110千伏输变电工程投产。市级行政中心主体工程及基础配套设施全面建成。春融公园建成并成功举办了昆明市首届园林绿化博览会。春城公园、中央公园、捞渔河公园正加紧建设。七甸街道污水处理厂建成投入使用，城北污水处理厂、城南污水处理厂和垃圾焚烧发电厂加紧建设，县污水处理厂深度处理工程完工并试运行。新区基础设施不断完善，城市化进程不断加快，城镇化率达到54%。

【重点项目建设】　中铝云铜项目开工建设，云铝精加工4万吨铝合金圆杆项目竣工投产，云南白药项目部分主体工程、东盟商贸港一期主体结构、康捷生物科技一期建设项目、昆明嘉华食品厂整体搬迁项目主体工程完工。工业园区建设稳步推进，路网和配套管网建设全面铺开，总投资16亿元的新呈七路全面开工建设；园区新开工产业项目16个，信誉农产品、云龙制药等28个在建项目加快推进。

【民生工程】　重视发展特色农业，农民人均纯收入达到6 805元，同比增长9.3%。完成集体林权制度主体改革；完成3座病险水库除险加固工程；实施农村饮水安全工程，解决1 271人饮水安全问题；超额完成广播电视村村通工程；完成铝厂至胡家庄公路的路面硬化工程；实施4个村委会、7个自然村的新农村建设整村推进项目；“万村千乡市场工程”建成4个农家店；大力推进家电、汽车摩托车下乡，财政补贴达300万元。城镇居民人均可支配收入达17 798元，比上年增长9.18%；城镇新

驻昆部队官兵在呈贡新区万亩国际林草地开展义务植树活动　（唐荣华　摄）

增就业1 136人，城镇登记失业率控制为3.4%；农村富余劳动力转移就业3 061人，培训农村经纪人300人次；高校毕业生就业率达90.3%；县财政人均增加补助2 000元补贴被征地农民参加养老保险，被征地农民参加养老保险人数达10 911人；启动“新型社区建设、扶持被征地农民外出租地种菜种花解决就业、开展被征地农民就业培训和被征地农民社会保障”四个试点工作，进一步加强被征地农民社会保障。

【生态环境建设】　节能减排工作有效开展，万元GDP能耗同比下降4.6%，削减化学需氧量65吨，削减二氧化硫排放量107吨，规模以上工业万元增加值能耗下降7%。加大环保执法和滇池治理力度，扎实开展“四退三还”和入滇河道及支次沟渠的综合整治。加大城乡园林绿化工作力度，全县新增绿地323公顷，种植乔木22万株，完成“三沿五区”范围内坟墓整治工作，城市面山绿化1 500亩，交通沿线面山绿化5 000亩，城市建成绿地率达37.27%，绿化覆盖率达41.2%，人均公共绿地达27平方米，荣获昆明市城乡绿化和生态建设工作一等奖。拆临拆违6.48万平方米，拆后建绿5.22万平方米，拆除挤占公共空间的外挑设施7 429.1平方米。积极开展“四创两争”工作，“创卫”工作有序推进，“创园”工作各项指标基本达标，“创模”工作27项指标达标21项。

【社会事业】　实施教师绩效工资改革；完成七甸标准化学校二期工程建设，启动吴家营中心小学、雨花小学标准化建设；全面启动中小学校舍安全工作建设。完成街道文化站、社区文化室和农民健身点工程；举办山歌文化节、园丁杯篮球赛等文体活动。科技支出1 137万元，占地方一般预算支出的1.82%，成功举办第24届昆明市青少年科技创新大赛，建成第一条节能环保路灯街道；加快推进医疗卫生体制改革；加强基础设施建设，改善就医环境，建成3个社区卫生服务中心和3个社区卫生服务站；做好疾病防控工作，甲型H1N1流感防控工作成效明显。城镇居民基本医疗保险参保人数达到96%。加强食品药品安全监督管理工作，被评为省级食品安全示范县。人口自然增长率控制在2.8‰以内。

【平安建设】　广泛开展法制宣传教育，大力提高群众法治意识。认真做好信访工作，开展好大接访、大下访活动，有效排查化解矛盾纠纷。严格执行安全生产的各项规定，强化监管，严防重大事故发生。重视公安基础设施建设，完成柏枝营、石龙湖、城关派出所及看守所、拘留所、武警中队建设，启动市消防特勤中队、消防呈贡二中队建设。加强高校及周边重点区域的联防联控，确保高校师生人身财产安全。强化综治维稳工作，深入开展打黑除恶专项斗争和治安重点地区专项整治，实施网格化布警，连续三年保持现行命案全

破，新区总体保持平安稳定。

【高校呈贡校区建设】　新区党工委、管委会加强与省高校迁建办和各迁建高校的联系与协调，定期召开高校建设推进会，积极帮助解决高校新校区建设中存在的问题，推进高校新校区建设。年内，9所在昆高校呈贡校区均已开工建设，累计开工建设面积298.63万平方米；累计竣工面积193.32万平方米，累计完成投资60.66亿元。入住学生的高校由4所增加到6所，累计入住师生5万人。云南中医学院和昆明医学院实现整体搬迁。云南财经大学进入呈贡新区的前期工作正按计划推进。高校呈贡校区5个教职工住宅小区建设全面启动。其中，天润康园小区3 050套教职工住宅主体工程竣工；雨花毓秀小区累计开工建设面积38万余平方米，一期主体已完成18栋，二期主体完成，三期主体大部分完成；书香大地小区累计开工建设面积26.2万平方米；实力锦城小区累计开工建设面积45.4万平方米；拟建设教职住宅3 050套，总投资约23.96亿元；天水嘉园小区累计完成“五通一平”19万平方米。

（唐荣华）

昆明空港经济区

【概　况】　昆明空港经济区位于昆明市东北侧，距昆明主城区约21.6千米，实施建设以昆明新机场为中心、200千米为延伸半径，集航空、铁路、城市轨道、公路一体化的综合交通体系，率先在国内建立先进快捷、独具特色的综合交通模式。昆明空港经济区是依托国家大型门户枢纽机场，以临空经济发展为核心，重点培育和发展航空物流业、机场配置服务业、临空型高科技产业、国际商务会展业、生态康体休闲业和现代都市型农业六大产业，努力建设成为中国面向东南亚、南亚，连通欧亚大陆的国际航空客流、物流中心，构筑国际化、生态化、现代化的新昆明临空产业新区。

【征地拆迁安置工作】　2009年，先后完成新机场建设涉及的华曦养殖基地、场内苗圃及农房拆除；完成昆广网络电缆线、10千伏长水电力线场内段、10千伏兔耳电力线、35千伏电力线、110千伏杨林Ⅰ/Ⅱ回电力线迁建；完成云南金沙矿业有限公司大板桥农业基地及大板桥街道办事处浑水塘、李白冲、小高坡3个村整体搬迁安置；完成新机场项目15.98平方千米和东跑道净空处理项目555亩林业报批及林木采伐工作。昆明新机场征地拆迁安置工作任务圆满完成，累计搬迁企（事）业单位70余家，拆除地需建（构）筑物74万余平方米，迁建各类管（网）线15项约300千米，新建搬迁安置住房744套21万平方米，集中安置农村群众及下岗职工3 500余人，新机场建设项目22.97平方千米用地全部移交。

【施工保障】　一是加强新机场场内卫生及商业秩序管理。建成占地面积2 030平方米的新机场综合服务区，集中管理场区范围内饮食摊点、营运车辆及环境卫生，加强饮水安全及疫情监测，有效保障了80余家参建单位约2万名新机场建设者生活需要及饮食卫生安全。二是积极做好新机场建设保通工作。认真制定老320国道大板桥段保通工作方案，安排50万元专项资金，加强道路保通力量，加大重要路段交通整治力度，有效提高了老320国道通行能力；建成老320国道昆明新机场段改移工程并投入运行，完成金浑公路改线工程（复兴村至阿依村）、老320国道（官渡段）、金浑公路野鸭湖到东骏水泥厂段、李其复兴公路路面修复工程，为新机杨建设提供了外部交通保障。三是全力保障新机场安全度汛。建成昆明新机场西跑道石乾沟防洪排水应急工程场内段及新机场外部（东、南、西面）4条应急排水沟渠并投入运行，石乾沟防洪排水应急工程新机场场外段于12月底建成投入使用。四是积极配合做好昆明新机场工作生活配套服务区规划建设工作。与昆明新机杨建设指挥部共同成立昆明新机场工作生活配套服务区项目建设协调领导小组，基本确定项目规划选址，正积极配合做好规划方案编制工作。

【新机场建设】　至10月25日，昆明新机场建设机场工程完成建设投资累计约77.4亿元。航站楼混凝土结构主体工程于9月实现全面封顶断水，航站楼钢结构吊装完成2.04万吨，实现航站楼前中心区钢彩带结构最高拱合拢，航站楼屋面钢网加工工程东指廊、西指廊、中央指廊、东Y指廊网架吊装基本完成，航站楼机电设备安装进场；停车楼及高架桥全面基础工程完成；飞行区土石方工程表面层以下主体挖填方工程基本完工，完成土石方填筑约1.02亿立方米；南工作区土石方填筑及场地平整工作基本完成，累计完成土石方填筑1 121万立方米；场外水、电、路、气、通讯配套设施建设有序推进。

【属地管理后续工作】　认真贯彻市委、市政府2009年4月15日下发的《关于印发〈昆明空港经济区实行属地管理的方案〉的通知》精神，按照“不留尾巴、不留后遗证”的要求，主动与市相关部门对接，迅速落实空港经济区管委会人员充实强化、合署办公、交叉任职工作，完成原空港经济区管委会资产清算、办公场地及设施移交、临

搬迁安置小区长水新村　（昆明空港经济区　供稿）

时聘用人员安置及昆明新机场征地拆迁安置、外部配套基础设施融资贷款债权债务转移工作，承接了19亿元债务。

【总体规划修编及临空经济产业发展规划编制】　官渡区、空港经济区坚持以面向国际的视野，通过国际招标，迅速启动空港经济区总体规划修编工作。9月25日省政府昆明新机场建设第八次现场办公会议已原则同意总规修编方案，11月5日总规修编方案通过专家评审，正按程序上报审批，力争年内获批；为抓住昆明新机场建设给临空经济带来的发展机遇，高标准、高起点做好官渡区、空港经济区临空经济发展研究，邀请新加坡裕廊国际集团，初步完成空港经济区临空经济产业发展规划。

【全面启动基础设施建设】　坚持"基础性、控制性、全局性工程优先"的原则，相继开工老320国道升级改造、空港大道、煤气及电信管网等19项重要基础设施建设项目。昆明新机场专用高速路（南段）项目已完成投资11.8亿元、清表55.1万平方米、软基处理31.5万平方米、挖填方335.1万平方米、桩基1 209根、CFG桩477棵、墩柱495棵、桥台25座、通道5道，完成工程总量53%，年底完成60%工程总量；新机场搬迁安置区主干路网的云桥路（一期）、云天路（一期）、云瑞路竣工通车，同步完成道路绿化、路灯工程及配套供水、排水、雨水、煤气、供、电视、电讯等管网工程；实现宝象大道（一期）左侧半幅通车并完成边坡绿化工程；空港1号、2号路进场施工，实现毛路贯通；李长公路建设加快推进，年底完成路基工程；与煤气公司签订协议，空港经济区煤气管网建设与主干路网同步实施，与云桥路（一期）、云天路（一期）、云瑞路同步建成煤气干管4.9千米；空港经济区污水处理厂BOT项目通过公开招标确定投资人；空港经济区垃圾焚烧场BOT项目完成招标、谈判签约工作。

【迁村并点工作】　启动昆明空港经济区土地利用总体规划修编，编制完成空港经济区土地收储工作实施方案，采取"指标储备、实物储备、规划储备和政策储备"等多种储备模式，完成近3万亩收储土地勘测定界外业走界，签订征地协议6 877亩，有效保障重点建设项目用地需求。报请省政府昆明新机场建设现场办公会议研究，同意由省里统筹解决空港经济区重点基础设施建设项目用地指标占补平衡问题。采取"迁村并点、统规统建"方式，集中安置空港经济区范围内农村群众。

【国家级经济技术开发区申报工作】　报请市委、市政府同意将官渡工业园区与空港经济区实行一体化管理。报请省工信委将空港经济区（官渡工业园区）列入省级重点工业园区。按照市委、市政府重要部署，组织完成昆明空港经济区申报国家级经济技术开发区申报材料编制工作，积极做好申报各项准备工作。编制完成昆明航空港综合保税区项目建议书，9月24日，组织专家对《昆明航空港综合保税区可行性及规划方案》进行咨询。抓紧深化、细化研究成果，按程序申报。

【引资、融资、投资】　制定《确保省政府下达2009年完成60亿元投资任务的工作方案》，将投资任务细化分解到具体项目，成立投资工作领导小组，加强对投资项目工作的组织领导。制定空港经济区招商引资优惠政策，制作形象宣传片和招商引资手册，先后与国内外多家企业进行投资洽谈。6月9日成功举办新加坡国际企业发展局招商引资推介会；7月17日与中船重工昆船集团达成《中船重工昆明空港工业园区项目开发建设协议书》，中船重工昆明空港工业园区即将开工；8月24日与云南省城市建设投资有限公司正式签订战略合作协议，昆明空港经济区津桥学院项目开工；与昆明自来水公司、云南省投资控股集团有限公司达成投资合作意向。至10月30日，引进市外到位资金57.6167亿元，占全年目标任务的230.47%；实际利用外资298.2万美元，占全年目标任务的149.1%；全社会固定资产投资完成63.4867亿元，占全年目标任务的243.24%；完成税收收入2 881万元，占全年目标任务的288.1%；完成融资贷款20.4亿元，占全年目标任务的408%，并与中国银行、建设银行分别达成50亿元和30亿元银政银企战略合作框架协议。

【生态绿化】　完成昆明主城区与空港经济区之间重要节点建设生态隔离林带、昆明新机场搬迁安置区、昆明新机场专用高速路沿线、320国道两侧等生态绿化面积604 723平方米，种植各类乔木39 648株、灌木147 510株、攀缘植物68 859株、竹5 634丛、草皮31 353平方米。

【环境整治】　报请市政府批准成立空港经济区综合执法中队。严格落实分片包干责任制，积极开展创卫攻坚工作；结合开展空港经济区土地收储工作，加大辖区内违法建设整治力度，拆除各类临违建筑4.7万平方米。

（昆明空港经济区管委会）

昆明国家高新技术产业开发区

【经济发展】　2009年实现总收入702

昆明高新区2009年第二批七个重点项目开工　（高新区管委会　供稿）

亿元，比2008年净增106亿元，完成目标任务的107.01%；实现规模以上工业企业主管业务收入401.5亿元，完成目标任务的100.47%；实现规模以上工业利税总额17.9亿元，完成目标任务的125.2%；实现规模以上工业增加值78.23亿元，完成目标任务的107.8%；实现工业固定资产投资39.2亿元，完成目标任务的125%；实现高新技术产业产值308亿元，完成目标行务的101.32%；实现地方财政一般预算收入9.3356亿元，完成调整目标任务9.3246亿元的100.12%；每平方千米单位面积产出由2008年的119亿元提高到140.4亿元，居全国高新区的前列、西部高新区首位。规模以上工业企业万元增加值能耗同比下降8%，昆明高新区核准的化学需氧量为16.26吨，仅占"十一五"总量的22.43%，提前和超额完成"十一五"总量控制指标。

【招商引资】　2009年实际引进内外资项目427个，实际到位内资105.41亿元人民币，完成全年到位内资100亿元任务的105.41%，实际到位外资1.63亿美元，完成全年到位外资1.5亿美元任务的108.73%。引进云南丰源水务、台湾康舒等一批投资额大、产业带动强、科技含量高、发展前景好的大项目、好项目，招商引资再次取得省市第一的优异成绩；全年开工建设亿元以上工业项目17个，总投资额达到43.92亿元，完成全年目标任务的106.25%；昆明娃哈哈启力饮料有限公司、巴斯夫化学建材（中国）有限公司、云南易通电气有限公司等项目建成投产。总投资近90亿元的30个重点项目落户新城产业基地。此外，全年融资14.8亿元，完成全年10亿元融资任务的148%，确保了在建项目、重点项目的资金需要。

【基础设施】　全面掀起新城产业基地基础设施建设的新高潮。一是按照"三高"要求，完成马金铺居民新型社区规划、42平方千米产业区的控制性详细规划和区域规划环评、4平方千米中央商务区的城市设计和电力、给水、排水、燃气等各项专项规划，为招商引资和项目落地打下了坚实基础。二是切实加大基础设施建设的投资力度，2009年完成基础设施投资7.12亿元，占全年目标任务的122.8%。三是启动新城基地投资总额为15.4亿元的公园南路、化林路、马林路、东大道、南北大道、化古城路6条道路的建设。截止到年底，在3平方千米起步区范围内开工建设长度为39.92千米的36条主、次、支道路，已建成24条19.7千米，在建12条20.22千米。新城基地路网建设的区域覆盖面达到12平方千米。四是各种配套设施建设全面跟进。

供水供电建设：马金铺自来水给水工程3 800米的原水管道于3月5日全线贯通，4月2日系统调试一次成功，水厂生产能力4万吨/天，标志着新城高新技术产业基地具备了城市自来水的供水能力。完成马金铺110千伏变电站10千伏公园北路东段等4条道路4 210米出线电力通道和马金铺东路等5条道路510米的电力电缆通道的建设，确保了项目开工和生产的用电。

通信管网建设：依据路网建设到哪里，通信管网就跟进到哪里的原则，累计敷设通信管线10 782.2米，砌筑人（手）井182个；敷设交警管线1 787米，完成交警手孔49个。

煤气建设：完成总长2 300米、连接呈贡新城地界煤气主管道的铺设工作，建成新城基地起步区和电力装备基地一期的主干煤气管道，11月15日正式为娃哈哈公司供气。

污水处理：4月，日处理3万吨规模的马金铺污水处理厂正式开工建设，年内基本完成基建和设备安装并投入试运行。

市政建设：安装22条道路的路灯680组；新装和更换道路各种标识牌61套、信号灯9套；完成道路交通新划标线和渠线99 984米。

征地和场地平整：全年共征收土地3 492.076亩，占全年目标任务的103.62%；完成"五通一平"面积2 660亩，占全年目标任务的121%。

绿化建设：新增绿地面积62.98公顷，完成目标任务的314.9%；新栽种乔木30 382株、攀缘植物533 580株，分别完成全年任务的151.91%和666.97%。新城基地总投资1 200万元的银杏公园和建成区总投资650万元的高新竹园建成使用；"百米见绿"、生态隔离带建设任务圆满完成。

【创卫工作】　一是切实加强对创卫工作的领导。主要领导亲自抓、抓亲自，分管领导配合抓、抓配合，各个部门协力抓、抓协力，全区上下共同抓、抓全面，形成创卫工作人人有责、人人参与的生动局面。二是加大对创卫工作的投入。全年共投入创卫各种经费6 800多万元，保障创卫工作的集中整治和设施更新配备需要。三是突出工作重点。按照市委、市政府的要求，先后5次召开创卫工作专题会议，围绕不同时期的工作重点，扎实开展"七小"行业整治、铁路沿线整治、城中村整治、卫生死角盲点整治、河道专项整治、企业达标排污整治等工作，共清理取缔占道经营15 680起。清理流动摊点8 410起、超范围经营9 358起、车辆路面拖带429起、沿街晾挂7 376起，清运各种垃圾3 400余吨，规范市民不文明行为8 871起，确保了各个时期重点工作目标的落实。四是创新工作方法。推行"分工负责、网格治理、全面达标"的一岗双责责任制，落实责任区域任务目标和保持保洁时间、效果。五是实行重奖重罚。设立100万元的新闻媒体监督曝光和群众举报奖，建立创卫工作不走过场。

【实体化管理】　一是根据实体化和城市化管理的需要，撤销马金铺乡，按照精简、效能的原则成立并配备马金铺街道办事处的党政领导班子和机构。二是建立健全与实体化管理相适应的工作平台，全面履行实体化管理的教育、卫生、文化、体育、计划生育、民政、养老保险、劳动就业、医疗保险、社会保险等职能。三是建立健全组织机构。先后成立高新区政法委员会、高新区妇女联合会、高新区司法局、高新区残疾人联合会等党政群机构，基本实现与市级机关的有效对接，各项工作卓有成效的健康开展。

【创新体系】　全区企业、单位获国家、省、市级各部门扶持资金达7 358.46万元。申报国家火炬计划项目7个、国家重点新产品3个、国家创新基金13个、省级项目73个、市级项目46个；有3件商标获"中国驰名商标"称号；有6件商标获得"云南省著名商标"称号；有9家企业的16个产品荣获"云南省名牌产品"称号；有7件商标获得昆明市"知名商标"称号；4家企业的7个产品荣获"昆明名牌产品"称号。全年共申请企业专利92件，获得授权32件。新增留学人员、博士人员和科技型创新企业25家，新毕业孵化企业10家。孵化器在创新能力、孵化抚育能力、产业化能力、园区管理能力和团队素质能力方面有了新的提高。昆明国家稀贵金属新材料产业化基地被国家科技部批准为云南省第一个国家级特色产业化基地。

【重点工作】　一是全面落实建设工程管理的"八个百分之百"。二是涉及民明高新区绿化盲区、临违建筑、卫生死角、违法违规排污、河道绿化盲点、绿化未达标小区、出城道路绿化盲点7个零申报通过市级部门组织的初步验收，得到了充分肯定。三是完成新运粮河、梁王河、南冲河、小路沟的河道综合整治、河道两岸的绿化和河长林园建设。四是城中村改造进展顺利。新发村改造项目全面启动实施，梁家河拆迁完成总量的97%。五是甲型H1N1流感防控及救治成效显著。共接种甲型H1N1流感疫苗4 000人，甲流患者全部治愈出院，无一人死亡。六是殡葬改革进展顺利，火化率达100%。七是超额完成市政府下达的3万平方米的拆临拆违任务，实际拆除临违面积达32 855平方米；完成新城基地道路建设和昆明铁路枢纽东南环线涉及的农房拆除与补偿工作。八是加大农村基础设施投资。农民人均纯收入达到5 009元，实际增长8%。投资650万元的韶山水库、投资1 100万元的白云水库的除险加固工程全部完工。九是完成全国第二次经济普查的登记工作。十是完成新城基地4个新型社区的规划选址和一期建设的地勘工作等等。

【民生基金】　在新城高新技术产业基地的开发建设过程中，针对被征地农民关注的民生诉求点，采取设立专项“民生基金”等措施解决农民养老、医疗保险问题。一是设立专项“民生基金”。根据实际征用土地数量，按每亩5万元标准设立专项“民生基金”，10年内逐步拨付到马金铺街道办事处，专项用于被征地人员基本养老、基本医疗、就业扶持和发展二、三产业等支出。凡是土地全部被征农民转为城市居民，补足农民部分养老保险和医疗保险购买金，同步购买社会保险，使其真正享受城市居民的政策待遇。二是提高被征地人员养老保险缴费政府补贴比例。“民生基金”补助80%，个人缴纳当期缴费标准的20%。三是实行被征地人员参加居民医保个人缴费部分全额补贴制度。“民生基金”为成年人每年缴纳70元，为18周岁以下学生每年缴纳10元的医保费用。为新城产业基地马金铺办事处被征地人员10 217人购买基本养老保险、基本医疗保险、发放征地补助、外出租地补助等，使用“民生基金”2 962.05万元（其中购买基本养老保险1 268.05万元；购买基本医疗保险51.23万元；发放征地补助1 473.89万元；发放租地补助278.88万元）。

【马金铺撤乡设街道办事处】　2009年9月4日，根据《云南省人民政府关于同意撤销呈贡县马金铺乡和大渔乡的批复》、《昆明市人民政府关于呈贡县部分乡撤乡设街道办事处的批复》、《昆明呈贡新区管理委员会、呈贡县人民政府关于撤销马金铺乡设置马金铺街道办事处的决定》文件精神，同意撤销呈贡县马金铺乡，设立呈贡县马金铺街道。新设立马金铺街道党工委、街道人大工委、街道办事处、街道纪工委、街道武装部，分别任命了街道党工委、街道人大工委、街道办事处、街道纪工委、街道武装部领导。马金铺街道办事处挂牌仪式于2009年9月4日上午10时在马金铺乡隆重举行。

呈贡马金铺撤乡设街道办事处　（高新区管委会　供稿）

【社会事业】　投资2 500万元的马金铺中学标准化建设项目一期工程基本完工，将于2010年3月份交付使用。马金铺中心学校和高新一小分校的标准化建设项目已获市发改委批准，计划于2010年秋季招生时竣工投入使用。全区的中小学安全工程全面启动，拆除D级危房4 668.7平方米。投资1 680多万元，购买傲云峰商住铺面1 600余平方米，引入延安医院在昆明高新开设高新医院，于2009年12月31日启用社区服务的功能，改变了昆明高新区建成区没有一所医院的历史。同时，在建成区新建和成立6个卫生服务站，在马金铺进行卫生院的修缮工作，一举解决了区内群众看病难的问题。向楚雄姚安地震灾区捐款51 464元，衣物2 139件；向扶贫挂钩点捐款180万元；向区内低保、困难户、残疾人、特困户、孤寡老人和男60岁、女55岁以上老年人发放各种补助、慰问金285.66万元。

安全生产：在全市安全生产量化考核评比中，昆明高新区被评为安全生产优秀单位。同时，高新区还被市“食安委”评为目标考核先进单位。

政法工作：积极开展普法教育、平安创建、依法治区、依法行政、综合治理、维护社会稳定、规范执法和国庆安保等工作，管委会和6家企业被评为“平安创建先进单位”，管委会还获得综治维稳暨平安创建目标责任优秀奖；切实加强突发性事件、刑事犯罪、黑恶势力的处置和打击，全年的刑事案件破案率比上年提高16%，实现治安行政案件查处数高于刑事案件发案数的工作目标。命案破案率为100%，达到公安部命案必破的目标要求。

信访工作：全年受理信访事项、书记信箱、“12345”市长热线和管委会主任信箱合计481件，已办结471件，办结率为98%，满意率96%，协调接访群体性上访42次5 000余人次。

政务工作：政府信息公开、阳光政务落到实处。在省政府网站和高新区网站发布动态政务信息近1 000条，高新区被评为2009年云南省45个基层先进典型单位之一。“96128”政务查询电话通达率为90.51%，满意率为98.09%，网络政务信息查询限时办结率达100%，超过市政府的考核指标。此外，上报信息被省政府采纳15条，完成年度任务的170%；被市委采纳22

条，完成任务的200%；被市政府采纳47条，完成任务的169%。完成政府采购金额955万余元，比预算金额1 087万元节约了132万余元，节约率12.14%；审核项目211个，审定工程造价4.56亿元，审减金额9 961.39万元；接待各种公务考察220批次共4 300多人，加强了国际国内的友好往来。

群团组织：认真做好区内的工、青、妇工作。2009年新建基层工会60家，发展工会会员2 057人，超额完成市总工会下达的任务。此外，总工会联合160多家非公有制企业的工会与企业、职工签订“共同约定行动”责任书，确保企业不减员、不减薪；按照省市妇联的有关要求，高新区妇联自4月30日正式成立以来，把代表、维护、服务妇女群众作为工作的出发点和落脚点，建章立制，扎实开展各项工作，创建“巾帼文明示范岗”、“高新区女大学生创业就业实践基地”，为昆明市妇女儿童基金会捐款50万元，组织参加省、市“红土地之歌”演讲比赛，分别获三等奖和一等奖；团工委深入开展团的基层组织建设工作，组织区内青年志愿者900余人参与“创卫攻坚、青年当先”义务活动，完成多项攻坚任务和宣传发动工作，义务植树11万株。

（昆明高新技术产业开发区管委会）

省委书记白恩培视察经开区信息产业基地　（经开区管委会　供稿）

昆明国家经济技术开发区

【经济发展】 2009年，全区规模以上工业企业主营业务收入143.57亿元，同比增长22.71%；地方财政一般预算收入完成6.39亿元左右，同比增长32.6%；全社会固定资产投资完成60.0631亿元，增长54.4%；从工业经济运行情况看，全区工业生产继续保持增长态势，产销衔接保持较好水平，能源消耗下降明显。全区规模以上工业实现增加值46.08亿元，在2008年基础上增长25.9%；规模以上工业利税总额达到11.2亿元，在2008年基础上增长36%；全年规模以上工业万元增加值能耗同比下降7.74%。

【投资环境】 经开区以项目建设为切入点，按照昆明市“三最四低”的目标要求，全面加强园区软环境建设，全力完善优质创投软环境。继续推行“宾馆式、一站式”服务，扩大政务中心服务内容，加快审批办事效率，确保“一站式办结、一条龙服务”落到实处；创新园区服务模式，建立起以部门为单位的责任机制、责任首发机制、信息协同机制、项目推进服务问责机制等构建服务体系的长效机制，打造高品质服务；组建项目推进服务中心，定期召开项目推进协调会议，开发基于局域网的项目管理信息协同系统，有效地促进项目早开工、早投产、早达效，形成全区上下合力推进项目落地开工的新局面。面对危机的蔓延，全区上下高度重视，紧紧围绕工业强市、招商引资、项目落地积极筹备应对措施。先后制定出台《关于帮助区内中小企业克服当前生产经营困难的意见》及四个配套实施办法、《关于二〇〇九年促进招商引资若干政策的规定》、《昆明经济技术开发区招商引资用地类项目建设推进服务暂行办法》等制度性文件，并在加大工业项目引进的同时，积极鼓励原有企业增资扩股，实施技改，开拓国内外市场，完善的配套政策帮助企业渡过了难关，从多方面增强园区经济持续稳定增长后劲。

在硬环境建设方面，经开区按照“老区提升、新区完善、确保重点、贯通节点、大跨度超前”的总体要求，做到早规划、早落实、早安排、早建设，为项目落地提供基本保障；完善拆迁补偿政策，加强土地收储；创新用地方式，做好协调工作，通过借地、办理临时用地等，尽快推进工程进度；强化质量监督、做好安全排查，做到不因安全、质量问题拖项目建设后腿；充分利用“四低”的有机时机，拓宽资金来源，采取多种建设方式，全力推进园区道路和综合管线等基础设施建设。

【招商引资】 不断创新工作思路、加强工作力度，确立“招大引强、按质优选”的总体原则，制定“六个并举”的工作方针，在招商引资、项目推进、企业项目服务、投资环境改善等方面取得了重大突破。在实际招商过程中，结合国家政策导向和产业发展方向，重点引进税源型、科技型、创新型、龙头型和总部型项目，制定出台《2009年促进招商引资若干政策的规定》、《2009年招商引资工作实施意见》、《招商引资中介奖励管理办法及细则》等一系列招商引资促进政策及措施，并开展“招商引资百日竞赛”活动，有效推动了全区招商引资工作的顺利开展。

全区新注册内资企业数2 249家，同比增长97.45%；新增注册资本110.9亿元，同比增长137.17%；实际引进市外到位资金102.85亿元人民币，实际利用外资15 158.64万美元，新批准设立外商投资企业数30家，同比增长200%；合同利用外资达3.36亿美元，同比增长163.59%；实际使用外资达1.34亿美元，同比增长131%；全区协议融资额31.26亿元，并做到了100%实际到账，为全区开发建设提供充足的资金保障。

【固定资产投资】 经开区以国家扩大

内需为契机，及时调整固定资产投资结构，保持投资的快速、健康增长，全社会固定资产投资完成 60.06 亿元，在2008 年基础上增长 54.4%，完成目标任务数的 106.49%；其中工业项目固定资产投资完成 28.01 亿元，在 2008年基础上增长 45.22%，完成目标任务数的 107.6%，工业项目投资占全区固定资产投资的 46.64%。全年工业施工项目 79 个，其中，投资额超亿元的项目 16 个，完成投资 14.79 亿元，占工业项目投资总额的 52.8%。引进云内动力、天达光伏二期、统一食品、昆钢重装、南天信息设备、玉柴机器等为代表的一批符合国家产业政策的项目，增强了昆明经开区主导产业优势地位。

【对外贸易】　2009 年，在全球金融危机的不利影响下，经开区积极推动出口工作，制定出台《昆明经济技术开发区鼓励区内企业开拓国际市场实施办法》，从政策上给予出口企业扶持。全年进出口额实现高速增长，出口创历史新高。2009 年，完成进出口总额3.5368 亿美元（市属，海关口径），同比增长 97.03%。

全区实现产品出口的企业有 85 家，其中出口额超过 500 万美元的有 25 家，比上年增加 20 家，出口总额 1.99 亿美元，占全区出口额的 71.33%。出口额超过1 000万美元的企业有 5 家，比上年增加 1 家，实现出口额6 329万美元，占全区的 22.64%。出口总额中，新入驻企业实现出口 2.03 亿美元，占出口总额的比重达 72.63%。

经开区与 102 个国家和地区发生贸易关系。在主要出口目的地中，美国占16.01%、德国占 6.64%、新加坡占6.02%、缅甸占 5.82%、日本 4.85%、阿拉伯联合酋长国占 3.87%，对以上 6国的出口额均超过1 000万美元。

【社会事业】　经开区开始对辖区内学校、医疗机构实行目标管理制度，并取得显著效果。全区小学巩固率达100%、中学巩固率达 96%、残疾儿童义务教育入学率达 99%，超过全市平均水平；全区医疗机构内涵建设不断加强，医疗行业管理力度不断加大，医疗质量不断提高，医患关系不断改善。同时，经开区还开展打击非法行医专项整治行动，确保全区无重大医疗事故发生。为丰富群众业余生活，鼓励开展群众性文体活动，预计投资 1.5 亿余元的经济技术开发区文体中心工程于 2009年 4 月开工建设，至 10 月底完成累计投资4 000多万元。在管理区域扩大、基建项目大量开工、监管难度不断增大的复杂情况下，经开区认真贯彻落实“安全第一，预防为主，综合治理”的方针，明确责任、强化监督，采取有力措施，狠抓薄弱环节，切实做好隐患排查治理和事故防范工作，全区未发生较大、重大或特大生产安全事故，进一步保持全区安全生产形势的稳定。全面推进质量监督工作，制定一系列制度文件，做好、做实各项专项整治工作，加强宣贯培训，加大打假治劣力度，为全区食品生产、流通环节的安全提供了保障。

【环境保护和节能减排】　编制完成《昆明经济技术开发区环境保护及生态建设规划》，全区环境质量状况保持基本稳定，主要污染物排放总量基本得到控制，生态环境总体水平保持良好，以宝象河、马料河、洛龙河为重点的水污染综合整治工作取得较好的成果，经开区环保投资指数 >2%。经开区管委会利用德国政府贷款和德国促进贷款共计6 000万欧元建设的“经开区倪家营污水处理及再生利用工程”和“经开区综合环境整治工程”已进入实施阶段。大力开展城乡园林绿化工作。新增绿地面积 122 公顷，建设苗圃 10 余个，种植乔木 16 万株、苗木 10 万余株。有力推进清洁生产节能减排工作。继续推进36 家企业开展清洁生产审核工作。推动 123 家企业开展清洁生产审核工作，企业涉及机械制造、生物制药、食品加工等 11 个行业。累计实施无低费方案1 130个，中/高费方案 118 个，全部方案投入资金6 147.23万元，年产生经济效益 10 628.62 万元，节电 631.06 万度，节水 33.17 万吨，节约能源 800 吨标煤，节能、降耗、减污、增效取得了阶段性成果。

【管理与服务】　不断强化服务意识、优化服务流程，全面提升企业服务工作的质量和水平。一是通过转变服务态度、创新服务方式、提高服务效率，构建服务质量持续改进的长效机制，大力推进管理创新和服务创新，为人才创业、企业发展提供一个良好的投资环境。二是进一步深化和完善领导负责项目制度，完善责任首发机制、信息协同机制等，督促各部门、各单位做好走访企业、联络企业工作，推进服务企业工作，为企业提供“全天候”的服务。三是做好注册审批、在建项目、前期建设、后期运营等企业服务部门日常工作，强化各部门服务就是生产力的观念，实现对企业的全程优质高效服务。四是把服务企业的各项制度、办结落实到实处，按照“送政策、落实政策”的工作要求，通过网站宣传、上门宣传等方式，真正帮助企业用活各项服务企业的优惠政策。

【园区建设】　以各重点项目配套设施建设为突破口，以信息产业基地、出口加工区、新加坡工业园、大冲工业片区、洛羊物流片区等各专业园区开发建

进区企业——云内动力装配生产线　（经开区管委会　供稿）

设为龙头，加快推进基础设施建设，在基建投资、土地征用收储、园区道路、综合管线建设方面取得重大进展。全区累计完成基础设施投资69 491万元；收储呈贡县047号地块、东盟商贸港二期用地、洛羊镇2005年第一、二批次用地共2 202.27亩土地，新增“五通一平”面积2 504亩；完成道路投资29 024万元，建成或改造广福路东延线、经开103号路、鸿运大道、云大西路等道路20 093米，全区给水工程、供电工程、煤气工程、通信及路灯及线路的迁改工作等综合管线建设共完成投资1.24亿元。

【高新技术产业建设】　先后制定出台《昆明经济技术开发区关于中小企业技术改造贷款贴息的实施办法》、《昆明经济技术开发区给予企业争取上级扶持资金配套奖励实施办法》、《昆明经济技术开发区鼓励留学人员和博士等高层次人才进区创办企业实施办法》等一系列扶持政策，鼓励企业实施技术改造和创新，帮助企业开拓市场，增强企业市场竞争力。同时，经开区还在科技基础条件平台建设方面下足力气，鼓励企业承担、实施科技计划项目，大力开展以企业为主体的技术创新活动，促进科技成果转化和高新技术产业化。全区共组织企业申报并审核受理国家火炬计划、云南省科技计划项目、国家科技型中小企业技术创新基金项目等20余次112项，申报省市企业技术中心6个。全区通过云南省高新技术企业认定14家，已认定省级企业技术中心3家，市级企业技术中心4家；新增留学人员博士创业企业5家；承担国家、省市科技项目35个；争取国家、省市科技扶持资金3 333万元。10月，昆明经济技术开发区国家光电子材料及产品科技兴贸创新基地顺利通过商务部、科技部的联合认定，这标志着昆明经开区向建设创新型园区的战略目标又迈进了一步。

【中国技术创业协会孵化器联盟成立】10月31日，来自北京、上海、昆明、成都等地的30余家各类孵化器、投资融资机构齐聚昆明经开区，共同见证中国技术创业协会孵化器联盟的成立。同时，由上海天亿投资集团有限公司、昆明经开区新兴产业孵化区管理有限公司等6家公司作为发起人，共同出资成立了全国第一支由政府引导成立的全国性的为孵化器企业服务的“孵化基金”。

【出口加工区建设】　出口加工区招商引资工作取得重大突破，共引进项目23个，协议投资80亿元，实际到位资金60亿元，其中围网外项目20个，围网内项目3个，完成经开区管委会下达给管理局围网内项目招商引资2亿元的任务。总体上看，引进的项目投资规模大，技术含量高，在行业内有较大影响，在云南省、昆明市处于较先进水平。

同时，加工区功能不断完善。在保税加工的基础上，拓展保税物流功能，使得入区企业可开展国际采购、配送、分拨以及维修、检测、研发等业务，不仅使加工区功能进一步完善，拓展发展空间，而且极大改善发展环境，强化辐射和带动功能，保障了加工区可持续发展。至年底，有3家从事保税物流业务的企业入区，并正式开展保税物流业务。

【典型经验】　超额完成市委、市政府下达的经济、社会、党的建设等各项目标任务，取得较好的成绩，也收获宝贵经验，一是始终把机关作风建设和工作创新作为一项长期任务，常抓不懈。二是始终把招商引资工作作为园区开发建设的生命线，不断加大招商引资力度，创新招商引资模式，拓宽招商引资渠道。三是始终在体制改革、机制创新等方面进行大胆的探索和试验，主动寻求突破传统体制和政策限制的管理模式。四是始终把科技创新看作是内涵式发展的根本要求。五是始终把基础设施建设视为园区开发的必要条件，不断加大基础设施建设投入，形成更加完善的投资环境。

（昆明国家高新经济技术开发区）

昆明滇池国家旅游度假区

【概　况】　2009年，荣获2009国际最佳旅游度假胜地、省级文明单位、国际人类学与民族学联合会第十六届大会筹办工作先进集体、“三沿五区”坟墓搬迁和殡葬改革工作一等奖、社保基金专项治理工作先进单位、安全生产工作先进单位、昆明国际机场鸟害整治工作先进单位、野生动物保护先进集体等荣誉；周家社区被评为昆明市2009（第三届）十佳卫生社区；获得“昆明市园林单位”荣誉称号的单位13家、“园林小区”11家，同时园林小区全部被评为“四星级园林小区”。

【各项经济指标】　度假区实现增加值62.5亿元，同比增长86.1%，其中：第一产业增加值7 924万元，第二产业增加值2.93亿元，第三产业增加值58.8亿元，同比增长75.1%，完成目标任务的156.6%；实现服务业总收入133.29亿元，比上年增长93.8%，完成目标任务的172.2%；全社会固定资产投资39.01亿元，比上年增长45.2%，完成目标任务的100%；企业项目固定资产投资36.97亿元，比上年增长41.7%，完成目标任务的107.7%；亿元以上项目开工完成4个，完成目标任务100%；园区基础设施投入8.94亿元，比上年增长566.6%，完成目标任务的154.2%；土地收储2 486亩，完成目标任务的165.7%，完成大渔片区10 426亩的土地预收储任务，共收储土地12 912亩，比上年增长155.8%；“五通一平”1 400亩，完成目标任务的140%；旅游接待人次670.8万人次，比上年增长7%，完成目标任务的118.7%。获得全市2009年度目标考核二等奖。

【财政收入】　全年实现财政总收入达6.61亿元，增收1.93亿元，比上年增长41.1%，地方一般预算收入4.49亿元，比上年增长69.7%，完成目标任务的140.1%，创历史新高，地方一般预算收入提前4个月完成全年任务，增幅位列全市各县（市）区、开发区之首。

【招商引资】　制定《招商引资工作实施意见》、《招商引资工作实绩考核奖励办法》等一系列规范性文件，制作《投资指南》、《形象宣传片》，在全区上下营造人人招商、全民招商的良好氛围，同时成立推进项目落地工作领导小组，实行“四个一”工作制度，即“一个项目、一位领导、一支队伍、一套班子跟踪办、全程办”，各部建立项目联系制度。通过一系列强有力的措施，内资完成31.1亿元，完成目标任务的103.67%，外资4 545.7万美元，完成目标任务的129.88%，创下近年来招商引资外资实际到位资金的历史新高。

【政府融资】　3月，度假区成立金融工作领导小组，制定出台《关于加快推进度假区投融资工作的实施意见》，组建国有资产投资经营管理开发有限公司，加强银政、银企合作，用市场化资本运营方式，盘活存量资本、优化增量资本、吸纳社会资本。分别与中国银行、招商银行、民生银行、建设银行等多家金融机构洽谈协商，协议融资79.87亿元，实际到位资金17.574亿元，实现度假区连续两年新增贷款为零的突破，成功迈出度假区银政合作的一步；签订BT项目6个，融资18.926亿元，为度假区的开发建设提供了资金保障。

【优化经济结构】 总部经济和汽车4S店效益显现，经济结构由过去单一旅游产业向多元经济转变，集团总部落户，实现二产向三产的延展，形成第二产业与第三产业之间的经济链条。云天化集团总部及其驻区7家子公司总收入占全区旅游服务业收入的比重达62.21%，星旗汽车公司、中升雷克萨斯汽车、驰泰汽车销售公司等7家汽车销售收入占旅游服务业收入的比重为13.27%，总部经济和贸易业在度假区产业结构升级和区域功能提升中发挥重要作用，成为度假区经济的重要组成部分和推动度假区经济转型的重要力量。

【区域面貌】 以全面提升海埂片区生态环境品质和管理服务水平为目标，实施全面拆迁、全面绿化、全面整治、全面提升的“四全”工作和道路“二线三节点”提升改造工程，完成198亩永昌鱼塘还湖湿地建设，新建2块共160亩河长林，洪家小村四退三还湿地建设圆满完成，回迁安置房“金海园”开工启动。全面开展“四创两争”工作，结合创卫冲刺，实施网络化管理，采取定人、定点、定片、定段的方式，不留卫生死角、不留管理盲区，突出创卫攻坚，顺利通过国家爱卫办专家组的暗访；开展环境整治、绿化缺塘补裁、视觉补差工作，组织干部群众义务植树7 400余株，拆除违章建筑面积45 244.09平方米，完成目标任务的150.81%；新建绿地92.11公顷，完成目标任务的120.09%，种植乔木65 381株，完成目标任务的326.91%，攀缘植物20.55万株，完成目标任务的256.99%，人均绿地面积达到193.45平方米；全面完成10个零申报工作中度假区涉及的7个零申报项目。

【大渔片区开发建设】 实施环湖东路、环湖截污、四退三还一护、湿地建设、二期拆迁安置房建设、土地收储1万亩6项重点工程。启动2009年园区突破暨交通设施建设“三年行动计划”，按照“541”的进度要求，启动大渔片区7条园区道路建设，建立“路长制”，规范BT方式的建设模式。环湖东路度假区段、环湖截污工程、大渔片区3号、4号、7号道路正在建设中。月马路、元宝路进入绿化阶段，四退三还工程征地工作正在全力推进，大渔欣城迁村并点第一期工程70万平方米安置房全面启动。

【社会事务管理】 随着实体化进程的深入推进，接管西山区12.5平方千米行政管辖区域，成立海埂街道管理处，大渔撤乡设立街道办事处，充实调整基层管理干部，社区管理服务进一步完善，逐步理顺各项社会管理事务。劳动就业、社会保障平台进一步完善，城镇登记失业率控制在1.3%，提供有效就业岗位761个，新增城镇就业458人，农村劳动力转移就业724人，城镇居民基本医疗保险参保15 200人，开展失地农民培训2批次共800余人；卫生院、文化站陆续开工建设；完成家电下乡295户，财政补助71.3万元；“三沿五区”内坟墓全部搬迁；全面完成“一湖两江”区域禁养工作；坚决遏制农村无序建房势头，拆除102户；度假区学校社会服务功能不断增强；安全生产、食品卫生、社会治安等工作形成长效制度；度假区品牌进一步提升，社会服务功能进一步增强。

【城中村改造】 成立城中村改造领导小组，制定下发《关于加快推进城中村重建改造工作的实施意见》、《关于城中村拆迁补偿的实施意见》等文件，加强和充实城中村改造办公室，确定一全面、二加强、三集中、四到位、五保障的工作思路，建立开发商参与城中村改造的比选流程和退出机制，启动三个片区的城中村改造，完成年初制定的“保二争三”工作任务。

【干部精神面貌】 首先是人心思变。干部群众支持发展，渴望加快发展，努力实现发展。其次是充满信心。对市委、市政府、党工委、管委会发展思路、决策部署高度认同，对度假区发展前景满怀信心。第三是能力增强。思发展、议发展、谋发展已成为各级党员干部的主流。一年相当于干了几年的工作，用10天的时间，完成120亩湿地公园的绿化建设。第四是奋勇争先。攀高比快、进位争先意识明显增强，勤奋工作，团结干事、遵章守纪，廉洁高效，拼搏奉献，成为度假区绝大多数干部职工的职业操守。

【行政效能】 结合“两年”活动的开展，推行“135限时办结制”；从2008年起，每年安排50万元专门用于减免进区企业的行政性收费，建立“无费区”；实行“四个首先做到”；建立严厉的责任追究制度，使人不敢懈怠，工作不敢耽误；积极探索科学合理的考核办法，完善绩效考核机制，做到奖惩分明，强化督办督查和行政监察工作力度，采取严厉问责手段，提升机关行政效能。

（赵国华）

·责任编辑　田维扬·

会展业

综　述

【会展概况】　2009年，市会展办紧紧围绕“倾力打造‘三最四低’优质发展软环境”的要求，认真履行岗位职责，完成《昆明会展业规范服务手册》的编制工作以及中国昆明国际旅游节昆明狂欢节的财务管理及后勤服务工作；全力支持、配合会展企业引进“全国发明展”、“全国汽配会”、“国际啤酒节”（2010年举办）3个全国品牌展会到昆举办；切实做好大型会展活动的管理、指导、协调和服务工作，配合市属相关部门完成年内全市性大型会展活动的筹备组织工作。

会展业具有“国民经济晴雨表”之称。2009年2月，经市政府审定并正式印发《昆明市人民政府关于加快昆明会展业发展的若干意见》。结合《意见》的颁布实施，在进一步采取措施拓展会展市场，加大会展业市场主体的培育力度，强化会展业发展保障措施的同时，编纂出台《昆明市会展业规范服务手册》，加快会展业软环境建设。同时，面对国际金融危机对会展业带来的影响，昆明进一步挖掘自身潜力，加大自有会展品牌的培育和全国品牌展会招徕力度，促进昆明会展业稳步发展。

据不完全统计，2009年，昆明市共举办各类大型会展活动109项，其中：展览42项、会议22项、赛事26项、演出8项、节庆11项。中国昆明进出口商品交易会、中国国际旅游交易会、昆明国际农业博览会、第三届中国（昆明）东盟赏石石材博览会暨珠宝文化节、昆明房交会等多项大型会展成功举办，累计交易总额约240亿元。同时，成功举办了国际人类学与民族学联合会第十六届大会、中国昆明国际文化旅游节昆明狂欢节、昆明市第九届少数民族传统体育运动会等活动，获得各界好评。

在全国会展业评选活动中，昆明市先后荣获“新中国成立60周年最受关注的十大节庆城市”、“新中国成立60周年最受关注的十大会展城市”、“2009年度节庆产业金手指奖·十大节庆城市”等荣誉称号；昆明国际文化旅游节昆明狂欢节荣获“2009年度节庆产业金手指奖·十大旅游类节庆”奖，中国石林国际火把节荣获“2009年度节庆产业金手指奖·十大民俗类节庆”奖，中国晋宁郑和国际文化节荣获“2009年度节庆产业金手指奖·十大潜力节庆”奖，昆明山茶花节荣获“2009年度节庆产业金手指奖·十大花卉节庆”奖。

会　议

【第十七届中国昆明进出口商品交易会和第二届南亚商品展】　第十七届中国昆明进出口商品交易会和第二届南亚商品展于2009年6月6～10日在昆明举行。全国人大常委会副委员长蒋树声出席开幕式并宣布开幕，老挝常务副总理宋沙瓦·凌沙瓦、省委书记白恩培、省长秦光荣、省政协主席王学仁、商务部部长助理鲁建华、副省长顾朝曦等出席开幕式。本届昆交会外经贸业务成交总额20.71亿美元，其中：进出口成交10.8亿美元；利用外资签约9.2亿美元；对外经济技术合作合同金额0.71亿美元。

本届昆交会共设机电馆、化工矿业馆、电子及信息产业馆、医药及医疗器械馆、农特馆、轻工纺织馆6个商品专业馆和南亚馆、境外来展馆、外经馆、投资促进馆、绿色产业贸易交流馆5个专题馆，另设跨国采购商展馆。展会共设展位2 334个，来自20多个国家的2 000多家企业10 000多名客商参展参会。本届昆交会在原有昆交会商品展、昆交会杯国际商务高尔夫球邀请赛、GMS经济走廊活动周、中国—南亚商务论坛、亚太华商论坛的格局上，新增加了南亚国家商品展、中国—南盟经贸高官会、南亚七国经贸投资推介会、印度之夜招待会、达卡商工会之夜招待会、贸易对口洽谈会、云南生物产业发展论坛、2009科技成果转化发展（云南）论坛和大湄公河次区域电子商务研讨会等活动。这些活动的举办，既丰富了会期活动内容，又体现展会结合、以会促展的办会宗旨，同时还突出了区域特色和绿色环保概念。

在昆交会举办期间进行的第二届南亚国家商品展，由国家商务部、云南省政府、阿富汗商工部、巴基斯坦商务部、马尔代夫商工部、孟加拉国商务部、尼泊尔工商供应部、斯里兰卡出口发展和国际贸易部、印度商工部联合主办，云南省商务厅、阿富汗出口促进局、巴基斯坦贸易发展署、马尔代夫全国工商会、孟加拉出口促进局、尼中经贸协会、斯里兰卡商务局和印度贸易促进组织共同承办。这届南亚国家商品展设展位300个，在设置上进一步体现南亚国家的资源优势和产业特点，展洽内容涵盖了纺织服装、矿业资源、医疗制药、传统工艺、珠宝首饰、轻工建材、仪器、软件信息、旅游服务等10大类别。第四届中国南亚商务论坛由中国国际贸易促进委员会、云南省人民政府、南亚联盟工商会主办，本届论坛的主题为“金融危机下的中国南亚经贸合作”。国内贸促机构、南亚联盟工商会、南亚国家驻华使节、国内外有关企业以及研究南亚问题的有关专家学者共300多人参会。GMS经济走廊活动周由中华人民共和国商务部、云南省人民政府和亚洲开民银行（ADB）主办，这届活动周以“促进贸易物流合作，构建GMS经济走廊”为主题，活动周期间举办GMS经济走廊贸易物流高层论坛、国际物流企业与GMS国家商会合作对接酒会、昆曼公路物流便利化国际研讨会、GMS跨境经济合作招商引资项目推介会、GMS贸易投资便利化信息平台建设研讨会等系列活动。来自GMS国家政府官员、GMS经济走廊沿线省市长、国际组织代表、国家有关部委代表、国内外知名物流企业、有关专家学者、云南省和广西壮族自治区的有关工商企业代表500多人参会。第七届东盟华商投资西南项目推介会暨亚太华商论坛由国务院侨务办公室、云南省人民政府主办，这届“东盟华商会”以“关注中国西部区谋合作发展”为主题，论坛期间举办东盟华商投资西南项目推介会、重点项目洽谈、项目签约仪式和亚太华商论坛等活动。来自20多个国家和地区的300多位海外侨领和重点华商参会。云南省生物产业发展大会由云南省人民政府主办。举办这届生物产业发展大会的目的是总结云南省生物产业发展经验，宣传云南生物资源开发潜力、开发优势和合作前景，推介重点招商引资项目，争取引进国内外资金、技术和人才参与生物产业开发，加快云南省生物产业发展步伐。大会期间举办了云南省生物产业发展工作会议、云南生物产业发展论坛、生物产业招商引资项目推介和对口洽谈、生物产业招商引资项目签约仪式等活动。来自国内外生物产业领域知名企业负责人、知名专家和云南省有关企业代表共600多人参会。

【国际人类学与民族学联合会第十六届大会】 国际人类学与民族学联合会第十六届大会于7月27～31日在昆明召开。中共中央政治局委员、国务院副总理回良玉出席开幕式并致辞。国际人类学与民族学联合会主席瓦格斯，中国人类学与民族学联合会会长、大会组委会主任、国家民委主任杨晶和大会组委会主任、云南省省长秦光荣等出席大会。

国际人类学与民族学联合大会是当今世界规模最大的学术盛会之一。本届大会由国际人类学与民族学联合会主办，中国人类学民族学研究会承办，云南大学、云南民族大学协办。来自近100个国家和地区的4 000多名专家学者参会。大会以“人类、发展与文化多样性”为主题。在5天的会期中，举办20多场大会主旨发言和名家讲话，还组织150余场学术专题会议和19场影视专题会议。这些专题会议议题涉及民族理论、文化多样性、生态环境、社会变迁，移民、语言、教育、家庭、妇女、儿童、建筑、企业责任、灵长类基因研究、古代DNA研究等多领域、多学科。同时，大会期间，还分别召开国际联合会执委会工作会、常务理事会议及全体会议，举行国际联合会选举，确定下届大会举办地等相关事宜。

【2009中国（昆明）东盟赏石石材博览会暨珠宝文化节】 2009中国（昆明）东盟赏石石材博览会暨珠宝文化节于2009年7月10～18日在昆明举行。本届博览会由云南省文化体制改革和文化产业发展领导小组办公室、云南省商务厅、云南省国土资源厅、云南省质量技术监督局、昆明市人民政府、德宏州人民政府、保山市人民政府、云南世博旅游控股集团有限公司、云南省工商业联合会（商会）、云南省石产业促进会共同主办。

全国政协副主席白立忱向大会发来贺电。省市相关领导及柬埔寨、越南、老挝、马来西亚、缅甸等国驻昆明总领事馆总领事及领事官员，缅甸工商联合会及缅甸珠宝协会负责人等出席开幕式。

本届博览会以“弘扬石文化·打造石产业”为主题，进一步放大品牌、增加内容，再次叫响“玉出云南”的口号，并在上届基础上增设珠宝玉石馆、建筑石材和加工设备馆，首次引进翡翠毛料销售。来自云南、贵州、四川、广西、广东、山东、北京、上海等20多个省市及缅甸、越南、阿富汗、斯里兰卡、老挝、巴基斯坦等多个国家近1 300余位商家参展；展览面积达到5万平方米，设展位1 900余个。期间先后举办开幕式、保山龙陵“黄龙玉地方分级标准颁布实施”新闻发布会、云南石产业发展论坛、珠宝玉石及观赏石鉴赏收藏知识讲座、奇石宠物城真情回馈活动、德宏玉石毛料精品拍卖会、“玉出云南、玉美德宏”珠宝走秀展演、中国名玉珍藏精品展、彩云之南的美玉传奇展等10大活动，进一步丰富了博展会内容，增添了文化色彩，吸引了专家、客商及市民积极参与，取得了较好效果，据组委会不完全统计，本届博览会成交额超过7 000万元。

【2009中国昆明国际花卉展暨第五届昆明国际农业博览会】 2009中国昆明国际花卉展暨第五届昆明国际农业博览会于2009年9月19～23日在昆明举行。本届博览会由云南省人民政府支持，省农业厅、省商务厅、省花卉产业办公室、中国国际贸易促进委员会云南省分会和昆明市人民政府共同主办。昆明市委书记仇和、农业部总经济师张玉香、中国农业大学校长柯炳生、省人大常委会副主任杨建甲、副省长孔垂柱、市长张祖林、越南驻昆总领事阮洪海、缅甸驻昆总领事佐朴温、泰国驻昆副总领事蒙塔·普拉龚披布、柬埔寨驻昆领事司纳伦等出席了开幕式。

本届博览会以“构建都市农业，促进产业发展”为主题。花卉展以鲜切花、花卉种苗（球）、绿化苗木、盆花、盆景、园艺肥料、基质、设施设备、花卉加工为主，有97家企业参展，其中英国、荷兰、泰国、韩国、日本等国外参展商11家，共设展位220个，集中展示国内外的新优花卉新品种。云南省地方特色花卉云南山茶、国兰、高山杜鹃等新、优、奇品种，“保鲜花”、食用花卉等高附加值花卉产品也亮相本届展会。农博会有来自美国、俄罗斯、德国、荷兰、日本、英国、越南、缅甸、韩国、马来西亚、香港、台湾等14个国家和地区，北京、上海、天津、重庆、广东、内蒙古、吉林、新疆、黑龙江、江西、广西、辽宁、浙江、江苏、福建等22个省市大中城市，国家级农业产业化龙头企业107家，省内15个州市，中国昆明国家级经济技术开发区、中国昆明国家级高新技术产业开发区以及昆明市市级部门和所辖县（市）区，驻昆涉农高校、科研院所等单位参展参会。博览会展区面积44 576平方米，搭建展位1 919个，参展企业达1 400余家，规模创历届农博会之最。博览会期间，促成专场签约项目71项，签约总金额95.96亿元；展馆现场签订商品贸易协议金额13.11亿元，专场签约和展馆现场签订商品贸易协议金额共计109.07亿元，较上届增加66.2%。展馆农产品现场销售金额达到2 686万元。

本届博览会在往届博览会的基础上，紧扣“构建都市农业，促进产业发展”的主题，由中国农业大学、云南省农业厅、云南农业大学、云南省农业科学院和昆明市人民政府共同举办“昆明·都市型现代农业发展”高层论坛，农业部总经济师张玉香、中国农业大学校长柯炳生、湖南农业大学官春云、云南农大校长朱有勇、四川光友薯业有限公司董事长邹光友等农业部领导、全国农业专家、知名学者和涉农优秀企业家参加论坛，针对昆明传统农业现状，围绕构建昆明都市型现代农业主题，开展多角度、多渠道、多层次的分析研究，为促进传统农业向现代都市农业转型出谋划策、献计献策，参与交流人数达到2 000多人次，使展会规模和影响力得到较大提升。会期同期举办优质农产品评选活动，得到广大参展企业的支持，企业积极报名、踊跃参加，共计70家企业78项农产品参评。经过专家组评定，有30项产品获金奖，32项产品获银奖，16项产品获优质农产品奖。

【2009中国国际旅游交易会】 由中国国家旅游局、云南省人民政府和中国民用航空局共同主办的2009中国国际旅游交易会于2009年11月19～22日在昆明举行。省委书记白恩培出席开幕式，国家旅游局局长邵琪伟致辞。省相关领导、国家旅游局副局长王志发、杜江、祝善忠、中国旅游协会副会长吴文学，贵州、甘肃省、内蒙古自治区、宁夏自治区领导，以及萨摩亚副总理兼旅游部部长米萨·雷茨拉夫和来自世界90多个国家和地区以及国际旅游组织的政府官员、参展企业代表和买家代表，中国31个省、市、自治区和部分大型旅游企业的有关负责人及参展团代表，港澳台地区有关方面负责人等也出席了开幕式。

这届旅交会共吸引94个国家和地区参展，超过2007年旅交会的参展国数。世界旅游组织、亚太旅游协会、南太旅游组织和加勒比旅游组织等7个国际组织的负责人与会，1 192家海外参展单位参加。展览面积达到5万平方米，设展位2 148个，展团180个，参展单位达3 984家，这届旅交会期间共接待参会人员6.7万人次，签订合同6 456份，达成意向性协议1.04万个，意向组团人数149万人次。这届旅交会举办中国世博旅游之夜、台湾旅游之夜、中韩旅游部长会晤、中日友好植树活动、中国－东盟旅游论坛等活动。相关国际组织、旅游部门、旅游企业举办了20多场产品说明会，海内外的参展单位在展馆内举办50余场文艺表演，吸引400余家新闻媒体，近800名记者到会采访。

中国国际旅游交易会已成功举办11届，影响力日益扩大，已发展成为亚洲规模最大、专业性和国际化程度较高的综合性旅游展会，成为中国及很多国家和地区展示旅游资源、宣传旅游形象、招徕旅游客源的重要窗口，成为增进中外旅游交流与合作的重要平台。

活　　动

【2009中国昆明国际文化旅游节昆明狂欢节】 2009中国昆明国际文化旅游节昆明狂欢节于2009年5月1～3日在昆明举行。全国政协副主席白立忱，云南省省长秦光荣，全国人大常委会委员、教科文卫委员会副主任委员徐荣凯，国家旅游局局长邵琪伟，省政协主席王学仁，老挝总理府部长兼国家旅游局局长宋蓬·孟空维莱，越南国家文化体育旅游部部长黄俊英，昆明市委书记仇和、省委宣传部部长张田欣等领导出席开幕式。

这届“狂欢节”紧紧围绕“相约狂欢昆明、体验七彩云南”，围绕昆明旅游二次创业的战略部署，以“和谐、欢乐、平安”为主题，包括“狂欢节”开幕式、花车佳丽浪漫巡游、花车梦幻巡游、广场狂欢、泼水狂欢、民族特色长街宴、2009全球小姐国际城市大使大赛、国际啤酒狂欢街、广场花展、各县（市）区民间艺术展演、2009中国东川泥石流汽车越野赛、景区系列活动和招商引资洽谈会等13项主要活动。“狂欢节”开幕式于5月1日上午在世博园举行，各个州市和企业的21辆花车参加了花车巡游，花车在浓缩展示云南独特的自然风光和民族文化的同时，来自41个国家和地区参加2009全球小姐国际城市大使大赛的42位佳丽随车表演，充分融合了国际元素和云南元素，为海内外嘉宾和昆明市民献上了一台丰盛的文化大餐。

5月1～3日的广场展演活动中，汇聚了7个州市和2个国家的表演队，据不完全统计，共演出45场，约590个节目。演员们通过知识问答和邀请体验、向观众赠送具有地方民族特色的小礼品、与观众共欢共舞等方式，增强与观众的互动，各广场沉浸在一片欢乐、和谐、民族大联欢的氛围中。昆明剧院举行“印度传统巴恩格拉歌舞专场表演”，较好地体现了国际性、群众性、参与性、民族性，使昆明人民在感受异国文化、风情的同时，促进中印之间的文化交流。近3.5万人次的游客及市民参与西寺塔广场泼水狂欢活动或观看傣族歌舞表演；长街宴活动再次以哈尼族传统新年“昂玛突”节的节庆仪式再现千人同宴的热闹欢腾场面，吸引了80个商家进驻步行街经营和近10万游客及市民饮食观光，商品展销额累计达80万元。同时，这届狂欢节新增加了2009全球小姐国际城市大使大赛、国际啤酒狂欢街、广场花展和招商引资洽谈会等活动，极大的丰富狂欢节的活动内容。通过狂欢节招商引资洽谈会的召开，昆明市与省内外企业共签订各类国内经济合作项目20项，涉及工业、农业、商贸、旅游服务业、城中村改造等多个产业和领域，协议引进人民币56.14亿元，美元465万元、港币2 000万元。

这届狂欢节，云南省政府将活动全部交由昆明市政府主要承办，省旅游局和世博集团有限公司配合承办，各州市政府作为协办单位自愿参加狂欢节，但狂欢节仍得到了各州市的大力支持，全省16个州市除德宏州外全部自愿报名参加了狂欢节。狂欢节各项活动的举办，让昆明市民和游客充分领略到云南悠久的历史、厚重的民族文化、浓郁的民族风情和独特的旅游资源，真正做到“狂欢昆明处处有乐子”。

【2009长江夏季论坛】 2009长江夏季论坛于2009年8月月20日在昆明举行。本届论坛由长江商学院、云南省政府主办，昆明市政府承办。论坛以“危机下的新思维、新视野和新对策”为主题。省委书记白恩培、长江商学院院长项兵、长江商学院教授黄明、省级领导及相关人士出席了论坛。省委书记白恩培在论坛上致词，长江商学院院长项兵、金融学教授黄明分别做题为“全球金融风暴与中国：机遇与挑战”、“危机中的中国经济与金融”主题演讲。论坛结束后，举行“长江商学院——云南省政府教育培训计划捐赠仪式”，由长江商学院出资500万元作为专项基金，为云南省政府高层官员和国有企业总经理提供培训。

“长江夏季论坛”是长江商学院继每年年初在海南三亚举行“长江年度论坛”后，首次在云南举办大型论坛，今后每年夏季将如期在云南举办。

（张　蓬）

·责任编辑　方玉红·

信息·通信

信息产业

【概　况】　至2009年底，昆明市通过认定的软件企业有150户，其中国家规划布局内重点软件企业1家，通过登记的软件产品达350多个，计算机系统集成单位约60余家，通过昆明市推荐信息化企业300余户。昆明市电子信息产业在门类相对齐全的产业格局下进一步发展壮大，部分企业已成为昆明市乃至全省科技含量高、拥有自主知识产权的电子信息产业企业。近几年，昆明市相继出台的一系列政策措施，给予电子信息企业从财税政策优惠、企业资质认证及技术升标奖励、专利资助、科技配套奖励到产品研发资金支持、市场培育拓展、产业集约化发展等多方面的支持，进一步加快了市电子信息产业发展步伐。

经过几年的努力，在原有的昆船集团国家级企业技术中心、昆明贵金属研究所国家贵金属工程研究中心、南天电子信息产业股份公司和昆明北方光电仪器有限公司省级企业技术中心的基础上，云南无线电有限公司、云南天达光伏科技股份有限公司、昆明阳光基业股份有限公司相继被认定为省级企业技术中心。南天电子信息产业股份有限公司、贵研铂业股份有限公司列入云南省第一批创新型试点企业并获得资金扶持，南天同时跻身第二批国家创新型试点企业。

【南天公司新生产基地建设】　云南南天股份有限公司在昆明市信息产业基地投资1.5亿建设新的生产基地，以解决生产能力不足的问题，项目完成后，生产能力将大幅提高，达到年产10 000台银行自助终端的能力；企业持续加大对金融行业软件、硬件产品的研发投入，加强市场渠道推进，完善服务体系建设，对行业进行整体策划、统一运作，进一步巩固公司在金融信息化行业的地位。“昆明光电子产业园”一期项目已投产，已形成年产1 000套二代探测器、3 000套红外光学镜头、700套红外热成像整机生产能力，昆明北方红外技术股份有限公司成为生产规模亚洲第一世界排名第五的企业。

【天达光伏公司第二条生产线建设】云南天达光伏科技股份有限公司启动了第二条25MW生产线建设，同时做好第三条生产线的基础准备工作，总产能将达到90MW。在技术研发方面，启动具有前瞻性的换代晶体硅太阳电池的新品（薄膜电池）研究，完成国家科技部光伏与建筑结合并网示范项目，持续优化生产工艺技术，在提高光电转换效率、薄片制造技术等方面取得突破。云南天达光伏科技股份有限公司以欧洲的光伏电池组件市场为公司主力目标市场，国际市场销售量占公司年销售总量的70%。

【北方光电科技公司新项目建设】　昆明北方光电科技有限公司在光电子产业基地投资3亿元建设光学生产厂房和高分辨率摄录变焦镜头生产线，项目建成后年产50万件可见、红外球面、非球面、异形件等精密光学元件，年产值6亿元。可生产各类镜头2万支，年产值3亿元。

【贵研铂业公司项目建设取得新成就】贵研铂业股份公司以“铂基微电子浆料”国家产业化项目建设为重点的一期工程，按照设计的要求已在昆明高新技术开发区全面完成了建设内容。以“贵金属前驱体新材料新技术改造”项目、贵金属研究孵化中试平台和人才公寓为重点的二期工程项目进展紧张有序，项目建设进入主体施工。

【昆船物流信息产业公司发展势头良好】　全国软件百强企业昆明昆船物流信息产业公司紧紧围绕烟草工业、烟草商业、机场物流、军方物流和金融五大行业，已成功实施了200多项大型综合自动化物流系统和信息系统工程，合同累计金额超过40亿元，为国内最大的自动化物流系统开发生产企业，2009年昆船物流系统项目继续保持良好增长势头。

【金峰软件公司连续几年创汇保持高水平】　金峰软件（云南）有限公司是一家承接成套软件开发和客户支持服务的外包业务订单的公司，其核心产品——JReport商业智能报表工具平台在国际市场拥有一定的知名度与竞争力。金峰公司累计软件外包出口收入达到250万美元以上，年度出口收入超过200万美元，企业技术产品出口年增长达到230%，连续几年占据云南软件出口创汇总量的98%以上。

【市政府电子信息产业发展实施意见及相关文件起草】　按照市委全会的工作安排和市委、政府领导要求，2008年3月市信息产业办、启动《昆明市人民政府关于加快电子信息产业发展的实施意见》编制工作，2008年5月初稿出来后几经征求了企业、专家及市属相关部门的多轮意见并反复修改后，于2008年8月12日报经市政府第93次常务会议批准，于2008年10月27日报经市委第65次常委会批准并由市政府下发执行。

为进一步贯彻落实《昆明市人民政府关于加快电子信息产业发展的实施意见》，2009年3月，市信息产业办根据《实施意见》内容，结合昆明市电子信息产业发展实际和进一步明确操作流程，又编制了《〈昆明市人民政府关于加快电子信息产业发展的实施意见〉的配套实施细则》（暂行）（征求意见稿）。《实施细则》是《实施意见》的配套文件，是对《实施意见》的解释和完善。《实施细则》初稿形成后，迅速分别印发昆明市经济委员会、财政局、商务局、工商局、地方税务局、法制办、昆明海关、昆明经济技术开发区管委会、昆明高新技术开发区管委会、昆明滇池旅游度假区管委会、昆明空港经济区管委会等多家部门征求意见。结合各部门反馈意见，信息产业办又进一步对《实施细则》进行修改完善。《实施意见》及《实施细则》的出台对于推动昆明市电子信息产业尤其是软件及服务外包产业的快速发展具有极为重要的政策支撑保障作用。

【对外合作与交流】 第七届“中国国际软件和信息服务交易会”于2009年6月18~21日在大连市举行，昆明市由副市长何波带队组成昆明展团首次参会。共有11家企业，20位企业代表参加，其中，云南南天电子信息产业股份有限公司、金峰软件（云南）有限公司、云南省Linux公共服务技术支持中心和昆明宇同阳光信息技术有限公司等4户企业首次代表昆明市参加“软交会”展出，租赁了展台，散发了宣传资料，宣传了昆明，取得了良好的示范效果。“软交会”期间，云南Linux公共服务技术支持中心等4户昆明信息产业企业与外地合作伙伴完成相关项目签约，签约协议涉及金额2.973亿元。

【认真履行“双软”认定和管理权】 依据《云南省人民政府关于进一步支持现代新昆明建设的若干政策意见》及昆明市政府关于贯彻落实该文件的《实施意见》和《昆明市人民政府关于加快电子信息产业发展的实施意见》文件精神，由市信息产业办行使“软件企业”的认定权及管理权、“软件产品”的认定权及管理权、计算机信息系统集成企业资质（三级、四级）认定的初审权及管理权、信息系统工程监理单位的资质（丙级、地方临时）认证的审批权及管理权。按根据市政府办公厅、市政府目督办有关事项及立项通知要求，市信息办重新再造精简原审批流程，将原省里审批办理时限1个月压缩为自受理之日起的10个工作日。此后，又根据市政府关于进一步改善软环境，缩短行政审批时限的要求，进一步压缩审批时间为7个工作日。在此基础上对行政审批内容、设定依据等14个方面进行了规范细化，并报市法制办、市目督办、市审改办等相关部门。

对照原“双软”认定工作流程，市信息产业办积极联系、协调国税局、地税局、财政局、科技局和昆明海关等5部门，于6月1日联合下发《关于开展软件企业与软件产品认定工作的通知》，成立昆明市“双软认定委员会”。2009年6月10日和12月1日，两次召集昆明市“双软认定委员会”对59户新申报软件企业，49个新申报软件产品以及91家申请年检企业进行了认定和年度检查工作，处理了3户软件企业变更和5个软件产品延续申请。

（徐进忠）

邮　政

【概　况】 2009年，昆明局深入学习实践科学发展观，通过提升效益提高经营水平，通过机制创新促进企业管理，通过夯实基础加强能力建设，通过流程优化提升服务水平，通过以人为本构建企业和谐，全局经营发展水平稳步提升，各项改革扎实推进，企业精细化管理水平不断提高，顺利完成各项目标任务。全年实现邮政业务收入35 776.86万元，比上年同期增长17.62%，收入结构持续优化，呈现出经济效益与社会效益同步提升的良性发展局面。

【邮务类业务】 邮务类业务全年累计实现业务收入17 238.49万元，同比增长17.72%，绝对值2 595.12万元。其中，全年完成函件业务收入6 185.19万元，实现了较上年同期15.99%的同比增幅；实现集邮业务收入4 052.61万元；完成代理业务收入1 536.53万元，较上年同期增长76.49%；完成报刊业务收入4 121.07万元，比上年同期增长17.51%。

【代理金融业务】 代理金融业务以“上规模出效益”为目标，坚定不移地发展储蓄余额，不断做大存款规模，加快信贷业务的发展速度，全年新增存款余额160 011万元，实现收入11 676.45万元，比上年同期增长16.7%。

【代理速递物流业务】 累计实现代理速递业务收入6 053.09万元，同比增长20.98%。其中，国际业务实现了较快增长，国际特快专递收入同比增长167.13%，中秋专项营销取得较好成绩。

【提高邮运支撑能力】 对安宁、呈贡和晋宁的二干邮路进行调整，继续推行市运外包，优化整合了市运网资源和邮件处理流程；不断规范都市类报刊的交接流程，在降低生产成本的同时满足了生产需要，提高了网路运行效率和效益，使网运支撑能力进一步增强。

【客户质量评价工作】 组织推进年度质量客户评价，用户满意度评分达到89.66分，顺利完成年初制定的“客户服务满意度”达到85分以上的目标。在昆明市2009年民主评议机关和行业作风活动中，综合评分89.49分，在全市公共服务行业中排名第三。

【安全生产管理】 重视综合治理工

《中国与世博会》邮票发行仪式　（市邮政局　供稿）

作，切实开展好国庆60周年安全工作，协助公安机关查获冰毒5千克，抓获犯罪嫌疑人3人；加强安全生产管理，强化邮运、邮件、资金及消防等安全管理工作，未发生重大安全责任事故。

【投递网建设】 在主城区新购3个投递网点；推进县局投递网建设改造工作，实施了8个县局投递网点2 000余平方米的装修改造，完成县局主城区投递组网，整合原有自行车段道，减少21条自行车段，同时增设机动车段9条；调整主城区大客户投递支局作业流程，重新界定速递专网与普邮投递网的范围，投递能力得到进一步提升。

【信息化建设】 投递信息系统、机构理财系统、爱心包裹、OA系统、投递信息系统与商函系统的互通、保险系统大集中、68个网点的广域网扩容改造等一系列信息系统工程相继推广上线；开通了117个台席的电子化支局培训系统，19个使用中心局系统台席的中心局培训系统；为各类营销工作，特别是第三方业务、明信片门票系统和商函业务等做好项目技术保障工作，企业的信息化建设水平不断提高。

【企业精神文明建设】 重新申报并成功创建了新一届的“云南省文明单位”；“创先争优”活动取得新成果，多人多次获得各项殊荣，西区投递分公司投递员李世强获集团公司先进个人称号，徐惠仙被全国总工会授予“全国女职工建功立业标兵”，关上邮政支局被全国妇联授予“全国巾帼文明岗”称号；将学习、宣传、贯彻“三个代表”重要精神、十七大、十七届四中全会精神作为重要任务，强化对党员树立和落实科学发展观的教育；制定下发了《昆明市邮政局党员干部谈心交心制度》，增强员工的归属感、认同感，推进企业和谐、健康发展。

【云南日报快速覆盖工程】 2009年5月1日，《云南日报》快速覆盖工程正式启动，标志着从源头上为昆明城区党报早报早投提供了强有力的支撑和保障，确保在昆明市区驻地的省、市机关及重点单位部门的《云南日报》等党报实现早报早投，进一步扩大了党报早投范围。

【做客“春城热线”】 2009年12月1日，应邀参加了昆明人民广播电台承办的《春城热线》直播节目。现场与听众零距离沟通，接听群众咨询、建议和投诉，现场解答听众提出的问题，接收群众热线问题12件。做到“事事有回音，件件有落实”，用户满意率为100%。

收寄军营包裹 （市邮政局 供稿）

【联手“昆广网络”有限电视公司】 2009年2月13日，昆广网络有限电视公司与昆明邮政举行“数字电视续费充值卡”合作项目的签字仪式。昆明邮政以遍布市区的149个营业网点和332个社区服务网点为昆广网络提供“数字电视续费充值卡”的市区销售服务。用户可在昆明邮政的任何城区网点购买充值卡，拨打昆广网络客户服务热线96599，根据卡上的提示操作就可轻松完成交费。

【干线邮路提速】 从2009年3月2日起，昆明局对昆明—晋宁、昆明—易门的二干邮路运行时间、路线进行调整，实现呈贡、安宁、晋宁局报刊“早报早投”，同时增加了出口邮件的封发频次，增强了营销竞争能力。

【邮政与电信全面合作新增业务】 2009年3月27日，中国电信股份有限公司昆明分公司与昆明市邮政局合作。昆明市邮政局于4月初全方位新增代办多项电信业务，以昆明全市范围内160多个电子化邮政营业网点为昆明广大市民提供电信缴费、办理电信固定电话、移动业务、增值业务及“我的e家”等电信业务服务，在邮政计算机综合网络的支撑下，用户在邮政营业网点办理电信业务将享受到和电信营业厅同样方便、快捷、优质的服务。

【发行“世博”纪念邮票】 2009年5月1日，《中国与世博会》邮票和中国’99昆明世界园艺博览会十周年个性化邮票发行仪式在昆明世博园中国馆门前如期举行，云南省副省长刘平、云南省旅游局局长喻顶成、云南世博旅游控股集团党委书记张李昆、云南世博旅游控股集团董事长王冲、昆明市副市长廖晓珊、云南世博旅游控股集团副总经理兼昆明世博园股份有限公司董事长永树理、云南省邮政公司副总经理杜卫红、昆明市邮政局局长邱卫东、云南省邮资票品局局长王志宏等出席了发行仪式。此次发行仪式借助邮票“国家名片”，将昆明世博园这个美丽花园再次形象地展示给全中国、全世界，这既是世博人的骄傲，更是云南人民的骄傲。同时，也进一步提升了集邮文化形象，实现社会效益和经济效益的同步增长。

【市政府出台加快推进邮政业发展《意见》】 2009年5月20日，昆明市人民政府下发了经市政府第126次常务会议审议通过的《昆明市人民政府关于加快邮政业发展的若干意见》（以下简称《意见》），《意见》从11个方面提出了加快邮政业发展的具体措施。明确了邮政业是国家重要的社会公用事业，长期以来在促进国民经济和社会发展，保障公民基本通信权利，建设社会主义新农村及推进企业发展等方面，发挥着重要作用。加快邮政业的发展是适应社会经济全面发展的需要，要求政府各部门充分认识邮政业发展的重要意义，以科学发展观为统领，把支持邮政业加快发展摆到更加突出的位置，切实加大支持力度，推进昆明邮政向“三流合一”的现代邮政业方向发展。同时，要求邮政企业要进一步解放思想、拓宽思路、转变方式，围绕信息流、资金流、实物流“三流合一”的现代邮政业发展目标，充分发挥“三流合一”的优势，不断提升邮政业的服务能力和服务水平，满足社会经济发展需要，为昆明市实现追赶超前、超常突破、跨越发展发挥有力推动作用。

【组建“通邮办公室”】 2009年6月，组建“通邮办公室”，负责向政府相关部门沟通汇报邮政普遍服务及通邮工作情况，贯彻落实相关法律法规的执行，争取相关政策和资金扶持；增强邮政与政府及有关单位部门的沟通协调，创造良好的用邮环境，加快推进《关于加快邮政业发展的若干意见》的实施。

（市邮政局）

电　信

【概　况】 2009年是中国电信全业务运营的初始年，昆明分公司坚定不移地贯彻落实“聚焦客户的信息化创新战略”，把握全业务运营历史机遇，坚定信心，强化执行，统筹兼顾，科学发展，依托固网既有优势，实施融合差异化发展策略，有效益地推进业务规模化拓展，进一步完善适应全业务运营的网络支撑、组织保障体系，深入推进企业转型，各项工作取得可喜成绩。

2009年初，针对电信重组后面临的新形势，分公司认真分析全业务运营带来的机遇和挑战，围绕全年任务目标，确定了“全业务规模化发展”、“信息化项目规模化拓展”、“风险管控”、“压缩客户投诉、提升客户满意度”、“提高装移维服务质量”、“网络安全整治”、“网络优化”、“移动网络建设”、“光进铜退建设”等9项年度重点工作，并结合学习实践科学发展观活动，认真查找制约企业科学发展因素，梳理出员工思想与党建工作、服务质量与全业务运营架构调整、企业经营、网络建设、运维方面等5个方面的10个突出问题，通过持续落实整改，保证各项重点工作的顺利推进。经过全体员工的艰苦努力，2009年经营收入保持稳定增长，固网主营收入保持稳定，同比略有增长，移动收入快速增长，圆满完成省公司下达的各项任务目标，综合绩效考核得分连续两年在全省十六个州市分公司中排名第一。

【经营工作取得新成效】 经过全体员工的艰苦努力，2009年昆明分公司经营收入保持稳定增长，固网主营收入保持稳定，同比略有增长，移动收入快速增长，基本完成省公司下达的预算目标。

【网络建设实现新跨越】 2009年昆明分公司准确把握网络发展趋势，满足重点客户、重点业务、重点产品发展的支撑需要，妥善处理好技术转型、网络转型和当前业务发展的关系，实现了基础网络、转型网络的有效益发展。面向客户需求，狠抓基础管理、开展网络优化工作，网络支撑保障和服务能力不断提升。

围绕“实现资本性支出均衡性，确保重点项目投资，实现有效益投资”这一目标。加强精确化管理，持续优化投资结构，进一步提高投资回报率，网络建设工作有效支撑了全业务运营。

【运行维护能力再上新台阶】 2009年昆明分公司重点提升移动网络质量、增强宽带网支撑能力、狠抓基础管理、开展网络隐患整治优化，网络支撑保障和服务能力不断提升。

围绕全业务运营重点，开展网络优化，提升网络质量。

一是开展移动网络的优化工作。开展春风行动，顺利通过集团验收；开展C网机房标准化和安全隐患整治。开展掉话率、高层倒频污染、无线参数检查、边界漫游和重点区域的专项网优。顺利完成集团DT/CQT测评。二是开展宽带网络的优化改造工作。三是开展其他重点网络的优化改造工作。

建立面向客户的运维体系，提升客户感知，促进业务发展。

政企支撑方面。成立政企客户服务支撑中心，建立后端资源统筹调动机制，实现维护体系对政企客户的全面服务支撑。

以强烈的责任感，做好各类重点保障工作。顺利完成各类通信保障68次，保障人员约300余人次。特别是政务96128开通仪式、世界人文大会、国庆六十周年等活动的电信保障任务的圆满完成，得到了省政府及省公司各级领导的高度评价。

【渠道建设取得新突破】 2009年昆明分公司加大全业务运营下实体渠道能力提升的力度，积极拓展社会，提升电子渠道，通过渠道提升促进了业务发展和服务能力提升。共发展“e家”服务站100个、邮政网点130余个、合作营业厅40个、新建校园专营店10余个、代理服务点800余个，在农村乡镇建立80余个店，农村渠道覆盖率提前达到省公司下达指标。

【服务水平和服务能力实现新提升】 2009年昆明分公司同时按照全年重点工作部署，针对客户服务质量工作不稳定，客户服务工作与客户期望值存在差距等问题，强化服务质量管理，服务水平和能力不断提升。

用户满意率不断提高。强化前后端联动，对服务质量实施周管控；完善和强化各级服务监督机制，启动投诉和障碍处理绿色通道流程，加强渠道管理和业务培训；修订和完善服务质量考核管理办法，加快网络建设，持续开展网络优化工作。“我的e家”客户满意率达到了92.4%，高于全省近2个百分点；商务领航客户满意率90.2%，高于全省2个百分点。天翼品牌客户满意率61.1%，略低于全省0.3个百分点，但比年初提升了近6个百分点。

用户投诉率得到有效压缩。对装移机生产能力不足，装移机超时的焦点问题进行分析，研究解决办法，明确责任部门限时整改；强化对SP的管控，完善业务协议相关条款、清理优化套餐计费规则、完善对外宣传资料的内容、加强业务主动监控和预处理，降低争议。

理顺C网障碍处理流程，投诉处理及时率达标。对投诉处理人员强化了CDMA技术、综合服务支撑系统以及相关业务知识培训，加强与省公司相关部门的协同联动。截止10月份，C网投诉总流程处理及时率比年初提升了24.27%。

落实全业务客户服务标准、营业厅管理规范。完成对现业客户群、郊县分公司客户服务标准、营业厅管理规范的检查工作，帮助各部门查找及分析存在问题并现场指导整改，对全网存在的共性问题开展整改。

【深化财务管理】 2009年昆明分公司推进全业务下的财务工作，进一步加强了财务工作与业务的融合，丰富了财务分析的内容。一是做好全业务下的财务支撑工作，规范业务收入列账。开展会计信息标准化推进工作，为财务集中管理打下良好基础。二是规范关联交易业务管理，细化预算、建立备查簿，将关联交易的实际管理落实到每一个部门。三是持续优化全面预算管理，推进滚动预算，提高资源的配置能力，加强预算执行的均衡性。在服务支撑方面，不断加强财务与业务的融合，设置面向市场及业务的财务支撑团队，有力支撑全业务发展、规范业务收入列收。四是继续夯实会计基础工作，保证会计信息的真实，确保预算的执行。顺利实现网络资产公司的财务集中管理，为下一步有序稳固推进上市公司 SSC 集中管理打下了基础。

2009 年昆明分公司加大了内部控制日常检查力度，对关键风险控制点和薄弱环节进行整改跟踪，有效规避经营和管理风险。同时在公司范围内开展了闲置资产管理专项审计调查、电信卡业务流程专项自评、移动业务投资管理专项审计调查、移动业务管理专项审计调查，并配合省公司完成对分公司移动网络建设无线网工程竣工结（决）算的审计；加大了工程审计的力度及覆盖面。完成 2008 年财务报告相关的内部控制独立自评工作；配合毕马威会计师事务所于 2009 年 1 月对内控管理工作进行的专项审计评估。2009 年 6 月对公司 2009 年上半年内控层面内部控制、信息技术一般性控制和流程层面内部控制的审计评估。

【机制体制创新迈出新步伐】 2009 年昆明分公司面向全业务运营及客户战略分群管理需要，初步建立起相适应的内部组织机制及流程，员工队伍能力得到提升。以承接省公司人力资源及战略执行试点项目为契机，结合实际，绩效管理及资源配置机制得到优化。一是内部机制调整优化。完善全业务组织体系与流程、客户服务支撑体系；进一步优化区分公司组织架构，实行营、维适度分离；出台解除劳动合同办法以及员工待、转岗管理办法，进一步规范员工管理制度；继续实施业务外包，强化了外包管理；二是建设全业务运营队伍。建立全业务运营下的岗位体系，做好企业重组后的人员安置；组建后备管理、技术队伍；做好成熟型人才招聘以及全业务运营培训工作。三是落实省公司试点项目举措。作为聚焦重点资源配置试点。加大薪酬绩效关联；薪酬向新兴、重点岗位倾斜；建立资源动态配置机制，支持转型、融合业务拓展。作为一体化组织绩效管理试点，强化战略指标的落地承接；强化部门协同配合；实践一体化绩效管理方法论。

【营造企业和谐发展新氛围】 2009 年昆明分公司加大安全生产管理力度，持续开展防治电缆被盗工作，全年被盗案件数同比减少1 004起，损失金额减少 325.5 万元。加强安全生产隐患排查，全年未发生一起重大安全事故。有序推进共建共享，行业生态环境进一步改善。保持良好的媒体关系，营造良好的舆论环境。扎实开展扶贫工作，取得了良好的社会效益。通过全体干部员工的努力，公司荣获了“云南省五一劳动”奖状。

2009 年昆明分公司积极承接省公司安排部署，共发放1 435名员工的住房补贴款，总金额达2 967万元。根据考核结果，完成员工普调一级岗位工资。坚持企务公开、民主管理，不断加强和完善维权机制。积极组织开展了“天翼之星”、“短信业务”等业务发展劳动竞赛，后端及管理支撑部门的员工共发展 CDMA 用户4 843户；坚持企务公开，民主管理，不断加强和完善维权机制的建设；组织开展公司领导与员工网上沟通交流会及各种文体活动、趣味竞赛活动，缓解员工压力。通过努力，2009 年昆明分公司荣获了“云南省五一劳动奖状”。

（顾　隽）

·责任编辑　字应军·

非公经济·乡镇企业

非公有制经济

【概　况】　2009年，全市非公经济完成增加值810亿元，同比增长14.7%，占全市GDP比重达到44.5%；完成税收总额120亿元，增长17.4%。非公企业及个体工商户总户数达31.16户万户，新增4.37万户。其中：私营企业6.99万户，新增1.37万户，个体工商户24.17万户，新增3万户。从业人员达到131万人，新增6.1万人。

【非公经济特点】　2009年，全市非公经济持续发展，呈现以下特点：一是非公、中小企业积极进入金融服务业，资本市场逐渐向多元化、多层次方向发展。至年末，全市已44家企业法人获得小额贷款试点资格，已经开业的有12家，初步测算年内可以增加20亿元小额贷款投入。同时，积极引进和发展基金投资、创业投资、风险投资、产业投资、资金信托、金融公司、财务公司、租赁公司等机构，目前正在与多家公司洽谈成立投资基金事宜。二是中小企业不断向“高、专、精、特、新”行业发展。年内，采取市科技计划项目立项、科技型中小企业创新基金扶持、免费培训辅导等多种方式，积极引导中小企业创办和发展电子信息、生物技术、新型材料、新能源等高新技术企业。至年末，全市按照国家2008年新出台的高新技术企业认定办法认定的高新技术企业已达93家，占全省高新技术企业数的72%。对经认定的中小型高新技术企业，在技术改造、技术引进、科研立项、知识产权保护等方面，优先给予支持。对云南南天电子信息、亚太工程、天秀植物3家公司的技术创新等项目市级财政给予170万元科技经费支持。三是大力引入非公、中小企业参与国有经济结构调整。按照市委、市政府关于深化国企改革“彻底放开、依靠民力，全面放开、借助外力，深化改革、增强活力，加快发展、壮大实力”的要求，市国资委等市属相关部门把深化国企改革与应对金融危机、招商引资、培育壮大优势产业、推进区域经济结构调整、提升城市综合竞争力结合起来，将竞争性领域向包括中小企业在内的社会资本、域外资本全面放开。经过此轮深化国企改革，处于竞争性领域的28户市属企业国有资产全部改制退出，将发展空间让渡给中小民营企业，吸引包括中小企业在内的域外资本在昆投资，参与国企改制，有效盘活存量资产，改造和提升我市传统产业。

【工作思路】　2009年，全市非公经济发展的主要思路：一是进一步解放思想、打破限制壁垒，牢固树立“希望在民间、活力在民营、发展靠民力、稳定靠民富”的思想，坚持“民投民有、民办民营、民富民强、民乐民享”的路线不动摇。二是坚持放心、放胆、放手、放开、放活地鼓励、支持和引导非公经济加快发展不动摇；坚持凡国家法律法规未明令禁止的行业和领域，各类资本都可平等进入不动摇；坚持消除一切阻碍非公经济发展的思想障碍和观念桎梏不动摇。三是加大宣传力度，弘扬创业精神，通过电视、报纸、广播、网络等媒体开辟创业专栏，传播创业文化，提供创业信息，形成全民创业的氛围。四是确保在昆投资创业者，法律上有保障、社会上有地位、政治上有荣誉、发展上有便利、经济上有实惠，在全社会营造“尊重企业、尊重企业家、尊重企业人才、尊重企业创造、尊重企业贡献”和“提倡兴业创业、提倡创新创造、提倡拼搏精神、提倡进取意识、提倡开放胸怀”的良好氛围，真正让一切发展的活力竞相迸发，让一切创富的源泉充分涌流。

【政策落实】　2009年，中央和省、市出台一系列扶持非公经济发展的政策。为确保落实到位，让投资者和企业真正受惠，在加大政策宣传力度的同时，将市委、市政府出台的《关于加快非公经济发展的实施意见、关于加快中小企业发展的实施意见》的内容进行了目标任务分解，并由市委、市政府目督办，对各县（市）区和相关部门落实非公经济政策情况进行了督查。进一步推进了各项政策措施的落实。

【制度创新】　2009年，全市为引导中小企业增强自主创新能力，优化产业结构、提升产业层次、转变发展方式，进一步促进全市中小企业全面发展，根据《中共昆明市委、昆明市人民政府关于加快非公有制经济发展的实施意见》文件精神，参考江苏、浙江、吉林等省市的先进经验，由市经委牵头，会同市发改委拟定了《中共昆明市委、昆明市人民政府关于促进中小企业健康快速发展的实施意见》，经征求相关部门意见，市政府常务会讨论通过后，报市委常委会批准于2009年7月24日正式颁布实施。根据国家关于中小企业融资证券化的要求及中小企业创业板上市的进度情况，报请市政府及时出台《昆明市关于鼓励企业在创业板上市的实施意见》，并根据市政府目督办要求，结合各相关部门的工作职责，将两个《意见》的具体内容分解到各部门，作为目标督察任务纳入年度考核。

【政务环境】　年内，全市非公经济按照与其他性质经济成分一视同仁、平等对待的原则，在投融资、税收、土地、对外贸易和经济技术合作等方面，给予非公企业与其他性质企业同等待遇，营造公开透明、平等竞争的发展环境，切实保障非公经济市场准入无歧视、税费征收无差别、资源配置无偏颇。深化行政审批制度改革。进一步清理政府的审批事项，依法规范行政行为，可由企业自主决定、市场自行调节和社会中介组织办理的审批事项一律取消。进一步减轻企业负担。坚持“少干预、勤服务、多帮助、不刁难”，大力整治向非公企业的乱收费、乱罚款、乱摊派、乱评比、乱检查等行为，切实减轻非公企业负担。在加强监督和管理的同时，对企业急需解决的问题，坚持立即办、主动办、上门办、跟踪办、公开办，并加强部门之间的协调、主动配合，努力为非公企业解难排忧。认真组织实施中小企业成长工程。对上年度评定的50户成长型中小企业，进行了增选，在增补的基础上，综合运用财政、金融、担保、培训、信息等优势资源，扶持其向高成长型中小企业发展，提高全市中小企业整体运行质量和发展水平。

【企业融资】 2009年，全市非公经济主管部门努力破解企业融资难问题，为企业发展搭建融资平台。一是为缓解非公经济、中小企业担保难、贷款难的现状。全市努力寻求多部门联动，搭建“银行、担保、企业、政府”四位一体的融资平台，坚持每季度召开一次银企推介会，推进政、银、企合作，争取银行的更大支持。与我委签订合作协议的6户银行，为中小企业信贷资金投放总量454.89亿元。其中：贷款余额188.89亿元，余额净增加32.87亿元，新增贷款户628户。二是建设多层次、多主体、资金构成多元化和担保品种多元化的中小企业信用担保体系。至年末，全市已注册成立担保机构46户，除2户为国有参股外，其他均为非公企业。7户骨干担保公司共为691户企业提供7.74亿担保贷款。三是支持有条件的非公企业改制上市或借壳上市，发挥好资本市场的作用。鼓励非公企业通过资本运作和产权出让等方式解决发展资金问题。根据国家关于中小企业融资证券化的要求及中小企业创业板上市的进度情况，报请市政府及时出台《昆明市关于鼓励企业在创业板上市的实施意见》，此外，全市精选38户优质非公、中小企业申请入选云南省的非公、中小企业上市培育重点企业名单，其中，沃森生物技术有限公司已通过省证监会评审报国家证监会审批。四是积极上报省和国家，争取相关部门的支持和帮助。通过努力，全年共申请到国家及省级扶持项目56个，扶持资金总额4 764万元。

【创业平台建设】 年初，市非公经济管理部门编制完成“昆明市小企业创业基地建设工作方案”、“昆明市中小企业公共服务平台建设工作方案”，在发展壮大已有的高新区、经开区、五华区3个小企业创业基地的基础上，有条件的县（市）区均已建成至少一个小企业创业基地。年内安宁的创业基地已列入国家小企业创业基地建设计划中。

【信息平台建设】 至2009年末，昆明中小企业网拥有企业注册用户近4万户，共采编、发布政府相关政策、法律、法规和企业的商务、产品、供求、招聘等综合信息7万余条，企业通过网上建站自行发布各类信息累计达上百万条，平均每天发布信息1 000余条，已成为云南省规模最大、服务内容最全的企业服务网络平台，使中小企业、非公企业及时、便利地获得市场、技术、政策、投资、人才、创业等方面的信息。年内，根据市委、市政府关于加快中小企业发展的实施意见要求，会同市信息办启动“昆明中小企业网”县区及开发区分网站建设工作，在此基础上，拟将中小企业网全面升级。

【政策资金扶持】 年内，全市围绕新昆明建设、工业强市战略、北部五县区开发战略，并积极应对金融危机，用好、用活市新型工业化、非公经济、科技创新等专项资金，重点对高新技术、生物制药、资源深加工、装备制造业等重点行业进行资金支持。切实为非公经济发展提供资金支持。上半年，在认真调研和筛选的基础上，筛选拟扶持项目420个非公企业的发展项目进入项目库，2009年度非公经济及中小企业发展扶持专项资金分两批共扶持项目76个，扶持金额2 439万元。

（市工信委）

乡镇企业

【概　况】 2009年，全市乡镇企业达13.49万户，同比增长2.06%。实现增加值333.06亿元，增长15.17%。其中：实现工业增加值129.02亿元，增长16.74%；上交税金40.95亿元，增长11.71%。乡镇企业从业人员达90.15万人，增长1.21%；实现营业收入1 648.29亿元，增长4.64%；投资项目581个，计划总投资474.61亿元，实际完成投资132.75亿元。

2009年，乡镇企业增加值占全市生产总值的18.4%，实缴税金占全市地方财政总收入的9%。规模以上骨干企业达960户，营业收入超亿元的企业达146个，60个乡镇企业总收入超5亿元的乡镇，166个超亿元的村委会。产业集群式发展明显增多。有各类园区和产业集聚区15个，入园企业9 001家（含个体户），园区实现增加值71.5亿元，占乡镇企业增加值的21.46%。乡镇企业已成为县域经济发展的主要载体和小城镇建设的产业支撑，为县域经济发展、农民持续增收做出了重要贡献。全市乡镇企业产业结构调整的重点：一是围绕“工业强市”战略，走新型工业化道路，大力发展农副产品加工业，增强工业在乡镇企业经济中的主导作用。二是大力发展第三产业，繁荣城乡经济。乡镇企业一、二、三产分别实现增加值2.05亿元、157.02亿元、173.98亿元，比重是0.6∶47.1∶52.3。

【职工素质】 2009年，全市认真贯彻落实国务院《质量振兴纲要》精神，鼓励支持乡镇企业进行技术改造、新产品开发和产业结构调整。狠抓质量管理，增强创名牌意识。全年全市全部乡镇企业中（不含个体户）大专及以上文化程度的人数达3.39万人，比上年增83.8%；中专及技校文化程度的人数7.42万人，增89.4%。具有高级技术职称4 872人，增74.2%；中级技术职称1.34万人，增77.1%；初级技术职称3.28万人，增69.2%。

【招商引资】 在市委、市政府促进昆明跨越式发展战略推动下，继续将招商引资工作列为第一要务，乡镇企业固定资产投资规模持续扩大，农产品加工、建材为主的工业及交通、运输、商贸等第三产业成为乡镇企业投资的重点。招商引资成为乡镇企业快速发展的动力之源。2009年，全市乡镇企业新建、技改、扩建项目581个，投产项目435个，完成总投资132.7亿元，同比增长35.4%。其中：引进省外及外商投资项目115个，实际完成投资40.3亿元。本年投产项目中，工业项目达364个，占当年投产项目的62.6%；工业项目完成投资73.79亿元，占当年完成总投资的55.58%。新增投资实现了“三个集中”，即产业向农产品加工、建材工业及交通运输、商贸服务等第三产业集中，资金主要向工业园区、小集镇、交通带状经济区集中，项目主要向环保科技型、资源综合利用型和新产品、新技术开发利用集中。2009年，市级安排

415 万元，对 30 个项目进行了贴息专项扶持，带动企业投入资金 5 亿元。有 11 个项目获得省级乡镇企业发展专项扶持 466 万元，带动企业投入资金 3.3 亿元。

【农产品加工】 2009 年，全市农产品加工产业发展的重点：一是落实全市农产品加工业发展规划；二是组织农产品加工业的管理及技术培训，搭建农产品加工业与大专院校等研究机构的合作互动平台，提升全市农产品加工深度，延长产业链；三是做好全市农产品加工企业统计直报工作，及时掌握全市农产品加工业的发展动态。乡镇企业从事农产品加工、储藏、保鲜、运销的从业人员近 10 万多人。其中：农产品加工业达 7 万人。总产值达 169.3 亿元，实现增加值 27.4 亿元，规模以上农产品加工企业达到 176 户，实现总产值 85.5 亿元。

【服务三农】 2009 年，全市乡镇企业发放职工劳动报酬 92.5 亿元，相当于农民人均纯收入的 42%，成为全市农民持续增收的重要保障和农民工资性收入的主要来源之一。投入支农建农及补助农村社会性支出资金 1.53 亿元。

【教育培训】 2009 年，全市乡镇企业从业员 90 万人，占农村劳动力资源的 45%，与上年相比，净转移农村劳动力 1 万人。全市乡镇企业系统教育培训工作进一步加强，全市现有乡镇企业职工培训机构 29 个。当年蓝色证书培训 9.33 万人。其中：定向转移培训人数 8 472人，岗前培训人数 1.64 万人，在岗培训人数 6.85 万人；短期培训 629 期，培训人数 3.39 万人；学历教育当年毕业 958 人，在校人数2 238人；职业技能鉴定培训3 386人，取证3 386人。培训投入共计1 271万元，有效地促进了农村富余劳动力就业后业务技术素质的提高，稳定了职工队伍。

【企村结对】 年内，“企村结对”成为全市乡镇企业参与社会主义新农村建设的有益探索。在乡镇企业的成长和发展中，鼓励结对企业增强社会责任意识，增强信心，积极应对困难和挑战，坚持困难面前不抛弃、不放弃。同时，动员结对村（组）理解企业金融危机带来的各种不利因素的影响和困难，为企业发展提供自身力所能竭的支持；进一步深化结对企业和村组共患难、同发展的认识和感情。乡镇企业参与新农村建设，可以做到优势互补，实现企业与农民双赢的目的。2009 年，达成企业结对村（组）63 对，涉及村民人数 8.63 万人，带动农户 1.17 万户，村民人均增收 300 元；村民就业培训6 459人；企业投入新农村建设资金7 157.66万元。超额完成了三年完成 200 对的目标。乡镇企业在反哺农业、吸纳农民就业、兴村富民方面作出了一定贡献。

【产品产量】 2009 年，全市乡镇企业的主要产品产量生产铁矿石原矿 173.2 万吨，铜原矿 235.4 万吨，铅锌原矿 19.9 万吨，大理石荒料 1.4 万立方米，石料 882.02 万立方米，沙和河砂 662.88 万吨，磷矿 524.17 万吨，发电 44 173万千瓦/小时，粮食加工 60 万吨，粮食制品 25 万吨，食品植物油 14.6 万吨，食糖 6 万吨，肉制品 9.97 万吨，乳制品 15.5 万吨，蔬菜制品 151.4 万吨，酒类 21.7 万吨，软饲料 53.5 万吨，精制茶 2 220 吨，饲料 115.6 万吨，机制纸及纸板 29.9 万吨，焦炭 40 万吨，黄磷 12 万吨，磷肥 71.8 万吨，橡胶制品 26 564 吨，塑料制品 1.4 万吨，水泥 203 万吨，水泥预制构件 79.2 万立方米，砖 16.1 亿块，天然石板材 278.5 万平方，日用陶瓷 15 万件，钢 84.4 万吨，生铁 55.8 万吨，铁合金 10.4 万吨，钢材 17.4 万吨，中小农具 4.3 万件，工艺美术品1 551.7万元。

【出口状况】 2009 年，全市有 48 户出口创汇企业，年末从业人员9 816人，出口交货值 10.5 亿元，比上年下降 50%，其中：自营出口 9.9 亿元。年出口交货值 500 万元以上的企业 24 个，年末从业人员4 024人，出口交货值 9.9 亿元。出口产品涉及到化工、机械、矿石、食品、轻工、农副产品、工艺品等七大类，分别为化工类 4.09 亿元，机械类5 114万元，轻工类 2.05 亿元，食品类 1.31 亿元，纺织服装类 171 万元，工艺品类1 939万元，其他类2 277万元。出口企业受金融危机影响，以上七类出口交货值均比上年有较大减少。

【安全生产】 年内，全市各县（市）区在抓乡镇企业发展的同时，认真贯彻落实安全生产的各项政策措施，加大对煤矿、非煤矿山和企业的安全生产宣传、管理、整治和检查力度，使企业安全生产管理的制度建设得到了加强和完善，各类专项整治得到了巩固和深化。安全生产的硬件和管理设施更加完善，有力地保证了全市乡镇企业安全生产井然有序进行，杜绝了重特大事故的发生，全年没有发生一起群死群伤的重大安全责任事故。

全年煤炭行业坚持“安全第一，预防为主”的方针，创新监管机制，加强煤炭行业管理，煤矿安全生产状况逐步好转，促进了煤炭行业的可持续发展。全年全市乡镇煤矿共生产原煤 403.9 万吨，主要以保障电厂电煤供应为主，并制定了相关的工作措施，超额完成了省政府下达的全年煤电供应目标任务。煤矿发生安全事故 1 起，死亡 1 人，比省政府下达的 7 人控制指标减少 6 人；原煤百万吨死亡率为 0.25%，比上年 0.37% 下降了 48%。

（许华魏）

·责任编辑　车光杰·

财政·税务

财　政

【财政收入】　全市地方一般预算收入完成201.6亿元，为预算的104.7%，增长15.2%。全市政府性基金预算收入完成87.5亿元，为预算的90.5%，增长13.6%；市级［含三个开发（度假）区，下同］地方一般预算收入完成99.1亿元，为预算的102.9%，增长12.2%。市级政府性基金收入60.3亿元，为预算的72.5%，负增长3.7%。

【财政支出】　全市地方一般预算支出完成270.4亿元，为预算的96.4%，增长15.7%。全市政府性基金预算支出完成83.96亿元，为预算的66.2%，负增长6.5%。市级地方财政一般预算支出完成103.41亿元，为预算的93.6%，增长10.9%。市级政府性基金支出56.1亿元，为预算的57.1%，负增长13.8%。

【加强税收收入管理】　强化税收征管，严格依法治税，认真落实各项增收措施和增收政策，建立财政收入联席会议通报制度，加强对重要税源、重点税收、重大项目的管理；加强交通运输业及车船使用税、房地产二手房交易的税收征管，增加税收收入8 200万元。税收管理做到依法征管、应收尽收，全市地方税收收入完成178.3亿元，增长16.1%。

【规范非税收入征管】　认真落实城市基础设施配套费征收新政策，组织收入1.12亿元；完善非税收入征管体系，严格“收支两条线”管理，各项非税收入足额及时入库。全市非税收入完成23.2亿元，增长9%。

【支持县域经济发展】　支持“543倍增”计划实施，落实各项扶持政策。14个县（市）区地方财政一般预算收入完成102.5亿元，增长18.3%；三个开发（度假）区完成20.2亿元，增长39.2%。县级收入占全市收入比例为60.9%，比上年提高3.1个百分点，县级财政实力不断增强。继续落实困难县区一般性转移支付资金3.93亿元，安排北部县区经济社会发展专项资金1亿元、民族专项资金3 712万元；发挥财政政策激励作用，完善鼓励增收考核机制，推进“乡财县管”和农村综合改革，激励县区加快发展，增强基层财政保障能力，努力提升县域经济发展速度。

【创新资金投入方式】　全市财政投入公共基础设施建设资金43亿元，其中市本级14.8亿元。采取资本金补助、财政贴息、以奖代补、项目前期费用等方式，引导和带动金融资本投入，加大两级城建、三级开发区和三大基础设施投入力度。

【全力支持融资工作】　创新投融资管理制度，制定《昆明市重点工程建设项目投融资管理暂行办法》、《昆明市财政性资金存放驻昆银行评价激励暂行办法》和《昆明市政府性投资项目融资贷款资金管理暂行办法》等规章制度；及时制定并分解融资计划，逐一分解落实到相关投融资主体；认真落实支持市级投融资公司的各项政策，建立完善资本金及资产注入机制，加大注资力度，全年共向投融资公司注入存量资产及资金59亿元，增强投融资公司融资能力，有力地保障了滇池环境治理、二环快速系统等新昆明重点项目建设需要；积极筹措还本付息资金，通过预算安排、融资、保理业务、还旧借新、借新还旧等多种渠道筹集资金，努力确保按时偿还到期债务，维护投融资公司及政府信用。

【拓宽资金渠道】　加大对上资金争取力度，全年共争取到中央和省财政资金53.7亿元，增长42.4%；推进外援外贷工作，争取到6 000万欧元德国政府贷款以及1 655万美元世界银行贷款。

【助推新农村建设】　市本级投入农林水事务支出3.8亿元，增长48.7%。其中：实施整村扶贫3 285万元；滇池流域禁养补偿4 200万元、公益林森林生态补偿1 240万元、水源保护区补助4 840万元；重点水利工程及病险水库除险加固工程资金1 700万元；农村劳动力转移培训经费1 000万元；农村土地承包经营权流转及村级公益事业“一事一议”奖补资金1 150万元；农村公路养护经费1 520万元；农村危房改造及民居抗震安全工程补助972.5万元。

【完善社会保障体系】　全年市本级投入社会保障支出13.4亿元，其中：完善城乡低保体系1.09亿元，实现了低保人群的应保尽保；被征地人员基本养老保险补助3 000万元，领取养老金人数51 845人；城镇基本医疗保险市级补助3 820万元，惠及105万人；新型农村合作医疗资金2 400万元，全市参加人数256.08万人；落实城乡医疗救助政策900万元、送温暖资金1 000万元、节日困难群众慰问1 500万元。

【支持公共社会事业发展】　全年市本级投入教育支出5.9亿元，增长40.1%，其中深化农村义务教育保障机制改革资金9 478万元、职业教育发展资金8 425万元、农村中小学标准化建设贴息资金5 000万元、义务教育学校绩效工资改革补助资金3 149万元。文化体育与传媒支出1.49亿元，其中文化产业发展资金2 000万元、基层文化设施建设补助资金1 550万元。医疗卫生事业支出5.4亿元，其中：社区卫生服务体系建设资金1 740万元、重点学科建设经费1 000万元、农村公共卫生服务建设资金629万元。

【落实各项补贴政策】 及时拨付各类财政补贴资金9.42亿元，其中绿化植树以奖代补3 585万元、惠农支农补贴2.74亿元、家电摩托车汽车下乡补贴9 500万元、廉租房建设及租赁补贴1.9亿元、城乡公共交通发展补贴2.25亿元、石油价格改革补贴6 195万元、住房补贴6 054万元。

【支持产业转型升级】 发挥财政职能，促进经济跨越式发展，认真落实扶持产业发展的各项政策和资金，市本级财政安排工业园区、新型工业化、招商引资等产业发展专项资金5.3亿元，着力支持招商引资、工业突破和技术创新，推进产业结构调整，提升产业发展层次。

【推进企业加快发展】 认真落实增值税转型改革等税收政策，实行工业园区企业发展扶持优惠政策，切实减轻企业税费负担，积极帮助企业过关解困。安排中小企业发展及科技计划资金1.3亿元，扶持76家非公企业和389个科技计划创新项目。优化政策设计，降低准入门槛，支持信用担保机构加快发展，新成立担保机构96户，利用市场机制缓解中小企业融资困难迈出新步伐。

【加强财政制度创新】 制定出台《昆明市关于深化财政综合改革 创新财政管理制度若干意见》、《昆明市重点工程建设项目投融资管理办法》等19项财政管理制度，为充分发挥财政政策效能和财政资金作用提供制度保障，科学理财水平稳步提升。

【创新部门预算管理】 强化预算执行刚性，严格预算追加程序，增强预算的约束力和严肃性；加强部门结余资金管理，盘活沉淀资金统筹使用，提高结余资金使用效率；认真贯彻落实好党政机关厉行节约的有关规定，严格控制一般性支出；创新部门预算编制机制，实行“人员支出按实际、公用支出按标准、项目支出按需要与可能”，建立预算评审机制，从严从细编制2010年部门预算。

【深化国库集中支付改革】 加强银行账户管理，对378家预算单位账户进行全面清理，撤销账户34个，备案账户1 847个；严格控制新增账户开设，规范审批程序；推进财政性资金存放商业银行改革，统筹资金调度，优化资金配置；加快县级国库集中支付改革进程，全市所有县（市）区推行国库集中支付改革。

【规范政府采购管理】 坚持依法采购，强化预算执行；简化审批流程，缩短采购周期，提高采购效率；加大政策采购监管力度，严格支出拨付程序，保证政府采购行为的规范性。全市政府采购完成23.97亿元，节约资金1.66亿元，节约率6.49%。

【加强财政监督管理】 认真开展财政投资评审工作，全年共完成评审项目31个，送审金额52.52亿元，审减金额6.61亿元，平均审减率12.6%。加强财政绩效管理，对28项专项资金9.32亿元进行绩效评价，并积极推行绩效目标管理。加强会计监督管理，推进村级会计委托代理服务工作，全市成立了126个乡镇村级会计委托代理服务机构，覆盖率100%，全市1 386个村委会签订委托代理服务协议，覆盖率99.9%。加强财政信息化建设，完善提升“预算执行信息管理系统”，进一步强化财政改革的技术支撑和平台支持。

【学习型团队建设】 制定《2009年昆明市财政局干部学习培训计划和工作方案》，以政治形势、财政、税收、会计、审计、金融为培训重点，实行多渠道、多层次、差异化的学习培训，致力于培训专业化、复合型的财政干部，全年共开展学习培训4 253人次，积极引导全体干部增强大局意识、服务意识、责任意识和学习意识，提升全局干部的综合素质和业务技能和服务水平。

【财政软环境建设】 积极配合做好行政事业性收费项目清理和精简工作，认真执行服务承诺制、首问首办责任制、限时办结制等规章制度，提高服务水平，优化服务质量，首问首办率和限时办结率均做到100%。扎实有力推进人大建议、政协提案办理工作，2009年共收到省、市“两会”人大代表建议、政协提案共66件，市财政局严格程序，逐件答复，保障办理质量，得到人大代表、政协委员的充分肯定。

【提高工作执行力】 严格目标管理，实行工作成果倒逼，建立岗位目标管理考核体系，制定《昆明市财政局2009年目标管理考核办法》，以处室为责任单位，将215项工作目标分解落实到29个责任单位，做到权责明晰、职责明确，有力地促进市委、市政府确定的重要决策以及财政年度目标任务的顺利完成。2009年，市财政局顺利通过“省级文明单位”验收，荣获“昆明市2009年目标管理考核一等奖”、“昆明市平安建设先进单位”、“先进基层党组织”以及“昆明市模范职工之家”等荣誉。

【规范机关内部运转】 坚持用制度管人、用制度管事，进一步完善内部管理制度，制定出台《昆明市财政局工作规则》、《昆明市财政局局长办公会议事规则》、《昆明市财政局公文审签办法》、《昆明市财政局重大决策听证等四项制度实施办法》等规章制度12项，不断完善机关运转程序和流程，促进机关运转从经验管理向制度管理、程序管理的全面转型，进一步提高机关行政效能。

【扎实推进党建工作】 严格落实目标任务，深入开展学习实践科学发展观活动，积极探索理论学习与业务工作有机结合的途径，做到在改革中解放思想，在实践中深化认识，在创新中转思维。深入研究加强机关党建的新思路、新举措，稳步建立先进性教育的长效机制，实现党建工作与财政业务的有机结合、相辅相成，为圆满完成各项财政工作任务提供了坚强的思想、政治和组织保证。顺利组织召开市财政局第三次机关党员代表大会，选举产生新的机关党委、机关纪委。

【财政科研宣传】 完善财政信息机制，信息数量、质量都有新的提高，全年各县（市、区）和局机关各处（室）共报送财政信息671条，被上级部门采用244条，其中：财政部办公厅、省委办公厅、省政府办公厅和省财政厅采用54条。加强财政科研，围绕财政综合改革创新财政管理制度开展专题调研，为工作决策提供有力佐证；推进财政宣传，财政改革发展成果被《中国财经报》、《昆明日报》等不同层次媒体广泛报道。

（陈 曼）

2009年昆明市地方财政一般预算收支完成情况表

单位：万元

收入					支出			
项目	2009年预算数	2009年完成数	完成预算（%）	增幅（%）	项目	2009年预算数	2009年完成数	完成预算（%）
一、增值税（25%）	347 668	312 965	90.0	-5.0	一、一般公共服务	351 362	331 946	94.5
二、营业税	577 402	690 025	119.5	37.4	二、外交	137	137	100.0
三、企业所得税（16%）	108 710	96 889	89.1	-2.9	三、国防	3 862	3 634	94.1
四、个人所得税（16%）	41 008	42 967	104.8	20.5	四、公共安全	250 859	240 916	96.0
五、资源税	13 737	30 745	223.8	130.5	五、教育	391 720	386 341	98.6
六、固定资产投资方向调节税	0	1 515			六、科学技术	43 235	42 456	98.2
七、城市维护建设税	157 373	164 792	104.7	17.3	七、文化体育与传媒	29 870	29 249	97.9
八、房产税	64 101	75 325	117.5	30.8	八、社会保障和就业	380 276	369 886	97.3
九、印花税	35 557	33 411	94.0	7.1	九、医疗卫生	163 083	158 557	97.2
十、城镇土地使用税	65 728	56 660	86.2	-1.7	十、环境保护	209 014	192 813	92.2
十一、土地增值税	35 136	48 230	137.3	56.5	十一、城乡社区事务	248 387	245 526	98.8
十二、车船使用和牌照税	16 666	16 336	98.0	10.8	十二、农林水事务	206 674	195 859	94.8
十三、耕地占用税	24 979	19 945	79.8	-11.4	十三、交通运输	86 134	86 134	100.0
十四、契税	183 047	163 842	89.5	-4.7	十四、采掘电力信息等事务	102 582	98 958	96.5
十五、烟叶税	32 331	29 834	92.3	2.4	十五、粮油物资储备等管理事务	44 053	37 845	85.9
十六、专项收入	82 518	81835	99.2	14.0	十六、金融监管支出	12 888	12 809	99.4
其中：教育费附加收入	43 050	66 496	154.5	17.2	十七、债务付息支出	62 908	62 908	100.0
十七、行政事业性收费收入	41 156	46 437	112.8	29.8	十八、其他支出	217 313	208 521	96.0
十八、罚没收入	52 939	69 937	132.1	53.2				
十九、国有资本经营收入	22 730	3 551	15.6	-90.8				
二十、国有资源（资产）有偿使用收入	5 613	11 206	199.6	103.6				
二十一、其他收入	16 486	19 678	119.4	20.7				
地方财政一般预算收入小计	1 924 885	2 016 125	104.7	15.2	地方财政一般预算支出小计	2 804 357	2 704 495	96.4
上级补助收入		1 144 103			上解上级支出		448 803	
返还性收入		262 470			原体制上解支出		401 408	

续 表

收入					支出			
项目	2009年预算数	2009年完成数	完成预算（%）	增幅（%）	项目	2009年预算数	2009年完成数	完成预算（%）
一般性转移支付收入		259 876			专项上解		47 395	
专项转移支付收入		621 757						
调入资金		620			调出资金		8 010	
上年结余收入		178 033			年终结余		177 573	
地方财政一般预算收入总计		3 338 881			地方财政一般预算支出总计		3 338 881	

2009年昆明市级地方财政一般预算收支完成情况表

单位：万元

收入					支出			
项目	2009年预算数	2009年完成数	完成预算（%）	增幅（%）	项目	2009年预算数	2009年完成数	完成预算（%）
一、增值税（25%）	207 015	196 036	94.7	-1.0	一、一般公共服务	136 806	122 726	89.7
二、营业税	273 961	329 235	120.2	39.4	二、外交	137	137	100.0
三、企业所得税（16%）	74 866	64 156	85.7	-6.6	三、国防	2 179	1 948	89.4
四、个人所得税（16%）	23 221	23 531	101.3	16.8	四、公共安全	102 344	94 510	92.3
五、资源税	135	162	120.0	22.7	五、教育	70 449	69 810	99.1
六、固定资产投资方向调节税		0			六、科学技术	23 223	22 461	96.7
七、城市维护建设税	76 871	78 645	102.3	16.6	七、文化体育与传媒	16 846	16 246	96.4
八、房产税	33 775	40 908	121.1	34.8	八、社会保障和就业	150 066	141 522	94.3
九、印花税	9 201	10 699	116.3	32.6	九、医疗卫生	62 204	58 409	93.9
十、城镇土地使用税	34 315	29 629	86.3	-0.7	十、环境保护	151 607	136 987	90.4
十一、土地增值税	3 078	9 592	311.6	252.1	十一、城乡社区事务	76 653	74 004	96.5
十二、车船使用和牌照税	7 059	6 983	98.9	10.8	十二、农林水事务	48 443	44 498	91.9
十三、耕地占用税	3 519	4 022	114.3	28.0	十三、交通运输	55 196	55 079	99.8
十四、契税	89 203	72 864	81.7	-12.2	十四、采掘电力信息等事务	63 872	60 245	94.3
十五、烟叶税	40	8	20.0	-77.8	十五、粮油物资储备等管理事务	17 235	11 342	65.8
十六、专项收入	36 942	32 066	86.8	1.6	十六、金融监管支出	209	131	62.7
其中：教育费附加收入	17 650	27 110	153.6	15.0	十七、债务付息支出	62 904	62 904	100.0

续 表

收入					支出			
项目	2009年预算数	2009年完成数	完成预算（%）	增幅（%）	项目	2009年预算数	2009年完成数	完成预算（%）
十七、行政事业性收费收入	28 096	33 095	117.8	37.8	十八、其他支出	64 081	61 180	95.5
十八、罚没收入	21 487	34 521	160.7	89.6				
十九、国有资本经营收入	21 800	2 272	10.4	-94.0				
二十、国有资源（资产）有偿使用收入	2 672	4 687	175.4	78.9				
二十一、其他收入	15 332	17 834	116.3	18.6				
地方财政一般预算收入小计	962 588	990 945	102.9	12.2	地方财政一般预算支出小计	1 104 454	1 034 139	93.6
上级补助收入		1 144 103			上解上级支出		448 803	
返还性收入		262 470			原体制上解支出		401 408	
一般性转移支付收入		259 876			专项上解		47 395	
专项转移支付收入		621 757			补助下级支出		831 727	
下级上解收入		200 186			返还性支出		126 549	
原体制上解收入		145 029			一般性转移支付		293 931	
专项上解收入		55 157			专项转移支付		411 247	
调入资金					调出资金		8 010	
上年结余收入		100 204			年终结余		112 759	
地方财政一般预算收入总计		2 435 438			地方财政一般预算支出总计		2 435 438	

国 税

【国税收入完成情况】 2009年，受全球金融危机以及税收政策调整和结构性减税政策等不利因素影响，组织收入工作面临严峻形势和较大困难，全市国税系统始终保持了共克时艰的信心和攻坚克难的良好精神状态，严格贯彻落实“依法征税，应收尽收，坚持不收过头税，坚决防止和制止越权减免税”的组织收入原则，以组织收入工作为中心，周密组织“百日会战”，依法开展税收大检查，竭尽全力挖潜增收，确保组织收入工作实现应收尽收。全年市国家税务局完成税收收入289.41亿元，增长1.45%，计划口径完成280.92亿元，增长1.57%，增收4.35亿元，完成省国税局下达调整目标的100.01%，其中：增值税完成126.50亿元，同比下降5.01%，减收6.67亿元；消费税完成80.80亿元，同比增长7.89%，增收5.91亿元；企业所得税完成60.38亿元，同比增长5.96%，增收3.39亿元，储蓄存款利息所得个人所得税完成8 264万元，同比下降59.52%，减收1.22亿元；车辆购置税完成12.43亿元，同比增长30.82%，增收2.93亿元。海关代征两税完成8.48亿元，下降2.48%，减收2 156万元。全市地方一般预算收入完成38.13亿元，同比下降5.06%，减收2.03亿元，市级地方收入24.54亿元，出比下降2.68%，减收6 759万元。市本级地方收入19.46亿元，同比下降3.22%，减收6 469万元。

【深入学习实践科学发展观】 2009年，按照市委的统一部署安排，市国税局认真组织参加全市第二批深入学习实践科学发展观活动。在活动过程中，统筹安排，精心组织，学习实践活动扎实推进、有序开展，针对存在的问题厉行整改，狠抓落实，学习实践活动取得显著成效，达到预期目的。学习调研按照理论联系实际的基本做法，强化学习注重调研以指导工作，共组织科学发展观理论学习15次，党组中心组理论学习5次，专题讲座2次。针对组织收入工作严峻形势，围绕调研主题，4月中旬，市局党组领导班子成员带领相关人员深入企业和基层一线进行调研，及时发现问题，总结经验，指导工作实践。市国税局党组学习案例被《市级领导班子学习实践发展观中心组专题学习——学习案例汇编》选编。分析检查按照科学发展观的基本要求，立足实际查找问题以谋求发展。分析检查阶段按照“三对照、三查找”的要求，采取拓宽渠道“群众提”、座谈走访“当面问”、问卷调查“多方求”、总结经验“对比找”等方法，重点围绕影响和制约国税工作科学发展的突出问题、影响系统和谐稳定的突出问题、党性党纪等方面群众反映强烈的突出问题，采取设置意见箱、发放征求意见表、召开基层一线干部座谈会及中青年干部座谈会等方式，广泛征求国税干部职工及纳税人的意见建议，共220条；总结归纳出影响和制约昆明国税科学发展、和谐发展、创新发展的意见建议22条，并针对评议意见建议，进一步修改、完善分析检查报告。整改落实按照务实创新的基本思路，重点突破狠抓落实以激发活力。整改落实阶段市国税局按照“四明确一承诺”的要求，通过制定整改方案，集中解决突出问题，建立完善体制机制，确保学习实践活动取得实效，活动成果得到巩固。针对分析检查阶段征求到的意见和建议，明确整改措施22条；清理现行规章制度100项。

【收入百日会战】 2009年9月9日，市国税局吹响组织收入“百日会战”冲锋号，全力以赴服务地方经济建设。为切实有效地应对国际金融危机造成的严峻形势，响应省国税局“奋战五个月，确保九百亿”动员令，打好2009年组织收入攻坚战，全面动员，逆势而上，全力以赴服务全市经济建设，市国税局再次召开组织收入工作专题会议，五点要求在全市国税系统范围内吹响了组织收入“百日会战”冲锋号。认清形势，提振信心。面对2009年空前严峻的经济形势和政策调整对组织收入造成的不利影响，全市国税系统干部、尤其是各级领导干部必须以昆明市经济建设的大局为根本出发点，在组织收入工作中体现“四个负责”：对省国税局党组负责、对市国税局党组负责、对全体国税干部负责、对自己负责；接受“四个检验”：检验觉悟、检验能力、检验水平、检验队伍素质。以高度的责任感和使命感，以时不我待、只争朝夕的态度，以锐意进取、奋力拼搏的精神，抓紧、抓实、抓好昆明国税组织收入“百日会战”；强化管理，挖潜增收。各基层国税机关要紧紧围绕组织收入原则，以挖掘征管潜力为切入点，以科学化、精细化、规范化管理为着力点，努力实现税负分析、纳税评估、税源监控的良性互动，采取数据质量检测、专题分析、送政策上门、过程控制、督导评估、交叉评估等多种形式，堵塞征管漏洞，做到“风险税源优先管、重点税源重点管、中小税源有人管”，切实做到应收尽收；分解目标，落实措施。市国税局根据实际税源状况，结合做省国税局和市政府年初下达的任务目标进行测算，于9月份分解下达全市国税系统各基层局2009年最终完成的刚性任务目标。要求全市各基层国税机关积极交流先进经验，集思广益，提前分析，分解任务，层层部署，迅速落实；完善机制，硬化考核。将组织收入完成情况与全市国税系统内各项评优评先、等级考核、经费奖励等紧密挂钩，明确2009年市国税系统一级局的评定必须以完成组织收入任务为前提，奖优罚劣，严格考核，严肃处理；全体动员，合力冲刺。组织收入是国税部门的核心工作，是全市国税干部的天职，全市国税机关以科学发展观为指导，严格按照市委、市政府工作部署，按照省、市国税局工作要求，结合自身实际，集思广益，积极谋划，上下联动，群策群力，合力攻坚。以讲政治、顾大局的态度，想办法、定措施，全面动员，合力冲刺，奋力完成全年组织收入任务，全力以赴服务好地方经济建设。

【八项重点创新项目】 2009年以来，市国税局积极推进科技创新，以创新带项目，以落实项目促进税收工作质量和效率的提高，8项既能够提高内部工作质效，又可以降低纳税人成本，提升纳税服务质量的新技术应运而生。①推广应用网络申报系统。省、市局上下联动开发应用该系统，昆明市在全省率先实现有条件的纳税人足不出户就能完成申报和缴税，降低缴税成本，提高征管效能。目前，昆明市76.14%的查账征收纳税人可以在征期通过网络申报系统自主完成相关的各类申报，昆明主城区更是高达83.12%的纳税人都已使用网络申报。②推广应用个体工商户电子定税。结合昆明实际，科学确定11个定税项目及24个定额要素，全市个体工商户都通过电子定税系统进行税收核定。③试点应用税收管理员信息平台。对强化管户责任、减轻税收管理员工作负担、提高税源管理能力，起到积极作用。④建设“网上办税服务厅”。以建立网上办税服务厅为大框架，实现网上申购发票、网上办理税务登记和网络申报系统的整合。⑤建设财税库银横向联网系统。实施财税库银税收收入电子缴库横向联网，方便纳税人缴税，提高税款入库速度，实现财政、税务、国库间信息共享，为相关部门加强税收征缴管理和进行统计分析及预测提供有力支持。⑥开展普通发票交叉采集比对核查。充分利用信息技术，开展对部分普通发票数据的采集、比对、核查，及时发现纳税人普通发票使用中存在的问题，有效打击虚开、代开、开具假发票的行为，堵塞普通发票管理漏洞，切实加强税源管理。⑦试行“同城通办”。规范和统一办税服务厅业务流程，打破税收各业务部门“条条”管理界限，改变各局各自为政开展纳税服务“框框”，打破办税的地域界限，方便纳税人就近办税。⑧积极倡议，由市信产办牵头开展市国税、地税、工商、质监4部门间数据共享交换机制同频共振提升行政效能。对于行政执法单位即充分利用现有技术、信息资源，又加强了部门间协作配合，特别对于税务部门加强漏征漏管户管理、增加税收收入和优化纳税服务起到积极作用。

【依法治税】 全面贯彻落实税制改革措施和结构性减税政策，全市系统共办理减免税18.42亿元，办理固定资产抵扣进项税额9.3亿元，办理出口货物退（免）税9.7亿元，小规模纳税人征收率下调减征1亿元，减征车辆购置税2.5亿元，税收政策有效落实，有力促进了昆明市经济平稳较快增长。严格规范执法，率先在全省国税系统开展规范细化税务行政处罚自由裁量权工作，受到了省市相关部门和纳税人的好评。依法开展全市税收检查，大力整顿和规范税收秩序，推行稽查查前告知制度，全面开展交叉稽查、重点稽查，加强分类稽查与专项检查，强化举报与协查管理，动员企业开展纳税自查，全年税收检查和企业自查共计11 724户，入库税款6.68亿元。协同配合公安、地税机关开展打击发票违法犯罪专项整治行动，严厉打击发票违法活动，收缴各类假发票54万份，在全省受到表彰。贯彻落实依法行政实施纲要，严格规范文明执法，深入推进文明办税“八公开”，全面落实政务信息公开，全年在外部网站发布相关政务信息1 517条，接听并答复96128咨询电话190个。清理现行有效税收规范性文件990件，部分条款、内容废止或失效税收规范性文件38件，党政部门涉税规范性文件5件。认真贯彻落实税收执法责任制，在全年税收执法信息系统考核期内，全市执法业务量159.4万项次，平均过错率为0.04‰，完成低于0.5‰的目标。加强税收日常宣传工作，与省局和省市有关部门联合开展以“税收·发展·民生”为主题的全国第18个税收宣传月活动，其中市级机关组织开展的纪念“五·四”运动90周年宣传项目被省局评为2009年全省税收宣传月活动优秀创新项目。

【税收管理】 一般纳税人增值税税负预警系统开发完成，对预警户开展纳税评估，查补税款4 179.83万元，选户准确率达到90%。开展普通发票交叉采集比对核查工作，查补税款合计1 052.94万元，并初步建立大额普通发票报备制度。对房地产开发企业、建筑安装企业、金融保险企业等重点税源按行业进行分类管理，有针对性地开展纳税评估，共计补缴企业所得税1 219.57万元。大力开展税源调查，加强税收收入预测分析，跟踪落实收入三级预报制度，把握税源变化态势，多次召开税收预测及分析专题会议，为组织收入工作提供科学决策依据。加强基础管理，大力开展纳税评估，全面推行交叉评估，共评估企业2 294户，入库税额2.79亿元，重点税源专项评估查补税额2 525.79万元，增值税留抵税额调减905.85万元，企业所得税弥补亏损数额调减6 876.06万元。加强户籍管理，开展漏征漏管户专项清查，全年共清理漏征漏管户1.89万户。加强税种管理，全面开展减免税政策清理工作，补税685.93万元。开展存根联滞留票专项核查，查补税款387.03万元，转出2007~2008年度不符合抵扣的运费进项税额301.4万元。全市一般纳税人增值税税负3.03%，较上年提高0.28个百分点。税收管理员辅助信息系统运行情况良好，完成税收调查任务5.7万条，按时办结率达97%。全市个体工商业户户均核定税额为288元，核定征税面68.8%，较上年提高7.8%，“个体工商户计算机定额核定系统”被评为昆明市2008年度经济社会制度创新成果三等奖。

【纳税服务】 全市国税系统以构建和谐征纳关系为导向，按照纳税服务工作会议要求，不断丰富纳税服务内容、创新服务手段、完善服务机制，全面、扎实、有效地推进纳税服务各项工作。全面开展以征纳零距离、办税零差错、服务零缺陷为目标的“三零”纳税服务，按季对全年监控情况进行通报，执法监督力度进一步加大，征纳双方法律地位平等理念得到强化，纳税服务工作质量明显提高。着重抓好办税服务厅服务规范工作，开展纳税服务专项业务技能培训，提升国税干部服务水平和能力。优质高效的网络化纳税服务平台粗具雏形，切实让纳税人及时、完整、准确地了解政策规定和办税要求，节省办税时间，降低纳税成本。举报投诉渠道畅通，纳税人合法权益得到有效维护。服务昆明市招商引资工作，深入推进国税软环境建设，主动为“走出去”企业建立税收基础户籍资料档案，做好涉税服务管理工作。认真做好螺蛳湾商业片区升级改造搬迁户的户籍交接工作以及其他涉税保障事项。继续精简压缩行政审批事项，由2008年的7项精简合并为2项。

【队伍建设】 全面开展“一对一”教育培训，经过抽查考试，取得平均分86分、及格率100%的好成绩，切实提高了全市国税系统教育培训质量和水平。全年共组织各类业务培训233期，参训9 514人次。顺利完成全系统机构改革，切实做到思想不散、秩序不乱、工作不断，机构设置、人员配备落实到位。认真组织开展深入学习实践科学发展观活动，综合满意率达99.03%。为庆祝新中国成立60周年组织的合唱获得全省精神文明单位精品汇演一等奖，舞蹈获得全省行业汇演优秀节目创作三等奖。自行研发行政问责管理信息系统，推广运用廉政公约管理系统，共进行3轮明察暗访，开展内部督察441次，问责35人。严格落实党风廉政建设责任制，签订《党风廉政建设责任书》41份，《软环境建设责任书》34份，《廉政纠风目标管理责任书》2 314份，切实履行“一岗双责”工作职责，推行“阳光政府”四项制度，强化“两权”监督，抓好执行情况检查落实。在市纠风办组织的2009年度民主评议中，市局得分91.77分，比上年提高5.17分，排在市级行政管理审批窗口部门第14位，排名较上年提高6个位次，政风行风持续好转，部门形象不断改善。

【行政工作】 推行ISO质量认证体系和质量标准试点成功。在2008年通过市级文明单位检查验收的基础上，积极申报省级文明单位，已经顺利通过验收和公示，被省委省政府命名为省级文明单位。以创建平安昆明为目标，认真抓好社会治安综合治理工作，被市委、市政府命名为昆明市平安建设先进单位。认真做好军队转业干部安置工作，被省政府评为全省军队转业干部安置工作先进单位。老干部管理迈上新的台阶。认真贯彻落实《中央关于厉行节约八项工作要求》，“四项费用”控制在指标

2009年国税分税种收入情况表

项　　目	入库（万元）	比上年增减额	比上年增减%
总　　计	2 882 249	52 864	1.87
一、税收收入合计（计划口径）	2 809 246	43 500	1.57
（一）国内增值税	1 264 961	-66 692	-5.01
其中：1. 直接收入增值税	1 251 671	-55 054	-4.21
2. 免抵调增增值额	13 290	-11 638	-46.69
（二）国内消费税	808 002	59 122	7.89
（三）营业税	0	0	
（四）企业所得税	603 750	33 944	5.96
其中：1. 内资企业	409 925	-30 457	-6.92
2. 外资企业	193 825	64 401	49.76
（五）个人所得税	8 264	-12 150	-59.52
（六）车辆购置税	124 269	29 276	30.82
二、海关代征	84 847	-2 156	-2.48
三、其他收入合计	1 446	-118	-7.54

之内。系统档案管理全部达五星标准，机关档案管理工作跨入全省全市档案管理工作先进行列。严格执行保密法律法规和保密相关制度，全年无失密泄密事件发生。督查督办成效显著，局长接待日制度有效落实，财务预算管理进一步规范，机关后勤保障工作更加有效。全年市委市政府交办件、来信来访、市长热线、人大建议和政协提案均办理完毕。

（市国税局）

地　　税

【地方税费收入】 2009年，市地方税务局积极应对百年一遇金融危机带来的不利影响，克服实体经济受到严重冲击、企业经济效益大幅下滑、收入基数较高、政策性和结构性减收因素较多、后续税源匮乏、征管难度加大、增收压力为近年最大等困难，全市地税干部全员行动、严格征管、挖潜增收，抓住省、市积极推进基础设施建设、工业强市、招商引资、园区建设等重大决策部署的重要机遇，大力强化计划管理、收入运筹、税收分析、调查研究、税源管理、组织入库、请示汇报、工作协调等措施，实现金融危机影响下税费收入难能可贵的持续稳定增长，首次突破200亿元大关，再创历史新高。全市地税系统全年共组织各项税费收入216.4亿元，同比增长19.96%，增收36亿元。其中：税收157.8亿元，同比增长22%，增收28.5亿元，完成省局下达计划的103.5%，全市一般预算收入完成126.88亿元，同比增长24.6%，增收25.05亿元；社会保险费53.01亿元，同比增长11.9%，增收5.65亿元；其他各项基金5.58亿元，同比增长49.2%，增收1.84亿元，圆满完成上级下达的税费收入任务，连续第5年保持2位数的税费增收幅度。

【数据大集中建设】 取得“四个重要成效”：大集中系统平台建设成效。全市数据大集中系统于6月份按时顺利上线，19个模块1 195项功能高效平稳有序运行，搭建全市地税税费数据大集中平台取得圆满成功；信息化理念深化拓展成效。全体地税干部切身感受和体会了“科技兴税”的实践成果，在全系统形成“信息技术全员学习，系统应用全体实践，科技创新全面推进”的良好氛围与机制；税费业务科学化精细化管理成效。各项税费业务工作有机、协调、平稳地衔接入大集中系统的各个功能模块之中，形成从税费征收、管理、服务、稽查、统计，到数据管理、系统维护、功能拓展、多元化应用的平台支持系统，税费业务的科学化、精细化管理水平进一步明显提高；地税信息化可持续发展成效。建立了地税门户网站，多元化办税平台建设不断推进，短信服务平台、自助服务平台、支付平台和纳税人即时通讯平台和12366声讯服务系统推进建设，奠定了为纳税人提供多样化、特色化、丰富化、便捷化税收服务的平台基础。

【税收征管】 调整完善征管流程，优化基层征管配置，做到户籍到人、片区到人、责任到人；评定纳税信用等级7 357户，其中A级纳税户492户；加强个体工商户管理，科学合理核定定额，规范委托代征管理，制定《委托代征税收管理暂行办法》；提高税源管理质量。对税源进行分类分级管理，加大重点税源跟踪管理、动态巡查力度；三个开发（度假）区实体化管理涉税调整平稳有序，完成1 959户税收征管户数据迁移和管户划转；提升发票管理质量。整合发票库存管理、计划管理、领用销售、下发查询、缴销环节业务，开展货物运输业自开票纳税人、代开票中介机构交叉检查，制定《代开发票管理办法》；“即开型”发票平稳推行，税控收款机全市推广达到7 147台，有效强化以票控税效能；优化税收服务质量。积极创建“优秀办税服务厅”，制定《办税服务业务操作手册》；推行办税服务窗口“一窗多能、一人多责、一机多用”，缩短办税时间，降低办税成本；建立纳税咨询热点问题上报制度，加强对招商引资项目的税收跟踪服务，全年新办税务登记纳税户4.5万户；推广邮寄、电子数据交换、网络传输等多元化纳税申报方式；开展第18个税收宣传月活动，局领导带队走上街头、下到社区、走进企业宣传税法，开展纳税辅导，发放税收宣传资料14.8万册，举行税企座谈会40次，局领导送税法到企业109户，进一步提升税收认知度和遵从度；拓展规费征管质量。重点费源监控监管扎实有力，开展社会保险基金专项治理，推行分类清欠措施，清缴欠费3.38亿元；扩面征收力度加大，有效缩小漏管缺口；启动自谋职业和灵活就业人员社会保险费储蓄扣缴征收方式，参与启动全省工会经费和建会筹备金地税统一征收，工会经费收入突破2亿元大关；企事业单位离休干部统筹费等基金征收开展顺利，征费工作接受中央电视台采访并播放，为全国人大审议《社会保险法（草案）》提供实践支持。

【税政管理】 管理措施向主动服务倾斜。抓好税种管理与政策指引、政策执行与宣传辅导的有机结合，贯彻实施好《营业税暂行条例》等税收法律、法规和政策，加大建筑业、教育业、住宿餐饮业营业税监管力度，创新资源税管理手段。推行所得税汇算电子申报，推广

省、市领导到市地税局视察指导工作　（市地税局　供稿）

企业所得税汇总纳税管理系统和个人所得税管理系统，全市共受理年所得12万元以上个人所得税自行纳税申报8 416人，增长14.21%。挖掘中小税源税种增收潜力，强化二手房屋交易和交通运输业、车船税征收管理，得到市政府的高度重视与大力支持，下发专题会议纪要和二手房交易最低计税价格管理办法，完善房地产税收“一窗式”征管模式。与交警部门协同把关征收交通运输业及车船税，形成新的税收增长点。规范城镇土地使用税减免税管理，强化内外税制统一后房产税的征收管理，土地增值税清算稳步推进，印花税“三自纳税”和耕地占用税、契税、烟叶税管理进一步夯实；增值税、消费税纳税额100万元以上企业分户征管信息与城建税、教育费附加税款比对成效明显；编印《税收协定手册》，涉外演出税收征管切实加强，清理非居民企业127户，反避税调查覆盖面不断拓展，国际税收情报交换工作成效明显，管理效果向主动服务拓展。增强大局意识和服务意识，积极配合和落实中央和省、市关于应对金融危机挑战、刺激经济增长的决策部署，不折不扣地贯彻落实好国家加大投资、扩大内需、保持增长和就业再就业、支持自主创新、区域协调发展、西部大开发等税收优惠政策，依法减免各项税费9.2亿元，帮助纳税企业克服困难、度过难关，受到了上级领导和广大纳税人充分肯定与好评，有效培育了可持续发展税源。

【依法治税】 对内，着力提高执法管理效率。深化推行税收执法责任制，对执法人员角色、岗位进行重新确认、分配和审核，健全完善执法责任制制度体系；制定地税行政处罚自由裁量权规范细化标准，规范调整涉税行政审批，税收执法检查和政策执行情况反馈顺利开展；认真落实阳光政府四项制度，制定重大决策听证、重要事项公示、重点工作通报和政务信息查询实施意见和办法，扩大税收执法和地税信息的影响面、透明度。对外，着力提升执法检查效率。全面加大对各类税收违法行为的查处力度，开展年度税收专项检查和全市地方税务大检查，严厉查处突出领域和重点行业存在的税收违法行为，全年查补各类税费3.16亿元，体现税收执法的威慑力和刚性；保持打击制售假发票违法行为的高压态势，联合公安部门成功破获嵩明“2·23”、安宁“5·26”等重特大制售假发票案件，查获假发票50余万份，票面可开填金额达3 500亿元，抓获犯罪嫌疑人8人；推广应用稽查软件，推行分级分类稽查，稽查执法办案的质量和效率进一步提高，为各项地税工作的健康顺利开展提供了执法保障。

【学习实践科学发展观】 2009年大力组织开展学习实践科学发展观活动，凸显了“三个实”成效：活动内容高效务实。深入落实省委部署的“一面旗、一团火、一盘棋”主题实践活动要求，形成了“人人学习理论，人人领会精神，人人改进作风，人人创新实践”的良好氛围，党员干部学习时间平均在80个课时以上，市局机关和各直属分局共撰写调研文章50篇，编发工作简报130篇；问题查摆全面详实。发放征求意见表2 100份，征集各类意见建议306条，召开专题民主生活会，市局班子做到了“三检查、三分析”；整改提高全面落实。制定了整改落实方案，解决突出问题和工作难题10项，废除涉及体制机制不适应发展的事项8项，修改5项，新建4项，党员干部满意率均达到98%，健全完善落实科学发展观、推进地税工作长远发展的长效机制。

市地税局系统开展“税收宣传月”活动 （市地税局 供稿）

【内部管理】 严格落实内部管理的各项制度、标准和要求，加强督促检查和规范指导，全系统各单位内部建设和管理质量、层次和水平不断提高；狠抓政务督查督办，推行“一线工作法”和“工作成果倒逼法”，确保上级各项决策、督办和社情民意事项及时有效办理；接受审计部门财政财务收支专项审计，完善会计内部控制、固定资产日常管理、代扣代缴、代收代缴、委托代征税款手续费管理等制度，推行“零余额”账户管理，建立全系统公务用车动态数据库，开展清查“小金库”和规范非税收入管理“回头看”，严格落实厉行节约八项制度要求；优化、美化地税办公环境，市地税局机关办公楼完成1、2、12楼改造，落实上级节能减排指标要求，市地税局被表彰为昆明市平安建设先进单位。

【干部队伍建设】 思想政治工作力度加大，深入学习贯彻党的十七届四中全会精神，制定市局党组《关于加强和改进思想政治工作的意见》和《党组中心组理论学习制度》，党组中心组学习质量进一步提高；领导班子建设切实加强。强化领导干部思想政治、作风和能力建设，贯彻执行好民主集中制原则，市局班子实现顺利交接、过渡和衔接，调整充实基层单位领导班子，各级班子驾驭全局、科学决策、组织领导、指导实践、推进工作的能力进一步提高；干部队伍建设成效不断凸显。落实干部人事制度、编制管理有关规定，制定地税《干部人事调配工作管理规定（试行）》、《机关各部门工作职责》和《因私出国（境）证照管理规定》，干部人事档案规范化管理水平不断提高，在省局指导下积极拟定市局“三定”方案；教育培训力度继续加大。组织参加稽查业务、执法资格和普法考试，完成省局网络教育学院人员基本信息采集；新录用公务员初任培训、省局MPA委培选拔考试培训和企业所得税、营业税、征管法律制度业务骨干等业务培训专业性强、成效明显；在全国税务稽查业务考试中取得优异成绩，有60名同志荣获省级百名标兵称号，占到60%，展现昆明地税干部扎实的理论功底和业务水平。

【党风廉政建设】 坚持“机制严、措施严、教育严”，大力推进地税党风廉政建设和行业作风建设，取得较好的成效。深入开展“行政效能提升年”和“干部作风改进年”活动，重点整治服务质量不高、办事效率低下、不使用文明用语、对纳税人态度粗暴等群众反映强烈的问题，在维护纳税人合法利益、转变地税行业作风、提高地税行政效率、营造一流税收软环境方面取得较好成效；加强行政执法监察、效能监察、廉政监察和地税行业作风明察暗访，加大督查督办工作力度，坚持失责必问、有错必纠，把行政不作为、乱作为、严重损害纳税人利益作为问责重点，以最严厉的问责制度督促各级地税机关依法、高效、廉洁行政；加大警示教育和反腐倡廉教育，开展了汪宏顺违法犯罪案件警示教育活动，以案说法、以案明纪，使干部职工深受启发的教育，提高了教育的针对性和说服力；开展日常性、警示性廉政教育和提醒，促进形成学廉、崇廉、守廉、倡廉良好氛围。深入落实党风廉政建设责任制，狠抓岗位职责和廉政责任的全面落实；深化对“两权”运行的监督，严格执行述职述廉、诫勉谈话和党员领导干部报告个人有关事项等制度，注重发挥廉政档案的作用；围绕税收执法中的自由裁量权和重点环节，强化税收执法监察。

【地税文化建设】 “六好”创建与目标管理考核实现双向促进。完善考核办法以及考核指标体系，规范电子考核台账痕迹管理，确保各项考核指标高效完成，连续第三年被市委、市政府表彰为全市目标管理考核“一等奖”。文明创建与文化建设实现同步发展。安宁市局被中央文明委授予“全国精神文明建设工作先进单位”荣誉称号，五华区局一分局被省局推荐参加全国税务系统先进集体评选；全系统包括市局机关在内有14个单位顺利通过省级文明单位评审验收，4个直属局通过市级文明单位评审验收；市地税局第三次被市政府授予昆明市文明行业称号；2个基层单位被授予“省级巾帼文明岗”，3名同志分别荣获“全国三八红旗手”和“省级巾帼建功标兵”称号；各类工、青、妇、卫、体活动丰富多彩，切实增强了干部职工对地税文化的认同感和参与度；关心老干部生活，在全省地税系统老干部歌咏比赛中勇夺第一名和第二名；党建和理论研究工作实现成效拓展。完善和落实党建目标管理责任制，推进党建工作的制度化和规范化；做好扶贫帮扶和社会主义新农村建设联系点工作，选派推荐2名新农村建设指导员和2名市妇联创业指导老师；与市国税局一起组织成立昆明税务学会，并完成昆明地方税务研究会的换届选举，广泛开展各类税务理论研究活动，地税文化建设在全省地税文化建设研讨会上被评为一等奖，打造地税文化品牌成效突出。

（黄跃初　杨　昆）

·责任编辑　何　兆·

商 业

商业贸易

【对外贸易跌幅收窄】 2009年昆明地区外贸实现进出口51.7亿美元，同比下降24.6%，其中出口26.1亿美元，进口25.5亿美元。市属外贸实现进出口19.3亿美元，同比增长9%，其中出口13.5亿美元，进口5.8亿美元。外贸进出口在全国主要城市中排名第18位，增幅居全国主要城市第24位，昆明市外贸进出口总额在西部省会城市中位于成都、西安之后居第三。

【利用外资低谷见高】 在全球金融危机不断加剧的情况下，2009年市利用外资实现增长，实际利用外资达到7.36亿美元，完成年初市委、市政府下达6亿美元目标的122.6%。"十一五"前四年，市实际利用外资累计完成18.47亿美元，是"十五"期间的7倍，提前完成"十一五"期间10.9亿美元的目标。

【外经增长势头强劲】 2009年，对外投资项目12项，中方协议投资总额5 092万美元，完成年度目标的110.7%。替代发展项目5项，项目协议投资额7 199万美元，其中，中方投资6 888万美元，比去年同期投资增长380%。对外承包工程（对外援助项目）1项，合同金额2.7亿人民币；新签订对外承包工程5项，合同金额4 902.61万美元，完成年度目标任务的117.9%。外派劳务输出505人，完成年度目标任务101%。对外投资和替代发展呈现良好态势，与上年同期相比，无论是项目数量，还是资金规模均出现一定增长，已步入良性发展轨道。

【招商引资】 2009年市商务局（昆明深圳招商分局）共完成实际到位外资1 369.75万美元，完成全年目标任务的370.20%；内资剔除BT项目，实际完成到位资金4.5亿元，完成年度目标任务100%。项目涉及总部经济、高新技术领域软件开发、光电节能、物流、商贸、飞行培训及农业花卉种植和养殖等项目。

【社会消费品零售总额快速增长】 2009年全市实现社会消费品零售总额864亿元，同比增长23.4%。其中，批发业增长16%，零售业增长29%，住宿业增长9.1%，餐饮业增长13.6%，其他行业减少12%。

【家电下乡】 与市财政局密切配合，积极抓好家电下乡工作，截止2009年12月31日，全市共计备案销售网点580个，已销售中标产品74 627台（部），累计销售总额1.32亿元，累计兑付财政补贴资金930万元，受益农户4.8万户。

【成品油市场】 2009年，昆明成品油市场运行良好，民营企业市场份额有所增加，监测数据显示：监测企业共销售215.61万吨，同比增长20.05%。12月份当月监测数据显示，监测企业共销售17.14万吨，环比减少5.42%，同比增长11.18%。

【万村千乡市场工程】 加快农村商品流通网络建设，改善农村消费环境，扩大农村消费，全面完成2009年度100个"农家店"和2个配送中心建设任务。全市乡镇及行政村农家店覆盖率达90%以上。

【农贸市场标准化建设】 2009年完成10个标准化农贸市场改造建设工作任务；其中，5个为生鲜超市，开启了农贸市场向生鲜超市的过渡。完成22个乡镇农贸（集贸）市场规范化建设改造试点工作，为城乡一体化和农村流通主渠道建设进行了有益尝试。

【家政网络信息中心建设】 加快家政服务行业科学有序发展，全面提升家政服务水平，开通"96155"家政服务网络中心信息平台，以服务城区居民、城镇居民和农村居民为宗旨，综合运用多种信息化手段，提高公共服务能力水平，促进和谐社区发展建设。该网络中心已通过省商务厅、省财政厅组织的验收组的验收，并获中央财政200万元的扶持。

【再生资源社区网点建设】 根据市政府办公厅《关于印发昆明市2009年再生资源回收体系建设任务分解的通知》的要求，截止2009年12月，按照"七统一、一规范"的标准要求，已建成社区绿色回收站（点）710个，规范的回收分拣中心4个，高标准规划建成跑马山再生资源回收处理中心1个，基本形成昆明市再生资源回收体系格局。

【主食加工配送中心建设】 按照《商务部财政部关于开展早餐示范工程建设试点工作的通知》要求，制定《昆明市开展主食加工配送中心建设试点工作方案》，组织优选出来的企业向省商务厅、国家商务部申报试点示范，经国家商务部、省商务厅多次调研考察，昆明市护苗学生营养食品有限公司、昆明市饮食服务公司、昆明新苗餐饮服务有限公司被省商务厅列入云南省2009年早餐示范工程实施企业。上述企业已通过省商务厅、财政厅、市商务局、财政局及辖区商务、财政部门组织的验收，并获中央财政980万元的资金扶持。

【打造中华美食文化名城】 为全面贯彻落实省政府《关于促进云南餐饮业务发展的实施意见》文件精神，加快制定完善《昆明市促进餐饮业发展的实施意见》，积极开展"中华美食名城"申报工作，支持云南省烹饪协会为昆明市申办"中国厨师节"积累经验，积极组团参加"第十九届中国（扬州）厨师节"，全力扩大滇菜品牌的知名度和影响力，着力将昆明市打造成为中国的美食之都，世界的美食之窗。2009年6月29日，昆明市被中国烹饪协会授予"中华美食名城"称号。

【老螺蛳湾市场搬迁】　在市委、市政府的领导下，通过市商务局、西山区、官渡区、云南中豪置业有限公司和市级相关部门的共同努力，全面统筹"业主、经营户、职工"三方复杂利益关系，老螺蛳湾市场于2009年11月30日关闭。至此，作为全国"十大日用品批发市场"、"全国十大品牌批发市场"的老螺蛳湾市场圆满完成使命。同时，总投资350亿元的昆明新螺蛳湾国际商贸城一期120万平方米的大体量商业设施正式运营，并成功实现"四位一体"（即：商品交易平台、仓储物流平台、产业加工平台、承接老螺蛳湾市场平台）的平台结合。

【屠宰场规划选址】　认真贯彻落实《昆明市政府办公厅关于印发昆明市主城区生猪定点屠宰厂（场）的整合搬迁提升工作方案的通知》的精神，在市规划局、市国土局、市环保局、五华区、西山区、嵩明县、富民县等部门的支持和配合下，经多方选择，实地踏勘，最终选定嵩明县杨林工业开发区作为搬迁整合新建肉类联合加工企业的选址，富民县大营镇作为备选点。同时完成《昆明市主城区生猪定点屠宰企业整合搬迁提升工作的实施意见》及《整合搬迁提升工作方案》涉及的相关文本的起草工作；贯彻落实《昆明市牛羊定点屠宰管理办法》，初步确定在西山区新建牛羊定点屠宰企业选址，同时，将寻甸县羊街菜牛羊屠宰加工厂作为昆明市另一个牛羊定点屠宰场并要求提升改造。

【软件和服务外包产业发展】　制定《昆明市关于制定服务外包发展的实施意见》、《昆明市服务外包产业发展"十二五"规划》、《关于加快发展软件和服务外包产业的若干优惠政策》等措施。按照规划"集聚发展、错位竞争"的工作思路，昆明市将形成"三园三区三基地"服务外包齐头并进的发展格局，重点围绕发展信息技术服务外包、医药服务外包、物流服务外包、蔬菜花卉研发、工程承揽、教育培训等重点服务外包领域，积极承接服务外包产业梯度转移，推动服务外包产业又好又快发展，全面提升昆明现代服务业的对外开放水平。

【推进商业节能减排】　2009年全面完成市政府和"四创两争"指挥部下达的10个"绿色饭店"和10个"绿色商场"创建目标，完成计划的100%；完成昆明市节能领导小组办公室下达的全市商业领域节能灯使用率达60%的目标；完成"昆明市'十二五'商业节能发展规划"编制工作；全面完成与昭通市的内贸（含节能减排）工作交叉检查任务。

【会展业发展迅速】　2009年会展情况呈现出整体增长较快、内需拉动作用大、主办展会拉动权重增加的良好态势。第十七届昆交会硕果累累，本次昆交会是第二年由国家商务部牵头主办的展会，同时，第二届南亚国家商品展首次在昆明举办，展会呈现出高规格、市场化、国际化、专业化的特点，实现外贸进出口成交额1.45亿美元，其中出口额为9 790万美元，进口为4 720万美元。为积极应对全球金融危机，扩大内需，刺激消费，与国贸中心等单位联合承办"2009昆明新春欢乐购物节"、"2009昆明现代家居博览会"；应兄弟城市市政府的邀请，昆明市政府组团参加"2009中国（沈阳）食品博览会"、"2009（杭州）中华老字号精品展"、"2009（上海）云南农特产品推荐会"及"西安博览会"等展会。

【行业协会建设】　支持有实力的协会着手拟制行业标准及规范；支持优势企业筹建昆明家政服务行业协会、昆明婚庆行业协会、昆明清真食品行业协会及昆明成品油行业协会，加强协会的组织建设，增强各协会的服务、自律和市场意识，使之成为推动企业规范发展和行业自律的中介组织，提高为行业和企业服务的能力，扩大行业协会的覆盖面，加强对协会会员的协调、服务和指导，强化行业自律，更好地发挥其在流通业发展中的作用。

【特种管理服务】　2009年完成66家拍卖企业的年检工作和50家典当企业的年检工作，企业参检率达100%，新批典当企业13家，新设立拍卖企业初审3份，酒类流通随附单申领完成27家，行业管理和信息调研工作逐步加强。

【社会信用体系建设】　紧紧围绕昆明市社会信用体系建设工作"完善一个保障，打造两个平台，建立三大体系，实现四个提高"的总体目标，起草完成信用信息联合征信指标信息征集目录；加快推进信用规章制度建设，制定完成《昆明市企业信用信息征集披露使用管理办法》、《昆明市信用信息系统运营管理规定》、《昆明市个人信用信息征集使用管理办法》、《昆明市企业信用信息公示管理规定》；重点做好《昆明市社会信用体系建设信息化系统规划、建设、运营方案》编制报审工作，并经市政府第143次常务会审定通过。

【商务发展行业规划建设】　制度创新工作加快推进。制定完成《昆明市关于制定服务外包发展的实施意见》和《关于加快承接沿海加工贸易产业转移的实施意见》、《关于总部经济发展的实施意见》、《关于楼宇经济发展的实施意见》、《昆明市服务外包产业发展"十二五"规划》、《关于加快发展软件和服务外包产业的若干优惠政策》、《昆明市人民政府办公厅关于印发昆明市促进连锁经营发展意见的通知》、《昆明市人民政府办公厅关于转发加快发展家政服务业意见的通知》、《个人信用征信管理办法》等一系列政策文件；《关于搞活流通扩大消费的实施意见》、《昆明市企业信用管理暂行办法》、《企业信用公示制度》已上报市政府。

编制商务发展行业规划。开展《昆明市商业网点（2008～2020）》的修编工作，同时编制完成《再生资源回收体系建设行业发展专项规划（2008～2020）》、《昆明市早餐发展规划》、《昆明市加油站行业发展规划（2008～2020）》及《呈贡新区加油站布局专项规划（2008～2020）》，突出了对商务工作发展的指导性和前瞻性，促进全市商务事业又好又快发展。

【城乡一体化市场体系】　"万村千乡"、"家电下乡"等惠农工程进展顺利，农村消费环境得到改善。市商务局高度重视"万村千乡"、"家电下乡"、"汽车下乡"等一系列惠农工程，通过加强组织领导、完善工作机制、营造发展氛围、强化指导和监管推动工作有效开展，一定程度上改善了农村消费环境，拉动了全市农村社会消费，城乡一体化市场流通体系的格局逐步建立。

【发展现代服务业】　随着社会主义市场经济的快速发展，市场化程度日益增强，传统服务业与现代服务业在相互促进增长的同时，也形成了一些矛盾。传统的螺蛳湾批发市场、4个主城区的12个生猪定点屠宰场及11个废旧物资交易市场面临重新规划选址搬迁和提升改造。同时，与之形成鲜明对比的是现代服务业发展迅速，依托现代信息技术、全新的管理模式、服务模式和经营理念，加快向传统服务业渗透。目前现代物流业、服务外包产业、电子商务等产业欣欣向荣、方兴未艾，成为全市商务事业又好又快发展的新亮点。

【商务信息监测平台日益完善】　建立城市生活必需品市场价格监测机制，加强对粮、油、肉、蛋、奶等重要生活必需品的市场监测，启动生活必需品市场监测预警机制，全面、准确地监测市场供求和价格信息，稳定市场供应。

成品油市场供求信息监测深度和广度不断扩展。针对成品油价格与国际接轨实行新的运价机制，市商务局加强对全市成品油市场监测工作，密切关注国家发改委历次调价后成品油市场的运行情况，适时启动日监测、周监测、月监测、季监测制度，2009年发布监测信息16期。同时，不断增加各县市区社会加油站的监测数量，从深度和广度上提高成品油市场监测的代表性。

【商务事业发展资金保证】　全年共争取国家和省内外贸扶持资金2.03亿元，全部用于支持市中小企业的发展。

（邬　江）

供销合作

【主要经济指标超额完成】　2009年完成经营总额54.34亿元，占年度目标任务的110.9%，同比增长15.4%；实现利润2 240万元，占年度目标任务的246.2%，同比增长33.3%；规范和新建“两社一会”715个，其中新建专业合作社180个，分别占年度目标任务的118.2%和180%；建成乡村流通网络终端1 203个，占年度目标计划的100.3%；完成化肥销售39.90万吨，占年度目标任务的107.8%；建设配送中心12个，完成目标任务的133.3%；改扩建集贸市场10个，完成年度目标任务的111.1%；引进合作项目12个，完成年度目标任务的109.1%。

【“二次创业”实施意见出台】　为认真贯彻落实省委、省政府《关于深化改革推进供销社“二次创业”的意见》和全省供销合作社改革发展工作座谈会议精神，各级党委、政府高度重视，有关部门大力支持，全市供销系统积极工作，供销社“二次创业”工作开局良好。由市社草拟，经市政府常务会、市委常委会研究，于2009年1月22日出台《中共昆明市委、昆明市人民政府关于深化供销社改革推进供销社“二次创业”的实施意见》全市12个县（市）区相继出台贯彻落实云发和昆发文件的实施意见。

【供销社工作会议】　2009年3月4日，市政府召开深化供销社改革，推进供销社“二次创业”电视电话会议，市政府李喜副市长在会上作重要讲话，对全市供销社“二次创业”进行动员和部署。12个县（市）区党委、政府按照市委、市政府的统一部署，先后召开工作会，对本地区供销社“二次创业”作具体安排。

【制定“乡村流通工程”规划】　2009年5月，组织对市乡村流通体系建设的现状进行广泛的调研，在此基础上，6月份组织编制昆明市《乡村流通工程建设规划》，经反复修改后，7月10日提交有关专家进行咨询，通过认真修改完善，已经下发实施。除官渡、呈贡供销社外，各县（市）区供销社均已完成初稿的草拟，正进行修改完善。

【建立健全工作机制】　市委、市政府成立由分管副市长为组长的领导小组；12个县（市）区相继成立由党委、政府分管领导为组长的供销社“二次创业”领导小组，建立健全由政府相关职能部门参加的联席会议制度，形成加快供销社改革发展的领导力量。

【确定“乡村流通工程”项目示范点】
通过调研，全市供销社系统确定19个“乡村流通工程”项目示范点。市委、市政府明确按省级专项资金1∶1的比例给予扶持，农资储备补贴从每年200万元提高到300万元；各县（市）区党委、政府从实际出发，制定资金配套政策，明确给予共计1 901万元的资金扶持，2009年实际到位492.5万元。

【改造农资经营服务网络】　以现有农资经营企业为依托，通过产权联结和资源的有效整合，西山区、东川区、富民县、宜良县、嵩明县、石林县供销社建立了农资配送中心，强化县域农资连锁经营，做到每个行政村、大的自然村都有农资零售网点，全市初步建立覆盖乡村的农资连锁经营网络，确保广大农民用上放心农资。

【整合农村日用消费品流通服务网络】
以农村综合服务社、乡村便民超市为基础，结合“万村千乡市场工程”，采取基层供销社主导、乡村经营网点加盟等发展模式，以联合发展为立足点，走直营带加盟的低成本扩张之路，实施“小超市、大连锁”战略，日用消费品连锁经营网络建设步伐加快，形成城乡结合、上下贯通的县乡村三级日用消费品现代经营网络。2009年，实现日用消费品销售额2.24亿元，同比增长17.6%。

【农产品流通服务体系建设】　通过发展新型经营方式，运用“公司＋农户”、“龙头企业＋农户”、“批发市场＋农户”、“公司＋专业合作社＋农户”等方式，实现农副产品经营业态和流通方式的创新。紧紧依靠基层社，充分发挥专业合作社作用，加快集贸市场改造升级，积极开拓农副产品购销市场，2009年，实现农副产品购进总额6 558万元。

【拓展再生资源回收利用网络】　昆明主城周边规划总占地面积911亩，计划总投资7.2亿元的6个废旧物资回收处理中心建设进展顺利。洛羊废旧物资回收处理中心已于2009年12月29日竣工开业，九龙湾、昱西、三瓦村、普吉四个废旧物资回收处理中心分别于2009年11月9日、11月29日、12月28日和2010年2月12日开工建设，青山回收处理中心开工前的准备工作正抓紧进行。2009年，实现再生资源类商品销售总额3.78亿元。

【发展农民合作经济组织】　始终以科学发展，服务“三农”为己任，不断创新为农服务体系和机制，继续加大发展“两社一会”的力度，建立和完善考核办法，加大“两社一会”建设的投入，进一步促进农村合作经济组织持续、规范、健康、稳步发展。2009年发展“两社一会”411个，其中，专业合作社180个，综合服务社210个，专业协会21个。

【提升直属企业竞争力】　按照“五个

有利于”全面推进供销社改革与发展的工作思路，支持直属企业改革创新，拓展业务，盘活资产，挖潜改造，提升竞争实力。市农资有限公司采取靠大联强策略，稳步扩大农药经营规模，降低经营风险，经济效益持续增长。全年销售农药1.98亿元，同比增长15%。再生资源（集团）有限公司洛羊废旧物资回收处理中心竣工开业，利润突破100万元。市土产日杂有限公司投资改建冷库，拓展经营业务。贸易货栈盛德食品有限公司扩大小米椒种植专业合作社，为小米椒深加工建立稳定的原料基地。市副食禽蛋部总公司彻底解决了困扰多年的银行债务问题；投资参与洛阳废旧物资处理中心建设。联盟大酒店继续巩固特色品牌酒店经营，实现利润突破100万元。市果品有限公司从市场需求出发，在继续巩固资产经营的同时，不断拓展新的经营品种，经济实力不断提升。通过各企业扎实有效的工作，拓展了经营业务，提高了经济效益。2009年，市社直属的7个企业完成经营总额13.56亿元，较上年增长19.7%；实现利税总额1 173万元，同比增长8.7%。

【实施人才培养战略】 重点抓“新网工程”急需人才、农民专业合作社带头人和农产品经纪人的培训。全年共开展各类培训1.47万人次，占年度目标任务的209.4%，其中，农民经纪人培训5 474人次，占年度目标任务的130.3%，持证人数2 197人，占年度目标任务的156.9%。

【招商引资】 2009年，市社抽调骨干力量组成昆明佛山招商分局，充分调动干部职工积极性，通过完善充实招商引资项目库，召开推介会，参加大型洽谈会和专业展会，以及有针对性的登门招商，圆满完成招商引资目标任务。共引进内资项目8个，实际到位资金3.69亿元，考核认定2.44亿元，完成年初目标任务的162.67%；外资项目1个，实际到位资金100万美元，考核认定80万美元，完成年初目标任务的100%。

【作风建设】 以深入学习实践科学发展观、“机关效能提升年”和“干部作风改进年”活动，以及“加强作风建设，促进科学发展”主题教育活动的扎实开展，领导班子成员深入到企业，深入到县区供销社进行认真调研，形成调研报告6篇。在深入调查研究、广泛征求意见的基础上，将领导班子存在的7个问题分解为15个问题，分近期6个、中期5个、远期4个进行整改，排出整改时间表，落实责任部门和责任人。建立和完善各项制度22个。

【完成各项目标任务】 通过全市供销社的共同努力，圆满完成了各项目标任务。完成与市政府签订的目标任务；超额完成省社下达的八项目标任务；完成安全生产与综治目标任务，实现全年无重大安全生产事故；完成农博会参展任务；完成了扶贫任务，全年投入扶贫资金4.64万元。

（蒋　伟）

粮　食

【经济指标完成情况】 2009年全市粮食总购进（含本地收购、原粮）170.20万吨，完成年度目标任务145万吨的121.57%。全市粮油总销售（原粮）173.18万吨，完成年度目标任务135万吨的128.28%。全市纳入统计范围涉粮企业554户，占工商登记涉粮企业户数的87%，完成年度目标任务的116%。各级地方储备粮食足额到位、数量真实、质量保障。全市纳入考核的粮食企业实现销售收入22.81亿元，比2008年同期增加1.6亿元，增幅7%，完成年度目标任务的142.6%。实现利润5 414.7万元，比2008年同期增加1 548万元，增幅28.6%，完成年度目标任务的300.8%。全市粮食系统销售收入指标和实现利润指标均创历史新高、历史最高。

【落实粮食行政首长负责制】 2009年，市、县粮食行政首长负责制的考核统一纳入市目标责任考核。市粮食局作为牵头单位，认真做好省政府考核市政府的相关协调和落实工作，配合市政府抓好对县（市）区落实该项目标的督促检查考核等有关工作。全市落实粮食行政首长负责制的情况得到省考核组的充分肯定和高度评价。

【粮食宏观调控】 市粮食局为切实保障全市粮食供需总量平衡，不断健全和完善以粮食储备体系为骨干、国有粮食购销企业为主渠道、粮食应急供应系统为保障的粮食宏观调控体系。充实地方粮油储备，不断完善储备粮管理。以落实规模、促进地方储备粮体系建设、实现轮换、确保全市粮食安全为重点，进一步落实省、市、县三级地方粮食储备计划。做到“为中有粮、心中有数、储备有保障、应急有机制”。同时严格执行各级储备粮油管理办法及《粮油储藏技术规范》，加大储粮安全检查力度，积极推广应用科学储粮新技术。按照每个县区建立1～2个中心库的要求，积极开展基础设施建设工作。圆满完成全市粮食清仓查库工作任务，清查结果使政府放心、群众满意、社会认可。昆明市粮食局被国家粮食局授予“全国粮食清仓查库工作先进单位”荣誉称号。启动全市粮油仓储企业规范化管理活动，存储在昆明的省、市、县级地方储备粮“一符四无”率均达到99%；省、市储备粮科学储粮率达到100%，县级储备粮科学储粮率达到95%，均超额完成年初确定的目标任务。积极引导粮食产销合格，全方位搞活粮食购销。支持和鼓励各类粮食企业与省内外粮食主产区建立长期稳定的产销合作关系，以第五届昆明国际农业博览会为契机，与黑龙江、吉林、山东等地粮食企业签订购销合同15份；昆明国家粮食储备有限公司、昆明良田粮食转运有限公司分别与黑龙江省齐齐哈尔市和延寿县建立产销合格关系。根据市场变化及时下达计划，引导粮食储备企业合理把握储备粮油的轮换时机和销售节奏，适时轮换销售储备粮，保持粮食市场和价格的基本稳定。加强粮油价格监测。不断完善粮油供需及行情监测预警机制，继续推行粮食流通工作专家咨询会议制度，加强国际、国内粮食市场的调查分析，为市委、市政府及时全面掌握粮食工作动态及完善粮食生产、流通和消费政策提供可靠依据。认真做好社会粮食流通统计工作，全市纳入统计范围涉粮企业554户，占工资登记涉粮企业户数的87%，完成市政府下达目标任务的116%。完善粮食应急安全保障体系。进一步细化粮食应急预案，年内与粮食加工企业签订“应急粮食加工协议”23份、“应急粮食销售协议”136份。为配合“昆明2009—使命”地震灾害应急演练工作，8月30日晚在系统内组织开展地震救援粮食调拨组织推演，切实检验粮食应急预案的针对性、合理性、科学性和可操作性。积极做好军粮供应工作。完善军粮供应管理，确保驻昆部队吃上“放心粮”。全面完成军粮财务专项检查工作，得到国家粮食局和省局的一致好评。

【粮食产业发展】 市粮食局加快粮食流通经济发展方式的转变，大力发展粮食产业化经营。积极培育市场主体，做强做大龙头企业。鼓励各类具有资质的市场主体从事粮食收购和经营活动。截止2009年末，全市共有粮食收购、加工、销售企业（含个体工商户）3 407户，其中：非国有粮食企业户数达到3 387户。基本实现了在国家宏观调控下的粮食购销市场化和竞争主体多元化格局。加大对粮食龙头企业的政策扶持和资金支持力度，引导龙头企业向规模化和集约化方向发展，推进粮油食品加工业发展，开发优质粮油产品，提高资源利用率和增值效益。目前，全市粮食系统共有3户省级重点龙头企业，在粮食系统内起到“示范领跑标榜”作用。强化质量意识和品牌意识，实施精品名牌战略。大力推进“放心粮油”工程建设。开展“放心粮油”进农村、进社区活动。目前，全市“放心粮店”达到34个。充分利用昆明国际农业博览会展会平台，强化粮油精品品牌意识。参展中有7个产品分获“优质农产品”金奖3个、银奖4个。加快粮食物流和市场体系建设。积极引导多元投资主体投资各类粮食交易市场、物流设施建设等。各类粮食市场功能不断完善，分工趋于明晰，市场定位逐步明确，物流设施条件逐步改善，作用日益显现。昆明市粮油购销有限责任公司粮油仓库迁建和省粮油批发市场建设项目取得突破性进展，粮库迁建已完成土建工程进度的85.6%，市场建设项目已完成土建工程进度的72%。两个项目建设均超额完成年初市政府确定的目标任务。

【粮食流通监督检查】　市粮食局着力抓好监督检查，进一步规范流通秩序。指导各县（市）区逐步建立相对独立的执法内设机构，配备人员和工作经费。市县两级粮食行政管理部门共建立粮食行政监管内设机构10个。全年对166户企业粮食收购资格许可证进行年度检审，其中通过年检158户、注销8户；制定《下放粮食行政审批事项后续监管办法》，进一步强化后续监管和监督问效。完成“五五”普法年度计划，开展五部法律的宣传教育培训工作；以“粮食科技活动周”、“食品安全宣传周”为契机，加大对国家粮食政策法律法规的宣传贯彻力度，进一步营造依法行政、依法管粮的良好社会氛围。加大粮油质量监管和市场检查力度。共开展各类粮食流通监督检查526次，出动2 918人次，检查粮食经营户数2 075个；与此同时，积极协调配合有关部门，加大节日期间粮油市场的联合监督巡查力度，确保粮油消费安全。健全和完善安全生产行业监管机制，加大事故隐患排查力度，强化企业安全生产责任主体；重点抓好储粮化学药剂管理、防火，严格执行生产工艺及设备操作规程等。

【编制“十二五”粮食规划】　为确保“十二五”期间全市粮食宏观调控任务的顺利实现，市粮食局主动超前谋划，积极做好《昆明市“十二五”粮食流通产业发展规划》编制工作。一方面，成立组织机构，配备人员，及早着手规划编制。另一方面，通过积极争取，将该规划纳入市政府总体规划“盘子”。通过强化组织领导、加强衔接配合、进行学习调查和课题研究、大力借智引智等措施，规划编制工作顺利推进。

【机关建设】　市粮食局党委高度重视党建和党风廉政建设。严格方法、步骤和程序，圆满地完成学习实践活动一个阶段的各项任务，形成11篇专题调研报告和4篇典型案例分析；较好地实现了学习实践活动与其他专题教育活动的互动发展、协调推进。开展“一面旗、一团火、一盘棋”活动，着重开展“读书月”学习教育活动；在党建工作方式上进行积极探索。根据中层干部轮岗交流的实际，及时对机关3个党支部书记进行调整，使党支部工作有序衔接不断档；做好干部的培养使用。认真落实“一报告两评议”制度、“领导干部述职述廉报告”公示制度等。对2008年新行职干部进行试用转正。开展机关内部交流轮岗工作。市粮食储备公司选用一批具有专业特长的大学生等；积极参与政民互动。局领导分别做客昆明人民广播电台“春城热线”节目和昆明信息港“春城会客厅”栏目，与听众和网友进行亲切交流，取得较好的效果；切实做好老干部、信访维稳及扶贫工作等，大力支持工会、共青团和妇委会按照各自章程开展活动；认真贯彻中央和省、市纪委全会、市委九届五次全会和市政府廉政工作会议精神，及时传达学习党风廉政建设和反腐败工作的精神和要求，组织观看反腐警示教育片，提高组织纪律意识、大局意识和依法行政意识。进一步完善监督制约机制，公布违法违纪线索举报电话。一年来，没有发现任何违反廉政纪律的人或事。

按照“行政效能提升年”和“干部作风改进年”的有关要求，严肃工作纪律，努力做到优质高效办公、主动热情服务，对组织负责，让群众满意；加强粮食业务培训。与河南工业大学联合举办一期现代粮食管理培训班，使市粮食系统干部职工业务素质得到较大提升；推进“阳光政府”建设。明确实施方案，制定实施细则及责任追究办法，公布《粮食行政处罚自由裁量权规范标准》，开通96128接入专线等；强化信息宣传。全年共向市委、政府报送信息231条，被采用43条，其中1条被省政府信息处采用，超额56.7%完成考核任务。开通“昆明市粮食局网站”和“昆明市粮食局政府信息公开门户网站”，公开信息659条。在市信息产业办组织的多次测评中，两个网站排名均在全市49个委办局的前10名；积极搭建机关局域网，机关内部实现了无纸化办公。

2009年，市粮食局成功创建为区级文明单位，并被市委、市政府授予“昆明市平安建设先进单位”荣誉称号；局党委连续5年被市级机关工委评为党建工作“先进单位”；在市安委会安全生产目标考核中被评为优秀单位；在市委、市政府年终综合目标管理考核中，获一等奖；在行风评议中名列前茅，排名小组第三。

（市粮食局）

·责任编辑　何　兆·

烟　草

烟草专卖

【经济效益稳步增长】 全系统实现两烟销售收入66.76亿，同比增加8.19亿，增长13.98%；实现税利22亿，同比增加2.7亿，增长13.99%。其中实现利润13.01亿元，同比减少0.39亿元（主要原因是消费税改革，利转税1.27亿元影响利润减少），下降2.91%；实现税金8.99亿元，同比增加3.10亿元，增长52.63%。

三项费用率9.43%，同比上升0.58个百分点；资产负债率14.68%，同比下降2.59个百分点；国有资本保值增值率127%，同比上升1个百分点。

【烟叶生产水平整体提升】 圆满完成烤烟种植61万亩、收购计划179万担的任务。收购均价15.14元/千克。国家局工商交接抽查等级合格率达到60.28%。受到省局通报表扬，成为全省唯一在烤烟收购期间被表扬的市级公司，并以综合考评第一名的成绩被评为2009年度全省烟叶工作先进单位。

强化质量意识，狠抓技术措施标准化和基础管理规范化，生产各阶段均取得显著成绩。全市共签订种植收购合同68 320份，户均面积8.93亩，较去年提高3.87亩。烟田机耕49.78万亩，较去年提高30个百分点。育苗实现100%商品化、100%漂浮育苗。最佳节令适时集中移栽比去年提早3天，取得历史性突破。

完成烟田基础设施建设工程2 649件，投入资金1.25亿元。现代烟草农业示范区实现烟水、烟路、密集烘烤100%覆盖；专业户、家庭农场、专业合作社100%推广；烟叶生产管理扩展系统、“金叶通”、烟叶收购电子结算100%应用；专业化育苗、机耕、施肥、植保和封顶打杈、化学抑芽100%到位。在现代烟草农业建设上迈出了坚实步伐。

【卷烟销售网进一步完善】 全地区累计销售卷烟25.11万箱，同比增长7.06%，其中：一、二类卷烟比例13.12%，同比增加1.55个百分点；单箱销售收入19 079元，同比增长5.34%。全年卷烟销售呈现“开门红、走势稳、上水平”的态势。

构建市场监测和预测体系，抓好卷烟存销比管理工作。达到货源科学投放的目的，保证卷烟市场稳定健康发展；加强重点骨干品牌的培育，全国“20+10”重点品牌销量同比增幅22.4%。提高省外卷烟的市场份额，全年销售省外卷烟3.34万箱，同比增长1.2个百分点。挖掘市场资源，扩大增量空间。进一步优化布局，加强规范专销工作力度。实行无间距办理零售许可证，把零售客户作为营销队伍的组成部分，形成零售客户优胜劣汰机制，破解无证经营难以清理的困局。

认真开展工商一体同城物流试点工作，进一步简化物流配送流程；建立“一对一”的客户服务评价模式，不断提升客服人员的服务能力和水平；整合资源，利用现有的基层烟站点网络，开展农网延伸工作，填补农村卷烟零售客户的“空白点”。市场控制能力有了明显提升。

【专卖监督管理】 充分发挥联合执法的机制作用，全年共开展专项整治行动4次，先后破获“4.07”制售假冒卷烟网络案件、“3.24”非法经营卷烟网络案件。重点对呈贡、嵩明、寻甸等地区的非法经营烟叶行为实施有力监控，严厉打击各类涉烟违法行为。全年共出动专项打假28 942人次；查获各类案件961起，其中案值达五万元以上案件9起；查获违法卷烟3 694.97万支，其中假冒商标卷烟914.6万支；查处违法烟叶烟丝175.28吨；上缴罚没款173.97万元。公安机关刑事拘留涉烟违法人员38人，检察机关批捕22人，人民法院判刑55人（包括在2009年前查获，2009年内判决案件的涉烟违法犯罪人员）。

以开展日常监管、同级监管、专项检查和重点抽查为主要方式，深入推进内部专卖监督管理工作的开展。认真开展“三项”检查，规范内部经营和管理行为，建立自我完善、自我约束、严格规范的长效机制。

【基础管理严格规范】 以标准制订和落实为切入点，修订完善覆盖各个环节和流程的工作标准、技术标准和管理标准。继续完善管理体系建设，提升内审员队伍素质，促进管理体系的有效运行和持续改进。大力推行督办制、双向问责制、明示承诺制。建立督察考评中心，实施季度督察考评。与银行、保险等业务往来单位签订《廉政监督责任书》。开发使用工程投资、物资采购等信息管理系统，完善财务管理和廉政监督系统功能，实现全方位监控、全过程监管。

全面开展烟叶专项资金检查和“小金库”专项治理工作。进一步加强国有资产管理。启用预算监控系统，实施预算考核管理，提高预算执行力。加大审计力度，全年共实施审计87项次，实施招标、比价项目135项，进一步降低成本费用。围绕环境及职业健康安全管理的总体目标，全面开展安全管理示范工作，普及规范安全标识，全年无重大安全事故发生。

【技术创新能力增强】 以“六个一”工程建设为重点，通过健全机构、建立制度、搭建平台、夯实基础、培养队伍、推广成果等措施，科技创新实现历史性突破。2009年在省级期刊上共发表论文15篇，申报专业技术职务人数达到74人，同比增长67%。其中，2

人获得高级职称。申请知识产权保护11项（其中：发明专利3项、实用新型专利7项和软件著作权1项），均获国家知识产权局受理，目前已有8项专利正式获得受权，提升了企业自主创新能力及科技实力。

【队伍建设】　积极推进劳动用工收入分配制度改革。全系统1 715名在岗人员全部参加竞争上岗、双向选择。通过实施有效的激励和约束机制，加大公开选拔力度，规范劳动用工行为，统一考核平台，打通发展通道。全年共调整、聘任（任命）中层管理人员34人，公开选拔机关工作人员4名。围绕"做人做事、三自三清"实践活动，进一步加强"学风"建设，成立学习小组、质量管理活动小组、科技攻关小组，全面提升员工素质。全系统共组织各类培训225起16 670人次。

【和谐建设】　通过搭建企业文化平台，建设企业陈列室，编写《企业文化实例篇》，编纂《昆明烟草志》，开展"感恩"教育，将企业文化建设深入到基层，延伸到烟农、零售客户，促进企业文化落地生根。充分发挥党、工、团作用，开展评优树模活动，2009年共评选出省部级劳模1名、先进集体6个、先进科室站点23个、先进个人99名。卷烟营销团支部获得"省级青年文明号"称号。

（市烟草公司）

红云园丁奖，红河助学金捐赠暨颁奖仪式　（市烟草公司　供稿）

红云红河集团

【概　况】　红云红河烟草（集团）有限责任公司（简称红云红河集团）成立于2008年11月8日，由原红云烟草（集团）有限责任公司和原红河烟草（集团）有限责任公司红河卷烟厂、新疆卷烟厂合并组建，下辖昆明卷烟厂、红河卷烟厂、曲靖卷烟厂、会泽卷烟厂、新疆卷烟厂、乌兰浩特卷烟厂六个生产厂，控股山西昆明烟草有限责任公司，参股内蒙古昆明卷烟有限责任公司。拥有"云烟"、"红河"、"小熊猫"、"红山茶"、"石林"等多个中国卷烟"百牌号"产品，核心品牌"云烟"、"红河"为"中国驰名商标"、"中国名牌产品"。

2009年集团认真贯彻落实全国烟草和云南中烟工作会议精神，按照行业"烟叶防过热，卷烟上水平，税利保增长"的主要任务、省委、省政府"打牢基础、优化结构、整合资源、永攀高峰"和昆明市委、市政府"加快现代新昆明建设"的发展要求，牢固树立"两个至上"行业共同价值观，明确"做精做强云烟，做实做大红河，做稳做特小熊猫"的"2+1"品牌发展战略和构建云烟"清甜香"品类特色品牌的发展规划，牢牢把握科学发展观"一条主线"，强化品牌和资源"两项整合"，着力提升现代管理、规范运作、科技创新、市场营销和协调发展"五个水平"，努力建设"严格规范、富有效率、充满活力"的红云红河集团。

截至2009年底，总资产507.25亿元，年卷烟生产能力551万箱。全年集团品牌市场规模470.38万箱，云烟单品牌年创税利突破200亿元，红河单品牌年产销量突破200万箱，集团整体运行呈现出产销协调均衡、品牌结构上移、企业形象提升、实力持续增强的良好发展态势。列中国企业500强第118位、制造业500强第53位、企业效益200佳第39位、烟草加工业第1位，获全国五一劳动奖状、全国烟草行业先进集体、全国卷烟销售工作先进单位、全国质量管理小组活动优秀企业等荣誉称号。

【卷烟生产经营】　2009年集团生产卷烟（不含出口烟）420.48万箱、同比增长2.51%，其中，一类烟36.59万箱、二类烟3.56万箱、三类烟152.09万箱、四类烟187.8万箱、五类烟40.44万箱；销售卷烟421.18万箱、同比增长2.68%。生产、销售出口卷烟2.49万箱。实现销售收入456.36亿元、同比增长6.82%，实现税利353.34亿元、同比增长6.66%，其中省内企业全年实现税利317.27亿元、同比增长4.48%。

【体制机制建设】　集团本着"统筹规划、划分职责、统一协调、先易后难、分步实施"的原则完成管理及业务整合，按现代企业和产权制度设立董事会、监事会、经理层和党委会，制定公司章程、总裁班子和党委班子议事规则，组建集团总部4中心14部室（营销中心、技术中心、制造中心、采购中心、党政办公室、人力资源部、发展改革部、财务部、审计部、信息管理部、海外拓展部、宣传策划部、行政管理部、设备基建部、多元化投资管理部、政工部、纪检监察部、工会综合办公室，成立44个跨部门管理委员会或领导小组，逐步理顺与各生产厂工作流程和工作关系，出台函盖集团各领域的20项基本管理制度及72个支撑细则和规定，昆明卷烟分厂整体融入昆明卷烟厂，技改指挥部划归昆明卷烟厂管理，加强总部与生产点管理人员互动融合，搭建起资产、计划、品牌、研发、营销、原料、采购和宣传"八统一"运作平台。

【人才队伍建设】　集团以提升综合素

质和执行能力为重点加强干部队伍建设，健全以德能勤绩廉为评判标准的干部考核评价制度、适度竞争制度、选拔任用制度、监督管理制度和责任追究制度，按照“三让三不让”的用人导向选聘中层管理人员，加强对后备干部的跟踪培养，深入推进用工分配制度改革，以定岗、定责、定员、定薪为基础，畅通评聘分开、鉴聘分开两个途径，建立健全岗位责任与工作业绩挂钩的激励约束机制，完善考核评聘体系，加强在职学习和岗位培训，广泛开展多层次多类别职业技能竞赛，畅通管理、专业技术、业务、生产操作和服务五条岗位成长通道，努力建设一支素质高、结构优、活力足的员工队伍。全年共调整、聘任（任命）中级管理人员459人次，组织培训475起22 874人次，录用应届毕业生130人。开展评优树模工程，2009年共有5名员工荣获行业“烟草技术能手”称号，其中一名获“全国技术能手”称号，17名员工获行业、省、市和云南中烟劳模表彰。

【品牌整合】　集团始终把全面提升品牌市场竞争力作为经济运行的首要任务，着力提升云烟结构，扩大红河规模，突出小熊猫特色。在上半年充分准备的基础上，下半年品牌整合全面提速，红山茶和石林快速有序整合，低类烟向非低类烟、四类烟向三类烟、三类烟向高三类烟加速转移，全年云烟、红河、小熊猫三个品牌累计销售367.51万箱，品牌集中度为78.13%，集团品牌定位更为清晰，品牌布局更趋合理，品牌价值不断提升，结构和效益同步提高。

【市场营销】　按照“准确定位、有机对接、突出品牌、全面提升”的要求，集团深入推进工商协同一体化营销，完善战略、品牌、市场、信息、服务和评估“5+1”模式，与12家省级、25家市级烟草公司签订战略协议；深化全员营销，增强全员服从服务市场的能力，集团领导划片定点走访联系市场，密切工商关系，巩固战略联盟；加强营销队伍建设，引入竞争机制，加大考评力度，增强队伍活力，营销中心非法人实体试点工作顺利推进；启动工商协同信息交互系统，在全国重点城市建立370个零售终端信息采集点，按月、季、年度分省分市开展不同阶段、不同层次的货源预测，层层分解指标，实施“一省一策”、“一公司一策”、“一品一策”差异化营销，及时有效保障货源供给，追踪监控市场价格和品牌存销比，调整发货节奏，不断提高品牌主动适应市场、快速响应市场的能力；开展高层营销、会议营销、走访营销、宣讲营销、渠道营销，加强品牌文化、“清甜香”品类、口味特征的宣传推介，统一终端形象建设，健全消费者满意度跟踪服务体系，不断提高零售终端服务能力。

【基础管理】　集团把全面加强基础管理摆在重要位置，统一财务信息平台、会计政策、财务制度和会计科目，推行“分级负责，归口管理，统一审批”的全面预算管理，落实“价税财”联动政策，不断增强内部管控能力；加强经济责任审计和技改工程、专卖设备购置等项目的招标审计监督，全年完成经济合同会审2 454项、工程结算审核1 234项，审减金额9 075万元、审减率1.44%，参与招标比价项目480项，节约资金1.98亿元；深挖增收节支潜力，先后下达两批增收节支指标共计4.44亿元，严格控制好业务执行、宣传促销和公务用车等费用，持续规范采购流程，实施卷烟物资采购最高限价，全年累计降低烟用物资采购成本1.12亿元，管理、销售和财务“三基费用”同比共降低1.13亿元、降幅3.11%；严格规范卷烟生产经营秩序，加强物资采购、广告促销、工程投资项目“三项检查”回头看工作，开展国有资产年度检查和“小金库”专项治理，抓好内部专卖管理、投资项目清退、废弃设备和原辅材料回收处置，集团成本控制力和成本竞争力不断增强。同时，集团初步完成财务、营销、原料、生产等信息业务系统整合，集团信息化整体规划项目已通过验收，ERP（企业资源管理系统）已报国家局审批，MES（生产制造执行系统）获批复同意实施。

【生产管理】　集团严格执行云南中烟工业公司下达的计划指标，依据市场反馈信息调配生产要素，依托产销调度例会解决好生产运行中存在的困难和问题，全面开展“贯标”和“对标”活动、“优秀卷烟工厂”创建和“企业标准化良好行为”建设，落实质量、卷烟物耗、环境安全、能源、设备、生产作业计划与现场管理、成本费用等“7项考核”，持续完善质量分析追踪判异标准和涵盖各生产环节的质量预警系统，突出关键工序、关键岗位和关键时段的过程监控，努力打造生产厂为质量和成本控制中心；统筹集团产能布局，顺利完成昆烟和原昆烟分厂较大规模的设备整体搬迁整合，实施曲烟、山昆、蒙昆加工红河品牌技术改造，进一步形成了品牌互动加工、重点规格相对集中的生产格局；积极开展QC活动，3项成果获行业奖励，17项成果获云南中烟表彰，两个小组被评为全国优秀质量管理小组，集团获“云南质量管理小组活动优秀企业”称号，全年出口商检、行检、抽检合格率均为100%；全面推行清洁生产，分解落实节能减排目标，全年集团二氧化硫排放量为510.78吨，同比下降6.27%，烟草粉

云烟品牌发展论坛　（市烟草公司　供稿）

尘排放浓度平均值为22.12mg/立方米，卷烟生产万元产值能耗为14.02千克标煤、同比下降6.47%，万支卷烟综合能耗3.15千克标煤、同比下降4.83%；系统推进“三标一体”建设，年初启动红河卷烟厂贯标认证，认真组织集团年度内审，顺利通过北京新世纪认证公司现场审核和第三方监督审核；坚持“安全第一、预防为主、综合治理”，逐渐签订安全责任书，深入开展“安全专项整治、安全隐患整改、安全生产督查”等专项活动，切实加强安全设施、安全管理体系、安全管理队伍建设，完善应急预案，规范安全行为，实现集团安全工作“六无”目标。

【原料保障】 围绕行业烟叶资源配置方式改革要求，集团加强工商原料发展战略目标、烤烟生产、采购调拨、科技项目、信息沟通协同和基地保障、评价机制、“5+2”品牌导向型原料基地建设，选择5省10市38县为原料基地，基地烟叶采购量达387.8万担、占总采购量的90%；深入推进原料差异化战略，积极承担开展“特色优质烟叶开发”等科研项目，以“红大”和美引品种等作为基地主栽品种，省内基地一乡一品种植，分品种分烟叶单收单调，建立云烟109、H3、CF04等新品小区试验，努力推进优质烟叶向特色烟叶转变；按照昆烟“三随机两交换”、曲烟“智能型全封闭密码”、红烟“入厂调度制”的模式采购烟叶，加强仓储管理，加大红河烟叶进入重点骨干品牌的比重，提高烟叶使用效率。截止2009年底，集团共验收入库烟叶392万担，占总采购计划的92%，其中省内烟叶339.76万担，红大等四个优良品种占集团省内调拨量的70.3%；同时，积极调剂调入和购进进口烟叶，集团原料储备更加充足，烟叶等级结构更趋合理，收购纯度和工商交接合格率不断提高，有效保证品牌特有风格的持续竞争优势。

【科技创新】 围绕品牌发展战略，集团以“清甜香”品类构建为切入点，加快技术中心建设步伐，深化厂校院合作，建立博士后科研站，抓紧开展“云南清甜香科技发展有限公司”的实际运作，以项目带动加快中式卷烟关键领域的突破性研究，增强技术集成创新能力；根据品牌文化定位、产品功能、区域市场和消费心理等细分市场，加强品牌维护、新品开发和产品升级，完成云烟（红印象）、云烟（WIN）、云烟（软紫）、红河（奔腾）、二类新品研制，提高科学技术对集团品牌发展的驱动力和贡献率；强化“减害降焦”研究，抓紧研发储备3mg、5mg、6mg、8mg等低焦油、低危害、高香气、高品质系列新品，重视产品质量安全，开展烟用材料VOC、重金属、烟气7种有害成分和16种禁用添加剂的检测和控制，立足长远努力解决好“吸烟与健康”这一重大课题；构建“清甜香”技术支撑体系，实施“增香保润”重大专项，形成一批具有自主知识产权的专有技术和专利产品，并成功转化应用到产品的改造开发中；全年共完成国家局及云南中烟科技项目9项，获云南省科技进步奖3项，云南中烟科技进步奖8项，获发明专利授权2项、外观专利授权4项，集团累计获授权专利87项，为品牌发展提供有力的技术支撑。

【多元化经营】 加强多元化投资企业管理，落实职责、监管和规范“三到位”要求，挖掘内部潜力，提升经营素质，不断增强三产经营管理能力。2009年，集团下属多元化企业（含天恒大酒店、天平大酒店、红云医院、曲靖福牌实业、红河投资、红河实业、庆来学校、石林国际大酒店、九九物业、奎屯红雪莲公司、奎屯海纳尔物业、九九集团、红河雄风印业、昆烟劳动服务公司、曲烟实业集团）共实现业务收入5.62亿元，同比增加0.03%；实现利润611.65万元，同比增加1.3%。

【科学发展】 集团按照“党员干部受教育、科学发展上水平、人民群众得实惠”的要求精心组织，密切配合，扎实推进深入学习实践科学发展观活动。

按照“精简统一、扁平高效”的原则，健全机制、理顺流程、完善制度，采取属地管理、科学设置、归口工作的方式，做到党组织和行政的机构配套、工作机制配套、业务流程配套。以“三看三思三增强”为主线，以“集团发展我推动，和谐家园我奉献”活动为载体，坚持高起点谋划，高标准推进，在加强学习上下功夫，在查找问题上下功夫，在理清思路上下功夫，机关党委的服务型机关建设、昆烟的人心融合工程、红烟的“责任、批评与超越”实践、曲烟的6S管理进班组、会烟的弱项指标整改、新烟的“三定二查”工作模式、乌烟的“感恩·敬业·责任”爱岗教育活动都体现了自身特色。活动期间，集团领导班子带头深入销区和生产一线搞调研、推新品、听意见，掌握第一手资料；各级党组织把解决制约集团科学发展的突出问题和群众反映的热点问题作为学习实践活动的出发点，通过召开党委中心组学习、专题报告会、民主生活会等形式，围绕“七个着力点”和“七个关键点”全面查找问题，共征求到意见建议7类117条，并制定《整改落实方案》，拿出24条切实有效的整改举措。通过学习实践活动，集团全体党员干部的大局意识、责任意识和危机意识更加强烈，在要不要改革、能不能发展、怎样科学发展等重大问题上达成共识，有效促进了生产经营各项工作的全面推进，切实做到了真实、真懂、真用。

【组织建设】 2009年集团党委下辖7个基层党委、39个党总支、147个党支部、4 411名党员。集团党委前移工作重心加强党组织建设。以增强基层党组织的创造力、凝聚力和战斗力为抓手，进一步完善党组织管理体系和党内议事规则，健全党员信息库，前移工作单元到党小组，把党的日常工作覆盖到生产第一线，延伸到机台，渗透到员工。开展基层创优，坚持“党委管方向、管思想，党支部抓落实、抓载体”的工作思路，把队伍建设、基层党组织建设作为基层创优的重要内容切实抓好抓实。在2009年度党建目标考核中，各基层党委及所属各党总支（支部）参评率及达标率100%，党员个人达标率及评议合格率100%，党支部的战斗堡垒作用和党员的先锋模范作用得到进一步发挥。积极创新工作模式，把开展党组织活动与做好节能减排、挖潜增效，开展“三小”、“六个一”等群众性创新活动和构建绿色企业结合起来，昆烟的“九对照九检查九提升”、红烟的“党建对标”、曲烟的“1+1伙伴成长计划”、会烟的“星星机台”、新烟的“反分裂、促团结、维护稳定保生产”、乌烟的“季星评比”等活动都做到了与生产经营两手抓，两不误，双促进。

【反腐倡廉建设】 加强内部监管，在规范的财务体系框架下，进一步统一会计核算，推动全面预算管理，强化增收节支，合理调配资金，规范财务审计监督，做到集权有度、授权合理、分权有序，使内部监管更有效率；加强过程监督，以落实党风廉政建设责任制为主线，以构建教育、制度、监督并重的预防和惩治腐败体系为重点，加强对重大问题决策、重大项目安排、重要人事任免、大额资金使用“三重一大”事项的过程监督；加强廉政教育，加大对领导干部的监督力度，采取参观警示教育基地、举办廉政讲座、开展廉政警示教育月活动等形式，延伸教育覆盖面，拒腐防变的道德防线更加牢固。2009 年，对 561 项次招投标进行监督，对重点部门、重点岗位人员集中教育 12 场次。

【民主管理】 集团以建立完善两级职代会制度为重点，以加强内部监管为主要手段，以推进司（厂）务公开为载体，民主管理水平迈上新台阶。进一步规范领导班子集体决策制度、议事程序和工作规则；设立职工董事和职工监事，代表职工参政议政；定期召开领导班子民主生活会，会前认真征求群众意见；完善民主评议、推荐中高层管理人员制度；实行领导干部重大事项报告制度、领导干部述职述廉制度；完善对重点部门和关键环节的监督制约，加强对生产经营、财务审计、工程投资、物资采购、资金管理、宣传促销等方面的监管力度。

集团召开一届一次职代会，选举产生职工董事、职工监事；红河卷烟厂组建职代会，各生产厂、控股、参股企业相继召开职代会。闭会期间，各分团长联席会议依法履行职责，多次召开会议，讨论通过集团重大决策，讨论涉及职工利益的重要事项。在总裁办公（扩大）会、党政联席会、党委中心组学习（扩大）会等会议上通报重要工作，每季度进行经济运行情况通报，组织市场营销形势生产厂专题报告会。遵循“董事会支持、党政主导、部室配合、工会组织、职工参与”的模式，实施公司—中心（部室）、生产厂—车间（科室）—班级四级事务公开，在昆明卷烟厂召开第一次司（厂）务公开现场会，总结交流基层推进司（厂）务公开民主管理工作的基本经验和做法。通过会议、报纸、简报、电视、网站、办公系统、公开栏等多种形式积极推动内部信息公开渠道建设，定期不定期公开各类信息，使公开工作常态化、有形化、多样化。深入开展合理化建设工作，充分发挥职工代表的作用，专题研究收集到的 221 条提案和建议，分成四个类型 43 条，按照定项目、定部门、定人、定时间的原则进行回复。

【和谐建设】 集团以“和谐建设”为主旋律，牢固树立“两个至上”共同价值观，加强企业文化建设，积极构建以“和谐、创新、超越”企业精神为核心的文化理念体系，集团被中企联纳入全国企业文化优秀案例，获“中国企业文化十佳单位”称号。建立集团视觉识别系统，编印《红云红河集团视觉形象手册》，注重结合实际加强文化宣传，以点带面分步推进质量、品牌、安全、廉政、服务等子文化建设。以维护职工合法权益为重点，以抓好二级职代会建设为着力点，通过建机制、搭平台、提素质，把工会建设成集团领导和各级组织联系职工的桥梁和纽带。健全青工职业技能提升机制和团干部培养机制，以开展“岗位建功”主题实践活动创建工作方式，充分发挥青年员工的生力军作用。

全面推进用工分配制度改革，集团总部及昆烟、曲烟、会烟于 2009 年 1 月起实施新的工改方案，红烟、新烟和乌烟于 10 月正式启动，集团员工工改满意度 92%。积极做好甲型 H1N1 流感防控，加强信访稳定工作，设立集团及各厂爱心帮扶金，办理员工长期综合医疗团体健康保险，落实好离退休员工“六个老有”和“两项待遇”。统一内外宣传，促进内聚人心、外树形象，《今日红云红河》获全国企业报刊评比一等奖，红云红河网站自 6 月 1 日改版后日均点击量 3.5 万人次，年访问量列中国烟草类网站第 1 位。积极承担社会责任，持续推进兴边富民、抗震救灾、对口帮扶、捐资助学、文化扶贫等社会公益活动，集团被评为“云南省社会扶贫先进单位”，营造了“上上下下红云红河人，里里外外大和谐”的浓厚氛围。

（朱　懿）

·责任编辑　何　兆·

金　融

综　述

【存　款】　2009年，昆明市辖内金融机构以科学发展观为指导，认真贯彻落实中央“保增长、保民生、保稳定”的指导方针，结合全市实际，切实贯彻落实“适度宽松”的货币政策，努力维护辖内金融稳定，不断创新金融服务手段，有力和有效地发挥了金融推动全市经济社会全面发展的功能和作用。同时，借助贯彻落实“适度宽松”的货币政策这一机遇，昆明市辖内银行业得到前所未有的快速发展。截至年末，昆明市辖内银行业金融机构本外币各项存款余额达到5 896.77亿元，比年初增加1 586.43亿元，同比增36.7%，增幅比全省高4.78个百分点。其中，储蓄存款余额1 922.92亿元，同比增长26.06%，增幅比上年同期上升0.22个百分点。储蓄存款的活期化趋势进一步增强。活期储蓄存款同比增长33.32%，比定期储蓄存款增幅高12.69个百分点。活期比重由上年同期的42.84%上升到2009年末的45.3%。企业存款余额2 505.94亿元，同比增长40.05%，增幅比上年同期上升23.13个百分点。从7月份开始，企业存款同比增速连续6个月保持在40%以上。当年共新增企业存款717.66亿元，同比多增458.75亿元。企业活期存款增幅持续高于定期存款，存款活期化趋势进一步加强。12月末，活期存款同比增长46.55%，超过定期存款增幅22.63个百分点。活期存款占企业存款比重由上年同期的71.27%上升到12月末的74.58%。

【贷　款】　昆明市辖内银行业金融机构本外币各项贷款余额5 522.98亿元，比年初增加1 458.26亿元，同比增长35.81%，增幅比上年同期高15.37个百分点，比全省高2.66个百分点。其中，人民币各项贷款余额5 450.79亿元，同比增长35.85%，增幅同比提高14.89个百分点，当年新增贷款1 440.48亿元，增量创历史纪录，同比多增加738.72亿元。同时，贷款余额占全省的比重达62.08%。从季度增量看，1季度人民币信贷新增569.28亿元，2季度新增505.35亿元，3季度新增269.77亿元，4季度新增96.08亿元。2009年下半年，受中国银监会大幅度提高资本充足率和拨备覆盖率等因素影响，金融机构的信贷增量明显下降，尤其是4季度。另外，在存款和贷款增长双双创历史记录的同时，贷款投向上对昆明市重点行业和薄弱环节的贷款支持力度加大，特别是对中小企业、涉农的新增贷大幅度增加，有力地支持了昆明市经济的回暖向好。

【运用货币政策工具】　2009年，人民银行昆明中心支行有效运用货币政策工具，支持昆明经济的回暖向好，主要是强化央行存款准备金率政策的执行。对A类农村信用社继续执行比大型国有银行低5.5个百分点、其他信用社低4.5个百分点存款准备金率的政策，有效增加相关信用社全年可用资金，增强了信贷投放实力；积极开展央行再贴现业务。通过为商业银行办理再贴现业务，有效缓解部分银行信贷规模紧张的问题，为其继续扩大对实体经济的信贷支持提供充足的资金；灵活执行利率政策。积极引导银行业金融机构通过利率浮动降低企业、个人的利息负担，既有效促进实体经济的发展，又大力推动个人消费；充分发挥央行支农再贷款的作用。在认真落实《关于完善支农再贷款管理　支持春耕备耕　扩大“三农”信贷投放的通知》时，一方面延长支农再贷款期限，另一方面扩大支农再贷款支持对象，有力地推动支农再贷款使用量的逐渐回升。

【发挥央行“窗口指导”作用】　2009年，人行昆明中心支行在以下方面充分发挥央行的“窗口指导”作用：在信贷投向上，积极加强信贷政策与财政政策、产业政策、区域发展政策的协调配合，引导银行业金融机构不断加大对昆明市基础行业和重点建设项目的支持力度；在增加涉农信贷投入上，通过为银行业金融机构认定涉农贷款金额、争取财政支持等手段，积极落实财政县域金融机构“涉农贷款增量奖励资金”政策，有效地调动涉农金融机构的贷款积极性，使得涉农贷款出现大幅度增加，有力支持了昆明市新农村建设；在加大薄弱环节的金融支持力度上，通过促进相关部门建立完善中小企业、非公经济融资担保体系这一工作，推动“银政、银企、银银”合作，有力加大昆明市经济发展中薄弱环节的金融支持力度。如中小企业贷款、小额担保贷款的增量均大幅度增加，对昆明市创业、再就业工作给予了有力支持；在推动直接融资发展上，通过大力开展短期融资券、中期票据、集合债券相关政策的宣传，力推符合条件的企业发行短期融资券和中期票据，积极调整昆明市社会融资的结构。

【防范和化解地方金融风险管理】　人行昆明中心支行为有效防范和化解地方金融风险，全面加强监测分析工作，一方面，密切关注辖内已股改银行分支机构的改革进展和实际效果，积极开展对农业银行县域事业部管理体制改革及其对“三农”信贷支持、金融服务覆盖面、“三农”金融产品创新、金融服务方式改进、支农效果等方面的监测与评估工作；另一方面，深入开展辖区经济金融运行风险分析研究工作，通过选取部分县（市）分支机构作为金融稳定工作重点联系行，定期跟踪监测分析法人银行机构经营状况、资产质量、资本充足、盈利情况、资产流动等指标的变动情况，为有效分析可能的风险传播途径，及时消除各类风险隐患奠定了坚实基础。

不断加大反洗钱的工作力度，一方面指导辖内人民银行系统进一步加强与当地公安、检察、法院等单位的合作，不断提高对洗钱案件的查办效率，有力打击各种洗钱犯罪行为；另一方面切实加强对全省证券、保险等非银行金融机构的督促指导，深入中国银行云南省分行、南方财产保险云南分公司、新华人寿保险云南分公司和东方资产管理公司云南经营部等机构宣讲反洗钱的政策法规，明确监管要求，提升金融机构各层级人员的反洗钱意识。另外，通过金融机构网点发放《反洗钱知识一点通》、《反洗钱知识读本》等宣传资料，有效提高全社会的反洗钱意识。

【社会信用体系建设】　在稳步推进社会信用体系建设方面，建立云南省信用评级机构联席会议制度，对云南国联资信评估有限公司等多家信用评级公司实施现场检查，对约45家担保机构和18家借款企业进行信用评级；代省政府草拟《关于加快推进全省社会信用体系建设的意见》，使全省社会信用体系建设取得实质性突破；继续推进云南省中小企业信用体系建设和农村信用体系建设工作。指导全省人民银行系统对中小企业开展大量的信用知识和管理的培训及宣传工作，加快纳入中小企业信用档案和企业办理贷款卡工作，争取更多的中小企业获得银行授信。推动全省农村金融机构为农户建立信用档案和评定信用农户、信用组、信用村和信用乡（镇）工作。通过这些工作，使中小企业和农村信用环境有了明显改善。

【外汇管理】　人行昆明中心支行切实履行外汇管理职责，全力推动货物贸易人民币结算试点工作。为全面加快和推进货物贸易人民币结算工作的开展，一方面按照人民银行总行的要求，就《人民币用于跨境贸易结算试点方案》提出针对云南省实际的意见和建议；另一方面，研究制定《云南省与东盟国家人民币跨境贸易结算的试点管理办法》，促使省政府依据这一试点实施方案向国务院上报《云南省与东盟国家人民币贸易结算试点实施方案》。通过努力，人民银行总行办公厅批复了昆明中支《关于缅甸经济银行在云南省边境地区商业银行开立人民币银行结算账户的请示》，同意缅甸经济银行在全省边境地区商业银行开立人民币同业往来账户，用于中缅边贸结算，有力推进中缅人民币结算工作。同时，与泰国银行北部分行就货物贸易人民币结算进行会谈，为滇泰贸易人民币结算奠定良好的基础。通过《第一财经》、《财经》、《中国金融》、云南电视台等各种媒体，较好地宣传了人民币结算工作相关情况，为全省人民币结算试点工作营造良好环境。

继续加强外汇监管工作。通过不断完善银行执行外汇管理政策的考核办法，牵头设计和细化国家外汇管理总局云南分局银行考核操作表格，规范考核项目。同时，针对全省分拆购汇汇出、大额提取外币现钞等情况，在全省开展个人结售汇业务专项检查，完成个人分拆购汇、购汇提取外币现钞异常增长情况的调查报告，并及时向云南省公安厅提供个人异常分拆购汇案件线索，加大对违法外汇管理行为的处罚力度，有效维护外汇使用的正常秩序。

积极推动对外贸易的发展。继续完善贸易信贷登记管理，简化企业申请比例结汇和临时额度的审批程序，根据企业生产经营需要、所属行业特点、贸易结算惯例等因素，放宽企业出口货款预收汇和进口货款延期付汇限制，提供对外贸易便利；及时核定全省短期外债指标。2009年已核定泰京银行昆明分行短期外债指标6 000万美元，核定富滇银行股份有限公司短期外债指标1 000万美元，有效解决全省企业外汇资金融资难的问题，有力支持全省企业的涉外经济发展；积极支持省内企业开展境外期货套期保值工作，如核定云铜、云铝、云南驰宏锌锗3家境外期货持证企业的外汇风险敞口为8 500万美元，通过锁定原材料价格，确保全省资源型企业稳定的原料供应，切实提高其国际市场竞争力。

积极支持地方金融外汇业务发展。努力争取个人货币兑换特许业务试点政策，在外汇业务较集中的昆明、红河、德宏3地区开展个人货币兑换特许业务试点政策可行性分析评估和调查研究等前期筹备工作，制定《云南省个人货币兑换特许业务管理办法》及《实施细则》，为个人货币兑换特许业务、专业性货币兑换公司等新兴业务充实云南金融市场营造良好的政策环境；积极支持和鼓励省内金融机构与境外货币兑换公司开展协作与洽谈，促成全球最大的专业性货币兑换公司"通济隆"落户昆明；坚持鼓励符合条件的金融机构开办即、远期结售汇业务和人民币与外币掉期等传统或避险业务，为约80个银行网点办理开办这类业务的审批或备案，全省经营即期、远期结售汇、外币、人民币掉期业务的金融机构达到约950家。

【服务地方经济】　人行昆明中心支行为履行服务地方经济职能，在以下方面做了大量工作：调查统计工作针对性不断加强。圆满完成云南省银行及其他金融业第二次全国经济普查，高质量地完成"昆明市金融统计月报"，为上级领导、省市相关部门的决策分析提供可靠的数据信息支持；继续完善全省制度性调查体系，努力提高制度性调查数据的及时性、准确性和完整性。不断加强制度性调查基础建设，充分发挥制度性调查工作在人民银行执行货币政策、维护金融稳定和提供金融服务等过程中的重要作用；在继续完善对烟草、能源、旅游、人民币跨境流通监测调研的同时，结合全省经济金融特点及比较优势，组织全省人民银行开展花卉、茶叶、橡胶、野生菌等特色调研，进一步增强金融分析的全局性、协调性和区域特色；组织确定"云南省银行业金融机构金融统计数据共享办法"，进一步加强银行间金融统计信息共享与互通，提高人民银行对金融机构的金融统计管理及服务水平；进一步加强特色研究，推出《人民币区域化与跨境结算研究——建立人民币区域性跨境结算中心的可行性战略研究（云南个案）》等一批特色研究，同时，与云南财经大学合作的"中国—东盟货币（金融）合作研究中心"已经全面运作，按确定的研究规划，结合实际开展研究工作，特色研究成果应用于实践的能力得到有效提升。

支付系统资源利用效率不断提高，银行卡业务环境持续改善。小额支付和集中代收付系统业务取得突破性进展。全年全省处理集中代收付系统业务量排名全国第一；全省小额支付系统交易金额增长迅速，全国排名第一，同时也是全国第一家小额业务量超过大额业务量的省区。银行卡业务快速发展。全省银行卡发卡数量、新增受理银行卡商户、用卡的POS终端和ATM机都持续增长，全省银行卡受理市场环境进一步改善，银行卡跨行清算交易业务更是大幅增长。

货币管理工作继续加强并实现新的跨越。有序开展发行基金的调运工作。在确保做好全省投放发行基金调运工作，切实保障全省经济社会合理的现金需求供应的同时，还实现省外调运发行基金直达大理的目标，为滇西片区合理的现金供应提供更及时的保障，承担更重要的社会责任。实现四川藏区得荣县、乡城县、稻城县农业银行就近在人民银行迪庆中心支行开户提取现金的跨省区就近供应现金模式，有效降低当地金融机构成本，减少风险，为稳定藏区社会秩序，支持藏区经济发展做出积极贡献；清分、销毁工作双双提前完成全年工作任务。到11月末，钞票处理中心就累计完成清分人民币55.4万捆的工作任务，超额完成人民银行总行核定的年工作量44万捆的任务；累计完成机械销毁残损人民币607吨，超额完成人民银行总行核定年工作量530吨的任务；全面加强人民币的反假工作。通过加大金融机构临柜人员假币识辨能力测试力度、检查金融机构清分机、自助存款机、存取款一体机、ATM机、验钞机产品质量，以及举办反假币培训、开展反假宣传等工作，提高全省金融机构全方位反假币的技能，进一步净化人民币使用的社会环境。

国库工作服务水平跃上新台阶。按照国家财政部、税务总局、人民银行总行关于“财税库银横向联网（TIPS）”试点工作的部署，积极与省内财政、税务等相关部门沟通协调，多次召开由省财政厅、省国税、地税和软件公司参加的协调会，就联网专项资金、工作职责、议事规则、试点方案等问题进行多方论证，投入大量人力物力就TIPS的技术规范、参数设置和业务流程等方面开展艰苦细致的准备工作，保证TIPS试点工作顺利完成。11月23日上午9时许，以昆明市中心支库收到昆明市五华区国税通过TIPS系统发起并由上海浦发银行昆明分行划转的第一笔实时电子扣税业务为标志，标志着TIPS系统在全市正式推广上线，也标志着全市国库工作服务水平跃上一个新台阶。

（陈夏钢）

【金融机构数】　截至2009年末，按持证机构统计，昆明地区共有银行业金融机构1 175个，在册正式职工21 338人。

【银行业监管工作】　提高监管手段的综合运用能力，监管效能整体提升。梳理完善行政许可及处罚操作规程，明确中小商业银行监管权限及职责分工，进一步规范市场准入程序及要求。全年共核准高管人员任职资格1 060人，否决任职资格18人，审批筹建机构51个，开业77个，约见谈话1 089人次。实施“贴近式”监管，列席法人机构董、理事会，对董事、理事和高管人员的履职情况进行持续评估。督促城市商业银行制定持续补充资本及降低集中度规划，资本约束和风险管控水平取得明显进步。落实农村合作金融机构升级达标规划要求，及时提示主要监管指标异动情况。更加注重现场检查的计划性和实效性，全年共派出1 917人次对91个项目开展现场检查，累计投入工作日28 216个，检查机构1 414个，检查业务金额5 499.54亿元，发现问题金额1 230.12亿元，提出整改意见1 006条，督促追究相关责任人员68人，取消高级管理人员任职资格3人，实施经济处罚2起，金额60万元。

督促银行业金融机构提高信用风险管控能力，不良贷款持续“双降”。先后开展政府融资平台、水电、票据融资、二级公路等贷款情况的快速调查，督促相关机构做细做实风险防控措施。综合运用实地调研、检查整改、签订承诺书等多种手段，强化对违规行为的监管纠偏。指导银行业协会制定银团贷款合作公约及工作规则，组织21家会员单位签署合作公约，为分散信贷风险创造条件。协调各级法院清理执行涉银行业积案6 089件，为全省银行业金融机构收回资金21.64亿元。

提高操作风险管控能力，案件治理工作深入推进。督促银行业金融机构加强员工操作风险教育，对重点地区、重点机构开展案件治理“回头看”深度排查，强化责任追究和警示告诫，责成有关行社处理涉案责任人员19人，指导银行业协会通报第七批银行业不良从业人员名单。

提高信息服务能力，辅助监管功能进一步增强。加强实地调研和信息收集，上报信息先后被中办、国办、银监会采用87期次，被省委、省政府采用52期次，被新华社内参采用10期，8篇信息分别得到国务院及省政府领导的批示。积极参与“金色热线”栏目，切实做好公众宣传教育。细化落实舆情应对责任，及时澄清不实言论报道。

及时部署边境银行业维稳工作，措施到位。保证了缅甸果敢事件发生后云南省边境地区银行业金融机构服务不断、秩序不乱。组织成立民族地区银行业维稳领导机构，落实维稳工作责任，着力加强敏感时段期间辖内民族地区银行业维稳工作。推动完善处非联席会议工作制度，认定15起涉嫌非法集资案件，编印下发宣传材料10万册，有效扩大宣传教育覆盖面及影响力。督促11家涉及银行机构协助查处冻结有关账户资金，妥善处置相关风险。制定下发银行业金融机构信访工作实施细则，督促开展针对性应急演练，以高度政治责任感做好“建国60周年”期间的金融稳定工作，确保辖内无银行业重大群体性事件发生。

【银行业改革与发展】　继续推动农村合作金融机构法人治理结构、优化股权结构和增资扩股工作，资本充足率进一步提高。完成全省农村合作金融机构央行票据兑付工作，兑付机构128家，兑付金额15.99亿元。做好新型农村金融机构2009～2011年总体工作安排，积极推进新型农村金融机构设立工作，新设曲靖惠民、禄丰龙城富滇村镇银行，年末全省村镇银行达5家。指导中小商业银行加强机构合理化布局，批复成立股份制银行异地分支机构5个、城商行异地分支机构6个。积极支持富滇银行稳步实施“走出去”战略，富滇银行设立老挝代表处事宜已获银监会原则同意并进入申报筹建审核阶段。积极推进云南冶金集团筹建财务公司的相关工作，促成云南省首家企业集团财务公司顺利开业。辖内金融机构种类更为齐全，服务功能更为完善。

【金融创新与服务】　积极落实监管容忍度的要求，制定《云南银行业落实当前信贷监管政策促进经济发展的实施意见》，提出6个方面21条具体措施，鼓励银行业金融机构多渠道、多方式筹集资金支持实体经济发展，被省政府转发各地各部门执行。加强外部协调沟通，充分运用“云南省金融部门联席会议”等平台，积极向各级地方党政部门反映银行业发展及监管重点难点问题，加强政银企资金和信息资源对接，有力促进对实体经济的信贷支持。与有关部门拟订对全省122个金融服务缺失乡镇的解决方案，积极争取相关支持政策，为进一步推进解决金融服务缺失工作奠定良好基础。深入贯彻落实胡锦涛总书记考察云南时的重要指示精神，拟订《云南银行业支持民族地区发展三年规划》，力争从2010～2012年有梯次实现全省民族地区金融服务明显改善。积极支持组建小企业金融服务专营机构和部门，3家城商行小企业信贷专营机构先后开业。联合相关部门举办两次“中小企业融资洽谈会”，促成一批中小企业融资项目有效对接，现场签约融资金额达5亿元。加强灾区金融支持工作，派出督导组深入德宏盈江、楚雄姚安及大理宾川地震灾区指导银行业救灾工作，推动银行业金融机构向盈江灾区近7 000户灾民发放农房重建贷款1.3

亿元，保证灾区震后恢复重建工作的顺利进行。

（钟　群　戚路平）

【上市公司直接融资创历史新高】　为落实好中国证监会关于进一步加大资本市场支持实体经济发展力度的政策，云南证监局在日常工作中，加大直接融资工作的指导协调力度，推动辖区上市公司创新融资方式，丰富融资产品，大力推动公司通过再融资、并购重组、整体上市等方式做优做强。2009 年云南上市公司新增直接融资 120.55 亿元，创年度直接融资金额历史新高。其中，云天化通过认股权证行权融资 9.59 亿元，云南城投通过定向增发融资 20 亿元，云铝股份通过定向增发融资 12 亿元，云维股份公开发行融资 8.44 亿元，名流置业通过发行公司债募集资金 18 亿元，云铝股份、云南铜业发行短期融资券融资 21 亿元，驰宏锌锗通过配股融资 17.52 亿元，锡业股份通过配股募集资金 14 亿元。2009 年云南上市公司家数在全国的占比为 1.5%，但新增再融资在全国的占比为 4%。在拟上市公司方面，处于发行审核阶段的企业有 4 家，其中，2009 年新增 2 家创业板在审企业；2010 年 2 月，鑫圆锗业通过发行审核，等待上市。此外还有 6 家企业进入辅导备案的重点培育阶段。

【上市公司创造新业绩】　针对 2009 年辖区市场主体受国际金融危机、国内经济形势、行业发展态势影响，业绩大幅下滑、经营风险显现的情况，全行业以深入学习实践科学发展观为契机，不断加大自主创新力度，优化产业结构，不断提升核心竞争力，趋利避害，化“危”为“机”。云南上市公司经营业绩逐步走出亏损，重新回归增长趋势。26 家上市公司 A 股总市值为2 590.10 亿元，较上年底增长 133.53%，占全国 A 股总市值（242 619.13亿元）的 1.07%，较上年底提高 0.15 个百分点。2009 年前三季度，云南上市公司实现营业收入 469 亿元，每季平均以 25% 的环比增速大幅提高；实现净利润 16.13 亿元，摆脱 2008 年整体业绩亏损的不利局面。从行业格局看，2 家医药类上市公司云南白药和昆明制药均实现收入和利润的双增长；代表云南经济特色的有色金属行业触底反弹，总体实现扭亏为盈；旅游行业逐步走出低谷，行业整体复苏；化工行业从第三季度开始，出现回暖趋势。

【证券期货市场交投活跃】　2009 年，云南证券期货经营机构实现新发展，证券市场总成交金额为9 853.01亿元，同比增长91%，排名全国第 27 位；A 股、基金托管市值1 106.58亿元，同比增长 271.27%；59 家证券经营机构（2 家公司、46 家营业部、11 家服务部）实现手续费收入 19.30 亿元，同比增长 80.88%，排名全国第 25 位；股票新增开户数为 28 万户，全省累计开户数达 151 万户；2 家证券公司净资本充足，净资本占净资产的比例为 83%，全年实现营业收入 15.5 亿元，同比增长 25 倍，实现净利润 7.27 亿元，同比增长 258%。云南期货市场代理交易额为 6 113.73亿元，同比增长 62%；客户保证金 10.89 亿元，同比增长 198.24%。8 家期货经营机构（2 家公司、6 家营业部）实现手续费净收入5 894.93 万元，同比增长 37%；2 家期货公司总资产合计 10.77 亿，净资本达 1.95 亿，分别较上年末增长 118.9% 和 5.4%，累计实现净利润 806.23 万元。

【投资者教育工作】　2009 年云南证监局加强投资者教育工作，丰富教育内容，投资者队伍趋向成熟。鼓励各证券、期货经营机构积极与媒体合作，开办证券期货相关节目，宣传基本知识、法律法规，强化投资者心理认知与分析及对非法证券期货活动的识别。投资者对市场和风险的认知水平不断提高，理性参与和自我保护能力不断增强。

【创造良好证券市场新环境】　2009 年是重大活动多，敏感时段集中的一年，也是维稳工作压力较大的一年。面对市场运行中出现的新情况、新问题和不稳定因素，证券期货业干部职工统一认识，坚定信心，坚决贯彻落实中国证监会和云南省委、省政府有关维稳工作的部署，全力确保辖区市场平稳运行。积极稳妥化解整体上市不确定性、业绩下滑、控制权争夺、违规增资扩股、非法发行证券等市场风险，打击非法证券活动措施有力，市场风险得到有效释放，确保没有出现大的风险和恶性事件，市场继续保持安全稳定运行的良好态势。

（云南证监局办公室）

【保险业绩增长】　2009 年，全市实现保费收入 69.48 亿元，同比增长 3.76%，其中，财产险业务继续保持较快发展，保费收入 24.32 亿元，同比增长 21.96%；受金融危机和公司主动调整业务结构的影响，人身险业务出现负增长，全年实现保费收入 45.16 亿元，同比减少 3.96%。全市赔付支出 22.28 亿元，同比减少 9.57%。保险公司总资产 117.65 亿元，较年初增加 17.67 亿元。

【保险经营机构】　全市保险公司共有中心支公司以下分支机构 583 家，较上年同期增加 222 家。保险服务领域不断拓宽，机构产能稳步提高，行业整体实力进一步增强，基本形成相互合作、相互竞争的市场化格局。

【有效防范保险风险】　年内应收保费风险明显降低，产险公司应收保费同比减少 7.52%，应收保费率同比下降 1.83 个百分点。寿险公司退保率 3.91%，在安全线以下，未出现非正常集中、群体退保事件。

【保险产品结构调整成效】　产险方面，全市非车险业务中实现保费收入 5.48 亿元，同比增长 14.88%。寿险方面，全市标准保费同比增长 19.71%，高于规模保费增速 23.67 个百分点；新单业务中，期交占比 20.30%，同比上升 7.4 个百分点；个人代理业务占比达 37.4%，同比上升 8 个百分点，银邮代理业务占比 44.42%，同比下降 9.92 个百分点。

【保险经营效益】　产险公司自 2006 年以来首次扭亏为盈，实现有效益的增长，累计承保利润2 421.08万元。寿险公司短期险业务也实现了承保盈利，实现承保利润 216.29 万元。

【保险市场秩序】　随着监管力度和保险机构内控管理的进一步加强，全行业依法合规意识逐步增强，非理性价格竞争情况有所减缓，经营行为进一步规范。产险公司费率水平较上年上升 0.33 个千分点，同比增长 40.24%。寿险公司销售行为逐步规范，销售误导一定程度上得到遏制，意外险竞争秩序有所好转。

【营造行业发展环境】　云南保监局加强与省委、省政府及云南省、昆明市金融办等相关部门的沟通工作，积极争取政府部门对保险业发展的支持和指导。省委、省政府李纪恒、曹建方等有关领导多次听取保险业工作情况汇报，充分肯定云南保险业为云南经济社会发展做出的积极贡献。云南保监局加强与金融办、财政、农业、税务、教育等各有关部门的沟通协调，采取联合调研、工作座谈等方式推动相关领域保险工作发展。同时，加强与司法部门的交流合作，积极开展联合执法行动，2009 年，保监局与公安机关联合破获销售假保单案件、保险诈骗案，追缴赔款 10 万余元。与昆明市工商局联合行动，依法取缔擅自设立“冠天保险代理”的非法机构。

【保险宣传】　云南保监局与宣传部门、主要新闻媒体建立起经常性联系协调机制，增强新闻主管部门准确把握保险宣传舆论导向的责任意识。针对收付费零现金管理、短意险停止撕票式业务及投连险销售渠道等情况进行主动宣传。开展保险“送金融知识下乡”和“履行社会责任，促进经济发展”活动。利用 60 周年国庆大典之机，在全辖开展文艺汇演、摄影图片展等活动，增强行业凝聚力和行业发展的信心，集中展现云南保险业 60 年来取得的骄人成绩和保险人风采。加强新保险法宣传，通过《昆明日报》等媒体开展法律法规和监管实务专题宣传，重点宣传新保险法相关政策及可能对旧保险条款的影响，邀请法官、学者和保监局法制干部进行专题讲座，营造出学法、懂法、用法的良好氛围。

【保险监管】　2009 年，云南保监局在以下方面加强对保险市场的监管：加强监管部门内部建设。成立法制处，简化行政审批流程，建立风险预警和监测制度，建立公司内部审计报告定期上报机制，建立重点公司联系人制度；抓实风险防范化解工作。密切关注退保风险、公司经营效益问题、收付费环节资金风险、现行保险营销体制机制可能引发的风险、公司经营风险，有效监测云南省人身险业务的退保情况。控制成本和开支，在全省推动车险“见费出单”工作，对信访投诉较多的产险公司，在一定时期内限制高管和机构的审批；强化市场行为监管。认真开展市场整规活动，并对检查中发现的违法违规行为实施行政处罚。2009 年，保监局共派出 250 人次，开展现场检查工作 76 家次，实施行政处罚 54 家次，共罚款 167.5 万元，罚款金额是 2008 年的 4.3 倍。其中对机构处罚 165 万元，对个人处罚 2.5 万元，责令撤换高管及直接责任人 8 人。在全行业深入开展治理商业贿赂专项工作，组织各保险公司负责人签署规范经营责任书，进一步完善保险业务“投保提示”环节，督促保险公司加强和改善服务质量；创新监管方式和手段；切实保护被保险人利益，做好保险业维稳工作。

（丁江萍　钱海东）

中国工商银行云南省分行营业部

【存　款】　至 2009 年底，工商银行省分行营业部本外币各项存款余额 849.39 亿元，比年初增加 172.45 亿元；人民币各项存款余额 846.57 亿元，比年初增加 172.20 亿元。

【贷　款】　本外币各项贷款余额 556.99 亿元，比年初增加 134.38 亿元；人民币各项贷款余额 550.18 亿元，比年初增加 129.47 亿元。不良贷款占比 1.33%，较年初下降 0.85 个百分点。

【利　润】　全辖实现拨备前利润 19.53 亿元，同比增加 3.74 亿元；收息完成率 97.23%，收息水平创历史新高。在全国一级分行营业部综合经营绩效考评中排名第九位，较上年提升 1 位。

【上半年业务指标同业占比第一】　上半年主要经营指标创造历史最好成绩，“劳动竞赛”开创了工作新局面：实现拨备前利润 10.09 亿元，各项存款比年初增加 173.39 亿元，各项贷款比年初增加 145.21 亿元，实现中间业务收入 2.38 亿元，取得了各项存款、贷款的存量和增量、中间业务收入等指标同业占比第一的丰硕成果。

【调整信贷结构】　紧抓国家“扩内需、促增长、调结构”政策契机和全省项目建设高峰的历史机遇，推进绿色信贷长效机制，实施公司贷款营销倒逼工作制，注重重点优质客户、项目和行业板块，以城建、民航、电力、公路、铁路等重点基础产业和基础设施建设领域为重点，集中营销、服务和维护管理，实现法人信贷业务大发展。加强银政银企合作，抓好项目储备，为重点项目上报意向书及有条件贷款承诺函 12 份。积极探索和推进小企业业务专业化经营，抢抓机遇拉动个人信贷业务快速健康发展；以核心客户贸易链为突破口，加快流动资金贷款改造进程，在全省率先办理打包贷款、发票融资、小企业卖方融资、商品融资及订单融资等业务。

【个人金融业务】　快速增配个人客户经理，完善《网点绩效考核办法》和《客户经理考核办法》，制定新的《个人客户经理考核管理实施细则》，对客户经理实行分层次考核和动态管理，加强个人金融业务市场营销力量。建立高端客户体验和管理机制，先后成立南屏财富管理中心和翠湖财富中心，立足昆明，辐射全省，为个人贵宾客户提供综合性、专业化的会员制服务。有效实施客户维护手段创新工程，举办丰富多彩的服务体验和理财沙龙，开展高端客户论坛、高尔夫精英赛等活动，在激烈的市场竞争中树立特色品牌，全面提升理财金账户的市场知名度。开展服务精细

工商银行省分行营业部与西山区开展银政合作　（工商银行省分行营业部　供稿）

工商银行省分行营业部到嵩明县云林小学开展“结对共建”活动
（工商银行省分行营业部　供稿）

化工程，编写“个人金融产品临柜营销话术”和“新业务、重点产品”营销指引，制定《个人客户服务精细化管理项目实施方案》，扩大临柜标准化营销的覆盖面和灵活度。加强公私联动，大力开展组合营销、分层营销和捆绑营销，全年累计销售本外币理财产品160.28亿元。

【中间业务】　落实中间业务优先发展战略，完善“整体配合，上下联动，分工明确，通力协作”的管理机制。加快中间业务品种创新和结构调整，加大投行业务与传统公司业务的互动营销，集中力量打造具有市场竞争力的投资银行特色服务的拳头产品，以信托+理财方式提供项目资金综合解决方案，在改善资产结构的同时增加中间业务收入渠道，顺利完成全辖存量信贷资产信托转出工作。实施对公结算账户“规模质量双提升”工程，从抓源头、抓板块、抢市场入手，加强与中介机构的合作，增加对公结算账户，在总行“二级分行50强”考评中位列全国第二位。大力拓展贵金属业务，开展代理实物黄金开户优惠和“状元金”专题营销等推广活动，账户黄金及实物黄金交易量达5 400千克。

【银行卡业务】　以知名品牌商家及客户消费规模大的商家为主线，开展“百城万家刷牡丹——节节有礼”牡丹卡系列主题营销宣传活动。认真做好项目开发与推广，正式投产运用新华联名卡综合应用系统，成功介入医院“一卡通”项目。将信用卡分期付款业务作为提高信用卡增收创效能力的切入点，大力拓展牡丹卡市场，全年新增信用卡10.76万张，实现刷卡消费交易额37.76亿元。

【电子银行业务】　加大电子银行重点项目和产品的推广应用，实现网上票据托管及票据贴现业务“零”的突破；成功为企业设计投产电子商务B2C在线缴费项目以及财务ERP系统，提高个人网上银行动户率，增加电子银行交易量，有效分流柜面压力。抓实产品创新与客户服务，推出网上银行资金负余额归集、个人网上银行代收交通罚款、信用证开证申请等业务，成功开办首笔企业网银票据托管和票据贴现业务，推动电子银行业务快速发展。建立企业网银客户台账，定期回访企业网银客户，对个人网上银行新开户客户实行“首次服务辅导工程”，唤醒睡眠户，提高客户渗透率。全年网上银行交易额达16 788亿元。

【国际业务】　加大对核心客户的攻坚力度，积极培育业务新增点，重点锁定电力、医疗设备进口和农副产品出口等优质客户，新增国际结算量7 903万美元、国际贸易融资量1 523万美元。采取高层营销和持续跟踪营销，狠抓出口结算业务，提供高水准的出口制单服务，累计为一企业办理出口结算业务6 805万美元，创下单个客户出口结算量的最高记录。以新产品、新业务为抓手，促进国际结算量、贸易融资、结售汇、外汇存款的互动发展，成功办理全省金融机构中质量最高的一户NRA账户；积极拓展预付款融资业务，丰富了贸易融资产品体系。

【推进运营改革】　规范财务集中核算流程管理，强化事前监督的作用，规范财务事项的核算要求、流程控制和财务支出行为，财务监测水平大大提升。全力推进监督体系、业务集中处理及远程授权三项改革，实现风险有效集中管理。深化业务流程再造工作，实施风险导向的监督、检查，全面提升风险防范能力，优化检查、监督资源，实现监管资源共享。实施重点管控，提升操作风险防控能力，狠抓重要交易管理，比例控制稳定有效。充分利用科技手段防范风险，积极推广支付密码器，全辖对公存款账户支付密码推广率居全省首位。深化授信审批体系建设，推进项目贷款评估改革，加强押品价值评估管理，充分发挥授信、评级、评估、审批的综合风险防控功能，不断提高信贷业务的审批效率和质量。

【内控外防管理】　稳步推进全面风险管理水平和风险控制，完善风险管理组织架构，健全风险管理委员会运行机制和职能；加大不良贷款全方位监控和清收处置力度，动态管理不良贷款预案，建立不良贷款拨备变化情况监测分析与考核机制，信贷资产质量得到持续改善。加强内控体系建设，与各部门、支行签订内部控制责任书，以“积分管理”推动《业务操作指南》在各岗位的运用；认真开展“学规定，促发展”教育活动，层层签订党风廉政建设和案件防范责任书，组织观看警示影片，加强风险点的防控，筑牢案件防范防线。完善安全防范制度，细化各级安保工作职责，落实基层日常安全管理，全年组织安全检查6次，检查网点306次、自助设备361台（次），开展安全教育4次，网点覆盖面达100%。全面深化银警合作，积极配合外部监管，组织大型综合性安保应急演练。加快营业网点安防设施建设，按照新的网点功能区划对46个网点的技防设备作了更新，连续多年实现辖区经营无重大事故。

【完善服务管理】　启动服务工作积分管理评价制度，制定服务质量管理主要责任人考核奖惩办法，修定支行行长服务工作考评实施细则，形成上下齐抓共管局面；提升服务效能，深入开展“提升客户满意度活动”和“优质服务竞赛活动”，纵深推进“服务满意工程”和“服务变脸工程”，实施支行领导班子坐班制，强化营业部领导挂钩晨会制度。创新服务工作监督检查方式，通过使用客户服务评价系统、聘请专业的社会监督机构等方式，有力推进服务品质的提升。

（文成举　王　颖）

中国农业银行云南省分行营业部

【存　款】　截至2009年末，各项存款余额594亿元，较上年末增加131亿元。其中储蓄存款余额295亿元，新增60亿元，在全市四大商业银行排名第一；对公存款余额299.18亿元，较上年末增加70.92亿元，同比多增77.53亿元；人均存款余额达2 190万元，同比增加429万元，综合竞争力显著提升，市场地位进一步稳固。

【贷　款】　截至2009年末，各项贷款余额529亿元，全年累计发放本外币贷款452.19亿元，新增142.5亿元。贷款主要投向能源、基建、房地产、省级重点企业、上市公司等优质客户。

【利　润】　全年实现拨备前利润16亿元，同比多增1.72亿元，增幅12%，人均利润达58.6万元，同比上年增加4.6万元，实现全辖21个支行全面盈利。

【中间业务】　全年中间业务收入达2.86亿元，比上年增加4 209万元，同业占比达20%。全年代理销售开放式基金15.3亿元，同比增加销售4亿元，增幅达35%，实现手续费收入856万元；贷记卡全年发卡量达4.59万张，同比多增2.26万张；实现代收代付手续费收入1 040万元，较上年增加144万元；实现保险代理业务手续费1 116万元。

【市场营销】　改变长期对客户只进行单一金融产品营销、单个机构孤立营销的模式，强化对公和零售业务板块联动、机构间联合营销，打造适应市场发展的新型营销模式。实施客户分层管理，营销成效明显，确定59户营业部直管客户，贷款余额59亿元，分别占全行各项贷款和公司类贷款的11%和12%，直营直管客户的市场份额得到稳步提高。成功营销6个旧城改造项目，发放拆迁贷款17亿元，并将拆迁贷款和房地产项目开发贷款、个人住房（商铺）按揭贷款等进行有效组合，带动后期的项目贷款和个人按揭贷款，发放12 262万元的按揭贷款。成立项目小组全力营销市政府公务员小区住房贷款，共营销个人住房公积金贷款354户6 440万元，个人住房商业贷款536户11 196万元，公积金贷款市场占比26.2%左右，商业贷款占比97.5%，首次在昆明市范围内探索大规模、集团化作战在个贷领域的运用。汇聚支行营销合力，在“香樟俊园”个人按揭业务中，受理按揭贷款95笔，份额占比达72.5%。在积极做好昆钢、云铜、云天化等集团性客户综合授信的同时，加大力度营销新客户，构建核心客户群，营销了如云南电力投资有限公司、螺蛳湾国际商贸城等新客户。积极参与城市轨道交通建设等项目，占到应有的市场份额。大力拓展城市拆迁贷款，累计发放拆迁贷款17亿元，创新开发“专业市场型小企业‘四方一体’贷款”。新拓展云南国信典当行有限公司，成功切入典当业，扩大了业务范围。另外，在银期合作方面取得重大突破，成功拓展云晨期货有限公司。大力推进第三方存管业务，截至年末，新增第三方存管开户9 481户。

【个人业务】　年初以来，营业部以网点转型为契机，规范服务、细化个人客户管理、全面推进个人业务发展，全辖对个人业务的重视程度明显增强。一季度在全市范围内开展“春天行动”，在昆明上影永华国际影院举行启动仪式暨新年电影答谢周活动，之后陆续举办“关爱残疾人”大型慈善晚会《我的梦》等“六大系列八大活动”，为全年个人业务发展奠定良好基础。围绕总行“文明标准服务年活动”，结合营业部实际，在提升服务水平上下足功夫，在市政府白龙潭公务员小区的营销中，营销人员尽职尽责、热情周到，获得社会公众的广泛认可。优质客户服务系统（VCSS）上线，实现对贵宾客户的有序管理，为网点考核客户经理业绩提供主要依据，使贵宾增值服务通道得到进一步发展，稳定了高端客户群。制定《网点分类考核办法》，加大对网点奖励考核力度，刺激了员工营销积极性，有效促进储蓄业务大幅提升。同时，对个人类贷款重视程度明显增强，业务同比强势回升。年末个人类贷款余额49.71亿元，比年初增加15.41亿元，同比多增16.94亿元；个人住房贷款增12.29亿元、个人农业贷款增1.822亿元、个人综合授信贷款增5 526万元、个人协议透支贷款增3 102万元、个人一般消费贷款增2 702万元、地方财政贴息国家助学贷款增1 396万元，个人类贷款主要业务品种同比呈现出全面启动势头，更为可喜的是总分行重点推进的个人住房贷款在三、四季度有了较大

省农行营业部“好时贷”个贷营销中心成立　（农行省分行营业部　供稿）

突破。

【服务“三农”】　积极响应国家扩大内需在农业农村领域中的要求，加大投入，把县域支行作为服务“三农”的载体和平台，全面推进“三农”和县域业务发展。探索支持和服务县域经济的新途径，推进业务发展；坚持分类指导，按照区域特点推进县域支行的发展，全面梳理各县辖内有效金融需求，细分市场和客户，如支持晋宁县的磷化工行业、石林的种养殖业、禄劝的小水电行业，支持特色资源县依托资源优势加快发展；积极支持县域基础设施和小城镇建设，重点支持农村城镇化建设、农村新能源等重点项目建设；大力支持国家和政府主导投资的农田水利、中低产田治理、重点水库改造等农业基础设施建设，全年审批农业基础设施贷款9.35亿元，向晋宁磷都、禄劝城投等多个县级融资平台发放贷款5.21亿元；支持县域小企业发展，积极推广以小企业简式快速贷款为代表的小企业信贷新产品，充分发挥产品效能，全年向县域小企业及个人贷款320户，发放贷款2.86亿元，“三农”和县域小企业客户的资金需求得到较好满足，发展能力得到提升。发行惠农卡71 449张，激活率99.34%，新增授信9 979户，新增用信1.85亿元，辐射带动农户1万余户，带动8 000多户贫困农户增收致富。截至年末，县域支行存款余额162.19亿元，较年初增加32.49亿元，同比多增16.69亿元，贷款余额78.66亿元，较年初增加21.1亿元，同比多增5.96亿元。

努力搭建与市政府银政银农合作平台。全年对市县两级融资平台或准融资平台审批贷款11.71亿元，其中，中低产田改造项目获得2009年度昆明市银行业金融创新奖。围绕昆明优势农产品产业化推进工程，加大对烟叶、畜产品、无公害蔬菜水果、中药材、花卉苗木、橡胶等优势农产品产业化企业的信贷支持力度。优化资源配置，积极扶持重点龙头企业，新营销国家级龙头企业1户、省级龙头企业2户、市级龙头企业4户，全年共向14户国家级、省级龙头企业发放贷款4.88亿元；择优扶持，加大对重点客户项目贷款信贷资金投放力度。

【风险管理】　强化信贷管理，遵从评级体系改革，认真实施集团客户授信管理，强化集团客户的整体风险控制；推进信贷资产十二级分类，实施精细化管理，加大对中介机构的管理，严格准入和筛选，对融资担保机构按户建档，实施动态管理和检查；推行信贷审批体制改革试点，设立信贷审查审批中心和独立审批人，实行分层审批，提高了审批效率。制定清收计划完成情况与费用、绩效工资挂钩考核办法；确立在各支行设立不良资产清收处置专、兼职管理员制度；加强对资产处置业务的日常管理和监督检查，确保资产处置业务依法合规运作，杜绝各类处置风险，确保资金正常运转；规范集中采购行为，严格操作流程，组织实施集中采购工作；完善统计管理，确保全辖业务数据及时、准确反映。抓好安全保卫责任制的落实，做好安全防范工作，继续抓好对员工的安全防范和案件防范教育，增强做好基础工作和执行规章制度的自觉性；加快安全防护设施建设和基础管理，加强枪支弹药管理制度，杜绝安全事故的发生；认真抓好金库建设及管理工作，年内对11家县区支行金库进行新建或改造，全辖金库建设达到规范化要求。明确责任和职责，建立责任考核和责任追究制度，加强作风管理，把责任性刑事案件、重大违纪违规案件、被诉案件、计算机重大事故、通报批评与处罚等纳入党风廉政建设工作考核范畴；认真执行“三谈两述”和函询制度，共对54名县支行级干部实行“三谈”，全辖县支行级干部每年两次进行“两述”，全辖2 000多名员工向所在单位作出遵章守纪的承诺。

昆明大院名校科技成果展签约仪式　（农行省分行营业部　供稿）

通过总行集中审计，增强了员工合规经营意识，进一步规范营业部业务经营行为；扎实推进案件专项治理，严把思想教育源头关口；开展自查和排查，逐一整改落实存在问题，确保2009年无案件发生，无重大安全责任事故及有损农行整体信誉的事件发生。

【网点改造】　2009年，营业部大力推进网点改造转型。对西山区国际花园支行和官渡区东聚支行按“1+4模式”进行规范化服务的导入工作，打造营业部网点转型的标杆网点。自上而下推进全行统一的网点文明标准服务，积极营销电子商务业务，提升电子渠道分流率，加速推动网点转型。加大对营业部网点硬件的改造力度，截至年末，共实施18个网点的改造，营业大厅环境整洁优美，服务质量和社会美誉度明显提升。

（农行省分行营业部）

中国建设银行云南省分行昆明地区机构

【存　款】　截至2009年12月末，建行昆明地区机构人民币各项存款余额708.27亿元，比年初新增97.23亿元，增长15.91%。其中对公存款新增42.60亿元，增幅12.14%；储蓄存款新增54.63亿元，增幅20.99%。

【贷　款】　各项贷款余额558.81亿

元，比年初新增 94.30 亿元，增长 20.30%。其中公司类贷款新增 62.93 亿元，增长 17.62%；个人类贷款新增 31.37 亿元，增长 29.21%。

【利　润】　2009 年，建行昆明地区机构实现税前利润 15.75 亿元，比上年多增 0.43 亿元。

【对公信贷业务】　建行昆明地区机构在 2009 年积极支持地方建设，提升对公信贷业务竞争力。针对市场变化，及时调整定位，对昆明市及所辖区县路网建设、经济适用房项目、呈贡新区建设、滇池治理工程、昆明新机场项目、二环快速系统绿化工程等市内重点工程项目提供信贷支持。与昆明市交通投资有限公司签订银团贷款协议，积极推动昆明铁路枢纽建设；与安宁市政府签署银政合作协议，为安宁工业园区内基础设施建设、小企业孵化基地、环境保护和治理等项目提供金融服务；与国道主干线昆明绕城高速公路公司签署贷款合同，支持昆明西南过境交通流分离，缓解昆明主城区交通压力；向昆明市空港经济区及交投公司提供意向性信贷承诺 30 亿元，并提供配套服务。

【个人贷款业务】　针对市场及时调整经营策略，通过抢抓一手房和拓展二手房市场，进一步巩固提升个人住房贷款同业市场份额。同时，加大住房保障房市场等新领域的拓展，推广公积金龙卡联名卡及公积金委托提取冲还贷新产品，加大住房公积金归集业务营销力度。针对昆明公务员小区、高教小区及昆明城中村改造等重点项目，成立专项营销团队，横向配合，上下联动。截至年末，昆明地区个贷余额占比、新增占比、个人住房贷款余额占比以及新增占比均保持国有四大银行第一位。

【优化信贷结构】　正确处理贯彻国家宏观调控政策、总行信贷政策要求与支持地方经济建设的关系，从行业、区域、客户、产品 4 个维度提出“进、保、控、压、退”信贷结构调整策略。积极跟进行业风险限额管理、项目核准和客户名单制管理等制度，确保把有限的资源配置到国家重点投资、资本回报高的领域。认真贯彻国家节能减排政策，审慎投入“两高一剩”和不良率较高的行业，加大对高风险低收益行业和客户退出力度，加大信贷结构调整考核与激励。

【负债业务】　调整客户和账户结构，持续推进对公存款营销。深入贯彻企业存款“争先创优”营销活动，通过环比考核、差别挂价等措施引导全行加大对优质客户、优质账户营销拓展力度；推动企业存款客户结构调整和账户结构调整工作，下大力抓财政资金拨付的下游客户、资金链客户群以及社保资金、军警资金、政府保证金和非税收入等机构存款的营销；加强对企业存款运行情况的监控、分析和通报，做好、做实企业存款营销工作。

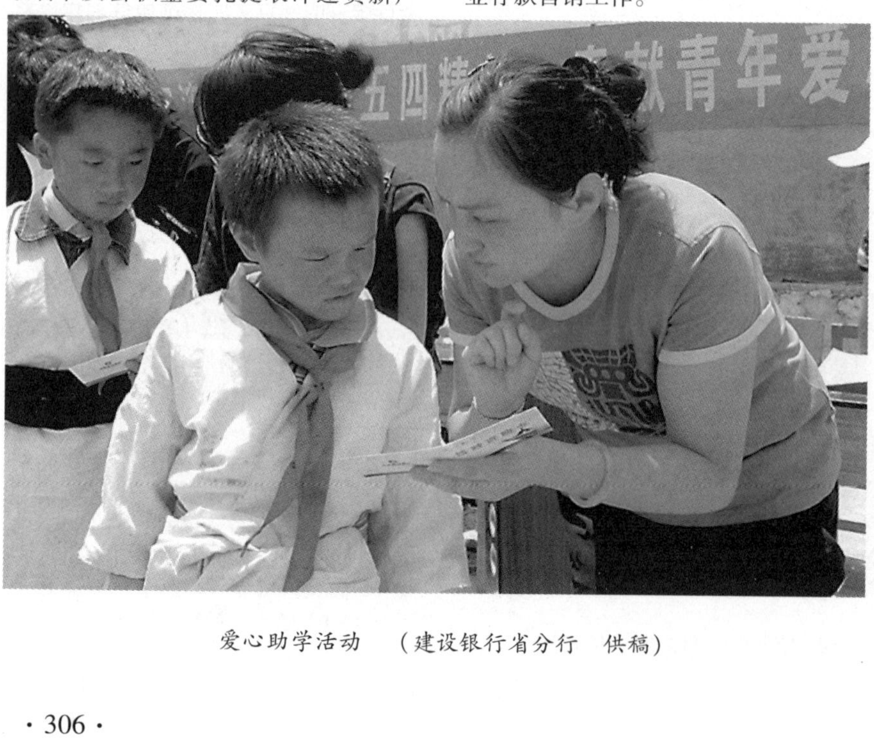

爱心助学活动　（建设银行省分行　供稿）

增强营销力度，个人负债业务取得阶段性成果。紧扣市场热点，以“红运新春，五牛奔福”、“四宝齐聚，赢在建行”、“百日标兵网点竞赛”等活动为载体，全面推进联动营销、交叉营销和产品组合营销，从源头上抓资金、抓客户，持续促进全行营业网点的市场竞争力，实现个人存款、基金和理财产品的协调发展。截至年末，昆明地区个人存款新增列同业第二。

依托网点转型二代项目，不断提升服务水平。扎实推进零售网点二代转型和高端客户关系项目，围绕个人 VIP 客户服务新理念、新职责、新流程、新工具、新要求，改善财富管理中心、理财中心工作机制和客户服务流程。完成网点转型配套服务保障机制在城东支行的试点，探索昆明地区网管中心改革，高端客户增长迅猛。通过转型工作的深入推广，个人高端客户满意度大幅度提升，差别化渠道服务能力逐渐增强。

【中间业务】　对公中间业务发展迅速。成功向云南省旅游投资有限公司发放全省第一笔并购贷款；在云天化集团中期票据、昆钢集团短期融资券以及昆明市城投公司股权投资类理财产品发行上取得突破。在昆明地区推进自主营销，加大期缴产品销售力度，代理保险业务实现平稳发展；CTS 客户新增客户数和存管资金量取得突破性进展；成功托管昆明一城中村改造项目资金。启动“民本通达”试点工作，就教育惠民、医疗健民、社保安民、环保益民开展联动，有效拓宽与民生领域客户的合作和产品覆盖面；个人中间业务稳步增长。整合各业务条线的资源和力量，有效提升客户综合营销能力。发挥个人结算及借记卡业务的基础地位作用，积极推动基金、理财、黄金、国债、外汇等投资理财类产品销售，强化联动营销；以年初存量个人住房贷款利率浮动幅度调整为契机，根据客户信用状况、贷款所购房屋面积等进行利率议价，实施差别化的利率调整，并以此为突破口，联动销售各类银行产品。

【电子业务】　通过“红运新春，e 路好礼”、“易用有礼，超值无限”等活动，加大对重点项目和重点产品的推广宣传。持续优化“宝易互通”电子商务交易平台，启动实施昆明市交通罚款宝易互通收缴方案。积极开展铁路龙卡、公积金联名卡等营销活动，加快商户和分期业务拓展，提高信用卡业务风险管理水平。

【国际业务】　面对外汇业务受金融危机影响，结算量和结售汇大幅下降格局，建行省分行昆明地区机构拓展小企业客户、外汇存款和资本项下业务；发挥技术优势积极争办国内信用证，成为省内第二家开办国内信用证业务的银行。

【改革和创新】　稳步推进公司业务条线改革。积极推进专业化机构建设，将集团客户经营重心进一步上移，加大对集团客户的营销和服务力度；成立昆明地区小企业中心，按"信贷工厂"模式进行标准化、流程化、专业化运作；梳理造价咨询中心管理制度、工作流程，统一全省资质的管理和使用。

配套实施昆明地区风险条线集中管理改革。按照"集中管理、专业专注"的思路，积极探索中心城市行风险条线集中管理的有效模式，组织实施集中经营集团客户贷前、贷中、贷后平行作业，向小企业和个贷中心派驻风险管理团队，提高风险管理能力和审批效率。

深化会计营运体制改革。大力推进业务集中工作，在前期已完成的集中现金和重要单证调缴配送、会计档案与会计稽核等后台集中事项的基础上，积极拓展业务领域，继续扩大集中业务的处理范围，实现银行卡实物集中配送、财政授权支付业务集中、电子渠道落地业务后台集中、批量代收付系统推广、实物黄金试点配送等工作。

积极推进流程再造和产品创新。大力拓展全过程造价咨询、建设资金监管等造价咨询业务新产品，工程项目资金监管业务发展突出；建立集中配送体系和仓储化管理，实现代理招商银行昆明分行、华夏银行昆明分行尾箱寄库及现金调缴业务。

【风险内控】　加强信贷基础管理，规范业务运作。以外部检查发现问题为契机，建立"经营部门牵头组织、风险部门监督配合"的贷中、贷后责任体系，增设信贷管理岗。通过每月一次的信贷基础管理例会、突击检查等方式，促进信贷基础管理工作向常态化、制度化、精细化方向发展；严防操作风险，增强合规意识。深化柜面操作风险检查机制，加大非现场检查的力度，强化操作风险管理培训，提高柜面员工技能水平和风险防范意识。提升岗位操作风险报告系统运行质量，新增数据统计、风险点所属产品条线、业务环节、风险程度编辑和缺陷评价功能。开通法律咨询专线服务平台，提供高效全面的在线法律服务，增强依法合规保障能力；不良资产处置专业化水平逐步提高。逐一梳理存量和新增不良资产项目，把计划任务落实到每个项目、时间进度和责任人。加大集中经营项目的处置力度，启动昆明地区不良个贷事权移交省分行工作，组建项目经营团队，加快个人类不良贷款的回收处置；加强案件防控，做好信访维稳工作。积极规划落实惩防体系，充分发挥案件防控协调联动机制，深入开展稽查督导、员工行为排查和案件风险点排查。加大责任认定力度，严肃执规执纪，强化基层机构内控管理工作的考核评价，保持案件防控高压态势。建立信访维稳工作应急预案，确保各项工作正常有序开展。

（杨　荇　杨之霞）

电子银行客户体验活动现场　（建设银行省分行　供稿）

交通银行昆明分行

【存　款】　截至2009年末，交通银行云南省分行本外币资产规模、人民币存款规模突破400亿元，分别达434.5亿元、409.73亿元。全行人民币对公存款余额280亿元，比上年末增加88亿元，增幅46%，完成总行计划的339%。人民币存款增量突破100亿元。

【贷　款】　人民币贷款规模突破300亿元，达306.82亿元。人民币对公贷款余额达到271亿元，较上年增加111亿元。信贷投放主要集中在交通、有色、公共设施、石化、电力等行业。人民币贷款增量突破100亿元。经营利润逆势增长两成以上，连上两个台阶。

【资产质量】　不良资产占比降到0.5%以内，为0.44%，不良贷款占比降至0.58%。各项主体指标和战略性指标均全面超额完成总行下达计划。实现了跑赢大市、争先进位的目标。

【公司业务】　交行省分行高度重视对公存款在全行经营发展中的作用，坚定不移推进对公存款增长。认真分析2009年面临的严峻形势和所处的竞争环境，找准差距和不足，进一步明确加快存款业务发展的战略意义，不断强化对公存款的组织、管理、推进工作；审时度势，抢抓机遇，加快国家基础设施建设投入，加大信贷投放力度。通过加强银政合作、银企合作，进一步推动分行与政府部门、重点企业间的战略合作，同时围绕重点行业、重点项目和重点客户，优选授信项目，深入了解新老客户和中小客户需求，加强服务；在积极推动授信业务发展，加大信贷结构调整的同时，认真组织推动贷后管理工作，把贷后管理作为推进贷后管理制度化建设，促进贷后管理质量提升的重要工作；积极开辟新的金融服务。从风险敞口、信托、财务顾问等入手，有针对性地组织各项工作开展。

【个人业务】　个人金融业务紧紧围绕"打造财富管理银行，创建一流银行集团”的战略目标，贯彻以客户为中心的理念，按照“抓客户、重存款、讲服务、促销售”的业务发展策略，构建个金业务常态化推进机制。

截至2009年末，人民币储蓄存款达129.24亿元，比年初增加29.22亿元，增幅为29%，完成总行年度计划162.33%；零售信贷余额达到35.38亿元，较年初增长12.51亿元，增幅为54.7%，完成总行年度任务计划的417%；全年实现个金产品销售46.38亿元；沃德客户5 428户，年内新增1 663人；交银理财客户33 760户，年内新增10 120户；自2009年11月中旬推出“快捷理财”品牌以来，分行新增快捷理财客户2 527户。已建成新型现代银行网点OTO 16个，客户服务的环境和设施达到行业先进水平。

【国际业务】　2009年云南省进出口总量大幅下跌，国际业务发展环境异常恶劣。据云南省商务厅公布数据，全省进出口总量仅64.4亿美元，较2008年同期下跌25.3%。分行上下不断挖掘发展潜力、调整经营结构、强化合规管理，经过不懈努力，2009年分行国际业务逆势增长，取得跨越式发展。各项指标除中间业务收入指标完成总行计划95.05%，其余指标国际结算、贸易融资、同业代理业务、新增外汇存款、外汇财资业务、目标客户拓展均超额完成总行任务，其中前4项指标计划完成率在系统内和同业市场中排名靠前。全行国际结算量跨过9、10亿大关，首次突破11亿美元，较上年增长27.24%，市场占比达12.3%，较年初提升4.02个百分点。同业市场排名第四，仅次于中行、工行、农行，首次超越建行，成功实现“跑赢大市，争先进位”的目标要求，得到总行国际部表扬和云南省外汇局肯定。

截至2009年末，全行国际结算量累计完成11.07亿美元，完成总行计划130.24%；国际业务中间收入累计实现1 140万元，完成总行计划95.05%；外汇存款新增3 841万美元，完成总行计划768.2%；外汇财资业务累计完成7.08亿美元，完成总行计划101.2%；目标客户拓展完成15户，完成总行计划100%；贸易融资累计发放8 842万美元，完成总行计划736.86%；同业代理累计完成2 409万美元。

【电子银行业务】　2009年，分行加强宏观政策研判，挖掘并适时把握市场机会，在风险可控条件下尽可能满足企业客户的电子银行金融需求，加大对企业客户的金融支持力度，同时，深入研究个人客户电子银行消费心理和消费行为的变化，提高“随需应变”的能力，加快电子银行业务的发展。在重视业务发展规模的同时，提高电子渠道业务分流率，促进传统业务向电子渠道的迁移，将电子渠道分流率纳入支行综合绩效考核体系，关注网银动户数指标，引导支行发展电子银行业务；加强渠道建设，在重视网上银行业务的同时，加强手机银行、自助银行、POS机具建设，积极拓展特约商户、特惠商户和家易通业务，更新自助服务机具，调整搬迁自助银行，完善自助银行布局；完善电子银行业务产品和服务，重点完善电子渠道代理缴费、网上支付、跨行转账、银证业务、银期业务、自助签约、批量转账、批量扣款等功能，为网银客户提供更多的选择；提升交行特色业务功能，交行基金业务、全国通业务在网银办理均享受费率优惠，个人黄金、个人网上结汇、易贷通、代理业务等均可通过网银办理。重点针对白领阶层、市场类、第三方存管、学生客户群体开展手机银行销售，利用手机银行方便快捷、低费率等特点，提高手机银行签约率。

2009年，电子银行业务交易笔数占全行业务量的47%；企业网银累计动户数为647户，完成总行下达计划的116%；个人网银累计动户数为4.96万户，完成总行下达计划的180%。

【战略转型】　2009年，交行省分行在战略转型方面通过以下措施来进行：抓品牌建设，公司业务突出“蕴通财富”、“盈通账户”、供应链企业等品牌，零售业务突出“沃德财富”、“交银理财”、“快捷理财”、“展业通”、“得利宝”、“金融快线”等业务品牌，加强品牌的整合和宣传；抓业务创新，在深入分析研究市场和客户需求的基础上，为客户量身定制对公理财、对私理财、国际业务、企业年金、融资租赁、信托贷款、资产管理、顾问咨询、综合规划、投资组合、现金管理、保障计划等全方位、立体化、多层次的现代金融服务；抓分级服务，细分客户群，实现分层服务，尝试个人专户理财业务，把中低风险的基金作为客户资产的重点配置项目，逐步加大“智慧选基”、“智慧定投”的推广与应用；抓重点突破，积极推进风险敞口费、信托贷款、国际结算、结售汇业务、非贸易结算、对公外汇理财等重点业务，提高公司条线和国际条线在中间业务收入中的比重；抓队伍建设。加强客户经理的培养锻炼，培养、选拔优秀客户经理，打造交行品牌理财师，持有金融理财师（AFP、CFP、EFP）资格的专业人才超过90人，提升了理财队伍的整体素质和社会形象。

【风险管理】　在风险管理方面，分行把握信贷投放政策，加强风险排查力度。认真落实总行信贷投向政策，重点支持云南支柱行业和龙头企业，重点发展零售信贷业务。加强重点名单和监察名单管理，加强风险排查力度，加强监控频率，及时发布风险提示，控制新增不良贷款。新增贷款不良率0.05%，低于控制指标0.56%；贷款减退3.36亿元，完成计划421%；积极推进清收工作，努力化解历史包袱。以有抵押物或查封物的重大资产保全项目为抓手，紧盯西南商业大厦、云南纺织品进出口公司等重点对象，抓住司法部门“执行风暴”的机遇，加紧推进清收工作，取得明显成效。存量不良资产、对私不良贷款、非信贷不良资产的清收均超额完成计划。不良资产余额19 708万元，占比0.44%。不良贷款余额18 254万元，较年初减少6 500万元，占比0.58%，下降0.75个百分点；扎实推进案件防控，保障业务健康发展。以创建“会计工作示范行”为载体，加强会计制度建设，提高制度执行力。以重要风险环节为重点，完善全省一体化操作风险管理体制，提高操作风险防控能力。推进流程银行建设，优化业务操作流程，提高会计营运效率。组织开展案件防控专项治理、案件风险排查，专项治理全面彻底，不留死角。开展党风廉政建设责任制情况检查和执法监察，严格问责制度，年内共问责75人次，及时堵塞漏洞，消除隐患，化解风险，确保平安。

【提升服务】　服务质量是银行竞争力的重要组成部分，交行省分行高度重视服务质量的持续提升。着力抓网点服务质量，改善客户服务体验。成立服务管理办公室，由专门机构和专人负责服务管理，加强内外两条线检查监测力度。坚持定期通报制度，每周在分行例会上通报服务质量，每月由监测机构进行点评。加强考核力度，服务质量纳入支行及个人绩效考核体系；着力抓金融产品创新，满足客户多元需求。公司条线银银合作、银信合作积极推进，信托贷款、融资租赁、联合贷款、票据业务发展迅速。个金条线通过组织保险训练营等活动，提升保险销售能力；通过开展“收获金秋”等活动，贵金属销售取得突破；快捷理财品牌的推出，完善了客户分层服务体系。国际条线离岸业务快速发展，业务品种日益丰富。零贷条线二手房按揭业务、个人小型设备按揭等业务取得突破。电银条线手机银行打开局面，推出网上缴学费、网上缴报名费等新业务；着力抓品牌渠道建设，树立财富管理形象。红河支行、银河支行顺利开业，完成6家网点、8家自助银行的装修改造。举办“沃德财富之夜”新春客户答谢会，举办3期沃德财富讲坛，先后邀请著名经济学家连平、茅于轼、巴曙松到昆演讲，丰富沃德品牌的内涵。以服务世博为契机，加强世博合作伙伴、蕴通财富、沃德财富、交银理财、快捷理财、交银快线等品牌的宣传力度。实现液晶广告机、液晶电视、门头电子跑屏的网络化集中管理，提升网点宣传的品质和效果。在云南媒体组织的百姓口碑榜评选中，夺得“最佳财富管理银行”大奖。

【成本控制】 调整优化结构，提高资产收益。高盈利资产平均余额占比提高6.49个百分点，高成本负债平均余额占比提高5.2个百分点；净息差和净边际利率分别为2.76%和2.79%，较一季度均提高0.29个百分点，ROA为2.03%，较2009年一季度提高0.35个百分点，呈企稳回升、逐季向好态势；加强预算管理，提高营运效率。合理控制开支进度，强化环节管理，规范营业费用的审批报销流程，增强费用管理责任意识。坚持“存量调整，增量挂钩、考核激励”的省辖行财务资源配置原则，全辖费用预算形成统一整体。人事费用、新建网点租赁费及装修费、广告支出、固定资产购置权、基建项目实施权等集中到省分行管理。发挥财审会“公开理财、民主决策”职能，重大项目和费用开支提交财审会审议，提高决策的科学性。集中采购流程公开透明，接受群众监督；主动降本增效，实现有保有压。成立降本增效工作小组，积极推进降本增效工作。按照先保开门费、后保一般性办公费用，先业务、后管理的顺序安排费用列支和对外支付，费用向高产网点、重点业务、重点客户倾斜。精简、压缩会议，严格执行出差标准，统一购买机票，推广节能、节水、节纸措施，控制招待费，提倡工作餐制，盘活闲置资产。办公费用同比下降1 267万元，降幅为31%以上，会议费、差旅费、办公用品、低值易耗品下降尤为明显。成本收入比为30.83%，较上年下降1.11个百分点。

（张　瑾）

富滇银行

【优化公司治理结构】 2009年，富滇银行在董事会层面加强领导和决策职能建设，有效提升专门委员会的运作效率；在监事会层面，加强制度建设和流程规范工作，加大与各个层面的沟通交流力度，有效实施监督；在高级管理层层面，稳步推进专业委员会建设，先后成立对高级管理层负责的营销推进委员会、产品与科技创新委员会、信贷审批委员会、资产负债管理委员会、不良资产管理委员会等5个专业委员会，制定和完善各专业委员会的工作制度和议事规程，规范各专业委员会与董事会、监事会的报告路径和沟通机制，进一步健全高级管理层议事和决策组织架构，增强指导全行经营管理工作的规范性和有效性。在《银行家》杂志社主办的2009中国商业银行竞争力评价报告发布会上，荣获“2008年最佳公司治理城市商业银行奖”，综合竞争力排名由第八十八位提升至第二十七位。

【支持地方经济社会发展】 加大金融对地方经济社会发展的支持力度。积极支持云南省各级政府性投融资公司组织实施的建设项目，全年累计投放政府性投融资平台贷款109亿元，较年初新增41亿元。积极支持省级重点项目，向新、旧螺蛳湾投入信贷资金8亿元；积极跟进省“十一五”重点建设项目“牛栏江—滇池补水工程”，给予过桥贷款支持，为工程建设提供资金保障。此外，还通过与信托公司合作发行信托类理财产品的方式，筹集资金10亿元用于云南省基础设施建设。

创造性地开展工作，积极引入省外资金100多亿元，多渠道地为云南省经济发展提供金融支持。富滇银行和招行深圳分行牵头组织“云南省铁路建设地方配套资金银团贷款”，引入省外资金27.5亿元投入云南省铁路建设。保持票据业务在昆明各金融机构中的领先地位，全年累计实现票据保理业务348亿元。

切实加大对中小企业的支持力度，全年累计投放中小企业贷款239亿元。2009年，富滇银行成立小企业信贷专营中心，是昆明市首家由中国银监会批准设立的专门为小企业提供融资服务的持牌金融机构。同时，针对中小企业推出金融服务品牌——“富业成长”，将产品分为融资、结算、国际业务、理财4大系列，涉及40多种融资产品，可针对不同类型的中小企业提供多元化的融资方式。2009年，富滇银行被中国中小企业家年会评选为“2009年度全国支持中小企业发展十佳商业银行（地方）”。

【推进战略发展规划实施】 切实推进战略规划落地实施工作。着手制定并实施IT战略发展规划和个人金融业务发展规划；进一步完善内部管理，稳步推进准事业部制改革；启动信贷审批体制改革，将过去的集体审批制度改革为独立审批人制度与集体审批制度相结合的审批体制；优化网点布局，完善分支行管理模式；完善人力资源和激励机制；以公司价值和股东回报持续稳定增长为目标，积极调整资产负债结构、收益结构、客户结构和分销网络结构。

【加快跨区域经营布局】 年内，先后成立红河、大理、西双版纳、楚雄分行和瑞丽支行，经营网络进一步扩大，对支持当地经济建设，促进全省经济、社会协调发展做出积极贡献。发起设立第二家村镇银行——禄丰龙城富滇村镇银行。为有效解决农村地区银行业金融机构覆盖率低、金融供给不足、金融服务缺位等问题做出积极贡献。成立上海资金交易中心，成为较早在国内金融中心设立资金交易机构的城商行。中心成立后，打通了富滇银行与沿海发达地区乃至全国先进金融机构的业务合作通道，扩大了富滇银行的市场影响力和知名度。

【“走出去”工作取得实质性进展】 继续推进人民币跨境结算工作，向人民银行昆明中心支行正式提交《关于富滇银行与老挝外贸银行互开账户进行人民币跨境结算的请示》，提出具体结算方案。

设立境外机构工作取得重要进展。5月富滇银行与老挝外贸银行在万象签订《合作备忘录》，明确在多个方面推动双边合作。11月初，在省政府的直接协调下，通过积极努力，银监会原则同意富滇银行先行探索在老挝设立代表处，待条件成熟后再设立分行或子行。

【丰富金融产品】 富滇银行在全国城商行中首家，同时也是全国商业银行中首批（同批开办该业务的还有兴业银行）开办代理上海黄金交易所个人及法人黄金及白银 T + D 业务的银行。富滇银行已开办上海黄金交易所金融类会员所代理的全部业务品种。

为丰富个人业务产品线，2009 年，富滇银行先后推出“二手房交易宝”业务、电子式储蓄国债业务、保险期缴产品代收代付业务、“社区数字便民服务站”业务，全渠道开通“社保联名卡”查询服务。此外，经监管部门批准，正式获准发行富滇公务贷记卡。

加强公司业务创新，推进业务转型。推出联保贷款业务，借助各地商会、行业协会、专业市场搭建小企业融资平台。积极探索经营性物业抵押贷款业务和针对小企业的集合信托理财产品，进一步拓宽小企业融资渠道。在票据业务方面，切实提高产品的综合运用收益；通过信贷与票据产品叠加拉动负债业务增长 15 亿元；推出买断式保理业务，以创新型金融产品为省内重点中小企业融资 1 亿元。推出“云南新工业信托”、“云南城投水务信托”等共计 24. 19 亿元的各类理财产品。

【风险管控】 强化风险控制基础。先后制定并印发《风险经理管理办法（试行）》、《风险总监考核办法（试行）》等制度，从控制风险、规范业务、培育风险人员队伍等方面夯实全面风险管理的制度基础。在全行公开选聘独立审批人和风险总监，组建起风险总监队伍和风险经理队伍。进一步完善信贷管理系统，为完善授信审批流程和运用 IT 技术积累信用风险计量数据奠定基础；强化信贷管理，持续降低不良贷款。坚决贯彻落实国家宏观调控政策，加强信贷结构调整，控制新增贷款投向，严格展期和借新还旧审批。开展多次授信业务检查，强化对大额授信业务的风险管理。着力清收不良贷款，制定清收措施，总行与分支行形成良好的联动机制，累计以现金方式清收不良贷款 3 亿元；严防市场风险和操作风险，防范各类事故和案件的发生。加强流动性管理，规范日常资金头寸管理的风险防控措施。合理控制投资规模，债券投资以减仓和降低久期操作为主，有效规避债券收益率变化可能带来的市场风险。成立集中事后监督中心，实现以“业务集中监督、电子安全保存、票据网络查询”为核心内容的全集中式事后监督处理模式。成立集中对账中心，使银企对账真正成为规避风险、防范案件的重要手段。继续落实案件治理责任制，推进案件防控工作。按季滚动开展案件排查工作。配合监管部门开展“关于贯彻落实‘区别对待、有保有压’国家宏观调控政策及贷款‘三查’情况专项检查”、“票据业务专项检查”和“公司治理与不良资产处置现场检查”，同时加大自身会计、财务检查以及稽核审计的力度。认真落实案防和安全保卫责任制，确保全行全年无事故和零案件。

【渠道建设】 与银联云南分公司签订《银联互联网支付业务协议书》，拓展网上商户 2 000 个；与云南省人事厅考试中心、搬码购物、华鑫航空等公司开通支付网关模式的富滇卡网上支付业务；与银联商务云南分公司签订《固网支付项目推广合作协议》，对本地 17 家银行开放富滇银行公用事业费代缴平台；加大电子银行业务的拓展力度；新增自助银行 18 个、离行式 ATM 机 21 台、POS 终端 413 台。

（富滇银行）

昆明市农村信用合作社联社

【存　款】 截至 2009 年末，全市农村信用社各项存款余额 587. 4 亿元，比年初增加 160. 7 亿元，增幅为 37. 67%，高于全市银行机构平均增幅 0. 49 个百分点，高于全省农村信用社平均增幅 6. 04 个百分点。

【贷　款】 各项贷款余额 374. 7 亿元，比年初增加 74. 1 亿元，增长 24. 65%。

【资产质量】 资产质量持续改善。2009 年末不良贷款余额和占比分别较年初下降 5. 97 亿元和 3. 69 个百分点。

【利　润】 全年实现总收入 31. 68 亿元，同比增长 13. 77%；利润同比增长 13. 2%；资产利润率比年初提高 1. 23 个百分点。

【优化结构】 资产和收入结构不断优化。贷款投向更加突出“三农”重点，信贷结构得到优化，集中度有效降低，涉农贷款余额 302. 07 亿元，占各项贷款比重达到 80. 62%，比年初提高 2. 30 个百分点。

【中间业务】 加快发展中间业务，新发行“金碧卡” 39. 7 万张，总数达到 107 万张；营销拓展“安贷宝”、“手机下乡”及各类代理业务，中间业务收入同比增长 83. 92%。

【官渡农村合作银行存款余额超 100 亿元】 2009 年 9 月，官渡农村合作银行存款余额超 100 亿元，成为全省信用合作社系统中首家存款突破 100 亿元的县级单位。

【推出“金碧惠农卡”】 4 月 13 日，“金碧惠农卡”昆明地区发卡启动仪式在呈贡举行，截至 2009 年底，全市农村信用社共发出“金碧惠农卡” 8. 7 万元，方便了广大农户，为解决农户“贷款难”问题找到了新途径。

【完成专项央行票据兑付工作】 2009 年 6 月，随着宜良联社专项央行票据兑付成功，全市农村信用社圆满完成专项央行票据兑付工作。

【提升资本实力和抗风险能力】 2009 年末，市农村信用联社股金比年初增加 0. 87 亿元，股权结构优化，投资股占比提高到 63. 73%；资本充足率比年初提高 1. 79 个百分点；拨备总额比年初增加 10. 56 亿元，其中贷款损失准备增加 9. 43 亿元；拨备覆盖率及贷款损失准备充足率分别比年初提高 48. 88 和 93. 43 个百分点。

【服务创优】 全面推开“服务创优”工程，加强服务软硬件建设，切实有效提升农村信用社的金融服务水平、社会公众形象和市场竞争能力。优化营业网点布局，加强服务设施建设，改善网点形象，提高服务能力。2009 年全辖共设立自助银行 23 个，布放 ATM 机 289 台、POS 机 664 台，较上年增加 77 台和 301 台。发展特约商户 483 家；完善服务制度建设，增强管理者和员工的服务意识，树立良好的服务形象。年内开展第五届职工业务技能比赛，产生全市农村信用社“八大业务能手”，评选出两个“先进单位”和“十大服务明星”，并予表彰奖励，促成学业务、比技能、赛服务的良好氛围；强化服务技能培训。仅市联社就组织多层次、多样化的培训 310 次，参训员工达4 290 人次，培训内容涉及业务、服务礼仪、执行力等方面，有效提高对客户的服务质量和服务效率；加强营销宣传。结合开展“服务创优”活动，以专刊、简报、媒体等形式加大宣传，市联社还在《昆明日报》开辟专栏进行宣传报道，进一步营造"服务创优"的良好环境，提升农村信用社的企业品牌形象。

【拓宽服务领域】 适应市场竞争需要，积极推进经营机制和业务品种的创新，强化自身优势，拓宽服务领域，提升竞争能力。积极争取省联社政策支持，有效强化农村信用社经营灵活、应对快速的机制优势，切实促进城区信用社的快速、转型发展。结合实际深入研究，纵深推进"三项制度"改革。积极加大业务品种的创新和推广力度，完善服务手段，提高服务水平。利用省联社新开发的业务平台，大力拓展惠农、便农、利农的"金碧惠农卡"，共发行8.61万张；积极开办"贷、免、扶、补"创业小额贷款，累计发放贷款1.83亿元，支持3 926户创业者启动创业项目。通过上下联动，积极营销，与昆明市住房公积金中心合作开办个人住房公积金置换组合贷款业务，与市妇联合作开办失业人员小额担保贷款业务，与昆华医院达成"绿色通道服务协议"，与通用水务公司达成代收水费合作协议，争取中国移动"手机下乡"活动的代理权。延续前一年的良好势头，进一步拓展"安贷宝"业务，全年实现代理手续费收入171万元，共理赔案件18起，赔付金额103.5万元。

【加强管理】 完善制度，加强检查整改，规范信贷统计，提高信贷管理水平。市农村信用联社被人行昆明中心支行评为金融统计工作先进单位。树立管理会计理念，规范实施财务预算管理。加强会计检查、指导、培训，进一步提高会计从业人员素质和会计基础工作规范化水平。积极配合财政部山东专员办检查组完成会计信息质量检查，促进提高会计信息真实性。加强资产风险管理，进一步建立完善资产风险管理体系，严格执行不良贷款监测、分析制度，及时制定处置预案和清收计划。规范与融资担保公司的业务合作。加大积案清理，有效落实债权。财务管理系统、信贷管理系统、办公自动化（OA）系统先后成功上线，提高管理的精细化、流程化水平，提高了工作质量和工作效率。

【防控风险】 坚持审慎原则，不断优化增量，盘活存量，切实降低信用风险，逐步化解存量风险。加强监督检查，防控操作风险。一年来，全市农村信用社共对252个机构开展各项稽核审计309项（次），查出存在问题13 259笔，涉及金额126.7亿元，并督促进行整改，加大问责和处罚力度，强化依法合规经营意识，促进制度的完善和落实。深入开展案件防控治理工作，切实控制案件发生，确保全年未发经济案件。重视加强安全保卫工作，实现安全经营。79个网点已申领到省公安厅颁发的安防设施合格证。完成安全保卫规范教学片的审定、发放工作，强化保卫人员的责任意识，提高工作技能。

（滕庆华）

中国人民财产保险股份有限公司昆明市分公司

【业　绩】 2009年，实现签单保费收入77 790万元，同比增长14.92%，完成年计划任务的104.5%；实现实收保费收入77 673万元，同比增长14.19%，完成年计划任务的103.8%。签单保费和实收保费均达到历史最高水平。其中，春城营业部保费收入突破1亿元。

【销售能力建设】 统一思想、周密部署，做好全市"个代营销"及"两网"建设专项工作。通过统合现有"城网"，在全辖范围内公开招聘"城网"负责人，有效组建营销团队；积极推进创建保险先进村、乡（镇）、保险示范县工作，在富民县大营镇大营村委会挂牌成立昆明市分公司第一个保险先进村，加快完善农村保险网点建设。通过举办组训培训及团队经理培训，加强销售队伍建设，持续推进销售人员团队化管理，个代营销产能明显提升。

整合资源，做好交叉销售工作，多次与人保寿险昆明市公司就产品、互动模式进行磋商。充分利用建设互动部、银保合作渠道，召开客联会等多种手段和多种渠道交叉销售产品。昆明市分公司的交叉销售工作获得总、省公司的充分肯定，渠道管理部获得总公司交叉销售精英团队的荣誉称号，获人保寿险总公司的交叉销售三级机构奖。

积极探索努力实践，构建新型销售渠道。在原有电子商务网业务和保险卡注册基础上，充分发挥新兴销售渠道对业务发展的外延拓展作用，积极构建新型直销渠道建设，不断巩固和完善货运险电子商务（e－Cargo）和电话营销两种新的营销模式。9月11日，总公司电子商务部/电子商务中心通过昆明市分公司电话营销集中运营准备工作的验收。10月14日，昆明市电子商务营销服务部系统调试工作正式完成，并成功完成首份保单的签单配送工作，标志着人保财险昆明分公司车险电话营销"直通车"全新上市。

1月9日，昆明市分公司召开汽车消费贷款保证保险业务启动仪式暨新闻发布会，标志着人保财险昆明市分公司新车贷险业务正式启动。3月12日，昆明市分公司签订"新车贷险"第一单。

【理赔管理】 积极探索和推进对理赔人员的量化考核，完善理赔指标考核体系；强化对理赔各环节的精细化管理，确实有效提高理赔工作效率；提高队伍素质，严肃理赔纪律，增强执行能力，促进了服务、技术与管理的全面升级。充分利用远程定损设备，全部出险车辆实施集中核损。推行车险集中查勘和快修快赔。昆明市分公司采取"逐步推行"的方式，在同城范围内实行车险集中查勘。同时，为切实提高公司保险机动车的服务质量，增强保险市场竞争力，打造属于昆明市分公司自己的服务品牌，分公司向估损金额不超过1 500元，修复时间在3小时内的出险车辆推出快修服务，形成昆明城区快修服务网络。通过各项举措，努力树立公司的良好行业形象，提高保险机动车理赔服务水平，提升人保公司市场竞争力。

【优质服务】 人保财险昆明市分公司长期以来秉承"客户至上"的服务理念，为广大人保客户提供优质、高效与全方位、全流程保险服务：调配资源，以点带面，确保客户节活动实施。昆明市分公司围绕客户节活动制定理赔方案，加强查勘定损人员的配置。依托各基层公司在网络成员厂内精心选取修理能力强、服务质量高的厂家，外部合作单位作为事故救援、故障救助、安全检测的保障力量，营造出温馨的人保财险服务氛围。在客户节期间，积极向广大客户开展友情提醒与答谢活动，昆明市分公司95518专门抽调人员成立专访小组，在有限的时间里对客户开展电话关怀回访；同时，对每一位出险报案客户均发送短信提示，以此方式对后续处理流程进行友情提醒与答谢。借客户节之契机，7月31日，分公司成功举办以"盛世中国　人保同行"为主题的"人保财险60周年客户答谢会"暨"世博、亚运"两会门票颁奖活动。积极组织参加以"3·15"为主题的服务社会宣传活动，进一步体现服务社会的理念。

“事故无情，人保有情”。2009年4月25日凌晨6点40分，在安楚高速公路昆明至楚雄方向K126+600M处发生一起特大交通事故，接到报案后，分公司第一时间成立“4·25”专项工作小组，立即赶往事故现场，参与事故原因的调查及查勘工作，进行事故现场的清理及善后工作，并于4月25日、4月30日，对“4·25”昆楚高速重特大交通事故垫付赔款共计200万元。

【依法合规经营】　完善纪检监督机制，进一步推进党风廉政建设。将反腐倡廉教育与内控合规教育紧密结合，全市系统建立了一把手负总责的党风廉政建设责任制，明确职责和任务，使责任到岗，责任到人。积极推进行业自律。推动实施车险行业自律公约补充规定，坚持合规经营。

【强化内控管理】　人保财险昆明市分公司积极转变思想观念，从盲目价格竞争转变为规范稳健发展，从承保、理赔、财务、内控制度建设等方面加强公司内部管控，强调公司盈利能力和又好又快地发展。制订差异化承保政策，细分客户群体，坚定不移地执行保监会有关文件和“见费出单”管理制度，抓好内部管理。将数据质量管理工作贯穿于公司经营的每一个环节，确保数据源头的真实。建立健全企业内控制度的财务管理职能。狠抓数据质量和财务风险管理，加强基础工作管理，为公司稳健经营保驾护航。

（肖　蕾）

中国人寿保险股份有限公司昆明分公司

【业　绩】　2009年中国人寿昆明分公司实现保费收入7.46亿元，新单首年保费收入4.95亿元，其中首年期交保费收入8 702万元，同比增长11.2%，短险保费收入5 251万元，同比增长24.7%，续期保费1.94亿元。

【业务发展】　2009年按照“抢抓机遇，超常发展，从严管理，快速提升公司整体实力，加快实现‘优质、效益、形象云南’步伐”的发展思路，分公司全面实行“低成本推进，高效率运营”和“一保两控”政策。开展“红牛争春”、“劲牛攻坚”、“激情四月相会腾冲”、“璀璨之夜荣耀盛典”、“九月业务竞赛方案”、“个险渠道决战60天推动方案”等阶段活动。银保渠道业务结构调整初见成效，银保期交业务同比增长17倍。团险渠道业务规模创下昆明分公司历史新高，总量同比增长27.55%，学平险业务总量达到历史最高点。电信卡、公旅险、安保互动业务、小额贷款保险等渠道代理业务都有不同程度的增长。加强与政府深度合作，积极参与政策性补充业务。成功取得大学生村官人身综合保险业务的承保资格，成功中标市医保大病补充医疗保险业务，进一步巩固了公司的品牌形象和市场地位。

【机构建设】　按照总、省公司的要求，加强与地方各级政府的沟通协调，加快保险先进村建设和网点星级达标步伐。2009年，全市共有11个县（市）区政府发文把保险先进村创建活动列入政府重点工作，共有33个网点达成星级营销服务部、46个保险先进村建设点达标。

【提升服务品质】　分公司理赔工作坚持以“打基础、促规范、保质量”为工作中心，全年剔除不合理费用350余万元，拒付案件66件，拒赔金额达240余万元，理赔质量得到进一步提高。进一步加强业务处理和业务销售、内控合规的衔接，开展送培训进职场活动60余场次。持续推进柜面标准化建设，全面打造“专业、真诚、感动、超越”的服务品牌，公司服务品质有了较大提高。

深入开展国寿“1+N”服务，结合国庆、建司60周年庆典，成功组织“国寿大讲堂”VIP客户健康讲座、昆明地区“姚明杯趣味篮球运动会”等活动，进一步提高公司的社会形象。

【风险管控】　分公司认真贯彻有关合规经营的方针政策、围绕经营目标，完善风险管理流程，切实做好案件防范和查处工作。对党员领导干部进行多种形式的依法合规教育，全辖390多名员工接受防范风险主题教育。对6家支公司开展效能监察工作，对发现的29个问题进行整改。开展内控评估工作和反洗钱工作，防范经营风险。组织公司员工对《内控手册》（2009年版）进行学习考试，完成分公司层面和流程层面64个流程的评估测试工作；建立健全公司反洗钱组织架构，完善反洗钱规章制度，开展反洗钱教育培训活动。

（张海燕）

中国太平洋财产保险股份有限公司云南分公司

【业　绩】　云南分公司2009年实现保费9.08亿元，净增2.75亿元，增幅43.51%，发展速度（特别是非车险）高于当地平均水平，赔付率比上年增32.49%，综合结案率85.7%；未决赔款准备金1.5亿元。

【经营特点】　2009年，在市场低迷、竞争环境复杂的背景下，太保云南分公司针对公司经营成本上升，综合成本率高位运行，管理压力增大这一主要矛盾，采取积极有效的措施，降低综合成本率，主动调整业务结构，努力提高效益，公司整体经营呈现3方面特点：重大承保项目、知名项目的成功承保和深度参与，提升了公司品牌和社会影响力，提高了非车险业务的拓展能力和业务比重；市场地位呈现上升趋势，市场份额比2008年上升1.5个百分点，在非车险领域占有明显优势；经营品质明显好转，车险保费充足率及盈利能力得到改善。

【车险精细化管理】　2009年，分公司采取措施推进车险精细化管理：细分车险市场，从车险内部结构的承保导向、资源配置方面入手，把突出效益、贴近市场作为调整原则，严把承保关，确保业务质量；改进车险理赔流程，有效提升理赔效率，降低赔付泡沫；实施车险理赔全省集中管理，以接报案和调度、报价、核损、核赔、分支机构车险理赔负责人集中为起点，顺利将车险理赔全流程纳入到分公司垂直管理体系，建立分公司车险经营责任体系，发挥分公司在车险理赔管理方面的主导作用，大大减少管理层次，提升管理成效、有效控制了理赔成本；加大客户服务人员的培训，不断提高保险一线服务人员的专业技能；针对昆明车险市场竞争剧烈的情况，整合昆明地区车险人力资源、对车商渠道业务部的组建和职责进行设计，制定相应的车商渠道承保政策，在此基础上，整合分公司业务部门，将分公司本部车险业务基本集中至春城支公司统一管理，既有利于业务拓展，又有利于业务管理；建立分公司车险核保平台监

诚信——太保的企业核心价值　（太保产险云南分公司　供稿）

控并积极向云南保监局反映，推动并促成云南省商业车险信息查询平台的建立，有效控制风险。分公司科学制定相应方案，整合业务管理、客户服务、计财部门的相关政策支持，积极响应总公司开展商业三责险业务竞赛活动，实行费用倾斜，结合云南分公司的特点，制定独特的竞争方案向全省推广，加大竞赛督促，加强相应的培训，大力推动分公司商业第三者业务的发展，提高商业三责险的销售广度和深度，进一步改善车险内部结构。

【攻克大项目】　2009年分公司加快推进效益业务的发展，保持非车险在云南市场的占有率只升不降；细化费用管理，分险种、分客户实施差异化管理，发挥费用的销售导向作用；在原有基础上进一步改进绩效考核方式，支持和促进业务规模有效增长；加强渠道整合、团队整合，构建先进的团队文化，提高战斗力。

在重大项目开拓方面，分公司总经理直接参与洽谈，与业务部门和工作人员共同分析研究，发挥团队优势，同心协力赢得市场。2009年分公司除成功续保一批有影响的项目外，在新的招标项目上也取得不俗成绩，如承保楚大公路财产险、以第一名的好成绩中标云南省省级行政事业单位车险项目，扩大新保项目的影响。

【提升服务水平和质量】　2009年，分公司着力加强理赔各个环节的管理和考核，制定工作标准，细化服务模式，向社会公开服务承诺，努力提升太保的诚信形象和认可度，通过全省理赔集中工作，推进车险理赔精细化管理。车险理赔集中即95500集中，实行报案集中管理，将承保、咨询、报案、投诉、建议等集中到分公司，做到回复专业化、系统化、统一化；查勘集中，通过全省理赔人员轮训、考核、统一编制、分期派驻等，实现统一调配和调度；报价集中，配置专职报价员，集中数据维护；核损集中，根据理赔数据、管理能力、风险管控水平实行差异化核损权限，有效杜绝跑冒滴漏等现象；核赔集中，实行持证上岗、定期考核；集中对全省理赔经理的职业操守、工作质量、绩效指标、业务授权等进行考核，推广先进管理经验。

10月底，分公司建立车险经营责任体系，实施全方位质量监控。强化对数据的挖掘和分析，通过科学手段发现客服问题，找准改进方向，为提高客服质量发挥积极作用。

2009年分公司还在着力提高现场查勘率方面加大力度，加强案件质量管控、加大复勘力度，有效杜绝假案。为提升客服质量和水平，分公司加强业务培训，加大硬件投入，同时借助社会专业力量，与公估公司密切合作，切实调动员工爱岗敬业精神。7月9日晚，云南楚雄姚安发生6.2级地震，昆明有明显震感。灾情发生后，分公司总经理室高度重视，立即成立工作小组，地震发生后3小时，工作组已到达楚雄公司连夜开展工作，用实际行动诠释了太保是一家负责任的公司的承诺。

【合规与风险管理】　2009年分公司在合规与风险管理方面，加强合规队伍建设，组织合规培训，倡导依法合规、稳步发展的思想，强调合规经营的理念，宣传合规准则，开展合规风险自测评估，建立兼职合规管理员档案，对合规员的日常工作进行考核；完善各类制度实行前的审核及合同、协议投标文件的审核制度；开展2008年度合规达标年检自评工作，根据总公司《中国太平洋财产保险股份有限公司合规达标考核办法（修订版）》逐项进行自评打分、复查，达标率91%；针对财务业务数据真实性自查自纠查出的问题，制定整改措施，有效遏制不合规经营的现象。加强合规检查中问题较多基层公司的复查，督促整改要求的落实。

【拓展销售渠道】　2009年按集团公司、总公司部署，云南作为首批试点，将交叉销售定为新渠道业务。分公司在拓展销售渠道方面，首先确定交叉销售责任部门，率先在昆明地区推行，下半年引导各中心支公司、支公司的产、寿险合作。年初产寿险分公司召开多次联动会议，分析云南联动工作的优势、目标、措施，明确6月前在昆明试点，下半年全省推开的工作步骤。年底前交叉销售各项工作均按计划进行中，已顺利完成上级公司下达的任务指标。

银行代理销售保险的优势是安全、稳定、规范。2009年分公司重点放在与省农行、省建行、省农发行、省工行的协调合作上，分公司对省级银行战略合作带动各银行地州属地兼业代理业务。公司制定与省建行、省农行年度合作任务，加强属地合作，通过日常帮促、指导，实现业务稳步增长、险种结构优良、经营成本合理、赔付率极低的目标。

加强保险中介业务的日常管理。有针对性指导、现场培训，学习、宣传、贯彻《保险公司违法行为处罚办法》，自查自纠，和各机构面对面沟通，及时发现存在问题，提出改进意见和建议。

（冷少萍）

中国太平洋人寿保险股份有限公司云南分公司

【业　绩】　2009年太保人寿云南分公

太平洋寿险销售总监郑韫瑜与省委常委、昆明市委书记仇和亲切交谈
（太保寿险云南分公司　供稿）

司标准保费突破12亿，3年平均标保增速超过40%，13月和25个继续率均达到总公司考核指标以上，个险新保期缴、意外险首次双双突破亿元大关，核心业务发展、业务结构呈现历史最好水平。

【业务发展】　分公司紧紧围绕销售能力的提升，以加快业务发展为核心，以队伍建设为重点，狠抓执行力，不断开拓巩固业务发展领域。个险渠道以提升营销渠道销售能力为核心，以打造万人团队为重点，以三、四级机构等级评定为牵引，以机构行政经理绩效考核为抓手，强化队伍建设与基础管理，打造万人团队成效显著，标准保费同比增长66.6%，新保期缴同比增长59.04%。直销渠道以快速的反应、积极的举措沉着应对监管政策变化和市场变化，在激烈的意外险市场竞争中成功实现老业务有新发展，新业务有大发展的可喜成果，直销渠道意外险突破9 000万元。银行保险渠道在市场竞争激烈、费用成本居高不下的情况下，努力提升渠道销售能力，创新销售模式，拉动业绩增长，新保期缴保费收入0.81亿元，同比增长366%。虽然总体规模保费负增长，但期缴增幅非常快，标保与上年同期基本持平，业务结构进一步优化。续收渠道通过加强队伍建设，持续推动专员荣誉体系的建立，进一步完善客户服务专员队伍日常管理，以收促展，确保13个月、25个月继续率全面达成。

【优化管理模式】　2009年，在2008年人力资源集中管理、财务集中管理、营运集中管理推进的基础上，不断优化管理模式，内部管理水平进一步提升。财务集中管理通过加强预算管理，完善预算管理模式，明确条块结合、以块为主的经营模式，优化财务资源配置，将经营目标与各条线、各层级的绩效考核进行挂钩。通过矩阵式模式的推行，各条线、各机构经营管理的意识得到加强。在资源配置方面，将资源投向倾斜业务一线，尤其是个险条线的基础管理方向，有效促进了分公司个险业务、队伍的发展，个险投入产出效益得到明显提升。按照总公司人力资源全面集中管理的要求，对分公司现有人员进行彻底梳理，在此基础上开展定岗、定编、定责和定薪工作。理顺组织架构与管理流程，出台相应的考核机制。在组织架构、职位体系、编制及人力预算等9项验收标准方面，均已达到总公司人力资源集中管理验收标准。

【机构建设】　在2008年机构基础建设投入后硬件配置大大改善的基础上，分公司进一步加强中心支公司以及县级机构的内部管理，促进机构业务可持续发展能力的提升。2009年，分公司出台了三、四级机构经营等级评定管理办法，制定机构经理考核体系，机构经理绩效与机构经营等级直接挂钩。四级机构经理全面行政化。从管理干部到各技术条线所有人员考核指标均与人力发展挂钩。经过一年的实施，绩效考核体系成效显见，在2009年三季度机构等级预评中有2家三级机构晋升，20家四级机构晋升。

【强化依法合规经营】　2009年，分公司加强合规管理力量，进一步完善合规管理组织架构，加强专兼职合规管理队伍建设，使公司合规管理能力得到进一步提高。公司严格按照保险监管部门、集团公司和总公司关于合规管理、风险管理和审计的要求，认真开展内控评估和操作风险评估，全面掌握公司内控现状及风险点。分公司自主开发内控评估及缺陷改进两个信息平台，提高了日常工作效率和工作质量。分公司全年共组织开展26次较大的合规培训，参训人员达3 000人次，重点是新保险法及新出台的监管法规培训。组织全省新保险法考试，对新保险法、保险中介业务违法违规处罚办法、意外险经营标准、行风建设、零现金管理等进行广泛的宣传和培训。结合外部监管环境的变化，分公司开展财务业务数据真实性、税收、银保业务、意外险经营标准自查等工作。组织开展2008年度年终决算真实性、共保建工人意险经营、收付费管理等专项检查。以检查促进分公司经营管理的依法合规经营，进一步在全司范围内营造出“合规人人有责、合规创造价值”的合规文化氛围，让各级领导干部员工在思想上牢固树立没有合规就没有发展的依法合规经营意识。

【丰富保险产品】　2009年，太平洋寿险升级调整了180多个寿险产品，推出以“人生四季，有保障，真幸福”为品牌标语的全新个险产品体系，分别推出适合少儿阶段的“福宝宝”、工作刚起步阶段的“福盈门”、成家立业阶段的“福满堂”和接近退休阶段的“老来福”系列保障计划，以保险保障为核心，以创造客户真实幸福感受为目的，并根据客户不同人生阶段具体需求而配置的人生保险规划服务。

【提升服务品质】　2009年，太平洋寿险云南分公司以“客户的满意，我们的责任”为主题开展系列客户服务活动。以服务创“星”活动为契机，从2002年以来已连续7年坚持PDCA（即Plan－Do－Check－Action）循环训练计划，进一步规范作业流程，提高业务技能，提升服务水准，强化服务意识，提高服务时效，提升理赔服务质量。继续

太平洋保险公司爱心支教的志愿者向小学生赠送书包

（太保寿险云南分公司　供稿）

开展“3 + N”的系列服务活动，即“聚焦客户、主动服务——3·15系列活动”、“第三届太平洋少儿书画比赛”系列活动及多个服务专题活动，让客户感受到实实在在的优质服务。服务品质和公司综合实力的提升也赢得一项项殊荣，在2010年1月18日中国质量万里行促进会公布的调查结果中，对太平洋的服务质量给出总体评价A类、合格率100%的满分；3月15日，太平洋寿险云南分公司获选云南省消费者协会、省工商局评选的“云南省首批消费争议和解联系单位”，成为保险行业唯一获选的单位。

【倾力三农保险发展】　为落实党的富民政策，支持新农村建设，农村小额信贷业务发挥了重要作用。针对发放贷款的金融机构和借款者面临的风险保障需求，安贷宝应时而生。“安贷宝”是太平洋寿险专门为申请小额农贷的农户提供的一款短期人身意外伤害保险产品。由借款人委托农村信用社向太平洋人寿保险公司办理投保手续，以借款者本人作为被保险人，农信社为第一受益人，受益金额以出险时被保险人在保险金额内未偿还的贷款本息为限。保险金额超出未偿还的贷款本息部分，向法定受益人进行给付。2005年，分公司以呈贡县农村信用社为试点开展“安贷宝”业务，经过4年的发展，“安贷宝”取得良好的社会效应。年内在全省除临沧、怒江、迪庆外的13个州（市）开展业务，与102个县（区）农信联社签订代理合作协议。2009年全省共承保农户超过20万户，保险金额累计超过80亿元。石林、曲靖、文山、昭通、普洱等地实实在在发生的安贷宝理赔有力的证明了保险的意义与功用所在，分公司通过“安贷宝”这一保险产品，让保险真正实现支持农业、农村发展，让农民得到实惠。

（彭　怡）

·责任编辑　方玉红·

对外经济贸易

对外贸易

【概　况】　2009年全球金融危机对昆明外贸经营实体产生较大的影响，昆明地区进入出口单月金额逐渐回升，同比降幅逐渐下降，整体呈现恢复趋势，并在10月出现回暖迹象，12月份开始大幅回升。2009年昆明地区实现进出口56.3亿美元，同比下降23%。其中出口29.7亿美元，下降16.1%，进口26.6亿美元，下降29.4%。昆明市属外贸（含昆明市属外贸企业及地区外资企业）实现进出口16.3亿美元，同比下降1.1%，其中出口12.6亿美元，上升12.4%，进口3.7亿美元，下降29.9%。昆明进出口在全国主要城市中排名第18位，增幅居全国主要城市第24位（排在拉萨、银川、太原、兰州、贵阳、济南、乌鲁木齐、西宁之前），全国主要城市中南宁、哈尔滨、成都、海口、西安、南昌等五个城市外贸出现正增长，其中南宁、成都增幅超过两位数。昆明进出口总额在西部省会城市中位于成都、西安之后居第三，贸易额分别比成都、西安少121.6亿、16.2亿美元。

【与东盟贸易大幅增长】　2009年，昆明对东盟出口基本持平，进口出现大幅增长。昆明同东盟的贸易总额达14.8亿美元，同比增长24.2%，其中出口10.4亿美元，同比下降0.3%，进口4.4亿美元，同比增长200.6%。其中同马来西亚、老挝、文莱贸易增长超过100%，同越南、印尼贸易增长在50%左右。

【农产品机电产品贸易】　全年昆明农产品进出口总额8.51亿美元，同比上升38.1%，占地区贸易总额的15.1%，其中出口5.8亿美元，同比上升10.9%，进口2.7亿美元，同比上升198.1%。机电产品进出口总额12.3亿美元，同比下降4.5%，占比为21.8%，其中出口5.2亿美元，下降21.2%，进口7.1亿美元，上升12.9%。

全年磷化工产品进出口总额为4.5亿美元（进口仅有1万美元），同比下降46%，占比8.0%。黄磷、化肥、有色金属出口分别下降87.5%、36.6%、33.3%，三磷酸钠、磷矿石、正磷酸氢钙出口停滞。金属矿砂、硫磺进口分别下降34.4%、87.8%。高新技术产品进出口总额7.5亿美元，同比下降60.2%，占比为13.3%，其中出口3.7亿美元，下降38%，进口3.8亿美元，下降70.6%。

【工业制成品贸易】　全年昆明地区初级产品贸易额25.3亿美元，同比下降30.9%，出口7.6亿美元，增长15.5%，进口17.7亿美元，下降41.1%。工业制成品贸易额29.6亿美元，同比下降18.7%，出口20.7亿美元，下降28%，进口8.9亿美元，增长16.2%。初级产品的进口和工业制成品出口一直以来是外贸增长的主要内容，但今年出现大幅下降，下降的贸易量达20.4亿美元，超过昆明地区下降总额3.6亿美元。

1999-2009年昆明外贸走势图

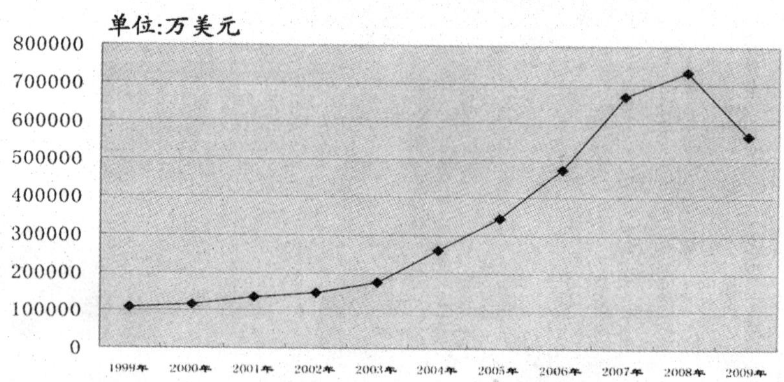

2009年单月贸易额及同比增幅图

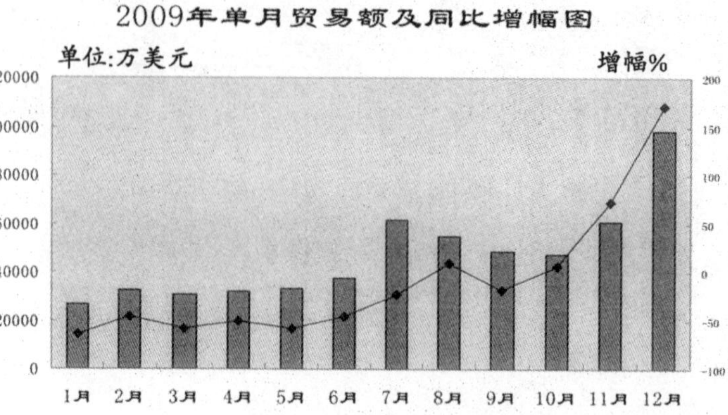

【省部属企业贸易大幅下降】 全年昆明地区省、部属企业完成进出口40.0亿美元，同比下降29.4%，占比为71.0%。省、部属企业贸易额下降16.6亿美元，占到昆明地区下降贸易额的98.8%。

【外贸结构】 2009年，昆明地区外贸同比下降23%，比去年同期减少16.8亿美元。同拉丁美洲、北美洲、亚洲的贸易下降最大，分别下降52%、42.2%和21.5%，共计下降17.05亿美元，占昆明地区减少额的98.5%。昆明同大洋洲的贸易为4.74亿美元，同比增长12.7%，同欧洲的贸易持平。

2009年，昆明同94个国家和地区开展贸易往来，其中仅同39个国家贸易呈上升趋势，剩余的55个国家和地区贸易均呈下降趋势。昆明前10位贸易伙伴为澳大利亚、越南、美国、印度、印度尼西亚、德国、香港、马来西亚、秘鲁、日本，其中同马来西亚、印度尼西亚、越南、香港、澳大利亚的贸易呈上升趋势。前10位贸易伙伴进出口总额达30.6亿美元，同比上升1.4%，占比达54.3%。前10位贸易伙伴中亚洲占6席。

昆明前10位出口国家（地区）分别为越南、香港、印度、美国、孟加拉国、印度尼西亚、泰国、日本、马来西亚、缅甸，出口额达18.1亿美元，占比达61%。与其中6个国家（地区）的出口出现下滑。

昆明前10位进口来源地分别为澳大利亚、秘鲁、印度尼西亚、德国、美国、奥地利、印度、马来西亚、智利、意大利，进口总额为17.1亿美元，占比达64.4%。但与5个国家（地区）的进口均出现下滑。

2009年昆明一般贸易进出口额减少13.7亿美元，同比下降20.6%，占昆明贸易减少额的81.6%。其中出口29.7亿美元，同比下降16.1%；进口25亿美元，同比下降29.3%。加工贸易进出口额减少2.5亿美元，同比下降49.5%，其中出口1.38亿美元，同比下降62%，进口1.19亿美元，同比下降18.1%。一般贸易的进口及加工贸易的出口减少额为12.6亿美元，占比为75.1%。

【外贸企业面临的困难和问题】 国际贸易环境恶化，国际市场需求下降，2009年昆明市外贸企业订单减少。在针对外贸企业大范围的调研中发现，70%左右的出现订单下降的情况。在问卷调查中，34家（68%）外贸企业反映国外市场萎缩、订单减少。此外多数订单出现延期或客户不提货，同时预付款比例也在下降。昆明大多数外贸企业规模不大，部分企业甚至无固定资产，加上《昆明市人民政府关于清理整顿土地市场秩序的公告》生效后，部分企业不能用土地进行抵押贷款。大约25%左右的企业明确表示有融资需求，但目前中小企业贷款难。贸易风险加大，企业无法接订单。25%左右的外贸企业表示国别风险和结算风险加大，资金本已经紧张的情况下不敢接单。10%左右的外贸企业反映国外提倡使用国货，在中方产品质量价格都占优的情况下拒绝采购，或使用保护性关税和其他非关税壁垒阻止中方产品进入其市场。多数磷化工企业反映由于特别关税的征收和退税率相对较低对企业打击巨大，大多数企业选择暂停业务，此外退税进度缓慢影响企业资金流动。贸易便利化方面，外贸企业反映海关和进出口检验检疫部门应采取更加灵活的方式提高效率，帮助企业渡过难关。目前仍有较多企业选择供货到外省出口以节约时间和成本。汇率不稳定造成昆明市外贸企业经营时遭受汇率损失的可能性加大，进一步挤占外贸企业本就微薄的利润空间，甚至造成亏损。全市16家外贸企业明确表示2009年不会有进出口业务，有5家企业暂时停产，多数生产企业出现减产现象，企业部分或全部职工放

近两年昆明与东盟贸易情况图

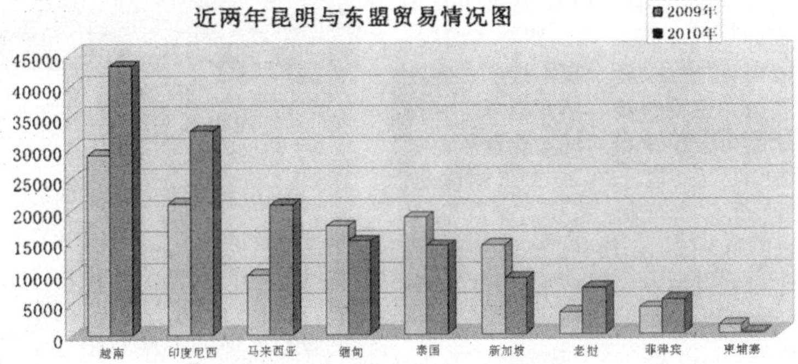

单位：万美元

近两年昆明地区贸易对比图

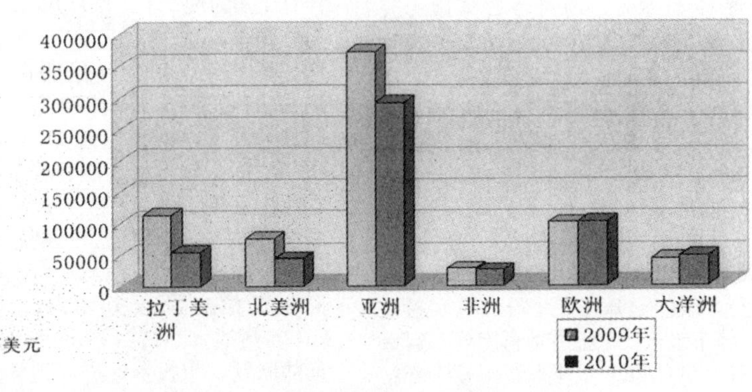

单位：万美元

昆明前10位贸易伙伴贸易额及增幅情况图

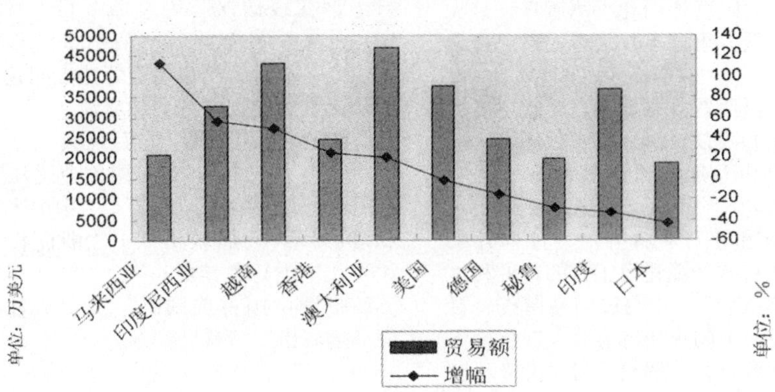

假，少数企业开始转向经营，开拓国内市场。新《劳动法》出台后对企业成本造成了一定的影响，在金融危机的冲击下企业压力更大。

（邬　江　赵　敏）

投资促进

【利用内外资】　2009年，全市新批外商投资企业111户，实际利用外资7.28亿美元，同比增长20.9%，实际利用外资占全省实际利用外资总额的比重由2008年的77.4%提高到80%，省会城市的招商引资辐射、示范和带动作用进一步增强。项目投资领域涉及物流、咨询管理、IT产业、贸易、餐饮、基础设施、环保设施、技术推广、农业种植养殖、生物科技、体育训练、制造业、社会公益事业、其他农业服务、其他房地产业、其他金融业、燃气供应业、能源开发等多个行业；投资者来自美国、维尔京群岛、德国、日本、澳大利亚、英国、捷克、奥地利、新西兰、文莱、瑞士、马来西亚、泰国、新加坡、韩国、越南、香港、台湾等国家和地区。

全市实际引进市外到位资金706.59亿元，同比增长33.1%。其中，实际引进省外到位资金302.76亿元，同比增长41.8%。项目投资领域涉及基础设施、轻工、畜牧业、农副产品加工业、医药制造业、计算机服务业、电力生产和供应等多个行业；投资者来自北京、广东、四川、湖南、浙江、福建、安徽、江苏、江西及云南的红河、保山、曲靖等地。

【机关软环境建设】　2009年作为昆明市"行政效能提升年"、"干部作风改进年"，将市级行政审批事项再度减少到86项，对窗口单位工作作风、领导干部接听公务电话、机关工作纪律等进行明察暗访，最大限度地简化办事程序，最大程度地降低办事成本，最有效率地提升办事质量，努力营造优良的发展环境。

为广泛听取外来客商对市软环境建设的意见和建议，深入推进软环境建设工作，全市开展"千名客商评价昆明软环境活动"，市投资促进局也先后于2月19日和3月4日开展"征询外来投资企业对软环境建设工作的意见和建议专题座谈会"，并通过问卷调查、召开座谈会、上门走访等方式，进行投资者满意度调查，了解投资者对投资环境的客观评价，切实为企业排忧解难。为进一步优化投资环境，2009年，认真核理行政审批和管理服务事项，开展3项管理服务事项的"两集中、两到位"改革，进一步压缩办结工作时限，将3项管理服务事项的办结时限压缩三分之一。其中："外地驻昆机构登记备案"由原2个工作日压缩为1个工作日办结；"省外省内来昆投资企业认证书"，由原3个工作日压缩为现2个工作日办结。

昆明市工业突破园区建设招商引资动员大会　（市投资促进局　供稿）

为做好阳光政府四项制度落实工作，2009年，出台《昆明市投资促进局关于执行阳光政府四项制度及96128政务公开工作的实施意见》，对实施四项制度的工作机构、职责分工、工作流程作出规定，及时在全省政务信息查询系统网站、重大事项公示网站、重点工作事项通报网站等信息平台上发布市招商引资信息及政务动态，认真接听96128热线，热情解答市民和投资者咨询的问题。市投资促进局领导多次参加"春城热线"、"效能提升、作风改进领导干部在线访谈"等直播节目，对市民、外来投资企业就招商引资政策咨询、办事流程、项目投资等热点问题进行认真细致的现场解答和交流。

2009年，昆明市先后荣获"中国最具软实力城市"、"中国创业之城"、"中国十佳投资创业城市"、"中国十佳和谐可持续发展城市"、"浙商投资2009（中国）最佳城市"、"2009年度苏商投资中国首选城市"及"最佳投资环境城市"等殊荣。

【昆交会招商引资】　2009年6月6日下午，第十七届昆交会开幕当天，在兰花宾馆举行第十七届昆交会昆明市招商引资项目签约仪式。中共昆明市委、市人大常委会、市政府、市政协主要领导，省级相关部门领导、市级相关委办局及各县（市）区政府、开发区管委会的领导出席签约仪式。在本届昆交会上，昆明市共签订招商引资项目100项。其中：外资项目13项，项目协议投资总额25.9亿美元，拟利用外资15.5亿美元；内资项目87项，项目协议投资总额526.5亿元，拟利用内资522.9亿元。签约项目涉及农业、加工制造、基础设施、生物制药、现代物流、服务、旅游、科技、文化、教育、金融、城中村改造等行业和领域。投资者来自美国、德国、新加坡、马来西亚、毛里求斯、维尔京群岛、香港、澳门等国家和地区；内资投资者来自北京、上海、重庆、辽宁、浙江、福建、江苏、湖北、广东等省市及省内其他州市。这批项目的签约，将进一步推进经济结构调整和特色产业的培育，促进现代新昆明的建设和发展。会后全市各级、各部门将按照昆明市委、市政府的要求，建立项目推进责任制，切实采取措施，为投资者提供无条件、无障碍、无阻力、全方位的优质服务，确保签约项目早开工、早投产、早达产。同时，昆明市举办第七届东盟华商和南亚华商项目推介会，成效显著。展示昆明市投资环境、产业发展布局以及展示活力昆明、文化昆明、生态昆明、和谐昆明的昆明投资促进馆，在会期吸引了国内外大量客商前来参观、洽谈，获“2009年昆交会最佳布展奖”。

【农博会招商引资】 2009年9月19日，在2009中国昆明国际花卉展暨第五届昆明国际农业博览会期间举办招商引资项目签约仪式，本次签约仪式共签订国内外农业合作项目69项，签约总金额71.76亿元人民币。其中投资类项目39项：内资32项，金额51.96亿元人民币，外资7项，金额1.31亿美元；贸易类项目30项：内贸29项，金额10.15亿元人民币，外贸1项，金额732.8万美元。项目涉及花卉产业园和专业市场建设、生态农业观光旅游和示范基地建设、中药材交易市场建设、畜牧养殖基地建设、屠宰和肉类深加工、农产品生产线开发、物流配送中心建设以及菌类出口、农产品购销等多个领域。签约项目中内资占较大比重，投资者来自黑龙江、吉林、辽宁、山东、湖南、陕西、四川、贵州、河南、福建、玉溪、普洱等省市。与往届农博会相比，本届农博会签约项目呈现出规模化、专业化、产业化和基地化等新特点。重点产业、优势产业和特色产业占比高，花卉生产基地和专业市场建设成为本次签约仪式的突出亮点。同时，农产品深加工、畜牧养殖基地建设、特色产品生产线开发、物流配送中心建设项目中以大项目居多。这些项目的签约，将有利于推动云南的社会经济资源优势与各地农业特色资源的结合，进一步推进农业结构调整和特色产业的培育，打造提升优质、特色农产品的品牌，拓展农业对外合作领域，推动农业产业化、现代化。

【强化招商力度】 2009年，昆明市“走出去”“请进来”多措并举，扩大招商力度和密度。扩大招商派驻区域，成立40个招商分局，继续实施小分队派驻招商；强化产业招商，成立由分管副市长任局长的农业招商局，开展农业产业专题招商；市委、市政府主要领导带队，走出去到国内开展招商；强化对境外的招商，组织多个代表团到东南亚、法国、德国、韩国、台湾地区招商，签订了一批招商引资项目；以商招商，邀请异地驻昆商会会员企业和已落户的外来投资企业，参加“机动车停车场建设地块招商引资项目推介会”、“郊野公园、松华坝水源区林业生态苗木基地建设和石林台湾农民创业园招商引资推介会”、“城中村改造招商项目推介会”等推介会，或邀请已落户的外来投资企业回家乡开展招商等活动；开展招商引资“百日竞赛”，持续掀起全市招商引资热潮。4~5月，40个招商分局在派驻地开展各种招商引资活动，召开30场专场招商引资推介会，邀请2 000多家企业参加昆明招商引资专场推介会；拜访100多家知名企业、商会或对口部门，就昆明市投资环境、投资潜力及惠商政策作了有效宣传及推介，就外地投资企业关注的问题作了详尽解答，昆明市招商引资知名度进一步提高；“一对一”招商。为巩固“招商引资百日竞赛”成果，9月、11月，40个招商分局再次上门拜访有投资意向的大企业、集团，开展面对面重点招商，推进项目；再次主动邀请中国500强企业到昆明投资考察。年内，一批500强企业以及江苏、浙江等地的名企纷纷到昆明开展投资考察，昆明市多次面向来访的企业代表团举办招商推介活动；组团参加“香港中小企业博览会”、“第10届（北京）投资项目对接洽谈会”、“2009中国青海投资贸易洽谈会”、“中国（苏州）国际中小企业交易会暨苏商投资中国博览会”等展会，积极开展招商引资活动；抢机遇，在市内组织重大招商引资活动。利用“2009中国昆明国际文化旅游节招商引资推介洽谈会”、“2009全国企业家活动日”在昆明召开的机遇，举办“昆明投资环境推介会”。通过以上活动的开展，昆明市招商引资的力度和密度得到前所未有地扩大，美国霍尼韦尔、以色列TEVA公司、中国玻璃控股公司、大连万达集团、联想集团等一批著名客商及韩国高阳市政府代表团、泰国云南商会、缅甸首都内比都市政府代表团、南京市代表团、天津市和平区、宿迁市党政代表团、贵州省黔西南州党政代表团到昆明开展投资考察，与发达地区的经济交流与合作进一步扩大。

2009昆迪合作项目签约仪式 （市投资促进局 供稿）

【区域合作】 为认真贯彻落实昆明市与迪庆州签署的《十一五昆迪友好合作协议书》的精神，进一步推进昆迪友好合作，2009年12月21~24日，由迪庆州委书记齐扎拉和州委副书记、州长陈建国带队的迪庆州党政代表团一行59人赴昆考察。仇和书记、张祖林市长、李培山主任、田云翔主席等领导陪同代表团一行参观考察了二环快速系统、娃哈哈集团公司、呈贡新区及螺蛳湾国际商贸城，双方就推进昆迪友好合作事宜进行座谈交流，双方于12月22日举行2009昆迪合作项目签约仪式。昆明市官渡区、五华区、西山区、盘龙区、高新区、经开区、滇池旅游度假区、市投资促进局、市教育局、市科技局、市卫生局、市农业局、市旅游局、市文化广播电视体育局、市环保局、市残联等单位分别与迪庆的三县一区及对口部门签订2009年昆迪合作项目34个，项目协议投资总额2 437.89万元，其中昆方无偿援助资金803万元。项目投资领域涉及医疗、教育、文化等社会事业以及藏区农牧民生产生活基础设施改善和扶贫扶困等。

积极参与区域经济交流活动。投资促进局牵头组织相关部门组成代表团赴南宁参加“2009年第五届泛珠三角经贸洽谈会”及“泛珠三角省会城市市长论坛”，赴杭州市参加第六届全国大中城市国内合作交流会，由李勇毅副秘书长带队参加在景洪召开的第十八届西南市长联系会，扩大了与区域内城市间的经济合作与交流。

做好对口支援三峡库区移民及新农村建设等各项工作。认真履行“昆明对口支援三峡库区武隆县移民工作领导小组”办公室职能，按照与重庆市武隆县巷口镇政府签订的“云南省昆明市2008年~2010年对口支援项目协议书”，对2009年对口支援项目进行调研、论证，对口支援资金30万元。

【项目开发推进】 为进一步加大全市招商引资力度，切实提高招商引资项目的质量，促进招商引资项目储备、管理等工作的开展。2009年，市财政局在年度预算中专门安排项目前期经费用于支持入库项目的前期研究，由市发改委负责组织行业专家和有资质的投资咨询专业机构对入库项目进行包装策划，市投资促进局对入库项目实行动态管理，及时更新项目库，形成开发一批、储备一批、推出一批、调整一批、跟踪一批的运行流程和良性机制，进一步完善项目储备制度，出台《昆明市招商引资项目管理暂行办法实施细则》，分4批共推出2009年昆明市重点招商引资项目291个，包括基础设施、社会事业、现代农业、旅游业、工业、商贸流通业、生物医药业、城中村改造等产业，每一类项目都按相关配套政策、项目投资综述、单个项目情况进行包装，且推出的重点项目已完成前置审批。据统计，2009年共发放项目册17 500册，项目光碟9 800张。

为确保项目落地、实施，按照项目属地及“谁招商、谁负责”的原则，加强项目落地的推进，实施招商引资项目分级分口负责推进机制，切实抓好项目跟踪推进工作。同时，人大、纪检、目督办、考核办及政府相关职能部门组成工作组对2008年已经考核认定的项目进行“回头看”，对已经考核认定项目的资金到位、项目落地情况进行跟踪、督查。进一步强化重大招商引资项目的跟踪推进和协调服务机制，坚持重大项目每月联席会议制及重大项目月报告制度，每月召开重大项目联席会议，做好昆明市重大招商引资项目跟踪协调服务，促使“昆明中医药产业园”等一批重大项目启动。

【投资企业管理服务】 2009年以来，投资促进局不断创新服务模式，提高服务水平。进一步完善联系服务40个驻外招商分局的工作制度，提高对分局服务的专业性、针对性、有效性，指导和派员支持各招商分局4~5月开展的招商引资活动，积极为40个招商分局做好服务。建立局领导和业务处室联系服务外地驻昆商会工作制度，做到人员明确，联系方式明确，工作方式明确。建立局领导班子成员联系外地驻昆政府办事处工作制度，加强联系沟通，并努力做好服务工作。研究起草《关于加强外地政府驻昆机构服务的意见》，9月15日，中共昆明市委、市人民政府文件正式发文，《意见》的出台将进一步提高全市对外地政府驻昆机构服务工作的质量和水平，在更高层次、更广领域推进昆明与各省市的交流与合作。根据市工业突破园区建设招商引资指挥部的要求，配合信息办，积极做好“昆明市招商引资信息平台”建设的策划工作，结合政务信息公开，利用昆明信息港网络平台，在昆明市投资促进局门户网站上及时公布招商引资项目、政策和投资指南信息。⑥采取“请进（专家）来”培训和“走出去”到异地参加由商务部主办的培训等形式，开展招商引资实务操作、农业招商引资专业化招商、后续服务等，共培训全市招商引资干部1 600余人次。

积极做好外来投资企业、外地驻昆机构的服务工作，认真受理外来投资企业的申请服务事项，及时协调解决外来投资企业生产经营中存在的问题和困难，促进外来投资企业健康发展。2009年，投资促进局驻中心窗口共办理外地驻昆办事机构、外来投资企业认证企业、组织外地驻昆机构年检换证904件。外地驻昆机构管理协会，进一步强化为外地驻昆机构的服务意识，切实在提高服务质量和水平，围绕促进沟通交流、维护会员合法权益、为会员解决实际困难、投资促进各项任务要求，积极努力开展工作，遵照协会服务会员宗旨，较好发挥“四个平台”的作用：搭建信息交流平台，办好《合作与交流》会刊。创造会员活动的平台，组织开展形式多样、丰富多彩的经贸考察、项目推介、培训、座谈、联谊各项活动。维护会员合法权益，为会员排忧解难，帮助会员协调解决运输、入城通行、子女入学、落户、生产场地选址、纳税、项目审批、减轻行政处罚等多项生产经营活动和生活中遇到的困难和问题。搭建会员与政府联系的桥梁和纽带，开展广泛调研，以电话访谈、座谈交流、书面等多种形式广泛收集各驻昆机构意见和建议、困难和需求，汇聚会员心声、代表会员利益，建立会员意见和建议反馈渠道。

（市投资促进局）

云南省考核检查组考核检查昆明招商引资工作座谈会　（市投资促进局　供稿）

出入境检验检疫

【概　况】 2009年，云南出入境检验检疫局坚持以科学发展观为指导，全面贯彻落实全国质检工作会议、云南省委八届七次会议精神，严格按照总局“提升质检水平，服务科学发展”的总体要求，组织开展各项工作，有力促进云南外经贸的健康持续发展，使事业呈现出良好的发展势头。据统计，云南出入境检验检疫局2009年共检验检疫进出境货物12.77万批次，货值29.45亿美元。（其中边民互市产品5.36万批次，货值8.44亿美元）。与2008年同期相比，批次减少11.5%，货值减少2.93%。签发各类原产地证明书1.97万份，签证金额8.52亿美元，与2008年同期相比分别增加7.1%和减少7.1%。出入境人员检疫查验1 087.42万人次，健康检查3.33万人次。圆满完成1 411人次朝觐人员的体检和预防接种及250人次回国劳务人员传染病监测任务；检疫和消毒处理交通工具63.47万辆（架、艘）次；从进出境货物中检验检疫出不合格货物4 975批次，货值1.32亿美元；其中，检验出不合格商品91批，货值501.77万美元。有4 871批次（货值1.25亿美元）经检疫处理后合格放行；从进境植物及植物产品截获有害生物7 170次，截获检疫性有害生物439次；从入境旅客携带物中截获进境动物及动物产品2 443批次，32吨；口岸截获非法入境动物及动物产品709批次，241吨。从出入境人员中检出传染病2 047例（其中：检出HIV阳性142例，甲H1N1 9例）。

【开展“质量和安全年”活动】 按照总局统一部署，采取九项措施，积极组织落实。认真组织开展产品质量和食品安全专项整治行动，切实做好“四查、四建、四落实”工作，强化和规范产品质量安全监管；认真开展打击非法添加非食用物质和滥用食品添加剂专项整治工作；制定云南省进出境植物源性食品有毒有害物质残留和食品添加物质监控方案和抽样计划，将重点进出口食品、农产品及食品添加剂纳入监控；对昆明航空口岸12家食品企业开展食品安全大检查，与14家机场口岸配餐企业建立信息沟通机制，初步建立航空食品全过程监管长效机制；认真学习宣传贯彻《食品安全法》，强化政府在质量和安全工作中的主导作用，强化企业是产品质量第一责任人的意识；加大对非法检商品监督抽查工作力度；积极组织开展进出口工业产品企业分类管理，推进诚信体系建设。2009年6月1日起，对进出口企业实施诚信管理制度；积极鼓励出口农产品、食品安全推进质量认证，提升企业管理水平和质量安全自控能力；做好宣传工作，努力使“质量和安全年”成为质量宣传年、质量提升年、质量服务年、质量整治年和质量建设年，通过狠抓“质量和安全年”活动，提升云南进出口产品整体质量安全水平初见成效。

【创新口岸疫情疫病防控机制】 云南出入境检验检疫局按照“政府主导，多部门协作配合，全社会共同参与”的原则，提出在“联”字上下功夫，在“防”字上做文章，在“实”字上见行动，在“控”字上见成效的工作思路，构建云南边境地区疫情疫病联防联控“3+1”防线。即：第一道防线是指依法在云南设有检验检疫机构的13个国家一类口岸、7个国家二级口岸实施的卫生检疫及动植物检疫措施；第二道防线是指边防、海关及地方卫生农业等部门在履职过程中与检验检疫部门的相互信息通报沟通的联动措施；第三道防线是在4 061千米边境线上8个边境州市，25个边境县（市）政府领导下的群防群控措施；“+1”防线，即境外防线，是指有效利用双边协议与毗邻三个国家边境地区政府及卫生、农业等机构的信息通报，联系及防控合作，构筑起边境地区疫情疫病防控的境外防线。一年来的实践取得初步成效，部分边境地区点、线、面防控，覆盖境内外多部门多渠道联动防控的良好格局初步形成，在甲型H1N1流感防控和动植物疫情疫病防控中取得良好的成效。

【甲型H1N1流感防控】 按照国家质检总局和省政府的部署，全力以赴投入甲型H1N1流感防控工作。加强领导迅速行动；全力保障，提升能力；严防严控，科学应对；因地制宜，创新工作。对入境人员实施分类管理和流程控制查验新模式。采取制作中老、中越、中缅等6种语种的《健康申明卡》填写指南和《健康提示卡》等措施，得到国务院、总局和省政府检查工作同志的一致好评，也方便了入境人员。云南局从来自确诊病例国家（地区）入境人员中发现发热或症状病人462例，经排查后，移交境外相应机构66人，移交地方卫生部门和指定医院396例，其中确诊9例甲型H1N1流感病例。同时，还切实做好云南边境登革热、疟疾、艾滋病、禽流感、口蹄疫等传统疫情疫病防控工作。为全省防控工作做出贡献，保证防控甲型H1N1流感特殊时间“昆交会”、“南亚商品展”和中国国际旅游交易会的如期顺利举办。另外，迅速行动，及时妥善应对处置了“8·08”缅甸军事冲突边民大量涌入突发事件，防止疫情传入。

【服务和促进外贸经济】 狠抓服务层次和水平。服务云南外贸经济发展能力跃上新台阶。积极推动和落实《国家质检总局 云南省人民政府关于提升云南沿边开放水平战略紧密合作备忘录》，使云南外贸经济发展获得总局高层次的政策支持。同时，为认真抓好国家质检总局与省政府签署的合作备忘录的有关工作落实，云南检验检疫局于2009年12月28日与西双版纳傣族自治州人民政府签署了《关于提升西双版纳沿边开放水平战略合作备忘录》，这是云南出入境检验检疫局与云南省边境州市政府签署的第一份合作备忘录；主动制定和实施了15条促进云南口岸通关便利化措施，努力创造更加便捷、高效的通关环境；严格执行出口农产品、纺织口检验检疫费减免政策和《法检目录》调整政策，并对边境贸易非法检商品和边民互市低风险商品实施抽查检验，免收取检验检疫费，免收进境矿石消费费，切实减轻企业负担（共计减免收费约1 472万元）；采取个性化帮扶的办法，安排每个业务处室对口帮扶1~2个重点企业；贯彻国家“东桑西移”政策，与浙江局签订《丝类商品检验检疫合作备忘录》，争取浙江局支持延伸对企业服务，推动云南生丝产业持续发展；发挥“关检”、“检贸”合作机制作用，在国家一级口岸旅检现场实施“一机两屏”查验，加快通关速度。加强与省商务厅协作，及时协商帮助外贸企业解决困难和问题；对云南与泰国开展的“蔬菜换油品”工作给予检验检疫支持。对云南省从老挝进口玉米，从泰国经老越进口水果等事宜进行多方协调；支持境外替代种植。简化审批手续，采取“境外预检，一次检疫，分批放行”的管理模式；积极指导和帮助企业享受普惠制和自贸区优惠贸易等政策，促进云南外贸经济发展取得成效。

【支持农产品扩大出口】 云南出入境检验检疫局抓住云南特色、优势产业，采取多项有针对性的扶持措施：积极推动以地方政府为主导的出口农产品基地区域化备案工作。完成农产品备案面积120.23万亩，水产品养殖基地备案6家，出口动物备案养殖场37家，为扩大出口奠定良好基础，实现养殖水产品出口零的突破；积极支持引进国外烟草、葡萄、百合等优良品种，促进云南特色产业的提质增效；加强泛珠三角区域检验检疫合作，从产地检疫、口岸快速查验放行和搭建供需见面会平台等方面，促进云南供港、澳蔬菜、水果等农产品便利通关和扩大出口；组织制定《2009年云南出口松茸检验检疫监管工作方案》，加大“检、政、企”配合协作和宣传力度，采取有效措施保证出口松茸质量安全。2009年松茸出口4 370万美元，比同期增长37%；深入开展出口猪肉“瘦肉精”专项整治，指导企业严格遵守标准，提高猪肉安全品质，确保产品符合进口国标准，顺利出口。打破国外技术壁垒。在应对云南牛肝菌出口受阻，面临在欧盟市场全面退市的危机中，积极组织科技攻关，有力配合总局和外方交涉，使欧盟对牛肝菌干片中尼古丁的限量标准进行紧急重大修订，放宽近20倍，确保了全省牛肝菌的顺利出口。2009年，全省农产品实现逆势增长21.6%，达9.7亿美元，成为全省第一大类出口产品。

【实施通关便利化】 按照“提速、减负、增效、严密监管”的总体思路。积极探索行之有效适应外贸实际的企业和产品的分类管理办法，对进出口企业进行分类评定，实施对企业动态分类管理，强化企业的责任意识和自律意识，开展企业信用等级评价工作。让出口数量较大、质量长期稳定、检验检疫合格率高、信誉良好的出口企业享受“绿色通道、直通放行”等便利通关制度，缩短货物口岸通关时间；依靠科技创新，打造电子检验检疫信息平台，积极推进检验检疫“大通关”建设，提高口岸通关效率。充分利用泛珠三角区域检验检疫合作机制，加强产地与口岸检验检疫部门间的合作，构建供港澳蔬菜、鲜切花出口检验检疫模式，帮助企业解决困难和问题，确保货物快进快出；进一步发挥“关检”合作机制的作用，实现对查验货物数据的互联互通，共同实施通关单联网核查工作，实现货物通关业务数据的共享加快货物通关速度。做好检验检疫分类管理企业与海关分类企业的对接工作，实施对企业的高效监管和服务；加快检测速度，提高检测技术能力和检测水平，为实现产品快速通关提供技术保障。

【应对国外贸易技术措施】 牛肝菌是云南重点出口农产品之一，也是农民增收致富的重要来源。昆明恒沅食品工业有限公司等54家牛肝菌出口企业2009年发生输欧盟牛肝菌“尼古丁事件”。云南牛肝菌出口面临极其严峻的形势。云南检验检疫局主动组织开展技术攻关，在制定食用菌中尼古丁的检测方法标准，开展中欧实验室间的技术交流，参加欧盟CRL基准实验室尼古丁能力比对实验，协调统一中欧检测机构对牛肝菌中尼古丁检测的合格评定结果和对牛肝菌尼古丁的成因等工作方面取得显著的成效，为各方协同解决云南输欧牛肝菌贸易受阻问题打下基础。通过一系列卓有成效的工作，2009年5月11日欧盟食品委员会对牛肝菌干片中尼古丁的限量进行紧急修订，由0.12mg/kg调整为2.3mg/kg，放宽了近20倍，促使云南牛肝菌出口受阻问题得以解决，使云南输欧牛肝菌贸易得以恢复。同时，经报国家认监委批准，由欧盟第三方检测机构协同云南检验检疫局共同制订《进出口食品中尼古丁检测方法》的行业标准也于2009年5月15日通过专家审定。云南局技术中心制定的SN/T2397-2009《进出口食品尼古丁检测方法》被欧方检测专家确认为尼古丁检测的确证方法。

【加强检测能力建设】 2009年，云南检验检疫局使用总局和省政府专项资金共3 600万元，购置口岸卫生监测，实验室检测和信息化建设等设备共计520台套。极大地增强实验室检测能力，通过科技人员攻坚克难，掌握检测设备使用并用于检验工作中。顺利通过CNAS监督评审及实验室扩项考核，新申报的37个类别，1998年标准，219个检测项目全部考核通过，使技术中心实验室检测能力大大提升。实验室考核认可项目经专家评审后，产品类别合并为87年种，项目参数由原来的385个增加到604个，认可项目参数增加了56.9%；积极参加国家认监委2009年能力验证，动物实验室首次承担组织认监委的能力验证活动（2009年能力验证B类1号项目《蓝舌病竞争ELISA实验》），活动圆满结束，已通过专家组验收；疫情疫病、有毒有害及不合格商品检出率大幅提高，动检阳性项目检出率比2008年增长53.3%，植物检有害生物检出率为40%，食品不合格检出率为1.14%，烟草不合格项检出率为10.9%；为部分分支局配备了动物防疫消毒车，应急监测车和移动式X机等设备，进一步提升口岸核心能力。

（洪应松）

昆明海关

【税收征管】 2009年，昆明海关综合运用关税分析监控、风险管理、执法评估和后续稽查等手段，强化税收征管风险预警及监控。完善和落实关区税收量化考核机制。完善归类、审价、原产地管理工作。强化税收保障机制，从人员配置、专业培训、财务支持、科技应用和税收奖励等方面为综合治税提供服务保障。通过不懈努力，税收征管能力进一步加强，税收质量更加优化，确保了税收应收尽收，超额完成全年税收计划。全年共征收税款17.55亿元，完成年度税收计划的117%，同比增长3.6%。其中征收关税2.9亿元，同比增加14.6%；征收进口环节税14.65亿元，同比增长8.2%。

【通关监管】 海关进一步完善和落实通关监管业务两级质量管理制度，提升工作层次。建立包含处长巡视和科长带班、审单、关税、查验、边民互市和统计管理等6项正面监管重点业务，涉及口岸场所、行邮监管、进出境车辆管理、区域通关改革等相关业务的总关、隶属海关两级管理机制，进一步明确工作责任和考核指标，加强指导监督和考核。坚决执行、积极宣传国家新的边贸税收及边民互市贸易政策，实施符合云南实际的互市管理措施，使边民真正享受国家优惠政策带来的实惠。深入开展口岸综合调研，全面掌握关区口岸、通道情况。加强与地方口岸部门的联系配合，提前介入云南口岸项目的规划建设、评审论证、开放申报等事宜，在口岸事务中明确提出海关管理要求，口岸管理职能作用进一步发挥。全年共监管进出口货物663万吨，同比增长26.3%，进出口总值40.6亿美元，同比增长8.7%；监管进出境人员381万人次，同比增长31.4%；监管行邮物品43.3万件；审核进出口结关报关单9.6万份，同比增长6%。答复边境口岸建设事项和参与完成对各边境口岸建设规划项目方案的评审、验收等事项100余件。

【打击走私活动】 海关综合运用刑事和行政执法手段，坚决打击破坏贸易秩序的走私违法行为。促成省政府召开全省打击走私工作会议，加强反走私工作的组织领导。深入开展反走私综合治理工作，加强与地方党政、驻军、政法等反走私 MOU 协作单位的联系配合，打私工作合力进一步增强。适时组织开展打击涉税走私专项行动，有效遏制了边境私开通道、偷渡绕越、“蚂蚁搬家”、价格瞒骗和骗取出口退税等走私活动。坚决查处和惩治偷逃税额巨大、犯罪情节恶劣、社会危害严重的重大走私犯罪案件，从严打击专业性走私犯罪团伙和有组织走私犯罪，相继侦办怒江林华商号走私案、5.15、12.21 等一系列涉税走私大要案件。认真落实“宽严相济”的刑事司法政策，进一步改进执法方式，在依法办案的前提下，切实保障管理相对人的合法权益，实现了打私法律效果与社会效果、政治效果的统一。全年共办理各类涉税走私案件 424 起（其中刑事案件 42 起、行政案件 382 起），案值 1.58 亿元，涉嫌偷逃税额2 500万元。对 96 名涉税走私犯罪嫌疑人采取了强制措施。

【强化风险管理】 2009 年，昆明海关强化风险管理意识，创新管理手段，使风险管理理念和方法贯穿于海关管理的全过程。加强风险分析监控和预警，广泛收集风险信息，实现关区风险信息共享和效能转化。根据管理重点变化及需求，及时调整通道参数设置，加强跟踪反馈，通道管理实现动态化、常态化。依托风险平台，密切职能部门与现场的联系配合，加强预定式布控，提高布控率和有效率。认真开展风险平台业务数据运行质量监控，顺利完成风险分析作业系统选择查验子系统三期推广应用。实施企业动态管理，有计划、有针对性地开展常规稽查、专项稽查、验证稽查和贸易调查，及时发现政策性、行业性走私违法风险，企业诚信守法意识逐步增强，进出口行为进一步规范。全年关区各单位运用风险管理平台查获各类走私违规案件及事件 116 宗，案值8 981万元，追补税款1 167万元。稽查企业 141 家，稽量补税入库267 万元，移交缉私案件 18 起，涉嫌违规案值 168 万元。

【海关统计监测预警】 充分发挥统计监督职能，继续加大执法评估工作力度，评估工作服务海关管理的质量不断提升。加强关区报关单数据使用安全管理和报关单证档案管理，数据使用安全和单证管理更加规范。加强统计监测预警分析，深化信息服务，及时追踪、分析国家宏观调控政策调整和国际金融危机对云南外贸经济运行发展的影响，主动为地方党政决策和企业经营提供参考。全年共向省委、省政府报送各类统计信息专报 45 篇，被省政府采用 35 篇，省委采用 24 篇，中办国办采用 5 篇，省领导批示 2 篇次，较好发挥了辅助决策作用。

【通关便利化】 2009 年，昆明海关不断提高口岸通关效率，加快推进通关便利化。认真改造昆明海关支持西部大开发 40 项措施以及促进云南省经济快速增长九条措施等服务承诺。不断完善通关模式，深入推进区域通关改革。截至目前，已与 7 个直属海关开通跨关区“属地申报、口岸验放”业务，云南已有 15 家企业在海关注册办理此项业务。全年通过实施关区内和跨关区“属地申报、口岸验放”通关模式进出口货物 362 票，货运量 25.5 万吨，货值 6.66 亿美元，提高物流运转效率，降低企业成本。给予省内 AA 类企业担保验放通关待遇。省内已有 8 家 AA 类企业享受此项便利服务。推广网上支付税费业务，协调各大银行提供网上支付税费服务，缩短企业办理货物通关业务中的缴纳税费时间。全年海关与 59 家企业签订协议；企业网上支付税费共计 6 843万元。继续实行 5 + 2 工作制和重点口岸 24 小时预约通关、其他口岸 8 小时外预约通关制度，为进出口物资等提供通关便利，简化进出口商品审价、归类、原产地审核等通关措施。

【落实税收优惠政策】 积极宣传并认真落实海关税收优惠政策，帮助各级地方政府和企业正确理解、充分运用优惠政策。推动云南骨干龙头企业的技术改造及产业升级，助推花卉、玉石珠宝等特色产业发展，积极支持科技与教育事业发展。全年共审批减免税总货值 6.53 亿美元，减免税款计 8.37 亿元人民币。全力支持境外罂粟替代种植、替代产业发展，采取下放减免税审批权、准予凭保放行、派员监管经非设关地进出物资等措施，方便替代种植返销农产品进口。一年来海关共审批替代种植进出口货值 1.02 亿美元，减免税款 2.21 亿元人民币。

【特殊监管区建设】 海关积极支持昆明出口加工区拓展保税物流等功能。推进保税监管流程改革，对保税货物实行全程信息化管理。简化保税货物内销征税手续，促进内销便利化和规范化。加强海关特殊监管区的管理和服务工作。全年共办理加工贸易备案手册 87 册，备案金额 1.27 亿美元。积极支持和协助地方政府设立海关特殊监管区，主要做好政策咨询和服务，加强与总署的沟通协调，多渠道向国家相关部行反映云南设立海关特殊监管区，发展保税业务的愿望和前景。全面参与地方政府关于设立昆明航空港综合保税区、蒙自综合保税区、跨境经济合作区等海关特殊监管区项目论证并提出合理化建议。

【维护和谐安宁的发展环境】 2009 年，昆明海关以维护边疆社会稳定和民族团结为己任，全面发挥海关在维护边疆地区社会稳定中的作用。广泛深入组织开展“新一轮禁毒人民战争”和“禁毒防艾”工作。以情报为先导，查缉紧密配合，严厉打击毒品走私活动，有效发挥“禁毒人民战争”第二主战场的作用，成功破获一系列毒品走私大案。全年共查办各类毒品走私案件 32 起，缴获各类毒品 78 千克、易制毒化学品 54.3 吨，抓获毒品走私犯罪嫌疑人 37 人。认真履行口岸反恐维稳等非传统职能。扎实开展社会治安综合治理，协助地方做好海关综治联系点孟连县的综治维稳工作。扎实开展国庆安保工作，加大对反宣品的查缉力度，在进出境环节强化对 H1N1 流感的防控工作，积极开展“扫黄打非”、打击假币走私犯罪专项行动等各项工作，加大对固体废物、野生动植物走私以及侵犯知识产权的产品和行为的打击力度。年内，查获走私手枪 6 支、制作军火用特种钢材 12 吨、雷管、导火线、炸药等一批；办理走私固体废物案件 5 起，查获走私进口固体废物 535 吨；查获侵犯知识产权案件 113 起，案值 40 余万元。

【支持云南经济发展】 海关围绕把云南建设成为“绿色经济强省”、“民族文化强省”和我国面向西南开放的重要桥头堡，全力支持云南国际大通道建设，积极推动云南参与大湄公河次区域经济合作、中国—东盟自由贸易区建设、“泛珠三角”区域合作。全面参与和支持云南省实施新一轮“兴边富民工程”，围绕促进云南边境贸易、振兴珠宝玉石产业、建设跨境经济合作区等重大问题，积极配合中央、省委、省政府开展调研，提出合理化建议。积极推动云南电子口岸建设，促成省政府与总署签署地方电子口岸建设合作备忘录。积极参与昆明新机场建设项目设计及施工方案研定、论证等工作。全力支持云南招商招展工作，切实做好昆交会及其他重要大型国际会展的监管和服务工作。积极发挥桥梁和纽带作用，协调云南省人民政府与海关总署完成签署《省署合作备忘录》的前期准备工作。

（吉　永）

·责任编辑　何　兆·

旅游·风景区

旅　游

【概　况】　2009年，昆明市各项旅游指标完成情况均超过预期。全市旅游总收入226.34亿元，增长29.22亿元，增幅14.79%，完成目标的106.32%。旅游总人数3 115.02万，增长381.39万，增幅13.95%，完成目标的107.49%。其中，海外游客77.83万人次，增幅11.07%，外汇收入2.18亿美元，增幅6.58%；国内游客3 037.19万人次，增幅14.03%；国内收入211.48亿，增幅15.41%。

昆明市旅游业已经形成一个包括旅游区（点）、旅游饭店、旅行社、旅游交通、旅游餐饮、旅游商品、旅游娱乐及旅游教育、旅游研究机构等组成的综合发展产业体系。

全市共有星级饭店、旅馆、招待所、疗养院、度假村、培训中心、会议中心及其他各类住宿设施等4 325家，房间总数8.33万间，床位总数14.07万张。其中星级饭店104家，五星级6家，四星级17家，三星级31家，二星级46家，一星级4家。星级饭店房间总数1.84万间，床位总数3.54万张。

全市拥有国际旅行社26家，出境资格的组团社12家，国内旅行社166家。全市在册导游10 283人（占全省60.87%），其中外语导游1 234人。

各类旅游景区（点）50余家，A级以上景区9家（2A级2家，4A级6家，5A级1家）。其中石林为世界自然遗产、国家地质公园、国家5A级风景区。旅游购物会员单位64家，旅游商品生产厂家100多家。

根据昆明市统计局测算，全市与旅游紧密相关的行业中，为旅游者提供服务的从业人员人数共计137 122人，分别是：1、航空客运业2 653人；2、公路客运业9 395人；3、铁路客运业50 118人；4、商业16 316人；5、餐饮业13 125人；6、旅馆业21 469人；7、文化娱乐业3 673人；8、旅行社业5 982人；9、园林系统2 062人；10、景区景点3 110人；11、卫生事业2 715人；12、公共汽车1 054人；13、出租汽车4 138人；14、邮电通讯1 014人；15、保险业298人。

【景区建设】　六大旅游景区建设取得重要进展。轿子山旅游专线公路全面开工建设，编制完成景区建设项目建议书及转龙旅游小镇控制性详细规划，统一对外招商引资；石林生态民族体育运动场、狂欢之都、中国彝族第一村、石林新服务区交通网络、乃古石林景前区等项目启动建设；阳宗海度假区管理体制改革方案获省政府批复，阳宗海生态旅游小镇、凹子山生态休闲旅游项目正式启动项目建设；环滇池铭真生态旅游项目完成一期项目建设，郑和故里文化旅游项目规划通过审批；安宁温泉国际会议中心项目初步完成一期建设，引进温泉心境佛禅、悦榕庄等度假旅游项目资金约67亿元；世博新区旅游综合改革试点获省政府正式批复。

旅游项目招商引资和实际投入资金实现历史性突破。共计引进旅游重大项目18个，累计引进资金310亿元，年内实际投资18.5亿元。

通过公开招标商水平编制完成昆明市旅游业发展“十二五”规划。规划紧扣建设旅游经济强市目标，在旅游重大项目建设、旅游业综合改革、旅游支撑体系、旅游品牌建设等方面进行详细规划，成为指导“十二五”期间昆明市旅游业发展的纲领。

由市旅游局牵头编制的《昆明市主城区旅游标识系统设计》通过市政府审批，并交由相关部门按实际需要实施。

扶持昆明市重大旅游项目和公共服务设施建设。年内共对9个新兴旅游项目给予746万元贴息补助；投入359万元资金扶持昆明市旅游景区、旅游线路沿线、旅游集散地的29座星级旅游厕所建设。

推动旅游景区标准化建设。2009年，完成昆明市3个景区申报国家A级景区的评定工作，正式批准官渡区云南人家、经开区七彩云南、西山区经典假日谷等3个景区被正式评定为国家3A级景区；石林风景区通过国家旅游局5A级景区复核工作。

【城市旅游品牌宣传】　经过认真细致的策划、筹备及实施，圆满完成在中央电视台国际频道（《海峡两岸》栏目后，《中国新闻》栏目前）、凤凰卫视（中文台、资讯台《时事直通车》栏目）、CCTV－9外语频道《城市之窗》栏目投播昆明旅游广告片的计划任务，并提供评估监播报告。同时，策划拍摄制作以“阳光昆明·养生春城”为主题的15秒电视广告片。编辑制作《昆明旅游咨询导图》，更新完善昆明旅游宣传资料。

【市场营销】　海外市场营销。2009年，共策划组织实施参加海外旅游会展及营销活动4次，一是组织相关县区及旅游企业赴澳大利亚、新西兰进地昆明旅游营销，召开昆明旅游推介会，向澳洲市场宣传推介昆明旅游产品和线路，引起良好的市场反响；二是参加省旅游局组织的“昆曼大通道”考察团赴泰国、马来西亚、新加坡、老挝等中心城市进行考察及宣传推介，积极开发昆曼旅游市场；三是与日本株式会社全旅建立合作关系，组织旅游企业赴日本进行宣传营销工作，与目标市场旅行商进行洽谈，建立合作关系；四是组织旅游企业12月赴台湾进行营销，营销台湾—厦门—昆明旅游线路，推介昆明旅游资源，宣传昆明旅游产品。

通过各种方式邀请海外旅行商及媒体记者赴昆明考察采线及宣传营销，共4批17人次，主要有韩国旅行商代表

"旅游研究的应用—从研究向战略转变"论坛会 （市旅游局 供稿）

团、意大利知名摄影家、法国媒体记者、马来西亚媒体记者等。

国内市场营销。一是组织参加由国家旅游局在大连主办的2009国内旅游交易会，召开昆明旅游专场推介会；二是参加2009重庆西部旅游博览会，展会期间散发昆明旅游资料，推介昆明旅游产品；三是参加2009海峡旅游博览会，召开昆明旅游推介会，与台湾旅行商建立合作关系。

【区域合作】 参加3月11日在西安举行的中国西部旅游城市合作会议。24个城市组成的旅游联合体，就建立中国西部区域旅游合作发展联盟共同研究和探讨区域旅游合作的重大问题、具体策略和措施，同时启动"中国西部区域旅游合作发展联盟2009年行动计划"。

3月，联合楚雄旅游局对昆明—楚雄—攀枝花—西昌进行联合考察，并召开3场推介座谈会，加强区域旅游协作及线路推广

由市领导带队参加3月29日在江苏江阴举办的"徐霞客旅游博物馆"开馆仪式，并达成2010年昆明和江阴共同举办"徐霞客国际旅游节"的共识。做好"2010年徐霞客国际旅游节"的筹备工作。

6月，联合红河、文山在越南沙巴举办"昆明、文山、红河旅游推介会"，针对越南游客及到越南旅游的欧美游客宣传推介昆明旅游，延伸、打造国际旅游精品线路。

【昆明旅游推介】 1月，举办2009中国昆明生态旅游年启动仪式，提出"走进绿色旅游、感受生态文明、体验活力春城"的活动口号，推出昆明生态旅游线路。

4月，在昆明南屏步行街举行"全国百城旅游宣传周"昆明分会场启动仪式，并组织旅行社及景区景点针对昆明市民及外地游客开展旅游咨询宣传促销昆明旅游产品，促进国内旅游市场消费。

9月，联合文山在南宁举办"昆明、文山旅游宣传周"，通过旅游推介会、广场歌舞演出、图片展等形式在南宁中心地带进行昆明旅游宣传，引起强烈市场反响。

10月，与云南祥鹏航空有限公司开展"昆明旅游空中宣传月"活动，在机舱内通过招贴画、宣传册、空乘服饰及幸运乘客抽奖活动向到昆的游客展示昆明旅游资源和产品。

11月，组织昆明旅游企业参加2009中国昆明国际旅游交易会，拟订实施方案，在展馆开展多种形式的宣传促销，针对不同客源市场旅行商，在昆明召开多场旅游推介会，与海内外买家建立合作关系。

【参与旅游节相关活动】 中国昆明国际文化旅游节是昆明市旅游节庆品牌，经过10余年的发展，成为昆明市对外宣传昆明旅游形象的重要平台。市旅游局策划并配合实施2009年中国昆明国际文化旅游节昆明主会场的各项活动，并取得圆满成功。

【乡村旅游营销】 一是积极开展"和谐城乡游"系列活动，举办2009中国昆明生态旅游年启动仪式，推进市级旅游示范点的创建工作；二是积极开展乡村生态旅游宣传及线路推广，整合营销环滇自驾车旅游产品及线路；三是推动"富民乡村养生旅游试验区"建设；四是与富民县人民政府合作举办"昆明市乡村旅游论坛"。

【旅游业务年审】 开展2008年度国内旅行社业务年检工作。严格按照程序与计划，对国内旅行社的经营情况、行业法规情况及旅行社保险责任情况等开展年检工作。审核企业报告书，审查中介机构审计报告，指导企业网上填报工作，完成昆明市168家国内旅行社业务年检工作，撰写国内旅行社业务年检总结并上报省旅游局。经过严格的审核，对9家国内旅行社暂缓通过业务年检，并提出警告意见，同时在昆明市旅游局网站公示国内旅行社业务年检结果。

开展2008年度导游人员年审工作。对昆明市国内旅行社和导游管理公司的10 296个《导游证》进行年审，查核上年度导游服务质量及培训情况。对通过年审的6 842个导游证进行刷卡处理。其中因特殊原因免于培训的导游人员385名；（孕期、哺乳期免培训：266名；出国留学、工作等特殊情况：119名）；暂缓通过年审的导游3 454名；公示导游年审结果。

另外，2009年度申请注销和停职导游证的导游人员178名，补办证96人次，变更101人次；对1 300人次导游进行检查和计分管理，其中导游人员违规扣分40余人次。积极为取得导游资格的人员服务，为申请《导游证》人员制作、颁发导游IC卡960个。

【旅游市场治理】 结合昆明市经济社会发展软环境建设，继续推进旅游企业诚信经营的宣传教育，认真开展旅游市场的治理整顿工作。2009年抽查规范导游从业人员1 308人次，旅游车驾驶员722人次；规范指导旅行社237家次，宾馆饭店146家次，旅游景区44家次，旅游购物商店60家次，旅游汽车公司36家次。

【旅行社业务经营许可证换发】 根据《旅行社条例》和《云南省人民政府关于进一步支持现代新昆明建设若干政策的意见》要求，及时在政务公开网站

上公示市旅游局的行政许可项目——旅行社业务经营许可证的核发，对行政许可的依据、条件、需提交的材料、程序、办理地点等作明确解释；公布《旅行社业务经营许可证核发告知承诺书》；严格按照相关的法律法规和限时办结制的要求，开展旅行社业务经营许可证的核发工作。

【推进旅游行业标准化】 开展星级酒店评定和复核工作。全面贯彻实施国家《旅游饭店星级评定标准》，推行标准化、规范化服务，提高旅游星级饭店的经营管理水平和服务质量。2009年评定三星级酒店4家，复核一至三星级酒店75家。同时，结合昆明市节能减排、创建国家节水型城市的工作目标和任务，将推广使用绿色照明灯和节水器作为重要内容列入2009年复核工作中，实现旅游饭店行业节能、减排、降耗、增效的可持续发展目标。

开展乡村游服务接待设施等级评定工作。市乡村游评委会在各县（市）区初评的基础上，根据《昆明市乡村旅游服务接待设施等级评分标准》和《昆明市乡村旅游服务接待设施等级评分标准实施办法》，对提出申请的乡村游经营户进行了复评，评出四星级乡村游经营户3家，五星乡村游经营户1家。

【旅游发展资金奖励企业审核】 严格按照《昆明市旅游发展资金管理使用办法》的相关规定，从全市年度内取得较好经营业绩的旅行社、星级饭店、旅游购物企业和旅游汽车企业中评选出符合奖励条件的企业，并根据会计师事业所出具的审计报告和市地税局提供的实缴税金情况，对申报2008年度昆明市旅游发展资金奖励的旅游企业进行资格审核，最终提出奖励意见并报市旅游产业领导小组审定。其中符合奖励标准的旅行社有8家、星级饭店6家；旅游购物企业和旅游汽车企业分别有一等奖1名、二等奖2名、三等奖3名。

【规范“一日游”经营管理】 联合相关政府职能部门，在全市开展15次旅游市场秩序的规范整治工作（包括“黑车”、“黑社”整治），出动检查人员280余人次，通过一系列的市场综合整治工作，规范了昆明市旅游市场秩序，保护了旅游者和旅游经营者的合法权益。

督促“一日游分会”制作发放了1万份“石林、九乡一日游”宣传单，统一“一日游”发车地点。组织“一日游”分会迎接国庆60周年暨提高旅游服务质量会议。筹备建立“一日游”经营单位移动信息平台。

指导“一日游分会”建立“一日游”经营安全检查保障机制，为“一日游”游客、导游、司机、服务人员统一购买旅游意外险；筹备建立“一日游”安全互助金。

【旅游投诉及信访处置】 支队认真坚持24小时值班制度，建立3套投诉机制，即：110旅游联动系统、120社会服务系统和“96927、3164961、3164995”旅游投诉热线，保证110联动和紧急救援电话的畅通无阻。

认真做好110、120社会服务联动工作，保证接警及时、出警及时，游客的合法权益得到了充分的保障。按照相关法律、法规以及办理程序，及时组织人员进行调查处理各种旅游投诉，结案率达100%。

【旅游案件审理】 2009年共审理案件65起，其中旅行社17家次、旅游汽车公司1家，景区1家，从业人员46人次，处罚金额184 500元。

按照省政府办公厅关于进一步加强旅游市场进行综合整治的要求，新编印发《昆明市旅游市场综合整治法律法规资料汇编》1 500册。从5月1日起，启用新的旅游行政执法文书、表格，并及时通知各县市（区）同步执行。按市政府法制办工作要求，完成旅游行政执法适用条款自由裁量权量化疏理细化规范工作。公布《昆明市旅游局行政处罚自由裁量权规范标准》。

【招商引资】 一是由昆明市政府主办，昆明市旅游局、昆明惠州招商分局、云南广西商会承办的“2009昆明（南宁）招商引资推介会”于9月18日下午在南宁成功举办。昆明市旅游局、昆明惠州招商分局充分发挥自身行业优势和产业特色，努力打造出招商引资新模式与新平台，凸显“文化搭台，旅游唱戏，经济受益”的特点。各地驻南宁商会，南宁知名企业家、工商界人士及当地新闻媒体等100余人参加会议。会议期间，会场上来自云南的少数民族演员进行的歌舞表演、有80幅精彩纷呈的昆明旅游图片展，让与会的各家企业和新闻媒体在家门口饱览昆明美丽的人文风情和自然风光。推介会以多种形式推介昆明的投资环境、产业项目和优惠政策。

二是参与筹备2009中国昆明国际文化旅游节并举行招商推介会，陪同相关企业在昆明实地考察。约100余名工商界人士参加了会议。会上还举行昆明惠州招商分局一个外资项目的签约仪式，签约项目协议投资额共450万元美金。

三是召开专题项目推介座谈会。在市旅游局和盘龙区、五华区政府的共同组织下，面向惠州潮汕总商会的12位客商，在盘龙区、五华区政府分别召开招商项目推介座谈会。在安宁向来自广东温泉投资联盟的30位企业家推介昆明的温泉投资项目。

诚邀客商考察，让客商全面了解昆明。2009年邀请并接待了30余家国内企业到昆明考察项目。

不断开辟招商新途径。实行登门造访招商与网上招商、发函招商相结合，将招商政策和信息放上网站，对联系到的企业通过发招商邀请信函的方式进行招商，共计向200余家企业发函。昆明惠州招商分局大力推行主体招商、专业招商、驻点招商、委托招商、以商招商、产业招商、资源招商等行之有效的招商方式，不断开拓招商新途径。

昆明惠州招商分局在项目策划推介上，实现从单项策划到产业策划的深化，强化“单体项目策划”与“产业集群招商策划”有机结合，明确产业集群招商和产业链招商理念。结合国家振兴物流行业的总体方针，分局积极与各物流企业联系，成功引入广西商家与云南鹏龙坤佳公司合作开发钢铁物流项目，落户经开区，并正在与西山区接洽推进长城片区国际商贸物流港项目。结合昆明市发展太阳能产业的政策优势和中缅石油管道的建设，市旅游招商分局在成功引入浙江企业投资滇威太阳能项目的基础上，又继续与商家洽谈投资太阳能光伏等相关产业，同时与南宁商家正式签订协议投资成立云南共利钢管制造有限公司生产螺旋纹钢管和输油钢管项目。

在招商策略上实现由利益招商向情感招商的深化。坚持“先交朋友再招商”，让客商感受到昆明招商的真诚与开明，分局工作人员平时强化交流沟通，强化情感联系，让招商这一商业化较浓的活动更具人情味。

坚持招商与旅游业务结合，实现多层面展开招商工作。昆明惠州招商分局与市旅游局业务处室密切合作，利用各种旅游产品推介会。进行宣传昆明招商项目，先后利用中国国内旅游交易会、中国昆明国际旅游交易会、厦门海峡旅游博览会、昆明航空公司开通昆明至石家庄仪式、昆明至曼谷自驾车商务考察、昆明赴日本旅游线路考察等机会，举办旅游产品和招商说明会，并走访当地的客商。

2009年昆明惠州招商局引进19个项目。其中引进外资项目2个，合同利用外资190.4万美元，实际利用外资153.68万美元，考核认定实绩131.68万美元，完成年计划的101%；引进省外资金项目17个，项目协议资金16.4881亿元，实际到位资金5.57亿元，考核认定实绩3.41亿元，完成年计划的103%。

【旅游热线推荐】 民族民俗风情之旅

西山森林公园——云南民族村——福保文化城

大观公园——官渡古镇——云南人家

圆通寺——金殿公园——世界园艺博览园——云南映象

高原七彩风光之旅

轿子山风景区——东川红土地——泥石流

线路一：大地的调色板——东川红土地——泥石流

线路二：滇中第一山——轿子山

康体休闲养生之旅

线路一：1、昆明春城湖畔度假村——柏联SPA温泉

线路二：2、昆明滇池湖畔高尔夫球会所——昆明阳光高尔夫俱乐部——安宁金方森林温泉

昆明市内及的近郊旅游景点

◆云南陆军讲武堂

游览内容：清宣统元年的“军事家的摇篮”。

◆“人与自然”世博之旅

游览内容：博览世界园艺大观，体验人与自然和谐。

◆“鸣凤胜景”金殿之旅

游览内容：中国第一大铜殿奇观、四时奇花、鸣凤胜景。

◆“佛门幽境”昙华寺之旅

游览内容：佛门幽境—昙华寺、“优昙献瑞”。

◆体育休闲一日游

游览内容：参观国家体育训练基地，参与各项体育活动。

◆云南民族村风情之旅

游览内容：云南民族风情文化大观、五百里滇池风光大赏，鉴名人字画，赏文物珍品。

◆西山龙门登临游

游览内容：西山龙门登临，滇池风光览胜、森林生态回归、灵山古刹寻访，先贤名人参谒。

◆农家乐园休闲游

游览内容：游览田园风光，体验农家生活，品赏农家风味，感受民族风情。

◆大观楼名楼名联赏析游

游览内容：“古今第一长联”——大观楼长联，远眺滇池风光、近赏名楼名联、感应文化休闲意境。

◆泥石流奇观之旅

游览内容：泥石流奇观、冲积扇游览。

◆轿子山自然之旅

游览内容：自然观光（雪、杜鹃花、箭竹林、万亩冷杉、天象云海日出、高山草甸、悬崖绝景）彝家探源。

◆革命圣地寻迹游

游览内容：磨盘寺革命纪念地（羊街）、六甲之站纪念塔（先锋）、柯渡革命纪念地观光。

◆九乡国家级风景名胜区——九乡“神奇之旅”

游览内容：九乡国家级风景名胜区——地下喀斯特溶洞奇观、山林野趣、湖光花卉、彝家风情。

◆“滇中第一山”——轿子雪山探奇之旅

游览内容：冬雪冰瀑、高山天地、杜鹃花海、玉花草甸、云海日出、生态回归、自然探奇。

◆“天下第一奇观”——石林览胜游

游览内容：大小石林、乃古石林、长湖，撒尼民风民情，农历六月廿四日彝族“火把节”。

◆斗南“花乡之旅”

游览内容：三台山览胜、斗南花街观光、柳林寻幽、果园品果、龙乡赛马场。

◆“郑和故里”寻踪游

游览内容：郑和公园、郑和故里、滇中“三照”名寺——昆阳普照寺，长松山森林公园、双河奥林狩猎山庄。

◆“盘龙古寺”寻访游

游览内容：云南三大佛教圣地之一——晋宁盘龙寺。

◆安宁温泉度假休闲游、曹溪印月寻踪

游览内容：观赏“天下第一汤”曹溪古刹环崖石刻、三潮圣水等自然与人文景观。

（叶　莹）

云南民族村

【概　况】 云南民族村是国家AAAA级旅游景区，位于昆明滇池国家旅游度假区内，地处昆明城区的南部，距市区10千米，占地1 270.66亩，现已建成并开放云南25个少数民族村寨。云南民族村将云南少数民族的文化风情、建筑艺术、音乐舞蹈、宗教信仰、生活环境浓缩于湖光山色之中，融峻山秀水、玲珑景致和珍稀植物于园林绿化之中，在国内外享有较高的知名度。

市委书记仇和视察云南民族村茶文化大观园　（云南民族村　供稿）

2009年，云南民族村发展保持平稳增长势头：全年累计接待海内外游客138.44万人次，同比增长3.7%；实现旅游总收入6 487.17万元，同比增长3.9%；实现的税前利润额为1 404.24万元，同比增长15.4%，上缴税金472.47万元，总体运行呈现良好态势。

【景区建设】 经公开招投标，2009年云南民族村投入维修资金280.85万元，对景区的园艺环境进行疏理和改造，在提升景区绿化效果，突出环境文化氛围，加强水体质量控制的同时，继续加大环保投入，通过对民族团结广场卫生间、白族村卫生间、民族餐厅桥头卫生间，以及办公区和餐厅污水处理设施的改造，实现景区污水的达标排放，为滇池治污做出了企业的贡献。

【体制转变】 为实现云南民族村发展方式的根本转变，提升云南民族村的品牌价值，实现由单一的旅游观光型景区向集旅游观光、休闲度假、会展商务、娱乐展演、文化交流功能的复合式景区的转型升级。2009年，云南民族村顺利完成由无限责任的国有企业向国有法人独资的有限责任公司的转变，实现云南民族村的公司制改造，为云南民族村进一步深化改制，引入战略合作伙伴，做大做强云南民族村，奠定了坚实的基础。

【转型升级】 云南民族村按照经市规划局批准的总体规划，启动正大门片区的改造计划，完成总规方案的设计工作，并初步通过评审，同时与香港金翎实业有限公司及泰国振华集团初步达到投资意向，积极完善与原有规划的对接工作。

2009年2月27日，云南民族村与云南中劲房地产公司签署委托经营管理协议，正式托管昆明故城，并展开招商工作；2009年11月4日，经度假区国投公司批准，与云南中劲房地产公司签署关于并购昆明故城项目的股权转让合同，迈出了业态转变的重要一步。

通过招商引资对正大门片区的商业化改造后，与昆明故城、茶文化大观园项目互相呼应，形成运行良好、具有较大规模和影响力的正大门商业区，培育出新的旅游消费热点，从而提高企业盈利能力和抗风险能力。

【强化创新】 通过深挖民族文化内涵，营造民族文化“热点”，本着大型展演与分点展演相结合，特色活动与深度体验相结合，动态展示与静态展示相结合的原则，云南民族村投入资金131万元，于2009年5月1日在滇池大舞台隆重推出原创大型情景歌舞《红土乡情》，全年共计演出250余场，约15万人次的国内外游客观看演出，实现演出收入61.8万余元，演出获得广大游客的欢迎和好评。

云南民族村 （云南民族村 供稿）

【“非遗”保护】 云南民族村近年来引进10多位民间手工艺传承人作活态展示，相关名录得到较好的保护、传承和发展，效果显著。哈尼族树皮布制作技艺、白族铜银器手工制作技艺、傈僳族“其奔”乐器制作技艺、苗族传统手工刺绣技艺列入昆明市第二批非物质文化遗产保护名录。继续加大云南少数民族非物质文化遗产抢救保护力度，把景区打造成非物质文化遗产公园。

【特色经营】 通过坚持质量效益原则，在取缔经营档次较低、文化特色不足、经济效益不显著的经营项目的同时，强化自有品牌商品的开发，通过自主经营和合作开发，引进一批新的经营项目，重点开发年货、木雕、休闲食品、名特烟酒经营等云南土特产品，从加工流程、质量控制和经营方式入手，突出传统和实用，降低开发成本和经营风险，逐步在景区内实现土特产品的规模化经营。同时，强化与云南省餐饮与美食协会的深度合作，不断推出特色鲜明的民族风情餐饮和绿色餐饮，通过婚庆公司、影楼、婚介机构等多渠道宣传，提高云南民族村在昆明婚宴市场的占有率。

【人力资源管理】 深化员工的分类管理，完善云南民族村人力资源管理体系中招聘、培训、储备的制度建设，根据“因事择人”的原则，全年共招聘各类员工176名，吸纳大批有志于传承发展云南少数民族优秀文化的有志青年管理人才加盟云南民族村。2009年，云南民族村员工培训率达到100%；员工流动率为15.7%；岗位录取比控制在95%左右，新招员工素质及知识结构层次有较大提高。

【企业荣誉】 4月，荣获“昆明市五一劳动奖状”、“五一劳动奖章”及“昆明市工人先锋号”荣誉称号、“昆明市劳动关系和谐关系”荣誉称号；云南省文化厅授予云南民族村“云南省非物质文化遗产保护传承基地”称号；昆明市名牌战略推进委员会认定云南民族村为昆明名牌产品。

（许晓军）

石林风景名胜区

【概 况】 2009年，石林风景名胜区积极开展旅游市场调研，深入了解旅游市场信息，抓住刺激国内消费的机遇，与大理、丽江、楚雄共同打造云南省精品旅游景区战略联盟，强势开展联合营销，积极宣传推介万年灵芝、李子园箐、步哨山等新景点，吸引大批的海内外游客，旅游经济实现快速发展。全年大小石林景区接待游客286万人次，实现旅游直接收入3.65亿元，全县接待游客330万人次，旅游综合收入14亿元。

【招商引资】 编制完成《投资石林》项目招商宣传册，完成长湖景区、大叠水景区保护性开发5个项目建议书和概念性规划，邀请70余家企业来石林旅游度假区参观考察，举办招商引资项目推介会2次，组织4批人员外出招商，参加招商引资洽谈会5次。石林旅游招商分局在全年引进苏宁石林旅游等7个项目，引进市外到位资金4.2107亿元，完成全年任务数的105%，引进外资370万美金，完成全年任务数的105%。

【重点项目建设】 中国彝族第一村建设项目年内完成8 000万元年度投资计划；投资3 200万元的乃古石林景前区建设工程全面完成；新游客接待中心交通组织建设项目2号、3号停车场完成土石方工程量的80%，A标段道路于11月12日完成招投标，并开工建设；石林狂欢之都“四中心二店”一期工程正在进行餐饮、购物中心主体工程建设，同时启动会展中心、演艺中心一期工程，完成度假酒店样板房、商务酒店大堂（原南城门）外装修工程；石林生态民族体育运动场一期工程建设，完成场地清表、球道建设一期工程、练习场项目建设；云林五星级酒店完成酒店大堂主体工程；散客服务中心建设项目已开工建设。

【景区改造】 稳步实施大小石林景区改造提升，完成“步哨山、李子园箐、万年灵芝”新景区扩容；景区派出所的搬迁拆迁及旧址绿化美化；景区工商分局办公楼评估，达成拆迁协议；与云旅集团就石林宾馆搬迁工作在改制、资产、人员安置方案达成协议；石林风景名胜区管理局于10月28日搬迁至锦石酒店办公，对原办公区进行搬迁调查登记，同时，委托两家设计公司进行规划设计，完成拆除及绿化美化工作。稳步实施大叠水景区景观改造，解决绿化面山土地遗留问题，和经营户、农户商谈景区内半瀑园的拆除、40亩水田的租用事宜。稳步实施长湖景区退耕还林地的生态环境建设，对景区内植被进行清杂。重视圭山国家森林公园保护性开发，邀请西南林学院进行规划设计。

【以旅哺农】 完成全县乡地旅游经营点信息采集，大力支持圭山镇大糯黑村开展民族文化生态旅游，与昆明学院就《大糯黑村旅游规划设计》进行多次研讨，实现了规划通过专家评审，组织完成石林县乡村旅游特色村调研报告；与昆明学院发展研究院签订《石林县乡村旅游发展规划》编制协议，委托昆明学院专家进行的石林乡村旅游发展情况实地调研完成规划初稿。开展保护区村社调研，以旅哺农实施方案已上报县委、县政府。

【局属企业改制】 开展局属企业调研，加快旅游企业体制改革，制定企业改制工作方案，完成石林花木公司、石林旅游服务公司职工身份转换安置补偿测算，并邀请评估公司对石林花木公司资产进行评估、财务审计。

【景区管理】 按“三标一体”标准加强景区管理，通过深圳鹏程认证中心复评换证审核；强化景区安全检查和旅游市场监管，提高旅游服务质量，保证了石林旅游未发生重大安全责任事故，游客有效投诉控制在十万分之一以下，处理满意率达100%。加强景区资源保护，加强保护区核心区盗挖原生林木的巡防和打击；加强原生态保护和生物多样性保护；加强与院校合开展景区的保护管理，与昆明理工大学地质院达成“景校”合作；与美国猛犸洞国家公园、四川兴文世界地质公园、江苏常熟市沙家浜景区缔结“姐妹公园”；配合云南师范大学实施“国家973项目课题研究”项目。

【编制旅游“十二五”规划】 委托西南林学院生态旅游学院编制《石林县“十二五”旅游发展规划》，经西南林学院专家深入实地调研，县旅游局与西南林学院反复多次修改，形成讨论稿。9月27日邀请有关县领导和单位领导召开《石林县“十二五”旅游发展规划》编制讨论会，经修改完善，于11月11日邀请专家评审并上报县政府。

【提高队伍素质】 全力推进人才队伍建设，优化人力资源配置，强化员工素质及业务培训，全面提高员工队伍素质；继续引进地质、规划、计算机等方面的专业技术人才，同时选派优秀专业技术人员外出培训和挂职锻炼学习。

（钟文佑）

九乡风景名胜区

【概　况】 2009年，共接待国内外游客70.2万人次，同比增长7.5%；实现旅游经济收入5 224万元，同比增长10.46%。

【宣传促销】 加大宣传营销力度，提升景区品牌：积极参加旅游交易会、推介会，发放各类宣传资料2万余份；与中央、省、市、县级电视台保持紧密联

九乡溶洞　（九乡风景名胜区　供稿）

系，不定期投放景区新闻动态，在云南电视台及周边地区电视台长期投放景区宣传广告；在《环球时报》、《旅行者》、《昆明日报》、《旅游周刊》等30余家报刊、杂志刊登景区资讯；利用网络、视频等新媒体多层次、全方位地进行宣传促销。

【旅游资源保护】 切实贯彻执行《九乡风景名胜区总体规划》和《昆明市九乡风景名胜区保护条例》，实现九乡旅游可持续发展。在上级主管部门的支持下，景区内的民房拆迁工作取得突破，所有民房于8月19日拆迁完毕，极大地促进了核心区内的资源保护工作；利用电台、纸媒做好《九乡风景名胜区总体规划》和《昆明市九乡风景名胜区保护条例》的宣传工作；配备专职巡视人员，在景区规划范围内督查、制止破坏风景名胜资源的行为。

【重点工程建设】 加快完善基础设施建设，全力提升硬件服务水平。年初，按照入口片区环境综合整治方案，景区出资4 000余万元全面启动基础设施新建、改建工程。积极做好基础性工作，配合云南规划设计有限公司，做好立体停车场、游客中心、票务中心、地质公园陈列馆的建筑设计工作。积极落实工程建设“八个百分之百”，依法依规完成新建的立体停车场和游客服务中心工程项目的招投标，聘请专业监理公司负责监理；完成民房拆迁工作，并对入口片区进行绿化美化。进一步提升了景区硬件服务水平，优化了旅游环境。

完成景区过境公路的改道工作，从根本上解决了核心区内资源的保护工作及游览交通安全。

【规范管理】 规范各项管理和工作制度。修改完善景区财务制度、《九乡风景名胜区管理规则》、《九乡风景区员工考核制度》，进一步增强各职能层、各部门之间的沟通、协调和互动，激发员工的主人翁意识和爱岗敬业的精神。

加强业务培训，确保服务质量。为确保服务质量，在继续贯彻实施质量/环境管理体系的基础上，景区注重员工素质的加强和提高，积极创造条件，组织员工进行业务学习培训。

3～4月，景区分4批组织员工到湖北张家界景区观摩学习，并要求每位员工撰写学习心得体会。

【旅游安全】 制定完善一系列安全制度。建立一支30多人的专职保安人员队伍，负责整个景区的安全工作；制定13个应急处置预案，确保出现紧急情况能及时处置；经常对游路、护栏等设施进行安全检查，发现隐患及时清理排除；对电梯、索道等大型机械设备严格按国家要求进行检审，并坚持每日开机前检查，确保安全运行；在洞内外恰当地点设置医疗急救点；落实护林、消防工作制度和措施，利用有线广播系统，每日向员工、游客和景区周边村民进行护林、防火宣传，确保景区森林消防安全无事故。景区一年来未发生重大旅游安全事故。

九乡风景区——马蹄湾 （九乡风景区 供稿）

【景区旅游指南】

景区简介：九乡风景区是以溶洞景观为主体，洞外自然风光、人文景观、民族风情为一体的综合性风景名胜区。拥有上百座大、小溶洞，为国内规模最大、数量最多、溶洞景观最奇特的洞穴群落体系，是独具特色的国际观光型喀斯特地质公园。现在已经开发出来供游人参观的景点主要集中在叠虹桥景区，有荫翠峡、惊魂峡、古河穿洞、雄狮大厅、神女宫、雌雄瀑布、神田、彝家寨、蝙蝠洞、倒石林、旅游索道等景观。

交通方式：从昆明出发走昆—石高速，行50千米到宜良下，再走宜—九公路，行40千米到九乡；或从昆明出发走昆—石高速到石林，再走九—石—阿旅游专线转道九乡。

门票价格：90元/人，索道价格：30元/人（也可以步行返回停车场）。

旅游内容：荫翠峡荡舟、游览地下喀斯特溶洞奇观、山林野趣、湖光花卉、体验彝族风情。

餐饮、住宿：九乡宾馆

特色食品：宜良烤鸭、野生菌、山茅野菜。

游览时间：游览时间需要两个小时左右，往返路程约需4个小时。早上从昆明出发，当天即可往返。

（九乡风景名胜区管理局）

世博园

【概　况】 2009年，面对全球金融危机、甲型H1N1流感疫情等严峻形势，昆明世博园股份有限公司紧紧围绕“改革、规范、创新、发展”的总体工作思路，开拓创新、积极应对，深挖潜力、增收节支，努力探索景区品质提升路径，各项工作取得较好成效。全年接待游客保持120多万人次。

【公众评价】 2009年，昆明世博园再获“全国创建文明风景旅游区先进单位”殊荣；在美景中国评选中，被评为“中国最美的十大主题公园之一”；世博股份团委获共青团云南省委颁发的“五四红旗团委”奖状；公司下属世博兴云房地产公司被中国房地产业协会评为2007～2008年度中国房地产诚信企业。

火炬传递　（世博园　供稿）

【市场营销】　推出以“馆日活动”和“省周活动”为主题的世博会十周年系列活动，拉开以活动促销售的年度营销工作；春游市场目标群体定位准确并实施全员促销政策，春游接待人数较2008年增长160.68%；推出“世博园+金博索道+金殿+沃尔玛超市”的旅游线路，变原来单一的世博园产品营销为多产品组合旅游线路营销；进一步优化和完善以绩效管理为核心的市场营销管理体系。

【丰富景区活动】　5月1日公司积极配合省市政府、世博旅游集团公司在昆明世博园内成功举办了2009年中国国际文化旅游节——昆明狂欢节开幕式暨昆明世博会十周年庆典活动、世博旅游控股集团公司揭牌仪式和《中国与世博会》邮票首发式；与河北省吴桥群艺杂技团合作推出“国际大马戏”；与昆明电视台联袂联营运“欢乐闯翻天”和竞技拓展活动；自主开发定向运动、龙舟赛活动；承办“全运会云南火炬传递起跑仪式”、“国家节能与新能源汽车示范推广工程昆明启动仪式”、“中升丰田世博之夜客服联谊活动”、“世博中秋晚会”、“世博园圣诞狂欢夜”等活动，扩大世博园影响；“十一”黄金周期间，与云南省商务厅、云南报业集团合作，在世博园举办了“云南品牌世博欢乐行”活动，入园游客日均突破1万人，一举成为黄金周期间全省接待游客最多的景区，得到省市旅游主管部门的充分肯定，并创造了较好的经济效益。

【增加景区亮点】　与柬埔寨政府合作，于6月6日在昆明世博园国际园区新建柬埔寨园并举办落成典礼；上市募集资金园区投资项目——“三江漂流”项目于10月竣工投入运营。

【管理提升】　健全完善公司法人治理、经营管理、责任管控和安全生产方面的管理制度，并编印下发执行。

建立完善考核激励体系。对市场营销和景区管理部门实行经济目标责任考核；年末组织对各部门、全体员工的分层级考核评定，不断提高公司整体运作效率。

推行全面预算管理和分部门的核算制度，通过分解经济指标和实施责权利挂钩的经济考核体系，充分调动部门及员工的工作积极性，公司成本费用得到有效控制。

顺利通过ISO9001：2000、ISO14001：1996质量/环境管理体系审核，保持公司质量/环境的国际标准。

【重要接待】　2009年，昆明世博园接待美国媒体代表团、美国国会议员助手团、中纪委全国审计监察会议代表团、全国民主党派工作座谈会代表团、“全省会（省府）及部分城市党委秘书长、办公厅（室）主任座谈会”代表团、台北市代表团及天津、贵州、山东、江苏、陕西、甘肃、河北等省市政府代表团20余起，接待全国妇联副主席黄晴宜、全国政协委员会港澳台委员会副主任林兆枢、中组部原部委员刘是龙、国家质检总局副局长刘平均、全国人大环资委副主任张文台及河南、内蒙、福建、山东、江苏、陕西、青海、河北、河北、吉林、青海、天津、甘肃等省（部）级以上领导20余位，接待来自美国、法国、印尼、老挝、斯里兰卡、孟加拉、印度、缅甸、柬埔寨、马来西亚、巴基斯坦等10余个国家重要来宾。

（杨　彦）

·责任编辑　田维扬·

科学研究

科学技术

【贯彻建设创新型云南行动计划】 省委、省政府印发《中共云南省委云南省政府关于实施建设创新型云南行动计划的决定》之后，中共云南省委办公厅、云南省人民政府办公厅又印发《建设创新型云南行动计划任务分解的通知》。省政府与各州、市签订《2009年度创新型云南行动计划目标责任书》。中共昆明市委、昆明市人民政府对《行动计划》高度重视，于2009年2月12日将《昆明市贯彻建设创新型云南行动计划实施方案》印发全市实施。在省政府开展的2009年度创新型云南行动计划目标责任考核中，昆明市被评为优秀。

【科技进步对国民经济增长的贡献率达54.6%】 围绕贡献率指标，收集科技进步和科技成果转化的相关数据，与市统计局共同研究分析测算后确认，2009年昆明市科技进步对国民经济增长的贡献率达到54.6%。

【科技成果转化率达到37.1%】 围绕科技成果转化率的提高，组建课题研究小组，召开“昆明市科技成果转化及其评价指标调研监测”研讨会议，就科技成果及科技成果转化的定义及界定、昆明市科技成果转化评价指标的确定、计算科技成果转化的数据采集（采集对象、分工及采集时限）进行深入研讨并对主报告进行修改完善。邀请省有关专家组成课题评审委员会对该课题成果进行评审，专家一致同意该课题通过评审。课题组按照专家评审意见经再次修改完善，得出昆明市2009年的科技成果转化率为37.1%。

【昆明市第三次获得全国科技进步先进市称号】 昆明市市本级成立由相关部门分管领导组成的迎接考核全国科技先进市工作领导小组，办公室设在市科技局。各县（市）区按方案要求成立了相应的迎考工作领导小组。8月30日，昆明市本级及14个县（市）区考核材料通过省科技厅考核，全部报送国家科技部。2009年12月17日国家科技部印发《关于2007～2008年度全国县（市）科技进步考核结果的通知》，昆明市及所辖14个县（市）区全部通过国家科技进步考核；昆明市连续第三次获得“全国科技进步先进市”称号，同时，五华、盘龙、官渡、安宁被评为全国科技考核先进县（市）。

【昆明市节能与新能源汽车示范推广工作启动】 7月17日，“昆明市节能与新能源汽车示范推广工作启动仪式”在昆明世博园隆重举行，科技部部长万钢、昆明市委书记仇和、副省长和段琪、中国工程院院士戴永年、科技部、财政部等部委相关负责人及省、市有关领导出席启动仪式。2009年2月，财政部、科技部等部门在北京联合召开节能与新能源汽车示范推广试点工作会议，计划4年内以中央和地方财政补贴的形式，在13个试点城市的公交、出租、公务、环卫和邮政等公共服务领域推广使用节能与新能源汽车，昆明市被列为13个试点城市之一。

【高新技术企业认定】 按照《昆明市人民政府关于认真贯彻落实省政府进一步支持现代新昆明建设若干政策的实施意见》，围绕省下放给昆明市高新技术企业认定的新职能，成立市科技局、财政局、国税局和地税局组成的昆明市高新技术企业认定组织工作领导小组，并联合印发《昆明市高新技术企业认定组织的工作意见》，于3月15日开始在市行政审批服务中心市科技局窗口正式受理昆明市辖区内的高新技术企业认定申请。整个受理及审批过程严格遵循依

昆明市政府与中科院昆明分院科技合作会谈暨签字仪式 （刘原彤 摄）

法行政、便民利民的原则。同时，报请市政府同意，将高新区的高新技术企业组织认定工作纳入昆明市统一管理。截至年末，全市共有经新办法认定的国家高新技术企业149个，占全省高新企业总数的72.68%。

【创新型试点企业】 市科技局组织专家对申报科技创新型试点企业的30家企业进行评审，结果有20家企业得到专家的推荐。市科技局印发《关于确定昆明市第三批创新型试点企业的决定》，确定昆明积大制药有限公司等20户为科技创新型试点企业。截至年末，全市已培育60家创新型试点企业。通过大力培育昆明市的科技创新型试点企业，并积极向省里推荐省级创新型试点企业，在云南省确定的第四批27家创新型试点企业中，昆明市又有8家入选。

【企业技术中心平台建设】 在2009年两批科技计划和创新基金项目中，共安排市级科技资金800余万元，支持云南新锐和达信息产业有限公司、石林阿玉林生态农业有限公司、昆明北方红外技术股份有限公司等25户企业建立完善技术中心创新平台。截至年末，全市已有各级企业技术中心平台95个，其中省级69个，国家级9个。

【组织实施重大科技项目】 依据评估专家组的评估意见和建议，市科技局对16个重大科技项目进行研究确定并报市财政局审核后，与市财政局联合行文报请市政府审批。经市政府审核批准的16个重大科技项目主要分布在水体污染控制与治理技术及应用、推进新型工业化发展科技攻关、公共安全与社会发展科技攻关、促进现代农业发展技术开发、科技合作与交流、高新技术研究与发展领域。具体项目为：昆明新颐侨江投资有限公司（云南大学）承担的“小江流域破碎体边坡生态修复关键技术研究与示范”、云南亚太工程有限责任公司承担的“电解铝用碳素制品生产中石油焦煅烧烟气脱硫技术研究及示范应用”、云南官房水泥有限公司承担的“日产2 500吨水泥熟料生产线低温余热发电技术研究及应用”、昆明北方红外光电子有限公司承担的“快响应NDIR型甲烷瓦斯气体分析仪”、昆明台工精密机械有限公司承担的“CXH660车－铣及立卧转换复合机床光机研发”、云南瑞升烟草技术（集团）有限公司承担的“三元多孔烟用梗颗粒材料研制及产业化”、昆明东讯科技有限公司承担的“东讯通用网站集群及多级数据采集分析系统”、昆明云内动力股份有限公司（含北京理工大学、昆明理工大学）承担的“混合动力客车动力发电系统研发及产业化技术研究”、昆明锦苑花卉产业有限责任公司承担的“昆明石林锦苑花卉产业园建设”、昆明雨龙新发塑业有限公司承担的“粮食及饲料安全塑料包装袋加工技术研究及应用”、昆明市公安局交通警察支队承担的“面向复杂交通的昆明市主城区智能交通综合管理系统研究、建设及示范应用”、云南昆钢重型装备制造集团公司承担的“云南昆钢重型装备制造集团公司技术中心建设”、昆明鼎邦科技有限公司承担的“高锑粗锡精炼新工艺新设备”、云南五鑫实业有限公司承担的“溶剂萃取法分离提取锗、铟”、云南大西洋焊接材料有限公司承担的“烧结焊剂新工艺开发”、云南易通电气设备有限公司承担的“35KV及以下离相封闭母线的开发”。

国家知识产权局局长田力普向廖晓珊副市长颁发国家知识产权工作示范城市牌匾 （邱云红 摄）

【昆明市科学技术奖】 4月16日，市科学技术奖励委员会召开第三届六次会议，对评审出的拟获市科学技术奖各类奖进行审定。会议经质疑、审查和无记名表决，审定出2009年昆明市科学技术奖拟获奖项目和人选，其中科学技术合作奖人选1名；科学技术进步奖60项（含一等奖4项、二等奖15项、三等奖41项）；专利奖12项（含一等奖1项、二等奖11项）。市政府于7月6日做出《昆明市人民政府关于2009年科学技术奖励的决定》。

【昆明市中青年学术和技术带头人及其后备人选】 组织45名省市知名专家对159名第七批市中青年学术和技术带头人及其后备人选开展申报和面试评审工作，遴选出62名进入评审委员会委员投票评审。通过委员会投票评审选拔出带头人及后备人选55名。7月22日，昆明市人民政府印发《关于确定第七批昆明市中青年学术和技术带头人及其后备人选的通知》。

【科技创新团队建设】 根据《昆明市科技创新团队管理暂行办法》有关要求，组织企业申报2009年度昆明市科技创新团队。11月24日，组织专家面试评审出生物医药、电子信息技术、现代工业、种植、养殖和农副产品加工、生态环保、科技平台建设等领域科技创新团队，10个科技创新团队审批确认并公示后，12月14日昆明市科技局印发《关于命名“昆明市有机光电显示科技创新团队”等10个科技创新团队的决定》。

【昆明成为国家知识产权示范城市创建市】 7月31日，国家知识产权局专利管理司副司长马庆云等6位专家来昆，对昆明市国家知识产权示范城市创建市工作进行实地考核验收，专家组对昆明市在知识产权事业发展方面取得的成绩表示充分的肯定，一致认为昆明市示范创建工作成效的取得得益于市委市政府领导的高度重视，形成了全市共建的良好局面；各职能部门协调配合，建立了有效工作机制；充分发挥了知识产权制度对城市经济社会发展的支撑作用。10月13日，国家知识产权局复函昆明市人民政府《国家知识产权局关于同意昆明市为国家知识产权工作示范城市的复函》，同意昆明市为“国家知识产权工作示范城市”，有效期3年，从2009年11月1日起算。历时两年的国家知识产权示范城市创建工作取得圆满成功，昆明在西部城市中继成都之后，正式荣获“国家知识产权工作示范城市”称号。

【知识产权试点示范企业】 4月28日，召开昆明市2009年度知识产权试点示范单位培训暨工作会议，有7家企事业单位进入知识产权试点示范培育名单，全市知识产权试点示范培育单位由2008年的56家增加到63家，遴选了31家试点示范单位给予资金扶持，共计扶持经费122万元。

【科技合作】 在10月16日召开的中国昆明大院名校科技成果展示交易会上，昆明市人民政府与北京理工大学、江苏省农业科学院签订《科技合作协议书》。11月9日，昆明市市长张祖林与中科院昆明分院院长王庆礼进行会谈。双方签订《昆明市人民政府中科院昆明分院全面科技合作协议书》。

【青少年科技创新实验室】 2009年通过两批科技计划，投入100万元的市级科技经费，支持省农科院花卉所、昆三中、富民永定中学等21家单位建立青少年科技创新实验室，使全市青少年创新实验室达到50家。

【2009年昆明市科学技术奖励项目（人、组织）名单】

一、突出贡献奖（空缺）

二、科学技术合作奖（1名）

北京理工科技园科技发展有限公司

三、科学技术进步奖（60项）

一等奖（4项）

1. 肝脏移植技术的系列研究

完成单位：昆明市第一人民医院

完成人员：李　立　李晓延　冉江华　曹海鹰　陈　刚　张升宁　李　铸　朱新锋　刘　静　刘滇生　范蜀滨

2. 康王系列新药研究开发及产业化示范工程

完成单位：昆明市五华区科学技术局　昆明滇虹药业有限公司

完成人员：罗建宾　胡炜彤　张勇洪　杨苍容　钱　萍　李　昆　陈植和　宁勤奎　任　刚　黄晓东　徐云峰

3. 昆明市烟草科技研发与成果转化平台建设

完成单位：云南瑞升烟草技术（集团）有限公司

完成人员：杨伟祖　王保兴　刘维涓　陈永宽　徐济仓　罗丽莉　沈靖轩　周　瑾　马　涛　陈永波　王定伟

4. 云南省健康养猪生产工艺模式研究应用及产业化示范

完成单位：云南神农农业产业集团有限公司　中国农业大学

完成人员：何祖训　饶　婷　李保明　施正香　李凤鸣　俞今鲁　贺　刚　席　磊　陈　刚　浦云波　张学书

二等奖（15项）

1. 昆明建设创新型城市对策研究

完成单位：昆明市科学技术情报研究所

完成人员：陈　晖　成小兵　郭　宽　吴　岚

2. ICD干预VT/VF患者预后的前瞻性研究

完成单位：昆明医学院

完成人员：刘中梅　郭　涛　黄　伟　韩明华　李淑敏　赵　玲　杨西云　刘　蓉　黄　雁

3. 2型糖尿病与结直肠腺瘤腺癌相关性研究

完成单位：云南省第一人民医院

完成人员：郭　强　周怡昆　薛元明　曹正余　梁志松　李菊兰　李　蕾　马　杉

4. 一种简单、便宜的HIV－1近期感染检测方法（微量明胶颗粒凝集法：PA－LS）的建立

完成单位：云南省疾病预防控制中心

完成人员：李　洪　李　瑛　莫玲鹤　罗扬珩

5. 昆明市“五位一体”禁毒长效机制的建立与实践评价

完成单位：昆明市公安局禁毒支队

完成人员：杜　敏　王　宇　李玉龙　顾克非　阮坤安　李祖琼　王　兵　杨云波

6. 布洛芬滴眼液的研制

完成单位：昆明市延安医院

完成人员：李仲昆　靳　梅　黄　荣　王崇静　赵红霞　尹为民　王　珩　李　冰　任晓明

7. 《社会主义新农村建设丛书》科普丛书

完成单位：昆明市生产力促进中心

完成人员：刘燕琨　李国全　沈　涛　贾继军　李永松　余静娟　张丽娟　付思华　高　霞

8. 数博贸易通管理系统的研发

完成单位：昆明数博兰德科技有限公司

完成人员：洪耀先　傅铁威　刘　刚　罗年庆　李　锐　杨　平　陈治玲　李保华

9. 小麦高抗锈品种宜麦1号选育及推广

完成单位：宜良县种子管理站

完成人员：王汝会　朱向云　李正绪　杨永良　阮兆才　王丽辉　袁绍祥　陈文清　袁　川

10.（TH6913）大（重）型加工中心及数控镗铣床模块化设计开发

完成单位：沈机集团昆明机床股份有限公司

完成人员：许昆平　王文坤　刘志兵　李跃年　董光华　孙志强　孙　波

11. 现代化中药原料加工工艺及成套设备

完成单位：云南昆船设计研究院

完成人员：李　涛　付群策　史孝臣　周旻晖

赵昌平 龚学智
朱彬蓉 何 炬
张 辉

12. 重彩画高仿真复制技术

完成单位：昆明富新春彩色印务有限公司

完成人员：金颖捷 赵 玮
郗俊敏 和建国
冯丽辉 陈勇涛
徐艳华 雷春红
邢玉晶

13. 滇池流域石漠化地区植被恢复技术研究及示范

完成单位：昆明市林业科学研究所

完成人员：马 骏 杨红明
郑润兰 李绍荣
朱培荣 王 晋
马 林 庞惠仙
张华敏

14. 昆明市科技强警示范城市建设

完成单位：昆明市公安局
昆明市科学技术局

完成人员：杜 敏 刘燕琨
王昆海 李玉龙
高永平 钟 斌
金 飙 马云伦
吴 峻

15. 面向大规模定制的产品数据管理（PDM）关键技术开发及应用

完成单位：云南昆船设计研究院

完成人员：李 攀 彭支光
段兴强 包崇让
罗俊斌 邹云堂
邓小红 邓 勇
谭 曦

三等奖（41项）

略

四、专利奖（12项）

一等奖（1项）

1. 导电用复合铜粉及复合铜导体浆料的制备方法

专利权人（组织）：昆明理工恒达科技有限公司

二等奖（11项）

略

（成小兵 赵 佳）

科学技术协会

【贯彻落实《科协工作决定》】 7月14日，《中共昆明市委昆明市人民政府关于进一步加强新时期科协工作的决定》正式颁布实施。《决定》是实现科协工作创新发展的纲领性文件，市科协狠抓《决定》的贯彻落实，组织开展专题调研，召开《决定》工作推进会，全市贯彻落实《决定》工作迅速推进，取得阶段性成效。一是科协组织进一步健全，5个没有实现科协独立建制的县（市）区中，嵩明县、宜良县科协已独立建制，其余县（市）区独立建制工作已经列入当地党委、政府议事日程，有待进一步督促落实；二是科协地位进一步提高，五华、盘龙、安宁、东川、寻甸、禄劝等7个县（市）区科协主席已按《决定》要求进入政协常委，其他县（区）已把这项工作写入贯彻落实《决定》的意见中，正抓紧落实；三是各县（市）区科普经费不同程度均有增加。

【青少年科技创新大赛工作】 成功举办昆明市第二十四届青少年科技创新大赛，本届大赛共吸引全市14个县（市）区200余所学校和40 000余名教师、学生参加。由各县（市）区择优选送到市级评审的参赛作品达10 408件。经专家组评审，组委会审定，监委会监审，共评出一等奖951件、二等奖1 697件、三等奖424件，共计3 072件。

【农民技术职称评定工作】 开展第十一届农民技术职称评定工作，评定高级技师27人，农民技师76人。开展第三批“五十强农技协”及“优秀会长”评选工作，评定“优秀农技协”17家、“优秀会长”17名。组织优秀农技协参加“2009年第五届昆明国际农业博览会”获得好评。完成《昆明市农村专业技术职称评定调查研究报告》。

【专家院士昆明行活动】 7月29日，由市科协承办16位中国科协专家院士昆明装备制造业及太阳能产业发展两个高层咨询座谈会。市委书记仇和，市长张祖林与院士进行交流，听取院士的建言。市政府副市长李文荣、廖晓珊分别主持会议。专家院士昆明行活动为促进昆明装备制造业及太阳能产业的发展、破解昆明装备制造业及太阳能产业发展难题提供咨询论证，为寻求昆明市与国家相关科研院所及专家院士建立长期科技交流与合作的方式和途径发挥了积极作用。

【全国科普日活动】 9月19日云南省暨昆明市2009年全国科普日活动启动仪式在盘龙区东风广场举行。本次全国科普日共设置“科普进校园”、“科普进农村”、“科普进社区”、“四创科普知识趣味问答”、“参加第五届农业博览会”、“科普节”、“专家科普巡讲团”、“制作科普挂图进行全市科普栏更新”、“节约纸张、保护环境2009年青少年科学调查体验活动”等9项主题活动，共计309个子活动。市、县两级科协开展活动面达100%；市、县两级学会开展活动面达70%；市、县两级城区开展活动面达100%；乡镇、街道、社区参与活动面超过50%。科普日活动开展关注健康、预防甲流科普宣传活动，引导公众树立健康生活方式，

第三届“昆明市青年科技奖”表彰大会 （市科协 供稿）

有效预防甲流。实现了活动数量、活动规模、活动内容、活动方式的新突破。

【昆明市第二届学术年会】 10月21日，昆明市第二届学术年会开幕，省科协副主席牟双江、昆明市政协副主席杨品才等领导和中国科学院院士、中国科学院昆明植物研究所研究员孙汉董、国家发改委能源研究所高工王斯成、广州市科协副主席杨晓等特邀嘉宾出席开幕式。开幕式由昆明市科协副主席徐绍忠主持。开幕式后，举行专家院士特邀报告会。第二届学术年会以“繁荣学术交流、促进科技创新、推动跨越式发展”为主题，由1个主会场、20个专题论坛、学术报告会等分会场组成。

【中国——以色列“昆明高产奶牛培育技术与牛奶质量控制技术培训”工作】 11月7～13日，中国－－以色列“昆明高产奶牛培育技术与牛奶质量控制技术培训”在昆举行，来自昆明市乃至全省范围内奶制品生产系统、乳品公司、奶牛养殖合作社、奶牛场的管理和技术人员、昆明学院农学院师生、省市奶业协会、生物技术研究机构和相关学会、协会等的有关人员260余名学员参加了培训。

【在昆留学人员联谊工作】 11月28日，昆明留学人员联谊会第二次代表会议隆重召开。会议选举产生了昆明留学人员联谊会第二届理事会和领导机构，王月冲当选为昆明留学人员联谊会第二届理事会会长。会议审议通过并聘请中国科学院院士孙汉董，市委常委、统战部部长金志伟为昆明留学人员联谊会名誉会长；审议通过《昆明留学人员联谊会章程（修改草案）》、《昆明留学归国人员联谊会名称变更的决定》。

【科技创新人才培养工作】 市科协联合市委组织部、市人事局、市科技局和团市委组织开展第三届昆明市青年科技奖候选人推荐与评选工作。市科协领导班子成员代表市委、市政府看望慰问在昆的9位两院院士、昆明市科协专家服务团专家代表、昆明市青年科技奖和昆明市优秀科技工作者获奖代表，努力营造尊重知识、尊重人才良好氛围。努力推动“海智计划”实施，畅通与英美加等国家海外科技团体及科技专家的联系渠道，充分利用海外科技人才资源，为昆明科技进步和经济发展服务。

【讲比活动】 进一步加强对企事业单位科协的管理与指导，召开企事业科协联合会理事扩大会，进一步明晰工作思路。充分发挥科协兼职副主席的引领作用，全面整合在昆百强企业资源，积极开展讲比活动，举办《振兴企业走创新道路》、《开展讲比活动，提升创新能力，应对全球金融危机》等专题讲座，引导科技工作者牢固树立和落实科学发展观，认识自己承担的社会责任，为企业创新做出贡献，增强技术创新能力，推动企业成为科技创新主体。

2009年云南省暨昆明市“全国科普日”启动仪式　（市科协　供稿）

【科技咨询创新工作】 建立西南地区首家科协系统司法鉴定中心——昆明科技司法鉴定中心，壮大科技咨询组织。南方电网、昆明建筑设计院建立科技咨询服务部，全年咨询合同总收入同比有所增长。

【金桥工程】 搭建科技经济发展金桥，实施完成高原型固定式配电设备、优质“华冠”上海青新品种引进与推广、家养动物良种快繁技术推广和培训与服务等3个“金桥工程”项目。

【科普扶贫工作】 与迪庆州签定《缔结友好单位合作协议》，开展科普帮扶工作；对北部5县区进行科普政策扶持的倾斜；加大对市科协扶贫点东川区阿旺镇两村的科技援助，实施造血式扶贫工作。

【科普宣传】 主要开展以下工作：进一步加强《昆明科普网》、《昆明科技》等宣传阵地建设；依托大众传媒，与《昆明日报》、昆明电视台、昆明人民广播电台等媒体开展专版宣传，大力宣传科普工作；《科普之星耀云南》被《求是》杂志红旗画刊选登；编辑2008年《昆明科技》合订本；完成《公众科学素养必备常识》、《云南山茶花》、《一招鲜——昆明青少年创业科学实用指南》等一批重点科普读物的编撰工作；成立昆明市科普摄影创作协会。

【招商引资工作】 牢固树立“发展是第一要务，招商引资是第一要事、第一政绩”的工作意识，紧紧围绕内资完成1.5亿，外资完成80万美元的招商工作目标，狠抓招商引资工作落实。成立了科协系统招商引资工作指挥部，由市科协党组书记、主席王月冲任总指挥长，市科协其他领导班子成员任副指挥长，指挥部成员由各部（室）、事业单位负责人担任。同时，按照市政府要求组建了由王月冲主席任政委，李小昆副主席任局长的昆明湛江招商分局，制定了详细工作方案，对组织机构设置、招商分局职责、目标任务分解和工作实绩考核等方面作出了全面安排部署。今年，分局人员驻点及阜外招商工作日达186天，共拜访130家（名）企业和企业家，邀请30名企业家到昆考察洽谈；跟踪服务34个内、外投资项目；签订投资协议项目25项（内资22项，投资金额9.702亿元；外资3项，投资金额467.27万美元）。截止2009年12月28

日，实际引入内资 2.38 亿元，外资 129.27 万美元。考核认定内资 1.82 亿元，占任务数 1.5 亿元的 121%；外资 64.58 万美元，占任务数的 81%。

（景红波）

防震减灾

【地震监测预报】 坚持震情值班、地震速报、震情通报和会商制度，全年共调查落实宏观异常 9 起，编写《震情跟踪工作月报》12 期，召开震情会商 5 次，每次落实宏观异常和会商会均以《震情汇报》形式上报省地震局和市委、市政府。4 月 13 日，市防震减灾局与全市 12 个防震减灾部门分别签订《昆明市防震减灾局震情跟踪工作责任书》。5 月 6 日，市防震减灾局制定并下发《昆明市 2009 年震情跟踪工作方案》，进一步将各项短临跟踪指标落实到个人，加强震情跟踪工作。11 月 12 日，在省地震局召开的年度地震趋势会商会上，市防震减灾局提交的《2010 年度云南省地震趋势研究报告》评为全省“地震趋势研究报告”第三名。在全国防震减灾系统评比中，市防震减灾局获得 2008 年度全国州市防震减灾先进单位，同时获得省监测预报工作先进单位，市地震分析预报中心被省地震局评为“2009 年度云南省地震监测预报先进集体”。

2009 年度昆明地区 2.5 级以上地震目录

时　间	纬　度	经　度	地　点	震　级
2009－09－1503：34：58	103.02	26.09	东川	2.9
2009－09－1503：31：05	103.03	26.09	东川	3.4
2009－05－1218：50：56	102.57	25.01	昆明	2.5
2009－04－2603：09：51	102.19	25.55	禄劝	2.9
2009－01－1608：15：43	103.03	25.22	嵩明	2.9
2009－01－1502：43：23	103.01	26.1	东川	3

【台站建设及维护】 1 月 8 日，召开松华坝水库测震监测台站验收会，经省、市技术人员和专家验收，松华坝水库地震监测台站建设通过验收。省、市、区三方共同出资 210 万元新建东川区防震减灾中心，11 月 30 日完成基本建设。改造宜良、嵩明县防震减灾局数字化单分项测震为三分项数字化测震，提高了测震精度。做好常规地震监测设备维护和地震监测仪器的标定、检查工作，先后对出现地震监测设备故障的宜良、西山、富民、安宁、禄劝等单位及时进行维修处理，确保仪器的正常运转和数据采集的连续性。

【震灾预防】 全年共收到建设项目抗震设防要求报件 243 件，防震选址报件 12 件，已全部办结，无投诉案件。完成行政执法制度公开、规范细化行政审批项目、建立行政审批内部管理制度及开展行政处罚自由裁量权规范细化工作，规范行政行为，并将已有的规范性文件目录上报市法制办。做好制度创新落实工作，配合市建设局修改、完善并联合出台《关于进一步加强昆明市建设工程抗震设防管理的通知》。提出将《关于进一步加强城乡建设抗震设防工作实施意见》上升为地方性法规的建议，通过广泛征求意见，《昆明市建设工程地震安全性评价管理规定（试行）》于 9 月 28 日下发各县（市）区防震减灾部门执行。

【参与社会管理】 组织完成昆明市“节地城市新模式”地震安全性论证工作。8 月 11 日，在昆召开昆明市“节地城市新模式”地震安全性论证会。与会专家就昆明及周边的地震、工程地质、水文地质等对地下工程建筑的影响、大面积开挖进行地下工程建设的可行性等问题进行了论证，提出专家组论证结论。配合市建设局、市教育局等部门对 14 个县（市）区的中小学校舍排查和鉴定工作进行检查和指导，帮助盘龙、五华、官渡、高新区、旅游度假区、晋宁和宜良等县区完成 454 所中小学校址地震安全排查工作。

【下放非行政许可审批权限】 为认真贯彻落实《昆明市人民政府关于批转进一步加强城乡建设抗震设防工作实施意见的通知》精神，全面推进昆明市建设工程抗震设防要求的监督和管理工作，进一步深化昆明市行政审批制度改革，提高工作效率，方便群众办事，加强各县（市）区政府的管理和服务职能，根据《昆明市人民政府关于公布昆明市市级行政审批项目的公告》和《昆明市市级行政审批事项审核确认管理办法》的规定，报请市审改领导小组和市政府同意，将市防震减灾局非行政许可审批项目“昆明市建设工程抗震设防要求与地震安全性评价审批”权限下放到安宁市、东川区、富民县和禄劝县 4 个防震减灾部门，严格按照“两集中、两到位”的要求，实行“一窗式受理、一站式办结、一条龙服务”，不断增强服务意识，提高服务水平，切实做好建设工程抗震设防要求与地震安全性评价的审批工作。

【地震小区划成果推广发布】 按照地震小区划工作计划安排，4 月 24 日，邀请省建设厅、省地震局等部门的专家对 2008 年完成的呈贡新城地震小区划二期项目进行验收，已顺利通过。10 月 19 日，召开呈贡新城地震小区划成果推广培训会议，对小区划成果进行推广，对下一步的实施进行培训。11 月 13 日，在《昆明日报》上对呈贡新城地震小区划成果进行公告，于 12 月 1 日起正式实施。

【地震应急】 继续推进昆明市地震应急救援志愿者队伍建设，2009 年分别在东川区因民镇、寻甸县倘甸镇、富民县永定镇、安宁市连然街道办事处和市级机关月牙塘小区分别组建地震应急救援志愿者队伍，开展防灾救灾及医疗救护知识培训和震灾抢险救援实战演练。

全市共有地震应急救援志愿者队伍11支590人。同时，加强对现有应急避难场所设施的维护、管理，每季度分别对月牙塘小区和宝海公园避难场所设施进行维护检查，确保应急时所有设施能正常使用。

【昆明市地震灾害紧急救援队扩编】 昆明市地震灾害紧急救援队于2008年3月18日正式成立后，在2008年“5·12”汶川特大地震救援中锻炼了队伍，取得了成绩。根据昆明市地震形势发展需要，市防震减灾局积极与驻滇某集团军协商，拟定《昆明市地震灾害紧急救援队扩编方案》。3月3日，经市政府批准同意该救援队由65人扩编至118人。11月6日，扩编工作全部完成。

【昆明“2009-使命”地震灾害应急救援演练】 积极开展地震应急救援演练各项准备工作，11月6日，举行昆明“2009-使命”地震灾害应急救援演练，全市公安、武警、消防、电力、煤气、自来水、供电、官渡区第五中学等40余家单位约600人参加此次演练。此次演练增强了昆明市处置突发性地震的应急救援能力和各单位组织协同作战的能力，演练取得圆满成功，受到中国地震局、省政府应急办、省地震局及市政府领导的高度评价，中央、省、市30多家新闻媒体对演练进行了宣传报道。

【防震减灾科普宣传】 利用各种时机，按照“主动、慎重、科学、有效”的宣传工作方针，配合做好科技“三下乡”、科普宣传周和“11·6”抗震防灾宣传教育周活动，举办中小学校防灾减灾主题活动，开展全方位的宣传工作，不断加大防震减灾科普知识宣传教育力度，近3年来发放各类科普宣传资料110万册（套）。

【防震减灾科普示范学校建设】 2009年，先后完成石林县紫玉小学、禄劝县民族中学、安宁市中学、西山区工人新村小学、富民县东村希望小学和安宁市光明小学的防震减灾科普示范学校建设。11月26～27日，对新成立的防震减灾科普示范学校辅导员进行防震减灾知识科普培训。

【出台实施县区防震减灾综合考核办法】 为提高各县（市）区防震减灾部门的工作效能，推进全市防震减灾工作，市防震减灾局结合全市防震减灾工作实际，制定《昆明市县（市）区防震减灾工作综合考核办法》，明确考核内容、考核程序、考核时间，并将考核结果和台站补助相结合。11月25日，结合全市防震减灾局长会议上对各县（市）区防震减灾局（办）所提供的综合评比材料进行考核评比，对考核评比结果进行了通报，东川、官渡等12个防震减灾局（办）受到表彰，极大地调动了全市防震减灾部门的工作积极性。

【超额完成招商引资任务】 2009年，根据市委、市政府的统一安排，市防震减灾局和市扶贫办联合组成昆明杭州招商分局，由市防震减灾局为牵头单位，市扶贫办为协助单位，派驻地点为杭州。市委、市政府下达到杭州招商分局的任务指标是：引进内资2亿元，引进外资100万美元。为完成好市委、市政府下达的招商引资任务，市防震减灾局选派了派驻分局人员，全脱产派驻招商。2009年，杭州招商分局的招商引资任务完成情况为：内资完成2.02亿元，完成比例101%；外资完成155万美元，完成比例155%，超额完成了市委、市政府下达的招商引资任务。

（黄晓秋）

气　　象

【2009年气候评述】 降水异常偏少和气温偏高是昆明地区2009年最显著的气候特征，部分县区降水量突破历史同期最少值，气温突破历史同期最高值。年内春旱和秋冬旱明显，旱灾较常年偏重，洪涝、滑坡、泥石流等地质灾害较常年偏轻。总体而言，综合气候条件对经济、社会、生态各方面影响属于中等偏差年景。

【降水量】 2009年昆明年降水量为571毫米，较常年平均偏少435毫米，偏少幅度为43%，较2008年偏少412毫米，是自1951年以来年降水量最少的一年。

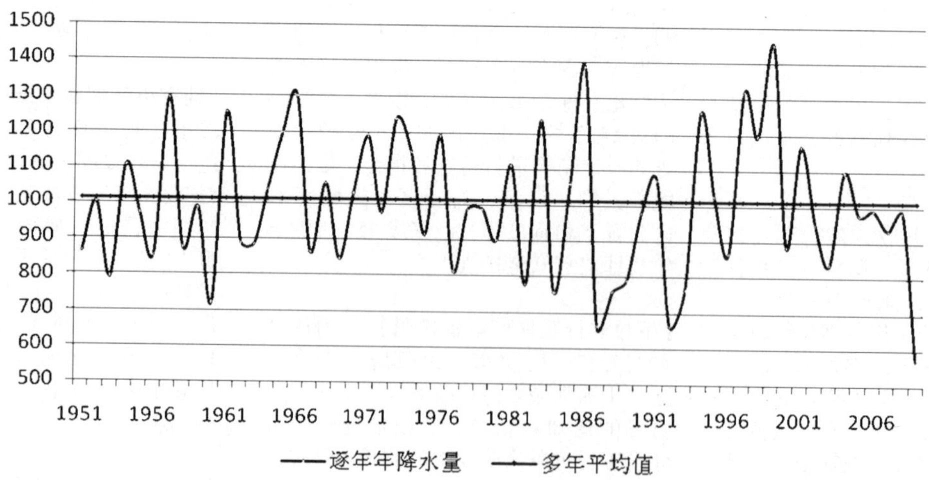

1951～2009年昆明年降水量变化（单位：毫米）

各县（市）区年降水量在431～824毫米之间，安宁、寻甸降水量最多在800毫米以上，东川区最少为431毫米，其余县区均在500～700毫米之间。与常年相比，全区降水量均偏少，安宁、寻甸偏少幅度在20%以内，禄劝、富民、嵩明、石林、呈贡、晋宁偏少幅度在30%～40%，宜良、西山、东川偏少幅度在40%以上。禄劝、富民、嵩明、石林、西山、东川6个县区的年降水量突破各自建站以来历史同期最少记录。

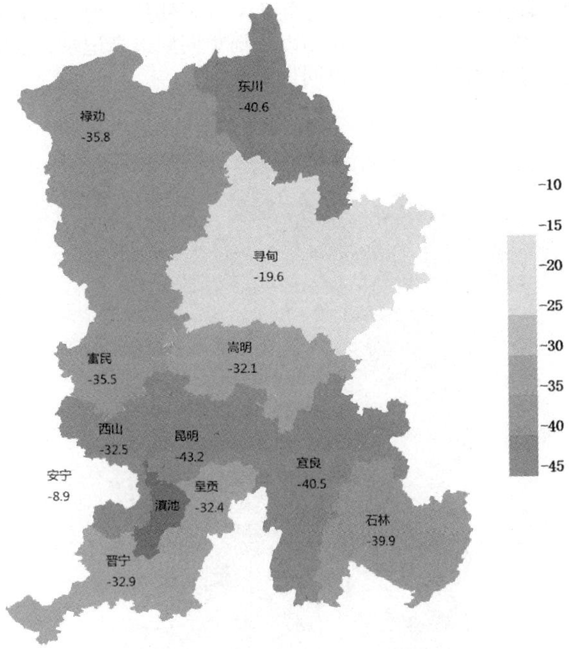

昆明地区各县（市）区
2009 年年降水量距平百分率（单位:%）

昆明地区中尺度自动气象站
观测年降水量分布（单位：0.1 毫米）

降水量各季变化情况：昆明冬季（2008 年 12 月至 2009 年 2 月）降水量为 14 毫米，较常年同期偏少 64%。各县区中，东川降水量最少，为 7 毫米，寻甸降水量最多，为 34 毫米。与常年同期相比各县区降水量均偏少，除寻甸降水量偏少幅度为 20% 以内外，其余县区偏少幅度在 30% ~80% 之间。春季（3 ~5 月）降水量为 86 毫米，较常年同期偏少 32%。各县区中，安宁降水量最少，为 61 毫米，寻甸最多，为 177 毫米。与常年同期相比，除寻甸降水量偏多 33% 外，其余地区降水量均偏少，禄劝、宜良、石林、呈贡 4 个县区偏少幅度在 20% 以内，富民、嵩明、晋宁、安宁、西山、东川 6 个县区偏少幅度在 20% ~50% 之间。夏季（6 ~8 月）降水量为 416 毫米，较常年同期偏少 30%。各县区中，东川降水量最少，为 297 毫米，安宁最多，为 694 毫米。与常年同期相比，除安宁降水量偏多 31% 外，其余地区降水量均偏少，富民、嵩明、呈贡、晋宁、寻甸 5 个县区偏少幅度在 20% 以内，禄劝、宜良、石林、西山、东川 5 个县区偏少幅度在 20% ~40% 之间。在逐月降水量变化上，6 月和 8 月全区降水量较常年同期偏少，7 月特少，禄劝 7 月降水量突破历史同期最少记录。秋季（9 ~11 月）降水量为 60 毫米，较常年同期偏少 76%，是自 1951 年以来历史同期最少的一年。各县区中，呈贡降水量最少，为 39 毫米，禄劝最多，为 128 毫米。与常年同期相比各县区降水量均为特少，偏少幅度在 50% ~80% 之间。除禄劝外，其余县区秋季降水量均突破各自建站以来历史同期最少值记录。在逐月降水量变化上，9 月和 10 月全区降水量较常年同期异常偏少，全区 9 月有 5 个县区、10 月有 7 个县区降水量突破各自建站以来历史同期最少记录，11 月全区降水量较常年同期偏少。昆明 12 月降水量为 1 毫米，较常年同期偏少 92%。各县区中，晋宁降水量最多为 18 毫米，禄劝、富民、嵩明 3 个县区没有降水。与常年同期相比，除晋宁偏多 28% 外，其余地区降水量均偏少，石林、东川 2 个县区偏少幅度在 20% 以内，其余县区偏少幅度在 20 ~100% 之间。

【气　温】　2009 年昆明年平均气温为 16.6℃，较常年平均 14.9℃，偏高 1.7℃，较 2008 年偏高 1.2℃，接近 1951 年以来历史同期最高值 16.7℃（2005 年）。

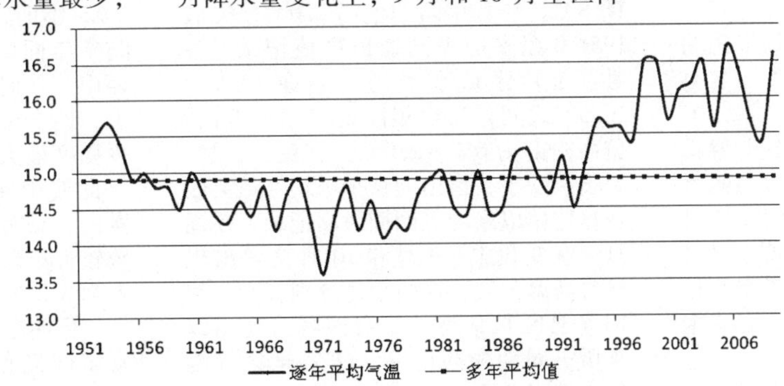

1951 ~2009 年昆明年平均气温变化（单位:℃）

各县（市）区年平均气温在13.3~20.7℃之间。与常年相比，全区气温偏高0.8~1.7℃。禄劝、晋宁、东川3个县区偏高幅度在1.0℃以内，富民、宜良、安宁、西山4个县区偏高幅度在1.0~1.5℃之间，嵩明、石林、呈贡、寻甸偏高幅度在1.5~1.7℃（见图5）。嵩明、宜良、石林、呈贡、安宁、西山、寻甸7个县区的年平均气温突破各自建站以来历史同期最高记录，富民平历史同期最高记录。

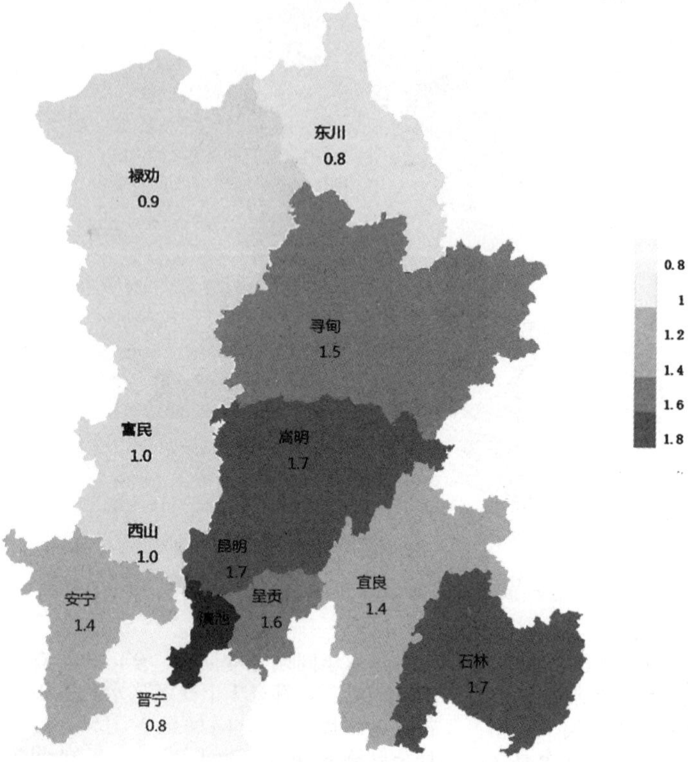

昆明地区各县（市）区
2009年年平均气温距平（单位:℃）

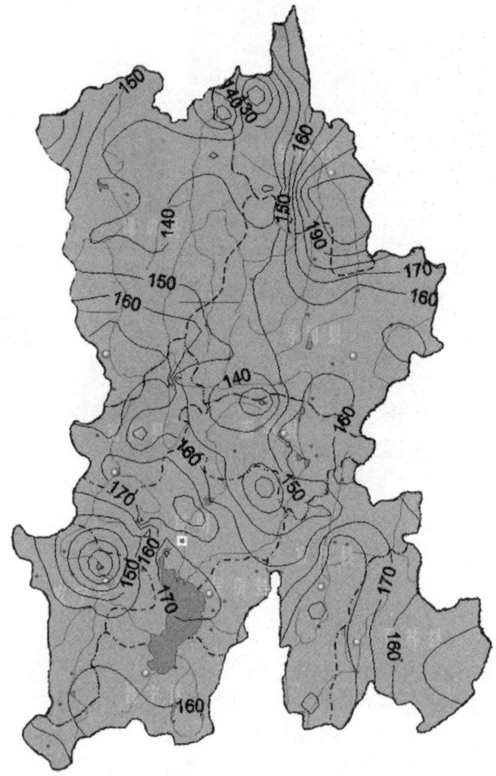

昆明地区中尺度自动气象站
观测年平均气温分布（单位：0.1℃）

昆明冬季（上年12~当年2月）平均气温为10.6℃，较常年同期偏高1.9℃。各县区冬季平均气温在7.6~14.7℃之间，与常年同期相比均偏高，偏高幅度为0.7~2.3℃，“暖冬”气候特征明显。冬季逐月气温变化特征表现为“两头暖、中间冷”，12月和2月全区气温偏高至特高，其中2月嵩明、宜良、石林、呈贡、东川、寻甸6个县区月平均气温突破各自建站以来历史同期最高记录。1月冷空气活动较为频繁，全区气温接近常年同期。

昆明春季（3~5月）平均气温为17.7℃，较常年同期偏高1.4℃。各县（市）区春季平均气温在14.4~22.4℃之间，与常年同期相比，除东川偏低0.3℃外，其余县区均偏高，偏高幅度为0.5~1.5℃。逐月气温变化上，3月全区气温较常年同期特高，嵩明3月月平均气温突破建站以来历史同期最高记录，4月和5月全区气温偏高。春季未发生“倒春寒”天气。

昆明夏季（6~8月）平均气温为20.8℃，较常年同期偏高1.2℃。各县（市、区）夏季平均气温在17.0~24.8℃之间，与常年同期相比均偏高，偏高幅度为0.3~1.3℃，富民、宜良、石林、呈贡、安宁的夏季平均气温突破各自建站以来历史同期最高记录。逐月气温变化上，6月和8月全区气温偏高，7月气温特高，昆明、富民、呈贡7月月平均气温突破各自建站以来历史同期最高记录。全区夏季未发生大春作物抽扬期低温冷害天气。

昆明秋季（9~11月）平均气温为16.8℃，较常年同期偏高2.0℃，突破1951年以来历史同期最高值记录。各县（市）区秋季平均气温在13.5~20.5℃之间，与常年同期相比均偏高，偏高幅度为0.7~2.0℃，宜良、石林、呈贡、安宁、西山的秋季平均气温突破各自建站以来历史同期最高记录。在逐月气温变化上，9月和10月全区出现异常高温天气，这两个月分别有8个和10个县区月平均气温突破各自建站以来历史同期最高记录。11月全区气温较常年同期属正常。

昆明2009年12月月平均气温为10.6℃，较常年同期偏高2.3℃，是自1951年以来历史同期第二高，仅次于2007年12月的历史同期10.9℃。各县（市）区2009年12月月平均气温在7.8~14.2℃之间，较常年同期相比均属特高，偏高幅度为1.3~2.5℃。

【日　照】　2009年昆明全年日照时数为2 210小时，较常年同期偏多13小时，较2008年偏多256小时。各县（市）区中，嵩明日照时数最少，为1 924小时，晋宁最多，为2 372小时。与常年同期相比，禄劝、呈贡、晋宁、西山、寻甸日照时数偏少在200小时以上，偏少幅度均在10%左右，西山偏少幅度最大为12%（偏少231小时）；宜良偏少44小时，偏少幅度为2%；富民、嵩明、石林、安宁、东川日照时数较常年持平或偏多，石林偏多幅度最大为8.3%（偏多182小时）。

昆明冬季日照时数为579小时，较常年同期偏少64小时，偏少幅度为10%。各县（市）区中，西山区日照时数最少，为471小时，东川区最多，为609小时。与常年同期相比，各县（市）区日照时数均偏少。宜良、安宁、东川3个县区偏少幅度在10%以内，富民、嵩明、石林、呈贡、晋宁、西山、寻甸7个县区偏少幅度在10%～20%之间，禄劝偏少幅度最大为21%（偏少135小时）。

昆明春季日照时数为657小时，较常年同期偏少55小时，偏少幅度为8%。各县（市）区中，西山日照时数最少，为532小时，石林最多，为680小时。与常年同期相比，各县（市）区日照时数均偏少。嵩明、石林、安宁、东川4个县区偏少幅度在10%以内，禄劝、富民、宜良、呈贡、晋宁、寻甸6个县区偏少幅度在10%～20%之间，西山偏少幅度最大为20%（偏少133小时）。

昆明夏季日照时数为314小时，较常年同期偏少90小时，偏少幅度为22%。各县（市）区中，西山日照时数最少，为153小时，东川最多，为444小时。与常年同期相比，各县（市）区日照时数均偏少。石林、东川2个县区偏少幅度在10%以内，富民、嵩明、宜良3个县区偏少幅度在10%～20%之间，禄劝、晋宁、安宁、寻甸4个县区偏少幅度在20%～50%之间，呈贡、西山偏少幅度大于50%，西山偏少幅度最大，为53%（偏少175小时）。

昆明秋季日照时数为578小时，较常年同期偏多141小时，偏多幅度为32%。各县（市）区中，西山日照时数最少，为417小时，石林最多，为654小时。与常年同期相比，各县（市）区日照时数均偏多。呈贡偏多幅度在10%以内，禄劝、晋宁、西山、寻甸4个县区偏多幅度在10%～20%之间，富民、嵩明、宜良、石林、安宁、东川6个县区偏多幅度在20%～50%之间，石林偏多幅度最大，为49%（偏多216小时）。

昆明2009年12月日照时数为240小时，较常年同期偏多40小时，偏多幅度为20%。各县（市）区中，嵩明日照时数最少，为197小时，晋宁最多，为263小时。与常年同期相比，各县（市）区日照时数均偏多。嵩明、呈贡、寻甸3个县区偏多幅度在10%以内，禄劝、宜良、石林、东川4个县区偏多幅度在10%～20%之间，富民、晋宁、安宁、西山偏多幅度在20%～40%之间，安宁偏多幅度最大为37%（偏多67小时）。

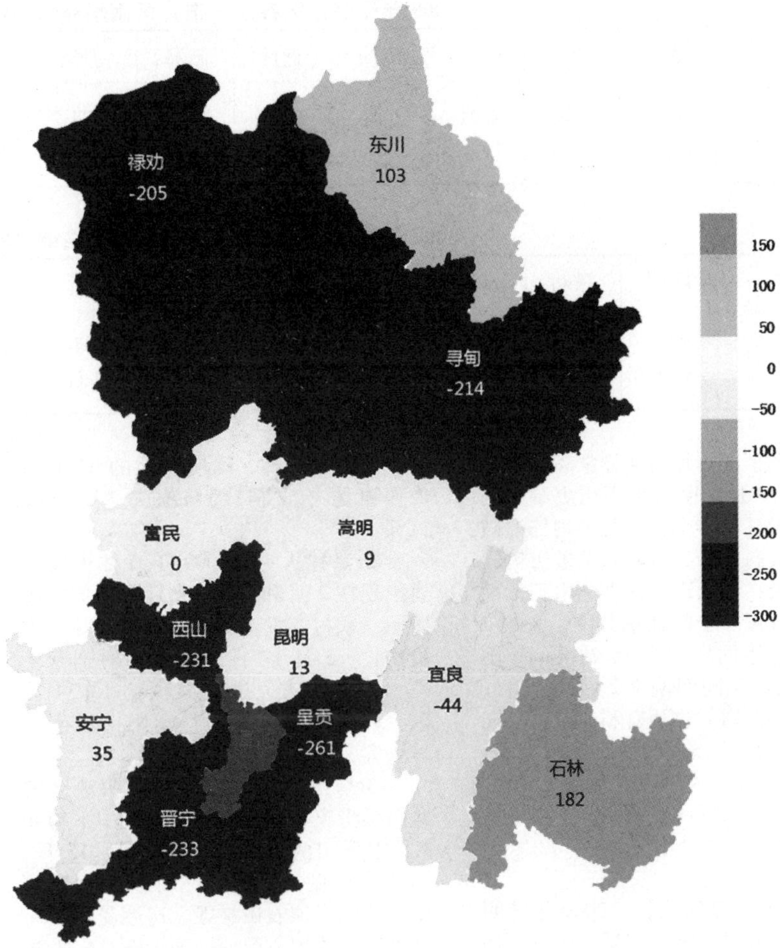

昆明地区各县（市）区2009年年日照时数距平（单位：小时）

【主要气候事件】 ①冬春连旱。2008年冬季～2009年春季昆明地区气温较常年同期偏高至特高，降水量特少。2009年2～3月全区多晴好干热天气，气温回升显著，多个县区月平均气温突破历史同期最高记录，加之进入春季大风季节，地面蒸发大，空气湿度低，森林植被含水率极低，全区旱情持续发展，出现冬春连旱，森林火险等级持续偏高，部分地区出现森林火灾。

②各县区雨季开始日期跨度长，初夏旱情偏重。2009年昆明雨季于6月13日开始，较常年同期偏晚20天。各县（市）区雨季开始日期参差不齐，时间跨度较大。雨季开始最早的是石林，为5月2日，最晚的是东川，为6月22日，相差50天。石林、禄劝、呈贡、寻甸4个县区雨季于5月上旬至中旬开始，较常年偏早，晋宁、西山、安宁3个县区雨季于5月底至6月初开始，较常年偏晚，富民、嵩明、宜良、东川雨季至6月中旬开始，较常年特晚。全区大部地区5月气温较常年同期正常至偏高，降水量偏少，初夏旱情偏重，对大春作物栽种和生长不利，一些地区出现人畜饮水困难。

③主汛期（6～8月）出现局部洪涝。2009年昆明地区主汛期大雨（日雨量≥25毫米）和暴雨（日雨量≥50毫米）共发生68站次，与常年同期持平，其中大雨55站次，较历史同期偏多3站次，暴雨13站次，较历史同期偏少3站次，6月下旬和8月中旬是降雨相对集中的时段，大雨暴雨天气出现频繁，部分地区出现洪涝及其引发的泥石流、滑坡等地质灾害。全区最大日降水量出现在7月12日安宁市（110毫米）。由于全区主汛期降水量较常年同期偏少，洪涝及其引发的地质灾害较常年同期偏轻。

④雨季结束较常年偏早。由于2009年自8月29日后再无全区性的中到大雨天气过程出现，全区除禄劝外，其余11个县区雨季于8月下旬至9月中旬陆续结束，较常年提早30～40天。禄劝雨季于10月5日结束，与常年相比属正常。

2009 年昆明地区各县（市）区雨季开始日期

	昆明	禄劝	富民	嵩明	宜良	石林	呈贡	晋宁	安宁	西山	东川	寻甸
雨季开始日	6 月 13 日	5 月 19 日	6 月 15 日	6 月 14 日	6 月 15 日	5 月 2 日	5 月 19 日	5 月 28 日	6 月 2 日	5 月 31 日	6 月 22 日	5 月 13 日

2009 年昆明地区各县（市）区雨季结束日期

	昆明	禄劝	富民	嵩明	宜良	石林	呈贡	晋宁	安宁	西山	东川	寻甸
雨季结束日	8 月 30 日	10 月 5 日	8 月 14 日	9 月 18 日	9 月 16 日	8 月 30 日	8 月 29 日	8 月 30 日	9 月 17 日	8 月 30 日	8 月 13 日	9 月 16 日

⑤秋季 9～10 月出现异常高温少雨天气。9～10 月昆明市出现历史罕见的晴热高温天气，多个县区月平均气温破历史同期最高记录，月降水量破历史同期最少记录，未出现全区性的中到大雨以上天气过程。全区秋季共发生大雨 3 站次，较常年同期偏少 16 站次；暴雨 1 站次，较常年同期偏少 2 站次。晴好天气对大春作物的收晒有利，但长时期的高温少雨在部分地区引发了病虫害，并对库塘蓄水极为不利，全区出现秋旱，一些地区出现用水紧张，土壤墒情较差，对小春作物生长不利。

【主要气象灾害及影响】 2009 年昆明地区发生了低温霜冻、干旱、冰雹、暴雨洪涝等气象灾害和滑坡泥石流、森林火灾等多种气象衍生灾害，其中干旱和低温霜冻是造成受灾最严重的气象灾害。

①低温霜冻。2009 年 3 月 13 日夜至 14 日晨，受高空冷平流及辐射降温影响，昆明地区出现短时强降温，14 日凌晨出现大面积重霜冻，部分地区出现结冰，昆明 14 日日最低气温仅为 2.8℃，富民、嵩明、寻甸、晋宁 4 个县区 14 日最低气温低于 0℃。除禄劝、石林、宜良外其余县区日最低地面温度低于 0℃，嵩明最低为 －5.3℃。

此次低温霜冻过程持续时间短、强度强，重霜冻使昆明地区各地农作物遭受不同程度的冻害。14 日午后出现较高温度，剧烈的温差使植物较为脆弱的嫩叶、花及幼果受害严重，对小春粮食作物及果树、蔬菜、花卉等经济作物造成严重损失。处于灌浆期的小麦籽粒出现脱水现象，籽粒萎缩，灌浆受阻，较为严重的地区小麦出现局部器官死亡，无法形成产量。受灾严重地区的蚕豆幼荚内部结冰死亡，温度回升后幼荚变黑，脱水死亡，严重影响产量。据统计此次低温霜冻过程共计造成富民、安宁、宜良、石林、嵩明等地的 62 万亩农作物受灾，直接经济损失达到7 000 万元。

②森林火灾。2009 年森林火灾主要出现在 2 月和 5 月。2 月 2 日晋宁昆阳镇三家村突发森林火灾并造成扑火人员伤亡。2 月 17 日，嵩明县阿子营乡发生森林火灾，过火面积约 13.34 公顷。5 月 11 日，嵩明县嵩阳镇发生森林火灾，过火面积约 100 亩。

③暴雨洪涝。2009 年昆明地区的暴雨洪涝灾害主要发生在 6 月中下旬和 8 月中下旬两个时段。6 月 14～15 日，嵩明、宜良、石林、寻甸出现大到暴雨，造成当地农田被毁、房屋受损，局部地区山体塌方致使交通中断。6 月 29～30 日全区出现大到暴雨天气，昆明主城区多处内涝积水，交通受阻，寻甸、禄劝、东川等县区因强降水引发洪涝灾害，房屋倒塌 40 多间，农作物受灾近1 500公顷。7 月 11 日夜间安宁突降局地性特大暴雨，日降水量达 110 毫米，城区发生内涝，多处民房、商铺进水。8 月 16 日昆明城区因强降水引发西市区大面积积水，人民西路、大观路、茭菱路、学府路、西昌路西市区路段、新闻路等路段积水 30～50 厘米，明波立交桥下积水最深处达 2 米。8 月 27 日嵩明县境内普降大到暴雨，最大降水量为牛栏江镇古城闸 107.5 毫米，部分乡镇出现民房进水、农田冲毁等灾情。

总体上看，由于 2009 年昆明地区汛期降水量较常年同期偏少，洪涝及其引发的地质灾害仅限于局部地区，灾情较常年同期偏轻。

④大风、冰雹。2009 年昆明地区的大风、冰雹和雷暴灾害主要发生在 4 月～8 月。3 月 31 日晋宁县夕阳乡一字格、大绿溪村委会遭受风雹灾害，

人工增雨作业　（市气象局　供稿）

2 000人受灾，农作物受灾面积为140公顷。4月7日，石林县局部地区遭受冰雹灾害，冰雹持续2~3分钟，最大冰雹直径约8毫米，部分地区农田被毁。7月24~25日，石林、寻甸部分地区遭受大风、冰雹灾害。8月22日，嵩明县牛栏江镇突发历史上罕见特大冰雹灾害，降雹持续时间约10分钟，冰雹单粒直径在2公分以上，为多年来所罕见。冰雹共造成14 050亩农作物不同程度受损，其中3 000亩绝收。

⑤干旱。2009年昆明地区降水量较常年异常偏少，全区12个观测站中有7个测站年降雨量突破各自建站以来历史同期最少值极值。干旱是2009年昆明地区影响最显著的气象灾害，2~5月出现了冬春旱和初夏旱，9~11月又出现秋旱。旱情造成农作物病虫害较常年偏重、产量下降，部分山区出现人畜饮水和农作物灌溉困难，土壤墒情差，森林火险等级偏高，火灾频发，全区库塘蓄水不足，使来年春季供水形势变得十分严峻。

【气候与农业】 ①小春。2009年小春作物于2008年10月中旬播种，2009年3月下旬收割，历时160余天。整个小春作物生长过程期间的有利气象条件有：小春作物播种出苗期降水丰沛，土壤墒情好；小春作物产量形成期光照充足，光和利用率高，干物质积累量大，长势较好对产量形成有利；3月和4月出现降水天气过程，缓解了部分地区旱情。不利气象条件有：2008年10月底至11月初全区出现连续阴雨天气，导致田间积水，部分地区蚕豆出现烂种烂芽；小春作物生长期大部时段降水稀少，干旱严重；3月14日出现晚霜冻，对处于抽扬期的小春作物产量形成影响较大；小春作物病虫害偏重发生。总体来看，2008/2009小春生长季农业气象条件属中等偏差年景。

②大春。2009年水稻于3月22日播种，9月11日成熟，历时173天，期间日照充足，温度适宜，水稻长势好，产量高。整个大春作物生长过程期间的有利气象条件有：春播育秧期间气温偏高，无“倒春寒”影响，水稻秧苗长势良好；部分地区雨季开始正常~偏早，水稻能在最佳节令内适时移栽；大春作物产量形成期气温偏高、日照充足、热量条件好，光合利用率高，干物质积累多，水稻千粒重、结实率等指标较高；汛期洪涝灾害及其引发的滑坡、泥石流等地质灾害造成损失较常年偏轻；秋季末出现连续阴雨天气，有利于大春作物收晒。不利气象条件有：部分地区初夏干旱严重，影响秧苗移栽和玉米的适时播种；6月下旬和8月中旬阴雨天气较多、日照较少，影响水稻的有效分蘖和中期生长，导致作物病虫害偏重发生；9月和10月降水量特少，部分地区出现秋旱，对山区和半山区作物灌溉造成影响。总体来看，2009年大春作物生长季农业气象条件属中等偏上年景。

【气象服务】 气象基础业务质量稳步提高。2009年，全市气象部门地面测报错情率为0.1‰，探空、农业气象、酸雨、辐射观测错情率均为零，圆满完成了省气象局下达的考核指标；1个大气探测250班无错和39个百班无错，受到通报表彰，8个250班无错通过省局验收。

市气象局始终把服务作为立业之本，强化以决策服务为首的各项气象服务工作，积极为昆明市经济社会发展提供优质气象保障服务，特别是在二环路改造、大型社会活动、招商引资项目落地气象服务等方面做出了积极贡献。编纂了《2008年昆明地区气候评述》；制作发布了《短期气候预测》12期、《农业综合信息》34期、《昆明农业气象信息》36期、《昆明地区气象情况反映》16期、《昆明地区天气快报》15期、《昆明干旱监测》10期、《防汛抗旱服务专题》8期、旱情（雨情）气象服务周报46期、《森林防火气象服务专题》7期、中期天气预报46期、节假日和大型活动服务专题22期；发布暴雨蓝色预警1次、寒潮蓝色预警2次、霜冻蓝色预警1次；发送决策气象服务手机短信178次，服务人数749人，累计发送短信43 395条（其中，森林防火预警预报短信14次，服务人数22人，合计308条；城市防洪防涝短信3次，服务人数25人，合计75条），为政府决策提供了科学依据；不断丰富公众气象服务内容，提高服务产品质量，每天在昆明电视台1~6套共12次播出电视天气预报节目，并在《云南信息报》、《生活新报》等媒体上发布8类共13份预报服务产品。

切实加强人工增雨防雹工作，取得显著的社会经济效益。2009年全市气候异常，旱情严重，市气象局增强对灾情发生、发展监测的敏锐性和预报服务的主动及时性。为缓解日趋加重的旱情，积极争取市政府办公厅下发《关于在全市开展人工增雨工作的紧急通知》，在全市12个县（市）区相继开展人工增雨作业，共发射火箭弹150枚，增雨效果明显，对护林防火、水库蓄水和保障春耕生产顺利进行起到积极作用。汛期结束后，昆明再次出现明显旱情，市气象局立即启动干旱监测，并认真做好人工增雨准备工作，遇有有利条件适时开展人工增雨作业。5月底至9月下旬，在石林、宜良、寻甸、嵩明、安宁等地共66个防雹作业点开展大规模人工防雹作业，共发射火箭弹4 709枚，保护土地面积745.5平方公里，保护以烤烟为主的农作物面积达81万余亩，最大限度地遏制或减轻了冰雹灾害的发生。

继续抓好气象为“三农”服务工作，大力推进农村气象综合信息服务系统建设，提升气象为新农村建设服务能力，着力解决气象信息发布“最后一公里”问题。其中，对2008年建设的200套昆明市农村气象灾害预警广播系统进行优化完善，完成249套预警广播系统安装，富民全县73个村委会已全部安装，组建完成气象灾害预警广播网络，并于2009年3月30日升级为《富民资讯》，成为党委政府“三农”工作的重要窗口和平台；与中国电信昆明分公司合作研发集声音、图像、文字于一体的新农村气象传媒系统（LCD屏），已建成27块并投入业务试运行；嵩明、宜良、禄劝、石林及西山等5个县区累计建成气象信息电子显示屏60块，并成功投入业务运行，受到当地群众的普遍欢迎和好评；与农业、林业、水利、国土、民政等部门联合印发《关于建立昆明市气象灾害防御联动机制及乡村气象信息员队伍的通知》，取得初步成效。年底，昆明市人民政府办公厅出台《关于转发大力推进农村气象综合信息服务系统建设实施意见的通知》，决定在全市范围内大力推广建设农村气象综合信息服务系统。

认真做好地质灾害监测预警发布工作，积极为地质灾害防御决策提供及时、主动、有效的优质气象服务。在连续两年地质灾害监测预警取得成功的基础上，与市国土资源局联合向市委提出在《昆明新闻》电视节目后播出气象预报和气象防灾减灾节目的建议并获批复，使节目播出的时效性和覆盖面得到提高。进一步完善地质灾害预警发布平台，加大相关工作量和服务量，市气象台、棋盘山天气雷达站、气象网络值班室等单位坚持24小时全天候值班。2009年，共发布地质灾害手机短信预警16次，服务人数360人，累计6 130条。

积极提升气象应急保障服务能力，建立快速气象应急响应保障机制。在2008年建成昆明市气象应急保障车载系统（移动气象台）的基础上，进一步加强应急管理体系建设，制定并严格执行《昆明市气象局暴雨灾害预警应急处置预案》。气象应急保障车多次参与昆明市政府组织的高层建筑和大型商贸城消防、地震、危险化学品事故处理等应急演练，充分展示昆明气象应急保障的能力和水平，得到市政府和相关部门的好评。

大力发展气象科技服务，增强自我发展和解决问题的能力。积极加强与中国移动、中国联通及中国电信三大通信运营商的协调与合作，加大手机气象短信宣传力度，大力开展手机气象短信推广营销，实施了4种营销推广方案，使手机气象短信呈快速发展态势，用户数量大幅增加，年底达119万户。制定《昆明市气象局手机气象短信管理办法》后，明确了各单位职责和手机气象短信工作的相关规定。

【气象现代化建设】 着力加强公共气象服务系统建设，进一步完善昆明市气象决策服务短信发布平台，新建中国联通和中国电信手机气象短信发布平台，覆盖面得到明显提高；完成了昆明市县级综合气象业务平台建设，集成各类现用业务系统，搭建县级气象业务服务统一平台，实现了规范化、标准化、自动化、网络化管理；启动了昆明市气象局门户网站和昆明市公共气象防灾减灾信息共享平台建设工作。

继续强化气象预报预测系统建设，围绕提高气象预报准确率和精细化水平，建立灾害性天气临近短时预报预警业务系统，开展常规气象要素和灾害性天气临近预警业务定量检查，提高了强降水、冰雹等灾害性天气的特定落区、特定时段的精细化预报水平；完善干旱综合监测预报业务流程，制定了地质灾害、森林火险等专业气象业务产品规范；开展全市基础数据库建设，有效解决了各类气象业务观测资料实时入库的问题。

继续推进综合气象观测系统建设，按照省气象局的统一部署，年内完成了6个一般气象站（东川、嵩明、石林、晋宁、呈贡及太华山）的大气监测自动站建设，使全市12个一般气象站全部实现自动气象观测；进一步完善昆明市中小尺度区域自动气象监测网络，在昆明主城区新建了21个温雨两要素自动气象站，专门用于城市强降雨水淹点内涝排水预警服务，全市区域自动气象站达153个。

【气象科研开发建设】 气象科研开发工作明显加快，科技成果转化能力明显提升。《农业气象灾害预警技术研究及应用》科研项目通过验收并进行业务转化，获2009年度昆明市科技进步三等奖；《昆明市综合气象信息服务系统及防御应急系统》课题通过市科技局验收并投入业务运行；完成《人工防雹多普勒天气雷达产品服务系统》科技成果转化应用推广项目并通过省气象局验收；《新一代天气雷达资料产品传输及监控软件的开发》项目顺利通过省气象局验收，即将在全省新一代天气雷达站推广应用；科研论文《前期太平洋海温与6～8月西太平洋副高指数的关系》被SCIE核心期刊《热带气象学报》（英文版）收录，《基于模糊数学理论的蚕豆发育期气象条件评价》在国内一级核心期刊《中国农学通报》上发表。

【气象台站建设】 市气象局搬迁至呈贡新城区并建设昆明市灾害性天气监测预警中心工作进一步加快。2009年，争取中央基建经费300万元、市政府配套投资250万元，累计完成项目投资950万元。在工程建设中，认真执行市委市政府建设工程领域“八个百分之百”的要求，积极办理相关手续，全面加强项目管理，严格控制资金使用，已完成围墙及挡土墙建设，在取得建设工程规划许可证、完成主体工程招投标事宜、办理施工许可证的基础上，主体工程已于9月9日正式破土动工，12月29日顺利封顶，圆满完成市政府下达的2009年工程项目建设目标任务。

气象台站基础设施明显改善。完成石林县气象局整体搬迁建设工作并投入业务运行；完成昆明国家基准气候站和昆明农业气象试验站灾后基础设施恢复建设；完成棋盘山天气雷达站配套设施建设、嵩明县气象局整体搬迁、宜良县气象局业务用房建设、昆明气象站道路改造、富民县气象局及宜良县气象局电网改造等项目的申报工作。

【气象科普宣传】 以世界气象日、科技活动周、安全生产月等活动为契机，大力开展气象科普宣传教育，全年共计发放宣传材料4 000余份；开展气象服务满意度调查工作，发放调查问卷300余份，经统计，气象服务满意（基本满意）率达89%；加大媒体宣传力度，在《中国气象报》及气象网站发表信息13条，地方媒体刊播宣传文章15篇，被《昆明政务信息》采用信息30条；邀请《春城晚报》、《昆明日报》、《云南信息报》、《都市条形码》及《街头巷尾》等新闻媒体对全市人工影响天气工作进行专题宣传报道，取得良好的宣传效果；云南气象博物馆、昆明气象科普园等单位坚持长期对外开放，接待学校师生和其他社会公众参观学习，全年接待人数达2 000余人。

中国科学院院士秦大河于5月18日上午在昆明市委礼堂为全市领导干部作“气候变化对经济社会发展的影响”专题讲座，从气候系统在变暖、气候变化的影响、积极应对气候变化和关于IPCC工作4个方面进行精彩的演讲。讲座的举办对促进昆明市气象事业的进一步发展起到很好的推动作用。

（姚　恩　卢万福　刘　祎）

社会科学

【完成科研课题】 围绕市委、市政府的重大决策部署，按照显著提升昆明市综合实力和城市竞争力、显著提高全市经济社会发展水平的要求，完成了《昆明工业经济（园区体系）发展研究》、《提升昆明城市竞争力的经验借鉴及对策建议》两个科研课题，为现代新昆明建设提供了智力支持。

【年度社科规划课题招标立项和结题验收工作】 年初制定了《昆明市2009年社会科学规划课题征集通知》，向市级机关有关部门、14个县（市）区党政机关、市属大专院校、党校、科研院所、社科学会（协会、研究会）及社科工作者广泛征集2009年研究课题，共征集122个课题，经市社科规划办统筹研究，初审确立26个课题。在《昆明日报》上发布了《规划课题指南》，共受理申报课题55个。按照《昆明市社会科学规划课题研究管理办法》规定，经昆明市社会科学学术委员会研究立项22个课题，列入年度规划课题开展研究，实现了基本目标，各项课题按时限阶段要求研究正常。按课题研究跨年度时限，积极组织2008年度社科规划课题的评审验收工作。2008年度招标立项研究的25个课题全部通过专家评审验收，完成了预定目标。围绕市委、市政府工作重点，规划立项研究，经专家评审验收，完成了《昆明市地方税收发展与税源构建研究》、《昆明城市创新系统的动力机制和创新能力研究》、《昆明市工业化进程研究》、《昆明市场化指标体系研究》4个课题。为进一步科学、规范监督管理评审验收全市社科规划研究课题，成立课题组，调研征求省、市相关部门意见，参照省外有关管理办法，完成了《昆明市社会科学规划课题管理办法》、《昆明市社会科学规划课题书面评审办法》、《昆明市社会科学学术委员会组成办法》及“昆明市社会科学科研项目结项审批书”等规范性管理运行规定的研究和制定。

【社科知识普及】 组织昆明市社科学会、协会、研究会近年来研究的优秀成果，于2009年5月16日在东风广场开展“科普周”活动，市社科联与昆明市档案局等学会共同组织开展“携手建设创新型城市，助推昆明跨越式发展”为主题的昆明城市发展历史图片、昆明历史文化图片、昆明历史十大事件、十大人物、十大建筑图片、《回眸昆明起义、聚焦昆明解放》等图文并茂的30余块展板，为参观群众展现昆明解放、城市变迁、历史文化发展的图片资料，同时组织8名历史和档案专家现场为群众咨询服务，并向群众赠送各类社科图书近3 000余册。

9月10日邀请市委党校社科专家到五华区社会化管理服务中心，为工作人员、辖区居民开展“文化昆明”进社区讲座活动。服务中心所辖11家办事处58家社区工作人员、居民、辖区部分单位代表等90余人到会听讲，进一步丰富社区文化生活，提高社区居民的文化意识，加强了社区居民对建设“文化昆明”的认识和了解。

完成科普下乡工作。深入社会主义新农村建设指导员驻点村社，实施科技下乡，帮助解决一些群众生产、生活问题。重点在晋宁县晋城镇西门村第五小组解决村民无水喝的问题。4月由市社科联驻西门村指导员牵头联系自来水公司为村民修建了自来水引水工程。市社科联出资2万元，占工程经费的13.3%，工程于5月5日竣工，彻底解决了第五小组200余村民多年来饮水难问题。同时，开展科技下乡活动，邀请种植业、养殖业有关专家为村党员、村干部、村小组长和有一定种、养殖经验的农户代表共80余人开展科技讲座，并赠送《新农村政策法规》、《无公害蔬菜生产新技术》等一批书籍。邀请市委党校教授作《加强农村基层组织建设，提高党的执政能力》专题讲座。

【学会管理】 制定下发了“昆明市关于加强学会管理工作的规定”，进一步加强社科学会、协会、研究会的管理工作。同时配合市民政局完成43个学会、协会、研究会的年度检审工作。

自2009年9月开始，组织全市43个学会、协会、研究会深入学习实践科学发展观，制定下发了《昆明市第三批深入学习实践科学发展观活动指导意见》和《实施方案》，成立领导小组和工作机构，全面组织、领导和协调新社会组织深入开展学习实践科学发展观活动。各学会、协会、研究会按规定完成学习调研、分析检查、整改落实阶段的各项工作，通过学习实践科学发展观，建立和完善工作运行机制，为全市新社会组织的健康发展奠定了制度保障。

强化学会领导的培训工作。分批分期认真组织市级社科学会、协会、研究会会长、副会长、秘书长的培训工作，共举办培训班2期，培训学会领导120余人。

认真开展学术交流活动。市社科联鼓励和支持学会、协会、研究会发挥学科优势，充分调动学会会员的积极性、主动性，结合工作实际和学科特点，全面开展课题研究和学术交流活动。昆明市法学会组织召开调研交流社区矫正工作，市委政法委、市司法局等单位领导、社科专家、学者70余人参加调研交流活动，与会领导、专家、学者调研和听取盘龙区联盟街道办事处党工委和区司法局关于社区矫正工作情况的汇报，实地参观联盟街道社区矫正档案室、谈话室和相关台账，从法学理论、精神文明建设、中国文明社会、倡导人权、构建和谐社会的高度，结合社区矫正工作作了学术交流，提出从体制、机制和制度创新方面，努力实现社区矫正工作“五化”目标的意见和建议。昆明市青少年发展研究会组织召开昆明市第二次青少年发展论坛会议，有关领导、专家、学者、会员110人出席会议，市委常委、宣传部长张红苹到会作重要讲话，昆明市社科规划课题《当前未成年人犯罪的原因，特点及犯罪预防》研究的多部门子课题作了交流，其中市司法局课题组作了《中小学法制副校长制度的功能重塑》交流，市教育局、市公安局课题组作了《昆明市四城区青少年涉校侵财性违法行为的调查及对策》的交流，市人民检察院课题组作了《从检察视觉看昆明市刑事司法过程中的未成年人保护》交流，市人大内司委、团市委课题组作了《昆明市未成年人保护工作难点及对策研究》交流，团市委课题组作了《昆明市流浪儿童心理发展及生存状况调查报告》交流，市中级人民法院课题组作了《当前开展涉及未成年人权益保护案件专门审判工作存在的问题及对策》交流，外国语学校课题组作了《培养生活技能，预防中学生违法犯罪》交流，凌云律师事务所课题组作了《家长的法制教育问题研究》交流，曾汝弟、徐坤元专家作了《对云南省未成年人犯罪管教所的抽样调查报告》交流。

据统计，全市43个社科学会、协会、研究会组织课题研究10个，召开理论、学术交流会60余次，社科工作者撰写科研论文400多篇，举办报告会及学术讲座80多场、科研成果展览10余场，直接受益人数6 000余人。200余名社科专家、学者和理论工作者参与了活动，并结合昆明市政治、经济、社会、文化、软环境建设、平安昆明、和谐昆明、制度创新、招商引资、滇池污染治理、交通拥堵、城中村改造等课题的理论与实践开展研究和学术交流，献计献策，共提出300余条意见和建议，供政府和有关部门决策参考。

【评选表彰】 市委宣传部、市社科联联合下发了《关于评选表彰（2007～2008年度）哲学社会科学先进集体、先进个人的通知》，市社科联严格按照《通知》精神组织实施评选工作，分别在《昆明日报》、《中国昆明门户网站》、电子政务网络公布评奖公告。经过一个半月的征集工作，共收到市级有关部、委、办、局、人民团体、各县（市）区委宣传部、大专院校、党校、社科院所和市级各社科学会、协会、研究会符合申报条件的申报材料89件，其中先进集体33件、先进专家22件、先进社科工作者34件。经过专家小组初评拟定先进集体和先进个人名单候选人，报经评选领导小组按照比例指标评审，确定受表彰的先进集体13家、先进专家12名、社科先进工作者18名，于11月12日进行了表彰奖励。

昆明市2007～2008年度哲学社会科学先进集体和先进个人名单

社科先进专家（12人）

罗明东　昆明学院
徐　波　昆明学院
黄继元　昆明学院
王丽萍　昆明学院
吴　瑛　昆明学院

吴彦勤　昆明学院
田芙蓉　昆明学院
俞菊美　昆明市档案局馆
徐晓青　昆明市统计局
王笑平　昆明市人民政府研究室
缪　雨　中共昆明市委党校
杨振力　昆明市教育科学研究院

社科先进工作者（18 人）

成小兵　昆明市科学技术局
赵　武　中共昆明市委组织部
博　斌　昆明学院
唐　莉　昆明学院
管彦平　昆明学院
董学荣　昆明学院
冯建国　中共宜良县委宣传部
张　骞　昆明文史研究会
字应军　昆明市地方志办公室
郑祖荣　中共宜良县委宣传部
吴奎民　昆明市延安精神研究会
朱丽华　昆明市警察协会
杨丽娟　昆明市档案局馆
易川凿　昆明易经研究会
耿庆红　昆明实用心理及智业发展研究会
宋思荣　昆明市新闻工作者协会
李　昌　昆明市酒文化研究会
杨文苑　昆明市青少年发展研究会

社科先进集体（13 家）

中共昆明市委组织部研究室
中共西山区委政策研究室
安宁市史志办
昆明学院科研处
昆明市人民政府研究室
中共昆明市委党校科研处
昆明市教育科学研究院
昆明市社科院社会研究所
昆明市档案学会
昆明市警察协会
昆明市审计学会
昆明市青少年发展研究会
昆明市酒文化研究会

【编辑出版《昆明社会科学》期刊和社科研究成果书籍】　编辑出版发行 2009 年《昆明社会科学》双月刊共 6 期，刊登文章 121 篇，文字总量约 110 万字。文章内容涵盖政治、经济、文化、社会、教育、宗教、民族、建筑、管理学、人类学、考古、近代史、文学、法学等多个学科，同时紧扣建设现代新昆明这一中心，围绕富民、强市两大目标，注重刊登加快建设富强昆明、活力昆明、文化昆明、生态昆明、和谐昆明调研成果和撰稿论文。同时，配合深入学习实践科学发展观活动和建国 60 周年活动专辑选登稿件 12 篇。2009 年《昆明社会科学》刊登文章中有 2 篇被中国人民大学书报资料中心列为索引，刊物被收入《全国内部刊物期刊网》，2009 年被云南省新闻出版局评为“云南省优秀连续性内部出版物银奖”。

编辑、公开出版了《2007 年度社科规划课题成果选》（上下册）70 万字。云南科技出版社出版。编辑公开出版《百年军校将帅摇篮》书籍，全书约 54 万字，云南人民出版社出版。组织完成昆明市哲学社会科学优秀成果著作出版资助工作。经资助出版委员会审定，申报资助出版专著《中国共产党民族干部政策研究》，《“第二周波”：西方自由主义的文化革命》，即将公开出版面市。

【修改完善社科成果奖励办法及课题管理办法】　按照市委要求，结合昆明市哲学社会科学事业发展的实际需要，市社科联组织专人，参考国家和云南省、全国有关大中城市哲学社会科学事业发展的有关管理规定、办法，深入调研，先后数次草拟、修改完善《昆明市哲学社会科学研究成果奖励试行办法》、《昆明市哲学社会科学研究成果奖励实施细则》、《昆明市社会科学规划课题管理办法》3 项制度，经广泛征求意见后作为创新成果上报市委制度创新办。

【初步建成社科联网站】　初步建成“昆明市社会科学界联合会”互联网站，设立社科要闻、社科评奖、学会工作、社科普及、社科研究等栏目，依托部门网站开展政务公开、信息发布、在线办事、互动交流活动，受理课题申报，公布中标评奖结果，提高了机关的办事效率，增强了工作的透明度。

【超额完成招商引资任务】　市社科联与市教育局共同组成“昆明广州招商分局”，超额完成了 2009 年招商引资任务，内资指标 3.5 亿元人民币实际完成 3.8 亿元人民币，超额完成 0.3 亿元人民币；外资指标 130 万美元，实际完成 450 万美元，超额完成 320 万美元。

【其他工作】　完成市委交办的昆明现代化指标体系研究中的“市场化指标体系研究”；完成市委批准、市政协牵头、市社科联主办的“云南陆军讲武堂百年庆典学术研讨会”；完成市委宣传部下达的“建国 60 周年搜寻昆明中国之最”大型活动；完成市政协第 114563 号提案办理工作。

（沈　德）

·责任编辑　方玉红·

教育·文化

教　育

【义务教育均衡发展】　全市义务教育普及成果得到巩固和提高，“控辍保学”取得成效。农村寄宿制学校条件明显改善，管理日趋规范，教育教学质量稳步提高，成为农村学校的骨干群体和窗口。

重视和加强民族教育和特殊教育。民族团结教育列入中小学课程设置，开展面达100%。重视特殊教育发展，依法保障三类残疾适龄儿童少年接受义务教育，并向职业教育延伸。

全面完成小学初中招生工作。全市小学一年级招收新生92 307人，小学入学率为99.8%。全市初中一年级招收新生84 070人，初中入学率为99%以上。义务教育巩固率达到98%以上。

解决好流动人口子女就学问题。按照“以流入地政府为主，以公办学校为主”的原则，统筹安排2009年流动人口子女入学工作。在全市义务教育阶段学校就学的流动人口子女已达17.78万名，其中在公办学校就读的9.88万名，占55.6%；在民办学校就读的7.9万名，占44.4%。

积极探索和推进学区化管理。在认真总结义务教育阶段学校学区化管理试点工作经验的基础上，进一步扩大试点区域，采取地域性学区化管理、联动带教等形式，对区域内学校资源进行整合重组，努力推进区域内优质教育资源均衡配置。2009年五华区被评为“全国义务教育均衡发展工作先进地区”。

实施免费教育，确保教育公平。认真贯彻落实国家政策，为义务教育阶段学生免除学杂费，为义务教育阶段公办学校学生提供国家课程免费教科书，为16.4万名贫困寄宿制学生按照小学生500元/年、初中生750元/年标准提供生活补助。对在民办学校就读的义务教育阶段学生，也按公办学校的免学杂费标准给予补助。

加强和创新扫盲工作。在流动人口较为集中的地区积极尝试开展扫盲工作，在招收流动人口子女较多的学校进行摸底调查，摸清家长中文盲人员的情况，依托学校、社区、乡镇开展扫盲工作，举办家长识字班、脱盲班，完成了3 000人的扫盲任务。

【突破性发展民办教育】　加强制度创新和政策保障，出台《关于突破性发展民办教育整体推进工作意见》，召开全市教育系统动员大会，强化落实目标任务，相继出台部门贯彻落实的文件，积极与有关部门协调，加快了配套制度建设。

加大对民办教育的扶持力度。对2008～2009学年度58所办学成效显著、办学条件好、办学水平上等级和年审考评为优秀的民办学校（幼儿园）进行表彰奖励，各项表彰奖励金额总计785万元。对全市民办高中学校招收的665名公费学位生，按每生每年1 500元的补助标准核拨经费给有关民办学校。举办首次昆明市民办学校面向全国教师招聘会，共有130多个学校参加，提供了近1 300个就业岗位。

实现公办、民办学校干部、教师交流。全市共选派118所公办学校的154名干部、教师到民办学校挂职锻炼和支教，选派70所民办学校的100名干部、教师到公办学校挂职锻炼和进修学习。

加大民办学校干部、教师培训力度。举办“昆明市2009年民办学校校园长培训班”和“昆明市2009年民办学校教学骨干培训班”，全市150多名民办中小学和幼儿园的校长和园长、100多位教学骨干参加了为期一周的集中培训。

加强管理，促进发展。以县（市）区为单位，全面开展全市2008～2009学年民办学校年度检审工作。2009年全市共有民办教育学校（园）858所，比2008年增加202所，其中：学前幼儿园666所，高中阶段教育学校54所，分别较2008年增加197所和16所。民办学前教育在园（班）人数达12.348万人，占全部学前教育在园（班）人数的81.79%；民办高中阶段学校在校生3.57万人，占全部高中阶段教育学生总数的20.21%。全市其他民办教育培训机构达375个，民办学校（园）有专任教师1.1万人，占全市专任教师的16%。

【大力发展职业教育】　出台了《昆明市职业教育“十一五”攻坚方案》，组织召开了全市职业教育攻坚工作会，对“十一五”加强和改进职业教育进行了动员和部署。出台《昆明市改进和完善中等职业教育用人机制的实施办法》后，进一步改进和完善了职业教育用人制度。

深入推进职教基地规划建设。按照市委、市政府《关于加快安宁市和嵩明县职教基地规划建设的计划》要求，组织召开了第二次指挥部会议，在总结2008年工作的基础上，市政府与安宁市、嵩明县政府签订了2009年度责任目标，扎实推进了职教基地规划建设工作。两个职教基地规划建设工作明显提速，安宁职教基地5所学校已开工建设；嵩明职教基地已有2所学校建成招生，在校学生达2万人，并有4所学校开工建设。

中等职业教育取得新成果。完成了年初确定的寻甸县、石林县、晋宁县职中等重点新建、改扩建项目；全面组织实施《攻坚方案》四大类重点项目，迅速扩大了全市中等职业教育资源总量。2009年昆明市中等职业教育招生首次突破3万人，达30 157人，全面超过普通高中招生数，普通职高在校生比例已达1∶0.98。省部级重点以上优质职业学校招生规模已达招生总数的55%。2009年全市职高应届毕业生推荐就业率达95%，参加职业资格考试获取证书的占80%。

大力实施“两后双百”工程。各县（市）区圆满完成2008年毕业、具有昆明本地户籍的70 126名初、高中生的数据统计工作，下达了2008～2009年度“两后双百”工程10 135人的培训和推荐就业工作计划。完成了全市74 901名具有本地户籍的2009年毕业的初、高中生的信息统计工作。统一印制“两后双百”培训券和生活补助券，对5 266名困难学员给予了“两后双百”工程培训期间生活补助，共计201.7万元。完成对2008年毕业的“两后”人员培训8 307人，其中推荐就业7 865人，429人选择自主择业或创业，推荐就业率达99.84%。2009～2010年“两后双百”工程4 851人的培训工作计划已下达各县（市）区教育局。

【优化办学条件】　向教育部、国家发改委上报了中西部农村初中改造工程项目，向省教育厅上报了校舍维修改造、校舍安全工程项目，2009年到位中央、省专项建设资金10 479.29万元。

全力推进农村中小学校标准化建设。2008年度标准化建设项目99所，工程竣工验收并投入使用97所，结构工程施工1所，基础工程施工1所。2009年度106所标准化建设项目全部开工建设。2010年100所标准化建设项目已全面完成前期工作。

加快中小学危房改造和校安工程。全市共排除进入GIS系统的中小学D级危房面积12.7万平方米，为年度任务的112.7%。按照国家和省的要求，全面完成全市中小学校舍排查鉴定工作，编制完成昆明市校园安全工程规划和年度计划，已开工校安工程重建项目246个，其中竣工51个，主体工程完工66个，在建129个，累计开工面积20.95万平方米，竣工面积6.3万平方米。

狠抓重点工程项目推进力度。昆八中整体搬迁北市区建设工程完工并实现招生，昆三中呈贡新校区即将建成，中华小学整体搬迁呈贡主体工程开工，师专附中建设项目进度明显加快，2010年实施的铁路机械学校、二职中专项目提前开工建设，昆三中教师配套住房工程完成市级征地报批手续，书香门第小区配套学校等一批配套学校及改扩建学校建成招生。

全面完成招商引资任务。先后组织4个代表团到广州、上海、杭州等地考察学习、招商引资，组织召开6次大型推荐会，邀请拜访200多家企业，直接洽谈项目100多家企业，编制5本项目册，推出70多个教育项目。完成引进省外实际到位资金5.63亿元人民币，完成比例为168.86%；完成实际利用外资到位资金244.24万美元，完成比例为187.88%。

【加强教师队伍建设】　继续完善和推进以公开选拔为主要形式的校长任用机制，实行校长任期目标责任制，及时充实调整直属学校（单位）领导班子，建立健全校长监督评价机制。健全完善后备干部培养选拔制度，为青年干部成长创造了条件、搭建了平台。举办了全市教育干部专题培训，500多人参加培训。组织了全市第十九期中学校长岗位培训，76名中学校长参训。共组织109名中小学校长、书记参加“教育部—中国移动中小学校长远程培训”，选派84名中小学校长分4批赴香港真道书院培训。

进一步提升教师队伍素质。实施“万名教师远程教育培训”工程，开展了昆明市远教资源应用能力竞赛。继续拓展12个“名师工作室”和5个“名校（园）长培养基地”建设，培养了教育、教学骨干255人。组织99名农村中小学校教师参加了云南省第二期农村中小学教学骨干培训。组织619名中小学教师和班主任参加了骨干教师和班主任培训。组织40名中小学教师参加了“2009年中西部地区中小学骨干教师培训”。免费培训了200名农村学校英语教师。组织3期美国环球志愿者英语教师培训，培训了教学一线英语专任教师170多人。

大力实施“特岗”教师计划和专业技术职称评定工作。2009年，昆明市共招聘国家和市级“特岗”教师735名，比计划增加435人。组织5批教师专业技术职务评定工作，共有2 938人申报，比上年增加755人，经评审、公示，认定2 741名教师晋升高一级职称，较2008年增加685人。

狠抓师德师风建设。以“三爱”、“三让”、“三全”教育为重点，以建设和谐校园为主要内容，组织参加第二十五届教师节国家、省、市级表彰活动，全市教育系统共有5人获国家级表彰，师大附中、五华区新萌学校荣获国家级先进集体称号；49人获省级表彰；300名优秀班主任、优秀教师和优秀教育工作者获市级表彰。

【提高教育教学质量】　按照“减负提质”工作要求，引导学校提高课程教学管理水平，完善教学常规管理机制，切实减轻中小学生过重的学业负担，保障青少年儿童快乐健康成长。

进一步加强学前教育。对18所优级幼儿园（含民办）进行了督导评估，完成了新建25所幼儿园的目标任务，完成创建（升等）省一级示范幼儿园4所。2009年全市共有各级各类幼儿园719所，在园在班适龄幼儿16.7万人，入园（班）率达85.9%，省一级示范幼儿园达75所。

启动了基本普及十三年教育工作。全市统筹规划，以县为主，分区域分阶段完成基本普及十三年教育。从2009年秋季学期开始，在全市主城区59所幼儿园和155所小学启动“普及普通话、计算机、英语”试点工作。

全面推进高中新课改。制定了《昆明市普通高中新课程改革课程实施方案（试行）》等系列文件，确保全市新课程改革工作顺利启动实施，组织3 053名高中教师参加普通高中课改实验远程培训。发挥教育科研的先导作用，做好课堂教学调研和指导工作，提早准备，筹建高中课改项目，建设了一批教育科研示范基地，促进了科研成果的转化和应用。

扩大普通高中办学总量和优质比重。2009年全市普高招生28 575人，净增3 686人，全市初中毕业生升学率达88.7%，比2008年上升3.14%；全市省一级高（完）中达到20所，全市优质普通高中学校招生18 717人，占全市普高招生人数的65.5%，比上年上升2.15%；全市高考上线率78.52%，比上年提高2.89个百分点，高考成绩600分以上人数占全省的36.6%，比上年提高10.1个百分点。

【实施素质教育】　以新中国成立60周年大庆为契机，结合“中小学民族精神宣传教育月”，在中小学生中广泛开展爱国主义、中华传统美德、革命传统、创新精神教育，把社会主义核心价值体系渗透到了中小学的思想政治理论课和思想品德课教学之中。全市共新增32所市级文明学校。认真开展“三生”教育，让广大学生认识生命、尊重生命、珍爱生命和发展生命，树立了正确的生命观、生存观、生活观。

关注学生体质健康。在科学分析昆明市学生体质健康状况的基础上，结合学校体育卫生工作的实际，出台了《昆明市学生体质健康促进办法》。开展21项次体育竞赛、“阳光体育与祖国同行”冬季长跑等活动，选拔优秀的体育尖子组队参加全国中学生运动会，组织开展了昆明市第二十届学生艺术节。认真贯彻、落实中央、省、市关于防控甲型 H1N1 流感工作的各项部署要求，成立防控领导小组，组建教育系统疫情应急处置队伍，有针对性地下发了系列文件，形成针对不同学校区别指导的一套科学的工作机制，建立了学校与家庭、教师与学生之间的防控紧密联系机制。

深入开展校园“四创两争”工作。制定下发了“四创两争”工作和《昆明市学校污水排放治理实施计划》系列文件，狠抓校园绿化工作，全市完小以上学校绿地率百分之百达标。落实学校各项安全和管理责任，建立健全应急管理和突发事件预警机制，坚决遏制重特大安全事故，打造了平安校园。认真开展禁毒、艾滋病宣传教育工作，安排专项经费，做到学校教师知识知晓率达100%。对直属学校（单位）无“三证”的临违建筑进行了全面的统计，并着手进行拆除，拆临拆违、建绿补绿工作有效开展。

语言文字工作取得新进展。创建了国家级示范校 2 所、省级示范校 5 所、市级示范校 21 所。按质按量完成 2009 年普通话水平测试工作任务，共测试 28 007人次，居全省之首。

【提高行政效能】 认真开展政府教育督导工作，依法履行政府职责，指导官渡区、西山区和宜良县三个县（区）的县级人民政府通过了省政府教育督导团的评估。

建立健全行政审批公开制度、督察通报制度以及各项管理制度，全面推进了阳光政府四项制度。实施政务公开，在市政府政务信息网、昆明教育信息港和办公场所公开了工作职能、办事指南、行政审批流程、联系电话和服务承诺。简政便民，按照“两集中、两到位”的要求，教育行政审批（管理服务）事项已经完全进入便民服务中心受理，将原来 3 项行政审批项目和 3 项非行政许可审批事项缩减为 2 项行政审批事项和 1 项管理服务事项，大幅度缩减了审批时限，缩短了办理流程，提高了办事效率。全年共组织重大决策听证 3 项、重要事项公示 19 项、重点工作通报 25 项，接听答复“96128”电话 690 个。

努力创建良好软环境。按照“三最”、“三严”的要求，切实加强软环境建设，细化工作职责，严格执行行政问责制，有效提高了人大、政协建议案和提案的办复率和办结率，2009 年已全部办完人大代表、政协委员提案、建议 95 件；办理市委、市政府领导批示件 193 件；市委目督办、市政府目督办交办的督办件 69 件；市信访局转办的电话办理单及群众来信处理单 92 件；办理“市长接待日”和市长热线受理件 109 件；办理市政府领导工作电话转办件 16 件；办理市纪委监察局交办件 7 件。开通 24 小时热线电话，设立局长信箱，坚持实行局长接待日制度，开展教育系统领导干部“大信访、大接访”和“金色热线”活动，切实做好了社会维稳工作。

严格教育收费管理。督促昆明市各级教育机构和各级各类学校严格执行教育收费公示制度，取消义务教育阶段学生学杂费和借读费，春秋两季对全市中小学幼儿园开展收费大检查，较好地解决了人民群众上学难、上学贵的实际问题。

加强对弱势群体的教育救助。对全市义务教育阶段的孤儿、烈士子女、残疾学生，对持《低保证》、《困难职工子女就学优惠证》的困难家庭子女，对因突发事件导致家庭贫困的学生，对在公办学校就读的贫困农民工子女实施了百分之百的资助。对高中阶段贫困学生实施了“一补两减免”政策，高中贫困学生生活补助由 400 元/年．生提高到 600 元/年．生；中等职业学校一、二年级学生继续享受每生1 500元/年国家助学金。对符合条件的高校贫困新生给予1 500 ~ 2 000元的一次性行装补助。

（马淑惠）

文　化

【公共文化服务】 加大公益性文化事业投入，切实保障广大人民群众基本文化权益。2009 年，认真落实“两馆一站一室”建设任务，全市共新建、改扩建 30 个乡镇文化站，420 个行政村（社区）文化活动室，建设 160 个“农家书屋”，为构建公共文化服务体系奠定良好基础。建成“文化信息共享工程市级支中心”并通过了检查验收。配合了云南省支中心申报昆明市 98 个乡镇基层站点建设的工作。组织举办“2009 年中国昆明国际文化旅游节广场民族歌舞展演狂欢活动”、“建国 60 周年系统活动”、“中央电视台‘激情广场’——爱国歌曲大家唱·云南昆明篇”、“昆明市首届读书月”、“三下乡”慰问演出等大家喜闻乐见、寓教于乐的群众文化活动2 000余场（次），进一步丰富了城乡居民的文化生活。大力推进农村电影放映“2131 工程”，加大监管力度，落实人员保障，切实让广大基层群众看上了电影。开展县以上图书馆、乡镇（街道）文化站评估工作，完成了 11 个符合评估定级条件的县级以上图书馆和 78 个乡镇（街道）文化站评估定级工作。编制了《昆明市“十二五”文化事业发展规则》和呈贡新区的呈贡新城音乐厅、昆明国际文化艺术交流中心、时尚娱乐中心、书城影城文化项目、新城新昆明文化中心、昆明民族民俗博物馆、昆明国际现代传媒中心、昆明市第二青少年宫、昆明中心（数字化）图书馆、昆明聂耳文艺活动中心等 10 个项目建议书。完成国家级、省级文化先进县的复查及申报工作，国家级文化先进县石林县、官渡区、安宁市，省级文化先进县五华区、嵩明县、宜良县顺利通过复评。在国家人力资源和社会保障部、文化部开展全国文化系统先进集体评选活动中，昆明市文化局被评为全国文化系统先进集体，盘龙区被评为全国文化系统先进单位。

【文化体制改革】 为加快演艺产业发展，打造演艺品牌，拓展演艺市场，提高影响力和竞争力，按照全面改、彻底改、改彻底的目标，遵循资产重组、资源融合、转企改制的原则，把昆明剧院有限责任公司、昆明市春城剧院有限公司、昆明市长春剧院有限公司、昆明市民族歌舞剧院（歌舞团）、昆明新潮娱乐厅的资产进行重组，组建昆明演艺（集团）有限公司，性质为国有文化企业，9 月 27 日昆明演艺集团正式挂牌成立。年底，昆明剧院、春城剧院、长春剧院已完成审计评估工作，报国资委备案；昆明市民族歌舞剧院、昆明新潮娱乐厅已完成审计评估工作。

公益文化事业单位改革启动。拟定了公益性文化事业单位改革方案，昆明市博物馆、昆明图书馆、昆明市文化馆、云南陆军讲武堂文物管理所、昆明市聂耳墓文物管理所和昆明市升庵祠文物管理所内部机制改革到位，方案已上报市委。公益性文化事业单位实行全员聘用制，单位领导采取公推公选、公推直选等办法产生，建立岗位管理制度、绩效工资制度，创新服务方式，拓宽服务领域，提高服务水平，建立健全公共文化服务公示制度和评价制度，坚持定点服务与流动服务相结合，推动服务向农村和社区延伸。

【文艺创作与交流】 坚持“二为”方向、“双百”方针和“三贴近”原则，始终把社会效益放在首位，努力实现经济效益与社会效益相统一。狠抓艺术精品剧目创编，创作了一系列具有较高艺术水准的文艺作品，启动了大型乐舞诗晚会《天梯云歌》创作。儿童艺术剧团创排了《到底谁有病》、《皇帝的新装》等小剧（节）目。歌舞团创排的《河灯祈福》获第七届中国舞蹈荷花奖“宏立城”杯民族民间舞十佳剧目。话剧小品剧本《作证》获第六届中国戏剧文学奖小型剧本二等奖。《法官—老倌》、《小康桥》、《穿错鞋》等11件作品在“中国戏剧奖——小戏小品奖”的演出中喜获佳绩。2009年，昆明市民族歌舞剧院共演出243场，其中歌舞团演出47场，儿童艺术剧团演出164场次，交响乐团演出32场，演出总收入达345.15万元，观众人次达100余万人，超额完成全年任务，取得了较好的社会效益和经济效益。

对外文化交流日趋活跃。组织实施昆明市——苏黎世市文化交流相关活动，圆满完成昆明市与苏黎世市之间互派艺术家交流活动，昆明市选派的艺术家于3～12月、苏黎世艺术家于1～8月分别在对方当地开展了文化艺术交流活动。歌舞团1月赴印度参加“西孟邦旅游食品节”的文化旅游宣传推介工作。同时，应中国驻印度大使馆的邀请，赴印度新德里参加春节期间的慰侨工作。1月赴新加坡参加第十六届“春城洋溢华夏情”文化艺术旅游展演出和在新加坡举行的“昆明招商引资宣传推介”活动。2月跟随国侨办赴欧洲进行“文化中国·四海同春”春节慰侨演出活动。在英国的曼彻斯特、爱丁堡、伦敦，德国柏林，法国巴黎，歌舞团的演员们用独具云南民族特色的歌舞为当地华人华侨送去了祖（籍）国人民的新春祝福，在欧洲三国五地的6场演出，场场轰动，所经之处都受到了当地华人华侨的热烈欢迎，独具“云南韵味”的民族歌舞更是让侨胞们享受了一场别具风情的文化餐。与法国驻成都总领馆合作举办了2009年昆明“中法文化交流之春”交响音乐会，受到法方的充分肯定和赞誉，法国驻成都总领馆戴小倩女士说，“这是我参加的中法文化交流之春最好的交响音乐会之一，非常圆满，非常成功”，并且期待下一次的合作。通过长期开展各类对外文化艺术交流活动，充分展示了昆明良好的城市形象与丰富多彩的文化魅力。

【文化遗产保护】 贯彻落实“保护为主、抢救第一、合理利用、加强管理”的文物工作方针，扎实做好文物保护各项基础工作。2009年，共完成石龙坝水电站、盘龙寺大雄宝殿、圆通寺接引殿、马家大院等20项各级文物保护单位的修缮工作。全力配合新昆明建设，组织开展了呈贡单敦遗址、环湖南路建设项目河泊所段、经济开发区大新册社区、昆明螺蛳湾国际商贸城公交场站和仓储一期工程、寻甸县仁德镇第四小学建设用地等13项地下文物考古勘探调查工作。做好第七批全国重点文物保护单位的申报工作，完成了对各县（市）区共21项文物保护单位申报材料的评审。狠抓文物安全工作，严防安全事故的发生，定期组织人员对文物保护单位进行消防安全检查，联合公安消防部门对全市的文物点和古建筑等开展消防安全大检查，切实杜绝了文物单位安全隐患。完成云南陆军讲武堂《百年军校将帅摇篮》主题展览布展工作，于10月27日免费对外开放；成功举办“云南陆军讲武堂百年庆典活动系列活动”，成立了“云南陆军讲武堂历史博物馆”。

认真开展昆明市第三次全国文物普查第二阶段工作，定期深入各县（市）区指导普查队开展工作，指导和解决了文物普查中遇到的各种技术问题，确保全市普查工作按时、按质、按量完成。在文物普查中，昆明市新发现不可移动文物99项，已公布为登记文物，并按《中华人民共和国文物保护法》的相关规定进行挂牌保护。2009年，全市文物普查到达率和覆盖率已基本达到100%，实现全市新发现不可移动文物总量达到2 000项的目标。

加快推进文物资源的开发与利用。创新思维模式，加强对现有博物馆的指导和管理，严格规范博物馆的申报、评审工作，多形式、多渠道推动博物馆业发展，制定下发《昆明市挂牌博物馆评审办法（试行）》，起草《昆明市博物馆奖励办法》，开展挂牌博物馆的培训与复查，促进了昆明市博物馆业健康有序发展。2009年，昆明市博物馆总量达100个，为建设博物馆之城奠定了良好基础。

广泛开展非物质文化遗产保护宣传工作，制定下发了《昆明市人民政府关于进一步加强非物质文化遗产保护的若干意见》，开展“文化遗产日”宣传活动，举办非物质文化遗产宣传展示活动、非物质文化遗产传承人补助发放及省级非物质文化遗产传承人高志勇的“木雕展示馆”挂牌仪式，组织昆明市非物质文化遗产传承人参加省“非遗中心”举办的全省非物质文化遗产展示和非物质文化遗产保护宣传活动。检查、指导基层建立“非遗资料库”，拟定《昆明市非物质文化遗产项目申报办法》，完成了昆明市第二批申报省级非物质文化遗产名录材料的整理和上报工作。2009年申报批准并公布省级非物质文化遗产项目7项、市级非物质文化遗产项目25项，上报国家级非物质文化遗产项目5项。编辑非物质文化遗产名录的工作正在进行。

【文化市场管理】 坚持“一手抓繁荣，一手抓管理”的方针，以繁荣为中心、发展为主题、秩序为保证，加强对文化市场投资的引导，强化对文化市场经营单位的服务，积极探索文化市场管理机制，提高了文化市场的管理工作水平。建设完成全市网络文化市场计算机监管平台，网络监管在线率达95%以上，安装进度和在线率居全省第一，有力地推动了昆明市文化市场管理科学化与规范化。坚持开展以歌舞厅、电子游戏室、网吧、影剧院等为重点的公众聚集场所消防安全专项整治行动，确保了文化娱乐场所安全。认真贯彻落实中央《关于进一步净化社会文化环境 促进未成年人健康成长的若干意见》精神，制定行动方案，分阶段，分步骤，突出重点，严管重罚，严格审批，严格市场准入，深入开展专项整治行动，对全市校园周边文化环境、网吧违法违规接纳未成年人以及非法盗版侵权出版物等进行集中整治，整治成果受到中央文明委、文化部暗访组的充分肯定。据统计，全年在文化市场专项整治中，全市共出动执法人员16 700人（次），车辆6 392台（次），检查文化娱乐场所和文化经营单位19 456家（次），责令停业整顿72家，取缔无证经营的网吧68家、歌舞厅4家、电子游戏室8家，罚款48.15万元。在“扫黄打非”工作中，以取缔黑窝点、整治印刷复制业、查堵源头等为突破口，集中开展出版物市场整治行动，全年共检查出版物经营门店3万余家（次），检查印刷复制企业483家，收缴各类非法出版物46.4万册（片、盒），集中销毁各类非法出版物61万余册（片、盒），取缔黑窝点10个，取缔游商（地摊）、无证门店972家（个）；刑事处罚15家，行政处罚103家，抓获嫌疑人6人。

（陆 涛）

文学艺术界联合会

【首届县（市）区文联工作会】 11月25～27日，在安宁市温泉召开"首届县（市）区文联工作会"，县（市）区文联领导和13个协会主席60人参加会议。会议认真落实学习实践科学发展观的有关精神，传达学习党的十七届四中全会精神，认真总结县（市）区文联的工作经验，对县（市）区文联工作提出具体要求，各县（市）区文联交流了工作经验，推进了"文化昆明"建设。

【举办首届中国·昆明模特大赛】 5月20日至8月16日，市文联成功举办中国·昆明首届模特大赛，1 525位选手参加比赛。这次大赛是昆明地区首次规模最大，范围最广的模特赛事，本着"国际化、民族化、时尚化"的前提，挖掘一批综合素质好，能力卓越的新星模特人才。比赛决出平面模特冠军王锐、亚军吕凌松、季军付娟；T台模特冠军马笑影、亚军王何慧宁、季军李星雨；单项奖4位；优秀奖34位，组委会为获奖选手颁发了证书和奖金。通过大赛，突显了美是崇高、美是时尚、美是健康、美是未来的理念，发现、挖掘、培养、宣传和推出一批德才兼备、美丽健康、仪态优雅、魅力非凡的各民族优秀模特，为他们跨出省域、走出国门、面向世界搭建了坚实的平台。

【新农村少儿舞蹈暨第三届新创少儿舞蹈比赛】 7月22～28日，为纪念中华人民共和国建国60周年，庆祝六·一国际儿童节，由市文联、市关工委、团市委主办，昆明舞蹈家协会、昆明市青少年活动中心承办的昆明市"新农村少儿舞蹈暨第三届新创少儿舞蹈比赛"，经过初赛、复赛的紧张角逐，于7月30日进行决赛和颁奖典礼。来自全市各小学、幼儿园、青少年活动中心（少年宫）、各舞蹈培训学校（中心）以及14个县（市）区的1万多少年儿童参加了比赛。34家单位的58个节目、1 116名少年儿童参加了决赛，决出8个金奖、16个银奖、24个铜奖和10个优秀奖，85位教师获优秀指导老师奖。23家单位获本届比赛组织奖。涌现了《小白船》、《小月亮》、《舞花龙》、《剪出我们的爱》等一批优秀少儿舞蹈节目。"新农村少儿舞蹈暨第三届新创少儿舞蹈比赛"的优秀节目《彝山童趣》赴北京参加展演。

【"赤焰之南"原创歌曲比赛】 9月，由昆明市文学艺术界联合会主办，昆明音乐家协会、流行音乐分会承办，昆明牧音客文化传播有限公司、昆明阳光琴行协办的"赤焰之南"原创歌曲比赛开始。希望以比赛作为开端，将昆明流行音乐原创歌曲比赛作为一项长期性、经常性的工作抓好，积极发挥原创流行歌曲与市场的相互作用，繁荣昆明市文化市场。有24支乐队参加，从编配、歌词、表现、演唱、演奏、台风及现场观众反应等方面进行严格评审，共有12支乐队入围。这12支乐队还先后到各大高校、酒吧、周边县区等进行巡演，分期到指定电台做专访。

【民间工艺品展览活动】 2009年10月15日，由昆明市文联和盘龙区政府主办，市民协、盘龙区委宣传部、合虚文化传播公司承办的"庆祝建国六十周年昆明市工艺美术精品展"在国贸中心二号展厅隆重开幕。为借助社会力量办活动，借用更大平台宣传文联的方针，经多方洽谈协商，促使本次展览在"2009年昆明国际民族民间工艺品暨旅游文化商品博览会"上举行，面向更广阔的省内外空间，收到良好效果和巨大的社会反响。展览期间还分别举办了"面塑创作培训班"、"刺绣创作培训班"、"草编菱角培训班"等培训。形成'协会+公司+艺人+创作'"的运作模式，携众人之力完成类似《时代的脚步》《步步高》等主题鲜明，气势宏大的艺术巨作。

【理论研究活动】 开办"昆明市文联文艺论坛"。第一讲邀请全国著名画家胡晓刚作"当代艺术的社会倾向与云南当代艺术现状"分析讲座；第二讲邀请中央电视台音乐编辑室主任方兵作"从院墙文化山川文化看民族文化的发展"。论坛立足本土，研究云南、昆明当代文艺的发展问题，促进了本土文化与外来文化的交流、交融。

4月23～24日举行当代文艺论坛暨青年文学笔会，笔会云集了昆明地区的50余位初露头角的、年轻的，有潜质的文学作者和网络作家，由云南省的实力作家于坚，张庆国和雷平阳作论坛讲座。

【文艺创作】 2009年内出版的文艺作品有：青年作家汤萍的魔界系列丛书《魔书重现》《神奇的护身符》《黑魔芋》《永生之水》等一套4本书由"作家出版社"出版发行。"滇池文艺丛书"一套8本由云南人民出版社出版发行。"昆明少儿文艺精品丛书"（《诗联评注选》《小说童话选》《诗歌散文选》《歌曲精品选》）一套4本，由云南民族出版社出版发行。《滇池》杂志编辑出版12期并举办了2009年度《滇池》文学奖颁奖典礼暨《滇池》创刊30周年纪念活动。

完成二部重点文艺精品的创作出版发行工作：昆明作家协会会员项兆斌作家创作的《罪圈》，由云南人民出版社

市文联挂钩扶贫东川区因民镇爱心捐赠仪式 （市文联 供稿）

出版，首发10 000册；昆明文学院院长、中国作家协会一级作家存文学创作的《碧落雪山》，由北京十月文艺出版社出版，首发15 000册。

利用报纸杂志，重点宣传推介汤萍、存文学、张庆国、雷平阳、项兆斌5位作家。利用《滇池》杂志平台培养、推出王棵、徒举袖衣、陈鹏等30名文学新人，

【文化交流】 2009年3月16日，江苏省南通市文联及各协会、各县区文联赴昆明采风团一行，与昆明市文联作家艺术家进行交流座谈并互赠各自编辑出版的丛书及刊物。

4月10～17日，分两批组织昆明市文联39位文艺工作者赴临沧市文联学习考察。对勐库、双江、沧源佤族文化、崖画、佤族原始村落等进行学习考察，形成考察报告两篇。

为加强昆明市文联与兄弟城市文联的交流与合作，学习发达城市文联系统在文艺改革创新方面的先进经验，市文联于10月11日和10月28日分两批赴沿海地区的大连、青岛、济南、厦门、广州等城市进行为期24天的参观、考察、学习、交流。

【昆明籍在外文学艺术界人士普查】 根据市委对昆明籍在外的文学艺术界人士进行一次普查的要求，市文联7月17日至8月29日启动普查工作，重点普查有影响、有造诣、对昆明有贡献的文艺家，普查文学、舞蹈、音乐、美术等方面的老中青艺术人才，第一批普查35位，为打造"文化昆明"做出新的更大的贡献。

【昆明评论家协会成立】 成立了"昆明评论家协会"，抓好文艺评论和理论研究工作，发挥全国及省市评论家资源优势，宣传、推介昆明的文学艺术家，为提升昆明的文艺评论和理论研究水平作贡献。

中国·昆明首届模特大赛决赛暨颁奖晚会 （市文联 供稿）

【扶贫工作】 针对文联挂钩帮带扶贫的东川区因民镇桃树坪村和槽子街村的情况，结合文联自身实际，文联党组成立扶贫工作领导小组，深入实际，调查研究，有针对性地为扶贫点筹集了电视卫星接收系统1套、高音喇叭2套、电教投影仪2套、各种书籍6 000余册。

在学习实践科学发展观活动中，4月28、29日市文联党组书记蔡杰带领全体党员到因民镇开展"重走长征路、重温入党誓词"及"五个一"主题实践活动，进行一次以"落实科学发展观，关注新农村建设"为主题的党员组织生活会，在职的14名党员参加活动，慰问东川区困难党员，帮贫解困。文联机关在职党员捐助1 330元"特殊党费"，帮扶一户困难党员；筹集1.5万元资金，资助东川区因民镇一批15名贫困家庭学生完成学业；向东川区因民镇捐赠8 000余册图书资料，把好事办实，把实事办好。主动与市水利局协调专项资金，解决因民镇桃树坪村人畜饮水管道工程建设资金困难的问题。

【市文联2009年出版及获奖文艺作品】

获全国奖

序号	作品名称	作　者	奖　项	备　注
1	《铁匠》	雷平阳	全国微型小说优秀作品奖"蒲松龄文学奖"	《小说选刊》
2	《兄弟》（话剧小品）	刘　敏	第六届中国戏剧文学奖三等奖	
3	《穿错鞋》	徐丽华、周文琳、赵　瑜、黄　波等	中国戏剧第三届小戏小品大赛观众最喜爱剧目	西部十二省综评
4	《睡美人》	段爱松	全国散文大奖金爵奖	中国散文学会
5	《捷径》	李国庆	"中国作家"创作年会一等奖	《中国作家》杂志
6	《幽碧湖之恋》	徐福松	新视野杯三等奖	中国散文学会
7	《审村长》	付莲英	中国戏剧文学二等奖	
8	《作证》	罗新元	中国戏剧文学二等奖	
9	《走过咖啡屋的女人》	杨丽明	中国戏剧文学二等奖	
10	《南瓜当铺》	汤　琼	2009冰心儿童文学新作奖佳作奖	
11	《第七夜》	余　雷	2009年冰心儿童文学奖新作奖	
12	童诗《小天使的幻想》	汤　萍	《儿童文学》2008十大魅力诗人	

获全省奖：

序号	作品名称	作　者	奖　项	备　注
1	《我的云南血统》	雷平阳	云南省文化精品工程奖	云南日报社设奖
2	《云南黄昏和秩序》	雷平阳	西部散文奖	
3	《安魂曲》	雷平阳	云南日报社文学奖	
4	《我们的太阳》	存文学	云南省政府精品工程入围奖	
5	《魔界系列》	汤　萍	第五届“云南文化精品工程”入选作品	
6	《小天使的幻想》	汤　萍	2008 年度“云南文艺基金鼓励奖”	

市级及其他：

序号	作品名称	作　者	奖　项	备　注
1	《这幅长卷用什么名字也》	李霁宇	改革开放三十年征文奖	昆明日报社设奖
2	《看电视的故事》	阿　芒	改革开放三十年征文奖	昆明日报社设奖
3	《美丽的沙朗坝子》	阿　芒	国庆六十周年征文奖	五华区委、区政府
4	《国庆花》	李国庆	祖国好征文奖一等奖	北京市写作协会
5	《登攀不坠凌云志》	李国庆	人民政协报征文奖	《人民政协》报设奖
6	《生态·文化·海口林场的珍贵品牌》	马　嘉	国家林业局征文二等奖	

2009 年出版作品：

序号	作品名称	作者名	发表时间	体　裁	杂志/报刊名	出版社	发行量
1	《云上歌》	张庆国	2009. 6	散文		云南民族出版社	
2	《石域情迷记》	雷平阳	2009. 5	小说集		云南人民出版社	
3	《里六指春秋》	阿　芒	2009. 5	小说集		云南人民出版社	
4	《毛诗奇诗选》	毛诗奇	2009. 8	诗集		云南人民出版社	
5	《新融大地》	杭建荣	2009. 3	散文集		云南美术出版社	
6	《抚摸历史的遗温》	杭建荣	2009. 4	散文集		云南人民出版社	
7	《山镇在梦中》	杨　舫	2009. 1	散文集		中国文联出版社	
8	《我山我水》	李霁宇	2009. 6	散文集		云南民族出版社	
9	《云南记》	雷平阳	2009. 12	诗集		长江文艺出版社	5 000 本
10	《怒江记》	雷平阳	2009. 4	组诗	《诗刊》		
11	《云南记》	雷平阳	2009. 11	组诗	《诗刊》		
12	《祭父贴》	雷平阳	2009. 5	长诗	《人民文学》		
13	《“花灯泰斗”袁留安》	秦桂珍	2009. 10		《中国戏剧》		
14	《团结、奋进、开拓——昆明市改革开放 30 年文化艺术工作回顾》	秦桂珍	2009. 2	论文	《社会主义论坛》		

续 表

序号	作品名称	作者名	发表时间	体　裁	杂志/报刊名	出版社	发行量
15	《团结〈童谣—我们的 1949〉》	罗新元	2009. 4	剧本	《春城文化》		
16	《一部具有昆明特色的儿童剧〈童谣——我们的 1949〉》	刁成志	2009. 5	评论	《春城文化》		
17	《诗墨飞歌》	刘保进	2009. 5			云南人民出版社	
18	《边境》	存文学	2009. 4	中篇小说	《十月》		10 万
19	《燃烧的橡树》	存文学	2009. 5	中篇小说	《钟山》		8 万
20	《兽灵》	存文学	2009. 3	长篇小说		云南人民出版社	6 000
21	《碧落雪山》	存文学	2009. 10	长篇小说		北京十月文艺	1. 5 万
22	《大旅行家徐霞客》	吴　然	2009. 9	传记		吉林文史出版社	
23	主编《大青树》丛书（5 本）	吴　然	2009. 10			云南教育出版社	
24	《踩新路》	吴　然	2009. 10	散文集		云南教育出版社	
25	《苍山小记》	吴　然	2009. 1	散文	《少年文艺》（江苏）		
26	《我和冰心的缘分》	吴　然	2009. 1	散文	《云南日报》		
27	《高黎贡山的声音》	吴　然	2009. 4	散文	《中国儿童文学》		
28	《童心与爱的歌唱》	吴　然	2009. 4	散文	《文艺报》		
29	《和少年朋友谈聂耳》	吴　然	2009. 4	散文	《学生新报》		
30	《聂耳的音乐感召着我们》	吴　然	2009. 6		《云南日报》		
31	《多依河》	吴　然	2009	散文	《椰城》		
32	《祖国让我美梦成真》	吴　然	2009. 9	散文	《云南日报》		
33	《让孩子用心灵去感受》	吴　然	2009	散文	《中国校园文学》		
34	《在挑战与机遇中绽放》	吴　然	2009	评论	《边疆文学·云南文艺评论》		
35	《走月亮》	吴　然	2009	散文	《新语文学习》		
36	《“耳朵先生”到了上海》	吴　然	2009	散文	《少年文艺》		
37	《夜宿洗象池》	吴　然	2009	散文	《椰城》		
38	《那只红嘴鸥》	吴　然	2009	散文	《少年文艺》（江苏）		
39	《记录独龙族的昨天与今天》	吴　然	2009. 11. 21		《文艺报》		
40	《弯弯山》	陈约红	2009、6	长篇小说		云南民族出版社	
41	《挂风玲的出租车》	陈约红	2009	短篇小说	《儿童文学》1 期		
42	《拇指阅读》	陈约红	2009		《儿童文学》3 期		
43	《鲜花·微笑·大王宫》	陈约红	2009	散文	《儿童文学》5 期		
44	《燕子洞》	陈约红	2009	短篇小说	《中国校园文学》6 期		

续 表

序号	作品名称	作者名	发表时间	体　裁	杂志/报刊名	出版社	发行量
45	《夏日的畅想》	陈约红	2009	散文	《中国校园》6 期		
46	《鹤影》	陈约红	2009	散文	《读友·少年文学》5 期		
47	《幻谷》	陈约红	2009	散文	《读友·少年文学》7 期		
48	《熊庆来》	陈约红	拍摄中	四集电视传记片		云南电视艺术中心	
49	《小小赶马人》	余　雷	2009	小说		明天出版社	2.5 万
50	《鲁班》	余　雷	2009.10	人物传记		吉林文史出版社	1 万
51	《招财进宝》	余　雷	2009	小说	《儿童文学》6 期		100 万
52	《老师是个笨精灵》	余　雷	2009	小说	《少年月刊》		15 万
53	《眨眼密码》	余　雷	2009	小说	《中外童话故事》		15 万
54	《过十二栏杆》	余　雷	2009		《东方少年》		5 万
55	《第七夜》《2009 年冰心儿童文学新作奖获奖作品集》	余　雷	2009、9	小说		浙江少儿出版社	3 万
56	《跳蚤鱼的鞋》《21 世纪中国大系 2008 年儿童文学》	余　雷	2009、1	童话		春风文艺出版社	3 万
57	《跳蚤鱼的鞋》《中国儿童文学 60 年典藏》	余　雷	2009、7	童话		外研社	1 万
58	《跳蚤鱼的鞋》《世界华文优秀儿童文学精选》	余　雷	2009、7	童话		同心出版社	1 万
59	《卖房记》	余　雷	2009	散文	《福建文学》2 期		
60	《学工的日子》	余　雷	2009	散文	《小学生作文选刊》5 期		5 万
61	《冬天给大家洗个澡》	余　雷	2009	散文	《幼儿画报》11 期		100 万
62	《洗书》	余　雷	2009.10.30	散文	《小学生拼音报》		5 万
63	《不敢亲近的亲亲鱼》	余　雷	2009.10.13	散文	《中国文化报》		
64	《耳朵的尖叫》《新经典文学读本〈柳树下的梦〉》	余　雷	2009.8	小说		化学工业出版社	1 万
65	《别想开除我》	刘珈辰	2009.9	小说		万卷出版公司	8 000
66	《血蚕·三千年的复仇》	刘珈辰	2009.2	小说		晨光出版社	7 000
67	《地底惊魂》	刘珈辰	2009.2	小说		晨光出版社	7 000
68	《人魔制造站》	刘珈辰	2009.2	小说		晨光出版社	7 000
69	《恐龙人》	刘珈辰	2009.2	小说		晨光出版社	7 000
70	《得罪雷神的人》	刘珈辰	2009.2	小说		晨光出版社	7 000

续 表

序号	作品名称	作者名	发表时间	体　　裁	杂志/报刊名	出版社	发行量
71	《两栖吟草》	聂　索	2009. 2	诗歌集		大众文艺出版社	
72	《诗联评注选》	徐　萍	2009. 7	少儿文艺、文学评论		云南民族出版社	1 000
73	《儿童文学初探》	王昆建	2009. 5	儿童文学评论		云南人民出版社	
74	《南瓜当铺》	汤　琼	2009. 9	儿童文学童话		浙江少年儿童出版社	
75	《海底蒲公英》	汤　琼	2009. 10	儿童文学小说		《儿童文学》下 30 期	100 万
76	《蛐蛐蚂蚁山喜鹊》	马	2009. 3			作家出版社	
77	《诗联评注选》	徐　萍	2009. 7	诗联		云南民族出版社	“昆明少儿文艺精品丛书”
78	《小说童话选》	昆明市文联	2009. 7	小说、童话		云南民族出版社	
79	《诗歌散文选》	昆明市文联	2009. 7	诗歌、散文		云南民族出版社	4 000 册
80	《歌曲精品选》	昆明市文联	2009. 7	歌曲		云南民族出版社	
81	《诗墨飞歌》	刘保进	2009. 5	诗集		云南人民出版社	
82	《花事》	罗　汉	2009. 5	小说		同上	
83	《池畔草》	王公浦	2009. 5			云南人民出版社	
84	《石城猜谜记》	雷平阳	2009. 5			云南人民出版社	
85	《李六指春秋》	阿　芒	2009. 5			云南人民出版社	
86	《林中夕照》	尹相如	2009. 5			云南人民出版社	
87	《今夜无眠》	马成云	209. 5			云南人民出版社	
88	《儿童文学初探》	王昆建	2009. 5			云南人民出版社	

（市文联）

档　　案

【全市档案工作会议】　2009 年 1 月 21 日，昆明市档案工作会议在昆明召开。云南省档案局（馆）长黄凤平、昆明市政府秘书长赵学峰及相关领导出席会议。14 个县（市）区档案局（馆）长、市城建档案馆领导和市属各部、委、办、局、直属公司、三个开发（度假）区等单位的档案工作者 200 余人参加了会议。会议由市政府办公厅厅务委员汪云兰主持。市档案馆副馆长李蜀昆传达 2009 年全国、全省档案工作会议精神。市档案局（馆）长李蔚作题为“以科学发展观为指导，开创档案工作新局面，为现代新昆明建设跨越式发展服务”的工作报告。报告总结了 2008 年全市档案工作，布置了 2009 年昆明市档案工作计划。市政府秘书长赵学锋和省档案局（馆）长黄凤平作了重要讲话，他们对 2008 年昆明市档案工作取得的成绩给予充分肯定，并提出新一年档案工作的具体要求。

【获“国家一级档案馆”殊荣】　6 月 3 日，由国家档案局组织的专家组对昆明市档案馆申报国家级标准化档案馆进行测评，从基础业务建设、信息化建设、开发利用、条件保障等方面进行考核打分。昆明市档案馆以 95. 05 分的成绩荣获“国家一级档案馆”殊荣，实现了全国西部省会城市第一批、全省州（市）第一家获得“国家一级档案馆”的荣誉称号，提前完成了创建《全国文明城市测评体系》分解目标的任务。

盘龙区档案馆、官渡区档案馆也分别荣获“国家一级档案馆”及“国家二级档案馆”称号。

【档案法制建设】　加快档案法制化进程，努力做到依法行政和依法治档，用法律规范全市档案事业科学发展。依法对全市档案工作进行监督、检查、指导；新制定的《昆明市档案条例》经各项立法程序后上报省人大审议、政协协商和重大决策听证等，通过市人大二审，上报省人大审批；拟写市档案局贯彻落实《全面推进依法行政实施纲要》情况报告；制定了市档案局2009年法制宣传教育与依法治理工作计划；完成了市档案局贯彻落实昆明市2009年度推行阳光政务、推进依法行政工作的情况报告；拟写了市档案局实施“阳光政府”四项制度工作情况报告；制定了市档案局重大决策听证、重要事项公示、重点工作通报、政务信息查询四项制度实施方案和细则；完成了规范性文件清理工作，制定了昆明市档案局规范文件目录管理制度。昆明市档案局制定的《昆明市实物档案管理办法》获云南省档案科技创新二等奖。

【档案业务指导】 加强宏观管理，认真履行职能，深入到机关、企事业单位进行各类档案的业务指导工作。进一步加大对农业农村、林权改革、社会保障、劳动就业、社区等部门档案工作的业务指导和督促检查力度，对全市3个县、9个乡镇、27个村委会、81个村民小组的集体林权制度改革工作和档案进行验收；加强对非公有制档案管理现状的调研和督促指导，与新知图书城、云南德帮行有限责任公司签订档案工作管理服务协议；对机构改革、乡镇撤并、重点工程项目、国有破产企业、改制企业的档案管理工作进行业务指务；督促各立档单位做好各类文件材料的年度立卷归档工作，确保档案的齐全完整。

【档案工作“评先”及目标管理“星级”评定】 2009年共推荐评选出全市档案系统先进集体45个、先进工作者126人（其中档案工作者97人，分管领导29人）。据统计，2004～2009年，全市共有1 008家单位的档案工作实现了“星级”管理，其中包括非公经济档案工作实现的档案目标“星级”管理。全市家庭建档已达34 025户。

【档案基础业务建设】 加强档案馆基础业务建设，推进档案管理规范化。不断优化馆藏结构，加大接收征集力度；做好机构改革单位档案、到期进馆档案及昆明市行政中心动迁单位档案接收工作，2009年昆明市档案馆共接收市科技局、市政公用局、市人事局等7个单位的文书档案1 560卷、69 731件，照片档案15卷，科技档案2 136卷，印章档案14枚，电子档案3卷；接收现行公开文件390份；向社会民间征集到清代中后期、民国时期及建国以来的碑文册、纪念册、生平传略、族谱、科举乡试试卷、账册、书信、课粮执照、云南督军署规章制度汇编、昆明保卫战有功奖状等档案史料，征购书刊资料566本；开展档案的一系列整理编目工作；做好重点档案抢救与保护工作；填报国家重点档案抢救与保护基本情况调查表，完成了重点档案抢救保护的申报，抢救重点档案400卷；完成了昆明市县级综合档案馆建设规划草案的编制和申报工作。

市、县（市）区综合档案馆共接收不同门类档案15 760件、24 536卷；重点档案抢救工作按计划开展。

昆明市档案馆、盘龙区档案馆晋升国家一级馆授牌仪式 （市档案馆 供稿）

【档案信息化建设】 按照《昆明市档案事业发展“十一五”规划》目标任务，加快档案信息化建设步伐。完成市档案馆政务信息公开查阅场所建设；进一步完善档案管理数据库及市档案局馆英特网站和政务网站的更新工作；建立局域网综合信息管理平台及昆明市政府部门公开信息目录查询；加快对馆藏档案数字化转换工作，2009年共完成机读目录数据转换50万条，全文扫描档案80万页；对新接收的现行公开文件及时进行著录和扫描；接收市级机关2009年度归档电子公文条目数据222 563条，原文数据325 803页。拟定《建立昆明市档案管理利用信息化平台实施方案》、《昆明市档案局2009至2010年档案信息化建设方案》，已经专家组论证，分管领导审批同意施行。

截止12月底，市、县（市）区档案馆共完成机读目录数据转换6 323万余条，全文扫描368万余项。14县（市）区完成档案信息网站的建设。

【档案信息开发利用】 全市档案系统全面开展提高档案“服务质量”活动，做好档案查阅利用服务及现行公开文件查阅中心工作。2009年昆明市档案馆全年共接待到馆查阅利用者1 885人，调阅档案资料4 026卷，复印档案资料7 314页，拍照667张，回复电话查询157人，网上查询27人，为领导决策、经济发展、社会民生、新农村建设、编史修志等各项工作提供大量档案信息资源，取得良好的社会效益。为广泛宣传档案工作，提高社会档案意识，昆明市档案局馆领导走进昆明人民广播电台“春城热线”和“昆明信息港”春城会客厅参与“效能提升、作风改进”在线访谈节目，解答广大听众、网友提出的有关档案方面的问题，进一步提升了档案局馆的知名度。充分发挥档案馆“爱国主义教育基地”的作用，全年共接待省内外考察团14批、500余人次。

挖掘馆藏史料，进行档案深层次的研究开发利用。加强档案编研工作，制作宣传片，举办各种形式的展览，编辑出版各种专题研究成果。完成撰写2009年版《昆明年鉴》档案部分文稿计5 000字；完成2008年市社科规划课题《民国时期商标法规与昆明市档案馆馆藏老商标研究》，计4万余字，经专家评审通过；公开出版发行《昆明商会的沿革与近代商业的发展》（计6万字）及《老商标——昆明市档案馆馆藏老商标精选》两书；完成2009年市科规划课题《有关昆明保卫战的档案馆藏资料的整理与综述》的申报，已被立项；续修《昆明市档案馆指南》；完成续编《云南省档案志》昆明市档案部分的撰写和报送；为纪念建国60周年，与市社科联合作主办以“回眸昆明起义聚焦昆明解放”为主题的专题展，选用图片200余幅，制作展板35块，参加在东风广场举行的“昆明市暨盘龙区2009年科技活动周”，向社会各界进行展示，吸引了众多的观众；年内分别与昆明市党史研究室、中央电视台科技频道、云南高原影视文化传媒、云南电视台六频道、昆明日报、都市时报、云南陆军讲武堂文管所合作，提供大量珍贵史料及照片，完成“大跃进”运动（昆明卷）一书的编辑出版；拍摄“百年讲武”5集专题片；摄制“云南民国时期十大奇案”；开辟“云南档案揭秘”之“红色昆明”栏目，定期刊载史料研究文章，完成“昆明之最”专题报道及“百年军校将帅摇篮”专题展；编纂的《昆明市档案馆馆藏名人手迹选编》获云南省档案编研成果三等奖。

各县（市）、区档案馆全年共接待查档利用者55 197人次，调阅档案62 677卷，复印档案资料6 410页，接听预约查询电话和办理网上查询272人次。“爱国主义教育基地”共接待参观者1 000余人次。

【档案干部队伍建设】 采取以岗位培训和继续教育为基础，以新知识、新技能的培训为重点，以学历教育为补充等多种形式，改善档案队伍的知识结构。积极组织开展“三普”教育和公务员、专业技术人员继续教育学习和测试；10月22～23日，举办“档案基础理论知识培训班”，培训专兼职档案人员180余人；对司法局等7个单位进行档案业务培训，培训人员200余人；完成昆明市档案专业技术任职资格中、初级评审委员会的换届工作，并于9月23日召开了中、初级评审委员会，全市共有5人被审核推荐到省档案局高评委参评，15人被评定为馆员、16人被评定为助理馆员。

市、县两级档案部门结合业务工作，共举办培训班9期，培训专兼职档案人员800余人。

【档案学会工作】 6月29日昆明市档案学会年会召开。市档案学会理事长李蔚对2008年昆明市档案学会的工作进行总结，布置2009年市档案学会的主要任务。学会创办的《昆明档案》季刊，登载市级领导关于档案工作讲话及省内外学者研究论文240余篇，计25万余字。全年出刊4期，刊印3 200册，并与北京、上海、天津、南京等20余家档案期刊进行交流。开展理论研讨，组织20余篇论文参加在怒江州召开的2009年云南省档案学术研讨会；组织举办“昆明市第八届档案学科优秀论文评奖活动”，有40余篇论文参评，共评出二等奖3名、三等奖4名，鼓励奖7名，组织奖4名；于2009年9月17～29日组织13名学会会员赴西藏档案馆考察学习。市档案学会获得“昆明市2007至2008年度哲学社会科学先进集体”称号。

各县（市）区档案学会积极开展学会工作，发挥学会的参谋助手和桥梁纽带作用，为提高会员素质、凝聚全员力量搭建起学习、交流的平台。

【专业技术人员纳入参公管理】 昆明市档案局馆实行局馆合一体制，为主管全市档案工作的市政府直属单位。2009年市档案馆在职在编18名专业技术人员纳入参公管理，理顺了昆明市档案局馆人事管理制度，保持了与全国、全省档案部门体制的一致性。

（俞菊美）

2009年全市档案工作会议　（市档案馆　供稿）

文物及博物馆

【云南陆军讲武堂百年庆典】 2009年，是云南陆军讲武堂建校百年华诞。成立于1909年的云南陆军讲武堂在中国近代史上具有独特的历史地位和深远的历史影响，在中华民族伟大复兴的历史进程中有着特殊的贡献。为弘扬民族精神，展示昆明历史文化名城魅力，昆明市于10月26～27日举办云南陆军讲武堂建校百年系列庆典活动。庆典活动由云南陆军讲武堂专题学术研讨会、成立“昆明市云南陆军讲武堂研究会”、《百年军校将帅摇篮》主题展览开展仪式及讲武堂“建校百年书画展”4个部分组成。出席本次庆典活动的有朱德、叶剑英、李烈钧、卢汉、蔡锷、朱家璧等云南陆军讲武堂师生的后代，全国政协、民革中央、中央文献研究室有关人员，海外黄埔同学会的会员，还有关心云南陆军讲武堂保护与研究的韩国专家学者，以及东南亚6国驻昆明领事馆的宾客及省内外的专家学者。

【“百年军校将帅摇篮”主题展览揭幕】 作为云南陆军讲武堂百年庆典的重要内容，历时3年、投资600万元打造而成的《百年军校将帅摇篮》主题展览于10月27日上午在讲武堂举行隆重的开展仪式。中央、省、市有关领导，东南亚6国驻昆明领事馆的宾客，云南陆军讲武堂师生后人代表及军人、学生、社会各界人士2 000余人参加开展仪式。开展仪式由昆明市政协主席田云翔主持，昆明市市长张祖林致辞，全国

“百年军校·将帅摇篮”主题展览揭幕仪式　（市博物馆　供稿）

政协港澳台侨委员会副主任、原中国侨联主席林兆枢与昆明市委书记仇和为展览开展揭牌；民革中央原副主席李赣骝和云南省军区副政委李炳军少将为“云南陆军讲武堂历史博物馆”揭牌。开展仪式上，讲武堂曾任校长赵又新的孙女赵殊向讲武堂文管所所长徐承谦捐赠其祖父当年用过的金怀表。《百年军校将帅摇篮》主题展分为“讲武堂的创办”、“辉煌业绩”和“将帅录”3部分，展出面积2 600多平方米，展品近2 000件（套），有一半以上属首次展出，其中叶剑英元帅的讲武堂毕业证书、朱德、叶剑英两位元帅的元帅服、《步科笔记》（教材）、光绪铁炮等都属非常珍贵的文物。展览较大范围采用声、光、电、多媒体的高科技展示手段，其中一些技术刚刚在国内使用。同时增设音像室、多功能厅、观众休闲场所，集参与、互动和体验性为一体，极具观赏性和互动性，成为云南省至今展陈水平最高的一个主题展览。

【“博物馆之城”建设】　继2008年启动“博物馆之城”建设以来，2009年，昆明市文物部门广泛开展可利用建设为博物馆的文物资源的调查，对已建成的、具备对公众开放条件的博物馆实行统一挂牌，纳入全市博物馆业的管理体系。同时，通过宣传引导和项目推介，鼓励企业、团体和个人利用各类文物资源兴建各类挂牌博物馆，截至12月，昆明市博物馆总量已达到100个。其中，国有博物馆39个、非国有博物馆61个，非国有博物馆的比率达到61%。类型包括各类纪念馆、博物馆、陈列馆（室）、科普馆（园）、美术馆等，基本涵盖博物馆序列的各个类型。为确保博物馆的健康、可持续发展，市级文物部门适时开展对新挂牌博物馆的复查工作，巩固“博物馆之城”的建设成果；举办“2009年昆明市博物馆业培训班”，通过邀请省、市文博专家对各类博物馆管理人员、讲解人员进行法律法规、专业知识等方面的培训和讲解，进一步加强博物馆工作人员的素质建设；各县（市）区文物管理部门还经常走访新挂牌的博物馆，听取工作人员的意见建议，对新挂博物馆展陈、管理等方面的问题进行解答和指导。同时，昆明市对2008年发展博物馆业先进单位和优秀挂牌博物馆进行了表彰奖励。在市委宣传部的领导下，昆明市文物部门专门起草《昆明市博物馆业奖励办法（试行）》，进一步提高了社会力量投身博物馆业发展的积极性。

【文物普查】　2009年，市文物行政主管部门全面做好昆明市第三次全国文物普查第二阶段各项组织工作。至年底，在各县（市）区文物部门的共同努力下，全市文物普查到达率和覆盖率均达到100%，全市新发现不可移动文物总量超过2 000项，完成了既定目标。在文物普查工作中，力求边普查，边宣传、边公布、边保护，切实做好新发现文物的保护工作，全年共有新发现的99项不可移动文物被公布为登记文物，并进行了挂牌保护。此外，还将盘龙阁、巡津新村裴氏楼、中国远征军司令部旧址、鲁氏别墅、甘美医院旧址等多项具有重要历史、科学、艺术价值的新发现不可移动文物公布为各级文物保护单位。

【文物维修】　2009年，市文物行政主管部门坚持“保护为主、抢救第一、合理利用、加强管理”的文物工作方针，严格按照“不改变文物原状”的文物维修原则确定维修方案，实施维修工程。一年来，共对20项文物保护单位实施维修工程，其中完成了石龙坝水电站、盘龙寺大雄宝殿、圆通寺接引殿、马家大院、海口川字闸、安流桥、陈家花园、滇越铁路西庄站、化城穿心阁等项目的修缮工作。

【珥季路抢救性考古发掘】　2009年12月5日，在官渡区珥季路道路扩建施工过程中发现大型古代火葬墓群，报经省文物局批准，昆明市博物馆于12月7～20日组织开展抢救性考古发掘工作。该火葬墓地分布范围约5 000平方米，本次抢救性考古发掘面积420平方米，区域为世纪城东南、珥季路工程标段K4＋860—K4＋980范围，共发掘墓葬416座。从发掘结果来看，珥季路火葬墓地是宋代大理国至明代的火葬墓地，分布范围广、延续时间长、墓葬分布密集，打破叠压关系复杂，各时期葬具变化明显、葬具组合种类齐全，随葬器物丰富。出土葬具以黄釉陶罐、灰陶罐、红胎绿釉罐、酱釉罐为主，该墓地同时出现少量青釉瓷葬具，内有明代云南本地青花碗盖住骨骼；出土随葬器物共计2 514件，包括海贝、铜片、料珠、铜环、铜镜、铜饰、板俑等。该墓葬对于研究云南宋、元、明时期的历史具有重要价值。

【其他考古调查发掘】　2009年，昆明市的招商引资工作取得突破性进展，一大批项目落地建设，同时，各项重点基础设施项目陆续开工。为积极配合这些工程项目的实施，昆明市文物部门集中力量，把考古工作的重点放在做好各项工程建设用地的前期调查及发掘工作。年内，昆明市考古工作者先后对云南省第一人民医院立体停车库综合楼7.85亩建设用地、金马跃兴园项目16.1亩建设用地、汇都国际二期项目42.8亩建设用地、螺蛳湾国际商贸城东南部公交停车保养场80.1亩建设用地、昆明市工人文化宫35 806.67平方米建设用

珥季路抢救性考古发掘现场　（市博物馆　供稿）

地、螺蛳湾国际商贸城仓储一期项目建设用地等进行考古调查发掘，基本摸清文物分布及埋葬情况，并及时提交《建设用地区域考古调查、勘探评估报告》及《云南省建设工地文物保护意见书》，确保各项工程的如期开工。此外，还对昆明小松山制版印刷有限公司建设用地、呈贡新区三中东路25 000余平方米建设用地、寻甸仁德四小23 000余平方米建设用地、晋宁县环湖公路河泊所段建设用地等进行了田野考古调查勘探工作。

【昆明市博物馆二期工程】　昆明市博物馆二期工程建设是昆明市“十一五”规划实施项目、市政府2009年社会事业口重点建设项目及昆明市100项民生工程之一，并被列入目督。博物馆二期工程属上半年第一个实行代建制的市财政投资的公益设施建设项目，同时也是第一批银文合作项目。上半年博物馆先后完成代建单位招标、建设资金贷款落实、建设单位及监理单位招标、各项评估等前期工作。6月20日，二期工程正式开工建设，在工程各方密切配合下，于12月26日顺利封顶断水，如期实现市委、市政府下达的年底封顶断水的目标。全年完成投资3 198万元，占5 405万元总投资的59%。

【藏品管理】　2009年，市博物馆转变观念，调整思路，主动出击，通过参与拍卖会、购买、调拨等，多渠道进行文物征集工作。从聚宝斋征集到西汉时期青铜器、二战时期美军飞虎队物品、明清文物等46件套；参加“典藏秋季拍卖会”、“滇墨流韵——云南历代书画名家作品专场”拍卖会，拍得清代至近代书画作品共49件套；在省文物部门的支持下，从省文物总店调拨到明代小砚台及砚台石200枚；与第一位由昆明公派到苏黎世进行文化交流的画家邵培德进行多次接洽，将其在苏黎世交流期间创作的53幅作品全部征集收藏。经过这些规模性的文物征集工作，大大增加了市博物馆的藏品数量，提高了藏品等级，且弥补了部分藏品的缺口。年内，市博物馆新增藏品949件，是建馆以来新增藏品较多的一年，其中书画95件、青铜器4件、近现代文物545件、陶瓷器2件、杂项287件、服饰11件、民俗用品5件，全部完成了整理、除尘、分类、编号、登记、上账、入库、入柜、上架等工作。

【“驼峰航线上的中国航空公司”图片、实物展】　昆明市博物馆于1月20日至3月31日与美籍人士迪亚戈·库赛克先生联合举办“驼峰航线上的中国航空公司”图片、实物展。这是昆明第一次举办有关中国航空公司的展览，展览以一位在中航公司就职的美军飞行员的飞行日记为主线，将中航公司在抗战期间往返印度与昆明之间抢运抗战物资的这段鲜为人知的历史第一次较全面地呈现在观众面前。展览主题鲜明，表现的手法独特，大部分珍贵的史料、图片和实物是首次与昆明市民见面，因此对观众有较大的吸引力，展览期间共接待观众近3万人次。

【昆明市全国重点文物保护单位】
（共16项，截至2009年12月31日）

名　称	所　在　地	公布时间
地藏寺经幢	拓东路71号（市博物馆内）	1982年2月
太和宫金殿	金殿公园内	1982年2月
云南陆军讲武堂旧址	翠湖西路22号	1988年1月
聂耳墓	西山公园内	1988年1月
金刚塔	官渡区官渡镇	1996年11月
石寨山古墓群	晋宁县上蒜乡石寨山	2001年1月
筇竹寺五百罗汉	昆明市西郊玉案山	2001年1月
国立西南联合大学旧址	一二一大街云南师范大学内	2006年5月

续　表

名　称	所　在　地	公布时间
抗战胜利纪念堂	光华街中段、云瑞西路与云瑞东路之间	2006 年 5 月
真庆观古建筑群	拓东路与白塔路交叉口	2006 年 5 月
石龙坝水电站	昆明市海口螳螂川北岸	2006 年 5 月
惠光寺塔和常乐寺塔（东、西寺塔）	书林街、东寺街	2006 年 5 月
曹溪寺	安宁市温泉镇西南	2006 年 5 月
安宁文庙	安宁连然镇	2006 年 5 月
王仁求碑	安宁市鸣奚乡小石庄村西南山	2006 年 5 月
马哈之墓碑	昆阳郑和公园内	2006 年 5 月

（班　文）

新闻媒体

广播电视

【概　况】　2009年，在市委、市政府的领导下，全系统围绕市委九届五次全会、市十二届人大五次会议和市政府各项会议精神，围绕深化改革、招商引资等中心工作，按照全国广播电视工作会议的部署和市政府目督办下达的《昆明市广播电视局2009年主要工作目标》，以科学发展观为指导，面对挑战抓机遇、改革创新谋发展、不折不扣抓落实，完成了年初既定的工作目标。一年来，市级广电系统创收达4.731 9.83亿元，其中昆明人民广播电台2 842万元，昆明电视台8 068万元，昆明广播电视网络有限责任公司2.911 2亿元，城市数字电影院线票房收入7 297.83万元，实现了经济效益和社会效益双赢。

【完成广播电视体制改革】　为深化昆明市广播电视体制改革，推动广播电视经营性资产进行市场化运作，不断提高规模效应和集约化经营水平，实现广播电视业的持续和跨越式发展，按照市委、市政府批准实施的《昆明广播电视台（集团）组建方案》，广电局把昆明电台、电视台体制改革放到重要议事日程，与相关部门通力合作、协调运作，于2009年9月27日正式挂牌成立昆明广播电视台（集团）。昆明广播电视台（集团）按照宣传与经营两分开、采编与经营相剥离的思路组建，是一个以广播电视事业为主业，兼营影视广播艺术、广告、科技开发、新闻媒体运营的综合型传媒集团。集团将致力打造从广播电视节目制作到播出、传输和接收一体化的完整产业链，以此发挥整体优势，加快移动电视、手机电视、网络电视等广播电视新技术的推广应用，全面推进产业增值，提升核心竞争力，做大做强广播电视传媒产业。

【超额完成广播电视“村村通”直播卫星工程】　按照国家发改委、广电总局，省发改委以及省广电局有关扎实做好“十一五”广播电视“村村通”工程建设的工作要求。为确保任务落到实处，市委、市政府及时召开全市广播电视工作会议，明确了新一轮的建设任务，层层签订目标责任书，同时制定下发《昆明市2009年度广播电视村村通工程建设实施方案》。各县（市）区稳步推进，注重实效，截至6月底，已完成由国家补助资金购买的直播卫星接收设备40 507套的发放安装任务，有1 371个村40 507户约15万农民群众因此听到43套广播节目和看上了45套电视节目，超额完成271个村。目前，按照省广电局制定的考核验收标准和要求，已完成省、市、县三级的验收工作，昆明市直播卫星覆盖工程建设获得优秀奖励。

【再建10个农村乡镇广播电视服务中心示范点】　为加强县、乡镇广播电视机构的公共服务职能，建立健全以县为中心、乡镇为基础，面向农户的农村广播电视公共服务体系，防止返盲现象发生，全年继续推进乡镇广播电视服务中心示范点建设。经过与县区反复协商、认真调研、实地察看，并会同市财政局核拨建设专款50万元，现已在东川区阿旺镇、乌龙镇，寻甸县倘甸镇、柯渡镇、嵩明县嵩阳镇、牛栏江镇，禄劝县云龙乡、中屏乡，宜良县马街镇，富民县散旦乡建成10个农村乡镇广播电视服务中心示范点。

【按时启动农村省级广播电视节目无线覆盖工程】　根据《云南省广播电视局关于下达农村省级广播电视节目无线覆盖工程建设任务的通知》要求，9套

昆明广播电视台（集团）、昆明报业传媒集团、昆明演艺集团成立仪式
（市广播电视局　供稿）

广播电视发射设备已到位，各县（市）区广电局已协同厂家正对设备进行安装调试，18部电视、广播调频发射机在规定时间内可完成开通试播。届时，各县（市）区人口居住相对集中的农村群众将能够无偿收听收看到中央一套广播节目、中央一套、七套电视节目和省一套广播节目、一套电视节目。

【宣传工作】 在市委、市政府的领导下，全市各播出机构始终坚持团结稳定鼓劲、正面宣传为主的方针，以“双年”活动为契机，做到方向紧跟核心、工作紧扣中心、节目紧贴民心，关注民生、构建和谐，达到了宣传声势大、报道形式新、涵盖范围广、持续时间长、影响程度深的效果。把建国60周年宣传作为重点任务，精心策划专栏、选题，精心采制稿件、节目，制定出细致、周密的宣传报道方案，有计划、有步骤、有层次、有重点地开展宣传报道工作。加强舆论引导，围绕中央、省、市中心工作，着重开展贯彻市委九届五次全会精神、市委工作会、招商引资动员大会、科学发展观、“双年”活动、文化建设工作会、滇池治理、电视博物馆、拆临拆违拆迁和建绿透绿补绿等方面的宣传，为经济社会全面发展提供有力的舆论保障。一年来，两台共直播、录播各种现场会、工作会、领导干部专题讲座等100余场次，录制舆论监督品牌节目《春城热线》90期，《“昆明零距离”行政效能监督热线》40期。值得一提的是，年初昆明人民广播电台阳光频率开播《“昆明零距离”行政效能监督热线》，这是全国第一个行政效能监督广播热线节目，强化了新闻的舆论监督和评论功能，促进行政效能提升和干部作风改进。

【评优创优】 2008年度昆明市广播电视政府奖暨第二届“金孔雀杯”影视作品奖评选活动，参评范围再次扩大，创新设立了民营及院校作品奖，用于表彰民营企业、大专院校中执著的实践者和新生的探索者。活动先后收到参评作品190件，通过逐级申报、专家和市民推荐评选，有98件作品脱颖而出。其中一等奖21件，二等奖28件，三等奖46件，“金孔雀”影视作品奖3件。本届颁奖典礼亮点频现：中央人民广播电台播音指导王铁成、上海电影集团公司总裁任仲伦等业内资深人士出席并担任颁奖嘉宾，熊汝霖、朱靖、夏嘉伟等从昆明走出的明星献上精彩节目，民营影视机构、大专院校师生与广电系统采编人员齐聚一堂，典礼成了昆明广播影视业的大联欢、大聚会；中国云南影视产业试验区昆明基地影视联盟揭牌。该影视联盟是由昆明地区65家影视文化企业等机构自愿联合组成的非法人联合体，旨在打造官、产、学、研、资多赢的影视文化产业平台，深化成员单位之间的平等协作、优势互补，推动昆明市广播影视产业健康、快速发展。

【《凤氏彝兰》获国家广播电视“飞天”大奖】 9月，由广电局所属的广播影视产业中心与云南省京剧院、云南光洋民族文化传播公司联合摄制的电视剧《凤氏彝兰》喜获第27届电视剧“飞天奖”戏曲电视剧三等奖，实现了云南、昆明本土原创影视剧在国家广播电影电视总局“飞天奖”上零的突破。该剧2006年摄制完成后，即被中央电视台戏曲频道收购，多次在中央电视台戏曲频道播出，极大激发本土创作的积极性，有效扩大了昆明影视作品的影响力。

【FM105老年广播正式开播】 3月26日，作为西南地区第一家面对老年听众的广播开播。昆明市副市长廖晓珊、云南省广电局副局长李凡、市广电局局长周忻和其他相关部门领导亲临会场，表达对幸福频道开播的祝贺及期望。昆明电台第四套节目FM105幸福频道老年广播的开播，填补了昆明市广播媒体服务老龄化社会的一项空白。

【贺岁电影送温暖活动成功举办】 1月11～18日，由市委、政府主办，市总工会、市广电局、市文化局承办的“关心农民工、关爱外来务工人员、关注城市建设者——昆明市2009年春节市委、市政府贺岁电影送温暖活动”在昆明影业有限公司所辖人民电影院、新建设电影世界、滇池电影广场以及各县（市）区影院同时展开播放。活动通过广播、电视、报刊等媒体邀请等近万名外来兄弟姐妹和广大农民朋友共享文化大餐，丰富文化生活。同时，还与市文化局积极联动，在远郊县区开设电影专场，为当地农民群众放映电影500余场。送温暖活动产生了良好的社会效应，深受外来务工人员和农民群众的欢迎。

【西南首家“国家五星级影院”揭牌】 3月25日，昆明上影永华国际影城荣获“国家五星级影院”称号，这标志着昆明市拥有了西南地区第一家由国家广电总局命名的“五星级影院”。挂牌仪式上，市广电局、市规划局与上影集团签订了招商引资战略合作协议。上影永华国际影城率先获得“国家五星级影院”殊荣，是昆明市强力招商引资的重要成果，也是着力发展数字院线，推动电影市场繁荣发展的一项新举措，必将对各家数字院线产生极大的标杆和示范作用，有利于形成良性竞争态势，促进全行业专业化、数字化改造。

【千场电影献礼祖国60华诞】 按照国家广电总局统一部署，9月11日～2010春节间，由市委宣传部、市广电局联合举办的昆明市“向祖国汇报”重点国产影片展映、展播活动启动仪式在主城4区11个电影院线、30个中心广场和社区，各县（市）区同时展开。活动计划放映电影90余部1 000余场，吸引观众30万人。展映影片有《建国大业》、《天安门》、《可爱的中国》、《风声》等，均是国家广电总局精挑细选的精品力作。本次电影进社区活动是昆明市国庆60周年庆典活动的重要部分，也是2009年文化“三下乡”活动、文化惠民工程的重要内容，将有力推动昆明市广场电影、社区电影、农村电影的放映，满足广大人民群众日益增长的文化需求。

【“2009·创意昆明·实战对话”活动圆满结束】 11月14、15日，市委宣传部、市广电局共同举办“2009·创意昆明·实战对话”活动。活动主要议题包括：文化产业六大特点引发的思考；昆明，创新之城的文化定位；传媒产业的投融资模式；中国电影的现状与未来的发展前景等。活动中，国内文化产业的知名学者范周、齐勇峰、金子强，资深影视发行制作人高军等多位嘉宾与昆明本土文化企业、院校师生、广电系统采编人员从理论与实作两个层面展开了深度对话。

【加强依法行政工作】 一年来，广电局以规范秩序、促进发展为目的，强化播出传输机构、广告播放和互联网视听节目管理，及时转发总局和省局文件，开展各类申报、审核和批复工作，查处各种违规行为，调查回复群众意见。完成省局下放的《接收卫星，搭建了官产学研互动的良好平台传送的境外电视节目许可证》及《广播电视视频点播业务许可证》两项行政审批项目的对接、细化、上网公示和“两集中两到位四进中心”的改革工作，于3月派员进驻审批服务中心，全年窗口办证率100%。此外，完成广播电视内部行政审批工作管理制度建设、行政审批告知承诺制度建设和广播电视行政执法“三步式”程序梳理，并按要求进行公示。组织召开全市广播电视社会管理工作会议。

【组织开展整治卫星电视地面接收设施专项行动】 根据省广电局、省公安局、省工商局等5个委办局《关于开展对非法销售、安装和使用卫星地面接收设施专项整治行动的通知》要求，6～8月，广电局与市综治办、市公安局、市工商局联合在主城区内开展整治非法销售、安装和使用卫星电视地面接收设施的专项行动。五华、盘龙、西山、官渡、高新5个整治行动组，共出动执法人员78人，车辆18辆对我市潘家湾电器市场、黄土坡二手电器市场、正大电子城、永丰电器城、九门里二手市场等8个市场非法销售村村通卫星电视接收设备、境外卫星电视接收设备、收视卡的问题进行专项检查，暂扣违规销售使用的卫星地面广播电视接收天线（卫星锅盖）29套，卫星电视接收机10台。

【加强互联网视听节目管理】 根据《互联网视听节目服务管理规定》及《关于加强互联网视听节目内容管理的通知》要求，广电局积极做好视听节目网站准入管理，及时为昆明电台、电视台、昆明信息港、影视产业中心等符合国家规定、依法从业的机构办理了“信息网络传播视听节目许可证”换证审核工作，为东川区广播电视局办理互联网站视听节目许可备案事项；同时开展互联网视听节目低俗之风整顿行动，查处了“P2P进行时”、“CN绿色网”等违规网站违规播放视听节目的案件。

【安全播出全年无重大事故】 安全播出直接关系到中央的政令畅通、国家的信息文化安全及社会稳定。广电局监控中心作为安全播出指挥部及应急协调指挥部办公室，年初就制定了详细的工作计划，并且把工作目标责任分解到每个人，做到考核量化、目标细化、责任明确。同时，狠抓工作落实，严格执行中心值班值守规定，没有星期天、没有节假日，24小时坚守岗位；发现问题及时处理、上报，做到发现及时、反应迅速、处置得当，不让敌对势力有可乘之机，不让非法信号得以传播、扩散、插播。一年来，圆满完成了建国60周年，全国、省、市两会，春节，五一，“4·25”，“5·12”，“7·2”，“7·5”，“国际人类学与民族学联合会第十六届大会”等重大节日、重要活动、重点时段、敏感期的安播出工作，实现了1～11月无重大安全播出事故。全市广播电视安全播出获省级先进单位奖。

【数字电视监测系统一期工程竣工】 为保证数字电视监测系统一期工程如期、高质竣工，2月份，广电局召开建设数字电视监控平台专题会议，成立工程建设、监督领导小组，确定数字电视监测系统建设地址，并组成考察组到上海文广集团监测中心、东方有线网络公司、广西广播电视监测中心等已建成数字电视监测系统且运行效果良好的单位学习考察，形成《昆明市广播数字电视安全监测系统建设方案》、《昆明市广播电视安全监测系统一期建设实施方案》，明确了昆明市广播电视安全监测系统定位、资金及监测重点等问题。4月24日，市政府采购办组织完成了招标工作（昆采公2009113007），最终确定北京市博汇科技有限公司中标，中标金额合计为：2533900元。根据昆明市采购的相关规定，经财政局批准又按采购中标金额10%（253390元）签订了补充合同，合同总金额为：2787290元。目前，按照市委、市政府“八个百分百”工程建设管理要求，已全面完成机房装修、设备安装调试、人员培训等工作，年底将正式投入运行。昆明市数字电视监测系统一期工程竣工，标志着昆明市广电系统率先在全省实现了数字电视自动化监测，将促使昆明市广播电视管理工作再上新台阶。

【持续开展制度创新】 为营造广播电视发展优质软环境，广电局在广泛调研、深入论证的基础上，先后创新下发《昆明市广播电视局内部行政审批工作管理制度》等10余项制度。其中，《昆明市广播影视行政处罚自由裁量权细化规范标准》是按照市委、市政府2009年度推行阳光政务、推进依法行政的要求，在市法制办的指导和帮助下编写的细化规范标准。《标准》对7大类24项行政处罚自由裁量权进行了细化和规范。

【不断提高队伍素质】 坚持高起点、高标准、高质量，各项工作做到了准备充分、组织周密、落实到位、报送及时。全面完成了学习调研阶段的各项目标任务，并通过组织学习、深入调研、讨论交流、督促检查，使党员干部职工特别是党员领导干部对搞好这次活动有了明确的认识，加深了对科学发展观的科学内涵、精神实质和根本要求的理解，增强了用科学发展观指导广播电视事业工作的自觉性和坚定性。截至4月30日完成第一阶段活动，到6月26日第二阶段完成了找问题、撰写分析检查报告、召开专题民主生活会、组织群众评议全部四项工作。按照“征求意见、找准问题、分析原因、理清思路、明确方向”的工作思路，正顺利进行。共发出征求意见表102份，收回98份。8月5日，市广电局召开深入学习实践科学发展观活动总结大会，对为期半年的学习实践科学发展观活动进行了认真总结和民主测评，党员群众满意率达到100%，得到市级学习实践活动第十二指导检查组的充分肯定。

为适应行业管理的需要，广电局开展了一系列形式多样、内容丰富的培训活动。培训的主要内容是：数字电视监测系统建设、运行，电视技术前端维护，直播卫星设备管理维护，广电网络建设、广播电视科技创新，广播电视覆盖网路建设等，涵盖了全局各个专业。

【深入开展行风建设】 依托全市开展的“行政效能提升年”和“干部作风改进年”活动，广电局以思想教育为基础、制度建设为根本，成立局目督办，强化监督检查，切实解决行政效能和干部作风方面存在的突出问题。一年来，全体干部职工始终保持紧张快干的作风，重实干、求实效，求真务实的自觉性和为民服务的主体性得到进一步增强。此外，为树立良好行业形象，针对2008年民主评议机关作风收集到的意见，广电局向电台、电视台、网络公司发出了整改通知书，要求各单位认真整改，通过加强监管促进系统内各单位强化服务意识，不断增强广电公信力。

（王婷婷）

昆明人民广播电台

【全面开展新闻宣传】 国庆60年宣传是2009年宣传工作的重中之重。为此，昆明人民广播电台精心策划了特别节目《“经典一刻，铭刻一生”：我和共和国难忘的记忆》。作品以系列报道的形式，在国庆前夕共播出30集，这是昆明人民广播电台近年来完成篇目最多、持续时间最长的一次系列报道。

另外，昆明人民广播电台还先后推出“学习实践科学发展观　实现昆明跨越式发展”、“提效能　改作风　拼搏2009”、“关注民生　促进就业”、“诚信招商　开放合作　共谋发展”、“打造软环境，服务新昆明”、“直面危机　迎接挑战”、“人人参与四创　共建幸福家园”、“整治入滇河道　保护高原明珠”、“改造城中村　推进一体化　建设新春城”、“新昆明　新变化——来自重点工程的报道”、“细节变化看跨越式发展”、“打黑除恶，昆明在行动”、“奋战80天，冲刺四季度”等20多个主题宣传栏目，完成了市委九届五次全会、市委工作会、省市“两会”、2009昆交会暨第二届南亚国家商品展、昆明国际文化旅游节暨昆明狂欢节、2009全国旅游交易会、云南陆军讲武堂百年庆典等重大活动的报道任务，参与了对全国政法战线先进典型、西山区检察院女检察官杨竹芳的先进事迹报道，组织实施一系列宣传战役，采集制作一批专题报道和重点报道。

【《春城热线》】　2009年，《春城热线》共播出直播节目98期，热线追踪节目40期，接到听众热线电话、短信和邮件共计1 265个（件）。有101家上线单位的400多位领导走进直播间。

《春城热线》节目组在热线反映的各类问题的办理落实上寻找突破点，进行创新尝试。①前期暗访调查，直播考问领导。有针对性地派出记者对即将上线单位职能职责范围内的工作效率和工作作风情况进行了解和暗访，加大了政风行风热线节目舆论监督的力度。②深度追踪问题办理落实，促进政府部门兑现承诺。从2009年2月起，增加了每周五的‘热线追踪’节目，对上线单位所承诺的各种问题办理情况进行深度追踪和独立调查采访。节目组按市纠风办要求写出《热线专报》，市纠风办据此向相关单位下督办函。节目组根据问题再度办理情况，派记者跟进报道，直至问题得到最终解决。③加大新闻评论力度，体现媒体引导职能。针对热线追踪过程中出现的问题，《春城热线》增设了“热线短评”环节，评论因事而发，短小精悍，一语中的，发人深省，耐人寻味，使报道的深度进一步得到拓展。④多媒体合力出击，舆论监督发挥整体效应。2009年2月起，《春城热线》与《昆明日报》联动，针对群众节目中投诉的部分具体问题，由双方记者进行追踪调查，相关报道分别在两家媒体刊播。昆明市政府门户网站“昆明信息港”也设有《春城热线》网页内容，网民在线收听，点击阅读参与，网友的跟帖和图文并茂的投诉，较好地延伸了《春城热线》的舆论监督作用和影响力。

【《效能热线》促进行政效能提升和干部作风改进】　《昆明零距离·行政效能监督热线》是全国第一个行政效能监督广播热线节目，于2009年初开播，到目前已播出50期。

《昆明零距离·行政效能监督热线》强化新闻的舆论监督和评论功能，在严格遵守新闻纪律的前提下，行使了对昆明市中心工作、重大项目的媒体监督职能，通过丰富多彩的广播手段报道了具体工作推进情况，每期节目都有访谈、现场口播、录播、片花等富有广播特色的制作形式，节目内容饱满，可听性强。

5月初，由省纪委、省委组织部、省委宣传部和云南电视台联办的《党风廉政》栏目，对《“昆明零距离”行政效能监督热线》自2008年12月27日启动以来的运行情况进行专题采访报道。栏目组深入到昌源南路工程建设工地、新运粮河工程建设工地、五华区沙朗乡石灰岩矿场现场、“效能热线”直播和录制机房，对“效能热线”栏目的采访播出情况进行追踪拍摄。电视专题片《“零距离”促效能》6月7日、6月14日在云南电视台两次播出。中共昆明市纪委专门发出通知，要求市级各部门组织收看。9月28日，市纪委、市监察局联合发出通知，要求全市各县（市）区、各级部门对2009年软环境建设工作、行政效能提升和干部作风改进工作接受“效能热线”记者专访，推出了系列报道。

【都市调频加强与全国城市电台和国内外旅游机构的合作与交流】　中国城市广播联盟是由中央人民广播电台都市之声联合全国80余家城市电台共同组建的全国性城市电台联盟，于2005年5月18日在北京人民大会堂成立。目的在于突破地域和行政级别限制，整合处于分散状态的城市广播资源，形成各地城市电台在节目、广告等方面资源共享的大平台，提高城市广播的品牌影响力和知名度。2009年10月23日，在江西南昌举行的中国城市广播联盟2009年会上，鉴于昆明人民广播电台都市调频负责任的媒体形象和在联盟中的出色表现，昆明人民广播电台高票当选为副会长台。

都市调频还致力于文化和旅游的节目内容探索和社会活动拓展，加强整体策划，突出创新，强化频率品牌，把优质节目和市场经营更加有效地结合在一起，以达到相互支持、相互依托、相互获利的效果。与国内外知名的旅游局、旅游企业的合作，为大众提供全面的旅行指南和旅游食品，合作伙伴有爱尔兰旅游局、瑞士国家旅游局、塞班观光局、新加坡旅游局、马来西亚旅游局、韩国旅游发展局、贵州省旅游局、香港丽星游轮等等，并多次推出带领“听友塞班游”和“非常新加坡”等活动，强力打造体验式的实用旅游节目。

【汽车广播探索文化产业发展之路】　2006年7月18日昆明人民广播电台汽车广播开播，从而开创了中国“汽车广播”这样一种全新的广播类型。3年来，汽车广播实现了多个跨越，从定位到细节服务，从节目营销到产业拓展，不断建立策划、生产、经营、拓展的创新体系；以敢为人先、追求卓越的姿态继续舞动中国汽车广播的新时代，在一定区域市场内突破了交通台和音乐台的重围，引起了省内外同行的关注和效仿，北京、浙江、贵州、内蒙、广州、吉林等多家省市电台先后到汽车广播交流学习考察。

2009年4月，汽车广播、都市时报、天津保税区国际汽车城进口车云南直销中心联合举办的“全国最满意汽车（ACE）巡展昆明站暨2009年第二届昆明顶级进口车展”。

汽车广播独家媒体成功主办了“维塔斯昆明演唱会”、“齐秦昆明演唱会”，以及由罗大佑、李宗盛、周华健、张震岳4人组成的华语第一天团“纵贯线”演唱会；全资举办了“汽车广播三周年巨献林忆莲昆明演唱会”，让听众一次次感受到汽车广播坚持打造纯净听觉空间，做品牌广播，做优质媒体的信念和决心，更加巩固了汽车广播的品牌优势。

【加快广播硬件建设】　从2009年初开始，昆明人民广播电台对原有技术平台进行了整体升级换代，使现有的录、直播机房及传输通道对所有节目实现了全数字化播出。广播技术播出传输系统采用2路微波、1路光缆共3条链路共同工作并自动切换，增加了数据业务传输及音视频回传业务。现有的太华山、新闻中心26楼发射台对电台所有节目互为备份播发，太华山调频发射机房和

26楼发射机房分别引入了高智能化的4+1播出系统和同轴倒换系统，降低了运行成本和人员劳动强度，并在强大的UPS电源支持下，实现了发射台无人值守、远程监控及故障诊断等。经专家验收，昆明人民广播电台的整个播出发射系统，已经具备全国一流的技术水平。2009年6月11日，昆明人民广播电台投资20万元的《春城热线》直播间LED背景墙改造完毕，云南最好的数字化直播间宣告建成，投入使用。

【昆明人民广播电台幸福频道老年广播开播】 2009年3月26日开播的昆明人民广播电台FM105幸福老年广播，是云南省第一家专业老年广播，填补了昆明市人口老龄化背景下媒体结构的一项空白。

2008年，昆明市人口平均预期寿命达到75.97岁，高于全国平均水平，接近世界发达国家的平均水平。昆明人民广播电台采用国际全新的概念广播模式，在国内首创推出《幸福读报》、《幸福老顽童》、《幸福点唱机》、《幸福老歌》等一系列幸福概念节目体系，同时在全国首家推出“幸福药剂师”、“幸福营养师”等幸福概念主持人，以打造最具幸福感城市的幸福名片。

幸福频道老年广播在节目设计上进行了明确的听众年龄定位，节目坚持面向45岁以上的听众群体，针对这一听众的定位和特点对幸福概念进行了“健康是福”、“快乐是福”、“陪伴是福”的分解，采用概念广播的频道概念，结合2008年昆明捧回的“最具幸福感的城市”，将“幸福”概念融入了整体的节目和包装设计中。在整体节目设计中，《幸福读报》、《幸福点唱机》等一批以幸福命名的节目贯穿节目中强化幸福概念。同时以“幸福主播、幸福药剂师、幸福营养师”作为主持人称谓线性贯穿全天节目，逐渐形成“概念主持人”体系。开播到年底，已实现广告创收200万元。

【昆明人民广播电台建台20周年名人书画暨职工书画摄影展】 昆明人民广播电台建台20周年名人书画暨职工书画摄影展于9月10日在昆明市新闻中心一楼大厅展出。作为庆祝昆明人民广播电台开播20周年的系列活动之一，书画展展出了185件作品，其中有云南书法名家冯国语、杨修品、赵浩如、沈健、孙源、王献生、张诚、赵翼荣、何可钦、李华君、宋琼、杨铸华、刘昆生、王家宁、马卫亚、裴轶等名家的佳作参展；著名画家胡祝三、张志平、寇元勋、杨晓华、谢长辛、李佳葆、赵克、刘晓、易玄等也以自己的得意之作表示庆贺。参展的还有昆明人民广播电台职工近年来创作的许多精品。琳琅满目的作品把新闻中心大厅装点得绚丽风雅，短短20天时间有近16 000多人次观看品鉴，获得众多好评。

【昆明人民广播电台20周年——林忆莲演唱会】 在昆明人民广播电台成立20周年、昆明人民广播电台汽车广播成立三周年之际，FM95.4特邀著名歌手林忆莲，于2009年8月15日在新亚洲体育馆举行她在昆明的首场也是唯一的一场演唱会——忆莲09LOVE昆明演唱会。

林忆莲在两个半小时的演唱会中带来了《听说爱情回来过》、《至少还有你》、《当爱已成往事》等30余首经典歌曲，用她成熟妩媚又淡定从容的歌唱串起了太多人关于爱情的回忆，陪伴昆明的歌迷度过了一个温暖的雨夜。

【《春城诵》演出圆满成功】 2009年9月27日晚上8点，一台以喜迎国庆、讴歌昆明为主题的大型原创诗歌朗诵会《春城诵》在昆明电视台演播厅现场录播。昆明市有关领导和省、市文化界知名人士应邀观看了演出。

《春城诵》是昆明人民广播电台成立20周年系列庆祝活动的一个重要组成部分，整台晚会以庆祝新中国成立60周年为主题，云南陆军讲武堂开办100周年、昆明广播开播20周年为契机，回顾昆明历史往事，展现昆明多姿风情，热情讴歌新昆明改革开放和现代化建设取得的成就，同时也反映昆明广电人意气风发、开拓进取的精神风貌。

【移动广播】 2009年1月4日，元旦收假第一天，市委九届五次全体（扩大）会议在早春的气息中拉开序幕。昆明人民广播电台除了圆满完成全会的宣传报道任务外，还高质量完成了市委交给的一项光荣艰巨的任务——全会移动广播的采编播工作。这次全会共4天时间，3天观摩，1天大会，行程1 000多千米，观摩38个点，足迹遍及3个开发（度假）区和10个县（市）区，仅这4天时间里昆明人民广播电台播出的各类相关报道达到了25篇；移动广播采编播配合到位，具有很强的对象性、贴近性和现场感，受到市委领导和全体与会人员的好评。

【创优工作成效显著】 2009年昆明人民广播电台共有1件广播节目获2007－2008年度中国广播影视大奖广播电视节目对外广播提名奖，1人获“金话筒”提名奖，1件录制节目获国家广电总局广播节目技术质量金鹿奖的播出技术质量三等奖。另外，共有34件作品获云南省广播电视政府奖，2件作品获云南新闻奖，18件作品获得国家和省市专项奖。其中，10件作品获省级新闻论文和广播电视学术论文奖，3件作品获广告类省级政府奖。

【昆明市人民政府命名昆明人民广播电台为“文明单位”】 2009年7月通过筛选、初评、审核、考评验收、量化打分、向社会公示等程序，经市文明委审定，昆明市人民政府命名昆明人民广播电台为“文明单位”。

【广告经营逆市上扬】 2009年广告由于全球金融危机的冲击，经营成本上升，除医疗、药品、保健品广告版块外，汽车房产、商业服务消费、娱乐休闲等几大版块都严重下滑。在如此艰难的市场情况下，各套节目加大品牌推广和市场经营力度，不断开拓广告经营创收新领域。2009年，昆明人民广播电台实现累计创收2 842万元，与上年相比增收286万元。

（蔡　明）

昆明电视台

【充分发挥媒体社会动员作用，为新昆明建设营造良好舆论环境】 2009年，昆明电视台紧紧围绕打造品质春城、实施工业强市战略、发展现代服务业、统筹城乡一体化、扩大投资规模、扩大对外开放、强化生态环境建设、大力发展社会事业、优化发展软环境、学习实践科学发展观等工作重点，相互配合，形成联动，采取系列报道、特别节目、专题片等形式，全方位、立体式、深层次开展政策解读，挖掘典型事例，充分报道昆明市在现代新昆明建设宏伟征程中的新思路、新举措、新成就。《昆明新闻》、《联播昆明》先后开设了《人人四创　幸福昆明》、《滇池河道治理档案》、《拆临拆违建绿透绿　环境卫生综合整治》、《来自重点工程的报道》、《招商引资结硕果》、《聚焦招商引资　聚力园区建设　实现工业突破》、《走进博物馆》、《科学发展　和谐昆明》、

《实践科学发展观　实现跨越式发展》、《学习实践科学发展观》、《贯彻落实市委工作会议精神》、《市委工作会议解读》、《拼搏2009冲刺四季度》、《提升行政效能　改进干部作风》、《细节变化看跨越发展》、《走过三十年》等专栏，播发系列报道、系列片，全面报道现代新昆明建设的战略部署，全景展示现代新昆明建设的辉煌成就。《直播昆明》、《梅子开讲》充分发挥各自的栏目特点和优势，邀请权威人士做客演播室，制作了《今年年底　昆明主城交通将有大改善》、《昆明淹水点整治》、《马街要拆迁了》、《现代交通网络正在形成》、《“创卫”进行时》、《行动起来，让我们的城市更整洁》、《珍惜保护地下水》、《今年昆明干部作风将有大改进》、《商会会长谈昆明软环境》、《勤勉执政实在为民》、《四十项审批权限，智慧大挑战》、《为人民说话，为人民办事》、《值得关注的市委工作会》、《关注一次不一样的会议一解读市委工作会议三大主题》、《转变　促进　跨越式发展》、《数字看昆明》等访谈节目，对现代新昆明建设中受到社会广泛关注、影响较大的政策、措施进行深入浅出地解读全面反映现代新昆明建设的新形象、新成就。为配合做好昆明市中心工作，为重点工作营造强大舆论声势，昆明电视台先后完成了《昆明冲击波》、《拼搏2009实现跨越式发展》、《魅力昆明》、《为了滇池的明天》、《创卫工作汇报片》、《创园工作汇报片》、《创国家绿化模范城市汇报片》、《软环境建设专题片》、《博物馆系统专题片》、《党建宣传片》、《人人四创两争、共建美丽春城》、《开放的昆明、春天的城市》、《活力昆明》、《辉煌60年》、《潮涌昆明》等专题片、宣传片、形象片的拍摄、制作，对提升昆明城市形象、宣传昆明城市实力、打造城市品质起到了有力的推动作用。

【报道2009年度重要会议（活动）】　高度重视省、市重要会议、重大活动的新闻宣传，采取现场直播录播、新闻报道等方式，宣传报道省、市重大战略部署，增强省、市党委、政府工作的透明度，提升省、市中心工作在观念中的知晓率。圆满完成市委九届五次全体（扩大）会议、2009年昆明市“两会”、市委工作会等重要会议以及二环快速系统通车、昆明市庆祝新中国成立60周年交响音乐会、昆明市第九届少数民族运动会、2009中国·晋宁国际郑和文化节、昆明市十佳新闻工作者颁奖晚会等重大活动的现场直播。圆满完成省委、省政府领导昆明调研工作座谈会、深入学习实践科学发展观动员大会、市级领导班子深入学习实践科学发展观中心组专题学习总结会、昆明市庆祝中华人民共和国成立60周年大会、全市宣传工作会、全市文化建设工作会、昆明市领导干部培训日专题讲座等重要会议的新闻报道、录制、刻碟工作，完成录制近80场次。不断创新会议、活动报道形式，减少会议报道的数量，压缩会议新闻稿件的长度，增加会议新闻的信息量，注重挖掘会议的精神及内涵。加强对重要会议、重大活动的先期策划，精心组织采访报道，做到会议、活动前舆论先行、营造浓烈气氛，会议、活动期间宣传报道突出主题、浓墨重彩，会议、活动后宣传报道持久深入，重在落实。圆满完成了省、市“两会”、市委九届五次全体（扩大）会议、市委工作会议、全市抓落实动员大会、第十七届中国昆明进出口商品交易会、2009中国昆明国际文化旅游节昆明狂欢节、第二届南亚国家商品展、GMS经济走廊活动周暨GMS经济走廊贸易物流高层论坛等重要会议、重大活动的采访报道任务，为昆明市实现跨越式发展营造了良好地舆论环境。

【深入采访报道民生及重大突发事件】　坚持“贴近实际、贴近生活、贴近群众”的原则，就公众关心关注的民生问题及重大突发事件作深入采访报道。《直播昆明》秉承“沟通政府和百姓的桥梁”的节目宗旨，以百姓关注的民生问题作为节目的切入点。推出了《政府加大力度、解决农民工就业》、《人事局长和求职者面对面》《保障性住房在云南》、《从成都公交事故看昆明公交安全》、《昆明市民吃肉将有大变化》等与人民群众生活息息相关的系列访谈节目。《梅子开讲》关注民众关心的热点问题，推出了《共同抗击甲型H1N1流感》、《流感知识知多少》、《关于翠湖公园该不该收费的思考》、《开心网为啥让你开心》、《网银安全ABC》等系列访谈节目。持续关注重大突发事件、社会热点问题，有力提升了电视台的社会影响力。《街头巷尾》现场直播了云南省确诊首例甲型H1N1流感病例、云南省出现甲型流感聚集性病例、7·9楚雄姚安地震、霖雨桥自来水主供水管抢修、小坝立交改扩建施工交通调整等重大突发事件。持续关注晋宁县看守所“躲猫猫”事件、昆明机场候机大厅持刀伤人事件等重大突发事件。推出了5.12汶川地震一周年、日全食天文奇观等特别报道。《风雷说法》推出系列专题节目《一个贪官的别样人生》，连续5次独家报道了震惊全国的胡星索贿受贿案。推出了金座公司非法集资案系列报道《揭开金座公司的面纱》。推出了持续半个月的《艾买提回家》连续报道。

【舆论监督】　配合市委、市政府中心工作的需要，积极开展建设性的舆论监督，较好地把握了新闻报道的分寸和舆论监督的尺度，帮忙不添乱，客观不炒作，立足于服务大局，着眼于解决问题，有利于疏导情绪。重点对水环境污染，不文明施工，相关单位不作为、乱作为，个别公职人员违法违纪等现象和问题，开展持久、深入的舆论监督。为配合全市正在开展的“四创两争”工作，《昆明新闻》、《街头巷尾》分别开设小专栏《城市文明岗》和《街头曝光台》，加大对城市卫生环境脏乱差现象及不文明行为的舆论监督力度，并对整改落实情况进行追踪报道，促进相关部门、地区改进工作，促进市民提高文明意识。特别是《街头巷尾》加大舆论监督类新闻的比重，截止10月底，共播发舆论监督类报道300多条。小人桥风波、沙朗没底坑水库遭污染、“携程网”售卖假保单索赔、矣六乡普自村违规回填耕地等大量舆论监督类报道，引起了有关部门的高度重视，促成了问题的最终解决。

【电视台快速反应及时直播报道姚安地震灾情】　2009年7月9日，楚雄州姚安县发生里氏6.0级地震，电视台快速启动现场直播预案，组织新闻直播报道组连夜赶赴地震灾区。新近完成验收的两辆卫星直播车系统，首次进行远程采访报道和节目信号传输。姚安县发生地震后，《街头巷尾》栏目快速反应，在地震发生半小时后，记者、技术人员快速集结，新闻中心与技术部门通力合作，两组记者随新闻直播车直驰灾区。次日即从灾区现场通过卫星成功回传3条新闻到电视台新闻直播机房。《街头巷尾》多角度、多层次对灾情直播2小时，播出新闻20条，并多次连线嘉宾，进行互动访谈。这次报道是对卫生新闻直播车系统各种性能、集成系数、技术参数、设备磨合的首次实战检验。技术人员首次租用卫星讯道将现场的实时场景准确送达新闻直播机房，听候新闻直播总指挥对现场指挥、出镜记者、摄像、导播的总调度，直播传输信号画质清晰、稳定，色彩明丽、真实，确保了《街头巷尾》“有事大家帮”板块推出“灾后传真情”抗震救灾特别行动，通过K1、K6游动字幕形式，及时公布募捐接收电话，设置募捐接收点募集爱心款、物资。

【《昆明新闻》报道胡锦涛总书记视察云南】 2009年7月25～28日，中共中央总书记、国家主席、中央军委主席胡锦涛到昆明市和楚雄彝族自治州视察，就经济社会发展、民族工作、党的建设进行调研，并前往姚安地震灾区看望慰问受灾群众和救灾部队官兵。他勉励云南各族干部群众团结拼搏、开拓进取，奋力夺取全面建设小康社会新胜利，在七彩土地上谱写出更加壮丽的篇章。7月29日晚《昆明新闻》就胡锦涛同志视察云南情况作了详尽报道。

【节（栏）目改革改版取得成效】 2009年，针对部分原有节（栏）目表现表式老套、内容表达陈旧的问题，节目制作部门整合节目资源，创新节目内容、形态。6月初，《昆明新闻》作了改版，优化板块结构，设置了“要闻浏览”、“新闻链接”、“简讯”、“专访”、“专家观点”等多个板块，丰富节目内容，突出时效性，增强可视性。突出新闻的信息量，减少会议报道的数量，压缩会议新闻稿件的长度，增加会议新闻的信息量，链接、延伸、扩充、阐释会议新闻的内涵，使会议新闻更加生动、鲜活。对节目进行了重新包装，更换了节目的片头、标识、背景。启用了一批新的主持人。节目按新闻价值规律进行编排。1月初，《街头巷尾》进行改版，节目包装、主持词、节目编排均作了较大调整。策划推出《热度看点》、《有事大家帮》节目板块，以“热点话题深度解读”及“公益慈善帮忙”为主题，按档期分别播出20多期、50多期，为节目增添了新的看点，一定程度改变了节目选题琐碎的问题。面对收视率下滑的局面，8月，《我挨你说》作了改版。启用了新主持人，对节目进行了重新包装，正逐步形成自己的特色，更加亲民，更加本土。《看了又看》经过调整，各板块节目收视率正稳中有升，《爱情36计》板块在节目编排上精心策划，以宣传片和主持人口播的方式，带动后续节目逐步升温，进一步提升节目品质，增强可视性。《看我72变》在真实、纪实上创新，探索改版新路，挖掘变身嘉宾背后的生活、情感故事。自9月起，《看了又看》延长至一个半小时。其中晚20:00～21:00一个小时的平均收视率稳定在1%左右，市场份额稳定在3%左右。

【大型（晚会）活动取得良好效益】
在圆满完成近80场重要会议、重大活动现场直播、录播任务的同时，精心打造了一批品牌文艺晚会、大型活动，先后完成了《昆明市妇联庆祝三八晚会》、《庆祝人民政协成立60周年电视专题晚会》、《昆明市庆祝新中国成立60周年交响音乐会》、《庆国庆诗歌朗诵会》、《2008年昆明市广播电视政府奖颁奖典礼》、《昆明市十佳新闻工作者颁奖晚会》、《昆明电视台主持人选拔赛》、《“加油！东方天使”昆明赛区》、《爱国歌曲大家唱——激情广场》、《东川电影首映式〈看电影〉栏目》、《2009中国·晋宁国际郑和文化节》、《昆明市第九届少数民族民族运动会开幕式》、《昆明市青年歌手电视大奖赛决赛暨颁奖晚会》、《云南省第十七届老同志青春常在艺术节开幕式、闭幕式》等近20场大型晚会、活动的策划、录制、直播，取得了良好的社会效益。5月至8月，电视台与湖南卫视合作，承办2009快乐中国步步高音乐手机快乐女声昆明唱区比赛活动，对报名海选比赛、海选进50强预选赛、50进30、30进10晋级赛，分别作了全程同步直播，赛事直播节目时长300多小时，在昆明地区产生了强烈反响，报名参赛人数突破1万人。

【圆满完成播出技术保障任务】 针对2009年大事多、喜事多、直播任务多的实际，特别是在国庆60周年庆典、“两会”等重大活动、重要会议重点保障期间，技术保障、服务、播出部门牢固树立政治意识、大局意识、责任意识、阵地意识，进一步完善节目采访、拍摄、编辑、制作、传输、播出等环节系列规章制度，组织干部职工认真学习，坚决贯彻执行。制订周密的技术保障措施和安全播出应急预案，强化技术保障、应急工作。加强对节目采访、拍摄、编辑、传输、播出等设备的检查、检修，排查事故隐患，做到每日有例检、每周有巡检、每月有大检。维修设备566台次，维护设备44次、系统改造3次，完成了发射天馈系统的全系统检修，确保了节目制作、传输、播出没有出现任何差错，各项指标均达到国家甲级播出技术水平，被省广播电视局授予2009年度广播电视技术维护先进集体荣誉称号。

【昆明电视台综合频道（K1）节目成功进入中国移动多媒体广播电视台】
2009年3月18日，昆明电视台综合频道（K1）节目成功进入中国移动多媒体广播电视平台，第一时间为昆明的手机、PDA、MP3、MP4、笔记本电脑以及在汽车、火车、轮船、飞机上的小型的接收机等终端用户提供我户综合频道（K1）节目，受众能以最快捷的方式获取我市时政信息。综合频道（K1）进入中国移动多媒体广播电视平台扩大了电视台新闻节目的传播范围，开辟了新的宣传阵地，标志着电视台进入了以移动多媒体数字广播电视为载体的第五媒体，弥补了有线电视的不足，为建设昆明市城市公共信息服务平台提供了技术支持平台。

【云南首档情感纪实类日播栏目《情动十点半》开播】 2009年3月27日，昆明电视台新闻频道（K6）新栏目《情动十点半》开播，这是云南首档情感纪实类栏目，以“感动、期待、真情”为主线，跟踪拍摄、抽丝拔茧，揭开层层迷雾、展现真相真情、还原人间百态；通过原生态拍摄手法，直击现场、真实记录，亲和、真诚、注重人文情怀与民生情怀，采用“真实记录+情景再现+现场访谈+主持人评述”的节目样式，栏目旨在“关注平民情感，记录大众生活”。播出频道：新闻频道（K6），播出时间：每晚10：30。

昆明电视台 2009 年获奖情况表

序号	颁奖时间	颁奖单位	获奖内容
1	2009 年 2 月	中国文学艺术界联合会、中国电视艺术家协会	昆明电视台：贵单位创作的《我这三十年》荣获纪念改革开放 30 年（1978—2008）中国电视纪录片系列片精品作品。
2	2009 年 2 月	中国电视艺术家协会电视文艺委员会	昆明电视台：《温暖·我们的家—昆明电视台岁末特别节目》在 2009 年度全国春节文艺晚会及春节特别节目评选中被评为春节特别节目好作品。
6	2009 年 3 月	中国广播电视协会	昆明电视台：你单位报送的《从农村到城市》，经专家评析，被评定为 2007 年度社教三等创优长纪录片节目
7	2009 年 3 月	中国广播电视协会	昆明电视台：你单位报送的《盛世藏石—黄龙玉》，经专家评析，被评定为 2007 年度社教三等创优系列片节目
10	2009 年 10 月	中国电视艺术家协会主持人专业委员会	张惠同志在庆祝新中国成立 60 年电视节目主持人表彰活动中，荣获全国城市电视台“60 年 60 人”荣誉称号
11	2009 年 10 月	中国电视艺术家协会主持人专业委员会	李萱同志在庆祝新中国成立 60 年电视节目主持人表彰活动中，荣获全国城市电视台“60 年 60 人”荣誉称号
3	2009 年 10 月	中国广播电视协会	昆明电视台：你单位制作的《天·人》节目荣获“中国台山·新富源杯”第六届中国纪录片国际选片会二十佳纪录片
4	2009 年 11 月	中国广播电视协会	昆明电视台：你单位报送的《歹徒持刀拒捕　民警鸣枪擒凶》，经专家评析，被评定为短片类叁等创优法制节目
5	2009 年 11 月	中国广播电视协会	昆明电视台：你单位报送的《艾买提回家》，经专家评析，被评定为特别节目类贰等创优法制节目
8	2009 年 11 月	中国广播电视协会	昆明电视台：你单位报送的《拥抱春天　昆明纪念改革开放 30 年大型文艺晚会》，经专家评析，被评定为第九届百家电视文艺节目评选等创优二等奖
9	2009 年 12 月	中国电视艺术家协会	昆明电视台摄制的《2008 奥运火炬传递昆明站宣传片》，荣获“奥运中国”优秀体育节目特别节目类好作品三等奖。

【市级行政中心昆明电视台记者站完成装修】 2009 年 3 月 12 日，罗英华、李树荣、蔡毅、王东明等台领导实地查看了市级行政中心昆明记者站机房的装修情况，对前期装修工作给予充分肯定。市级行政中心昆明电视台记者站 2008 年 12 月开始装修工作，目前已完成记者站的机房装修、UPS 电源和空调等设备的安装工作，成为全市驻昆明市行政中心各新闻单位中最早完成装修的一家。记者站机房建设实用、大方、功能齐全，能满足新闻采编播的使用需要。记者站将在市级行政中心搬迁的同时投入使用，以保证在市级行政中心采制的新闻报道得到及时、快速的传播。

【昆明电视台网站建站 5 周年】 2009 年 3 月 16 日，昆明电视台网站建站 5 周年，经过不懈努力，网站扩大和充实了对昆视播出节目的直播和上载量，扩大了昆明电视台节目的覆盖范围，对《昆明新闻》、《街头巷尾》、《联播昆明》和《风雷说法》等昆视新闻类节目进行了直播，并对昆明电视台 85% 的自办栏目进行了不间断网络上载点播服务。5 年来，凭借着大量丰富的视频资源，昆明网站确立了自己在本土的优势地位和独具特色的形象，努力把自己的造成一个立足本土，面向全社会的视频网站。

【2008 年昆明市广播电视政府奖暨“金孔雀杯”影视作品颁奖典礼在我台举行】 2009 年 4 月 25 日晚，“星光灿烂”——2008 年昆明市广播电视政府奖暨“金孔雀杯”影视作品颁奖盛典晚会在我台 1 000 平方米演播大厅隆重举行。李培山、田云翔等市领导出席晚会并为获奖者颁奖。本次晚会由昆明市广播电视局主办，我台承办。大型活动中心历时一个多月精心筹备，使整台晚会无论是舞美、灯光，还是歌舞编排、颁奖词撰写都凸显出大气、庄重、轻松、时尚的风格。我台共有 15 件作品获奖。

【《昆明新闻》全新改版】 2009 年 6 月 8 日，《昆明新闻》全新改版，从节目内容到节目包装、节目编排、主持人播报方式等均以全新面貌亮相。改版后的《昆明新闻》给观众以节奏快、信息量大、眼前一亮、耳目一新的观感。在内容方面，此次改版优化板块结构，设置了“要闻浏览”、“新闻链接”、“简讯”、“专访”、“专家观点”等多个板块，加快内容节奏，突出时效性，增强可视性。改版中重点改进会议报道，减少了单纯的会议新闻，跳出传统会议报道的模式，把会议报道的重心放在对背景的解读上，突出新闻的信息量，链接、延伸、扩充、阐述会议新闻的内涵，使会议新闻更加生动、鲜活。按照新闻规律改进新闻编排模式，以突出新闻的价值点和时效性，力求做到先期策划、主题突出、资料详实，配以适时的民生采访和时评综述等元素，多角度、多侧面、全方位、大容量地凸现新闻亮点，形成视觉冲击力，配合市委、市政府的中心工作，增强新闻宣传的影响力。改版后的《昆明新闻》突破了以往时政新闻呆板、模式化的播报方式，大胆尝试时政新闻民生化。在形式上，从主持人播报方式到片头、片花、演播室背景、灯光、字幕设计都进行了创新。为使《昆明新闻》实现时政新闻民生化的目标，新闻中心整合资源，创新管理机制，将原《昆明新闻》、《街头巷尾》、《联播昆明》三档节目整合成立日播新闻编辑部，有效地提高了新闻采、编、制作、播出的时效性。

【各栏目形成合力，全力报道市委工作会】 2009年7月28日至7月31日中共昆明市委工作会议召开。新闻中心抽调骨干记者、编辑组成采编特别报道组，分别对会议作了会前预热报道、会期集中报道以及会后解读报道，大篇幅、全方位地报道了市委工作会，形成强大的宣传声势，营造了良好的舆论氛围。还特别制作20秒的“市委工作会特别报道”宣传片头，在《昆明新闻》中播出。会前，《昆明新闻》采访、编辑、制作、播出了一组集中反映我市在招商引资、园区建设、工业突破、软环境建设、园林绿化、滇池治理等工作中取得显著成绩的新闻，为会议召营造氛围。会议期间，新闻中心周密部署，安排3组记者随队采访12个县（市）区和3个开发度假区、60个观摩点。在会议期间的采访报道中，《昆明新闻》重点将镜头对准基层，聚焦半年来各县（市）区重大项目落地、基础设施建设以及工业园区推进的情况。大型活动中心、技术服务中心按上级要求，圆满完成了会期3场会议录制及光碟刻制任务。会议结束后，《昆明新闻》及时推出“贯彻落实市委工作会精神”板块，全面解读省委常委、市委书记仇和在市委工作会上的讲话，报道了我市各县（市）区及时贯彻落实会议精神，确保今年各项目标任务完成的情况。《联播昆明》配合《昆明新闻》圆满完成了市委工作会的宣传报道任务，组织西山区、安宁市、晋宁县等12个县（市）区拍摄、制作、编辑当天参观观摩点情况的新闻，确保及时播出。《梅子开讲》邀请云南财经大学教授张洪、昆明市社会科学院高工张学曾、昆明市委党校基础理论部副教授赵培章、虹山中路社区主任王斌做客演播室，和观众共同分析、解读市委工作会议精神。《直播昆明——对话雅玫》邀请省委党校欧黎明教授走进演播室，解读市委工作会提出的招商引资、园区建设、工业突破三大主题，制作播出特别节目《关注一次不一样的会议》。

【《看了又看》收视表现再创新高】 2009年7月，《看了又看》栏目收视率再创新高，其中《爱情36计》收视率一度飙升至2.12%，市场份额达6.28%，实现了开播以来收视率和市场份额的最高峰值。《看我72变》深入挖掘变身人物背后的生活故事，收视率表现较好。

【新版《我挨你说》凸显昆明本土特色】 2009年8月10日，全新改版的《我挨你说》栏目正式登场亮相。亲切的昆明方言、新鲜有趣的新闻故事、演播室的漫画背景、漫画说新闻的播报方式让昆明观众耳目一新。《我挨你说》栏目“主持人挑战赛”冠军得主“杂师”李传志，过五关斩关将终于赢得《我挨你说》栏目当家主持人的位子，接替了原栏目主持人老王。改版后的《我挨你说》总时长40分钟，栏目仍然保持方言播报方式。主持人形象，演播室背景、道具以及漫画说新闻等独有的创新，更加突出了栏目的幽默化、娱乐化、大众化，增强了与观众的互动。

【《街头巷尾》推出《电视博物馆》】 2009年8月26日，《街头巷尾》栏目致力于保护、传承昆明城市文化，推出全新节目板块——“电视博物馆”，带领观众走进一座座博物馆，了解昆明悠久深厚的历史文化。节目板块充分发挥我台新闻直播车的优势，开展“直播入户、观众互动答题”等活动，并组织观众实地参观博物馆，取得较好效果。

【方言电视轻喜剧《乐事拐拐小楼上》开机】 2009年8月31日，昆明电视台广告节目营销中心筹备开拍的方言电视轻喜剧《乐事拐拐小楼上》正式开机。《乐事拐拐小楼上》故事内容紧贴百姓热点话题，贴近市民现实生活的内容引发观众共鸣。这部汇聚昆明本地市井风情，洋溢昆明味道的情景轻喜剧，将再次掀起新一轮收视旋风。

【昆明无线数字城市公共信息服务平台专家论证会在我台举行】 2009年10月17日，昆明无线数字城市公共信息服务平台专家论证会在昆明电视台举行。省市无线通讯、计算机网络、信息技术应用等领域的专家学者参加了论证。台党委书记、台长罗英华作了论证会主题发言，副台长蔡毅主持会议。我台拟建设的公共信息服务平台是无线数字城市的重要组成部分和应用的子系统之一，将充分整合资源，利用我台太华山发射台的区位、技术设备、专业技术人才储备和品牌服务等优势，为我市的数字城市建设作出贡献。与会专家经过充分论证认为：平台定位清楚，目标明确，内容基本合理。项目建设对提高昆明市各级城市的信息化、数字化水平，实现“信息惠民”具有重要意义，投入建设十分必要和重要，由昆明电视台承担建设任务是合适的，专家组同意通过论证。

【《天人》入围六届中国纪录片国际选片会20佳纪录片】 2009年10月，由中国广播电视协会主办的第六届中国纪录片国际选片会在广东台山揭晓。昆明电视台与红河哈尼梯田管理局联合摄制的纪录片《天人》荣获本次选片会20佳纪录片，并入围意大利EcoVision国际环境电影节、德国自然及野生动物电影节、半岛国际电影节。纪录片《天人》以红河哈尼梯田为背景，展示了哈尼人与自然和谐相处，创造了独特文化景观与伟大自然奇观的故事。《天人》是继我台摄制的《风流的湖》获世界山地纪录片人文类最佳长纪录片奖后，走出国门的又一部纪录片。

【主办“昆明记忆”老照片征集活动】 2009年11月12日，由昆明电视台和昆明市规划局联合主办的“昆明记忆”老照片征集活动圆满结束，市民通过短信投票选出了前十名的老照片。这次老照片征集活动历时五个多月，共征集到社会各界人士送来的5千多张老照片，约有3万余人参与，一个月的展览时间让昆明广大市民及各地人士感受到昆明城市各个方面60多年来所发生的翻天覆地的变化。本次活动无论从开展的时间跨度还是参与人数、征集到的照片数量以及所产生的社会影响力，都是昆明有史以来规模最大的一次照片征集展览活动。

【播出六集系列片《昆明冲击波》】 2009年12月28日，昆明电视台与中共昆明市委宣传共同策划拍摄、制作播出的6集系列片《昆明冲击波》开始在综合频道（1套）播出。《昆明冲击波》以2009年昆明的大事要事为叙事主线。第一集《涅槃》叙写了创造奇迹的昆明“二环”快速系统，见证了一座城市的奋起。第二集《突围》反映了昆明解放思想调动积极性，催生新举措。第三集《变革》展示了“官员公选”，大胆起用一批胸襟宽、眼界宽、思路宽的开拓者。第四集《启航》展现了为工业园区搭建"小机构，大服务"的平台。第五集《破局》讲述了一场全民参与的"造绿运动"，绿化了昆明、美化了昆明。第六集《嬗变》总结昆明的嬗变，是以民为本的科学发展使然，更是制度创新的威力使然。

（李志荣）

广播电视网络中心

【概　况】　2009年是昆明广播电视网络有限责任公司（以下简称"昆广网络"）对内制度建设年，对外服务提升年。公司坚持以科学发展观为指导，以提高经济效益为中心，以加强管理、加快发展为主线，以强化管理、完善制度、拓宽业务、提高技术、提升服务为支撑，探索多元化发展道路，创新经济增长模式，取得了较好的成绩。全年收入大幅攀升，累计完成2.69亿元，较2008年增长47%，创造了较好的经济效益和社会效益，实现了国民资产的保值增值。

【节目扩容】　为真情回馈广大用户，让用户通过数字电视收看到更多、更精彩的节目。在基本收视维护费不变的前提下。2009年1月1日凌晨，公司将数字电视基本节目由原来的61套增加为100套，全数字电视节目总数增加到147套，模数混合网络数字电视节目增加到106套，对原有节目包进行重新组合打包，并制定了新的价格策略。SDH下传县区的数字电视节目达到144套，其中含100套基本包节目。截止2010年3月，昆广网络全数字电视节目总数增加到148套。

【安全播出】　2009年实现安全播出传输180万小时（其中模拟前端模拟电视安全播出42万小时；数字前端数字电视安全播出138万小时）。总前端系统动力供电安全保障365天（8 760小时），各分前端机房巡检次数为741次，未因为设备故障、事故停电造成信号停播。巡检光缆159千米、光机78台、县区光缆99千米；完成光缆故障报修1 272起，处理完成率及保通率100%。保障播出配合市政建设完成新建道路211条缆线迁改、割接工作。

【客户服务】　通过加强业务技能培训，在提高96599客户服务热线接通率的同时也注重提高服务服务满意度。热线电话接通率从2008年8月的30.44%，提高到2009年的99.34%，从2009年2月开通满意度以来，用户对客服代表的服务平均满意度为99.14%。

2009年11月30日，新开设体育城营业厅和经开区营业厅，公司标准化营业厅由10个增至12个，为用户提供更优质、便捷的服务。

【网络维护】　随着新业务的大量开展及用户需求的提高，公司网络维护工作有了更高的要求。2009年1月～12月25日，处理用户报修174 033起（日均476.81起）。全年用户故障处理率100%，及时处理故障率97.86%，网络巡检2 378台放大器，收到用户各类表扬45起。公司维护人员尽心尽责，保质保量的完成维修任务，切实的加强了用户对公司的满意度和对公司产品的忠诚度。

【队伍建设】　开展以"岗位奉献，创先争优"为主题的"党员示范岗"、"团员示范岗"活动，激发广大党团员的责任感和能动性，推动公司科学发展。开展"个人形象一面旗、工作热情一团火、谋事布局一盘棋"主题实践活动，着力查找领导干部在个人思想、工作、作风等方面存在的差距和不足，紧扣个人思想和工作实际，从宗旨意识、政绩观、责任心、艰苦奋斗作风、组织纪律观念等党性修养和作风建设方面查找问题，并深刻分析原因，开展批评与自我批评。

创新公司培训体系建设，建立内部培训师队伍，整合公司内部培训资源。依据《员工教育培训管理制度》，通过公司内部公开选拔及部门推荐的方式，确定了32名人员参加内训师封闭训练，29名取得结业证，初步组建了昆广网络内部培训师队伍。

【开发业务提高品质】　面对激烈的市场竞争，公司积极开发新业务，开拓新市场。与新数通盛世科技（北京）有限公司合作推出电视报纸业务，让昆明市的有线数字电视用户体验到通过电视看报纸的方便与乐趣。

与江苏省广播电视信息网络股份有限公司（以下简称"江苏有线"）合作推出互动电视业务。双方采用BOT项目融资模式，在互动电视业务及相关技术系统建设、内容产品运营、市场营销服务等方面开展全方位合作。目前昆广网络互动业务有两类16个栏目：其中基本服务类包括：新闻回看、影视点播、文体娱乐、生活资讯、卡拉OK、电视游戏；付费服务类包括：电影、电视剧、动漫、综艺、体育、文化。互动电视彻底改变了用户传统收看电视的方式，真正实现个性化服务。

【积极探索多元发展】　积极探索多元化发展道路，创新经济增长模式。为积极响应《昆明市人民政府办公厅关于转发支持社会力量兴办养老服务业发展实施意见的通知》文件精神，优化公司国有资产配置，提高赢利能力，经报昆明市国资委批复同意，昆广网络与昆明富达发展实业（集团）公司出资共5 000万成立了VIP养老项目股份制公司即云南和瑞投资股份有限公司，其中昆广网络出资额占新公司股份的60%。

为给用户提供更便捷、更多元化的数字电视增值业务服务，昆明广播电视网络有限责任公司与昆明时育物科技有限公司、昆明丽景机构、北京联佳讯信息科技有限公司共同合作成立了昆明卡互卡科技有限公司。该公司是基于昆广网络有线数字电视增值服务下运作的"昆明通"项目。该项目未来可使昆广网络用户通过双向互动机顶盒足不出户便可实现各类城市生活缴费和电视购物等。

【搭建平台促进交流】　2009年公司通过开通"昆广网络网站"，创办《昆广网络》报，开播"昆广网络导视频道"，搭建了多渠道、高覆盖的信息交流平台，让用户在第一时间及时了解公司最新动态和产品信息。并且通过在公司网站上开设董事长信箱广泛收集用户的意见和建议，促进了与用户间的交流，加强对公司各项工作的监督和改进。

【扩大宣传提升形象】　为提升昆广网络品牌形象，扩大公众影响力和知名度，公司通过组织各类大型活动积极进行形象宣传。独家冠名赞助并承办了2009年"昆广网络杯"昆明公众桥牌赛；主办"2009年昆广网络首届物业双扣邀请赛"；独家冠名推出"昆广网络之夜——'红动中国'青春红歌会"。

（昆广电视网络中心）

昆明日报

【昆明报业传媒集团成立】　2009年9

月27日，昆明报业传媒集团正式挂牌，昆明报网媒发展进入了一个崭新时期。

早在2005年底，报社制定十一·五规划时，就将集团建设列入重点规划之一。2009年1月14日，在市政协十一届四次会议上，报社提出建设昆明报业传媒集团的建议，仇和书记等市领导高度重视，当即要求加快建设步伐。3月18日，全市宣传思想工作会上，市委主要领导明确指示昆明市要组建报业集团。7月8日，报社召开了组建集团第一次工作会议，统一思想、形成共识。7月18日全市文产工作会上，市委主要领导再次明确了集团成立的时间表和路线图。报社党委、编委会立即部署集团成立的筹备工作，并做出以此为契机加大业务、经营拓展的力度。

昆明报业传媒集团的成立，是昆明市加大文产改革力度的成果，市委、市政府的决心和政策支持是昆明报人圆梦的坚实基础。根据党的十七大精神和中央、省、市有关文件要求，市委、市政府出台《关于深化文化体制改革、加快文化产业发展的意见》，这是报业集团建设的政策依据，同时，市委、市政府下决心整合市级期刊资源，将隶属于昆明市文联的《滇池》、隶属于昆明市卫生局的《皮肤病与性病》两杂志划归集团运营，并要求文产改革要“完全改、改彻底、彻底改”，批复同意报社关于组建集团的6点请求，这为集团建设和永续发展奠定了坚实的基础，为昆明报业传媒集团的建设和今后的发展铺平了道路。

【昆明日报跻身“中国地市报十强”】 2009年6月8日，由《传媒》杂志、上海交通大学联合举办的“2009中国传媒产业经营管理论坛”上，《昆明日报》从全国700多家地市报中脱颖而出，荣获“2008—2009年度中国地市报经营管理十强”称号。2009年12月5日，在人民大会堂召开的“中国传媒大会”上，《昆明日报》又被评为“2009中国十大地市报”，作为中国西部唯一一家获此奖项的媒体，被报业同行赞誉创造了西部奇迹。传媒网、传媒杂志经过调研评估，认为昆明日报已经实现了“中国西部最好的党报”的目标，并向全国推介，不断有城市党报到报社学习取经。

同时，都市时报在全国280多家报社中脱颖而出，成为全国都市报30强第26名；报社所属三个媒体均荣获市委颁发的“新昆明建设突出贡献奖”；吴晓松、贾薇、毛海鹏3人获昆明市第三届十佳新闻工作者称号。

【两报质量快速提升】 从2008年7月报社提出高扬独家新闻旗帜，狠抓新闻强报，快速提升新闻宣传和业务水平的目标，经过一年半的努力，报社新闻业务、报纸质量、队伍业务水平都有较大提高。

两报在加强日常采编工作基础上，狠抓新闻强报，狠抓独家新闻，建立完善了独家新闻、好版面、好图片的奖励、考评机制，将独家新闻评选、业务通报、月奖，信息港页面绩效考核、各级新闻奖奖励等规范化、常态化，并与年终的考核、奖励紧密挂钩。

强化三级评报制，为采编人员树立业务标杆，引领新闻业务奋斗方向和目标。高度重视云南省新闻出版局《云南报刊审读》、市委宣传部《阅评简报》的意见和建议。对每一期《审读》和《简报》，报社党委、编委、时报编委会成员和两报一港业务部门负责人均传阅学习，并将精神传达到采编人员；报社总编、副总编坚持讲评报纸；实行出版前三审制，出版后评报制。新闻研究室、时报考核部专人对每天的报纸进行审评。通过狠抓报纸的三级审评，两报的新闻质量、版面信息含量、编校质量都有了明显提升。昆明日报社被省新闻出版局推荐参评2009年全国报刊阅读先进单位。

【昆明日报版面改革实现“三读”目标】 在坚持昆报独具特色的回字型版面的前提下，2009年报社确定了打造“精读、速读、深读”的三读战略，制定了“昆明日报版面规范”。新规范重点引入了新闻速读和精读昆滇、速读天下等导读、短消息栏目，实施导读制，同时进一步完善了昆报的版面构成，丰富了新闻的阅读层次，实现了“可读、速读、精读”的战略部署；报网互动的《网·报》版成新闻增长点，昆报依托信息港资源，搭建起一个政民互动平台，成为昆报新的新闻增长点；在社会、社区版块大力推行“编辑中心制”，使社会、社区新闻做到了有深度，栏目多样并相对固定，独家新闻比例高；《领导在线访谈》通过报网互动、政民互动，成为昆明市“效能提升、作风改进”的权威栏目和主阵地，充分显现出新媒体与报纸结合的活力；6月份对副刊进行改版，推出的《博文》版，成为全新的报网互动版块，增强了昆报副刊的时代感。

把握好舆论监督报道的度。正处于跨越式发展中的昆明，在局部地区、局部领域积压着诸多矛盾和隐患，在报道中如果缺乏大局观、缺乏关联判断和应有的敏感，势必成为“导火索”。仇和书记说：城市形象需要媒体共同维护。报社不断强化这个意识，加强舆论监督的指向性和目的性。面对二环建设、螺蛳湾整体搬迁、城中村改造、外挑式阳台整治等敏感问题，坚持准确、有力、权威地发挥喉舌作用，报道口径始终与党委、政府高度统一，帮助政府工作查缺补漏，做到真实、客观，摒弃炒作。

【昆明日报周刊改革】 基本成形，办刊质量不断提升。按照报社的发展战略，对昆报周刊进行了又一次大的改革，放弃经济新闻B版，将常态的经济新闻前移，改造整合原有周刊，《地产与投资导刊》、《四创》、《健康》、《滇池》、《大周末》几个周刊从2009年3月份正式出版，后又增加了《开发区周刊》。周刊坚持每周策划制，确定每一期的深度新闻选题，确保了新闻质量，得到业界的认同。以周刊为主开展的经营活动收到显著成效。同时，周刊发挥行业贴近性、针对性强的优势，增加定向发行，为新闻和创收“开路”。

【昆明日报典型报道、策划性大型活动】 “寻找60幸运国庆人”创报社策划性活动影响之最。2009年是建国60周年，报社提前策划的“寻找60幸运国庆人”活动历时4个月，活动影响州市、远播省外，每阶段均亮点频现，至10月1日达到高潮，汇集了云南26个民族的“60国庆人”欢聚昆明，升旗仪式、看电视直播，种“国庆林”和集体生日晚会均出新出彩，生动感人，令人难忘，得到社会各界的高度好评。许多“国庆人”事后还致信表示：感谢《昆明日报》和云南大山公司，筹办了这个意义非凡的活动，让幸运国庆人和祖国母亲共度60华诞，在生日这天喜上添欢。这一大型活动成为我省乃至我国在国庆当天众多活动中独树一帜，前无古人，首开先河，最富特色的活动，省市、全国甚至港澳媒体争相报道，可谓我报史上真正社会影响最大的活动。

【全景式报道《飞翔的昆明》节目】 2009年，二环通车是昆明城市建设中的一件大事，昆明日报提前策划，通车前一个月，在交通中断的情况下，记者每天步行在11座立交桥之间来回采访、审稿、审版，后方编辑精心制作，9月

27日二环开通之日，一份二环建设全景式记录特刊《飞翔的昆明》送到了典礼现场和广大读者手中。特刊出版后，得到了仇和书记的高度评价，并要求把特刊送到全省所有副省级以上干部手中，报社因此加印了1万份特刊送发。

【重大活动报道】 “第三届包机送清华北大学子进京”、“三个和谐”评比、“市民河长”巡河、“2009昆明城中村改造拼搏之星”等活动，《嬗变》、《冲刺》、《跨越》等特刊，都是紧紧围绕市委、市政府中心工作、围绕读者关心的热点问题，创意策划的“三贴近”活动和特刊，为提高昆明的美誉度，提高党报的权威性和影响力，发挥了巨大的作用。

【都市时报坚持“阳光办报，做负责任媒体”】 2009年，都市时报重点抓新闻转型和独特视觉，提升新闻品质。2009年，时报在全省首创新闻刊前评估制度，经过半年多的试运行，收到良好成效，受到省委宣传部的肯定；7月时报在全省生活类报纸中率先提出了摒弃低俗、血腥、暴力新闻，在本土、主流的基础上，力推“阳光办报，做负责任媒体”的理念。11月7日云南省第十届记者节的主题即“做负责任的媒体”，印证了时报正确的新闻方向。从“阅读”向“悦读”转变，以清新、贴近、温情的面目给读者耳目一新的视觉享受，受到党委政府、读者客户的青睐，同时抓死独家新闻，强调独家视角，突出独家特质。同时从标题、版式等的变革中践行报纸速读、精读、深读并举的新理念。

【报社新闻评选再获丰收】 两报全年共有74件（组）作品获得第二十五届云南新闻奖、云南新闻论文奖、云南报业新闻奖、中国城市党报好新闻、昆明市好新闻一、二、三等奖，其中时报《叔叔，救我》获得云南新闻一等奖，孙学敏的论文《心要热头要冷　步子要大又要稳》获得云南新闻论文一等奖，昆报《昆明纸贵》获得云南新闻特稿奖；昆报《村主任为建“新农村”向父亲下跪》、时报《探访云南莽人》、《东川拾磷人》获云南报业新闻一等奖等，是近年来在各个新闻奖项评选中，获得省级以上好新闻一等奖最多的年份。同时时报新闻摄影作品频频获奖。黄兴能的《东川拾磷人》获人民摄影“自然环保类”奖，又获华赛金奖，龙宇丹的《独腿母女》获华赛铜奖；周瑨的“芭蕾女孩”获云南省摄影专项奖、中国地市新闻摄影大赛铜奖；《莽人村寨的孩子》获“尼康杯中国瞬间”优秀奖。

【昆明日报经营强势突破】 昆报综合新闻中心在完成繁重的新闻宣传任务的同时，认真分析面临的经营形势，“新闻”、“创收”两线作战，抓住一切可能积极展开创收，从宣传、活动、服务等多方面稳住存量，扩大增量。积极策划活动，将经营巧妙的嵌入活动中，强有力地助推全年任务的完成。昆报经济新闻中心创新模式，寻求经营新的突破。结合昆明跨越式发展、工业突破、招商引资工作创立全新平台；结合市委、市政府的中心工作，创新工作机制，开展形势多样的活动，促进经营创收。改革调整后的《地产与投资导刊》、《四创两争》、《健康周刊》、《滇池特刊》展开业务、活动、经营三位一体的推进战略，取得了显著的经济效益。全年创收同比增长41.41%。党办、社办、发行公司、昆明信息港积极探索经营之道初见成效，经营创收同比增长59%至255%。

【时报创新经营模式】 时报通过加强管理，推行精细化分工，强化市场份额。在全面实行广告公司代理制的基础上，2009年时报推行内部行业目标责任制，实行月度任务和月度份额双考核机制。向优势行业、支柱行业倾斜，扶持有潜力的中小行业，全面推进、全面开花。同时，以活动树品牌，靠品牌促创收，“情定花海”、金融口碑榜、大学校园之星评选，与央视成功合作的非常6+1，昆明之最评选、新云南新中国评选、金秋荷花节、祖国大庆我们大喜红色婚礼、国庆爱国车贴、“一句话赞美昆明短信大赛”一系列活动，有步骤有计划地把品牌建设推向高潮，同时，促进和拓展了时报的经营创收平台。在金融危机的艰难背景之下，时报广告经营实现了稳中有升的目标。

【昆明日报发行实现大突破】 2009年，市委、市政府高度重视党报的发行，给予了极大的支持和政策倾斜，在市委和各县市区的支持下，在报纸质量不断提高，读者认同度大大提升的前提下，市委机关报《昆明日报》的发行有了大突破，征订突破5万份大关，报纸发行最高达8万份。

【信息港建设】 信息港新闻宣传业务水平迅速提升。信息港充分发挥城市门户网络媒体的作用，围绕市委、市政府的中心工作，利用文字、图片、视频声频的直播、点播和专题页面的“全媒体”方式，融合报纸、电视、广播和政务信息资源，加强报网报台联动，对外介绍昆明、宣传昆明，努力打造面向全国、联通世界的“全景新媒体”。昆明信息港新闻综合主站大量新闻被人民网、新华网、中国新华网、腾讯网、新浪网、网易、云南网等省内外主流网媒转载。经过一年的创业拼搏，昆明信息港（www. kunming. cn）实现了超常规的成长和发展，集新闻、政务、英文和互动社区为一体的综合性城市门户模式运转优良，成为宣传昆明、聚焦昆明最权威最重要的网络平台，“网上实名回复”的政民互动实践受到全国关注，网站全球和全国排名节节上升，新闻主站、政务主站和社区在全省近2万个网站中均稳居前三。

【“效能提升”、“作风改进”和“学习实践科学发展观”活动取得实效】 2009年是昆明市“行政效能提升年”和“干部作风改进年”，同时按照全省的统一部署，开展深入学习实践科学发展观活动。市委、市政府要求将学习实践活动和两个“效能”提升年活动结合起来，进一步推进昆明市的软环境建设和实现昆明跨越式发展。报社党委高度重视，将两个活动与报社的事业发展紧密结合，措施有力，扎实推进，取得实效。报社跨越发展得到市委、市政府肯定，作为典型案例入编《昆明市深入学习实践科学发展观活动典型案例100篇》

活动期间，报社所属各媒体宣传全市“提升、改进年”和学习实践活动。据统计，《昆明日报》从3月21日~8月26日，共刊发消息、专访、通讯、时评等稿件398篇；《都市时报》刊发稿件155篇；昆明信息港发稿668篇。全方位强有力的宣传，营造了学习实践活动的舆论氛围，受到群众好评，得到了上级的肯定。

（昆明日报社）

卫生·体育

卫　生

【卫生事业概况】　昆明地区现有各类卫生事业机构2 755个。床位33 607张，人员45 547人，其中卫生技术人员37 015人，其他技术人员2 255人，管理人员2 468人，工勤人员3 809人。

昆明地区平均每千人中拥有床位5.4张（市辖区为7.4张，县为3.4张），每千人口拥有医院床位4.3张、卫生技术人员5.9人（市辖区为9.1人，县为2.8人），执业（助理）医师2.6人（市辖区为4.07人，县为1.25人），注册护士2.2人（市辖区为3.5人，县为0.98人）分述如下：

机构：昆明地区2 755个机构中，有医院201个（其中综合医院127个、中医医院11个、中西医结合医院4个、专科医院59个）。社区卫生服务中心（站）176个（不含由乡镇卫生院转型和社会举办），卫生院113个，疗养院7个，门诊部47个，诊所、卫生所、医务室2 135个，专科防治所、站6个，疾病预防控制机构17个，妇幼保健机构17个，卫生监督机构16个，医学科研机构4个，其他卫生事业机构16个。

床位：昆明地区184所医院有床位26 887张，其中800张以上床位的医院8所，500～799张床位的医院5所，200～499张床位的医院25所，100～199张床位的医院32所，99张床位以下的医院131所。在昆明地区33 607张总床位中，医院床位26 887张，占昆明地区总床位的80%，农村卫生院床位3 057张，占昆明地区总床位的9.1%，疗养院床位997张，占昆明地区总床位的3%，其他各类机构有2 666张，占昆明地区总床位的7.9%。

人员：昆明地区医疗卫生机构总人数为45 547人。有卫生技术人员37 015人，其中执业医师（助理）16 517人，注册护士13 992人，药师（士）1 843人，检验师1 465人。其中医院有30 547人，占昆明地区卫生机构总人数的67.1%；农村卫生院有2 242人，占昆明地区卫生机构总人数的4.9%；疗养院有534人，占昆明地区卫生机构总人数的1.17%；门诊部、诊所、医务室5 242人，占昆明地区卫生机构总人数的11.5%；疾病预防控制机构1 337人，占昆明地区卫生机构总人数的2.9%；妇幼保健机构1 079人，占昆明地区卫生机构总人数的2.37%；其他各类机构有4 566人，占昆明地区卫生机构总人数的10.02%。

医疗服务：2009年昆明地区各级各类医疗机构总诊疗2 917.07万人次（门诊2 714.35万人次，急诊147.88万人次，门、急诊人次占总诊疗人次的98.12%）。其中201个医院共诊疗1 674.40万人次（门诊1 554.12万人次，急诊120.28万人次，门、急诊人次占总诊疗人次的98.12%）。全年出院人数为90.67万人次，每百门诊、急诊住院人数为3.1次。住院手术24.72万人次，危重病人住院抢救17.84万人次，抢救成功率96.7%。平均开放病床33 607张，平均病床周转28.4次，病床使用率为84.54%，出院者平均住院日10.3天。

113个卫生院全年共诊疗257.53万人次，其中门诊、急诊254.80万人次，占总诊疗的98.94%，平均开放病床31 965张，出院人数10.48万人次，每百门诊、急诊住院人数为4.1人次。全年平均病床周转28.4次，病床使用率为84.54%，出院者平均住院日10.3天。

【深化医药卫生改革】　2009年4月，在全国率先开展医师多点执业工作，截至年底有890名执业医师申办获准多点执业。出台了《昆明市医药卫生体制改革3年实施方案（2009—2011年）》、《昆明市2009年医药卫生体制五项重点改革主要任务和工作目标计划》等系列医改文件，加之正在实施的公立医院改革和民营医院发展政策，昆明市成为公立医院改革和医师多点执业国家级试点城市、基本药物制度改革和卫生科技进社区省级试点城市，形成了在全国有一定影响、具有昆明特色的医改模式。

结合医改政策，坚持规划进行，超前谋划“十二五”。“十一五”卫生事业发展规划确定的75项任务，完成率达86.7%。制定了城市和农村卫生服务体系建设规划，促进城乡基本公共卫生服务的可持续发展。完成了“十二五”卫生事业和基层卫生服务体系建设规划，在医改政策体系下，构筑了“十二五”卫生事业发展蓝图。

【农村卫生工作】　新农合参合农民256万人，参合率95.9%，高于全省平均参合率近3个百分点。住院补偿封顶线提高到2万元，起付线下调5%，报销补偿比例上调5%，统一门诊减免和住院报销方式，简化报销手续，实行“即付即补”。全市参合农民平均门诊费用为35.9元/人次，平均住院费用为2 536.3元/人次；共计报销补偿248万人次、2.3亿元，农民看病得到明显实惠。继续实施农村巡回医疗制度，保障农村公共卫生服务专项资金和农村住院医师以上卫技人员的补助津贴，极大调动了基层医疗机构的工作积极性。农村医疗条件不断改善，乡村一体化管理不断巩固。

【社区卫生服务工作】　全市300个社区卫生服务机构和86个流动人口卫生服务站，覆盖人口287万；累计建立居民健康档案31.4万户、92.9万份；开展公共卫生服务592万人次，门诊量达433.6万人次；考核兑现政府购买公共卫生服务资金1 330.8万元；居民对社区卫生服务机构的满意度达91%。

【疾病预防控制】　全市463个医疗机

构实现了传染病疫情网络直报，县级以上医疗机构网络直报覆盖率100%。全市传染病报告率100%，报告及时率99%，传染病发病率261.95/10万。市县投入340余万元经费，提升疾控检验能力，市疾控中心启动国家实验室认证，县（市）区疾控中心通过实验室省级计量认证。组织开展重大传染病防控工作。开展麻疹疫苗强化免疫，各县（市）区实现消除碘缺乏病目标。巩固结核病防治工作，全面完成省级下达的指标任务。官渡区、东川区和寻甸县启动了重性精神疾病防制试点工作。加强甲型H1N1流感防控工作，迅速部署，全面监测，全市投入经费432万元及时开展疫情处置和医疗救治。全市共确诊甲型H1N1流感病例789例，涉及164所学校。

【艾滋病防治】 落实新一轮防治艾滋病人民战争实施方案，完成昆明市防治艾滋病信息管理系统建设。加强宣传和干预，全市各类人群艾滋病知识的知晓率普遍提高，城镇居民达95.0%、农村居民达88.2%、流动人口达83.4%、校外青少年达93.8%。昆明市累计报告HIV/AIDS病例计13 643例，全市艾滋病防控态势依然严峻。

【妇幼卫生】 落实医改政策，增加妇女“两病”、婚前医学检测等公共卫生服务项目，开展农村妇女乳腺癌检查试点工作。强化孕产妇和儿童保健管理服务工作，继续实施“降消项目”。2009年全市孕产妇住院分娩率98.11%，孕产妇死亡率40.2/10万、婴儿死亡率8.94‰。城乡居民平均期望寿命76.11岁。

【卫生执法监督】 组织实施卫生立法与法制宣传、重大决策听证工作。依法开展医疗服务市场、食品、公共场所、饮用水、职业病防治等公共卫生、传染病防治的监督管理。卫生审批项目由6个精简到4个，承诺办结时间由原来的7天缩短为5天，实际平均办结时间为2.2天；实施各类卫生行政许可1 969件，办结率100%。市县两级卫生行政部门共实施卫生行政处罚479家，罚款127.6万元；完成各类抽检8 978件，并及时将抽检结果通过媒体予以公示。有效开展创卫“七小”整治，全市涉及创卫“七小”单位2.8万户，整治达标率84.7%。圆满完成国际人类学与民族学世界大会等大型会议活动的卫生保障任务52起，保障人数16.7万人次。

处置突发公共卫生事件及时有力。投入100万元，完成昆明市突发公共卫生事件应急物资储备中心的建设。2009年，全市共报告卫生突发事件46起，涉及14个县（市）区8.9万人，发病1 035人，死亡5人，报告及时率100%，所有事件均得到了有效控制。

【卫生项目建设】 市儿童医院南市区医院建设项目累计投资1.3亿元。市一院北市区医院建设项目，基坑开挖4万立方，累计投资1.29亿元。市中医医院呈贡新城建设项目进场开工建设，累计投资2 269万元。云南心血管病医院完成施工招标，累计投资780万元。市妇女儿童保健中心建设项目进展顺利，完成前期投资87万元。

卫生基础设施建设进展顺利。2009年，昆明市争取中央扩大内需对基层医疗机构建设投资7 650万元，省级配套资金2 209万元，社区卫生服务机构和村卫生室标准化建设全面完成。27个中央扩大内需建设项目、28个国债项目、57个省级“双百”社区卫生建设项目、23个市级社区卫生建设项目有力推进。

【医疗管理】 公立医院改革继续深化，拟定《昆明市公立医院改制工作指导意见（送审稿）》，建立医院法人治理结构，采取增资模式，现有资产存量不动，人员身份和事业编制不变，引入社会资本，实行股份制办院；承担公共卫生职能的医疗机构，重点完善服务功能，提升服务能力，深化内部运行机制改革。探索卫生资产再融资和“管办分开”的公立医院管理模式，成立昆明市医疗投资有限公司，做大做强卫生产业。

民营医疗机构发展迅速。鼓励社会资本规模办医，有效发挥民营医院服务中心的指导和服务职能。昆明地区已投入使用民营医院111所，开设病床6 800张，固定资产总额21.6亿元，从业人员8 930人。民营医院数量、床位、资产和人员比2008年增长16.8%、48.6%、74.2%和63.5%。

医疗服务质量和水平明显提高。在全面深入开展“医院管理年”、“医疗质量万里行”等活动的基础上。2009年昆明地区各级医疗机构门诊人次3 011.3万，同比上升18.4%，出院人次93.2万，同比上升24.8%。市、县、乡级医疗机构服务数量明显增长，能力显著提高。建立了解决医患纠纷的人民调解机制。全市无偿献血率连续4年实现100%。

中医工作有效推进。开展“中医中药中国行”在昆明的大型科普宣传活动。推进省市40个中医特色专科专病建设，完成30名在岗乡村医生中专学历教育。继续推广中医药适宜技术，全市61.2%的乡镇卫生院、100%的社区卫生服务中心、91.5%的社区卫生服务站开展中医药服务。巩固中医院新农合二次补偿报销政策，惠及患者1.2万人次，减免金额127.3万元，中医医院

市医改领导小组召开全体会议　（张德　摄）

昆明市2009年病媒生物防制工作统计表

县(市)区	举办培训班		病媒生物防制工作经费(万元)	灭鼠用药(吨)	杀虫药剂(千克)	防鼠设施不合格率(%)	室内防蝇设施不合格率(%)	鼠密度			蚊密度		蟑螂密度		
	培训人次	人数						粉块阳性率%	室内鼠迹阳性率(%)	冬季外环境2000延长米鼠迹(处)	居民住宅单位内外环境各种存水容器积水阳性率(%)	大中型水体阳性率(%)	阳性率(%)	活卵鞘阳性率(%)	蟑迹阳性率(%)
五华区	186	4 345	51.19	16.15	3 945	1.37	1.74	1.48	1.22	0	1.54	1.29	2.11	0.52	0.79
盘龙区	162	6 584	285.39	6.407	11 877.5	1.18	0.78	0.53	0.93	2	1.73	1.96	1.36	0.19	0.35
官渡区	149	3 537	165.31	15.01	1 139.4	1.89	1.81	1.34	1.52	2	1.81	6.69	1.23	0.26	0.50
西山区	186	8 223	85.57	21.04	3 051	1.32	1.03	1.49	1.12	3	3.75	1.06	1.7	0.83	0.63
东川区	2	202	6.9	4.2	672.3	2.63	3.00	1.56	2.25	2	2.59	——	2.38	1.31	1.67
安宁市	67	2 300	51.25	27.5	903	4.92	4.00	2.70	2.17	2	8.74	2.06	2.84	0.69	0.39
呈贡县	27	955	25.5	44.25	700	2.95	2.56	0.83	1.41	2	3.33	0.00	4	0.80	0.40
富民县	23	678	41.7	7.51	845	0.79	1.05	0.87	0.37	0	2.51	2.40	1.14	0.50	0.65
晋宁县	189	11 161	65.33	24.61	159	3.62	4.52	0.96	2.71	3	2.74	9.09	1.96	0.00	1.96
宜良县	27	1 114	79.9	135.3	1 135	1.86	1.63	0.74	0.93	2	0.49	0.50	1	0.50	0.50
嵩明县	140	3 915	36.82	35.79	700	2.17	3.80	1.58	1.63	3	0.20	1.36	2	0.00	0.10
石林县	50	9 853	20.78	10.4	804	0.79	4.60	0.61	1.39	0	1.25	0.00	0.21	0.10	0.11
禄劝县	5	600	20	1.5	300	0.24	1.60	1.12	0.16	4	2.00	——	1.8	0.16	0.00
寻甸县	44	3 960	34.6	27.65	710	1.12	1.09	0.92	0.78	2	5.88	10.00	0.34	0.00	0.34
高新区	32	204	21	0.71	853	4.17	3.41	1.99	4.48	4	1.82	2.67	0.2	1.55	2.04
经开区	33	994	33.6	43.6	513.42	1.31	4.09	2.13	1.35	3	1.89	0.00	4.23	0.18	0.14
度假区	4	185	12.73	3 498	350	0.75	0.25	0.53	0.44	1	2.98	1.50	1.38	0.54	1.38
合计	1 326	58 810	1 037.6	3 919.627	28 657.62	1.57	1.80	1.30	1.29	35	1.86	3.45	1.69	0.41	0.58

住院病人同比增长20.27%。

积极落实国家和云南省基本药物制度，开展药品配送企业遴选，实施市第二人民医院药房托管，在市第三人民医院开展医药分开管理试点工作，积极探索医院药事服务外包管理模式。医疗机构“药品统一竞价采购，统一配送”工作得到巩固，药品采购总金额3.14亿元，网上药品采购金额1.65亿元，药品采购总金额同比增加3 400万元。

【创建国家卫生城市】 切实履行“创卫”分指挥部职能，研究、部署、推进各项创卫工作，加大创卫工作协调力度，统筹各部门创卫工作进度，积极推进市容环境卫生、老旧居民区、城中村、农贸市场、七小行业、传染病防治、健康教育、除四害等专项整治工作。全市“七小”行业达标率和居民健康知识知晓率及行为形成率显著提高。创卫工作10项指标达标，通过了省级技术评估。9月，全国爱卫会接受了昆明市创卫申报，顺利通过国家专家组暗访，全市创卫工作进入最后冲刺阶段。

【卫生人才管理与医学科技发展】 人事制度改革不断深化。充分发挥卫生人才分中心作用，巩固医疗卫生机构人事代理制度，完善全员聘用制、岗位绩效工资制和高级专家年薪制。继续推行医疗卫生事业单位干部公推公选、公推直选，成功进行了14名行政干部的公开选拔。

人才队伍建设不断加强。启动毕业生就业见习基地工作。成立市卫生系统高级专业技术职务任职资格评审委员会，建立评委专家库。目前，市级医疗卫生单位硕士以上学历人数占专业技术人员总数6.8%，大幅度超过“十一五”初期的0.98%。

卫生科教工作不断深入。继续实施学术技术带头人及后备人选培养管理工作，对26名市级和32名局级学术技术带头人及后备人选分别进行考核，30名局级人选实现培养目标；14人入选第七批市级中青年学术技术带头人及后备人选。40个市级内设研究机构（技术中心）届满考核，合格率90%。市级卫生系统获市科技进步奖13项（一等奖1项、二等奖1项、三等奖11项），占全市奖励项目的21.7%。

基层卫生人员培训得到加强。全年培训乡镇卫生院医务人员和乡村医生3 911人次；培训社区医务人员629人，累计培训全科医师1 213人、社区护士874人。表彰100名优秀乡村医生、50名优秀社区卫生服务工作者。

【卫生先进创建和评比】 结合社会主义新农村建设，积极开展农村爱国卫生工作，不断改善村容村貌，保护农民身体健康。官渡区六甲街道办事处福保村、大板桥街道办事处三甲新村、石林县石林镇小箐村、寻甸县河口乡象鼻岭村、晋宁县晋城镇中谊村被授予“云南省卫生村”称号，官渡区宝象河自来水厂被授予“云南省农村优秀水厂”称号。

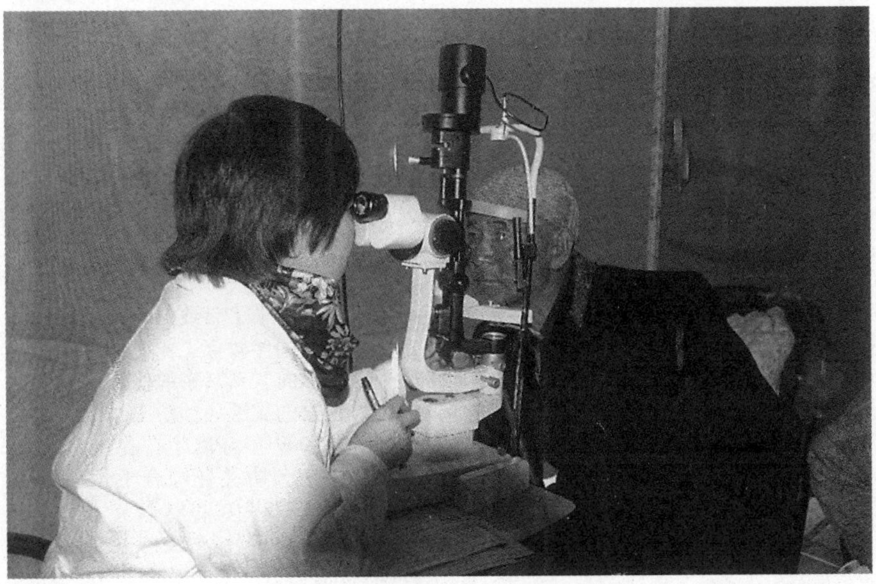

医务人员送医下乡 （张德 摄）

社区和单位卫生工作取得新成效。积极开展爱国卫生争先创优活动，授予华山办事处翠湖社区等7家社区“昆明市卫生先进社区”称号；授予五华区工商行政管理局等42家单位“昆明市爱国卫生先进单位”称号；授予五华区第一幼儿园等44家单位“昆明市无吸烟先进单位”称号；对第1、2、6批爱国卫生先进单位进行复查验收，继续授予云南省政协招待所等134家单位“昆明市爱国卫生先进单位”称号；组织开展六轮社区爱国卫生达标检查工作，达标率88.4%。

【除四害工作】 全市病媒生物防制工作以“迎接建国60周年，城乡清洁行动”为主题，坚持以环境治理为主的综合防制原则，制定下发《昆明市病媒生物防制长效管理实施意见》、《昆明市病媒生物防制管理办法》、《昆明市病媒生物孳生地治理方案》等规范性文件，先后组织开展了春、冬季灭鼠、夏季灭蚊、蝇、蟑螂、下水道灭蟑及重点性防制工作。全年累计投入防制经费1 037.6万元，使用灭鼠药3 919.63吨、杀虫剂28.66吨，鼠、蚊、蝇、蟑螂的密度被控制在国家标准之内（详见“昆明市2009年病媒生物防制工作统计表”）。安宁市被授予“云南省灭蚊、灭蟑先进城区”称号，寻甸县被授予“云南省灭鼠、灭蟑先进县城”称号，禄劝县、富民县创建“云南省灭鼠先进县城”工作先后通过省级检查验收。西山区环城南路668号“上佳小吃”被命名为“昆明市除‘四害’综合防制达标街路”。到2009年底，共有12家有害生物防制机构通过资质认证并开展灭杀服务。

【第二十一个爱国卫生月活动】 全市紧紧围绕“迎国庆、讲卫生、树新风”的活动主题，以宣传健康生活方式、集中整治脏乱差为主要形式，组织开展了第二十一个“四月爱国卫生月”活动。全市共有66.3万人参加，出动车辆6 480辆，清除违法占道经营4 888处，清洗小广告24.5万张，清理污水沟32万米，清运垃圾12万吨，发放宣传资料52万份，展出宣传图板1 800块，为广大人民群众营造了一个整洁、优美的工作和生活环境。

【农村改水改厕】 2009年，全市投入农村改水资金6 193.71万元，9.09万人告别了饮水难，喝上了自来水；另有

2 100人通过雨水收集等方式改善了饮水条件。2009 年，全市投入农村改厕资金2 635.55万元，新增无害化卫生厕所1.26 万座。

（张 德 代 玲 郑 楠）

市红十字会

市慈善总会、市红十字会主持的赈灾现场 （市红十字会 供稿）

【救灾救助】 积极筹集物资，在全市开展“红十字博爱送万家”活动。春节前夕，向10个县（市）区及新农村建设挂钩单位嵩明县杨林镇杨林村委会下发了饼干210箱，鞋子940双，棉被1 200床，棉衣200件，绒衣200套，对“阳光家园”、麻风病休养员、杨林镇中心学校特困学生及杨林村委会60岁以上老人等特殊群众进行了慰问，覆盖1 874个家庭，近4 814余人受益。

在“5·18红十字博爱周”期间，对市社会福利院、市精神病院、五华区新盟小学、盘龙区培智小学等758名弱势人群进行了慰问。“六一”儿童节对市政协新农村建设挂钩单位官渡区福保乡新二小学发放了T恤150件，耳机200个开展慰问活动。“七一”前夕，对嵩明县部分贫困老党员进行慰问。

广泛开展救助活动。对昭通白血病患者杨孙涛，99%深度烧伤市民闫婧，患神经母细胞瘤的贵州毕节万县王淑敏之女李鹏，宜良县患再生障碍性贫血，急需骨髓移植的孙所云之子赵海明，伸出援助之手，为他们送去慰问品、专项治疗费及救助金36 356元，解决了他们的燃眉之急。

【募捐筹资工作】 在全市14县（市）区开展备灾救灾募捐活动，共接收募捐款27.8万余元，旧衣物50 000余件，旧衣物及时送往禄劝县九龙和寻甸县金源、羊街、甸沙等乡镇。

7月9日，姚安发生地震后，及时向社会发出募捐呼吁，收到昆明市东川金水公司向灾区捐赠价值20万元的棉被1 000床、帐篷100顶，并及时发往灾区。

8月8日，“莫拉克”台风肆虐宝岛台湾，致使山体滑坡、道路冲毁、房屋倒塌，台湾同胞生命财产遭受惨重损失。灾情发生后，根据市委、市政府的统一部署，市红十字会与昆明市慈善总会在全市开展了募捐援助工作，向社会发出援助募捐倡议书，开展支援台湾灾区募捐活动，市红十字会共募集专款1 264 615.35元，此款经“昆明市海峡两岸交流协会”转到台湾灾区。

【宣传活动】 利用“5·8”世界红十字日、无偿献血宣传日、“12·1”世界艾滋病日等有利时机，组织全市各级红十字会和市中医院、市儿童医院、市疾控中心等团体会员单位，在党政机关、公共场所和农村集市开展各种类型的宣传和便民服务活动，通过设立宣传点、发放宣传资料、开展义诊咨询、出黑板报、悬挂宣传标语、播放录音等多种形式，广泛宣传红十字会相关政策法规和“人道、博爱、奉献”精神，教育和引导广大市民认知、理解、关心和支持红十字事业。经初步设计：截止2009年11月30日，市红十字会和各县（市）区累计发放宣传资料60余万份，咨询人次近15万次；各团体会员单位开展宣传义诊15 000余人。

【卫生救护培训工作】 在盘龙、五华、官渡、西山、禄劝等县（区）对社区群众、办事处干部等开展了丰富多彩的初级卫生救护培训，全年共培训3万余人。还对五华区新盟小学110智障儿童及30名教师进行了初级卫生救护知识培训，培训初级卫生救护员75名。14县（市）区选派的29名卫生技术人员参加了省红十字会组织的彩票公益金卫生救护师资培训，获得师资资格证。

【“5·12”灾后重建项目工作】 四川“5·12”地震发生以后，市红十字会共接收社会各界捐款62 247 937.87元，其中灾后重建项目资金为24 323 093.3元，根据《中华人民共和国红十字会法》、《中国红十字会特别重大灾害救助工作管理暂行规定》和《关于加强汶川地震捐赠款物管理使用的通知》，坚持专款专用、尊重捐赠者意愿的原则。市红十字会于2009年2月20日相继启动了四川江油工业学校、楚雄州元谋县元马镇能禹中心完小、黄瓜园中心完小；迪庆州香格里拉县虎跳峡中心小校、东旺乡中心小学；德宏州盈江县勐弄中心小学、普洱市思茅镇卖河小学、昭通市鲁甸县小寨乡中心小学、四川安岳县道台坝光彩博爱小学、四川大邑县王泗敬老院及昆明市禄劝县旧县博爱小学、禄劝县汤郎乡半坡村博爱新村建设等灾后重建项目。2009年所有灾后重建项目都已经开工，首笔灾后重建项目款已拨付到位。

【阳光家园艾滋病预防项目工作】 从红十字会“人道、博爱、奉献”的精神出发，市红十字会致力于艾滋病预防宣传和青年同伴教育工作，利用与国外红十字会横向联系紧密的优势，较早引进国外先进的艾滋病预防工作模式和工作理念。2009年开展了“昆明市阳光家园艾滋病预防关怀综合干预项目”、“第六轮全球基金项目”以及“昆明市中盖艾滋病项目”、“美国家庭健康国际项目”。

通过项目主要开展向同伴教育知识培训、技能培训、咨询、社区外展宣传、感染者关怀培训、家庭探访等工作。2009年发放宣传材料218 584份，安全套43 850只，覆盖10 052人次。

【对外交流】 2009年，市红十字会获得外援项目资金达94余万元。与美国家庭健康国际开展娱乐场所女性艾滋病预防的合作项目。市红十字会的百合妇女活动中心在西山、五华两区的娱乐场所针对女性高危人群开展同伴教育工作和外展服务工作，预防艾滋病向一般人群传播。获得省红十字会援建寻甸县凤仪乡新城村委会红十字博爱卫生室、禄劝县屏山镇六块村委会龙潭村民小组人畜饮工程山镇六块村委会龙潭村民小组人畜饮工程及新山村博爱卫生室、寻甸县金源乡安丰村远安昆星博爱小学建设项目，这些项目已投入使用。通过多方努力争取，得到天津市红十字会援助的运动服、T恤等价值154万元的物资。

（市红十字会办公室）

体　育

【日本国家体育协会到五华区考察社区体育】 2009年3月28日，日本国家体育协会一行到昆明市五华区考察社区体育。五华区体育局根据云南省体育局的安排，与华山街道办事处一起接待了由国家体育首届国民体质检测科研所专家、云南省体育局群体领导陪同，分别由日本国家体育协会青野博先生、早稻田大学教授福林撤、顺天堂大学体育健康科学系教授内腾久士、静冈理工大学情报信息教授田寿人、庆应大学体育研究所研究员佐佐木玲子组成的中日体育交流协会日本群众体育交流代表团，对五华区社区群众体育活动、青少年业余体育训练、五华区“华山地区国家级社区体育健身俱乐部”开展情况进行了观摩和考察的外事任务。

【2009年梅赛德斯—奔驰“明日之星”青少年网球训练营昆明站】 2009年3月18日，2009年梅赛德斯—奔驰“明日之星”青少年网球训练营在云南省昆明市体育局网球馆正式拉开帷幕。有来自云南、贵州和广西等省和自治区的50名12岁（及以下）青少年运动员和近10名青少年教练员参加本站训练营。2009年梅赛德斯—奔驰“明日之星”青少年网球训练营昆明站是发展层次的训练营，运动员们将在为期5天的训练营中学习国际先进的网球理念并参加梅赛德斯—奔驰“2016之旅”青少年网球训练营选拔赛。来自美国的国际教练——乔什·瑞勒将在昆明站训练营中与来自云南、贵州和广西等地的优秀青少年教练员和运动员会面，并为他们带来世界先进的网球理念和培训。

【昆明2009首届国际中老年足球邀请赛】 昆明市首次举办国际中老年足球邀请赛。本次比赛市委、市政府高度重视，在市体育局的关心和支持下，由昆明市足球管理中心申办、承办本次比赛。市足球协会研究决定并经昆明体育局批准，将于2009年5月1～6日即将开球。为进一步加强对外的体育交往，办有特色、有影响的体育赛事。由昆明市足球协会研究决定并经昆明市体育局批准，将于2009年5月1日至6日在昆明海埂体育训练基地举办昆明2009首届国际中老年足球邀请赛。届时有来自国内外美国、巴西、韩国、新西兰、缅甸及香港；青岛、江苏、武汉、山西、成都、重庆、云南及昆明等地的16支国内国外队伍参加。

【全国青少年U—15年龄段足球比赛将在昆明举行】 由中国足协主办的全国青少年U系列足球比赛将于2009年5月中旬在昆明举行。作为承办单位的昆明市足协是中国足协的会员协会，昆明市足协自己培养组建了一支U—15年龄段的足球队，将参加全国青少年U系列足球赛中U—15年龄段的比赛。

【“云南平安杯”2009年第三届全国女子拳击锦标赛】 由国家体育总局拳击跆拳道运动管理中心主办，云南省体育局、昆明市体育局承办，昆明程伟体育服务有限公司、昆明华威健身俱乐部协办的“云南平安杯”2009年第三届全国女子拳击锦标赛于2009年3月10～15日在民族大学体育馆举行。

【“体育三下乡”活动】 昆明市体育局开展2009“体育三下乡”活动，是落实和践行科学发展观的具体体现。机关全体党员参加本次三下乡活动。市体育局副局长谭敏率三下乡工作队一行40人到寻甸县甸沙乡海尾村委会和嵩明县嵩阳镇举办“体育三下乡”活动，向两个乡捐赠了7万元的体育器材，并举行了捐赠仪式。向每个乡赠送了一付篮球架、两张乒乓球桌、40个篮球、体育音像资料和体育书刊。市体育局机关篮球队与乡篮球进行了篮球友谊赛、象棋车轮战、投篮赠球活动，乒乓球队教练进行了面对面辅导，小学生开了眼界，最后进行表演，传授了乒乓球技艺。

【东川泥石流国际越野拉力赛开幕】 2009年4月30日，伴随着轰鸣的马达声和卷起的阵阵黄尘，2009年全国越野系列赛“凯通杯”东川站中国东川泥石流国际汽车越野拉力赛开赛，本土车手表现抢眼，有5台车分别闯入柴油组前三位。

【国际定向赛】 云南因有独特的民族风情和多姿多彩的地形地貌，一直以来受到国际公园定向组织和定向爱好者的垂青，从2000年以来，这一深受欢迎的比赛在云南省内连续举办了9届。今年的比赛在云南设丽江、玉溪、昆明3站，由于受金融危机的影响，从站数到人数都比往年有所减少。正在云南集训的国家定向队和国内外的100多位选手参与了昆明站10多个男、女组织的角逐。

【金飞豹将穿越世界第一大沙漠】 备受社会各界和媒体关注的“关注全球沙漠化·穿越非洲撒哈拉”2009年中国人穿越世界第一大沙漠科学考察活动。金飞豹申请穿越世界第一大沙漠路线是从“世界的中心——加纳向北穿越布基纳法索，进入马里，再从马里的首都巴马科开始按照原来的路线走，他们预计穿越的国家由6个变成了7个，行程增加800多公里，时间也由原来的80天改为88天，整个活动行程的难度大大地增加了。

【昆明市备战云南省第十三届运动会】 2009年是建国60周年，是体育事业经历了北京奥运会的荣耀后，全面贯彻落实科学发展观，加快新昆明建设、构建和谐社会的提升之年。2009年昆明市的体育工作以备战云南省第十三届运动会预赛为重点，全面提高昆明市竞技体育整体实力、确保昆明市在云南省竞技体育的优势地位，确保在云南省第十三届运动会上金牌、奖牌、团体总分三项第一为工作目标。

【全国第十一届运动会上昆明游泳运动员谢智获金牌】 10月16日，第十一届全运会在泉城济南开幕。在这项今年度水平最高的赛事中，云南省游泳名将谢智在男子100米蛙泳的决赛中一举夺魁，不仅为云南省代表团夺得全运会“第一金”，同时打破了该项目的全国纪录，为云南游泳创造新的历史。

【昆明体育学校学生在全国中学生运动会上获金牌】 昆明市体育学校学生赵钢同学获全国中学生田径比赛100米金牌、200米银牌；杨虎、李俊获全国青少年男子拳击锦标赛51公斤级、69公斤级铜牌；王艳萍同学获2009年东京亚洲青年残运会100米金牌。

【2009年全国保龄球锦标赛】 由国家体育总局小球运动管理中心、中国保龄球协会主办，昆明市体育局、昆明保龄球协会共同承办的本次比赛，是目前国内水平最高的保龄球比赛，吸引了来自全国各地27支代表队的283名业务高手参加，其中男选手188人、女选手95人，国家队队员20余人。云南省派出3支队伍参赛，包括云南保龄球队、云南中老年队和昆明队。比赛设团体、男子、女子、男女混合赛，其中男女组分单人赛、双人赛、三人赛、五人队际赛、全能和精英赛。根据赛程，获得男女各组团体前十名的队伍将获得参加2010年在合肥举行的全国体育大会资格。

昆明保龄球队经过顽强拼搏，男、女队双双出线，获得了明年参加全国体育大会的资格，并在此竞赛中取得了男子团体总分第三名、男子精英赛第二、第三名；男子五人队际赛第三名；男子个人赛第五名的好成绩。

【全国首届智力运动会】 来自春城昆明的滇军小姑娘张让，今年9岁多，是参加第一届全国智力运动会100格国际跳棋女子个人赛中年龄最小的棋手，她接触国际跳棋只有三个月，就来参加全国大赛，与各路高手交战，在第一届智运会女子百格跳棋大赛中，过关斩将，取得第六名的好成绩。

【举办全市大课间操活动评比】 为进一步贯彻落实《中共中央国务院关于深化教育改革全面推进素质教育的决定》深化学校体育改革、落实素质教育的需要，昆明市体育局群体处和昆明市教育局体卫艺处响应上级号召，联合行文开展全市中、小学大课间操活动，认真贯彻落实“体育工作条例”，是学校体育活动的一种重要形式，确保学生每天有一小时体育活动时间。真正把大课间操活动抓好，抓实，抓出特色。

5月份，昆明市体育局群体处和昆明市教育局体卫艺处抽调专人分为4个小组抽查了昆明市150所中、小学校，欣喜地看到大课间操活动已经在全市中、小学蓬勃开展并取得了一定的成果。大课间操活动相对减轻了学生的学习压力，丰富了校园文化生活，促进了学生身心健康发展。

【昆明市组队参加全国农耕大赛】 9月25～27日，2009年全国农耕健身大赛在江西宜春举行，昆明市体育局委托宜良县组队代表云南省参赛。整个大会有来自全国18个省、直辖市、自治区的32支代表队近200名先手参赛，比赛设车水抗旱、稻田抓鱼、手工制砖、荷塘采莲、卖余粮和晒场收谷6个项目。比赛项目妙趣横生，将农耕技术与健身运动融化一体，体现了农耕、农情、农趣，让参赛者体验农民劳作的艰辛，传承传统农耕文化，拓展农村体育活动。宜良县组队代表云南参加比赛，队员奋力拼搏，取得了团体总分第三名、单项1金、1银、2个第5名的好成绩。

【昆明市第九届少数民族传统体育运动会在寻甸举行】 昆明市第九届少数民族传统体育运动会于2009年10月14日至20日在寻甸回族彝族自治县举行。10月14日晚举行了昆明市有史以来最盛大的开幕式，市委书记仇和、市长张祖林及省、市有关领导出席开幕式。

本届民运会共设了10个竞赛项目和表演项目。竞赛项目共设的99个小项的金牌全部产生，在秋千项目中出现一块并列金牌，发出的金牌数实为100块。根据本届民运会的规程规定和民族团结、平等的宗旨。淡化金牌意识把民运会开成民族团结的盛会。本届民运会与历届民运会所不同点是：项目设置最多、参赛人数最多、规模最大、规格最高，且在昆明市少数民族传统体育运动会上，历史上首次将表演项目作为单项团体，列入团体总分，将开幕式出场表演一分钟的展示节目，评出奖项，按照一定的分值直接进入团体总分。这样极大的鼓励了各代表团对表演项目的重视，整个民运会共评出体育道德先进个人302人，14个代表团和1个代表队（市文化馆代表队）均获得体育道德风尚奖。

【昆明市空海车模型协会荣获竞赛组织特等奖】 昆明市空海车模型协会是全国青少年“飞向北京——飞向太空”竞赛活动的基层组织单位之一，主要负责昆明地区该竞赛活动的发动、组织工作。2009年以来，昆明市空海车模协会根据国家体育总局、教育部、中国科协、共青团中央、全国妇联等五部委举行的第十一届“飞向北京——飞向太空”全国青少年航空航模型竞赛活动，以及昆明市中小学生体育竞赛等通知和要求，围绕昆明市阳光科技体育运动及全民健身计划纲要的实施工作，在昆明市体育局、教育局的统一领导下，协会积极组织了全市中小学生航空航天模型系列竞赛活动，经过精心策划、认真组织，全年共举办活动46项次。累计参与学校达50多所，参加活动学生达1万余人。

在参加第十届“飞向北京——飞向太空”全国青少年航空航天模型总决赛中，共获得团体金牌1枚，个人金牌7枚，银牌5枚，铜牌3枚。昆明市空海车模协会被授予2009年“飞向北京——飞向太空”全国青少年航空航模型竞赛组织特等奖的称号。

（张伟岱）

社 会

人民生活

【市民收入与支出】 2009年昆明市城镇居民人均可支配收入为1 374.64元，比上年同期增长13.9%，扣除居民消费价格涨幅因素，实际增长13.0%；月人均消费性支出为949.65元，比上年同期增长14.5%，扣除居民消费价格上涨因素，实际增长13.6%。城镇居民家庭可支配收入增长的主要原因是：①工资性收入增长较快，2009年昆明市城镇居民工资性收入月人均为853.03元，比上年同期增长26.4%。增长因素为2009年是国家机关和参公管理的事业单位职工连续三年工资调整的最后一年；各级政府实行年终考核，发放年终绩效奖金，发放面及发放标准大幅提高；国家出台事业单位工资改革相关政策，提高中小学教师绩效工资，新标准从1月起执行，补发增资部分从2009年三季度开始；部分企业效益提高，不同程度的提高了职工工资。②财产性收入增长加快，财产性收入月人均为188.01元，比上年同期增长28.7%。主要是随着新昆明的发展和城市化建设，加大拆临拆危力度，不断扩大市区绿化面积以及城市建设相关配套设施的完善，对昆明城中村进行拆迁改造，从而促使了股息与红利收入的大幅增加，使财产性收入继续上涨，2009年月人均股息与红利收入为41.22元，比上年同期增长高达115.1%。③转移性收入增长平稳，2009年昆明市城镇居民月人均转移性收入为417.18元，比上年同期增长16.2%。主要是随着国家社会保障制度的完善，城镇居民最低生活保障标准逐步提高，居民离退休金或养老金收入比较稳定，月人均为306.71元，比上年同期增长5.8%。

【市民食品消费】 2009年昆明市城镇居民家庭用于食品支出月人均为402.81元，比上年同期增长5.1%。其中蔬菜类，糖烟酒饮料类，干鲜瓜果类，糕点、奶及奶制品，其他食品和饮食服务消费分别比上年同期增长10.1%、4.2%、14.2%、8.6%、13.0%和14.0%。2009年昆明市城镇居民从购买猪肉、牛肉、羊肉数量上来看，月人均分别比上年同期增长2.3%、7.1%、28.6%，体现了城镇居民选择吃牛肉、羊肉为主，更加注重营养搭配，吃得理性。生活水平提高，消费观念改变，到饭馆、餐厅就餐的居民越来越多，在外用餐支出月人均为126.34元，比上年同期增长14.0%。

【市民衣着消费】 2009年城镇居民月人均用于衣着支出为107.64元，比上年同期增长7.4%，其中月人均购买服装和鞋类支出比上年同期增长4.1%和16.2%。

【市民居住水平及消费】 2009年月人均居住支出为93.34元，比上年同期增长44.6%。影响居住类增长的主要原因是城镇居民家庭对住房装潢的注重，光鲜亮丽的住房装潢使得昆明市住房装潢支出大幅增长，比上年同期增长162.2%；其次是许多居民都住进了环境优美，管理规范的配套住宅小区，致使物业管理费增加，比上年同期增长34.8%。2009年有54.1%的居民家庭购买了房改房，有18.73%的居民家庭购买了商品房，有18.41%的居民家庭原有私房；有99.76%的居民家庭独用自来水；有86.15%的居民家庭中有卫生间浴室；有52.1%的居民家庭使用管道煤气，有39.54%的居民家庭使用罐装液化石油气。

【家庭设备用品消费】 家庭设备用品消费稳步增长。2009年昆明市城镇居民家庭用品及服务支出增长相对平衡，月人均为33.93元，比上年同期增长14.7%。主要是居民用于耐用消费品支出比上年同期增长11.5%所致。由于市场活跃，厂家不断推出新款多功能耐用品，居民对耐用消费品更新换代的速度明显加快，城镇居民家庭每百户拥有耐用品洗衣机、电冰箱、微波炉、淋浴热水器分别为95.8%台、10.83台、66.6台、87.35台。

【市民医疗保健消费】 居民医疗保健意识增强。2009年昆明市城镇居民家庭用于医疗保健类支出月人均为74.58元，比上年同期增长9.7%。购买滋补保健品支出比上年同期增长12.3%。

【市民交通和通讯】 调查资料显示：2009年昆明市城镇居民交通和通讯支出月人均为137.45元，比上年同期增长38.7%，其中交通费支出月人均为88.68元，比上年同期增长72.4%。主要是2009年12月底以前购买1.6升以下排量汽车的政策优惠，城镇居民纷纷购买家用汽车，平均每百户居民家庭购买家用汽车1.8辆，比上年同期增长181.3%，使得家庭交通工具支出高幅增长，月人均为52.39元，比上年同期增长161.6%。2009年每百户城镇居民拥有家用汽车18.52辆，比上年同期增长39.4%；拥有移动电话187.26部，比上年同期增长5.8%。

【市民教育文化娱乐及服务】 2009年昆明市城镇居民月人均用于教育文化娱乐及服务的支出为78.24元，比上年同期增长13.7%。2009年末，平均每百户城镇居民家庭拥有彩色电视机122.41台、家庭电脑54.11台、照相机48.73架、组合音响39.88套、摄像机7.57架。城镇居民家庭用于文化娱乐用品和文化娱乐服务支出，比上年同期增长11.2%和16.7%。全年月人均用于参观游览支出，比上年同期增长34.8%；用于团体旅游支出，比上年同期增长21.1%。2009年昆明市城镇居民家庭教育费支出增加，比上年同期增长12.9%。

【低收入居民生活现状】　调查资料显示：在10%最低收入居民家庭中，月人均可支配收入为421.88元，比上年同期增长20.1%；消费性支出为472.80元，比上年同期增长22.8%。2009年10%最低收入居民家庭为了正常的基本生活，每月用于食品的人均支出为252.84元，比上年同期增长10.8%，维持基本生活开支就要用去59.9%的可支配收入，这一部分城镇居民家庭的收入大部分是用来维持日常的生活。低收入居民家庭的食品、衣着、居住、家庭设备用品及服务、医疗保健、交通和通讯、教育文化娱乐服务消费分别是平均水平的62.8%、39.5%、44.2%、44.5%、65.7%、29.9%和34.9%。

【市民社会保障情况】　2009年昆明市城镇居民家庭月人均用于社会保障的支出为102.54元，比上年同期增长73.9%。随着社会保障制度的不断完善，昆明市的社会保障体系在进一步健全，社会保障意识不断增强，覆盖面也逐步扩大，城镇居民社会保障支出持续大幅度增长，说明社会保障制度的建立与完善为社会稳定做出了巨大贡献，为社会的和谐发展提供了物质基础。其中：全年月人均个人缴纳的养老基金、住房公积金、医疗基金、失业基金、其他社会保障支出，分别比上年同期增长97.8%、68.5%、55.3%、47.9%和4.9%。

（李海红）

【农村居民收入】　据1 187户农村居民抽样调查资料显示：2009年全市农民人均纯收入5 080元，比上年的4 610元增加470元，同比增长10.2%，扣除物价因素实际增长9.7%，增幅同比上升1.6个百分点。

【农民人均工资性收入】　2009年全市共转移农村劳动力14.25万人，比上年同期的12.96万人增长9.9%。据农村住户调查资料显示：2009年农民人均获得的工资性收入为1 428元，比上年的1 311元增加117元，增长8.9%。拉动工资性收入增长的因素主要得力于在本乡地域内劳动得到的收入达1 062元，同比增长10.6%。

【农民人均家庭经营收入】　2009年农民家庭经营人均纯收入达2 580元，比上年的2 416元增加164元，增长6.8%。从一、二、三产业看：第一产业1 976元，增长0.2%；第二产业123元，增长64%；第三产业361元，下降1.9%。可见，占家庭经营收入76.6%的第一产业是拉动家庭经营收入增长的最主要因素。

【农民人均财产性收入】　2009年农民财产性收入人均达688元，比上年同期的593元增加95元，增长16%。在财产性纯收入中，农民得到的土地征用补偿等财产性纯收入人均为130元，比上年增加30元，增长30%；租金（含农业机械）收入152元，比上年增加30元，增长24.6%。可见，随着城市化进程步伐的加快，近郊农村居民通过房屋出租、拆迁补偿所得收入进一步增加，从而促进了财产性收入的提高。

【农民人均转移性收入】　2009年农民转移性的纯收入人均为384元，比上年同期的290元增加94元，增长32.4%。在转移性纯收入中，农民得到的粮食直接补贴收入人均为25元，增长4.2%；粮种补贴收入人均22元，增长1.8倍。另外，随着农村社会事业的健康发展和完善，在卫生、文化教育、社会保障方面所享受到的种种政策补贴逐年增长，促进了农民人均转移性收入的增加。

【农村居民生活消费水平进一步提高】随着收入的不断增长，农村居民生活质量、消费水平进一步提高。2009年，全市农村居民家庭人均生活费用支出5 035元，比上年同期的4 530元增长11.1%，在衣着、交通通讯、文化、娱乐、医疗保健等方面的支出比重上升，农民生活消费结构进一步提高。农民居民人均用于文化教育、娱乐消费支出497元，比上年同期的416元，增长19.5%；交通和通讯支出550元，增长12.7%；农村居民医疗保健用品消费支出人均419元，增长22.5%。2009年农民人均住房面积达46平方米，增长4.5%，其中钢筋混凝土结构住房面积占全部住房面积的比重超过60%以上。此外，在居住条件（如住房卫生条件、能源使用情况、饮用水情况）等方面都有不同水平的提高。

【农村每百户主要耐用消费品拥有量】2009年农村每百户拥有洗衣机70台，比上年的65台增加5台，增长7.7%；每百户拥有电冰箱30台，比上年的25台增加5台，增长20%；每百户拥有彩色电视机109台，比上年的106台增加3台，增长2.8%；每百户拥有计算机9台，比上年的7台增加2台，增长28.6%；每百户拥有移动电话180部，比上年的147部增加33部，增长22.4%；每百户拥有汽车（生活用）8辆，比上年的6辆增加2辆，增长33.3%。

【存在的问题和建议】　2009年，农民人均纯收入稳步增长，农民生活水平有了较大提高。存在的主要问题是：①年初小春受霜冻灾害的影响，全市许多县区小春作物受灾较为严重；②农业生产费用增加，尤其是小麦、稻谷、玉米种子及化肥价格的大幅上涨，导致种植业生产成本增加；③受国内市场和甲型H1N1流感影响，猪肉价格一直下跌，农民收入减少。全年毛猪出售单价10.3元，比上年同期的14.4元下降28.5%。人均出售牧业产品收入1 267元同比减少109元下降7.9%。其中：出售肉猪及猪肉总重量人均42.8千克，收入580元，与上年同期人均30.1千克，收入558.5元对比，虽然农民出售肉猪及猪肉数量增加，但由于价格下降，使收入减少。出售家禽总重量人均8千克，收入83.6元，与上年同期的12.7千克和118.5元相比，分别下降37%和29.5%。

进一步加快农民增收建议：①提高工资性收入的比重。全年工资性收入占纯收入的比重为28.1%，同比下降0.3个百分点，与发达省会中心城市相比差距较大。②进一步加大对农村劳动力的转移培训和输出工作，积极引导农民就地就近就业，为农村劳动力向二、三产业转移，增加收入创造条件。③加大农业生产基础设施建设投入，继续推进农村经济结构调整，促进农民增收。④不断提高农业综合生产能力和农产品竞争力。通过政府推动、市场规范，积极发展现代农业产业化经营，促进农民持续增收。

（市统计局）

物　价

【做好价格调控工作】　稳步推进价格改革。抓住省级审批权限下放昆明市的良好机遇以及CPI低位运行的有利时机，对昆明市管理权限内的资源性、环保型产品价格进行调整，进一步理顺资源性产品价格形成机制，为促进全市经济平稳较快发展和构建和谐社会奠定基础。实施二步水价，完善相关配套改革措施。实行阶梯式水价制度，促进节约用水。调高自采水价格，保护地下水资源。简化供水类别，实现商业用水与工业用水同价。调整垃圾处理费标准、医疗废物处置价格，逐步建立和完善反映环境使用价格、环境损害价格、污染物处置价格的环境价格体系，以经济手段促进环境保护。调整城市基础设施配套费，加大对城市基础设施建设和滇池污染治理的支持力度。调整大观楼公园、黑龙潭公园、石林和西山景区等门票价格。认真做好价格审批。完成了对北市区茨坝、蒜头村经济适用住房预售价格的审核调整、临江园经济适用住房基准价的审批、白塔片区金昙花园和中晟溪成经济适用房预售价格的审核，确保了全市保障性住房政策的顺利实施。加强药品价格监管。对列入国家、省发改委《定价药品目录》（含医保药品）的药品实行政府定价管理，市场调节价管理的药品实行明码标价管理。及时公布国家对部分药品下达的最高零售价格，对昆明市疾病控制疫苗批发、零售价格实行备案。贯彻执行国家基本药物零售指导价格政策，积极参与配合昆明市深化医药卫生体制改革工作以及昆明市药品集中招标采购工作。制定《昆明市防止生猪价格过度下跌调控预案实施意见》，缓解生猪生产的周期性波动，防止生猪价格过度下跌，维护广大养殖户的切身利益。

【加强收费管理工作】　继续清理行政事业性收费，保留行政事业性收费85项，免收行政事业性收费58项。贯彻《昆明市行政事业性收费制度改革若干规定》，按照管理职责，实行年审验证制度、收费公示制度。在政府网站建立了行政事业性收费查询系统，方便社会公众及时了解收费政策。认真贯彻执行国家对教育收费的各项政策，核定各学校、各年级课本费用总额，取消义务教育阶段教辅资料限额。完善道路客运价格管理，实行出租汽车运价油价联动机制，适时调整出租汽车燃油附加费。强化行政事业性收费年度审验工作。对全市涉及行政事业性收费的土地、建设、规划、环保等40个主管部门开展了年度审验工作，共审验《云南省收费许可证》1 212个。

【组织价格和收费专项检查】　组织开展电力、涉农、客运收费、药品和医疗服务价格、教育收费等专项检查，共查出各类价格违法案件201件，没收违法收入181.358万元，退还消费者45.613万元，罚款26.170万元。其中，化肥、涉农价格和涉农收费专项检查，查出违规收费金额68.297万元，没收违法收入45.332万元，退还消费者22.965万元。检查市、县两级医疗机构32家，乡镇卫生院80多家，查处超标准收费、重复收费、自立项目收费等违规收费金额71.295万元，其中没收违法收入50.103万元，罚款21.192万元。对各县（市）区教育局、中小学各1所进行重点抽查。元旦、春节、“五一”、“十一”、中秋等节日期间，对与人民群众密切相关的生活必需品及服务收费价格进行检查，确保节日期间市场价格秩序的基本稳定。针对成品油供应和价格形势，对成品油市场价格执行情况分别进行了6次大规模的拉网式检查，确保成品油市场价格的稳定。针对机动车、非机动车停放点乱涨价、乱收费问题，开展了以4城区为重点的机动车、非机动车停放服务收费秩序专项检查，加强对机动车、非机动车停放场（点）的监管。继续做好12358价格举报工作，不断完善价格举报规章制度。全年价格举报中心受理价格咨询、举报5 217件，办结率达100%。

【坚持价格监测和成本监审工作】　认真贯彻落实国家和省制定的各种价格监测报告制度，按照“实地采价、认真汇总、严格审核、按时上报”的要求，采集上报各种价格数据5万多条，为各级政府宏观调控和价格决策发挥了重要作用。通过卖场和加油站等直接上报，保证了数据的准确、及时性。基本完成各县（市）区价格监测预警工作机构的设置工作，初步建立对市场价格异常波动的监测预警工作体系和机制。调整优化调查品种和调查网点，提升调查功效，突出调查重点。以监测数据为依托，定期不定期开展价格监测分析，全年完成价格分析材料50余篇。做好成本监审工作，对医疗废弃物处置、生活垃圾、西山风景名胜区、石林风景名胜区、昆明动物园、金殿名胜区、昆明植物园、昆明机场停车场、昆明火车站停车场等进行了定价成本监审。加强价格鉴证工作，受理各类案件3 172件，涉案金额11 740.9万元。

（阳　波）

人口与计划生育

【目标任务完成情况】　圆满完成省政府、省人口计生委、市政府确定的各项工作指标。人口出生率年底抽样调查数为9.39‰，推断数为10.5‰；人口自然增率5.5‰；符合政策生育率实际达96.04%；市财政年初安排预算2 842.85万元，实际到位3 403.86万元，超额1 003.86万元；优选节育率自查数为78.34%；避孕及时率自查数为82.02%；计划生育政策知晓率基层抽样调查为95%；社区流动人口管理工作的电脑使用率实际达到87%；综合避孕节育率实际达89.46%；新建14个县、乡镇计划生育服务站（所）。

【流动人口服务管理】　全面落实《中共昆明市委、昆明市人民政府关于强化流动人口计划生育现居住地管理工作的意见》和《市人口计生委关于创新流动人口计划生育管理服务机制的实施意见》，“四同”工作顺利开展。各县（市）区、开发（度假）区按照统一标准，上缴流动人口计划生育管理责任保证金175万元。请国家统计局昆明城调队对社区的流动人口计划生育“四同”工作进行了第三方考核。落实工作机构和经费，全市共配备社区专（兼）职工作人员819人，招聘志愿者巡查员9 839人，工作经费全部到位，工作人员报酬由各县（市）区解决。签订《用工单位、雇主流动人口计划生育管理和服务责任书》5 653份，《出租、出借房屋单位、个人流动人口计划生育责任书》57 567份，《物业管理企业流动人口计划生育管理和服务协议书》598份。开展集中清查，累计开展6 102次清理排查，共清查出租房72 958户、商铺34 992户、市场481个、建筑工地496个、住宅小区1 261个、流动人口较集中的场所1 611个，更新流动人口信息821 366人。继续执行有奖举报制度，全市共收到举报333件，查实162件。切实做好流动人口育龄人群的计划生育服务工作，维护其计划生育合法权益。

【奖励优待政策】　做好“奖优免补”、特别扶助、“新农合”计划生育家庭的资格审定、公示、评议、信息录入、资金发放和档案管理。按照足额兑现独生子女保健费，全市共兑现独生子女保健费898.3632万元。“奖优免补”工作正常推进，全市农业人口新领取《独生子女父母光荣证》4 684户，兑现“一次性奖励”4 385户、8 423人共计421.15万元。高考加分1 561人，中考加分4 475人。兑现教育奖学金54 895人、1 674.066万元（其中，小学29 775人、初中18 991人、高中4 651人、大专701人、大学768人）。兑现特别奖励扶助2 266人、253.766万元，养老生活补助6 244人、488.568万元。

【优质服务】　严格做好2009年两批计划生育国债项目建设。上半年，新增的14个计划生育服务站（所）已经全部竣工，下半年安排的12个计划生育服务站（所）建设，已竣工1个，在建11个。加大国家级、省级计划生育优质服务先进单位的创建工作力度，安宁市通过了国家考评组的验收，五华区、盘龙区、官渡区、西山区、呈贡县达到了“省优”标准，富民县、嵩明县、东川区、寻甸县达到了“省标”标准。开展科技大练兵，对全市400名计划生育技术人员进行业务操作培训和技能竞赛。围绕避孕节育知情选择、生殖道感染干预、出生缺陷预防三大工程，以出生缺陷一级预防为核心，深入开展计划生育技术服务，市、县、乡三级计生服务站（所）共开展妇女生殖健康普查、上门随访238万人次。加强免费避孕药具的规范化管理，全年共下拨288万元免费避孕药具，社会营销安全套43.2万只。继续推行“推广使用安全套预防艾滋病”工作，为非星级宾馆、旅社免费提供安全套70万只。推进关爱女孩行动，与卫生、药监等部门密切合作，联合开展打击“两非”行动，清查避孕药具器械市场，清理57家“成人用品店”，没收一批违规销售的避孕药具。

【依法行政】　全面推行计划生育阳光政务、四项制度等，市、县人口计生部门重大事项都在政府信息网站上进行公开，接受群众监督。各级人口计生部门和工作人员严格履行服务承诺，依法、快捷为育龄群众办理《生育证》、《独生子女父母光荣证》、《婚育证明》等。修订完善计划生育系统行政执法责任制、过错追究制、执法损害赔偿制“三项制度”，规范计划生育行政处罚和社会抚养费征收自由裁量权的标准，切实做到依法行政，文明执法，透明执法，全年没有发现基层行政不作为和乱作为情况。做好计划生育信访维稳工作，全市共受理各类信访10 707件（电子访41件、来信访45件、个人访5 198人次、集体访179起、电话访5 244件），96128专线电话278个，市长热线6个，昆明广播电台“春城热线”和云南广播电台“金色热线”19件，“主任接待日”接访5起5人，全部办结，回复率100%，满意率98%。按时完成1件市人大代表建议、3件市政协委员提案的面商答复工作。

【宣传教育】　按照“五个一”标准，扩大生育文化示范村（社区）的创建范围，各县（市）区新建计划生育文化示范村（社区）28个村。实施计划生育宣传精品工程，各级人口计生部门广泛组织群众性的文艺创作、演出活动1 000场（次），制作符合群众需求的计划生育宣传品100多万份。全国青少年科技教育基地“昆明市青苹果之家”项目正式挂牌，组建30名专家队伍，在8所中学举办青春期性健康教育讲座11次。加大对外宣传力度，在省、市主流媒体定期开设专版、专栏，开通咨询热线，在市政府政务信息网站和“昆明人口之家”网站开设政务窗口和主任信箱。继续深入开展婚育新风进万家活动，做到“一县一特色”。邀请省内知名男性科专家为驻昆部队2 000多名部队官兵讲授男性健康知识。在全市党员干部远程教育网上开办计划生育专题栏目，普及到县、乡、村三级的1 700多个接收点。

【计划生育协会工作】　全市各级计生协会积极配合人口计生行政部门，做好奖优免补、计划生育村（居）民自治、流动人口服务的监督工作。指导基层协会开展评估认定工作，五华、东川、富民3个试点县（区）取得了经验，11月开始在全市推广。加强市级270万元“三结合”资金的管理使用，做大做强“三结合”项目。发挥文艺宣传、农业科技、生殖健康志愿者服务队的作用，深入边远山村开展贴近基层、贴近群众、贴近会员的活动，为群众办好事、办实事。大兴调查研究之风，切实反映群众计划生育权益的呼声，向党委政府建言献策。目前，全市共有市、县、乡、村四级协会组织1 559个，企事业、流动人口协会组织1 000个，会员小组22 627个，会员之家4 164个，会员840 854人。

【招商引资】　年初，市委、市政府下达由计生委组建的莆田招商分局的招商任务为内资1.5亿元、外资80万美元。经过招商分局和全委干部职工的共同努力，引入落地内资项目22个，实际到位资金5.17亿人民币，落地外资项目1个，实际到位120.6万美元；经市考核办审定确认，考核认定内资2.53亿元人民币，超额168.67%，外资96.48万美元，超额120.6%。

（市计生委）

人事工作

【事业单位工作人员年度考核】　经各

昆明市第五次军转表彰大会暨2009年军转安置工作会议　（市人事局　供稿）

主管部门精心组织，2008年度事业单位工作人员考核工作圆满完成。应参加考核人数84 376人，实际考核83 817人。其中：优秀等次人员11 863人，占实际考核人数的14.15%；合格等次人员70 619人，占实际考核人数的84.25%；基本合格等次56人，占实际考核人数的0.06%；不合格等次30人，占实际考核人数的0.03%；不定等次1 249人，占实际考核人数的1.49%。专业技术人员有中职2人受警告处分，初职1人记过，未定职称1人记大过。4名专业技术人员被辞退，其中：高职1人，中职2人，初职1人。有13名专业技术人员辞职，其中：中职1人，初职11人，未定职称1人。

【专业技术人员职称评审】 至9月14日，完成昆明市高、中级专业技术职务评审委员会的组建工作，共组建11个高级专业技术职务评审委员会，选拔入库专家648人，其中正高级1个，副高级10个。分别为：昆明市卫生技术主任医师副主任医师评审委员会、昆明市机电工程高级工程师评审委员会、昆明市建筑工程高级工程师评审委员会、昆明市交通工程高级工程师评审委员会、昆明市中学高级教师评审委员会、昆明市中专高级讲师评审委员会、昆明市农业技术高级农艺师评审委员会、昆明市畜牧（兽医）专业高级畜牧（兽医）师评审委员会、昆明市艺术系列二级专业技术职称资格评审委员会、昆明市图书资料（群众文化）专业副研究馆员评审委员会。组建53个中级专业技术职务评审委员会，选拔入库专家2 083人，涉及教育中小学、中专学校、党校、农业、文化艺术、群众文化、文物博物、工程、新闻、档案、体育等专业系列及十四县（市）区中小学教师评委会。

至12月底，昆明市高级专业技术职务评审委员会共收审评审材料1 370份，评审通过人员1 155名，通过率84.3%。中级专业技术职务评审委员会共收审评审材料3 023份，评审通过人员2 872名，评审通过率95%。

【高级专业技术人员分类】 据12月31日统计，全市共有高级专业技术人员8 550人。其中，正高级职称373人，较2008年减少了49人；副高级职称8 177人，较2008年增加了891人。按行业分类，其中：高等院校教师正高44人，副高339人；中专教师副高199人；中学教师副高3 977人；小学教师副高22人；技校教师副高46人；自然科学研究副高16人；社会科学研究正高6人，副高45人；工程正高54人，副高1 691人；农业正高7人，副高343人；经济副高113人；会计（审计）副高53人；统计副高11人；档案副高18人；新闻正高11人，副高71人；文物博物副高7人；出版正高1人；图书正高2人，副高33人；工艺美术副高2人；教练员副高22人；翻译副高2人；播音副高8人；艺术正高2人，副高9人；律师正高6人，副高10人；公证副高7人；实验技术副高12人。

【事业单位岗位设置】 截止12月底，共有1 808家事业单位进行了岗位设置核定，占应进行岗位设置单位总数的96%；完成首次聘用单位1 660个，占进行了岗位设置单位的91.8%。14个县（市）区中，除石林县还有7家单位未完成岗位设置工作外，其余13个县（市）区已完成岗位设置工作。

【事业单位绩效工资实施工作】 昆明市事业单位实施绩效工资工作领导小组及办公室制定了《昆明市义务教育学校绩效工资实施办法》，至9月11日，审批14个县（市）区义务教育学校绩效工资实施办法。完成市级8家义务教育学校基础性绩效工资审核工作，其中（三个开发区除外）在职人员1 019人，退休人员529人，全面完成义务教育学校绩效工资实施工作。同时完成市级事业单位临时补贴发放审核工作，共审核185家市级事业单位，其中在职人员6 759人，月增加金额1 885 932元；退休人员3 271人，月增加金额977 100元。

【事业单位招聘】 市政府批准事业单位计划招聘人员1 427名，其中，市属单位计划招聘405人，除东川区、富民县外12个县（市）区计划招聘1 022人。经过考试、考核、体检等程序，至12月10日，全市365家事业单位共聘用1 260人，其中：市属单位聘用311人；12个县（市）区聘用949人。聘用人员中博士9人，占总数的0.71%；硕士175人，占总数的13.89%；本科928人，占总数的73.65%；专科136人，占总数的10.79%。

【公务员年度考核】 3月20日，完成2008年度政府口公务员年度考核工作。全市应参加考核公务员31 482人（不含工勤人员、市直党群部门，下同），实际参加考核30 485人。其中：优秀等次5 105人，占考核总人数的17%；称职等次24 598人，占考核总人数的81%；基本称职等次13人，占考核总人数的0.04%；不称职等次14人，占考核总人数的0.05%；不定等次736人（其中试用期人员637人）占考核总人数的2.4%。

【公务员招考】 6月9日，中共昆明市委组织部、昆明市人事局联合在昆明

昆明市欢送2009年度选聘到村（社区）任职高校毕业生视频会议
（市人事局　供稿）

人事网上发布了《2009年考试录用公务员公告》。6月17～27日，公务员招考报名。经统计考昆明市公务员并通过资格审核的考生共有5 875人。

8月22～23日，录用公务员笔试工作在昆明学院等九所院校进行，共有5 866名考生在昆明考点参加笔试。10月9日，中共昆明市委组织部、昆明市人事局公布《昆明市2009年考试 录用公务员面试、体检通知》，确定公开招录公务员面试于10月16～19日进行。参加面试的人员共1 278人。面试打破以往分级集中组织面试的模式，改为由市组织、人事部门对市、县招录公务员采取统一集中面试的方式进行。为保证面试的公平公正，采取了八项措施：封闭面试，把考生、考官集中起来实行封闭管理；面试时考生不报姓名及家人情况；采取“双抽签”制度，即考官、考生在面试当天早上抽签确定面试分组及考生的顺序号。面试前，考官不知道面试谁，考生不知道面试考官；考生面试成绩当场宣布；面试现场安装电子信号屏蔽器，屏蔽手机等通讯工具信息，同时将考官、考生等人员手机集中保管；由市纪委派出22名纪检监察干部，对面试进行全过程监督；邀请4名市人大代表、4名政协委员和2名普通市民代表共10人，从考官和考生抽签、考生逐一进入考场面试、进入考场看考官提问、考生回答、考官评分，记分员记分等旁听面试全过程；严格执行回避规定，参加面试的考官、考生有《公务员法》规定的亲属关系的，必须回避。

面试后由市级公务员主管部门指定时间、指定地点，各用人单位和县（市）区公务员主管部门组织考生进行体检。至12月30日，经考察、公示，共有655人被录用到公务员队伍。

【公务员培训】　市委组织部、市人事局举办了23期公务员“8＋X”培训班，5 094名市级机关和县（市）区的公务员参加培训，其中：市级机关1 900名（含公安）；县（市）区3 194名。举办了25期公务员都市经济及内陆开放管理知识为主要内容的培训班，5 083名市级机关和县（市）区的公务员参加培训，其中：市级机关1 279名（含团职军队转业干部）；县（市）区3 804名。17 000名政府系统公务员参加了危机管理的学习培训及考试。

【高校毕业生到村（社区）任职】　全市选聘高校毕业生到村（社区）任职，

昆明市2009年人事人才劳动保障和机构编制工作会议　（市人事局　供稿）

提前实现“全市村（社区）大学生全覆盖”的目标。选聘按照发布公告、报名、考试、考察、体检、公示和择优聘用、培训上岗等程序严格进行，并设立了举报电话，广泛接受社会和考生的监督。至7月30日止，选聘的高校毕业生已全部到村（社区）任职。

【人才引进】　按照《昆明市引进人才实施细则》和《昆明市经济类人才“百千工程”实施方案（试行）》要求，进一步摸清人才引进需求情况，编制并发布2009年度高层次人才和紧缺急需人才引进需求目录。全市共引进各类人才1 319人，其中：博士78人，博士后2人，外国专家23人，硕士218人，副高及以上专业技术职称人才29人。

【高校毕业生就业】　创建高校毕业生见习基地155家，组织4 163名高校毕业生见习。为81名服务期满的“三支一扶”大学生办理了转正聘用手续；新招募81名高校毕业生从事“三支一扶”服务。开展高校毕业生就业情况统计工作，全市应届返昆高校毕业生就业率为91.58%，困难家庭高校毕业生就业率为100%。

【引进国外智力项目和国外专家】　2月17日～12月10日期间，昆明市外国专家局经国家外国专家局和省外国专家局批准列入引进国外技术、管理人才项目计划12个，引进外国专家23人。这23名专家是昆明市在科技、工业、农业、医疗卫生、环保等方面急需的关键技术人才。至12月18日，所有项目均已执行完毕，配套资助经费已核拨到位。

【出国培训】　至12月18日，全市1个审批类出国（境）培训项目派出培训150人执行完毕。派出培训的项目分别为“新型能源、再生能源利用和节能减排专题培训”赴日本培训、“电子政府与高效管理”赴新加坡培训、“外向型经济和园区建设”赴新加坡培训、“生态园林城市建设”赴新加坡培训、“社会救助体系建设”赴美国培训、“日本的‘一村一品’及农业产业化”培训、“心血管疾病诊治技术培训”赴德国培训和“肝胆胰外科临床与基础研究”赴美国培训。

【继续教育】　6～12月，全市共举办专业技术人员突破极限、创新思维专题知识培训285期，参训人数68 000人次，并按计划于12月初进行了考试。指导全市各行业系统根据“653工程”的要求，在现代农业与生物资源开发创新、机电制造、环境保护及文化旅游、现代管理、教育卫生等领域开展专业培训，共计101期，培训各类人才14 800人次。

【军转安置】　11月14日在北师大昆明附中举行军队转业干部首次安置考试。参加考试的军队转业干部有194人，其中团职77人，营以下（含技术）干部127人。12月初召开选岗大会，在地方纪检监察部门的监督下，军转干部按照从高分到低分的顺序，依次选择自己的岗位。至12月20日，211名军转干部（含在县市安置人员）、随调配偶6名全部安置完毕。11月25日召开第五次全市军转表彰大会暨2009年军转安置工作会议，会议表彰了黄先成等50名“模范军队转业干部”、五华区人事劳动和社会保障局等49个“军队转业干部安置工作先进单位”、余彦等30名“先进军转工作者”。

【自主择业】　12月18日，圆满完成51名自主择业军队转业干部的接收安置工作。至12月4日，完成2期共计203人次参加的自主择业军转干部创业培训。全市128名自主择业军转干部实现了创业、就业，自主创办经济实体、参与领办企业24户（公司22户，个体2户），注册资金达到3.5208亿元。6月2日，昆明市自主择业军队转业干部金政全被表彰为全国模范军队转业干部。

（市人事局）

劳动和社会保障

【出台就业和社会保障制度】　为做好新形势下的就业和社会保障工作，全市出台实施了一系列促进就业和健全完善社会保障体系的政策措施。促进城乡就业再就业方面，印发实施加强城乡劳动者各类培训、鼓励创业、农村劳动力转移就业、促进高校毕业生就业以及创建创业型城市、减轻企业负担，稳定就业岗位的积极政策；扩大社会保障覆盖面提高社会保险水平方面，出台完善居民医疗保险的补充规定、自谋职业和灵活就业人员参加医疗保险的补充规定、居民医保门诊和大病统筹管理办法及以1～4级老工伤纳入工伤保险统筹的意见等配套文件，社会保险政策体系更加完善；在劳动者维权方面，调研起草《昆明市关于解决建设领域农民工工资拖欠问题的实施意见》、《昆明市关于开展劳动保障监察两网化管理工作的意见》。

【城乡就业再就业工作】　全市共提供有效就业岗位18.63万个，完成目标任务的233%；新增城镇就业人员13万人，完成年度目标任务的207%。其中：城镇下岗失业人员再就业3.46万人，完成目标任务的150%，就业困难人员就业2.22万人，完成目标任务的148%；城乡劳动力培训3.56万人，完成年度目标任务的142%，其中：创业培训0.44万人，完成目标任务的109%，城镇登记失业人员技能培训0.82万人，完成目标任务的137%，农村劳动力技能培训2.3万人，完成目标任务的154%；新增转移农村劳动力14.23万人，完成目标任务的119%；城镇登记失业率为2.05%，比年初规定的4%目标降低了1.95个百分点。

【落实城乡社会保险待遇】　认真贯彻落实离退休人员各项待遇调整政策。根据省劳动和社会保障厅、省财政厅《关于2009年调整企业退休人员基本养老金的通知》精神，从2009年1月1日起调整参统企业退休人员基本养老金，对全市符合条件的退休人员逐一进行待遇的调整并及时进行发放。截止1月21日，全市20个社保机构调整退休人员待遇22.7万人，人均增资105元，经过此次调整，全市参统企业退休人员人均退休金已达1 100元。2009年，全市累计发放23.62万名参统企业离退休人员基本养老金26.15亿元，发放失业人员失业保险金0.76亿元，支出城镇职工医疗保险金13.79亿元，支付工伤保险金0.26亿元，生育保险金0.23亿元。确保了社会保险参保群众在退休、失业、医疗、工伤、生育时的社会保障待遇。

【维护劳动者合法权益】　2009年，全市大力做好维护劳动者合法权益各项工作。进一步扩大社会保险覆盖面，城镇职工养老、医疗、工伤、失业、生育保险参保人数分别达到91.35万人、109.5万人、50.9万人、69.94万人、41.9万人，分别完成市政府下达全年目标任务的110%、115.9%、118%、104%、110%；城镇居民基本医疗保险参保人员达到105.8万人，完成年目标任务的105.8%；被征地人员基本养老保险参加人数达到11.4万人。依法及时、准确开展工伤认定和劳动能力鉴定，共办理认定工伤申请2 655件，办结工伤及劳动能力鉴定1 080件，及时拨付落实了相关待遇，为工伤职工重返家庭、重返社会、重返岗位创造条件。加大劳动保障监察工作力度，共清退童工14人，补签劳动合同4.65万人；为786名劳动者清退风险抵押金49.45万元，为1.89万名劳动者追发工资等待遇7 133.64万元；督促199户缴费单位办理社会保险登记，涉及劳动者6 014人；督促1 048户用人单位依法缴纳社会保险费，涉及劳动者4 006人，涉及保险费814.85万元。规范劳动合同，集体合同管理。全市共签订劳动合同95.26万人，农民工26.68万人，共审查集体合同1 521户，涉及职工近22.29万人，劳动合同签订率达96%。认真处理劳动争议调解仲裁工作，处理劳动

昆明市政府关于高校毕业生就业工作实施意见新闻发布会
（市劳动和社会保障局　供稿）

争议案件3 649件，结案率达95%以上，涉及补缴社会保险费3 100多人，涉及案件金额2 300多万元，有力的维护了劳动关系双方的合法权益。

【高技能人才培养工作】　以《关于培养高技能人才与促进社会和经济发展的关系研究》为题完成了2009年高技能人才课题调研工作，探索并建立支撑昆明市工业化进程和产业结构优化升级的高技能人才培养新机制。大力加强技能鉴定工作，提高技能鉴定考试质量。推行以鉴定为主，考、评、聘分离的高技能人才培养模式，以职业能力为导向，以工作业绩为重点的技能鉴定考评的方式培养人才。2009年，全市开展职业技能鉴定共197个职业（工程），职业鉴定903场次，报名参加鉴定人员10.8万人（次），鉴定合格7.65万人，其中初级工3.04万人（次），中级工2.76万人（次），高级工1.76万人（次），技师709人（次），高级技师211人（次）。

【劳动保障工作能力建设】　劳动保障信息系统建设进一步加强，劳动保障信息系统网络已覆盖市、县、乡镇（街道）及社区，联网单位已达1 467家，生产制作240万张社会保障IC卡，补制卡服务周期从原来的一天缩短为30分钟，给持卡群众带来了极大的便利。在全市行政区划确定的133个乡镇（街道）办事处全部建立了社会保障事务所，依托1 595个社区居委会（村委会）建设社区社会保障服务站443个，根据企业状况和退休人员分布情况，建立了22个企业型社区服务站。在继续做好“12333”和“96128”电话咨询服务的基础上，8月8日开通了“3331166”劳动保障政务信息咨询热线，成立劳动保障电话咨询服务中心，接听答复群众电话咨询，畅通社会公众了解政务信息的渠道，为群众提供方便快捷的政策宣传和业务办理咨询服务。11月3日昆明市机械技工学校成建制整体并入昆明高级技工学校，两校顺利实现整合，实现了优势互补，极大地促进和加快了学校的发展。加强对劳动保障执法行为的监督，进一步规范行政执法行为，严格依法行政，先后制定了《行政执法评议考核办法》、《行政审批管理办法》、《行政执法管理办法》。

【劳动保障软环境建设】　深入推进阳光政务，不断深化行政审批制度改革工作。市人保局对行政许可和非行政许可事项进行精简，对审批时限进行压缩。经过几次精简，将市人保局现有的14项行政审批和管理服务项目全部下放，审批时限压缩一半。积极推行“重大决策听证重要事项公示重点工作通报政务信息查询阳光政府四项的制度”，对《昆明市城镇居民大病补充医疗保险实施办法（征求意见稿）》等3项重大决策组织实施了听证会；对《关于贯彻落实进一步做好促进就业和城乡劳动力就近就地转移就业工作两个意见有关问题的通知》等6项重要事项进行了公示。认真落实“三制”接待办理群众来信来访，全市劳动保障系统共接待群众来信来访8 277批次，处理人民群众来访7 666人次，人民群众来信611件，其中集体上访94起涉及群众2 409人。同时办理回复市政府市长热线交办件133件；接办市委、市政府主要领导督办件42件；市委、市政府主要领导公务电话督办件66件，全部办结回复，办结回复率为100%。圆满办结了人大代表建议和政协委员提案，全年共收到人大、政协各类建议、提案71件，主办了67件涉及就业创业、社会保险、法制建设、高技能人才队伍建设、退休政策和农民工权益维护等热点难点问题的建议、提案。绝大多数代表、委员表示满意，对建议、提案办理工作表示肯定。

2009年驻昆部队随军家属暨自主择业军转干部就业援助专场招聘会

（市劳动和社会保障局　供稿）

【公共就业服务专项活动】　认真落实积极的就业政策，帮助城乡各类群体特别是高校毕业生和困难人群实现就业。积极落实国务院、省、市关于援企稳定的政策措施，通过降低低费率、对困难企业给予岗位补贴或社会保险补贴、鼓励企业通过开展职工在岗、转岗培训，给予培训补贴等方式稳定就业岗位。同时，出台优惠政策鼓励企业吸纳高校毕业生就业，积极开发公益性岗位，认真落实高校毕业生面向基层服务项目，为大学生自主创业和自谋职业提供政策扶持和搭建创业平台，为符合条件的大学生提供贷免扶补或进入昆明市大学生创业园进行创业。昆明生源应届返昆报到高校毕业生就业率为91.58%，107名困难家庭高校毕业生100%实现就业。切实组织开展城乡就业培训，不断提高城乡劳动者就业竞争能力。对城乡劳动者开展了有针对性的培训，全面提升劳动者的技能素质。对新成立企业，根据用工需求，采取“订单式”培训；对失地农民、滇池流域“四退三环”及水资源保护区失地农民及返乡农民工开展职业技能培训；对失业人员（包括参加失业登记的大学毕业生、农民工）开展中短期技能培训或创业培训；对新成长劳动力开展储备性技能培训，做好技能人才储备。同时，实施特别培训计划，提高培训补贴标准，缓解就业压力。多渠道开展就业服务系列活动，为城乡劳动者搭建广阔的就业平台。开展“就业援助月”、“春风行动”、“民营企业招聘周”、　“高校毕业生就业服务月”、“高校毕业生百场招聘会”、“高校毕业生综合类就业见习岗位招聘会”及就业援助进家入户专项活动。通过开展系列服务活动，使广大劳动者实现了岗位对接。2009 年，全市各级公共就业服务机构共举办各种招聘会 190 余场，参加用工登记的企业达 2.27 万家次，共 16.98 万人办理求职登记，共提供有效就业岗位 18.63 万个。全市共开发公益性岗位3 933个，促进和帮助 3.02 万名下岗失业人员实现了再就业，其中，就业困难人员 1.88 万人，新增的 218 户“零就业家庭”全部实现动态清零，为 2.09 万名失业人员落实了社会保险补贴。充分发挥失业保险金功能，帮助困难企业渡过难关，稳定就业岗位。充分发挥失业保险“社会减压阀”的作用，对困难企业采取多予少取的方式，使用失业保险金帮助和支持困难企业稳定就业岗位。2009 年，共为企业减轻负担 2 亿元，认定困难企业 168 家，从失业保险基金中给予其社会保险补贴 2 832.74 万元，岗位补贴 1 961.22万元；拨付 33 户企业在（转）岗培训补贴 737.86 万元，共计5 633万元，稳定就业岗位 4.76 万个，有效发挥了失业保险金保生活、促就业、防失业的作用。

国家人力资源和社会保障部领导调研昆明市大学生创业园

（市劳动和社会保障局　供稿）

【加强社会保险管理服务】 认真做好社会保险征收核定工作。各社会保险经办机构认真落实“地税保征收、财政保拨付、社保保发放”的三方工作机制，加强与财政、地税等部门的密切联系，通过扩大社会保险覆盖面，加强社会保险稽核力度，查堵基金收缴、支付过程的漏洞，增加基金的支撑能力。强化社会保险基金监管，主动争取上级资金支持。要求各县（市）区、三个开发（度假）区社会保险监督委员会办公室逐步建立起财政、地税、经办机构、开户银行四方相互制约的有效监督机制，通过每个季度的非现场监督报表来发现基金征收、管理、支付过程中存在的问题，查明原因，针对性地提出整改意见和措施，促进事后监督向事前、事中监督转变，进一步完善社会保险基金监督体系。积极争取上级转移支付等方式筹措社会保险金，全年争取上级下拨养老金调剂金 6.13 亿元，争取转移支付就业、再就业资金 1.32 亿元。认真落实退休人员社会化管理服务工作。目前，全市共有 27.13 万名企业退休人员，移交街道社区管理的有 11.2 万人，占总数的 41.3%；移交企业社区和委托企业管理 15.74 万人，占总数的 58%；移交各级社保经办机构管理 0.19 万人，占总数的 0.7%。加强社会保障服务窗口服务。在市政府行政审批服务中心和昆明人力资源中心共设立了 18 个劳动保障服务窗口，按时足额发放市级差额及自收自支事业单位 143 名离休人员、4 384名退休人员养老金 1.8 亿元，市级机关及财政全额拨款事业单位离退休人员离退休金 4.2 亿元，医保缴费核定参保单位 600 家、参保人 9.2 万人，受理核定业务累计超过 4.2 万人（次），核定医保费超过 5.75 亿元；核定失业保险参保单位 634 户，参保职工 10.27 万人，核定缴费金额8 000多万元，接收失业人员档案3 448份，为 780 名失业人员办理了失业保险关系及档案转移，发放 1.3 万人（次）失业保险金及相关待遇 610 万元。同时，积极开展政策咨询，两特病、工伤、劳动能力鉴定申报审批等事项，极大的方便了前来办事的群众，社会保险服务中心为群众提供社会保险服务的功能日趋显现。

【加大劳动保障监察执法和劳动争议仲裁工作力度】 加强劳动工资宏观管理。发布企业工资指导线，发布了部分行业人工成本和企业部分职位（工种）劳动力市场工资指导价位。2009 年，为 103 家企业进行工资集体协商审批，为 962 家企业进行了工资总额登记备案。加强劳动监察执法。2009 年，共对 3.66 万户用人单位及职业介绍机构实施了劳动监察，涉及劳动者 65.46 万人（次）；参与处理突发事件 145 件，涉及劳动者 0.86 万人；审查用人单位劳动规章6 166件，纠正与劳动保障法律、法规不符的规章制度1 581件。对违反劳动保障相关法律、法规的1 307户用人单位进行行政处理，对 28 户用人单位依法进行行政处罚。加强劳动争议仲裁调解力度。贯彻“预防为主、调解为主、基层为主”的方针，及时把争议隐患消灭在萌芽状态。对上访群众耐心接待，对其反映的各类问题及时调查处理。及时掌握争议苗头，提前介入，化解矛盾。2009 年，处理劳动争议案件3 649件，结案率达 95% 以上。

（市劳动和社会保障局）

民　政

【城乡最低生活保障】 城乡困难群众最低生活保障进一步完善制度，强化服务，做到动态管理下的应保尽保。城市低保分四个板块，达到 201 ~ 255 元。经对全市 9.2 万城市低保对象进行重新申请、审核、审批，截至年末有54 020户83 880人，累计支出保障金19 445万元，月人均补助 183.3 元，保障水平高于成都、贵阳、西安等市。农村低保完善三项初审制度并建立了电子台账，低保标准分三类地区达到 60 ~ 80 元，截至年末全市共有农村低保 82 172 户 105 794人，累计支出保障金8 231.2万元，月人均补差 63.5 元，保障水平列全国省会城市第9位。

经市政府批准，《昆明市城乡困难群众临时生活救助实施办法》下发执行，14县（市）区和三开发（度假）区都制定了实施细则，对因各种特殊原因造成暂时生活困难的家庭实行非定期非定量救助，城市、农村分别按每户每年不低于600元、400元的标准给予一次性救助。全市全年共救助城市临时困难群众4 497人次，发救助金169.8万元；救助农村临时困难群众11 762人次，发救助金204.4万元。

【城乡医疗救助】 为进一步缓解城乡困难群众就医压力，做到“小病能医，大病有救”。经市委、市政府批准，从1月1日起提高了救助比例，取消城乡低保对象医疗救助起付线，逐步建立健全与城镇居民医疗保险制度、新型农村合作医疗制度紧密衔接，覆盖城乡低保对象、农村五保户、政府规定的其他特殊困难群众的城乡医疗救助制度。救助资金组成除上级补助、本级财政配套外，各县（市）区还安排部分福彩公益金、残疾人就业保障金、社会捐助等资金。截至年末，全市共有城市困难群众101 237人享受医疗救助，支出医疗救助金1 746.34万元（其中资助参保74 679人434.04万元、门诊救助23 686人345.92万元、大病救助2 872人966.38万元）；有农村困难群众142 579人享受医疗救助，支出医疗救助费1 422.6万元（其中资助参合127 787人277.9万元、门诊救助27 652人783.82万元、大病救助1 932人360.81万元）。

【五保供养】 认真贯彻《昆明市农村五保供养工作实施办法》，做到以财政供养为主和应保尽保，较好地保障了五保对象的基本生活。全市共有五保对象8 787户8 994人，全年支出保障金2 027.9万元。其中集中供养2 808户2 839人，支出保障金763.5万元，各县（市）区人月供标准在200～440元；分散供养5 979户6 155人，全年支出保障金1 264.4万元，各县（市）区人月供标准在160～250元。

敬老院建设取得较大发展，至2009年末，除原有的66个乡镇敬老院外，市级共投入415万元，省民政厅补助450万元，建成宜良、安宁、嵩明、寻甸、东川、晋宁6个县级中心敬老院，已入住五保对象997人，使五保对象集中供养率由上年的不足10%提高到27%。列入第二批计划的石林、禄劝、富民中心敬老院已完成选址和规划工作。《昆明市农村敬老院服务设施建设规划》的编制已完成并报省发改委。

【救灾救济】 建立健全市、县、乡三级灾害信息员和救灾应急预案管理体制，认真组织“防灾减灾日”宣传活动，加强救灾应急预案演练，提高灾害应急处置能力和协调能力。2009年全市先后遭受严重的干旱、低温、冷冻、风雹、洪涝等自然灾害，农作物受灾11.22万公顷、绝收2.93万公顷，因灾倒塌房屋307户702间、损坏18 432间，因灾死亡9人，死亡家畜5 653头（匹），受灾人口156万余人次，紧急转移安置1 939人，旱灾还造成21 237人饮水困难。灾害直接经济损失61 777万元，其中农业直接经济损失47 743.9万元。省、市共投入救灾资金2 986.3万元（省投入2 500万元，市投入486.3万元），救助受灾群众15万余人次。10月中旬，市民政局领导带队组成两个调查组，开展冬春期间困难群众生活调查，对全市冬春期间的救济工作做出妥善安排，保障受灾群众的基本生活。恢复重建2008年因灾倒塌民房1 776户4 735间、损坏民房4 510户13 493间的工作也全部完成。经调查，新增的191个地质灾害隐患点共有2 203户7 678人需要搬迁，经费尚待安排。

省（市）区捐赠网进一步健全，各捐赠接收点的管理得到加强，操作规范，捐赠工作广泛、持久、健康地开展。市委、市政府号召社会各界积极参与“送温暖、献爱心”活动，市捐赠接收办公室全年共接收捐款39 000元、衣物64 500余件，举行捐赠物资发放仪式后及时送到受灾地区。

【福利事业】 按“政府主导，社会参与，民办公助，公办民营”的思路，积极发展社会福利事业，推进社会福利服务设施的建设。

市儿童福利院坚持孤残儿童利益最大化原则，增强职工服务意识，完善岗位责任制和流程检查，提高服务水平。全年新收养弃婴（儿）198人，办理涉外收养儿童104人。明天计划脱残儿童40人，组织散居孤儿、贫困家庭儿童实施先天性（大病）手术20人。年末在院儿童687人，其中院内养育112人，家庭寄养575人。获中国收养中心“涉外收养工作爱心奉献奖”，评为省级精神文明单位。

市社会福利院以爱心护理院建设为主线，强化服务理念和基础服务，年末收养在院“三无人员”586人。总投资4 600万元、建设面积16 500平方米、800个床位的昆明市敬老公寓于9月份建成，已入住老人84人。创建了“昆明市平安建设先进单位”，第四次评为省级文明单位。

市精神病院以科技兴院、规范建设为目标，提高医护质量和服务水平。全年收治住院病人710人次，其中“110”送治病人413人次。年末住院病人450人。按市规划局《关于昆明市精神病院搬迁远址的规划意见》，新院拟在五华区沙朗办事处桃园社区（冷水塘）选址建设，已进入规划许可审批及用地预审程序。第四次评为省级精神文明单位。

市西郊安置所加强职工队伍建设，规范安置管理服务，积极探索和鼓励、支持身体健康的民政安置对象步入社会。全年共接收安置“三无人员”172人，支持20名安置对象步入社会。

各县（市）区，特别主城4区的城镇养老机构，随着城镇建设和调整，也处于调整和改、扩、建状态。其中五华区敬老院迁至沙朗，扩大了基础和服务设施；盘龙区益寿公寓投资130万元进行维修改造，标准床位达140张；宜良县社会福利院投资600万元，新建各种生活服务设施2 717平方米，进一步完善配套；东川区社会福利院搬迁新建为东川区社会福利中心，完成一期工程3 655平方米，已收养城乡孤老72人、弃婴20人；寻甸县社会福利院新建供养住宿楼一幢1 620平方米，共收养老人380人、孤儿弃婴20人。

【城市救助】 各救助站坚持“受助自愿，救助无偿”原则，同时根据情况需要开展必要的主动救助。全年共接待受助人员13 091人次，其中：省外7 587人次，省内5 504人次；未成年人1 318人次；精神病人144人次，危重病人413人次。救助中，除自愿离站者外，提供返乡乘车凭证及现金5 161人次，护送返乡1 004人次，安置26人，亲属接回254人次，正常死亡13人，滞留站内待查明地址72人。此外，仅家庭暴力妇女庇护中心共救助12人次。总建筑面积9 442平方米的救助管理综合楼（含流浪未成年人保护中心）主体工程已完成，整体装修工程进入招标程序。

【昆明慈善总会】 制定《关于鼓励国内外单位和个人热心捐助慈善事业的有关规定》等6个工作规章，为慈善会依法管理，规范运行提供了制度保障。加强宣传，开办昆明日报“慈善家园”宣传专版，开通了昆明慈善网，促进慈善文化建设，提升慈善理念。发展新会员27个，创始会员认捐善款已到账389.6万元。结合禄劝及东川地震、“六一”关爱贫困儿童、情系贫困老人、援助台湾受灾同胞、姚安地震、LDS公共卫生改造等项目分别开展了社会募捐，共募集善款14.590万元。为解决贫困群众就医难资助敬安院，共开支慈善资助款28.255万元。每次捐赠活动都严格做到阳光运行、信息公开。

【福利生产】 全市共有福利企业108个，职工总人数11 554人，其中残疾人职工3 865人（残疾职工比例为34%），行业涉及矿业、煤炭、冶金、化工、医药、制造、服装、成品（半成品）加工和商业服务等。随着国家宏观调控政策的落实和政府投资的拉动，以及对福利企业退税政策的扶持，市、县民政部门及时加强指导，使福利企业的生产经营和经济效益开始回升并保持了稳定。全年实现销售收入243 302.5万元，退税9 388.2万元，职工年人均工资14 284元，其中残疾职工年人均工资11 983元。

【福利彩票】 市福彩中心加强市场调查和销售网点的稳定、开发工作，做到合理布局、全布覆盖、扩大销售。全市共发行福利彩票8.68亿元，为各级筹集公益金2.88亿元，其中销售电脑福利彩票7.7亿元，筹集公益金2.69亿元；销售中福在线即开型彩票397万元，筹集公益金79万元；销售刮刮乐即开型彩票9 442万元，筹集公益金1 888万元，有力地支持了各项社会福利事业的开展。

【基层政权建设】 制定实施了《昆明市编制村务公开目录的指导意见》、《昆明市关于开展农村社区建设试点的工作意见》，使全市村（居）务公开和民主管理工作进一步制度化、规范化，有效地保障了村（居）民的知情权、选举权、决策权、参与权、监督权和受益权。五华区、石林县被评为全国村务公开民主管理示范县区，二个村被命名为“全国民主法制示范村”，150个村（居）委会被命名为市级民主法制村（居）委会。经民政和有关部门协调，组织900多名“村官”到华西村培训，提高管理服务水平。

【社区建设】 编制《昆明市社区服务设施建设（2009～2012）发展规划》。推进社区数字便民服务建设的工作于3月完成。市级补助资金994.1万元，完成了28个社区办公用房的建设任务。完成援建150个农村社区图书室及图书6万册，被评为全国“万家社区图书室援建和万家社区读书活动先进单位”。深入开展文明和谐社区创建工作，形成党委政府指导、民政牵头、有关部门密切协作、社区居民广泛参与、社会各界大力支持的格局，各社区基本做到“自治好、管理好、服务好、治安好、环境好、风尚好”。在全国和谐社会建设工作会议上，五华区、盘龙区被命名为“全国和谐社区示范城区”，西山区永昌街道办事处被命名为“全国和谐社区示范街道”，官渡吴井街道石井社区、安宁连然街道宝兴社区被命名为“全国和谐社区示范社区”。

【民间组织管理】 以培育发展、健全组织、提升能力、规范管理、发挥作用为重点，积极探索社会组织建设和管理的新路子，促进了社会组织健康发展。年末全市共有登记在册的民间组织2 799个、农村专业经济协会492个，社区社会组织备案数1 473个。民间组织年检工作按时完成，1 992个民间组织年检合格。应参检的民间组织的参检率达85%，参检合格率达100%。按市委、市政府要求，成立中共昆明市新社会组织党委及昆明市新社会组织学习实践科学发展观指导组，推进新社会组织“深入学习实践科学发展观”学习教育活动的开展。

【优待抚恤】 全市共有享受定抚定补的优抚对象38 288人，其中伤残人员4 411人、“三属”796人、在乡老复员军人6 340人，带病回乡退伍军人1 845人、参退役人员24 860人。中央、省下达抚恤资金9 893.4万元、医疗补助资金1 042万元，市级配套优抚经费114.6万元、医疗补助经费126.7万元。全年共下拨市以上各类抚恤补助经费10 008万元、医疗补助经费1 168.7万元。各县（市）区积极协调本级的配套优抚经费，按规定及时、足额地将抚恤补助金发送到优抚对象手中。市民政局与市卫生、劳动社保、财政等部门协调，制定了《昆明市优抚对象医疗保障实施办法》，于6月份下发执行，使优抚对象“医疗难”的解决从制度上得到保障。全市2 736户义务兵家庭的优待全部兑现，绝大多数县（区）发放标准超过当地上年度农民人均纯收入的70%以上，部分县区达到100%。有的县（区）做到城乡同一标准发放，最高达到每户每年优待4 300元。个别县（区）因财政困难，每户每年仅达300元。审核报批了申办伤残手续273件，完成1件追认烈士材料的组织、审核、报批工作。

【军休干部安置管理】 接收军休干部253人，当年安置任务数占全省80.4%。共管理军休干部3 800人，占全省70%以上。培训工作人员290人次，完善军休服务的各项规章制度，提高业务素质和服务水平，使军休干部两个待遇得到全面落实。由市财政安排慰问经费150万元，春节、“八一”、国庆对全市军休人员进行了慰问。结合新中国建国60周年，举办全市军休系统大型体育运动会和军休干部回军营活动、送文艺到部队活动，扩大了教育和影响。市属8个干休所中，刘家营所获省文明单位，船房所获市文明单位，西岳庙、新迎、丹霞所获区文明单位。

【复员退伍安置】 接收退役士兵2 264人，落实省级安置补助经费1 350余万元。严格执行新修订的《云南省城镇退役士兵考核安置办法》，挖掘安置资源，科学编制计划，严肃“双考”政策，创新安置模式，提高补助标准，抓好创业培训，有效缓解安置难、难安置的问题。对865名退役士兵进行职业技能培训，首次举办全市退役士兵人才供需专场见面会，150多家企业提供1 000余个就业岗位，340余人签订用工协议。符合在城镇安置的1 441人已全部安置，其中564人安置就业，840余人自愿办理自谋职业，安置率达100%，依法保障了退役士兵第一次就业的合法权益。昆明市在全省率先出台《昆明市人民政府关于解决昆明市接收的军队复员干部有关问题的实施意见》，市目督办和市民政局协调有关部门召开“昆明市落实军队复员干部有关政策专题督办会”，并对4城区进行督查，使全市登记在册的军队复员干部享受文件规定的保障政策，确保复员干部的稳定。

【双拥工作】 全市军民继续弘扬爱国拥军、情系国防优良传统，加强军地互动，丰富双拥共建的内涵。地方各级党委和政府进一步完善双拥优抚有关政策的配套措施，建立健全双拥工作台账，市政府还下发《关于做好军队干部随军家属调动就业安置的实施办法》等文件。全市共组织2 400多名党政领导干部参加国防和军事日活动，刊登国防和双拥宣传文章8篇，举办英模报告会8场次、国防知识竞赛40次、双拥文艺晚会48场次，召开双拥座谈会756场次，昆明电视台《子弟兵·老百姓》栏目制作双拥系列宣传8集。解决驻昆部队15个单位在基础设施建设中的困难和问题，支持部队建设经费360万元、粮油水电燃料补贴450万元、营区建设经费2 791.7万元，划拨部队工程用地1 270亩，开通专线公交20余千米，春节、“八一”走访慰问部队送慰问金445.6万元，解决随军家属随迁随调工作安置42人、子女入学转学560人。市军供站共接待过往部队8.3万人次，补贴部队62万元。驻昆部队在抗震救灾、森林防火、滇池污染治理、城市绿化美化、植树造林等重大活动中，共出动官兵40 362人次，出动车辆3 630台次，投入经费128.2万元，清理河道55 800米，清运垃圾淤泥5 163吨，在呈贡县青草山、西山区乌龙河、松华坝水库源头植树造林11 150亩，在滇池面山植树造林6 518亩，种植各种树苗近106万株，建立军民共建点23个，培训农村技术人员3 523人，义务为群众防病治病6 431人，捐赠18.3万元医药器材，义务修路65千米，完成义务劳动日6 138个。在第八届云南省双拥模范、先进城、县和单位评选中，昆明市和五华区、盘龙区、官渡区、西山区、安宁市被评为双拥模范城，呈贡县、嵩明县、宜良县被评为双拥模范县，石林县、禄劝县、寻甸县被评为双拥先进县，昆明市民政局、莲华街道被评为爱国拥军模范单位，市政府办公厅五处、勋业公司、天波公司、经开区管委会被评为爱国拥军先进单位。

【行政区划管理】　开展第二轮行政区域界线联合检查，完成昆明—红河、昆明—昭通两条州（市）级边界和官渡—嵩明、呈贡—宜良、富民—禄劝、晋宁—安宁、东川—寻甸5条县级边界的自检自查、实地踏勘和资料汇总工作。创建平安边界41条，调处边界纠纷9起。对6个县政府驻地镇的行政区划、7个县（市）区23个乡撤乡建镇的区划、主城区8个乡（镇）撤乡（镇）设街道办事处的行政区划进行调整，并完成报批工作。年末，全市14县（市）区共辖53街道办事处、59镇、21乡（含5民族乡）。按市委、市政府决定，将嵩明县滇源镇、阿子营镇交盘龙区实行一体化管理，将省嵩明职教基地所涉及的官渡区大板桥9.849平方公里土地交嵩明县实行一体化管理，制定了托管方案并完成移交工作。

【地名管理】　按《昆明市地名管理规定》和地名顾问组的指导，审批道路、住宅命名、更名102个。按市委、市政府要求，市民政、城管部门制定下发《昆明市地名标志牌附属广告牌整治方案》和《关于进一步整治、规范地名标志牌户外广告设施的通知》，对城市街道巷地名标志牌设置情况进行督促检查。4城区按市的要求制定区内标志牌设置方案，至年末已整改规范、设置地名标志牌2 155块。对已建立的国家地名数据管理信息系统，各县（市）区不断充实完善数据录入。

【婚姻管理】　举办全市婚姻登记员培训，开展婚姻登记情况的互动和交流，提高管理服务水平。全市共办理国内婚姻登记66 935对，其中结婚登记54 367对、离婚登记12 568对；补办婚姻证件25 780本。嵩明县、宜良县民政局被民政部授予“2009年全国婚姻登记规范化单位”称号。

【老龄工作】　经市委、市政府批准，出台《关于进一步加强农村老龄工作的实施意见》和《关于支持社会力量兴办养老服务业发展的实施意见》，为加强基层老龄工作机构建设、加快农村老年服务体系和社会化养老服务业发展提供了政策支持和措施保障。全市1 606个行政村、社区居委会中，有1 370个成立老年协会，建会率达85%，其中五华、官渡、东川、呈贡、宜良、石林、嵩明、寻甸等县区及经开区达100%。完成了主城4区4个“163”试点工程的建设和验收。完成22个农村“百村建设”试点。在全国首家编制了城市老年设施专项规划，在全市布点32个。已有30余家商家意向性投资上亿元。与上海鑫恺尔集团合作，整合社会资源，投资设备和资金300万元，成立昆明市居家养老服务中心。主城4区居家养老服务中心建设得到省级基金补助80万元。办理老年优待证40 687本。给1 322名特困老人发放助养补助金39.48万元。全市104 653名80岁以上老人的高龄保健补助费全部落实，市级补助530万元。各县（市）区都成立法律援助中心老龄委分中心。进行了空巢、类空巢老人及失态老人状况调查，全市共有空巢、类空巢老人200 263人，失态老人165 747人，分别占老年人总数的26.2%、21.7%。

【殡葬管理】　对《昆明市殡葬管理条例》进行修订，制定对“三沿五区”范围内坟墓进行整治的方案和通告，完善了殡葬管理的法规和规章。各县（市）区和乡镇、街道都成立殡葬改革领导小组（或管理委员会），加强对殡葬工作的领导。市政府与各县（市）区和市殡葬改革领导小组各成员单位签订了年度殡葬管理和殡葬改革目标责任书。为了加强殡葬改革和管理的督查督办，市民政局建立局领导牵头联系县（市）区制度，并成立7个督查组，设置殡葬改革信息联系员，实行半月报告制度。各县（市）区也建立相应的督促检查机制。为提高火化率，西山、东川、宜良、嵩明、安宁、呈贡等县（市）区将遗体火葬补助标准提高到300～2 500元，安宁市、石林县还免除遗体火化等费用。2009年全市共火化遗体21 968具，火化率达72%，提前一年超额完成省下达64%的目标；平毁“活人坟”3 583冢，迁坟39 548冢；在坟山墓地种植乔、灌木138万株；取缔120个制碑点和16个棺木制作点；建成农村公益性公墓80个，石林、晋宁殡仪馆建设正在加快。清明殡葬改革宣传和管理工作受到民政部通报表彰。

【招商引资】　市民政局负责的无锡招商分局2009年度招商引资取得较好成绩，引进内资项目86个，考核认定资金为6.21亿元，完成内资引资任务数的414%；引进外资项目2个，考核认定资金为91.36万元，完成外资引资任务数的114%。

（曾　筹）

住房公积金管理

【全年归集住房公积金54.35亿元】　2009年，全市新增住房公积金54.35亿元，完成全年必达目标（40亿元）的136%，较上年同期增加7.78亿元，增幅为16.7%。2009年末，全市共有8 882家单位建立了住房公积金制度，累计归集住房公积金256.3亿元，归集余额为140.5亿元。

【全年发放住房公积金个人贷款26.9亿元】　2009年，全市新增住房公积金个人贷款26.9亿元，完成全年必达目标（13亿元）的207%，较上年同期增加4.5亿元，增幅为20%。至年末累计为77 494户职工家庭发放住房公积金个人贷款97.4亿元，贷款余额为63.6亿元，存贷比为45%。逾期率有效控制在市政府下达的2%以内。提取、转移住房公积金30.82亿元，较上年增加10.66亿元，增幅为53%。

【增值收益创历史最高水平】 2009年，在确保资金安全运行的前提下，年度上缴财政住房公积金增值收益0.9亿元，完成较上年同期增加0.35亿元，增幅为63.64%。

【招商引资工作】 2009年，市招商引资考核办认定共引进29个项目落地，引入内资24项，落地金额27 205.41万元人民币，完成计划的136%；引进外资5项，落地金额294.82万美元，完成计划的295%。

【制度创新】 年内拟定、出台了《昆明市经济适用房住房公积金操作规程（暂行）》《昆明市住房公积金行政处罚自由裁量权规范标准》《昆明市住房公积金管理中心职工行为规范》。根据住建部等7部门《关于利用住房公积金贷款支持保障性住房建设试点工作实施意见》和省、市政府要求，积极做好利用住房公积金支持保障性住房建设试点实施准备工作，牵头起草了《昆明市利用住房公积金贷款支持保障性住房建设试点工作方案》。

【信息化建设】 为进一步提高管理水平、有效防范操作风险，在学习考察的基础上，中心借鉴武汉住房公积金管理中心的综合业务系统管理模式全面开展综合业务系统建设。2010年1月8日中心住房公积金归集、支取业务系统正式上线。中心开发的办公自动化系统也于2009年12月1日全面投入使用。

【改进工作作风、提升行政效能】 2009年，中心以“干部作风改进年”、“行政效能提升年”为契机，不断强化服务意识、提高办事效率、提升服务质量、切实加强政风行风建设。

中心主要负责人带领相关处室负责人走进“昆明信息港”、“春城热线”政风行风等热线直播间，为群众答疑解惑；承办了人大代表意见2件、政协提案1件；办结（12345）市长热线18件，办结信访事项督办4件，办结中心网站“在线回答”1 485条，领导干部接听电话383次。

大力推行“一站式”、“一条龙”服务，大力推行“五办”作风。年内将昆明市住房公积金业务审批时限整体压缩三分之一，压缩后提取住房公积金为当天办理，贷款审批时限由原来的15个工作日压缩为10个工作日，赢得了广大缴存单位和职工的一致好评。

积极推广建行住房公积金联名卡，使广大缴存职工手持一卡即可享受公积金余额查询、自动冲还贷等多项优质服务。目前，已发放（建行缴存职工）住房公积金联名卡19.11万张；开通96128专线工作平台，及时为职工答疑解惑；进一步强化对各委贷银行的考核管理，对服务质量好、业务技能强的委贷银行授予“金牌网点”荣誉称号。

（市公积金管理中心）

安全生产监督管理

【安全生产形势持续稳定】 2009年，在市委、市政府的正确领导下，全市安全监管工作，按照市委九届五次全体（扩大）会议的部署，紧紧围绕拼搏2009的工作要求，紧扣安全生产年“三项建设”和“三项行动”这一主线，以防大事故、治大隐患为重点，以控制事故为核心，杜绝重特大事故，有效遏制较大事故，减少一般性伤亡事故为目标，全市安全监管工作取得了新成绩。2009年省政府下达给昆明市各类安全事故死亡控制数为405人，其中：道路交通335人，生产安全64人（含房屋市政工程17人），煤矿企业6人。全年较大事故控制数为13起（含煤矿1起）。

2009年全市共发生各类安全事故3 699起、死亡396人（含消防14人）、受伤3 371人、直接经济损失2 301.11万元，全市杜绝了重特大事故，各类事故死亡人数低于控制指标23人。较大事故共发生6起、死亡20人，低于控制指标7起，同比事故起数减少4起下降40%、死亡人数减少21人下降51.2%。生产安全共产生死亡事故42起、死亡49人，同比事故起数下降10.6%、死亡人数下降23.4%，死亡人数比控制指标少15人，这其中建筑行业共发生事故16起、死亡16人，比控制指标17人少1人；总体态势平稳趋好，四项指标全面下降。在国务院督查和省政府年度考核中，昆明市安全生产工作继续保持先进行列，受到省考核组的充分肯定。

【安全生产“一岗双责”】 结合实际修改完善了安全生产目标责任状和考核实施细则，加大监督检查力度。2009年，市政府与各县（市）区、三个开发（度假）区、重点部门签订责任状35份，各地区政府与乡（镇、街道）、部门签订安全生产目标责任状707份，部门签订1 640份，乡（镇、街道）签订3 550份，各行业、企事业单位和重点岗位签订责任书20多万份。大力推行“一岗双责”，印发了《昆明市人民

全市安全生产委员会扩大会议　（市安监局　供稿）

政府关于推行安全生产“一岗双责”进一步强化安全生产责任制的实施意见》，强化各级各部门领导的责任。各县（市）区结合实际制定出台了具体实施意见。市安委办认真修订了2009年的责任制考核实施细则，将落实安全生产“一岗双责”列入了考核内容，推动了政府监管责任的落实。市安监局还起草了落实安全生产“一岗双责”的责任追究办法。强化企业的责任主体地位。通过在108家企业开展落实企业安全生产主体责任试点活动、对企业法人进行强制培训并开展安全承诺活动、试行“黑名单”制度、强化行政执法等措施促进企业主体责任的落实。全市2 712家企业开展了安全承诺活动。建立约束机制，加大监督力度。实行安全生产事故通报制度，年度对社会上影响较大的事故通过媒体向社会公开，强化舆论监督。全年召开新闻通报会2次，通报社会影响较大的事故5起。

【安全生产“三项行动”】 为确保“安全生产年”各项任务完成，昆明市把“三项行动”作为“安全生产年”的主要内容和重要抓手，及时制定下发了治理行动、执法行动、宣传教育三个具体方案。各级各部门把开展“三项行动”作为贯彻全年工作的主线，及时制订方案，采取有力措施，把“三项行动”工作细化、深化，把活动引向深入。安全生产治理行动方面：以煤矿、非煤矿山、尾矿库、危化品、建设、特种设备、城市公用基础设施等重点行业和领域为重点，继续深化各项专项整治。全市共排查治理隐患企业24 981家次，查出一般隐患37 702项，已整改37 474项，整改率99.4%；查出重大隐患95项，已整改85项，整改89.5%，累计落实治理资金1 521.7万元，整顿关闭和取缔不符合安全生产条件的企业62家。宣传教育行动方面：全市开展宣传教育活动4 122次，组织召开新闻发布会、专题采访94次，新闻报道966篇，培训安全资格证人员32 291人，培训乡镇、社区、村（居）委会干部2 867人，培训高危企业法人3 061人、其他管理人员31 071人、建筑工人26 808人，企业全员培训105 482人，2 712家企业开展了安全承诺活动，正在创建安全文化企业77家、诚信企业281家，参与人员达359 328人次。全市打击非法违法行为53 443起，其中打击无证或证照不全生产、经营3 464起，打击关闭取缔后又擅自建设生产经营12起，打击私采滥挖、超层越界开采、尾矿违规排放59起，打击违反“三同时”规定410起、拒不执行监察指令14起、无证上岗883起。

【煤矿专项整治】 抓好瓦斯治理和煤矿整顿关闭两个攻坚站，严格落实瓦斯治理“十二字”方针，全力抓好煤矿复产验收工作。积极开展安全质量标准化工作，100%建成省三级标准化矿井。以采掘工作面的通风管理、瓦斯管理、顶板管理为重点，抓好隐患排查治理。

昆明市尾矿库专项整治工作汇报会　（市安监局　供稿）

【尾矿库专项整治】 作为省政府重点督查的20项重要工作之一，通过认真开展尾矿库专项整治，全市库容在1万立方米以上的尾矿库共有101座，全部完成整治，共下达整改指令书103份，责令关闭尾矿库29座、限期整改58座。昆明市尾矿库专项整治工作严格按照计划顺利完成各阶段工作任务，11月份顺利通过了省级验收并受到省验收组的高度评价。

【非煤矿山专项整治】 继续推进“三推行两强化一整治”，露天矿山突出抓好开采设计和推行中深孔爆破两个整治任务，完成整治露天矿山445家，完成任务的117%。地下矿山突出抓好设计和强制机械通风两个整治，严把安全生产行政许可关，因评估为D类和不符合相关政策注销许可证138家，完成任务的306.7%。

【危化品专项整治】 确定氯碱、合成氨、石油化工（易燃易爆）为监管重点，继续开展“五整顿、两关闭”工作，重点抓好氯碱、合成氨、剧毒、易燃液体、易燃易爆及有毒气体生产企业的搬迁整顿。严格新建危化品项目的安全准许入，加强新建、扩建项目设立审查、试生产备案及竣工投产验收审查，从严审批剧毒化学品建设项目，强化源头管理，结合安全生产许可证审查换证，推进企业安全标准化或规范化工作。市政府挂牌督办35个化工企业重大隐患已全部完成整改销案，整改率100%。

【烟花爆竹专项整治】 以春节期间的安全监管为重点，完成了51个批次定点进货审批，15家批发企业、1 319个零售网点的评估、审查和许可证发放工作，加强对6个重点地区零售网点和主城区春节晚会燃放现场的督促检查，销毁非法生产、经营烟草爆竹1 000多箱。

【道路交通专项整治】 目前，昆明市公路保有里程已近2万千米，机动车突破113万辆，驾驶人突破148万，加上70余万辆电动自行车及大量外地来昆车辆，交通压力很大。全市各级公安、交通等部门狠抓“五整顿、三加强”工作措施的落实，加大路面管控力度，先后组织开展了高速公路、严重交通违法行为、机动车非法营运、酒后驾车违法行为、电动自行车等一系列集中整治行动。共纠正查处各类机动车交通违法行为143.728万起，实施教育警告

303 128人次，罚款936 325起，吊销机动车驾驶证270本，排查出各类安全隐患点（段）144处，完成整治137处。加大对非法营运车辆治理力度，共查处非法营运机动车2 143辆、非机动车574辆，查扣汽车128辆、摩托车2 015辆，没收机动车2 143辆，进一步规范了城乡客运秩序，净化了道路通行环境。

【消防安全专项整治】　先后组织开展了公共娱乐场所、商场市场、校园周边、公众聚集场所、高层及地下建筑6项消防安全专项治理。7月初，全市的消防专项整治通过了国家四部门的联合验收。7～8月，公安、安监等相关部门再次开展联合执法，对4 205个公众聚集场所、1 892个高层和地下建筑进行了全面复查，进一步巩固和扩大了整治成果。

【重点时段安全生产工作】　2009年，市政府针对昆明市重大政治、经济以及各类庆典活动频繁的特点，专门召开会议进行安排部署，及时组织开展全市性安全大检查和各种专项检查，抓好各项保障措施的落实，确保万无一失。一年来，围绕春节、“两会”、清明节、五一、狂欢节、昆交会、国际人类学与民族学大会、建国60周年大庆等节假日和重大活动，及时组织了4次全市性的安全大检查。市政府5个督查组对14个县（市）区、三个开发（度假）区、重点行业工作情况同步进行了督查。根据形势需要开展了旅游节、清明节专项检查，对重点运输企业的专项检查，对重点市政基础设施和重点建设项目工地的专项检查，对危化品生产企业专项检查，持证上岗检查，执法检查、尾矿库专项检查等8次专项检查，同时，接受国家3次、省5次督查。并充分利用国家、省的督查推动全市各级、各部门、企业重视安全生产，及时整改隐患，不断提高安全管理水平。为确保新中国成立60周年大庆期间的安全生产，从9月1～10月10日，组织开展了为期40天的全市性安全生产大检查。市级成立15个行业检查组和5个督查组，重点对煤矿、非煤矿山、尾矿库、城市燃气、市政公用设施、危险化学品、烟花爆竹、有色冶金、道路交通、水上交通、建筑施工、人员密集场所、水利、电力、特种设备、民爆器材等重点行业领域进行检查督查。市县两级部门加强应急值班值守工作，严格落实24小时领导带班制度，确保各类信息报送渠道畅通，确保全市安全生产形势平稳。

【压事故、控指标、保安全措施】　针对全市2009年上半年事故多发的严峻形势，从6月份开始，市政府专题研究采取超常规措施强化安全生产工作，坚决遏制事故多发的势头。抽调专人组成5个督查组，由三个安委会副主任带队，对各县（市）区和重点部门开展每月一次、为期半年的督查检查；每月召开一次市安委会扩大会议，每月算一次指标账，每月研究通报一次安全生产形势；对超指标严重的地区，下发告诫通知要求向市政府写出检查，分析原因，找准症结，提出整改措施，通过采取一系列强有力的措施，全市事故上长的势头得到了有效遏制，事故指标逐月回落，上半年所超进度指标全部消化完毕。

昆明市安监系统业务学习讲座　（市安监局　供稿）

【宣传教育工作】　坚持集中宣传与日常宣传相结合的原则，组织开展形式多样的宣传教育活动，大力营造浓厚的社会舆论氛围，不断增强全民安全意识。大力强化安全生产宣传工作。以“安全生产月”活动为载体，集中开展形式多样、内容丰富的宣教活动。全市共发放宣传资料381 312册，制作展板1 664块，张贴宣传标语、招贴画31 371条（幅），报刊、电台、电视台刊播稿件246篇、专题节目24期次、公益广告900条次、专栏27期，发短信850 000条，组织演讲比赛40场次，参加人员37 646人次，组织各类安全培训620期，共培训各类人员32 291人。昆明市安全生产月活动被国家安监总局、全国总工会等六部委授予“全国安全生产月活动优秀单位”荣誉称号。

【应急管理工作】　组织召开军地化学事故应急救援队联席会议，进一步构建更加紧密的军地联合处置危化事故的快速救援机制。与凤鸣煤矿救护队签订协议，由其承担全市煤矿和非煤矿山应急救援（排险）和服务等工作。在3起矿山应急抢险救援中，凤鸣煤矿救护队充分发挥了专业队伍的突击队作用。尤其是8月18日东川区汤丹镇一铅锌矿洞顶板垮塌造成4名作业人员被困事故中，及时组织凤鸣煤矿救护队赶赴事故现场，实现抢险救援，成功避免了一起较大生产安全事故的发生。以应急预案编制为突破口，抓好基层预案编制和备案工作。全市各级政府、部门、企业共编制备案预案2 574份。积极组织开展实战演练。2009年，全市各级各部门组织预案演练776次，其中政府组织34次，部门67次，企业组织674次。通过演练，检验了预案的可行性，增强部门之间的协调配合能力，提高事故应急救援能力和实战水平。

【大安全工作格局进一步形成】　在市委、市政府的统一领导下，按照昆明市安全生产综合监管联席会议的要求，市安委会、交通安委会和防火安委会充分发挥督促协调、检查指导作用，各司其职、各负其责，相互支持、相互配合，形成监管合力。市安委办牵头建立完善安全生产综合监管联席会议制度和三个安委会办公室联席会议制度，建立工作通报制度、工作协调制度、监督检查制度、报告备案制度、综合分析制度。年度召集综合监管联系会议，与市级相关部门以及大中型企业开展交流、互动。充分发挥综合监管和专业监管的协作作用，保持部门之间信息畅通，协调解决安全生产的重大问题。强化与监察、工会、公安、质监等部门的联动协调机制。对社会影响面广、治理难度大的安全生产问题，开展集中整治，联合执法，对非法生产经营行为，该停产整顿的坚决停产整顿，该关闭取缔的坚决关闭取缔，通过严厉的执法手段，规范安全生产法治秩序，推进企业安全生产主体责任的落实，形成齐抓共管安全生产工作的良好局面。

（市安全生产监督管理局）

扶贫开发

【整村推进扶贫开发】　完成2008年417个整村推进项目的检查验收工作，2009年实施341个省市重点村整村推进项目，投入资金6 820万元（其中省级重点村整村推进项目241个、投入资金3 615万元，市级整村推进项目100个、投入资金2 000万元、配套省级重点村整村推进项目资金1 205万元），整村推进项目涉及寻甸、禄劝、东川、富民、石林、嵩明、宜良、晋宁8个县区、107个乡镇、341个自然村、覆盖贫困人口9万余人。项目建成后有效解决了1.69万人、6 200余头大牲畜的饮水安全问题；坡改梯140亩，增灌改灌农田4 249亩；新建村中硬化道路236条56.8万平方米；新修整修村外道路70条199.49千米；危房改造1 423户；种植各类经济作物（林果）2.8万亩；购种畜1 003头，扶持农户发展大牲畜5 940万头；改厩2 613间；新建沼气池1 423口，购安节能灶4 971眼，改厕1 257间；安装太阳能3 279户（套）；四旁绿化树种植6 403株；建垃圾池27个；新建村多功能活动室81个；安装太阳能路灯12盏；举办农村实用技术培训1 304期13万人（次）。通过整村推进项目的实施进一步加强了贫困村的基础设施建设，改善了贫困地区人民群众的生产生活条件。

2009年省政府开展整乡推进试点和以“县为单位、整合资金、整村推进、连片开发”试点工作，寻甸六哨乡确定为整乡推进试点乡，计划投资600万元，分两年实施。2009年省级下达资金300万元、市级配套资金300万元，已启动项目建设，第一期项目计划2010年10月底完成。“整乡推进”试点将实现项目区“产业建设有发展、基础设施有改善、村容村貌有改观、农民素质有提升、群众收入有增加”的目标。东川区被省政府确定为“县为单位、整合资金、整村推进、连片开发”试点县，项目规划投入资金1.8亿元，其中：投入中央资金1 000万元，市级配套1 000万元，区财政投入637万元、部门整合9 135万元、企业投资4 100万元、群众自筹2 963万元。东川区“试点项目”实施方案已通过省级评审通过，中央1 000万元资金已下达东川区，项目将重点围绕产业发展、基础设施、生态建设、社会事业等方面进行，预计2010年11月底完成。

【产业扶贫开发】　完成2008年投资506万元11个产业扶贫项目的建设和检查验收工作。2009年争取中央、省级产业扶贫开发资金450万元，分别在东川、寻甸、禄劝3个扶贫开发重点县区扶持8个产业项目建设。

【扶贫劳务输出】　2009年争取省级专项资金724万元，在东川、寻甸、禄劝3个重点县（区）培训农村劳动力5.4万人、转移输出4.1万人。

【易地扶贫开发】　投入资金1 755.53万元（其中：省级财政扶贫补助650万元，部门整合资金388.83万元，群众自筹及投劳折资716.7万元）建设安置点9个，建设安居房352套29 672平方米，完成1 300人的转移安置工作任务。贫困群众实现了“搬得出、留得住、能稳定解决温饱”的目标任务。完成2009年度2 050人的易地扶贫开发可研报告和实施方案的编制工作，并上报省扶贫办审核通过，落实2010年的目标任务。落实2010年180万元投资，在东川、寻甸实施贫困地区安居房改造150户的计划任务。

【信贷扶贫】　2009年发放小额信贷扶贫贷款1亿元，实际完成市级1亿元，覆盖农户2.5万户。完成8家扶贫企业3 000万元贴息贷款。下达省级资金100万元，在寻甸县六哨乡开展村级发展互助资金试点。

【革命老区开发建设】　2009年扶贫开发项目建设覆盖4个老区县和6个老区乡镇，共实施整村推进210个自然村，投入省、市财政资金4 200万元；实施易地搬迁扶贫1 401人，投入省级财政资金700.5万元；投入革命老区专项资金投入120万元，实施6个自然村的整村推进；投入产业扶贫资金400万元；投入小额信贷扶贫资金5 400万元；实施劳务输出培训62 554人，输出48 524人。

【社会帮扶】　2009年社会挂钩帮扶工作认真落实“市级领导联乡包村、县级领导联村包户、党员干部结对帮扶、机关和企事业单位定点挂钩”的社会扶贫机制。全市5个牵头单位、3个开发（度假区）、5个经济较发达区（市）和132个市级定点挂钩单位，充分发挥自身资金、信息、人才、技术等优势，帮助北部五县区开发优势资源，发展县域经济，取得了显著的成绩。据统计，有464人到挂钩点蹲点（其中处级135人，科级329人），2 953人到挂钩点调研（其中处级819人，科级2 134人），直接投入资金2 449.46万元，援助物资折款237.262万元，引进资金1 524.59万元，引进技术39项，修建校舍20所，协调联系劳务输出4 697人。举办各类农村科普和实用技术培训班154期，培训人数11 972人，实施项目171个，办好事实事458件，有2 735名党员干部结对帮扶3 419户贫困农户，捐助帮扶资金254.9687万元，捐助物资折合人民币60.307万元，帮扶贫困学生2 015人。社会的广泛参与，有力地推动了贫困地区的发展，把党和政府的关怀送到千家万户。

【新农村建设整村推进全面完成】　根据《中共昆明市委办公厅、市政府办公厅关于2008年度社会主义新农村建设整村推进的实施意见》，完成了185个村委会中的1 184个自然村新农村建设整村推进任务并进行了检查验收。新农村建设整村推进工作，围绕“九有”目标，重点实施了“四大工程”，即基础设施建设投入51 338.25万元；产业发展投入资金17 701.88万元，生态建设投入12 617.02万元，社会事业发展投入18 500.55万元。新农村整村推进打造了一批示范点，推动了昆明市社会主义新农村建设。

【强化督促检查】　扶贫办严格执行“十一五”扶贫开发规划，在确立的重点扶持贫困地区，组织2009年扶贫开发项目申报、评审并下达项目资金，在实施过程中，配合财政、纪检监察部门协同检查，强化督促检查，确保扶贫项目和资金落实到贫困地区和真正用于扶持贫困地区的群众。按照市委、市政府提出“八个百分之百”的要求，市扶贫办切实加强扶贫开发项目工程质量的检查，在考核验收2008年扶贫开发项目过程中，通过实地抽查的方式加大了市级检查考核的力度，督促建设单位严格把好质量效率关，依据法规严格审查资金的管理和运行程序，强化综合管理。

【加强领导，落实工作责任】 市委、市政府把扶贫开发列入目标管理考核，实行党政“一把手”负总责，分管领导具体负责，层层抓落实。扶贫开发工作始终坚持“市级领导联乡包村，县级领导联村包户，党员干部结对帮扶”的定点挂钩扶贫责任制，市、县（区）、乡（镇）的领导、干部、党员都落实了扶贫帮扶责任，并将挂钩扶贫工作纳入工作目标管理督察，形成了齐抓共管的格局。县、乡层层签订《年度扶贫开发目标管理责任状》，把扶贫开发工作纳入年度目标责任制考核，并作为民生工程的重要内容抓落实。

【扶贫开发资金的运行和管理】 为确保扶贫资金安全有效运行和扶贫项目顺利实施，按照《云南省财政支农资金管理使用办法》和《云南省财政扶贫资金管理暂行办法》的规定，扶贫办加大了对扶贫资金项目的管理，明确县乡的管理责任，严格实行项目资金专户管理制度，封闭运行，专款专用；严格执行项目招投标制和资金回补报账制；全面推行扶贫项目和资金使用公示、公告制度。在有扶贫任务的乡、村设立项目、资金的公示、公告栏，公开透明，接受群众监督；坚持对扶贫资金、项目进行定期的审计、监察，要求扶贫项目竣工验收时必须有审计意见，有效地保证了扶贫资金的使用安全和效益的发挥。

【坚持抓培训，提高劳动者技能】 通过劳务输出，整村推进，小额信贷，产业开发等扶贫项目的实施，加大了对贫困群众劳动技能和适用技术的培训。通过培训，贫困地区人民群众掌握了一些劳动技能和农村适用技术，拓宽就业渠道，提高农业生产能力，增强脱贫致富的信心和决心，激发贫困地区人民群众脱贫致富的内在动力。

2009年，扶贫开发工作虽然取得了较好的成效，但也面临着一些困难和问题。主要表现在扶贫开发资金需求与投入之间的矛盾突出。产业扶持力度不够，贫困地区缺乏能带动本地区种、养、加工发展的龙头企业。项目信贷资金贷款难，小额信贷扶贫资金难以满足贫困地区、贫困群众的需要。

（吕云先）

移民工作

【全面实施后期扶持资金兑现】 昆明市2007年以前大中型水库现状移民登记人数为50 271人，按每人每年600元计，每年共需兑现后期扶持资金3 016.26万元。2009年通过协调重新核定了昆明市大中型水库移民后期扶持人口为52 166人，每年共需兑现后期扶持资金3 129.96万元。资金全部由省里解决，市县不再配套，这从根本上解决了全市后期扶持资金的缺口问题。目前按照云南省政府关于后期扶持资金兑现的要求，整个后期扶持资金兑现工作正在平稳推进，后期扶持资金按季度足额兑现到每一个移民手中，并陆续发放了新增移民的后期扶持证。2009年10月国家水利部移民开发局稽查组对云南省后期扶持资金兑现情况进行稽查，在昆明市重点稽查了安宁等县（市）区后期扶持资金兑现情况，稽查组充分肯定了昆明市后期扶持资金兑现工作。

【后期扶持人口的信息化管理】 昆明市按照云南省大中型水库移民后期扶持信息管理系统软件培训会议要求，加强了大中型水库移民后期扶持信息管理系统的建设，对水库移民后期扶持人口核定、上报、核减实现信息化管理，充分利用后期扶持信息软件强大的查找、统计、分类功能，提高工作效率，辅助科学决策，降低行政成本，逐步实现大中型水库移民后期扶持管理信息化。

【基础设施建设和经济发展规划修编】 按照省移民开发局“分析测算资金可能，合理确定投资规模”的要求，市移民开发局按省局批复中规划期（2006年～2010年）内省级资金每年2 200万元的规模，开展了《昆明市大中型水库库区和移民安置区基础设施建设和经济发展规划》修编工作，落实了库区和移民安置区项目年度投资计划，并上报省移民开发局，待省大中型水库库区基金征收入库后组织实施，让移民群众尽早受益。

【基础设施项目储备和申报】 为切实解决昆明市大中型水库库区和移民安置区群众生产生活困难，根据《昆明市大中型水库库区和移民安置区基础设施建设和经济发展规划》，市移民开发局向省局上报了《2009年大中型水库库区和移民安置区基础设施建设和经济发展项目年度计划建设的报告》，并在科学调研和分析的基础上，储备了4个50万元以上的移民安置区基础设施项目，重点优先解决昆明市4个移民安置区基础设施薄弱问题，项目总投资398.75万元，其中：盘龙区小空山—大麦地农村公路改造1.851千米，项目投资132.92万元；宜良县耿家营乡獐子坝村人畜饮水工程，项目投资106.33万元；东川区移民区人畜饮水工程3 000米、工路建设300米、土地平整15亩基础设施建设，项目投资109.50万元；安宁市鸣矣河村河堤改造及渠道配套工程，项目总投资50万元。以上项目已经储备完毕，正在进一步完善和申报的过程中。

【对移民生产生活的项目扶持】 2009年市移民开发局争取了250万元的大中型水库后期扶持结余资金，专项用于安宁、晋宁、禄劝、寻甸、嵩明等5个县（市）区移民后期扶持人数较多、基础设施薄弱县（市）移民安置区的交通、人畜饮水工程建设，依次是：晋宁县宝峰镇小河口村委会村庄道路硬化、嵩明县嵩阳镇东村村委会道路硬化建设工程、安宁市禄脿镇安丰营村农田水利建设工程、禄劝县中屏乡移民村农田水利建设工程、寻甸县七星乡江外村委会村庄道路硬化等5个项目。目前，以上大中型水库移民安置区项目已经完成了项目建设工作，移民群众已从中受益。

【制度创新】 2009年市移民开发局会同市财政局共同拟定，并报市政府批准出台了《在中型水库库区和移民安置区基础设施项目建设管理办法》，进一步加强了对移民基础设施项目的监管力度。同时为使中央和省的各项移民政策在昆明市更加有效落实，市移民开发局在深入各县（市）区专项调研和征求各方意见的基础上，拟订出台了《昆明市大中型水库后期扶持移民人口动态管理办法》，进一步加强了后期扶持人口的管理。

【重点饮用水源保护区移民搬迁安置】根据中共昆明市委、昆明市人民政府《关于进一步加强集中式饮用水源保护的实施意见》，需要对云龙水为一级保护区 9 个村委会 42 个村民小组约7 166人、松华坝水库一级保护区核心区 14 个村 856 户约2 940人实施库外搬迁安置。安置方式是在城区附近新建移民小区对搬迁对象进行城市化搬迁安置。2009 年底，云龙水库项目禄劝县已基本完成移民实物指标调查和户籍核实，正在开展移民小区建设用地征地、地勘、规划设计以及移民规划大纲编制等工作；松华坝水库项目盘龙区也已基本完成移民实物指标调查和户籍核实，正在开展规划大纲编制、已签订移民安置房购买合同。同时为加快其他集中式水源地移民搬迁工作，2009 年 8 月 6 日市移民开发局召开了云龙、松华坝、宝象河、柴河、大河、红坡自卫村泵站、清水海等集中式饮用水源地保护区移民搬迁规划编制会议，安排部署水源区所在县（区）尽快开展水源区保护区内移民搬迁方案编制工作。目前各县（市）区基础材料已经收集完毕，整个方案正在紧张的编制过程中，预计 2010 年完成方案初稿的编制工作。

【白鹤滩水电站】　拟建设的白鹤滩水电站是金沙江下游河段四个水电梯级电站——乌东德、白鹤滩、溪洛渡和向家坝中的第二级。据初步估计，白鹤滩水电站涉及昆明市移民搬迁安置人数在3 000人左右，移民安置的重点在东川区。白鹤滩水电站移民搬迁工作还有待省政府下达封库令后开展实物指标调查、编制《移民安置规划大纲》。2009 年市移民开发局向省移民开发局争取了白鹤滩水电站移民前期工作经费 55 万元，其中 20 万元下拨给东川区。目前正在配合做好白鹤滩水电站移民安置前期各项工作。

【乌东德水电站】　拟建设的乌东德水电站是金沙江下游河段四个水电梯级电站——乌东德、白鹤滩、溪洛渡和向家坝中的第一级。据初步估计，乌东德水电站涉及昆明市移民搬迁安置人数在5 000人左右，移民安置的重点在禄劝县。乌东德水电站设计单位正在开展乌东德水电站可行性研究阶段水库区工程地质勘察等工作，市移民开发局和禄劝县对移民安置方式等问题进行了调研，并与业主单位和设计单位沟通协调和交换意见。2009 年市移民开发局向省局争取了乌东德水电站移民前期工作经费 20 万元，已下拨给禄劝县。目前正在配合做好乌东德水电站移民安置前期各项工作。

【库区和移民安置区稳定】　市移民开发局高度重视库区和移民安置区的维持稳定工作，印发了《市移民开发局 2009 年度社会治安综合治理工作计划》，以稳定、信访工作为重点，落实综合治理各项工作措施。健全完善信访工作机制，明确了市、县（市）区信访职责，形成了移民部门主要领导负总责，分管领导直接负责，信访工作人员具体负责的工作机制。定期不定期地开展大中型水库移民上访隐患排查，分别有针对性地采取直接答复、信函回复、专题解决、上报请示等措施进行妥善处理，把问题解决在基层，化解在矛盾激化之前。重点做好“两会”期间、国庆节前后等特殊时期的移民稳定工作，全面启动“零报告”制度，坚持一日一报、重大情况立即报，保证不出移民稳定重大突发事件。及时有效地处理移民来信来访，着力解决移民群众的实际困难。昆明市移民人数居云南省第二位，但移民信访量是全省最少的州市，2009 年未出现大规模移民越级上访事件，确保了库区和移民安置区的稳定。

（王　丹）

残疾人事业

【残疾人基层组织建设】　昆明市人民政府残疾人工作委员会出台了《昆明市基层残疾人组织规范化建设的实施方案》，并配套下拨了 100 万元基层残疾人规范化建设经费。五华、盘龙、西山、石林、嵩明、安宁、东川、富民、宜良、禄劝等县（市）区按照规范化进行村级（社区）残疾人基层组织建设，并申请进行验收。全市1 552个社区、村委会中已有1 455个社区、村委会配备了联络员，成立残疾人协会，落实经费，建立健全基层残疾人工作制度。2009 年昆明高新技术开发区、昆明经济技术开发区、昆明滇池国家旅游度假区成立了残疾人联合会。

【开展第二代残疾人证换发】　根据云南省的统一部署，2009 年在全省范围内开展第二代残疾证换发工作，昆明市成立了以市残联为组长，卫生等部门为成员的领导小组，指定云南省精神病院和昆明市第一人民医院为残疾鉴定点，组织开展第二代残疾人证换发工作，2009 年全市换发第二代残疾人证70 865本。

【规范残疾人机动轮椅车管理】　2009 年 11 月 10 日，市政府第 143 次常务会讨论通过并颁发《昆明市残疾人机动轮椅车管理规定》，于 2010 年 1 月 1 日执行。昆明市 908 名下肢残疾人使用的机动轮椅车上牌纳入规范管理。

【信访工作】　根据省、市的要求，在新中国建国 60 周年期间，要切实加强和做好残疾人信访工作。昆明市残联在开展大接访活动和上级领导批示的信访事项处理过程中，做到了信访件件有落实、事事有结果。2009 年接到市委、市政府及市信访局转来的 5 件来信，均给予了认真的调查处理并及时回复。接待州市残疾人来访 253 人；接待省外残疾人来访 132 人；接待全市群体性上访 36 次共5 530人次；电话来访2 500人，发放生活困难费及路费补助共计23 400元。2009 年，昆明市残联被中国残联、国家信访局评为“全国残疾人信访工作先进集体”，五华区残联被云南省残工委评为“云南省信访工作先进集体”。

【康复工作】　开展残疾人社区康复工作。五华、官渡、西山、呈贡等县区在开展社区康复示范区工作中，将残疾人康复工作纳入区域卫生规划。五华区残联开展了残疾人康复需求摸底调查；官渡区分期分批组织各街道办事处残疾人到区医院进行免费体检；呈贡县残联结合实际建立联动保障机制，实现重点康复与普遍康复服务协调发展，将社区康复工作纳入社区建设，与社区卫生体系有机结合起来，形成了社区提供服务场所，现已在 38 个社区配备了 38 名兼职社区康复员。2009 年全市有6 040人次残疾人得到不同程度的康复服务。

2009 年完成白内障复明手术2 055例，完成辅助器具供应发放2 846件。对 107 名下肢残疾人进行了假肢取型和安装，其中大腿 46 例、小腿 61 例。

【扶贫基地建设】　在寻甸、东川、富民、石林和嵩明 5 县区投入资金 83 万元，新建 5 个县级扶贫基地，扶持 211 户贫困残疾户开展种养殖。对禄劝、宜良投入 15 万元，对原有残疾人扶贫项目进行整合扩大，改建为 2 个县级扶贫基地。

【农村贫困残疾人危房改造工程】2009 年云南省残联分配给昆明市 320

户农村贫困残疾人危房改造任务，国家、省共投入改造资金332万元。根据县（市）区的实际情况，将改造任务安排到东川区100户、寻甸县80户、禄劝县50户、石林县50户、富民县40户。由于全市需要进行危房改造的贫困残疾户数较多，市残联又争取财政资金86.98万元，对官渡、西山、呈贡、宜良、石林、晋宁6个县区的92户贫困残疾人的危房进行了改造。

【重度智力和精神残疾人托养服务】市政府将残疾人托养服务工作纳入全市的制度创新工作。2009年市残联出台了《昆明市残疾人托养服务工作试行方案》，并下拨118万余元托养服务经费，推动了全市各县（市）区残疾人托养服务工作的开展。五华区出台了《五华区无业重度智力和精神残疾人入住托养机构托养扶助（试行）办法》，该办法对户口在五华区并入住辖区托养服务机构的智力和重度残疾人每月给予100元的补助。五华区残联先后与吉平敬老院、五华寿康老年公寓、阳光老年公寓、美好时光敬老院、昆钢精神病分院签订"设立残疾人托养服务站"的协议，并在沙朗、厂口开展探索对农村重度残疾人居家养护扶助试点工作。盘龙区"和谐会所"进一步完善精神和智力残疾人日托服务与管理工作，采取了以残疾人参与会所的组织管理和决策等事宜，以残疾人管理残疾人的服务方式开展工作。年内累计开展活动160次，参与人数2 700人次。官渡区采取全托和居家托养的方式，在书林建立全托养所，对入托和居家人员每月给以200元的补助。西山区在海口建立全托型残疾人托养院，对卧床不起重度残疾人、脑瘫、智障人员开展居家托养工作。其他县（市）区也因地制宜的开展托养服务工作。全市已建立依托、改建托养服务机构21个，为856名智力和精神残疾人及其他类别中、重度残疾人提供了全托、日托和居家托养服务，减轻了残疾人家庭的负担。

【扶残助学】　对考取大中专贫困残疾学生和扶困残疾人子女的补助工作中。2009年全市投入80多万元对377名残疾人学生进行补助，其中贫困残疾学生76名，贫困残疾人家庭子女301名。在开展"扶残助学"、"春雨行动"活动中，全市共投入45.48万元补助1 495名贫困残疾学生和残疾人家庭子女。与金鹰购物中心开展扶残助学工作，利用金鹰购物中心资助的5万元，帮助了20名家庭贫困的残疾学生。在扶残助学工作中，五华区人民政府被国务院残工委授予"全国扶残助残先进集体"。

【就业培训】　2009年，投入资金近120万元对有就业愿望和能力的残疾人开展有针对性培训145期，培训残疾人及其亲属5 492人次。培训内容涉及家电修理、盲人电脑、盲人按摩、盲文补习、创业培训、计算机打字员、计算机速录员、电子维修、服装裁剪、农村残疾人的果树栽培和牛、羊养殖等10多项实用技术的培训。市残联就业中心、各县（市）区残联把培训与推荐就业相结合，积极开展推荐就业，全市对1 043名残疾人进行职业指导，推荐就业670人次。

【康复扶贫贷款贴息工作】　云南希陶绿色药业股份有限公司和昆明凤凰橡胶有限公司两家企业共安置181名残疾人就业，按照省财政厅、省残疾人联合会《关于下达2009年康复扶贫项目贷款计划并拨付贴息资金的通知》和市财政局、市残联《关于下达2009年康复扶贫项目贷款计划并拨付贴息资金的通知》要求，为两家企业办理康复扶贫贷款，经批准两家企业贷款800万元，贴息24万元。

【残疾人就业保障金征收】　从2009年起全市残疾人就业保障金征收管理范围做了调整，省、市地税直征分局、三个开发区地税分局保障金的核定由昆明市残疾人劳动就业服务中心负责。对各县（市）区所征收的残疾人就业保障金上缴市财政的20%不再上缴。2009年全市残疾人就业保障金核定户数为13 313户，核定金额6 134万元，实际入库金额为5 538万元。其中市本级保障金核定户数为2 300多户，实际入库金额为2 700万元。

【宣传文化】　2009年《昆明残疾人》通讯杂志创刊并出版两期；做好昆明市残疾人门户网站建设，在昆明电视台开播"双语新闻"节目；在昆明日报刊出"同一片蓝天"专栏4期，"国际残疾人日"、"全国助残日"期间开设专版两期；与昆明人民广播电台联合举办了专题节目"为梦想插上翅膀—星星点灯"52期；在昆明图书馆成立云南省首家"昆明市文化助残示范点"，为庆祝新中国成立60周年，组织推荐87幅作品参加全国残疾人书法、绘画大赛；组织5个节目参加第六届云南省残疾人艺术汇演，群舞《花开的季节》获特等奖；昆明队获组织奖及团体奖第3名；举办了《残疾人教育条例》、《新昆明规划与建设》讲座两期，全国"爱眼日"期间，市残联与云南老拨云堂联合主办了"防盲进社区，拨云来护航"大型公益系列活动。重大节庆做好各类活动的宣传报道370次。

【体　育】　组团参加云南省第九届残疾人运动会暨云南省第三届特殊奥林匹克运动会，市残联与市体育局从14个县（市）区选拔出86名残疾人运动员，组成了游泳、田径、脑瘫足球、男女聋人篮球共5个队参加比赛。昆明队取得了团体总分第一和金牌42枚、银牌19枚、铜牌15枚的优异成绩。

（李向松）

·责任编辑　赵丕德·

人　物

【2009年昆明市全国五一劳动奖章获得者名单】

李如芬　女　汉族　云南纺织（集团）股份有限公司一分厂加工一班

杨世荣　男　白族　昆明电机有限责任公司水电分厂发电机大件工段

李新文　男　汉族　昆明市体育学校

【2009年昆明市五一劳动奖章获得者名单】

甘家昌　男　汉　云南昆明交通运输集团有限公司

施承荣　男　彝族　东风云南汽车有限公司制作厂

倪红昆　男　汉　昆明力神重工有限公司铸铁分公司

符世忠　男　汉　沈机集团昆明机床股份有限公司

秦　选　男　汉　昆明云内动力股份有限公司

陈文全　男　汉　昆明新飞林人造板有限公司

罗　忠　男　汉　云南CY集团有限公司技术部

邹路遥　男　傣族　昆明市公安局特种警察支队云豹突出大队

陈福忠　男　汉　昆明电缆股份有限公司

高俊峰　男　汉　昆明新南疆酒店有限公司

刘　翊　女　汉　昆明星耀集团实业有限公司

毕慧仙　女　彝族　昆明阿慧家政服务中心

郭仕忠　男　汉　盘龙区政府办公室

桂春平　男　汉　盘龙区环境卫生服务中心清运二队

余　钰　男　汉　昆明市公安局盘龙分局金星派出所

陈和庚　男　汉　昆明新世界饮食娱乐策划管理有限公司

钟玲丽　女　汉　武成小学

邓利国　男　汉　五华区卫生局卫生执法监督局

李淑芬　女　汉　昆明第十二中学

张瑞琦　男　汉　官渡区城市管理局环卫处

张建华　男　汉　昆明中林商贸有限公司

李连鹏　男　汉　昆明市公安局西山分局刑事科学技术室

张宜朗　男　白族　西山区育红小学

杨竹芳　女　汉　西山区人民检察院侦察监督科

杨琴莉　女　汉　安宁市连然小学

韩　莹　女　汉　安宁市人民法院

王美仙　女　汉　安宁市城市管理局

王　梅　女　汉　安宁市总工会

吴志勇　男　汉　禄劝县总工会

钟　丽　女　傈僳族　禄劝县和园餐厅

陈　琳　女　汉　嵩明县人民法院民事庭

温荣启　男　汉　嵩明县第一中学

俞　飞　男　汉　云南铜业凯通有色金属有限公司

洪开昌　男　汉　东川区人民医院

李应芝　女　彝族　富民县赤鹫乡龙潭村委会

张　旭　男　汉　云南大互通钛业有限公司钛白粉厂

王邦海　男　汉　石林县农业技术推广总站

余　春　男　汉　石林县水务局

朱显福　男　汉　寻甸县公安局仁德派出所

李锡霜　男　汉　寻甸县总工会办公室

夏红芬　女　汉　呈贡县七甸乡马郎小学

朱培荣　男　汉　呈贡县林业局

余永江　女　汉　昆明石林针织有限责任公司针织分厂

秦庆武　男·汉　宜良县煤矿行业管理局监管科

李承辉　男　汉　宜良县总工会

宋宏伟　男　汉　晋宁县第二人民医院

李文吉　男　蒙古族　晋宁县公安局网监大队

赵　琥　男　汉　昆明高新技术产业开发区建设局

李辉安　男　汉　云南运城制版有限公司电镀车间

李晓翔　男　彝族　云南云叶化肥股份有限公司

刘茂鸣　男　汉　昆明市经开区人民医院经开社区卫生服务中心

崔培岩　女　汉　昆明怡景园度假酒店

高滇霞　女　汉　昆明市滇池度假区实验学校

钱　军　男　汉　昆明图书馆网络管理中心

王　军　男　布依族　昆明公交集团第二公司12车队

黄俊杰　男　汉　昆明市城建投资开发有限责任公司

李明辉　男　汉　昆明饮食服务公司建新园分公司

刘正伟　男　汉　云南省水文水资源局昆明市分局

祖国平　男　汉　昆明豪美房地产开发有限公司

李　楠　女　汉　昆明自动化成套经营公司

陈思聪　男　汉　昆明市机电行业协会工会联合会

张嘉榕　男　汉　云南金花针织有限公司

杨汝礼　男　汉　昆明市工具配件厂

王飞锦　男　汉　云南山泉水业有限公司

屈　尽　男　汉　昆明市信访局

杨　强　男　汉　昆明红塔大厦有限公司

陈星如　女　汉　云南高创人才服

务公司

李　庆　女　汉　国金证券股份有限公司昆明北京路证券营业部

许家洪　男　汉　云南鸿翔药业有限公司宜良连锁店

李海波　男　汉　昆明供电局西区变运分局草铺变电站

赵加伟　男　汉　昆明市总工会政研室

龙　文　男　汉　昆明市职工之家（酒店）

何树昇　男　白族　昆明市困难职工帮扶服务中心

刘运东　男　汉　昆明世纪城物业管理有限公司

杨　丽　女　白族　昆明市人大常委会

李国能　男　汉族　云南国能化工有限公司

兰绍福　男　汉族　昆明电缆股份有限公司辐照分厂

吕达东　男　汉族　云南合信源机床有限责任公司小件车间

党煦燕　女　汉族　昆明（国家）高新技术产业开发区管理委员会

杜　坤　男　汉族　富滇银行昆明国防支行

张　俊　男　汉族　盘龙区长寿巷席子营二期糖果公寓

焦家良　男　汉族　云南龙润集团有限公司

（市总工会　供稿）

县（市）区概况

五华区

【年内大事】 1月12日，区委、区政府在五华科技产业园举行“国家高新技术创业服务中心”授牌仪式。市委书记仇和与省科技厅副厅长徐宝明为中心授牌。

1月15日，全省首家由养蜂专业户和从事蜂产品生产加工的个体户组成的云蜂蜂业合作社在五华区正式挂牌成立。

1月19日，上庄村城中村改造回迁安置房建设工程正式启动。

2月11日，昆明市园区突破暨2009年交通基础设施建设启动仪式在五华科技产业园举行。

2月18日，全省首个网上办理出入境业务的系统“五华区出入境网”正式建成投入运行。

3月10日，召开五华区“行政效能提升年”和“干部作风改进年”动员大会。

5月5日，区政府举行五华区红云右营村（一期）城中村拆迁改造启动仪式。

5月26日，苏家塘城中村改造项目回迁安置房建设工程正式启动。仇和、李培山、黄云波、杨皕、金幼和等市、区领导及富滇银行、浙江商会、浙联地产等企业代表参加奠基仪式。

7月26日，中共中央总书记胡锦涛视察大观办事处顺城社区，参加社区“全国民族团结和谐社区创建座谈会”讨论，与社区居民合影留念。

7月27日，市委副书记杨远翔、区委书记杨皕、代区长金幼和等领导与机关干部一起在大观河旁种植“河长林”。

8月15日，尚家营片区城中村改造项目暨云南煤化工集团总部建设项目拆迁正式启动。

8月18日，共青团中央书记处书记罗梅一行到翠湖社区考察调研团建工作。

9月1日，昆明八中新址（北市区岗头村）建设竣工及搬迁开学仪式举行。

9月9日，区政府与浙江杭州青城房地产开发公司签订潘家湾小村、新村城中村改造项目合作协议。

9月14日，全省首个法制主体公园——月牙塘法治主题公园举行揭牌仪式。

9月28日，顺城王府井购物中心开业仪式举行。

9月29日，昆明老街正义路街区建设竣工开街庆典举行。

9月30日，首条生态型道路——江东花园北路竣工通车。

11月12日，五华区召开“创卫”攻坚冲刺动员会，组织动员全社会力量，再掀“四创两争”活动新热潮。

12月6日，区委、区政府再次部署“创卫”全员冲刺，要求全区所有单位、部门取消双休日休假，城管、卫生、环保、行政综合执法等单位除保留值守人员外，全部下到一线开展工作。

【区划、人口】 五华区位于昆明市区西北部，是昆明中心城区之一，东邻盘龙区，南、西连接西山区，西北与富民、嵩明两县接壤，并在富民县境内有两块飞地。辖区面积397.86平方千米，其中建成区面积40.86平方千米。2009年下辖护国、大观、华山、龙翔、丰宁、莲华、红云、黑林铺、普吉、沙朗、厂口等11个街道办事处，87个社区居民委员会，117个村（居）民小组。年末常住人口87.0万人，户籍人口65.68万人。户籍人口中农业人口52 969人，占8.1%，少数民族92 168人，占14%。人口密度每平方千米2 187人，人口自然增长率为4.7‰。

【经济综述】 2009年实现地区生产总值487.15亿元，比上年增长11%。一、二、三产业结构比例分别为0.32%、57.43%和42.25%。工业实现总产值538.25亿元，比上年下降6.5%，其中规模以上工业总产值实现529.01亿元，同比下降6.7%；规模以上工业增加值241.18亿元，同比增长8.3%；建筑业实现总产值199.51亿元，比上年增长31.6%。农林牧渔业总产值实现2.48亿元，比上年增长1.4%。其中农业产值1.0亿元，同比下降0.3%；林业产值0.03亿元，同比增长51.8%；畜牧业产值1.27亿元，同比增长11.9%；渔业产值0.08亿元，同比增长11%。全年粮食总产量8 160.9吨，比上年下降30.1%；油料作物50.8吨，同比下降25.6%；肉、禽、蛋、奶总产量9 002.4吨，同比增长124.7%；烤烟产量812.5吨，同比下降29.4%；蔬菜产量25 491.6吨，同比下降12.6%；花卉产量319.6万枝，同比下降45.1%；水果产量1 797吨，同比下降43.9%。年末大牲畜存栏7 771头，比上年下降5.3%；生猪存栏58 179头，同比增长18.6%，羊存栏1.43万只，同比增长0.9%；家禽存栏28.53万只，同比增长7.6%。

实现地区财政总收入44.59亿元，比上年增长11.23%，其中地方财政一般预算收入15.77亿元，同比增长18.20%。地方财政一般预算支出17.68亿元，同比增长19.34%。实现社会消费品零售总额274.35亿元，比上年增长26.3%。完成全社会固定资产投资185亿元，比上年增长40.3%。万元GDP能耗下降4.6%。城镇居民人均可支配收入实现17 205.66元，实际增长31.7%。农民人均纯收入实现6 637.6元，实际增长10.27%。人均消费性支出11 549.37元，比上年增长22.2%。

【都市经济】 加快一主二副商务商贸中心区建设，相继出台《五华区加快发展楼宇经济实施办法》、《五华区发展楼宇经济工作制度》等激励配套政策，以总部经济、楼宇经济、品牌培育为主要途径，大力发展现代服务业。顺城、昆明老街一期建成投入运营，金鹰天地等项目顺利开工，新增高品质商务、商业设施面积20余万平方米。顺城王府井购物中心、IMAX立体影院、香港百老汇电影院线和南磷集团、分众传媒等项目引进入驻，进一步打造商业核心区、影视文化展示区和总部企业聚集区。在全市率先开展星级楼宇评定工作，昆明柏联广场和云南信托大厦被评为五华区首批五星级商务楼宇。“一中心四片区”（即南屏街、正义路、三市街中心区，祥云街片区、顺城街片区、小西门片区、文明街片区）的作用进一步显现。为优化空间布局，加快北市区商业次中心建设。利用城中村改造的机会，引进云南煤化工集团参与改造并在尚家营设立总部，使北市区初步形成红云红河集团、云南冶金集团和云南煤化工集团三大总部聚集发展的格局。

【现代服务业】 编制完成《现代服务业发展规划》，制订《促进现代服务业发展若干意见》，明确总部经济、项目带动、产业融合、产业集群化、名牌创建等五大发展战略和以现代金融、电子商务、文化创意为主的产业发展重点。充分利用区位优势和历史文化特点，大力发展现代服务业。结合信用担保体系建设，成功引进云南鼎鑫、云南世信恒通等一批融资担保及投资公司，进一步提升五华区的金融服务业水平。提质增效，促进第三产业快速发展，2009年第三产业增加值达216.29亿元，比上年增长16.69%，占全区GDP的43.84%。进一步整顿和规范市场经济秩序，引导非公企业诚实守信、依法经营。年末全区非公企业达4.25万户（其中私营企业1.03万户），从业人员12.69万人。实现增加值230.2亿元，创造税收18.66亿元，实现社会消费品零售总额203.5亿元，占全区零售总额的74.76%，个私经济对全区经济的贡献率达到47%。

【招商引资】 2009年全区引进内资项目408个，引进资金48.85亿元，完成年度任务的139.57%；引进外资项目32个，实际到位资金4 450.65万美元，完成年度任务的134.87%。完成引进3 000万元人民币以上的项目45个，投资35.46亿元，分别比上年增长181%和48%；引进固定资产投资项目31个，总投资25.07亿元，分别比上年增长82%和80%。在全年引进的408个项目中，经营范围为第三产业的340个，占总数的83.33%。完成招商引资实绩34.11亿元，占总数的69.83%。

积极探索投融资渠道，推进银政、银企合作，扩大融资规模。以国投公司和园投公司为平台，共向银行贷款25.4亿元，采取BT模式融资1.64亿元，企业投资1.45亿元，全年融资28.49亿元。整合辖区资源，启动国投公司10亿元的企业债券发行，争取中央和省级补助资金1.61亿元。

【科技园区建设】 完成西北片区控制性规划调整，加快王家桥片区的功能开发和完善，着力培育生产性服务业。不断强化金鼎科技园的产品中试、企业孵化功能。明确桃园片区生态化、品质化的发展方向。启动厂口片区钛产业园区建设前期工作。优化园区道路环境，海屯路、五华1号路等4条道路建成投入使用。完成基础设施建设投资8.26亿元，收储土地并取得用地指标2 491亩，“五通一平”2 047亩。开展主城区工业企业退二进三搬迁入园工作，中船重工七〇五研究所昆明分部扩建、云铜新增电解产能技改等3个亿元以上项目进展顺利，红云红河集团易地技改项目推进，累计完成投资29.76亿元。园区实现技工贸总收入259亿元，实现规模以上工业企业主营业务收入222亿元，占全市工业园区的15%；工业增加值178亿元，占全市园区工业增加值的41%，实现利税159亿元。占地19.4亩、建筑面积2.1万平方米的五华区中小科技企业创业园（科技企业加速器）建成投入运行，成为园区培育科技产业的重要载体。园区引入35家科技企业，其中电子信息9家、创意产业5家、光学光机电2家、生物技术14家、其他产业5家。并有14家通过国家高新技术企业资格认定，获得国家和省市各项扶持资金1 050万元。

【城市建设管理】 2009年实施基本建设项目96个，总投资达52.23亿元，为2008年的2.48倍，带动城镇固定资产投资比上年增长40.3%。为创造更好的工作、生活及投资环境，全区投资26.6亿元，完成莲花池正街、江东花园等19条主、次干道建设，缓解城市交通压力，提升城市品位。长3.2千米、宽30米的海屯路建成后，成为连接二、三环道路的重要通道。红云路、红锦路等6条干道建成通车，大大改善北市区的投资环境。深化城市管理制度改革，强化街道属地管理职能，完善“城管快车”网络系统，整合管理、执法力量，实行“全范围、全天候、长时段”网格化管理，对中心城区和郊区全覆盖。对农贸市场和占道经营进行认真整顿，实行人性化管理，既保证食品的质量和安全，方便市民，又为经营者提供方便条件。

【生态环境整治】 开展“创卫”攻坚冲刺，“四创两争”工作全面推进。落实部门、街道、社区责任制。实行群众举报奖励制度，严格责任追究，全面实现“创卫”目标。红云社区、凤翥社区被评为昆明市“十佳卫生社区”。强力开展“十一个零申报”和“三拆、三污”综合整治工作，有效遏制城中村无序建房和违法加层，完成拆临拆违576个地块，82.09万平方米，为市下达任务数的410%。围绕三环、昆武等道路建设，完成拆迁83.3万平方米，启动5个村庄的污水处理设施建设。全面推动“一湖两江”流域水环境综合治理。投资7.7亿元完成辖区内总长度59.46千米的盘龙江、大观河、新、老运粮河等4条主河道和22条支流沟渠的综合治理，淤泥清理9.05万立方米，铺设管网29.8千米，新建中水回用设备15处，拆除沿途各种建筑物18.42万平方米，新增绿化带43.04万平方米，新建沿河道路12.18千米。完成滇池流域及河道沿岸200米范围内的畜禽退养，净化水质、美化环境。投资5.39亿元，将海屯路打造成宜人、宜居、宜业、宜游的精品工程，使雨水收集利用率提高6～8倍，将江东花园北路率先建成全市首条生态型道路。实施“百米见绿”工程，充分发动辖区内机关、企事业单位和居民开展城市绿化美化，广泛建设“青年林”、“民主林”、“法官林”、“劳模林”等34块城市景观绿地，面积4.01万平方米，使全区绿地1年新增170公顷，完成任务数的195%。新增乔木25万株，为任务数的167%，新增面山和五采区绿化造林3 182亩，完成任务数的318%，全区绿化率达44.07%，绿化覆盖率达到44.87%，人均公共绿地达16.4平方米。

【城中村改造与安居工程】 五华区列入改造计划的城中村共51个，总面积8 600亩，建筑面积约655万平方米，涉及搬迁人口11.5万人。其中在一环路内的4个，一、二环路之间的12个，

二、三环间的 20 个，三环路以外的有 15 个。面对任务重、要求高、难度大的现状，区委、区政府主要领导挂帅督办，实行“村长”责任制，形成指挥部—协调领导小组—指挥部办公室—街道办事处城中村改造办公室等四级工作网络，投入资金 65.65 亿元用于建设改造。区政府在 24 个地块与 28 个城中村签订了项目合作协议，26 个村完成了专项规划方案编制，14 个村的方案已通过市规划委员会审批。13 个片区的 16 个村子已启动拆迁，前所村和上庄村已完成改造地块土地交易，5 个村已进行回迁安置房建设。结合城中村改造，开工建设 10.41 万平方米经济适用房和1 337套廉租房，完成 95 户危房重建和 750 户地震安居房建设。出台优惠政策，降低享受经济适用房和廉租房的条件，使一批特困居民及部分进城务工人员的住房条件得到基本改善。

【城乡一体化建设】 完成沙朗、厂口两个乡撤乡改建街道办事处的工作，编制沙朗、厂口分区控制性详细规划并获通过，完成 7 个中心村、61 个自然村的村级规划编制，率先实现规划全覆盖。加快农业产业化进程，建成蔬菜等农产品示范基地 3 个。加快农村基础设施建设，全年投入支农资金 1.48 亿元，同比增长 36.5%。新建小水窖 200 个，农村沼气池 250 个，完成沙朗、厂口两个街道办事处 18 千米的村内道路硬化。完成 25 个自然村的饮水工程，针对 2009 年下半年的严重旱情，增加投资 100 多万元实施跨区域调水，解决群众生产生活用水困难。以农村土地流转服务中心为平台，构建区、街、村三级土地流转服务网络，规模化流转土地 81 件，3 512亩。4 个行政村整村推进通过市级验收，沙朗街道办事处“整乡推进”及厂口街道办事处陡普鲁等 9 个省级新农村重点建设全面启动。林权制度改革工作继续深化，天然林保护、植树造林、森林防火以及水土流失治理扎实开展，已完成 6.5 千米森林防火通道建设。完成 22 个涉农社区、202 个村民小组的村级会计委托代理服务工作，完成率达 99%。

【就业与社会保障】 2009 年全区城镇登记失业人数3 075人，登记失业率为 1.23%。提供有效就业岗位 4. 79 万个，城镇新增就业人数 3. 9 万人，完成目标任务的 260%。由政府出资，免费对2 180名城镇失业人员和 1.42 万名外来务工人员进行技能和就业引导培训，对5 043名农村劳动力进行转移就业培训，输送转移农村富裕劳动力 3 983人。发放小额贷款2 241万元，财政贴息 46 万元，扶持 552 人以创业带动就业。

2009 年办理养老保险 8.26 万人，使全区参保企业达到3 668户，人员达到14.98 万人，覆盖率为96%。为驻区 3 688户企业 6.5 万人办理工伤保险，3 638户企业的 6 万余人办理生育保险，3 061户企业的 18.5 万人办理失业保险，覆盖率均超过 90%。全区参加城镇医保的人数 38.79 万人，其中居民 17.46 万人，参保率 84.6%。参加农村合作医疗的人数 5.04 万人，参合率达 100%，参合农民住院补助封顶线上调 2 万元。为 2.88 万名企业离退休人员增加养老金 292.8 万元，人均月增资 101.63 元。对1 977名抚恤对象，1.07 万名城乡低保人员，120 余名孤寡老人和“五保户”按时足额发放生活补助费，开支经费3 200余万元。对5 000余名特困群众进行医疗救助。在全省首家为1 564名低保残疾人提高低保金 20%。投资 100 多万元，建立全国首家残疾人全民服务暨援助中心，为辖区 4 万余名残疾人提供便捷的“一站式”服务。设立“爱心超市”，开支特殊助残经费 8 000余元。

【教　育】 2009 年五华区有普通中学 11 所，其中完全中学 7 所，初级中学 4 所，职业中专 1 所，小学 42 所，特殊学校 1 所，幼儿园 11 所，教育科研中心、教师进修学校、青少年宫各 1 所。区属学校在校学生53 643人，其中高中 135 个班，在校学生6 543人；职业中专学生1 418人；初中 234 个班，在校学生11 913人；小学 672 个班，在校学生 33 657人；特殊教育学校 10 个班，在校学生 112 人；幼儿园 102 个班，在园幼儿3 994人。全区在职教职工总数为 3 625人。在五华区注册登记的各类民办教育机构 364 个，其中民办中学 26 所、小学 13 所、幼儿园 72 所、培训机构 277 所。民办学校在校学生人数 3.92 万人，其中，在园幼儿数 1.55 万人，占全区在园幼儿数的 82.22%；高中阶段在校学生数 1.31 万人，占全区在校高中阶段学生数的 57.45%；民办学校中外来务工子女占 69%。全区民办学校教职工2 582人，占全区教职工数的 42%。继续推行校长公开选聘制度，创新办学评价机制，均衡发展义务教育，使民办教育、职业教育同步。稳步推进“提质减负”，不断提升教育教学质量，连续 5 年蝉联全市中考成绩第一名。2009 年教育支出 2.67 亿元，比上年增长 33.67%，占一般预算支出的 15.1%。投入“两免一补”资金 136.76 万元，实现城乡中小学义务教育全部免费，农村义务教育寄宿制学生 100%享受生活补助。义务教育入学率达 100%，巩固率 99%。投资 3.2 亿元，建成昆明八中新校区，在暑期完成整体搬迁并招生上课。在北市区举办中华小学书香门第分校，招收 4 个年级 7 个教学班，缓解北市区群众上学难问题。重新划分部分小学招生范围，优化教育资源。昆十四中在瑞和实验学校举办初中班，招收一批新生，缓解西片区初中教育资源紧张矛盾。采取果断措施解决外来务工人员子女上学问题，使外来人员子女在区属小学的比例占 36.34%，初中达 30.57%，完全享受本地居民同等待遇。投入资金 877 万元在昆明市第八中学、沙朗民族中学、沙朗龙庆小学、红旗小学等校建设信息化教室，提高现代化教学水平。对厂口中学、瓦恭小学等 3 所农村中、小学进行标准化建设，沙朗中学等 5 所中小学的标准化建设也开始实施。全面启动中小学校舍安全工程。云铜中学、云铜小学、沙朗桃园小学等 3 校的校舍被列为安全排危项目，开始重建。

【科　技】 启动全民科学素质行动计划，实施“科技富民强县示范工程”，完成“‘康王’系列保健品产业开发”、“五华区技术转移平台建设”中期评估，“康王系列新药研究开发及产业化示范工程”获得“昆明市 2009 年科学技术进步一等奖”。“绿色光亮工程”推进有力，对 60 套太阳能路灯的中心光照度进行了检测、验收，获得 274 万元的项目经费支持。通过招标，在沙朗、厂口、黑林铺、普吉、丰宁办事处和五华高新科技园安装 300 套太阳能路灯，试用后逐步推广。积极推进“知识产权强区工程”，开展知识产权进社区、进企业、进学校活动。完成 49 个科技项目的立项及研发经费支持，申请专利1 028件，专利授权 680 件，在省市考核中，五华区名列全市第一，成为全省 4 个首批国家知识产权强县（区）之一。积极开展科技“三下乡”活动，帮助农民群众解决技术难题。对五华区科技咨询顾问团的 123 名专家进行定期走访、慰问，营造“不唯所有，但求所用”的人才理念，调动区域内的专家学者关注五华，支持五华，为五华发展出力献策。

【文　化】　全区有各类文艺表演团体46个、文化馆1个、文化宫1个、文化站27个、文化室89个、文化信息中心（支中心）7个，业务用房5 660平方米，基本形成了馆—站—室三级文化工作网络。广播电视人口覆盖率100%。有公共图书馆1个，分馆3个，农家书屋8个。新购图书4.53万册，电子文献662种、4 212片，区图书馆藏书23.9万册。全年接待读者7.44万人次，借阅图书、资料6.20万册，提供服务信息438条。组织、承办和参与实施中国昆明国际文化旅游节、昆明海鸥节、五华和谐大舞台、“文化遗产日”、“爱国歌曲大家唱”、聂耳音乐节歌咏比赛等活动，组织文艺演出48场。花灯舞蹈《变迁》获省六届民族民间歌舞金奖，舞蹈《飞翔》获省首届“大家乐”文化广场舞蹈大赛铜奖。“五华讲坛”开讲8期，听众逾1 600人。深入开展“扫黄”“打非”，严厉整顿文化娱乐市场。对校园周边文化环境进行整治，净化青少年成长环境。开展文化遗产普查，成功申报各层次非物质文化遗产和民族民间传承人127项。《福林堂中药炮制技艺》、《昆明过桥米线制作技术》、《滇剧》、《昆明斑铜制作技艺》名列其中。首家开展古籍普查，完成区图书馆古籍的鉴定、编目。

【旅　游】　开展全国百城旅游周宣传，规范旅游市场秩序，确保旅游安全。建立“乡村旅游咨询服务平台”，向公众提供旅游服务信息。建设沙朗市级乡村旅游示范点，打造沙朗大村、东村省级特色旅游村镇。建成沙朗磨刀箐登山旅游项目，种植红枣、双低油菜、浅水藕优质生态作物，形成种植景观。建成陡坡、龙庆、沙朗坝子、桃园等3条主要旅游线路，设置安装22个旅游标识及景点解说牌，推动乡村旅游发展。2009年获昆明市旅游绩效考核一等奖。

【体　育】　全区有体育健身点137个，体育场地面积45.73万平方米，人均占有0.51平方米。建成了龙庆村、三多村、东村3个市级农民体育健身场地，五华区的“农民体育健身工程”达到13个，覆盖率在全市首家达到100%。广泛组织各类全民健身活动。全区经常参加体育锻炼人口36.25万人，占全区总人口的41.2%。举办全区中、小学生游泳、乒乓球等7项比赛。组织老年人开展柔力球、气排球等16项健身活动。在昆明市第九届少数民族体育运动会上，获得团体总分第一、金牌总数第一及体育道德风尚奖。全年参加市级以上比赛共获金牌160枚（其中世界级1枚、国家级4枚），银牌137枚，铜牌138枚。

【医疗卫生】　推行医疗卫生体制改革，实行全员聘用，将沙朗、厂口两个乡卫生院改编成社区卫生服务中心。完成17个社区卫生服务中心（服务站）的改扩建。全区有医院、卫生院43个，床位6 181张，卫生从业人员8 079人，执业医师、助理医师3 570人。参加城镇职工基本医疗保险21.07万人，城镇居民医疗保险17. 46万人，覆盖率达84.6%。全区5.04万人参加新型农村合作医疗，覆盖率、参合率均达到100%，参合农民住院补助封顶线上调为2万元。高度重视传染病的防治。加大禁毒防艾力度，对高危人群的干预率达到100%。加强卫生执法监督，为6 349个从事食品生产经营的单位办理和换发卫生许可证，对3.43万户次实施监督检查，处罚903户次。体检、培训食品从业人员5.16万人次，合格率达99.9%。查出“五病”和职业禁忌人员41人，均已调离岗位。

【平安和谐创建】　完善城市报警监控系统与警种协同作战防控网络，巩固“2472”五华特色维稳工作机制；首创社会治安综合治理分层包干督导整改制度。开展“打黑除恶”专项行动，“两抢一盗”等多发案件得到有效遏制，警民和谐满意率达到98.58%。继续开展领导干部大接访、大下访，推进“大调解”，依法治区工作深入推进。在月牙塘建成全省个法制主题公园。社会矛盾纠纷排查调处机制进一步完善，法律援助做到应援尽援。和谐创建工作有序推进，已命名57个区级和谐社区，全区治安状况明显改善。改进机关作风，提升行政效能，推行“阳光政务”，创新制度538项。落实政府投资项目工程管理“八个百分之百”，开展“万名群众评议机关作风”和“百家驻区企业评行政效能”活动，群众和企业对五华区行政效能及干部作风的总体满意率分别达到99.45%和99.28%。

【获得的荣誉】　2009年获得10项全国先进荣誉：1、全国和谐社区建设示范城区；2、全国推进义务教育均衡发展工作先进城区；3、全国科技进步先进区；4、全国妇联基层组织建设示范区；5、全国村务公开民主管理示范区；6、全国志愿服务工作先进集体；7、全国扶残助残先进集体；8、全国首批实施国家知识产权强县工程县（区）；9、全国侨办系统先进单位；10、全国党史部门先进集体。

（杨连国）

盘龙区

【年内大事】　2月27日，召开全区工作会，决定在全区开展“行政效能提升年”和“干部作风改进年”活动。

3~6月，举办“人与自然·美在盘龙”首届盘龙区生态摄影展，收到参赛作品近千幅。

6月4日，盘龙区档案馆通过国家档案局测评验收，率先在全省晋升国家一级档案馆，同时成为西部地区第一家县区国家一级综合档案馆。

6月，全面推行村级会计委托代理服务工作机制。全区凡有集体资产的村委会、社区、股份合作联社、管委会、村小组、股份合作社都纳入本次村级财务代理服务中心管理。

7月3日，盘龙区法律援助中心荣获第四届全国扶残助残先进集体称号。

8月1日，根据市委、市政府决定，由盘龙区对嵩明县阿子营镇和滇源镇行使管理权。

8月4日，昆明市盘龙区第十四届人大常委会第十四次会议批准同意撤销昆明市盘龙区双龙乡，设立昆明市盘龙区双龙街道办事处；同意撤销昆明市盘龙区松华乡，设立昆明市盘龙区松华街道办事处。

8月8日，以“我健身、我运动、我快乐”为主题的全国首个全民健身活动盘龙区分会场启动仪式在桃源广场举行。

8月17日，盘龙区率先在万宏路社区启动居家养老服务，让老年人在家就能享受免费或低价的家政、送餐、医疗、帮扶、精神慰藉等各种贴心的养老服务。

8月，盘龙区人民政府成立校舍安全工程领导小组，加强对全区校舍安全工作的指导、检查和监督工作。

9月，盘龙区人民政府被云南省人民政府授予“云南省民族团结进步模范集体”荣誉称号，在云南省民族工作会议暨第六次民族团结进步表彰大会上受到表彰。

10月19日，盘龙区荣获民政部颁发的“全国和谐社区建设示范城区

（市）”称号。

11月，盘龙区荣获文化部颁发的“全国文化先进单位”称号。

12月，盘龙区通过2007～2008年度全国科技进步考核，被评为全国科技进步考核先进区，连续三次获此殊荣。

【区划、人口】 盘龙区位于昆明市主城区东北部，东、南面与官渡区相连，北接嵩明和富民两县，西临五华区。2009年7月以前辖区面积345.83平方千米，建成区面积45.79平方千米，山区面积约292平方千米。根据市委、市政府的决定，从2009年8月1日，由盘龙区对嵩明县阿子营镇和滇源镇行使管理权。两镇辖区总面积为541.1平方千米，总人口17 539户68 306人，下辖32个村委会，217个村民小组。盘龙辖区面积扩大到886.9平方千米，农业人口由4.12万人增加到10.89万人，城市化率从93.75%降至85.06%。2009年末全区常住人口73万人，户籍人口50.94万人，其中，非农业人口40.25万人，占户籍人口总数的79%；少数民族人口5.2万人，占户籍人口总数的10.22%。两镇由盘龙区托管后，盘龙区人口密度有所下降，为每平方千米823.06人，但建成区内人口密度仍然较高。2009年，盘龙区人口自然增长率为2.37‰。

【经济综述】 2009年，盘龙区地区生产总值（GDP）突破206.77亿元，增长13.17%；财政总收入完成30.59亿元，增长18.18%。地方财政收入30.39亿元，比上年增长19.72%，其中，地方财政一般预算收入12.5亿元，增长20.39%。在一般预算收入中，税收收入完成11.51亿元，比上年增长18.47%；非税收入完成0.98亿元，比上年增长48.65%。全区地方财政一般预算支出15.34亿元，比上年增长22.70%。全社会固定资产投资完成149.98亿元，增长42.48%，其中，房地产开发投资69.67亿元，比上年增长27.34%，占全社会固定资产投资的比重达46.45%。全年房屋施工面积为536.47万平方米，同比增长33.7%。

全年共引进市外投资项目571个，实际利用市外资金37.17亿元；引进外资项目20个，实际利用外资4562.25万美元，分别完成市下达任务的123.9%、138.25%。招商引资在全市一板块中综合排名第一；加大投融资工作力度，完善投融资平台建设，进一步加强“银政合作”，通过银行贷款、BT等模式，实现政府类投资项目融资28.69亿元，增长853.3%。确保盘龙区城市基础设施建设、入滇河道整治、园林绿化、教育卫生、交通水利和民生工程等重点建设项目的顺利推进。加强项目储备与管理，形成项目储备库，争取中央、省资金1.64亿元。积极支持融资担保公司及小额贷款公司发展，成立融资担保公司3家，小额贷款公司6家，累计发放贷款8 834万元。

【进一步调整优化产业结构】 2009年，盘龙区三次产业比进一步优化调整为0.95∶30.87∶68.18。第三产业在全区经济发展中的主导地位进一步增强，全年实现增加值140.97亿元，增长11.6%。总部经济、楼宇经济加快发展，税收千万元以上的楼宇达18栋。第二产业规模经济效益显现，实现增加值63.84亿元，增长16.6%。规模以上工业企业达91户。第一产业稳步增长，实现增加值1.96亿元，增长4.5%。科技对产业的支撑度不断加大，科技进步对经济增长的贡献率达56.8%。2009年，盘龙区非公经济完成增加值105亿元，增长11.81%，占全区GDP比重的50.48%。按照“政府推动、企业自愿、市场运作、强化服务”的原则，支持云南健之佳连锁健康药房有限公司等6家发展潜力大的企业在创业板上市，争取上级贴息贷款295万元，支持一批龙头企业发展。通过政策引导，鼓励非公企业提升形象、做强品牌，新申请注册商标176件，推荐全国驰名商标1件、省级著名商标3件、市级知名商标8件。

【商业贸易】 2009年全区社会消费品零售总额发展形势较好，完成社会消费品零售总额176.44亿元，同比增长23.39%；批发零售贸易业零售额147.72亿元，同比增长25.72%；住宿餐饮业零售额25.28亿元，同比增长12.96%。批发零售贸易、住宿餐饮业收入完成390.57亿元，同比下降38.34%；国际贸易进出口总额完成12 141万美元。

年内，着力发展高端、精品、特色商贸和专业市场，通过以点带线、以线连片、以片成圈、滚动发展，“主城核心区、北部片区、东部片区”三大板块基本形成“一心两翼”增长格局。以打造昆明市中央商务区核心区为目标，完成白塔及东风广场片区（CBD）一期动迁并启动二期动迁工作，南亚之门、汇都国际二期等项目进入开工建设阶段。白塔及东风广场片区商圈的核心、引领、辐射、带动作用进一步明显，金格百货等品牌形象进一步提升，高端、精品商贸地位进一步巩固；北部片区财富中心商圈加快聚集，在原有麦德龙、阳光金辰等商业设施的基础上，以新华图书城、肯德基、东方公主KTV等休闲娱乐项目进驻北辰财富中心为标志，先后有20多家服装专卖店以及餐饮企业入驻，推动北辰财富中心片区的商业氛围持续升温，使该片区成为北市副中心的重要组成部分。同时，中汇商业广场建设进展顺利，该广场成功引进沃尔玛、国美电器、屈臣氏等商家入驻，带动片区商业升温。联盟商圈不断成熟，国际友联、俊发中心、颐高数码等楼宇、总部经济日益壮大，欣都龙城项目全面启动；东部片区新型商贸业初具规模，得胜家居世博店、世博车市、园博印象花鸟市场等特色专业市场发展迅速。街道办事处因地制宜打造特色商圈，在成功举办第一届联盟商圈迎春购物节的基础上，联盟街道及其商会再次精心组织“虎年”联盟商圈购物节。在历时40天的购物活动中，不但保留了商圈特有的家居、服装、家电、花卉等特色产品销售，还增加了北站老火车展、“昨日联盟”老照片展等文化元素，丰富了商圈的文化内涵。

【招商引资】 创新投融资方式，完善投融资平台建设，成立区招商局，组建10个招商引资工作组，完善9项招商引资机制，全方位推进招商引资工作。继续强化项目对招商引资的载体作用，在第十六届中国昆明进出口商品交易会上，加拿大亿万豪综合商业中心项目、沣源路（原7204道路）改扩建BT项目、省农产品博览中心、“东方影视城”等项目签约。引进吹箫巷片区土地矿产交易大楼、南亚之门、虹桥车市等一批重大项目，大幅超额完成市政府下达的招商引资任务。引进内资项目507个，引进内资工作实绩达36.99亿元；引进外资投资项目7个，引进外资工作实绩达5 446.97万美元。国际贸易进出口总额为20 433万美元，比上年增长24.4%。招商引资工作不断加强，共引进内外资项目515个，引进国内资金36.99亿元，完成市下达任务的184.95%；实际利用外资5 446.97万美元，完成市下达任务的259.38%。

【城乡建设】 加强以道路交通为重点的城乡基础设施建设，沣源路改扩建工程全线展开、进度加快，寺瓦路、主

3、次14、支186道路建设加紧推进，北京路延长线完成征地拆迁。金浑公路等3条乡村公路完成修建和改造任务。全年完成新改建公路8.5千米，在建道路9条，道路总长10.49千米。东部、北部汽车客运站进场道路工程竣工，2008年实施的5片6村城中村改造已完成拆迁并启动回迁安置房建设，2009年实施的9片10村改造即将完成动迁工作，并启动6个村回迁房建设。完成4项人饮工程，解决2 200人饮水困难；黑龙水库、天生桥水库除险加固和11项水毁工程通过验收；完成机场高速路盘龙段、北京路延长线、昆曲高速严家山收费站搬迁、市工人文化宫搬迁、市第一人民医院北市区医院等省、市重点工程的征地拆迁工作，白塔及东风广场片区（CBD）一期动迁任务顺利完成。

推进城乡园林绿化及生态建设，种植乔木25万余株、攀缘植物21万余株，新增绿地180公顷，绿化造林8 757亩。完成龙川桥、田溪、春溢、竹源、金羊、鼓楼（一期）、龟龙湖等公园建设。共建成公园绿地63.33公顷。推进以拆临拆违为重点的“十一个零申报”工作，拆临拆违53.56万平方米，完成年任务的267%，同步建绿18万平方米。深化入滇河道及支流沟渠综合整治，落实“四全”工作要求，重点实施截污工程，盘龙江、金汁河等河道的生态恢复和景观提升初见成效。新增绿地180公顷，完成目标任务的250%，建成区绿地率提高至39.54%，绿化覆盖率提高至45.26%，人均公共绿地达15.24平方米，均高于全市平均水平。倡导绿色消费，创建绿色商场2个、绿色饭店2个、绿色小区14个、绿色社区27个、绿色学校30个。

全面推进“四创两争”，城市管理水平进一步提高。“创卫”强势推进，建立完善区级领导与区属各部门包干联系社区等长效管理机制，扎实开展达标冲刺工作，环境卫生、市容市貌明显改善；“创园”成绩显著，各项指标达到或超过国家标准；“创城”初见成效，居民文明素质不断提高；“创模”持续开展，顺利通过全国第一次污染源普查验收；“两争”工作顺利推进。同时，城市管理体制进一步完善，数字化城市管理系统操作平台投入使用，城市“网格化”管理不断加强。综合行政执法工作进一步规范，完成云南农业大学周边和东华田园里环境综合整治工作，铁路沿线环境综合整治成效明显，农房建设管理力度逐步加大；开展再生资源回收体系建设工作，九龙湾再生资源回收交易市场、东部废旧物资分拣中心开工建设。

城中村改造强力推进，“迁村并点、统规统建”有序开展。启动9片10村城中村改造，其中7个村已完成拆迁，6个村的回迁安置房已开工建设。老李山、任旗营村顺利完成净地交易，其“四最”、“四零”改造模式成为全市城中村改造样板。推进昆明纺织厂白塔路片区旧城改造拆迁安置工作，完成吹箫巷片区旧城改造拆迁任务。探索“迁村并点、统规统建”方式方法，第一批8个村迁改方案通过市规委审批。

【农业和农村工作】 2009年末盘龙区统计在册耕地总资源1 649.1公顷，田309.3公顷，地1 339.8公顷。农业人口人均占有耕地0.04公顷。2009年全区农作物总播种面积4 095公顷。粮食作物播种面积2 176.3公顷，总产量8 267吨。烤烟播种面积286.7公顷，烤烟总产量655.0吨。蔬菜播种1 376.9公顷，产量46 817.5吨。花卉种植面积262.9公顷，鲜切花产量11 890.7万枝。年末大牲畜存栏5 794头；猪存栏33 591头；羊存栏9 029只；家禽存栏264 673只。出栏肉用猪30 466头；出栏肉用羊3 507只；出栏肉用牛519头；出栏肉用家禽148 108只。肉类总产量为2 725.1吨；禽蛋产量为1 307.1吨；牛奶产量为107吨。

2009年，产业逐步向优势区域集中，向规模大户集中。围绕盘龙区农业产业化发展规划，制定盘龙区2009年农业产业化项目申报指南，组织推荐市级农业产业化项目19项，区级20项并通过专家评审。项目投入2.9亿元，带动农户14.4万户，为实现农民人均纯收入增长打下了坚实的基础。2009年，盘龙区有国家级龙头企业1家，省级龙头企业3家，市级龙头企业12家，区级龙头企业19家。

充分发挥辖区农林科研院所集中优势，巩固昆明绿色经济示范区建设成果。共建设科技示范园11个、科技产业孵化器13个、引进新品种49个、农业产业化首席科学家署名示范基地项目9个及一批绿色生态项目。

双龙街道乌龙村、松华街道双玉村等6个行政村整合投入6 302万元，完成202个项目并通过市级验收，9个村民小组被列为省级新农村建设重点村，2个行政村被列为市级整村推进村。完成双龙、松华2个农村能源服务网点和1个兽医站建设。通过惠农“一折通”，发放种粮农民综合直补、良种补贴、家电下乡补贴和汽车、摩托车补贴共400余万元。

嵩明县的滇源镇和阿子营镇交由盘龙区托管后，松华坝水源保护区面积从187.97平方千米扩大到629.8平方千米，占辖区总面积的71%，生态保护和建设任务进一步突出。启动水源区一级保护区核心区移民搬迁安置工作，制定《松华坝水库一级保护区核心区移民搬迁安置工作方案》，完成实物指标调查，开展移民安置规划大纲编制、水源保护区居民生活状况调查、选购移民搬迁安置用房等工作，移民搬迁安置工作有序进行。落实松华坝水源保护各项措施，免费向水源保护区居民发放高效节能灯76 923只。完成高枧槽小流域治理工程建设。“禁花减菜”5 015亩，冬季休耕3 459亩，推广测土配方施肥14 000亩，建设有机农业基地3 020亩，完成冷水河两岸100米范围内永久性生态林补植补造716亩，牧羊河两岸生态修复种植乔木1.8万株、灌木3.2万株，关闭库区范围内畜类规模养殖场117户。加大限制畜禽禁养力度，实现饮用水水源保护区一级保护区域内及主要入库河道两侧200米范围内全面禁养目标和养殖回潮整治工作。加大水源保护区环境保护力度，开展环境监察和生态监察，全面排查水源保护地环境安全隐患和污染问题，发现问题及时查处。完成松华坝水库取水口半径500米范围内的“围网清退”工作（设置围网和界牌，并清退其中的农田、居民和与取水无关的设施，以保障和维护全市人民的饮用水安全），并通过市考核小组的实地察看验收。

【旅　游】 整合辖区资源，大力发展文化旅游产业，初步规划龙泉片区文化旅游创意产业园区，对东白沙河片区控详规进行修编。全力支持世博集团创新发展，进一步推进双龙旅游小镇及昆明玉器城项目建设，抓好茨坝、龙泉、双龙乡村旅游示范点的创建工作。在乡村游客中心设立盘龙区乡村旅游超市，将盘龙区的非物质文化作品如瓦猫、泥塑、人偶等及农家生态产品松华三家酱等，与游客所需的小商品结合在一起进行展销，方便游客，展示盘龙区的文化、生态资源。1月16日双龙乡乡村旅游游客服务中心被正式授予为市级乡村旅游示范点，使盘龙区双龙乡正式列入全市6家乡村旅游示范点之一。3月份，区旅游局专门向市旅游局申请，将双龙乡麦冲村申报为省级乡村旅游特色村，通过省级乡村旅游特色村的评定。在乌龙村民活动中心由区旅游局、双龙乡村旅游协会、乌龙村委会、乌龙村民小组共同策划举办盘龙区第二届乌龙火把节，共计2 000多人参加乌龙火把节的庆祝活动。进一步提高盘龙区乡村旅游地知名度，带动全区乡村旅游的发展。金殿至乌龙村被列为全市十条生态旅游线路之一。2009 年盘龙区累计接待游客总数为 674.09 万人次，比上年增长 13.95%；旅游总收入 48.98 亿元，比上年增长 14.03%。

【科技、教育】 年内，推荐、受理各级科技计划项目 67 项，其中，组织实施 15 项区级科技计划项目。争取上级科技资金1 196万元，区级财政对科技三项经费投入达到2 213万元，占区地方财政支出预算的 2%。引导社会投入资金 1.03 亿元。专利申请 514 项，专利授权 346 项，受理专利资助 105 项。连续 6 年 3 次荣获全国科技进步考核先进区称号。

2009 年，全区（不包含滇源镇和阿子营镇的 8 所分校）有各类学校 157 所，专任教师4 565人，在校学生88 421万人，学龄前儿童入学率 100%，普通初中升学率 83.25%。不断深化教育综合改革，逐步扩大学区化管理，促进优质教育资源合理布局，城乡教育一体化均衡发展。加强教育基础设施建设，结合中小学校舍排危、水源保护区教育移民等中心工作，采取“扩建一批办学条件不达标的学校、新建一批居民小区配套学校、提升一批学校接纳生源的能力”等措施，均衡发展义务教育。完成小河中心学校、双龙中心学校、龙泉小学 3 所农村中小学标准化建设项目，进一步改善学校办学条件；金色交响小区配套建设办学规模 42 个班小学成功开办，让小区居民子女就近享受优质教育资源；重工中学、茨坝中学改扩建工程的启动，提升接纳一级水源保护区生源的能力；整合北京路小学、昆纺子弟学校、钟灵小学，昆十一中与小坝中学，昆三十四中与重工中学高中部，扩大学校的招生规模，使区域内义务教育阶段学生共享优质教育资源。新建盘龙职高综合楼。昆十中晋升省一级一等完中，市政府机关幼儿园晋升省一级一等幼儿园。完成中小学校舍安全排查检测工作，共检测中小学 92 所、605 栋校舍、58 万平方米；大力实施素质教育基础工程，以“三生教育”为重点，强化教学科研工作，减负提质，促进学生全面发展。同时，通过新增学校布点、规范服务管理、落实激励机制等措施，民办教育健康快速发展。

【卫生、文化、体育】 2009 年，辖区有卫生机构 189 个，区属卫生机构 171 个。区属卫生机构病床4 524张，每千人有病床 6.45 张；有卫生技术人员 5 875人，其中，执业医师2 582人、执业助理医师 147 人，每千人有医师 4.14 名。全区 42 个村卫生室，农村医疗网点覆盖率 100%。加强疾病预防、传染病防治及孕产妇住院分娩、妇幼保健、卫生执法监督等公共卫生体系建设。完成联盟、龙泉卫生院改扩建及 9 个社区卫生服务中心、8 个社区卫生服务站建设工程。城镇居民基本医疗保险覆盖面进一步扩大，参保人数达 15.71 万人。做好新型农村合作医疗与城镇居民基本医疗的衔接，新农合参合率达 100%。严厉打击非法行医，保障人民群众健康安全；强化社区卫生服务体系建设，努力构建惠民便民的社区卫生服务网络；做好流动人口现居住地管理与服务，全区人口自然增长率为 2.37‰，常住人口符合政策生育率达 99.86%。

提高公共文化服务能力，完成 1 个文化站、15 个文化室改扩建达标建设和 7 户农家书屋建设。打造昆明少年儿童图书馆文化品牌，拓展昆明少年儿童图书馆功能，进一步充实和优化藏书体系，昆明少年儿童图书馆已藏书 18.7 万册。改进管理模式和技术手段，整合利用资源，建设少儿文献信息中心，推广青少年绿色上网专区试点经验。加强文化市场监督管理，完善城乡公共文化设施，完成“全国文化信息资源共享工程”全省试点工作。广泛吸纳民间资本参与博物馆建设，9 个民间博物馆顺利挂牌。文物保护工作取得进展，有各级文物保护单位 19 项。农村电影“2131 工程”放映 192 场次。成功举办庆祝建国 60 周年暨第 29 届盘龙江文化艺术节活动，举办 20 余台演出，参与单位 118 家，演职人员超过2 380人次，吸引观众 5 万余人次。荣获“全国文化先进单位”称号。区档案馆晋升为西部地区唯一县区级国家一级档案馆。

2009 年，全区有室外全民健身场所 61 个，室内全民健身中心 12 个，新建农民健身工程点 4 个，新增健身路径 6 条。举办各类运动会和群众体育活动 60 次，直接参加体育活动人数达 2 万人次，区体育馆全年接待健身群众 20 余万人次。组团参加市第九届少数民族传统体育运动会，夺得金牌 6 枚、银牌 6 枚、铜牌 8 枚，获得团体总分第七名，并荣获体育道德风尚奖。盘龙区运动员在组队参加全国、省市各项比赛中获奖牌 421 枚，其中，金牌 163 枚、银牌 122 枚、铜牌 136 枚。

【社会保障和人民生活】 2009 年，城镇新增就业18 815人，全区就业保持基本稳定，城镇登记失业率为 2.15%。落实城市居民最低生活保障制度，保障标准从 2009 年 1 月 1 日起，由原来的全额每人每月 210 元调整为 255 元。全年城乡居民最低生活保障对象累计保障 9.86 万人次，比上年增长 2.9%，累计保障资金支出1 979.86万元，比上年增长 7.06%。完成廉租房第四期工程 275 套13 750平方米建设，启动农民工和新创业人员保障性出租住房建设。开展保障性住房建设，完成福虹家园第四期 275 套、13 750平方米廉租住房工程建设，启动250 套、12 500平方米农民工和新创业人员保障性出租住房建设试点，探索政企合作建设保障性住房模式。

加强基本养老和医疗保险工作，城镇职工基本养老保险参保人数 13.92 万人。城镇居民基本医疗保险参保人数 15.69 万人，新型农村合作医疗参合率保持 100%。加强对被征地人员的保障服务，基本养老保险参保人数 1.47 万人。率先在全省推行政府向困难老人发放“居家养老服务券”，创建政府引导市场、资金帮扶困难居民享受居家养老服务机制。

2009 年全区农民人均纯收入6 495元，扣除物价上涨因素，实际增长 8.48%。城镇居民可支配收入17 625元，实际增长 8.61%，人均消费性支出11 368元，实际增长 8.76%。城镇居民平均住房面积 37.59 平方米，农村人口平均住房面积 50.11 平方米。

（吴焰红）

官渡区

【年内大事】 1 月 4 日，“爱到永远——官渡区爱心答谢暨欢送四川安县学生联欢会”在关上第二小学举行，75 名“5·12”汶川地震灾区安县学生和关上二小的1 500余名师生及社会各界爱心人士共同回顾安县学生在官渡区学习的难忘时光。

1 月 8 日，省长秦光荣率部分省、市领导及云南省滇池水污染防治专家督导组到官渡区调研滇池水污染防治工作。

1月14日，区政府举行授牌仪式，授予云南康乐茶文化城“百城万店无假货示范街”称号。这是昆明市第一条“百城万店无假货示范街”。

2月6日，官渡区在昆明市率先成立“官渡区集贸市场保洁有限公司”，对辖区内农贸市场环境卫生清扫保洁实行统一管理，从根本上改变农贸市场缺乏统一管理模式、统一领导机构、统一管理标准的“三缺乏”现状，彻底根除农贸市场脏乱差这一突出问题。

2月19日，总投资320亿元的昆明螺蛳湾国际商贸城项目正式招商。

3月2日，官南路、日新路节点改造工程正式启动，该项目总投资19 212万元，采用BT模式建设。

3月5日，石井、永胜路、东华路3个社区被云南省命名为“省级和谐示范社区”。

3月10日，区政府同浙江省义乌市签订40亿元的昆明螺蛳湾国际商贸城二期投资项目协议书。

3月12日，柬埔寨人民党中央委员、中央青年工作组组长、青年协会主席满坤率领柬埔寨人民党青年干部考察团一行7人，到官渡区福保文化城考察相关工作。

3月16日，云南光泰纸业有限公司等13家企业在官渡工业园区举行首批入园企业开工仪式。

3月28日，总投资72 600万元的彩云北路入城段改扩建工程竣工通车。

3月31日，太和街道办事处居民郑维佳喜获由共青团省委颁发的九湖流域治理“一助一环保模范家庭”荣誉。

4月9日，官渡公安分局举行“驻滇现役军人和人民武装警察居民身份证首发仪式”。120人首领军人居民身份证，这是昆明市首次对现役军人发放第二代身份证。

4月15日，市委、市政府下发《昆明空港经济区实行属地管理的方案》的通知，将昆明空港经济区与官渡区进行整合，实行属地化管理。

4月28日，《昆明市官渡区被征地人员基本养老保险“先保后征”实施办法（试行）》出台，于2009年6月1日起实施。

5月23日，官渡区城乡园林绿化被列为昆明市落实科学发展观十大典型案例。

6月11日，区政府举行聘请法律顾问仪式，聘请云南会凌等6家律师事务所的6名律师作为政府的法律顾问。

7月11日，中国银行云南省分行与空港经济区管委会签署战略合作协议。

7月18日，曙光小学荣获“中国青少年太阳能研究基地”称号。

8月7日，区政府组织人大代表、专家学者、企业负责人、学生等人士，就新修订的《官渡区突发公共事件总体应急预案》进行听证。

8月17日，在六甲乡福保村的云南省首个“土著鱼培育基地”投入使用。该基地有500亩水面，配置立体鱼苗饲养场，出场鱼苗主要在嵩明县、寻甸县、墨江县、元江县等地养殖。

8月28日，《官渡区“十二五”旅游发展规划》通过省、市专家评审。

8月30日，区政府与云南省城市建设投资有限公司签署战略合作协议，双方同意共同组建新公司，作为区城中村土地开发的实施主体、项目投融资及招商平台。

9月1日，区档案馆通过国家二级综合档案馆测评验收。

9月4日，区政府、市教育局、区国投公司、北京先策教育集团联合签署云秀学校（小学、幼儿园）合作办学协议。

9月8日，大板桥镇撤镇设街道办事处正式挂牌。大板桥街道办事处地处昆明东郊19千米处，辖区面积406平方千米，辖19个村委会，98个村民小组。

9月16日，“官渡少林寺”和“昆明少林武术职业学校”正式挂牌。市委常委、统战部部长金志伟、嵩山少林寺方丈释永信出席挂牌仪式。

10月16日，中石油云南销售公司昆明油库在大板桥正式奠基。此系中石油在云南投资建设的第一座油库，也是规模最大的油库。

10月19日，吴井街道办事处石井社区被民政部命名为全国和谐社区建设示范社区。

11月29日，由中央电视台与中国野生动物保护协会共同举办的云南省昆明市“绿野寻踪”少年儿童生态知识校外大比拼比赛中，关上第一小学代表队夺得冠军。

12月28日，官渡区被国家科技部确定为云南省唯一的“第三批全国科技进步示范县（市）区”。

同日，螺蛳湾商贸城空港经济区加工基地项目正式启动。该项目占地323.86公顷，总投资200亿元。

12月29日，西南地区最大的太阳能产业基地在官渡工业园区竣工投产。

12月31日，日新路与官南路节点改造工程竣工通车。

【区划、人口】 官渡区位于昆明主城东南、滇池北岸，东邻宜良县，南接呈贡县，东北与嵩明县交界，西南濒临滇池，西北与盘龙区相接，西与西山区相连。东西宽40.5千米，南北长39千米，全区国土面积552.2平方千米（不含滇池部分水域面积）。其中建成区面积113平方千米。

2009年，辖9个街道办事处、1个空港经济区，97个村（居）民委员会，（村委会40个，社区居委会57个），155个自然村。年末总人口52.78万人，其中非农业人口35.6万人，占总人口的67.5%；少数民族人口为5.53万人，占总人口的10.5%；人口出生率为5.31‰，死亡率2.7‰，人口自然增长率2.61‰。计划生育率100%。人口密度每平方千米1 205人（按常住人口计算）。

【经济综述】 全区实现地区生产总值411.16亿元，增长13. 8%。其中：第一产业实现增加值9.25亿元，比上年降低1.7%；第二产业实现增加值155.86亿元，比上年增长14.7%；第三产业实现增加值246.05亿元，比上年增长14%。财政总收入完成59.36亿元，增长30.3%，其中，地方财政一般预算收入完成20.09亿元，增长25%；全社会固定资产投资完成308.07亿元，增长56.5%；实现社会消费品零售总额157.53亿元，增长27.7%。年末各项存款余额409. 1亿元，贷款余额221. 7亿元。三次产业结构比调整为2.3∶37.9∶59.8。

【投资与贸易】 固定资产投资规模不断扩大。2009年全区固定资产投资完成3 080 735万元，增长56.5%，其中：城镇投资2 556 167万元，增长68.2%，房地产投资469 136万元，增长8.1%。从投资结构看，第一产业投资2 900万元，第二产业投资585 053万元（其中工业投资572 185万元），第三产业投资2 492 782万元，工业投资比重偏小。

重点项目进展顺利，大项目支撑作用明显。全年城镇固定资产投资施工项目242个，新开工项目228个。亿元以上项目26个，2009年新开工15个。昆明螺蛳湾商贸城一期市场正式营业；昆明中铁大型铁路养护设备基地顺利竣工，昆明新机场建设、环湖东路、金马路、归十路、昌宏路、官南路等道路建设进展顺利；城中村改造稳步推进，拆除各类临违建筑151万平方米，子君经济适用房建设进展顺利。

商贸物流业发展势头强劲，专业市场发展繁荣，市场聚集和辐射功能不断增强，消费市场繁荣兴旺。2009年，全区社会消费品零售总额1 575 303万元，同比增长27.7%。分行业看，批零贸易业实现零售额1 267 165万元，增长32.8%，占80.4%；住宿餐饮业实现零售额181 115万元，增长10.1%，占11.5%；其他行业实现零售额127 022万元，增长11.2%。全年实现商品销售总额7 118 508万元，增长25.0%，其中，批发业5 639 369万元，增长23.4%；零售业1 479 139万元，增长32.8%。分经济类型看，非公有制经济实现零售额1 414 656万元，增长29.4%，占全区零售总额的89.8%。

【工　业】　2009年，全区实现工业增加值95.86亿元，同比增长8.6%。完成工业总产值353.66亿元，同比增长11%，其中，规模以上工业企业217户，总产值334.38亿元，增长11.5%。轻工业增长快于重工业。全区规模以上轻工业企业完成产值103.88亿元，增长15.8%。重工业企业产值230.5亿元，增长9.7%。轻重工业比重为31.1∶68.9。

与新加坡裕廊国际集团开展《昆明空港经济区临空经济产业发展研究》。官渡工业园区完成土地协议收储4 349.9亩，新增“五通一平”1 797亩，建设标准厂房19 712平方米，入驻企业55家，其中亿元以上企业4家，开工建设22家，竣工16家。昆明中铁大型铁路养护设备机械集团等4家企业获得创新型试点企业认定，云南今业生态建设集团等3家企业创建为省企业技术中心，云南名扬药业有限公司等3家企业列为昆明市知识产权试点企业。获国家专利授权237件，企业科技含量和创新能力进一步提升。支柱行业中烟草加工业和交通运输设备制造业增长较快，完成产值分别为27.31亿元、33.05亿元，分别增长19%和63.6%。全年规模以上工业企业实现产品销售收入308.844亿元，比上年增长6.4%。实现利税总额22.65亿元。年末，全区亏损企业61个，亏损面19.2%。亏损企业亏损额1.42亿元，比上年下降56.55%。

【农　业】　现代都市农业稳步发展，全年培育省、市农业龙头企业24家，获得有机农产品认证5个。81人获得农村经纪人资格证。新登记农村专业合作社10户。新农村建设整村推进工程继续实施，受益农户19 156人，对33.6千米县乡公路进行绿化美化，建设4个标准化农贸市场，10个生态村，完成大坝沟水库除险加固工程。全年完成粮食作物播种面积6.94万亩，实现粮食总产1 977.95万千克。其中大春实际完成种植面积4.297万亩，总产量为1 781.51万千克，比上年增产3.82%；小春种植面积2.643万亩。总产量为196.44万千克，比上年减产55%。其中玉米种植3.499万亩，总产量1 585.05万千克；水稻种植面积0.106万亩，总产量44.52万千克；马铃薯种植面积0.379万亩，总产量111.05万千克；其他粮食作物种植面积0.313万亩，总产量40.89万千克。种植蔬菜面积7.944万亩，上市量1.6亿千克，外销1.12亿千克，占总上市量的70%，创产值2.28亿元。种植鲜切花、种球、种苗种植9 362亩，鲜切花产量6.185 6亿枝，产值20 028万元。完成大板桥沙沟村委会400亩水晶葡萄特色基地建设，葡萄套袋200万个。年内肉类总产量1 1263 800千克，禽蛋总产量25 038 900千克，牛奶总产量12 287 700千克吨。生猪存栏79 199头；牛存栏9 509头（其中奶牛存栏4 194头）；家禽存栏201.86万羽；鹌鹑、乳鸽存栏21.7万羽；羊存栏1.02万只。

结合“两后双百”及“阳光工程”，多渠道、多途径开展农村劳动力转移培训工作。全年培训17 010人，转移就业14 003人，其中区内转移10 716人，省内转移2 627人，省外转移660人（包括国外3人）。外出务工总收入5 083.2万元。

【教　育】　实施中小学标准化建设、现代远程教育、打造品牌学校、教育教学督导与研究四大工程，顺利通过省、市教育督导评估，进入“云南省教育工作先进县”评选行列。建立职业技术教育和培训体系，最大限度促进就业。2009年，全区共有普通小学101所，专任教师2 772人，在校学生72 404人；普通中学37所，专任教师2 372人，在校学生37 687人。教育质量稳步提高。2009年高考上线率86.08%，比上年增加6.28个百分点。大力发展职业教育，突破性发展民办教育，坚持实施中小学现代远程教育工程，提高教育发展水平。各中小学学校计算机拥有量5 120台，小学的生机比为19.9∶1，中学的生机比为9.8∶1。

【科　技】　完善科技创新政策体系，加强科技研究开发投入和保障，顺利通过2007～2008年度全国科技进步考核，获得“第三批国家科技进步示范区”命名表彰。实施科技进步争优创先行动，企业自主创新能力不断加强。围绕机械制造、包装印刷、电子信息产品研发、生物制药等带动力强的产业，以技术装备提升、企业创新平台建设、产学研联合创新、企业信息化、新技术推广为重点，大力推动区域高新技术产业和特色产业发展。2009年组织实施科技项目36项，共举办科技培训60期，培训20 167人，其中，转移培训17 010人。

【文化、体育、卫生】　文化事业加快发展。打造“十五分钟健康服务圈”，完成大板桥中心卫生院国债项目和9个“双百”社区卫生建设项目。完善文化基础设施建设，2009年，新（改扩）建文化室27个，完成12个民间博物馆授牌，新建“农家书屋”11家，全年参与组织承办、协办各类大中型文艺演出30余场。体育设施不断完善，群众性体育活动蓬勃开展。全年安装全民健身路径7条，累计承办和接待各级各类运动会和大型活动32次，接待人数22.8万人次。竞技体育再创佳绩，获昆明市第九届少数民族传统体育运动会金牌总数、奖牌总数第一的好成绩。卫生体系不断完善，卫生实事建设顺利推进。顺利完成9个“双百”建设项目和37个社会医疗机构、5个社区卫生服务机构建设任务。开展贫困家庭医疗救助，加快推进基本医疗保障制度建设。2009年，全区医保进社区率53%，婴儿死亡率3.51‰，传染病发病率290.63/10万，“四苗”接种覆盖率达100%。

【城市建设】　完成《昆明空港经济区总体规划（2006～2035）》修编。完成昆明新机场建设、环湖东路一、二期等重点项目征地拆迁工作。52条城市规划道路建设全面启动，彩云北路入城段改扩建、新螺蛳湾片区官渡16号（一期）、17号（一期）、315号道路通车。新机场外部配套云瑞路、云天路（一期）、云桥路（一期）以及石乾沟防洪工程、搬迁安置区集贸市场竣工。建成744套搬迁安置住房，安置群众3 500人。完成新机场杨林Ⅰ、Ⅱ回110KV高压电力线迁改工程。空港经济区日处理20万吨污水处理厂、垃圾焚烧场、空港1、2号道路等重点基础设施建设项目全面开工。城中村改造拆除建（构）

筑物207万平方米，48个片区取得规划指导意见，部分片区快速推进。完成浑水塘、李白冲搬迁安置工作。六甲金海新区迁村并点一期工程、龙马新居、云秀小巷等项目实现计划目标。交通微循环二、三期顺利通过验收。拆临拆违、农房违法建设整治工作强势推进，拆除各类临违建筑151万平方米。完成509块城市道路标志牌和9755块门牌安装设置。新增垃圾收集间125座、果皮箱2 556只，购置垃圾清运车328辆。东郊垃圾场沼气发电、垃圾焚烧发电项目投入运行。大力实施城市绿化精品工程，彩云北路、春城路、东三环、昆玉、昆石、宝象大道、吉祥路等道路的“百米见绿”工程全面完成。全年种植乔木3.3万株、攀缘植物48.7万株、竹类11.2万株、灌木134.5万株。改造完成昆洛路入城段、寺瓦路、福德路、315号国道、彩云北路入城段以及新螺蛳湾仓储区46号道路。年末城市建成区面积81.63平方千米，城镇化率97.62%。

【环境保护】 环境保护得到加强，“四创两争”工作顺利推进。全区人均公共绿地面积13.68平方米，建成区绿化覆盖率达40.62%，完成滇池外海退田、退塘9 807亩，还林、还湿生态建设12 557亩，湖内湿地建设2 750亩。全面开展河道综合整治。姚安河、大清河等10条入滇河道顺利通过市级阶段性观摩检查。年内新增烟尘控制区11.15平方千米，环境噪声达标区25.53平方千米。工业废水排放达标率、工业固体废物处置利用率均达100%。全年减排化学需氧量76.75吨，减排二氧化硫188.16吨。

【旅游、服务业】 文化旅游业稳步增长，发展驻区旅行社81家，旅游企业147家。全年接待游客781.42万人次，实现旅游收入54.58亿元。新兴服务业质量和效益得到提升，现代服务业蓬勃发展，第三产业实现增加值246.05亿元，增长14%。

【社会保障】 强化社保扩面，健全养老、工伤、生育、医疗、失业保险制度，进一步完善与经济社会发展相适应的多层次社会保障体系。出台《昆明市官渡区被征地人员基本养老保险“先保后征”制度实施办法（试行）》，建立“先保后征、征后有保”制度。坚持以创业带动就业，以培训促进就业，支持自主创业、自谋职业和灵活就业，让更多的劳动者成为创业者。2009年，全区养老、失业、工伤、生育、医疗五大险种参保人数61.89万人。金保工程网络建设取得成功，社区服务机构联网率达80%，社保经办机构联网率、失业保险及劳动力市场联网率均达到100%。大力实施城乡劳动力全员普查、全员分类、全员培训、全员转化工程，使城乡劳动者就业服务共享、创业机会平等。全年开发提供有效就业岗位60 301个，城镇新增就业人数41 347人，新增转移农村劳动力14 003人。全年共组织本区失业人员参加技能培训和城乡劳动者创业培训1 575人，组织农村劳动力技能培训3 189人。帮助2 779名就业困难人员实现再就业，年末城镇登记失业率为2.1%。

加强劳动执法队伍建设，加大劳动保障监察执法力度，切实维护劳动者合法权益。受理举报案件354件，清退风险抵押金3.9万元。处理突发案件80件，涉及农民工5 000余人，追发工资金额7 037万元。完成劳动保障执法年审1 977户。查处违法使用童工的案件7件，清退童工12人。

【人民生活】 2009年，全区城镇居民人均可支配收入18 008元，增长13.3%；城镇居民人均消费性支出13 024元，增长17.8%。农民人均纯收入7 718元，增长12.9%；农村居民人均生活消费支出10 930元，增长33.8%。年末城镇居民人均住宅建筑面积28.2平方米，农村居民人均居住面积91.2平方米。

【精神文明建设】 制定下发《官渡区2009年精神文明建设工作计划》，全面开展精神文明创建活动，认真做好全区省、市、区级文明单位、文明社区、文明村的创建计划、培训、考评、推荐、审核、命名等工作。全年共申报命名省级文明单位64个、文明社区2个、文明村3个；市级文明单位24个、文明社区6个、文明村2个；区级文明单位22个。制定下发《官渡区关于进一步加强市民教育工作的实施意见》，在全区9个街道办事处建立市民文明学校，不定期地举办“提升市民素质宣讲骨干培训班”及各类培训班。以各种形式大力宣讲社会主义荣辱观、共同理想、民族精神、时代精神及文明素质、公民道德等。组织开展“迎国庆、讲文明、树新风”系列活动，弘扬“官渡精神”，树立先进典型。组织参与云南省第七届“红土地之歌”演讲大赛、全国“激情广场”演出活动、“爱国歌曲大家唱”群众性歌咏活动、“祝福祖国”文明公益短信传递活动、“2009云南16州市城市幸福指数评比”活动。注重加强对未成年人思想道德教育，组织学校中小学生，开展人人参与“四创两争”，学习道德模范、先进人物的先进事迹活动，“向国旗敬礼，做一个有道德的人”网上签名等活动。

【昆明空港经济区】 昆明空港经济区位于官渡区大板桥，距昆明主城区约22千米。根据昆明市委、市政府《昆明空港经济区实行属地管理的方案的通知》精神，2009年5月，原空港经济区管委会的办公场地、资产以及19亿元债务一并移交给官渡区。空港经济区与官渡区委、区政府在同一地点办公。

空港经济区以昆明新机场为中心，以200千米为半径，重点培育和发展航空物流业、机场配套服务业、临空型高科技产业、国际商务会展业、生态康体休闲业和现代都市型农业六大产业，构筑国际化、生态化、现代化的新昆明临空产业新区。空港经济区建成后将为中国面向东南亚、南亚，连通欧亚大陆的国际航空客流、物流中心。

2009年，昆明空港经济区迁建10KV长水电力线场内段、10KV兔耳电力线、35KV电力线、110KV杨林Ⅰ/Ⅱ回电力线；完成云南金沙矿业有限公司大板桥农业基地及大板桥街道办事处浑水塘、李白冲、小高坡三个村整体搬迁安置；完成昆明新机场征地拆迁安置工作任务，累计搬迁企（事）业单位70余家，拆除地面建（构）筑物74万余平方米，迁建各类管（网）线15项约300千米，新建搬迁安置住房744套21万平方米，集中安置农村群众及下岗职工3 500余人，新机场建设项目22.97平方千米用地已全部移交。建成占地面积2 030平方米的新机场综合服务区；完成金浑公路改线工程（复兴村至阿依村）、老320国道（官渡段）、金浑公路野鸭湖到东骏水泥厂段、李其复兴公路道面修复工程；4条机场西跑道应急排水沟渠投入运行。完成昆明新机场专用高速路沿线、320国道两侧等生态绿化面积604 723平方米，种植各类乔木39 648株、灌木147 510株、攀缘植物68 859株、竹5 634丛、草皮31 151平方米。至2009年10月25日，昆明新机场建设工程完成建设投资累计77.4亿元。

（加三益）

西山区

【年内大事】 1月25日，梁家河生猪屠宰场旧址关闭，屠宰场扰民问题得到解决。

1月，永昌街道办事处永兴路社区被中央文明委命名表彰为第二批全国文明社区。

3月20日，西山区安排部署滇池湖滨生态带建设“四退三还一护”工作。

4月27日，《中国交通报》农村公路版对西山区农村公路作了题为《科技环保理念“植入”西山村路建设》的宣传。

5月25日，区交通局与重庆交通大学共同研究的“山区农村公路安保措施多样化技术及应用示范研究成果”和“复合碾压混凝土在云南省农村公路中应用研究成果”通过专家鉴定，课题研究成果总体达到国际先进水平。

6月27日，区委向梁洪清等732名“光荣入党50周年”的共产党员颁授荣誉证书，向李德彦等27名“光荣入党60周年”的共产党员颁授荣誉奖章。

7月1日，前卫、福海街道办事处部分区域（9.17平方千米2.19万人）正式划归昆明滇池国家旅游度假区实体化管理。

7月21日，省人大常委会组成调研组，对西山区人民法院、区人民检察院关于涉法涉诉信访件办理工作情况进行专项调研。

7月25日，中共中央总书记胡锦涛到西华湿地视察，对西山区的滇池治理、湿地建设和生态环境保护工作给予充分肯定。

7月27日，昆明地区水利发展的重要文物——“海口川字闸”（南闸）修缮工程通过省、市文物专家组验收。修缮工程达到文物修缮“不改变原状”标准，系昆明对古桥修缮的成功先例。

8月27日，西山区在团结、马街、金碧、福海4个街道办事处试点成立首批以调解员名字命名的“个人调解室”。主要调解事实清楚、权利义务关系明确的民事纠纷。

9月9日，百年一遇的2009年9月9日，因与“爱你久久久”谐音，是日全区共办理结婚登记417对，是2008年8月8日奥运日结婚登记高潮128对的3倍多。

9月26日，召开区第二轮地方志编纂工作动员暨撰稿人员培训会议。

10月16日国家农业部副部长张桃林率队到碧鸡街道办事处观音山居委会白草村居民小组参观农村生态环境建设工作。

10月19日，西山区永昌街道办事处被民政部命名为全国和谐社区建设示范街道。

11月13日，第二十一届中国国际科学与和平周活动云南启动仪式在团结街道办事处龙潭社区居委会乐居文化活动中心举行。本届活动主题为“弘扬科学、关注民生、发展公益、促进和谐”。

11月30日24：00，螺蛳湾商业片区关闭，1.2万商户全部有序转移，螺蛳湾商业片区批零兼营、低端销售及仓储业态全部搬迁到三环路以外，中央商务区（二级CBD）建设顺利启动。

12月3日，中央电视台七频道“聚焦三农”栏目宣传报道西山区农村公路建设成果；18日，新华社、《人民日报》、《光明日报》、中央人民广播电台等中央媒体记者考察采访西山区农村公路建设成果。

12月27日，在最高人民检察院、全国妇联、云南省委授予杨竹芳荣誉称号命名表彰大会上，杨竹芳被授予全国模范检察官、全国三八红旗手、优秀共产党员等荣誉称号，同时在全国开展学习杨竹芳先进事迹活动。

【区划、人口】 2009年7月1日西山区所辖前卫、福海部分区域（2个社区，面积5.52平方千米和3.65平方千米，人口1.83万人和3 626人）划归昆明滇池国家旅游度假区实体化管理。经昆明市人民政府批准，西山区撤销碧鸡镇、海口镇、团结镇，设立碧鸡、海口、团结街道办事处，设立35个社区居委会。至年末，全区有马街、金碧、永昌、前卫、福海、棕树营、西苑、碧鸡、海口、团结10个街道办事处，下辖96个社区居委会，392个居民小组。至年末，全区土地总面积879.06平方千米，常住人口71.5万人，其中户籍人口49.45万人。在户籍人口中，城镇人口39万人，占户籍人口的78.87%，农村人口10.45万人，占户籍人口的21.13%。每平方千米人口密度813人，人口自然增长率1.79‰。全区有26种民族，其中有汉族42.04万人，占总人口数的85%；少数民族7.41万人，占总人口数的15%。

【经济综述】 2009年，全区实现地区生产总值达210.7亿元，比上年增长12.8%；第一、第二、第三产业分别实现增加值3.01亿元、61.67亿元和146.02亿元，分别比上年增长2.1%、10.1%、14.2%，三次产业结构比调整为1.4∶29.3∶69.3。实现规模以上工业企业增加值23.5亿元，同比增长3.5%；地方财政总收入达36.92亿元，同比增长22.8%，其中地方财政一般预算收入达13亿元，同比增长19%；地方一般预算财政支出16.38亿元，增长13.3%。社会消费品零售总额达133.01亿元，增长22%；非公经济完成增加值115.79亿元，增长13.1%，占全区生产总值的55%；城镇居民人均可支配收入达1.7万元，增长31%；农民人均纯收入达7 311元，增长9.55%。农村经济总收入326.462亿元，增长3.16%。实现农林牧渔业总产值4.72亿元，增长2.6%。全年完成粮食作物种植面积4 089.6公顷，粮食总产量2.13万吨，下降6.5%。全社会固定资产投资达153.5亿元，增长50.2%；工业固定资产投资达19.5亿元，增长33.56%；融资完成40.5亿元，固定资产投资增幅及融资额度创历史新高，2009年全社会固定资产投资完成153.5亿元，同比增长50.2%，。

【农业、林业、水利】 2009年，全区农业生产稳步增长，全区完成产业结构调整面积3 543.35公顷、实现产值1.804亿元。全年完成粮食作物种植面积4 089.6公顷，粮食总产量2.13万吨，下降6.5%。其中小春粮食作物播种1 638.9公顷，总产5 274.7吨；大春粮食作物播种2 450.6公顷，总产1.6万吨。

年内实施“一个市场、四个基地”建设，积极推进农业产、供、销一体化，完成“数字西山”农林水气象信息综合管理系统、西山区农业信息网、西山区“数字乡村”新农村建设信息网3个网络平台建设。建成3 033.33公顷食用玫瑰、水果、药材等高附加值作物种植基地；结合交通、市场和主要农产品的分布情况，启动团结永靖蔬菜产地交易市场、海口里仁蔬菜产地批发市场项目建设，完成万寿菊种植249.3公顷、水果提质增效144.4公顷、药用洋葱、山药等中药材种植133.6公顷，中药材种植实现产值324.27万元。在团结妥吉建成万寿菊加工厂1个，企业收购万寿菊鲜花3 700吨，种植农户总收入233.1万元；已建成的40公顷百叶玫瑰生产基地开始投产，共采收玫瑰花20吨，实现产值12万元，研制出玫瑰糖、玫瑰露等新产品。结合螳螂川沿岸综合治理农业产业结构调整工作，着力打造芳香走廊，新建百叶玫瑰生产基地54.9公顷，共栽植玫瑰34.63万株。全区共种植蔬菜2 025.9公顷，蔬菜产量6 109.7万千克（其中外销蔬菜3 697万千克），实现产值8 746.6万元。完成绿色蔬菜种植1 926.04公顷，生产绿色蔬菜5 655.1万千克。引进蔬菜新品种15个。园林水果产量4 038.6吨，下降41.7%。富善草莓种植经济协会被命名为"全国科普惠农兴村先进单位"。全区发展花卉园艺总面积521.2公顷，实现产值5 103万元，其中鲜切花面积158.07公顷、产量3 660万枝、产值2 574万元，主要产品为鲜切花康乃馨、玫瑰、盆花及绿化苗木等。巩固提升葵油、酱菜、火腿等团结牌食品和谷律牌花椒油的质量，开发出团结牌果醋、滇荞系列食品等新产品。

对全区绿化苗木生产经营情况进行调查，全区共有绿化和花卉苗木生产经营企业34个，通过土地流转等形式，建成绿化苗木基地363.24公顷，有绿化苗木923万株（盆），年总产值约2 529万元。2009年新增绿化苗木企业4个、面积6.67公顷。

制定扶持政策，引导农业龙头企业、农民专业合作组织、农技协及种、养、加、销大户健康发展。2009年全区共有龙头企业24家（年内新增市级以上农业龙头企业4家），固定资产达2.38亿元，年产值4.945亿元。

依法对全区2个生猪定点屠宰场和51个农贸市场开展动物及动物产品检验检疫，健全蔬菜农残快速检测报告和公示制度，统一规范蔬菜农残检测行为，建立蔬菜农残检测监管台账，定期报送检测结果，有效降低农残超标率。

全年共出栏肉猪7.05万头、肉牛1 366头、肉羊8 733只、肉禽48.73万只，肉类总产9 459.1吨，牛奶产量380吨，禽蛋产量430.2吨。烤烟产量700.3吨，下降3.8%。大牲畜年末存栏1.13万头，下降2%。

大力开展滇池流域畜禽禁、限养工作，全区共关闭或搬迁畜禽养殖户1 783户，处置畜禽23.83万头只，兑现市级迁建补偿资金108.01万元、区级存栏畜禽补偿款97.85万元。建设沼气池1 002口，推广节能气化灶3 000眼。

投资4 800万元完成920件农田水利工程项目建设，治理水土流失26.23平方千米；新增农田灌溉面积33.33公顷、改善533.34公顷，解决7 396人、2 080头大牲畜饮水困难问题。三家村水库、大坝水库除险加固和长坡供水管网配套主体工程全部完工。

全年完成造林面积594公顷、天保工程封山育林333.34公顷，核桃种植116.67公顷，"五采区"植被恢复31.87公顷，全民义务植树75.6万株，完成防火通道建设26.4千米。强势推进集体林权制度改革，集体林确权60.07万亩，确权率达95%，全区集体公益林、集体商品林均山到户率分别达96.1%和82.4%，顺利完成均山到户率达到80%的预定目标。森林覆盖率58.6%，林木绿化率61.5%。

【工业、乡镇企业】 年内投入资金500万元，对82个新型工业化项目进行扶持，规模以上工业企业户数达130户，其中新增6户，亿元以上工业项目开工5个。工业固定资产投资增速较快。海口工业园完成固定资产投资13.8亿元，投入基础设施建设资金2.25亿元。全区工业经济实现正增长，节能减排增效显著。全年实现工业总产值152.11亿元，工业完成增加值44.67亿元，增长3.8%，规模以上工业增加值23.61亿元，增长3.5%；受工业招商成果的拉动，工业固定资产投资达19.5亿元，增长33.56%。规模以上工业增加值能耗降低率为-17.72%。全区建筑业总产值57亿元，增长14%。

2009年，全区有乡镇企业2.62万个，从业人员19.2万人。完成增加值90.5亿元，比上年增长22.21%；完成工业总产值85.24亿元，比上年增长12.46%；实交税金13.68亿元，比上年增长29.84%；完成营业收入461.6亿元，比上年增长6.3%；完成工业增加值17.6亿元，比上年增长19.70%。

非公经济完成增加值90.22亿元，比上年增长21.83%；完成实交税金13.66亿元，比上年增长29.65%；非公企业从业人员19.26万人，增长82.85%；完成营业收入459.55亿元，增长5.83%。完成农产品加工销售产值21.32亿元，增长22.24%；完成"企村结对共建社会主义新农村"6对的任务。

【旅　游】 2009年全区监测范围内的旅游经营单位共计接待游客451.04万人次，同比增长93%；实现营业收入2.727亿元，同比增长36.4%；实现税收983.55万元，同比增长71.7%。春节、"十一"2个黄金周，全区共接待游客105.07万人次，实现营业收入1 659.03万元。春节黄金周，全区旅游经营单位共接待游客66.09万人，实现营业收入878.16万元。

稳步推进西山大旅游区建设，加快景前区工程进度，积极争创"国家5A级旅游景区"。西山国家级风景名胜区景前区改造全面启动，加快了特色旅游区建设步伐。在2009年中国昆明国际花卉展暨第五届昆明国际农业博览会共组织参展企业26个，布置展位40个，共展示种植、加工、旅游等产品70余种。在农博会优质农产品评选活动中，获得优质农产品金奖2项、银奖1项。18家旅游经营户被评为星级乡村旅游服务接待设施单位。

【商贸、工商管理】 全区进一步落实商贸富区战略，积极发展都市经济、楼宇经济和总部经济，指导商业网点合理布局，完善城乡流通体系，促进外贸进出口，整顿规范市场经济秩序。随着南亚风情第壹城项目、"标准化农贸市场建设"、"万村千乡市场建设工程"和"家电下乡活动"的推进，"家电下乡"和再生资源回收体系建设工作成效显著，城乡居民消费环境得到改善，消费市场更为活跃。

全年社会消费品零售总额预计完成133.01亿元，同比增长22%。至年末，全区共有出口企业45个，进口企业19个，2009年全区进出口总值共计7 009万美元，出口额超100万美元的企业9个。

年内新投资或者增资的外商投资企业7个，实际利用外资完成4 503.8万美元，完成年计划的109.85%。投资较大的企业是：云南新立有色金属有限公司完成2 893.84万美元，云南英茂糖业有限公司完成1 176万美元，云南国资水泥海口有限公司完成513万美元，昆明人和新天地公共设施有限公司完成200万美元，昆明金三江矿产品有限责任公司完成118.47万美元。

年内，启动螺蛳湾中央商务区（二级CBD）和马街新城建设项目，昆安高速公路商贸经济带、大商汇商贸圈升级提档有序开展，长坡仓储物流区建设进入规划编制阶段，商贸业内部结构得到优化升级。至年末，完成家电下乡备案70余家，已销售家电下乡产品1 714台，实现销售总金额329.17万元，实际补贴农民消费者28.67万元。

【财税、金融】 加强税收征管，强化预算管理，优化财政支出结构，确保了财政收入稳步增长。全区地方财政总收入完成36.915亿元，增长22.81%。其中地方财政一般预算收入完成13亿元，增长19.01%。

作为西山区税收主要支柱的房地产行业销售与前几年相比明显回落，税收增速减慢，所占税收总收入的比重由2007年的37%、2008年的35%降为2009年的33.8%，税收与2008年相比减收4 072万元；螺蛳湾升级改造，影响西山区局征管户8 519户的征管，税收与2008年相比减收374万元；由于区划调整，282户纳税户从7月1日起划转到旅游度假区局征管，税收与2008年相比减收3 405万元；土地使用税虽然从2007年度税额提高，但补缴税款全部集中在2008年度，因此撑大了2008年度的收入基数，故与2008年同比下降36.6%，减收2 513万元。

区地税局全年共组织税收收入15.35亿元，其中完成市本级收入5.104亿元，完成区级收入7.608亿元。全年规费总体收入4.926亿元，增长8.89%，社会保险费累计入库4.712亿元，累计征收率为98.17%。区国家税务局共组织税收收入12.03亿元，增长19.04%，增收1.92亿元。完成地方一般预算收入1.085亿元。

至年末，西山区共有金融机构29家，金融机构各项存款586亿元，各项贷款329亿元。金融机构累计向西山区重点建设项目、入滇河道治理、人居环境建设等项目投入信贷资金5.84亿元。

【招商引资】 2009年引入项目357个，协议总投资264.65亿元，实际到位市外资金60.76亿元，同比增长26.4%。引进外资项目9个，实际利用外资5 218.86万美元，同比增长9%。工业招商成果凸显，完成亿元工业项目开工5个的目标任务，云南百集龙钢构、东南亚商城、时代广场、硫酸余热蒸汽发电、云泥原料库等项目已投入运营；太阳能真空管集热器、云南医药物流中心、云石国际中心等项目正在加紧建设。

【城乡建设】 全力抓好各项重点工程建设任务，西坝路、老海埂路、福海立交桥建成通车，新建西部客运站顺利搬迁营运，区级投资18.8亿元修建的8条城市道路将在2010年3月底陆续建成通车；全面完成三环闭合建设工程、环湖南岸截污工程的征地拆迁工作及铁路枢纽扩能改造西山段控制性节点土地的移交。

加速推进城中村改造工作，42个片区已有投资人参与，20个片区有实质性进展，已拆除面积达206万平方米，已建和在建安置房共计50万平方米。南亚风情第壹城、医药物流中心、云石国际中心、南市中央购物金座等重点项目正加快建设。螺蛳湾商业片区于11月30日平稳、有序、和谐关闭，商业业态有序转移，中央商务区（二级CBD）建设顺利启动；全面启动了8.73平方千米、总人口约10万人的草海片区保护治理和开发建设工作。

宝花公路等总里程51千米的重点乡村公路建成通车，总长88.5千米的21个自然村及村间道路修建任务顺利完成，道路硬化达40万平方米，全区农村公路和自然村路面硬化率均达70%。完成西山旅游环线路基工程及团结客运站点建设工作，行政村公交覆盖率达80%。

【城市管理、环境保护】 年内超额完成城乡园林绿化建设任务，完成绿地建设148.67公顷，完成率达154.8%，其中建成小游园17个，绿化乡村公路78千米。启动海口林场郊野公园建设，观音山、普坪郊野公园建设前期工作有序推进。

城乡园林绿化完成绿地建设148.7公顷，完成林业绿化造林、天保人工造林、“五采区”植被恢复、经济林建设、苗木基地建设共933.33公顷，完成全民义务植树75.6万株，超额完成各项目标任务；全年拆除临、违建筑面积达69万平方米；机关干部带头共拆除外挑式防盗笼2 400多户6.6万平方米。

全部封停滇池面山、滇池流域和其他重点区域的砖瓦厂、采石（砂）场。辖区内重点企业达标排放率达100%。污染物总量削减控制取得新进展，削减二氧化硫排放16吨、化学需氧量30吨，区域环境质量得到改善。全区共清查使用高污染燃料锅炉的单位296家；申报11家省、市级绿色学校，10家省、市级绿色社区，2家宁静小区；建成6块噪声自动监测显示屏并通过验收。

重点实施滇池治理及环湖湿地建设，投入资金6.42亿元，拆除河道沿岸各类建（构）筑物56.6万平方米，完成截污管道埋设、污水口封堵、河堤修复、河道绿化等工作。13条出入滇河道中已全面完成大观河、新运粮河、王家堆渠、乌龙河等10条河道的综合整治，玉带河、老运粮河、螳螂川3条河道已完成总体工程量的50%～90%；19条支流（沟渠）整治工作全面展开；西山区集镇和村落污水收集及处理工程正在加紧建设；“四退三还一护”项目投入资金5.75亿元，建成环湖生态带1 356.8公顷，退出房屋28.9万平方米，退人1 561户6 244人，提前实现了境内环滇池生态带闭合。

【科　技】 全年共实施市、区科技计划项目70项，评选市、区科技奖励项目26项，培育市、区知识产权试点示范企业14个，4个企业通过国家高新技术企业认定，2个企业通过省、市企业技术中心认定。全年完成各类科技培训3.31万人次，新建科技培训活动室10个。深入社区和乡村进行了科技成就展及专家咨询和科普宣传，展示各类科技成果20余项，发放各类科技宣传资料8万余册份。建成西山区党政机关政务公开信息查询系统，安装太阳能路灯501盏。

【教育、文化】 落实城市义务教育免费制度、农村义务教育免费教科书和免除农村初中寄宿费等政策，投入各级“两免一补”资金1 556万元。成功搭建“中教育星”、“中央电教资源库”、“北大方正电子图书馆”等平台，实现跨地域、节约、高效的运用和培训手段。为15所农村寄宿制学校配建了浴室，云南经贸外事职业学院、北师大附中二期工程及4所学校标准化建设等教育基础设施项目顺利推进。对全区225所学校941幢校舍进行了危房普查鉴定。继续实施好农村寄宿制学校“三个一工程”，投入各级“两免一补”资金1 556万余元，惠及义务教育阶段学生22.5万人次。2009年高考上线率达82.72%，创历史新高。进一步优化教育资源配置，完成了4所标准化中小学建设，通过省政府教育督导评估，达到省级先进县区标准，获得“云南省规范教育收费示范县（区）”称号。

建成（含改扩建）街道文化站1个，“农家书屋”2个、村文化室22个；围绕庆祝建国60周年，组织开展优秀文艺节目展演活动、第二十二届西山音乐节，组团参加昆明市第九届少数民族传统体育运动会全部11个项目，获团体第四名；广场舞蹈“拍拍乐”荣获省级金奖。圆满完成西山区6类12项市级非物质文化遗产保护名录从原始资料收集、筛选、编辑、制作归档的任务。经第三次文物普查，公布12个区级文物保护单位，挂牌7个博物馆。

【卫　生】　加大辖区11个社区公共卫生设施的投入，为31家社区卫生服务机构配备了215万元设备。完成5家社区卫生服务中心，6家社区卫生服务站建设；新型农村合作医疗保险实现全覆盖，参合率达99%。加大创卫工作投入力度，着重抓好爱卫组织管理、健康教育、食品卫生、公共场所及生活饮用水卫生等工作，在全区范围内展开打击非法行医专项整治行动。全区40米以上城市道路保洁质量达到“五无、五净”标准，主要道路机械化清扫率达60%；全区共取缔无证照“七小”行业944家；新建公厕3座，改造垃圾中转站2座。

认真抓好传染病疫情监测、报告工作，建立统一、快速、准确的疫情网络报告系统。加强孕产妇和儿童保健管理，全年孕产妇住院分娩率为99.91%，孕产妇死亡率为0。

【人民生活、社会保障】　全力扩大被征地人员基本养老保险参保缴费覆盖面，全年被征地人员基本养老保险新增参保缴费2 662人，累计实现参保1.6万人。城镇职工基本养老保险参保9.73万人，城镇职工基本医疗保险参保14万人，城镇居民基本医疗保险参保17.8万人。完成参加新型农村合作医疗农民向城镇居民基本医疗保险转轨的任务7万人，新型农村合作医疗实际参合6.7万人，参合率达99%。全年共6 873户1.06万人得到城市和农村最低生活保障。全年发放城乡基本最低生活保障金2 521.2万元，其中城市居民最低生活保障金2 416万元，农村居民最低生活保障金105.2万元。发放符合住房租赁补贴的低保住房困难户900余户，金额143.63万元。

全年城镇新增就业人员1.15万人，提供有效就业岗位1.24万个。建成6个“充分就业”社区和1个社会保障事务所，帮助2 956名就业困难人员和1 161名应届高校毕业生顺利就业，组织2 189名各类人员参加职业技能培训，安置各类下岗失业人员4 249人，城镇登记失业率3.63%。完成农村劳动力转移输出9 120人，新增转移就业收入5 238.16万元。2009年，农民人均纯收入达7 311元，同比增长9.55%，扣除物价因素后，实际增长9.1%；在岗职工年平均工资2.23万元，增长11.7%；城镇居民人均可支配收入达1.7万元，增长31%。城镇居民人均住房建筑面积29.78平方米，农村人口平均住房面积63.23平方米。

【法制建设】　建立案件现场会议制度和“4+1”案件侦破机制，完成“平安城市报警与监控系统”二期500个监控探头建设和22个派出所共25个点的云南公安软件视频系统建设；投入1 034.2万元推进公安信息化及城市报警监控系统建设，全区实现行业场所信息系统、旅店业信息系统、二代证读卡器以及报警监控系统100%安装，形成专群结合的治安防控网络，全年盗窃类警情同比下降5.1%。继续保持对严重刑事犯罪的高压态势，将打黑除恶与社会治安整治紧密结合，坚决打击非法吸存、集资诈骗和金融诈骗等经济犯罪行为。全区各类案件立案数同比均有下降，“两抢一盗”发案率、立案率呈现“双降”的良好势头。各类诉讼案件的结案率达98%。

完善“大调解”工作体系格局，积极开展“信访积案化解年”活动和矛盾纠纷大排查、大化解工作。共受理并成功调处各类矛盾纠纷7 530件；妥善处理各类群体性事件204起；预防群体性上访16件1 450人次。“书记、区长接访日”解决各类问题258件次。53个社区被命名为“无毒社区”，83个社区成功创建为“民主法治社区”。

办复市区人大代表、政协委员的议案、建议和提案424件，办复率达100%；就马街周日集贸市场关闭、螺蛳湾商业片区市场关闭、西山风景区门票提价等重大决策事项进行了听证。

【获得的荣誉】　年内，多项工作取得新突破，荣获国家级表彰和奖励：区征兵办被国防部评为“征兵工作先进单位”；全民国防教育工作受到国家表彰；永昌街道办事处被民政部评为“全国和谐社区建设示范街道”；永兴路社区被中央文明委命名为“全国文明社区”；顺利通过了全国科技进步县（市）区考核；成功创建“云南省第八届双拥模范城（区）”；获得“云南省规范教育收费示范县（区）”称号。

（罗桂莲）

东川区

【年内大事】　1月6日，市委书记仇和率市委九届五次全会观摩团到东川视察。

2月11～13日，区委、区政府组织召开2009年招商引资工作等11个大型会议，对2009年各方面工作作安排。

3月5日，东川被国务院确定为第二批资源枯竭城市。

4月15～16日，省委常委、副省长李江率省、市相关部门领导到东川调研就业再就业工作。

4月21日，位于入城通道口处的东川最大的物流中心——东海物流中心落成。

4月28日，市长张祖林到东川区就经济转型和可持续发展工作进行专题调研。

4月30日至5月3日，2009年全国汽车越野系列赛站暨“凯通”杯中国东川泥石流汽车越野赛在东川举办。此次比赛有32支车队100辆赛车参赛，创下自2007年全国长距离越野系列赛举办以来的参赛车辆之最。

5月9～10日，华夏文化纽带工程组委会专家组到东川进行“东川和谐文化生态园”专题调研。

5月10日，东川首家民间博物馆——红潮博物馆建成，专门保存驼峰航线坠机残骸。

5月16日，新知图书全国连锁东川书城开业。

5月19日，云南金山矿业有限公司新山金矿奠基。

5月27日，东川首个新型农民培训学校成立。

6月16日，125万尾滇池高背鲫鱼苗在金沙江格勒渡口进行大规模放流。

6月26～27日，举行纪念东川解放暨会巧边区解放委员会成立60周年活动。

8月1日，东川铁路支线恢复运营。

8月12～15日，第十八届全国发明展览会在昆明国际会展中心举行，东川区经贸局退休工程师宋珉参展项目“一种铜精矿制块工艺”荣获金奖。

8月19日，公开销毁44辆非法客运车辆。

同日，“彭年光明行动”白内障复明手术在东川进行，113名贫困白内障患者接受手术。

8月20日，以东川铜矿发展兴衰为背景的工业题材影片——《红土地画》在中央电视台电影频道《爱电影》栏目播出。同日，该片在昆明上海永华国际影城举办首映式。

9月7日，中华环保世纪行宣传活动组织22家中央新闻媒体到东川采访报道。

9月19日，由云南报业集团组织的“祖国好、云南红”采访团来到东川采访报道。

9月28日，东川首家4S汽车销售维修服务公司开业。

10月17日，横跨川滇两省的金东大桥在东川拖布卡格勒村奠基。省委常委、市委书记仇和率相关部门领导在东川调研时指出：必须加速北部崛起，把东川打造成昆明第二增长极。

11月3日，副省长罗正富到东川调研落实省政府关于东川再就业特区有关问题专题会议纪要以及应对金融危机、促进经济发展的情况。

12月22日，东川再就业特区天生桥特色产业园奠基。

12月28日，东川播卡金矿投产。

同日，是日起，东川65岁以上老人可免费乘坐城市公交。

【区划、人口】 2009年末，全区辖铜都镇、汤丹镇、拖布卡镇、因民镇、阿旺镇、乌龙镇、红土地镇和舍块乡，下设135个村民委员会、28个社区居民委员会。

年末全区总人口98 592户313 861人，比上年末增加1 875人，增长0.6%，其中男性163 270人，女性150 591人；农业人口240 581人，非农业人口73 280人；少数民族22 337人，占总人口的7.12%。人口自然增长率2.73‰。

【经济综述】 2009年，东川区沉着应对国际金融危机的影响和诸多困难，全力推进工业经济发展、重点项目建设和招商引资等工作，积极谋划资源型城市转型和可持续发展，国民经济出现恢复性增长，综合实力进一步增强。全年实现地区生产总值31.5亿元，按可比价格计算，比上年增长11.3%，其中第一产业实现增加值3.6亿元，增长6.3%；第二产业实现增加值20.4亿元，增长14.8%；第三产业实现增加值7.5亿元，增长2.3%。经济运行中存在的困难和问题主要表现在：经济结构性矛盾突出，经济转型任务艰巨，尤其受金融危机冲击，与资源联系紧密的产业和企业抵御市场风险的能力较弱；财政收支矛盾突出，对工业经济支持不足；统筹城乡发展的任务艰巨，农民持续增收的压力大，农业基础脆弱，农村生产生活条件有待进一步改善；环境治理、生态恢复和节能减排压力大；缺乏建设资金，重点项目进展较慢；项目前期工作投入不够，重大投资项目和招商引资项目质量不高。

【农　业】 2009年，投资8 700万元完成水利建设项目40件，新增灌溉面积1 200亩，改善灌溉面积2.35万亩，治理水土流失面积35平方千米。投资1 600万元建成饮水安全工程39件，解决3万人、2.1万头牲畜饮水安全问题。野牛水库工程完成移民搬迁工程，花沟水库和龙潭水库完成除险加固工程。完成小江河谷热区冬早蔬菜种植面积3.98万亩，产值9 100万元。累计完成沼气池1.79万口、节能改灶5.23万眼。农村富余劳动力转移培训1.96万人，转移输出1.45万人，新增转移收入1.05亿元。投入扶贫资金1.5亿元，完成78个整村推进等扶贫项目，启动82个整村推进等扶贫项目。投入新农村建设资金1.1亿元，启动22个新农村建设试点村建设项目。

全年农业总产值完成6.4亿元，比上年增长7.9%；农村经济总收入完成7.8亿元，增长10%。年内成立农民专业养殖合作组织48家，18个专业合作社，年末专业协会达30个。东隆公司、稷龙公司等一批农副产品加工企业实力不断增强。新增规模养殖场161户，总存栏73.82万头（只），实现畜牧业产值4.45亿元，增长33.2%。完成“天保”工程人工造林1万亩，城市面山造林完成2 000亩，义务植树115.58万株，完成核桃种植3万亩。扶持育苗户建设苗圃基地1 399亩。

【工业及再就业特区建设】 2009年，面对国际金融危机的影响，东川区出台多项政策和措施，确保工业企业基本正常生产。全年全区工业总产值完成86.7亿元，比上年下降5%；规模以上工业企业完成工业增加值11.3亿元，增长13%；非公经济增加值完成21.9亿元，增长16%。金水冶炼、华新水泥等公司技改项目进展顺利，凯通公司实施以酸为主的战略性转型。工业园区围绕基础设施建设、“五通一平”和土地收储等工作，完成工业固定资产投资3.7亿元，亿元以上开工项目3个，预计实现利税1.55亿元。完成园区土地预收储3 327亩，四方地和碧谷工业园基础设施建设完成投资1.94亿元，园区基础设施不断完善。东川再就业特区天生桥特色产业园正式奠基，各项工作积极推进。在全区开展招商引资“百日竞赛”活动，掀起你追我赶的招商引资热潮。加强招商引资宣传和项目包装、推荐工作，赴北京、成都、福建、浙江、广东等地开展招商活动。全年引进项目105个，实际到位内资16.4亿元，外资320万美元，均超额完成了市级下达的考核任务。金沙公司新区开发取得实效，产量增加，可持续发展能力增强。

【固定资产投资及城乡建设】 2009年，全社会固定资产投资完成31.5亿元，比上年增长40%。完成“祥和家园”廉租住房三期工程、石头公园、凯通路北延线改扩建、碧新路、团结路延长线、石羊路延长线、兴玉路南段等重点项目建设，顺利推进2 200套廉租住房工程建设，启动城市生活垃圾处理场、东起路等重点项目建设，开展100座城乡公厕建设工作。基本完成建制村公路路面硬化8个项目、路基改造11个项目，金东大桥工程正式奠基，各项建设工作积极推进。以“创建国家卫生城市”为契机，推行数字化城管，加强城市建设管理，城市功能不断完善，城市面貌和品位有了新的改善和提升。城乡园林绿化取得新成效，新增绿地34.88公顷，年末人均公共绿地面积7.13平方米，城区路灯亮化率达98%以上。汤丹、红土地、阿旺、拖布卡、乌龙、舍块中心集镇、因民新镇区建设取得明显成效，小集镇建设初具规模。城乡公交一体化建设取得实效，城乡居民出行条件得到改善；在市级和铁路部门的关心支持下，东川铁路支线恢复营运。

【经济转型】 2009年，东川以被列为国家第二批资源枯竭城市为契机，抢抓机遇，调整产业结构，优化产业布局，促进产业升级，经济转型工作稳步推进。完成《资源枯竭型城市：昆明东川区可持续发展规划》、《资源枯竭城市云南东川转型和可持续发展方案》和《关于加快东川经济转型和可持续发展的若干意见》编制并报上级审批。“222”工程推进实施，即1. “一山一谷”项目。“一山”：在山区和半山区完成3万亩核桃种植；“一谷”：完成3 000亩葡萄种植基地预整地等基础工作，万头肉牛养殖基地完成土地征用等前期工作。2. “一厂一园”项目。“一厂”：金水公司10.5万吨粗铜技改项目（富氧熔池熔炼系统）稳步推进；“一园”：碧谷工业园区道路等基础设施建设积极推进。3. “一红一灰”项目。“一红”：红土地“红土印象”一期工程竣工，二期工程投入建设；“一灰”：“中国蒋家沟泥石流地质公园”和“云南东川国家矿山公园”开展规划编制和申报工作。东川矿山采空区塌陷区地质灾害隐患区移民搬迁一期工程正式启动，搬迁规模为538户1 734人。2008年中央资源枯竭城市财力性转移资金拨付到各项目单位。年内，大力推进“万村千乡市场工程”建设，引导城市连锁店和超市等流通企业向农村延伸，发展“农家店”。全年接待游客人数37万人次，旅游收入9 000万元。旅游业的发展有效地带动了餐饮、宾馆、交通运输、商贸、金融等服务业发展。全年社会消费品零售总额6.6亿元，比上年增长18%。

【财税、金融】 2009年，财政总收入完成4.83亿元，比上年下降48%，其中地方财政收入完成3.01亿元，下降29%；上划中央“两税”1.81亿元，下降64%。地方财政支出14.9亿元，增长15%。年内，支持金融企业推进改革，金融企业参与、支持地方经济建设的力度不断加大，银政、银企关系得到进一步改善。玉泰小额贷款有限公司正式挂牌营业，区农发行、区农信社、富滇银行等金融企业为地方社会事业发展提供了5.45亿元的信贷支持。采取BT、BOT等融资方式，融资1.68亿元投入地方基础设施建设。年末金融机构各项存款余额为51亿元，增长18%；各项贷款余额达25亿元，比年初增长30.4%。

【生态环境保护】 2009年，严把建设项目环保准入关，共对116个建设项目进行环评审批，建设项目环保“三同时”执行率达100%。完成东川城市生活污水处理厂一级B标工程。进一步完善土地储备制度，盘活存量土地资产，优化土地资源配置，合理利用土地。完成乌龙镇土地整理项目、东川区铜都镇营盘等4个村土地整理项目。开展地质灾害隐患治理工程，对全区8个乡镇326个地质灾害隐患点进行排查。轿子山通过国家环保部组织的轿子山国家自然保护区评审。区域环境噪声平均值均达到要求，“烟控区”通过市政府检查验收组验收，城市污水处理厂配套管网工程已经全部完工。全年空气污染指数未出现超过国家空气质量二级标准的情况，空气质量日均值达标率为96%。全区万元GDP耗能同比下降4.5%，万元规模以上工业增加值能耗同比下降9.5%。

【教　育】 2009年，继续加大教育投入，投资3.4亿元的16所中小学标准化建设工程完成10所，启动职业成人教育培训中心改扩建工程，各级学校办学条件进一步改善。在全区范围内开展为期120天的校园周边治安环境专项整治行动，开展各类宣传教育进校园活动100余次，安全检查200余次，法制副校长和法制辅导员到校开展法制宣传教育150余人次。救助寄宿生1万人，救助农村义务教育阶段寄宿制贫困学生1.5万名。全年小学适龄儿童入学率达99.25%，初中阶段毛入学率100%；职业教育招生903人，全区普、职比为1.5:1，“两后双百”培训771人。2009年高考上线率达89.08%，比上年提高14.16个百分点。

【广播电视】 2009年，在原有文化市场主体的基础上，对广播电视进行“制播分离，宣传经营两分开”，把电影公司、广电网络技术中心等经营性文化单位进行逐步转企改制。区广播电视网络中心改制成昆明东视电视网络有限公司，成立昆明铜牛文化传媒有限公司，有力地推进了东川广播电视事业的发展。全年完成88个20户以上自然村广播电视“盲村”直播卫星节目工程建设任务。

【文　化】 2009年，文化事业改革取得较大进步。由区委、区政府与云南民族电影制片厂精心打造的首部反映“天南铜都”东川矿业兴衰和优美风景的电影《红土地画》在昆明、北京分别举行观摩研讨会，被国家广电总局列为2009年第三批推荐影片，8月20日在昆明举行首映式。反映铜都兴衰的《古铜沧桑话东川》一书于2009年4月出版发行，其同名纪录片在中央电视台连续7天播出；东川奇石多次参加省内外各种文（石）博览会，交流的同时带来了可观的经济收入，带动了产业的发展；《元宝石之恋》于7月份在中央电视台播出。昆明新华书店连锁有限公司东川分公司投资300万元打造的“中影星美东川国际影城”正式营业。2009年东川泥石流汽车越野赛上升为国际邀请赛，共33支车队100辆车参加比赛，参加报道的媒体达150多家，200余人。其系列活动已称为融汽车文化、时尚体育、特色旅游为一体的大文化产业。

年内共清理检查重点单位38家次，旅店191家次，游戏室105家次，歌舞厅25家次，网吧15家次。查获证照不全的游戏室7家，收缴并公开集中销毁赌机46台，涉赌游戏机主板48块。6个乡镇文化站建成，农村电影“2131”工程放映电影1 533场，观众53.7万人次。东川区电影院保留公益部分，成立农村电影管理站，经营部分推向市场。

【卫　生】 2009年，完成全区爱国卫生组织网络图编制工作，各（乡、镇）和个社区、村均成立“健康教育领导小组”，网络覆盖率达95%以上，对全区相关单位、10个社区建立健康教育档案。开设电视台健康教育宣传专题，开展大型宣传活动5次。组织义务劳动10余次，清理卫生死角173处，清运垃圾杂物100余吨。签订“门前三包”责任书1 502余份，签订率100%。4座公厕建成并投入使用，在城市主要街道合理配置200只垃圾桶、10座垃圾房和600对果皮箱。与城区7个市场签订《市场开办单位市场经营管理第一责任人责任书》，向经营者发放5 500份“创卫”倡议书。对城区农贸市场进行检查，检查市场上各类经营户1.13万户次，对市场开办者下发行政建议书2份，责令整改通知书30份，收缴不合格塑料袋10万余个。监督检查“七小”行业1 082户。开展食品安全专项整治和规范药品市场秩序工作，检查药品生产企业2户，药品经营企业294户次，医疗机构209户次，取缔无证经营2家；监督销毁假劣药品94个品种（1521瓶），没收假劣药械103个品种（5 761瓶），查处药品、医疗器械违法案件40起，结案率100%。全区临床用血医疗机构的临床用血100%来自无偿献血。规范二次供水单位136户，建立《二次供水卫生管理资料台账》170份。全区新建卫生户厕1 900个，改水受益7 700人。年末全区农村自来水普及率达71.66%，农村卫生厕所普及率29.35%。新型农村合作医疗参合率达91.6%，19.76万人次获得新型农村合作医疗减免补偿，补偿费用1 868.4万元。

【社会治安综合治理】 2009年，以“平安和谐稳定”为主题，开展大型宣传活动4场次，各部门共制作公益性平安创建宣传广告100余块，发送平安创建宣传短信3万余条，印发综治维稳、法制宣传资料20余种3万余份，现场解答法律咨询300余人（次），受教育人数5万余人。全区共排查出治安混乱地区2个，突出治安问题10个，全部整治达标；排查出影响社会稳定重大社会矛盾18起，妥善调处13起，调处率为72%。先后5次召开“打黑除恶”公处公判大会。开展以“防事故、防盗案、调纠纷”为重点的阿旺镇铁路安全重点整治工作，查处在安全保护区内开荒种地1起，排除私设铁路障碍物1起，查处破坏铁路设施治安案件1件。全年开展安全生产大检查20余次，排查出一般事故隐患981条，整改率99.8%；在开展非煤矿山安全生产专项整治行动中查出一般隐患10余处、重点隐患2处，下发《责令整改指令书》20份，责令停产3家；加大对21座尾矿库专项整改，10座领取安全生产许可证，6座完成闭库工作，并通过市、区检查验收。对因民、汤丹两镇地质灾害启动地质灾害应急预案，对灾害点实行24小时巡查监控和“一日一查电话报，十日督查书面报”制度。年内立各类刑事案件602件，破案465件，破案率为77.02%；抓获犯罪嫌疑人256人，打掉各类犯罪团伙42个，抓获各类网上逃犯90人；受理行政案件2 283起，查处2 212起（治安案件发现受理1 094起，查处1 023起），查处违法人员1 839人。区人民检察院受理批准逮捕案件106件167人，批准逮捕140人；受理公安机关移送审查起诉案件131件213人，提起公诉101件156人。区人民法院共受理刑事案件130件，审结127件，结案率95.49%。

【精神文明建设】 2009年，深入贯彻《公民道德建设实施纲要》，广泛开展以“八荣八耻”为主要内容的社会主义荣辱观宣传教育及主题实践活动，公民道德素质得到进一步提高。年内，推荐4家食品企业申报诚信企业，发放《礼行天下》2 000册，《弘扬延安精神，促进办学育人》1 000册，广泛普及文明礼仪知识，积极倡导社会文明新风尚。在清明节、端午节、中秋节、国庆节期间在全区广泛开展“我们的节日”主题文化活动。组织广大未成年人开展“向国旗敬礼、做一个有道德的人”网上签名寄语活动。组织开展评选“100位为新中国成立作出突出贡献的英雄模范人物和100位新中国成立以来感动中国人物”工作。积极开展“迎国庆、讲文明、树新风”和“细节文明”活动；启动东川区不文明行为曝光台，做好2009年“西部助学工程”和“向西部送电脑活动”工作。年内，推荐9个单位、3个村申报省级文明单位、文明村；12个单位、3个村、1个社区申报市级文明单位、文明村、文明社区；16个单位、5个村、1个社区申报区级文明单位、文明村、文明社区；对2008年度文明单位进行复查。

【人民生活、社会保障】 2009年，城乡居民生活水平不断提高。据抽样调查，城镇居民人均可支配收入13 228元，增长8%；农民人均纯收入达2 695元，增长14.1%。社会保障体系不断健全。全年共提供有效就业岗位4 418个，城镇新增就业4 377人，争取到上级再就业资金3 000万元，通过实施困难企业认定，稳定就业岗位6 267人，城镇登记失业率反弹的势头得到遏制，年末城镇登记失业率为16%。全区城镇企业职工、被征地人员基本养老保险参保28 312人，差额及自收自支事业单位养老保险参保1 060人，失业保险参保14 031人，城镇职工、城镇居民基本医疗保险参保68 967人，企业职工工伤保险参保15 603人，企业职工生育保险参保11 358人；经多方努力，原东川矿务局退休人员医疗保险、1～4级老工伤人员及工亡遗属工伤保险纳入市级统筹管理。全年对10 371户、18 859人城市低保对象，发放低保金3 845万元；对15 009户、22 965人农村低保对象，发放保障金1 661万元，实现了应保尽保。新型农村合作医疗参合率达91.59%，全区共有197 571人次获得新型农村合作医疗减免补偿，补偿费用1 868.4万元。2009年高校毕业生就业率91.8%，困难家庭高校毕业生就业率达100%，为民办10件实事得到落实。

（刘　荣）

安宁市

【年内大事】 1月4日，参加中共昆明市委九届五次全体（扩大）会议的300余名参会人员到安宁市现场观摩市生活垃圾处理中心、螳川西路、宏信新型钢结构生产项目。

同日，云南省旅游经济强县考核工作组对安宁市创建云南省旅游经济强县工作进行考核验收。

1月8日，八街传统民用器物博物馆在八街镇关圣宫正式开馆。

1月18日，云南安宁国际物流园项目正式开工建设。

2月13日，国家环保部环评司、验收司有关领导到安宁市考察评估昆钢草铺项目、天安公司合成氨项目、盐矿制盐项目。省环保厅领导陪同评估考察。

2月22日，昆钢钢铁控股有限公司隆重举行纪念昆钢建厂70周年庆典。省人大副主任程映萱、副省长和段琪、省政协副主席倪慧芳和昆明市部分领导到会祝贺。

3月3日，安宁市召开“行政效能提升年”和“干部作风改进年”活动动员大会。

3月4～9日，文化部社会文化司司长李宏率中国儿童艺术剧院文化下乡慰问演出团到安宁进行慰问演出。

3月6日，工业园区武家庄片区1号主干道正式开工建设。市领导李树勇、王剑辉、王文学、尹贵生、张维勇、焦林等出席开工仪式。

3月23日，安宁市八街镇杨梅山斜坡已封停矿洞发生事故，造成1人轻伤，4人死亡。事故发生后昆明市、安宁市相关领导赶到事故现场指挥，相关部门和单位开展救援及善后处理工作。

3月24日，安宁市召开推进阳光政府四项制度动员会议，安排布置推进阳光政府四项制度工作。

3月27日，安宁市与富滇银行、中融国际信托有限公司签订云南新工业信托战略合作协议。

3月31日，太平体育小镇3号次干道延长线及东西向次干道工程举行开工庆典。

4月3日，安宁市举行移动警务通配发仪式。此次共配发移动警务通390部。至此，安宁市成为昆明市首家100%配备移动警务通的县市级公安机关。

4月15日，青龙镇举行“国家卫生镇”授牌仪式。国家疾控局局长、爱卫办副主任白呼群代表国家爱卫办向青龙镇授牌。

4月25日，安宁市安县公路、西一绕公路、螳川西路、珍泉东路4条公路同时开工建设。4条公路总投资4.9亿元。

5月6日，省人大常委会副主任杨保建率调研组视察安宁市职业教育工作。

5月17日，云南省首家农村标准化园林学校——青龙学校易地新建工程正式开工。

5月21日，国家新闻出版署农家书屋督导组组长王跃平一行到安宁市检查指导农家书屋建设工作。

6月4日，国内首个将磷石膏变废为宝的综合利用项目——云南金色田野化肥有限公司20万吨磷石膏综合利用和20万吨MDCP项目在安宁草铺工业园区正式开建。

6月5日，安宁市政府与云锡地产公司签订38亿元的投资协议，该项目计划在太平体育小镇建设云锡体育健康城。

6月13日，安宁市非物质文化遗产保护中心正式挂牌。草铺镇和八街镇分别被授予“草铺水井湾苗族保护区”、“八街花灯之乡”称号。

7月7日，昆明市委书记仇和率昆明市有关部门负责人到安宁职教基地实地调研项目进展情况，要求要集中力量、突出重点，促进职业教育由文化教育向知识教育、智能教育方向转变。

7月17日，安宁市政府与省未成年犯管教所举行收回国有土地使用权签字仪式。

7月26日，全国县域经济科学发展交流会在湖南长沙举行。会议公布了全国县域经济百强县（市）名单。安宁市位居西部百强县第七。

8月8～9日，第三届中国品牌节在青岛举行。安宁市荣膺中国最具投资潜力城市称号。

8月11日，省知识产权局在昆明召开实施全国知识产权强县工程启动会。安宁市入选首批国家知识产权强县工程之列。

8月20日，投资4 500万元的脱硫节能煤气化炉项目在安宁市金方工业园区开工建设。

同日，省救灾物资储备中心建设项目在金方街道多衣者村华里山动工建设。该项目由省政府投入6 500万元新建，项目建成后将全面提升全省应对各类自然灾害和突发事件的应急处置能力。

8月21日，安宁市政府与昆明煤气（集团）控股有限公司举行燃气项目合作框架协议。

8月29日，日本中部音乐艺术经纪团体访问演奏团一行35人到安宁市访问。

9月1日，国家统计局云南调查总队、云南省企业联合会和云南省企业家协会公布了2008年云南百强企业。昆明钢铁控股有限公司、云天化集团有限责任公司、永昌钢铁有限公司、云南祥丰化肥股份有限公司进入百强企业行列。

9月15日，安宁市举行《昆明枢纽扩能改造工程征地拆迁目标责任书》签订仪式。市领导王剑辉、尹旭东、刘婕参加签字仪式。

9月27日，云南高福生物科技有限公司饲料生产线建设开工。

9月28日，国家测绘局、云南省测绘局与安宁市政府签署“数字安宁”地理空间框架建设项目合作共建协议。该项目是云南省首个“数字城市”地理空间框架建设试点项目，项目建成后，安宁市域地理的最新情况都能在信息平台上实现动态查询。该项目对促进安宁市城市信息化建设和地理信息资源共享，提高城市公共服务、应急处理以及科学决策能力具有重要意义，并对云南省“数字城市”建设起到示范作用。

同日，云南经济管理职业学院、昆明扬帆职业技术学院安宁校区建设项目在安宁职教基地举行奠基仪式。

10月15日，国家民政部救灾司减灾处处长张晓宁一行，对安宁市金方街道全国减灾示范社区阳光社区进行检查验收。

10月16日，安宁太平体育运动中心、“奥林匹克记者村”项目在太平新区举行开工仪式。

10月28日，安宁市首家老年病专业医院——安宁市重点老年病医院正式开始营业。

10月29日，昆明市第二届园林绿化博览会安宁园博园在宁湖公园举行开园仪式。

同日，全国爱卫会专家组对安宁市创建国家卫生城市工作进行指导检查。

同日，昆明市政府市长张祖林率常务副市长李文荣，副市长王道兴、何波及昆明市相关部门领导主动到昆明钢铁集团公司上门服务、现场办公，研究解决昆钢集团公司在项目推进中遇到的困难和问题。

10月31日，安宁市太平体育小镇东环干道四标段BT项目在太平新区举行开工仪式。

11月17日，昆明鼎立医院在宁湖新区举行开工典礼。

11月20日，安宁市政府与建设银行云南省分行签署银政合作协议，由省分行再次提供5亿元信贷资金，支持安宁市部分工业及基础设施建设项目。

11月27日，金方工业园三明鑫疆工业物流园、银龙新型建材项目举行开工仪式。

12月26日，2009年中国最具幸福感城市评选活动颁奖典礼在西安举行。安宁市入选首届最具幸福感的十个县级市。

12月28日，根据科技部《关于2007～2008年全国县（市）科技进步考核结果的通知》，安宁市顺利通过国家科技市的考核，再次荣获“科技进步考核工作先进市”称号。

12月29日，中国邮政储蓄银行昆明安宁市支行开业。

【区划、人口】 2009年末，安宁市辖7镇，2个街道办事处，有65个村民委员会，353个村民小组，31个社区居民委员会，128个居民小组。全市常住人口32.2万人，比上年增长0.6%。全市户籍人口26.69万人，比上年末增长0.6%，其中：农业人口12.63万人，占总人口的47.3%；非农业人口14.06万人，占总人口的52.9%。在户籍人口中，男性为13.75万人，女性为12.94万人，所占比重分别为51.5%和48.5%。0～14人口4.02万人，15～64岁人口19.77万人，65岁以上人口2.90万人，占总人口的比重分别为15.1%、74.1%和10.8%。全市有少数民族人口36 151人，占总人口的13.5%。世居少数民族人口主要有彝族13 201人，白族11 007人，苗族3 759人，回族3 149人。2009年全市人口出生率为9.83‰；死亡率为4.92‰；自然增长率为4.90‰。

【经济综述】 2009年，全市国民经济保持了快速增长的态势，综合经济实力进一步增强，全年实现地区生产总值（GDP）120.70亿元，比2008年增长11.2%。人均生产总值（按常住人口计算）37 595元，比上年增长10.4%。

一、二、三产业共同推动经济发展。第一产业实现增加值7.14亿元，比上年增长6.1%，拉动经济增长0.3个百分点；第二产业实现增加值71.53亿元，比上年增长10.6%，拉动经济增长6.7个百分点，其中工业实现增加值66.13亿元，比上年增长8.6%，对生产总值的贡献率为46.9%，拉动经济增长5.2个百分点；第三产业实现增加值42.03亿元，比上年增长13.2%，拉动经济增长5.2个百分点；一、二、三产业增加值比重为5.9∶59.3∶34.8。全市生产总值占昆明市的7.1%。非公经济实现增加值47.74亿元，占全部生产总值的39.6%。全市工农业总产值374亿元，比上年下降3.7%。

个体私营经济快速发展，2009年末全市共有个体工商户11 153户，比上年增长41.9%；私营企业1 410户，比上年增长29.5%；个体私营企业从业人员46 544人，比上年增长12.1%。

2009年，全市实现社会消费品零售总额25.31亿元，比上年增长18.1%；商品零售物价指数为100%；比上年下降了5.4个百分点；居民消费价格指数为100.8%，比上年下降5个百分点。财政收支基本平衡，全年实现地方财政总收入22.86亿元，比上年下降0.7%。其中：一般预算收入12.80亿元，比上年增长18.0%；上划中央财政收9.34亿元，比上年下降18.7%；全年地方财政支出19.67亿元，比上年增长24.0%。其中，一般预算支出15.30亿元，比上年增长20%。

2009年来，金融机构各项存款余额为151.33亿元，比年初增长28.1%；金融机构各项贷款余额为97.56亿元，比年初增长15.2%。金融机构现金收入198.3亿元，现金支出213.3亿元，分别比上年增长11.7%和12.8%；全年净投放现金15亿元，比上年增长28.8%。

【农　业】　2009年，全市实现农林牧渔业总产值11.84亿元，比上年增长7.3%；实现农林牧渔业增加值7.14亿元，比上年增长6.1%；粮食产量达53 289吨，比上年下降6.9%；平均亩产量达380千克，比2008年下降9.9%。烤烟生产完成双控目标，烤烟产量达4 877吨，比上年下降0.5%，中上等烟比例达到100%，实现产值7 442万元。蔬菜总产量172 239吨，比上年增长10.6%，水果总产量13 418吨，比上年下降48.8%；油料总产量1 077吨，比上年下降50.8%。

2009年全市畜牧业产值达5.87亿元，占农林牧渔业总产值的49.6%，比上年提高了1.4个百分点；主要畜产品产量：肉类总产量达41 899吨，比上年增长13.1%，其中猪肉产量23 355吨，比上年增长20.7%；全年出栏生猪287 425头，比上年增长25.8%；家禽出栏804万只，比上年下降0.9%；禽蛋产量4 125吨，比上年增长30.1%；牛奶产量3 174吨，比上年下降16.8%；2009年末大牲畜存栏20 347头，比上年下降4.1%；生猪存栏184 697头，比上年增长24.3%；羊存栏28 384只，比上年末增长0.4%。

2009年，全市有乡镇企业10 569户，比上年增长32.3%；从业人员61 271人，比上年增长11.5%；实现营业收入156.76亿元，比上年增长10%；实现增加值31.56亿元，比上年增长31.1%；实缴税金5.83亿元，比上年增长17.4%。

【林　业】　2009年绿化造林取得较好成绩，全年完成造林面积6 866亩，比上年增长77.1%；护林防火工作不断加强和完善。全市森林覆盖率达50.1%。全市实现了灭荒目标。

【工　业】　2009年安宁市委、市政府紧紧围绕国家节能减排工作精神，积极支持服务企业在不断扩大生产的同时狠抓节能减排工作。全市工业企业克服了原材料价格上涨、能源紧张等不利因素的影响，取得了经济效益和节能减排的双丰收。2009年全市完成工业总产值362.16亿元，比上年下降6.9%，全年实现工业增加值66.13元，比上年增长8.6%。其中，规模以上工业企业实现增加值为63.71亿元，比上年增长8.6%。全市主要工业产品产量：钢411.0万吨，比上年增长1.0%；钢材362.7万吨，比上年增长5.0%；生铁408.1万吨，比上年增长1.3%；化肥（折纯量）50.2万吨，比上年下降8.7%；原盐50.1万吨，比上年下降4.2%；煤气722 375万立方米，比上年下降1.9%；磷矿石507万吨，比上年增长18.4%；水泥213万吨，比上年增长49.0%；自来水供应1 867万吨，比上年下降5.6%。

工业经济效益进一步提高。全市规模以上工业企业实现销售产值350亿元；实现主营业务收入382亿元，比上年下降5.7%；实现利税17.1亿元，比上年增长20.6%，其中：利润总额5.7亿元，比上年增加202.5%；产品销售率达98.95%。

【交通、邮电、通信】　2009年，全市交通运输业平稳发展，交通运输条件进一步改善。全市货运量达8 806万吨，比上年增长12.3%；货运周转量102 834万吨千米，比上年增长14.2%；客运量为7 954万人，比上年增长16%；客运周转量为93 041万人，比上年增长13.2%；交通运输邮政业实现增加值7.71亿元，增长13.6%。全市拥有机动车47 483辆，比上年增长9.7%，其中：普通载货汽车7 347辆，比上年增长8.9%。载客汽车24 180辆，比上年增长26.1%。

邮电通信业迅猛发展，全市实现邮电业务总量18 245万元。2009年末，全市拥有固定电话64 389部，比上年增长5.7%；在网移动电话用户195 818户，比上年增长14.8%；互联网在网用户4.2万户，比上年增长23.5%。

【财政、金融、保险】　2009年全市地方财政总收入达22.86亿元，比上年下降0.7%。其中：一般预算收入12.8亿元，比上年增长18%；上划中央财政收入9.34亿元，比上年减少18.7%；全年地方财政支出19.67亿元，比上年增长24%，一般预算支出15.3亿元，比上年增长9.8%。

金融行业继续加大对金融风险的防范和对贷款的监管力度，成效显著。2009年末，金融机构各项存款余额为151.33亿元，比年初增长28.1%，其中：城镇居民储蓄存款余额为72.46亿元，比上年增长22.9%；金融机构各项贷款余额为97.56亿元，比年初增长15.2%；金融机构现金收入198.3亿元，现金支出213.3亿元，分别比上年增长11.7%和12.8%；全年净投放现金15亿元，比上年增长28.8%。

【商品市场】　2009年，全市城乡市场货源充足，但粮、肉、禽、果、菜等农副产品价格上涨较快。全年批发零售贸易业商品销售总额达115.62亿元，比上年增长15.1%；社会消费品零售总额达25.31亿元，比上年增长18.1%。在社会消费品零售总额中：批发零售贸易业实现零售额6.44亿元，比上年增长16%；住宿餐饮业实现零售额4.99亿元，比上年增长57%。从经济成分来看，公有经济实现零售额9.69亿元，比上年增长21.1%；非公有经济实现零售额15.63亿元，比上年增长16.4%。2009年商品零售物价指数为100%；比上年下降了5.4个百分点；居民消费价格指数为100.8%。

【外贸、旅游】　2009年，安宁市继续加大招商引资和对外开放力度，以工业园区为依托，招商引资工作取得新的进展，全市共引进内资项目130个，外资项目3个；协议引进内资178亿元，引进外资5 109万美元。实际到位内资51.83亿元，外资4 606万美元。2009年，全市工商企业完成出口总额12.57亿元。全年共接待游客212.1万人次，比上年增长17.5%，旅游综合收入达6.23亿元。

【科、教、文、卫】　2009年，安宁市科技科普工作全面加强，在昆明率先建立科技特派员制度，创建全国农村能源建设示范市和全国科普示范市，荣获全国科技进步考核先进市称号。2009年用于科学技术支出的财政资金达3 451万元，重点企业科技研发经费达4.52亿元，科技研发经费达0.5亿元。

深入推进教育综合改革，城乡教育协调发展，高中阶段教育扩容提质目标基本实现。全面推行农村学生寄宿制教育补助，免除义务教育阶段学生学杂费和贫困生书费，外来务工人员子女享受市民同等教育待遇。2009年，全市学龄前儿童毛入学率101.75%，初中毛入学率105.67%，普通高中录取率41.5%，高考综合上线率96.87%，高考录取率77.05%。2009年末，全市幼儿在园人数8 040人，全市小学在校学生28 658人，初中在校学生12 030人，高中在校学生3 299人；分别比上年增长12.8%、2.7%、9.2%和3.7%。

文化事业蓬勃发展。全市共有电影放映单位9个，文化馆（站）1个，文艺表演团体8个，表演场所14个，博物馆1个，公共图书馆藏书15.83万册。

深化城镇医疗体制改革，城乡医疗卫生条件进一步改善，突发公共卫生事件应急机制和重大疾病防控体系进一步完善。2009年常驻儿童疫苗接种覆盖率达100%，食品卫生监督覆盖率100%。全面推行新型农村合作医疗工作，农村合作医疗覆盖率99.7%，11.2万人参加农村合作医疗；6.19万人参加城镇居民基本医疗保险，人人享有基本医疗保障目标初步实现。2009年末全市共有卫生机构192个，病床2 372张，专业卫生技术人员1 663人。

【广播、电视】 广播电视事业进一步发展，有线电视光缆已经通达全市95%的村（居）委会。有线电视入户率达90%，全市广播人口覆盖率达100%，电视人口覆盖率100%。安宁人民广播电台开办了新闻、农业、艺术、服务等栏目。

【人民生活】 2009年末，全市在岗职工人数为64 163人，比上增长年减少7.1%；工资总额为19.94亿元，比上年增长8.7%；在岗职工年平均工资为31 315元，比上年增长2.5%。城镇居民人均可支配收入18 138元，比上年增长4.1%；城镇居民人均消费性支出10 638元，比上年增长1.7%。2009年，农民人均纯收入达6 170元，比上年增长10.9%，扣除物价上涨因素，实际比上年增长19.1%；全年农民人均生活消费支出6 510元，比上年增长27.9%。

生活环境继续得到改善。城乡居民的居住条件明显改善，2009年末城镇居民人均住房建筑面积33.19平方米。农村居民人均住房建筑面积39平方米。住房质量继续得到提高，住房中钢筋混凝土结构的比重达到55.9%。社会福利事业进一步发展，2009年，全市享受城镇居民最低生活保障的人数达150 876人，全年共发放保障金2 398万元；享受农村居民最低生活保障的人数达4 445人次，全年共发放保障金488万元；全市办社会福利院4个，病床460张。6.19万人参加城镇居民基本医疗保险，11.2万人参加农村合作医疗，人人享有基本医疗保障目标初步实现。

【环境保护】 2009年全市环保投资总额达53 242万元，环保投资指数达4.4%。环境综合整治取得了较好成绩。城市集中饮用水源地水质达标率达到100%；工业废水排放达标率达99.8%；工业烟尘排放达标率99.7%；工业固体废物综合利用率达44.22%；环境质量综合指数达84.43。

（张丽华）

呈贡县

【年内大事】 1月5日，市委九届五次全会观摩团一行450余人到部分在昆高校呈贡校区、市级行政中心、洛龙河景观及防洪工程、呈贡工业园区视察观摩。

1月13日，亚行私营部门业务局副局长詹德、新加坡公共事务对外合作局局长谢忠文一行11人到呈贡考察新区重点项目及资金需求情况。

1月20日，总长约8千米、总投资近9亿元的呈贡新区雨花片区龙枝路、云大路、中医路开工建设。

2月9～14日，呈贡县投入收购补助金104.9万元，对隶属于呈贡县的阳宗海湖滨村庄胡家庄、王家庄、三十亩村渔民的船只、渔具等进行一次性收购处置，共收购各种木（铁）船88只、迷魂阵10个、灯光捕鱼架（器）11个、拖网1.2万千克、渔网4 337千克、地笼3 073个、绳索1.91万千克。

2月12～15日，南宁市江南区党政代表团到呈贡参观考察，并向呈贡县赠送了纪念铜鼓。

2月15日，呈贡县被中国民（私）营经济研究会、中国城市经济学会、《中国企业》报社联合评为“中国民营经济最佳投资县”。

2月19日，省委书记白恩培率李纪恒、杨应楠、仇和等省委领导到呈贡考察交通路网、基础设施、截污干管建设及洛龙河综合整治情况。

2月23日，全市春季城乡绿化推进现场会在呈贡县捞渔河缪家营段举行。会后，与会领导和人员开展了义务植树活动。

2月26日，省委副书记、省长秦光荣率张田欣、仇和、高峰、丁绍祥、张祖林等省、市领导到呈贡云南大学、昆明理工大学建设工地调研高校和教师住宅小区建设情况，并在昆明理工大学进行了座谈。

3月1日，江西省宜春市党政考察团一行12人到呈贡参观考察花卉产业情况。

3月9日，瑞士苏黎市原市长瓦格纳等人到呈贡考察新区规划及建设情况。

3月12日，呈贡县全面启动“行政效能提升年”和“干部作风改进年”活动。

3月14～16日，呈贡县七甸乡广南、头甸、大哨、水塘等村农作物遭受霜冻灾害，受灾面积13 455亩，绝收面积4 440亩，造成直接经济损失2 018万元，受灾人口1.44万人。

3月17日，柬埔寨金边市市长高竹迈率政府考察团到呈贡考察新区规划、建设和高校教学、师生生活情况。

3月28～29日，呈贡县承办的主题为“体验、创新、成长”的第24届昆明市青少年科技创新大赛在云南师范大学呈贡校区举行。

3月31日，市委书记仇和率市四班子领导及14个县（区、市）、高新区、滇池旅游度假区党政主要领导到呈贡县捞渔河刘家营综合整治点、昆明理工大学呈贡校区中水处理站调研，并在景明南路与彩云路交界处捞渔河右岸开展了植树活动。

同日，昆明医学院第一附属医院呈贡新区医院一期工程开工建设。

4月8日，省铁路建设工作督导组组长梁公卿率省政府铁路建设工作督导组一行17人到呈贡县白龙潭昆明铁路新客运站拟选址地调研。

4月9日，呈贡新区垃圾焚烧发电厂项目开工建设

同日，韩国高阳市副市长李圭雄率市政府代表团一行6人到呈贡考察花卉产业和新区建设情况。

4月10日，南京市市长蒋宏坤率市政府代表团一行36人到呈贡参观考察。

4月11日，贵州省黔东南自治州党政代表团到呈贡参观考察。

4月16日，金人庆率国务院发展研究中心考察组一行11人到呈贡考察

新区规划建设情况。

4月17日，呈贡县郎家营、缪家营社区完成整体搬迁，两社区1 538户3 740人全部搬迁入住新建社区。

4月22日，省政协副主席白成亮率参加省政协人口资源环境工作会议的与会人员一行60余人到呈贡考察新区建设情况。

4月25日，江苏省宿迁市政府、苏州商会考察团到呈贡考察现代新昆明建设和呈贡新区建设情况。

同日，泰国商务部常务副部长阿隆宫·蓬拉姆率泰国华侨商会企业家代表团一行57人到呈贡考察新区规划建设、花卉市场培育、招商引资、入驻企业等情况。

4月29日，新加坡驻华大使陈燮荣、中国新加坡商会主席薛宝金一行5人到呈贡考察。

4月28日，呈贡县梅子、下庄、回回营、马郎4个村（社区）的“农家书屋”揭牌，正式对村（居）民开放。

5月5日，瑞士苏黎世专家组到呈贡县斗南湿地建设现场、洛龙河治理河段、洛龙公园参观考察滇池治理和入滇河道综合整治情况。

5月9日，江苏省盐城市市长李强率市政府考察团一行60余人到呈贡参观考察新区规划和建设情况。

5月22日，云南中置信房地产开发有限公司置信广场项目举行开工典礼。

5月26日，呈贡县首次举行被征地人员劳动就业和社会保障试行办法听证会。

6月6日，东盟国家、欧洲国家和港澳地区海外华商考察团600余人分两批到呈贡参观考察。

6月11日，呈贡县张天虚故居揭牌并正式对外开放。

6月16日，台湾驻港传媒负责人、香港传媒涉台主管考察团一行20人到呈贡参观考察。

同日，昆明市第一届园林绿化博览会呈贡新区园博园开园仪式在呈贡县春融公园举行。

6月18日，省委书记白恩培等省、市党政军领导等到呈贡县捞渔河段家营段左岸开展义务植树活动。

6月19日，驻昆部队“一湖两江”生态保护工程·呈贡“万亩生态国防林”建设启动仪式在呈贡县白龙潭青草山举行。

6月23日，四川省攀枝花市委书记、市人大常委会主任赵爱明率攀枝花市党政代表团一行34人到呈贡参观考察新区规划建设情况。

6月26日，曲靖市党政代表团到呈贡参观考察新区规划建设情况。

7月16日，根据省、市政府的批复，经呈贡县政府研究，决定撤销七甸乡，设置七甸街道办事处。

7月17日，全国25个省（市、区）政协经济委员会第17次联系会考察团人员一行160人到呈贡参观考察花卉产业及市场培育情况。

7月25日，全国人大常委会原副委员长成思危到呈贡视察新区规划及建设情况。

7月30日，环湖公路呈贡新区斗南片区段开工建设。

同日，呈贡新区洛龙河污水处理厂项目开工建设。

8月9日，中共中央外事领导小组办公室副主任杜起文等领导一行10人到呈贡考察花卉产业、市场培育、城市规划建设情况。

8月20日，越南老街省委书记裴光荣率考察团一行10人到呈贡考察新区规划和建设情况。

8月29日，芬兰于韦斯屈莱市政府代表团到呈贡考察新区各功能片区定位、道路交通、投（融）资、滇池治理、生态环境、园林绿化、基础设施建设等情况。

9月1日，根据省、市政府的批复，经呈贡县政府研究决定：撤销大渔乡，设置大渔街道办事处；撤销马金铺乡，设置马金铺街道办事处。

9月6日，老挝建国阵线中央委员会主席西沙瓦·乔本潘一行20人到呈贡考察花卉生产和交易情况。

9月7日，江西省上饶市政府考察团到呈贡考察蔬菜、花卉生产及交易情况。

9月8日，昆明轨道交通首期工程呈贡北地下车站（位于彩云南路与春融路交叉路口）举行开工仪式。

9月9日，昆明医学院呈贡校区基本建成并举行首次开学典礼，实现了整体搬迁入住。

9月10日，红河州党政考察团到呈贡考察新区规划、建设、园林绿化工作。

9月14日，以8月20日为普查时点、涉及631个普查单位的呈贡县农民工普查工作结束。普查结果为：全县农民工总数为62 556人。

9月21日，市长张祖林，副市长杜敏、赵德光等在呈贡县警务综合大楼二楼大厅与20余名群众代表就征地拆迁、就业安置、新型社区建设、社会保障等问题进行恳谈。

10月10日，江苏省常州市委书记范燕青、市长王伟成率党政企代表团一行44人到呈贡考察新区规划建设情况。

10月11日，广东省揭阳市党政代表团到呈贡考察新区招商引资、规划建设、城中村改造情况。

10月12日，辽宁省灯塔市委书记陈崇科率市政府考察团一行22人到呈贡参观考察花卉产业发展、生产交易、新区规划建设情况。

10月20日，全国政协副主席李金华一行3人到呈贡视察新区规划和建设情况。

11月3日，国家住房和城乡建设部专家组到呈贡洛龙公园、市级行政中心、春融公园考察昆明市创建国家园林城市工作。

11月10日，省滇池水污染防治督导组组长牛绍尧，市人大常委会主任李培山率省滇池水污染防治督导组到呈贡调研。

11月12日，国家林业部原副部长刘于鹤率国家绿化委员会核查组一行11人到呈贡核查昆明市创建“全国绿化模范城市”和石漠化区造林、生态河植树工作。

11月14日，青海省省长宋秀岩一行16人到呈贡考察新区规划建设和经济社会发展情况。

11月17日，河南省委、省政府考察团到呈贡考察花卉种植、管理、营销方式等方面的情况。

同日，玉溪市党政考察团一行16人到呈贡参观考察新区规划和建设情况。

11月29日，呈贡县荣获“中国金融生态县”称号。

12月6日，中华爱心基金会考察团到呈贡参观考察“三生国际论坛”选址地和呈贡新区城市规划建设、地理环境、社会环境情况。

12月10～12日，国家土地督察成都局局长常嘉兴、副局长陈宁率验收组一行6人到呈贡县例行督察整改验收工作。

12月22日，迪庆州党政考察团一行59人到呈贡参观考察新区规划建设情况。

12月25日，中国铝业总公司昆明铜业有限公司高精电工铜材项目在呈贡工业园小哨箐片区举行开工暨揭牌仪式。

12月27日，云桂铁路云南段开工建设动员大会在呈贡县白龙潭——昆明铁路新客运站选址地举行。国家铁道部部长刘志军、省委书记白恩培、省长秦光荣等领导及省、市、县职能部门负责人和建设施工单位人员参加奠基仪式。

【经济综述】 2009年，呈贡新区（县）实现地区生产总值61.22亿元，比上年增长11%。其中，第一产业增加值7.46亿元，比上年下降6.0%；第二产业增加值30.31亿元，比上年增长12.6%；第三产业增加值23.46亿元，比上年增长19.5%。一、二、三产业结构由15.3∶48.1∶36.6调整为12.2∶49.5∶38.3。人均地区生产总值26 074元，比上年增长10.9%；财政总收入达到9.5亿元，比上年同口径增长20.54%；一般预算收入5.31亿元，比上年同口径增长16.26%；全社会固定资产投资实现121.87亿元，比上年增长73.96%；全社会消费品零售总额完成12.35亿元，比上年增长18.6%；城镇居民人均可支配收入17 798元，比上年增长9.18%；农民人均纯收入6 805元，比上年增长9.3%；万元GDP能耗下降4.6%；规模以上工业企业59户，实现增加值15.39亿元，比上年增长15.85%；非公经济实现增加值13.5亿元，比上年增长23%；外贸进出口总额达到4 944万美元，比上年增长16.93%；全年争取中央及省财政补助资金2.8亿元；金融机构年末各项存款余额150.16亿元，成为昆明市第4个存款突破百亿的县区。由于经济实力不断增强和投资、金融环境不断优化，荣获“中国民营经济最佳投资县”和“中国金融生态县”称号。

【农　业】 坚持“依托城市、发展农业、服务城市、富裕农民”的方针，大力培植名牌产品和优势农业，实现了农村经济又好又快地发展。2009年，新区（县）开展农村劳动力转移培训4 093人，转移就业3 061人；积极扶持2 106户4 268名农民外出租地3.4万亩，兑付失地农民外出租地扶持补助资金1 082.3万元。年内，新区（县）完成大春粮食播种面积9 936亩，总产量449.79万千克；小春粮食播种面积1 080亩，总产量12.95万千克。蔬菜播种面积9.1万亩，总产量1.9亿千克，总产值2.7亿元。花卉种植面积9 744万亩，总产量6.3亿枝。水果种植面积2.5万亩，总产量1 200万千克，产值3 400万元。

【工　业】 全面实施工业强县战略，做强主导产业，做大特色产业。以现有云铝等有色金属加工，巨力、中华油漆等建筑建材为依托，强势推进云南白药集团整体搬迁、云南信威食品搬迁、福星康洋葱胶囊一期、荞麦深加工、云铝8万吨铝材深加工、嘉华食品、信誉农产品、明超电缆、以贤烟机、长空纸业、兴达包装、中铝昆明铜深加工等项目建设，实现了工业经济平稳增长。年内，引进内资项目60个，引进内资51.04亿元，比上年增长24.1%；引进外资项目5个，引进外资4 142.49万美元，比上年增长42.80%；全社会固定资产投资完成121.87亿元，同比增长73.96%；万元GDP能耗下降4.6%；规模以上工业企业59户，实现增加值15.39亿元，比上年增长15.85%；非公经济实现增加值13.5亿元，比上年增长23%；外贸进出口总额达到4 944万美元，比上年增长16.93%。

【水利、交通】 水利基础设施建设成效明显。加大病险水库除险加固工程建设力度。年内，先后完成了2008年开工的白云水库和韶山水库、碗家冲水库除险加固工程。2008年开工的松茂水库和果林水库除险加固工程主体工程基本完成，分别完成投资1 121.6万元、988.7万元；概算投资419.75万元的驴子箐水库于9月27日开工建设，已完成投资22万元。积极开展水土流失治理工程。年内，投资226.6万元实施了“长治”工程马郎项目区七甸小流域水土流失综合治理工程，完成治理面积10.19平方千米；投资90万元完成了横冲项目区水土流失综合治理工程，完成治理面积3.17平方千米。继续开展农村饮水安全工程建设。年内，投资106.5万元完成了三十亩、王家庄、胡家庄3个村庄的饮水安全工程建设，解决了1 271人的饮水安全问题；投资32.58万元完成了干坝塘饮水安全工程建设，解决了267人的饮水安全问题。投资1 361.87万元完成了捞渔河松茂水库至梁王路段综合整治工程。投资425.8万元开展了芦苇柳树工程建设，种植芦苇或水生植物1 664亩、柳树92.7亩。投资1 995万元开展了河道沟渠绿化工程，绿化河道长5.47千米，植树12.42万株，绿化面积10.83万平方米。投资约80万元完成了“五小”水利工程600件。

交通建设取得新成效。年内，投资380余万元，完成了全长3千米的胡家庄公路路面硬化工程建设；投资120余万元，完成了三铝公路三岔口至彩云路段全长3千米的路面中修工程；争取资金完成了全长6.1千米的马阳公路建设收尾工作；大力开展县乡道路绝对化美化工作，进一步加强公路养护和路政管理，加强营运车辆审验和驾培行业管理工作，严厉打击非法营运，保证了新区（县）的交通安全畅通和大学园区师生和人们的出行。

【电力、电信】 2009年，呈贡供电有限公司投资600余万元，完成了马郎、广南线路大修和龙潭山线路新建工作；加大对10千伏线路绝缘化改造力度，新装带配网自动化真空断路器，对部分10千伏线路实现配网在线监测，提高了供电的可靠性；受理新装、增容业扩工程219户，容量185 595千伏安；新启用变压器50户，容量25 495千伏安。年内，呈贡供电有限责任公司完成电网建设投资1 837.33万元，实现售电4.33亿千瓦时，实现电力销售收入净额21 267.46万元，实现利润总额850万元。年末，新区（县）境内共有500千伏变电站1座，220千伏变电站4座，110千伏变电站5座，35千伏变电站5座。新建110千伏变电站1座。

2009年末，电信光缆已通达各行政村，实现了新区（县）行政村（社区）村村通电话；能为广大群众提供数据、语音、图像传输及电路租用等综合业务；新区（县）电话交换机总容量为87 574门，实占容量为44 449门；“小灵通”网络已覆盖新区（县）7个街道和已托管的3个街道，实有用户为3 410户；新区（县）各乡（街道）均可开通宽带（ADSL）业务，实有用户12 749户；CDMA基站66个，实有CDMA用户14 599户。移动网络信号实现全覆盖，中国移动年末用户数24万户。

【生态、环保】 生态环境建设成效显著，节能减排工作有效开展，万元GDP能耗比上一年下降4.6%，削减化学需氧量65吨，削减二氧化硫排放量107吨，规模以上工业万元增加值能耗下降7%。加大环保执法和滇池治理力度，扎实开展“四退三还”和入滇河道及支次沟渠的综合整治。加大城乡园林绿化工作力度，新区（县）年内新增绿地323公顷，种植乔木22万株，完成“三沿五区”范围内坟墓整治工作，城市面山绿化1 500亩，交通沿线面山绿化5 000亩，城市建成区绿地率达37.27%，绿化覆盖率达41.2%，人均公共绿地达27平方米，荣获昆明市城乡绿化和生态建设工作一等奖。积极开展“四创两争”工作，拆临拆违6.48万平方米，拆后建绿5.22万平方米，拆除挤占公共空间的外挑设施7429.1平方米。

【人民生活和社会保障】 扎实开展救灾工作，发放救灾粮50吨、衣被等各200件（套），受助困难群众1 277户2 262人。严格执行优抚政策，按时兑现了101户义务兵家属优待金50.3万元、35名立功受奖人员奖金3 700元；按时发放了各类优抚对象定期生活补助金274.63万元。切实做好退役士兵的接收安置工作，全年共接收退役士兵39人，符合城镇安置条件的18人中，岗位安置8人、自谋职业的10人共获得一次性经济补助金86.19万元。认真做好城乡居民最低生活保障工作，年内，新区（县）共有3 782户次5 414人次享受了城市最低生活保障，共发放城市最低生活保障金110.5万元；4 643户次5 187人次享受了农村低保待遇，共发放农村最低生活保障金48.3万元。农村敬老院集中供养标准由220元提高到240元，分散供养标准由180元提高到200元。按时足额发放水库移民后期扶持资金143.88万元、民办教师生活补助金10.37万元、其他25.67万元。

举办了3场专场招聘会，260名高校毕业生中237人实现了就业。高度重视军转干部安置和企业军转干部维稳解困工作，全年接收安置军转干部7名，向29名企业军转干部发放解困补贴25.82万元。严格劳动监察执法工作，大力推行农民工工资保证金制度，维护务工人员的合法权益，为1 861名劳动者追讨工资610.6万元。

开展失地农民职业技能培训3 564人，举办专场招聘会19场，提供有效就业岗位5 514个，新增城镇就业人员1 136人；开发公益性岗位300余个，安置就业困难人员上公益岗位105人。

年内，新区（县）国有企业、城镇集体企业、城镇自谋职业人员参保6 700人，自收自支事业单位参保200人，收缴养老保险费1 667万元；企业工伤保险参保5 117人，收缴工伤保险费51万元，支付工伤保险费19.3万元；生育保险参保3 570人，收缴生育保险费46.4万元，支付54人生育保险费35.4万元；失地人员养老保险参保10 911人（含已托管的大渔街道参保的1 284人），收取养老保险费1.57亿元，并为每个参保人员人均增加补助2 000元；按时足额发放机关、事业单位1 158名离退休职工退休金3 911.6万余元，1 388名企业离退休人员养老金1 356万元，并全部实现了社会化发放；308个单位的16 417人参加了城镇职工基本医疗保险，收取医疗保险费5 902万元，支出1 425.9万元；城镇居民基本医疗保险参保71 368人，个人缴费共444万元，财政补助303万元，支出767万元。

【财税、金融】 2009年，新区（县）财政总收入实现95 382万元，比上年同口径增长20.54%；地方财政一般预算收入完成53 078万元，比上年同口径增收7 422万元，增长16.26%；地方财政一般预算支出完成62 628万元，比上年增支3 590万元，增长6.08%；全县地方财政基金预算收入完成19 717万元，比上年增收9 488万元，增长92.76%；地方财政基金预算支出完成19 717万元，比上年增支9 488万元，增长92.76%。

金融运行情况平稳，存贷款持续增加。年末，新区（县）金融机构各项存款余额1 501 569万元，比上年末增加629 057万元，增长72.1%。其中，储蓄存款余额882 181万元，比上年末增加360 608万元，增长69.14%。各项贷款余额871 268万元，比上年末增加224 677万元，增长34.75%。其中，短期贷款余额311 589万元，比上年末增加8 078万元，下降2.53%；中长期贷款余额558 929万元，比上年末增加236 003万元，增长73.08%。

【教育、科技】 加大对基础教育的投入力度，加强与高校的联系，不断提高教育质量。年内，普通高考综合上线率为86.6%。加快标准化学校建设进程，大力推进吴家营中心小学、雨花小学建设和七甸学校扩建工作。加快呈贡一中高中部新校区建设，提高高中阶段入学率。积极整合职业教育资源，实现了新区（县）职业高级中学与市财经商贸学校的合并。依法保障适龄儿童受教育权益，小学适龄儿童入学率保持100%，初中辍学率严格控制在“两基”指标以内。认真落实“两免一补”政策，471名中考生和137名高考生分别享受了中、高考加分优待，1 638名小学生、1 351名初中生和555名高中、大学生分别享受了教育奖学金。年末，新区（县）有共有职业中学1所、高级中学1所、初级中学2所、九年一贯制学校3所，小学26所，幼儿园17所，在园（班）幼儿3 931人，在校小学生11 111人、初中生4 573人、高中生1 395人、职高生199人。

全年共组织实施科技项目12项，其中市级项目5项、县级项目7项，项目总投资2 800万元，科技经费投入280万元，取得了较好的经济效益和社会效益。认真开展科技普及工作，成功举办了第24届昆明市青少年科技创新大赛，组建了500人的科普志愿者服务队，组织开展了科技下乡、科技活动周、全国科普活动日、国家防灾减灾日等活动，举办了各种类型的科技培训班96期，培训7 006人。批准成立了“呈贡县马郎樱桃协会”和“呈贡县万溪村宝珠梨协会”，为农民增收致富和培育一村一品发挥了积极的示范带动作用。认真开展知识产权保护工作，提高了群众的知识产权保护意识。

【卫　生】 年内，建筑面积17 190平方米、设置病床210张、总投资4 989万元的新区（县）人民医院综合楼全面开工建设；业务用房3 175.25平方米、设置病床40张、总投资650.25万元的吴家营社区卫生服务中心项目已完成主体工程建设；斗南、七甸2个社区服务中心和乌龙、上可乐、七甸3个社区服务站建成投入使用；设立了云南省120急救中心呈贡新区急救站；加强基础免疫工作，全面落实了妇女儿童的保健措施；继续落实各类重大传染病监测、预警和防治措施，确保了新区（县）未发生甲类传染病爆发和流行；加大卫生执法力度，对新区（县）1 730户食品生产经营单位和209个公共场所实施卫生监督2 121户次，取缔非法行医23户。

【文化、体育、电视】 年内，完成了龙城街道文化站和松花、胡家庄、月角、海晏4个村（社区）文化室建设工作；张天虚故居博物馆和冰心默庐纪念馆已建成开放；组织开展了为期9天的春节文化系列活动，举办了呈贡新区第四届山歌文化节和“祖国在我心中”文艺汇演活动；加强对文化市场的监管，维护市场稳定；开展了文物普查和保护工作，完成了《呈贡新区文化设施专项规划》的编制、上报。

年内，组团参加了市第九届少数民族传统体育运动会并获团体总分第六名；举行了新区（县）元旦万人长跑活动；完成了10个社区体育基础设施建设工作。

积极开展新建小区和拆迁村庄的有线电视网络安装和改迁工作，迁改架设光缆21千米，确保了住户能及时收看到电视节目。完成了8个村落220户的“村村通”直播卫星地面接收设施的安装，使744名山区群众收听收看到了清晰的电视节目。继续开展数字电视整体转换工作，新发展安装用户2 310户，累计5 733户。

【平安建设】 广泛开展法制宣传教育，大力提高群众法治意识。认真做好信访工作，开展好大接访、大下访活动，有效排查化解矛盾纠纷。严格执行安全生产的各项规定，强化监管，严防重大事故发生。重视公安基础设施建设，完成了柏枝营、石龙湖、城关派出所及看守所、拘留所、武警中队建设，启动了市消防特勤中队、消防呈贡二中队建设。加强高校及周边重点区域的联防联控，确保高校师生人身财产安全。强化综治维稳工作，深入开展打黑除恶专项斗争和治安重点地区专项整治，实施网格化布警，连续三年保持现行命案全破，全县总体保持平安稳定。

【精神文明建设】 认真开展文明城市创建工作，“经济发展工程”、“基础设施建设工程”、“社会治安稳定工程”、“绿化、美化、亮化工程”、“环境卫生工程”、“思想道德建设工程”、“科学文化素质工程”、“行业服务质量工程”、“产品质量工程”、“创建活动工程”十大工程取得新进展。积极开展“扫黄打非”专项检查，对新区（县）范围内的文化市场进行集中整治，发放“争做文明市民”宣传画和《新区呼唤“文明市民”——致新区广大市民的公开信》1万余份、《三爱两遵守》、《两清两禁两不》、《文明市民标准》、《人人参与，共创文明》、《市民十不公约》等宣传资料共8 000余份，大力提升市民文明素质，评选出文明市民61 776人。继续开展群众性精神文明创建活动。年内，举办创建省、市、县级文明单位（村）培训班3期；11个单位、3个村顺利通过了省级文明单位（村）考评，18个单位、2个村荣获市级文明单位（村）称号，16个单位、3个村荣获县级文明单位（村）称号。

（唐荣华）

晋宁县

【年内大事】 2月2日，昆阳镇三家村与二街乡栗庙村接壤处的痢山发生山林火灾。经过军民连夜奋战，大火于3日被扑灭。县林业局防火办公室主任李昆朋在扑火中殉职。

2月3日，市政府副市长李喜代表市委、市政府到晋宁县慰问“二二”森林火灾中殉职者李昆朋的家属。此后，省市相关部门的领导陆续到晋宁看望慰问李昆朋家属。

同日，县委、县政府作出《关于向李昆朋同志学习的决定》。

2月8日，晋宁县公安局看守所内发生在押人员相殴致死案件，被新闻网络称为“躲猫猫”事件。

2月17日，县委、县政府在昆明饭店举行招商引资座谈会，邀请全市40个招商分局领导商议招商引资大计，为晋宁发展筑巢引凤。

2月21日，晋宁县广电网络开通数字电视。

3月14日，凌晨气温降到零下0.4摄氏度，全县9个乡镇大部分农作物遭受霜冻灾害。

3月27日，县委、县政府在郑和文化广场召开李昆朋烈士追悼会。

4月25日，晋宁县在滇池畔新街乡三合村委会南冲河入湖口投资390余万元打造的546亩生态湿地建设工程竣工。

5月5日，宝峰镇工业片区马来西亚贝思谛诺天然香精油提炼项目举行开工奠基仪式。该项目投资350万美元。

5月6日，2009年全球小姐国际城市大使郑和故里行在晋宁郑和公园举行。

5月8日，云南腾俊东盟多式联运仓储物流园区工程建设举行开工典礼。

5月27日，晋宁县宝峰镇5万亩香椿种植项目启动。

6月11日，晋宁县工业园区二街工业片区10个项目举行集中开工典礼。仇和、田云翔、杜敏等市领导应邀出席开工典礼。

6月21日，晋宁县二街乡白云洞文化旅游景区三重大殿举行主体工程建成仪式。景区规划面积2平方千米，分三期建设，总投资4 500万元。

7月11日，“2009中国·晋宁国际郑和文化节”开幕。

7月27日，晋宁县举行鼓励创业“贷免扶补”首批小额贷款发放仪式。来自全县各乡（镇）的97名创业人员领到了贷款。

7月28日，市委书记仇和、市长张祖林率参加市委工作会议的与会人员到晋宁现场观摩重点建设工程项目推进情况。

7月31日，晋城镇投入3000多万元建设的古滇文化公园建成投入使用。

8月6日，二街乡举行晋宁县2007年度农村公路建设项目暨二鸣（二街至安宁鸣矣河）公路竣工通车仪式。

8月10日，晋宁县首家联合医院在六街乡卫生院挂牌成立。

8月12日，省长秦光荣、市委书记仇和等省市领导到晋宁调研检查河道综合治理及滇池水污染防治工作情况。

8月22日，新加坡新兴栈集团党务董事恩巴先生一行5人到晋宁县晋城镇、昆阳镇等地实地考察投资环境。

8月24～26日，云南省九大高原湖泊水污染综合防治工作会议在晋宁召开。

8月28日，市委书记仇和、市委副书记杨远翔、市人大常委会主任李培山、市政协主席田云翔到晋宁实地观摩检查大河综合整治情况。

8月29日，同日，晋宁县公交公司首次开通二街至昆明的长途客运线路。

9月1日，由中国农业科学院生物与微生物土壤肥料研究所昆明百事康生物工程有限公司共同承担的国家农业部公益性项目“作物秸秆快速降解制造生物有机肥”项目落户晋宁。

9月2日，昆明市“大调解”工作现场推进会在晋宁召开。省司法厅副厅长康晓东到会指导工作。

9月5日，总投资1 477.64万元，占地67.96亩，总建筑面积6 471.6平方米，可容纳18个教学班的昆阳镇兴隆九年一贯制标准化学校建成举行落成典礼。

9月7日，江西省上饶市副市长胡汉平率学习考察团到晋宁参观蔬菜无公害和花卉标准化种植基地建设。

9月17日，巴巴多斯民主党干部考察团到晋宁参观考察。

9月26日，云南太阳钢管有限公司钢器材加工生产项目一期工程建设竣工并投入试生产。

9月29日，晋宁“四退三还一护”安置点建设工程正式启动。

10月4日，副市长王道兴、深圳罗盘投资有限公司总经理李昆一行到晋宁实地考察“五洲一国·古滇文化城”项目。

10月12日，副省长刘平陪同陕西省省长袁纯清一行到晋宁花中园艺有限公司基地考察。

10月25日，市委书记仇和、市长张祖林率市四班子领导到晋宁视察古城河综合整治情况。晋宁县古城河经一年多综合整治，顺利通过市级领导的观摩检查和考评。

10 月 26 日，省第一女子监狱、省监狱管理局农科所两家省属驻晋单位搬迁新建项目工程启动。

10 月 28 日，晋宁招商引资重大项目华翰大湾生态旅游度假区建设项目举行开工奠基仪式。

10 月 31 日，应中共中央对外联络部邀请，以副主席玛丽·索朗日·巴戈南吉·恩达卡拉为团长的中非夸纳夸党干部考察团一行到晋宁参观考察社会主义新农村建设工作。

11 月 7 日，省委副书记李纪恒带队到晋宁调研工业园区建设、滇池治理及基层党建工作。

11 月 13 日，晋宁县入湖河道中河综合整治工程顺利通过市级考评验收。

11 月 15 日，昆明市滇池环湖截污现场办公会在晋宁召开。

11 月 25 日，昆明枢纽铁路昆阳特大桥建设工程开工。

12 月 14 日，仇和、杨远翔、田云翔率队到晋宁县调研检查环湖截污、环湖公路、环湖工程建设情况。

12 月 16 日，注册资本 1 亿元，净资产 5.66 亿元的晋宁益源水务投资公司注册登记成立。

12 月 22 日，晋宁县 5 家异地行业商会（浙江、川渝、福建、贵州、玉溪商会）和县内 1 家行业商会（晋宁县工商业联合会铸造分会）挂牌成立。

12 月 27 日，“云南·晋宁第三届古滇文化节”在晋城镇古滇文化公园广场开幕。

12 月 29 日，晋宁县城天然气储备站建设工程举行揭牌暨点火仪式。

【区划、人口】 2009 年，全县辖昆阳、二街、上蒜、六街、晋城、新街 6 镇，双河彝族乡、夕阳彝族乡 2 乡（8 月，原宝峰镇并入昆阳镇，11 月二街、上蒜、六街、新街撤乡设镇），129 个村委会，4 个居委会。县域总面积 1 336.37平方千米，耕地面积 19.18 万亩。年末常住总人口 10.81 万户，28.2 万人，其中：男性 14.01 万人，女性 14.19 万人，男女比例为 1∶1.013。年末户籍人口 27.89 万人，其中：农业人口 23.17 万人，非农业人口 4.72 万人，分别占总人口的 83.1% 和 16.9%；少数民族人口有 3.08 万人，占人口总数的 11%。世居少数民族主要有彝族、回族、哈尼族等。常住人口中全年出生 2 820人，死亡1 414人。全县人口自然增长率 5‰。

【经济综述】 2009 年，县内生产总值完成 49.11 亿元，比上年增长 13.3%。完成工业总产值 74.23 亿元，增长 9.9%，完成工业增加值 21.65 亿元，增长 15.1%，其中规模以上工业企业实现增加值 19.2 亿元，增长 16.5%。完成农业总产值 17.67 亿元，增长 9.6%；实现农业增加值 10.85 亿元，增长 8.5%。完成全社会固定资产投资 32.62 亿元，增长 49.3%。三次产业由上年的 22.1∶49.5∶28.4 调整为 22.1∶51.2∶26.7。完成社会消费品零售总额 10.6 亿元，增长 24.7%。完成乡镇企业增加值 16.13 亿元，增长 18%，实交税金 3.7 亿元，增长 6%。完成非公经济增加值 23.65 亿元，增长 16.3%。万元 GDP 能耗下降 4.74%。城镇居民人均可支配收入15 168元，增长 10.2%；农民人均纯收入5 062元，增长 16.8%。完成地方财政总收入 7.68 亿元，增长 19.1%。其中：地方一般预算收入完成 4.7 亿元，增长 41.9%，上划中央财政完成26 947万元，上划省级财政完成 2 901万元；地方财政支出89 521万元，增长 27.7%。金融机构各项存款余额 69.85 亿元，增长 39.7%；各项贷款余额 25.04 亿元，增长 20.3%。

全年完成旅游接待 138.4 万人次，比上年增长 6.5%，实现旅游收入1 960 万元，增长 12%。

【工　业】 全年完成工业总产值 74.23 亿元，比上年增长 9.9%，完成工业增加值 21.65 亿元，增长 15.1%。其中：规模以上工业企业实现增加值 19.2 亿元，增长 16.5%，规模以上工业企业户数达到 43 户。大力推进工业强县战略，加快工业园区建设步伐。制定园区建设管理办法，土地收储权下放园区管委会，土地一级开发权下放园区投资开发公司，实行地价成本补贴机制。投资 2.29 亿元搞基础设施建设，加大工业园区路网、给排水、电力等建设项目力度。完成土地收储2 730.8亩，平整2 707.6亩，园区基础设施建设基本配套成型。完成规模以上工业增加值 5.1 亿元，规模以上工业主营业务收入 15.15 亿元，地方一般预算收入3 149万元。初步形成了磷化工、机械制造、建筑材料、光学仪器、汽车配件、食品加工、橡胶产品等重点产业。主要工业产品产量为：磷矿石1 346.11万吨，增长 6.2%；铁矿石 28.38 万吨，增长 38.4%；磷肥 15.97 万吨，增长 78.4%；水泥 8.62 万吨，下降 65.2%；光学仪器 51.15 万件，增长 38.6%。

【农　业】 全年粮食播种面积 19.12 万亩，产量 6.88 万吨；蔬菜种植 19.69 万亩，产量 35.17 万吨，产值 5.94 亿元；花卉园艺种植 4.76 万亩，产鲜切花 18.28 亿枝，产值 6.05 亿元；盆栽观赏植物 236 亩，57.44 万盆，产值 1 816 万元；绿化观赏苗木 1 487 亩，193.2 万株，产值4 514.2万元；收购烟叶 325 万千克，实现税收 1 090.34 万元；奶牛存栏9 291头，年产鲜奶 2.71 万吨，总产值5 698万元。年末生猪存栏139 579头，牛存栏25 878头，羊存栏 34 724只，家禽存栏127 8067羽。出栏肉猪 25.09 万头，肉牛6 944头，肉羊 19 494只，肉禽 331.98 万羽，肉类总产量25 021吨，禽蛋总产3 056吨。活畜禽检疫 195 217 头（只），肉食检疫 127 257 头（只）。完成农业总产值 17.67 亿元，比上年增长 9.6%，实现农业增加值 10.85 亿，增长 8.5%。落实支农惠农政策，争取各项惠农补贴资金1 371.4万元，发放家电、汽车（摩托车）下乡补贴资金1 098.37万元。完成村级公益事业建设“一事一议”财政补贴，兑现资金 464 万元。投入资金 340 万元，完成 17 个省级贫困地区自然村整村推进，发放小额信贷扶贫资金 911.45 万元。完成2 356户农村居民抗震安全工程。投入 1.55 亿元，完成 1 280件农田水利建设及二鸣公路大修、16 条农村公路路面硬化，启动 33 条 107.7 千米农村公路路面硬化建设工程。引导农民工有序外出就业，转移劳动力12 379人。组织农民职业技术培训 1 453人，扶持 99 名返乡农民工实现自主创业。

【招商引资】 全年引进外资项目 8 个，实际利用外资 762.02 万美元；引进国内市外项目 117 个，实际到位资金 24.16 亿元，超额完成市、县确定的任务。全县投资3 000万元以上的 37 个重点招商引资项目完成投资 14.81 亿元，云仁轮胎、太阳钢管一期等 10 个项目已投产运营。投资 41.34 亿元的 450 浮选、腾晋物流、锦鑫钢构等 27 个项目建设有序推进。

【滇池治理】 组织机关干部清淤、植树造林，对入滇河流沿河 45 个村组的生活污水和县城污水采取不同模式进行收集处理。购置垃圾清运车 8 辆，共出动保洁人员6 518人次，垃圾车 638 辆次，三轮车423辆次，保洁河道488.03千米，打捞漂浮物692.6吨，淤泥561.95立方，清运处理垃圾1 387.07吨，清理船只266船次，清理并取缔虾笼3 776个，地笼1 692个，花篮4 270个，竹竿3 968根。开湖期间办审《捕捞许可证》1 083本。完成古城河、东大河、污泥河等8条河道的综合整治，在河道入湖口建设生态湿地，在河道的河埂上植树造林，在湿地中广植净化水质的水生植物。全年退塘退田17 648亩，退人10 925人，拆除防浪堤2 051.8米，“还林、还湿、还湖”19 409亩，签订退房协议47.76万平方米，建成滇池外海湖滨生态湿地24块共1.64万亩。滇池治理工作取得明显成效，顺利通过了市级的初验。

【城乡园林绿化】 制定城乡绿地管理办法，在绿化建设的同时实施永久性保护。开展全国环境优美乡（镇）创建工作，完成“七小”行业专项整治，实施上蒜三多砂场植被恢复等项目，强力推进拆临拆违建绿透绿工作，拆临拆违9.13万平方米。在加大殡葬改革力度工作中，优化美化环境，投入205万元整治“三沿五区”坟墓12 735冢，平毁活人墓70冢，植树16.76万株，整治率99.1%。投资1 827.05万元完成殡仪馆建设，金岭、白花山等8个农村公益性公墓建成并投入使用，以往“三沿五区”惨白墓碑触目惊心景象转变为新绿苗木润人眼球的景观。全年全民义务植树92万株，完成绿化造林3 018亩，建成苗木基地3 000亩。完成绿化面积52.08万平方米，栽种乔木9 028株，灌木63.9万株，攀缘植物3.89万株，绿地率由上年的25.9%增加到35%，绿化覆盖率由29.%上升到40.1%。

【林　业】 完成绿化造林10 845亩，占任务数的129.11%，全民义务植树92万株，占任务数的119.48%。城乡园林绿化林业项目建设完成3 018亩，占任务数的125.75%，其中：城市面山造林1 571亩，交通沿线面山造林1 447亩。特色经济林核桃基地建设完成2 600亩，占任务数的130%，天保公益林建设封山育林完成5 000亩，巩固退耕还林成果227亩，苗木基地建设完成3 000亩。投资97.45万元对白鱼河、茨巷河河堤进行了绿化。集体林权制度改革完成全县8个乡（镇）127个村委会563个村民小组的林改，涉及林改户64 861户，确权户数64 725户，确权面积113.42万亩，占总面积的97.88%。共破获各类涉林案件52件，林业行政案件45件，行政处罚68人次。开展有害生物调查，监测代表面积494.1万亩，在4个治理区作业15 200亩，共计防治森林病虫害面积18 200亩，防治率79.6%。开筑森林防火通道117千米。全年各级共投入护林防火专项经费614.3万元，共发生森林火灾8次，其中较大森林火灾1次，一般森林火灾7次，总过火面积61.98公顷，受害森林面积10.29公顷，与上年相比，森林火灾次数下降1起，过火面积较上年上升44.59公顷。

【水　务】 农田水利建设计划数1 270件，实际完成1 280件。累计投入劳力385.13万个，劳均投工28个，完成工程量215.8万立方米。新增灌溉面积1 500亩，改善灌溉面积3.278万亩，解决或改善人畜饮水2.46万人，0.8万头大牲畜，新增节水灌溉面积1 500亩。河道综合治理68.32千米，新建小水塘5座，小水窖275个，新增蓄水能力4.1万立方米。支砌三面光沟渠8条长8.5千米，建成中低产农田共计8 400亩。9件病险水库除险加固工程累计完成投资5 673万元，占预算投资的64.8%。完成农村饮水安全工程项目28件，涉及26个村委会72个村小组，受益14 747人。“长治”工程第8期在上蒜小流域启动，项目计划治理面积20.47平方千米，完成治理面积20.48平方千米，占下达计划数的100.05%。滇池入湖河道综合整治完成河道清淤80.95千米，清除淤泥垃圾21.67万立方米，拆除违章和临时建筑30 555.36平方米，恢复生态河堤87.37千米，植树303 290株（丛），完成河道两侧各200米范围内禁养，建成湿地4 895.01亩。重点水源保护工作完成柴河、大河水库取水核心区300米范围内1 042米的围网，完成双龙水库取水核心区300米范围内500米的围墙修筑，在柴河、大河、双龙、洛武河水库一级保护区设立界碑75块。总投资369.2万元，实施晋城应急供水工程，有效缓解了晋城饮水紧缺的问题。从全国各地共引进鱼种720多万尾，推广观赏鱼养殖面积70亩，柴河鱼苗基地孵化培育出高背鲫鱼苗种300万尾，大头鲤鱼苗种120万尾。逐步规范县内大中型水库移民的后期扶持工作，做好移民后期扶持的资金兑现，为移民建档立卡，以便管理。成立了注册资本1亿元，净资产5.66亿元的晋宁益源水务投资公司。

【交　通】 总投资1 265万元，全长9.87千米，公路等级为四级标准的二鸣公路大修工程年内竣工验收交付使用。列入农村公路路面硬化工程计划的34条121.005千米的公路有15条共44.63千米的公路已于上年实施完成，其余19条76.37千米的公路分4个合同段由昆明市交通局统一招标，至年底已全部完成路面主体工程，进入交通标志牌设立扫尾阶段。列入绿化工作计划的县、乡、村公路里程49.56千米，完成县道二鸣公路9.87千米的绿化和乡道39.7千米的绿化。与各乡（镇）签订了农村公路建设养护管理目标责任书，每季度末检查考核一次。签订了县对乡（镇）、乡（镇）对村委会、村委会对户主的四级安全责任承包书，签约率100%。继续推进和实施城乡公交一体化工程，启动行政公交覆盖工作，开通公交专线35条，拥有各型公交车107辆，80个行政村通公交车，行政村公交覆盖率为60.15%。投资300万元，在城乡公交线路上建成混凝土港湾式候车亭39个，招呼停靠站10个。年末硬化公路通车总里程347.06千米，货运量542万千克，公交客运量672万人。

【城市建设和管理】 完成新昆明西城、南城核心区各7平方千米的控制性详细规划，并经市规划委员会审议通过。完成占地面积236.89亩，全长3 950米的县城西南绕城过境道路的规划设计。完成了县城区户外广告设置、城市照明、东大河生态公园、安企片区等一系列专项规划和详细规划。

县城基础设施建设全面展开，街路开拓全面推进，完成县城金实路、西北环路工程等的建设，市政道路建设里程达17.85千米，概算投资5.58亿元，筹措资金2.86亿元加强配套设施建设，县城建成区面积由过去的4.81平方千米增加到6.3平方千米，县城城市化率增加到25.22%，人均城市道路面积达9.09平方米。县城园林绿化加快建设，扩大绿量，多出精品，主要实施了昆玉高速公路晋宁境内段、西北环路等绿化工程，县城绿地面积增加44.7万平方米，县城绿地率和绿化覆盖率分别为35%和40.1%，县城区绿地总面积增至191.27万平方米。申报省、市园林单位（小区）48家。加强污水管道改造及尾水提升泵房、回水管道、绿化用水管道建设，加大河道治理力度。县城污水处理厂运行360天，共处理污水436.26万吨。与县城区主要街道892个临街单位和商铺签订了“门前三包”

责任书。建成垃圾收集站21座，中转站14个，收集间1 208间，配置垃圾运输车12辆。县城生活区垃圾做到日产日清，垃圾清运率95%，处理率达98%。支持重点建设工程房屋拆迁1 039户，拆迁总面积17.88万平方米，兑付拆迁资金近2亿元。民心工程完成1 280户农村民居抗震加固，完成240套、12 687平方米廉租房建设任务，解决了109户低收入家庭住房困难问题。房地产开发累计完成建筑面积139万平方米，概算投资约26亿元。县城天然气工程实现部分单位、小区通气点火。

【财税、金融】 全县完成地方财政总收入76 825万元，完成预算的101.5%，比上年的64 502万元增收12 323万元，增长19.1%。其中：地方一般预算收入完成46 977万元，完成预算的101.4%，比上年的33 108万元增收13 869万元，增长41.9%；上划中央完成26 947万元，完成预算的101.9%，比上年的28 864万元减收1 917万元，减6.6%；上划省级收入完成2 901万元，完成预算的100.7%，比上年的2 530万元增收371万元，增长14.7%。全县完成政府性基金收入31 460万元，占预算的100%，比上年的3 736万元增收27 724万元，增长742.1%。全县财政一般预算支出完成89 521万元，比上年增长27.7%。其中：县级财政支出完成54 709万元，占预算的103.6%；乡级（含园区）财政支出完成13 624万元，占预算的97.4%；市追加专款指标完成21 009万元，占市追加专款指标的79.5%。政府性基金支出完成32 165万元。其中：县级政府性基金支出完成30 197万元，乡级政府性基金支出完成826万元，市追加基金专款支出1 142万元。全县金融机构各项存款余额69.85亿元，比上年增长39.7%，各项贷款余额25.04亿元，比上年增长20.3%。实现社会消费品零售总额10.6亿元，比上年增长24.7%。

【科　技】 共向省市申请项目13项，争取省市资金支持240.05万元。申请市科技专项经费支持120万元，完成核心示范园区田间道路、灌溉设施配置、道路园林景观、200平方米蔬菜农残检测室、20亩蔬菜种苗繁育基地建设。从引进种植实验的16个蔬菜品种中筛选出适合晋宁栽培的6个新品种推广种植。与县质监局、农业局制定出5个地方性蔬菜种植规范化标准，通过了市级中期评估。绿化光亮工程争取上级资金支持，按1:1出资方式，投资60万元在昆阳镇回龙村、新街乡团山、孙家坝3个村委会安装了88盏太阳能路灯。昆明远达光学有限公司通过了省高新企业认证，填补了晋宁无省级高新技术企业的空白。国家科技进步考核材料通过市级和省级审核，并上报国家科技部考核评定，12月通过了国家科技进步考核，晋宁再次跻身全国科技进步先进县行列。科普工作全年共完成农函大培训1 074人次，开展大型科普活动2次。发放宣传材料5万余份，科普受益2万余人次，投资3万元建成统一规格的规范宣传栏10个，向15个活动站赠送科普图书1万余册，宣传挂图60套。

【教　育】 公开招聘了45名普岗教师和30名特岗教师，首次推行直属学校一中、二中、职中自主招录教师。实施义务教育学校人员绩效工资，做好岗位设置，顺利完成了晋宁一中初中部、五中小学部、磷都学校小学部的教师剥离，完成229名教师的重新聘用。共建成并投入使用标准化小学7所，撤并校点20个。启动了上蒜中学、晋城十里小学等14个建设工程项目。完成了夕阳民族中学、双河民族中学等10所标准化学校建设的项目建议书和市级论证及立项工作，启动了晋宁一中搬迁新建项目的前期工作。全县适龄儿童入学率100%，残疾儿童入学率100%，初中阶段毛入学率达107.35%。全县共有中小学70所，有教学班796个，在校学生34 500人；有幼儿园23所，在园幼儿5 982人，3～5周岁幼儿入园入班率86.08%。全年开展实用技术培训545期，培训人员4.3万人次；举办业余高小培训班12期，培训人员360人，举办绿色证书培训9期，培训人员820人，扫除流动人员文盲206人。全县高考实考647人，上线605人，上线率93.51%，比上年提高1.83个百分点；中考报考率97.7%，平均分403.53分，及格率41.17%；小学毕业检测成绩达市级平均水平。对义务教育阶段的贫困家庭学生6 146人给予了补助，补助标准小学每生每学期250元，中学生375元，全部免除了九年义务教育阶段中小学生的杂费和教科书费。贫困住校生免收住宿费。"爱心助你上大学"活动共资助130名贫困大学生圆了大学梦。"两后双百"工作完成756人的培训，完成任务数的105%，秋季全县普通高中招生963人，县职中招生420人，初中招生3 881人，小学招生3 587人，安排外来务工人员子女2657人就地上学。

【卫　生】 完成乡（镇）卫生院社区卫生服务与基本医疗服务分离，在卫生院、卫生所分设乡（镇）社区卫生服务中心和医院，在村社区设卫生服务站或村卫生室。县疾控中心建立了网络信息直报系统。建立了农巡回医疗制度，总投资258万元完成7个乡（镇）卫生院的改扩建，实现了城乡疾病预防控制，妇幼保健、健康教育、卫生监督工作管理全覆盖。全县成立了3个社区卫生服务中心，2个服务站，并已开展工作。成立了县新型农村合作医疗管理中心，乡（镇）成立管理站。全县应参合农民222 654人，实际参合213 502人，参合率95.89%。总投资1.303亿元的县医院搬迁新建项目被县委、县政府列为全县34个重点建设项目之一，主体工程已开工建设。计划免疫完成疫苗冷链运转10次，对全县各乡（镇）计划免疫作了考核。主动监测报告麻疹疑病例11例。监测新生儿破伤风病例1例。为2 300名中小学在校生做了健康体检。完成碘缺乏病防治中期评估。完成《医疗机构执业许可证》校验172家，《母婴保健技术服务执业许可证》校验15家。加强对无证行医、游医的打处。加强食品卫生的监管检查。创建"云南省卫生乡镇"的夕阳乡和"云南省卫生村"的昆阳镇汉营村委会梅树村、二街乡肖家村委会螃蟹河村通过了市级的考评验收。开展农村巡回医疗13场次，出动医务人员123人次，免费诊疗病人3 408人次，咨询2 510人次，发放宣传材料4 282份。

【文　体】 全年承办、协办各种文化活动29场次。组织了郑和文化节开幕式文艺演出。为纪念建国60周年，在郑和文化广场举行了晋宁县"和谐之声颂祖国，爱国歌曲大家唱"比赛，37家单位组队参加。年初一组织了1 100多人的龙狮秧鼓队大街文艺展演和2 000余人参加的穿城赛，在郑和公园举行了闹春"山歌调子会"，协助宝峰镇和六街乡举办了第十二届"山歌调子闹春会"和第二届"绿六杯文艺调演"。组织200人的秧佬鼓队赴昆参加2009年中国昆明国际旅游文化节开幕式表演、中国彝族文化展演和第五届云南省民族民间文化博览会暨中国楚雄彝族火把节开幕式演出，受到领导好评和社会赞誉。下乡（镇）举办各种文艺辅导培训班37期，辅导培训1 600人。完成昆阳镇等3个文化站和49个文化室建设。选取4项非物质文化遗产保护项目上报，新增市级非物质文化遗产名录1项，省级1项，完成了《晋宁县非物质文化遗产名录》一书的编辑出版，9位传承人得到了省文化厅每人3 000元的传承补助经费，5位艺人得到市政府给予的每人2 500元的补助。对县内20项各级重点文物保护单位进行了2次“四防”安全检查和5次专项检查。全国第三次文物普查共发现新点119个，《石寨山古墓群保护规划》通过了市级终审。“春禾传统农具展示园”、“郑和公园碑林馆”等3个新建博物馆经省市专家初验挂牌。图书馆全年接待读者62 300余人次，流通图书456 000余册次，电子阅览室接待读者2 599人次，其他服务窗口接待读者20余人次。完成12家农家书屋组建辅导，完成省文化共享工程晋宁县县级支中心及9个基层服务网点建设，配置电脑50台，初步建起了县、乡（镇）、村三级网络。农村电影放映“2131工程”放映电影1 596场。完成全县156家文化娱乐市场经营许可证的审换证工作，与经营户签订了《安全生产责任书》，并进行了法律、法规及业务技能培训。协助乡（镇）、单位举办各项活动和体育赛事，启动了“全民健身活动”等系列活动，举办了晋宁地区第二十二届老年人体育运动会。组队72人参加了在寻甸县举办的昆明市第九届少数民族传统体育运动会，夺得表演综合类比赛银奖、少数民族健身操比赛铜奖，取得藏式摔跤第三名，武术民族器械第二名的好成绩。完成晋城镇小寨村委会、宝峰镇韩家营村委会等4个行政村“农民体育健身工程”建设。

【广　电】　共拍摄、制作、播出《晋宁新闻》144组1 932条，专栏72期，专题10部。平均每组新闻播出量接近14条，时长25分钟以上，播出新闻的组数、条数和节目长度均创历年来的新高。在恢复自办频道的同时，开设了《一周要闻》节目，共播出24期，平均每期播出新闻数量超过25条，节目时长每期均超过15分钟。报送昆明电视台并播出的新闻稿件为444条（不含《昆明新闻》播出数），数量在全市14个县（市）区始终位居前列，平均每月在市台播出新闻40条。先后有10条新闻在云南电视台播出。共有3件作品获得昆明市广播电视年度政府三等奖。对全县重点工作、专项行动进行及时跟踪报道。每天播出节目的时间从原来时段播出的2小时左右增加到12个小时。组织技术人员对辖区内未接入光缆联网的24座广播电视“村村通”工程做了80余次维护，对关岭新房子“村村通”前端设备及卫星天线作了更换、调试。完成了云南卫视及云南人民广播电台无线覆盖工程规划的设计、安装调试和转播。完成了“十二五”已通电20户以下及新通电20户以上自然村广播电视“村村通”工程的调查、统计上报。会同610、综治、工商、公安等部门开展专项整治行动，收缴卫星地面接收设施50余套。共发出宣传材料3 000余份。发展有线电视用户3 948户，故障率控制在5‰以内。2月份启动和推进有线电视数字化整体转换工程，共有5 952户用户实现了数字电视整体转换。广电光缆联网工程完成了夕阳乡新山村委会等13个自然村的有线光缆联网建设，工程投入经费43.31万元，新建杆路13.1千米，设置光接点12个，架设光缆18.4千米，发展有线电视用户581户。昆阳、晋城两城区网络升级改造完成光节点89个，改造用户12 733户。支援和服从服务经济建设，有线电视光缆杆线路改迁工程投入资金25.53万元。组织抢修意外损毁杆线路和光缆20起。完成了建国60周年大庆期间电播电视的安全传输。

【人民生活与社会保障】　城镇居民人均可支配收入为15 168元，比上年增长10.2%；农民人均纯收入5 062元，比上年增长16.8%。全县参加城镇基本养老保险26 326人，共有参保企业197户，参保职工17 906人。应收养老保险费6 275万元，实收6 265万元，实现养老保险清欠19万元，养老保险基金支出11 287万元。全县参加工伤保险统筹企业共有147户，参保职工10 025人。全年应收工伤保险费230万元，实收224万元，应收生育保险费155万元，实收155万元。共有110人享受工伤保险待遇，支付工伤保险基金107万元；86人享受生育保险待遇，支付生育保险基金51万元。确保离退休人员基本养老金按足额发放，共为8 420名离退休人员发放养老金11 093万元，养老金发放全部通过银行或邮局实行社会化发放，社会化发放率为100%。完成调整参统企业退休人员养老金工作，共调整8 054人，月增加养老金907 555元。非公有制企业、城镇个体工商户和灵活就业人员养老保险新增扩面437人，建筑、煤矿等高风险行业及餐饮、住宿等服务行业的农民工工伤保险新增扩面1 883人，非公有制企业职工生育保险新增扩面412人。城镇职工基本医疗保险参保单位303户，参保人员28 151人，基金实际收入5 320万元，划拨周转金2 650万元。支付1 423.37万元。全县共有68名离休干部参加医疗统筹，机关事业单位工伤生育医疗保险参保人数5 703人，享受公务员医疗补助人数7 163人，“8·13”医疗照顾人员58人。年内提供有效就业岗位2 627个，新增城镇就业1 563人，城镇登记失业率为3.1%。开发公益性岗位135个，安排135名就业困难人员就业。选聘了130名高校毕业生到村委会任职，选聘“三支一扶”6人，招聘特岗教师30人，企业吸纳124人，事业单位招聘47人，灵活就业213人，自主创业10人，建立高校毕业生见习基地2个，开发见习岗位51个。信息平台提供就业岗位517个，274人入场求职，达成就业意向175人。组织城乡劳动力培训2 892人，转移农村劳动力12 379人，帮扶99名农民工实现自主创业，为农村4 180名被征地农民建立了个人档案。完成基本养老保险缴费，给符合各项领保条件的2 479人按时足额发放了基本养老生活费，累计发放养老金576.70万元。农保中心清理核对了7 277名参保人员的基础信息。

【精神文明建设】　深入开展“市民十不公约”宣传教育活动，开展各种维护公共道德和社会公共秩序活动，抓好未成年人思想道德教育，进一步增强青少年的文明意识。全面启动提升市民文明素质的“八大工程”建设，广泛开展“十佳文明机关”、“十佳公务员”、“十佳窗口行业标兵”和“十佳诚信经营户”等活动。制定下发了《晋宁县强力推进“四创两争”工作督察实施方案》，加大环境卫生综合整治工作力度，在全县范围内开展楼道革命、除草运动、清洁公厕运动，开展交通秩序、市场管理秩序专项整治活动。高标准、严要求、重督察、强力推进文明创建工作。全年共有10个单位申报了省级文明单位，5个村申报了省级文明村，并已通过了省文明委的考核验收。共有15个单位申报市级文明单位，5个村申报市级文明村，并已通过了昆明市文明委的考核验收。至此，全县已有省级文明单位10个，文明村5个；有市级文明单位56个，文明村18个，文明社区1个，文明小镇1个；有县级文明单位91个，文明村108个，文明社区1个，文明小镇2个。共评出“五好文明家庭户”303户，农村“十星级文明户”挂牌户61 766户，参评面在90%以上。

【社会治安综合治理】 积极开展平安创建工作，营造良好治安环境。签订目标责任书，开展平安创建活动，排查整治治安混乱地区突出问题，构建大调解工作体系，开展社区矫正和安置帮教工作，预防和减少重新犯罪，强化科技创安工作，广泛开展群防群治，开展“打黑除恶”专项行动，认真清理执行积案工作，大张旗鼓表彰先进。全年共进行了17次“县委书记大接访”活动，接待群众62批267人，办结57件，办结率92%，做到事事有着落，件件有回音。成立“网络化”布警防控机制领导小组，配备民警11人，协警37人，实行24小时昼夜巡逻，倒班运转。在昆阳城区安设监控摄像头55个，晋城派出所在晋城安设监控摄像头24个，为监控室配备了2名民警和7名专职监控员，24小时对辖区各治安重点、乱点地区进行观察搜索。建立了一支拥有群防群治组织175家，在册1162人的队伍。具体为：治保会133家629人，内保1家3人，保安公司1家173人，护林队40家357人。另有专职巡防队7支63人。举办普法骨干培训班，培训100余人，乡镇二级普法培训9期，参训人员近1 000人。共开展集中宣传教育活动3次，发放宣传材料2万余份，展出展板150余块，接受法律咨询40余起，受益群众3万余人。年终表彰了10家综治工作先进集体和24位先进个人。认真开展反邪教工作。共查获各类毒品案件38件，逮捕犯罪嫌疑人31名，缴获毒品14.3千克，收缴毒资52.4万元，强制隔离戒毒86人，责令社区戒毒8人，社区康复174人。先后开展了打击砖厂黑恶势力、打击市场黑恶势力、打击服务行业黑恶势力、打击赌博违法犯罪等10次专项行动，累计收集到涉黑涉恶重点人员信息87条，案件信息52件，团伙信息11条，查获恶势力犯罪团伙3个11人，其他违法犯罪团伙26个128人，破案86件。县法院新收各类案件2 090件，旧存60件，合计2 150件，审结1 604件，结案率74.6%；新收民商事件纠纷案件1 316件，旧存1件，已审结1 099件，结案标的5 783.22万元；积案清理执行新收案件475件，旧存59件，执结302件，执结标的8 121.06万元。接待来访3 500人次，处理各类来信42件，办理法律援助39件，免诉讼费36件。县检察院共立案查办职务犯罪8件8人，侦查终结移送审查起诉7件7人，挽回经济损失31万元；受理侦查机关提请批捕案件150件302人。立各类刑事案件1 117件，破案733件，抓获刑事犯罪成员375人，依法逮捕267人。全县累计处理违法犯罪人员11 710人。全年受理调查案件16件，立案11件，破案9件，挽回经济损失20.43万元。共受理民间纠纷1 781件，调解成功1 731件，调解率100%，成功率97%。全年排出影响全县稳定的社会矛盾纠纷16件，妥善调解9件，7件正在调处。全县8个乡（镇）建立了8支124人的专职巡防队，各村建有季节性治安巡防队169支1 213人，形成了“村村联动，户户联防”的工作格局。

（吴永华）

富民县

【年内大事】 1月13日，县政府召开打击违法添加非食用物质和滥用食品添加剂专项整治工作会。

1月30日，县委、县政府邀请富民籍在外地工作的部分领导、企业家等50余人，召开“富民县2009年回乡人士新春座谈会”。

2月11日，县政府召开创建云南省甲级卫生县城工作会。

2月22日，县委召开招商引资动员大会。

3月21日，永定小学美术教师个人油画作品展在省民族博物馆开幕。

3月23～27日，省林业厅厅长陈玉侯带领有关专家组成的检查组到富民对集体林权制度改革工作进行验收。

3月26至4月4日，县长郭增敏带领相关经济部门及乡镇主要领导赴南京、宿迁、常熟、苏州、广州、深圳进行招商引资考察。

4月2日，县政法委召开农村矛盾纠纷排查化解工作动员会。

4月13日，富民县城开通出租车。4月27日，县城开通小公交。

4月29日，市城乡规划委员会对全市规划进行调整，新增安宁、宜良、嵩明、富民四个辅城，形成“一主四辅”的新昆明都市圈，富民县被确定为：昆明都市圈北部辅城，重要养生居住地，面向滇西北及川西门户，山地田园滨河旅游城市。

4月29日，新建农贸市场投入使用。

5月21日，召开赏梅座谈会。县委、县政府邀请在富民任过副县以上领导、富民籍在外任副处以上领导和知名企业家、新闻单位负责人、知名记者参加。与会人员纷纷为富民的建设发展提出宝贵的意见和建议。

6月6日，云南昊龙实业集团有限公司投资3亿元年生产水泥60万吨的水泥生产线项目、云南浩祥茶叶工贸有限公司投资5 000万元的含乳系列饮料生产项目与富民县签订投资协议。

6月23～25日，县委宣传部、县文体旅游局、教育局、广电局在伽峰山乡村营地举办“2009富民县青年歌手电视大赛及2009昆明市青年歌手电视大赛富民选拔赛”。

7月21日，组织全体机关干部进行义务植树，共种植各种树木达12 900棵。

8月30～31日，按照县政府驻地镇行政区划调整实施意见，撤销大营镇，其行政区划并入永定镇。

9月15日，云南日报报业集团组织云南日报、春城晚报、云南网等10余家省内媒体的记者到富民就打造田园城市、工业园区建设进行专题采访。

9月15～17日，举行“歌唱祖国、爱我富民”歌咏比赛。有30支队伍近2 000人参赛。

9月28日，县委召开建国60周年纪念大会。

10月10日，县政府召开昆武高速公路征地拆迁工作动员大会。昆武高速公路全长64千米，总投资51.42亿元，富民县境内长30.58千米，途经永定镇和罗免乡。

10月28日，富民县机械、食品加工产业园区开工建设。

11月10日，富民丰顺天然气项目开工。项目地位于永定镇北邑村，由（香港）丰顺兴业有限公司出资建设，总投资1.2亿港币，主要建设民用管道供气、汽车加气及工业管道天然气。

11月20日，县委召开首届优秀人才表彰大会。对11名优秀专业技术人才、9名优秀企业经营管理人才和10名优秀农村实用人才进行表彰。

11月26日，县政府召开招商引资项目建设推进工作会，就21个招商引资项目推进中存在的困难和问题进行现场办公。

11月26日，市人大副主任宋黎明带领检查组到富民检查“人大代表之家”的创建工作，检查组对县人大常委会和永定镇人大主席团创建的两个“人大代表之家”进行实地检查。

11月29日，在西安市召开的中国果蔬产业品牌论坛暨名优果蔬宣传推介表彰大会上富民县荣获“中国杨梅之乡”称号。

11月，县城乡建设局完成富民城市总体规划修编。

12月9～10日，省、市禁毒考核组到富民检查指导“无毒县”巩固工作。经检查考核，考核组对富民巩固“无毒县”工作给予充分的肯定。

12月16日富民县供电有限责任公司上划云南电网公司直管。

12月25日，《富民工业园区生态化改造建设方案》通过市环保局组织的专家评审。

【区划、人口】 2009年末，富民县辖1镇5乡共73个村委会、2个居委会，497个自然村，辖区总面积993平方千米，山区、半山区占87.9%。坝区占12.1%，耕地面积105 264亩。全县总户数47 173户，户籍总人口147 545人，比上年增2 262人，其中男性73 495人，占总人口数的49.81%，女性74 050人，占总人口数的50.19%；非农业人口数19 048人，占总人口数的12.91%；农业人口128 497人，占总人口数的87.09%；少数民族21 769人，占总人口数的14.75%，其中：彝族11 853人，苗族7 617人，回族528人，白族901人，其他少数民族870人；人口密度为每平方千米153人。全年出生人口1 929人，出生率13.07‰，人口自然增长率7.27‰。

【经济综述】 全年完成地区生产总值23.82亿元，比上年增长13.1%。一、二、三产业增加值分别增长6.1%、14.3%和15.7%，三次产业结构比重为22.3∶46.8∶30.9。人均生产总值完成15 736元，比上年增长12.3%。完成农林牧渔业总产值8.93亿元，实现财政总收入19 920万元，比上年增长7.3%，其中：地方一般预算收入12 106万元，占调整预算数11 900万元的101.7%，同比增长1 655万元，增长15.8%；财政总支出45 077万元，占年度预算数45 092万元的99.97%，同比减3 806万元，下降7.8%。社会消费品零售总额5.75亿元，比上年增长18.6%。全社会固定资产投资10.3亿元，增长43%。城镇居民人均可支配收入14 709元，农民人均纯收入4 931元，分别增长10.4%和12.9%。年末，县金融机构存款余额25.2亿元，贷款余额16亿元，分别增长28%和24.7%。

【工　业】 2009年，工业经济止跌回升，全年完成工业总产值22.71亿元，比上年增长20.4%。全县规模以上工业企业实现总产值19.72亿元，比上年增长19.2%，实现增加值4.91亿元，同比增长17.2%，实现利税8 193万元。工业固定资产投资5.05亿元，增长37.8%；规模以上工业企业户数新增5户，达32户。完成工业税收6 669万元，占全县地方一般预算收入的55%。工业园区开工基础设施项目19个，累计完成投资1.27亿元，收储土地2 673亩，“五通一平”1 113亩。重大工业项目推进顺利，泽昌钛业、金锐水泥技改、机械加工产业园区、丰顺天然气和危废处理5个亿元以上项目开工建设。云南国资水泥一期富民有限公司一期日产2 000吨生产线正式投产。博盛建材项目竣工投产；龙腾钛业顺利复工建设；隆源、七彩胶版印刷PS版项目抓紧推进；昆明农药厂农药分包装、快乐王子、云南滇力起重设备、富民众邦石业等项目启动建设；松子房大风丫口风电场项目列入云南风能开发规划。全年生产水泥128 085吨、饲料级磷酸氢钙343 829吨、钛白粉23 754吨，发电量13 464万千瓦时。

【农业和农村工作】 全年完成农林牧渔业生产总值8.93亿元，同比增7.4%；实现增加值5.3亿元，同比增6.1%。全年粮食播种面积17.88万亩，粮食总产量5.94万吨，同比增2.6%。种植烤烟1.93万亩，收购5.8万担，烟农收入4 525万元，实现烟叶税960万元。进一步优化种植结构，种植蔬菜4.45万亩，总产量5.8万吨，增长1.8%；花卉种植1 926亩，鲜切花产量2 888.4万枝，产值1 786.25万元；水果种植7.67万亩，总产量2.47万吨。实施水果、蔬菜农业标准化生产示范2.5万亩。开展大树杨梅果蝇综合防治示范工程。富民荣获“中国杨梅之乡”称号。昆明品世食品有限公司玉米浆、黑米乳和核桃乳3个产品通过国家绿色食品认证，玉米浆和黑米乳被评为昆明名牌产品。新增市级农业龙头企业3家，共12家。成立6个农民专业合作社。参加第五届昆明国际农业博览会，获1个金奖、2个银奖。启动昆明石林台湾农民创业园富民特色林果区规划编制工作，规划面积3.5万亩。投资6 793万元，实施11个新农村建设整村推进和13个扶贫重点村项目建设。建成农家店、农资店、综合服务社98个，在全县73个行政村中覆盖率达96%。年末全县生猪存栏13.80万头，出栏14.56万头；大牲畜存栏3.72万头，出栏0.59万头；家禽存栏94.11万只，出栏76.31万只；禽蛋产量4 320吨；肉类总产1.55万吨。

巩固林权制度改革成果，全县已完成公益林均山到户面积49.24万亩、商品林均山到户面积27.19万亩，完成比例92%。认真做好县城面山绿化建设、“五采区”、田间机耕路绿化工作，完成城镇面山、交通沿线绿化面积3 887亩，其中“五采区”293亩，机耕道路绿化10.306千米，苗木基地建设16个2 017.1亩；完成天保工程封山育林10 000亩、人工造林3 000亩；组织实施五大工程，种植核桃22 098亩，村庄景观绿化523.8亩，种植竹子107.2亩。开展义务植树33万株。聘用护林员182人，森林管护86.2亩。完成巩固退耕还林成果2008年项目，特色种植业600亩，补植补造111亩，技术培训320人。年末，全县森林覆盖率55.1%，林木绿化率62.9%。

农业生产条件进一步改善，全年农村用电4 634万千瓦小时，比上年下降5.2%。年末农业机械总动力10 536.14万瓦特，农用排灌机械动力1 154万瓦特。全县拥有各型拖拉机1 877台，其中大中型拖拉机312台、小型拖拉机1 565台，配套农具710部。抓好农机农田作业，加强汽车、摩托车、拖拉机驾驶员及农机修理工培训工作，强化农机安全监管，落实农机安全生产责任制，确保农机安全生产。

着力推进永定镇北邑等11个村委会新农村整村推进工程，实施基础设施建设、产业发展、生态建设、社会事业“四大工程”建设，共投资6 532.81万元，其中：市级财政投入880万元，县财政投入466.2万元，整合资金1 703.41万元，自筹3 483.2万元，完成建设项目144个并投入使用。按照富民县小水井村新农村建设暨苗族风情村建设专题工作会议精神和有关要求，组织实施小水井村卫生旱厕建设、水井改造、生态绿化四个工程建设项目。年内，市级批准永定镇三村村委会、罗免乡者北村委会、款庄乡多宜甲村委会3个村委会作为省级重点建设村，实施基础设施、生态、社会事业建设项目。

【水　利】 2009年，争取中央拉动内需投资项目32个，投资1.3亿元，建设工程全部实现“三个百分之百”。投资5 736万元，完成各类水利工程356件，新增灌溉面积0.24万亩，改善灌溉面积1.96万亩。完成工程量82.73万立方米，投入劳动工日87.68万个。共建成“三面光”沟渠25条，全长

41.32千米；修复水毁工程45件，架设供水管道58.38千米，建成各类集雨小水窖694个、蓄水池127个，新增蓄水能力3.6万立方米；兴贡水库建设进展顺利，完成投资1 830万元，占概算总投资的54.3%。龙闸坝、宗家田2座病险水库除险加固按期完工，花箐、罗免水库正加紧施工；2座水库除险加固项目完成招投标，拖担、新桥2座水库除险加固项目上报市水利局待批。完成105项人畜饮水工程，解决1.8万人的饮水安全问题。

【基础设施建设】　按照昆明市“一主四辅”城市功能定位，编制完成《富民县城总体规划（2008～2020）》。在昆明市“一主四辅”的城市发展战略规划调整中，富民首次被明确纳入昆明都市圈，城市定位为“昆明市都市圈北部辅城，重要的养生居住基地，面向滇西北及川西的门户，山地田园滨河城市。”在总规的指导下，完成县城道路竖向、城市景观、环山公路、观音山片区等8个专项、单项规划，5个乡的集镇规划和11个新农村建设的村庄规划。完成县城农贸市场、养生文体活动中心绿化附属工程、昆禄公路城区段一期路灯的建设和改造。西环路行政小区建设顺利推进。螳螂川北岸道路、县城污水处理厂、农贸市场二期工程改造暨商业步行街等项目正在抓紧建设。环城南路、环城西路修缮改造工程全面启动。开通9条城乡公交线路和县城出租车。罗免、赤鹫、东村、散旦乡以民居、道路、市场和市政设施建设为重点，共完成投资910万元。投入资金7 965万元，实施北营110KV变电站、者北35KV变电站扩容等14个电力项目，11个项目年内竣工投入使用。

【招商引资、非公经济】　深入开展招商引资百日竞赛活动，坚持走出去招商，做到内培外引，多策并举，合力招商，呈现出签约项目多，工业项目多、开工率高的特点。全年共签订招商引资项目64个，协议引资39.7亿元，开工项目60个，开工率达93.7%，竣工50个。经市考核认定实际到位内资11.04亿元、外资240万美元，分别完成任务数的122.6%和240%。非公经济实现增加值11.5亿元，增长16%。成立瑜富小额贷款公司，组建粉业、种养殖、餐饮等6个行业商会。全县个体私营经济上缴税金1.3亿元，占工商各税的78%。争取省级非公经济发展专项资金70万元，支持品世及瑞呈饲料加快技术创新；推荐12户企业争取省市两级贷款贴息和直接扶持资金3 049.8万元，有8家企业进入专家评审阶段。

【城乡环境整治、园林绿化】　组建城市管理综合执行局，建立健全门前三包、三级联管、综合执法等责任机制，开展环境卫生、市容市貌、道路交通、市场秩序等专项整治。新增垃圾箱130个，清理户外广告500平方米，清理螳螂川城区河道3 180米，整治占道经营摊点1 500个。整治违法加层和无序建房，拆除临违建筑1.99万平方米，建绿透绿1 933平方米。开展以县城建成区、面山、河道、公路沿线为重点的城乡园林绿化，全县完成绿化4 566亩，其中：县城建成区新增绿地636.56亩，种植乔木3.1万株，攀缘植物8.5万株，绿地率和绿化覆盖率分别达到38.6%和43.4%，人均公共绿地面积11.45平方米。建成苗木基地16个，面积2 018亩。

【环境保护】　开展螳螂川沿线企业排污治理和螳螂川流域汞超标、氟化物超标专项检查，二氧化硫万元排放强度小于4.3千克，完成4.7吨的减排任务，化学需氧量万元排放强度小于0.3千克。全年万元GDP能耗控制在4.5%以内，规模以上工业企业增加值能耗下降4%，审查并验收清洁生产企业22户。新龙公司、和平化工有限公司、云富磷酸盐有责任限公司3户企业能源审计通过市级专家评审；完成29个固定资产投资项目的节能登记审查；如期淘汰金锐水泥落后产能21万吨；检查排污单位108家，立案查处2家违法排污企业；推广高效节能照明灯5万只。

完成新一轮土地利用总规修编，清理整顿土地市场，实施土地开发整理项目10个，新增耕地2.4万亩。开展全县矿业权实地核查、资源利用现状调查，编制矿产资源开发利用规划。完成和平、麦竜、高仓三条小流域综合治理，治理水土流失面积35.4平方千米。加强对饮用水源地及周边环境的集中整治，县城饮用水水质达标率为100%，县城总体环境空气质量优良率达99.3%。建成再生资源回收点10个，新建沼气池2 154户，节柴改灶1 700眼，推广沼气综合利用7 000亩，建成沼气服务网点7个。

【财政、金融】　全年实现财政收入19 920万元，同比增1 348万元，增加7.3%。其中：地方一般预算收入12 106万元，同比增1 655万元，增长15.8%；上划中央“两税”收入完成4 832万元，占调整预算数4 772万元的101.3%，同比减506万元，减9.5%；上划所得税收入完成2 943万元，占调整预算数2 926万元的100.6%，同比增507万元，增20.8%；上划耕地占用税收入完成39万元，占调整预算数38万元的102.6%。财政总支出45 077万元，占年度预算数45 092万元的99.97%，同比减3 806万元，减7.8%。其中：一般预算支出完成42 965万元，占年度预算数42 980万元的99.97%，同比增5 046万元，增13.3%；基金预算支出完成2 112万元，占年度预算数2 112万元的100%，同比减8 852万元，减80.7%。全县金融机构存款余额25.2亿元，贷款余额16亿元，分别增长28%和24.7%。

【交通、邮电】　完成上年结转的14条农村公路改造，全面启动2009年13条共93千米改造工程，县乡主要道路硬化实现全面闭合，投资3 575万元实施路面硬化49.5千米、路基改造43.5千米，行政村道路硬化率达85%。建成5个乡镇客运站，组建富民县富运城乡公交有限公司，开通9条城乡公交线路和出租车，城乡公交通达率100%，行政村通达率64%。年末，客货运汽车拥有量1 940辆，其中营运客车100辆，1 848座位，比上年分别增长150%、143%；大型货车1 840辆4 254吨位，比上年分别增长26.9%、44.79%。成立昆武高速公路征地拆迁指挥部，启动征地工作。

2009年完成邮政业务总量314万元，比上年增25.4%。全县固定电话装机11 255部，比上年增长2.3%；互联网用户4047户，比上年增长39.79%。年末全县移动用户达8.86万户，比上年增长36.31%，其中：中国移动富民分公司7.76万户，中国联通富民公司1.1万户。

【科　技】　顺利通过全国科技进步县考核。争取省市资金176万元，实施科技项目11项，《平衡法分离粘接片的取片装置》等4件专利获国家知识产权局授权。举办“杨梅果蝇综合防治技术”、“葡萄栽培管理”等新型农民专题科技培训18期2 100人次，组织农村实用技术培训1.6万人次。编印科普宣传挂图35套、《农业科技系列丛书——核桃栽培技术》1万册。向农户发放“桃王九九”等7个果树新品种接穗

2 500余条。全年共培育农村科技示范户106户。组织评定农民专业技术职称37人。

【教　育】　全县各级各类学校89所，其中完全中学1所，初级中学8所，小学46所，幼儿园32所，教师进修学校1所，职业高级中学1所。各级各类在校学生23 215人，其中在校高中学生1 258人，高级职业中学在校学生209人，初中在校学生5 914人，小学在校学生11 740人，在园幼儿4 094人。小学适龄儿童入学率99.53%，毛入学率103.06%。少数民族学龄儿童入学率99.6%；适龄残疾儿童入学率98%，巩固率99.45%；初中阶段学龄人口入学率96.31%，毛入学率102.05%，初中在校学生年巩固率98.31%，辍学率1.89%。办学条件明显改善，农村中小学标准化学校建设竣工6所，在建5所，新增幼儿园5所。对323幢中小学校舍安全进行排查，拆除危房8 442平方米；投资5 099万元的富民中学开工建设。高考上线率86.6%，较上年提高5.6个百分点；中考总平均分在10个郊县区中排名第五；"三校生"上线率76.47%，比上年提高15.25个百分点。免除17 654人义务教育阶段学生学杂费，补助6 180名农村义务教育阶段寄宿制学生372.4万元。

【文化、体育、旅游】　努力打造"小水井苗族农民合唱团"这张名片。合唱团参加央视"2009年春节歌舞晚会"的演出。选送小水井苗族合唱团和6位选手参加昆明市青年歌手大奖赛，合唱团获合唱组一等奖，并代表昆明市参加省青年歌手大奖赛获铜奖。年内，合唱团还参加"中国聂耳音乐（合唱）周"活动、代表云南省参加在广州举行的全国农民合唱大会并获金奖。建成3个乡级文化站、17个村级文化室。县图书馆藏书28 332册，电子图书2万余册。组织实施农村电影"2131"工程和校园电影活动。积极开展全县文化"三下乡"活动。

举办2009年快乐周末足球联赛、县第八届妇女运动会、县第二届"杨梅杯"桥牌比赛、2009年全民健身日活动。组队参加市第七届老年人运动会，分别获双抠比赛团体县（区）组第一名，健身气功二等奖，健身球、健身操、太极拳扇三等奖。年内，还组队市"农民健身工程"农民篮球赛、市第九届少数民族传统体育运动会等各类比赛。组织举办"昆明市第三届四种健身气功交流展示通讯赛·富民赛区的比赛"；

制定《富民县旅游产业发展改革实施意见》，明确战略目标和发展方向。举办富民县2009年杨梅采摘系列活动，九峰山和散旦宝洞景区开发有序推进，完成投资2 300万元；投资140万元，实施小水井苗族风情村村容村貌提升工程。全年接待游客92万人次，旅游总收入9 100万元，分别增长12.2%和11%。

【广播电视】　广播电视事业快速发展，完成11个行政村有线电视光缆联网、7个自然村567户有线电视改造，县城数字电视整体转换工程稳步推进，建设"村村通"工程1个，广播、电视人口覆盖率分别达到100%和98.04%。全年自办电视节目共播出新闻1087条，专题38部、知识讲座108期、各类标语92条、影视剧1 090集，送省、市广电新闻媒体播出节目151条。

【卫　生】　加强县乡村三级卫生服务网络建设，新建散旦卫生院、永定卫生院分院业务用房，县医院购进国内最先进的德国狼牌腹腔镜、科瑞达钬激光、英国佳乐等离子等微创外科设备；争取经费，为73个村卫生室配置基本的诊疗设备；全县新型农村合作医疗参保农民121 710人，参合率99%，覆盖率100%。

加强计划免疫工作，以巩固和保持无脊髓灰质炎为重点，提高常规免疫接种率和接种质量。组织开展甲型H1N1流感疫苗接种工作，重点对教师、民警、交警、医务人员、公交车、出租车司机等人群进行接种。强化公共场所食品卫生监管，共下发卫生监督意见书49份。落实"奖优免补"资金143.2万元。

【精神文明建设】　在全县开展争创"昆明市文明县城创建工作先进县"、创建"昆明市文明小城镇"、"文明建设先进单位"竞赛活动，在村委会开展创建"十星级文明户"先进村委会竞赛活动。全年创建市省级文明单位10个、文明村6个；市、县级文明单位23个、文明村14个。表彰了11个县级文明单位，11个县级文明村，6个精神文明建设先进单位，6个精神文明建设先进个人。

【人民生活】　城乡居民生活水平稳步提高，城镇居民可支配收入14 709元，比上年增长10.4%；在岗职工工资总额272 499千元，人均年22 465元，比上年增长19.8%；农民人均纯收入4 931元，比上年增长12.9%。城镇居民人均住房面积40.55平方米，农村居民人均住房面积38.83平方米。

【社会保障】　新型农村合作医疗参合率99%，报销补偿309 706人次1 292.06万元；开发就业岗位1 004个，新增就业人员319人，城镇登记失业率3.32%，培训农村劳动力1.5万人，新增转移农村劳动力4 571人，实现转移收入2 590万元。社会保障覆盖面不断扩大，城镇职工基本养老保险参保4 883人，被征地人员基本养老保险参保1 865人，农村养老保险参保3 517人。养老、医疗、失业、工伤、生育和农村养老保险等险种参保人数达5.4万人，同比增长22.2%。落实各项支农惠农政策，兑现各类补贴资金1 205万元，发放小额贷款扶贫资金1 000万元，为443人发放首次创业"贷免扶补"、小额担保等贷款2 215万元，带动就业886人。年内解决绝对贫困人口1 120人的温饱问题。兑现家电下乡补贴3 517台81.6万元，汽车、摩托车补贴3 141辆394.6万元。开工建设廉租房1.5万平方米，发放租房补贴9.2万元。投入资金1 310万元，实施农村居民抗震加固工程2 430户。

【社会治安综合治理】　深入开展大接访大下访活动，进一步加强和规范"公开接待日"活动，县级领导班子成员带头，县、乡和县级各部门领导每月16日、29日定点公开接待来访群众。县委书记、县长公开接待日共接待来访群众783人次，受理群众信访件240件，办复率为100%。"12345"县长热线受理信访件81件，已全部办结。全县共接待群众来信来访750批次4 956人。积极组织党政领导干部大下访，密切党群干群关系，预防和减少集体访和越级上访。年内全县共发生集体访78起3 216人次，其中50人以上集体访11次。认真排查化解社会矛盾纠纷，全年共排查发现矛盾纠纷196件，已化解缓解142件，化解率72.4%。

年内各级人民调解组织共调解各类民间纠纷5 434件，调解成功5 431件，调解成功率为99%。人民法院加大民商事案件的调解力度，以调解方式结案437件，调解率为51.3%。在全县7个公安派出所建立治安民间纠纷联合调处接待室。在4所完中、2所完小中建立“人民调解室”和“家长学校”。妥善处置了黄坡村林地纠纷等6起群体性治安事件。

坚持“打早打小、露头就打，黑恶必除，除恶务尽”的原则，成功打处了两个初步成形的黑恶犯罪团伙，依法严惩了26名涉黑涉恶犯罪分子。打处其他违法犯罪团伙29个。全县共立刑事案件412件，破案226件，综合破案率为54.9%，与上年同期相比，立案下降1.9%，连续5年实现“命案全破”。检察机关共受理贪污贿赂犯罪案件线索8件9人，初查案件线索8件9人，初查后立案4件4人，均已侦查完毕并移送起诉；受理提请批准逮捕案件77件119人，审查后决定批准逮捕75件115人，批捕率为97.4%；办理立案监督案件4件；受理移送审查起诉案件113件213人，审查后决定不起诉1件1人，起诉率为99.12%。县法院共受理各类刑事案件109件220人，审结105件216人，结案率96.3%。

共破获外地毒品案件19件，抓获毒贩16人，缴获毒品5 759克，逮捕犯罪嫌疑人18人；共查获吸毒行政案件17起，强制隔离戒毒17人，行政处罚1人。加强对在册吸毒人员的跟踪帮教工作。

（李志宝）

宜良县

【年内大事】 1月28日，县委召开宜良籍在外工作回乡知名人士代表（副县以上）新春座谈会，共叙宜良发展大计。

2月24日，宜良县“乡鸭湖”项目顺利开工。该项目将充分利用花卉资源和水资源，全力打造“花乡水城”。

3月6日，省林业厅厅长陈玉候、市政府副市长李喜，市林业局局长张之亮等领导到宜良县调研核桃基地建设情况并检查指导森林防火工作。

3月20日，省政府文件批复，同意撤销宜良县南羊镇，其行政区域并入匡远镇。调整后的匡远镇管辖原匡远镇和南羊镇的行政区域范围，匡远镇人民政府驻地不变。

4月26日，马街乡被命名为第四批云南省生态乡镇。

5月6日，省政府文件批复，同意撤销宜良县竹山乡和马街乡，设立竹山镇和马街镇。撤乡设镇后，竹山镇和马街镇分别管辖原竹山乡和马街乡的行政区域，隶属关系和政府驻地不变。

5月25日，副省长和段琪率省直相关部门领导到宜良县调研环保工作。

5月25～28日，以“学习实践科学发展观，探索政协履职新途径”为主题的三省（区）十七县（市、区）第八届政协联谊研讨会在宜良县举行。

5月26日至6月2日，举办宜良县2009年旅游文化花街节。

7月14～15日，省农业厅副厅长汤克仁一行12人，到宜良县检查指导水稻高产创建和套种模式进展情况。

8月2日，省政协副主席陈勋儒到宜良县竹山乡调研。

8月19日，九乡国家级风景名胜区总体规划正式通过国务院批准。

8月21日，团中央书记处书记罗梅，在团省委书记饶南湖、团市委书记罗永斌等陪同下到宜良县调研基层团组织建设工作。

8月25日，宜良县召开全面启动二轮修志工作动员会。

9月10日，宜良一中举行新校区竣工（投资1.6亿元）暨开学典礼。

9月17～19日，县委、县政府在宜良一中新校区运动场，举行庆祝建国六十周年“万人高歌颂祖国”大型歌咏比赛。

10月13日，省政府办公厅发文，决定成立昆明阳宗海风景名胜区管理委员会（正处级），管辖范围为：呈贡县七甸乡、宜良县汤池镇、澄江县阳宗镇3个乡（镇）38个村委会。总面积546平方千米，人口约9.2万人。

10月29日，省委常委、昆明市委书记仇和，市长张祖林、市政协主席田云翔等一行率市委工作会与会人员及宜良县正科级领导参加了宜良县“宜园”开园仪式。

11月20日，云南华侨城项目开工仪式举行。国家旅游局局长邵琪伟、省政府副省长刘平、省政府副秘书长王俊强、市政府常务副市长李文荣等领导出席了开工仪式。

11月24日，昆明市县（市）区志办主任会暨县（市）区志办联席会在宜良县召开。

11月27日，云南省第十一届人民代表大会常务委员会第十四次会议审查通过了《昆明市九乡风景名胜区保护条例》。该条例由昆明市人大常委会公布，自2010年1月1日起施行。

12月8日，农业部蔬菜标准园创建活动云南启动仪式在宜良县华洲青美农产品加工有限公司隆重举行。

12月26日，宜良县召开第二届“十佳杰出青年、十佳劳动模范、十佳致富带头人”表彰大会。

【区划、人口】 2009年全县设6镇2乡，下辖133个村民委员会和4个居民委员会，906个自然村。土地面积1 913.53平方公里。全年常住人口42.9万人。非农业人口43 177人，占总人口的10.1%。主要少数民族人口3 765人，其中，彝族27 798人、回族5 103人、苗族2 303人。人口自然增长率3.46‰。城镇化率37.9%。

【经济综述】 2009年县域生产总值（GDP）完成82.33亿元，比上年增13.7%（按可比价计算），其中，第一产业24.45亿元，比上年增9.2%；第二产业25.08亿元，比上年增23.2%；第三产业32.8亿元，比上年增10.2%。三次产业结构比为29.70∶30.47∶39.83。非公经济占GDP的49.3%。

【农、林、牧、渔、水】 2009年实现农林牧渔业总产值37.13亿元，比上年增11.4%（可比价），增加值24.45亿元，比上年增9.2%（可比价）。粮播面积32 541公顷，比上年增0.1%，粮食总产18.84万吨，比上年增4.2%，其中：水稻8.3万吨，比上年减1.9%；包谷5.52万吨，比上年增0.7%；小麦1.28万吨，比上年增55.4%；蚕豆1.36万吨，比上年7.5%。全县烤烟种植面积9.12万亩，收购烟叶29.1万担、1.36万吨，收购总值2.39亿元。蔬菜种植面积16.17万亩，产量22.31万吨，比上年增3.7%。花卉种植面积1 596公顷，比上年增54.7%。水果产量5 656吨，比上年减3.3%。2009年农田水利基本建设计划550件，完工551件，完成投资1.6亿元，受益面积6.9万亩。投资2 300万元建成农村人畜饮水工程74件，解决4.4人、1.3万头大牲畜的饮水困难问题。年末农业机械总动力3.09亿瓦特。拥有大中型拖拉机468台、小型及手扶拖拉机5 048台、联合收割机19台、机动脱粒机1.78万台。农村用电量9 455万度，比上年增4.4%。化肥施用量（纯量）18 073吨，比上年增1.2%。农膜使用量1 095吨，比上年增2.9%。农药使用量508吨，比上年增2.8%。

年末生猪存栏28.68万头，比上年增4.6%；肥猪出栏61.66万头，比上年增11.3%。养鸭1 920万只，比上年增5%；出栏商品鸭1 586万只，比上年增5.1%。奶牛存栏13 157头，比上年减11.9%。牛奶产量3.541万吨，比上年增6.5%。大牲畜存栏7.66万头，比上年增2.3%；大牲畜出栏1.48万头，比上年增11.2%。羊存栏9.45万只，比上年增3.0%；羊出栏6.36万只，比上年增16.9%。肉类总产8.36万吨，比上年增10.7%。禽蛋产量0.28万吨，比上年增13.4%。水产品产量0.93万吨，比上年增14.8%。

完成农村劳动力转移培训13 314人，转移就业10 665人。认真落实创业带动就业政策，全县完成了232人的放贷任务，放贷金额达1 160万元。2008年，市委批准宜良县实施新农村整村推进建设项目，涉及15个村委会68个自然村，共投入建设资金8 434.02万元，在2009年7月份市委组织的验收考评中均被评为优秀。

完成辖区绿化5 071亩；完成珠江防护林工程8 000亩；完成退耕还林5 000亩；完成县城面山造林1 950亩补植补造；完成样板林250亩；完成核桃基地种植1万亩、种苗地建设7 000亩；引种美洲黑杨1 300株，义务植树139.6万株。全县森林覆盖率达46.2%。

【工业、非公经济】 2009年全年完成工业总产值50.89亿元，比上年增8.3%（现价），其中，规模以上工业企业完成38.75亿元，比上年增9.6%。全县完成工业增加值18.02亿元，其中，规模以上工业企业完成增加值13.72亿元，比上年增28.4%（可比价）。主要产品：原煤195.98万吨，比上年增3.5%；配混合饲料1 110吨，比上年减97.9%；乳制品1.67万吨，比上年减11.1%；服装37.26万件，比上年减16.2%；化肥（折纯）10.97万吨，比上年减28.2%；水泥178.51万吨，比上年增50.1%；发电量54.39亿千瓦小时，比上年增57.5%；自来水产量647万吨，比上年增20.5%；生铁11.82万吨，比上年减5.9%；钢材14.02万吨，比上年增减7.6%；硫酸（折纯）4.44万吨，比上年减64.3%；白酒912.9万升，比上年增86.2%；砖28 427万块，比上年增17.6%；机制纸及纸板7.78万吨，比上年增9.1%。建筑业产值16.64亿元，比上年增50.6%。

非公经济不断壮大，全县私营企业822户，注册资本10.87亿元，用工人数1.4万人；个体工商户1.32万户，从业人员2.14万人，注册资金3.31亿元；内资企业362户，注册资金21.93亿元。乡镇企业数量1.41万户，从业人员4.9万人，营业收入65.94亿元，比上年增10.3%；增加值完成15.52亿元，比上年增12.32%；上缴税金7 494万元，比上年增11.53%。

【交通运输、邮电通信】 2009年，汇东东路BT项目共完成总投资8 336万元，2010年元旦竣工通车。年末机动车拥有量61 217辆，比上年增12 017辆，增长32.5%。全年完成货运量421.76万吨，完成货运周转量3.41亿吨/千米，客运量261万人，完成客运周转量14 168.5万人/千米。

邮政实现业务收入659万元，比上年减1.07%，完成业务总量680万元，比上年减1.02%。物流多元化配送，实现较好的经济和社会效益。电信业实现业务收入3 328万元，比上年增21.28%。全县固定电话用户2.94万户，比上年增12.82%；移动（CDMA）用户1.76万户，比上年增3.33%；宽带网用户达9 600户，比上年增37.2%。3G基站总数达到13个，已形成3G移动网，已覆盖县城、汤池、阳宗海片区和九乡风景区。移动基站总数已达159个，比上年增29个，实现业务收入9 256万元，比上年增长19.7%；移动用户近19万户，比上年增长26.7%。中国联通通讯基站总数达124个，比上年增52个，实现营业收入2 200万元，比上年增长10.0%；用户达7.5万人，比上年增长25.0%。

【城市规划、建设、环保】 组织编制了《东城新区8平方公里控制性详细规划》、《千亩人工湖景观规划》、《南盘江景观设计》等三个规划，6月通过专家评审；协助工业园区分期启动《宜良县工业园区食品加工区控制性详细规划》。

建成区绿地总面积为287.03万平方米，绿化率36.80%，绿化覆盖率41.21%，人均公共绿地面积9.68平方米。建设工程总投资4.53亿元，完成房屋建筑施工面积146.84万平方米。投资5万多元，从395库将水引至第四自来水厂，确保饮水安全，实现供水211万立方米；投资900万元，铺设供水管道9.63公里，建成了从白羊山水库的引水工程，及时缓解了县城的供水压力。

县城的污水处理厂已开工建设。县城区环境空气质量达到国家二级标准，全年无酸雨出现，集中式饮用水源地水质达标率为100%，南盘江出境水质优于往年。县城区环境噪声达综合二类标准，烟尘控制区覆盖率达100%，工业废水排放达标率达100%，工业废气排放达标率达100%，工业固体废物处置率达99%。

【商贸、招商引资、旅游】 全县实现社会消费品零售总额16.59亿元，比上年增27.5%，其中，公有制经济达到0.49亿元，比上年增4.5%。非公有制经济达到16.09亿元，比上年增28.4%。实际利用外资1 483.6万美元，实际到位市外内资19.55亿元人民币、市内县外内资19 551万元人民币。旅游网点全年共接待游客184.94万人次，实现经济总收入3.69亿元，比上年增21.6%。

【财政、金融】 全年财政总收入6.54亿元，比上年增15.3%。其中：基金收入完成2.18亿元，比上年减49.5%；县级地方一般预算收入3.83亿元，比上年增15.7%。全年县级地方财政总支出11.32亿元，比上年减7.8%。其中，县级地方一般预算支出8.42%亿元，比上年增19%。

年末金融机构各项存款余额72.25亿元，比上年增17.18%，其中：企业存款余额13.66亿元，比上年减3.05%；储蓄存款余额51.41亿元，比上年增22.1%。金融机构各项贷款余额34.45亿元，比上年增11.8%。全年金融机构现金收入138.33亿元，比上年减4.03%；现金支出137.82亿元，比上年减2.7%；货币净回笼0.51亿元，比上年少回笼1.99亿元。

【科　技】 全年实施科技项目17项，其中：省级4项、市级13项。创建科技示范村9个。支持滇中粮贸公司与武汉大学合作，研究并试制成功的胚芽米已经投放市场。积极组织选送1 216件科技创新作品参加第24届青少年科技创新大赛，有358件作品获奖，其中国家奖1件、省奖21件。申请专利16件，授权4件，办理专利资助5件。

【教　育】 全县共有学校143所，中小学在校生62 984人，其中：小学在校生36 727人，入学率达100%；初高中（含职中）在校生25 279人。初中毛入学率达101.56%。教职工总数达3 404人，学校共有计算机2 341台、图书91.18万册，教育基础设施得到了进一步加强。幼儿教育发展步伐加快，全县共有幼儿园46所，3～6岁幼儿在园人数1.25万人，幼儿入园率达87.27%，教职工总数达458人。异地新建宜良一中：建设规划总用地279.56亩，总建筑面积为65 384平方米，总投资16 303万元，办学规模为90个教学班，分期建设。2009年8月竣工，9月学校顺利搬迁到新校区招生开学。2009年启动北古城一中等14所标准化学校建设。完成了宜良二中等七所学校的校长公选工作。完成了义务教育阶段教师的绩效工资的发放工作。申报了13个市级课题、1个省级课题、2个国家级课题。宜良县被评定为云南省的教育先进县。

【卫　生】 全县参加新型农村合作医疗人数达到了35.57万人，“参合率”达99.51%。2009年“新农合”共报销68.33万人次，减免金额3 619.5万元。医疗卫生条件得到进一步改善，全县各类卫生机构共计拥有病床位1 259张，专业卫生技术人员884人，其中，医生人数达409人。落户宜良的民营安康医院已于10月营业。

【文化、体育】 文化体育事业蓬勃发展。2009年投资309万元建设文化站6个，建筑总面积3 121平方米；投资468.65万元建设30个文化室，建筑总面积5 694平方米；投资40万元建设农家书屋19个；投资60万元完成农民体育健身工程点建设15个。全年放映广场电影54场，放映农村电影1 688场。举办了万人高歌颂祖国、旅游文化花街节、烤鸭美食节等大型文化活动。

年内县志办编纂出版了《宜良县第二轮修志工作手册》，协助统计局、扶贫办、老体协分别组织编纂出版了《奋起的历程，辉煌的成就》、《扶贫开发硕果累累，新农村建设谱新篇》、《花乡水城夕阳红》三本画册，指导并帮助马街镇新庄村（自然村）出版了《新庄村史》一书。

【广播、电视、网站】 广播电视宣传再创新业绩。精心筹划自办节目，共播出本地新闻2 112条，制作教育改革、国土资源等方面的专题、汇报片16部。大力拓展网络建设事业，完整转播中央人民广播电台、中央电视台和云南省、昆明市台节目及其他省、市卫星电视频道共1套广播节目和28套模拟电视节目，数字电视信号传输101套节目。全县拥有广播电台1座，电视台1座，广播覆盖率99.5%和电视覆盖率98.4%，覆盖全县的光缆干线网已达972.88杆公里，年末有线电视用户数达7.9万户（包括模拟电视6.7万户和数字电视1.2万户），营业收入突破700万元。

【人民生活】 2009年城乡居民收入和生活水平进一步提高。城镇居民人均可支配收入达16 260元，扣除物价指数后实际增长9.79%。农民人均纯收入达5 240.96元，扣除物价指数后实际增长13.35%。下岗失业人员实现再就业423人，新增城镇就业人员1 015人，城镇登记失业率控制在2.46%以内，完成农村富余劳动力转移就业10 665人。城镇居民基本医疗保险参保人数为21 524人；城镇职工基本医疗保险共有参保单位289家，参保职工22 792人，全县参统离休干部105人。全县享受优抚救济定期补助的民政服务对象22 144人，全年共拨付优抚安置资金471.6万元，救灾救济资金1 139.7万元，城市低保资金691万元，农村低保资金442.8万元，发放城乡医疗救助金174.1万元，救助城乡困难群众6 963人。扶贫开发扎实有效，对全县32个整村推进项目建设进行了县级验收，全县90家对口支农单位有86家组织干部职工629人次相继到贫困村开展了帮扶工作，共投入资金113.4万元，有力促进农村经济发展。全年实现了1 600人的绝对贫困人口脱贫任务，巩固和提高了3 780人低收入人口的生活水平。

【精神文明建设】 全县开展了理想信念、以爱国主义为核心的民族精神和以改革开放为核心的时代精神教育。继续开展“平安创建”、“巾帼文明岗”、“青年文明号”、“工人先锋岗”、“文明单位村共建”、“军（警）民共建”等创建活动，以创建促发展。全年创建省级文明单位（村）22个，市级文明单位（村）22个，县级文明单位（村）29个。

【社会治安综合治理】 司法工作，全县共调处各类纠纷2 582件，调解成功率为96%。办结各类援助案件75件。全县律师办理案件221件，为当事人避免经济损失550万元，挽回经济损失300万元。公安工作，县城监控摄像头增至606个。全年刑事案件立案1 709件，破942件，命案全破；破获毒品犯罪案25件，缴获毒品10.134千克，强制戒毒65人，打掉涉恶团伙3个，逮捕299人。治安、行政案件受理2 580件，查处2 081件，处罚违法人员442人。处理各类道路交通事故1 573起，死43人，伤579人。查处交通违法行为14 950起，行政拘留醉驾9人。检察工作，反贪污贿赂立案侦查5件6人，为国家、集体挽回经济损失122.77万元。受理公安机关提请批准逮捕案件186件368人，经审查，批准、决定逮捕152件283人，不批准逮捕32件78人。依法监督公安机关立案7件33人，已判决2件5人。配合公安机关开展打黑除恶专项斗争，受理团伙案件39件201人，批准逮捕160人，不批准逮捕41人。法院共受理各类案件2 103件，其中，受理刑事、民商事、行政案件1 494件，审结1 214件；受理执行案件（含旧存48件）653件，执结264件。

（赵　兴　王兴荣）

嵩明县

【年内大事】 1月21日，嵩明县召开2009年新闻媒体座谈会。中新社、经济日报、法制报、云南日报、昆明日报、昆明电视台等10余家中央、省市新闻媒体参加座谈会。

2月13日，市委书记仇和、市长张祖林率市级四班子成员调研检查冷水河。

2月25日，市人大常委会主任李培山、副主任田翎率市人大检查组到嵩明县检查杨林工业园区建设情况。

3月，嵩明县文化馆被国家文化部命名为国家三级文化馆，小街镇被国家文化部命名为“龙狮之乡”，成为全国963个中国民间文化艺术之乡中的一员。

4月14日，嵩明县举行杨林工业园区新材料产业基地项目暨云南省嵩明职教基地和县城基础建设项目开工仪式。省委常委、市委书记仇和，昆明理工大学校长周荣，市人大常委会主任李培山，市政协主席田云翔等领导出席开工仪式。

4月21日，云南省教育厅厅长罗崇敏带领各处室负责人到嵩明县调研职教基地建设情况。

5月5日，省人大视察组在省人大常委会副主任杨保建的率领下对嵩明职教基地规划建设和县职业中学及实训基地情况进行视察。

6月10日，副省长孔垂柱带领省政府副秘书长白建坤、省农业厅厅长段兴祥和省水利厅厅长周运龙到嵩明县调研农业农村工作，副市长李喜及省市县农业、林业、水利部门有关领导陪同调研。

6月12日，省政协主席王学仁、省政协秘书长车志敏到嵩明县杨林工业园区、职教园区和县城，就嵩明县县域经济发展进行调研。

6月24日，云南省高级人民法院院长许前飞等一行到嵩明县调研基层法庭工作。

7月7日，仇和、黄云波、廖晓珊等市领导率有关部门负责人到嵩明县职教基地调研。

8月17日，国家统计局及省、市统计部门领导深入嵩明县职教基地、杨林镇对招商引资、固定资产投资统计等工作进行检查指导。

8月28日，副省长高峰率省教育厅、省人事厅、省发改委等相关部门负责人到嵩明职教基地调研民办学校办学情况。

9月1日，嵩明县政府托管官渡区涉及嵩明职教基地部分用地移交仪式在昆明市政府举行，嵩明县与官渡区正式签订用地移交协议书。

9月2日，省军区政治部副主任、省双拥办副主任郭增奎率省、市双拥办组成的军地联合检查考核组对嵩明县申报省级“双拥模范县”工作进行检查考核。

10月14日，市长张祖林率规划、发改委、交通、土地等部门相关负责人到嵩明县调研工业园区、职教基地建设，并现场办公解决建设中存在的问题。

10月15日，省政协主席王学仁，省委常委、常务副省长罗正富，省政协副主席白成亮、秘书长车志敏等一行100余人到嵩明县对牛栏江—滇池补水工程实施情况进行视察。

12月8日，燕京啤酒集团年产40万吨啤酒生产基地项目在杨林工业园区破土动工，仇和、张祖林、杨远翔、李培山、田云翔和燕京啤酒集团有关负责人及嵩明县四班子领导出席开工仪式并共同为项目开工培土奠基。

12月28日落户职教基地的云南北美职业学院、云南大学滇池学院、昆明医学院海源学院、云南外事外语职业学院和汇尔佳超市举行开工仪式，省政协主席王学仁，省委常委、市委书记仇和等省、市领导及嵩明县四班子领导出席开工仪式并为项目培土奠基。

【区划、人口】　2009年全县辖5镇2乡，106个村（居）委会，783个村民小组，651个自然村。总人口362 300人，比上年增2 548人。其中男性182 404人，女性179 896人。农业人口327 543人，非农业人口34 757人。少数民族人口25 522人，其中回族17 012人，彝族3 609人，苗族3 490人。全年出生人口4 463人，死亡1 915人，人口自然增长率6.1‰。

【经济综述】　2009年完成生产总值38亿元（现价），增长13.2%（可比价）。其中第一产业完成9.9亿元，比上年增长7.1%，第二产业完成17.8亿元，比上年增长15.5%，第三产业完成10.3亿元，比上年增长13%。三次产业结构比为26∶47∶27。规模以上工业增加值完成6.55亿元，增15.2%。财政收入创历史新高，完成5.4亿元，增36.4%，其中一般预算收入完成3 029亿元，增长43.5%。全社会固定资产投资完成29.9亿元，增长70.85%。其中，工业固定资产投资13.1亿元，增38.2%。社会消费品零售总额完成13.84亿元，增19%。城镇居民人均可支配收入15 358元，增长11.4%；农民人均纯收入4 686元，增长12.6%。全县金融机构存款余额达55.68亿元，增28.9%；贷款余额26.12亿元，增23.4%，存贷比为46.91%。

【农　业】　坚持“三化”化“三农”、带“三农”、服务“三农”的政策和措施，全面落实各项支农惠农政策，使农业农村工作取得了新成效。农业总产值完成17.49亿元，增长12%。粮食总产12.37万吨。烤烟收购总值1.66亿元，实现烟叶税3 651万元。畜牧业产值6.43亿元。种植蔬菜14.007 3万亩，产值2.4亿元。种植花卉17 024亩，产值2.03亿元。种植雪莲果1.46万亩。种植反季蚕豆5 500亩。种植水果19 880.5亩，产量1 215吨，实现产值243万元。肉类总产39 118.4吨，畜牧业产值6.43亿元。渔业产量9 100吨，增12.3%。引进农业龙头企业2家，申报农业龙头企业13家。发展农村经济合作组织达22家，种植无公害蔬菜10.15万亩。

2009年，完成集体林权制度改革主体工程，投入扶贫开发资金1 474.5万元。启动实施11个省级重点村、2个“整村推进”工程，完成村级公益事业建设“一事一议”财政奖补项目200件，发放各种农业补贴2 748.03万元。完成土地流转0.73万亩。培训转移就业劳动力1.29万人，实现转移收入1.2亿元。

全面完成造林预整地5 880亩，完成面山绿化造林5 880亩，植树65.85万株，占计划任务4 900亩的120%。种植银杏7 190株，面积近169亩，占计划任务的100%。冷水河开挖植树塘1 248亩，9.235万个，累计栽植苗木1 248亩，9.235万株。牧羊河累计栽植苗木3 359.14亩，24.86万株。完成苗木基地建设2 270亩。“五采区”植被恢复完成120亩，植树0.9万株。天保工程完成3.3万亩，其中人工造林1.3万亩，封山育林2万亩。义务植树完成98万株。完成经济林种植16 823亩，其中，核桃12 009亩，竹子4 814亩。

年内，共完成农田水利基本建设工程311件，新建麻箐水库及西冲河、三家村等水库，除险加固主体工程全面完成。全县水利化程度达78.87%，解决了67个自然村5.2万人的饮水安全问题。完成建制村公路建设55.3千米。实施地质灾害异地搬迁148户，完成农村居民地震安全工程1 650户。

【工　业】　深入实施“工业强县”战略，强势推进杨林工业园区建设，工业经济发展取得新突破。完成了东环路一期、天水路一期和南环路等道路建设，景观大道一期、北干道工程建设进展顺利；完成麦地塘变电站建设及电力线路迁改工程，污水处理厂建成并投入使用。熟地供应能力不断提高，预收储土地5 394.72亩，完成“五通一平”2 545.26亩。园区经济总量不断增大，投产企业达55户，其中，规模以上企业38户，实现规模以上工业增加值5.76亿元，完成工业固定资产投资6.55亿元，园区地方财政一般预算收入2 334万元。全县规模以上工业企业达49户，工业总产值达65亿元，增30%。

全县非公经济增加值达21.11亿元，同比增长27.44%，完成目标任务数20.2亿元的101.18%。非公经济共有从业人员59 950人，新增0.36万人，完成目标任务数59 400人的100.93%。获“昆明市优秀非公企业家”荣誉3人，获“昆明市20佳成长型中小企业”1户。

【招商引资】　全年引进亿元以上的工业项目32个，其中亿元工业项目13个，开工6个，竣工并试生产2个。招商引资到位资金35.2亿元，其中市外内资18.5亿元；市内县外资金16.7亿元，实际利用外资2 265.5万美元。景润食品（“王老吉”）、魅力欧亚等项目建成投产，云南名永硅业、燕京啤酒等一批项目开工建设，使招商引资有了新的突破。全年共向上争取资金7.31亿元，增91.7%，27项中央扩大内需项目陆续建成并投入使用，4个县级投资公司融资到位7.52亿元，增303%，增强了县域经济的发展活力。

【交通、邮政、电力】 加强道路建设，规范道路管理。年内实施建制村公路路面硬化里程55.642千米。在市交通局的大力支持下，对全县115.528千米县级道路警告标识、道钉减速带等的新设、增设。年内在嵩阿路、军长路及部分乡道、村道共栽行道树72 341株。至2009年底，全县各类公路达1 360.555千米，其中国道206.7千米，县道115.528千米，乡道702.16千米，村道336.167千米。

邮政业务不断创新，获得了较好发展。年内，实现邮政收入433.22万元，完成年计划任务的101.22%，同比增长15.58%。嵩明供电有限责任公司全年完成购电量27 937万千瓦时，同比增长5.80%；完成售电量27 085万千瓦时，同比增长7.22%。企业综合效益稳步增长，主营业务收入为13 401.6万元，同比增长7.44%；缴纳税费1 307.78万元，同比增长-7.71%；实现利润347.43万元，同比增长209.43%。

【财税、金融】 国税局完成国税收入2.3亿元，同比增长26.07%，增收4 769万元，完成市局下达确保目标任务22 750万元的101.36%。其中组织增值税、消费税“两税”收入1.98亿元，同比增长25.28%，增收4 001万元，完成市局下达确保目标任务19 980万元的99.23%。

地税局完成地方税费收入32 885万元，其中：地方税收入库24 180万元，比上年同期增收5 294万元，增长28%，完成市局年初计划20 770万元的116.4%，超收3 410万元。县级收入入库20 415万元，同比增收4 291万元，增长26.6%，完成县政府任务19 628万元的104%，超收787万元。组织规费收入达8 705万元，五个险种平均征收率为98.15%，比上年同期82.1%上升16.05个百分点。

2009年，全县地方财政收入完成54 036万元，完成预算调整数的100%，比上年增14 419万元，增36.4%。其中，全县地方一般预算收入完成32 876万元，完成预算数的100%，比上年增9 969万元，增长43.5%。地方一般预算支出90 721万元，（其中，市级专款支出58 301万元），完成预算数的100%，比上年增19 449万元，增长27%。全县政府性基金预算收入完成36 690万元，完成预算的100%，比上年增34 412万元，增长1 510.6%。全县政府性基金预算支出完成37 630万元（其中，县级资金支出36 273万元，市级资金支出1 357万元），比上年增33 554万元，增长823.2%。

2009年12月末，全县金融机构各项存款余额为556 770万元，其中，储蓄存款289 755万元。各项贷款余额261 165万元，其中，农业贷款152 695万元。现金投放64 318万元。

【教　育】 年内，出台了《嵩明县中小学教育教学质量综合评价方案》，实施“532素质提升”工程（对中小学教育教学质量的评价，50%考评文化课，30%考评音体美及文明素质，20%考评巩固率）。教育教学质量稳步提升，高考上线率达93.96%，比上年上升了8.68个百分点，其中本科上线率达45.84%，比上年上升了2.33个百分点。文科上线率排全市第一名。年内，公推直选20名教育系统后备干部，公选校长2人。遵循“规划先行，主动争取，规范程序，强化管理，确保质量”的原则，把实施中小学布局调整、危房改造工程与农村中小学标准化学校建设相结合。新建农村中小学标准化学校16所，新建希望小学4所，申报2010年建设项目15所。新增教学用地680.25亩，新建校舍142 343平方米，排除D级危房14 760平方米，总投资36 079.95万元。大力争取上级资金支持，到位资金26 084.27万元。推进民办教育，新建康乐贝幼儿园、七彩童年幼儿园、蓓蕾幼儿园、牛栏江镇新凤幼儿园。加强学校设施安全，搞好排危工作。争取上级排危资金834万元，完成了对全县所有中小学、幼儿园的学校选址安全和校舍单体建筑安全排查。年内，全部拆除进入GIS系统的D级危房17 048平方米。积极组织学生参加各项文体活动，在昆明市举行的中学生自行车场地计时赛中，取得了团体总分第一名的好成绩。

【科　技】 年内，组织《云南香茅油深加工及提质增效工艺产业化开发》等6个项目申报云南省非公经济专项资金项目，组织《高比能胶体型太阳能储能铅酸电池的开发》3个项目申报昆明市中小企业项目，已批准立项4项，争取资金扶持120万元。在牛栏江镇小新街集镇实施“绿色光亮工程”，安装太阳能路灯30套。以水稻新品种云光101、云光109号、云光12号和滇优34号为主，在全县实施水稻高产创建示范2万亩。在水源区建核桃砧木苗繁育基地35.8亩，引进早实核桃新品种3个，即：云新高原、云新云林、云新306。推广种植早实核桃14 000亩左右，示范带动20 000多亩。专利申请4件，授权5件。开展知识产权宣传及科普宣传活动，开展的各类种、养殖实用技术、市场营销等方面知识的培训256期，培训31 000人次。其中由科技局牵头开展的“农函大”培训32期，培训学员1 520人。开展“科技示范工程”，科技对经济增长点贡献率达56.2%。

【卫生、计生】 卫生、计生工作进一步加强，医疗卫生服务和保障体系进一步完善，重大疾病和重大传染病得到有效防治。组建嵩明县第二人民医院。嵩阳镇卫生院转型为社区卫生服务中心。新建卫生院住院部2个，改扩建县卫生院5个。完成了2004年10月1日以后至2009年12月31日期间退岗乡村医生的清理工作。成立了嵩明县新型农村合作医疗管理中心。全县减免报销新农合基金达到3 809.06万元，年基金使用率超过了100%，共计54.9万人次门诊患者、2.8万人次住院患者受益。年内，接处突发事件报告23起，其中学校报告传染病疫情19起，其他4起，处置率达100%。成立嵩明县卫生局卫生执法监督局，加强卫生监督。创建“国家卫生城市”工作已通过省考核验收。

年内，严格落实计划生育基本国策，加强流动人口计划生育管理，完成了5个计生服务站（所）建设。落实“奖优免补”奖励补助及独生子女保健费资金合计179.356万元。

【广播、电视】 2009年开办了《嵩明视点》、《倾注三农》、《嵩明计生——给您讲一个故事》等自办和包装栏目；开办了《创建省级园林县城》、《建美好和谐家园》等17个专题栏目；专题报道《嵩明视点》18期；先后与县电力公司、县纪委、县委组织部、县计生局合作开办了各类专题栏目，分别播出20多期。年内，完成滇源镇金钟、迤者、阿子营乡朵格三个行政村“村村通”广播电视工程；完成了机房数字电视QAM调制器等相关设备的安装调试和验收，并完成了光缆的迁移、拆迁、铺设，为数字电视整体转换的实施打下基础。推广数字电视，县城数字电视整体转换覆盖面达70%。

【文化、体育】　文化设施进一步加强，完成信息共享工程县支中心和6个基层试点，建成5个综合文化站、31个村级文化活动室、13个农家书屋；新建农民健身点15个。

年内，县支中心电子阅览室接待读者3 500人次，多媒体播放100余场次，放映科技教育片、故事片100余部，服务读者5 000余人次。文体局为农家书屋发放政治经济、科学技术、生活文化等类图书和音像制品18 157种23 382册，总价值28万元，惠及全县5万多农村群众。"嵩明丰泽植物园"、"嵩明历史资料陈列室"及"灵云山书刻园"成为挂牌博物馆。"嵩明县非物质文化遗产保护中心"挂牌成立。

年内，"四下乡"活动中，为群众义务书写春联400余副，赠送图书2 000多册，免费放映电影30余场次，专题演出7场。春节期间，组织开展文艺汇演、龙灯踩街表演、卡拉OK比赛、篮球赛、拔河赛、书画展览等文体活动，全县共120余支业余文艺演出队及60多支龙狮表演队演出1 000余场次。国庆期间，组织了"爱国歌曲大家唱"、"红歌嘹亮庆国庆"、"庆祝新中国成立60周年文艺晚会"等活动。

一年来，县电影公司为农民群众免费放映电影1 310余场次。文体局创作了《团场》、《喜迎春》、《苗族舞》和《看花灯》4个广场集体舞，推进全民健身运动的开展。全年复查文物50余项，登记新发现文物150余项。全年共采取集中行动19次，取缔黑网吧7家，扣留电脑设备59台（套），收缴赌博游戏机22台。聘请了13位"五老"网吧义务监督员，对全县网吧经营场所进行监督。检查出版物经营户7家、音像制品经营户23家，并对照205种低俗音像制品目录进行认真检查。

年内，举行了2009年"迎新春环城赛跑"活动；举办了嵩明县第二届职工综合运动会，31支代表队近1 000人参加多个体育项目的比赛。组队参加了昆明市中学生自行车场地计时赛，获得5个第一名、5个第二名、4个第三名及团体总分第一名的好成绩。组织参加市第九届"民运会"，荣获奖牌16块，其中柏莹获武术项目棍术第一名，实现金牌零的突破。

【城建、环保】　年内，完成县城城市设计方案、法界寺银杏郊野公园、牛栏江集镇规划等30多项规划设计工作。办理建设项目选址意见书26宗，出具规划审查意见52宗；办理建设用地规划许可证150宗，出具用地规划条件161宗；办理建设工程规划许可证143宗，办理临时建设工程规划许可证3宗，出具建设工程方案审查23宗，办理工程竣工验收13宗。对6宗不符合规划的房地产项目发出整改通知并作罚款处理；发出停工通知58宗、拆除通知12宗、拆临拆违通知13宗，现场制止违法建筑25宗。完成西街延长线、秀嵩街延长线、环城西路、玉明路北延线、玉龙路、迎春路、兴云路、武侯路8条道路共计10.26千米的建设。完成县城垃圾中转站及公厕项目工程7个。以城市园林绿化为重点，开展了银杏广场、河滨公园二期、法界寺银杏郊野公园、毓秀公园等建设，建成区（4.41平方千米）新增绿地面积为50.4万平方米，绿地率为35.8%，绿化覆盖率为40%，人均公共绿地14平方米。

年内，全县共有25家建筑企业，其中二级总承包企业11家。房地产开发企业由原来的13家增加到19家。注册资本金总额410 643万元，企业净资产50 789万元，主要有兰茂上居、万年花城、兴旺苑、滨河苑二期等房地产开发建设项目，在建项目共计51.2万平方米。完成120项建设项目的招投标工作，建筑面积约85万平方米，总投资规模为110 691.285万元。办理质量安全监督手续84项，建筑面积850 772.51平方米。完成220套廉租房建设任务，建筑总面积11 000平方米，总投资1 980万元。启动数字城管工作，"国家级卫生县城"、"省级园林县城"创建分别通过省市级初验。

坚持"生态立县"战略，推进生态环境建设。编制了《嵩明生态县建设规划》、《嵩明县大石头水库水源地环境保护规划》。严控高污染高能耗企业产生，规模以上工业企业万元增加值能耗下降9.5%以上，化学需氧量、二氧化硫指标均控制在总量范围以内。年内，共审批建设项目93个，项目总投资143 185万元，其中环保投资10 536.8万元，核发排污许可证40家，换发排污许可证15家，年检排污许可证58家。开展环境整治专项行动和违法排污"零申报"活动，对牛栏江沿线污染源进行排查，启动大石头水库、上游水库等水源保护治理工作，实现了冷水河、牧羊河绿化"零申报"。实施竹子、芦苇、柳树、经济林果和村庄景观绿化"五大"工程建设，完成面山造林5 880亩、义务植树98万株、封山育林2万亩、人工造林14万亩，种植特色经济林2.2万亩，"五采区"植被恢复120亩。抓好拆临拆违拆迁、建绿透绿补绿和环境卫生整治工作，累计拆临拆违9.5万平方米，拆迁2.06万平方米，建绿透绿3.15万平方米，完成了"零申报"目标任务。

【精神文明建设】　紧紧围绕"庆祝新中国成立60周年"系列活动，开展提升公民文明素质的"八大工程"，组织开展"嵩明县'扫黄打非'净化社会文化环境活动"，坚持街、道长"门前三包"负责制，加快"创园"步伐，广泛开展文明生态村、卫生村、小康村、文明小城镇、星级文明村委会、星级文明村民小组、星级文明户等创建活动，大力推动新农村建设。年内，完成"三级"文明单位（村）推荐、申报、考评工作。其中，省级12个文明单位和4个文明村已通过考评、公示，待省政府命名表彰；市级文明小城镇1个、文明单位14个、文明村4个，县级14个文明单位、6个村（居）委会、105个村（居）民小组已考评、公示结束，待命名。

【社会治安综合治理】　围绕"保增长、保民生、保稳定"的总体要求，切实开展社会治安综合治理工作。深入开展"打黑除恶"等专项行动，深入开展禁毒防艾和取缔邪教组织工作，深入开展普法和纠纷治乱等工作，坚持处理信访问题及群体性事件联席会议制度，全面开展领导干部接访、下访、回访活动，群众安全指数进一步提高，法律意识不断增强，信访案件逐步下降，全年接处信访案件5 125件次，比上年下降12.6%；受理调解民间纠纷2 182件，调解成功率98.4%。安全主体责任得到落实，防范措施到位，道路交通、消防、食品药品和生产安全事故明显减少。

2009年全县共立刑事案件846起，比上年同期下降9.13%；破获刑事案件653起，破案率为77.19%；抓获违法犯罪嫌疑人670人；查获犯罪团伙55个；发生命案11起，破获10起，破案率为90.91%；破获毒品案件24起，抓获贩毒嫌疑人26人，缴获毒品5 547克。受理治安案件1 207起，查处1 116起，查处率为92.46%。

检察机关共受理提请批捕案件202

件311人，同比分别上升了23%和10%；审查后决定批捕181件276人；受理移送审查起诉案件227件361人，同比分别上升49%和下降34%，审查后向县法院提起公诉182件292人，作出不诉决定2件2人，上报市院审查起诉24件38人。

人民法院全年共受理各类诉讼案件1 842件，其中刑事案件242件，实时结案203件；受理民事案件1 219件，实时结案877件；受理行政案件4件，结案4件；受理新执行案件377件，实时执结245件；人民陪审员参与审理案件92件；执结积案718件，结案率100%。

【社会保障】 社会保障体系逐步完善，社会保障水平不断提高。年内，为60岁以上的农村老人（其子女参加农村养老保险）每人每月发放55元的养老金。开发就业岗位4 043个，完成市下达目标任务2 010个的201%。城镇新增就业人员1 797人，完成市下达目标任务1 200人的150%。其中困难人员就业615人，完成市下达目标任务360人的171%。城镇下岗失业人员再就业人数747人，完成市下达目标任务700个的106.7%。就业困难人员再就业人数615人、失业保险参保人数12 671人，城镇登记失业率控制在2%以下，均超额完成下达的目标任务。城乡劳动力培训3 198人（其中创业培训377人）、养老保险参保人数8 906人、工伤保险9 210人、生育保险2 600人，均超额完成市下达的目标任务。城镇职工新增参保单位53户，累计参保单位403家，累计参保职工18 656人，完成市下达扩面目标任务数17 000人的109.7%。城镇居民新参保3 801人，续保8 786人，累计参保人数达20 896人，完成市下达扩面目标任务数16 020人的103.6%。劳动合同签订人数增至18 475人，劳动合同签订率上升到98.5%，集体合同签订率达100%。

全年，共清理核查低保对象5 890人，经过审核取消728人，重新纳入城镇低保7 032人，累计发放低保金908.64万元，月补差136元。失地农民及生活特困农民8 030人（含“五保”对象）纳入农村低保，比上年增加150人，年累计发放低保金696.36万元，月人均补差70元。搬迁地质灾害户148户，补助搬迁经费44.4万元。

【人民生活】 2009年农民人均纯收入4 686元，全县职工19 787人，年工资总额43 326万元，人均23 345元，比上年增21.7%。城镇居民人均可支配收入15 355元，比上年增长11.4%。城乡居民储蓄存款余额289 755万元，比上年增15.30%。全社会消费品零售总额13.83亿元，增长18.8%。

（杨加祥）

石林彝族自治县

【年内大事】 1月3～5日，联合国教科文组织世界地质公园专家盖伊·马提尼对石林世界地质公园进行中期考察评估。

1月16日，云南省政府金融办通过公开招标优选出来的10家农村金融小额贷款试点企业之一、石林县首家小额贷款公司——昆明石林万家欢瑞邦达小额贷款有限公司挂牌成立并开门营业。

2月10日，石林县被全国村务公开协调小组命名为“全国村务公开民主管理示范县”。

2月22～24日，在贵州省贵阳市花溪民族斗牛大赛上，代表云南省出征此次大赛的6条石林斗牛不负众望，一举夺得A组第一、B组第二、第三和C组第一等四个奖项。2008年中国石林国际火把节牛王争霸赛上战绩卓著的斗牛“擎天柱”，在这次大赛中勇夺A组牛王称号。

3月11～13日，云南省民族传统文化保护区建设工作经验交流会在石林召开，150余名来自全省各地州市的民族文化保护专家及工作者齐聚一堂，交流工作经验，探讨民族传统文化的传承与发展。

3月24日，中央文明办、国家住房和城乡建设部、国家旅游局联合表彰第二批全国文明风景旅游区和全国创建文明风景旅游区工作先进单位，石林风景名胜区荣获“全国文明风景旅游区”称号。

3月31日，石林风景区万年灵芝、李子园箐、步哨山3个新景点正式向中外游客开放。景区游览面积由过去的4.1平方千米增加到12平方千米，游览时间从过去的1.5～3小时延长至3.5～5小时。

4月28日，人民网、新华网、央视新闻网、红网、荆楚网、四川新闻网、北方网、大河网、谷歌、百度、腾讯、新浪、凤凰网、搜狐、天涯社区、网易等16家全国主流网络媒体的30余名记者到石林县采风。

5月，石林县史志办与云南大学西南古籍研究所共同整理编纂的《云南石林旧志集成》由云南民族出版社出版发行。《云南石林旧志集成》收录了康熙《路南州志》、乾隆《路南州志》、民国《路南县志》等6部旧志。

6月1日，本日起，石林县实行环境空气质量状况日报制度，将每天的环境空气质量状况通过手机短信向全县科级以上领导发送，发送内容包括污染指数、质量级别、质量状况等。

6月8日，云南省人民政府决定在石林等8个县（区）开展扩权强县试点工作。

7月28～31日，国际人类学与民族学联合会第十六届大会与会的领导、专家学者、新闻媒体记者等424人（其中国外专家学者144人）到大糯黑村进行学术考察活动。

8月16日，经省、市专家组考评，石林国家5A级旅游景区品牌通过复核。

8月21日，石林县召开县政府驻地镇行政区划调整工作会。此次调整的内容为：石林县路美邑镇撤销，县政府驻地鹿阜镇由原鹿阜镇与路美邑镇“合二为一”。

8月31日，石林县举行石林门票价格听证会，全国、省人大代表，市、县政协委员，市物价局领导，旅游专家学者，驻滇商会代表，昆明部分旅行社负责人及石林景区工作人员共20名代表参加听证会，95%的代表支持石林门票价格上调。

9月13日，中非共和国总统弗郎索瓦·博齐泽·扬古翁达率中非共和国代表团一行18人，到石林县考察农业和旅游工作。

9月18日，在云南省首届和谐乡镇高峰论坛暨云南和谐乡镇颁奖典礼上，石林县长湖镇获“云南省首届和谐乡镇”荣誉称号，为本届18个获奖乡镇之一。

10月15日，国家农业部副部长张桃林一行到云南昆明石林台湾农民创业园考察园区开发建设情况。

11月6日，云南省创建文明风景旅游区工作现场会在石林召开，来自全省16个地州市文明办、建设局、旅游局及20个风景区的负责人参加会议。

12月1日，云南石林风景区与安徽黄山风景区在石林签约，正式缔结为“友好景区”。

12月28日，昆明石林太阳能光伏发电项目实现3兆瓦上网发电。

【区划、人口】 石林彝族自治县位于昆明市东南部，属昆明市所辖的远郊县。自治县东部和南部与红河哈尼族彝族自治州泸西县、弥勒县接壤，北部与曲靖市陆良县相邻，西部和西北部与昆明市宜良县毗连。2009年底，全县辖6镇1乡，88个村委会和4个社区居委会，459个村民小组和50个居民小组。县域面积1 725平方千米。县城鹿阜镇距昆明78千米，县城海拔1 679.8米。2009年年均气温17.5℃，年降雨量569.7毫米，年日照时数2 374.1小时。全县年末户籍人口241 625人、总户数80 144户，其中：男性121 551人，女性120 074人；非农业人口28 006人，占总人口的11.59%；少数民族人口84 654人，占总人口的35.04%；彝族人口82 249人，占少数民族人口的97.16%。全县人口出生率为10.08‰，死亡率为5.25‰，自然增长率为4.83‰。

【经济综述】 2009年全县实现地区生产总值310 047万元，比上年增长14.1%。其中：第一产业实现增加值93 040万元，增长11.9%；第二产业实现增加值83 304万元，增长13.2%；第三产业实现增加值133 703万元，增长16.0%。一、二、三产业的结构为30.0∶26.9∶43.1。全县人均GDP达到12 743元。

【旅游业】 2009年完成步哨山、李子园箐、万年灵芝景区改造扩容并对外开放，使大小石林景区游览区面积扩大到12平方千米。完成乃古石林景前区及配套设施建设；彝族第一村、石林狂欢之都“四中心两店”、云林度假酒店、石林生态民族体育运动场等项目顺利推进。通过世界地质公园中期评估、国家5A级旅游区复核检查和数字石林景区（试点）验收，被命名为全国文明风景旅游区。全年石林景区接待游客接待游客269.45万人次，旅游直接收入3.69亿元；全县接待游客330万人次，旅游综合收入14亿元。实现文化产业增加值2.666亿元，占地区生产总值的8.6%。

【工　业】 完成工业园区“一园五片”规划修编；园区新增“五通一平”面积1 500亩，完成协议收储土地2 423亩。昆明石林光伏并网发电100兆瓦示范区、66兆瓦实验区项目顺利推进，实现3兆瓦并网发电。石林巨鹏燃气站建成投入使用，在全市首家实现县城管道供气。工业园区第一条工业大道、园区截污廊道、万城阿诗玛旅游小镇、云南官房水泥有限公司技改、石林温氏畜牧养殖一体化等项目顺利推进。全年实现工业总产值26.86亿元，同比增长15.6%。规模以上工业实现增加值3.76亿元，同比增长19.5%。全县非公经济实现增加值9.67亿元，同比增长28.7%。全县单位地区生产总值能耗同比下降4.5%以上。

【招商引资】 开展招商引资“百日竞赛”、“季度观摩”活动。做好落地项目的协调服务工作，加强对“四中心两店”、石林锦苑花卉产业园、石林现代生态牧场等大项目的跟踪服务。全年引进项目137个，实际到位国内市外资金17.62亿元，同比增长25%；实际利用外资1 399.73万美元，同比增长11%；外贸进出口总额8万美元，同比增长166.7%。

【农　业】 全年完成水利建设工程1 118件，总投资1.55亿元，新增和改善灌溉面积2.62万亩，治理水土流失面积45平方千米，解决11 400人的生活用水问题。全县实现农林牧渔业总产值16.76亿元，比上年增长15.2%。

粮烟生产实现了丰产丰收，粮食总产量达1.23亿千克，人均有粮500千克。种植优质烟10.93万亩，收购烟叶1 640万千克，均价15.19元，产值2.56亿元，烟农户均收入10 613元。

全年生猪出栏23.1万头，大牲畜出栏1.24万头（匹），羊出栏9.3万只；年末，生猪存栏17.5万头，大牲畜存栏7.3万头，羊存栏18.35万只。实现畜牧业产值5.77亿元，同比增长14.0%。

全年蔬菜产量10 808万千克，水果产量2 726万千克，鲜切花产量901.2万枝。发展省级农业龙头企业2户，市级农业龙头企业19户。

【财政、金融】 2009年全县实现地方财政一般预算收入25 953万元，同比增长29.2%；地方财政一般预算支出71 161万元，同比增长27.7%。

2009年末，全县各项存款余额43.4亿元，同比增长30.4%；各项贷款余额37.7亿元，同比增长44.5%。

【生态建设】 继续加大城乡园林绿化及生态建设，完成巴江三期带状公园及12条街道的行道树绿化，县城新增绿地面积22.2万平方米，超过1 000平方米以上的公共绿地达到11块。加强农村生态环境保护，完成珠江防护林工程人工造林2万亩，特色经济林核桃产业基地建设2万亩，巩固退耕还林封山育林1万亩。完成“五采区”植被恢复156亩、城市面山绿化300亩、交通沿线面山绿化500亩。人均公共绿化面积达19.32平方米，县城建成区绿地率达40.51%，绿化覆盖率达45.3%，全县森林覆盖率达40.94%。国家园林县城创建工作通过省级考评，国家住房和城乡建设部已组织评审；国家生态县创建工作全面启动；4个全国环境优美乡镇和2个国家级生态示范村创建工作稳步推进，圭山镇创建为省级卫生镇。

【交通、邮电】 2009年全县班线车、公交车旅客运送量4 399 524人次。石林火车站（客运站）旅客发送75 079人次，旅客到达148 726人次；火车旅客周转量39 458 550人千米；石林南站（货运站）发送货物374 366吨，装车5 750车，卸车2 763车，运输收入2 568万元。2009年石林县公路里程分类为：省道73.267千米，县道193.706千米，乡道499.096千米，村道174.258千米，专用公路26.745千米。

2009年电信完成业务收入2 277.86万元，同比增长29.83%。固定电话新增2422部，在网用户达18 092部；小灵通新增80部，在网用户达1 700部；ADSL业务（包含LAN）新增2 261部，在网用户达6 011部；发展CDMA（包含189号段）手机4 991部，在网累计达10 770部；新增“3G无线上网卡”596张，在网累计达743张；新增“致富通”（无线座机）229户，在网用户达3 601户；新增第三期“平安石林”视频监控长湖镇10个，一、二、三期累计达111个；新建“平安石林数字城管视频监控”51个点。

2009年邮政完成业务收入383.82万元，同比增长30.18%。

2009年中国移动石林分公司完成业务收入6 500万元，年内净增用户34 000户，在网用户达到130 000户。中国联通石林分公司完成业务收入1 202万元，年内净增用户1 603户，使在网用户达到17 603户。

【人民生活】 2009年全县在岗职工年平均工资25 721元，同比增长26.4%。城镇居民人均可支配收入15 600元，同比增长13.0%。农民人均纯收入4 789.54元，同比增长13.6%。社会消费品零售总额153 145万元，同比增长30.3%。

【社会事业】 2009年科技对经济增长的贡献率达46.3%，连续5次通过全国县（市）科技进步考核，被列为全市知识产权强县培育工程县。完成第三次全国文物普查。在昆明市第九届民运会上获金牌10枚。石林狮山生态陵园殡仪馆主体工程完工，建成农村公益性公墓12个。荣获全国“村务公开民主管理示范县”、“婚姻登记规范化单位”称号。圆满完成国际人类学与民族学联合会第十六届大会糯黑学术考察点任务。收录康熙《路南州志》、乾隆《路南州志》、民国《路南县志》等6部旧志的《云南石林旧志集成》由云南民族出版社出版发行。

各类教育协调发展，“两基”巩固率保持在98%以上；高中阶段适龄人口入学率达83%，高考上线率达91.15%；幼儿学前教育入园入班率达87.4%。城镇居民基本医疗保险参保率96%，被征地人员养老保险参保率15.6%，失业保险参保率85%。城乡低保对象11 612人，发放保障金1 493.57万元；救济临时困难群众2.15万人次。新农合参合率98.69%，补偿资金2 347.41万元，启动33个村级门诊现场补偿报销点。落实惠及1 815人次的残疾人康复、培训、扶助项目资金96万元，落实义务教育保障经费2 845万元。建成廉租住房300套；完成民居地震安全工程1 280户。解决了1.14万人的饮水困难问题。收集开发就业岗位1 289个，新增城镇就业人员1 016人；542名大中专毕业生、14名退役士兵实现就业；城镇登记失业率控制在2.10%以内。完成农村劳动力转移就业11 587人，被列为省级劳务输出示范县。孕产妇死亡率35.89/10万，婴儿死亡率9.69‰。落实粮食直补、农机具购置补贴、家电下乡、汽车摩托车下乡等一系列惠农政策，兑现各种补贴4 586万元，收益19.83万人次。

积极开展群众性精神文明创建活动。至2009年底，全县共有国家级文明风景区1个，创建全国文明村镇先进村1个；省级文明单位12个，省级文明村5个，省级文明小城镇1个；市级文明单位53个，市级文明小城镇2个，市级文明社区1个，市级文明村21个；县级文明单位137个，县级文明小城镇2个，县级文明社区2个，县级文明村58个。

（刘世生　毕晓冬）

禄劝彝族苗族自治县

【年内大事】 1月4日，300多名参加中共昆明市委九届五次全体（扩大）会议的代表到禄劝观摩经济社会发展和招商引资、工业项目、园区建设、城市建设等情况。

1月10日，禄劝至大松树公路工程（禄劝至半角段建设—移交）项目开工典礼在县城举行。

1月12日，禄劝县人民政府与中国农业银行云南省分行在昆明签署促进禄劝区域经济发展战略合作协议。

1月21日，滇池水污染防治专家督导组组长、省人大原常务副主任牛绍尧率省市有关部门负责人及专家到云龙水库调研，副市长李喜陪同调研。

1月，禄劝彝族苗族自治县被云南省委、省人民政府命名为“省级平安先进县”。

2月28日，市长张祖林，副市长王道兴、李喜率市级有关部门负责人到云龙水库视察调研水源区保护管理和相关政策、措施落实情况，孔贵华、毕昆闽等县领导及市县有关部门负责人陪同调研。

2月，禄劝工业园区列入省级工业园区管理。工业园区总体规划修编调整通过省、市级专家评审，规划控制范围28.8平方千米，规划用地范围为14平方千米。

3月17日，江苏玖久集团制丝项目、云铜集团海绵钛项目、恒安电冶电石生产项目、禄劝鑫潮石材产业园建设项目、上海川云农产品加工等5个重点招商引资项目在禄劝工业园区举行奠基仪式，仇和、李培山、田云翔、杜敏、孔贵华、毕昆闽等市县领导参加了奠基仪式。

3月30日，贫困生助学基金成立仪式在县城举行。

4月8日，对云龙水库4条主要入库河道首次实行县级四班子挂钩整治责任制。县委领导班子挂钩负责石板河、县人大领导班子挂钩负责老木河、县政府领导班子挂钩负责水城河、县政协领导班子挂钩负责金乌河。对主要入库河道的截污治污、水面及两岸保洁、景观改善、绿化美化实行分段监控、分段治理、分段考核、分段问责。

5月21日，禄劝乾华球团工贸有限公司100万吨竖炉球团项目在工业园区举行开工奠基仪式。市委常委、市委组织部部长郭红波、市人大常委会副主任田翎及县领导毕昆闽、张光文、张庆学、卢建才参加仪式。

5月27日，禄劝至大松树二级公路正式开工建设仪式在公路起点屏山镇董家营举行。禄大二级公路是乌东德电站建设配套的进场路，公路全长96.5千米，总投资21.2亿元，工程采取BT模式由西南交通建设集团承建。

5月30日，云龙水库水源区撒营盘、云龙2个污水处理厂建成投入运行。

6月6日，在第十七届中国昆明进出口商品交易会招商引资项目签约仪式上，禄劝县签约乾华矿业球团厂、新希望磷矿深加工、浙江万事好供水改扩建、浙江通球污水处理、鼎业集团温泉小镇开发5个项目，协议资金6.24亿元。

6月26日，县文学艺术界联合会成立暨第一次代表大会在县城召开，文艺界代表120人出席会议。

8月20日，总投资9 000万元的35千伏九龙变电站建设工程正式竣工并投入使用。

8月31日，云龙水库一级保护区移民搬迁安置工作正式启动。11月底，完成移民户口核实、实物指标调查核实、移民安置对象等工作，共涉及42个村，2 093户，7 232人。

9月11日，禄劝彝族苗族自治县被云南省委、省人民政府命名为“全省民族团结进步先进县”。

9月，云南省科学技术厅、省食品药品监督管理局认定禄劝为云南省第一批20个“云药之乡”之一，规定草乌、附子、板蓝根为禄劝地道中草药品种。

10月14日，屏山镇、云龙乡、撒营盘镇、转龙镇、中屏镇等5个乡镇，创建“全国环境优美乡镇”工作通过市级验收。

10月21日，禄劝彝族苗族自治县获得昆明市第十届少数民族传统体育运动会的承办权。

27日，禄劝彝族苗族自治县第十五届人民代表大会常务委员会第十六次会议根据省市人民政府批复依法作出决定：禄劝彝族苗族自治县原乌东德乡、皎平渡乡、翠华乡、团街乡、九龙乡、中屏乡和茂山乡撤乡设镇，原行政区域、隶属关系和政府驻地不变，禄劝行政区划成为10镇6乡格局。

11月5日，卫生部副部长刘谦一行深入屏山镇六江村委会卫生室、团街卫生院等地，就禄劝农村和社区卫生工作进行考察。

11月8日，省委副书记李纪恒到禄劝调研农业农村和基层党组织建设工作。

11月16日，乌蒙乡发生一起致6人死亡的特大杀人案，30日告破。

11月20日，国家环保部在北京举行昆明轿子山晋升国家级自然保护区评审会。经各种程序，晋升评审获全票通过。

同日，禄武经济走廊区域合作框架协议签字仪式在武定县举行。禄劝县县长毕昆闽、武定县县长黄云雁共同签署了《禄武经济走廊区域合作框架协议》。

12月28日，轿子山旅游专线公路动工建设，该公路是全省52条二级公路建设重点项目之一，全长154.51千米、总投资40.65亿元，预计2010年底实现全线贯通。

【区划、人口】 禄劝彝族苗族自治县位于滇中北部，是昆明市远郊县，东与寻甸县、东川区相连，南与富民县接壤，西与武定县毗邻，北界金沙江与四川省会理、会东两县相望，县城所在地屏山镇距昆明72千米。2009年末，全县辖10镇6乡，有192个村民委员会、2个社区居民委员会。国土面积4 234.78平方千米，耕地面积36.46万亩。年末总人口473 561人，其中，女性228 163人，占总人口的48.18%；非农业人口26 944人，占总人口的5.68%；少数民族人口的148 024人，占总人口的31.26%。少数民族人口中，彝族106 924人，占少数民族人口的72.23%；苗族14 026人，占少数民族人口的9.48%；傈僳族15 265人，占少数民族人口的10.31%；其他少数民族人口11 809人，占少数民族人口的7.98%。全年出生7 619人，死亡2 867人；迁入3 888人，迁出39 074人。全县人口自然增长率7.40‰。

【经济综述】 2009年，县域经济综合实力明显增强。全县生产总值完成282 331万元，比上年增12.8%，其中，第一产业99 242万元，第二产业68 836万元，第三产业114 253万元，分别比上年增长7.3%、19.4%、13.9%。工业总产值（现价）完成94 654万元；农业总产值18.49亿元，比上年增长8.5%；全县财政总收入完成37 416万元，比上年增长19.3%，其中地方财政收入完成26 617万元，比上年增长46.3%；固定资产投资总额完成315 193万元，比上年增长41.12%；社会消费品零售总额完成64 937万元，比上年增长21.2%。

【农　业】 坚持以“三化”化“三农”、带“三农”、服务“三农”，认真落实惠农强农政策，深入推进农业结构调整，农业农村工作保持良好的发展势头。全县粮食总产量达182 788.8万千克，增长1.53%；全年种植蔬菜4.5万亩，总产值达1.326亿元；种植烤烟9.33万亩，收购烟叶1 300万千克，烟农售烟收入22 883.96万元，完成烤烟农特税4 421.56万元。全年生猪出栏45.16万头，肉牛出栏4.71万头，羊出栏15.16万只，禽出栏150.7万羽；全年肉类总产4 769.52万千克。畜牧业产值8.38亿元。

全年全县到位水利专项建设资金9 673.35万元。其中，中央资金1 926万元，省级投资3 046.6万元，市级投资4 445.75万元，县级配套投资255万元。共完成岁修工程640件，发动群众累计投入工日262万个，清淤渠道55千米，新建水窖1 068个，水池528个，完成土石方176.9万立方米，修复水毁工程20处，新增灌溉面积3 000亩，恢复灌溉面积2.5万亩，改善灌溉面积2.4万亩，治理水土流失面积50平方千米。全县有效灌溉面积达27.12万亩。年底全县累计解决人畜饮水5.6593万人。

全面推行林权制度改革工作，全年共确权宗地85 986宗，集体公益林均山到户面积达257.36万亩，到户率94%；集体商品林均山到户面积148.69万亩，到户率97.32%。完成封山育林1万亩，完成绿化造林2 500亩，全民义务植树110万株，苗木基地建设2 500亩，森林管护353.5万亩。全县森林覆盖率68.3%。

【工　业】 年内，禄劝工业园区顺利提档升格为省级工业园区，工业园区总体规划修编调整通过省、市级专家评审。完成协议收储土地2 944.9亩，土地收储“三通一平”面积完成1 225.71亩。园区基础设施实现快速推进，完成园区2号进场道路和110千伏变电站工程，前期供水工程完工并投入使用，新建日处理1.2万立方米的污水处理厂1座。全年完成工业增加值49 036万元，同比增长14.8%；工业固定资产投资174 986万元。完成乡镇企业增加值39 149万元，增长19.5%，其中工业增加值22 848万元，增长11.3%。

【招商引资】 年内，把招商引资作为经济建设的重点，县级领导协调联系重点招商引资项目、部门及与市级招商分局对口联系。全年全县新引进外来投资项目27个，协议总投资12.49亿元。年末，投资项目到位资金累计人民币达16.33亿元，完成市招商引资考核目标任务10亿元的163.30%；外资到位资金达600万美元，完成市招商引资考核目标任务100万美元的600%。

【交通、邮电】 完成2008年10月开工的378.92千米建制村公路建设。2009年农村公路建设实施路面硬化项目4个49千米，路基改造项目38个310千米，通达工程项目56个562.5千米。完成团街、中屏、翠华3个镇客运站的建设并投入使用。投资620万元完成6条通县乡油路水毁修复工程；投资260万元完成38.5千米环湖公路的中修工程；投资320万元完成2009年度通乡油路安保工程。年末全县公路通车总里程3 630千米。

全年完成邮政业务收入279.58万元，超计划1.67个百分点。完成电信业务收入2 200万元，新增各类电信用户11 300户。年底固定电话机总数21 442部（含农村致富通），小灵通用户1 786户，CDMA用户11 984户，互联网用户4 927户。

【财税、金融、保险】 2009年，全县财政总收入完成37 416万元，比上年实际完成数31 369万元增长19.3%。其中，上划中央“四税”收入完成8 970万元，为预算10 983万元的81.7%，比上年实际完成数10 101万元下降12%；地方财政收入完成26 617万元，比上年实际完成数20 176万元增长32%。全县财政总支出99 482万元，比上年80 642万元增加18 840万元，增长24%。其中，一般预算支出94 427万元，比上年的72 511万元增加21 916万元，增长31%；基金预算支出5 055万元，比上年的8 131万元下降3 076万元，下降38%。

年末全县金融机构各项存款余额332 152万元，比年初增加54 671万元，增长19.7%。金融机构各项贷款余额227 477万元，比年初增加64 523万元，增长39.6%。

2009年，中国人民财产保险股份有限公司禄劝支公司全年收入保险费1 465.05万元，增长23.7%；支付赔款952.8万元。

【城乡建设】 加强城市规划建设管理，城乡基础设施建设全面提速，城市综合品质得到提升。按照“三高、三化、三精”的要求，完成《县城概念性总体规划》、《转龙旅游小镇概念性规划》以及团街、皎平渡、九龙3个集镇总体规划编制工作，撒营盘、乌东德2个集镇总体规划修编通过审查。实施市政功能“四完善工程”，修复破损市政道路1 000米，建设文明示范街2条，新建东山生态公园和文笔山生态公园游路7 500米、休闲桌椅50套，新建公共厕所4座。建成县城南片区市政道路3.99千米，完成掌鸠河县城段和滨河公园绿地建设150亩及禄武路口休闲小广场绿化建设4.8亩。县城新增绿地面积72.5万平方米。

【环境保护】 坚持环保优先，加强生态建设，着力抓好节能减排工作，生态建设取得新进展。年内，完成污染源普查，普查登记污染源1 718个。完成崇德水泥厂清洁生产审核工作，全县工业固体废物处置利用率达90%，辖区内工业企业达标排放率100%，全县规模以上工业企业万元增加值能耗下降8%，万元GDP能耗下降5%。县城建成区环境空气质量优良率达100%。完成撒营盘、云龙污水处理项目建设。云龙水库一级保护区移民搬迁已完成实物指标调查核实和移民人口户籍第三阶段核实工作。成功创建“云南省灭鼠先进县城”；“云南省园林县城”和屏山、撒营盘、转龙、云龙、中屏5个乡镇创建“全国环境优美乡镇”工作通过市级验收。评选创建绿色商场、绿色饭店各1家。

【旅游开发】 年内，认真贯彻落实市委、市政府关于将轿子山创建为国家4A级景区的工作部署，筹资近300万元，按照“三高”（高起点、高标准、高品位）、“三精”（精心、精细、精品）、“三化”（标准化、规范化、工艺化）的要求，完成轿子山景区、轿子山旅游专线、转龙旅游小镇的规划编制及相关项目和工程的可行性研究。11月，轿子山成功晋升为国家自然保护区。12月28日，轿子山旅游专线公路动工建设，该公路是全省52条二级公路建设重点项目之一，全长154.51千米，总投资40.65亿元。投资1.2亿元的轿子山交通旅游接待中心完成招投标。投资730万元，完成皎平渡和铁索桥1万平方米的环境整治改造。全年全县累计接待游客18.13万人次，实现旅游经济综合收入5 485.5万元。

【科　技】 年内，争取国家、省、市科技开发经费209万元，全年县级财政投入科研、试验、试制科技三项经费15万元，科技项目配套经费12万元，科技进步考核工作经费3万元。在全县范围内开展科技下乡、科技宣传月、科技活动周活动，发放科普手册、种养殖业实用技术等12种宣传材料2万余份（册）。开展农村实用技术培训18期，参训1 667人次。在县民族文化广场科普宣传长廊进行科普知识更新宣传。组织申报国家、省、市科技发展项目24个，批准立项9个。9月，省科学技术厅、省食品药品监督管理局认定禄劝为云南省第一批20个“云药之乡”之一，规定草乌、附子、板蓝根为禄劝地道中草药品种。

【教　育】 2009年，全县有幼儿园22所，其中民办15所，在园（班）幼儿7 464人，教职工230人。有普通中学21所，其中高级中学4所；在校学生26 690人，其中高中4 817人；有教职工1 530人。有小学280校，在校学生39 908人，教职工2 341人。全县初中毛入学率108.4%，小学适龄儿童入学率99.38%。年内，全县有1 736人参加高考，上线1 442人，综合上线率83.06%；参加中考4 070人，升学率86.2%。全年共投入教育经费53 468.56万元，用于全县教育系统各项支出。全县40 044名义务教育阶段小学生和21 875名初中生享受到国家免费提供的教科书和免收学杂费，免费教科书金额达592.39万元。12 730名小学生和14 308名初中生享受寄宿生生活补助费，生活补助金额达1 709.6万元。全面完成民族小学、秀屏中学等14所第二批农村中小学标准化学校建设，并投入使用；启动九龙小学、团街中学等10所第三批农村中小学标准化建设，总投资9 208.55万元，新建校舍总面积48 894.6平方米。

【文化、体育】 为了繁荣城乡群众文化生活，保障广大人民群众基本文化权益，全年共组织广场演出活动16次，演出节目320个，观众达15万余人次。全年共开展全民健身运动28次，运动员5 000余人，观众4万余人，获昆明市2009年“全民健身日活动”二等奖。完成4个文化站、59个文化室建设，开工建设62个行政村文化室。鼓舞《罗婺神鼓》参加云南省民族民间歌、舞、乐展演获“彩云奖”。9月，组团参加昆明市第九届少数民族传统体育运动会，获8金、1银、3铜和全市团体总分第八的好成绩，创造了禄劝参加历届市民运会最好成绩。成功获得昆明市第十届少数民族传统体育运动会的承办权。

【广播、电视】 全年共播出各类新闻稿件915条，制作播出通告、公告81个，创历史最高记录。论文《推进禄劝广播电视产业发展的对策》获云南省广播电视奖二等奖。开展广播电视“村村通”工程，全年建成自然村广播电视“村村通”工程834座，完成目标任务数的275%。扩大城区网络建设，新架设光缆2 500米、电缆干线12 240米，开通秀屏园、秀河天苑、盛世家园3个小区有线电视，新增用户1 684户。

【卫　生】 年末，全县共拥有医疗卫生机构240家，其中，县级医疗卫生机构10家，乡镇卫生院16家（含屏山镇社区卫生服务中心），村卫生所192个，规模以上民营医院3家，个体诊所19家。拥有医疗卫生业务用房92 900平方米，开设病床1 374张，在职卫生技术人员1 053人。全年诊疗病人569 168人次，其中住院治疗63 032人次。加强医疗基础设施建设，投资831万元，实施县妇幼保健中心整体迁建项目，建筑面积4 500平方米；投资1 160万元，采用融资方式改扩建中西医结合医院100平方米。新型农村合作医疗参合人数达414 100人，占全县农业人口总数的95.22%，全年共减免补偿52.42万人次，报销补偿金额4 469.8万元。

【扶　贫】 年内，全县投入财政扶贫资金3 300万元，小额贷款扶贫资金1 600万元，社会帮扶资金748.28万元。完成2008年度申报并批准实施的85个自然村整村推进项目，新建沼气池2 055口、节柴改灶3 012眼、沼气综合利用1.5万亩。投入114.3万元，实施易地扶贫项目2个；解决3 840人绝对贫困人口的温饱问题，巩固和提高了2.43万人低收入贫困人口的温饱水平。

实施25个村委会、268个自然村的社会主义新农村建设。投入资金9 228.75万元，解决了10个村小组960户3 988人的饮水困难和15个村小组511户2 145人的交通困难。

【社会保障】 完善社会保障机制，养

老、失业、医疗等社会保险覆盖面不断扩大，国有、集体企业下岗职工基本生活费和企业离退休人员养老金按时足额发放。全县享受城市低保对象的有1 138户、1 629人，全年累计发放城市低保金426.7万元，人均每月补差205元；全县纳入农村低保对象14 134户、18 543人，全年累计发放农村低保资金1 557.612万元，人均每月补差60元。全年共提供有效就业岗位1 161个，新增城镇就业人员874人，促进特殊困难群体实现就业128人，城镇登记失业率为2.33%。全年共完成农村劳动力转移培训19 484人，劳务输出12 572人，实现收入7 067.16万元。

【人民生活】 2009年，城乡人民生活水平有所提高。全县农民人均总收入为2 707元，同比增加361元，现价增长15.4%。工资性收入达452元，同比增加37元，增长8.9%。农民人均家庭经营收入3 326元，同比增加304元，增长8.6%。财产性收入人均223元，同比增加125元，增长128.5%。人均转移性收入达到244元，同比增加154元，增长172.1%。农村居民人均生活消费支出2 580元，同比增长51.2%。全县每百户农民家庭拥有洗衣机11台、太阳能热水器6台、摩托车21辆、固定电话机9部、移动电话119部、彩色电视机77台、黑白电视机10台。城镇居民人均可支配收入13 226元，比上年增长9.84%。人均消费支出9 061元，同比增长5.27%。城镇居民人均住房面积31.74平方米。每百户城镇居民家庭拥有洗衣机94台、电冰箱78台、摄像机2架、照相机38架、钢琴4架、微波炉36台、健身器材4套、消毒碗柜10台、沐浴热水器92台、摩托车24辆、家庭轿车20辆、固定电话34部、移动电话244部、彩色电视机122台、接入互联网的移动电话34部、接入有线电视网络的电视机100台、接入互联网的计算机14台。

（张德雄　张玉宇）

寻甸回族彝族自治县

【年内大事】 2月26日，省民族事务委员会主任王承才、副主任马春带领调研组到寻甸县调研民族团结稳定工作情况。

3月，寻甸县政务网从3月份开始施工，5月15日前完成县网络管理服务中心机房到各乡（镇）、县直各单位的骨干网络建设和网络核心设备的采购；6月15日前完成与省、市电子政务网互连调试及软件安装培训工作；6月15日至30日进行试运行，6月30日后正式启用电子公文系统、OA办公软件、电子签章系统。

3月15日，省林业厅厅长陈玉侯在市林业局局长张之亮及相关部门的陪同下，到寻甸县检查验收集体林权制度主体改革工作，寻甸县领导刘荣、马慈明一行陪同检查。

3月19日，省委副书记、省长秦光荣在省委常委、市委书记仇和，副省长和段琪，省政府秘书长丁绍祥等领导的陪同下，深入南磷集团寻甸磷电有限公司，了解重化工企业应对金融危机的举措，并到寻甸特色产业园区金所工业园对先锋褐煤洁净化利用试验示范项目建设推进情况进行调研。寻甸县领导刘荣、马慈明一行陪同调研。

3月24～25日，省政协主席王学仁，省委常委、昆明市委书记仇和率省政协办公厅、省扶贫办等部门负责人到寻甸县调研县城建设、扶贫、旅游开发等工作。

5月5日，市污染源普查验收组一行11人对寻甸县第一次全国污染源普查工作进行检查验收。检查验收组按照组织领导、资金使用等十项内容进行检查。通过查阅档案、核对机纸一致性和对普查表填写质量等环节进行检查，检查组对此项工作给予了高度评价，一致同意通过验收。

5月8日，寻甸县与云南姜氏科技有限公司签订回族殡葬服务设施建设项目框架协议。此项目位于金所乡草海子村委会，预计总投资1 000万元，建设期2年，第一年投入建设资金600万元，第二年投资400万元。

6月10日，副省长孔垂柱在副市长李喜的陪同下，带领省政府调研组到寻甸县调研农业、农村工作。寻甸县委书记刘荣等一行陪同调研。

9月，按照省政府《关于同意昆明市部分县人民政府驻地镇行政区划调整的批复》和市委、市政府《关于部分县政府驻地镇行政区划调整工作的实施意见》要求，将寻甸县塘子镇、金所乡并入县政府驻地仁德镇。并按《实施意见》要求，撤销寻甸县金所乡和塘子镇，其行政区域并入仁德镇，行政区划调整后的仁德镇管辖原仁德镇和金所乡、塘子镇的行政区域范围，仁德镇人民政府驻地不变。

9月8～11日，由国家审计署驻昆明特派员文卫国等组成的审计调研组到寻甸县审计调研扩大内需中央新增投资项目实施情况。经现场查看和审查书面材料，调研组认为寻甸县认真贯彻落实扩大内需政策，在扩大内需中央新增投资项目实施过程中，做到了认真负责、积极推进、质量合格、资金明确、专款专用。

9月17日，寻甸县民族文化体育中心体育场馆竣工验收暨移交仪式举行。

9月29日，概算投资约206亿元，设计库容1 173万方，控制径流面积31.7平方千米的木戛利水库正式开工。

10月14～20日，昆明市第九届少数民族传统体育运动会（以下简称市第九届民运会）在寻甸县举办。民运会设抢花炮、武术、摔跤、双拐、射弩、瞰球、陀螺、吹枪、秋千、板鞋10个竞赛项目。昆明市14个县（市）区及市民委各组织一支代表队。参加市第九届民运会的各代表团、裁判员、工作人员、新闻记者、官员、来宾、观摩团成员等共约1 700人。这是寻甸县承办的规模最大、规格最高的一次体育赛事。

10月29～30日，寻甸县2008年度省市产业扶贫项目顺利通过市级验收。其中，省级项目3个、市级项目2个，总投资2 935.66万元。

11月3～4日，寻甸县2008年度省级财政易地开发扶贫项目顺利通过市级验收。项目于2008年10月10日开工，2009年6月30日竣工，实施单项工程7大类41项，总投资520.58万元，涉及功山、柯渡、鸡街3个乡（镇），建设安置点3个，搬迁安置人口126户518人。

11月6日，寻甸县金源乡安秧村路段发生一起4人死亡、9人受伤的特大交通事故。事故发生后，寻甸县积极做好处置救援工作。

11月18日，寻甸县首个“党风廉政建设教育基地”在柯渡丹桂红军长征纪念馆挂牌成立。

【区划、人口】 寻甸回族彝族自治县地处云南省东北部、昆明市东部，县城距昆明市区90千米，全县总面积3 598平方千米，最高海拔3 294.8米，最低海拔1 480米。全县辖14个乡镇，170个村委会，3个社区。2009年末全县户籍总人口530 697人。其中，非农业人口35 781人，占总人口的6.74%；农业人口494 916人，占总人口的93.26%；少数民族人口118 050人，占总人口的

22.24%。其中，回族64 339人，占总人口的12.12%；彝族46 708人，占总人口的8.8%；苗族5 993人，占总人口的1.13%。全县人口出生率为8.27‰，死亡率为4.61‰，人口自然增长率为3.66‰。

【经济综述】 2009年，全县生产总值（GDP）完成32.47亿元，比上年增长13.2%。其中，第一产业完成增加值10.80亿元，比上年增长6.9%；第二产业完成增加值8.31亿元，比上年增长18.9%，其中工业实现增加值7.17亿元，比上年增长16%；第三产业完成增加值13.36亿元，比上年增长14.9%。三次产业结构由上年的32.8∶28.2∶39.0调整为33.3∶25.6∶41.1。人均GDP达6 355元（按常住平均人口计算），比上年增长12.3%。非公经济创造增加值15.51亿元，占全县生产总值的比重达47.80%。

【农　业】 年内，全县农林牧渔总产值完成18.84亿元，比上年增长8.46%。其中，农业总产值完成8.05亿元，比上年增长7.7%；林业总产值完成9 169万元，比上年增长8.0%；农林牧渔增加值完成10.80亿元，比上年增长6.9%。主要农产品产量：粮食总产量19.81万吨，增长1.50%，其中玉米4.37万吨，比上年增长1.9%；稻谷5.33万吨，比上年增长5.4%；小麦0.43万吨，比上年减少38.7%；蚕豆0.27万吨，比上年减少38.4%。烤烟产量2.14万吨，比上年增长4.4%。蔬菜6.32万吨，比上年减少4.1%。油料0.48万吨，比上年减少7.3%。

【畜牧业】 全年畜牧业总产值完成9.23亿元，比上年增长8.1%；渔业总产值4 363万元，比上年增长24.6%。肉类总产量达7.80万吨，比上年增长12.9%。其中猪牛羊肉7.58万吨，比上年增长12.7%；禽蛋产量达到0.59万吨，比上年增长21.3%。年末，大牲畜存栏21.58万匹（头、只），比上年增0.6%；大牲畜出栏10.99万匹（头、只），比上年增8.6%；牛存栏16.1万头，比上年增0.3%；牛出栏10.81万头，比上年增9.5%；猪存栏39.93万头，比上年增6.7%；猪出栏64.18万头，比上年增13.4%；羊存栏23.85万只，比上年增5.5%；羊出栏18.56万只，比上年增5.6%。

【工业、建筑业】 年内，全县工业完成总产值36.94亿元，比上年增长21.68%（现价）；完成工业增加值7.17亿元，比上年增16.0%。其中，规模以上工业完成总产值32.39亿元，比上年增长19.4%，占全县工业总产值的87.68%；规模以上工业完成增加值6.10亿元，比上年增长17.2%。主要工业产品产量：黄磷3.45万吨，比上年增2.1%；原煤312.93万吨，比上年增21.1%；水泥61.03万吨，比上年增32.8%；磷肥（折纯）2.45万吨，比上年减少54.4%；硫酸（折100%）14.93万吨，比上年增6.4%；发电量65 850万千瓦时，比上年减少0.2%；聚氯乙烯（PVC）11.41万吨，比上年增长54.2%。全县建筑业总产值2.99亿元，比上年增54.46%（现价），实现增加值1.14亿元，比上年增长41.5%；建筑业营业利润4 554万元，比上年增长6.61%，其中总承包和专业承包建筑业企业实现营业利润4 043万元，比上年增长了5.92%。

【交通、旅游】 年末，公交车营运线路总长5 044千米，汽车营运线路总长1 238千米。全年客运量479万人次，客运周转量2 871万人千米；完成货运量867.1万吨，增长12.2%；完成货运周转量5.83亿吨千米，增长13.56%。完成171千米路基改造、142千米建制村路面硬化，完成县城二级客运站主体站房和塘子、羊街、联合3个四级客运站建设。全年接待游客29.4万人次，实现旅游业总收入2 560万元，分别比上年增长10.11%和23.37%。

【固定资产投资】 全社会固定资产投资30.07亿元，比上年增长43.3%。城镇社会固定资产投资完成25.40亿元，比上年增长27.87%；农村投资4.67亿元，比上年增长3.1倍。在城镇投资中，一产业完成8 380万元；比上年下降了44.8%；二产业完成14.76亿元，比上年增长37.67%，其中工业完成投资14.52亿元，比上年增长35.4%；三产业完成9.80亿元，比上年下降了50.67%，其中房地产业完成投资2.80亿元，比上年增长24.09%。

【贸易、招商引资】 全年实现社会消费品零售总额10.22亿元，比上年增长18.06%。其中，批发零售业零售额8.50亿元，比上年增长16.94%；住宿餐饮业零售额1.70亿元，比上年增长24.14%；其他行业零售额112万元，比上年增长2.75%。招商引资实际到位市外资金15.39亿元，完成任务数的153.9%，外资240万美元，完成任务数的240%。

【财政、金融】 年内，全县完成财政总收入4.55亿元，比上年增长20.14%。地方财政收入完成3.12亿元，比上年增长41.8%，其中地方一般预算收入2.71亿元，比上年增长27.95%；地方财政支出完成11.48亿元，比上年增长24.32%，其中地方一般预算支出10.86亿元，比上年增长了24.44%。全县金融机构人民币各项存款余额40.85亿元，比上年增长23.53%。其中储蓄存款余额21.64亿元，比上年增长22.51%。各项贷款余额25.33亿元，比上年增长40.96%。其中短期贷款余额16.60亿元，比上年增长31.87%；中长期贷款余额8.63亿元，比上年增长60.93%。现金累计收入70.01亿元，比上年增长16.72%；现金累计支出74.86亿元，比上年增长19.4%，收支相抵，现金净投放比上年同期增长了0.79%。

【科、教、文、卫】 全县共有普通中学21所，其中普通高中4所，初级中学17所；小学179所；幼儿园92所，其中民办89所；职业中学2所。年末普通中学在校生35 558人，其中高中在校生8 237人，初中在校生27 321人。小学在校生48 832人。幼儿园在园幼儿11 615人。职业中学在校生3 667人。全县共有专任教师5 804人，其中高中专任教师505人，初中专任教师1 465人，小学专任教师2 562人，幼儿园专任教师254人，职业中学专任教师203人。小学适龄儿童入学率99.58%，初中毛入学率106.49%，高中毛入学率63.12%。

文体事业健康发展，年末全县共有艺术表演团体1个，文化馆1个，公共图书馆1个；完成县民族文化体育活动中心建设。

成功举办了昆明市第九届少数民族传统体育运动会，寻甸代表团参加了11个大项、99个小项全部项目的比赛，获得16金22银15铜，取得团体总分第二的好成绩。广播电视人口覆盖率达到93%，有线电视覆盖率24%。

深化卫生管理体制改革，年末全县共有卫生机构21个，其中医院、卫生院17个，妇幼保健院1个。病床床位853张，卫生技术人员629人，其中执业医师和执业助理医师300人，注册护士196人。疾病预防控制中心1个，卫生技术人员41人。新型农村合作医疗参合率99.8%，累计为53.9万人次，参合农民报销医药费4 967.41万元；婴儿死亡率16.69‰，孕产妇死亡率控制在18.34/10万以内。

【人民生活】 2009年，城镇居民人均可支配收入1.41万元，比上年增长8.8%，人均消费支出1.17万元，比上年增14.45%。农民人均纯收入为3 058元，比上年增长9.4%，扣除物价因素，实际增长8.11%；农民人均生活消费支出2 349.65元，比上年下降了1.33%。城镇居民家庭食品消费支出占生活消费支出的比重为35.4%。农村居民家庭食品消费支出占生活消费支出的比重为59.35%。

【扶　贫】 扶贫开发力度加大。一年来，积极争取扶贫资金投入1.18亿元，其中财政资金3 936万元，债券资金254万元，整合资金5 635万元，小额信贷资金2 000万元，扶持11个村委会175个自然村，受益21 750户85 500人。（一）全面启动实施六哨乡整乡推进。寻甸县六哨乡在2009年被省市确定为昆明市唯一省级整乡推进试点乡，项目计划分两年实施完成，2010年12月底全面结束并通过验收。六哨乡整乡推进扶贫开发项目计划总投资8 378.6万元，其中省、市财政补助资金1 200万元，县级财政补助资金200万元，扶贫内部整合资金1 410万元（整村推进资金400万元、互助资金100万元、安居工程资金120万元、易地开发资金106万元、社会帮扶资金230万元、信贷资金500万元）；外部整合12个部门资金3 887万元，其中农业130万元，林业47万元，畜牧234万元，交通680万元，卫生210万元，教育1 200万元，民政180万元，城建218万元，水利437万元，文化164万元，发改210万元，政策统筹177万元；群众自筹1 681.6万元。（二）自然村整村推进。省、市下达寻甸县实施扶贫开发整村推进96个自然村，其中省级68个村，市级28个村。实施项目工程424件，总投资2 735万元，其中财政资金1 920万元（省级财政1 020万元，市级财政900万元），整合资金338万元，群众自筹477万元，直接受益96个自然村6 970户28 000人。（三）易地开发扶贫。省、市下达寻甸县实施易地搬迁4个自然村（甸沙乡老村的石窝铺、兴隆的小冲冲、六哨乡五村的白草坪、功山镇纲纪的水槽箐）179户840人。实施项目工程32件，总投资420万元，其中，中央财政扶贫资金166万元，地方政府债券资金254万元。（四）专项产业开发。年内，已规划上报省、市扶贫办专项产业开发5件，总投资2 582万元，其中：省级财政资金250万元，企业自筹2 119万元，农户自筹213万元，待省、市批准实施。（五）劳务输出扶贫。在农村劳动力培训转移工作中，以示范基地建设为抓手，以提高就业技能为重点，按照“实际、实用、实效”的原则，紧扣“提高、转移、维权、增效”四部曲，以定点培训、定向培训、订单培训、定向输出的模式，采取引导性与技能性培训结合、校与乡结合、校与校结合、校与企结合的方法，以实施“两后双百”工程培训为着力点，配合职业学校等部门完成了技能培训7 500人和劳务输出7 900人的任务。同时认真做好基地建设、技能培训的验收准备工作，两项工作已通过省、市验收。（六）小额信贷扶贫。年内，完成上级下达小额信贷指标2 000万元，获贷贫困农户10 000户38 000人，当年还贷率100%。（七）社会帮带扶贫。全年省级3家、市级52家、县级76家挂钩单位，走村访户3 890人次，直接投入帮扶资金1 053万元，物资折价221万元。其中，省级挂钩单位3个，全年，组织干部职工200人次下到挂钩点，投入资金110万元，物资折价5万余元；市直挂钩单位52个，官渡区、高新区对口帮扶寻甸县。先后下挂钩点1 340人次，投入资金714万元，物资折价106万元，资助贫困学生670人；县直76个单位和16个乡镇机关挂钩帮扶村委会和自然村，县级领导挂钩联系乡镇并且每人帮扶2户贫困户，县乡机关在职党员每人帮扶一户贫困户。全年下挂钩点2 550人次，投入资金229万元，物资折价111万元，结对帮扶贫困户3418户，帮扶贫困学生1 130人，科技培训134期1.64万人次。（八）项目工程验收。年内验收的主要工程：一是2008年下达实施122个自然村整村推进，实施项目621件，投入财政资金2 440万元。二是下达实施易地开发3个自然村，实施项目22件，投入财政资金259万元，受益202户815人。三是行政村新农村建设24个村委会，以甸沙乡9个村委会新农村建设整乡推进为主，实施项目480件，总投资1.06亿元。（九）解决温饱目标。全年解决贫困人口3.77万人温饱，其中，基本解决绝对贫困人口5 300人温饱，解决低收入贫困人口3.24万人温饱。

【社会保障】 年末全县城镇职工基本养老保险参保1.08万人，失业保险参保1.41万人，城镇职工基本医疗保险参保1.98万人，城镇居民基本医疗保险参保1.37万人，企业参加工伤保险人数为8 684人，其中农民工参保人数为3 720人；全县生育保险参保5 715人。农村养老保险参保9 203人，其中失地农民保险参保3 777人。

【精神文明建设】 2009年，共命名省级文明单位8个、文明村5个。全年共创建市级文明单位（村）、市级文明小城镇20个，其中单位15个、村4个、小城镇1个；县级文明单位（村）、社区72个，其中单位52个、村20个。

（李巧梅）

·责任编辑　字应军·

附　录

昆明市2009年国民经济和社会发展计划执行情况与2010年国民经济和社会发展计划草案的报告

——2010年1月14日在昆明市第十二届人民代表大会第六次会议上

昆明市发展和改革委员会

一、2009年国民经济和社会发展计划执行情况

2009年，在市委领导下，全市以科学发展观为指导，认真贯彻落实国家、省扩大内需的政策措施，着力扩大投资、促进消费，千方百计保增长、保民生、保稳定，经济发展回升向好，社会事业全面进步，生态建设成效显著。初步预计，全市实现地区生产总值1 800亿元，增长12%，连续第七年增速达到10%以上；地方财政一般预算收入201.6亿元，增长15.2%；全社会固定资产投资1 600亿元，增长52%；社会消费品零售总额864亿元，增长23%；居民消费价格总水平上涨0.8%；城镇居民人均可支配收入16 500元，农民人均纯收入5 080元，分别实际增长13%和9.7%；城镇登记失业率稳定在4%以内；人口自然增长率为5.5‰。单位GDP能耗、化学需氧量、二氧化硫排放量均完成目标任务。

（一）计划执行总体良好

工农业稳步增长。第一产业实现增加值111亿元，增长5.8%。全年粮食总产量113.1万吨，烤烟收购179万担，蔬菜产量190万吨，鲜切花产量37.6亿支，畜牧业产值71.9亿元。全市规模以上工业企业实现增加值530亿元，增长9%。烟草、机电、医药、电力、冶金、化工六大行业均保持增长势头。

投资消费增势强劲。把握国家扩大内需投资重点，积极组织上报投资项目，全市共争取国家和省项目资金53.71亿元，其中扩大内需资金9.04亿元。财政安排43亿元用于公共基础设施建设。通过银行贷款、信托产品、发行企业债券、BT、BOT等形式，实现政府性融资962亿元，重点工程建设资金得到有效保证。全社会固定资产投资比2008年增加547亿元，其中，工业投资345亿元，增长38%；房地产开发投资363亿元，增长40%。落实“家电下乡”财政补贴、住房和汽车消费信贷等政策，实施“万村千乡市场工程”，全市消费市场活跃，社会消费品零售总额比2008年增加164亿元，城乡市场均保持20%以上的增幅。旅游业较快增长。接待游客总数3 158万人次，增长15.6%，旅游总收入221亿元，增长12.1%。

招商引资成效显著。加强招商引资项目储备，共储备291个项目并编印成册。加大走出去招商力度，举办30多场专题招商推介会。全市实际利用外资7.28亿美元，引进市外到位资金706亿元，分别增长21%和33.1%。加强协调服务，推进招商引资项目落地，重点招商引资项目开工223个、竣工93个。

改革创新深入推进。深入推进体制机制创新，出台制度创新性文件2 407个。继续规范政府行政审批，审批项目精简至86项。下放市级经济社会管理权限62项，东川、石林被列为全省扩权强县试点县（区）。大力引进战略伙伴，全面完成云变电气、昆明电机等68户国企改革任务。积极推进农村土地承包经营权流转、市属城镇集体企业改制工作。医药卫生体制改革启动实施。探索“管办分开”的公立医院管理模式，成立医疗投资公司，鼓励社会资本扩大优质资源比例。推进文化体制改革，组建昆明报业传媒集团、昆明演艺（集团）有限公司等五大文化产业集团。抓住价格走势平稳的良好时机，出台自来水、污水处理、垃圾处置、医疗废弃物处置、城市基础设施配套费、部分公园门票等调价措施，稳妥理顺价格关系。

民生问题持续改善。全市财政对医疗卫生、教育、社会保障和就业支出分别增长34.5%、31.1%和13.8%。提供有效就业岗位18.6万个，新增城镇就业人员13万人。培训农村富余劳动力18万人，转移输出14.2万人。全市城镇职工养老、医疗、工伤、失业、生育保险参保人数平均增长9.6%，城镇居民基本医疗保险覆盖率达到90%，被征地人员基本养老保险参保人员达到11.4万人，新农合参合率为95.88%。全市73.2万城乡学生免费义务教育。

（二）重点基础设施建设取得重大突破

围绕年初确定的十个方面的建设任务，以重点项目为抓

手，强化目标责任制，加大资金筹措和招商引资力度，落实规划、土地、环评等建设条件，重点基础设施项目全面推进。其中，100项重点基础设施完成投资413.7亿元，为年度投资计划的105%；扩大内需新增367个项目全部开工建设，完成投资30.41亿元，为总投资的88%。

交通设施建设力度加大。城市加快轨道交通一期试验段、广电大学站开展桩基施工。二环快速、彩云路入城段、西坝路、海埂路通车；西北三环全面开展主体施工。南连接线、环湖南路、国道324姜家山段改线、禄大公路工程启动。东连接线支线、环湖东路、沣源路改扩建抓紧实施。官南路与日新路、前新路与日新路节点改造进行主体施工。主城支次道路综合整治基本完工。主城客运站完成搬迁。公交专用道前新路项目完工，穿金路、彩云路、白塔路项目正抓紧前期工作。公交停车保养场建设，海源寺一期、北市区工程完工；南市区、呈贡新区吴家营项目进行主体施工；雨花片区进场施工；东南部项目开展前期工作。配合省实施的铁路、公路建设项目总体进展顺利。昆广铁路复线工程加快推进；昆明铁路枢纽扩能改造征地3 184万亩，拆迁33万平方米，碧鸡隧道和昆阳特大桥开工建设；昆明铁路枢纽东南环线、昆玉铁路、云桂铁路启动实施；长昆客运专线开展前期工作；滇中城际高铁规划研究启动，争取列入国家“十二五”城际铁路专项规划。西南绕城、昆武高速按计划推进，西北绕城高速开工建设，昆嵩高速正抓紧开展前期工作。

新区建设加快推进。呈贡新区二期路网完工或主体完工14条，在建8条；三期路网主体施工18条。核心区供水管网铺设完成88%，排水管网铺设130公里。垃圾焚烧项目进行基础施工。市级行政中心进行收尾。雨花片区村镇搬迁规划一号地块完工，四号地块完成工程量的34%。新机场征地拆迁基本完成，外围配套设施新村北侧道路和十字道路通车，高速公路土建工程完成60%。清水海供水隧洞工程累计掘进16公里，净配水工程开工。

滇池污染治理加速。滇池北岸水环境综合治理第一至第六污水处理厂改扩建或改造工程完工，第七、八污水处理厂投入试运行；城东等5个片区排水管网铺设187公里。环湖东岸、南岸干渠截污正抓紧实施。盘龙江综合整治年度计划完成；新运粮河、西坝河基本完成；老运粮河、玉带河—篆塘河完成量过半；海河、捞鱼河、洛龙河、马料河及未列入“十一五”规划的主要入湖河道整治正抓紧实施；小清河、古城河、东大河、南冲河、白鱼河、茨巷河工程完成可研审批。滇池污染底泥疏挖及处置二期完成工程量的60%。城市污水处理厂污泥处理处置一期工程开展基础施工，洛龙河污水处理厂开展进场道路施工。主城雨污分流次干管及支管配套项目铺设排水管道93公里。建成盘龙江、云龙水库等5个入湖河道及水源地水质自动监测站。

生态环境保护加强。主城和呈贡新区新增绿地1 595公顷。滇池外海退塘、退田4.15万亩，退人9 476人，退房49.6万平方米，环湖生态建设5万亩。治理滇池流域水土流失20平方公里。昆明危险废弃物处理处置中心土建工程启动，东郊垃圾焚烧发电厂首台机组试运行。经开区和县城污水处理项目，经开区配套工程开工；呈贡一期、嵩明和富民主体工程完工；东川升级改造工程完成90%；禄劝完成量过半；宜良、寻甸进行主体施工；晋宁建设配套管网。县城垃圾处理项目，嵩明、寻甸开展道路施工，东川完成进场道路平整，禄劝、宜良、富民由于工艺调整停止实施。启动68个“城中村”改造，拆除建筑物398万平方米，开工23个“城中村”改造工程建设项目，4个回迁安置房主体完工。东川经济转型与可持续发展工作抓紧推进，安排200万前期费，第一批移民即将入住搬迁房，制定异地产业园区建设实施方案，铁路支线恢复运营。

农村民生和基础设施条件逐步改善。石林团结水库除险加固工程进行收尾；6座中型水库主体工程基本完工；19座小（一）型水库完工13座，6座完成工程量的78%；17座小（二）型水库完工8座，9座正抓紧施工。寻甸木戛利、禄劝旧铁厂水库开工建设。嵩明大型灌区中央新增项目和续建配套工程基本完工。全市新增和改善灌溉面积31.1万亩，解决26万人饮水安全问题，新建沼气池2万口，节柴改灶2.3万眼。行政村通公路项目完成2008年结转任务，2009年任务完成路面硬化570公里、路基改造914公里。中西部农村电网工程完成35千伏3座输变电站、10千伏435公里线路建设，“一户一表”改造完成1.34万户。农村中小学标准化建设开工106所。30个乡镇卫生院完工29个、在建1个。14个计生服务站（所）、30个乡镇文化站、420个基层文化室和45个行政村农民体育健身工程完工。1 371个自然村广播电视“村村通”直播卫星覆盖。实施扶贫开发整村推进341个自然村，解决2.3万绝对贫困人口温饱问题，巩固提高8.7万低收入人群温饱水平。

工业园区及产业项目成效明显。实施园区基础设施建设352项，其中新开工268项；完成投资58.2亿元；收储土地10平方公里，新增“五通一平”13平方公里。安排下达北部五县（区）经济发展资金5 000万元，扶持工业园区道路、供排水管网建设项目9项。昆钢大型中型机械构件生产线、广西玉柴集团基地、山灞远程基地等88个亿元以上项目开工建设。昆烟易地搬迁技改、云白药新区产业基地、云内动力20万台轿车柴油机生产线、国家大型铁路养护设备昆明产业基地、云铝8万吨铝合金板带工艺创新与产品开发5个续建项目进展顺利。东川2 000吨/日干法水泥熟料生产线开工建设，昆钢产业结构调整、云南盐化80万吨/年制盐等项目正开展前期工作。中缅油气管道和石化炼油工程，缅甸境内油气管道动工建设；项目核准报告上报国家。石林太阳能光伏电站试验示范项目第1兆瓦并网发电。禄劝鲁基厂、铅厂和甲岩电站分别完成投资的93%、69%和10.9%；东川小清河四级电站完工投产，七级电站完成投资近半。西电东送800千伏直流输电工程完工；500千伏送电线路工程除安宁开展前期工作，其余工程完工。3座220千伏输变电站全部开工建设，110千伏输变电站投产2个、开工建设9个。实施科技创新“4531工程”，选择20家企业开展创新试点，投入1 255万元，支持25户企业建立完善企业技术中心创新平台、10个核心关键技术项目。

商贸旅游设施继续改善。螺蛳湾国际商贸城一期投入，中央商务区螺蛳湾金花片区拆迁2万平方米。市粮油购销公司粮库、省粮油批发交易市场土建工程完成70%；西山区粮库开展基础施工。禄劝农产品批发市场和野生食用菌保鲜项目投入使用。跑马山废旧物资回收处理中心、10个标准化农贸市场、6个农村集贸市场、100个“万村千乡市场工程”完工。云南龙城中泰农产品批发市场开工建设，昆明国际水产品交易物流中心项目抓紧开展前期工作。滇池旅游度假区大渔片区七条道路全面开工建设，石林风景区“狂欢之都”、阳宗海凹子山、呈贡大湾等六大旅游景区建设项目进展顺利。昆明轿子山旅游专线公路开工。

公共服务设施逐步完善。昆八中搬迁完成，昆三中进行收尾。禄劝九龙中学等9所初中校舍改造工程竣工。中华小学搬迁、盘龙职业高中综合楼、市交通技工学校实训楼、铁路机械学校扩建进展顺利。安宁职教基地在建院校5所，即将开工2所；嵩明职教基地建成院校2所，开工4所。市财经商贸学校、市技工学校、市二职中专扩建开展前期工作。市卫校、市农校并入昆明学院。市第一人民医院北市区医院、市儿童医院南市区医院、市中医医院呈贡新区医院、延安医院心血管病医院开展基础施工。市第三人民医院传染病诊疗中心、云南精神病院住院楼、市精神病院迁建开展前期工作。24个社区卫生服务机构建成23个，因规划调整停工1个。市福利院敬老公寓完工，市救助站综合楼主体工程完工，28个社区办公用房建成7个，在建14个，前期工作7个。市博物馆二期主体工程完工，市工人文化宫启动土建工程，市群众文化活动中心开展前期工作。

保障性住房建设稳步推进。与省政府签订的1.2万套廉租房建设计划（含年初市级计划2 633套）完工6 613套，在建5 387套。新建144万平方米经济适用房计划，已落实181.3万平方米。近2万户农村危房改造及民居地震安全工程完工。

平安昆明基础设施建设进展较快。市司法强制戒毒劳教所完工，市强制收容教育所扩建正抓紧施工。市检察院职务犯罪侦查指挥中心进行收尾，市公安局滇池营区一期工程完工。东川区看守所投入使用，晋宁、呈贡、石林主体工程完工，禄劝开工建设。呈贡新区和主城区消防站点建设，盘龙三中队和呈贡特勤三中队完工，呈贡二中队正抓紧实施。

同时，计划执行中仍存在以下困难和问题：一是由于冶金、化工行业低增长，全市规模以上工业仅增长9%，低于预期目标5个百分点。二是100项重点基础设施项目中，主城垃圾应急处理场、新建县城垃圾处理设施、市卫生学校搬迁3个项目暂停实施，市妇女儿童保健中心、昆明时代人才广场、阳宗海生态旅游小镇规划范围内电力线路迁改3个项目尚未开工。道路交通、社会公益事业类项目受征地拆迁、管线迁改及资金影响，仅分别完成年度投资计划的88.4%和59.9%。三是全市外贸进出口总额50亿美元，仅完成年度任务的66.7%。

二、2010年经济社会发展主要预期目标和任务

2010年，是全面贯彻落实党的十七大、十七届四中全会精神的重要一年，是实施“十一五”规划纲要的最后一年，继续保持经济稳步回升，对全面完成“十一五”规划目标任务、为“十二五”发展奠定坚实基础具有十分重要的意义。当前，世界经济缓慢复苏；国内经济形势总体呈企稳向好势头，我国把保持经济平稳较快发展作为经济工作首要任务，继续实施积极财政政策和适度宽松货币政策，更加注重提高经济发展质量，更加注重改善民生；我市重点基础设施和产业项目进入投资高峰期，消费需求依然旺盛，有利于全市经济保持平稳较快发展。

根据市委九届六次全会精神，按照市委、市政府对全年经济社会发展的总体部署，2010年全市经济和社会发展主要预期目标建议为：

——地区生产总值增长12%以上；

——地方财政一般预算收入增长12%以上；

——全社会固定资产投资增长35%以上；

——单位生产总值能耗下降4%左右；

——社会消费品零售总额增长18%以上；

——城镇居民人均可支配收入实际增长8%以上，农民人均纯收入实际增长8%以上；

——居民消费价格涨幅控制在3.5%以内；

——城镇登记失业率控制在4%以内；

——人口自然增长率控制在6.5‰以内。

完成上述目标任务，要继续实施大投资方略，强化大项目带动。着力推进实施一批重点设施项目，进一步改善基础设施条件，提升公共服务水平，保持生态环境；着力推进实施一批工业和循环经济重点项目，进一步夯实产业发展基础，加快工业结构调整步伐，促进经济发展方式转变；着力推进实施一批服务业重点项目，进一步完善市场体系，改善市场设施条件，为扩大消费奠定基础。2010年，力争全社会固定资产投资规模达到2 160亿元，其中：重点基础设施完成投资570亿元，重点产业项目完成投资164亿元。突出抓好八个方面项目建设：

（一）综合交通设施建设

落实交通白皮书三年规划，继续加大铁路、公路和城市主干路网建设，不断改善城乡交通条件。计划实施重点项目27项，年度计划完成投资299亿元。其中：铁路、公路项目13项，计划完成投资174亿元；城市道路14项，计划完成投资125亿元。

加大工作协调力度，积极配合国家和省完成铁路枢纽扩能改造、铁路枢纽东南环线、西南、西北绕城高速公路和昆武高速公路等项目征地拆迁，满足工程建设用地需求，力争西南绕城高速公路完成主体工程；继续推进国道南连接线高速公路、国道324线姜家山段改线、轿子山旅游专线公路等项目建设，实现新机场专用高速公路（南段）全线通车，争取禄大公路完成主体工程；完成行政村通公路路面硬化733公里和路基改造1 214公里；开工建设东川至倘甸公路、东川金东大桥、黄土坡至马金铺高速公路、昆武禄劝连接线（武定解家营至禄劝西村）和寻甸至倘甸公路。继续加大以城市主干道路为重点的城市交通设施建设，建成环湖南路、三环闭合工程、官南路（广福路至环湖东路段）、海源南路（人民西路至明家地段）、珥季路、彩云路螺蛳湾商贸城下穿和呈贡新城三期路网等重点城市干道，推进贵昆路城区段和呈贡新城四期路网等项目，开工龙泉路北延长线改扩建、官渡13号路（星耀路）、官渡14号路、贵昆路东连接线至绕城高速外环等项目。

（二）市政设施建设

充分发挥重大市政设施对城市发展的引导作用，加大轨道交通、城市供水和公共交通投资力度，提升公共市政设施的服务水平。计划实施重点项目9项，年度计划完成投资75亿元。其中：轨道交通项目3项，计划完成投资48亿元；城市供水3项，计划完成投资9亿元；公共交通2项，计划完成投资2亿元；廉租房1项，计划完成投资16亿元。

推进轨道交通1、2号线首期工程，完成试验段高架主体工程，加大轨道沿线和场站征地拆迁力度，全面启动站点及区间段施工。启动实施轨道交通3、6号线。加快清水海供水及水源环境管理项目引水工程、新区净配水工程、呈贡新城供水工程（核心区）建设进度，确保清水海供水工程与新机场同步完工。继续推进公交停车保养场和客运站配套公交车场建设，实施部分重点路段公交专用道，进一步提高公交服务水平。推进保障性住房建设，完成新建2万套以上。加快推进城中村改造，新开工建设800万平方米以上。

（三）生态与环境保护建设

继续围绕“湖外截污、湖内清淤、河道整治、外域引

水”四大刚性目标，着力落实环湖截污、农业农村面源治理、生态修复与建设、入湖河道整治、生态清淤、外流域调水及节水等关键性措施，进一步加速滇池治理。计划实施重点项目27项，年度计划完成投资106亿元。

全面完成滇池北岸水环境综合治理项目、主城雨污分流次干管及支管配套建设工程、滇池污染底泥疏挖及处置二期工程建设。滇池环湖东岸、南岸干渠截污工程投入运行，西岸、北岸截污完善工程完成主体工程。完成盘龙江生态整治、海河截污及水环境治理工程，完成洛龙河、捞鱼河污水厂及配套管网以及捞鱼河、马料河水环境综合整治、白龙潭水系入滇河道整治工程上段（中央公园二期）主体工程，加快马料河（上段）生态河道治理、洛龙河截污及水环境治理工程建设，全面推进牧羊河流域、小清河、南冲河、茨巷河、白鱼河、古城河、东大河水环境综合整治工程。加快新区再生水厂建设，开工建设经开区污水处理与再生利用工程。在全面完成滇池外海环湖湿地建设的基础上，强化湖滨生态湿地管养。加快实施农村面源污染控制工程，进一步完善流域内农村生活垃圾收集、清运、处置设施建设，实现无害化处理。配合省推进外流域调水工程建设。

（四）农村基础设施建设

加大“三农”投入力度，大力推进农村基础设施建设，进一步改善农村生产生活条件。计划实施重点项目6项，年度计划完成投资11亿元。

推进木戛利、王家滩、大河边、战备、旧铁厂水库及嵩明大型灌区节水灌溉工程建设，开工建设酸水塘、地下、明朗水库及20座小型病险水库除险加固。完成松华坝及云龙水库水源一级保护区移民搬迁安置。同时，继续实施中低产田改造工程，完成改造27万亩。解决23万农村人口饮水安全问题。开发建设石林台湾农民创业园，启动嵩明、宜良、晋宁、富民、寻甸等农业园区建设。扶持发展标准化规模养殖小区150个。

（五）社会公益设施建设

按照政府着力办好存量、依靠市场和社会扩大增量的原则，以扩大内需为契机，全面加快教育、医疗卫生、文化、体育等社会公益设施建设。计划实施重点项目18项，年度计划完成投资30亿元。

加强教育设施建设。推进100所农村中小学标准化建设。加快市财经商贸学校搬迁、昆明学院新校区、铁路机械学校、市二职中专、市技工学校建设。实施市中小学校舍安全工程和职业教育攻坚计划项目。

继续改善医疗卫生、文化等设施条件。抓好市第一人民医院北市区医院、市儿童医院南市区医院、市中医医院搬迁、延安医院心血管病医院项目实施，开工建设市妇女儿童保健中心、省精神病医院门诊及住院楼、市第三人民医院传染病诊疗中心、市第二人民医院改扩建、市精神病院迁建项目。建成31个乡镇（街道）综合文化站、363个文化室，完成市博物馆二期工程。加快市工人文化宫迁建、市体育学校暨昆明市全民健身中心建设。

抓好政法设施建设。完成市强制收容教育所扩建，继续实施基层派出所、基层法庭和基层司法所建设，改善基层办案条件；启动滇池营区二期和森警支队搬迁项目；争取启动消防训练基地和民兵训练基地建设。

（六）园区基础设施建设

实施园区基础设施建设三年提升工程，加快空港经济区等有条件的省级园区申报国家级开发区进程，全面提升园区综合品质，为园区“三年攻坚、六年跨越”奠定坚实基础。计划实施重点项目13项，年度计划完成投资49亿元。

继续做好土地收储，完成收储土地20平方公里。推进3个国家级开发区“七通一平”（通供水、排水、电网、公路、供气、通讯、宽带，场地平整）、10个省级工业园区“六通一平”基础设施，以及污水处理、固体废弃物处理、绿化等配套设施建设。

（七）重点工业项目建设

以项目为抓手，加大协调服务力度，加快重点工业项目建设。确保新开工亿元以上工业项目60个；实施重点工业项目25个，完成投资64亿元。力争全市规模以上工业企业增加值突破600亿元，园区规模以上工业企业增加值增长30%以上。

配合推进装备制造、生物医药、能源等支柱产业重点项目建设。完成国家大型铁路养护设备昆明产业基地、云内动力轿车柴油机产能项目、昆明石林太阳能光伏电站试验示范项目科普区及示范区一期工程等项目建设，加快推进云变铁路牵引变压器和超高压特大型电力变压器、云南白药集团整体搬迁等项目建设，开工建设中铝昆明铜业（集团）有限公司22万吨铜材深加工等项目，配合推进中缅油气管道及石化炼油工程建设。实施循环经济和节能减排项目，推进寻甸金所工业园区综合利用电石渣及云铜凯通、昆明金水能量系统优化改造等项目建设，争取部分项目年内完工。

（八）服务业设施建设

围绕培育区域商贸、物流中心，以扩大内需、促进消费为契机，加快城乡商业网点、专业批发市场、物流园区等基础设施建设，着力引进和培育一批在全国、全省有竞争力、影响力的大型贸易企业及区域性商贸龙头企业。计划实施重点项目10项，年度计划完成投资100亿元。

建成省粮油批发交易市场（一期）、“中国—东盟商贸港”二期、云南龙城中泰农产品物流中心冷链物流系统主体工程。加快中国·昆明螺蛳湾国际商贸城（二期）、螺蛳湾中央商务区（二级CBD）、腾俊东盟多式联运仓储物流园区、市粮油购销有限公司粮库迁建项目建设。启动昆明国际水产品交易中心一期。新建社区生鲜市场10个，新建、改扩建农村集贸市场20个，推进主城12家生猪屠宰场整合搬迁。

三、千方百计保障重大项目实施

以市场化、多元化和社会化为方向，抓住中央继续实施扩大内需政策的机遇，多渠道筹集重点项目建设资金，完善重点项目推进机制，积极落实建设条件，强化协调服务，全力推进重点基础设施及产业项目建设，为确保完成全年经济社会发展目标任务奠定坚实基础。

（一）积极争取国家和省的支持

2010年，中央预算内基本建设投资将继续向“三农”、保障性安居工程、卫生教育等民生领域倾斜，继续支持生态环保、自主创新、新兴产业等方面的建设，继续加大对中西部地区、民族地区、边疆地区和贫困地区的支持，重点安排收尾和续建项目。各级各部门要强化机遇意识，根据国家资金安排的方向和重点领域，组织好上报项目。切实加强项目前期工作，积极主动做好与国家、省有关部门的汇报衔接，力争更多项目“计划进笼子、项目进本子、资金进盘子”。

（二）努力扩大融资规模

充分发挥政府投融资平台作用，建立市级集团化的投融资公司运作管理体制，有效整合政府性资源，提升市级平台信用等级和融资能力。加强与金融部门的联系合作，积极争取金融部门扩大对政府投资项目的信贷规模。按照贷款要求，项目责任单位要做好申请银行等金融机构支持的各项准备工作。相关部门要向商业银行推荐重点项目，以大项目、好项目吸引金融投资。加快直接融资步伐，支持中小企业上市融资，扩大企业债券发行规模，积极推进股权融资、新兴产业投资基金组建工作。

（三）加强招商引资工作

围绕今年重点基础设施、重点产业项目及“十二五”期间拟实施的重点项目，加强项目策划包装，精心组织招商活动，提高招商引资质量。突出产业招商，结合国家、省十大产业调整与振兴规划的重点领域，谋划推出一批重点招商项目，为增强产业竞争力创造更好的条件。创新招商方式，开展以商招商、中介招商、委托招商、代理招商，推动招商引资由部门招商、政府招商向市场主体招商、社会招商转变。加大“走出去”招商力度，组织开展各种专题推介会。进一步强化招商引资项目协调服务，促成一批项目落地建设和竣工投产。确保全年实际利用外资完成9亿美元，实际引进市外资金900亿元。

（四）发挥财政资金引导作用

今年地方财政支出用于公共基础设施建设的比例不低于20%。采取资本金补助、贴息、以奖代补等方式，引导和带动社会资金投入市域交通、环保、能源、社会事业等基础设施建设。各县（市）区、开发（度假）区要结合今年投资计划增加的实际情况，适当增加基本建设投资规模，落实中央、省和市的重大项目配套资金。

（五）主动做好协调服务

相关部门要积极协调配合，强化服务工作，为重点项目开工和加快建设进度创造条件。对重点基础设施项目实行更加快捷的审批方式，提高服务质量，缩短审批时间，实行限时办结、并联审批。发改、财政、规划、国土、环保等部门要做好重点项目有关问题的统筹研究，对全市重点项目优先安排、优先保障。列入年度计划的重点基础设施项目，争取在上半年完成环评；对重点产业项目，要建立事前介入制度，在项目选择、项目选址、项目建设等方面，全方位提供政策指导和服务。

（六）完善重点项目推进机制

强化重点项目推进目标责任制，形成同心协力、齐抓共管重点项目的工作局面。根据重点项目年度建设任务，实行目标责任分解，落实重点项目责任部门、工作目标及完成时限。重点项目责任部门和项目单位要按照目标任务计划的要求，围绕项目研究和制订具体工作方案，把每一个项目的目标任务以及分阶段的工作重点、工作要求一一落实到责任领导、责任人员。市重点项目办要根据责任部门按月报送的重点项目进展情况，定期召集重点项目联席会议，认真研究并积极协调解决重点项目推进中存在的困难和问题。

（七）超前谋划和启动实施一批“十二五”规划重点项目

2010年是两个“五年规划”的交替之年、承启之年，在确保全面完成“十一五”规划的同时，必须抢抓发展机遇，超前谋划“十二五”。围绕完善基础设施、调整产业结构、提升城市竞争力、改善人民生活、发展社会事业和加强生态建设，各级各部门要抓紧研究，筛选提出一批关系全局和长远的重大项目。要加强对开发区、县（市）区重大项目前期工作的指导服务，防止低水平重复建设和无序竞争。同时，积极创造条件，争取年内启动实施一批“十二五”重点项目，为投资持续增长、经济跨越式发展奠定基础。

2010年经济社会发展主要预期目标

单位：万元

指标名称	单位	2009年计划	2009年预计		2010年计划
		增长率（%）	完成	增长率（%）	增长率（%）
全市生产总值	亿元	10以上	1 800	12	12以上
地方财政一般预算收入	亿元	10以上	201.6	15.2	12以上
万元GDP能耗下降	%	4.5以上		完成	4左右
全社会固定资产投资	亿元	40以上	1 600	52	35以上
社会消费品零售总额	亿元	18以上	864	23	18以上
居民消费价格总水平涨幅	%	4.5以内		0.8	3.5以内
城镇登记失业率	%	4以内		4以内	4以内
人口自然增长率	‰	6.5以内		5.5	6.5以内
城镇居民人均可支配收入	元	8以上	16 500	13	8以上
农民人均纯收入	元	8以上	5 080	9.7	8以上

备注：本表中绝对值按现价计算，增长速度按可比价计算。

2010 年重点基础设施建设项目投资计划表

单位：万元

序号	项目名称	责任单位	年度建设内容	总投资	2009 年底累计完成投资	2010 年投资计划
	合计（100 项）			15 995 506	2 257 965	5 699 896
	续建（65 项）			11 393 021	2 157 130	3 942 096
	新开工（35 项）			4 602 484	100 835	1 757 800
一	农业基础设施工程（6 项）			292 450	19 411	110 600
	续建（4 项）			189 355	18 911	91 500
1	寻甸木戛利水库	寻甸县政府、市水务局	完成进场公路、泄洪洞、土坝基础开挖并回填	25 933	3 011	7 500
2	嵩明大型灌区节水灌溉工程	嵩明政府	完成干渠、支渠建设 10 公里	54 337	5 400	1 500
3	云龙水库水源一级保护区移民搬迁安置	禄劝县政府	建设移民安置用房及配套设施	73 688	4 500	53 500
4	松华坝水库水源一级保护区移民搬迁安置	盘龙区政府	建设移民安置用房及配套设施	35 397	6 000	29 000
	新开工（2 项）			103 095	500	19 100
5	安宁王家滩水库除险加固	安宁市政府、市水务局	完成基础开挖回填，满足度汛要求	15 623	500	6 000
6	小（一）型水库建设	有关县（区）政府、市水务局	开工建设酸水塘水库、地下水库、明朗水库，推进大河边水库、战备水库、旧铁厂水库建设	87 472		13 100
二	道路交通设施工程（27 项）			6 436 612	1 178 389	2 993 400
（一）	铁路、公路（13 项）			3 325 025	600 130	1 745 000
	续建（7 项）			2 091 476	589 126	1 087 000
7	昆明铁路枢纽扩能改造征地拆迁	昆枢征地拆迁指挥部	完成征地拆迁	700 000	185 167	500 000
8	昆明铁路枢纽东南环线	昆明铁路枢纽东南环线合资公司	完成征地拆迁	165 000	20 704	125 000
9	新机场专用高速公路（南段）	空港投资开发公司	全线通车	229 750	116 000	76 000
10	禄劝至大松树公路	市交通运输局	完成征地，实施路基、路面主体工程	216 800	60 368	120 000
11	南连线高速公路	市交通运输局	基本完成征地拆迁，实施路基、路面工程	561 000	113 300	200 000
12	国道 324 线姜家山段改线	省城投公司	建成投入使用	22 926	3 791	14 000
13	行政村通公路	市交通运输局	路面硬化 733 公里，路基改造 1 214 公里	196 000	89 796	52 000

续表

序号	项目名称	责任单位	年度建设内容	总投资	2009年底累计完成投资	2010年投资计划
	新开工（6项）		1 233 549	11 004	658 000	
14	黄土坡至马金铺高速公路	市交通运输局	实施路基、路面、桥梁、隧道工程	336 800		100 000
15	轿子山旅游专线公路	市产业投资公司	完成征地，启动路基、路面工程	402 300	6 004	310 000
16	东川至倘甸公路（含轿子山支线）	待定	完成征地拆迁，完成路基、路面主体工程	254 400		150 000
17	东川区金东大桥	东川区政府	实施桥梁基础建设	38 949	2 000	8 000
18	昆武禄劝连接线（武定解家营至禄劝西村）	待定	实施路基、路面、桥梁工程	20 100		10 000
19	寻甸至倘甸公路	待定	实施路基、路面、桥梁、隧道工程	181 000	3 000	80 000
（二）	城市道路交通（14项）			3 111 587	578 259	1 248 400
	续建（10项）			2 383 587	578 259	894 400
20	环湖公路南段	市城投公司	建成试通车	364 000	55 576	180 000
21	三环闭合工程（西北段）	市交通运输局	建成投入使用	584 000	341 150	200 000
22	官南路（广福路至环湖东路段）	市住房和城乡建设局	建成投入使用	118 482	23 303	70 000
23	海源南路（人民西路至明家地段）	市住房和城乡建设局	建成投入使用	120 810	23 052	70 000
24	珥季路改扩建	市住房和城乡建设局	建成投入使用	186 192	49 474	80 000
25	彩云路螺蛳湾商贸城下穿	市住房和城乡建设局	建成投入使用	61 223	13 099	40 000
26	贵昆路城区段	市交投公司	建成投入使用	177 300	10 300	65 000
27	沣源路改扩建	盘龙区政府	建成投入使用	112 900	62 305	40 000
28	呈贡新城三期路网重点道路建设	新都投资有限公司	实施18条重点道路征地拆迁、路基、路面工程	473 939		117 700
29	呈贡新城四期路网重点道路建设	新都投资有限公司	实施10条重点道路征地拆迁、路基、路面工程	184 741		31 700
	新开工（4项）			728 000		354 000
30	龙泉路北延长线改扩建	市城投公司	完成路基、路面主体工程	33 000		16 000
31	官渡13号路（星耀路）	市城投公司	完成征地拆迁，实施路基、路面工程	76 000		38 000
32	官渡14号路	市城投公司	完成征地拆迁、实施路基、路面工程	239 000		110 000
33	贵东路东连接线至绕城高速外环	空港经济投资开发公司	完成征地拆迁，实施路基、路面工程	380 000		190 000

续　表

序号	项目名称	责任单位	年度建设内容	总投资	2009 年底累计完成投资	2010 年投资计划
三	生态和环境保护工程（27 项）			1 909 652	479 469	1 060 000
（一）	滇池污染治理（26 项）			1 882 652	477 469	1 035 000
	续建（16 项）			1 552 772	473 916	757 000
34	滇池北岸水环境综合治理	市滇池北岸工程管理局	完成 63.5 公里污、雨水干管铺设	397 734	161 296	80 000
35	主城雨污分流次干管及支管配套建设	滇投公司	完成 70 公里污、雨水管铺设	141 635	16 540	53 000
36	滇池环湖东岸干渠截污	度假区管委会、省城投公司	建成投入运行	209 455	36 490	160 000
37	滇池环湖南岸干渠截污	滇投公司、捷运公司	建成投入运行	314 700	50 500	200 000
38	城市污水处理厂污泥处理处置	滇投公司	完成主体工程	29 183	3 449	15 000
39	滇池外海环湖湿地建设	市滇管局，呈贡县、晋宁县、西山区、官渡区政府，度假区管委会	除部分区域外，建设基本完工	195 692	129 000	70 000
40	捞鱼河污水厂及配套管网建设	新都投资有限公司	完成主体工程	16 936	3 544	14 000
41	洛龙河污水厂及配套管网建设	新都投资有限公司	完成主体工程	17 860	2 953	15 000
42	呈贡垃圾焚烧发电	新都投资有限公司	完成主体工程	29 772	6 590	25 000
43	马料河（上段）生态河道治理	经开区管委会	完成马料河河道信息产业基地段的治理	22 600	5 000	17 000
44	海河截污及水环境治理	官渡区政府	建设完工	37 515	27 690	7 000
45	滇池污染底泥疏挖及处置二期	市滇管局	底泥疏浚、底泥基底修复区（围堰）建设	22 853	13 800	9 000
46	滇池环湖西岸截污完善工程	环湖截污指挥部	争取完成主体工程建设	21 000	630	20 000
47	滇池环湖北岸截污完善工程	市滇池北岸工程局	争取完成主体工程建设	37 000	1 110	35 000
48	盘龙江生态整治	官渡区、西山区政府，度假区管委会	建设完工	30 000	12 000	17 000
49	洛龙河截污及水环境治理	新都投资有限公司	完成截污管网建设	28 837	3 324	20 000
	新开工（10 项）			329 880	3 553	278 000
50	马料河水环境综合整治	官渡区、呈贡县政府	基本完成工程设计建设内容	35 637		30 000
51	捞鱼河水环境综合整治	呈贡县政府	完成设计主体工程建设内容	71 287		50 000
52	牧羊河流域水环境综合整治	盘龙区政府	完成集镇垃圾清运、村落污染治理、河岸生态恢复等	16 000		15 000

续　表

序号	项目名称	责任单位	年度建设内容	总投资	2009年底累计完成投资	2010年投资计划
53	经开区污水处理与再生利用	经开区管委会	实施设备安装、污水干管及污水处理管道工程	18 929	3 553	15 000
54	小清河水环境综合整治	官渡区政府	实施生态河道、河道清淤、景观绿化及附属工程	16 246		14 000
55	南冲河水环境综合整治	高新区管委会	实施生态河道、河道清淤、景观绿化及附属工程	48 192		43 000
56	茨巷河（柴河主流）水环境综合整治	晋宁县政府	实施生态河道、河道清淤、景观绿化及附属工程	25 579		23 000
57	白鱼河（大河主流）水环境综合整治	晋宁县政府	实施生态河道、河道清淤、景观绿化及附属工程	61 069		55 000
58	古城河水环境综合整治	晋宁县政府	实施生态河道、河道清淤、景观绿化及附属工程	10 017		9 000
59	东大河水环境综合整治	晋宁县政府	实施生态河道、河道清淤、景观绿化及附属工程	26 924		24 000
（二）	城镇环保基础设施（1项）			27 000	2 000	25 000
	续建（1项）			27 000	2 000	25 000
60	空港经济区污水处理厂	官渡区政府	建成投入使用	27 000	2 000	25 000
四	市政设施工程（9项）			4 415 215	146 295	752 196
（一）	轨道交通（3项）			3 710 000	16 448	484 596
	续建（1项）			2 110 000	16 448	304 596
61	轨道交通1、2号线首期工程	轨道交通公司	完成实验段主体工程，实施土建工程	2 110 000	16 448	304 596
	新开工（2项）			1 600 000	0	180 000
62	轨道交通3号线	轨道交通公司	实施征地拆迁和土建工程	1 000 000		100 000
63	轨道交通6号线	轨道交通公司	实施征地拆迁和土建工程	600 000		80 000
（二）	城市供水（3项）			444 925	107 528	91 000
	续建（3项）			444 925	107 528	91 000
64	清水海供水及水源环境管理项目引水工程	自来水集团公司	完成水源工程70%的工程量，线路工程80%的隧道贯通。隧道工程20%衬砌	186 323	79 988	45 000

续 表

序号	项目名称	责任单位	年度建设内容	总投资	2009年底累计完成投资	2010年投资计划
65	新区净配水工程	自来水集团公司	完成原水管道12公里，主配水管15公里，25万方南水厂，2万方北水厂，8.8公里隧洞	229 902	7 741	40 000
66	呈贡新区供水工程（核心区）	自来水集团公司	与呈贡新城市政道路建设同步推进	28 700	19 799	6 000
（三）	公共交通（2项）			45 436	22 319	16 600
	续建（1基）			34 000	11 563	15 600
67	公交停车保养场	公交集团公司	实施海源寺、南市区、雨花停车保养场综合楼、调度楼、停车场建设	34 000	11 563	15 600
	新开工（1项）			11 436	10 756	1 000
68	客运站配套公交停车场	公交集团公司	实施北部、西部客运站公交车场综合楼、立体车库、调度楼建设	11 436	10 756	1 000
（四）	保障性住房建设（1项）			214 854	0	160 000
	新开工（1项）			214 854	0	160 000
69	保障性住房建设	除呈贡外各县（市）区政府	实施主体土建工程	214 854		160 000
五	社会公益事业（18项）			943 023	236 185	295 700
（一）	教育（6项）			548 641	178 582	190 000
	续建（2项）			249 866	103 710	98 000
70	市体育学校暨昆明市全民健身中心	市体育局	建成投入使用	32 600	12 300	18 000
71	农村中小学标准化建设	市教育局	完成2009年结转69所，推进2010年100所建设任务	217 266	91 410	80 000
	新开工（4项）			298 775	74 872	92 000
72	昆明学院新校区	昆明学院	完成综合教学楼、学生公寓等土建主体工程	192 000	71 072	50 000
73	市财经商贸学校搬迁	市商务局	完成征地，启动土建工程	70 000	350	25 000
74	铁路机械学校扩建	市教育局	完成教学楼、学生宿舍、实训中心等	22 775	250	9 000
75	市二职中专扩建	市教育局	搬迁新建教学楼及配套用房	14 000	3 200	8 000
（二）	卫生（8项）			300 496	29 028	72 700
	续建（4项）			229 600	28 878	63 000

续　表

序号	项目名称	责任单位	年度建设内容	总投资	2009年底累计完成投资	2010年投资计划
76	市中医医院搬迁	新都公司、市卫生局	完成基础施工，启动主体施工	74 910	2 455	20 000
77	市第一人民医院北市区分院	市卫生局	完成基础施工，启动主体施工	77 800	12 900	20 000
78	儿童医院南市区分院	市卫生局	主体施工完成60%	69 900	13 221	20 000
79	延安医院心血管病医院	市卫生局	完成基础施工，启动主体施工	6 990	302	3 000
	新开工（4项）			70 896	150	9 700
80	云南省精神病医院门诊和住院楼建设	市卫生局	启动基础施工	7 869	100	3 000
81	市妇女儿童保健中心	市卫生局	完成征地拆迁，启动基础施工	20 727		3 000
82	市第三人民医院传染病诊疗中心建设	市卫生局	启动基础施工	7 000	50	1 000
83	市第二人民医院改扩建	昆明医疗投资有限公司	启动五、六病区基础施工	35 300		2 700
（三）	文化（2项）			38 607	14 392	17 000
	续建（2项）			38 607	14 392	17 000
84	市工人文化宫搬迁建设	市总工会、市土投公司	完成拆迁，实施土建工程	33 202	11 440	15 000
85	市博物馆二期	市文体局	完成土建及装修工程	5 405	2 952	2 000
（四）	民政（1项）			12 000	0	6 000
86	新开工（1基）			12 000	0	6 000
	市精神病院搬迁建设	市民政局	完成土建主体工程	12 000		6 000
（五）	其他公益项目（1项）			43 279	14 183	10 000
	续建（1项）			43 279	14 183	10 000
87	昆明粮油购销有限公司粮库迁建	市粮油购销有限公司	新建粮油储藏、运输、进出口贸易、粮油加工大型粮油物流中心	43 279	14 183	10 000
六	园区基础设施（13项）			1 998 554	198 216	488 000
	国家级开发区					
88	高新区基础设施建设	高新区管委会	完成年度建设内容	350 550	30 000	55 000
89	经开区基础设施建设	经开区管委会	完成年度建设内容	168 867	38 000	85 000
90	度假区基础设施建设	度假区管委会	完成年度建设内容	529 790	59 000	60 000
	县区工业园区（不含投资1亿元以下县区）	相关县（市）区				
91	安宁工业园区基础设施建设	安宁市政府	完成年度建设内容	66 512	1 800	50 000

续表

序号	项目名称	责任单位	年度建设内容	总投资	2009年底累计完成投资	2010年投资计划
92	呈贡工业园区基础设施建设	呈贡县政府	完成年度建设内容	46 804		40 000
93	海口工业园区基础设施建设	西山区政府	完成年度建设内容	23 200		10 000
94	寻甸园区基础设施建设	寻甸县政府	完成年度建设内容	328 277	7 400	18 000
95	五华科技产业园基础设施建设	五华区政府	完成年度建设内容	71 000	70 000	
96	官渡工业园区基础设施建设	官渡区政府	完成年度建设内容	237 665	47 439	40 000
97	晋宁工业园区基础设施建设	晋宁县政府	完成年度建设内容	105 369	12 577	20 000
98	宜良工业园区基础设施建设	宜良县政府	完成年度建设内容	25 560	1 000	10 000
99	石林县生态工业集中区基础设施建设	石林县政府	完成年度建设内容	11 500	1 000	10 000
100	富民工业园区基础设施建设	富民县政府	完成年度建设内容	33 460		20 000

注：东川区金东大桥总投资由四川省承担50%。

昆明市2009年地方财政预算执行情况和2010年地方财政预算草案的报告

——2010年1月14日在昆明市第十二届人民代表大会第六次会议上

昆明市财政局

一、2009年地方财政预算执行情况

2009年，在市委的正确领导下，在市人大及其常委会的依法监督下，全市各级政府和财税部门紧紧围绕现代新昆明建设战略，全面贯彻落实科学发展观，全力应对国际金融危机的冲击，积极克服实体经济减收的困难，加强收入管理，优化支出结构，深化改革创新，圆满地完成了市十二届人大五次会议确定的各项目标任务。

（一）全市财政收支预算执行情况

全市地方财政一般预算收入完成2 016 125万元，为预算的104.7%，增长（与上年同期同口径相比，下同）15.2%；地方财政一般预算支出完成2 704 495万元，为预算的96.4%，增长15.7%。

全市地方财政一般预算收支平衡情况是：一般预算收入2 016 125万元，上级补助收入1 144 103万元，上年结余收入178 033万元，调入资金620万元，收入方合计3 338 881万元。一般预算支出2 704 495万元，上解上级支出448 803万元，调出资金8 010万元，支出方总计3 161 308万元。总收入和总支出相抵，结余结转177 573万元。

全市政府性基金预算收入完成875 310万元，为预算的90.5%，增长13.6%；全市政府性基金预算支出完成836 882万元，为预算的66.2%，负增长6.5%。

全市政府性基金预算收支平衡情况是：政府性基金预算收入875 310万元，上级补助收入28 192万元，调入资金8 010万元，上年结余结转37 291万元，收入方总计948 803万元；政府性基金预算支出836 882万元，支出方总计836 882万元。收支相抵，年终结余结转111 921万元。

（二）市级财政收支预算执行情况

市级［含三个开发（度假）区，下同］地方财政一般预算收入完成990 945万元，为预算的102.9%，增长12.2%；市级地方财政一般预算支出完成1 034 139万元，为预算的93.6%，增长10.9%。

市级地方财政一般预算收支平衡情况是：一般预算收入990 945万元，上级补助收入1 144 103万元，下级上解收入200 186万元，上年结余收入100 204万元，收入方合计

2 435 438万元。一般预算支出1 034 139万元，上解上级支出448 803万元，补助下级支出831 727万元，调出资金8 010万元，支出方总计2 322 679万元。总收入和总支出相抵，结余结转112 759万元。

市级政府性基金预算收入完成602 597万元，为预算的72.5%，负增长3.7%；市级政府性基金预算支出完成560 681万元，为预算的57.1%，负增长13.8%。

市级政府性基金预算收支平衡情况是：政府性基金预算收入602 597万元，上级补助收入12 265万元，调入资金8 010万元，上年结余结转25 234万元，收入方总计648 106万元；政府性基金预算支出560 681万元，支出方总计560 681万元。收支相抵，年终结余结转87 425万元。

（详见附件1：表一至表四）

以上均为快报数，决算数还会有变化。我们将在省财政厅审核批复财政总决算后，向市人大常委会作专题报告。

二、2009年财税主要工作

2009年，全市各级财税部门以科学发展观统领财税工作全局，积极创新生财、聚财和理财机制，深化综合改革，创新财政管理，有力、有序、有效地推进各项工作。

（一）加强收入管理，财政保障能力日益增强

一是推进全年目标完成。全市地方一般预算收入突破200亿元，完成201.6亿元，增收26.6亿元，增长15.2%，连续年保持两位数的增幅，财政增收的稳定性和持续性继续增强。

二是促进县级财政增收。支持“543倍增”计划实施，落实各项扶持政策。14个县（市）区地方财政一般预算收入完成102.5亿元，增长18.3%；三个开发（度假）区完成20.2亿元，增长39.2%。县级收入占全市收入比例为60.9%，比上年提高了3.1个百分点，县级财政实力不断增强。

三是加强税收收入管理。认真落实各项增收措施和增收政策，加强交通运输业及车船使用税、房地产二手房交易的税收征管，增加税收收入8 200万元；建立了财政收入联席会议通报制度，加强对重要税源、重点税收、重大项目的管理，税收收入做到了依法征管、应收尽收，全市地方税收收入完成178.3亿元，增长16.1%。

四是规范非税收入征管。实施城市基础设施配套费征收新政策，组织收入1.12亿元；完善非税收入征管体系，严格“收支两条线”管理，各项非税收入足额及时入库。全市非税收入完成23.3亿元，增长9%。

（二）全力支持融资，重点项目建设保障有力

一是创新资金投入方式。全市财政投入公共基础设施建设资金43亿元，其中市本级14.8亿元，采取资本金补助、财政贴息、以奖代补、项目前期费等方式，引导和带动金融资本投入，加大两级城建、三级开发区和三大类基础设施投入力度。

二是大力支持融资工作。认真落实支持市级投融资公司的各项政策，建立完善资本金及资产注入机制，加大注资力度，全年共向投融资公司注资59亿元，增强了投融资公司融资能力，有力地保障了滇池环境治理、二环快速系统等新昆明重点项目建设需要。

三是积极争取上级资金支持。加大了对上资金争取力度，全年共争取到中央和省财政资金53.7亿元，增长42.4%；推进外援外贷工作，争取到6 000万欧元德国政策贷款以及1 655万美元世界银行贷款。

（三）优化支出结构，着力保障和改善民生

一是推进新农村建设进度。市本级投入农林水事务地出3.8亿元，增长48.7%。其中：实施整村扶贫3 285万元；滇池流域禁养补偿4 200万元、公益林森林生态补偿1 240万元、水源保护区补助4 840万元；重点水利工程及病险水库除险加固工程资金1 700万元；农村劳动力转移培训经费1 000万元；农村土地承包经营权流转及村级公益事业“一事一议”奖补资金1 150万元；农村公路养护经费1 520万元；农村危房改造及民居抗震安全工程补助972.5万元。

二是完善社会保障体系。全年市本级投入社会保障支出13.4亿元，其中：完善城乡低保体系10 862万元，实现了低保人群的应保尽保；被征地人员基本养老保险补助3 000万元，领取养老金人数51 845人；城镇基本医疗保险市级补助3 820万元；惠及105万人；新型农村合作医疗资金2 400万元，全市参加人数256.08万人；落实城乡医疗救助政策900万元、送温暖资金1 000万元、节日困难群众慰问1 500万元。

三是支持公共社会事业发展。全年市本级投入教育支出5.9亿元，增长40.1%，其中深化农村义务教育保障机制改革9 478万元、职业教育发展8 425万元、农村中小学标准化建设贴息资金5 000万元、义务教育学校绩效工资改革补助资金3 149万元。文化体育与传媒支出1.49亿元，其中文化产业发展资金2 000万元、基层文化设施建设补助资金1 550万元。医疗卫生事业支出5.4亿元，其中：社区卫生服务体系建设1 740万元、重点学科建设经费1 000万元、农村公共卫生服务建设629万元。

四是认真落实各项补贴政策。及时拨付各类财政补贴资金9.42亿元，其中绿化植树以奖代补3 585万元、惠农支农补贴27 386万元、家电摩托车汽车下乡补贴9 500万元、廉租房建设及租赁补贴19 024万元、城乡公共交通发展补贴22 487万元、石油价格改革补贴6 195万元、住房补贴6 054万元。

（四）发挥财政职能，促进经济跨越式发展

一是支持产业转型升级。市本级财政安排工业园区、新型工业化、招商引资等产业发展专项资金53 240万元，着力支持招商引资、工业突破和技术创新，推进产业结构调整，提升产业发展层次。

二是推进企业加快发展。认真落实增值税转型改革等税收政策，实行工业园区企业发展扶持优惠政策，切实减轻企业税费负担，积极帮助企业过关解困。安排中小企业发展及科技计划资金13 118万元，扶持76家非公企业和389个科技计划创新项目。优化政策设计，降低准入门槛，支持信用担保机构加快发展，新成立担保机构96户，利用市场机制缓解中小企业融资困难迈出了新步伐。

三是促进县域经济发展。全力支持“543倍增”计划实施，继续落实困难县区一般性转移支付资金3.93亿元，安排北部县区经济社会发展专项资金1亿元、民族专项资金3 712万元；发挥财政政策激励作用，完善鼓励增收考核机制，推进“乡财县管”和农村综合改革，激励县区加快发展，增强基层财政保障能力，努力提升县域经济发展速度。

（五）深化改革创新，科学理财水平稳步提升

一是加强财政制度创新。制定出台了《昆明市关于深化财政综合改革创新财政管理制度若干意见》、《昆明市重点工程建设项目投融资管理办法》等19项财政管理制度，为充分发挥财政政策效能和财政资金作用提供了制度保障。

二是创新部门预算管理。强化预算执行刚性，严格预算追加程序，增强预算的约束力和严肃性；加强部门结余资金管理，盘活沉淀资金统筹使用，提高结余资金使用效率；认

真贯彻落实好党政机关厉行节约的有关规定，严格控制一般性支出；创新部门预算编制机制，实行“人员支出按实际、公用支出按标、项目支出按需要与可能”，建立预算评审机制，从严从细编制2010年部门预算。

三是深化国库集中支付改革。加强银行账户管理，对378家预算单位账户进行了全面清理，撤销账户34个，备案账户1 847个；严格控制新增账户开设，规范审批程序；推进财政性资金存放商业银行改革，统筹资金调度，优化资金配置；加快县级国库集中支付改革进程，全市所有县（市）区推行了国库集中支付改革。

四是规范政府采购制度管理。坚持依法采购，强化预算执行；简化审批流程，缩短采购周期，提高采购效率；加大政府采购监管力度，严格支出拨付程序，保证政府采购行为的规范性。全市政府采购完成23.97亿元，节约资金1.66亿元，节约率为6.49%。

五是加强财政监督管理。认真开展财政投资评审工作，全年共完成评审项目31个，送审金额52.52亿元，审减金额6.61亿元，平均审减率为12.6%。加强财政绩效管理，对28项专项资金计93 157万元进行了绩效评价，并积极推行绩效目标管理。加强会计监督管理，推进村级会计委托代理服务工作，全市成立了126个乡镇村级会计委托代理服务机构，覆盖率为100%，全市1 386个村委会签订了委托代理服务协议，覆盖率为99.9%。加强财政信息化建设，完善提升“预算执行信息管理系统”，进一步强化了财政改革的技术支撑和平台支持。

总体来看，2009年财政运行态势良好，收入稳定增长，支出安排合理，收支保持平衡，改革不断深化，管理日臻完善。但工作中仍然存在着一些不容忽视的问题，主要表现在：财政收入级次结构不尽合理，后续增长形势不容乐观，培育财源税源还要进一步加强；财政收支矛盾突出，公共财政支出范围和结构亟待进一步调整规范；政策设计、制度创新与新形势要求尚有差距，深化财政改革力度还需要进一步加大；制度不落实、管理不规范现象仍然存在，财政资金使用效益还需要进一步提高。对此，我们将创新理财思路，优化政策设计，深化综合改革，不断提高财政管理能力和服务水平。

三、2010年地方财政预算草案

分析2010年财政收支形势：从财政收入来看，宏观经济环境的积极变化与不利影响交替，扩大投资与启动消费的压力同在，板块发展不平衡、财源分布不均衡等因素仍然突出，烟草、有色、黑色金属等重点行业销量及效益回升速度依然缓慢，加上国家实施税制改革及结构性税费减免导致政策性减收，财政增收形势严峻。从财政支出来看，贯彻积极的财政政策，加快落实扩大内需、促进增长的各项措施，保障社会民生和公共事业投入，支持公共基础设施建设，推进医药卫生体制改革等都需要财政加大投入力度，财政收支矛盾突出。

2010年财政工作的指导思想是：认真贯彻落实十七届四中全会、中央经济工作会议、省委八届八次全会及市委九届六次全会精神，以科学发展观统领全局，落实积极的财政政策，优化政策设计，服务经济发展，培育财源税源；加强收入管理，确保财政收支平衡，增强财政保障能力；大力支持融资，支撑重点项目建设；调整优化支出结构，严格控制一般性支出，着力保障和改善民生；坚持依法理财，深化综合改革，创新管理制度，更好地发挥财政资金的保障作用、杠杆作用和放大效应，进一步提升财政服务全市科学发展新跨越的总体能力。

根据上述指导思想，2010年全市和市级地方财政收支预算安排如下：

（一）全市财政收支预算草案

全市地方财政一般预算收入安排2 258 267万元，比2009年完成数增长12%；地方财政一般预算支出安排2 779 929万元。

全市地方财政一般预算收支及平衡情况是：一般预算收入2 258 267万元，上级补助收入1 033 938万元，收入方总计3 292 205万元；一般预算支出2 779 929万元，上解上级支出512 276万元，支出方总计3 292 205万元。收支平衡。

全市政府性基金预算收支及平衡情况是：政府性基金预算收入1 415 717万元；政府性基金预算支出1 415 717万元。收支平衡。

（二）市级财政收支预算草案

市级地方财政一般预算收入安排1 090 030万元，比2009年完成数增长10%；市级地方一般预算支出安排916 665万元。

市级地方财政一般预算收支及平衡情况是：一般预算收入1 090 030万元，上级补助收入1 033 938万元，下级上解收入220 798万元，收入方总计2 344 766万元；一般预算支出916 665万元，上解上级支出512 276万元，补助下级支出915 825万元，支出方总计2 344 766万元。收支平衡。

市级政府性基金预算收支及平衡情况是：政府性基金预算收入1 172 950万元；政府性基金预算支出1 172 950万元。收支平衡。

（详见附件2：表一至表四）

2010年市级财政预算由市本级各部门预算与三个开发（度假）区预算组成，开发（度假）区的财政预算在报告中以附件的形式反映（详见附件3：表一至表六）。根据《云南省社会保险费征缴条例》及相关政策规定，2010昆明市及市级地方财政社会保险基金收支预算（详见附件4：表一至表二），连同部门预算一并报送市人代会审查。

（三）市本级财政支出安排的重点

2010年，市本级财政支出预算坚持统筹兼顾、合理安排的原则，进一步优化财政支出结构，确保人员工资、机构运转和民生投入，保证农业、教育、科技三项支出法定增长，加大对公共基础设施建设投入，推进全市经济社会健康协调发展。

一是加大公共事业投入。安排教育支出68 029万元，比上年年初预算（下同）增长8.5%。其中：义务教育保障机制经费10 500万元、职业教育发展资金15 350万元、农村中小学标准化建设贴息资金5 100万元、中小学绩效工资补助资金3 800万元、民办教育发展专项资金1 300万元。安排社会保障和就业支出85 245万元，其中：城乡最低生活保障资金11 138万元、城镇居民基本医疗补助资金5 000万元、被征地人员基本养老保险补助资金2 000万元、新型农村合格医疗补助资金3 678万元、就业再就业资金1 370万元、送温暖资金1 000万元。安排文化体育与传媒支出13 900万元，其中：基层文化设施建设经费1 399万元。加大公共安全投入，安排政法专项支出21 124万元，重点保障科技强警、社会综合治理等资金需求，努力维护社会平安稳定。

二是加大“三农”投入力度。安排农林水事务支出51 837万元，增长8.5%。其中：整村推进扶贫资金5 055万元、农业综合开发资金3 080万元、重点水利工程及病险水库除险加固工程资金1 500万元、水源区建设保护资金5 000万元、农村公路养护资金2 500万元、村级公益事业“一事一议”配套资金1 500万元、小额信贷扶贫专项资金900万元。

三是加大公共投资力度。安排公共基础设施建设资金

15.73亿元，占一般预算支出的21.8%，重点用于城市交通、滇池治理与生态环保建设、社会发展与保障性住房建设等公共基础设施，发挥财政资金的杠杆作用和政府投资的放大效应，引导和带动社会资金投入。

四是加大产业扶持力度。安排科技支出21 600万元，增长10.8%，其中科技计划项目和创新基金8 150万元、信息化建设资金3 050万元。认真落实各项产业经济扶持资金，其中工业园区发展专项资金10 000万元、非公经济暨中小企业发展资金5 500万元、招商引资专项资金7 000万元、新型工业化发展及节能减排资金5 000万元、旅游发展专项资金2 500万元、现代服务业专项资金3 750万元。

五是推进县域经济发展。继续支持“543倍增”计划实施，保证财政资金投入力度，落实困难县区一般性转移支付资金3.93亿元，安排北部县区经济社会发展专项资金1亿元及民族专项发展资金4 258万元。

六是促进城市建设管理。安排绿化及滇池保护专项资金16 383万元，其中城市绿化以奖代补资金8 175万元；安排城市建设及维护管理专项资金23 093万元，其中环卫基础设施建设经费3 000万元、县（市）区规划编制补助资金1 000万元、重点镇建设配套资金2 000万元；安排城乡公共交通发展专项资金20 000万元，重点用于票价优惠政策落实、公交场站建设以及新购车辆贴息等。

四、2010年财政工作的主要措施

2010年，全市各级财政部门将以科学发展观为指导，坚持财政政策与市场机制相结合，坚持确保增长和改善民生相结合，坚持加快发展与调整结构相结合，坚持扩大投资与促进消费相结合，有效发挥财政职能，提高服务发展能力，积极推进全市经济社会的跨越式发展。

（一）充分发挥职能，做大财政经济蛋糕

一是推进产业优化升级。认真落实培育财源税源的各项政策措施和产业发展资金，加强产业资金审批、使用、管理和跟踪，通过政策支持、资金扶持、投资引导和优化服务等手段，促进经济结构调整和产业结构升级，支持科技创新和节能减排，增强经济发展后劲，培育扩大新的增收点，加快建立财政增收产业支撑体系。

二是促进县域经济发展。继续支持“543倍增”计划实施，总结归纳行之有效的政策模式和成功经验，结合区域实际、因地制宜地予以移植和推广，最大限度地发挥财政政策效能及财政资金效应；继续发挥县区政府培植财源、发展经济的效率优势和管理优势，积极支持县区发展特色经济和优势产业，加快培育不同板块、不同区域的差异化竞争力，逐步建立产业布局合理、竞相错位发展的新机制。

（二）大力支持融资，支撑重点工程建设

一是加大公共投资力度。保证政策的连续性和稳定性，认真落实公共基础设施建设资金，采取资本金注入、以奖代补、财政贴息等方式，加快政府公共投资预算下达和项目实施进度，引导和带动金融资金、社会资金投入，推进重大工程和重要项目的建设，尽早形成有效实物投资，充分发挥政府投资对经济社会发展的拉动作用。

二是建立完善投融资改革财政配套政策制度。按照深化政府投融资体制改革的总体要求，继续落实“赋政策、配资源、注资金”，充分整合财政资金、存量资产、土地收益、特许经营权和无形资产等各类政府性资源，扎实推进投融资公司注资工作，增强其资本运作和融资能力。

三是创新土地收益分配机制。加强土地收储、开发、出让及收支管理，积极推进投融资工作与土地收储出让的有效对接，建立统一的土地使用权出让收入分配制度，提高土地出让收入对重大基础设施建设的贡献度，充分发挥土地资源支撑投融资的重要作用。

四是继续积极争取上级资金。深入研究各项政策，最大限度地争取中央和省的支持；推进外援外贷工作，积极争取国际金融机构、外国政府及国际组织的贷款赠款支持。

（三）强化增收节支，增强财政保障能力

一是加强收入征管。扎实推进各项税收增收措施的落实和协调，完善财税协同治税机制，细化收入任务，强化目标管理，加强财政运行及收入进度的分析，全面掌握各类产业的税收变化情况，确保税收收入依法征管、应收尽收。用好用足各项非税收入政策，拓宽增收渠道，挖掘增收潜力；建立和完善基金预算分配机制，不断提高基金预算编制的规范性和科学性。

二是规范支出管理。合理界定财政的支出边界和作用范畴，加快退出一般性竞争领域，提高公共服务、公共产品供应水平和质量；牢固树立节支也是增收的理财观念，坚持勤俭办一切事业，严格控制“人、车、会、出国”等一般性支出，2010年公用经费支出维护上年压缩后的水平和规模，实行“零增长”。

（四）深化综合改革，提升科学理财水平

一是推进财政制度创新。进一步加大财政制度创新的力度、深度和广度，广泛学习借鉴先进地区的成功做法，全面分析归纳财政改革发展的实践经验，将实际工作中的有效举措予以建章立制，加快建立有利于科学发展的管理制度和运行机制。

二是优化财政管理体制。按照事权与财权相匹配的原则，进一步理顺政府间的财政分配关系，增强市本级财政调控能力，完善财政激励机制，充分调动各级政府加快经济发展、增加财政收入的积极性。

三是强化预算执行管理。严格执行市人代会审查通过的预算，维护预算的严肃性和约束力；规范财政支出行为，加快项目资金拨付进度，提高支出进度的均衡性以及年初预算资金的到位率；建立完善预算执行责任制度，积极做好预算单位的服务和督促工作，提高预算执行质量和效率。

四是创新财政资金管理。积极探索建立财政资金积累机制，实现财政资金的滚动使用和有序退出；加强结余资金管理，统筹使用科学调度，缓解财政收支矛盾；加强预算指标的管理和监控，发挥预算指标调控财政支出的作用。

五是推进国为集中支付改革。继续完善国库单一账户体系，加强银行账户管理，从严控制新开账户；进一步巩固县级国库集中支付改革成果，力争县级国库集中支付改革取得新的成效。

六是加大政府采购改革力度。严格依法采购，强化政府采购预算执行刚性；加强政策采购监管，规范支出拨付程序；创新政府采购方式，努力扩大政府采购规模，进一步发挥政府采购政策功能。

（五）加强财政监督，提高资金使用效益

一是深化财政投资预算评审。逐步完善预算项目支出“事前”评审机制，加强对重大项目、重点工程的预算评审，增强预算评审介入深度，提高投资评审对预算编制的作用和功能。

二是加强绩效评价管理。以财政专项资金为重点评价对象，着重对资金使用的规范性和效益性进行评价，积极探索绩效评价结果的应用，注重绩效目标的跟踪考核，增强绩效评价工作成效。

三是加强财政信息化建设。按照“金财工程”统一规划，加强财政系统网络基础设施建设，充分利用“预算执行信息管理系统”技术平台，加强对支出进度、项目执行以及资金运行的监管。

四是加强会计监督管理。强化对预算单位、企业财会人员的在岗培训和后续教育，提高会计队伍整体素质；认真组织行政事业单位会计基础工作规范的检查，提高会计信息质量；继续巩固基层会计改革成果，进一步推进和深化全市村级会计委托代理服务工作。

附件1：表一

2009年昆明市地方财政一般预算收支完成情况表

单位：万元

收入					支出			
项　　目	2009年预算数	2009年完成数	完成预算(%)	增幅(%)	项　　目	2009年预算数	2009年完成数	完成预算(%)
一、增值税（25%）	347 668	312 965	90.0	-5.0	一、一般公共服务	351 362	331 946	94.5
二、营业税	577 402	690 025	119.5	37.4	二、外交	137	137	100.0
三、企业所得税（16%）	108 710	96 889	89.1	-2.9	三、国防	3 862	3 634	94.1
四、个人所得税（16%）	41 008	42 967	104.8	20.5	四、公共安全	250 859	240 916	96.0
五、资源税	13 737	30 745	223.8	130.5	五、教育	391 720	386 341	98.6
六、固定资产投资方向调节税		1 515			六、科学技术	43 235	42 456	98.2
七、城市维护建设税	157 373	164 792	104.7	17.3	七、文化体育与传媒	29 870	29 249	97.9
八、房产税	64 101	75 325	117.5	30.8	八、社会保障和就业	380 276	369 886	97.3
九、印花税	35 557	33 411	94.0	7.1	九、医疗卫生	163 083	158 557	97.2
十、城镇土地使用税	65 728	56 660	86.2	-1.7	十、环境保护	209 014	192 813	92.2
十一、土地增值税	35 136	48 230	137.3	56.5	十一、城乡社区事务	248 387	245 526	98.8
十二、车船使用和牌照税	16 666	16 336	98.0	10.8	十二、农林水事务	206 674	195 859	94.8
十三、耕地占用税	24 979	19 945	78.8	-11.4	十三、交通运输	86 134	86 134	100.0
十四、契税	183 047	163 842	89.5	-4.7	十四、采掘电力信息等事务	102 582	98 958	96.5
十五、烟叶税	32 331	29 834	92.3	2.4	十五、粮油物资储备等管理事务	44 053	37 845	85.9
十六、专项收入	82 518	81 835	99.2	14.0	十六、金融监管支出	12 888	12 809	99.4
其中：教育费附加收入	43 050	66 496	154.5	17.2	十七、债务付息支出	62 908	62 908	100.0
十七、行政事业性收费收入	41 156	46 437	112.8	29.8	十八、其他支出	217 313	208 521	96.0
十八、罚没收入	52 939	69 937	132.1	53.2				
十九、国有资本经营收入	22 730	3 551	15.6	-90.8				
二十、国有资源（资产）有偿使用收入	5 613	11 206	199.6	103.6				
二十一、其他收入	16 486	19 678	119.4	20.7				
地方财政一般预算收入小计	1 924 885	2 016 125	104.7	15.2	地方财政一般预算支出小计	2 804 357	2 704 495	96.4
上级补助收入		1 144 103			上解上级支出		448 803	
返还性收入		262 470			原体制上解支出		401 408	
一般性转移支付收入		259 876			专项上解		47 395	
专项转移支付收入		621 757						
调入资金		620			调出资金		8 010	
上年结余收入		178 033			年终结余		177 573	
地方财政一般预算收入总计		3 338 881			地方财政一般预算支出总计		3 338 881	

附件1：表二　　**2009年昆明市政府性基金预算收支完成情况表**

单位：万元

收入					支出			
项　　目	2009年预算数	2009年完成数	完成预算(%)	增幅(%)	项　　目	2009年预算数	2009年完成数	完成预算（%）
一、一般公共服务					一、一般公共服务	5 848	3 586	61.3
二、教育	900				二、教育			
三、文化体育与传媒					三、文化体育与传媒	370	370	100.0
四、社会保障和就业	6 329	6 280	99.2	33.4	四、社会保障和就业	4 247	3 164	74.5
五、城乡社区事务	957 240	864 508	90.3	13.6	五、城乡社区事务	1 235 780	813 417	65.8
六、农林水事务	2 609	184	7.1	-92.6	六、农林水事务	14 465	12 714	87.9
七、采掘电力信息等事务	630	4 338	688.6	113.2	七、采掘电力信息等事务	988	849	85.9
八、粮油物资储备等管理事务					八、粮油物资储备等管理事务	1 161	947	81.6
九、其他支出					九、其他支出	1 835	1 835	100.0
政府性基金预算收入小计	967 708	875 310	90.5	13.6	政府性基金预算支出小计	1 264 694	836 882	66.2
上级专项补助收入		28 192						
调入资金		8 010			调出资金			
上年结余收入		37 291			年终结余		111 921	
政府性基金预算收入总计		948 803			政府性基金预算支出总计		948 803	

附件1：表三　　**2009年昆明市级地方财政一般预算收支完成情况表**

单位：万元

收入					支出			
项　　目	2009年预算数	2009年完成数	完成预算(%)	增幅(%)	项　　目	2009年预算数	2009年完成数	完成预算（%）
一、增值税（25%）	207 015	196 036	94.7	-1.0	一、一般公共服务	136 806	122 726	89.7
二、营业税	273 961	329 235	120.2	39.4	二、外交	137	137	100.0
三、企业所得税（16%）	74 866	64 156	85.7	-6.6	三、国防	2 179	1 948	89.4
四、个人所得税（16%）	23 221	23 531	101.3	16.8	四、公共安全	102 344	94 510	92.3
五、资源税	135	162	120.0	22.7	五、教育	70 449	69 810	99.1
六、固定资产投资方向调节税					六、科学技术	23 223	22 461	96.7
七、城市维护建设税	76 871	78 645	102.3	16.6	七、文化体育与传媒	16 846	16 246	96.4
八、房产税	33 775	40 908	121.1	34.8	八、社会保障和就业	150 066	141 522	94.3
九、印花税	9 201	10 699	116.3	32.6	九、医疗卫生	62 204	58 409	93.9
十、城镇土地使用税	34 315	29 629	86.3	-0.7	十、环境保护	151 607	136 987	90.4
十一、土地增值税	3 078	9 592	311.6	252.1	十一、城乡社区事务	76 653	74 004	96.5
十二、车船使用和牌照税	7 059	6 983	98.9	10.8	十二、农林水事务	48 443	44 498	91.9
十三、耕地占用税	3 519	4 022	114.3	28.0	十三、交通运输	55 196	55 079	99.8
十四、契税	89 203	72 864	81.7	-12.2	十四、采掘电力信息等事务	63 872	60 245	94.3
十五、烟叶税	40	8	20.0	-77.8	十五、粮油物资储备等管理事务	17 235	11 342	65.8
十六、专项收入	36 942	32 066	86.8	1.6	十六、金融监管支出	209	131	62.7

续　表

收入					支出			
项　　目	2009年预算数	2009年完成数	完成预算(%)	增幅(%)	项　　目	2009年预算数	2009年完成数	完成预算(%)
其中：教育费附加收入	17 650	27 110	153.6	15.0	十七、债务付息支出	62 904	62 904	100.0
十七、行政事业性收费收入	28 096	33 095	117.8	37.8	十八、其他支出	64 081	61 180	95.5
十八、罚没收入	21 487	34 521	160.7	89.6				
十九、国有资本经营收入	21 800	2 272	10.4	-94.0				
二十、国有资源（资产）有偿使用收入	2 672	4 687	175.4	78.9				
二十一、其他收入	15 332	17 834	116.3	18.6				
地方财政一般预算收入小计	962 588	990 945	102.9	12.2	地方财政一般预算支出小计	1 104 454	1 034 139	93.6
上级补助收入		1 144 103			上解上级支出		448 803	
返还性收入		262 470			原体制上解支出		401 408	
一般性转移支付收入		259 876			专项上解		47 395	
调入资金					调出资金		8 010	
专项转移支付收入		621 757			补助下级支出		831 727	
下级上解收入		200 186			返还性支出		126 549	
原体制上解收入		145 029			一般性转移支付		293 931	
专项上解收入		55 157			专项转移支付		411 247	
上年结余收入		100 204			年终结余		112 759	
地方财政一般预算收入总计		2 435 438			地方财政一般预算支出总计		2 435 438	

附件1：表四

2009年昆明市级政府性基金预算收支完成情况表

单位：万元

收入					支出			
项　　目	2009年预算数	2009年完成数	完成预算(%)	增幅(%)	项　　目	2009年预算数	2009年完成数	完成预算(%)
一、一般公共服务					一、一般公共服务	3 286	1 216	37.0
二、教育					二、教育			
三、文化体育与传媒					三、文化体育与传媒	350	350	100.0
四、社会保障和就业	1 200	3 497	291.4	207.3	四、社会保障和就业	1 746	1 057	60.5
五、城乡社区事务	829 543	595 772	71.8	-4.4	五、城乡社区事务	971 660	555 231	57.1
六、农林水事务	20	50	250.0	-5.7	六、农林水事务	2 738	1 713	62.6
七、采掘电力信息等事务	445	3 278	736.6	126.5	七、采掘电力信息等事务	489	413	84.5
八、粮油物资储备等管理事务					八、粮油物资储备等管理事务	973	626	64.3
九、其他支出					九、其他支出	100	75	75.0
政府性基金预算收入小计	831 208	602 597	72.5	-3.7	政府性基金预算支出小计	981 342	560 681	57.1
上级专项补助收入		12 265						
调入资金		8 010			调出资金			
上年结余收入		25 234			年终结余		87 425	
政府性基金预算收入总计		648 106			政府性基金预算支出总计		648 106	

附件2：表一　　**2010年昆明市地方财政一般预算收支预算表**

单位：万元

收入				支出	
项　目	2009年完成数	2010年预算数	增幅（%）	项　目	2010年年初预算数
一、增值税（25%）	312 965	330 178	5.5	一、一般公共服务	366 111
二、营业税	690 025	803 879	16.5	二、外交	
三、企业所得税（16%）	96 779	106 578	10.0	三、国防	5 856
四、个人所得税（16%）	42 967	49 842	16.0	四、公共安全	242 830
五、资源税	30 745	34 742	13.0	五、教育	465 515
六、固定资产投资方向调节税	1 515	1 591	5.0	六、科学技术	55 689
七、城市维护建设税	164 792	186 215	13.0	七、文化体育与传媒	34 022
八、房产税	75 325	86 624	15.0	八、社会保障和就业	302 357
九、印花税	33 411	38 089	14.0	九、医疗卫生	119 686
十、城镇土地使用税	56 660	64 026	13.0	十、环境保护	39 907
十一、土地增值税	48 230	54 018	12.0	十一、城乡社区事务	245 872
十二、车船税	16 336	17 970	10.0	十二、农林水事务	176 680
十三、耕地占用税	19 945	21 940	10.0	十三、交通运输	92 803
十四、契税	163 842	174 492	6.5	十四、资源勘探电力信息等事务	99 767
十五、烟叶税	29 834	33 116	11.0	十五、商业服务业等事务支出	32 222
十六、专项收入	81 835	88 382	8.0	十六、金融监管等事务支出	16 744
其中：教育费附加收入	66 496	73 146	10.0	十七、地震灾后恢复重建支出	
十七、行政事业性收费收入	46 437	50 616	9.0	十八、国土资源气象等事务	14 395
十八、罚没收入	69 937	79 029	13.0	十九、住房保障支出	17 870
十九、国有资本经营收入	3 551	3 764	6.0	二十、粮食安全物资储备事务	5 459
二十、国有资源（资产）有偿使用收入	11 206	12 102	8.0	二十一、国债还本付息支出	65 237
二十一、其他收入	19 678	21 074	7.1	二十二、其他支出	380 907
地方财政一般预算收入小计	2 016 125	2 258 267	12.0	地方财政一般预算支出小计	2 779 929
上级补助收入		1 033 938		上解上级支出	512 276
返还性收入		264 755		原体制上解支出	460 019
一般性转移支付收入		269 183		专项上解	52 257
专项转移支付收入		500 000			
地方财政一般预算收入总计		3 292 205		地方财政一般预算支出总计	3 292 205

附件 2：表二

2010 年昆明市政府性基金预算收支预算表

单位：万元

收　入				支　出	
项　　目	2009 年完成数	2010 年预算数	增幅（%）	项　　目	2010 年年初预算
一、一般公共服务		80		一、一般公共服务	4 080
二、教育				二、教育	
三、文化体育与传媒				三、文化体育与传媒	
四、社会保障和就业	6 280	3 861	-38.5	四、社会保障和就业	3 861
五、城乡社区事务	867 211	1 390 566	60.3	五、城乡社区事务	1 396 566
六、农林水事务	184	615	234.2	六、农林水事务	10 615
七、交通运输				七、交通运输	
八、采掘电力信息等事务	1 635	495	-69.7	八、采掘电力信息等事务	495
九、粮油物资储备等事务				九、粮油物资储备等事务	
十、其他收入				十、其他支出	100
政府性基金预算收入小计	875 310	1 395 717	59.5	政府性基金预算支出小计	1 415 717
上级专项补助收入		20 000			
政府性基金预算收入总计	875 310	1 415 717	61.7	政府性基金预算支出总计	1 415 717

附件 2：表三

2010 年昆明市级地方财政一般预算收支预算表

单位：万元

收　入				支　出	
项　　目	2009 年完成数	2010 年预算数	增幅（%）	项　　目	2010 年年初预算数
一、增值税（25%）	196 036	204 843	4.5	一、一般公共服务	139 505
二、营业税	329 235	377 673	14.7	二、外交	
三、企业所得税（16%）	64 156	69 015	7.6	三、国防	3 710
四、个人所得税（16%）	23 531	26 812	13.9	四、公共安全	84 558
五、资源税	162	178	9.9	五、教育	80 696
六、固定资产投资方向调节税				六、科学技术	27 333
七、城市维护建设税	78 645	88 351	12.3	七、文化体育与传媒	15 425
八、房产税	40 908	45 565	11.4	八、社会保障和就业	99 565
九、印花税	10 699	12 075	12.9	九、医疗卫生	36 219
十、城镇土地使用税	29 629	31 727	7.1	十、环境保护	14 000
十一、土地增值税	9 592	10 790	12.5	十一、城乡社区事务	94 471
十二、车船税	6 983	7 673	9.9	十二、农林水事务	55 792
十三、耕地占用税	4 022	4 191	4.2	十三、交通运输	66 783
十四、契税	72 864	77 232	6.0	十四、资源勘探电力信息等事务	37 359

续 表

收入				支出	
项　目	2009年完成数	2010年预算数	增幅(%)	项　目	2010年年初预算数
十五、烟叶税	8	8	0	十五、商业服务业等事务支出	12 159
十六、专项收入	32 066	34 038	6.1	十六、金融监管等事务支出	650
其中：教育费附加收入	27 110	29 214	7.8	十七、地震灾后恢复重建支出	
十七、行政事业性收费收入	33 095	35 175	6.3	十八、国土资源气象等事务	11 911
十八、罚没收入	34 521	38 610	11.8	十九、住房保障支出	14 786
十九、国有资本经营收入	2 272	2 474	8.9	二十、粮食安全物资储备事务	4 517
二十、国有资源（资产）有偿使用收入	4 687	4 874	4.0	二十一、国债还本付息支出	39 478
二十一、其他收入	17 834	18 726	5.0	二十二、其他支出	77 748
地方财政一般预算收入小计	990 945	1 090 030	10.0	地方财政一般预算支出小计	916 665
上级补助收入		1 033 938		上解上级支出	512 276
返还性收入		264 755		原体制上解支出	460 019
一般性转移支付收入		269 183		专项上解	52 257
专项转移支付收入		500 000		补助下级支出	915 825
下级上解收入		220 798		返还性支出	126 549
原体制上解收入		166 582		一般性转移支付支出	301 239
专项上解收入		54 216		专项转移支付	488 037
地方财政一般预算收入总计		2 344 766		地方财政一般预算支出总计	2 344 766

附件2：表四

2010年昆明市级政府性基金预算收支预算表

单位：万元

收入				支出	
项　目	2009年完成数	2010年预算数	增幅(%)	项　目	2010年年初预算
一、一般公共服务				一、一般公共服务	
二、教育				二、教育	
三、文化体育与传媒				三、文化体育与传媒	
四、社会保障和就业	3 497	2 000	-42.8	四、社会保障和就业	2 000
五、城乡社区事务	598 472	1 150 530	92.2	五、城乡社区事务	1 150 530
六、农林水事务	50	30	-40.0	六、农林水事务	30
七、交通运输				七、交通运输	
八、采掘电力信息等事务	578	390	-32.5	八、采掘电力信息等事务	390
九、粮油物资储备等事务				九、粮油物资储备等事务	
十、其他收入				十、其他支出	
政府性基金预算收入小计	602 597	1 152 950	91.3	政府性基金预算支出小计	1 152 950
上级专项补助收入		20 000		专项补助下级支出	20 000
政府性基金预算收入总计	602 597	1 172 950	94.6	政府性基金预算支出总计	1 172 950

附件3：表一　　**2010年昆明市高新开发区地方财政一般预算收支预算表**

单位：万元

收入				支出	
项目	2009年完成数	2010年预算数	增幅（%）	项目	2010年年初预算
一、增值税（25%）	24 234	27 142	12.0	一、一般公共服务	18 035
二、营业税	21 987	30 452	38.5	二、外交	
三、企业所得税（16%）	6 636	7 870	18.6	三、国防	
四、个人所得税（16%）	1 884	2 557	35.7	四、公共安全	2 027
五、资源税	68	75	10.3	五、教育	5 069
六、固定资产投资方向调节税				六、科学技术	3 549
七、城市维护建设税	13 241	15 889	20.0	七、文化体育与传媒	876
八、房产税	3 337	4 168	24.9	八、社会保障和就业	6 169
九、印花税	3 495	4 009	14.7	九、医疗卫生	1 002
十、城镇土地使用税	1 787	2 100	17.5	十、环境保护	653
十一、土地增值税	967	1 163	20.3	十一、城乡社区事务	25 920
十二、车船使用和牌照税	8	11	37.5	十二、农林水事务	1 176
十三、耕地占用税	1 528	1 597		十三、交通运输	
十四、契税	3 142	4 480	42.6	十四、资源勘探电力信息等事务	18 936
十五、烟叶税				十五、商业服务业等事务支出	752
十六、专项收入	5 697	6 261	9.9	十六、金融监管等事务支出	
其中：教育费附加收入	5 695	6 259	9.9	十七、地震灾后恢复重建支出	
十七、行政事业性收费收入	1 082	1 231	13.8	十八、国土资源气象等事务	
十八、罚没收入	110	158	43.6	十九、住房保障支出	653
十九、国有资本经营收入	1 015	1 179	16.2	二十、粮食安全物资储备事务	
二十、国有资源（资产）有偿使用收入	3 138	3 273	4.3	二十一、国债还本付息支出	
二十一、其他收入				二十二、其他支出	3 900
地方财政一般预算收入小计	93 356	113 615	21.7	地方财政一般预算支出小计	88 717
上级补助收入		8 030		上解上级支出	32 928
返还性收入		671		原体制上解支出	5 348
财力性转移支付收入		322		专项上解	27 580
地方财政一般预算收入总计		121 645		地方财政一般预算支出总计	121 645

附件3：表二　　**2010年昆明市高新开发区政府性基金预算收支预算表**

单位：万元

收入				支出	
项目	2009年完成数	2010年预算数	增幅（%）	项目	2010年年初预算
一、一般公共服务				一、一般公共服务	
二、教育				二、教育	
三、文化体育与传媒				三、文化体育与传媒	
四、社会保障和就业				四、社会保障和就业	
五、城乡社区事务	49 955	15 000	-70.0	五、城乡社区事务	15 000
六、农林水事务				六、农林水事务	
七、交通运输				七、交通运输	
八、采掘电力信息等事务	7			八、采掘电力信息等事务	
九、粮油物资储备等事务				九、粮油物资储备等事务	
十、其他收入				十、其他支出	
政府性基金预算收入总计	49 962	15 000	-70.0	政府性基金预算支出总计	15 000

附件 3：表三　　**2010 年昆明市经济技术开发区地方财政一般预算收支预算表**

单位：万元

收入				支出	
项目	2009 年完成数	2010 年预算数	增幅（%）	项目	2010 年年初预算
一、增值税（25%）	15 263	17 095	12.0	一、一般公共服务	16 308
二、营业税	19 104	25 599	34.0	二、外交	
三、企业所得税（16%）	4 387	5 221	19.0	三、国防	
四、个人所得税（16%）	1 401	1 891	35.0	四、公共安全	3 608
五、资源税	3	3	0	五、教育	4 398
六、固定资产投资方向调节税				六、科学技术	2 184
七、城市维护建设税	3 749	4 499	20.0	七、文化体育与传媒	148
八、房产税	2 031	2 518	24.0	八、社会保障和就业	4 151
九、印花税	1 835	2 092	14.0	九、医疗卫生	1 581
十、城镇土地使用税	4 378	5 078	16.0	十、环境保护	1 977
十一、土地增值税	1 884	2 280	21.0	十一、城乡社区事务	19 768
十二、车船使用和牌照税	15	21	40.0	十二、农林水事务	1 779
十三、耕地占用税				十三、交通运输	
十四、契税	366	512	39.9	十四、资源勘探电力信息等事务	
十五、烟叶税				十五、商业服务业等事务支出	6 919
十六、专项收入	1 693	1 845	9.0	十六、金融监管等事务支出	
其中：教育费附加收入	1 676	1 827	9.0	十七、地震灾后恢复重建支出	
十七、行政事业性收费收入	5 574	6 131	10.0	十八、国土资源气象等事务	
十八、罚没收入	1 881	2 633	40.0	十九、住房保障支出	
十九、国有资本经营收入				二十、粮食安全物资储备事务	1 285
二十、国有资源（资产）有偿使用收入	297	310	4.4	二十一、国债还本付息支出	
二十一、其他收入	65	69	6.2	二十二、其他支出	692
地方财政一般预算收入小计	63 926	77 797	21.7	地方财政一般预算支出小计	64 798
上级补助收入		5 091		上解上级支出	18 090
返还性收入		139		原体制上解支出	8 091
财力性转移支付收入		743		专项上解	9 999
地方财政一般预算收入总计		82 888		地方财政一般预算支出总计	82 888

附件 3：表四　　**2010 年昆明市经济技术开发区政府性基金预算收支预算表**

单位：万元

收入				支出	
项目	2009 年完成数	2010 年预算数	增幅（%）	项目	2010 年年初预算
一、一般公共服务				一、一般公共服务	
二、教育				二、教育	
三、文化体育与传媒				三、文化体育与传媒	
四、社会保障和就业				四、社会保障和就业	
五、城乡社区事务	114 575	150 000	30.9	五、城乡社区事务	150 000
六、农林水事务	5			六、农林水事务	
七、交通运输				七、交通运输	
八、采掘电力信息等事务				八、采掘电力信息等事务	
九、粮油物资储备等事务				九、粮油物资储备等事务	
十、其他收入				十、其他支出	
政府性基金预算收入总计	114 580	150 000	30.9	政府性基金预算支出总计	150 000

附表3：表五　　**2010年昆明市旅游度假区地方财政一般预算收支预算表**

单位：万元

收入				支出	
项目	2009年完成数	2010年预算数	增幅（%）	项目	2010年年初预算
一、增值税（25%）	1 617	1 811	12.0	一、一般公共服务	6 200
二、营业税	24 544	31 662	29.0	二、外交	
三、企业所得税（16%）	2 247	2 494	11.0	三、国防	
四、个人所得税（16%）	370	500	35.1	四、公共安全	2 000
五、资源税	91	100	9.9	五、教育	3 200
六、固定资产投资方向调节税				六、科学技术	
七、城市维护建设税	1 770	2 089	18.0	七、文化体育与传媒	500
八、房产税	1 052	1 287	22.3	八、社会保障和就业	4 000
九、印花税	486	554	14.0	九、医疗卫生	500
十、城镇土地使用税	1 950	2 067	6.0	十、环境保护	1 200
十一、土地增值税	6 725	7 330	9.0	十一、城乡社区事务	20 000
十二、车船使用和牌照税	624	861	38.0	十二、农林水事务	1 000
十三、耕地占用税				十三、交通运输	
十四、契税	607	741	22.1	十四、资源勘探电力信息等事务	100
十五、烟叶税				十五、商业服务业等事务支出	280
十六、专项收入	768	829	7.9	十六、金融监管等事务支出	
其中：教育费附加收入	768	829	7.9	十七、地震灾后恢复重建支出	
十七、行政事业性收费收入	1 802	2 018	12.0	十八、国土资源气象等事务	200
十八、罚没收入	110	157	42.7	十九、住房保障支出	1 000
十九、国有资本经营收入				二十、粮食安全物资储备事务	
二十、国有资源（资产）有偿使用收入				二十一、国债还本付息支出	
二十一、其他收入	128	133	3.9	二十二、其他支出	2 970
地方财政一般预算收入小计	44 891	54 633	21.7	地方财政一般预算支出小计	43 150
上级补助收入		1 032		上解上级支出	12 515
返还性收入		157		原体制上解支出	6 090
财力性转移支付收入		158		专项上解	6 425
专项转移支付收入		717			
地方财政一般预算收入总计		55 665		地方财政一般预算支出总计	55 665

附表3：表六　　**2010年昆明市旅游度假区政府性基金预算收支预算表**

单位：万元

收入				支出	
项目	2009年完成数	2010年预算数	增幅（%）	项目	2010年年初预算
一、一般公共服务				一、一般公共服务	
二、教育				二、教育	
三、文化体育与传媒				三、文化体育与传媒	
四、社会保障和就业				四、社会保障和就业	
五、城乡社区事务	2 472	6 000	142.7	五、城乡社区事务	6 000
六、农林水事务	5			六、农林水事务	
七、交通运输				七、交通运输	
八、采掘电力信息等事务				八、采掘电力信息等事务	
九、粮油物资储备等事务				九、粮油物资储备等事务	
十、其他收入				十、其他支出	
政府性基金预算收入总计	2 472	6 000	142.7	政府性基金预算支出总计	6 000

附件4：表一　　2010年昆明市地方财政社会保障基金收支预算表

单位：万元

项　目	2010年预算数	项　目	2010年预算数
一、基本养老保险基金收入	306 539	一、基本养老保险基金支出	365 205
二、失业保险基金收入	22 000	二、失业保险基金支出	19 000
三、基本医疗保险基金收入	284 180	三、基本医疗保险基金支出	206 530
四、工伤保险基金收入	6 933	四、工伤保险基金支出	5 079
五、生育保险基金收入	8 910	五、生育保险基金支出	6 250
本年收入小计	628 562	本年支出小计	602 063
转移性收入	647 962	转移性支出	674 461
专项转移支付收入	58 666	调出资金	3 000
上年结余收入	589 296	年终结余	671 461
本年收入总计	1 276 524	本年支出总计	1 276 524

附件4：表二　　2010年昆明市级（同市本级）地方财政社会保障基金收支预算表

单位：万元

项　目	2010年预算数	项　目	2010年预算数
一、基本养老保险基金收入	122 885	一、基本养老保险基金支出	148 842
二、失业保险基金收入	22 000	二、失业保险基金支出	19 000
三、基本医疗保险基金收入	284 180	三、基本医疗保险基金支出	206 530
四、工伤保险基金收入	6 932	四、工伤保险基金支出	5 079
五、生育保险基金收入	8 910	五、生育保险基金支出	6 250
本年收入小计	444 907	本年支出小计	385 700
转移性收入	589 049	转移性支出	648 256
专项转移支付收入	58 666	调出资金	3 000
上年结余收入	530 383	年终结余	645 256
本年收入总计	1 033 956	本年支出总计	1 033 956

备注：由于市级社会保险基金实行市级统筹管理（三个开发区并入市本级），所以市本级的社会保险基金收支预算与市级相同。

昆明市中级人民法院工作报告

——2010年1月16日在昆明市第十二届人民代表大会第六次会议上

昆明市中级人民法院院长　马幼宁

2009年的主要工作

2009年，全市法院围绕构建社会主义和谐社会总体目标，认真学习贯彻党的十七届三中、四中全会精神，深入学习实践科学发展观，在市委的领导下，自觉接受市人大及其常委会、市政协和上级法院的监督指导，紧紧依靠政府的大力支持，坚持"党的事业至上、人民利益至上、宪法法律至上"，贯彻落实市委《关于进一步加强人民法院工作的决定》，为大局服务，为人民司法，着力抓好审判工作、队伍建设、法院改革，取得了新的进步。全年共受理各类案件83 929件，审结78 748件，分别比上年上升2.78%和0.03%。其中，中级法院共受理各类案件30 584件，审结29 443件，案件均在审限内结案。

一、充分发挥审判职能，服务新昆明跨越式发展

（一）依法打击犯罪，维护社会稳定。注重对宽严相济刑事政策的科学认识和正确运用，始终坚持贯彻打击与保护并重的方针，对杀人、抢劫、爆炸、绑架、伤害等严重危害社会治安的暴力性犯罪，对抢夺、盗窃、诈骗等多发性侵财犯罪和走私、贩卖、运输毒品犯罪，坚持罪刑法定，从严惩处，不断增强人民群众的安全感；对社会影响大、人民群众关注的贪污、贿赂、渎职犯罪，破坏社会主义市场经济犯罪、商业贿赂犯罪，加大公开审判和打击力度。着力开展"打黑除恶"专项活动，在全市集中召开"打黑除恶"宣判大会28场次，对151件400余名罪犯进行公开宣判，尤其是通过对蒋家田等41人组织、领导、参加黑社会性质组织和贩卖毒品案的公开审判和宣判，扩大打击效果，震慑犯罪分子，鼓舞人民群众，为新昆明跨越式发展营造稳定的社会环境；通过对云铜集团原董事长邹韶禄等系列受贿案的依法公开审判，充分运用法律手段惩治贪污腐败，推进反腐倡廉建设，被省委、省政府荣记集体三等功。共受理各类刑事案件7 533件，审结7 285件。其中，中级法院受理1 959件，审结1 803件，分别比上年上升16.82%和13.11%。

（二）重视化解矛盾，营造社会和谐。围绕市委提出的营造稳定和谐的社会环境，服务现代新昆明发展的要求，坚持"调解优先、调判结合"指导方针，加大调解力度，妥善化解矛盾，依法审理婚姻家庭、继承、宅基地、相邻关系、财产权属确认、损害赔偿等案件，平等保护公民人身财产权益；依法审理合同、金融证券及企业破产改制重组等案件，规范交易行为，防范金融风险，避免国有资产流失，维护市场经济秩序；依法审理涉外、涉港澳台、涉外地来昆企业和非公经济案件，努力营良好投资环境；依法审理金融危机引发的各类案件，特别是对返乡农民工维权案件实行优先立案、优先审理、优先执行，切实维护其合法权益；依法严厉制裁制售假农药、假化肥、假种子等坑农害农行为，维护农村市场经济秩序；依法审理矛盾易于激化的劳动争议、房屋拆迁、征地补偿等热点、难点案件，注重从讲政治、保稳定、促发展的高度，强化服务大局、促进经济发展的审判效果。共受理各类民商案件40 697件，审结38 092件，分别比上年上升18.19%和15.34%，调解和撤诉案件16 377件。其中，中级法院受理6 185件，审结5 356件，分别比上年上升14.98%和9.37%。

（三）妥善处理行政争议，支持依法行政。针对昆明城市规划建设和城中村改造工作加速推进，涉及拆迁安置补偿、房产登记等行政案件大幅上升的趋势，注重正确适用法律，妥善解决争议，积极支持行政机关依法行政，保障城市建设顺利进行；对涉及公共秩序和公众利益等群体性案件，加强法律释明，最大限度采取行政协调和解机制化解争议，促进社会和谐稳定；坚持审理重大、复杂、社会影响大的群体性案件主动及时向党委和上级法院报告制度，重视疏导，防止矛盾激化和事态扩大。市人大常委会专门对全市法院行政审判工作进行检查，并作出《关于进一步加强全市行政审判工作的决议》，极大推进了行政机关负责人出庭应诉制度的有效落实和基层法院行政审判机构建设，为优化行政审判司法环境创造了更为有利的条件。共受理行政案件1 134件，审结1 094件，分别比上年上升30.05%和28.71%。其中，中级法院受理335件，审结314件，分别比上年上升106.79%和107.95%。

（四）全力以赴开展执行积案清理，着力化解"执行难"。集中清理执行积案是中央为切实解决"执行难"问题部署的专项活动。市委对"清积"工作高度重视，常委会专门进行研究部署，政法委充分发挥"总揽全局，协调各方"的领导协调作用，对"清积"工作中遇到的困难和问题，及时帮助协调解决；全市法院努力克服审判任务持续上升的压力，抽调人员、经费和装备，尽力向"清积"工作倾斜；全体执行人员放弃休假，集中时间，集中精力，加班加点，举全市法院之力全力以赴攻克执行积案。在"清积"工作中，着力创新执行机制和执行方法，特别是五华法院以加大执行公开为突破口，将执行程序和执行过程全面公开，采取邀请人大代表、政协委员视察执行、"市民体验执行"等"阳光执行"方式，让社会和人民群众了解、支持和监督人民法院的执行工作，营造有利于执行工作顺利开展的社会环境和舆论氛围。在中央督察组督查中，督察组组长、最高人民法院

江必新副院长对此做法给予充分肯定，五华法院在全国“清积”工作会议上作了交流发言。在最高人民法院近期出台的“司法解释征求意见稿”中，吸纳了昆明法院限制被执行人高消费的相关规定。对“清积”工作中反映突出的执行不能困难群体的救助问题，在政法委的领导协调下，我院与市财政局、民政局、劳动和社会保障局联合制定下发《昆明市执行案件困难人员救助办法》，建立了政府主导、法院推动、社会参与的司法救助长效机制，为化解“执行难”创造了条件。中级法院共对75件91人发放救助金32.15万元。通过不懈努力，“清积”工作不仅消化了执行积案，有效化解了大量社会矛盾，避免了群体性事件的发生，而且建立起了政法委协调、人民法院主办、相关部门联动、社会各界广泛参与的执行工作联动机制。共清理出执行积案23 640件，标的总额为109亿余元，其中，有财产可供执行的3 717件，执结3 704件；涉及特殊困难群体、特殊主体、重信重访等重点案件1 598件，执结1 582件；无财产可供执行的19 923件，清结19 901件。

在全力攻克执行积案的同时，充分利用“清积”工作形成的有利时机和条件，大力开展新收案件的执行工作，避免新的积案产生。共新受理执行案件13 040件，执结10 754件，实现债权23.63亿元。其中，中级法院受理580件，执结447件，实现债权15.54亿元，取得了“清积”和新收案件执行两不误、两促进的效果。

（五）积极探索环境司法保护新机制，促进生态昆明建设。按照市委部署，中级法院自成立环境保护审判庭以来，在借鉴无锡、贵阳模式的基础上，结合昆明实际，大胆创新环境保护理念，积极探索环境司法保护机制，建立健全环境司法保护制度。一是加强理论研究，注重课题调研，探索构建环境保护公益诉讼制度，积极完成最高人民法院指定我院为全国政协委员草拟的《关于建立我国环境公益诉讼制度，推进生态文明建设提案建议》（已正式作为提案提交全国政协），根据最高人民法院的要求撰写上报《加强环境资源司法保护的调研报告》，制定《人民陪审员参审环保案件规定》、《环境审判专家咨询委员会工作规则》等制度，为建立新型环境司法保护体系提供理论和制度支撑。二是加强机制创新，探索实行刑事、民事、行政审判及执行的“四合一”审判执行模式，建立并推动环境保护执法协调机制，推行环境保护刑事案件集中管辖。三是强化审判实践，依法审理了17件涉环境保护的刑事、民事、行政案件，并提出设立“昆明市环境保护基金”和加强环境保护公益诉讼的建议。四是先后应缴参加中南财经政法大学与美国律师协会、国家环境保护部与意大利环保机构、中华环保联合会等举办的国际研讨活动，以及北京大学、清华大学等十余所国内重点院校分别组织的“环境保护及环境公益诉讼”研讨会，并均在会上作经验交流发言，受到国内外知名专家、学者的充分肯定。最高人民法院万鄂湘副院长在视察我院环境保护审判工作后，对我院环境司法保护机制的探索和研究成果给予高度评价，认为我院环境司法保护工作走在了全国前列，为今后全国法院进一步建立健全环境司法保护机制提供了有益的经验。

（六）强化管理接受监督，努力提高审判质量。严格执行审判公开制度，做到公开审判的案件审理程序、举证质证认证、辩论、断理、裁决、宣判“六公开”，推行一、二审裁判文书网上公开，不断改进完善审判信息公开机制；进一步加大审判流程管理，建立裁判文书文检制度，严格审限跟踪、排期回告和审限预警；组织开展指导案例评选和案件质量评查，树立典型，查找不足，指导审判；进一步落实人民陪审员制度，扩大司法民主与公开，促进审判质量和效率不断提高。在狠抓质量管理的同时，自觉接受审判监督，中级法院共受理刑事、民事、行政抗诉案件135件，审结101件；其中，维持原判48件，撤回抗诉7件，改判15件，发回重审1件，调解13件，指令基层法院再审等方式结案17件。

（七）落实司法为民，积极参与综合治理。注重方便群众诉讼和对当事人诉讼权利的维护，继续加大诉讼指导、风险提示、法律释明；坚持上门立案、巡回立案和审判、预约开庭，为老年人、残疾人提供方便；坚持法律、法官进社区村镇，落实领导与基层乡镇综治和平安建设工作的挂钩联系制度，努力把矛盾纠纷化解在基层和萌芽状态。重视做好司法救助工作，对下岗人员、进城务工农民、城镇低保群众、农村“五保户”等困难群体加大司法救助力度，努力使贫困群众不因经济困难打不起官司，共对1 312件案件依法缓、减、免诉讼费228万余元。在云南省第二监狱设立审判法庭，加大减刑、假释案件审判的公开性和透明度，配合监管机关、基层群众组织做好假释、缓刑人员的回访考察与社区矫正工作。与中央和省、市主流媒体合作积极开展法制宣传，坚持以新闻发言、市民连线、网络直播、组织禁毒和知识产权等专项法制宣传、旁听重大案件审判等形式，进行直观生动的法制宣传教育，不断加强审判机关与人民群众的沟通联系。

高度重视涉诉信访，做好国庆六十周年维稳防控工作。共办理来信来访1 352件次，完成中央和省、市政法委交办的121件涉法涉诉、重信重访案件集中排查化解工作，实行领导包案、带案下访、督促考核的方式，多做说服工作，落实稳控措施，切实解决信访人的合理诉求。完成省、市政法委、上级法院和市委办公厅、目督办等交办的督办事项333件。

二、深入开展机制创新，推进工作不断发展

（一）完善制度规范管理。推行重大案件通报制度，对涉及公共利益、群众切身利益以及社会公众普遍关注，关系地区、行业改革和发展的重大案件，及时向党委、人大报告并向社会进行通报；严格落实岗位责任、服务承诺、限时办结、绩效考核、责任追究等制度，以优质高效的法律服务取信于民。

（二）试行量刑制度改革工作。按照上级法院要求，积极组织相关法院进行试点，将量刑纳入公开开庭审理程序，在充分听取控辩双方意见的基础上对被告人的量刑作出判决，使被告人的合法权益得到更加有效保护，审判更加公开透明。

（三）积极实施检察长列席审判委员会会议制度。与市检察院共同制定《检察长列席同级审判委员会会议的实施办法》，进一步健全和完善诉讼活动监督制约机制，保障司法公正。

（四）健全完善诉讼与非诉讼相衔接的矛盾纠纷解决机制。注重发挥司法调解功能，坚持把调解贯穿于立案、审判和执行全过程，探索实行对轻伤害刑事自诉案件、刑事附带民事案件纳入民事赔偿进行调解，并与检察、公安、司法部门建立轻微刑事案件快速处理机制，及时化解矛盾纠纷；注重发挥人民调解功能，实行部分简易民事纠纷交由人民调解组织进行诉前调解，对劳动争议案件先行委托工会进行调解，充分运用社会力量化解矛盾纠纷；注重发挥行政调解功能，积极与司法局、公安交警部门和卫生行政主管部门联系，探索建立交通事故和医患纠纷处理联动机制。

（五）改进完善与人大代表、政协委员的联系制度和建议提案督查督办制度。不断规范接受监督的形式、内容及程序，通过主动做好重大事项报告、定期通报工作、邀请人大代表、政协委员旁听重大案件审判、接受代表、委员视察检查、个别走访、反馈整改措施、办理建议、提案和有关督办事项等各项工作，努力从机制上保证人民法院自觉接受权力机关监督。共接受市人大代表、市政协委员的视察、检查19次，按规定完成建议和督办事项29件，对市“两会”交办的建议、提案均与人大代表、政协委员面商听取意见，做到件件有登记，办理有落实，结果有反馈，确保办理质量和效率。

三、着力加强司法能力建设，提升队伍整体素质

一是深入学习实践科学发展观。通过开展学习实践科学发展观活动和“人民法官为人民”主题实践活动，引导法官、干警牢固树立人民法院正确的政治方向，不断增强政治意识、大局意识、为民意识和公平正义观念，使法院队伍永葆政治上的清醒与坚定。二是扩展培训方式。共有1 000余人次的法官、干警参加省、市以及全国范围的各类学习培训，同时，还分批组织全市110余名中层以上干部到北京大学参加“法官能力建设与素质提升”高级研修学习，努力提升骨干法官的综合素质和把握大局、把握社情民意、解决实际问题的能力。三是狠抓作风转变提升工作效能。坚持实施“一线工作法”、“工作成果倒逼法”和严格的问责制度，把工作重点放在深入实际、深入一线调研督查、集中精力解决实际问题和推动工作落实上，特别是针对审判和执行工作中出现的因工作简单粗糙、严重不负责任造成不良影响等问题，狠抓制度落实，完善工作机制，加大问责力度。四是落实一岗双责狠抓党风廉政建设。严格执行最高人民法院“五个严禁”的规定，制定《昆明法院关于对违反“五个严禁”规定实行终身追究的实施办法》，将贯彻执行“五个严禁”纳入党风廉政责任制考核，并定期通报违规和处理情况，确保规定落到实处。实行廉政监督员制度，中级法院从审判业务庭挑选14名政治觉悟高、审判业务强的法官担任廉政监督员，强化对审判、执行权的直接监督。

四、夯实基层基础工作，提高司法保障能力

一是注重深入基层法院和派了法庭进行调研，了解基层面临的困难和问题，结合法院工作实际切实帮助解决。二是健全中级法院对基层法院的业务指导制度，实行分片区、分层次、分案件类型定期进行有针对性指导，通过设立《民事审判工作动态》内刊，及时反映民事审判工作中遇到的情况和问题，加大审判监督管理和调研指导，促进审判质量提高。三是积极与各县（市）、区党委、政府沟通协调，落实省高级法院与省财政厅制定的《全省基层人民法院公用经费保障标准》。四是重视加强基层法院现代化办公和信息化技术，加强对基层网络建设的统一规划和技术指导，帮助基层加快局域网建设，提高工作效能。

各位代表，回顾一年来的工作，我们深深感到，法院工作的进步发展，离不开党委的坚强领导，离不开人大、政府、政协和社会各方面的理解支持，离不开广大法官、干警的奋力拼搏。

在肯定成绩的同时，我们也清醒地认识到工作中仍存在不少问题和不足：一是将审判工作服从和服务于党和国家工作大局的指导思想贯彻落实到个案上还存在一定差距。二是内部管理责任落实不到位，有的法官责任心不强，工作方法简单。三是对基层法院的指导协调还需进一步加强，对工作中出现的新情况、新问题及时了解掌握不够。四是审判任务与审判力量，经费保障、执法条件与形势任务发展不相适应的矛盾突出。存在的这些问题和不足，我们将在今后的工作中采取切实措施努力加以解决。

2010年的主要工作

根据全国政法工作会议和市委九届六次全会精神，2010年全市法院工作的指导思想是：全面贯彻落实党的十七大、十七届四中全会和中央经济工作会议精神，以邓小平理论和“三个代表”重要思想为指导，深入贯彻落实科学发展观，坚持“党的事业至上、人民利益至上、宪法法律至上”，深入开展“人民法官为人民”主题实践活动，紧紧围绕社会矛盾化解、社会管理创新、公正廉洁执法三项重点工作，充分发挥审判职能，为加快实现昆明科学发展新跨越提供良好的法律服务和保障。重点抓好以下五个方面的工作：

一、以科学发展观为指导，坚持正确的政治方向

紧紧围绕中央提出的“保增长、保发生、保稳定”要求，深入贯彻落实科学发展观，继续开展“人民法官为人民”主题实践活动，始终坚持社会主义法治理念，始终保持法院工作正确的政治方向，切实使广大法官、干警增强为大局服务、为人民司法的自觉性和主动性，不断提升司法公信力。紧密结合昆明跨越式发展要求，牢固树立从国情、省情、市情出发的意识，把服务大局的要求落实到具体的审判工作中。对市委确定的继续实施大投资方略、着力做大经济总量、扩大对外开放、推进城乡一体、实施科教引领、保障民生改善、治理滇池污染等重点工作，要以更好地提供司法保障，更好地落实司法为民，更好地追求法律效果与社会效果、政治效果相统一为出发点，真正成为现代新昆明建设的保障者和促进者。

二、坚持以审判为中心，发挥职能维护社会稳定

刑事审判要准确把握和贯彻执行宽严相济的刑事政策，始终保持对各种严重刑事犯罪严打重惩的高压态势，继续深入开展“严打”整治斗争和“打黑除恶”专项斗争，把毒品犯罪、暴力犯罪、有组织犯罪、破坏社会主义市场经济秩序、贪污贿赂等职务犯罪和多发性侵财犯罪作为打击重点，维护国家安全和社会和谐稳定。民事审判要继续坚持平等保护原则，努力做到以人为本、尊重权利，最大限度满足人民群众对司法工作的新要求、新期待，切实保护市场权利主体，维护市场交易秩序，促进社会诚信体系建立；认真贯彻“调解优先、调判结合”原则，加大调解力度，增强做群众工作的能力，积极推行诉讼与非诉讼相衔接的矛盾纠纷解决机制；着重化解矛盾，提高诉讼效率，方便群众诉讼。行政审判要

把探索化解行政争议新机制作为重点，进一步加大行政机关负责人出庭应诉制度的落实，探索建立行政案件协调委员会、行政审判司法建议“白皮书”制度，积极推动构建化解行政争议的互动联动机制，形成共同化解矛盾纠纷的合力。执行工作要继续巩固集中清理执行积案成果，探索新的执行思路和机制，进一步改进完善执行工作联动机制、威慑机制和困难救助机制，形成党委领导、人大监督、政府支持、政法委协调、法院主办、社会各界参与配合的综合治理“执行难”格局。

三、继续推进机制创新，促进工作科学发展

加强审判管理机制创新，改进执法办案考核考评指标体系和绩效考核机制，完善错案认定标准和错案追究制度，健全审判管理工作机构，促进审判工作的规范化、专业化和统一化。加强审判公开机制创新，通过发布新闻、法院信息查询、裁判文书公开上网、设立开放日等措施，做到阳光司法、透明公开。加强司法为民机制创新，探索便民利民巡回审判新举措，方便群众立案和诉讼。加强涉诉信访工作机制创新，落实依法纠错原则和信访案件终结制度，从源头上预防和减少涉诉信访问题。加强监督机制创新，不断畅通民意沟通渠道和新闻媒体沟通渠道，加大自觉接受人大法律监督、政协民主监督、检察机关法律监督以及社会监督力度，强化监督机制，促进司法公正。

四、狠抓队伍建设，增强法官司法能力

高度重视抓好法官、干警的政治素质和作风效能提高，把工作重点放在深入实际、深入一线调研督查、集中精力解决实际问题和推动工作落实上，形成任务具体、责任明确、考评有据、奖惩分明的有效机制。继续采取走出去、请进来，与名牌院校挂钩、与专家合作，举办学习讲座等方式，多渠道、多投入、大力度抓好队伍素质培训，不断提高法官、干警了解社情民意、注重法律适用、化解社会矛盾的能力。坚持选派工作骨干、新招录大学生到基层法院或派出法庭挂职锻炼、轮岗交流，加强队伍的培养锻炼。关注法官职业风险，把从严治院与从优待警结合起来，切实把法官、干警的积极性调动好、保护好、发挥好。狠抓党风廉政建设，以查处“关系案、人情案、金钱案”为重点，坚定不移落实最高人民法院“五个严禁”规定，抓好示范教育和警示教育，进一步健全对权力行使进行监督制约的机制，完善违法违纪责任追究制度，大力推行廉政监察员和司法巡查制度，以廉洁执法确保公正执法。

五、筑牢基层基础，强化司法保障

坚持面向基层、服务基层、建设基层的工作原则，重视发挥好协管作用，促进基层领导班子建设。加大对基层法官、干警的教育培训和监督指导，优化审判资源配置、推广先进办案经验、完善速裁机制，缓解基层案多人少的矛盾。积极帮助基层解决经费保障不足的问题，改进物质装备、办案条件，不断推进基层法院实现队伍素质强、审判质量高、作风良好、文明执法、规范管理的目标。

各位代表，昆明跨越式发展赋予了全市法院更高的社会责任、更重的工作任务和更新的职责要求。新的一年，在市委的坚强领导下，在人大的法律监督、工作监督和政协的民主监督，在政府及社会各界的大力支持下，我们将紧紧围绕市委确定的工作大局，迎难而上，勇于进取，以更加务实的作风和更加有力的措施抓好各项工作的落实，努力为服务和保障现代新昆明建设作出新的贡献！

昆明市人民检察院工作报告

——2010 年 1 月 16 日在昆明市第十二届人民代表大会第六次会议上

昆明市人民检察院检察长　沈曙昆

2008 年的主要工作

2009 年，是昆明跨越式发展的开局之年。全市检察机关在市委和省检察院的领导下，在市人大及其常委会的监督、政府的支持和政协的民主监督下，深入学习实践科学发展观，认真贯彻党的十七大、十七届四中全会精神和市委九届五次全会精神，全面落实市十二届人大五次会议决议，围绕“争先进位，富民强市”的目标，积极服务工作大局，忠实履行法律监督职能，不断加强自身建设，检察工作取得新的成绩。

一、依法打击刑事犯罪，维护社会和谐稳定

全市检察机关始终把维护稳定作为第一责任，把促进和谐作为工作目标，通过履行检察职能，积极为全市经济社会跨越式发展营造良好的社会环境。

（一）*严厉打击严重刑事犯罪*。批准逮捕各类刑事犯罪案件4 952件7 641人，提起公诉5 718件9 048人。突出打击爆炸、杀人、伤害、绑架等危害公共安全和人身安全的犯罪，批准逮捕 944 人，提起公诉1 150人。坚决打击抢劫、抢夺、盗窃等影响群众安全的多发性犯罪，批准逮捕2 947人，提起

公诉3 347人。全力投入打黑除恶专项斗争，设立工作领导小组，制定贯彻实施意见，确保工作成效，批准逮捕涉黑涉恶犯罪嫌疑人702人，现已起诉243人，蒋家田、杨义雷等黑社会性质犯罪团伙被提起公诉。深入开展禁毒人民战争，批准逮捕制造、贩卖、运输等涉毒犯罪嫌疑人1 717人，提起公诉1 806人。依法惩治合同诈骗、非法经营等破坏市场经济秩序犯罪，批准逮捕382人，提起公诉457人。

（二）认真落实宽严相济刑事司法政策。在坚持严厉打击严重刑事犯罪的同时，落实依法从宽的刑事政策，实现法律效果与社会效果的统一。实行轻微刑事案件快速办理机制，遵循法定程序，提高办案效率，建议法院适用简易程序审理案件1 194件。依法对初犯、偶犯、未成年犯、老年犯和轻微刑事案件中的犯罪嫌疑人适用从宽政策，对无逮捕必要的295人不批准逮捕，对犯罪情节轻微的52人不予起诉。规范刑事和解工作，促成22件案件中的当事人和解，在二审上诉案件中试行刑事和解，努力减少社会对抗。

（三）扎实做好涉检信访工作。坚持首办责任制、检察长接访、约访巡访等制度，开通“12309”举报电话，开展网上接访，办理群众来信1 291件，接待来访628人，其中集体访24起。深化涉法涉诉信访积案化解工作，办结省、市政法委交办督办的13件重信重访案件，办案中推行说理制度，解惑释疑，化解了矛盾。立案复查刑事申诉案件7件，办理刑事赔偿案件10件，赔偿17.5万元。建立检调对接机制，引入人民调解员参与对轻微刑事案件中民事赔偿部分的调解，促进社会和谐。

（四）积极参与平安建设和综治维稳工作。开展主题为“反腐倡廉保民生，公平正义促和谐”的举报宣传周活动，深入学校、单位、社区进行法制教育，增强群众的法制观念。加强预防未成年人犯罪工作，编发青少年自我防范与保护宣传材料，对涉案未成年人进行跟踪帮教。深入乡镇了解社会治安情况，分析存在问题，帮助做好综治维稳工作。协助有关部门开展对突出治安问题和治安混乱地区的整治，积极参与妥善处置群体性事件。

二、加强查办和预防职务犯罪工作，推动反腐败斗争深入开展

按照中央、省委、市委惩治和预防腐败的总体部署，积极参与反腐倡廉建设，加大工作力度，查办和预防职务犯罪工作取得新成效。

（一）坚决查办职务犯罪大案要案。共受理职务犯罪案件线索424件，初查346件，立案侦查183件206人，其中贪污贿赂案件156件176人，渎职侵权案件27件30人；协助抓获在逃职务犯罪嫌疑人38人。通过办案挽回经济损失7 581万元。突出办案重点，查办贪污贿赂、挪用公款大案114件，同比上升14%；查办渎职侵权重特大案件7件，同比上升75%；查处涉嫌职务犯罪的县处级干部25人，同比上升13.6%，如市土地开发投资经营有限责任公司原董事长陆锦昌，市水利局原局长吴泽宇，省农垦总局财务处原处长李佑等涉嫌职务犯罪被查处。

（二）突出查办涉及民生和群众关注的职务犯罪案件。深入开展查办工程建设领域职务犯罪、涉农职务犯罪、危害能源资源和生态环境渎职犯罪三个专项工作，立案侦查工程建设领域职务犯罪76件90人，立案侦查侵占集体土地补偿费等涉农职务犯罪27件35人，立案侦查危害能源资源和生态环境渎职犯罪19件21人。查处利用行政审批权、行政执法权实施的权钱交易犯罪28人，查处司法人员徇私枉法、失职渎职、收受贿赂犯罪7人。

（三）深入推进预防职务犯罪工作。配合市人大常委会起草《昆明市预防职务犯罪工作条例》，制定全市检察机关贯彻条例的实施意见，预防职务犯罪工作得到进一步强化。落实《昆明市建立职务犯罪预测预警机制实施办法》，建立预测预警信息收集平台，提出对农民工培训资金加强监管的预警建议，引起有关部门的重视，加强了对相关资金的管理。健全侦查和预防一体化工作机制，认真开展案件预防工作，针对45件典型职务犯罪案件深入剖析，发出检察建议30份。对12项重点工程建设开展同步预防，配合有关部门对建设工程落实“八个百分之百”的情况进行检查。开展警示教育36次，受教育人员2 877人，组织预防宣传94次。落实工程招投标廉洁准入制度，运用行贿犯罪档案数据库提供档案查询527次。

三、强化诉讼监督，营建公平公正的司法环境

贯彻落实市人大常委会《关于进一步加强人民检察院对诉讼活动的法律监督工作的决议》，把日常工作监督与专项监督结合起来，增强监督实效，维护法律的正确统一实施。

（一）刑事诉讼监督成效明显。受理刑事立案监督线索103件，审查后监督侦查机关立案89件，撤案4件；对违法行为提出书面纠正意见30件，适时介入重大案件侦查活动848件，追加逮捕10人，追加起诉13人。开展刑事审判法律监督专项活动，重点检查抗诉案件、法院改变定性案件、法院判处缓免刑的职务犯罪案件，严格执行疑难案件抗诉前请示制度、“三书会审”制度。对认为确有错误的刑事判决、裁定提出抗诉37件，同比上升117.6%，现已改判6件。

（二）民事审判和行政诉讼监督不断拓展。受理当事人不服法院民事判决、裁定的申诉案件525件，立案审查240件，对认为确有错误的提出抗诉36件，同比上升157%，现已改判11件，发出再审检察建议5件。依法拓展民事行政检察职能，办理民事执行监督案件97件，涉案金额474万元；审理支持刑事附带民事诉讼、支持起诉、督促起诉案件87件，积极维护社会弱势群体利益，有效减少国有资产流失。对297年判决正确的申诉案件做好息诉工作，维护审判权威。

（三）刑罚执行和监管活动监督深入开展。落实纠正和防止超期羁押长效机制，发出羁押期满提示函431份，纠正超期羁押2人。对减刑、假释、暂予监外执行等16 178件案件进行监督，纠正刑罚变更执行不当553人，纠正监外执行罪犯脱管漏管72人。以打击“牢头狱霸”为重点，在看守所开展监管执法专项检查活动，在监狱开展清查事故隐患促进安全监管专项活动，纠正违规收押、不按时交付执行等违法行为12起，发起检察建议46份。查处涉嫌职务犯罪的监管场所工作人员5名，办理罪犯又犯罪案件4件。积极参与社区矫正工作，探索监督的程序和方式，促进工作制度化。

（四）环境资源检察工作扎实推进。批准逮捕盗伐滥伐林木、非法采矿、非法占用农用地等破坏环境资源的犯罪嫌疑人30人，提起公诉40人。与环保、法院、公安等部门密切配合，完善环境保护执法协作工作机制，建立破坏环境行政处罚报备制度，介入环境污染事件的行政查处，针对企业的违法排污行为发出停止侵权的检察建议。对破坏环境损害

公共利益的行为，探索开展公益诉讼，为生态环境保护提供司法保障。

四、服务工作大局，深化检察改革和机制创新

发挥检察职能，立足服务工作大局，深化检察机制创新和制度完善，不断强化法律监督和自身监督。

（一）围绕中心工作，服务经济发展。制定全市检察机关服务经济平稳较快发展的意见，充分发挥检察职能作用，注重维护市场经济秩序和对政府投资安全的司法保护，严格把握法律政策界限，讲究执法策略；办理案件中慎重采取冻结企业账户、扣押企业财物等强制措施，维护企业正常的生产经营秩序。制定发挥检察职能服务工业园区建设的意见，与工业园区建立联系制度；加强与驻昆商会的联系，走访投资企业，及时办理侵害企业合法权益的申诉，提供法律咨询，帮助企业解决发展中遇到的法律问题。

（二）加强机制创新，增强检察活力。按照最高人民检察院统一部署，从9月开始实行检察院立案侦查的职务犯罪案件由上一级检察院审查决定逮捕的制度，加强了对自身侦查活动的监督。探索对公安机关侦查活动的同步监督，试行在派出所设立检察官办公室制度，在盘龙、安宁的派出所进行了试点。与市中级法院联合制定《关于检察长列席同级审判委员会会议实施办法》，两级检察长共列席审判委员会会议32次。在7个检察院开展量刑建议纳入庭审程序的试点，对89件案件提出量刑建议，法院采纳率为92.6%。建立人民监督员参与信访接待工作机制、涉检信访案件风险评估机制和司法救助制度，有效化解矛盾纠纷；实行由检察长督办重点信访案件的“包案办理制”，该制度获昆明市制度创新奖。

（三）完善工作制度，规范执法办案。加强对职务犯罪侦查活动的监督，推行纪检监察部门负责人与犯罪嫌疑人谈话制度、“一案三卡”制度，全面实行讯问职务犯罪嫌疑人同步录音录像。与市公安局联合制定《关于办理刑事案件适用无逮捕必要条件的实施意见》，明确了适用无逮捕必要的具体情形和对象，增强审查逮捕工作的规范性；完善批捕、起诉案件质量监控体系，制定科学的考核标准，规范案件办理流程，提高案件质量。加强办案工作区建设，严格实行看审分离，杜绝办案安全责任事故。

五、加强队伍建设，提高法律监督能力

始终把队伍建设作为关系检察工作发展的战略任务来抓，着力造就一支严格、公正、文明、廉洁的高素质检察队伍，全市检察机关20个集体、28名个人获得省市以上表彰。官渡区检察院被评为全国模范检察院；西山区检察院杨竹芳同志荣获全国模范检察官、全国“三八”红旗手、省市优秀共产党员等荣誉称号，当选2009年度全国十大法治人物。

（一）深入学习实践科学发展观，提高思想政治素质。立足检察工作，突出实践特色，把开展深入学习实践科学发展观活动与学习胡锦涛总书记等中央领导同志对检察工作的重要指示结合起来，集中查找和解决制约检察工作科学发展的突出问题，引导检察人员增强贯彻落实科学发展观的自觉性。深化社会主义法治理念教育，着力解决执法思想、执法观念、执法作风等方面存在的突出问题。加强领导班子建设，通过开展“个人形象一面旗、工作热情一团火、谋事布局一盘棋”主题实践活动，充分发挥领导干部的表率作用；参加领导干部培训日专题讲座和检察长轮训，提高领导干部促进科学发展、服务和谐社会的能力。

（二）抓好教育培训，促进专业化建设。加强学历教育工作，全市检察干警本科以上学历达91.9%，提前3年完成了省检察院的学历要求。协办第五届国家高级检察官论坛，学习借鉴外地检察工作先进经验和理论成果。组织司法资格考试培训，32人通过司考。制定大规模推进教育培训工作方案，组织参加高级检察官任职资格培训和普通话、计算机、外语“三普”教育，开展检察实务和侦查技能培训，努力培养一批高素质的检察人才。

（三）深化纪律作风建设，强化内部监督。开展“检察效能提升年”和“干部作风改进年”活动，大力改进机关作风，切实提高工作效能。严格执行党风廉政建设责任制，坚持干部任前廉政谈话、个人重大事项报告、述职述廉等制度；建立执法档案，加强对重点执法岗位、执法人员、执法环节的监督。开展检察机关直接立案侦查案件扣押冻结款物专项检查，健全涉案款物管理。开展纪律作风教育整顿活动，积极推进检务督察，加强对办案安全、公务用车的管理和监督。落实执法过错责任追究制，对3名检察人员给予检察纪律处分，对2名领导干部进行问责。

（四）接受外部监督，保障检察权正确行使。把接受监督作为改进检察工作的动力，向市人大常委会专题报告诉讼监督工作的情况，接受市人大常委会对开展软环境建设、平安建设、环境资源检察工作的检查。向市人大代表、政协委员通报检察工作情况，及时办理市委、人大、政协督办、交办事项62件。深化人民监督员工作制度，全市人民监督员共监督“三类案件”、“五种情形”62件。新聘9名特约检察员和30名专家咨询委员会委员，拓宽联系群众和接受监督的途径。完善新闻发布制度，及时公布社会关注的检察工作情况，着力打造“阳光检务”；主动接受舆论监督，积极应对网络舆情，晋宁县看守所“躲猫猫”事件发生后，认真调查事件真相并及时向社会公布，对涉嫌玩忽职守的看守所工作人员进行立案查处，对监督不力的检察人员予以处理。

（五）加强基层基础建设，筑牢检查工作发展根基。按照最高人民检察院的部署，启动了新一轮基层检察院建设工作。坚持市检察院领导定点联系基层检察院制度，试行绩效考核，加强分类指导，引导基层检察院把握工作重点，明确努力方向，提高执法办案能力；交流4名基层检察院检察长，招录73名公务员充实到检察工作一线，加强了基层检察队伍；对基层检察院实行重点帮扶，帮助解决办案经费紧缺、装备落后的困难，现2个尚未完成检察业务用房和技术用房建设的基层检察院已开工建设。以加强检察信息网络管理为重点，建设信息网络安全信任体系，完善视讯会议、网络办公办案系统，建立全市检察机关侦查指挥中心，提升检察工作的科技含量。

回顾一年来的工作，虽然取得了一定成绩，但也存在一些问题和不足，主要是：一些检察人员在执法办案中服务大局的意识不强，不善于分析和化解矛盾，做群众工作的能力较弱；在参与社会管理中，创新意识不强，有的检察职能发挥不充分；诉讼监督工作还存在薄弱环节，不敢监督、不善监督、监督不到位的问题仍然存在；检察队伍的整体素质还不能安全适应新时期检察工作的需要；对基层检察院工作的指导还需进一步加强。以上问题，将在今后的工作中采取切实有效的措施加以改进。

2010年的工作意见

2010年，全市检察机关将充分认识面临的新形势和新任务，坚定做好检察工作的信心和决心。我们的总体思路是：全面贯彻党的十七大、十七届四中全会、全国政法工作电视电话会议和市委九届六次全会精神，以科学发展观为指导，围绕社会矛盾化解、社会管理创新、公正廉洁执法三项重点工作，不断强化法律监督，强化大局意识，强化自身监督，强化高素质检察队伍建设，为昆明科学发展新跨越提供更加有利的司法保障。我们将着力做好以下七个方面的工作：

一、努力服务昆明科学发展新跨越。紧紧围绕市委九届六次全会的工作部署，找准检察工作服务大局的切入点和结合点，认真研究谋划服务和保障经济发展的新思路、新举措/正确处理执法办案与服务大局的关系，把执法办案作为服务经济社会发展的基本手段，充分发挥打击、预防、监督、保护的职能，努力在参与整顿规范市场秩序、保障投资安全、保护生态家园等方面取得新成效；牢固树立执法为民的宗旨，坚持理性平和文明规范执法，扎实做好保障民生、服务群众的工作，注重服务质量和效果，努力提高维护社会和谐稳定的能力。

二、着力开展社会矛盾化解工作。把化解社会矛盾贯穿于执法办案始终，深入开展打黑除恶专项斗争，严惩黑恶势力犯罪；突出打击严重暴力犯罪、多发性侵财犯罪、毒品犯罪，增强群众安全感；依法惩治非法吸收公众存款等涉众型经济犯罪，维护市场经济秩序；坚决打击破坏环境资源的犯罪，保护生态环境。继续推进量刑建议、刑事和解、附条件不起诉等制度，落实依法从宽的刑事司法政策。研究制定执法办案中化解矛盾纠纷的措施，建立执法办案风险评估预警机制，完善检察人员巡访、接访工作制度，认真办理涉检信访积案，努力做到案结事了。

三、积极参与社会管理创新工作。深刻把握社会管理创新对检察工作提出的新要求，落实检察环节综治维稳工作措施，参加重点地区治安排查和专项整治工作；密切关注社会治安动态，及时提出对策建议。配合有关部门做好对特殊人群帮教管理和刑释解教人员的安置工作，创新适应社区矫正特点的检察工作方式，加强对社区矫正执法环节的监督。结合办案广泛开展法制宣传教育，做好预防未成年人犯罪工作。探索参与网络虚拟社会管理的途径，依法打击利用网络实施的犯罪活动，高度重视涉检网络舆情，认真做好监测、研判和应对工作。

四、深开展查办和预防职务犯罪工作。严肃查办发生在国家机关和领导干部中的贪污贿赂、滥用职权、失职渎职案件，认真查办商业贿赂案件的涉农职务犯罪案件，依法查办群体性事件和重大责任事故中的职务犯罪案件。积极参与工程建设、土地管理和矿产资源开发等领域的专项治理。认真落实职务犯罪预测预警机制，切实贯彻《昆明市预防职务犯罪工作条例》，加强对策研究、预防建议、警示教育，提高预防工作规范化水平。

五、促进公正廉洁执法。深入贯彻市人大常委会《关于进一步加强人民检察院对诉讼活动的法律监督工作的决议》，加大诉讼监督工作力度。立案监督重点纠正有罪不究、以罚代刑和动用刑事手段插手经济纠纷的问题；侦查活动监督重点纠正刑讯逼供、违法采取强制措施的问题；刑事审判监督重点纠正裁判不公、违反法定程序的问题。民事审判和行政诉讼监督工作注重涉及民生和损害国家利益、社会公共利益以及违反法定程序的错误裁判的纠正。筹备成立昆明市城郊地区人民检察院，作为市检察院的派出机构，专门履行监所检察职责，全面加强对刑罚执行和监管活动的监督。把强化自身监督与强化法律监督放在同等重要的位置，健全检务督察、执法档案、案件集中管理等机制，确保检察权的正确行使。

六、继续深化检察改革。完善对侦查活动的监督，建立诉讼当事人不服强制性侦查措施提请检察机关监督机制，健全审查逮捕工作中听取申辩和律师意见制度；建立检察机关抗诉工作与职务犯罪侦查工作的内部监督制约机制；规范检察建议，明确发送对象、适用范围、制发程序，提高建议质量；深化检务公开，完善办案公开机制和检察文书说理制度；深化人民监督员制度，规范人民监督员的选任管理、监督范围和程序。

七、建设高素质检察队伍。总结形成学习实践科学发展观的长效机制，强化社会主义法治理念，确保检察人员始终坚持“三个至上”、“四个在心中”；深入开展“建设学习型党组织、创建学习型检察院”活动，营造崇尚学习的浓厚氛围。加强领导班子建设，强化对领导干部的监督、管理和考评；加强正规化岗位培训，以执法一线检察官为重点，开展专项业务和专门技能培训，重视检察专门人才的培养。将深入推进学习杨竹芳同志先进事迹活动与开展“恪尽检察职业道德、提高执法公信力”主题教育活动结合起来，弘扬以忠诚、公正、清廉、文明为核心的检察职业道德。落实党风廉政建设责任制，加强廉洁从检教育，严肃查处检察人员违法违纪案件。推进基层检察院的正规化建设，加强分类指导，帮助解决制约工作发展的困难和问题。

各位代表；新的一年，全市检察机关将在市委和省检察院的领导下，在市人大及其常委会的监督、政府的支持和政协的民主监督下，认真贯彻本次会议决议，开拓进取，扎实苦干，为昆明科学发展新跨越作出积极的贡献！

明确目标　扎实工作
确保完成全市招商引资目标任务

——在2009年工作目标奖惩兑现2010年工作目标责任签状暨招商引资动员大会上的讲话

（2010年2月22日）

李文荣

一、目标任务

刚刚过去的2009年，在市委、市政府的坚持领导下，全市上下统一思想，步调一致，创新招商方式，开展招商引资“百日竞赛”和“一对一”招商活动，努力提高服务水平，实施严格的项目推进责任制，顺利完成外资（实际利用境外资金，下同）6亿美元、内资（实际引进国内市外到位资金，下同）600亿元人民币的招商引资目标任务，呈现良好发展态势。2009年，全市实际利用外资完成7.28亿美元，同比增长20.9%，占全省实际利用外资的80%；实际引进市外到位资金706.59亿元，同比增长33.1%。

为进一步加大招商引资力度，促进我市经济社会又好又快发展，2010年我市招商引资目标任务确定为：实际利用外资完成9亿美元，实际引进市外到位资金900亿元。内外资任务均在2009年目标任务的基础上增长了50%，在2009年实际完成数的基础上分别增长了23.6%、27.4%。

二、目标任务分解原则

为确保全市总体目标的完成，我们将任务分解到各县（市）区、开发区及市属各招商分局。任务分解遵循了如下原则：

一是同幅度增长原则。今年全市内外资总体目标比2009年目标分别增长了50%。因此，分解下达给各责任单位的目标以2009年下达目标为基数，原则上均按50%的增幅测算，适当考虑招商资源变化情况等因素进行综合平衡。

二是责任单位大稳定小调整原则。各县（市）区作为责任单位不作调整，招商分局在大稳定的前提下进行适当调整，42个招商分局派驻40个城市驻点招商。

三是资源优势原则。继续突出国家级开发区作为招商引资主战场的位置，突出产业招商；昆明发展投资集团有限公司、昆明市轨道交通有限公司、市政府对新加坡工作办公室增加对新的招商引资考核责任单位。

四是一次性分解原则。参照2009年度责任目标分解办法，将全市总目标任务的100%一次性分解下达到各目标责任单位；市级招商分局责任目标总体维持2009年度基数不变，只作适当调整。

三、目标任务分解情况

全市实际下达责任目标为9亿美元，900亿元人民币。其中：三个开发（度假）区和空港经济区确保完成外资4.91亿美元，内资375亿元人民币，分别占全市目标任务的54.56%、41.67%。高新区、经开区分别确保完成外资2.19亿美元，内资140亿元人民币。度假区确保完成外资4 800万美元，内资45亿元。空港经济区确保完成外资500万美元，内资50亿元。

第一板块的五华、盘龙、官渡、西山区和安宁市、呈贡新区确保完成外资3.36亿美元，内资383亿元人民币，分别占全市目标任务的37.33%、42.56%。呈贡新区确保完成外资6 000万美元，内资53亿元。五华区确保完成外资4 800万美元，内资65亿元。盘龙区确保完成外资4 800万美元，内资40亿元。官渡区确保完成外资6 000万美元，内资100亿元。西山区确保完成外资6 000万美元，内资65亿元。安宁市确保完成外资6 000万美元，内资60亿元。

第二板块的晋宁、宜良及石林县确保完成外资3 000万美元，内资51亿元人民币，分别占全市目标任务的3.33%、5.67%。晋宁县确保完成外资900万美元，内资18亿元。宜良县确保完成外资1 200万美元，内资18亿元。石林县确保完成外资900万美元，内资15亿元。

第三板块的东川、嵩明、富民、禄劝及寻甸县确保完成外资1 800万美元，内资76亿元人民币，分别占全市目标任务的2%、8.44%。东川区、禄劝县、寻甸县分别确保完成外资150万美元，内资15亿元。嵩明县确保完成外资1 200万美元，内资18亿元。富民县确保完成外资150万美元，内资13亿元。

昆明发展投资集团、市轨道交通公司、市政府对新加坡办公室确保完成外资2 500万美元，内资15亿元人民币，分别占全市目标任务的2.78%、1.67%。昆明发展集团确保完成外资1 000万美元，内资10亿元。市轨道交通公司确保完成外资500万美元，内资5亿元。市政府对新加坡工作办公室确保完成外资1 000万美元。

市属42个招商分局确保完成外资6 000万美元，内资120亿元人民币，分别占全市目标任务的6.67%、13.33%。

同志们，招商引资工作是经济工作的生命线，市委、市政府高度重视对外开放，把招商引资作为经济工作的重中之重、“第一政绩”来抓，今年的目标任务从我们自身的发展比较，是艰巨和繁重的。拿实际利用外资来说，今年的任务数比2009年的目标任务数增长了50%，在2009年实际完成数的基础上也增长了23.6%。但离全市经济社会发展的要求还很远，和国内其他省会城市相比，我市实际利用外资仍有很大差距。

2009年，东部省会城市中的广州市、杭州市实际利用外资分别完成37.7亿美元、40.14亿美元，是我们今年任务数的4.19倍、4.46倍；中部省会城市中的武汉、长沙、长春，实际利用外资分别完成29.3亿美元、20.33亿美元、24.18亿美元，是我们今年任务数的3.26倍、2.26倍、2.69倍；西部省会城市中的成都、西安，实际利用外资也分别完成28亿美元、12.19亿美元，是我们今年任务数的3.11倍、1.35倍。由此可以看出，我们在实际利用外资上与东部、中部沿海城市的差距很大，甚至是与西部部分省会城市的差距也很大。对于产业带动大的世界500强企业的引进，也远远低于成都、西安、长沙。

从全国数据来看，我们今年的任务也仅占2009年全国实际利用外资完成900.33亿美元的1%。从此方面讲，我们的任务是不重的。我们各目标责任单位都有自身的有利条件。当然，也有一定的难度，希望各目标责任单位正确看待目标任务，不要因为任务数的比例提高了，就产生畏难情绪，必须防止思想松懈、消除[illegible]心态，重点抓好招商引资项目的质量和结构，把以工业为主的产业类招商放在招商引资工作的重中之重，把产业类项目落地放在项目落地的首位，坚定信心，抓住机遇，克服困难，创新机制，扎实工作。

同志们，今年外资9亿美元和内资900亿元人民币的招商引资目标任务已经明确，任务已经分解，招商任务不变、工作职责不变、考核力度不变。各级领导干部一定要站在加快昆明科学发展新跨越战略的高度，充分认识招商引资工作的极端重要性和紧迫性，切实强化工作的“首位”意识，真正把招商引资摆在经济工作的“龙头”位置，抓在手上，放在心上，集中领导、集中精力、集中时间，亲自谋划部署，亲自组织协调，亲自督促落实涉及的招商引资具体事宜，对涉及招商引资项目推进的环节及流程要心中有数，在全市营造“大事大抓、特事特抓”的良好局面，埋头苦干，奋力拼搏，确保全市招商引资工作目标任务顺利完成。

中共昆明市委办公厅　昆明市人民政府办公厅关于印发《昆明市人民政府机构改革实施意见》的通知

各县（市）区党委和人民政府，市委和市级国家机关各部委办局，各人民团体，市属企事业单位，大专院校：

根据《中共云南省委办公厅、云南省人民政府办公厅关于印发〈昆明市人民政府机构改革方案〉的通知》（云厅字〔2009〕17号）等文件精神，为切实做好市政府机构改革各项工作，经市委、市政府研究同意，现将《昆明市人民政府机构改革实施意见》印发给你们，请认真贯彻执行。

中共昆明市委办公厅
昆明市人民政府办公厅
2009年11月11日

昆明市人民政府机构改革实施意见

根据《中共中央、国务院印发〈关于深化行政管理体制改革的意见〉的通知》（中发〔2008〕5号）、《中共中央、国务院关于地方政府机构改革的意见》（中发〔2008〕12号）和《中共云南省委、云南省人民政府关于州市县政府机构改革的实施意见》（云发〔2009〕10号）、《中共云南省委办公厅、云南省人民政府办公厅关于印发〈昆明市人民政府机构改革方案〉的通知》（云厅字〔2009〕17号）精神，结合我市实际，制定市政府机构改革实施意见。

一、指导思想和基本原则

（一）指导思想

高举中国特色社会主义伟大旗帜，坚持以邓小平理论和“三个代表”重要思想为指导，以科学发展观统揽全局，全面贯彻落实党的十七大和十七届二中全会精神，围绕深化行政管理体制改革总体目标，按照精简统一效能的原则和决策权、执行权、监督权既相互制约又相互协调的要求，以转变政府职能为核心，进一步理顺职责关系，明确和强化责任，优化政府组织结构，规范机构设置，完善运行体制机制，推进依法行政，提高行政效能，着力解决制约昆明市经济社会发展的突出矛盾和问题，建设服务政府、效能政府、法治政府和廉洁政府，为加快推进现代新昆明建设、实现跨越式发展目标提供体制机制保障。

（二）基本原则

——上下衔接、基本适应的原则。与省政府机构设置相衔接，建立适应昆明市经济社会发展的城乡统筹管理体制和职能有机统一的大部门体制。

——职责明确、权责一致的原则。加快推进政企分开、政资分开、政事分开、政府与市场中介组织分开；突出不同层级政府履行职责的重点，理顺部门职责关系，明确和强化责任，不断健全部门协作机制，形成全面衔接、分工合理的职能体系；加强直接服务基层和群众的“窗口”机构建设。

——从实际出发、因地制宜的原则。科学合理设置政府工作机构，构建符合昆明市经济社会发展要求的市级政府管理体制；把深化机构改革与加快推进现代新昆明建设结合起来，把实现长远目标与完成阶段性目标结合起来，突出省会城市中心地位和作用，做到适度超前。

——统筹兼顾、稳妥推进的原则。处理好改革、发展与稳定的关系，按照中央和省委、省政府部署，统筹安排、稳妥推进；及时发现、认真处理改革中出现的新情况、新问题，妥善做好人员分流安置工作，确保机构改革顺利推进。

二、主要任务

（一）转变政府职能

一要通过推行“阳光政务”，全面正确履行政府职能，突出社会管理和公共服务。凡老百姓自己能够解决的，政府决不干预；凡市场竞争机制能够自行调节的，政府决不干预；凡社会组织能够自我管理的，政府决不干预，切实把政府职能转到主要为市场主体服务和创造良好发展环境上来。二要继续深化行政审批制度改革，大力精简和规范行政审批事项。按照流程最短、效率最高、收费最少、标准最低的原则，该并的并，该撤的撤，该减的减。三要理顺城市管理综合行政执法体系，促进执法权与管理权的有机统一。进一步强化有关职能部门执法监督职责，增强有效防范和处置突发公共事件及社会治安综合治理能力。

（二）理顺职责关系，明确和强化责任

以全省“综合改革试点市”为契机，结合省会城市功能特点，理顺市、县（市）区、乡（镇）及部门间的事权关系，重点梳理解决职责交叉和关系不顺的问题，对确需多个部门管理的事项，分清主办和协办关系，明确牵头部门，加强协调配合。按照权责一致、权责对等的要求，通过“三定”工作，在赋予部门职权的同时，明确其应承担的责任，并严格执行行政问责制度，做到有权必有责、用权受监督、违法要追究，增强政府的执行力和公信力。

（三）调整优化组织结构，规范机构设置

1. 组建昆明市工业和信息化委员会，加挂昆明市中小企业局、昆明市无线电管理办公室牌子。将昆明市经济委员会、昆明市人民政府信息产业办公室的职责，整合划入昆明市工业和信息化委员会。不再保留昆明市经济委员会、昆明市人民政府信息产业办公室。

进一步理顺政府与行业协会（联社）之间的关系，将昆明市机械工业行业协会、昆明市轻纺工业行业协会、昆明市化工建材行业协会、昆明市手工业联社承担的行业行政管理职责划入昆明市工业和信息化委员会，明确界定行业协会（联社）职能，改进和规范管理方式。

2. 组建昆明市人力资源和社会保障局，加挂昆明市外国专家局牌子。将昆明市人事局、昆明市劳动和社会保障局的职责，整合划入昆明市人力资源和社会保障局。不再保留昆明市人事局、昆明市劳动和社会保障局。组建昆明市公务员局，为部门管理机构，由昆明市人力资源和社会保障局管理。原与昆明市人事局合署办公的昆明市机构编制委员会办公室单独设置，列党委机构序列，名称为中国共产党昆明市委员会机构编制办公室，保留昆明市机构编制委员会办公室牌子。

3. 组建昆明市交通运输局。将昆明市交通局的职责、昆明市城市管理局的城市出租车客运管理职责、昆明市市政公用局城市公共交通行业管理职责，整合划入昆明市交通运输局。不再保留昆明市交通局。

4. 组建昆明市园林绿化局，负责昆明市创建国家园林城市工作。

5. 组建昆明市住房和城乡建设局。将昆明市建设局、昆明市房产管理局的职责，昆明市市政公用局城市基础设施建设和燃气行业管理职责，整合划入昆明市住房和城乡建设局。不再保留昆明市建设局、昆明市房产管理局。

6. 组建昆明市城市管理综合行政执法局。将昆明市城市管理局除城市出租车客运管理外的其他职责、昆明市综合行政执法局的职责，整合划入昆明市城市管理综合行政执法局。不再保留昆明市城市管理局、昆明市综合行政执法局。

7. 组建昆明市水务局。将昆明市水利局的职责、昆明市国土资源局的涉水行政管理职责、昆明市市政公用局的城市供水、节约用水、再生水利用行政管理职责，整合划入昆明市水务局。不再保留昆明市水利局、昆明市市政公用局。

8. 组建昆明市文化广播电视体育局，加挂昆明市新闻出版局、昆明市版权局牌子。将昆明市文化局、昆明市广播电视局、昆明市体育局的职责，整合划入昆明市文化广播电视体育局。不再保留昆明市文化局、昆明市广播电视局、昆明市体育局。

9. 组建昆明市人民政府金融办公室。将原昆明市人民政府办公厅和昆明市财政局的金融协调服务职责，整合划入昆明市人民政府金融办公室。

10. 将昆明市发展和改革委员会管理的昆明市粮食局由部门管理机构调整为市政府工作部门。

11. 将原昆明市人民政府办公厅管理的昆明市人民政府法制办公室由部门管理机构调整为市政府工作部门。

12. 将昆明市人民政府研究室由市政府直属事业单位调整为市政府工作部门。

13. 将昆明市人民防空办公室由议事协调机构的常设办事机构调整为市政府工作部门。

14. 将昆明市人民政府扶贫开发领导小组办公室更名为昆明市人民政府扶贫开发办公室，由议事协调机构的常设办事机构调整为市政府工作部门。

15. 将昆明市人民政府行政审批服务领导小组办公室（昆明市人民政府行政审批服务中心）更名为昆明市人民政府政务服务管理局，由议事协调机构的常设办事机构调整为市政府工作部门。

16. 昆明市食品药品监督管理局由省垂直管理的机构调整为昆明市卫生局管理的部门管理机构，保持原机构规格不变。

17. 将昆明市人民政府办公厅更名为昆明市人民政府办公室。

18. 将昆明市人民政府经济体制改革办公室承担的组织实施国有企业改制和推进现代企业制度建立的职责划入昆明市人民政府国有资产监督管理委员会；其综合研究的职责划入昆明市人民政府研究室；其他职责划入昆明市发展和改革委员会。不再保留昆明市人民政府经济体制改革办公室。

19. 将昆明市会展工作领导小组办公室承担的职责划入昆明市投资促进局。

20. 撤销设立在昆明市园林绿化局的西山风景名胜区管

理局，其相应职能交由西山国家级风景名胜区管理委员会承担。

21. 中共昆明市委、昆明市人民政府信访局的机构设置，按照《云南省机构编制委员会关于调整州市信访机构设置的通知》（云编〔2008〕7号）规定执行。

22. 昆明市人民政府市长热线办、接待办、目督办行政隶属关系不变。

23. 昆明市人民政府驻北京联络处、驻上海联络处、驻深圳办事处行政隶属关系不变。

24. 昆明市会计监督管理局、昆明市非税收入管理局行政隶属关系不变。

25. 不再保留昆明市农场管理局，其相关行政职责划入昆明市农业局。

26. 昆明国家高新技术产业开发区管理委员会、昆明国家经济技术开发区管理委员会、昆明滇池国家旅游度假区管理委员会要按照《中共昆明市委、昆明市人民政府关于加快开发区及工业园区发展的意见》（昆发〔2008〕10号）和相关文件要求，加快推进实体化管理，优化组织结构，完善内部管理体制和运行机制。昆明呈贡新区管理委员会与呈贡县人民政府、昆明空港经济区管理委员会与官渡区人民政府要完善内部管理体制和运行机制。

保留设置：

市发展和改革委员会、市教育局、市科学技术局、市民族事务委员会、市公安局、市监察局、市民政局、市司法局、市财政局、市国土资源局、市环境保护局、市规划局、市农业局、市林业局、市商务局、市卫生局、市人口和计划生育委员会、市审计局、市统计局、市宗教事务局、市旅游局、市安全生产监督管理局、市滇池管理局、市投资促进局、市政府外事侨务办公室、市政府国有资产监督管理委员会。

经过上述调整，昆明市人民政府设置机构41个，其中市政府办公室和工作部门共40个，直属特设机构1个。另外，设置部门管理机构2个（具体机构设置见附表）。

（四）精心做好部门“三定”工作

做好各部门定主要职责、定内设机构、定人员编制的“三定”工作，是机构改革组织实施的关键环节。在“三定”工作中，无论是调整变动的部门，还是保留的部门，都要高度重视，精心组织，抓好落实，做到机构调整一步到位，人员调整逐步过渡，改革工作有序平稳进行。

1. “三定”工作的范围。此次开展“三定”工作的市政府所属部门包括：市政府办公室，市政府工作部门、直属特设机构、部门管理机构。

2. 落实职能转变。一要参照省政府各相关部门的职责调整，结合我市实际，科学、合理地确定各部门的职责分工，进一步明确取消、划出、划入和增加以及加强的职责；二要着力解决目前存在的部门职责交叉、权责脱节等问题，理顺部门关系。

3. 规范机构规格。市政府办公室，市政府工作部门、直属特设机构的规格为正县级，市人力资源和社会保障局管理的公务员局机构规格为副县级。

4. 规范内设机构。部门内设机构的设置，要严格按照《云南省各级机关机构设置和管理暂行办法》的规定执行。坚持综合设置和精简统一效能的原则，着力优化内部结构，加强重点业务处室，积极探索职责有机统一的大处室体制。

5. 规范领导职数。部门行政领导职数的核定，要严格按照《云南省各级机关领导职数管理暂行办法》的规定执行。部门核定正职领导职数1名；副职领导职数2至3名，任务较重的部门可根据工作需要增加1至2名副职领导职数。合并设置的部门，现有部门领导配备超出新核定领导职数的，按超职数配备予以保留，逐步消化。内设机构领导职数的核定，严格控制在本部门行政编制的三分之一以内，内设机构原有领导超出新核定领导职数的，其级别待遇可维持不变，逐步调整过渡。

6. 重新核定人员编制。在市政府机构改革中，行政编制不得突破现有总量。保留的部门，人员编制原则上可保持不变；合并设置的部门，人员编制合并后，调减20%左右，并做好人员的分流；部分机构职能划转的，人员编制坚持人随事走、编随人走的原则进行合并，合并后作适当调减；职能加强的部门，人员编制适当调增；新组建的部门，按照职能任务和精简的原则予以核定。

7. 老干部工作机构。各部门负责老干部工作的机构应保持稳定，其人员编制计入部门机关行政编制总数，机构不计入部门内设机构数。

8. 所属事业单位改革。各部门要结合机构改革，按照《中共昆明市委、昆明市人民政府关于加快推进昆明市事业单位分类改革的意见》（昆通〔2008〕30号）精神，与机构改革同步研究本部门所属事业单位深化改革方案，分步实施。对职责自然消失和有编无人的机构要予以撤销；对职责交叉重叠和人员编制在3名以下的机构要予以合并；中介服务性机构应与主管部门脱钩，进入市场；经营性机构必须转为企业。各部门管理的或涉及改变行政隶属关系的事业单位将在“三定”规定中予以明确。

9. 清理议事协调机构。工程中凡涉及跨部门的事项，均由主办部门牵头协调；确需设立议事协调机构的，要严格按规定审批。现有议事协调机构不必保护的，坚决予以撤销；确需继续保留的，明确承担具体工作的职能部门。今后，各类议事协调机构一律不再单独设立常设办事机构或实体性工作机构，不核定人员编制和领导职数。

10. 自上而下制定“三定”方案。各部门要结合实际，认真研究提出本部门的“三定”规定，职责分工涉及多部门的事项，要主动与相关部门协商。各部门拟定的“三定”规定，按程序经市机构编制委员会审核后，报市政府审批。经市政府批准的各部门“三定”规定，除涉及保密的部门和事项外，由市机构编制委员会办公室统一向社会公布，或由各部门在市政府公众信息网上发布。

（五）加强机构编制管理

认真贯彻《地方各级人民政府机构设置和编制管理条例》、《云南省机构编制管理条例》、严格执行《云南省各级机关机构设置和管理暂行办法》、《云南省各级机关领导职数管理暂行办法》，进一步加强机构编制管理。在此次市政府机构改革中，各单位要建立机构编制实名制管理制度。严格编制使用事前审核程序，任何单位未经编制使用事前审核，一律不得进人；严禁机关混用事业编制、超编进人；规范内设机构规格和名称，严禁超职数、超规格配备干部，对违反机构编制法律法规规定的行为，必须严肃查处。同时，继续加大机构编制法律法规宣传力度，加快机构编制公开化进程，加强机构编制监督检查工作，巩固机构改革成果。

（六）深化机关后勤服务机构改革

深化昆明市市级机关后勤服务机构改革，机关后勤改革要与物业管理结合起来，可进行外包或实行物业管理，剥离为机关服务的职能。机关后勤服务及相关经济实体与机关彻底脱钩，实行社会化、市场化运作，政府购买后勤服务。此次机构改革不再为各单位核定工勤人员编制。各单位工勤人员实行“老人老办法、新人新办法”管理，“老人”逐步消化为零，新进人员一律实行劳务派遣制度，签订劳动合同。

（七）完善县（市）区行政管理体制

统筹部署、分步实施县（市）区、乡镇政府机构改革，明确市与县（市）区政府的职责重点和权限，改革优化县（市）区以下行政层级，缩短管理链条，降低管理成本，提高行政效率。进一步下放市级管理权限，充分发挥县（市）区政府的基础性作用，加快推进城乡统筹一体化发展。

三、组织实施

（一）组织领导

市政府机构改革工作在市委、市政府领导下，由市编委负责组织实施，具体工作由市编委办承担。此次市政府机构改革涉及部门较多，调整变动较大，各部门要按照市委、市政府的部署和要求，切实加强对本部门机构改革工作的领导，把机构改革工作列入近期工作的重要议事日程，精心组织、周密计划，积极稳妥地做好本部门的改革实施和“三定”工作。部门“一把手”要亲自抓、负总责，确保机关思想不散、队伍不乱、工作不断。

（二）时限要求

市政府机构改革工作要求做到机改方案实施、干部调整和“三定”方案制订与批复三同步，在2009年12月底前基本完成。各部门要制定切实可行的“三定”工作计划，集中精力，加快进度，抓好具体工作，做到思想认识到位、组织领导到位、工作措施到位，保证组织实施和“三定”工作按时完成。

（三）严肃纪律

在机构改革过程中，一要严肃政治纪律，加强对市委、市政府决策部署贯彻执行情况的监督检查，确保政令畅通。二要严明工作纪律，严格按规定程序办事，涉及重大事项要及时请示报告，不得自行其是。三要严格组织人事纪律，严禁借机构改革之机突击进人、突击提拔调整干部。机构改革中涉及到的人员要正确对待自己和他人的进退留转，服从组织安排，坚守岗位、恪尽职守。四要严守财经纪律，加强对部门资产和账户的管理，严防国有资产流失。

市纪检监察、组织、人力资源和社会保障、财政、编制、国资监管等部门要认真履行职责，加强协调配合。对机构改革中的违规违纪违法行为要坚决查处；造成严重后果的，要实行责任追究，以确保机关工作正常运转，确保改革工作平稳顺利进行，确保社会稳定。

附件：昆明市人民政府机构设置表

附：

昆明市人民政府机构设置表

人民政府办公室　发展和改革委员会　工业和信息化委员会　教育局　科学技术局　民族事务委员会　公安局　监察局　民政局　司法局　财政局　人力资源和社会保障局　国土资源局　交通运输局　环境保护局　规划局　园林绿化局　住房和城乡建设局　城市管理综合行政执法局　农业局　林业局　水务局　商务局

粮食局　文化广播电视体育局　卫生局　人口和计划生育委员会　审计局　统计局　宗教事务局　旅游局　安全生产监督管理局　滇池管理局　投资促进局　人民防空办公室　人民政府研究室　人民政府法制办公室　人民政府金融办公室　人民政府外事侨务办公室　人民政府扶贫开发办公室　人民政府政务服务管理局　人民政府国有资产监督管理委员会

说　明

昆明市人民政府设置工作部门41个。其中：监察局与纪律检查委员会机关合署办公，列入政府工作部门序列，不计入政府机构个数。人民政府办公室加挂人民政府参事室牌子；工业和信息化委员会加挂中小企业局、无线电管理办公室牌子；人力资源和社会保障局加挂外国专家局牌子；农业局加挂畜牧兽医局牌子；文化广播电视体育局加挂新闻出版局、版权局牌子；卫生局加挂防治艾滋病局牌子；滇池管理局加挂滇池管理综合行政执法局牌子。

此外，设置部门管理机构2个：食品药品监督管理局由卫生局管理；公务员局由人力资源和社会保障局管理。

2009 年昆明市国民经济和社会发展统计公报

昆明市统计局

2010 年 4 月 20 日

2009 年是我市经济发展极为困难的一年，也是执行“十一五”规划最重要的一年。面对全球金融危机的严重冲击，根据党中央、国务院的“保增长、保稳定、保民生”经济调控方针，全市人民在市委、市政府的领导下，坚定信心，团结一致，齐心协力克服重重困难，有效遏制了经济增长下滑态势，全市国民经济实现了平稳增长，各项社会事业取得新的进步，人民生活水平继续提高。

一、经济发展

经济总量

初步核算，全年实现生产总值（GDP）1 808.65亿元，比上年增长 12.8%，分产业看，第一产业实现增加值 114.09 亿元，比上年增长 5.8%；第二产业实现 824.59 亿元，比上年增长 12.9%；第三产业实现 869.97 亿元，比上年增长 13.7%。三次产业结构为 6.3∶45.6∶48.1。人均生产总值达到 28 894元。

全年地方财政总收入 456.15 亿元，增长 7.3%，地方财政一般预算收入 201.61 亿元，增长 15.2%，其中税收收入 178.35 亿元，增长 16.1%。在税收收入中，增值税 31.30 亿元，营业税 69.00 亿元。全年地方财政一般预算支出 270.45 亿元，增长 15.7%。

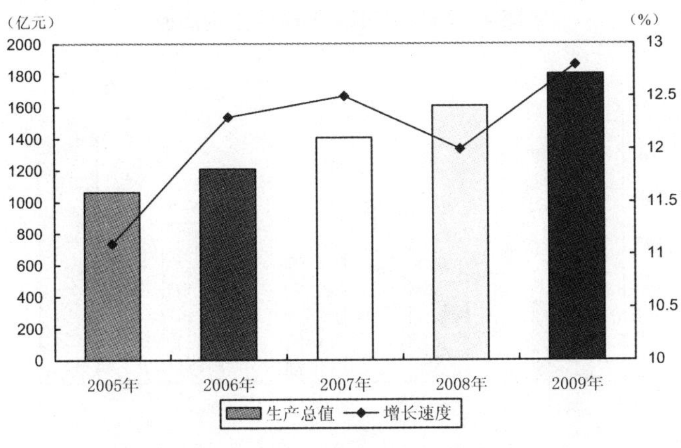

图 1　2005 ~ 2009 年生产总值及其增长速度

农业

初步统计，全市实现农林牧渔业总产值 190.96 亿元，增长 7.2%。其中：农业产值 101.85 亿元，增长 7.5%；林业产值 6.34 亿元，增长 0.7%；畜牧业产值 71.85 亿元，增长 7.2%；渔业产值 4.49 亿元，增长 7.1%。

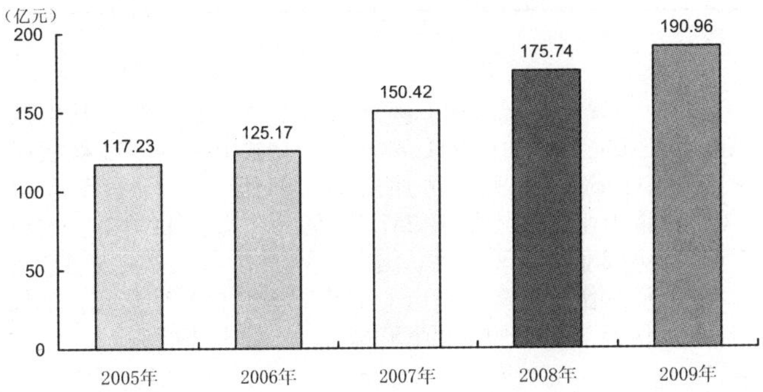

图 2　2005 ~ 2009 年农林牧渔业总产值

全年粮食种植面积 25.53 万公顷，产量 113.1 万吨；蔬菜种植面积 6.70 万公顷，产量 192.22 万吨；鲜切花种植面积 0.63 万公顷，产量 11.65 亿枝。

全年肉类总产量 43.10 万吨，增长 6.0%；禽蛋产量 7.07 万吨，下降 6.9%；牛奶产量 9.77 万吨，下降 8.0%。

表 1　　　　主要农产品产量

	单位	2009 年	比上年 ± %
粮　食	万吨	113.10	-1.8
#稻谷	万吨	34.37	-2.4
油　料	万吨	1.43	0.6
烤　烟	万吨	8.98	-2.3
蔬　菜	万吨	192.22	1.1
鲜切花	亿枝	37.96	-1.8
水　果	万吨	11.65	-14.7

全年共完成营造林14 333公顷，其中：人工造林9 000公顷，封山育林5 333公顷。义务植树1 481.95万株。森林覆盖率达到 45.05%。

全年农村用电量77 819万千瓦时，增长 3.4%；年末农业机械总动力 26.90 亿瓦特，增长 2.6%；大中型拖拉机11 655辆，增长 6.4%。

表2　　主要畜产品产量

	单位	2009年	比上年±%
肉类总产量	万吨	43.10	6.0
#猪肉	万吨	30.73	5.5
牛奶产量	万吨	9.77	-8.0
猪出栏数	万头	351.9	5.5
家禽出栏数	万只	4 550.7	5.7
羊出栏数	万只	70.4	4.6
猪年末存栏数	万头	224.8	4.2
羊年末存栏数	万只	121.3	1.6
大牲畜年末存栏数	万头	75.9	-1.0

工业

全年实现工业增加值632.36亿元，增长9.7%，其中规模以上工业完成增加值534.74亿元，增长10.1%。在规模以上工业中，轻工业实现增加值246.98亿元，比上年增长8.0%；重工业实现增加值287.75亿元，增长11.9%。烟草工业实现增加值163.30亿元，增长4.8%，冶金工业实现增加值72.04亿元，增长6.3%，机电工业实现增加值62.25亿元，增长15.3%，医药工业实现增加值30.82亿元，增长10.7%。

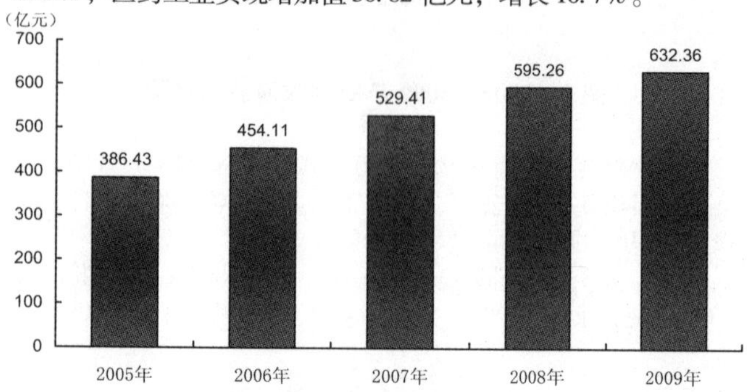

图3　2005～2009年工业增加值

规模以上工业企业实现销售产值1 773.26亿元，增长0.3%；实现利税272.19亿元，增长22.1%，其中利润总额92.80亿元，87.8%；产品销售率97.05%，工业经济效益综合指数245.78%。

表3　　主要工业产品产量

	单位	2009年	比上年±%
钢材	万吨	395	3.5
十种有色金属	万吨	67.56	-3.4
水泥	万吨	858.75	37.1
化肥（折纯量）	万吨	146.15	17.4
卷烟	亿支	811.91	1.4
煤气	亿立方米	75.10	-1.0
自来水生产量	万吨	2.54	8.2
发电量	亿千瓦小时	166.28	10.7

表4　　主要经济效益指标

	单位	2009年
工业经济效益综合指数	%	245.78
总资产贡献率	%	13.13
资本保值增值率	%	109.93
流动资产周转率	次	1.54
成本费用利润率	%	5.70
全员劳动生产率	元/人	238 747.13
产品销售率	%	97.05
资产负债率	%	57.44

建筑业

全年建筑业实现增加值192.22亿元，比上年增长26.6%。建筑企业完成总产值831.1亿元，增长38.4%。全年建筑业完成房屋施工面积4 558.7万平方米，竣工面积2 058.4万平方米，分别增长27.7%和28.2%。

固定资产投资与房地产开发

全年完成全社会固定资产投资1 600.66亿元，增长51.9%。在全社会固定资产投资中，完成城镇投资1 555.10亿元，增长53.6%。

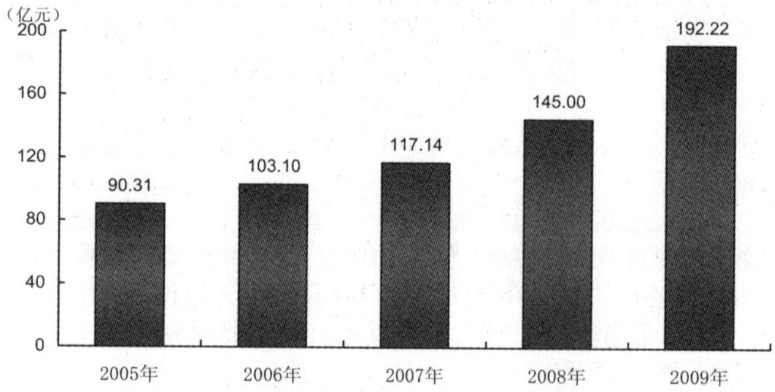

图4　2005～2009年建筑业增加值

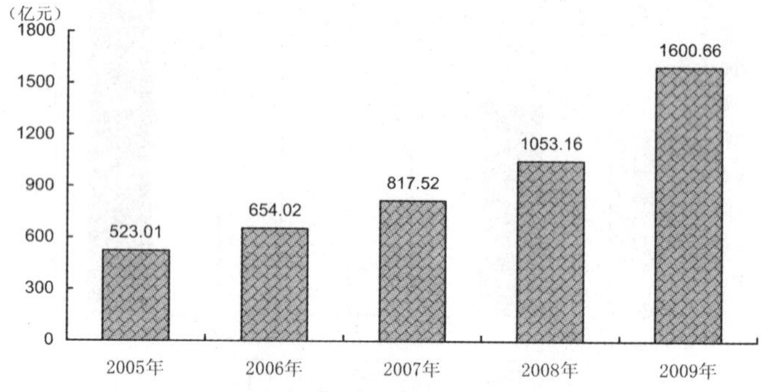

图5　2005～2009年全社会固定资产投资

在全社会固定资产投资中，第一产业完成投资45.5亿元，增长1.6%；第二产业完成投资346.59亿元，增长37.3%；第三产业完成投资1 208.57亿元，增长60.6%。

完成房地产开发投资369.43亿元，增长42.5%。全市商品房屋施工面积2 665.02万平方米，增长34.8%；商品房屋竣工面积 690.14 万平方米，同比增长 59.3%。

交通运输、电信和邮政

全年交通、仓储和邮政业增加值 106.07 亿元，比上年增长 0.5%。

全年货物周转量2 175 200万吨公里，增长 12.4%。其中：铁路1 372 319万吨公里，增长 1.4%，公路791 315万吨公里，增长38.9%，民航11 566万吨公里，下降0.5%。全年旅客周转量1 839 308万人公里，增长 12.7%。其中：铁路269 294万人公里，增长 19.3%，公路756 646万人公里，增长 8.5%，民航813 086万人公里，增长 14.9%。

年末全市拥有机动车 112.71 万辆，增长 16.4%。其中汽车拥有量 67.82 万辆，增长 23.9%。

全年完成邮政业务收入36 087万元，增长 19.1%。年末全市电话用户 173.92 万户，移动电话用户 539.41 万户，数据用户 455.07 万户。

国内贸易

全年实现社会消费品零售总额 864.61 亿元，增长 23.4%。分经济成分看，非公有制经济实现零售额 719.26 亿元，公有制经济实现零售额 145.35 亿元。分地域看，城市实现消费品零售额759.22 亿元，增长 23.5%；县及县以下实现消费品零售额 105.39 亿元，增长 22.7%。分行业看，批发和零售业零售额 707.45 亿元，增长 27.2%；住宿和餐饮业零售额 137.31 亿元，增长 12.5%；其他行业零售额 19.85 亿元，下降 12.0%。

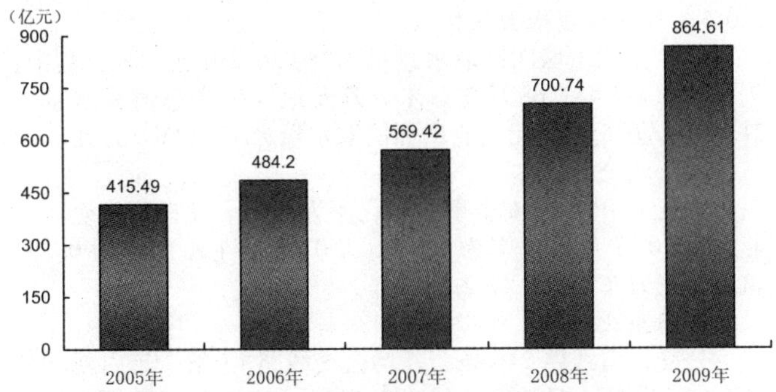

图 6　2005～2009 年社会消费品零售总额

价格水平

城镇居民消费价格总指数比上年上涨 0.8%，其中：食品类价格上涨 1.4%，医疗保健和个人用品上涨 1.1%。商品零售价格总指数与上年持平，其中食品类上涨 0.5%。

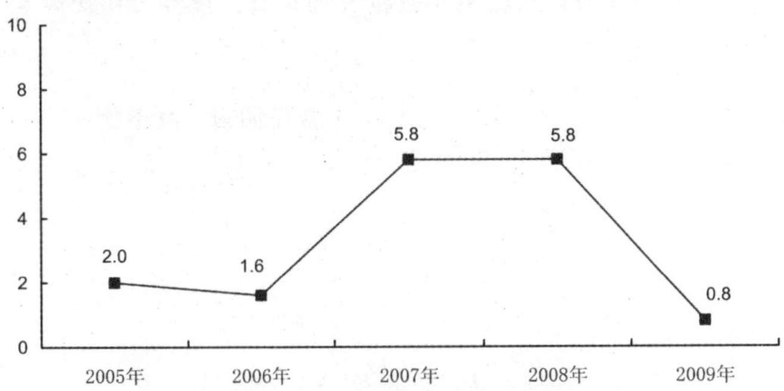

图 7　2005～2009 年居民消费价格涨跌幅度

工业品出厂价格指数比上年下降 7.39%。原材料、燃料、动力价格指数比上年下降 3.65%。

对外经济贸易

全年海关进出口贸易总额 56.30 亿美元，比上年下降 22.9%，其中：出口 29.69 亿美元，下降 16.1%；进口 26.61 亿美元，下降 29.4%。全年新批外商投资企业 115 户，实际利用外资 7.3 亿美元，增长 21.3%。

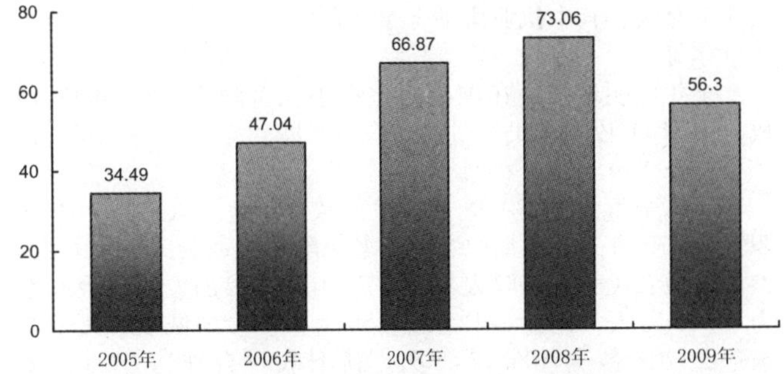

图 8　2005～2009 年海关进出口贸易总额

旅游

全年共接待海外游客 77.83 万人次，增长 11.1%，旅游外汇收入 2.18 亿美元，增长 6.6%；国内游客3 037.19万人次，增长 14.0%，旅游收入 211.48 亿元，增长 15.4%；旅游总收入 226.34 亿元，增长 14.8%。

金融

年末金融机构人民币各项存款余额5 849.43亿元，比年初增长 37.18%，其中：企业存款余额2 505.94亿元，比年初增长 40.13%；储蓄存款余额1 922.92 亿元，比年初增长 26.24%。金融机构人民币各项贷款余额5 450.79亿元，比年初增长 35.92%，其中：短期贷款1 519.51亿元，比年初增长 16.36%；中长期贷款3 701.49亿元，比年初增长 50.32%。全年金融机构现金收入7 106.72亿元，现金支出6 948.86亿元，现金净回笼 157.86 亿元。

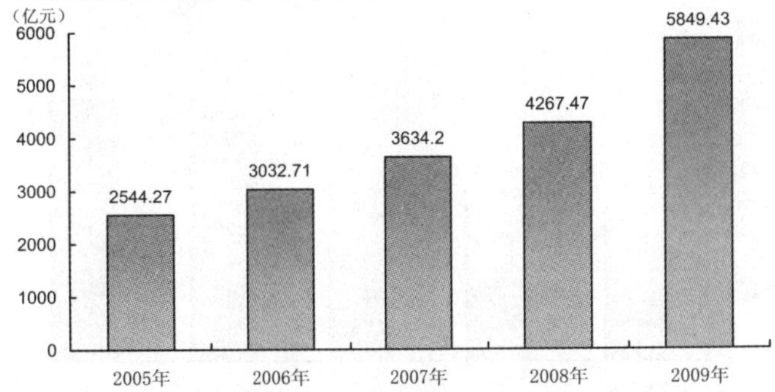

图 9　2005～2009 年金融机构人民币存款余额

二、社会事业

教育与科学技术

年末共有普通高等院校 38 所，在校生 26.99 万人，专任教师17 933人。中等专业学校68 所，在校生6.71 万人，专任教师3 395人。普通中学 284 所，在校生 31.27 万人，专任教师19 580人。普通小学1 335所，在校生 53.08 万人，专任教师25 804人。小学学龄儿童净入学率 99.84%。初中阶段教育毛入学率达 109.93%。高中阶段教育毛入学率达 83.0%。

实施科技计划项目 109 项，其中重大科技计划项目 16 项；专利申请2 994件，获专利授权1 914件。

文化

年末文化艺术表演团体 14 个，文化馆、群众艺术馆 16 个。公共图书馆 18 个，博物馆 6 个。年末全市电视综合覆盖率98.92%，广播综合覆盖率99.18%。

卫生

全市共有卫生机构2 755个，其中：医院201个；卫生机构共有病床3.36万张，其中：医院2.69万人；卫生技术人员3.7万人，其中执业医师1.5万人。

体育

全年昆明运动员在国家级比赛中获金牌23枚，银牌15枚，铜牌11枚。全民健身运动广泛开展。

社会保障和社会福利

年末全市参加基本养老保险人数91.60万人，其中参保职工66.70万人。参加原农村养老保险的人数为31.18万人。参加失地农民养老保险人数为9.72万人。参加失业保险人数为71.45万人，比上年末增加1.50万人。参加城镇居民基本医疗保险人数为106.17万人。新型农村合作医疗参合率95.88%。城镇登记失业率2.11%。

年末全市拥有农村敬老院69个，床位3 303张，城市敬老院35所，床位4 770张。

三、人民生活

人口

年末全市常住人口628万人，比上年末增加4.1万人，人口自然增长率5.8‰，城镇人口比重为61.0%。

居民收支

城镇居民人均可支配收入16 496元，扣除价格因素后实际增长13.0%；城镇居民人均消费性支出11 396元，扣除价格因素后实际增长13.6%。农村居民人均纯收入5 080元，扣除价格因素后实际增长9.7%。

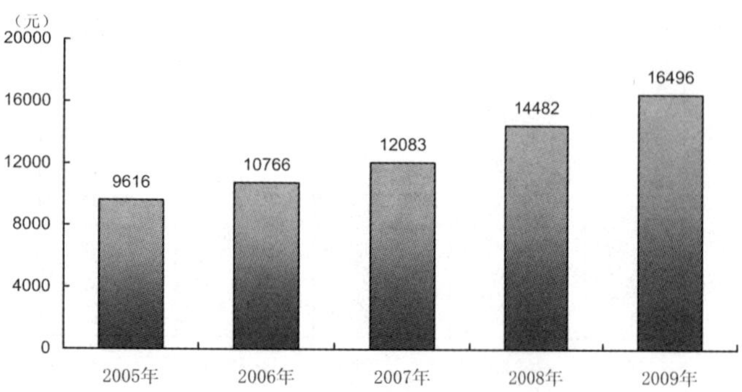

图10　2005～2009年城镇居民人均可支配收入

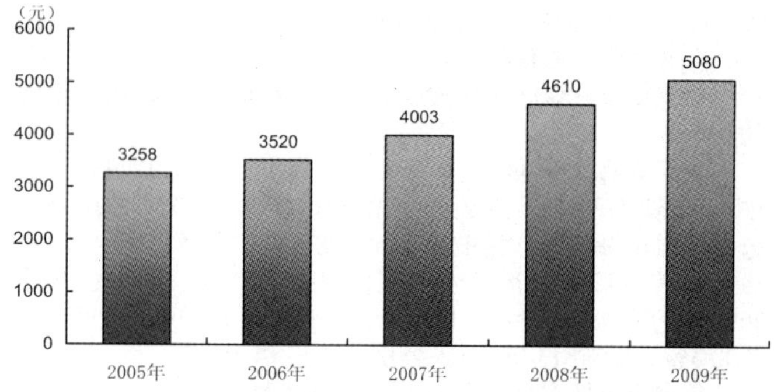

图11　2005～2009年农民人均纯收入

四、环境保护、安全生产和公用事业

环境保护

年末全市共有各级环境保护机构49个，环保人员编制688人。烟尘控制区267.37平方公里，环境噪声达标区222.46平方公里。城市污水集中处理率为95.87%。工业废水排放达标率为100%，比上年提高0.21个百分点；工业固体废物处置利用率95.11%；比上年下降4.26个百分点。全年二氧化硫（SO_2）排放总量8.83万吨，比上年下降5.3%。城市空气质量优良天数达到365天，空气质量优良率达到100%。环保投资指数5.04%。

全年昆明主城四区取水总量为28 026.2万立方米，其中：工业取水量4 442.68万立方米。万元地区生产总值取水量为21.56M^3/万元。万元工业增加值取水量为10.38M^3/万元。

安全生产

亿元GDP生产安全事故死亡率为0.22，工矿商贸企业从业人员10万人死亡率为1.94；煤矿百万吨死亡率为0.39，道路交通万车列死亡率2.91。

公用事业

公交运营线路216条，新增公交线路17条，年内新增公交车辆337辆，日均客运量222.11万人次，公交出行分担率由上年的30.05%上升至34%。年末实有出租汽车数6 901辆。

全年人工煤气供气量26 270万立方米，其中家庭用气量14 047万立方米；年末人工煤气用气户数66.19万户，其中家庭用户66.05万户。

注：公报所列数据为年快报或预计数，增幅为同比口径计算；

·责任编辑　赵丕德·

索　引

说　　明

一、本索引采用主题分析法编制，索引范围为全书各部类条目、表格及图片。

二、本索引按主题词首字汉语拼音音序（同音字按音调）排列。若首字拼音相同则按第二字音序排列，以此类推。首字为阿拉伯数字或英文字母者，作“非音序”排在本索引末。

三、读者可从主题入手按索引款目之标示查找自己所需资料在本书中的位置。索引款目由主题词加修饰词或说明词组成，并采取主题词在前，修饰、说明词在后的形式。修饰、说明词是对主题词标示内容的限定，以逗号或括号与主题词相区别。索引款目后的阿拉伯数字表示该主题内容在本书中的页码；a、b、c 字母表示在该页码的栏别（从左至右）。

四、同一主题词的不同内容采取“参见”形式标示。索引款目后两个以上页码的为该主题的“参见”。

五、机构、单位名称，除正文中出现的全称外，在不产生歧义的前提下，本索引一般使用简称。

六、凡部类、栏目名称直接用作索引款目的以黑体字标引。

D

E

F

G

K

L

Z

非音序

·索引制作　方玉红·